国家出版基金项目
NATIONAL PUBLICATION FOUNDATION

PPP与公共财政创新丛书

Public Finance & Public Choice

Analytical Perspectives
(Third Edition)

公共财政与公共选择

两种不同的分析视角

（第三版）

John Cullis & Philip Jones

[英] 约翰·卡利斯　菲利普·琼斯　著

马珺　金戈　杨志勇　张德勇　等 译　马珺　等 校

东北财经大学出版社
Dongbei University of Finance & Economics Press
大连

辽宁省版权局著作权合同登记号：图字06-2015-151

图书在版编目（CIP）数据

公共财政与公共选择：两种不同的分析视角=Public Finance & Public Choice：Analytical Perspectives (Third Edition) / （英）约翰·卡利斯，（英）菲利普·琼斯著；马珺等译. —大连：东北财经大学出版社，2021.1
（PPP与公共财政创新译丛）
ISBN 978-7-5654-4073-1

Ⅰ．公… Ⅱ．①约…②菲…③马… Ⅲ．公共财政-财政管理-研究 Ⅳ．F810.2

中国版本图书馆CIP数据核字（2021）第015822号

东北财经大学出版社出版发行
  大连市黑石礁尖山街217号 邮政编码 116025
  网 址：http：//www．dufep．cn
  读者信箱：dufep @ dufe．edu．cn
大连图腾彩色印刷有限公司印刷

幅面尺寸：170mm×240mm 字数：842千字 印张：49.75
2021年1月第1版 2021年1月第1次印刷
责任编辑：郭海雷 吉扬 孙越 责任校对：王玲 李季 刘佳
    刘慧美 刘东威 王芃南
封面设计：张智波 版式设计：钟福建
定价：139.00元

教学支持 售后服务 联系电话：（0411）84710309
版权所有 侵权必究 举报电话：（0411）84710523
如有印装质量问题，请联系营销部：（0411）84710711

第三版序言及致谢

　　欢迎您展读"图表繁多"的第三版教材，我们希望图示解说使本书更为生动。面对一个新版本，读者们自然要问："都有哪些变化？"

　　与第二版相比，本版教材中某些章节的分析顺序有所不同。总体来说，我们试图随着章节的推进，建构一个由易到难的理论梯度。有些材料被放在附录中，它们在多大程度上被使用视特定课程的需求而定。相关的数据已得到了更新。一些主题由于过时而被删除，与此同时增加了一些较新的主题。比如，我们用政策目标经济学替换了关于国民健康保障系统内部市场（the internal market in the NHS）的那部分内容。

　　一般而言，新版需要反映近年来该领域发生的变化。本书也许是公共选择经济学胜利的一个见证。按照 Besley（2006）在"林达尔讲座"中所写的，对政府的经济分析分为两大阵营：一个阵营，从公共利益方面强调政府的作用……从福利经济的观点提出当代国家理论；而另一个阵营，政府被描述为主要关注私人利益。作者这样评价后者："这一观点已成为公共选择理论的核心。"传统福利经济学规范建议与公共选择分析之间的争论仍然是第三版的重心，不过，本书在新增加的一章中引入了第三种观点，该观点对争执不下的双方都表示不满。第16章所分析的内容，考虑了行为经济学对公共部门经济学的贡献。行为经济学"承认假设条件（assumption）对因果分析和规范分析都很重要，这一点使之与主流经济学区分开来，后者在建模和经济分析过程中几乎不注意假设条件的现实性，也不太关注影响决策和经济后果的制度与社会文化参数"。在这章中，Schwartz（2008）提供了一系列行为经济学的应用，其中两项为成本收益分析和税收遵从，这些内容与其他新内容成为第16章的特色。我们非常感谢诸多匿名评议人（anonymous refers）提出的意见，新版对这些意见做出了回应。我们也要感谢赫尔大学（Hull University）的 Andrew Abbott 教授在宏观经济学方面为本书提供的帮助和指导。在本版中，"个体"（the individual）有时被称为"他"（he），但书中的论点是中性的（这一称谓不带任何性别含义）。一如既往，我们对任何遗留的失误和错误承担责任。

参考文献

Altman, M. (ed.) (2006) *A Handbook of Behavioral Economics: Foundations and Developments*. Armonk, New York: M.E. Sharpe.

Besley, T. (2006) *Principled Agents*? The Political Economy of Good Government. The Lindahl Lectures, Oxford: Oxford University Press.

Schwartz, H. (2008) *A Guide to Behavioral Economics*. Westport, CT: Praeger.

第二版序言及致谢

本书第一版的审稿人、读者对第二版的新增内容都很感兴趣，这样他们就可以判断，我们的这本教材是否真的像 David Collard 所说的那样"图表繁多"。本次修订更加强调微观经济方面，也介绍了更多关于欧洲共同体的内容。实质性部分增加如下：

- 公共物品的私人供给
- 私有化和"内部"市场
- 欧洲共同体预算
- 税收协调
- 逃税
- 税收和企业理论
- 生活品质改善后的寿命延长
- 公共债务
- 公共部门规模和经济增长
- 社会保障支出

我们重写了一些章节，例如关于税收的福利成本。为了清晰起见，我们还在其他地方做了修订。第一版中第10章的宏观经济导论部分、第15章和第18章均被省略，以便为其他内容腾出更多篇幅。对第18章内容感兴趣的读者请参阅我们在《公共选择》杂志上发表的论文（Jones 和 Cullis，1993）。本版在分析"宏观经济问题"时，对第一版的内容进行了重新排序，因此，在这一版中读者将首先考虑通常由中央政府掌握的财政工具（本版第 10 章），随后再来回顾宏观经济政策分析的公共选择视角。

本书的众多读者曾花时间帮助我们查找第一版中的错误、遗漏以及存在的其他问题。对此，我们非常感激。赫尔大学（Hull University）的 Simon Vicary 热心地为本书做标注，这对我们的修订非常有价值。墨尔本大学（University of Melbourne）的 Neville Norman 教授对全书给予肯定，他的许多观点都被吸收到新版本中。我们特别感谢 David Collard、Chris Heady 和 Hermoine Parker 在某些具体问题上的帮助。牛津大学出版社的 Tracy Mawson 对本版给予了鼓励，我们再次表示感谢。林伯格大学（University of Limberg）的学生被证明是认真的批评者，还为我们提出有用的建议清单，其中我们要特别感谢 Carlos Glockner、Matthij Rozema 和 Roger Verstrheten。巴斯大学（Bath University）的学生告诉我们他们"喜欢这本书"！其中 Gill Chapman 勤奋地处理了无数文字"插入"的工作，这对于第二版的成稿是很大的帮助。根据两位匿名审稿人的说法，第一版要么是"学术写作最糟糕的一个例子"，要么是"写得很清楚简洁，学生容易阅读"。

《国际税收和财政》杂志就"20 世纪 70 年代的黄金时代之后公共选择将向何处去"这一问题，围绕 Pestieau（1994）对财政经济学家的态度所做的调查，在其第一卷上刊登了一组关于公共经济学（也称财政学或财政经济学，取决于不同的作者）未来的专题论文。文章虽然简短但在很多方面都很有趣。一些回应与本书第一版涉及的主题产生共鸣（是巧合吗?），其他部分，比如更强调国际问题的部分，则在新版本中有所反映。所有的受访者都是著名的公共部门经济学家（Musgrave、Brennan、Slemrod 和 Besley），他们或明确或隐晦地给出了截然不同的判断和分析视角，这至少向我们证实了第一版的预设，即在各种严肃观点和分析视角之间，依然存在鲜明的对立观点。尽管有一些作者似乎更渴望达成共识，但本书新版本仍然沿袭第一版中的观念，我们认为缺乏共识才有意思，各种观点和分析视角之间的冲突不可调和，这一现状将会持续下去。

参考文献

Jones, P. R. and Cullis, J. G. (1993) 'Public Choice and Public Policy: The Vulnerability of Economic Advice to the Interpretation of Politicians', *Public Choice*, 75, 1, pp. 63–77.

Pestieau, P. (1994) 'The Current State and Future Directions of Public Finance', *International Tax and Public Finance*, 1, 2, pp. 169–74.

第一版序言及致谢

冒着自贬为"不会干别的才靠教书或从事研究谋生"的风险（Blaug，1970），我们写了这本教科书。本书的写作一定程度上是事出偶然，一定程度上也是有意为之。说是事出偶然，缘于我们打算写一本英国化的《财政理论与实践》的计划未能如愿实施，R. A. Musgrave 和 P. B. Musgrave 夫妇的这本著作目前已经发行到第5版。说是有意为之，是因为我们感觉现有教科书没有充分承认并吸纳财政理论的其他观点或替代视角（Gravelle，1989）。因公共选择方面的杰出工作而获得诺贝尔经济学奖的 Buchanan（1989），在为 Musgrave 选集所做的评论中，区分了"作为局内人的哈佛–马斯格雷夫版本财政学"（the insider Harvard-Musgrave vision）和"作为局外人的芝加哥–弗吉尼亚以及其他版本财政学"（the outside Chicago-Virginia）。考虑到这一点，我们试图写一本书，以捕捉专家们关于同一话题的截然不同的观点，或是在他们看来或多或少具有重要性的不同话题。简而言之，我们试图强调公共财政领域的智识冲突，而不是共识，在每一章中我们都尽可能地引入传统的"社会最优"视角以及其他替代视角，后者中的大多数来自公共选择学派，另外一些则来自其他社会科学学科。

我们已在其他著作中更全面地阐述了自己的立场（Cullis 和 Jones，1987），概而言之，我们发现公共选择学派的分析框架很有吸引力。然而，在早已广为人知的利维坦批判假设中，公共选择学派几乎不分青红皂白地反对公共部门，鉴于此，我们认为，在公共选择学派对政府的批评与市场的缺点二者之间，需要进行更扎实的比较分析。在情感上，这让我们更接近 Musgrave 的立场，他认为，"民主社会更有可能在混合经济中蓬勃发展，而在混合经济中的市场需要公共部门来补充"（Musgrave，1989）。在个人偏见不可避免的情况下，我们已尽量客观地概括书中所涉及的作者的观点，并采用（而不是批判性地评价）他们的贡献。本书的目标是要创造一种"激烈交锋和防御"而非"一成不变、单调乏味"的方法，由于全书通篇都是对不同观点的分析原则的强调，为此在制度细节以及当前统计资料方面有所牺牲。那些想通过统计数据"攻击"公共部门的人，在这里是会失望的。然而，这并不意味我们完全忽略实证结果和一些相关统计数据，它们只是不作为本书关注的焦点而已。

如果说我们成功实现了目标，这有赖于众多同事、朋友以及被引作者们的协助。赫尔大学（Hull University）的 Simon Vicary 陪同我们一起经历了整个写作过程，尽管我们不能声称遵循了他所有的建议，但书中大量的改进受惠于他的极大努力与洞察力。诺丁汉大学（Nottingham University）的 Oliver Morrissey 仔细评论了本书第 11 章，其评论令我们受益。其他同事都来自巴斯大学（Bath University），他们分别阅读和提出批评的章节如下：David Collard（第 7 章和第 16 章）、Chris Heady（第 16 章）、Edward Horesh（第 1 章和第 18 章）、John Hudson（第 10 章）、Stephen Jenkins（第 9 章）、Alan Lewis（第 8 章）、Adrian Winnett（第 2 章和第 3 章）。第 18 章取材于我们在《公共选择》（1993）杂志上发表的文章，感谢出版商 Kluwer 允许我们使用版权材料。在此，对 Sue Hughes 娴熟的文字编辑、Hilary Strickland 一流的图片编辑以及 Kathrine Wallis-King 的文字处理工作一并致谢。尽管受惠于上述人士的帮助，本书在风格和内容上的失误仍然在所难免，其责任均由作者承担。

我们乐于把这本书作为不可分割的整体对待，因此不愿意从形式上将它划分为若干部分，但读者仍然有很多方式来使用本书。第 1~6 章主要讨论支出问题，可以作为社会政策课程基础来使用。第 7~13 章涉及税收问题，但也涉及分配和稳定问题，描述了 Musgrave（1959，1989）公共经济三部门分析框架。因此，第 1~13 章可以作为传统财政学课程的基础（尽管每一章中都包含了其他分析视角，特别是公共选择视角）。本书的部分内容，以前述章节作为必要的分析工具，有可能被视作第三部分。它包括对当前和最近公共财政领域主要主题的分析，可以单独用于一门完全偏重公共选择视角的课程。然而，学生们要想从事第三条道路的研究，需要具备财政学或公共部门经济学的基础知识。本书的内容安排遵循当今公共部门课程的流行趋势（Hewett，1987），书中的支出分析和收入分析平分秋色，并且更强调微观经济学的应用，这样做的代价是宏观经济学的内容将有所损失。

至于难度，本书适用于那些具有良好的微观经济学基础的读者，这表明英国大学二年级以上的经济学专业学生，应该能够阅读本书大部分内容。我们已经尽力就书中所提出的论点，以相当"严密"但在形式上往往不那么严格的方式来表达，以便使读者能够一看就懂。然而，正如 Hewett（1987）所指出的，技术复杂性只是构成阅读难度的一个方面。鉴于我们更为注重分析，希望我们已经避免了源于想要写成百科全书而平添的难度。对于本科生甚至一些学历更高的读者来说，各种讨论结果的"开放"性质，有可能是其"焦虑"之源。关于公共部门各方面的问题，想要在本书找到"硬"的、无可辩驳的、处处适用的结论是做不到的。在很大程度上，我们的结论就是不存在这种结论，本书旨在给出这种结论之所以不存在的理由。

参考文献

Blaug,M. (1970)*An Introduction to the Economics of Education*. Harmondsworth：Penguin.

Buchanan, J. M. (1989) 'Richard Musgrave：Public Finance and Public Choice', *Public Choice*,61,3,pp. 289-91.

Cullis, J. G. and Jones, P. R. (1987) *Microeconomics and the Public Economy：A Defence of Leviathan*. Oxford：Basil Blackwell.

Gravelle,H. (1989)Review of Starrett [1989], *The Manchester School*,57,3,pp. 312-13.

Hewett,R. S. (1987)'Public Finance,Public Economics and Public Choice：A Survey of Undergraduate Textbooks', *Journal of Economic Education*,18,4,pp. 425-35.

Musgrave,R. A. (1959)*The Theory of Public Finance*. New York：McGraw-Hill.

Musgrave,R. A. (1989)'The Three Branches Revisited', *Atlantic Economic Journal*,17,1, pp. 1-7.

Musgrave,R. A. and Musgrave,P. B. (1989)*Public Finance in Theory and Practice*. Fifth edition. New York：McGraw-Hill.

Starrett,D. A. (1989)*Foundations of Public Economics*,Cambridge：Cambridge University Press.

目　录

第 1 章　市场绩效：不同的可能性及其解决方案

1.1　引言

完全竞争市场是一个用来评价各种经济安排的理论参照系。如果市场出现"失灵"并且预期可以通过政府干预（比如税收、补贴、规制）来提高福利水平，那么政府干预是合理的。当然，这里存在着一个问题："福利怎样度量呢？"微观经济理论最首要的一项内容是论证完全竞争市场是"最优的"。然而，何为"最优"？为什么要把完全竞争市场作为参照系呢？

本章的目的是探讨当人们决定如何最大化社会福利时所存在的种种困难。由于福利是一个规范（normative）概念，因此只有诉诸价值判断才能做出评价。本章接下来将考察当目标是实现"帕累托最优"时，支撑福利分析的价值判断是什么。

下文 1.3 节和 1.4 节主要讨论了实现"帕累托最优"所需的资源配置条件。通过几何分析呈现局部均衡和一般均衡（相应的数学分析在附录 1（a）中说明）。如果这些条件被满足，资源配置就是"有效的"（efficient）；但我们也清楚地知道，原则上来说，以任何收入分配状态为起点，都可实现资源配置"效率"。由于不说清楚何谓"公平"，就不可能确定福利最大化的资源配置是什么，因此随后几节将通过分析不同的社会福利函数探讨"公平"的概念。

本章的目标是引入福利经济学的理论概念，这些概念对公共政策分析至关重要。若帕累托最优对评价福利有重要意义，那么资源配置的变化当如何评价？若市场结构不是竞争性的，那么要实现帕累托最优会有哪些困难？本章将介绍福利经济学理论，以及如何应用该理论。

本章最后一节重点讨论应用微观经济理论的其他或可供选择的方法。本章较前的部分研究探讨"政府应该做什么？"，倒数第二节则运用微观经济理论来预测政府将会做什么。

1.2 "帕累托最优"（Pareto optimality）的概念

主流经济学家普遍接受的价值判断（value judgements）是所谓的帕累托准则，它源自意大利社会科学家 Vilfredo Pareto（1848—1923年）的著作。尽管人们常常以一种无可争议、就事论事的方式呈现，但实际上每一条准则都需要很强的限定条件才能成立。这些价值判断列举如下：

1.每一个个体（individual）都被视为其自身福利或效用的最佳仲裁人。

2.社会以一种非有机的方式（non-organic way），由作为其成员的个体加总而成，也就是说，社会只能由个体组成。

3.如果能够通过资源再配置提高某个个体的效用而不损害任何其他个体的效用，那么社会福利就提高了。

其中，价值判断3定义了经济学家所理解的"无效率"，在这个意义上，它至关重要。事实上，一个有效率的社会是这样一个社会，人们无法通过改变现有的投入产出配置去改善某个个体的福利而不损害任何其他人的福利。看起来这一陈述平淡无奇，但当它应用于各种不同的经济安排时，却相当有力，这一点将在本书的余下部分得到充分展示。不过，在对效率这一概念的细节进行更深入思考之前，我们最好对帕累托价值判断准则再做一些扩展讨论。

以上三条价值判断接受起来有些困难。Mishan（1981）指出，第一条价值判断可以作为一个信念、一条道德准则（我们应当如此行事，就好像事实就是如此），或者一条政治原则来采纳。（如果政治决策是由个体做出的，那么经济决策不也应该如此吗？）然而，个体自身又如何看待这一准则呢？他们可能不认为在所有场合自己都是自身福利的最佳仲裁人。举例来说，（a）他们可能相信"专家"的知识是可以获得的并且（或者）是合意的；（b）他们可能基于经验不足、身体不佳、不够理性等原因而不愿对其自身的福利水平做出评判；（c）他们可能不希望为了要由自身来做出评判而承担责任，因而更偏好于授权给他人。这里所涉及的问题显然是复杂且具有争议的，我们将在第3章将其与价值需要（merit wants）的概念联系在一起做进一步探讨。就本书的目的而言，我们接受这样一条价值判断，只不过是因为绝大多数情况下公共经济分析是以这样一种很强的反家长主义的方式来进行的。下文会涉及一些值得注意的例外情况。

至于把社会看成是非有机的，这显然与其他学科的做法不一致。举例而言，社会学将社会本身而非个体作为其分析单位：社会是有机体，而非个体。一种区分不同学科的方法，就是以其分析单位为标准，从物理学的亚微粒子、生物学的细胞，到经济学、心理学这样基于个体分析的学科，再到社会学。对于一个受过经济学教育的人而言是很自然的事情，在其他学科的人看来可能是非常奇怪的。尽管可能有人将之归因为方法论的差异，但事实上它是基于价值判断的不同，在经济学看来，不存在超越个体利益之上的其他利益。

第三条价值判断有时被称作"帕累托标准"（Pareto criterion）。这条准则也远非轻轻松松就可以接受的，因为它回避了福利的人际比较。然而，这条准则却赞成去改变世界上最富有的人的福利，只要没有人因此而境况变差。显然，帕累托主义（Paretianism）是以最终状态为导向的（end-state-orientated），帕累托效率是这样一种结果，即没有人能够在不恶化他人效用水平的情况下提高自己的效用水平，在这一准则下，只有组成社会的个人所达到的效用水平才是重要的。通过这种方式来构建的效率，与其他方面的一些考虑——比如公平（equity）——之间难免会产生冲突，这一冲突是很多经济学讨论的核心，同时也是本书余下许多章节的中心内容。

以上对帕累托价值判断进行了简短讨论，其目的是引入经济学的观念，就像任何其他学科一样，我们对身边的这个世界施加一个限制性框架，以便赋予其秩序和意义。这一秩序和意义并非唯一的，如果选择其他的价值判断体系，我们对这个世界的看法可能会截然不同。

1.3 实现效率：局部均衡

假定人们接受帕累托价值判断，那么何种经济组织形式能够实现"最高水平的"效率经济？为什么？下面所要提及的这个能够产生上述结果的经济安排形式被称为"全局完全竞争"（universal perfect competition），经济学中有一个定理（福利经济学第一定理）指出，给定一系列假定，每一个（each and every）竞争性均衡都是帕累托最优的。

在图1–1中，我们运用最简单的微观经济学工具，对上述结果给出了一个局部均衡分析。图1–1（b）中的D是商品X的市场需求曲线。由于我们假定X商品是竞争性的（也就是说，每个消费者只能从其消费的商品X的数量，获取来自商品X的消费收益），因而D代表了所有个体需求曲线的水平加总。S为市场供给曲线，由所有企业的边际成本曲线（平均可变成本之上的部分）水平加总得到。市场供给和需求曲线的交点决定了X的市场出清价格，这一价格对于任何单个生产者和消费者而言都是给定的。

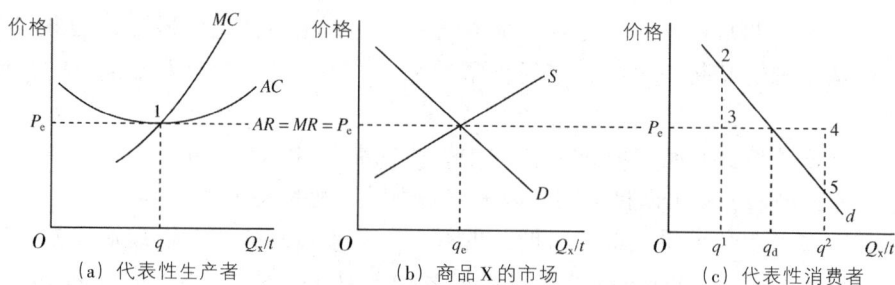

图1–1　局部均衡中的效率

图1–1（a）概括了市场价格对"代表性"生产者或供给者的影响，市场的自由进出意味着利润最大化的产出水平为O-q，符合边际成本等于边际收益这一规则。在这一价格–产量水平上，销售收入（O-P_e-1-q）刚好等于生产的总成本（平均成本乘以产量），后者包括正常利润。价格低到刚好维持企业生存的条件。这意味着，每一个生产者的单位投入必须获得最大产出，并且在给定产出下选择最小成本的投入组合。换句话说，生产X的企业具有技术效率或X–效率：即除非减少其他商品的产量，X的产量不可能再提高（进而改善某个人的福利）。

但是，生产出来的X产量又如何配置呢？图1–1（c）描述了个体需求曲线为d的代表性消费者的情况。给定市场价格P_e，他选择的数量为O-q_d。因为，如果他的选择低于这一数量，比如O-q^1，那么他对这种商品的边际评价为q^1-2（这是对消费者购买那一单位产品的边际收益的度量），这一评价大于商品价格，也就是说，他可以通过补偿供给者的成本从而使自身的福利水平上升垂直距离2-3。如果购买数量大于O-q_d，比如O-q^2，则刚好相反，消费者的福利水平下降，相当于垂直距离4-5。在O-q_d这一数量上，消费者已经无法再使其自身福利水平更高，除非他能诱使供给者主动降低自己的福利——但这是不可能的！简言之，$O\text{-}q_d$ 对代表性消费者而言是有效率的数量，类似地，$O\text{-}q_e$ 则是 X 商品市场上的有效率数量。这一结果具有配置效率。一旦消费者在每个时点上对 X 商品的边际收益（以需求曲线 d 来表示）等于生产该商品可实现的最低边际成本时，X-效率和配置效率就同时实现了。这时做出的任何改变，要么会降低其他商品的产量，要么不得不使生产者或消费者的利益受损。

1.4 实现效率：一般均衡

以上是单就 X 商品市场进行孤立分析所得到的结果。在一般均衡框架中，利用埃奇沃思-鲍利贸易方盒（Edgeworth-Bowley trading box），可以对这一结果做出更令人满意的分析（Bator，1957）。图1-2给出了一个两部门模型，包含两个人（分别以 A 和 B 表示）、两种商品（X 和 Y），以及两种投入品（资本 K 和劳动 L）。埃奇沃思-鲍利贸易方盒的长度代表了可获得的投入品的数量。方盒内对应于两个原点的等产量曲线代表了 X 和 Y 的产量，它们可以通过各自使用的两种投入品的不同组合得到。问题是，在什么位置上，投入品的配置是有效率的？答案涉及边际技术替代率（在生产过程中，给定产量不变，多增加一单位某种投入品可以使另一种投入品减少的数量），可以概括为：

$$MRTS_{kl}^X = MRTS_{kl}^Y \tag{1.1}$$

$$\left[\begin{array}{c}\text{生产 X 商品的资本和}\\\text{劳动的边际技术替代率}\end{array}\right] = \left[\begin{array}{c}\text{生产 Y 商品的资本和}\\\text{劳动的边际技术替代率}\end{array}\right]$$

效率标准要求，生产任一给定数量的商品 X 的同时，都能生产出最大数量的商品 Y；反之亦然。生产以这样一种方式进行，即给定任意数量的 X，Y 的产量都能达到最大化；反之亦然。这种效率还意味着，企业所采用的生产技术，是所有可得的"生产方案"中能够实现最大投入产出比的那一个。所有满足这一条件的点构成了契约曲线（contract curve）$O_X\text{-}O_Y$。任何不在契约曲线上的点，比如点1，都是没有效率的，通过重新配置 K 和 L，使之移动到区域1-2-3内的任何其他位置，都能做到或者提高 X 的产量（移动到点2）或者提高 Y 的产量（移动到点3），或者 X 和 Y 的产量同时提高（移动到点2和点3之间的任意位置）。一旦 K 和 L 的投入组合到达契约曲线上的某个点，再要提高 X 的产量就只能减少 Y 的产量了；反之亦然。也就是说，契约曲线上的所有点代表的要素投入组合都符合生产效率。

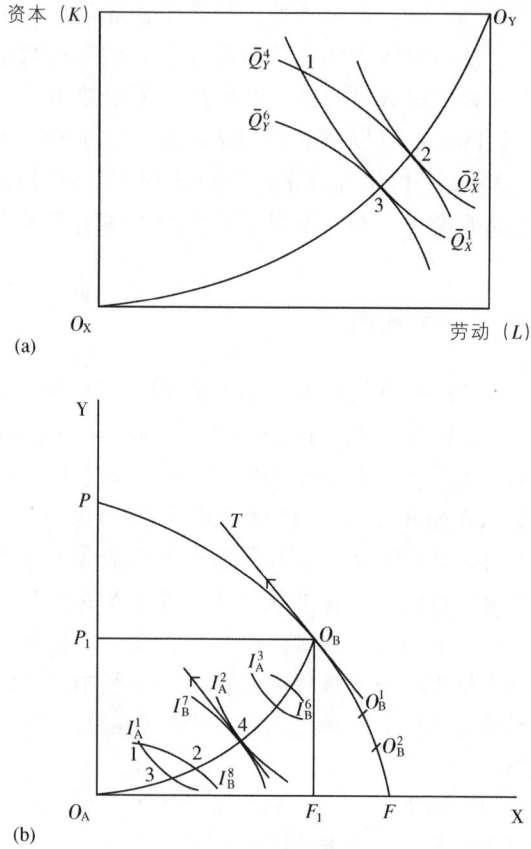

图 1-2　一般均衡中的效率

我们可以将契约曲线上的生产组合绘制成生产可能性边界（production possibilities frontier），如图 1-2（b）所示。位于边界 P-F 上的任意点都满足条件 $MRTS_{kl}^{X} = MRTS_{kl}^{Y}$。其上的任意一个点，都代表了两人经济中可获得的 X 和 Y 的产量。以 O_B 为例，Y 的产量为 $O\text{-}P_1$，X 的产量为 $O\text{-}F_1$。这时，就产生了一个问题，这些产出如何在 A 和 B 两个个体之间进行配置才是有效率的呢？答案与前面是类似的，这里涉及两种商品的边际替代率（给定效用水平不变，增加 1 单位某种商品的消费需要放弃的另一种商品的数量，也就是无差异曲线的斜率），可以表述为：

$$MRS_{xy}^{A} = MRS_{xy}^{B} \tag{1.2}$$

［消费者A在商品X和Y之间的边际替代率］＝［消费者B在商品X和Y之间的边际替代率］

　　A、B两个消费者在消费品X和Y之间的边际替代率必须是相等的。当这一条件满足时，A和B愿意为增加1单位Y而放弃的X的数量是相等的。如果A愿意为4单位Y放弃1单位X，而B愿意为1单位X放弃5单位Y，那么双方都能从交换中得利：A增加产品Y的消费量，而B则消费更多的商品X。这样的交易将持续进行直到两人在两种消费品之间的边际替代率相等为止。

　　契约曲线上的产出配置满足这一条件。为了证明这一结论，来看一下图1-2（b）中的埃奇沃思–鲍利贸易方盒。以原点O_A为起点，I_A^1至I_A^3为消费者A的3条无差异曲线，显示了A对商品X和Y的偏好。这些曲线具有一个共同的性质：沿着任何一条曲线从上向下移动，随着X消费量的增加和Y消费量的减少，A的效用保持不变。与此同时，如果A从一条较低的无差异曲线来到一条较高的无差异曲线，比如从I_A^2来到I_A^3，那么他的效用水平就提高了。相应地，消费者B的无差异曲线I_B^6至I_B^8具有同样的性质，只是现在以O_B为原点。也就是说，B所消费的X数量以O_B-P_1（或F_1-O_A）来度量，他消费的Y数量则以O_B-F_1（或P_1-O_A）来度量。B的无差异曲线从低到高依次为I_B^6，I_B^7，等等。这表明，所有的效率配置全部分布在"契约曲线"或者说冲突曲线（conflict curve）上，这条连接着O_A和O_B的曲线是两组无差异曲线所有切点的轨迹。假设初始点为1，移动到点2可以提高A的效用而不损害B的效用；移动到点3可以提高B的效用而不损害A的效用；移动到2和3之间的某个点则可以同时提高A和B的效用。根据第三条帕累托价值判断准则，提高A的效用而不损害B的效用（反之亦然）是一种改进，因此所有有效率的点必然都沿着契约曲线O_A-O_B分布。由于契约曲线上所有的点都是两组无差异曲线的切点，而无差异曲线的斜率等于MRS_{xy}（消费者在X和Y之间的边际替代率），因此契约曲线O_A-O_B上的每一个点都必然满足消费者A和B的MRS_{xy}相等。这个结果对应于前文列出的消费效率条件。

　　然而，为了实现效率配置，还需要进一步满足第三个条件，即：

$$MRS_{xy}^A = MRS_{xy}^B = MRT_{xy} \tag{1.3}$$

［消费者A和B在商品X和Y之间共同的边际替代率］＝［商品X和Y之间的边际转换率］

　　消费X和Y的边际替代率应该等于生产的边际转换率。后者是指减少1单位X可以多生产的Y的数量，可以证明它就等于X和Y的边际成本之比（推导参见附录1（a））。这样，如果消费的边际替代率为3X对1Y，而生产的边际转换率为4X对1Y，那么增加X产量同时减少Y产量就是有效率的。如果用3单位X替换1单位Y，效用保持不变，这样改变生产模式就可以多出1单位X，使得"有人受益而无人受损"。

边际替代率等于边际转换率这一条件意味着并非契约曲线 O_A-O_B 上所有的点都满足整个经济最终的组合效率。O_B 点的边际转换率可以由生产可能性边界在该点的切线 T 的斜率来表示。沿着契约曲线 O_A-O_B 考虑边际替代率的变动，我们就有可能分离出像点4这样的点，两条无差异曲线在该点的斜率相等并且等于边际转换率的值。可是，当人们想要松口气说，"啊，终于实现效率了"，事情却没那么简单。

点4并非唯一一个符合三个效率条件的点。我们立刻就能想到，我们选择用来构建埃奇沃思-鲍利贸易方盒的点 O_B（见图1-2（b））也完全可以是 O_B^1、O_B^2 或生产可能性边界 P-F 上的其他任意点，每一个选择都对应于一个类似于点4的效率配置点。点4分别为消费者A和B标志了一个序数效用水平，记录为图1-3的点1。相应地，O_B^1 和 O_B^2 的对应点所标志的效用水平可以在图1-3中记录为点1' 和1″。我们沿着图1-2的生产可能性边界 P-F，把所有可以想象的起始点都选择一遍，就可以在图1-3中勾勒出一条连续的曲线 U-F，即所谓的总效用可能性边界（grand utility possibility frontier）。仅根据前面列出的三个效率条件，我们无法在 U-F 曲线上的任意点之间做出选择。给定消费者A的效用不变，上述边界给出了消费者B所能达到的最大（序数）效用，反之亦然。U-F 曲线的"波纹"形状体现了序数效用的特征，而斜率为负则遵循了第三条帕累托价值判断准则，即在效率状态下任何一个人的境况都无法得到改善，除非其他人的利益受损。

可以这样理解，即完全竞争能够保证实现所谓的"最高水平"效率（福利经济学第一基本定理）。这等于说完全竞争能够使资源配置自动达到总效用可能性边界 U-F 上的某个点。回顾一下前面介绍的三个效率条件，我们将其重新罗列在表1-1的A列（a）-（c）部分，而B列则概括了保证每一个竞争性均衡都是帕累托最优的理由。为了满足要素替代条件，每一个生产者都必须对同一个劳动（L）和资本（K）的价格比例（-）w/r 做出反应。w 为劳动的价格（工资），r 为资本的价格（租金率）。竞争性要素市场将会形成资本和劳动的市场出清价格，使得生产者能够买到他们想要购买的投入品数量（见图1-4（a））。类似的，当所有的消费者都对商品Y和X的市场出清价格做出反应

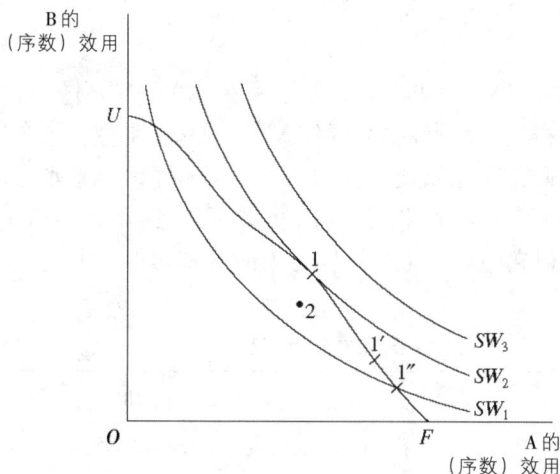

图1-3 效用可能性

时，交换的边际条件也会得到满足。也就是说，他们面临着一个共同的价格比例（-）p_x/p_y，其中 p_x 为商品 X 的价格，p_y 为商品 Y 的价格（见图1-4（b））。最后一个效率条件（见附录1（b））也是成立的，为了看清这一点，注意：当满足下述条件时（见附录1（b）），最后一个效率条件成立：

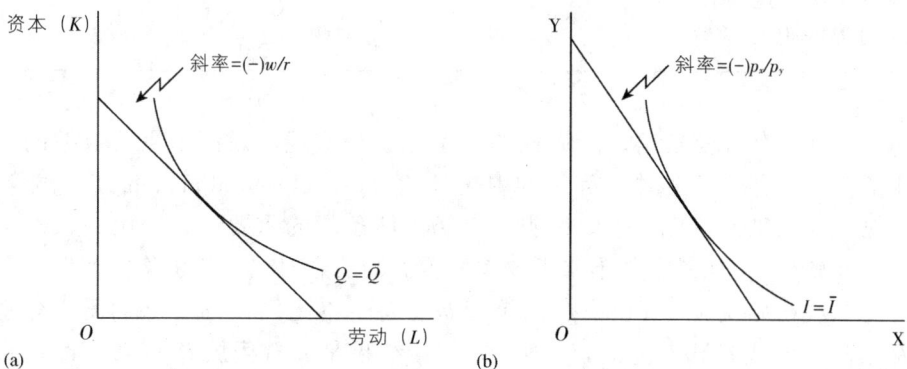

图1-4 竞争与效率

$$MRT_{xy} = MC_x/MC_y \tag{1.4}$$

同时，在完全竞争市场上，

$$P_x = MC_x \tag{1.5}$$

$$P_y = MC_y \tag{1.6}$$

这样就实现了表 1-1 的 B 列 （c） 框所列出的一系列效率等式。通过上述分析，我们终于得到了所谓的福利经济学第一基本定理。该定理指出，每一个完全竞争市场均衡都是帕累托最优的（关于福利经济学基本定理以及本书涉及的其他微观经济分析的严格论述，读者可以参阅 Mas-Colell，Whinston 和 Green，1995），但它忽略了下文所要讨论的种种"市场失灵"。

表 1-1   完全竞争与帕累托最优

A	B
（a） 要素的边际替代条件 $MRTS_{kl}^X = MRTS_{kl}^Y$	为使生产以最低的成本进行，$MRTS_{kl} = (-) w/r$ 后者对于商品 X 和 Y 的生产者是相等的，从而 $MRTS_{kl}^X = MRTS_{kl}^Y = (-) w/r$ （见图 1-4 （a））
（b） 交换的边际条件 $MRS_{xy}^A = MRS_{xy}^B$	为使消费者实现效用最大化，$MRS_{xy} = (-) p_x/p_y$ 后者对于消费者 A 和 B 是相等的，从而 $MRS_{xy}^A = MRS_{xy}^B = (-) p_x/p_y$ （见图 1-4 （b））
（c） 产品的边际替代条件 $MRS_{xy}^A = MRS_{xy}^B = MRT_{xy}$	利润最大化要求 $P = MC$ （$P_x = MC_x$，$P_y = MC_y$），或 $\dfrac{MU_x}{MU_y} = MRS_{xy} = \dfrac{p_x}{p_y} = \dfrac{MC_x}{MC_y} = MRT_{xy}$

然而，有必要指出，全局性的完全竞争是实现"最高水平"效率的充分条件，而非必要条件。完美的中央计划 （perfect central planning） 也能够实现这样的结果。图 1-5 则说明了市场出清条件的重要性，图中的状态虽然满足 $MRS_{xy}^A = MRS_{xy}^B$，却不属于效率配置。消费者对错误的价格比例做出了反应。从初始状态点 1 出发，两个消费者对价格比例 （$-p_x/p_y$） 的反应分别为无差异曲线 I_A^7 和 I_B^8 上的点 2 和点 3，其结果是 A 希望放弃 Y_A 来获得 $+X_A$，而 B 希望放弃 $+X_B$ 来获得 Y_B。显然，在价格比例 （$-p_x/p_y$） 上，A 想要放弃的 Y 的数量超过了 B 愿意购买的数量。通过提高 X 的相对价格直到 $+Y$ 和 $-Y$ 相互抵消，可以得到市场出清的相对价格比例，后者的斜率更为陡峭，如图 1-5 中用虚线表示的价格比例。同时也得到了一个契约曲线上的点，即点

4，在这一点上，A和B的无差异曲线（没有画出来）是相切的。这一观察将我们带到了所谓的福利经济学第二基本定理，即任何帕累托最优配置都可以通过一个竞争性均衡来实现，只需对初始资源禀赋进行一个适当的再分配。

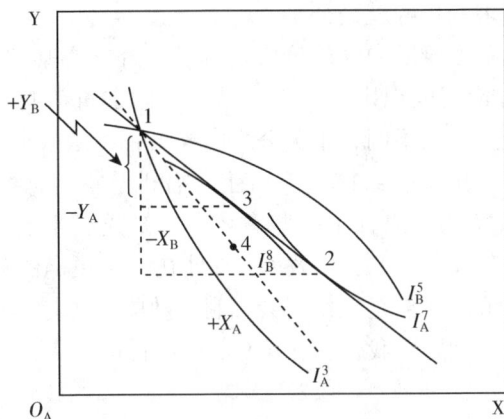

图1-5　价格比率的重要性

　　具体而言，给定契约曲线上的点4以及能够保证它得以实现（从初始禀赋点1出发）的价格比例，第二定理实际上是把前面的第一定理反过来说了，即任何帕累托最优配置，如点4，都能够通过构建一个竞争性市场和一个合适的初始商品禀赋（在这个交换经济的例子里）来得以实现。在由虚线表示的这条"竞争性"价格比例线上，从一个如我们已经标出的点1这样的初始禀赋点/配置状态出发，最终的配置由点4给出。值得注意的是，实际上从虚线上的任何一个初始禀赋点出发，最终实现的配置必然是点4。

　　然而，上面这一看起来很有吸引力的结果——任何技术上可行的配置都是可以实现的——并不表明所有的问题到此就结束了。尽管我们原则上可以用一次性总付转移（lump-sum transfers）来调整初始商品禀赋（或要素禀赋，如果图中包含了生产经济的话），使得完全竞争市场产生既公平又有效率的结果，但这样就回避了本书所涉及的大量问题。比如，当一次性总付转移不可行，财政手段将扭曲价格比例，导致无效率的结果（参见第7章）；第2和第3章所涉及的两种市场失灵被假定不存在，但它们事实上是存在的；如果政府并非从一个具有清白历史的初始状态出发，同时也并不具备解决本章所涉及的各种问题的知识；或者即使政府掌握了这些知识，在公共选择学者看来，他们也没有激励像一个仁慈的君主那样去行动——实现社会合意的"公平"目标，而是有着自己的最大化追求（参见第15章）；如果我们在分析中预设公平所包含的内容是无可争议的（参见第9章），或者能够轻易地通过一种民主的方式去找到它，这时，我们所要追求的目标就是公平。

人们对"效率"本身所内含的价值判断很少给予重视，但却撰写了大量更为复杂的文献来讨论用以识别"公平"结果的附加价值判断准则。在经济学中，与效率的普遍合意性不同，事关公平的社会福利函数形式却是一个充满争议的领域。图1-3给出了一组描述性的社会福利无差异曲线（从SW_1到SW_3）。很显然，一些无效率的结果优于一些有效率但缺乏公平的结果。如图1-3所示，相比SW_1上的有效率点1″，无效率点2处在一条更高的社会无差异曲线上（没有画出）。下一节的任务是介绍社会福利函数的形式与作用，而关于市场经济中收入的实际分配问题，我们将在第9章进行讨论。

1.5 公平与社会福利函数

关于社会福利函数的文献数量众多且相当复杂，其中最基本的问题是对不同经济结构的比较。鉴于新古典经济学的个人主义性质，不难理解经济学家在基于个人效用进行排序时总是避免诉诸强加的选择。由于忽略了其他信息，诸如个体的身份和特征，这种所谓的"福利主义"观点饱受诟病（Sen，1977）。即使我们接受只有个人效用才是真正起作用的，我们仍然要问，效用的基础是什么？在广义的 Arrow 型福利函数形式中（参见第4章），个人效用依赖于所有商品、劳务和投入品在所有个体之间的配置（X）；在狭义的 Bergson-Samuelson 福利函数形式中，个人效用仅依赖于他本人的消费束x_i。下一步的问题是，如何对不同个体的效用赋予权重并进行加总。从我们现在的目的来看，引入一个能够根据不同的假设提供不同形状的"社会无差异曲线"的数学形式是非常方便的。下式给出了这样一个具有不变弹性的福利函数形式：

$$W = \frac{\sum_{i=1}^{n} a_i (U_i)^{1-e}}{1-e} \tag{1.7}$$

式中，W=社会福利

a=参数

U=效用

$1/e$=社会无差异曲线的常替代弹性

Broadway 和 Bruce（1984）对不同假设所导致的情况进行了讨论。

1. 如果 $e=0$，$a_i=1$，则 $W=\sum_{i=1}^{n}U_i$，即所谓的边沁主义（Benthamite）或功利主义社会福利函数，其目标是最大化个人效用之和。在这一两人经济中，社会无差异曲线的形状由图 1-6（a）给出。

2. 如果 $e=0$，$a_i\neq1$，称为广义的功利主义社会福利函数，它是个人效用的加权之和，在两人经济里，社会无差异曲线为具有不变斜率的直线（如图 1-6（b）所示）。当某个消费者的权数 $a_i\rightarrow0$ 时，则意味着社会目标是最大化另一个消费者的效用（如图 1-6（c）和图 1-6（d）所示）。

3. 如果 $e\rightarrow1$，$a_i=1$，则 $W=\Pi_{i=1}^{n}U_i$，该社会福利函数与 Nash 的名字联系在一起，其目标是最大化个人效用的乘积。在这一两人经济中，社会无差异曲线具有直角双曲线的形状，见图 1-6（e）（有关 $e=1$ 时方程（1.7）的形式的讨论，参见第 15 章）。

4. 如果 $e\rightarrow\infty$，$a_i=1$，则 $W=\min(U_1,...,U_n)$，即著名的罗尔斯主义社会福利函数（Rawlsian social welfare function），其目标是最大化社会中福利水平最低的个体的效用。在两人经济中，社会无差异曲线是一组沿着从原点出发的45°射线的直角线，如图 1-6（f）所示。注意，当 e 上升时，社会对公平的关心程度也随之上升（$e=0$ 时表示社会根本不关心公平）。

上述福利函数"形状"涉及 X-型（所有商品）配置的，可参见 Varian（1987）；涉及 x_i（个人配置）的，则参见 Russell 和 Wilkinson（1979）。对上述议题的进一步讨论将安排在第 4 章和第 9 章。第 4 章将在阿罗不可能定理的框架中讨论利用多数同意规则（majority voting）加总个人在 X-型配置之上的偏好。第 9 章将讨论一些社会福利函数的伦理诉求或其他方面的内容，特别是罗尔斯主义福利函数。这里要指出的是，一旦我们接受了某个社会福利函数并将其施加于总效用可能性边界，那么一个公平且有效率的配置就在经济中确定下来了。

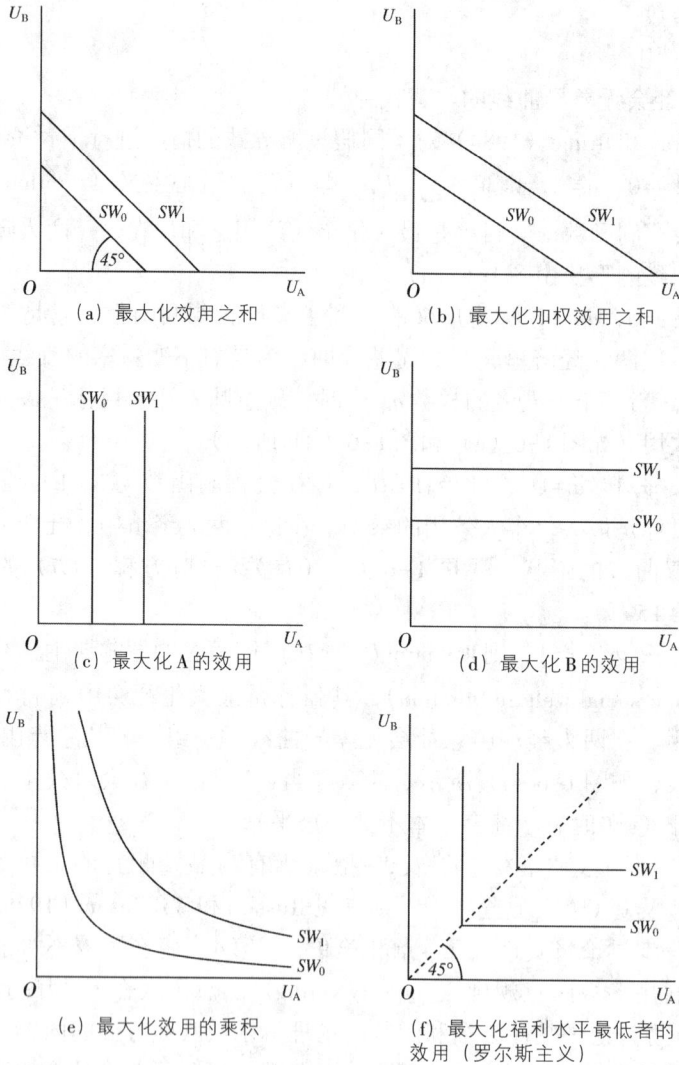

（a）最大化效用之和

（b）最大化加权效用之和

（c）最大化 A 的效用

（d）最大化 B 的效用

（e）最大化效用的乘积

（f）最大化福利水平最低者的效用（罗尔斯主义）

图1-6　社会福利无差异曲线的形状

1.6　"支付意愿"与"无谓损失"

虽然在没有解决公平问题（以及没有一个合适的社会福利函数）的前提下是不可能精确地说明资源应该如何分配以实现社会福利最大化，但就其对效率的影响而言，使用"帕累托最优"的概念来评估政策也许是可能的。关于如何确定一个合适的社会福利函数的难题将在本书的后面章节讨论（比如第4章和第9章）。本节重温"帕累托福利经济学"（Paretian welfare economics），从效率的角度来探讨"帕累托最优"这个概念是否可以用来评价结果。

上文已经讨论了在局部均衡和一般均衡框架中帕累托最优的条件，现在的目标是提出一种可以用来判断结果是否"有效"的方法。再一次，我们重点分析相同的两个个体（A和B）及相同的两种商品（X和Y）。

A对X和Y的偏好如图1-7（a）所示。在无差异曲线 I_A^1 上，1点斜率的绝对值衡量了A的"边际支付意愿"（marginal willingness to pay，MWTP）。它度量了A从商品X中得到的边际收益（以Y为单位）（见1.3节）。A对X的边际支付意愿表明为了消费额外1单位的X，A愿意支付多少单位的Y。由于沿着无差异曲线向下移动，无差异曲线通常会变得更平坦，因此，A对X的边际支付意愿随着X的消费数量增加而递减。

图1-7（b）的纵轴表示A对X的边际支付意愿。再一次，随着A消费越来越多的X，A对X的边际支付意愿减少。由于这种关系就是A对X的需求曲线，所以现在这种关系被描述成 D_C。D_C 刻画了在保持实际收入不变的情况下A愿意为商品X的第一单位 q^1 以及此后的连续单位所支付的最大金额（A的边际支付意愿），因此 D_C 是商品X的补偿（或收入补偿）需求曲线。沿着 D_C 移动，A为每一连续单位的X支付最大金额，实际收入保持不变，从而 D_C 由无差异曲线（这里为 I_A^1）的斜率决定。之所以 D_C 被称为收入补偿需求曲线，是因为A的实际收入保持不变。由于A为每一连续单位的X支付最大金额，A始终保持在图1-7（a）中的同一条无差异曲线上。根据图1-7（b），个人愿意为X支付的总和，可以以Y为单位或货币等价物表示出来（在这里，货币成为计价单位）。

如果A必须支付的价格是 O-P，A将需要 O-q^4 单位的X。A愿意为每一单位直到 q^4 单位支付的最大数量加总就是"总支付意愿"（total willingness to pay，TWTP）。D_C 曲线的高度（如在 O-q^1 点对应的 q^1-2）是A为了消费每一连续单位的商品X愿意支付的数量（保持实际收入不变）。D_C 曲线下的积分（比如O到 q^4）就是总支付意愿（从第1单位到最后 q^4 单位）。如果A对每一单位的X支付为 P，直到 q^4 单位，那么A支付的总额就是 $P \times O$-q^4（比如图1-7（b）中的矩形面积）。A的总支付意愿和A为商品X支付的总额之差就是消费者剩余（consumer surplus）。消费者剩余即个人本愿意支付的数额（保持实际收入不变）

与个人实际支付数额的差额。这一差额也被称为补偿变化（compensating varia-tion）。当然，读者应该已经注意到这里的需求曲线 D_c 与经常出现在微观经济学教科书里的需求曲线不同。"马歇尔需求曲线"（Marshall，1920）描述的是当货币收入不变时的需求。当分析消费者剩余时，把它们区别开来是很重要的，这在附录 1（c）中有讨论。这里依靠支付意愿（保持实际收入不变）来估计 X 的价值（以及用这些概念来考虑"消费者剩余"）已经足够了。

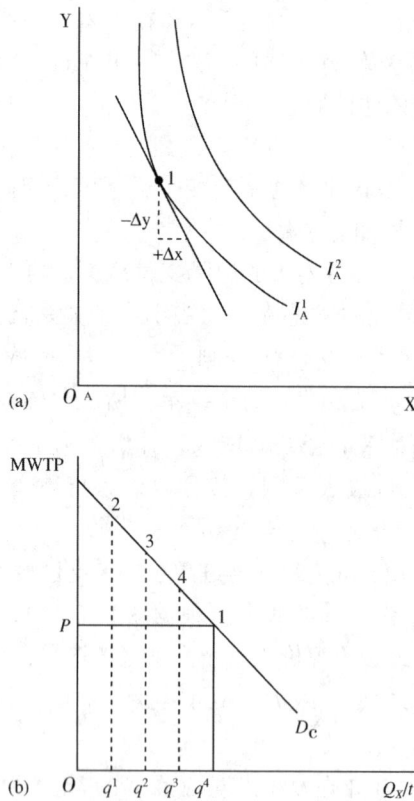

图 1-7 边际支付意愿

支付意愿可以用来决定资源配置的帕累托最优条件。例如：

（i）图 1-8（a）显示的是 A 和 B 的 D_c 曲线。（横轴的长度等于可用的 X 的总量，也就是 1.4 节中所说的埃奇沃思-鲍利贸易方盒的横轴长度。）如果所有的X都在A和B之间进行分配，那么A应该分到多少呢？当A消费O^A-X^*，B消费O^B-X^*时，A和B的总支付意愿之和最大。也就是说，A和B有相同的边际支付意愿。当然，这就是帕累托条件$MRS^A_{XY} = MRS^B_{XY}$（回忆下D_C就是无差异曲线的斜率（MRS））。

如果一个"有效"的配置要求所有的个体有相同的边际支付意愿，那么其他的配置就都是无效的。在X_0点无效的代价是明显的。它就等于阴影三角形1-2-3的面积。X^*到X_0之间的单位没有被配置到具有最高价值的地方。A的边际支付意愿远低于B的边际支付意愿。A和B可以进行帕累托最优贸易（A提供某些单位的Y以换取某些单位的X）。如果这种资源的重新配置能够实现的话，这将是一个帕累托改进（Pareto improvement）（福利的增加就等于阴影三角形的面积）。在X^*点不可能存在帕累托改进，因为X^*点就是一个帕累托最优配置。

（ii）作为第二个应用，考虑价格应等于边际成本的条件（如1.3节所说的）。生产额外1单位X的成本就等于本可以使用那些生产要素来生产另外一种商品（比如Y）的损失。生产X的边际成本就是再生产1单位X增加的成本（无论是以Y的数量计算还是以货币等价物计算）。由图1-8（b）看出，随着X的数量增加，边际成本也增加了。如果没有固定成本，MC曲线以下的面积就等于生产特定单位X的总成本。如果需求曲线以下，价格线以上的面积就是消费者剩余（P-6-1的面积），那么在价格线以下，边际成本曲线以上的面积（O-P-1）就是生产者剩余（producer surplus）。O-P-1的面积就等于生产者得到的数量（P）与他们生产商品所需的最小数量之差（他们的实际收入保持不变）。

在图1-8（b）中，需求曲线D是社会上所有消费者（A和B）的需求曲线之和。D是市场需求曲线——通过在任何价格上加总A需要的数量和B需要的数量得到（也就是说，市场需求曲线是对数量的水平加总）。如果福利可以由消费者剩余和生产者剩余之和（有时称为社会剩余（social surplus））来评估，那么当价格等于边际成本时，该和最大。图1-8（b）中，有效的产出水平是O-q^*。在O-q^*数量上，消费者的边际支付意愿（$MWTP$）等于X的边际成本（MC）（且由于市场需求是对数量的水平加总，那么可以得出$MWTP^A = MWTP^B = MC$）。

我们再一次证明了就效率而言的帕累托最优条件。当这个条件不满足时，衡量福利损失也再一次成为可能。如果只生产了O-q^1的数量，那将会产生无效损失（或无谓损失（deadweight loss）），该损失等于阴影三角形1-2-3的面积。

在产出 O-q^1 上的无效损失（无谓损失）可由三角形 1-2-3 的面积估计。三角形的面积等于 1/2 的高乘以底，即三角形 1-2-3 的面积等于 $1/2 \times$（［$MWTP$-MC］$\times$［q^*-q^1］）。

图 1-8（b）也说明了为什么产出大于 q^* 是无效的。在 O-q^2 产量间，（q^*-q^2）的值是 q^*-1-5-q^2，但生产这些产量所需的额外成本是边际成本曲线以下 q^*-q^2 的积分。花费 q^*-1-4-q^2 的成本来生产额外单位的商品，但这些额外生产产品的价值只有 q^*-1-5-q^2。两者之差就是福利的损失（三角形 1-4-5）。这就是无谓福利损失（deadweight welfare loss）。称之"无谓"是因为已经产生的成本，不能抵消其增加的收益。

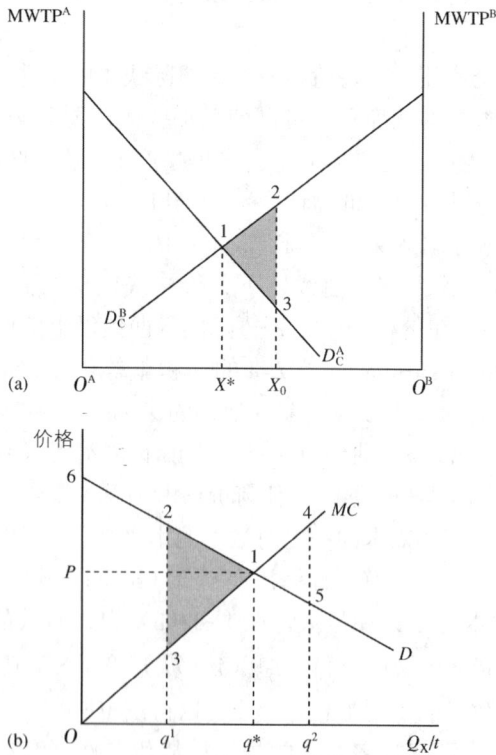

图 1-8　无谓损失的无效率

"支付意愿"可以用来说明 1.3 节和 1.4 节中所说的帕累托最优条件，同时，这个概念也可用来分析公共政策。下节重点介绍，对于资源的有效配置来说，是否所有能够提供完全竞争的条件都是必要的。第 1.8 节和第 1.9 节将采用支付意愿来比较达不到帕累托改进的政策改变。但应该注意的是"支付意愿"（或补偿变化）并不是衡量价值的唯一标准。附录 1（c）还考虑了"接受意愿"（等价变化（equivalent variation））作为衡量价值的尺度。

1.7　可竞争市场与完全竞争市场：多大程度的竞争是必要的？

如果非竞争性市场不太可能满足帕累托最优的条件，那么，多大程度上的竞争是必要的呢？所谓的可竞争市场方法最早来自 Baumol（1982）及 Baumol、Panzer 和 Willig（1982），而且与其他可评价的经济安排相比，它被看作是一种限制较少的理想形式。此外，既然不同的需求状况符合相同的可推导出传统市场形式的新古典 U 型成本框架，那么，竞争性的重点是在成本方面。这里的关键假设是可自由进入和退出市场。不仅潜在的进入者在进入市场时一定是完全竞争，而且在他退出市场时也必定不会受到惩罚。有关退出的一个特殊问题是存在无法收回的沉没成本（见第 5 章）。让我们姑且假定进入/退出的条件是满足的，然后来看在几乎没有外界帮助的情况下，可竞争市场如何产生与完全竞争市场同样的结果。如果"肇事逃逸"（hit and run）式的进入和退出是可行的，那么在一个行业中已经存在的企业只能获得正常利润或回报，因为任何的剩余都会被这样的进入和退出方式消除，即使是在短期。同样，如果一个企业选择了除其短期成本曲线的底部（长期成本曲线的最低点）之外的点生产，可以预见其销售额将被成本较低的进入者取代。

但是，什么是"价格等于边际成本"这一竞争性均衡的本质？图 1-9 描绘了一个企业在可竞争市场中的边际成本曲线。如果产出是 q_e，那么边际成本定价要求价格应为 $O\text{-}P_e$，但如果在可竞争的背景下，你要价偏高和偏低会发生什么呢？如果太高，如对 $O\text{-}q_e$ 要 $O\text{-}P_h$ 的价格，进入者可以进入市场，只要价格比 $O\text{-}P_h$ 稍微低点，就可获得那些价格超过边际成本的定价者的销售额。而如图中点 3 所示，$O\text{-}P_h$ 等于 MC 时对应的销量为 $O\text{-}q_h$。进入者通过额外的收入（q_e-2-3-q_h）与额外的成本（q_e-1-3-q_h）之差获得现有企业的利润，即等于三角形 1-2-3。因此，任何企业定价超过 MC 都将被潜在的进入者取代。但如果生产 $O\text{-}q_e$ 的产量而卖出的价格低于 MC，比如 $O\text{-}P_l$，又会怎样呢？现在一个进入者可以在边际成本等于 $O\text{-}P_1$ 处生产 $O\text{-}q_1$，且可以通过稍微降低一点价格来获得比之前的生产者更多的利润。这是因为节约的成本是 $q_1\text{-}5\text{-}1\text{-}q_e$ 而损失的收入仅仅为 $q_1\text{-}5\text{-}4\text{-}q_e$。因此，与之前企业获得的利润相比，增加的利润为三角形 1-4-5。简而言之，任何高于或者低于 MC 的定价者都可以预期会有潜在者进入市场，通过削减他们的销量来惩罚他们采取的行动。重要的一点是，这个结果只依赖于现有的生产 X 的企业（这些企业的数量可以很少）对潜在竞争者进入退出的威胁是否是开放的。基于这个理由，政策的首要目标就是通过消除进入和退出的壁垒来保持这样的状态。

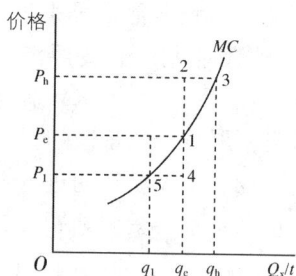

图1-9 边际成本定价与"可竞争性"

1.8 帕累托改进与潜在的帕累托改进：政策结果可以比较吗？

当比较不同的资源配置时，"支付意愿"的概念被证明是有用的（正如1.6节讨论的那样）。如果资源配置还没达到帕累托最优，那么就有一个帕累托改进（Pareto improvement）的空间。至少一个人的状况变好，同时没有人状况变差，帕累托改进就发生了。若一项政策的颁布达到了这种效果，那就没必要评价这项政策使个人的状况好了多少。问题是几乎没有政府制定的政策能够做到没有一个人的状况变坏（也就是说，政府制定的政策总会使某些人状况变差）。这种限制引导经济学家们提出可替代的福利标准，有些经济学家就明确采用了消费者剩余和支付意愿的概念。这一节，我们概括了可替代的福利标准，也考虑了这些标准的缺陷。沿着 Baumol（1977）的思路，我们假设在一个社区中有两个人 A 和 B，然后看在替代的福利标准下，会发生哪些经济变化。

1.8.1　帕累托改进

图1-10所示的是效用可能性（可得性）曲线（在1.3节已讨论过）。坐标轴分别显示了A和B的效用。一项提出的政策将导致资源配置的变化。现状由点1所示。与初始配置相比，A和B的状况会怎样变化呢？如图1-10（a）所示，若提出的政策变化导致新的结果仍在效用可能性曲线U-F上，参照帕累托标准，倘若它导致的位置如点2、3、4所示，那么这将是可取的。任何在点1东北象限的新位置都能通过帕累托标准，因为它使一个人的状况变得更好，而不会使任何另外的人状况变差。但是，移动到新的点，如点5或点6，将不能通过帕累托标准：这将使两人中的一人状况变好，而另一人状况变差。

1.8.2　潜在的帕累托改进标准

帕累托标准的严格限制（没有人状况变差）引导Hicks（1940）和Kaldor（1939）提出一个更宽泛的标准。这个标准是说，在图1-10（b）中，点1移动到点5是可接受的。这是因为，假定再分配无需成本，那么再分配总是可能会发生，这样就可以把个体从点5移动到点3——而点3满足帕累托标准。点1在初始的效用可能性曲线U-F上，而资源的再分配使社会的效用可能性曲线变为U'-F'。无成本的再分配意味着可以沿着效用可能性曲线移动，如从点5移到点3。发生这种再分配意味着受益者的收益超过了受损者的损失。在这个基础上，政策建议是可以被接受的。这样，从理论上说，让受益者补偿受损者之后仍然能从政策变化中获益，这是可能的。在这种情况下，被拿来比较的是对某种经济变化的"支付意愿"（或受益者的补偿变化）与对这种变化的"接受意愿"（或受损者的补偿变化）。值得注意的是，实际的补偿并不需要——受益者仍然受益，而受损者仍然受损。若实际补偿真的发生，那么这项建议将满足帕累托标准。

1.8.3　双边标准

当效用可能性曲线相交时，利用希克斯-卡尔多（Hicks-Kaldor）标准会出现一个问题。Scitovsky（1941）发现，尽管在图1-10（c）中，从点1移动到点7通过了希克斯-卡尔多检验（因为无成本的再分配，从点7移动到某一点如点9，是可能发生的——而点9相对于点1是一个帕累托改进），从点7移回点1也是相同的情况，也可通过希克斯-卡尔多标准，因为在点1，若存在无成本的再分配，移动到如点8的位置将是可能的——而点8相对于点7是一个帕累托改进。针对这个问题，他提出了所谓的"双边标准"（double-edged criterion），即

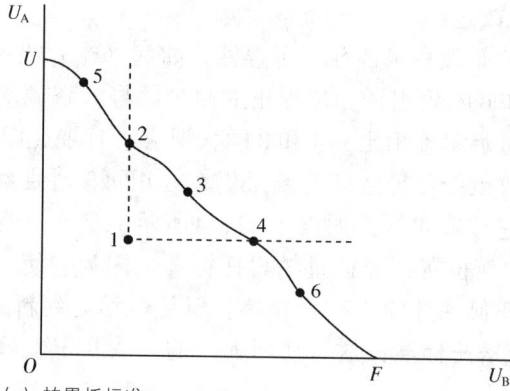

（a）帕累托标准

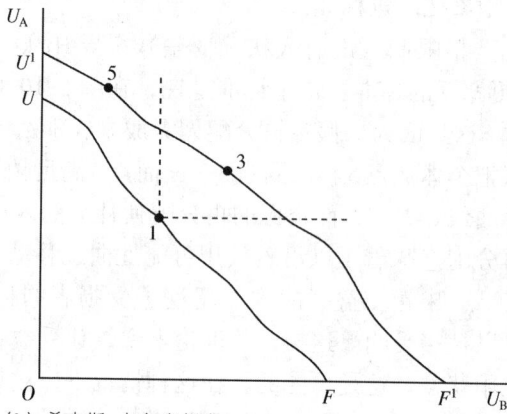

（b）希克斯-卡尔多标准

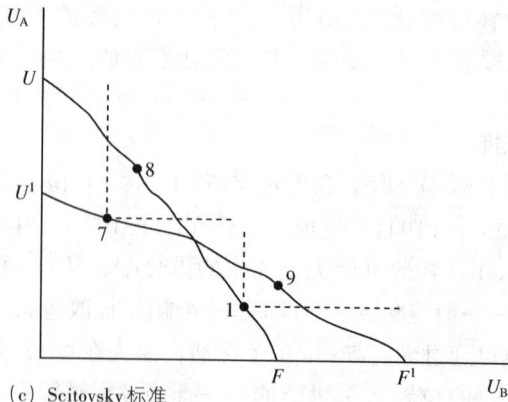

（c）Scitovsky标准

图 1-10 福利标准

从一个位置移动到任何位置应通过希克斯–卡尔多检验，但任何从新位置移回到初始位置应不满足希克斯–卡尔多标准。在图1-10（b）中，点1到点5的移动通过了双边标准，但在图1-10（c）中，点1到点7的移动就没通过这个标准。

这里无法穷尽对福利标准的讨论（更广泛的讨论可参见Nath，1969）。但这里的讨论有助于说明当政策改变将至少损害一个人利益时出现的问题。如果唯一可能发生的是使某些人状况变好而不使任何人状况变差的变化，那么，绝大多数政策都可能受阻。为了推进政策，对某种变化的支付意愿（以及对改变资源利用方式的支付意愿）的概念就变得非常重要。在本书中，我们一般将潜在的帕累托改进标准作为参考，尽管受到Scitovsky标准的批判（参见第6章）。

1.9　"次优"理论："第一优规则"总是必需的吗？

1.6节的分析聚焦于"支付意愿"和对无效率的估计。本节的目标则是用这种方法来分析"次优"（second best）的情况。当完全竞争达到有效率水平时，帕累托最优配置被认为是"第一优"（first best）的。"第一优"结果要求在所有的商品市场中同时满足所有的边际等式。然而，如果在经济中，一个或多个边际等式不能满足，那么"次优"问题就产生了。例如，一种商品（如商品Y）由一个垄断厂商生产（因此$P_y > MC$），那么，从增加福利的角度，在其他商品市场上也不能再自动遵循那些帕累托最优条件。

正如Baumol（1965）指出：从帕累托最优模型开始，假定每一种商品的边际替代率等于其价格比率意味着福利的提高。但假定如果不能满足，会怎么样呢？当一个边际等式不满足（当一个非帕累托约束存在），政策制定者不必遵循"边际成本定价"之类的规则，经济中的其他部门也不会感到这些规则在增加社会福利。此外，正如Lipsey和Lancaster（1956）所指出的，计算在某些次优经济中需满足帕累托条件的数量及争论某个经济比另一个更好就因为满足更多的边际条件没有任何意义。在下面这个模型中，将会出现"全或无"（all or nothing）的情况！也就是说，只有当所有条件都满足时（第一优），我们才能高枕无忧地认为福利已经最大化了。如果有一个边际等式不满足，那么就有可能需要放弃所有其他等式。然而，这些背离应该往哪个方向改进并不清楚。无怪乎很多教科书，甚至很多期刊论文，都尽量回避次优问题，因为处理这个问题会造成很大的麻烦。

尽管读者对于福利经济学的失望可能增加，但还不至于放弃所有希望。通过一个逐步的最优化过程，解决次优问题是可能的，但正如我们将要表明的，这可能意味着需要修改某些资源配置的规则。

为了说明如何应对非帕累托约束，利用支付意愿（和消费者剩余）以及潜在的帕累托改进的概念是有用的。在我们即将重点分析的特例中，经济中的一种商品价格不等于边际成本，并且没有解决这个问题的直接办法。假定存在两种商品 X 和 Y。商品 Y 由一个垄断厂商生产，卖出的价格大于边际成本。商品 X 由公共部门生产。X 应该怎样定价？价格等于边际成本的原则仍然管用吗？

为了解决这个问题，最好避开上述定价规则。需要遵循的定价规则应该是实现福利最大化的结果，反之不成立。通过改变价格来实现福利最大化，一个简单的过程是，只要福利的净增加值为正，就可不断改变价格。当不能再通过改变价格增加净福利时，那么最优的价格就确定了（不管这个价格是否等于边际成本）。

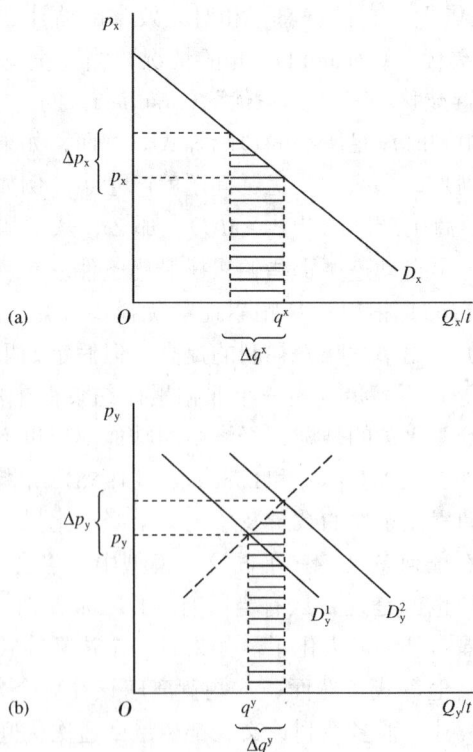

图 1-11 "次优"分析

这里，我们沿用Turvey（1971）和Webb（1976）所提出的方法。图1-11给出了商品X和Y各自的需求曲线。这些是线性收入补偿需求曲线。商品的价格按照对商品的支付意愿来估计。因此，商品X价格的微小变化（ΔP_x）引起的消费者的评价变化等于因此额外消费商品X（Δq^x）的价值。图1-11（a）中的阴影部分面积表示了这些额外消费商品X的价值。这块面积等于：

$$(P_x + \Delta P_x/2) \Delta q^x \tag{1.8}$$

如果商品X和Y互为替代品，商品X的价格变化会引起商品Y的需求曲线的移动。如果X的价格上涨，Y的需求曲线将向右移动（反之亦然）。假设Y的需求曲线从D_y^1移动到D_y^2，如图1-11（b）所示，商品Y的额外单位的变化所带来的价值等于消费者愿意为这些单位支付的最大价格之和。随着需求曲线移到右边，虚线刻画了为每个边际单位所支付的价格。因此，图1-11（b）中阴影部分面积衡量了对这些额外单位的支付意愿。这块面积可表示为：

$$(P_y + \Delta P_y/2) \Delta q^y \tag{1.9}$$

随着商品X的产出增加，其生产成本也会发生变化。这可以用生产的边际成本乘以X的数量来估算，即$M_x \Delta q^x$。类似地，生产商品Y增加的成本可写作$M_y \Delta q^y$。应该清楚的是，商品X的价格变化会影响消费者的福利（通过对商品及其替代品的支付意愿）及生产成本（通过$M_x \Delta q^x + M_y \Delta q^y$）。但有理由认为只要净福利效应为正，X的价格变化应该是可取的。

净福利效应等于$[(P_x + \Delta P_x/2) \Delta q^x] + [(P_y + \Delta P_y/2) \Delta q^y] - (M_x \Delta q^x + M_y \Delta q^y)$。因此，遵循的规则应该是不断改变$P_x$直到

$$(P_x + \Delta P_x/2) \Delta q^x + (P_y + \Delta P_y/2) \Delta q^y - M_x \Delta q^x - M_y \Delta q^y = 0 \tag{1.10}$$

如果重新整理这些项，那么在该点

$$P_x = M_x - \Delta q^y / \Delta q^x (P_y - M_y) - \frac{1}{2} \frac{(\Delta P_x \Delta q^x + \Delta P_y \Delta q^y)}{\Delta q^x} \tag{1.11}$$

当ΔP_x和ΔP_y趋于零，我们可以忽略最后一项。从而，P_x应该被设为

$$P_x = M_x - \Delta q^y / \Delta q^x (P_y - M_y) \tag{1.12}$$

其中，$\Delta q^y / \Delta q^x$这项尤为重要。若$\Delta q^y / \Delta q^x$为负，那么两种商品为替代品；若$\Delta q^y / \Delta q^x$为正，则两种商品为互补品。因此，最后一个等式说明，如果两种商品为替代品，则X的价格应该高于其边际成本（$\Delta q^y / \Delta q^x$为负，从而$-\Delta q^y / \Delta q^x (P_y - M_y)$为正）。X的价格应该比边际成本高出多少则取决于商品Y对其边际成本的溢出价格（excess price）。（当然，如果两种商品为互补品，

$\Delta q^y/\Delta q^x$ 为正，当 $P_y > M_y$ 时，P_x 应该低于 M_x。）

参照上面的例子，如果商品 X 有许多种替代品，那么应该根据所有其他商品溢出价格的加权平均值来确定 X 的价格高于其边际成本 M_x 的程度——权重依赖于其他商品对 X 的替代程度。这条规则背后的经济学逻辑是很清晰的。在上述例子中，若商品 Y 的定价高于边际成本，那么根据帕累托标准，Y 生产得"太少"了。消费者愿意为额外 1 单位的 Y 商品支付高于边际成本的价格。现在商品 X 的定价高于边际成本的事实将减少对 X 的需求，同时增加对 Y 的需求。更多的资源将从 X 的生产中转移到 Y 的生产中——这在帕累托的语境中是合理的。

尽管以上定价策略从直觉上看起来合乎逻辑，但毫无疑问，在这个"逐步最优化"方法中需要更多的信息。我们需要知道商品间的替代/互补程度。我们需要知道其他商品的定价高于其边际成本的幅度。尽可能降低信息上的要求，是可以提出某些大概的指导方针的。举个例子，如果所有其他商品都是定价大于边际成本的替代品，那么至少我们知道公共部门商品的定价应该高于其边际成本（Farrel，1958）。如果一种商品是另一些商品的高度替代品，那么我们应该重点关注生产这种商品的部门。比如，煤的公共部门定价主要受到电、石油、天然气及其他能源的溢出价格的影响。这些捷径的存在并不意味着任务很简单，但是公共部门生产定价的逐步最优化方法确实是存在的。

当"第一优"结果可能无法实现时，这种使福利损失（其概念在 1.6 节讨论过）最小化的方法建立了一个"次优"解。这会在本书的不同章节被重复提到（当需要用到次优方法时——比如，第 15 章推导拉姆齐法则）。这个方法的缺点是不再有清晰、简单、稳健的规则，取而代之的是需要获得相当数量的信息（例如，关于溢出价格比率和交叉价格弹性的信息）。关于"次优"理论的进一步分析见附录 1（d）。

1.10 调整焦点：引入新的视角

迄今为止，本章都在关注"传统财政学"方法。关注的焦点是政府"应该"如何行动的方式。如果市场失灵了（如 1.9 节），政府应该如何做出反应？例如，如果存在市场的不完全性——价格不等于边际成本——政府应该怎么做？这种方法从本质上来说是规定性的（适当的税收、补贴以及管制措施是什么?)。Musgrave（1959）以及 Musgrave 和 Musgrave（1989）对这种方法进行了举例说明。它是一种规范性（normative）方法。它运用微观经济理论来说明政府应该怎样干预才能产生"正确"的结果。

本书的很多地方会对这种方法和"公共选择"方法进行比较。这两种方法都建立在共同的微观经济学概念的基础之上。两种方法都依赖所谓的"方法论个人主义"。其出发点是把个体作为分析的单位；个人是他们自己福利的最好判断者；重要的是个人对分配的评价。两种方法都把"帕累托最优"作为一个参照系（作为一个基准）。两者都涉及反映个人偏好的资源配置。两种理论的组成部分非常相似。Buchanan（1975）认为有四个领域对公共选择子学科的发展是极为重要的：对公共物品的需求（见本书第3章）；投票理论（见第4章）；宪政理论（见第14和15章）以及公共物品供给理论（见第5章）。对公共选择分析而言，这些领域相比其他微观经济学分支更为重要，但它们是通过一种传统的财政学分析来加以说明的。那么，它们的差别在哪呢?

传统的财政学方法关注政府应该做什么（在税收、补贴、管制方面）来增加福利，关注的是结果。但政府以这种方式干预的动机是什么呢？为什么要假定政府的干预行为是仁慈的？在传统的（"社会最优化"）方法中政府扮演的是一个仁慈的独裁者角色。但既然市场会失灵，是不是政府也会失灵呢?

公共选择分析注重的是过程。集体决策过程是否是有效率的？Wiseman（1985）强调了有效率的选择与决策程序有关。如果集体决策的过程是无效率的，那么结果很有可能与传统的"社会最优化"方法得到的结果发生偏离。

公共选择分析以实证（positive）分析开始（注重分析行为人参与集体决策过程的方式——而非他们"应该"如何行动）。每一个参与人都有一个目标函数以及各自的约束。如果运用微观经济分析（通常用来预测消费者和生产者的行为）来预测参与集体决策过程的参与者的行为，预测是可能实现的。当他们参与的过程依赖于具体的决策规则（例如多数票规则）时，重点在于实证分析（预测行为）。

公共选择分析预测结果需参照集体决策过程的参与情况，而且预测的结果往往与应该的（prescribed）结果不同。根据其产生的结果来分析过程是可能的；评估"其他决策过程是否可以产生一个更好的结果"也是可能的（Wiseman，1980）。

通过这样运用微观经济理论，"公共选择"扩展了传统的财政学分析的边界。公共选择分析纳入了投票者、政治家、被选举的代表、官僚（而且，通过这种方式，公共选择体现了政治科学领域的分析）。如果从传统的视角提的问题是"在给定的情况下，考虑到经济效率（和公平），一个公共部门决策者应该做什么？"那么，"公共选择"学派的问题则是"政府部门中效用最大化的个人会怎么表现？""集体决策产生的结果不能最大化经济效率（及公平）吗？""如果不能，集体决策的过程应该如何重新设计？"

公共选择学者注意到：如果决策过程依据一致同意规则，则产生的结果将是"帕累托最优"的。若每个人都认为新的提议比现有安排更优，那么做出改变是"帕累托最优"的——在没有人变得更差的同时某些人变得更好。但是，沿着 Wicksell（1896）的思路，Buchanan 和 Tullock（1962）意识到一致同意原则的局限性并且发现最优的决策应该在这样一个水平：没有实现完全一致同意决策的效率损失和建立一致同意的决策成本的总成本最小化（见第 4 章）。这种集体决策方式的相对优点处在公共选择分析的核心位置。

正如 Congleton（1988）所表明的，传统视角在处理"公平"问题时依赖参照"直观有说服力的社会福利函数"。1.5 节已展示了不同的社会福利函数可能的形状。但究竟哪个是"直观且有说服力的"？它又是如何产生的？在公共选择方法中，重点在于如何加总个人对公平的看法（社会福利函数构建的过程）。

当我们遵循传统的财政学方法时，政府在本质上是一个外在于分析的行为人。人们指望政府颁布的政策能使福利最大化。在"公共选择"方法中，政府本身是面向批评的。这不是因为政府部门成员不如社会中的其他成员。批评在于集体决策过程并不总是"有效的"。如果可以证明，通过一只"看不见的手"（Smith，1776），个人能够在完全竞争市场上追求个人利益并且结果将是"有效的"（本章的 1.3 和 1.4 节），那么确保政治过程有效运行的那只"看不见的手"在哪呢？

公共选择预测了经济人（homo economicus）参与集体决策时的方式。经济人是"理性的"、自利的，并且仅仅关心个人利益，比如个人的财富或收入（Brennan 和 Lomasky，1993）。在公共选择分析中，经济人具有典型的自利性；Tullock（1999）主张所谓"人的模型"就是假定个人"最大化其自身利益"。

即使出现的结果比预期看起来更为高尚，公共选择仍然认为民主过程是失败的。当涉及"浪漫政治"（romance of politics）时，公共选择学者对此是存疑的（Buchanan，2003）。作为一个例子，我们回顾一下 19 世纪为减少棉花厂儿童妇女工作时间而实施的管制。1833 年《英国 Althorp 法案》传统上被认为是政府干预人道主义的一个例子。公共选择方法对导致这一立法的动机和过程提出了质疑。从公共选择的视角来看，导致1833年英国工厂法案的原因并非公众因儿童受到的待遇而感到义愤填膺。一个公共选择的解释认为，如果这项立法增加了水力驱动的工厂的经营难度，那么那些蒸汽驱动的工厂的自利的老板们将从中得利。由于水力驱动的工厂更多地依靠童工（在干旱期），蒸汽驱动的工厂将因为这项法案而增加利润（Marvel，1977）。同时，熟练的男性纺织工人也能从这项立法中获益（Anderson和Tollison，1984）。

Kelman（1988）对这种单一自利动机近乎排他性的使用提出了批评。他对公共选择学派做出了一个摆荡攻击（swinging attack），声称没有一个单一维度的人类动机模型是充分的。

当个体纯粹自利时，政府将没有能力提供有效的解决方案——这种怀疑论符合"弗吉尼亚"公共选择学派的特质。Rowley和Vachris（1995）对"芝加哥"和"弗吉尼亚"公共选择做了区分。在芝加哥学派看来，经济市场和民主市场都有可能产生有效的结果，因为人们在这两个市场上都受到自利动机的驱使。Becker（1983）认为压力集团之间的竞争有可能产生潜在的帕累托改进，如果那些在政府介入后获益的人因为其收益超过受损者的损失而愿意支付更大的成本去游说政府。Wittman（1995）探讨了使政治决策实现有"效率"结果的条件。与之相反，弗吉尼亚学派则持怀疑态度。弗吉尼亚学派常常对政府的各种伪装表现出某种程度的反感。从弗吉尼亚公共选择分析的角度来看，如果没有宪政改革，公共部门在政治上和经济上都是无效率的。本书所讨论的绝大多数（但非全部）公共选择文献都具有这样一种"不那么乐观"的倾向。

本书很多章节中所陈述的对比都介于"传统"的和"公共选择"的视角之间，但第16章则介绍了一种非常不一样的方法。"传统"的和"公共选择"的方法都基于个体是"理性"的这一行为假设。然而，有越来越多的经验研究文献发现，实际行为系统性地不同于理论所预测"理性"行为。这些不同指的是反常（参见Thaler（1994）对这类文献的综述），然而"反常"是无处不在的，而且在预测行为时"反常"不会消失（Whitman，1995）。如果，正如黑格尔（Knox，1952）深刻认识到的那样，"理性是一条人人行走的大路，没有一个人会格外显眼"，那么这条大路肯定不会标上预期效用理论的路标。相反，它上面散落着一些未经完全分析，却依然具有系统性和启发性的响应。新古典微观经济理论所依赖的那些假设是不现实的。诸如传递性、强可分性以及复合彩票的一般规则等假设必须被一些不同的假设所取代（比如价值函数、框架效应以及作为各种系统性扭曲产物的主观概率）。第 16 章将介绍这种被称为"行为财政学"的新方法（Slemrod 和 McCaffery，2006）。

1.11　小结

本章介绍了将在后面各章的很多讨论中用到的基础理论。本章表明：

- 任何福利的估算必须以价值判断作为前提。
- 特定的价值判断支持"帕累托最优"的概念。
- 为实现帕累托最优（在局部均衡和一般均衡中）需要一些资源配置条件。
- 当决定社会"最优"资源利用时，"效率"和"公平"之间存在着差异。
- 借助社会福利函数可以分析公平。
- 当评估"效率"及"无效率"（或无谓损失）时，支付意愿是密切相关的。
- 竞争依赖于"可竞争市场"。
- 当评价一个改变是否属于潜在的帕累托改进时，支付意愿是密切相关的。
- 当逐步最优化过程使效率损失最小化时，我们可以分析次优解。

本章也为读者介绍了运用微观经济理论的不同视角。对于同一个问题，不同的经济学家有不同的看法（这大概就是经济学的"本质"）。为了凸显差异，附录 1（d）进一步探讨了一个特殊问题——"次优"，把它作为"传统的社会最优化"财政经济学家和最近兴起的公共选择学派之间的分水岭的第一个例子。尽管在方法上存在差异，两者都提供了深刻见解。正如 Ng（1987b：154）所指出的"传统的社会最优化方法……［12.1.5 节］……和公共选择方法……［1.8 节和 1.9 节］……在它们各自的领域中都是有用的"。

附录 1（A）：推导帕累托最优规则

这部分提供一个更为精确的帕累托最优条件的推导过程。这也将作为后面章节的其他推导的一个参照系。读者也可以通过比较附录 2（a）和附录 3（a）中的推导，以观察当存在外部性或公共物品时，帕累托最优条件将以一种什么样的方式做出改变。

第1.4节所描述的帕累托最优经济的三个条件可以通过一个约束下的最大化过程推导出来（利用拉格朗日乘子方法）。

（ⅰ）生产效率要求：

$$MRTS_{KL}^Y = MRTS_{KL}^X \tag{1A.1}$$

生产边界显示了在给定 Y 的产出水平 $\bar{Y}$ 及资本和劳动（K 和 L）各自的初始禀赋情况下，能够生产出来的 X 的最大数量。资源约束为：

$$\bar{L} = L_X + L_Y \tag{1A.2}$$

$$\bar{K} = K_X + K_Y \tag{1A.3}$$

生产函数为：

$$X = X(K_X, L_X) \tag{1A.4}$$

其中，X = 每期生产 X 的数量，

$$Y = Y(K_Y, L_Y) \tag{1A.5}$$

其中，Y = 每期生产 Y 的数量（Qy/t）。

目标是最大化 $X = X(K_X, L_X)$，受约束于

$$\bar{Y} = Y(\bar{L} - L_X, \bar{K} - K_X) \tag{1A.6}$$

构造拉格朗日函数：

$$\mathcal{L} = X(K_X, L_X) + \lambda[\bar{Y} - Y(\bar{L} - L_X, \bar{K} - K_X)] \tag{1A.7}$$

求 $\mathcal{L}$ 关于 K_X，L_X 的偏导数，并使其等于 0：

$$\frac{\partial \mathcal{L}}{\partial K_X} = \frac{\partial X}{\partial K_X} - \lambda \frac{\partial Y}{\partial K_X} = 0 \tag{1A.8}$$

$$\frac{\partial \mathcal{L}}{\partial L_X} = \frac{\partial X}{\partial L_X} - \lambda \frac{\partial Y}{\partial L_X} = 0 \tag{1A.9}$$

从而，在约束下的极大值点，有：

$$\frac{\partial X/\partial K_X}{\partial Y/\partial K_X} = \lambda = \frac{\partial X/\partial L_X}{\partial Y/\partial L_X} \tag{1A.10}$$

以及，

$$MRTS_{KL}^Y \equiv \frac{MPl^Y}{MPk^Y} = \frac{\partial Y/\partial L_X}{\partial Y/\partial K_X} = \frac{\partial X/\partial L_X}{\partial X/\partial K_X} = \frac{MPl^X}{MPk^X} \equiv MRTS_{KL}^X \tag{1A.11}$$

式中，MPl 和 MPk 分别为劳动和资本的边际产出。

（ⅱ）消费效率要求：

$$MRS_{XY}^A = MRS_{XY}^B \tag{1A.12}$$

这里的问题结构和上面的生产效率相似。目标是最大化某个个体（比如 A）的效用，同时保持 B 的效用水平在某个固定水平（比如 $\bar{U}^B$）不变。

个体的效用函数为：

$$U^A = U^A(X, Y) \tag{1A.13}$$

$$U^B = U^B(X, Y) \tag{1A.14}$$

与之前一样，X 和 Y 是只有两种商品世界中的产出。构造拉格朗日函数：

$$\mathscr{L} = U^A(X_A, Y_A) + \lambda[\bar{U}^B - U^B(X_B, Y_B)] \tag{1A.15}$$

求 L 对 X 和 Y 的偏导数并使其等于 0，得到：

$$\frac{\partial \mathscr{L}}{\partial X} = \frac{\partial U^A}{\partial X_A} - \lambda \frac{\partial U^B}{\partial X_B} = 0 \tag{1A.16}$$

$$\frac{\partial \mathscr{L}}{\partial Y} = \frac{\partial U^A}{\partial Y_A} - \lambda \frac{\partial U^B}{\partial Y_B} = 0 \tag{1A.17}$$

$$\frac{MU_X^A}{MU_X^B} = \frac{\partial U^A /\ X_A}{\partial U^B /\ X_B} = \lambda = \frac{\partial U^A /\ Y_A}{\partial U^B /\ Y_B} = \frac{MU_Y^A}{MU_Y^B} \tag{1A.18}$$

以及

$$MRS_{XY}^A \equiv \frac{MU_X^A}{MU_Y^A} = \frac{\partial U^A /\partial X_A}{\partial U^A /\partial Y_A} = \frac{\partial U^B /\partial X_B}{\partial U^B /\partial Y_B} = \frac{MU_X^B}{MU_Y^B} = MRS_{XY}^B \tag{1A.19}$$

式中，MRS_{XY} 表示消费的边际替代率，MU_X 和 MU_Y 分别是商品 X 和 Y 的边际效用。

（iii）最高水平（top level）效率要求：

$$MRS_{XY}^A = MRS_{XY}^B = MRT_{XY} \tag{1A.20}$$

该要求涉及将生产可能性边界的约束施加于效率条件（5.15）。生产转换函数可定义为：

$$T = T(X, Y) \tag{1A.21}$$

在边界上，满足：

$$T(X, Y) = 0 \tag{1A.22}$$

从而有：

$$\frac{\partial T}{\partial X} dX + \frac{\partial T}{\partial Y} dY = 0 \tag{1A.23}$$

以及

$$\frac{dY}{dX} = (-)\frac{\partial T/\partial X}{\partial T/\partial Y} = MRT_{XY} \tag{1A.24}$$

将转换函数作为一个约束添加到拉格朗日函数（1A.15）中，得到：

$$\mathscr{L} = U^A(X_A, Y_A) + \lambda[\bar{U}^B - U^B(X_B, Y_B)] + \mu[0 - T(X, Y)] \tag{1A.25}$$

分别对 X_A，Y_A，X_B 和 Y_B 求偏导并使其都等于 0：

$$\frac{\partial \mathscr{L}}{\partial X_A} = \frac{\partial U^A}{\partial X_A} - \mu \frac{\partial T}{\partial X} = 0 \tag{1A.26}$$

$$\frac{\partial \mathscr{L}}{\partial Y_A} = \frac{\partial U^A}{\partial Y_A} - \mu \frac{\partial T}{\partial Y} = 0 \tag{1A.27}$$

$$\frac{\partial \mathscr{L}}{\partial X_B} = -\lambda \frac{\partial U^B}{\partial X_B} - \mu \frac{\partial T}{\partial X} = 0 \tag{1A.28}$$

$$\frac{\partial \mathscr{L}}{\partial Y_B} = -\lambda \frac{\partial U^B}{\partial Y_B} - \mu \frac{\partial T}{\partial Y} = 0 \tag{1A.29}$$

移项整理并将等式两两相除，得到：

$$MRS_{XY}^A = \frac{\partial U^A / \partial X_A}{\partial U^A / \partial Y_A} = \frac{\partial T / \partial X}{\partial T / \partial Y} \tag{1A.30}$$

和

$$MRS_{XY}^B = \frac{\partial U^B / \partial X_B}{\partial U^B / \partial Y_B} = \frac{\partial T / \partial X}{\partial T / \partial Y} \tag{1A.31}$$

鉴于这两个等式的右边均为边际转化率且相等，从而得到条件：

$$MRS_{XY}^A = MRS_{XY}^B = MRT_{XY} \tag{1A.32}$$

帕累托最优（"有效"）要求以上三个条件要同时满足。

附录1（B）竞争性市场中的帕累托最优条件

上文已经定义了决定帕累托最优资源配置所需的条件，现在可以证明：当个体以自利的形式行动时，完全竞争市场将提供激励机制使得资源配置以一种帕累托最优的方式进行。在第1.3和1.4节，我们已经清楚知道竞争性市场满足帕累托最优的条件，这里的目的是提供一个更为正式的推导。

如果在要素市场和产品市场上均不存在价格歧视，那么生产和交换的效率条件都能实现。每一个自利、理性的生产者在追求利润最大化过程中都会使 $MRTS_{KL}$ 等于要素（投入）价格之比。假定生产函数为 $Qx = Qx(K, L)$，追求利润最大化的厂商必须以最低成本生产任何给定的产出水平 Qx^*。在要素投入上的总支出等于 $rK + wL$（这里 r 为资本的价格，w 为劳动的价格）。这个总成本最小化可以通过数学方法解决，也就是说构造有约束的最小化问题的拉格朗日表达式，即

$$L = rK + wL + \lambda (Qx(K, L) - Qx^*) \tag{1A.33}$$

求 L 关于 K_x 和 L_x 的偏导数，并使之等于0：

$$\partial L / \partial K = r + \lambda \partial Qx / \partial K = 0 \tag{1A.34}$$

$$\partial L / \partial L = w + \lambda \partial Qx / \partial L = 0 \tag{1A.35}$$

即为了以最小成本生产 Qx^*，要求：

$$r + \lambda \partial Qx / \partial K = w + \lambda \partial Qx / \partial L = 0 \tag{1A.36}$$

或者：

$$\frac{w}{r} = \frac{\partial Qx / \partial L}{\partial Qx / \partial K} \tag{1A.37}$$

从而，生产 X 商品的劳动和资本的边际产出之比（$\partial Q_x / \partial L / \partial Q_x / \partial K$），或资本和劳动的边际技术替代率等于要素价格之比。如果所有厂商面临的要素价格之比相等，那么厂商之间的边际技术替代率也必然相等。

类似地，每一个消费者为了最大化效用，将使得商品 X 与 Y 之间的边际替代率（MRS_{XY}）等于商品（产出）的价格之比。消费者最大化效用函数（$U = U(X, Y)$），受限于他们必须在两种商品之间进行分配的预算（或收入）。这里的预算或收入为 $I = p_X X + p_Y Y$（其中，p_X 为 X 的价格，p_Y 为 Y 的价格，从而 $I - p_X X - p_Y Y = 0$）。这一约束条件下的最大化问题为：

$$\mathscr{L} = U(X, Y) + \lambda (I - p_X X - p_Y Y) \tag{1A.38}$$

求 $\mathscr{L}$ 关于 X 和 Y 的偏导数，并使之等于 0：

$$\partial \mathscr{L} / \partial X = \partial U / \partial X - \lambda p_X = 0 \tag{1A.39}$$

$$\partial \mathscr{L} / \partial Y = \partial U / \partial Y - \lambda p_Y = 0 \tag{1A.40}$$

即为了实现效用最大化，要求：

$$\partial U / \partial X / p_X = \lambda = \partial U / \partial Y / p_Y \tag{1A.41}$$

或者

$$\frac{p_X}{p_Y} = \frac{\partial U / \partial X}{\partial U / \partial Y} \tag{1A.42}$$

从而，为了最大化效用，X 与 Y 之间的边际替代率（$\partial U / \partial X / \partial U / \partial Y$）等于价格之比（$p_X / p_Y$）。这样，如果所有的消费者面临相同的价格之比，那么商品间的边际替代率将会相等。

最后，为了说明 MRT_{XY} 等于生产的边际成本之比，考虑图 1A–1 中从点 4 移动到点 5。由于这两个点都在边界上，从而资源都是充分利用的。因此，根据图 1A–1：

$$4-6（Y 单位）\times Y 的边际成本 = 6-5（X 单位）\times X 的边际成本 \tag{1A.43}$$

移项得到：

$$4-6 / 6-5 = MC_X / MC_Y \tag{1A.44}$$

注意，$4-6/6-5 =$ 生产边界的斜率（也就等于边际转换率）。

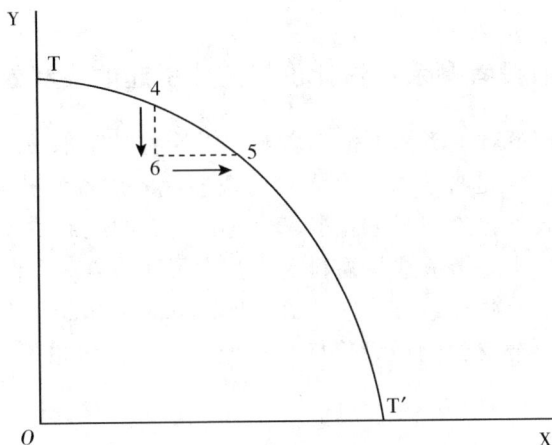

图1A-1　边际转换率

正如1.3节讨论过的那样，完全竞争市场中的企业在均衡时会选择产出使得边际成本等于价格。在完全竞争市场上，总收入等于价格（P）乘以产量（Q）。总成本则依赖固定成本（b）以及可变成本（$f(Q)$）。顾名思义，可变成本与产量有关。为了实现利润最大化：

$$\Pi = PQ - f(Q) - b \tag{1A.45}$$
$$\partial \Pi / \partial Q = P - f'(Q) = 0 \tag{1A.46}$$
$$P = f'(Q) \tag{1A.47}$$

也就是说，价格要等于边际成本$f'(Q)$是产出增加一点点引起的总（可变）成本的变化——参见 Henderson 和 Quandt（1971）。

当价格之比等于边际成本之比时，MRS_{XY}等于MRT_{XY}。这样，由于在完全竞争市场中追求利润最大化的厂商在均衡时实现价格等于边际成本，完全竞争市场也就满足了最高效率的要求。

我们的一般均衡分析再一次证明了完全竞争市场将满足帕累托最优所要求的资源配置条件。完全竞争的条件（如存在很多的生产者和消费者——参见第3章）提供了激励结构，在这样的结构中，个体决策将导致一个"有效的"资源配置结果（当效率是以帕累托最优的形式来定义时）。

附录1（C）消费者剩余：估计价格变化引起的福利效应

关于政府政策对经济体中价格影响的讨论将贯穿本书。税收和补贴政策是明显的例子。但是税收对于个人会造成多大的成本？补贴有多大的收益？如果政府提供服务，这些服务有多大价值？所有的政府决策将会影响不同群体的福利：怎样才能衡量这些福利变化？为了回答这些问题，一个重要的起点是消费者剩余的概念。马歇尔（Alfred Marshall，1920）将个人的消费者剩余定义为"他愿意支付的最大价格超过他实际支付价格的部分"。这又是什么意思呢？

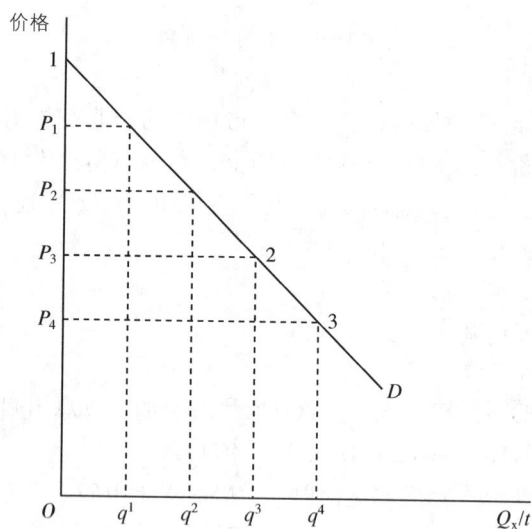

图1A-2 马歇尔消费者剩余

对任意商品 X 的个人需求曲线记录了在不同的价格水平上，个人在每个阶段愿意选择的数量。换句话说，需求曲线刻画了对某种特定商品数量连续增加的每个阶段，个人愿意支付的价格，即个人对这种商品价值的估计。在图1A-2中，我们绘制了对商品 X 的个人需求曲线 D。围绕上述解释，可以清楚知道，首先，需求曲线告诉我们在价格 P_1 处，个人将愿意购买 $O\text{-}q^1$ 数量；在价格 P_2 处，他将选择购买 $O\text{-}q^2$ 数量，以此类推。至此，这些信息为我们提供了一个能够估计商品对于个体价值的基础，但我们还可以用另一种方式来解读这张图。我们可以认为第一单位 $O-q^1$ 的价值为 P_1；第二单位 $O-q^2$ 价值为 P_2 等。因此，前三个单位的价值为需求曲线之下 O 到 $O-q^3$ 的面积，即 $O-1-2-q^3$。通过这种方式阐述个人需求曲线，我们能够解释为什么消费者"愿意支付的"价格和他实际支付的市场价格之差可以用来估计消费者剩余。

假定市场价格为 P_3。在图 1A-2 中，个人愿意为 q^1 单位支付 P_1，在这一单位上的差价 P_1-P_3 就是马歇尔所定义的消费者剩余。它衡量了个人愿意支付的价格超过价格 P_3 的部分。在价格 P_3 处，个人选择消费的数量是 $O-q^3$，个人愿意支付的总和为 $O-1-2-q^3$（第一单位愿意支付 P_1，第二单位愿意支付 P_2 等）。但是，个人为 $O-q^3$ 单位实际支付的是 $O-P_3-2-q^3$，即每单位支付的价格为 P_3。从而，三角形 $1-2-P_3$ 就等于马歇尔所描述的消费者剩余。我们也可以清楚地知道，随着市场中商品价格的下降，消费者剩余会增加。举个例子，假设商品的价格下降到 P_4，消费者剩余将会增加 $P_3-2-3-P_4$ 的区域。对这个问题的另一种考虑是，个人"愿意"为了这一价格改变而放弃 $P_3-2-3-P_4$。如果政府通过补贴使得这种商品的价格从 P_3 下降到 P_4，那么对个人而言，这笔补贴的价值为 $P_3-2-3-P_4$。一般而言，根据价格变化引起的消费者剩余的变化来估计价格变化的福利效应是可行的——因为消费者剩余的变化度量了个人为了实现价格改变而支付的数量。由于政府的很多决策将会引起经济中价格的变化，这种表述为衡量政府手段引起的福利效应提供了基础。

利用需求曲线之下的面积来估计消费者剩余存在着一个重要缺陷，这是因为随着商品价格的改变，消费者的实际收入（real income）也会改变。假设问题是"当初始价格为 P 时，个人愿意为价格下降支付多少？"那么，这个参照系决定了一个特定的"实际"收入水平（由个人的一个特定的效用水平来定义），这个实际收入水平必然会影响个体愿意支付的数量。给定实际收入水平保持不变再来观察个人愿意为价格改变支付多少，我们将会清楚地发现他愿意支付的数量受到了限制。价格下降增加了个人的实际收入，使他能够购买更多的商品。他会购买更多的某一种商品是因为价格下降存在替代效应，有利于这种更便宜的商品。然而，对于那些正常品，他也会购买更多，因为随着实际收入增加产生了收入效应。马歇尔需求曲线是一个模棱两

可的概念（Culyer，1971）。对马歇尔需求曲线的一种解释为它是在货币收入
（money income）而非实际收入保持不变的假设下得出的。我们的目标不是确
定马歇尔将什么保持不变，而是要说明，根据哪个变量保持不变而估算得到
的消费者剩余之间是有差别的。出于这个目的，把需求曲线看作是马歇尔非
补偿性需求函数（Marshallian uncompensated demand function）可能是有好处
的（Deaton 和 Muellbauer，1980）。当价格下降时货币收入可能保持不变，由
于这些钱现在可以购买更多的商品和服务，那么实际收入就增加了。如果消
费者能够享受到实际收入的增加，很明显，他们将愿意为了价格变化而支付
更多。但是我们的问题是：对于一个给定的实际收入水平，他们愿意支付
多少？

　　假设政府正在考虑通过引入一个价格变化来改善纳税人的境况，自然我们
就想知道纳税人愿意为这一变化支付多少。为了这一变化，他们愿意为此放弃
的最大数量是什么？关键的一点是，假设他们付出了他们愿意为这一变化而放
弃的最大数量，按照定义，由于他们的实际收入保持不变，这里并不存在由价
格下降带来的正收入效应。

　　Friedman（1949）注意到在货币收入保持不变和实际收入保持不变的情
况下个人愿意支付的数量之间存在差别。在图 1A-3 中，D 表示的是单个消
费者消费一种正常品的马歇尔需求曲线（货币收入保持不变）。假设初始价
格定得太高以至于个人买不起任何商品。如果我们想知道在某个价格（如
P_1）个人愿意购买多少商品（保持货币收入不变），我们可以描绘出马歇尔
需求曲线。如果我们想知道个人愿意为第一单位支付多少（然后把这部分
从他手中拿走）；个人愿意为第二单位支付多少（然后把这部分从他手中拿
走）；个人愿意为第三单位支付多少（然后把这部分从他手中拿走），以此
类推，我们可以描绘出实际收入（或收入补偿）需求曲线 C_1。只要商品是
"正常"的，也就是有正的收入弹性，补偿需求曲线（compensated demand
curve）将位于马歇尔需求曲线的里面。在补偿需求曲线的情形中，个人被
迫放弃他对每一单位愿意支付的最大数量。沿着马歇尔需求曲线，个人的
实际收入是递增的，但是根据定义，沿着补偿需求曲线，实际收入将保持
不变。

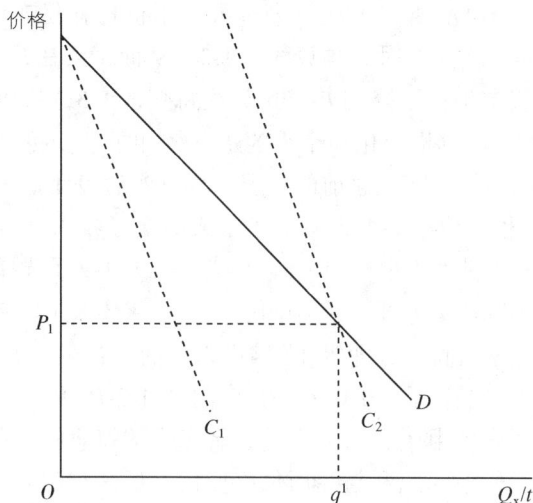

图1A-3　马歇尔需求与补偿需求

因为沿着马歇尔需求曲线，个人的实际收入是递增的，由此断定沿着 D 的每一点都有不同的补偿需求曲线（相对于每一个固定的收入水平）。在图1A-3中，C_1 和 C_2 是两条收入补偿需求曲线。收入补偿需求曲线 C_2（与 C_1 相比）来源于个人的实际收入设置在可以用 $O-P_1$ 的价格购买 $O-q'$ 单位的商品的点上。通过考察保持其实际收入不变，个人为增加额外1单位商品愿意支付的最大数量，我们得到了曲线 C_2（或者，换种说法，当价格上升而实际收入保持不变时他想要购买的最大数量）。若沿着 D 向下移动，个人的实际收入会随之增加，那么就难怪 C_2 在 C_1 的右边了。

如图1A-4（a）所示，我们可以比较当价格从 P_1 下降到 P_2，利用马歇尔需求曲线和补偿需求曲线分别得到的消费者剩余的变化量。在 P_1 点，根据马歇尔需求曲线，个人愿意支付的数量为 P_1-1-2-P_2。然而，保持实际收入水平不变，个人愿意为价格下降支付的数量为 P_1-1-3-P_2，小于马歇尔估计量，这是因为个人的实际收入不允许增加。较小的面积 P_1-1-3-P_2 对应于所谓的价格补偿变化（price-compensating variation），即为了获得一个合意的价格变化，个人为保持其实际收入不变愿意放弃的最大数量（或者由于不合意的价格变化要求得到的最大数量）。

Hicks（1943）研究了估计消费者剩余的更多方面。他的分析可以借助无差异曲线来说明，图1A-4（b）更清晰地展示了价格补偿变化是如何决定的。首先，当商品X的价格为P_1时，预算线为1-2，从而个人在I_1的点9处实现自己的福利最大化。假定价格下降到P_2，预算线将变成1-3，从而个人将在I_2的点8处实现福利最大化。价格变化使个人的福利增加了多少呢？我们能够从个人那里拿走多少使他与价格变化之前的状况一样好？假设我们将预算线平行于1-3向内移动，保持相对价格不变但降低了个人的实际收入。若我们将平行的预算线移动到与无差异曲线I_1相切的4-5，个人会离开1-2而选择q_3单位，享受与初始境况相同的实际收入水平（用相同的效用水平定义）。我们从他那里拿走的收入数量可通过y轴衡量，即等于1-4（以Y的单位表示）。因此，1-4的数量就是价格补偿变化，等于图1Λ-4（a）中的P_1-1-3-P_2。

然而，在这个分析中还有另一个消费者剩余的概念。设想我们的问题是：个人需要多少补偿使他的福利与经历价格变化之后一样好？设想我们不是问：个人将会为价格从P_1下降到P_2支付多少？而是问：若价格下降真的发生了，我们应该给他多少使他的福利保持不变？假设一次价格下降是假想的，事实上并没有发生，我们应该给个人多少钱来使他的福利与价格下降后的水平一样呢？从图1A-4可知，若价格真的下降了，个人将会拥有更高的实际收入。相应的收入补偿需求曲线将是C_2，以及相应的起始点将是点8和q^2（在无差异曲线I_2上）。在图1A-4（b）中，为了使个人福利与价格下降后的水平一样，我们应该给他钱的数量是1-6。移动预算线6-11（平行于1-2）直到与I_2相切，确定产量为q^4；即使相对价格还是如1-2所示，现在个人的实际收入与预算线为1-3时的实际收入相等（再一次以效用来定义）。图1A-4（a）中，应该给个人的钱的数量——使其福利不变——现在由曲线C_2决定。在此情形中，钱的数量为P_1-4-2-P_2。这种对消费者剩余的测度（图1A-4（b）中的1-6或者图1A-4（a）中的P_1-4-2-P_2）被称为价格等价变化（price-equivalent variation）。在这个例子中，价格补偿变化不等于价格等价变化。个人愿意为实现正常品X的价格下降而放弃的最大货币数量（保持实际收入不变）一般将少于当商品X的价格已下降相同幅度，他为了保持福利水平不变所要求的货币数量。在图1A-4中，（b）中的1-4<1-6，（a）中的P_1-1-3-P_2<P_1-4-2-P_2。这里的原因是很明显的。参照系发生了变化。价格补偿变化参照的是当个人处于无差异曲线I_1时，个人愿意放弃的钱的数量；而价格等价变化始于个人处于无差异曲线I_2的假设，即假设他已经享受了价格下降。

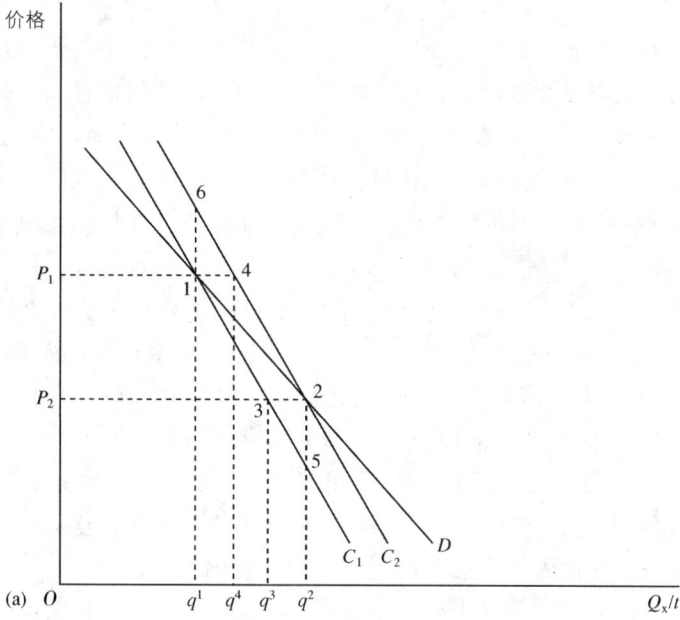

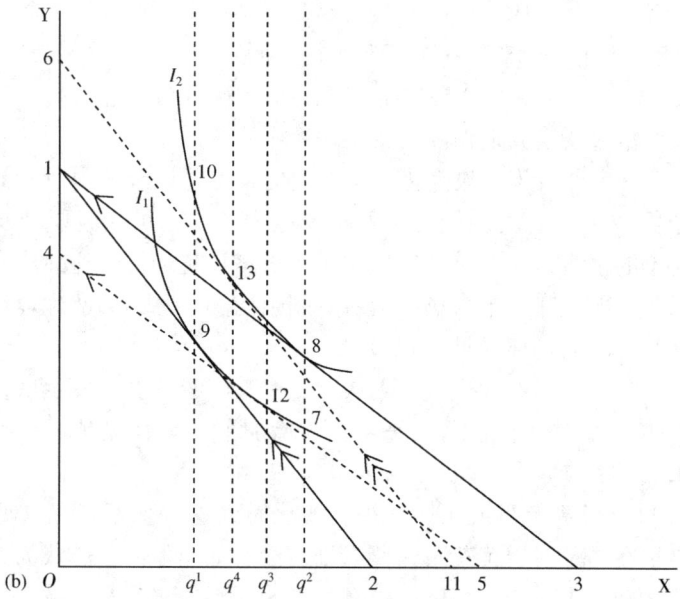

图 1A-4　消费者剩余

Hicks还研究了另一种消费者剩余的解释。假定个人受约束于消费马歇尔需求曲线所决定的商品数量。如果存在这个额外的约束，个人为实现价格变化愿意支付的数量将发生改变。从图1A-4（a）中可以清楚地看到，如果个人不得不支付他本来准备支付的全部金额，那么他将在数量为q^3处停止消费商品。根据马歇尔需求曲线，他购买的数量为q^2并享受到正的收入效应。假定他必须消费q^2，即超过他愿意为价格变化付出最大金额时他会选择的数量，那么对消费者剩余的估计需要做出相应的调整。此时的消费者剩余将会是P_1-1-3-P_2减去3-2-5（或者图1A-4（b）中的垂直距离8-7）。这就是所谓的数量补偿变化（quantity-compensating variation）。类似地，数量等价变化（quantity-equivalent variation）就是个人所需的数量，使他的福利与价格为P_2时相等且他消费的数量与价格为P_1时他将消费的数量相等（O-q^1）。在图1A-4（a）中，数量等价变化就是P_1-4-2-P_2加上三角形1-6-4（也就是图1A-4（b）中的垂直距离9-10）。这些数量约束是人为设置的。在本书中我们将重点集中在价格补偿变化和价格等价变化（一般简称为"补偿变化"及"等价变化"）。

财政学分析中将广泛使用消费者剩余的概念——无论是传统的财政学还是公共选择理论。然而，Little（1957）曾将其称为只是"一个完全无用的理论玩具"。确实，这个概念在使用中将产生很多问题。

1.如图1A-4（a）中的分析只是一个局部均衡分析；它假定当商品X的价格改变时，经济中所有其他商品的价格保持不变。

2.消费者剩余"应该"最大化这个隐含的目标是以经济中所有商品的市场价格等于边际成本为先决条件的。若缺少这个条件，可能就要涉及次优理论了。一个简单的事实是，在单个市场中，将价格设定为等于边际成本并不意味着提高了福利，即使在那个市场中消费者剩余增加了。因为次优理论要求与边际成本定价有适当的偏离（见1.6节）。

3.消费者剩余是不可见的。有人认为，在某个经济变化发生后，我们其实都没有任何办法知道消费者剩余是否真的增加了，更别提是否达到了最大化（Littlechild，1978）。

当考虑到用消费者剩余来评估福利变化时，这些保留意见（尤其是前两条）必须铭记在心。对于第三条保留意见，没有证据但有信心认为，若估计是正确的，那么消费者剩余的测度就是有意义的。消费者剩余是有用的，就如同估计它们的程序一样。在已知所有这些限制条件下，以下原因可以表明消费者剩余是有价值的。

1.它使得我们能够检验福利最大化的"整体"条件（最大化消费者剩余），从而为帕累托-边际等价增加了一个新的维度（1.6节已讨论过）。

2.对于那些消费中不可分的商品，这个方法使我们能够决定是否应该提供这种商品。在这种情况下，我们也许不可能在边际上做出调整，关注整体福利的条件在评估是否应该提供这种商品时也许更有意义。

3.在某些情况下，即使根据边际等价条件，提供某种商品也会带来损失，消费者剩余可能强调了提供这种商品获益的可能性。例如，生产过程中存在规模经济，边际成本可能低于平均成本，因此根据价格等于边际成本的原则将导致损失（见第5章讨论的例子）。

4.尽管消费者剩余被称为"理论玩具"，但它是成本-收益分析中估计公共支出收益的一个重要组成部分（见第6章）。而且，在第7章中可以看到消费者剩余是估计税收福利损失的关键。

5.由于消费者剩余测度了人们为了使一个价格变化发生或不发生而愿意放弃的数量，它被认为是一个（合格的）人际福利比较的基础。福利比较是决定是否需要接受一项公共政策的必要条件。当然，就这一点来说，第1章所列的所有价值判断都是相关的。现在我们关注的焦点是福利标准。

在结束关于价格补偿和价格等价变化的讨论之前，我们有必要知道在某些情况下，收入补偿需求曲线和马歇尔需求曲线是一致的。图1A-5说明了这种情况，如果价格改变的收入效应为零，那么马歇尔需求曲线和收入补偿需求曲线所衡量的消费者剩余相等。如图1A-5所示，假定当价格为P_{X1}时，预算约束使得个人在无差异曲线I_0上的点1处实现效用最大化。然后在图1A-5（b）的需求曲线上将这点标记为点4。假设价格从P_{X1}下降到P_{X2}，个人效用最大化的点为无差异曲线I_1上的点2，在包含了替代效应和收入效应（总的价格效应）的需求曲线D上标记为点5，如图1A-5（b）所示。现在考虑收入补偿变化，使消费者在新的价格比率下达到初始的效用水平I_0。点3就是得出的结果，在需求曲线D上则是点5。也就是说，在这些情况下，马歇尔需求曲线和收入补偿需求曲线是相同的，与其相应的消费者剩余的测度也没差别。简而言之，只有当收入效应显著时，我们才需要担心选择不同的需求曲线所带来的差异。

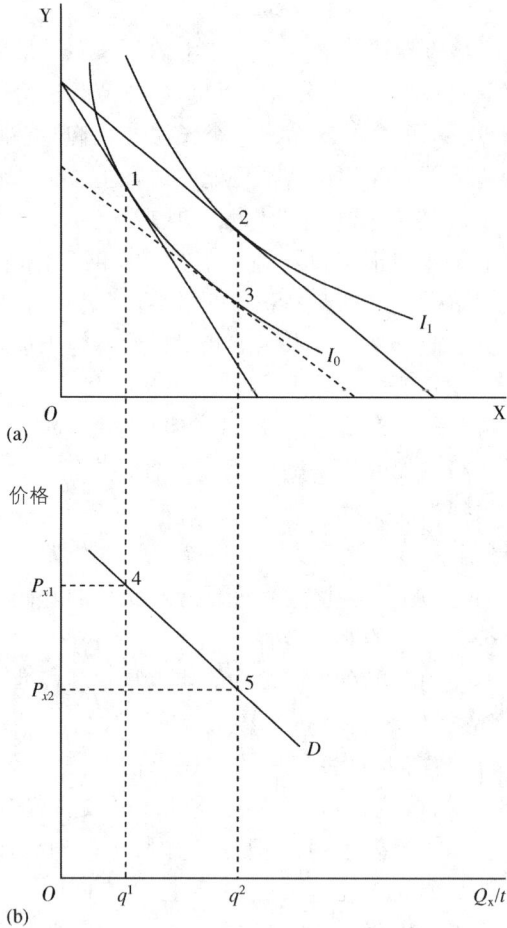

图 1A-5 马歇尔需求曲线与收入补偿需求曲线等价的情形

附录 1（D）：次优理论

Winch（1971）阐释了在一个包含三种商品的经济中的次优理论，在这个经济里商品 Z 被加入（普遍存在的）商品 X 和 Y 中。该分析采用了等边三角形的性质（见图 1A-6）。三角形内任意一点（比如图 1A-6 中的点 1）到对应各边的垂直距离之和为一个常数，这个常数是三角形的高，即从顶点作其对边的垂线。图1A-6中的数字具有这样的特性。Winch假定线性转换曲线，进而调整数量使之相等（因而是等边三角形）。

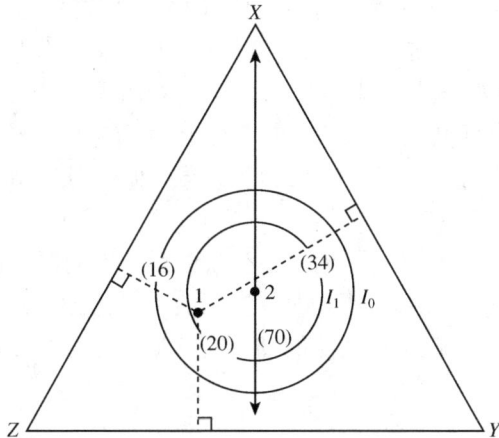

图1A-6 等边三角形

来源：Winch，D. M.（1971）Analytical Welfare Economics. Reproduced by permission of Penguin Books Ltd.，Middlesex.

一个代表性消费者的环状无差异曲线显示了具有相同效用水平的商品X、Y和Z的不同组合，图1A-6中的点2为（序数）效用的顶点。第一优的条件是每对商品之间的边际替代率等于边际转换率，从而：

$$MRS_{XY} = MRT_{XY} \tag{1A.48}$$
$$MRS_{ZY} = MRT_{ZY} \tag{1A.49}$$
$$MRS_{XZ} = MRT_{XZ} \tag{1A.50}$$

满足这三个条件的点的轨迹可以通过收入消费曲线的等价转换得到，随着收入的改变，相应的第一种商品的提供水平会发生变化，接着，剩下的可能的"预算"将在第二和第三种商品之间分配。图1A-7说明了这个连续变化的过程，把X作为提供的第一种商品，再在Y和Z之间选择。如果给定20单位的X，那么还剩50单位用于Y或Z的分配（10单位的X，60单位用于分配；30单位的X，40单位用于分配；以此类推）。

这些假设使得斜率（Z与Y之间的边际转化率）等于−1。均衡点可用常用的办法得出，即将预算线与表示$MRS_{ZY} = MRT_{ZY}$的偏好曲线相切。我们再把 Y 和 Z 作为第一种商品重复这个过程，就可以推导出图 1A-8 中的三条路径。其中，Z-3 符合条件（1A.48），X-1 符合条件（1A.49），Y-2 符合条件（1A.50）。现在假设条件（1A.50）不能得到满足，个人只能在 Y-4 上做出调整。可供选择的方案包括：满足条件（1A.49）选择点 5，此时的效用为 I_5；满足条件（1A.48）选择点 6，此时的效用为 I_6；忽略所有的条件选择点 7，此时的效用为 I_7。所以，对代表性消费者来说，当所有三个条件都不满足时才可得到最高的效用水平。所谓的次优原则就是这样，一旦帕累托最优的某个必要条件不能满足，再追求其他条件一般就不那么有吸引力了。

这个显然极具破坏性的结论对规范分析的适用性问题一直饱受争议。一个主要的争论集中于在次优情况下是否存在可能的"最优"调整。最近，另一个争论的焦点是众多公共政策所实施的场合究竟是否可以被认为是第一优的或次优的。

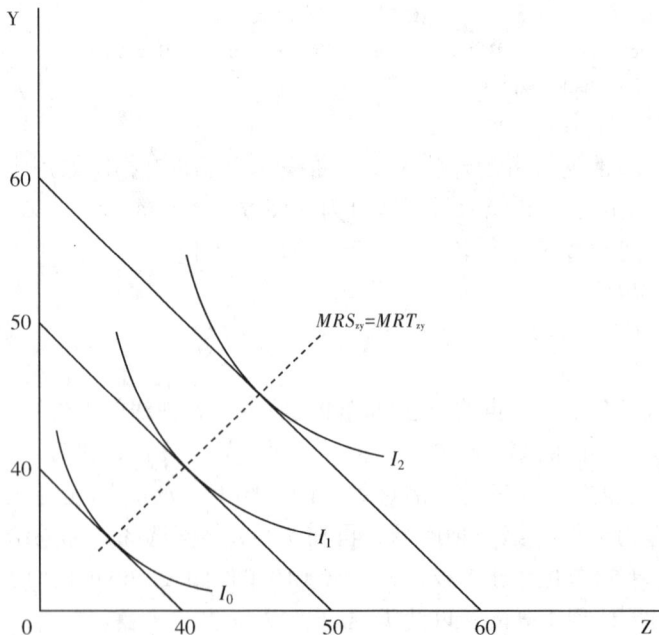

图 1A-7　"均衡"路径的形成

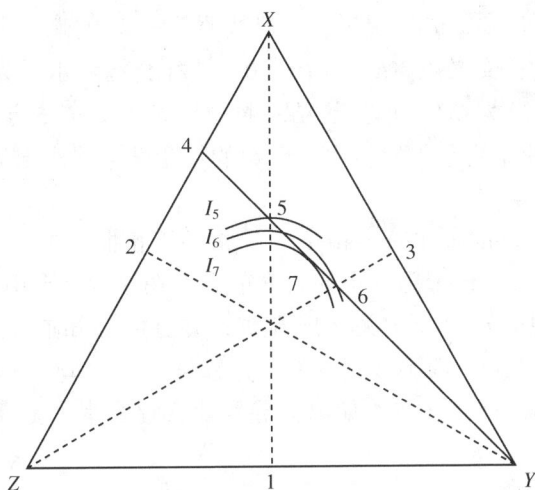

图 1A-8　"次优"图解

（i）一种对次优定理做出响应的方式是设计政策以应对不可变的非最优约束。正如 1.9 节所表明的，如果 X 是一个垄断产业且 $P_X > MC_X$，那么改变 $P_Y = MC_Y$ 这一条件就可能是必要的。次优解决方案可能就会要求竞争性价格（P_Y）大于 MC_Y 并与 P_X 对 MC_X 的比率保持同比例增加（Mishan，1962）。

Ng（1977）探讨了需要做出修正的本质。他的观点可以参照图 1A-9 来说明，其中，社会福利的水平与边际替代率和边际转化率之间的偏离程度有关。在本章的前面几节，默认采取的是 F_1，即假设社会福利实现全局最大化且 $MRS = MRT$。函数 F_2 和 F_3 涉及次优情形，这时只有对 $MRS = MRT$ 规则做出适度偏离才能使社会福利最大化，尽管仍将低于第一优时的福利水平。Ng 明确引入了制定与运用特定次优政策的信息成本和实施成本，并称之为"第三优"（third-best）。"信息"指的是关于相关扭曲及生产函数的知识，可以分为三个层次。

1. 信息充裕（information abundance）描述了信息无成本的情况，在这种情形中，在第三优的背景下遵循次优的解决方案是合适的。图 1A-9 中，F_2 和 F_3 各自合适的偏离分别为 O-2 和 O-3。

2. 信息贫乏（information poverty）涉及不确定性，因为缺乏关于扭曲方向及程度的知识。在这种情形中，第三优政策建议在非扭曲性部门根据第一优规则行动以提高社会福利的期望值。在信息贫乏这一层次，可能的社会福利为 F_2 或 F_3——在次优的情况下——但按照第一优原则，期望的结果则是 F_2 和 F_3 的交叉点，在交叉点 $MRS - MRT = 0$；即社会福利水平为 O-4。若采用次优政策，例如偏离为 O-5，期望的结果将位于 F_2 和 F_3 在 5 点处的福利水平之间，相当于 5-6 的距离。因此，次优政策的期望结果将小于第一优政策（O-4 的距离）。

3.信息稀缺（information scarcity）是指关于扭曲的方向和程度具有有限信息的中间情形，它位于第三优的研究前沿。在这种情形中，人们能够对 F_2 和 F_3 两个曲线中究竟哪个相关做出判断，并且能够知道 F 曲线的形状和偏度。人们能够在正确方向上找到具有一定程度但非完全"正确"的政策。如图 1A-9 中，若采用 F_2，O-5 的偏离会导致社会福利水平上升，幅度为 4-7 的垂直距离。

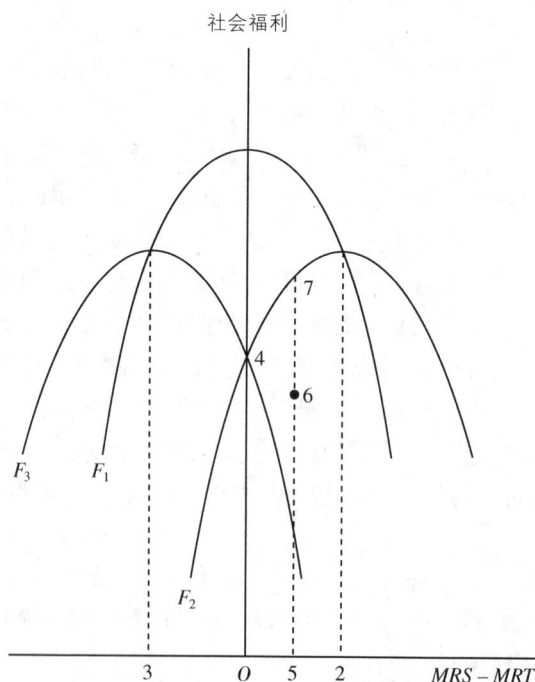

图 1A-9　社会福利

来源：Ng（1977）.

（ii）对扭曲做出反应的另一种方式是对扭曲的本质提出质疑。是否有公共选择是故意偏离帕累托最优解的？McKee 和 West（1981，1984）就采取了这种方式。他们认为次优方案是用来解决实际问题的。其基本观点是：那些令人厌恶的不可避免的扭曲引发了人们对次优的讨论，但事实上这些扭曲是公共政策实施的结果，而不是障碍。也就是说，观察到的扭曲的情况实际上是第一优的，经济一直处于图 1A-9 中的 F_1。他们引用了一个关于信息的例子。假设我们认为信息的非排他性降低了追求发明的激励，针对这种类型的市场失灵的一个对策是引入专利权，（至少暂时）提供垄断势力（monopoly power）。那么，把这种垄断视为一种需要次优政策加以修正的扭曲是不合适的。

对于这一命题，他们更青睐的解释是，政治市场的参与者正是这些假想的次优扭曲的起源。因此，他们对公共选择的联系重点在于过程。他们将这些扭曲看作"帕累托解的一个部分并且它们的存在本身构成了第一优配置的一个部分"（McKee 和 West，1984）。政治家根据宪法规定行使权力。这些权力包括经济中收入再分配和产权再分配的权力。这些再分配的权力反映出政治参与者面临的激励。事实上，扭曲是有效率的"市场"过程的结果。政治家们行动的动机是分得政策活动中获得的部分利益（经济租）。政策制定者的目标函数是最大化相关利益，因为，正如刚才所说的，宪法赋予他们这个权力，包括改变产权结构的权力。政策制定者的目标函数需要考虑成本和收益，任何最大化这个目标函数的决策规则将自动实现帕累托最优。考虑到政治参与者面临的激励，McKee 和 West 认为实施次优政策来抵消他们拥有的（事实上是由他们创造的）对产权结构的影响并非他们的兴趣所在。我们观察到的现象是激励结构的结果，在政府干预的实践层面缺乏次优政策的运用，这就是最好的检验。瞬间，无需借助 Ng 的次优和第三优理论，[1]这个论点拯救了第一优政策分析并且解释了一直以来实际上很少采用次优政策的原因。对 Ng 的进一步攻击是，McKee 和 West 建议将 Ng 提出的信息成本视为经济中生产函数约束的一个部分而不是一个额外增加的问题或约束。

经过之后的一系列回应与意见交换，这一主题仍然悬而未决，但其中的部分问题已经得到了澄清。第一，Ng（1987a，1987b）承认有些（但并非全部）扭曲是由现有的政治政策激励产生的而且试图改变这些结果是一项艰难的任

---

① 原文为第一优和第三优理论，疑误——译者注。

务。但是，他指出经济学家的任务就是把1.2节到1.5节所呈现的社会最优方法表达清楚，包括次优和第三优的命题。简而言之，经济分析涉及所有的个体，而不仅仅是政策制定者。第二，Ng指出McKee和West所描述的扭曲是分配激励（distribution-motivated）型的，这种扭曲的反向效率后果可能仍然要求一种不同于第一优的政策来抵消反应，这种政策"矫正"了效率效应（efficiency effects），同时无需中和分配效应（distribution effects）。第三，即使对于上面提到的专利引起垄断的例子，考虑公共部门定价政策中的价格边际成本比率，整个体系的效率仍可能是提高的。对Ng来说，次优和第三优政策仍为公共政策福利经济学的核心，但对McKee和West来说，它们充其量是可以被忽略的好奇心。

参考文献

Anderson, G. M. and Tollison, R. D. (1984) 'A Rent-Seeking Explanation of the British Factory Acts', pp. 187-201 in D. Colander (ed.), *Neo-classical Political Economy*. Cambridge, Mass.: Ballinger.

Bator, F. M. (1957) 'The Simple Analytics of Welfare Maximization', *American Economic Review*, 47, 1, pp. 22-59.

Baumol, W. J. (1965) *Welfare Economics and the Theory of the State*. Ambriudge Mass.: Harvard University Press.

Baumol, W. J. (1977) *Economic Theory and Operations Analysis*, 4th edn. Hemel Hempstead: Prentice-Hall International.

Baumol, W. J. (1982) 'Contestable Markets: An Uprising in the Theory of Industry Structure', *American Economic Review*, 72, 1, pp. 1-15.

Baumol, W. J., Panzer, J. C. and Willig, R. D. (1982) *Contestable Markets and the Theory of Industrial Structure*. San Diego: Harcourt Brace Jovanovich.

Becker, G. S. (1983) 'A Theory of Competition among Pressure Groups for Political Influence', *Quarterly Journal of Economics*, 98, pp. 371-99.

Blaug, M. (1968) *Economic Theory in Retrospect*, 2nd edn. London: Heinemann.

Boadway, R. W. and Bruce, N. (1984) *Welfare Economics*. Oxford and New York: Basil Blackwell.

Brennan, G. and Lomasky, L. (1993) *Democracy and Decision*: The Pure Theory of Electoral Preference. Cambridge: Cambridge University Press.

Buchanan, J. M. (1975) 'Public Finance and Public Choice', *National Tax Journal*, 28, 4, pp. 383-94.

Buchanan, J. M. (2003) 'Public Choice: Politics Without Romance', *Policy*, 19, 3, pp. 13-18.

Buchanan, J. M. and Tullock, G. (1962) *The Calculus of Consent*. Ann Arbor: University of Michigan Press.

Buck, T. (1982) *Comparative Industrial Systems*. London: Macmillan.

Congleton, R. D. (1988) 'An Overview of the Contractarian Public Finance of James Buchanan', *Public Finance Quarterly*, 16, 2, pp. 131-57.

Culyer, A. J. (1971) 'A Taxonomy of Demand Curves', *Bulletin of Economic Research*, 23, 1, pp. 3-23.

Deaton, A. and Muellbauer, J. (1980) *Economics and Consumer Behavior*. Cambridge: Cambridge University Press.

Friedman, M. (1949) 'The Marshallian Demand Curve', *Journal of Political Economy*, 57, 6, pp. 463-74.

Heathfield, D. F. and Wibe, S. (1987) *An Introduction to Cost and Production Functions*. London: Macmillan.

Henderson, J. M. and Quandt, R. E. (1971) *Microeconomic Theory: A Mathematical Approach*, 2nd edn. New York: McGraw-Hill.

Hicks, J. R. (1940) 'The Valuation of Social Income', *Economica*, 7, 195, pp. 105-24.

Hicks, J. R. (1943) 'The Four Consumer Surpluses', Review of Economic Studies, XI, 1, pp. 31–41.

Kaldor, N. (1939) 'Welfare Propositions and Interpersonal Comparisons of Utility', Economic Journal, 49, 195, pp. 549–52.

Kelman, M. (1988) 'On Democracy Bashing: A Sceptical Look at Theoretical and "Empirical" Practice of the Public Choice Movement', Virginia Law Review, 74, 2, pp. 199–273.

Knox, T. M. (1952) Hegel's Philosophy of Right: Translated with Notes. Oxford: Oxford University Press.

Lipsey, R. G. and Lancaster, K. (1956) 'The General Theory of the Second Best', Review of Economic Studies, 24, 1, pp. 11–32.

Little, I. M. D. (1957) A Critique of Welfare Economics. Oxford: Oxford University Press. First published in 1950.

Littlechild, S. (1978) 'The Use of Cost Benefit Analysis: A Reappraisal', pp. 390–409 in M. J. Artis and A. R. Nobay (eds), ontemporary Economic Analysis. London: Croom Helm.

Marshall, A. (1920) Principles of Economics, 8th edn. London: Macmillan.

Marvel, H. P. (1977) 'Factory Regulation: A Reinterpretation of Early English Experience', Journal of Law and Economics, 20, 2, pp. 379–402.

Mas-Colell, A. Whinston, M. D. and Green, J. R. (1995) Microeconomic Theory. Oxford: Oxford University Press.

McKee, M. and West, E. G. (1981) 'The Theory of Second Best: A Solution in Search of a Problem', Economic Inquiry, 19, 3, pp. 436–48.

McKee, M. and West, E. G. (1984) 'Do Second-Best Considerations Affect Policy Decisions', Public Finance/Finances Publiques, 39, 2, pp. 246–60.

Mishan, E. J. (1962) 'Second Thoughts on Second Best', Oxford Economic Papers, 14, 3, pp. 205–17.

Mishan, E. J. (1981) Introduction to Normative Economics. Oxford: Oxford University Press.

Musgrave, R. A. (1959) The Theory of Public Finance. New York: McGraw-Hill.

Musgrave, R. A. and Musgrave, P. B. (1989) Public Finance in Theory and Practice. New York: McGraw-Hill.

Nath, S. K. (1969) The Reappraisal of Welfare Economics. London: Routledge & Kegan Paul.

Ng, Y. K. (1977) 'Towards a Theory of Third Best', Public Finance/Finances Publiques, 32, 1, pp. 1–15.

Ng, Y. K. (1987a) ' "Political Distortions" and the Relevance of Second- and Third-best Theories', Public Finance/Finances Publiques, 42, 1, pp. 137–45.

Ng, Y. K. (1987b) 'The Role of Economists and Third-Best Policies', Public Finance/Finances Publiques, 42, 1, pp. 152–5.

Rowley, C. K. and Vachris, M. A. (1995) 'Why Democracy does not Necessarily Produce Efficient Results', Economica delle Scelte Pubbliche, 2–3, pp. 95–111.

Russell, R. R. and Wilkinson, M. (1979) Microeconomics: A Synthesis of Modern and Neoclassical Theory. New York: Wiley.

Scitovsky, T. (1941) 'A Note on Welfare Propositions in Economics', Review of Economic

Studies,9,pp. 77-88.

Sen, A. (1977) 'On Weights and Measures: Informational Constraints in Social Welfare Analysis', *Econometrica*,45,7,pp. 1539-72.

Slemrod, J. and McCaffery, E. (2006) Behavioral Finance: *Towards a New Agenda*. University of Michigan: Russell Sage Foundation.

Smith, A. (1776/1950) *The Wealth of Nations*. London: Methuen.

Thaler, R. H. (1994) Quasi Rational Economics. New York: Russell Sage Foundation.

Tullock, G. (1999) 'On the realm of public choice', pp. 8-31 in M. Kimenyi and J. M. Mbaku (eds) *Institutional and Collective Choice in Developing Countries*. Aldershot: Ashgate.

Turvey, R. (1971) *Economic Analysis and Public Enterprises*. London: Allen & Unwin.

Varian, H. R. (1978) *Microeconomic Analysis*. New York: W. W. Norton.

Varian, H. R. (1987) *Intermediate Microeconomics*. New York: W. W. Norton.

Webb, M. G. (1976) *Pricing Policies for Public Enterprises*. London: Macmillan.

Wittman D. A. (1995) *The Myth of Democratic Failure; Why Political Institutions are Efficient*. Chicago and London: University of Chicago Press.

Wicksell, K. (1896) 'A New Principle of Just Taxation', reprinted as pp. 92-118 in R. A. Musgrave and A. T. Peacock (eds), *Classics in the Theory of Public Finance*. New York: St Martin's Press, 1967.

Winch, D. M. (1971) *Analytical Welfare Economics*. Harmondsworth: Penguin.

Wiseman, J. (1978) 'The Political Economy of Nationalised Industry', pp. 73-92 in *The Economics of Politics*, IEA Readings no. 18. London: Institute of Economic Affairs.

Wiseman, J. (1980) 'The Choice of Optimal Social Expenditures', pp. 249-61 in K. Roskamp (ed.), *Public Choice and Public Finance*. Paris: Editions Cujas.

Wiseman, J. (1985) 'Economic Efficiency and Efficient Public Policy', pp. 33-44 in H. Hanusch, K. W. Roskamp and J. Wiseman (eds), *Public Sector and Political Economy Today*. Stuttgart: Gustav Fischer Verlag.

第2章 外部性

2.1 引言

第1章讨论的帕累托最优条件为分析公共政策提供了一个重要基准。帕累托最优提供了实现资源"有效"配置所需的边际等价条件。然而，同样的条件也可以通过分析"边际支付意愿"（marginal willingness to pay，MTP）及"消费者剩余"（consumer surplus）推导出来。

之所以构建帕累托最优条件，是为了回避人际福利比较，但实际上几乎不存在至少不使一个人福利恶化（而其他人均得到福利改进——译者注）的政府政策建议。正如第1章所言，在必要时，我们可以利用"边际支付意愿"和"消费者剩余"来估算福利值（当不可能实现帕累托改进时，消费者"支付意愿"的比较对于评价是否存在潜在的帕累托改进至关重要）。

本章将运用这些理论概念，来评价完全竞争市场不能实现帕累托最优配置时出现的福利损失，它们还将被用于思考"市场失灵"情况下是否需要政府做出回应的问题。政府应该介入以纠正无效率吗？如果是这样的话，政府又应该如何介入以纠正"市场失灵"呢？

本章后面的部分重点讨论了"传统财政学"和"公共选择"分析方法的差异。假设存在政府干预的理由，那么最佳的干预方式是什么？当纠正污染引起的失灵时，传统的"社会最优"方法通常提出以价格改变为核心的政府干预手段（如征税）。尽管相应的分析表明税收手段"更胜一筹"，但实践中，政府却更广泛（extensively）地依赖于规制。为什么会这样呢？"公共选择"学派运用微观经济理论解释了为什么政府所选择的干预手段完全不同于传统（"社会最优"）方法所开出的"处方"。

如果社会的目标是实现资源的"有效"配置，我们先来考虑为什么外部性造成了问题。

2.2　外部性：为什么是一个问题？

当一个个体的效用不仅取决于他所购买和消费的商品和服务，还取决于其他个体的活动时，外部性就出现了。在下面的效用函数中，A 的福利取决于 A 消费的一系列商品和服务 X_e 及 B 实施的某种活动 $X_e = X_a + X_b$。这种活动可以是任何事情：B 可能吸烟、乱扔垃圾、播放广播声音太响。这种活动可能增加 A 的福利（外部经济或正外部性），也可能减少 A 的福利（外部不经济或负外部性）：

$$U^A = U^A(x_1, x_2, x_3, \cdots, x_n, y^1) \tag{2.1}$$

外部性有两个典型的特征：

（i）相互依赖（interdependence）：个人的效用取决于他所消费的商品和服务。在效用函数中，A 的福利取决于 A 消费的一系列商品和服务 D_a。但同时，A 的效用也取决于 D_b。

（ii）市场机制之外的相互依赖（interdependence external to the market mechanism）：这种活动之所以是一种外部性是因为它在价格机制之外（即外部）发生。将一个个体与另一个个体之间的相互依赖定义为外部性是不充分的。个体的很多活动会通过价格机制影响别人。比如，原本消费黄油的人转而消费人造奶油，在其他条件不变的情况下，人造奶油的价格会提升，并有可能降低原有人造奶油消费者的福利。在价格机制之内，一个人做的任何事情都可能（在边际上）会对其他人产生一定的影响（Mishan，1988）。外部性的定义要求存在相互依赖关系，并且这种相互依赖关系必须在价格机制之外起作用（因此它是非补偿性的）。这暗示着受影响的人没有办法做出回应。比如，假定 A 由于 B 吸烟而遭受损害，就吸烟而言，A 没办法影响 B 的决策。但如果 A 能够说服（通过谈判、贿赂或者提供补偿）B 改变对香烟的消费，那么这种活动就能够被定价。这种情况称为外部性被"内部化"了。谈判的过程将这种活动纳入到价格机制内，且提供了双方通过谈判获得利益的可能性。

外部性无处不在。例如它存在于：

（i）消费者与消费者之间（例如，当一个消费者吸烟时，另一个正在进餐的消费者可能获得较低的效用）；

（ii）生产者与生产者之间（当化工企业往河流排放污水时，可能会影响捕鱼企业的产出）；

（iii）生产者与雇员之间（雇员从事生产过程的同时也学会了一项技能）；

（iv）生产者与邻居之间（工厂排放的废气弄脏了邻居刚洗完的衣服）。

外部性可能是相互的（reciprocal），也可能是单向的（uni-direction）。它可能是边际的（marginal）（$dU^A/dY \neq 0$），也可能是超边际的（infra-marginal）（$dU^A/dY = 0$）。比如，假定湖里有污染物，人们将会发现他们不能在湖里游泳——这种外部性是边际的。然而，达到某种程度的污染水平之后，湖泊仍有可能会被污染到另一个水平，进而对划船活动产生影响——这种程度的外部性就是超边际的。

如果说外部性是多种多样的，那么什么情况下的外部性是我们该关心的呢？

帕累托相关的外部性（Pareto relevant externalities）：当外部性内部化能在不使其他任何人福利变差的同时使一些人福利变得更好，即存在帕累托相关的外部性。内部化外部性的过程创造"交易利得"（gains from trade），至少一个人可以从中获利而不使其他任何人状况变差。应当强调的是，当存在帕累托相关的外部性时，市场（即使是完全竞争市场）可能无法确保资源配置是帕累托最优的。

为了说明通过外部性内部化获得"交易利得"的可能性，考虑下面的例子。假定生产1单位的钢铁，生产者承担私人成本（如为生产要素支付的工资和利息支出）。但是，生产过程中产生的噪声及空气污染也给附近的人们带来了成本。生产者出售一单位的钢铁来获得收入。图2-1中，线 R 代表生产者每一时期通过生产和销售额外1单位的钢铁增加的净收入（边际利润）。从中我们可以清楚地看到一个追求利润最大化的生产者将持续生产，直到所有的额外利润都消失，即产出为 q_1。但生产过程中的外部成本（噪声等）使得邻居愿意为生产者减少生产提供补偿。图2-1中的线 E 衡量了邻居为了使生产者在已选择的钢铁产量上依次减少一单位产量愿意支付的最大数量。这些总数是他们在不减少自身福利情况下所能支付的最大数量。根据第1章的分析，这些总数为

"边际支付意愿"（MWTP）。[1]若生产者生产 $O\text{-}q_1$ 单位，且外部性依旧存在，很明显市场将不会处于帕累托最优的产出水平。

图 2-1 中 q_1 点处，经济中的部分人为减少 1 单位产出愿意付出的数量超过生产者 1 单位的边际产出对于经济中其他人的价值（用边际净收益来衡量）。假设邻近的人们提供给生产者的最大数量为（$q^*\text{-}1\text{-}2\text{-}q_1$），以使其将产出水平降低至 q^*，生产者的获益为三角形区域 $1\text{-}2\text{-}q_1$。如果生产者只得到区域 $q^*\text{-}1\text{-}2\text{-}q_1$，那么邻居将获益三角形区域 $1\text{-}2\text{-}q_1$。当然，我们可以合理地认为，只要外部性存在，就有"交易所得"等于三角形 $1\text{-}2\text{-}q_1$，它可在双方之间划分。这样的话，根据 Buchanan 和 Stubblebine（1962），这种外部性被定义为"帕累托相关"。如果外部性"内部化"了，至少一个人的状况会变好，同时不使其他人的状况变差。[2]

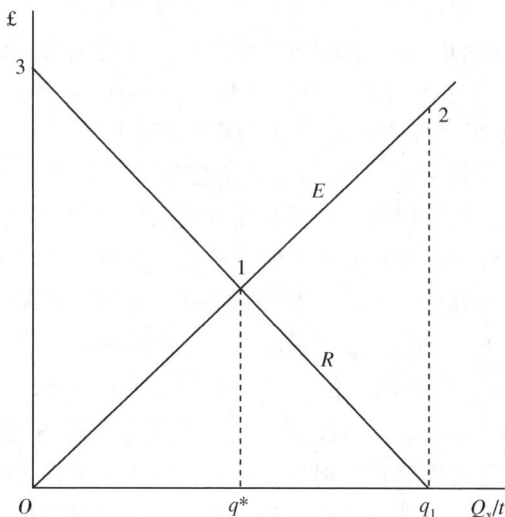

图 2-1　外部性

① 当然,正如附录1(B)所讨论的,它们是对可变补偿数量(compensating variation)——个人为达到特定的福利增进而愿意支付的最大数量——的度量。
② 这个例子考虑的是外部不经济的情况。然而,也可能存在外部经济的情况(Blaug,1965,探讨了一系列与教育相关的外溢效应)。

2.3 科斯定理

很显然，如果存在外部性，即使在竞争性市场上，市场自发作用（个人根据私人成本和私人收益最大化自己的福利）的结果，也不会实现整体市场的福利最大化。如图2-1所示，当存在外部不经济时，产出会超过帕累托最优水平。经济学家（如Pigou，1932）基于这一初步证据就匆忙指出需要政府干预来纠正市场失灵。在我们研究政府如何干预之前，值得花些时间先来讨论为什么自愿行动不能克服外部性。

按照Coase（1991年诺贝尔经济学奖得主）的思路，我们有理由问：为什么外部性问题会一直存在？如果居民遭受损失的数量超过生产者从中获得的净收益，生产者有可能接受来自邻居的一些补偿，并减少该项活动吗？图2-1清楚地表明，邻居可以通过给生产者提供补偿，使其将产量从q_1降低到q^*，这对双方来说都具有潜在的收益。我们所需要的是一个清晰的产权划分，以便交易能够发生。因此，有必要对谁拥有财产权（property rights）做出规定。Coase（1960）认为，只要财产权清晰，外部性问题就解决了。

也有人这样来理解科斯定理，（就资源配置而言）规定居民必须补偿生产者以使其减少生产，或是规定生产者必须补偿居民以便能够生产，而这并不重要。比如，我们同样可以将初始权利赋予居民。这样，生产者为了使居民同意其开工生产，必须对其给予补偿。根据图2-1，显然，居民可能被说服接受每期高达q^*的产量水平。在达到产量q^*之前，生产者可以付出比受损者需要忍受的外部成本（$O\text{-}1\text{-}q^*$）更多的补偿（图2-1中的$O\text{-}3\text{-}1\text{-}q^*$），以便增加产量。生产者最多能够补偿$O\text{-}3\text{-}1\text{-}q^*$，居民要求得到的最低补偿是三角形区域$O\text{-}1\text{-}q^*$，这种情况下，补偿是同样能够实现的；若讨价还价发生在边际上，每期的产出将是q^*或就任一边际产量进行讨价还价，则每一次商谈的最终产量都将是q^*。

不管怎么说，只要财产权是清晰的，就资源配置（效率）而言，涉事双方可以校正外部性问题，而且谁补偿谁似乎并不重要。当然，如果考虑收入分配的话，财产权的配置就变得重要。然而，不管谁在法律上有权接受补偿，市场资源配置的结果都是唯一的（这是一个不变的结论）。Cooter和Ulen（1997）强调说，科斯定理的一个版本表明："当交易成本为零时，不管产权在法律上归属于哪一方，私人讨价还价都将实现资源的有效利用。"

一旦发生了讨价还价，外部性就会"内部化"，这也将满足帕累托改进的标准。但是这样的过程会发生吗？此外，即便确实发生了私人间的讨价还价，仅此这就足以解决外部性问题了吗？

2.3.1 科斯定理的问题

通过讨价还价来解决外部性问题是很普遍的。外部不经济会导致产出"过多"，那些受影响的人会为减少这种活动而提供补偿。外部经济将导致产出"过少"，人们则会提供补偿来增加这种活动。当然，假定各方都能通过交易而获利，这种交易就会自发产生——但是他们会这样做吗？

尽管 Coase 认为外部性问题可以通过清晰的产权划分得到解决，且资源配置结果与产权归属于哪一方无关，但事情远没有那么简单。比如说：

（a）第一个要强调的问题（Coase 本人也承认的一个问题）是，这里涉及交易成本（transaction costs）。Pigou（1932）指出了讨价还价所需的时间和精力成本。设 $T=$（讨价还价的）交易成本，$B=$ 得自讨价还价的收益，$G=$ 政府解决方案的"交易"成本。如果 $T < B$，讨价还价就会自愿发生；如果 $T > B$，讨价还价将不会发生。然而，如果 T 大于 G，同时 G 小于外部性内部化的收益（B），那么，即使不会出现自发的解决方案，政府干预也将是有效的。

让我们简单看下交易成本 T。高额的总交易成本（大到超过讨价还价所得的收益）的存在，意味着结果可能是一个或是或否的决策（允许或禁止这项活动）。与此相关的问题是进行或禁止这项活动是否会提高福利。这取决于图 2-1 中三角形区域 O-3-1 是否超过 1-2-q_1（Mishan，1981）。

（b）第二个问题是，如果谈判涉及很多人，讨价还价将很难进行。假定污染问题影响很多邻居，那么每个人都可能选择静观其变，希望别人提供足够的补偿来减少污染。这样的话，每个人都可能追求"搭便车"（这个问题将会在第 3 章分析）。显然，如果所有人都这样做的话，谈判将不会发生（在这一点上，集体法律诉讼（class legal actions）可能会起一些作用）。

（c）如果存在不完全竞争，生产者和受外部性影响的人之间的谈判可能不会达到最优的结果。

为了说明讨价还价如何导致社会最优（正如前一节所述），我们有必要先考察完全竞争市场的情况。在图 2-2（a）中，双方进行讨价还价意味着市场结果 q_1 被改变了，实现了最优结果 q^*。这发生在当 R 等于 E 时。然而，R（在完全竞争市场中）等于 $P - MPC$（边际私人成本），因此，当 $R=E$ 时，可以推

出 $MPC + E$（边际社会成本 MSC）等于 P。帕累托最优结果（正如之前讨论过的）就是 $P = MSC$。

在图 2-2（b）中，D 表示产品的需求曲线，如果存在外部性，完全竞争市场的结果将出现在价格等于边际私人成本（MPC）时。假定谈判是可能的，那么图 2-2（a）中的产出水平 q^* 将会产生。在图 2-2（b）中，q^* 就是价格（P^*）等于边际社会成本 MSC 时的产出（这里 $MSC = MPC + E = D$）。

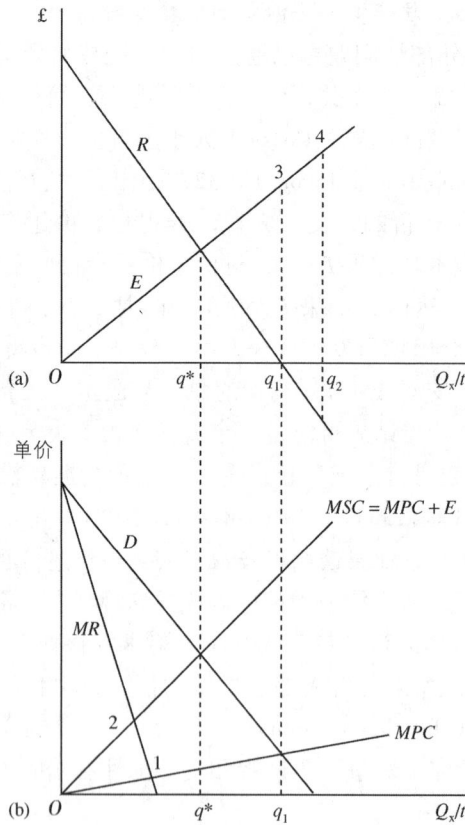

图 2-2　外部性和科斯定理

但是，如果产品是由一个垄断厂商生产，产出将由边际私人成本 MPC 等于边际收益 MR 决定（产出水平是由图 2-2（b）中的交点 1 决定的）。假定现在发生谈判，产出将降低到边际社会成本（$MPC + E$）等于边际收益的点（图 2-2（b）中的交点 2 决定的产出水平）。谈判将意味着生产者承认，若产出增加，损失是由放弃补偿 E 引起的。因此，产出水平在点 $MSC = MPC + E = MR$ 处。科斯谈判（Coasian negotiation）看起来使事情更糟糕了（Buchanan，1969）。当一个垄断厂商生产商品时，商品本来已经供给不足。与此同时，生产者与受外部性影响的人之间的谈判进一步降低了产出。通过谈判，产出水平将由交点 2 决定。在点 2 处，$MR = MPC + E = MSC$（而不是 $D = MPC + E = MSC$）。

　　这样的批评是否合理是值得商榷的。Buchanan（1969）认为"科斯"对策要求商品的消费者也要参与谈判。在垄断的情况下，消费者的利益没有很好的体现。Buchanan（1969：176-7）提道："忽略组织的成本，垄断厂商的产品购买者可以通过贿赂垄断厂商来增加产出。"除非对市场的不完全做出一些修正，否则科斯对策将不会达到社会最优（当然，即使布坎南的方案被采纳，与流动的消费者以及谈判从双方增加到三方有关的交易成本是不可忽视的）。

　　（d）另一个考虑是这里的函数是"性状良好的"。也就是说，图 2-1 中边际外部性成本曲线（E）从下方（而不是从上方）切断边际利润曲线（R）。如果不是这样的话，结果将是不稳定的。在交点的右边，生产者可以通过补偿那些受影响的人而增加产出；而在交点的左边，受影响的人可以通过补偿排污者使其产量降低到零（Baumol 和 Oates，1988）。

　　（e）科斯假定谈判会引起帕累托改进，但假如双方不能平等地获得（equal access）所有可用的知识将会怎么样？正如 Davis 和 Kamien（1971）指出的那样，可能存在信息不对称的情况，一方可能比另一方拥有更多的信息（见第 7 章）。这可能导致欺骗或敲诈。比如，在上述情况下，如果邻居不知道生产者的利润函数，生产者可能会威胁他们自己将生产比 q_1 更高的产出水平，除非邻居提供一个更大数量的补偿。例如图 2-2（a）中，生产者可能威胁邻居生产 q_2 的产出水平，这样的话，生产者就会处于有利地位，可以要求面积 q_1-3-4-q_2 数量的额外补偿来使他的产量水平降低到 q^*。如果邻居中有人知道生产者的成本和收入函数，他们将意识到生产者生产额外的产出将会给他们带来损失（净增加的利润曲线已经延伸到图中负的象限）。如果缺乏这项信息，邻居可能被生产者敲诈而提供额外的补偿。Wellisz（1964）提供了另一个例子来说明这种欺骗，出现在讨价还价超过边际单位之外时。

（f）为了明晰产权，垄断地位也许很难避免。比如，在污染的例子中，产权必然授予每一个邻居，如一定数量无噪声无污染的空气。Mishan（1988）认为即使有可能，这样做也是很困难的。即使可以这么做，每个人都拥有特定数量无污染空气的产权，无污染的空气也不会有完美的市场运作。因而每个人都拥有一个垄断地位。

（g）为了进行谈判，我们必须清楚谁要为外部性负责，并且他们必须能够与受影响的各方进行谈判。确认谈判方也是很有必要的。比如，把科斯定理放在跨时期的背景中。许多污染物都是长期存在的，它们残留在环境中，而将会受到影响的人也许还没出生。那么，谈判如何发生？再比如，考虑鉴定责任的难度。假定农民使用的化肥最终污染了河流。谁该受到处罚？生产化肥的厂商？使用化肥的农民？还是允许这么做的政府？如果法律遵循的是"谁污染谁治理"的原则（产生外部不经济的人需要承担法律责任），那么在这个例子中，谁应当承担责任呢？

（h）科斯定理对一种外部性可能起作用，前提是在解决的过程中不会产生额外的外部性。Aivazian 和 Callen（1981）举了个例子：A 和 B 企业排放烟雾影响到附近的一个洗衣店。他们试图证明谈判的结果将不是有效的。但 Mueller（2003）说明了这是由于存在另一种外部性（在企业 A 与 B 之间）。Mueller 将科斯定理一般化了。假定每一种外部性都有各自的责任方，而且讨价还价彼此独立，那么当交易成本为零时，每一种外部性的消除独立于产权的分配。

所有这些问题都表明，市场解决方案可能并不容易实现，并且如果真的实现了，它将涉及交易成本。这里列举的一系列问题（绝对不是全部）对市场自身将有效解决外部性问题的说法提出了质疑。

2.3.2　科斯定理的检验

科斯定理认为清晰的产权归属将有助于解决外部性问题。本小节的目标是探讨"清晰的产权界定将有助于解决外部性问题"这一命题的备选检验。

（a）行为检验

蜜蜂和蜂蜜：在关于外部性的理论文献中，Meade（1952）举了一个苹果种植者与生产蜂蜜的养蜂人之间存在外溢效应的例子。Meade 提道："这是无报酬的一个例子，仅仅简单地归因于这样一个事实，即苹果种植者不能向养蜂人就蜜蜂的食物进行收费"。通过这样一种方式，苹果种植者向养蜂人提供了一种正的外部效应。①然而，显然这个故事还有另外一种说法，即外部性不一定是单向的。蜜蜂为苹果树授粉的同时也为苹果种植者创造了一种正的外部效应。假定蜜蜂为苹果花授粉，但这种外部性没有被养蜂人计算在内，那么养蜂方面的投资就有可能不足。哪种效应更为显著是一个实证问题，但有趣的问题是：在市场经济中，这些生产者为了内化溢出是否会出现单边支付。

Cheung（1973）决定对这个例子进行一个详尽的研究。在华盛顿州，的确存在一段显性和隐性契约安排的历史，契约规定因为养蜂人的蜜蜂为苹果树做出有益的贡献，他们应该得到补偿。正如 Cheung（1978：61）所提到的："与大多数人所认为的相反，苹果花很少产蜜或者根本不产蜜。"根据这种契约安排，我们可以通过假设外部效应的方向是从养蜂人到苹果种植者来说明这个例子。如果这种外溢效应没有被内部化，会出现什么结果呢？

假定苹果（A）和蜂蜜（H）的生产是他们各自劳动投入 L_a 和 L_h 的函数，总的劳动供给约束为 $\bar{L} = L_a + L_h$，则生产函数为：

$$H = H(L_h) \tag{2.2}$$

$$A = A[L_a, H(L_h)] \tag{2.3}$$

其中，苹果生产函数中的 $H(L_h)$ 体现了外部性关系。假定规模报酬不变，目标是最大化产值（$P_a A + P_h H$）——其中，P_a 和 P_h 分别是苹果和蜂蜜（不变的）价格，受限于生产函数及劳动供给约束。工资率为 w，作为劳动投入约束的影子价格，因此对应的拉格朗日函数为：

$$\mathscr{L} = P_h H[H(L_h)] + P_a A[L_a, H(L_h)] + w(\bar{L} - L_a - L_h) \tag{2.4}$$

求函数关于劳动投入的偏导数并使其等于零，得到一阶条件：

$$\frac{\partial \mathscr{L}}{\partial L_h} = P_h \frac{\partial H}{\partial L_h} + P_a \frac{\partial A}{\partial H} \frac{\partial H}{\partial L_h} - w = 0 \tag{2.5}$$

$$\frac{\partial \mathscr{L}}{\partial L_a} = P_a \frac{\partial A}{\partial L_a} - w = 0 \tag{2.6}$$

这意味着应该雇用劳动用于苹果生产直到：

$$MR_a + MR_b = MC_g \tag{2.7}$$

（苹果生产的边际产品价值＝工资率），同时，雇用劳动用于蜂蜜生产

---

① 原文为 "The bee-keepers, in this way, provide a positive external effect for the apple growers." 疑误。因为，根据上下文，这里的方向是苹果种植者向养蜂人提供一种正外部性——译者注。

直到：

$$MB_a + MB_b = MC_g \tag{2.8}$$

蜂蜜生产者自身会选择等于市场工资的蜂蜜生产的劳动边际产品价值。他会理性地忽略正的生产外部性，即方程（2.8）左边的第二项。因为他们不能获得由于苹果生产给蜂蜜生产所带来的收益。[①]生产蜂蜜太少所带来的政策问题现在成为外部性内部化的动力了。然而，如果自愿谈判能够使外部性内部化，那就没有公共政策问题了。

Cheung 就华盛顿生产过程的例子为科斯定理提供了经验证据。其他案例研究也证明了其价值。然而，尽管这样的研究支持了那些寻求市场方案来解决外部性的学者的观点，即使这样的解决方案被找到了，这也不意味着私人方案必然是解决外部性问题的"最佳"手段。即使一个外部性问题得到了解决，科斯手段也涉及交易成本。[②]

（b）法律诉讼

科斯定理行为检验的第二个例子是对法律诉讼而实施的研究。这种方法的一项代表性研究是 Galanter（1983）的工作。Galanter 发现美国 90% 的法律诉讼都在审判前庭外和解了。由于审判费用非常昂贵，人们能够意识到在上法庭前进行协商和解对各方都有好处。上法庭的案子一般都是：那些成本最低的案子；有其他高昂的庭外和解或交易成本的案子及那些不能轻易和解的案子。

（c）政策改革

通过明确产权界定来外部性内部化以检验科斯定理是可行的。Rosen（2005）考察了当时非洲采取措施来保护大象却最终失败的例子。当狩猎被禁止时，当地村民几乎没有动力去遵守法律（就村民而言，每头大象的边际成本为零）。当狩猎被禁止时，肯尼亚 1977 年到 1989 年间大象的数量从 167 000 头减少到 16 000 头（Sugg，1996）。但是，当明确了产权界定以创造适当的激励时，外部性问题就内部化了。外部性问题的出现是由于如果大象数量保持在一定水平，他人也会受益。明确产权界定通过使捕猎者意识到他们行为的代价

[①] 简言之，蜂蜜生产者对一个不正确的价格信号 P_h 做出反应，而正确的（有效的）价格更高，为 $P_h + P_a(\partial A/\partial H)$，其中第二项是生产蜂蜜的劳动通过苹果生产所产生的边际收益。

[②] 有时，这些成本会被补偿，但在其他一些情形中，它们可能会大到阻碍外部性问题的自发解决。

来解决"过度捕杀"的问题。村民们拥有了产权就有了保护大象的激励。1982年津巴布韦赋予地主对野生动物的所有权,接着大象数量从 40 000 头增加到 1989年的 68 000 头。农民发现向游客收取观赏动物的费用是有利可图的。

在类似的思路下,Conda(1995)研究了产权对保护鱼类及控制水污染激励的影响。Conda 得出的结论是"在英国,赋予私人河流和水路所有权成功地阻止了过度捕鱼并且控制了水污染"。

(d)实验检验

一个可供选择的检验是当交易可获得收益时,设计实验来发掘人们谈判的意愿。解决外部性问题的科斯方案基于这样一个命题,即如果允许理性个体之间进行协商,他们将找到方法来纠正外部性所带来的损失。为了探究这是否真的会发生,Hoffman 和 Spitzer(1982)进行了以下实验。

实验对象被成对地带进一个房间(每次一对)。两人中的一人被指定为"控制方"(抛硬币决定)。实验对象可以得到表 2-1 所示的报酬。控制方有两个选择。首先,控制方可以单方面地选择一行,然后控制方和他的搭档将得到表 2-1 所示的报酬。或者,控制方和他的搭档可以共同选择一行,然后双方就总报酬(选择的那行所示)应该如何划分进行讨价还价。由于控制方的选择能够影响其搭档获得的报酬,因此控制方的地位就有产生外部性的能力。

根据表 2-1,如果控制方单方面选择了第 7 行,他将得到 11 美元而其搭档将一无所获(总报酬为 11 美元)。然而,如果控制方选择第 2 行,总报酬是 14 美元。第 2 行是可能的最高总报酬,即帕累托最优选择。依据科斯定理,我们可以预测到控制方和搭档之间将会进行谈判来分配"交易所得"。其搭档会提供足够的补偿来促使控制方选择第 2 行的报酬。

表 2-1   Hoffman-Spitzer 实验的报酬

序号	控制方	非控制方
1	$0.00	$12.00
2	$4.00	$10.00
3	$6.00	$6.00
4	$8.00	$4.00
5	$9.00	$2.00
6	$10.00	$1.00
7	$11.00	$0.00

来源:Hoffman and Spitzer(1982).

实验结果支持了科斯方案。Hoffman和Spitzer报告说参与这个实验的24对实验对象中仅有一对没有选择帕累托最优结果。对这种行为的进一步分析暗示了参与者的行为不仅仅出于自利的动机。比如，假定人们是自利的，控制方将不会同意在14美元中分到的钱少于11美元（通过单方面选择第7行可以得到11美元）。然而，在24名担任控制方的实验对象中，除了7人以外，其他人都同意平均分配这14美元（每人7美元）。

2.4 外部性问题的公共部门对策

由于微观经济理论关注经济人（homo economicus）的行为，因而对外部性的存在有着很强的假设；又由于外部性很难通过私人谈判解决，因而得出的推论是它们将继续存在。于是，解决外部性问题可能需要公共部门的干预。我们通常忽略了自利的个体如何会同意政府的干预。无论如何，市场纠正机制有很多种可供选择的方案。根据图2-3，我们可以考虑以下选项。

（a）征税：征税的目的是让决策者意识到外部成本。如图2-3所示，可以设计一种税收政策来降低生产者增加的净收入，进而把R向内移动到R'（直线3-q^*）。这样生产者将在社会合意的产量水平生产，即每期q^*。然而，需要注意的是Buchanan和Stubblebine（1962）质疑了这种仅对生产者征税是一种令人满意的解决方案的观点。假定只对生产者征税，出现的结果将不是q^*而是q^0，因为那些受外部性影响的人可以提供面积为q^0-6-1-q^*的补偿来降低产出至q^0，而生产者只要求三角形q^0-6-q^*。Buchanan和Stubblebine认为为了保证产出水平不低于q^*，对双方都要征税。Mishan（1988）反驳这一观点，声称只有当自愿交易不会发生时，才需要税收手段。如果在政府干预之前确实没发生自愿交易，那么在对生产者征税之后，它也几乎不可能发生。

（b）管制（regulation）：政府可以规定产量为q^*，或者可以制定（噪声或污水排放）标准，这样生产者每期的产量就不会超过q^*。注意，没有必要给生态学家一个章程或是给"绿党"一张"空头支票"。我们没有理由追求一个无污染的环境。这样的结果将要求禁止生产者进行任何生产活动。如上所述，我们没有理由停止生产活动，而应进行一些可能的边际调整。我们仅仅需要将产量控制在帕累托有效水平就可以了。人们更加关心的是生产者的产量（人们不希望生活在没有汽车的世界中，尽管他们希望汽车的使用受到一定的管制）。

因此，存在一个"最优"的污染水平而且这一水平可能远远超过零。在图 2-3 中，只有当 E 曲线像 E' 那么高时，禁止生产才会是人们期望的结果。

（c）补贴（subsidies）：另一个方法是给生产者提供补贴，使其引进可以减少污染排放或消除噪声的设备。这样的话，社会成本 E 将会降低。这意味着图 2-3 中的 E 移动到 E''，从而增加产品的最优产出（到 O-q_1），即 $R = E''$ 时确定的点 5。或者，可以给附近区域的居民提供补贴，让他们迁居到另一个地方，这也可以降低 E 的值从而增加最优产出数量。

（d）合并（unitization）：如果生产者和邻居可以以某种方法联合成一个决策单位，这种手段就有效。外部成本（E）将被净利润曲线（R）内部化，形成一条集体净利润或"收益"曲线（R'）。根据这个解释，在图 2-3 中表示为 R 和 E 之间的垂直距离，根据定义 R' 将在 q^* 处等于零，此时 $R=E$。公共部门主动采取合并策略也许是另一个选择。

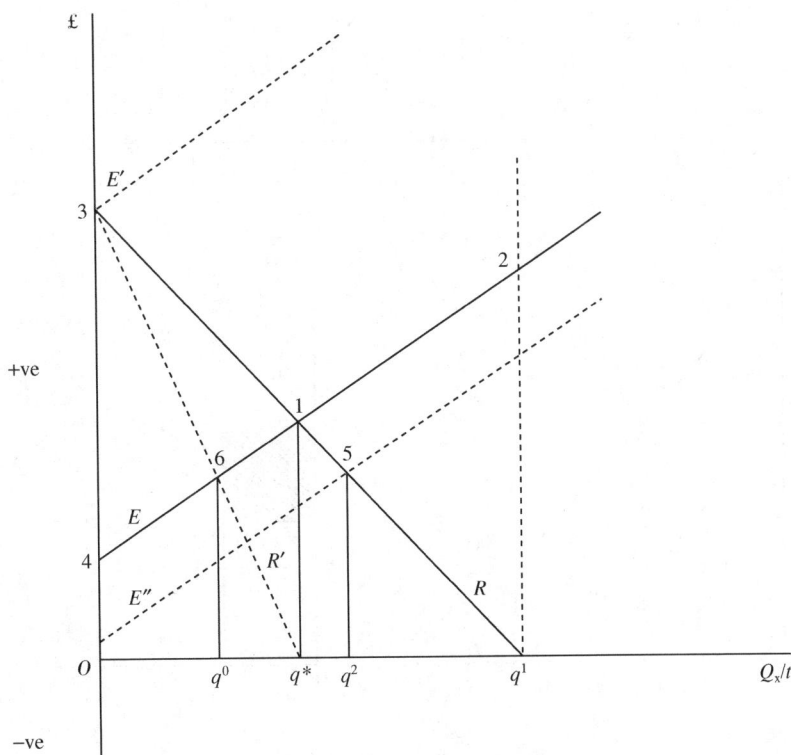

图 2-3　外部性的公共部门对策

（e）配额（quota）：管制可以采取不同形式。直接管制政策规定了允许的行为，并同时规定了对不符合规定的处罚。直接管制手段可以是出台政策设定允许的噪声水平；规定垃圾倾倒的位置；禁止某些形式的技术活动；规定吸烟区。但是管制也可以通过配额来实施。配额可以限制允许的产量水平，也可以限制要素的数量。在图2-1中，配额可设置为允许的产出水平为 q^*。

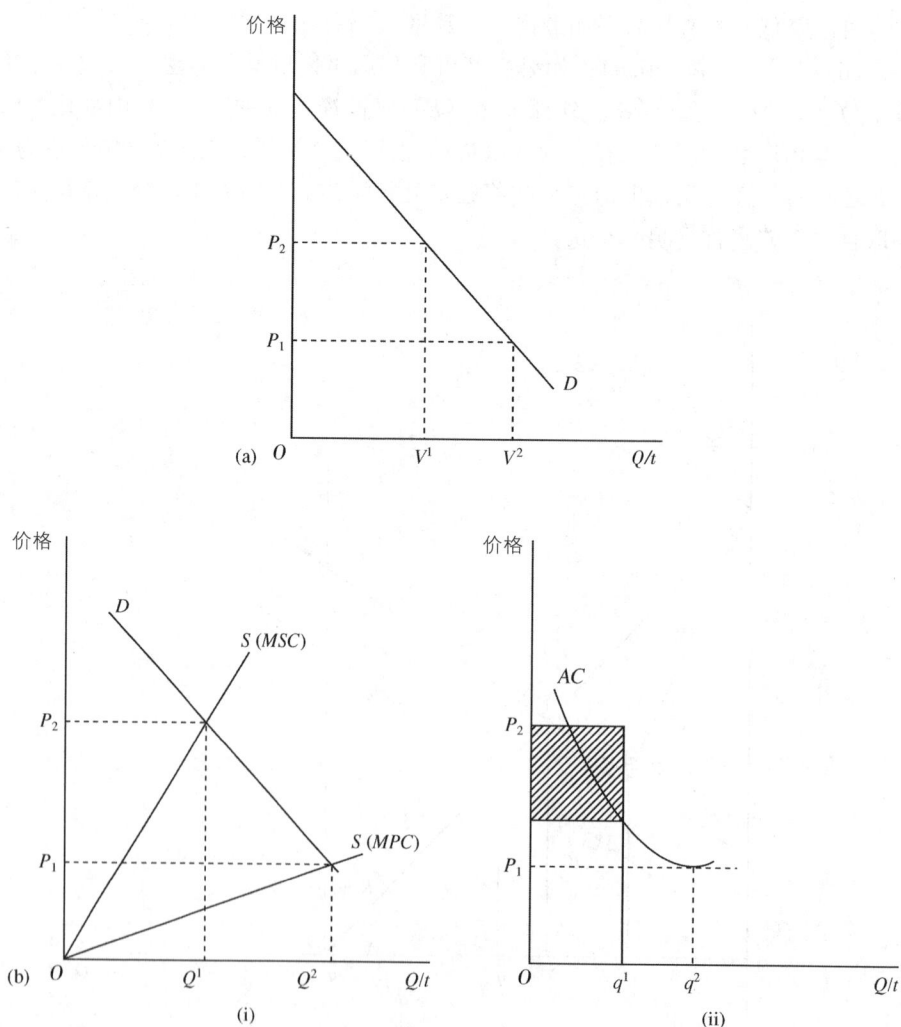

图2-4　通过配额纠正外部性

　　当考虑采用配额手段时，区分以下两点是很重要的：（i）配额是通过拍卖（或出售）取得的；或者（ii）配额是免费获得的。考虑第一种情况。生产活动预期会污染环境的生产者从政府机构那里购买排放权。如图 2-4（a）所示，政府限制排放权的供给。排放权的需求为 D，此时的竞争性价格为 P_1。然而政府可能把配额设置为 V^1，价格上升到 P_2。通过竞争性拍卖出售配额，政府得到与征税同样的结果。价格从 P_1 上升到 P_2 就相当于"有效的税收"。

　　但是，政府也可以给生产者发放配额。图 2-4（b）（i）说明了整个行业的结果。行业产出必须从 Q^2 降低到 Q^1 才能达到"社会有效"产出。对于行业中的每个企业来说，他们都要降低产量（图 2-4（b）（ii）中从 O-q^2 到 O-q^1）。考虑企业的平均成本曲线（图 2-4（b）（ii）中的 AC），可以清楚地发现存在非竞争性利润（阴影矩形所示）。这些利润本应吸引新的进入者，但是那些潜在的进入者必然不可能参与竞争，因为他们没有排放权。

　　根据解决外部性问题得到的潜在收益，所有这些选择都可列入考虑范围之内。正如已经提到过的，受益者从这种政府干预中得到的好处（为了改变现状他们愿意付出的最大数量）超过受损者所遭受的利益损失（为接受改变，他们所要求的最小数量①）是可能的。②如果这真的发生了，那么这种变化将是一种潜在的帕累托改进（potential Pareto improvement）。然而，这里任何一种公共部门手段都有可能使某些人的福利变差。比如，前面所说的征税，生产者不大可能福利变好，因为税收使利润减少了（R 下面的面积减少了）。这里重要的是受益者（邻居）福利变好的程度大于生产者损失的福利程度（这是一种潜在的帕累托改进）。

　　正如科斯对策中存在交易成本，因此在公共部门对策中可能也涉及不可忽视的交易成本。这些也必须考虑在内。首先，如果受益者的净收益没有超过交易成本，那么政府的任何干预措施都将受到质疑。其次，若政府真的干预了，它应该选择那种以最低交易成本纠正资源不合理配置的干预形式。举个例子，假如管制方法很难实现监控和管理，这种手段也许比税收付出的成本高，因此应该拒绝采用。

---

　　①　原文为"the most that they would require to accept the change"，即"为接受改变，他们所要求的最大数量"。疑误——译者注。

　　②　也就是说，受益者所获得的补偿性变化超过受损者所失去的补偿性变化。

相较于市场手段，政府干预政策的交易成本具有不同的性质。它们主要基于两类问题。

（a）信息（information）：政府如何知道资源是否被有效配置了（如有效的产出水平）？一个完美的市场运作带来相当多的信息（以市场价格的形式），但如果市场价格是不能接受的（如由于外部性问题），那么应当如何估计社会成本和收益呢？

（b）协议（agreement）：社会中的不同群体如何达成协议？尽管我们分析的重点在于受益者获得的收益大于受损者遭受的损失，如果大多数人是受损者，那么这些政策也许不能通过政治程序来实施（即使他们达到了潜在的帕累托改进标准）。

一些经济学家认为，当讨论是否需要公共对策及公共部门的规模应该多大时，交易成本的性质至关重要（Arrow，1971）。市场失灵的存在只是提供了需要政府干预的初步证据（prima facie）。如果政治过程中仍然存在信息和协议成本，则有理由认为即使存在市场失灵，并不总是需要公共部门采取对策（毕竟，外部性问题可能是超边际的；边际与帕累托无关——它们的存在并不影响有效的数量；已经内部化的外部性问题以及/或者在纠正它们的过程中存在过高的交易成本）。

2.5 外部性与公平

本章重点分析了外部性对资源配置造成的影响。当存在外部性时完全竞争市场不能达到有效的资源配置结果。"市场失灵"的存在为政府干预提供了理由。市场的无效率可以通过产权界定来纠正，但当谈判成本大于其他干预形式的成本时，就可能需要直接的政府干预（通过征税、管制、补贴）。

然而，我们可以肯定的是被赋予产权的各方获益了。假定企业在生产过程中会产生噪声，邻居就会遭受外部不经济。如果企业不再拥有生产的权利（产权被赋予给那些遭受外部成本的人），这种产权配置实际上增加了邻居的收入。当然，如果企业不能再生产（进而制造噪声），生产者的实际收入水平将会下降。这小节我们重点分析被赋予产权的人以及从政府干预中得利的那些人所获得的收益。

图2-5描绘了当一个生产者得到边际利润（由 R 表示）及邻居承担 MEC

（边际外部成本）时不同的结果。竞争市场的结果是 q^m，但有效的结果是 q^*。假定产权允许企业排放，MEC 可以解释为邻居愿意支付的最大数量，R 可以看作是生产者愿意为减少每一单位产量所接受的最小数量。假定产权归邻居所有，R 可解释为生产者愿意支付的最大数量，MEC 则是邻居同意增加产量愿意接受的最小数量（从图2-5的原点开始）。在这种情形中，产权的分配（给一方或另一方）不会影响资源的配置。

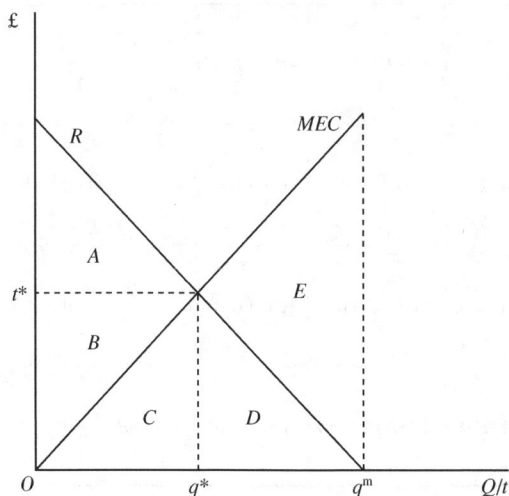

图2-5 收入分配效应

在讨论与外部性不同解决方案相关的收入分配效应时，图2-5中标明的区域很有用。表2-2描述了当产权分配给每一方时，各方得到的收益，同时描述了直接政府干预政策的收入效应。为了便于比较，每种情况下有效的产出 Y_a（最大化福利时的产出——解决帕累托最优外部性问题）是一样的。

表2-2揭示了不同利益方考虑可能的解决方案时将有不同的偏好。生产者将更倾向产权归属于自己这一方的科斯谈判，即表2-2中的选项5（因为这样的话，生产者可以实现比无限制生产时——选项1享受的更高的福利水平）。生产者接下来将选择选项1（无干预）。第三将是选项3——管制。接下来是选项2——直接补偿或选项7——产权分配给受影响方但生产者是占优势的议价方。最后是选项4——征税。

表 2-2 不同干预形式的福利收益

选项	生产者	受损者	政府	社会
1.不干预	$A+B+C+D$	$-C-D-E$	0	$A+B-E$
2.直接补偿	$A+B+C-（C）=A+B$	$-C+（C）=0$	0	$A+B$
3.管制（q^*）	$A+B+C$	$-C$	0	$A+B$
4.征税（t^*）	$A+B+C-（B+C）=A$	$-C$	$B+C$	$A+B$
5.谈判（产权赋予生产者，生产者获得交易好处）	$A+B+C+（D+E）$	$-C-（D+E）$	0	$A+B$
6.谈判（产权赋予生产者，受影响者获得交易好处）	$A+B+C+（D）$	$-C-（D）$	0	$A+B$
7.谈判（产权赋予受影响者，生产者获得交易好处）	$A+B+C-（C）=A+B$	$-C+（C）=0$	0	$A+B$
8.谈判（产权赋予受影响者，受影响者获得交易好处）	$A+B+C-（A+B+C）=0$	$-C+（A+B+C）=A+B$	0	$A+B$

来源：Verhoef（1999）.

再看受到外部性影响一方的偏好，最优的选择是选项8——产权分配给受影响方的科斯谈判。接下来是选项2，直接补偿或选项7，产权分配给受影响方但生产者是占优势的议价方——接着是选项4征税或选项3管制。然后是产权归属于生产者的科斯谈判（分别是选项6和5）。最后，选项1——无干预——是受损者最不偏好的。

这个例子说明当考虑外部性问题的不同解决方案时，存在收入分配效应（也有效率效应）。不同的受益方对可供选择的方案不是无差异的，即使在所有的方案中都实现了相同的资源配置（$O-q^*$）。当然，为了方便说明，这里的例子特意简化了。图2-5阐释了只有一个生产者和一个受影响方的情况。无论使用什么样的方案解决外部性问题，都实现了相同的"有效的"结果。但是，这样的分析也能说明更深层次的问题。比如，本章稍后将分析解决外部性问题时采取的征税与管制手段之间的选择。可以注意到，生产者的偏好是选择数量管制而不是征税，而对于受影响方来说，如果不考虑税收收入可能的分配，两种手段是无差异的。

一个便于说明的假设是曲线 R 和 MEC 不受"福利效应"的影响。"福利效应"的缺失意味着"有效率的"资源配置始终是唯一的——不管外部性问题如何解决。正如 2.2 节所提到的那样，一些人指出 Coase（1960）认为有效的资源配置与产权的分配无关，但是，这样的结论依赖"福利效应"的缺失。[①]

图 2-6 中，个体 S 吸烟。MPB 是吸烟者的边际私人收益曲线（及吸烟者为了吸烟的"支付意愿"）。MEC 代表一群民众（C）为了减少 S 吸烟数量的"支付意愿"。它是受影响的民众为了减少 S 吸烟数量（按照每一单位香烟）愿意支付的最大数量。初始的假定是 S 具备吸烟的权利（法律允许）。在这种情况下，涉及 MPB_1 和 MEC_1，而（根据科斯定理）C 将与 S 进行谈判，使 S 接受补偿以降低香烟的消费。双方的谈判通过使消费从 N_m 降低到 N^1 而获益。有效的结果是 S 消费 N^1 数量的香烟。

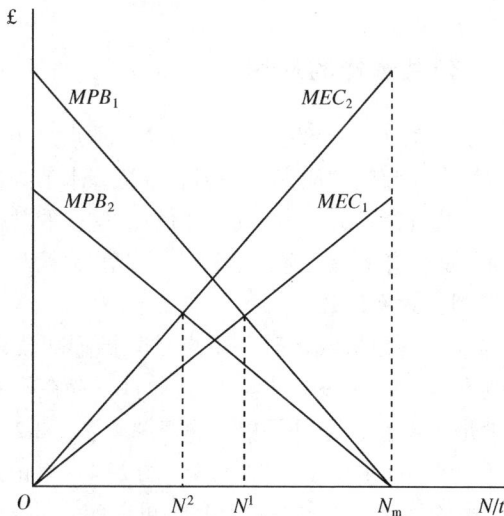

图 2-6　产权的分配

[①]　第 1 章引入的支付意愿的概念在附录 1（B）中有更详尽的讨论。

如果产权发生变化，当存在收入效应时，有效的结果将会是不同的。假定法律禁止吸烟，吸烟者（S）必须得到受吸烟影响的人（C）的许可才能吸烟。那些受吸烟影响的人现在福利变好了，因为法律提供给他们无烟的环境。如果说他们的福利变好了，这是由于相比他们愿意为获得无烟的空气（当他们没有获得无烟空气的产权时）而支付的数量，他们现在可以为了忍受无烟空气的减少而要求更多的补偿。这里存在"收入效应"（或者"福利效应"）。当法律允许吸烟时，他们愿意为减少每一单位吸烟而支付的数量是 p，但当法律禁止吸烟时，他们的福利变好了（这里存在收入效应），他们所要求的（以保持他们的实际收入水平不变）最小数量是 MRS_{cx}。同样地，法律从允许到禁止吸烟将使吸烟者（S）福利变差。S为了吸烟愿意支付的最大数量（保持这新的更低的实际收入水平不变）少于S同意为不吸烟愿意接受的最小数量（假定实际收入不变）。当法律禁止吸烟时，相应的总数是 MPB_2 和 MEC_2，而吸烟的数量变少了（N^2）。

这个例子说明了资源配置对产权分配的敏感性。如果产权分配存在"收入效应"，有效的结果不再与产权分配无关。由此可见，当存在收入效应时，有效的资源配置将与采取的解决方案有关（如产权、征税或管制）。

2.6 征税与管制：公共选择的应用

本章的讨论聚焦于传统（"社会最优"）方法。重点是由外部性产生的福利损失以及为了纠正市场失灵政府"应该"采用的方法。本节的目的是将"传统的公共财政"方法和"公共选择"分析方法进行比较。这里的关键是政府将会如何应对。我们考虑的问题是政府是否会选择征税而不是管制来解决市场失灵问题。

2.6.1 征税与管制：效率比较

参照帕累托福利经济学分析政策时，重点是分析不同政策在实现社会资源优化配置方面的"效率"。当分析只包括一家企业且不存在不确定性时，征税和管制是等价的。等价是由于它们导致了相同的资源配置。2.2节讨论的例子阐释了不同手段之间"等价"。这个例子表明（参考图2-4）不论是征税（使曲线 R 向里移动）还是对产出的管制（例如在 q^* 点）都可以解决外部不经济的问题。

假定存在一家以上的企业以及假定有必要为不同的企业量身打造不同的税收和管制政策时，那么税收会表现出优势。如果信息是有成本的（又如果政府很少能够调整其政策），得到的推论是税收"更胜一筹"。假定不同的企业产生不同水平的污染，或者假定不同的企业生产不同价值的商品，那么不同企业的

R和E曲线的形状（在图2-4中）是不同的。这似乎意味着有多少家产生外部性的企业就有必要依赖多少种税收或管制政策（Hindricks和Myles，2006）。

如果信息是有成本的，就有理由采用可以降低信息成本的公共政策工具。如果要"全面"应用税收或管制标准，经济学家倾向于进行价格调整（而不是数量调整）。这种偏好是基于企业将更容易对税收做出反应以实现政策目标。下面的例子将说明这个观点：

示例A：在第一个例子（基于Rosen，2005）中，有两个企业M和N。图2-7中，MPC代表生产的边际私人成本（生产者的成本），MSC是生产的边际社会成本。边际社会成本等于边际私人成本加上边际外部成本（假设不变），边际外部成本是由两种商品的生产产生的。MB_m和MB_n是两种商品消费者的增量收益曲线，表示消费者由于每个企业额外生产一个单位享受的边际收益。它们是企业生产的产品的需求曲线，反映了个人为额外单位的产出所愿意支付的数量。最初，假定两家企业只受它们各自私人成本的约束，它们将各自生产q_{nm}（为了方便阐述，这里每个企业产出相同，即当$MB = MPC$时的产量水平）。

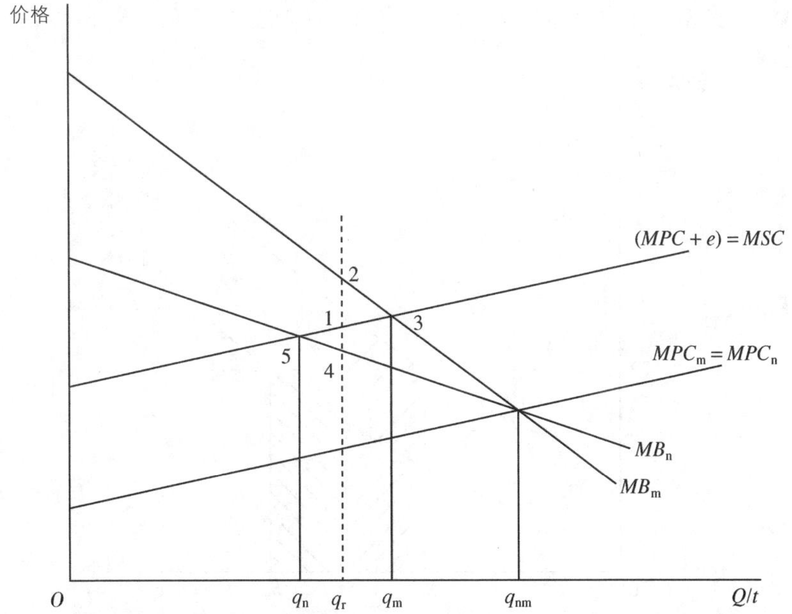

图2-7　征税与管制

来源：based on Rosen（1988）public Finance，2nd edn.，Richard Irwin Inc.，Homewood，Illinois.

如果采用处罚性税收（等于边际外部成本），两家企业都将实现最优的产出水平。也就是说，M企业将在q_m处生产，而N企业将在q_n处生产。很明显，为得到有效率的结果，不会要求两家企业降低相同的产量。但是，如果两家企业都受到管制（因此它们遵循相同的产出约束$q_r = \frac{1}{2}[q_m + q_n]$），显然没有一家企业会处于最优产出状态。企业M所处的产出水平为$MSC < MB$，企业N所处的产出水平为$MSC > MB$（企业M生产$O\text{-}q_r$的福利损失为三角形区域1-2-3，企业N的福利损失是三角形区域1-4-5）。

在这个简单的例子里，一直以来关注的普遍问题是，给定相同的限制标准在不考虑任何其他因素下将平等地影响每个生产者。企业不能在其特定的成本和需求参数条件范围内来调整行为以实现最优。两个生产者的边际收益函数不同，因此减少低于q_{nm}（到q_r）的数量将是个错误（Jones和Cullis，1988，在一般均衡模型中考察了这个观点）。

示例B：为了强调这一结论，图2-8描述了第二个例子（Shone，1981）。它说明了相同的原理，尽管在这里两个企业之间的区别在于引进减污技术的能力不同。这里，我们比较两个企业M和N降低污染的边际成本。一个企业（N）使用的设备比另一个企业老旧。这使得企业N为减少污染而花费更多。假定减少相同数量的污染是可取的，在图2-8中减少污染至两倍的$O\text{-}S^*$。

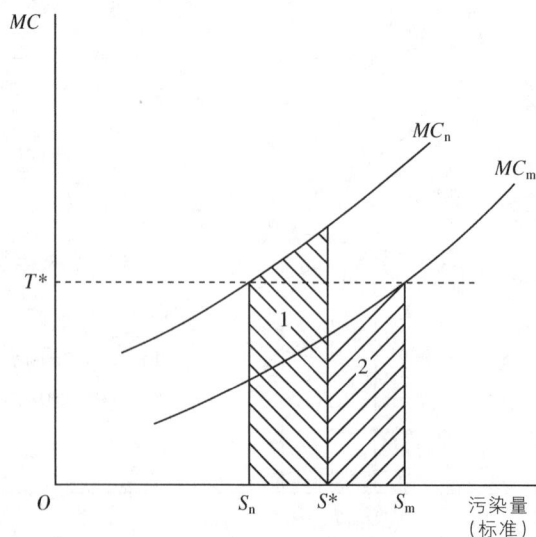

图2-8 公共政策和管制

要么，可以设置O-T^*的税收（反映溢出成本），企业会自发调整它们的污染水平以达到减少污染的目的。在图2-8的例子中，企业N减少的污染量（S_n）小于M减少的污染量。但是$S_m + S_n = 2(O-S^*)$，达到了预期的总减污量。

要么，也可以实施管制。通过这种手段，每个企业必须减少O-S^*单位的污染，以实现总污染量减少。

管制的成本明显高于价格调整（通过税收的手段）。通过管制，企业N必须比征税时减少更大数量的污染。这意味着会产生额外的成本（等于阴影区域1）。就企业M而言，无须减少高于S^*的污染量，因此有区域2的成本剩余。使用配额手段增加的成本为面积1和2之差的绝对值。再一次，对价格调整反应灵敏使统一的税收手段成为比统一的管制手段更为有效的财政工具。

这些例证是有说服力的。征税往往比管制更受欢迎。当然这些例子并不能证明控制价格的政策总是优于控制产量的政策。正如经济学中所有的等价定理一样，一切都取决于假设。很有可能在某个具体情况中，管制将成为首选工具。在下面的例子中（如图2-9所示），边际成本曲线的位置存在不确定性。根据Weitzmann（1974），MC_A是边际成本曲线的平均位置，但实际边际成本可能是"高"（MC_H）或者"低"（MC_L）。有效的产出可能在点2或点3。如果采用税收手段以保证价格等于P^*（这里$P^* = MC_A$），且成本曲线是MC_L，这里就存在三角形3-6-7的福利损失。若边际成本曲线是MC_H，福利损失就等于三角形2-4-5。将产量限制为q^*（此时，边际收益等于MC_A）更优。如果边际成本曲线是MC_L，福利损失仅为三角形1-9-3，而如果边际成本曲线是MC_H，福利损失也仅为三角形1-2-8。产量控制带来的福利损失远小于与价格控制相关的福利损失。因此，我们不能得出这样的结论：福利分析总是预测征税优于管制。Helfand（1999）讨论了另一些可能更倾向于管制的情况。

然而，有了这个条件："不同政治派别的经济学家们都一致认为，作为控制外部经济的工具，惩罚性的税收政策具有更高的效率。"（Buchanan和Tullock，1975）税收是首选，因为当信息成本较高且有多个公司参与时，它可以将效率成本降到最低。然而，也存在这样的情况："即使存在完全信息，基于效率理由，法规也不太可取"（Buchanan和Tullock，1975），因为它将与执行政策相关的资源成本降至最低。监督人们/企业是否遵守法规存在着成本，生产者遵从税收是因为税收改变了与利润最大化相关的激励结构。税收政策的执行成本更低。

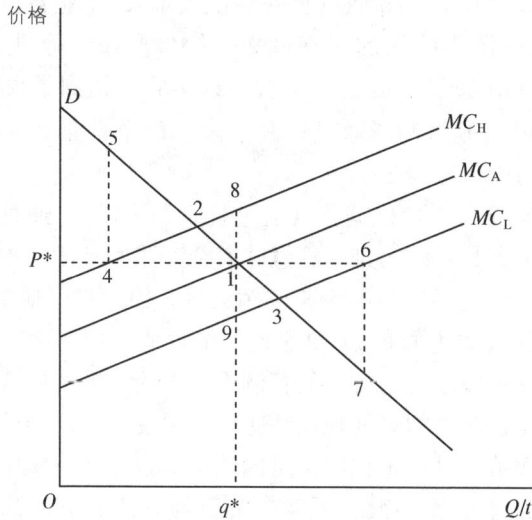

图2-9　偏好管制

2.6.2　征税与管制：公共选择理论基础

如果福利经济学表明税收比管制效果更好，那么为什么政府如此广泛地依赖管制？这里的目的是使用公共选择方法来分析为什么政府不一定会选择可以最大化社会（帕累托）福利的政策。不同之处在于这种方法关注那些在决策过程中扮演重要角色的行动者的利益（如2.4节所示）。

公共选择方法的第一步是确定政策对集体决策过程中参与者福利的影响。正如Kirchgässner和Schneider（2003）所陈述的："遵循公共选择方法的研究通常采用的方式是挑选出参与环境政策制定的不同的（群体的）参与者，然后确认他们对可供选择的不同政策工具的偏好。"本节的重点在于介绍一个没有信息成本的企业的例子。如果我们只关心实现环境污染的（帕累托）"社会最优"水平，税收政策将等价于管制。

首先，对比税收和管制对不同群体的影响。图2-10说明当生产商品X时，出现的外部性（环境污染）问题。MSC和MPC之间的垂直距离是边际外部成本。如果制定一种税收政策来内化外部性（使生产者意识到产生了外部成本），税收的大小将等于生产q^1产量时的边际外部成本（征收的税率等于q^1产量时的p^1-p^2）。在竞争性经济中税收政策将会减少生产（从q^0到q^1），同时提高价格（从p^0到p^1）。生产者们将会损失生产者剩余，消费者们将会损失消费者剩余。政府将获得的税收收入为 $a+b+c+f$（而且如果政府是仁慈的，对社会中的纳税人来说这将会是一种收益——其他税收可能会有相应数量的减少）。那些受外部性影响的人将会获得 $c+d+g$ 的收益（由于外部成本的减少）。如果估计对整个社会的净效应，那么将会获得区域 d 的收益，税收政策的实施将会实现潜在的帕累托改进（如第 1 章所述）。

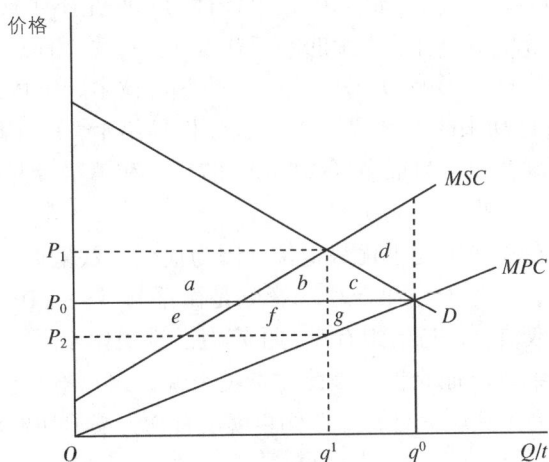

图 2-10　税收或管制：福利效应

如果采用管制手段来内化外部性，产量会从 q^0 减少到 q^1，价格则会从 p^0 增加到 p^1。生产者获得的生产者剩余等于 $a+b-g$。消费者失去的消费者剩余等于 $a+b+c$。那些受外部性影响的人将会获得 $c+d+g$ 的收益（由于外部成本的减少）。

管制对消费者、生产者、外部、政府和国家的不同影响见表 2-3。

表 2-3　　　　　　　　　　　　　税收和管制的福利效应

福利效应	税收	管制
消费者	$a-b-c$	$a-b-c$
生产者	$-e-f-g$	$+a+b-g$
外部	$+c+d+g$	$+c+d+g$
政府	$+a+b+e+f$	不适用
国家	$+d$	$+d$

通过分解收益和损失，很明显消费者对于税收还是管制是无差异的，但是当政府依赖管制时，生产者的境况会更好。税收会造成生产者剩余的损失，而管制会带来生产者剩余（潜在的）收益。公共选择方法的下一步是考虑不同群体在决策进程中发挥的作用。

消费者：当分析不同群体发挥的作用时，Olson（1971）区分了"小的"和"大的"群体。当个人身处"小的"群体中时，个体行为将会对结果产生影响，（顾名思义）在"大的"群体中，个体行为几乎是不可察觉的。（回想一下，在完全竞争市场中，有"大量的"消费者和生产者，而这个假设意味着没有一个人能对价格产生影响。）在一个"大的"群体中，个体是无名的；他们没有激励去采取行动来改变结果（进一步分析见第3章）。因此动员"小的"群体比"大的"群体要容易很多（Olson，1971），和消费者群体比起来，生产者群体相对"小"一些。

虽然消费者在投票中处于优势地位（因为他们的数量更多），但是他们似乎对此漠不关心。一票对结果产生的影响是微乎其微的（Downs，1957）。由于没有动机去获取信息，与组织有序的生产者游说团体相比，消费者的影响力很小。消费者缴纳政府征的税，因此对选民来说，这并不是一个损失。然而，如果选民没有动力去获取信息，那他们也就没有动力去迫切要求征税而不是采用管制的手段。

生产者：生产者们更容易动员起来，因此生产者更能够对政府施加影响。而生产者又占据了信息优势。考虑不同群体的相对影响，Kirchgässner 和 Schneider（2003：377）提道"企业了解为了减少一定程度排放所需的过程和带来的潜在成本"。因此，"一般来说，管制没有那么严格"。

这意味着与消费者相比，生产者将对政府产生更大影响。当分析参与决策的其他参与者的利益时，这个预测也是成立的。

政治家：如果消费者（作为一个"大的"群体）对这个问题兴趣较小，那么政府政策更有可能反映的是生产者的偏好。追求选票最大化的政治家从游说团体那获得支持（比如在赢得竞选活动的捐款方面），而从知情率低的消费者那里失去选票的风险很小。当依赖税收手段时，如果选民对创造的税收收入毫无兴趣（由于他们几乎没有信息），选民的偏好将表现出对税收和管制无差异。

官僚：政府的管制措施也需要管理（监控和警察监管）。公共选择学者认为官僚的目标是最大限度地扩大预算规模和官僚机构的规模（Niskanen，1968，1971），在这种情况下，官僚也更倾向于管制（第14章将进一步讨论

"官僚经济理论")。管制需要扩大官僚机构的规模以保证监管和实施的顺利进行。实证研究表明,实施管制方案时,美国的官僚机构倾向于扩大它们的工作范围来增加它们自身的重要性（如 Eckert,1973）。Kirchgässner 和 Schneider（2003）强调管制政策"只有付出昂贵的劳动力成本及其他支出才能实施,而征税需要的支出及人员要少得多"。如果官僚的工资、权力及声望取决于他们执行的预算规模,管制手段将受到官僚的青睐。

由此可见,"综合所有观点,那些将被管制的行业及环保机构的成员最喜欢命令及控制类型的政策（如管制）,而且两者都会对实际政策的制定产生强烈的影响"（Kirchgässner 和 Schneider,2003）。尽管新古典福利经济学对税收有种特殊的偏好（比如说在信息成本较低的情况下尽量降低效率成本）,公共选择分析预测了政府将依赖于管制（实证分析见 Maloney 和 McCormick,1982）。

如果实施管制措施,租金是有保证的,那么新企业将有进入该行业的动机。然而如果管制是为了达到它自身的目的,那么进入是不可能的。政府必须限制进入以限定产出（新的企业将没有资格生产）。很明显,现有企业将倾向于管制,因为政府创造了获取经济租金的机会,并将行业卡特尔化,以确保这种情况可以持续下去。受管制影响的那些人福利变好了（见表2-3）,而引入管制的过程可能是由生产商自己推进的。正如 Stigler（1975:3）所说的:"管制是行业所需,因而它的设计及运作主要是为了行业的利益。"

消费者的影响非常小。如果消费者/纳税人意识到税收和管制之间的效率差异,他们可能会更倾向于税收;利用这种财政手段筹集的税收收入可以用于政府项目来造福社会各界。大部分消费者缺乏主动意识同时很难被动员,使得生产商和政府部门对政策制定有着更大的影响力,他们更倾向于采用监管。Buchanan 和 Tullock 强调,选民普遍缺乏意识,当生产者受到税收而非监管手段的约束时,任何税收收入都能够为他们带来好处。正如他们所指出的:"那些预期从税收收入的使用中获益的人,不论是从公共物品的提供还是从其他税收负担的减免来说,应该更喜欢税收方案,而且他们将在政治程序中表达这个偏好。然而,在政治选择的环境中,一个高度团结的小利益集团可能比人更多的大多数个体更有效,因为每个人可能希望获得二次分配的好处。"（Buchanan 和 Tullock,1975:142）

这个例子强调了传统公共财政理论分析方法与公共选择方法之间的区别。在前一种方法中,"效率"（根据潜在的帕累托改进标准）决定了政策的选择,在这里税收优于管制。Kay（1990：40）指出"长期以来，人们一直认为税收是一种更合适的解决外部性的机制"，但又补充说，"无论经济分析的结论是什么，政策制定者一直倾向于使用管制手段而不是使用财政政策"。Kirchgässner 和 Schneider（2003）认为虽然政府对税收政策的（和可交易许可证）的使用有所增加，但对这些基于市场的政策的依赖程度却很小。还有一些其他的理由阐释了政府为什么不情愿使用税收政策（比如它可能缺乏以环保的方式行事的内在价值观念——参见 Frey，1997），但 Kirchgässner 和 Schneider（2003：370）坚持认为只有公共选择的解释是"真正令人信服的"。

2.7 小结

外部性不是简单的相互影响（例如消费者与消费者之间），这是一种在价格机制之外运作的相互影响关系。当分析外部性时：

• 如果市场失灵被纠正，效率就能得到提升。如果减少（或增加）那些产生外部不经济（或外部经济）的活动成本较低的话，效率就会提高。如果获益者得到的收益超过受损者的损失，效率也会得到提升。

• 如果产权界定明确并且交易成本没有过高的话，市场机制也许可以处理外部性问题，例如"人数少"的情况。

• 当讨价还价解决了外部性问题，只要没有与产权分配有关的福利效应，资源配置就可能是唯一的。

• 政府干预可以通过税收/补贴或管制来解决外部性问题。然而，决定是否需要政府干预取决于此类活动相关的交易成本以及将问题留给市场机制来解决的成本。

• 财政手段选择的基础是"效率"对照。通常，在处理外部不经济时，税收手段被证明"优于"管制手段，因为它有助于个人的边际调整。

• 公共选择分析表明，在实践中，通过分析参与者在政治过程中的影响，更容易解释财政政策的选择。

附录 2（A）：外部性和帕累托最优

本附录旨在考察如果存在外部性，如何重新调整 1.3 和 1.4 节中定义和讨论过的帕累托最优条件。

有两个人，A 和 B 各自消费一种私人商品 X。个体 A 的效用取决于他所消费的商品 X 和一种活动（例如在闲暇时吸烟或演奏音乐）。这种活动 E 会产生外部效应影响个体 B 的效用。

A 在预算约束下对 X 和 E 的消费使得自身的效用最大化。预算约束为：

$$Y_A = X_A P_X + E_A P_E \tag{2A.1}$$

式中，Y_A＝可能（或潜在）花费在 X 和 E 上的收入；

$P_X =$ X 的价格；

$P_E =$ 外部活动的价格；

$X_A =$ 每个时期 A 消费的商品 X 的数量；

$E_A =$ 外部性的范围。

用拉格朗日函数使效用 $U_A(X_A, E_A)$ 在受 $Y_A = X_A P_X + E_A P_E$ 的约束下最大化：

$$\varphi = U_A(A_A, E_A) + \lambda(Y_A - P_X X_A - P_E E_A) \tag{2A.2}$$

求 φ 对 X_A 和 E_A 的偏导数并使其等于 0：

$$\partial \varphi / \partial X_A = \partial U_A / \partial X_A - \lambda P_A = 0 \tag{2A.3}$$

$$\partial \varphi / \partial E_A = \partial U_A / \partial E_A - \lambda P_E = 0 \tag{2A.4}$$

为了实现效用最大化：

$$\partial U_A / \partial X_A / P_X = \lambda = \partial U_A / \partial E_A / P_E \tag{2A.5}$$

或者，

$$\partial U_A / \partial E_A / \partial U_A / \partial X_A = P_E / P_X \tag{2A.6}$$

这是 A 的效用最大化条件。就个体 A 而言，如果 MRS_{XE}（定义为 $\partial U_A / \partial E_A / \partial U_A / \partial X_A$）等于价格之比，其效用是最大的。

这与社会（A 和 B）福利最大化的解决方案相比有什么不同？一个社会的帕累托最优解决方案可以通过这样得到：在 B 效用保持不变的约束下，最大化个体（例如 A）的效用。约束条件可以表述如下：

$$\bar{U}_B = U_B(X_B, E_B) \tag{2A.7}$$

现在的目标是最大化下面的拉格朗日函数：

$$\varphi = U_A, (X_A, E_A) + \lambda \bar{U}_B - U_B(X_B, E_A) + \mu(Y_A + Y_B - P_X X_A - P_X X_B - P_E E_A) \tag{2A.8}$$

一阶条件是：

$$\frac{\partial \varphi}{\partial X_A} = \frac{\partial U_A}{\partial X_A} - \mu P_X = 0 \tag{2A.9}$$

$$\frac{\partial \varphi}{\partial X_B} = \lambda \left(-\frac{\partial U_B}{\partial X_B} \right) - \mu P_X = 0 \tag{2A.10}$$

$$\frac{\partial \varphi}{\partial E_A} = \frac{\partial U_A}{\partial E_A} - \frac{\partial U_B}{\partial E_A} \mu P_E = 0 \tag{2A.11}$$

如果方程（2A.11）除以 μP_X（从方程（2A.9）和（2A.10）可得，分别等于 $\partial U_A / \partial X_A$ 和 $\lambda(-\partial U_B)/\partial X_B$），那么帕累托最优条件可以写成：

$$\frac{\partial U_A/\partial E_A}{\partial U_A/\partial X_A} + \frac{\partial U_B/\partial E_A}{\partial U_B \partial X_B} = \frac{P_E}{P_X} \tag{2A.12}$$

一个重要的发现是方程（2A.6）给出的条件不是帕累托最优。对社会来说，帕累托最优所需的条件是 A 的边际替代率（MRS_{XE}）加上对 B 的边际外部价值应该等于价格之比。

当：

$$\frac{\partial U_B/\partial E_A}{\partial U_B/\partial X_B} > 0 \text{时,} \tag{2A.13}$$

这是一种外部经济。这种情况下，当外部性没有被内化时，A"购买"了太少的 E（太多的 X）。

当：

$$\frac{\partial U_B/\partial E_A}{\partial U_B/\partial X_B} < 0 \text{时,} \tag{2A.14}$$

这是一种外部不经济。现在需要减少 E。

可以确定的是当外部性存在时，第 1 章（1.4 节）所描述的帕累托最优条件——不存在外部性——将不再成立。[1]

附录 2（B）："商品特有的外部性"：实物与现金转移

现金转移发生在某些社会群体中（例如穷人和残疾人），但是转移也可能由公共部门提供，以免费给某些特定接受者提供商品和服务的形式（例如医疗、教育或者美国提供给穷人的食品券）。微观经济学的文章坚持认为现金转移比实物转移更优。如果目的是去帮助接受者，那么接受者更喜欢现金，因为接受者可以用现金来实现福利最大化。现金转移比实物转移更好的论据在图 2A-1 中说明。

---

[1] 想要更深入研究的读者建议参考 Henderson 和 Quandt(1971)提出的例子,该例子强调了存在外部性时帕累托最优条件是如何改变的。

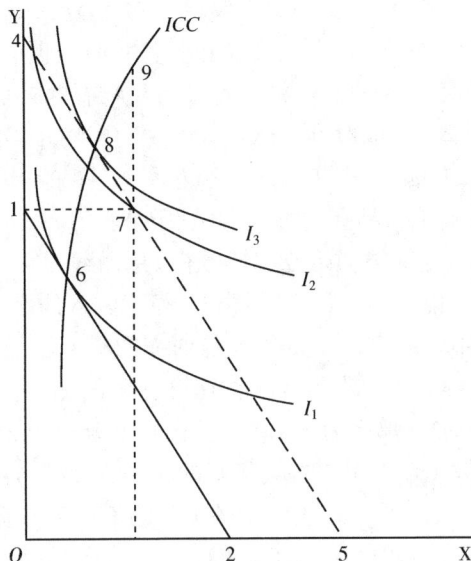

图 2A-1　现金与实物转移

在图 2A-1 中，个体 B（接受者）在无差异曲线 I_1 上的点 6。如果数量有限的商品 X 以实物的方式来提供，预算线会改变。如果接受者能免费享受 1-7 单位，那么现在的预算线是 1-7-5。B 在无差异曲线 I_2 的点 7 上效用变好了。等值的现金转移为 1-4（以 Y 为单位）。新的预算线 4-5 穿过点 7。然而，现在接受者能达到无差异曲线 I_3 的点 8。因此，现金转移比实物和服务的转移更优（政府花费相同时）。

实际上，商品和服务（如医疗、教育）以实物的方式提供（Brennan 和 Pincus（1989）认为，西方国家的政府预算主要由此类支出构成）。为什么政府依赖实物转移？一种解释是利用外部性的概念。

根据 Culyer（1971）的假设，高收入的个体（A）关心 B 的医疗消费，即 B 的医疗消费进入 A 的效用函数（存在"商品特有的外部性"）。个体 A 的效用函数可以写成：

$$U^A = U^A(X_1^A, X_2^A, \cdots, X_n^A, m_A, m_B) \tag{2A.15}$$

个体 B 的效用函数可以写成：

$$U^B = U^B(X_1^B, X_2^B, \cdots, X_n^B, m_B) \tag{2A.16}$$

式中，$X_1, \cdots, X_n$ 为除医疗外的一系列商品和服务；

m=医疗。

A 的效用不仅取决于 A 消费的商品和服务，而且也取决于一种特殊商品的数量，即 B 消费的医疗（m）。这是一种"商品特有的外部性"。如果政府也关心纳税人（文中个体 A）的福利，这也许能说明实物转移的情况。

首先，考虑 Edgeworth-Bowley 三角交易图的构建（Cullis 和 West，1979）。[①]把 Y 作为计价商品（这可以当作收入）。

• 图 2A-2（a）是 B 的初始位置。B 在效用曲线 I_B^0（点 1）达到均衡。预算线 Y-2 的斜率等于 B 能从医疗保障中得到的替代收入的比率。

• 在图（b）中，m_B 轴和 B 的无差异曲线的斜率已经增加了一个常数，这个常数等于社会能够将收入转化为 B 的医疗保障的比率。如果图 2A-1（a）中 Y-2 的斜率是（负）3，那么为了 1 单位的医疗必须付出 3 单位的收入。如果加上一个等于该比率（等于 Y-2 的斜率）的常数，那么 Y-2′（如（b）图所示）的斜率为 0。类似地，（图（a）中）I_B^0 在点 1 的斜率为（负）3，增加了这个常数之后意味着（图（b）中）I_B^0（在点 1′）的斜率为 0（为一条水平直线）。[②]

• 图 2A-2 中（c）图的步骤是直截了当的。简单地将调整过的 B 的无差异图倒置。那么，在图 2A-3 中，这个部分（如图 2A-2（c）所示）可以被放到 A 的无差异曲线图中。其结果就是 O_AO_B 的距离表示 A 和 B 在 Y 上的初始禀赋之和（$O_A - O_B = O_A - Y + O_B - Y$）。

在图 2A-3 中，O_B-3 代表二人社会中 Y 和 B 可用的医疗保障组合。如果 B 有 O_B-Y（留给自己用）的收入，B 会选择福利最大化的均衡点 1（在效用曲线 I_B^0 上能达到的最高点）。现在由 A 决定 B 的消费水平是否令人满意。在 Edgeworth-Bowley 三角形图中，A 的效用随着 B 的医疗消费增加而增加，例如 A 可以在预算线 Y-4 上选择一个福利最大的点，即在 I_A^1 的点 5。B 购买 O_A-6 单位的医疗将会增加 A 的福利。这表明的事实是当 B 消费 O_A-6 单位时，A 的消费可能性曲线向右移动（移动至预算线 Y-1-7）。B 的医疗购买行为相当于 A 的一次性总额溢出（存在"商品特有的外部性"）。[③]

[①] 由 Shibata(1971)构造。
[②] 事实上，B 所有无差异曲线的斜率不再是医疗保障和收入的边际替代率，而是他的边际替代率和收入与医疗保障的边际转换率之差。
[③] Williams(1966)提供了一个类似的图形结构。

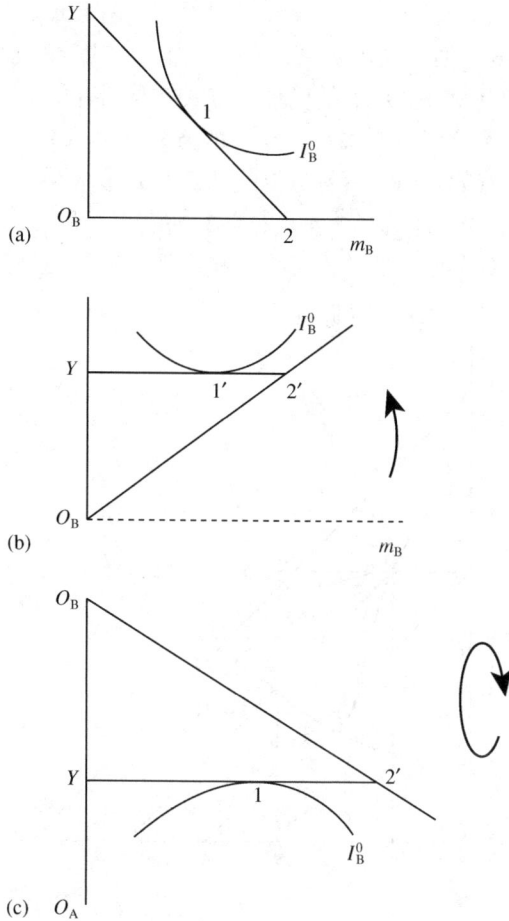

图 2A-2　Edgeworth-Bowley 三角交易图

来源：Cullis and West（1979）.

当 B 消费 Y-1（$=O_A$-6）单位的医疗保障时，A 能达到的最高效用水平是 I_A^2 上的点 8。这个例子中 A 能为 B 购买 6-9 个单位的医疗保障。A 偏好 B 的医疗消费高于 B 将为自己选择的最优水平（O_A-9＞O_A-6）。然而，也可以清楚地看到，如果 A 为 B 购买医疗保障，B 将减少对医疗的需求作为反应（因为 A 将购买的医疗保障超过 B 需要的，距离 6-9＞O_A-6）。

那么纳税人 A 有什么选择？如果 A 给 B 提供现金转移，那么 B 将增加医疗保障的消费。B将会选择最大化自身效用的医疗保障数量，然后平衡点的轨迹会如B-B所示（B-B是消费收入扩张路径）。相对应的，A-A是A为B购买医疗保障的扩张路径（当A的收入不以现金的方式转移给B）。

如果A必须选择转移的方式，以现金的方式转移（Y-Y'）将会使A的效用水平在无差异曲线I_A^0的点10（I_A^0和B-B的切点）处最大化。但是如果A购买医疗保障并提供给B，A可以选择Y-4上的点5，在无差异曲线I_A^1上达到更高的福利水平。很显然，对个体A来说，实物转移比现金转移更好。

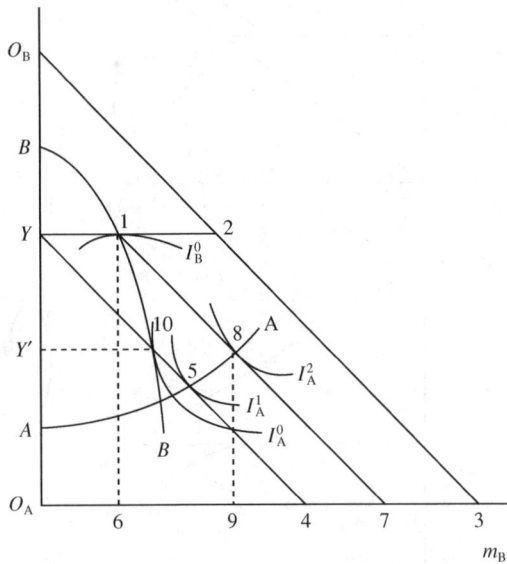

图2A-3　实物转移VS现金转移

来源：Cullis and West（1979）.

实物转移有助于内化"商品特有的外部性"。注意到在某些情况下，B更喜欢实物形式的布施。例如，如果B的无差异曲线沿着B-B每个点绘制（如1-h'所示的形状），那么B通过点5的无差异曲线会比通过点10的更高。于是捐赠者和受赠者可能都更喜欢实物转移（如果可以选择的话，双方都会选这种方式）。

当把纳税人-捐赠者的喜好考虑在内，当存在"商品特有的外部性"时，实物转移会比现金转移被优先考虑。在A和B有着特定偏好的情况下，这个结论可能会遭到质疑（Culyer，1971）。然而在常见的情况下，纳税人–捐赠者解释了西方民主国家实物转移模式。

如图2A–3所示，纳税人–捐赠者不是那么热衷于现金转移，是因为个体B没有用它去消费足够多的医疗保障来完全地内化"商品特有的外部性"。A想要B消费比其收到现金时会消费的数量更多的医疗保障（再参考图2A–1，如果A希望接受者消费1-7单位的X，那么预算线将会进一步向右移动。预算线1–2将会穿过出现在收入消费曲线 *ICC* 上的点9，而不是移动到点7）。

对实物转移的进一步分析请见第9章。

参考文献

Aivazian, V. A. and Callen, J. L. (1981) 'The Coase Theorem and the Empty Core, ' *Journal of Law and Economics*, 24, 1, pp. 211-21.

Arrow, K. J. (1971) 'The Organisation of Economic Activity: Issues Pertinent to the Choice of Market versus Nonmarket Allocation', pp. 59-73 in R. H. Haveman and J. Margolis (eds), Public *Expenditure and Policy Analysis*. Chicago: Markham.

Baumol, W. J. and Oates, W. E. (1988) *The Theory of Environmental Policy*, 2nd edn. Cambridge: Cambridge University Press.

Blaug, M. (1968) *Economic Theory in Retrospect*, 2nd edn. London: Heinemann.

Brennan, G. and Pincus, J. M. (1983) 'Government Expenditure Growth and Resource Allocation', *Oxford Economic Papers*, 35(3), pp. 351-65.

Buchanan, J. M. (1969) 'External Diseconomies, Corrective Taxes and Market Structure, ' *American Economic Review*, 59, pp. 174-7.

Buchanan, J. M. and Stubblebine, W. C. (1962) 'Externality', *Economica*, 29, 116, pp. 371-84.

Buchanan, J. M. and Tullock, G. (1975) 'Polluters' Profits and Political Response: Direct Controls versus Taxes', *American Economic Review*, 65, 1, pp. 139-47.

Cheung, S. N. S. (1973) 'The Fable of the Bees: An Economic Investigation', *Journal of Law and Economics*, 16, pp. 11-34.

Cheung, S. N. S. (1978) *The Myth of Social Cost*, Hobart Paper No. 82. London: Institute of Economic Affairs.

Coase, R. H. (1960) 'The Problem of Social Cost', *Journal of Law and Economics*, 3, pp. 1-44.

Conda, C. V. (1995) 'An Environment for Reform', *Wall Street Journal January* 23, p. A18.

Connolly, S. and Munroe, A. (1999) *Economics of the Public Sector*, London: Prentice Hall.

Cooter, R. and Ulen, T. (1997) *Law and Economics*, 2nd edn. Reading Mass.: Addison-Wesley.

Cullis, J. G. and West, P. A. (1979) *The Economics of Health: An Introduction*. Oxford: Martin Robertson.

Culyer, A. J. (1971) 'Medical Care and the Economics of Giving', *Economica*, 38, 151, pp. 295-303.

Davis, O. A. and Kamien, M. I. (1971) 'Externalities, Information and Alternative Collective Action', pp. 74-95 in R. H. Haveman and J. Margolis (eds), *Public Expenditure and Policy Analysis*. Chicago: Markham.

Downs, A. (1957) *An Economic Theory of Democracy*. Harper and Row: New York.

Eckert, R. D. (1973) 'On the Incentives of Regulators: The Case of Taxicabs', *Public Choice*, 14, pp. 90-100.

Frey, B. S. (1997) *Not Just For the Money: An Economic Theory of Personal Motivation*. Cheltenham: Edward Elgar.

Galanter, M. (1983) 'Reading the Landscape of Disputes: What we Know and Don't Know (and Think we Know) about our Allegedly Contentious and Litigious Society', *UCLA*

Law Review,31(4),pp. 4-71.

Helfand, G. E. (1999) 'Standards versus Taxes in Pollution Control', pp. 223-34 in J. C. J. M. van den Bergh (ed.), *Handbook of Environmental and Resource Economics*. Edward Elgar: Cheltenham.

Henderson, J. M. and Quandt, R. E. (1971) *Microeconomic Theory: A Mathematical Approach*, 2nd edn. New York: McGraw-Hill.

Hindricks, J. and Myles, G. D. (2006) *Intermediate Public Economics*. Cambridge, Mass.: MIT Press.

Hoffman, E. and Spitzer, M. (1982) 'The Coase Theorem: Some Experimental Tests', *Journal of Law and Economics*,25,1,pp. 73-98.

Jones, P. R. and Cullis, J. G. (1988) 'Employment of the Disabled: A Rationale for Legislation in the United Kingdom', *International Review of Law and Economics*,8,1, pp. 37-49.

Kay, J. A. (1990) 'Tax Policy: A Survey', *Economic Journal*,100,399,pp. 18-75.

Kirchgässner, G. and Schneider, F. (2003) 'On the Political Economy of Environmental Policy', Public Choice,115,pp. 369-96.

Maloney, M. T. and McCormick, R. E. (1982) 'A Positive Theory of Environmental Quality Regulation', *Journal of Law and Economics*,25,pp. 99-123.

Meade, J. E. (1952) 'External Economics and Diseconomies in a Competitive Situation', *Economic Journal*,62,245,pp. 54-67.

Mishan, E. J. (1981) *Introduction to Normative Economics*. Oxford: Oxford University Press.

Mishan, E. J. (1988) *Cost-Benefit Analysis*,4th edn. London: George Allen & Unwin.

Mueller, D. (2003) *Public Choice III*. Cambridge: Cambridge University Press.

Niskanen, W. A. (1968) 'Non-market Decision Making: The Peculiar Economics of Bureaucracy', *American Economic Review*,58,pp. 293-305.

Niskanen, W. A. (1971) *Bureaucracy and Representative Government*. Chicago: Aldine Publishing Company.

Olson, M. Jr. (1971) *The Logic of Collective Action: Public Goods and the Theory of Groups*. Cambridge, Mass.: Harvard University Press.

Pigou, A. C. (1932) *The Economics of Welfare*,4th edn. London: Macmillan.

Rosen, H. S. (1988) *Public Finance*,2nd edn. Homewood, Ill.: Irwin.

Rosen, H. S. (2005) *Public Finance*,7th edn. Homewood, Ill.: Irwin.

Shibata, H. (1971) 'A Bargaining Model of the Pure Public Theory of Public Expenditure', *Journal of Political Economy*,79,1,pp. 1-29.

Shone, R. (1981) *Applications in Intermediate Microeconomics*. Oxford: Martin Robertson.

Stigler, G. J. (1975) *The Citizen and the State; Essays on Regulation*. Chicago: University of Chicago Press.

Sugg, I. C. (1996) 'Selling Hunting Rights Saves Animals', *Wall Street Journal*, July 23, p. A22.

Verhoef, E. T. (1999) 'Externalities', pp. 197-222 in J. C. J. M. van den Bergh (ed.), *Handbook of Environmental and Resource Economics*. Cheltenham: Edward Elgar.

Weitzmann, M. (1974) 'Prices versus Quantities', *Review of Economic Studies*, 41, pp. 477–91.

Wellisz, S. (1964) 'On External Diseconomies and the Government-assisted Invisible Hand', *Economica*, 31, 123, pp. 345–62.

Williams, A. (1966) 'The Optimal Provision of Public Goods in a System of Local Government', *Journal of Political Economy*, 74, 1, pp. 18–33.

第 3 章 公共物品

3.1　引　言

本章的主要目标有三个：第一，界定公共物品的概念，并讨论公共物品帕累托最优供给的必要条件。为此，必须说明公共物品具有哪些特征。第二，讨论非纯公共物品，尽管它们不是纯粹的公共物品，但仍然具有公共物品的一些特征。我们将尝试根据产品所具有的公共性程度，提供一种对其进行分类的方法。第三，我们提出了这些产品的供给问题，即它们通过市场还是政府进行融资和（或）生产。人们愿意真实地表达他们对于这些产品的偏好，以便政府以帕累托最优的方式供给这些产品吗？

尽管上述目标规定得相当具体，但是本章的意图则宽泛得多，旨在通过对公共物品的分析，再次阐明"传统"财政学者与公共选择学者在分析方法上的差异。传统财政学的流行做法，是使用约束条件（例如，给定技术水平和固定的生产要素供给）下最大化函数（比如，效用函数、社会福利函数）的方法。经由这种方法，可以得到资源"有效"配置的条件。在第1章，我们介绍了传统财政学提供的适用于私人物品经济的分析方法，下文的第3.3节，则阐述传统财政学中针对公共物品的生产所采用的分析方法。

对这种近乎机械化的研究方法，Buchanan（1986）提出了批评；与之相反，他强调关注经济中个体之间相互作用过程的研究方法。他将研究的重点定位于交易过程（the processes of exchange），后者影响着资源配置方式。这种分析方法被称作政治经济学研究（the study of political economy）。所谓"效率"，并非纯由约束条件下社会福利函数最大化而得到的那些数学条件所决定，而是经由人们关于资源配置方案的相互同意来实现。Buchanan关于公共物品最优供给的分析属于契约分析法（a contractarian solution），通过契约，人们愿意接受与公共物品相关的"税收"，确切一点说，是相关的"交易"安排。

Buchanan的立场是一以贯之的，1986年他就曾写道：

"经济学家应该做什么？我在1982年和1962年是这样回答这个问题的：经济学家应该促使将占主导地位的最大化范式（the maximizing paradigm）从我们的工具箱中摈弃；促使我们不再按照稀缺性约束来界定我们的学科、界定"科学"；促使我们改变关于"科学"的特定定义，更确切地说，改变"科学"的特定称谓；促使我们不再过度关注资源配置及其效率，作为对上述种种观念的替代，经济学家应该促使我们将研究聚焦于广义而言的交易（exchange）的起源、属性及制度……我一直推动的经济学研究方法，在19世纪的一些倡导者那里被称作"交易学"（catallactics），或关于交易的科学……这一经济学研究方法，作为研究对象，正好引起我们对交易、交换与同意的过程，或契约过程的关注。"（Buchanan，1986：20）

随着本章的展开，你将清楚地看到我们在两种研究方法之间的转换，从追问"实现帕累托最优需要什么条件？"，转向追问"人们会自愿分担提供公共物品所需的费用吗？"这样一来，我们将同时使用传统财政学和公共选择分析两种方法，来回答前述罗列的问题。在我们展开讨论时，读者们将会注意到这种研究方法的变化。

3.2 什么是公共物品？

Samuelson（1954：387）将公共物品（有时被称作"集体产品"，或者"社会产品"）定义为一种"所有人能够同时消费的产品，即任何人对该产品的消费都不会导致其他人对其消费量的减少"。这一定义强调公共物品与私人物品有显著的不同，后者"可以在不同的消费者之间进行分派"（Samuelson，1954）。对于私人物品，我们可以将每个人的消费量加起来得到总消费量。像以前一样，假设 X 是私人物品（比如苹果、面包），有两个消费者 A 和 B，那么总消费量 X_c 是每个消费者消费量之和：

$$X_c = X_a + X_b \tag{3.1}$$

与之相对应，根据Samuelson的公共物品定义，每个人所能消费的公共物品数量都是该公共物品的总量。对公共物品（G）来说，每个人对它的总消费量都相同，因此有：

$$G_c = G_a = G_b \tag{3.2}$$

如果国防支出阻止了其他国家的攻击，那么每个居民都将完全享有由这种支出所带来的额外保护，在这个意义上，国防是公共物品的一个典型例子。在对公共物品的特征做出更为全面的分析之后，我们还将列举出更多公共物品的例子。

3.2.1 非竞争性

根据定义，公共物品的一个特征是它们在消费中具有非竞争性，即某个个体的消费不会减少其他个体所得到的收益。这个特征的含义之一为，在考虑公共物品的总需求时，消费者的需求曲线应当进行纵向相加，而不是水平相加。在图 3-1 中，我们来对大家所熟悉的私人物品的需求、供给曲线和公共物品的需求、供给曲线进行比较（这里我们假设需求曲线的偏好显示没有问题）。

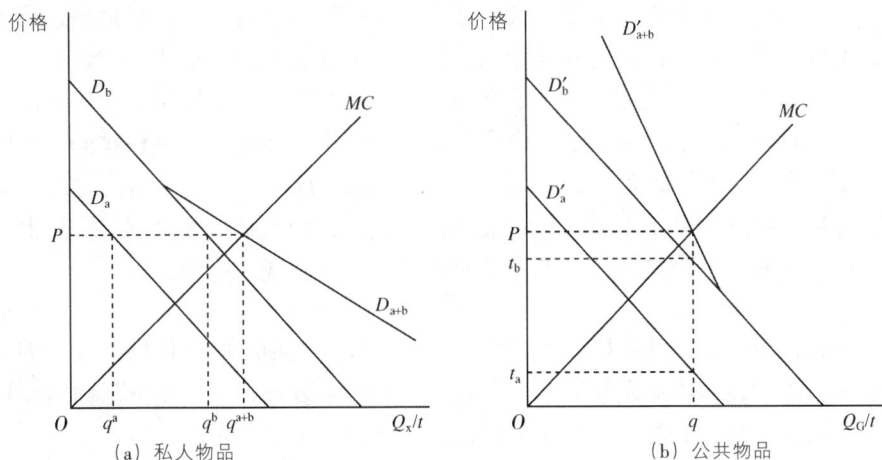

图 3-1　总需求：公共物品和私人物品

在图 3-1（a）部分，D_a 和 D_b 是消费者 A 和 B 对私人物品 X 的需求曲线。为了找到总需求曲线 D_{a+b}，通常的做法是将每个人在每个价格下的需求量相加。例如，在价格 $O\text{-}P$ 下，A 的需求为 q^a，B 的需求为 q^b，市场的需求量为 q^{a+b}。加总显然是水平的，在任意价格下的需求量相加。生产产品的边际成本

为 MC。在这个部分均衡的环境下，我们可以找到该商品的帕累托最优供给量。如果厂商的价格等于边际成本，那么，正如消费者将只有在边际收益大于价格时才进行消费那样，生产私人物品的最优数量为 q^{a+b}。在这种情况下，人们或者希望（边际）收益大于每生产 1 单位该种产品所需要的成本，或者希望（边际）收益正好等于每生产 1 单位该种产品所需要的成本。从图 3-1 中我们可以看出，私人物品的最优供给条件是：

$$MC_x = P_x = MB_a = MB_b \tag{3.3}$$

该条件在第 1 章我们已经进行了证明，在经济中不存在其他扭曲的情况下，该条件是帕累托最优的（满足该条件的供给量是有效率的）。

在图 3-1（b）中，D'_a 和 D'_b 是 A 和 B 对于公共物品 G 的需求曲线。为了找到总需求 D'_{a+b}，讨论 A 和 B 消费量的不同是不明智的。根据定义，每个人能够消费相同数量的公共物品。在这种情况下，讨论 A 愿意为给定数量的公共物品支付多少钱，B 愿意为给定数量的公共物品支付多少钱，以及他们愿意支付的金额之和是更合适的。当数量为 q 时，A 愿意支付的金额为 t_a，B 愿意支付的金额为 t_b。因此，总需求曲线为 D'_{a+b}；它是由在每个数量水平下，将价格进行加总而得到的。显然，此时为纵向相加，即在每一数量下的价格相加。

此时，如果边际成本曲线同样为 MC，满足帕累托最优条件需要两个消费者的边际收益或需求之和等于生产产品的边际成本。因此，根据税收的受益原则，A 所要支付的税额为 $O\text{-}t_a$，B 所要支付的税额为 $O\text{-}t_b$，即每个人支付的税额等于他们从公共物品中得到的边际收益，而该公共物品是由公共部门出资提供的。在这种情况下，与之前的条件相比较，最优条件现在变为：

$$MC_G = MB_a + MB_b \tag{3.4}$$

因此，税收的受益原则告诉我们：（a）达到公共物品的最优供给数量需要满足每个人的边际收益之和等于生产该产品的边际成本；（b）税务部门需要根据每个人从公共（或私人）产品中获得的边际收益来征收税款。[①]

这种消费中的非竞争性特征对于在公共物品的情况下，帕累托最优条件的

[①] 我们同样需要牢记，经济理论中的条件对该理论所基于的假设有着灵敏的反应。某种等式条件并不能够适用于所有的经济情形。例如，假设有两个消费者 A 和 B 消费一种私人物品 X：生产产品的边际成本的变化为，当 A 和 B 的需求每增加 1 单位时就会增大。那么，即使对于私人物品，有 $MB^x_a + MB^x_b = dMC_x$。进一步，对于公共物品，假设 A 和 B 的边际收益为 0：根据定义，必须有 $MB^g_a = MB^g_b = MC_g = 0$ (Mishan, 1981a)。

调整起到了重要作用。但是，为了证明这一点，就必须要画出消费者的需求曲线。公共物品的第二个特点，非排他性，对我们从消费者需求曲线中获得可靠信息的可能性提出了质疑。该特点表明，人们对于公共物品（或私人）产品的偏好可能会被隐藏。

3.2.2 非排他性

第二个特征是，消费者不会被排除在消费收益之外（除非价格过高）。如果公共物品被提供出来，一个消费者不能阻止另一个消费者对该商品的消费。在消费的商品是私人物品的情况下，市场运行的情况是其消费量将视商品的价格而定。某个消费者将被排除在对该商品的消费之外，除非他能建立对该商品的所有权。但是，对于公共物品，如果该产品被某个个体提供出来，他将无法禁止或限制其他人对该产品的消费。即使他有这种能力，也不存在这种能力得以实施的机制。这种排他性的缺乏将不可避免地引起对于公共物品的偏好显示问题。如果人们可以不用付钱就消费某种商品，人们就会有"保持安静"的动机，从而希望其他人为该商品的提供承担成本；因为如果在商品被提供出来时他们这样做了，他们将不需要承担私人成本。这就是"搭便车"策略。但是，当每个人都采取这种策略时，显然他们的设想就会落空。如果每个人都想搭便车，什么商品都不会得到供给，从而搭便车对任何人来说都是不可能的。

Buchanan（1968）通过与表3-1相同的收益矩阵说明了这个问题。假设代表性个体A能够从提供的某公共物品中获得10英镑的收益，他只需要为该公共物品的提供分担5英镑。因此，如果他同意分担（并且其他人也同意分担），该种产品将会得到提供，因此在收益矩阵中，他的净收益为5英镑（因为不存在退款）。相反，如果他尝试搭便车（拒绝进行分担），由其他人承担供给成本，他将不会被排除在消费之外，其收益为10英镑。进一步，如果他不分担成本并且其他人也搭便车，他将什么也不会失去。因此每个人都面临着这样一个决定：自愿分担公共物品的成本以获得最优的收益，在即使每个人都分担成本的情况下仍能获得5英镑收益时尝试搭便车。这就使政府有理由进行干预。"为公共物品的提供支付税款——当然，假如税额能被合理地确定（就像图3-1（b）中说明的那样），这符合每个人的利益"，这一观点存在着争论。问题是，图3-1（b）部分所用到的信息，即人们的需求曲线并不能容易地勾画出来。

表 3-1　　　　　　　从公共物品中获得的收益：自愿分担与搭便车

策略	结果	
	其他人分担 （商品得到提供）	其他人决定搭便车 （商品无法得到提供）
自己决定分担	（10英镑−5英镑）=5英镑	−5英镑
自己决定搭便车	10英镑	0英镑

　　如果消费者的需求曲线能够被确定，公共物品的最优供给可以从图3-1中得到。对于搭便车问题，我们之后还要讨论，但是前提假设依旧为人们对于公共物品的偏好是已知的。现在，我们将在一般均衡下对公共物品的最优供给进行分析。

3.3　公共物品的一般模型

　　在上一小节，我们在部分均衡的框架下讨论了税收和公共物品的提供。我们同样可以推断，在一般均衡的框架下，经济中私人物品和公共物品的提供也一定会存在帕累托最优的条件。Samuelson（1995）首先提出了推导出这种帕累托最优条件的方法。对于该问题的讨论与求解应该与帕累托最优条件下私人物品的提供（如第1章所述）进行比较。

　　在图3-2（a）中，T-T曲线为某一特定经济的生产转换线，它表示经济中所有的生产可能性。如果经济能够有效运行，经济将运行在这条生产可能性边界上。这条生产可能性边界表示了两种产品（X——私人物品，G——公共物品）可能的生产组合，曲线的斜率为MRT_{GX}。现在的问题是，资源该如何配置？公共物品与私人物品的生产组合应该是什么？

　　要解决这种问题，我们不可避免地要进行规范性的讨论。Samuelson则向我们清楚地展示了一种严谨的规范性分析。帕累托最优要求，经济的运行必须达到这样一种状态，即没有人能使自身的状态变好而使其他人的状态至少不变差。Samuelson的方法分析了一个人所能达到的福利状态，并在此基础上分析公共物品和私人物品的生产组合，以使其他人的福利状态达到最好。用这种方法，他通过使每个人的福利状态达到最好解释了帕累托最优的需求，证明其他人的福利状态并没有受到损失。

　　图3-2（b）和（c）描绘了两个消费者A和B的无差异曲线。图3-2（b）表示的是A的无差异曲线，A的初始选择位于曲线I_A^1上，因此其表示了A的福利水

平。根据定义，每个消费者都必须消费相同数量的公共物品。无差异曲线 I_A^2 表示为了使 A 保持固定的福利状态，商品 A 与商品 G 之间可替代的数量。因此，当 A 消费 $O\text{-}g$ 数量的商品 G 时，在既定的无差异曲线 I_A^2 上，A 愿意消费的私人物品数量为 g-1（如图 A3-2（a）和图 3-2（b）所示）。但是，在这种情况下，B 将同样消费数量 $O\text{-}g$ 的公共物品。在经济有效运行的情况下，B 所能消费的私人物品数量为（g-2- g-1），如图 3-2（c）中 g-3 所示。同理，当公共物品的消费量为 $O\text{-}m$ 时，经济有效运行的私人物品消费总量为 m-4。其中，在福利水平既定的条件下，A 的私人物品消费量为 m-5（如图 3-2（a）和 3-2（b）），B 的私人物品消费量则为 m-6（=m-4-m-5）。

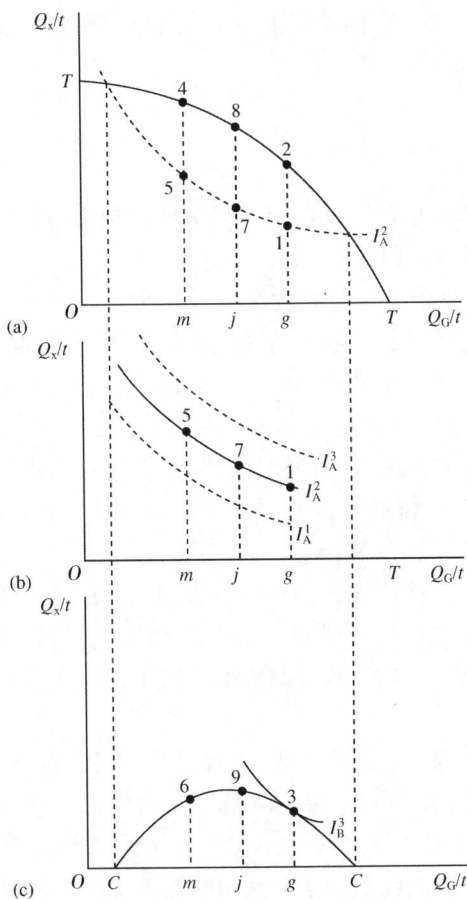

图 3-2　一般均衡模型下的公共物品

将这一过程在每一个可能的公共物品数量下（例如 $O\text{-}j$）重复进行，产生一条如图 3-2（c）所示的 $C\text{-}C$ 曲线，事实上，这条曲线就是在假定 A 的无差异曲线为 I_A^2 的情况下，B 的消费可能性的集合，它由 $T\text{-}T$ 减去 I_A^2 得来。当某个人的公共物品消费量既定时，其他人的公共物品消费量也是相同的。现在，剩下的问题仅仅是找到使 B 的效用最大化的私人物品和公共物品数量。该点由 I_B^3 和 $C\text{-}C$ 的切点得到。在这个例子中，经济的帕累托有效资源配置为提供 $O\text{-}g$ 数量的公共物品和 $g\text{-}2$ 数量的私人物品。

显然，从（$O\text{-}g$ 处的）边际转换率 MRT_{GX} 中减去 A 的边际替代率 MRS_{GX}，我们可以找到切点 3，并且在该点，B 的边际替代率 MRS_{GX} 曲线斜率等于图 3-2（c）中 $C\text{-}C$ 曲线的斜率，即 $MRT_{GX} - MRS_{GX}^a$。因此，我们可以将条件

$$MRS_{GX}^b = [MRT_{GX} - MRS_{GX}^a] \tag{3.5}$$

简要地写成：

$$\sum_{i=1}^{n} MRS_{GX}^i = MRT_{GX} \tag{3.6}$$

该条件即为使经济中的公共物品和私人物品提供达到帕累托最优的"最高级别"条件（见第 1 章）（其数学推导见附录 3（A））。

Samuelson 的这种方法在公共物品理论的发展中起到了至关重要的作用。但也不乏批评的声音。例如，这种方法显然是个人主义的，其侧重点在于消费者的边际替代率。但是，消费者对于公共物品的偏好难道如在私人物品的选择中所显示出的偏好是相同的吗？Colm（1956）在决定公共物品的最优提供时提出了这样的疑问。Musgrave（1989）认为，在正确的收入分配情况下，如果消费者的决策与之前分析的有效水平相分离，那么 Samuelson（1955）的这种方法将会得到改进，但这并不容易。

值得注意的是，上面所描述的整个过程理论上可以应用到 A 的任何一条无差异曲线上，因此，我们可以得到一条类似于图 1-6 的效用可能性边界，在不考虑用社会福利函数解决均等收入问题的情况下，这条边界上的所有点将满足等式（3.6）。

即使这个均等问题通过公平的收入分配机制得到解决，搭便车现象仍然存在。人们的真实偏好仍旧不会被揭示出来。同样，由于包含着不同消费者的边际替代率，这样的效率条件意味着不存在一个对消费者征收的统一价格比率（税率）。它表明对于公共物品制定差别价格是合适的，但这同样会引起消费者的偏好揭示问题（大家可能会认为，对于私人物品和服务来说，这种差别价

格是垄断市场而非竞争市场的一个特征。但这两者的区别在于，在垄断供给的情况下，利润最大化的产出条件为 $MR_a + MR_b = MC_g$（而不是 $MB_a + MB_b = MC_g$），即垄断厂商将会根据边际收益而不是边际利润来做出决策。

以上就是我们所要考虑的所有问题。但是，在了解了 Samuelson 所做出的贡献之后，我们来思考整个理论的一个非常重要的问题：公共物品真的存在吗？或者说它们只是存在于理论中吗？

3.4 纯公共物品与非纯公共物品

公共物品并不明显地存在于现实世界中（Margolis，1955）是公共物品这一概念的问题之一。哪里存在着完美的满足 Samuelson（1954）所定义的这种非竞争性产品呢？在法律与秩序（或医疗保健）的供给中，消费者 A 对于法庭（或医院）的使用必须要减去 B 对于它们的消费。即使与保护国民安全相关的国防也不完全满足公共物品的描述（Sandler，1977）。如果军队驻守在北方，这难道不会降低对于南方居民的保护吗？事实上，在 Samuelson（1954）所引用的关于公共物品的另一个例子——灯塔中，后续的研究证实灯塔通常是由私人部门来提供的（Coase，1974；Peacock，1979）。市场失灵显然没有阻碍灯塔的提供，即使灯塔的提供是次优的。这些发现使得公共物品带来的收益被限定为某种不易度量的感觉，比如国防给人们带来的安全感。Samuelson 关于公共物品可观测性的立场在于他强调纯公共物品和纯私人物品之间的区别（Samuelson，1969）；在二者之间，存在着许多非纯公共物品，但对于这种产品来说，应该如何进行分类呢？

3.4.1 消费中的排他性和非竞争性

对于非纯公共物品的分类，可以着眼于公共物品的特点，即消费中的非竞争性和非排他性（Head，1962；Peston，1972）。表 3-2 中列出了 4 种商品的分类。D 种类的商品在消费中是非竞争性和非排他性的，如纯公共物品。A 种类的商品在消费中是竞争性和排他性的，如私人物品。B 种类的商品是具有竞争性但不具有排他性的，如自然资源。假设在第 2 章所讨论的框架下，来自不同养蜂人蜂箱中的蜜蜂从附近果园中的苹果树上采集花蜜，花朵是竞争性的：来自某个蜂箱中的蜜蜂所采集到的蜂蜜不会被其他的蜜蜂所得到，但是我们不能否认每个蜜蜂都有权利在花朵上采集蜂蜜，即这种情况是非排他性的

（Meade，1952）。与之相反，C 种类的商品是具有非竞争性且具有排他性的。收费站允许付过费用的车辆使用道路，在道路不拥挤的情况下，即使其他车辆同样行驶在道路上，驾驶者的效用也不会受到影响。同样，对于剧院（马戏团、游泳池）的准入存在着潜在的排他性，但（在接待能力的范围内）每个消费者对于该服务的消费不会减少他人的效用。此时，有限的非竞争性的存在意味着排他性将导致无效率的结果（消费者能在不影响他人消费的情况下，通过消费使自己的福利得到提高）。

表3-2 商品的分类

	排他性	非排他性
竞争性	A	B
非竞争性	C	D

这种方法的有用之处在于解决了"同样的商品在给定条件下既属于某种类型又属于其他类型"的问题（Peston，1972）。即使这样，对不同种类商品的需求也会产生有效率的供给。此时，最好的一个例子或许与 C 种商品有关。Buchanan（1965）提出了俱乐部理论并建立了最优产出的条件及关系。俱乐部提供的消费是具有排他性的，但它不会影响各个会员的消费，即是非竞争性的（在俱乐部的供给能力之内）。后面的内容将会介绍俱乐部理论的发展和应用。

3.4.2 混合产品/准公共物品

对于非纯公共物品分类的第二种方法是以商品提供所产生的服务为依据。假设 A 从接种小儿麻痹疫苗中获得了好处，A 不仅产生了私人收益，他也产生了外部收益，因为 A 减少了与他接触的人感染这种病的概率。这里，有关外部性的概念见第 2 章。显然，私人物品的消费所产生的外部效应与公共物品的特点类似。比如，教育可能会提高人们的收入，但同时，教育也为基础研究提供便利，创造出具有非竞争性和非排他性的知识，从而使其他人受益。这种来源于文化或技术的进步也符合公共物品的特点。对于私人-公共混合产品的认识意味着商品既可以看作拥有私人收益，同时又具有外部收益，因此符合公共物品的特点（要进一步了解公共物品和外部性的区别，参见 Evans，1970）。

以教育为例。在图 3-3 中，教育的需求曲线为 D_p。它是市场中在不同价格条件下即将发生的对于教育的需求。它反映出学生们所认同的因教育而得到的私人收益。但是，如果存在其他视教育而定的收益（外部收益），社会从教育中获得的收益将与私人收益有所不同。对其他人来说，外部收益的价值由直线 E 表示社会中的其他人愿意为 x 轴所表示的各个水平的教育所付出的价格。将价格 E 与私人需求纵向相加得到 MSB。这表明教育的社会收益为正，并且大于私人收益。从教育中所获得的外部收益包括：（a）教育机构进行的科学研究；（b）更多文化遗产；（c）教育为劳动力市场提供筛选机制，从而决定劳动力的质量；（d）选民素质的提高以及市民们教养的提高。Blaug（1965）列出了一系列全面的因素（其中有许多因素他觉得存在问题）来区别教育的社会回报率和教育的私人回报率。其中的一些因素的特点（比如文化环境和文化遗产）与公共物品相同；因此，他们可以被社会中的某个消费者消费而不会减少其他人的消费。事实上，正是由于这个原因，通常认为在对个人决策进行计算时，市场不会将这些因素内部化。在图 3-3 中，在价格 O-P 处的私人需求仅为 O-q^p，少于社会有效产出 O-q^s（在该点处，教育的边际社会收益 MSB 等于教育的边际成本 MC）。

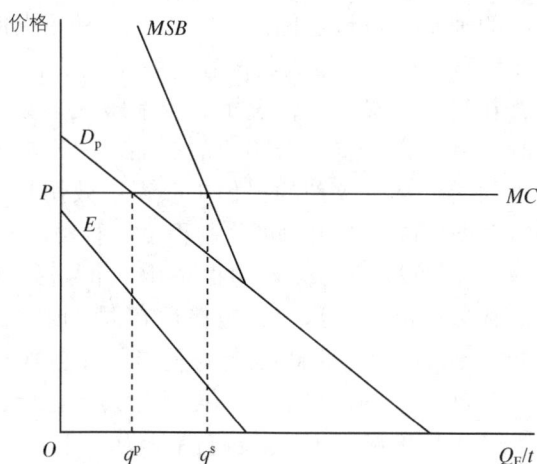

图 3-3 混合产品：对于教育的需求

这种将商品的私人属性和公共属性相混合的方法是由 Musgrave（1969）

提出的。显然，他为政治决策提供了一个重要的框架。我们在第2章已经说明这种外部影响是多么普遍。然而，这种方法在应用过程中还存在着许多困难。其中之一为计算外部收益占私人收益的比重，并确定在1和0之间的划分。计算外部收益和私人收益是我们在第6章所要讨论的问题，第6章为我们介绍了有关成本-收益的分析。显然，对于社会收益的估计是一个十分重要的问题。但是，在理论上，计算外部收益占私人收益的比重是可能的，它将被视作私人-公共混合产品中所包含公共属性程度的一个指标。

沿用相同的思路，Weisbrod（1988）尝试了这样的方法：以商品的筹资作为公共-私人物品的划分。商品的公共物品效应越多，厂商越不需要通过销售来为自己筹集资金，因为在非排他性的基础上，不存在对于商品的直接所有权。此时，厂商将会依靠捐赠、政府拨款来为商品的提供筹集资金。这种划分可以被认为是公共物品生产和私人物品生产的特点，通过这种方法，厂商越依靠捐赠、政府拨款来进行生产，它越有资格获得补助金。Weisbrod（1988）认为可用这种方法来保证补助金流向非营利性组织。

3.4.3 消费品的划分

Buchanan（1968）提出了另外一种分类方法。图3-4描绘了不可分性的程度与消费该商品的消费者数量之间的关系。在一种极端的情况下，人们消费纯私人物品（种类（1）），私人物品在每一个消费者（或每一个家庭）之间都是可分的；在另一种极端的情况下，商品被大多数人所消费，并且是不可分的，此时，每一个人将消费相同的商品。一个典型的例子就是驱蚊剂，某个区域中的人们从驱蚊剂的提供中获得的效用是不可分割的。事实上，这种方法的重点是确定效用的可分割程度。种类（2）中的代表商品为灭火器，一小部分人可以从灭火器的提供中获得好处（并且是不可分的）。种类（4）的代表商品是游泳池，当使用者很少时，游泳池就不会产生拥挤。与之相反，种类（3）的商品指的是诸如注射疾病疫苗这样的服务，任何人在注射了疫苗之后，其他与其接触的人都会因此受到额外的保护。种类（5）是纯公共物品，其代表商品是为防止侵略而产生的国防开支。

不可分程度 1

(4)   (5)

(2)   (3)

(1)

O   P

相互作用群体的规模

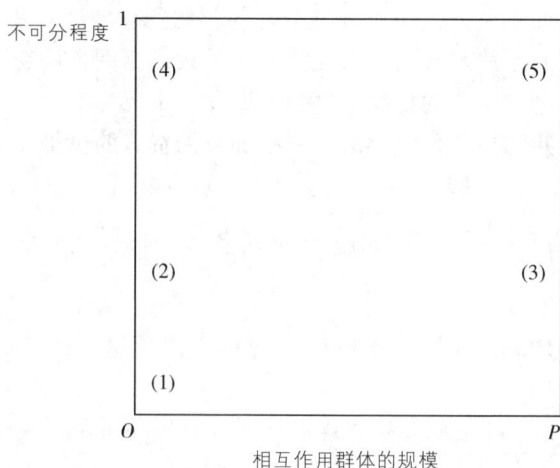

图3-4　竞争的划分

人们可能认为诸如种类（1）的商品应该由市场来供给，种类（2）的商品应该由与之相关的一小部分消费者通过自由谈判来提供。可以证明，种类（4）的一部分商品可以由俱乐部来提供。"俱乐部"是私人部门的一种安排，俱乐部所提供的商品在某种程度上是非竞争性的、自愿的。通常，这些商品是具有排他性的（需要交纳会员费），但不是私人物品（在容纳范围内，消费是非竞争性的）。Buchanan（1965）对这类商品的分析做出了重要的贡献：他提出了俱乐部产品有效提供的条件。这些条件我们将在第12章进行讨论，在第12章我们会将这种分析应用在地方政府支出上。

通过这种对于非纯公共物品的讨论，我们可以得到同时具有公共物品特征和私人物品特征的商品的合适供给。在某些情况下，这还涉及关于什么才是公共部门"合适的"角色这样的问题。像这种非纯公共物品也许最好由市场来提供。在接下来的章节中，我们将讨论政府部门"合适的"角色是什么。

3.5　搭便车与公共物品供给

我们已经知道，由于人们不会诚实地说出自己的偏好，因此公共物品无法实现最优供给。在思考这个问题时，我们用公共选择的方法解决了很多公共物品的供给问题，而这种方法更加强调交易与契约的重要性。在第2章，我们已经知道，用科斯的方法来解决外部性重要的是人们之间自愿交易。那么，消费者愿意参与到这种对于公共物品提供的自愿交易中吗？

3.5.1 纯公共物品的自愿供给：一小部分消费者的供给

在第3.3节，一般均衡下的公共物品帕累托最优供给条件为 $\sum_{i=1}^{n} MRS^i_{GX} = MRT_{GX}$，同样，部分均衡下消费者边际收益（垂直）之和应该等于边际成本。

Buchanan（1968）用以下不同的方法推导出了这一条件，正如Congleton所说：

"Buchanan用不同的方法对公共物品进行分析并得出了关于公共物品最优供给的相同结论。通常，他的推导思路强调私人交易。对Buchanan来说，公共物品的最优供给水平是在给定初始禀赋和产权明晰的情况下，通过交易实现所有的潜在收益。"（Congleton，1988）

Buchanan的这种方法很值得我们去学习，因为：（a）它推导出了公共物品的最优供给；（b）它证明了当谈判为可能时，人们将会同意为提供公共物品所需的税收条件。

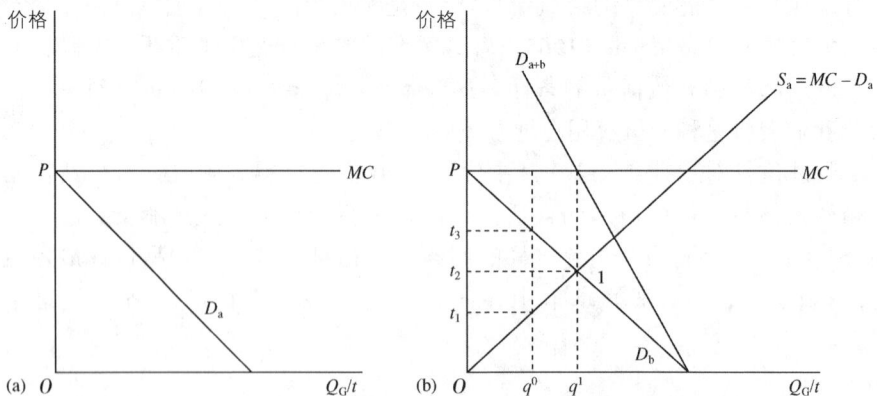

图3-5 自由合作下的公共物品供给

在图3-5中，消费者A和B对于公共物品的需求曲线为 D_a 和 D_b（简便起见，假设二者的需求曲线是相同的）。为帮助说明，假设供给公共物品的边

际成本 MC 是固定的。图 3-5（a）中，A 的需求曲线表示 A 愿意为公共物品的提供所支付的最高金额。由于他愿意支付的金额始终小于商品的边际成本，因此，A 自己不会去消费这一公共物品。在图 3-5（b）中，对于 B 也是这样，即当消费者独自消费时，其愿意支付的金额始终小于提供该产品的边际成本。

在图 3-5（b）中，曲线 S_a 表示 A 对需要该公共物品愿意支付的最小金额，即图 3-5（a）中所示商品的边际成本与 A 的需求曲线的垂直之差。在图 3-5（b）中，B 愿意为每 $O\text{-}q^0$ 单位的公共物品支付的金额为 $O\text{-}t_3$，但 A 需要 B 为 $O\text{-}q^0$ 单位的公共物品支付的最小金额为 $O\text{-}t_1$。显然，二者都会从谈判交易中获得好处，最终，谈判交易形成的供给将会达到 $O\text{-}q^1$。在 $O\text{-}q^1$ 的供给量下，两个消费者愿意支付的金额将等于提供该公共物品的总成本。在该点，A 和 B 每人支付 $O\text{-}t_2$，每人得到的消费者剩余为三角形 $t_2\text{-}P\text{-}1$。

由于自愿合作是可能实现的，并且产出不会超过 $O\text{-}q^1$，因此这个产出水平将会是最优的，并且他们一定会形成这样的一个协议，即当他们协商产出是否应该增加时，最终的产出将会达到 $O\text{-}q^1$，并且必定不会超过这一数值。我们应该注意到，这个产出水平将会使二者的消费者剩余最大化。根据定义，在这一点，边际利润之和（D_a 和 D_b 的垂直加总）等于边际成本。

数量 $O\text{-}q^1$ 所代表的公共物品产量使得边际利润与边际成本相等。在达到这一点之前，A 和 B 始终能够达成协议使其中一个人的境况变好而另一个人的境况至少不变差，因此，将公共物品的产出一直提高到 $O\text{-}q^1$ 将会是一个帕累托改进，并且每个人都将会同意这一过程。决定公共物品的产出和成本分担的方法与之类似，尽管不是完全相同，但本质上如 Erik Lindahl（1919）所述，我们将会在本章的后半部分加以讨论。

3.5.2　纯公共物品的私人供给：当消费者的数目变多时的情况

可以证明，当人们认为其他人的行为是给定的并且是不变的（古诺假设）时，将会出现"供给不足"，并且这种"供给不足"将会随着消费者数目的增加而扩大。Sandler（1992）指出，存在两个消费者（A 和 B）[1]——他们从私人物品 X 和公共物品 G 中获得效用。A 的效用函数定义为：

---

[1]　当然，我们还可以进行更为一般化的分析，比如分析一个具有 n 个消费者的经济，(i) 假设 $n-1$ 个消费者可以被看作一个整体，或者 (ii) 假设所有的消费者都是完全相同的。

$$U^a = U^a(X_a, G) \tag{3.7}$$

式中，X_a=A 所消费的私人物品；

$G = g^a + g^b$ = 纯公共物品的总供给量（每个消费者需要的数量之和，$g^a + g^b$）。①

每个消费者的预算约束为：

$$Y_a = X_a + pg_a \tag{3.8}$$

式中，Y_a=消费者 A 的收入；

p=公共物品的价格（假定私人物品的价格为 1）。

对消费者 A 来说：

$$\max U^a(X_a, g_a + g_b) \tag{3.9}$$

约束条件：

$$Y_a = X_a + pg_a \tag{3.10}$$

g_b 视为已知（古诺假设）。

效用最大化的一阶解为：

$$MRS^a_{GX} = p \tag{3.11}$$

式中，MRS^a_{GX} 为 A 在公共物品和私人物品之间的边际替代率，p 为公共物品的价格。

这一条件意味着从公共物品中获得的利益（用 MRS_{GX} 表示，为公共物品和私人物品的边际效用之比）应等于公共物品的价格。公共物品的边际利益由 B 的一个固定水平的供给来衡量（g_b）。

我们可以用图 3-6 中的消费者无差异曲线来说明 A 的决策。图中 I_1、I_2 和 I_3 为 3 条私人产品 X 与公共物品 G 之间的无差异曲线。当 B 对于公共物品的供给量为 0 时，直线 1-2（斜率为 $-p$）为 A 所面临的预算约束线。如果 B 什么也不提供，A 将选择如切点 3 所示的效用最大化解。此时，A 需要数量 $0\text{-}g^0$ 的公共物品。负的无差异曲线的斜率表示边际替代率（MRS_{GX}），在点 3，它等于预算线的斜率。当 B 对于公共物品的分担量为 0 时，其解见等式（3.11），并如图 3-6 中 I_1 与预算线 1-2 的切点 3 所示。

———————————

① 我们假设该公共物品是纯公共物品。由谁来提供公共物品不重要。当公共物品被提供出来之后，所有消费者都可以平等地使用它。当然，当公共物品为非纯公共物品时，我们的分析要做出一些调整。比如，我们可以用分量 w_a 来表示外溢的程度。

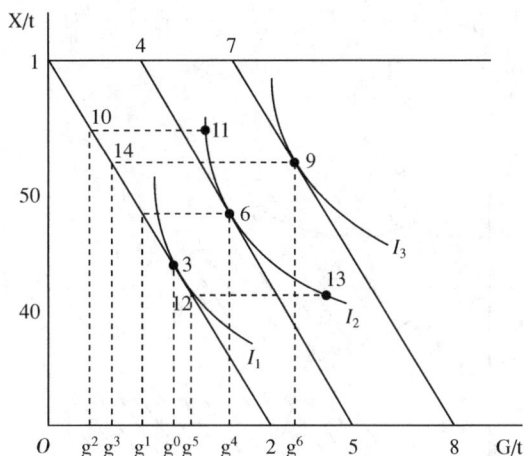

图3-6 由其他消费者来提供时的反应

来源：Sandler（1992）.

当B对于公共物品的分担量不为0时，A所偏好的消费组合将位于直线1-2右侧的预算线上。比如，如果B提供数量为1-4（=2-5）的公共物品，那么A将会受到外溢性（来自公共物品的提供）的影响。这就好像A的预算线向右移动了这样的一个距离。[①]现在的预算线为4-5（斜率同样为-p），A的效用最大化点为I_2与直线4-5的切点6。在点6处，A所分担的公共物品数量为O-g^1，B分担的公共物品数量为1-4（=g^1-g^4）。

如果B分担得更多，比如g_b为1-7，A所对应的预算线为更右边的7-8。A的效用最大化点为切点9（I_3与7-8的切点）。在点9，A分担的公共物品数量为O-g^3，B分担的公共物品数量为1-7（=g^3-g^6，也等于9-14）。

在每一阶段，我们都可以估计A对于B的分担量所做出的反应，并且这一信息可以在"公共物品空间"中得到说明。将预算约束带入效用函数中来估计消费者的反应是十分必要的。比如对于A的问题，现在可以写成：

$$\max U^a(Y^a - pg^a, g^a + g^b) \tag{3.12}$$

式中，g^b固定不变。

A的预算约束效用（$U^a = U^a(Y^a - pg^a, g^a + g^b)$）可以在图3-7中得到说明。

───────────────

① 当存在非纯公共物品时，外溢性将不能被完全体现，移动的距离将为1-4的一部分。

纵轴表示 g^b 的数量，横轴表示 g^a 的数量。假设消费者收入水平（Y^a）与公共物品的价格 p 为常数。

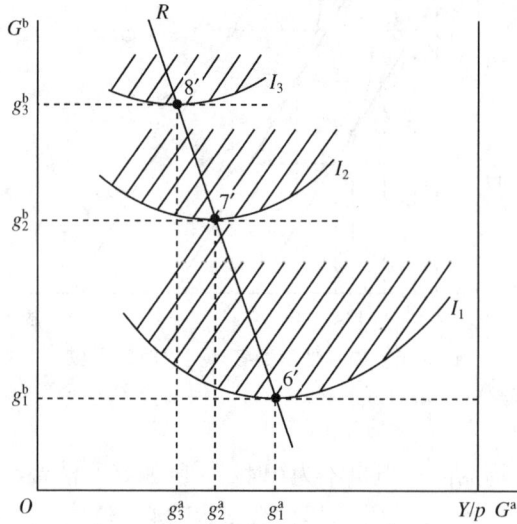

图3-7　古诺-纳什反应

来源：Sandler（1992）.

由于 g^b 位于 A 的效用函数中，g^b 的增加（当 g^a 为常数时）意味着 A 将获得更高的效用水平。在图3-7中，I_1、I_2 和 I_3 为 3 条代表了这种关系的无差异曲线，即当 B 的供给（g^b）增加时，A 的效用随之增加。每条无差异曲线的斜率由等式（3.12）的全微分来确定：

$$-pU_X^a dg^a + U_G^a dg^a + U_G^a dg^b = 0 \tag{3.13}$$

式中，$U_X^a = \partial U^a / \partial X$；

$\qquad U_G^a = \partial U^a / \partial G$。

因此

$\qquad MRS_{GX}^a = U_G^a / U_X^a$。

带入等式（3.13）中，得：

$$\left. \frac{dg^b}{dg^a} \right|_{v^a = v^a} = (-1) + (p/MRS_{GX}) \tag{3.14}$$

在图 3-7 中，I_2 代表了比 I_1 更高的效用水平，B 对于公共物品的分担也更大。[①] 这些点比无差异曲线下方的点更受消费者欢迎。对于一个给定的 B 的公共物品分担水平（比如 g_1^b），当 I_1 的斜率为 0 时（这时位于点 6'），A 的分担量为 g_1^a，我们可以满足等式（3.14）。当 I_1 的斜率为 0 时，MRS 等于 p（根据等式 3.14）。这些切点（0 斜率点）形成了一条 A 的反应曲线，该曲线上的点都是在给定 B 的分担量的情况下 A 所偏好的。因此，我们找到 g_2^b，g_2^a 和 g_3^b，g_3^a 的组合位于点 7' 和点 8'。

对于 B 的任何一个供给水平，A 的最优反应将会形成一条反应曲线 R。在图 3-7 中，R 代表了在 B 的各种分担水平下，A 的最优反应。这条曲线由 B 的各种分担水平下使无差异曲线的斜率为 0 的点组成（Y/p 处的垂线代表了 A 的最大分担量，此时，A 的所有收入 Y 都用在了公共物品上）。

图 3-6 是如何与图 3-7 联系上的呢？为了能在"公共物品空间"中得到无差异曲线，我们来看图 3-6。仅仅考虑 6' 点，（当图 3-7 的 g_1^b 等于图 3-6 中的 1-4 时）图 3-7 中的 6' 点相当于图 3-6 中的 6 点。

为什么图 3-7 中的无差异曲线是 u 形的呢？假设 A 位于图 3-7 中的 I_2 上（A 的效用保持不变）。如果 A 减少了他的分担量使其小于 $O\text{-}g^1$，为了使 A 的效用保持不变，B 必须提高 g^b。在图 3-6 中，假如 A 的分担量是 $O\text{-}g^2$ 而不是 $O\text{-}g^1$，B 的分担量则必须要达到 10-11。反过来，如果 A 增加了他的分担量使其超过 $O\text{-}g^1$（达到 $O\text{-}g^5$），为了使 A 的效用仍然保持在 I_2 上，B 的分担量必须再次增加（这次的分担量要达到 12-13）。这就是为什么在图 3-7 中，当 B 的分担量为 g_1^b 而 A 并没有处在最优的分担量（g_1^a）时，为了使 A 的效用仍旧保持在 I_1，就必须要增加 B 的分担量使其超过 g_1^b。这就是图 3-7 中的效用曲线为 u 形的原因。

当考虑到所有消费者的反应路径时，将会产生什么结果呢？图 3-8 中的点 1 就表示均衡解，它是 A 的反应曲线（R_a）与 B 的反应曲线（R_b）的交点。在这一点上，B 的无差异曲线 I_1^B 与 A 的无差异曲线 I_A^3 相交。[②] 在两条反应曲线的交点上，两个消费者都没有改变他们分担水平的激励（在每种情况下都满足等式（3.14））。

---

①　每条无差异曲线上方的阴影区域代表了更高的效用水平。

②　B 的无差异曲线相对于 G^a 轴也是 u 形的，其斜率等于 P/MRS_{GX}^B 的倒数（因为 B 的无差异曲线是翻转 90 度之后画的）。

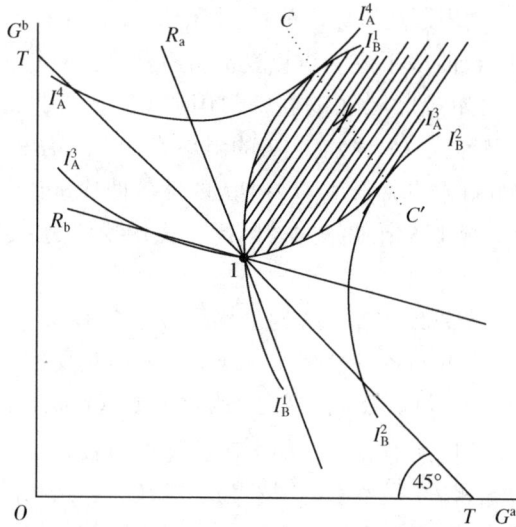

图3-8 公共物品的自愿供给

来源：Sandler（1992）.

在图3-8中，点1处达到的均衡相对于阴影区中的点是帕累托次优的。在阴影区域中，两个消费者获得的效用都比1处代表的效用要大。在阴影区域内，契约曲线C-C'为消费者无差异曲线的切点组成的曲线。这条曲线是满足$\sum MRS_{GX}^i = p$的点所组成的轨迹。

现在我们可以证明为什么自愿分担的情况下，公共物品的供给会出现"不足"（为什么会存在"搭便车"）。相对于公共物品的帕累托最优供给（契约曲线上的任何一点），点1处的自愿解是次优的。帕累托最优要求每个人对公共物品的分担需要满足每个人的边际利益之和（$\sum MRS_{GX}^i$）等于公共物品的价格

p。在自愿（古诺-纳什）均衡中，每个消费者将自身的边际利益等同于他们分担公共物品的边际成本，并且忽视了他们带给别人的边际利益（在图3-8中，在A决定要分担多少公共物品时，他并没有考虑MRS_{GX}^B）。

在图3-8中，如果直线T-T（斜率为-1）通过点1，纳什均衡下的公共物品总量为任何一条数轴上的O-T。通过点1，斜率为-1的直线T-T使得该直线与每条数轴的夹角都为45度。

帕累托最优的结果出现在契约曲线C-C'上。这条契约曲线为两个消费者

无差异曲线的切点所组成的集合。我们可以通过比较自愿供给的总量与帕累托最优供给的总量来思考自愿供给是次优的这一论断。如果一条斜率为−45度的直线通过了契约曲线上的最优点，总供给将会比直线 *T-T* 的截距要大。通过这种方法，我们可以确定公共物品的自愿供给要小于帕累托最优的供给。[①] 对这一分析方法的进一步应用表明，相关的消费者数量越多，供给不足的程度就越大（Aandreoni，1988）。其含义为，消费者的数目越多，就越难以依靠自愿去分担公共物品（对此的另一个证明和讨论见于附录3（B））。

3.5.3　消费者会承担公共物品的供给吗？

"搭便车"假设的重要性已经受到了人们的质疑（Johanson，1977）。人们真的都是理性经济人吗？或者说他们能够诚实地说出自身的偏好吗？我们可以通过实验来检验搭便车假设。Bohm（1971，1972）记载了这样一个实验，参与实验的人们认为他们是一个大型组织的成员，在选择看哪个电视节目（非排他性）的时候，他们会诚实地表明自身的偏好。这个实验结果对人们总是会搭便车的假设提出了质疑。

接下来的实验是按这样的步骤设计的：首先检验搭便车假设，然后去确定那些最有可能影响搭便车倾向的偏好。Holt 和 Davis（1993）以及 Ledyard（1995）对此进行了研究。这项实验是为了模拟一个搭便车问题，并且不断地对一致性进行检验。搭便车决策的灵敏度与构成人们决策的参数的变化有关。

在通常情况下，实验是这样设计的：实验中的每个人都被分配了一定的虚拟货币，看他们如何将这些虚拟货币在一个私人投资项目和一个集体投资项目之间进行分配。私人投资项目的回报不依赖于其他人的行为，在其他人不对集体项目进行投资时，私人投资项目的回报高于集体投资项目的回报。但是，如果足够多的人选择投资集体项目，所有人都会比他们仅仅投资私人项目获得更多的回报。这个实验是可行的，结果每个人都没有分担公共投资的激励，即使对公共投资的分担对所有人来说都是帕累托最优的。

Marwell 和 Ames（1981）进行了这样一个实验：每个人都被给予了225单位的虚拟货币，他们可以将这些虚拟货币分配到一项被确保了回报率的私人投资上，或者分配到一个集体公司中，在这个集体公司中，人们的收入依赖于所

有人投资到该公司的金额。私人投资能为每单位投资带来0.01单位的回报（这份利益对每个投资者来说是有保障的）。集体投资的回报依赖其他人对于集体投资的决策。如果所有的虚拟货币都投资到集体公司中，每单位投资所产生的回报将会比私人投资大得多（并且实验的参与者将通过投资集体项目提高整个集体的福利）。Marwell和Ames的实验对于之前人们会选择搭便车的观点提出了挑战。实验的结果是，有40%到60%的虚拟货币被投资到了集体项目中。

但是，Marwell和Ames的实验是"一次性的"，其他人认为，如果实验可以重复进行，人们愿意分担的公共投资（40%到60%）将会减少。比如，在Issac、McCue和Plott（1985）以及Andreoni（1988）进行的实验中，"当决策重复进行时，分担量将大幅减少"（Holt和Davis，1995：326）。同样，Palfrey和Prisbrey（1993）证明，那些参与过之前自愿分担实验的对象减少了自己的分担份额。其对"重复"（从某方面增加了搭便车的可能）的重要性产生了这样的疑问：是不是由于人们获得了经验才产生了这种"重复效应"，或者它是否反映了一种特定的策略（如果别人的分担额减少，就去指责对方）。Andreoni（1988）分别将参与者分配到"陌生"组和"搭档"组来对此进行检验。检验的结果证实了这样的一个观点："学习效应"是存在的，"策略效应"是不存在的。在两种情况下，分担量随着决策的重复进行而减少（并且，搭档组的分担量小于陌生组的分担量）。

"交流"也被证明是十分重要的。交流并不必然意味着人们建立了具有约束力的契约。Dawes等（1977）指出，当交流不被允许时集体行动就会减少，并且，Ledyard在他的一份调查报告中指出，"至少有9篇论文中提到，在人们做出决策前允许他们进行交流将显著增加他们从集体获得的回报"（Ledyard，1955）。Orbell等（1988）认为交流将或者给人们提供了一个做出承诺的机会，或者证明存在一种产生集体认同感的机制。这些检验意味着，当相关的财产禀赋相当时，交流所起到的作用是很成功的。

参与者人数的多少会对分担量产生影响，但这种影响却令人感到惊讶。Isaac、Walker和Williams发现："实验参与者似乎在一个大的集体中表现得更加具有合作精神，而不是在众人的掩护下表现他的自私"（Ledyard，1955：22）。随着人数的增加，搭便车行为也相应减少。但是，我们必须注意区分人数本身所产生的效应和人数对回报（这种回报与集体行为相关）所产生的效应。显然，回报参数在每个人分担量的决定中起到了重要作用，一个人希望从公共物品中获得的利益越多，他就越有可能参与公共物品的分担。Issac、Mc-

Cue 和 Plott（1985）做出了这样的总结："人们在高回报条件下的分担量要大于在低回报条件下的分担量"（Ledyard，1955）。因此，在区别"规模"和"回报"时，考虑到人数的多少是很重要的（边际收益分担回报，MPCR）。

在减少搭便车行为中，回报的临界值是很重要的。Issac、Schmitz 和 Walker（1989）讨论了"以供给点作为最小总分担条件"的影响。供给点的作用在于，如果存在着一个"归还"选项，它可以减少人们的搭便车行为。如果供给点没有被满足，人们将会被确保得到退款，从而其分担公共物品的风险得以消除。

还有很多其他的效应得到了检验。Marwell 和 Ames 发现，相对于其他参与者，相当少（大概20%）的经济学学生愿意去投资集体项目。Cadsby 和 Maynes（1998a，1998b）进行了一系列实验对护士和经济、商学院的学生进行了比较，发现护士在整体上对公共物品的分担显著高于经济、商学院的学生，并且更加容易去提供公共物品。在每一部分的结尾，经济、商学院的学生表现出了更强的搭便车动机。Brown、Kruse 和 Hummels（1993）发现，起初男性的分担率要高于女性，但是他们对于 MPCR 和重复实验的变化会做出不同的反应。

和其他研究工作得出的结论一样，通常的指责之处在于志愿者们的决策仅仅是"表演"。在日常生活中如果遇到同样的问题，实验中人们（通常位于电脑终端）做出的决策能代表人们的真实决策吗？MaCaleb 和 Wagner（1985）指出"来源于'精炼的'"实验中的结果……与对于社会进程的真正理解之间还有距离，在社会中人们会做出真正的选择"。

说了这么多，这些结果证明人们似乎会比经济人表现得更加具有集体性。或许人们会比经济人更加诚实，或更加利他？[1]重复、经验、MPCR 的减少、缺乏交流，这些都会增加搭便车的可能性。

---

　　① 在这个情境中，我们来看一下 Carter 和 Irons(1991)的研究。他们从一个叫作"建议者与回应者"的实验中获得了相关的数据。这个实验要求将 10 美元分给两个人(他们的角色是交替的)。如果某项建议被拒绝，任何人都不会得到好处。因此，如果一个建议者想留下 9.5 美元，给对方 0.5 美元，回应者就会有接受这一方案的动机(有 0.5 美元总比什么也没有要好)。这个实验证明，建议者给予并使回应者接受的金额的程度是有限的。说了这么多，经济学学生(作为一名建议者)应该比非经济学学生留更多的钱给自己，当作为一名回应者时，他应接受得更少。

3.5.4 非纯公共物品的自愿供给：俱乐部理论

那些在消费上具有非竞争性但具有排他性的商品可以通过消费分担安排来由市场提供。如上所述，Buchanan（1965）介绍了一种俱乐部理论来解释这种产品有效供给的条件。在低于拥挤水平时，体育俱乐部（游泳协会）或社会俱乐部（如提供戏剧娱乐的机构）提供的产品在消费中是具有非竞争性的。为决定该商品的最优供给数量以及俱乐部最优的会员数量，采用图3-9中的分析是很有帮助的。需要强调的是，我们的目标是要根据俱乐部会员的福利来确定最优供给。

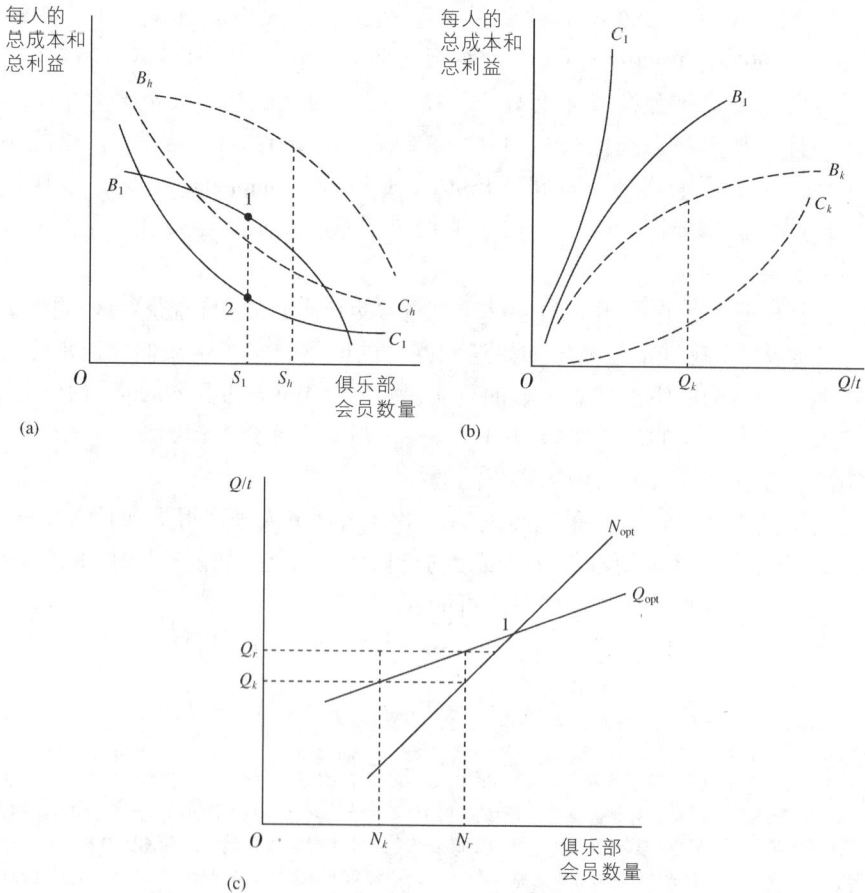

图3-9 俱乐部的最优规模

在图 3-9（a）中，曲线 C_l 表示俱乐部中每名会员的平均成本是如何下降的。当越多的人加入到俱乐部中时，生产既定数量产品的平均成本将会下降。因此，当提供一个游泳池时，随着越多的人加入到俱乐部中，每名会员的平均成本将会下降。每个人从既定大小的游泳池中获得的利益将会随着俱乐部会员数量的增加而发生变化。最初，该收益会增加（团队运动的前景比如水池将会增加人们的收益），但当会员的数量达到某一数字时，将会产生拥挤，每名会员的收益也会下降。当会员的数量为 S_l 时，人均收益 B_l 与人均成本 C_l 之差达到最大，即 1-2 表示的距离。如果游泳池的规模再大一些，尽管人均成本会增加（增加到 C_h），人均收益将更大（B_h），数量的增加将使得最优会员规模增加到 S_h。对任意数量的我们所讨论的这种商品，都存在一个最优的会员规模。在图 3-9（c）中，我们将这种商品在任意数量下所产生的最优会员数量记为 N_{opt}。

在图 3-9（b）中，我们假设会员的数量是给定的。在极端情况下，游泳池仅被 1 个人所消费。当游泳池的规模增加时，该消费者的成本为 C_l。如果他获得的利益变为 B_l，显然他将不会购买任何数量的该种商品。然而，当俱乐部的成员为一群人时，人均成本将降为 C_k，同时，考虑到消费的非竞争性，消费者的利益将不会降低那么多（仅到 B_k）。根据这种与俱乐部的规模相关的成本收益函数，我们可以确定最优的商品数量为 Q_k（每名会员的净收益在 Q_k 处得到最大化）。对于任意给定的俱乐部规模都会存在一个最优的商品数量（游泳池的最优规模）。这一信息被描绘为图 3-9（c）中的 Q_{opt}。

现在，我们可以得到既定商品数量下的最优会员规模和既定会员规模下的最优商品数量，然后，我们就可以同时解出最优的商品数量和最优的会员规模。在图 3-9（c）中，如果会员数量为 N_k，显然最优的商品数量为 Q_k，但是在 Q_k 处，最优的会员数量为 N_r。当会员数量为 N_r 时，最优的商品数量为 Q_r，等等。最终，点 1 即为最优商品数量和最优会员数量的解。

需要强调的是，上面得到的解使会员的福利得到最大化，在只有一个俱乐部的情况下，它将不会使社会的福利得到最大化（因为当只有一家俱乐部时，使社会福利最大化的必要条件没有得到满足，见 Ng，1973）。但是，重要的是在消费上具有非竞争性的商品可以在市场上通过俱乐部来提供。没有必要通过政府干预来保证该种商品的提供。排他性存在的可能意味着存在着显示人们偏好的动机。

3.6 纯公共物品的公共供给：克拉克税

在本章的这一部分，我们将关注公共部门对公共物品的供给。当人们进行公共物品的自愿分担时，如果很难获得对于公共物品的帕累托最优供给，那么对人们强制性地征税可能会实现帕累托最优。同样，我们面临的问题是要得到人们对于公共物品的偏好。在本节，我们的目标是：（i）对提供公共物品的林达尔过程进行评价；（ii）弄明白为什么克拉克税能真实地反映人们的偏好。

3.6.1 林达尔过程

只要人们可以从公共物品的供给交易中获得收益，那么就会出现一些机制来获得其中的一部分收益。在早期的一份研究中，Lindahl（1919）对公共物品最优供给量的确定和税负分担问题进行了讨论。Johansen（1963）对这一方法进行了修改，有趣的是他还解决了讨价还价环境下存在的问题。

两个消费者 A 和 B 从私人物品 X 和公共物品 G 的消费中获得了效用，他们的税收分担为 A 分担 h，B 分担（$1-h$）。两人的总收入 Y 为给定，A 和 B 的收入分别为 Y_a 和 Y_b，则两人的预算约束为：

$$Y_a = X_a + hG \tag{3.15}$$

$$Y_b = X_b + (1-h)G \tag{3.16}$$

因此

$$Y = Y_a + Y_b = X_a + X_b + G \tag{3.17}$$

常规的价格消费曲线如图 3-10 所示。A 的价格消费曲线由 h 从 0 变为 1 得来。当 h 降低时，均衡点（1，2，3）意味着常规的产出，即税收的分担水平越低，对于公共物品的需求越大。同时，A 和 B（列在 A 的下方）的原始效用函数具有如下的形式：

$$U_a = U_a(X_a, G) \tag{3.18}$$

$$U_b = U_b(X_b, G) \tag{3.19}$$

在分析中用 h 和 G 来表示他们是很方便的，我们可以将等式（3.15）和（3.16）重新写成：

$$X_a = Y_a - hG \tag{3.20}$$

$$X_b = Y_b - (1-h)G \tag{3.21}$$

因此，效用函数可以写成：

$$U_a = U_a(Y_a - hG, G) \tag{3.22}$$

$$U_b = U_b [Y_b - (1-h) G, G] \tag{3.23}$$

由此，我们可以得到一幅与图3-10相对应的图，其纵轴和横轴分别表示税收分担 h 和公共物品 G（见图3-11）。A对于 G 和 h 的无差异曲线的斜率为A对 G 的边际效用与A对 h 的边际效用之比，我们也可以通过以下两个步骤导出：

$$MU_a^G = \frac{\partial U_a}{\partial G} = -h\frac{\partial U_a}{\partial X_a} + \frac{\partial U_a}{\partial G} \tag{3.24}$$

$$MU_a^h = \frac{\partial U_a}{\partial h} = -G\frac{\partial U_a}{\partial X_a} \tag{3.25}$$

进而

$$\frac{MU_a^G}{MU_a^h} = MRS_{gh}^A = \frac{\partial U_a/\partial G}{\partial U_a/\partial h} = \frac{h}{G} - \frac{1}{G}\frac{\partial U_a/\partial G}{\partial U_a/\partial X_a} \tag{3.26}$$

税收价格为图3-11中的水平线。在每个税收分担水平下（h 和 $1-h$），A和B能够分别尽可能多地选择 G 来使他们的效用最大化。价格消费曲线 PCC_A 和 PCC_B 的形状表明，税收分担水平越低，G 的选择量就会越大。图3-11向我们做出了一个全面的展现。PCC_A 和 PCC_B 是当 h 取不同值时对于 G 的需求曲线。

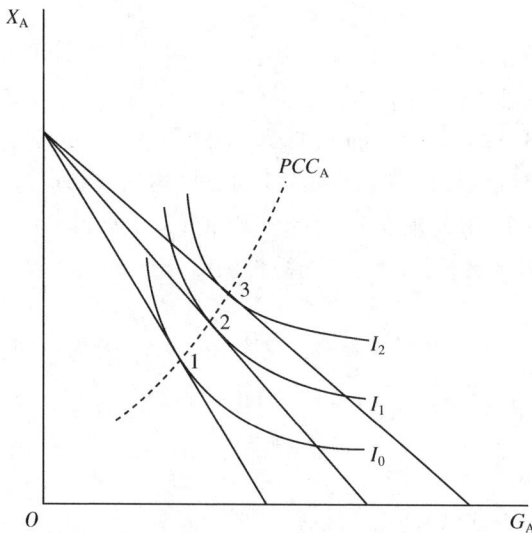

图3-10　对于私人物品和公共物品的价格消费曲线

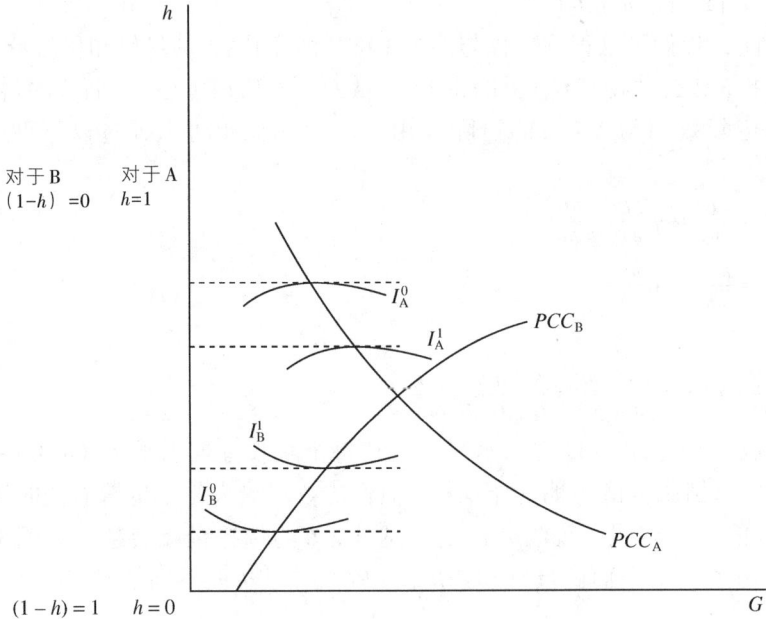

图 3-11　税收分担和公共物品之间的价格消费曲线

林达尔过程要求，在任一税收分担下，人们都会被询问他们是否需要更多的公共物品。如果他们需要更多的公共物品，他们的税收分担水平将会增加，反之亦然。在图 3-12 中，当 h 的值被设定为 h'，A 需要的公共物品数量为 G_A，但是 B 需要一个更高的产量（G_B）。当 G 的数量增加（到 G^*），A 的消费分担将会降低（从 h' 到 h^*），B 的消费分担将会增加（从 $1-h'$ 到 h^*）。在这个税收分担下，两个消费者都会同意数量为 G^* 的数量供给。但是这个数量（G^*）是帕累托最优的吗？

图 3-12 表明，这个解既有效率，又有稳定性，因为在图 3-12 中，该解位于契约曲线（C）上。在点 1 处，每个消费者都想要相同的数量 h^* 和 G^*。在契约曲线上的均衡点有：

$$MRS_{gh}^A = MRS_{gh}^B = 0 \qquad\qquad (3.27)$$

注意到 $MRS_{gh}^A = 0$，等式（3.26）可以被写成：

$$MRS_{gx}^A = \frac{\partial U_a/\partial G}{\partial U_a/\partial X} = h \qquad\qquad (3.28)$$

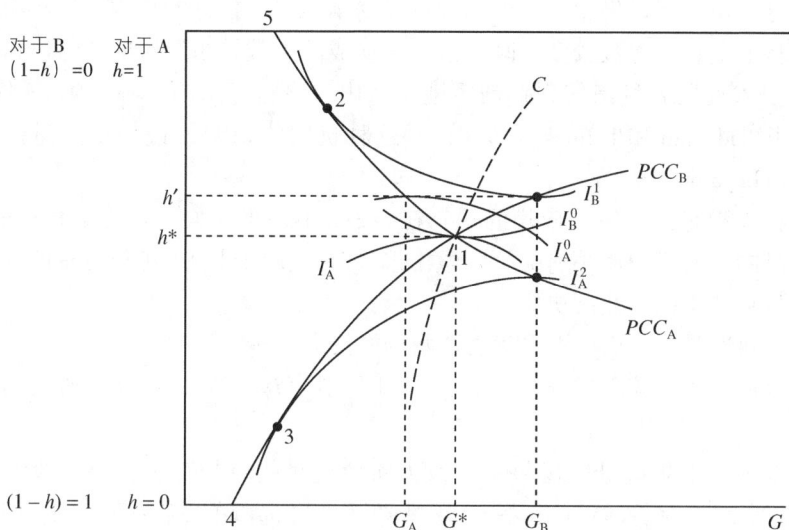

图 3-12 Lindahl-Johansen 方法

现在，G 和 X 之间的边际替代率等于税收的分担水平。由于两个人的税收分担之和为 1，因此边际替代率之和为 1，公共物品的效率条件得到满足。[①] 如果 $MRS_{gx}^{A} + MRS_{gx}^{B} = 1$，则 $MRS_{gx}^{A} + MRS_{gx}^{B} = MC$。图 3-12 中的林达尔解即为帕累托最优的。

由于图 3-12 中的解是帕累托最优的，这个解就依赖于每个人能诚实地做出反应。但是，这一过程有一个缺点。Johansen 认为，如果每个人都认识到要求更多的公共物品将改变消费者必须为他所消费的所有单位公共物品所支付的成本，对他们来说，隐藏自身对公共物品的偏好是有利的。我们将在附录 3（c）中讨论林达尔过程的这个缺点，但在学习附录 3（C）之前，我们来看一下存在克拉克税时的情况（正如我们下节要讨论的）。

3.6.2 克拉克税

当向市场供给纯公共物品，并且消费者的数量很多时，就会出现关于搭便车问题的一个极端例子。消费者数量"很多"意味着没有一个人认为他们对于公共物品分担量的决策（其自身偏好的显示）会对其他人的行为产生影响。但

---

① 得到这个特别的结果是因为 Lindahl 在 G 和 X 之间使用了一个线性转换边界。

即使在这种情况下，仍然存在着一种可以揭示消费者偏好的机制。这种机制的本质是将消费者"人数较多"时的情形转换成"人数较少"时的情形。这种机制通过引入克拉克税来使人们诚实地反映出自身偏好（Clarke，1971）。在此我们引用 Tideman 和 Tullock（1976）对这种机制的说明（进一步的讨论参见 Groves 和 Leyard，1977）。

克拉克税是怎样得到应用的呢？在表3-3中，当人们要在方案 R 和 S（与公共物品的不同产出水平有关）间做出选择时，我们讨论了克拉克税的征收情况。克拉克税由以下规则决定：

1.询问投票人他们分别愿意为这两种方案支付多少。

2.根据每种方案计算出总价值之和（分别为 T_r 和 T_s），选择价值最高的那个方案。

3.根据以下规则计算出每个投票人所要支付的克拉克税：每个投票人必须支付两种方案之差（在不计算投票人 i 的选择的情况下）的绝对值 $(T_r - T_s)$。

显然在表3-3中，按照上述规则，方案 R 将获得通过 $(T_r > T_s)$。消费者1支付的克拉克税为30（在此时，如果1不投票支持 R，2的福利将提高50，3的福利将减少20，他的决定将使"其他人"的净福利减少30）。投票人2将不必支付克拉克税，因为他的投票没有改变最终的结果。投票人3将支付的克拉克税为10，因为他的决策确实影响到了最终的结果，在不考虑他的决定的情况下，两种方案价值之差为（50-40）。

表3-3　　　　　　　　　　　克拉克税机制

投票人	方案 R (T_r)	方案 S (T_s)
1	40	0
2	0	50
3	20	0
总和	60	50

　　如果 1 为了保证方案 R 获得通过而高估了他们的偏好，那么 1 或者对最终的结果不产生影响，或者他将面临他所支付的克拉克税高于 R 对他自身的真实价值的风险。例如，假设 1 为了确保方案 R 获得通过，宣称（谎报）该方案对他们的价值为 80。如果方案 R 获得通过，将不会对 1 所要缴纳的克拉克税产生影响，因为克拉克税的征收是依据投票人 1 对于净福利的改变做出的（此时净福利的改变仍然是 50-20）。但是，我们来假设这种夸大确实改变了原有的结果。假设投票人 2 认为方案 S 的价值为 70，这将使方案 S 的总价值超过方案 R 并最终获得通过。现在，投票人 2 所要缴纳的克拉克税将依据其决策所导致的福利的变化情况，即为 60。记住，该差值是在不考虑该投票人决策的情况下计算的。如果 2 不投票，1 和 3 将会从方案 R 中获益 60，舍弃方案 S 将不会导致福利的损失（在不考虑 2 的情况下）。因此，2 所要缴纳的克拉克税为 60，高于以方案 S 代替方案 R 的"真实"价值。显然，高估自身的偏好不会获得好处——或者对结果不产生影响，或者导致损失。

　　相反，我们来看一下隐藏自身偏好所可能导致的结果。假设 1 决定隐藏自身的偏好并宣称他仅从方案 R 中获益 20。此时 1 将不必支付克拉克税（因为他的选票没有对结果产生影响），1 也不会获得对他最有利的方案。如果 1 宣称他的支付为 35，方案 R 就会被接受，但 1 对于自身偏好的隐藏并不意味着他要缴纳的克拉克税会有所不同：克拉克税的征收是依据在不考虑 1 的决策的情况下两方案价值之和的差值，其仍为 50-20=30。此时，投票人隐藏自身的偏好或者不会产生其他收益，或者将导致能使其自身获得更多收益的方案得不到通过。

　　为什么克拉克税能保证人们诚实地反映自身偏好呢？克拉克税将消费者"人数较多"时的情形转换成了"人数较少"时的情形。它会使人们认为自己的行为很重要，同时使人们要为自身的行为对别人产生的影响负责。在图 3-13 中，提供公共物品的边际成本为 MC。我们把注意力放在代表性个体 i 的身上。该个体是一个"大群体"中的一员，其他人的总需求函数（纵向加总）为 MB Others。提供公共物品的成本 MC 被分摊到每个消费者身上，因此每人要支付的份额为 MC_i。

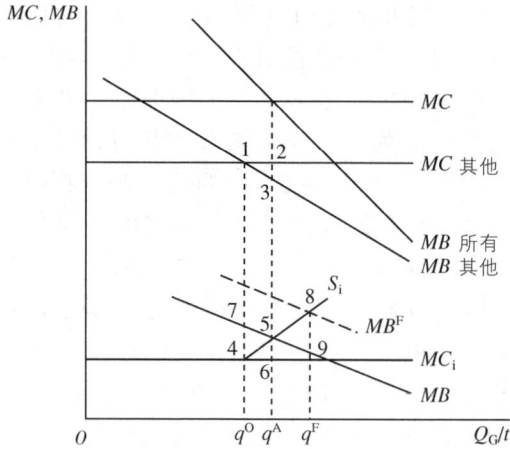

图 3-13　克拉克税

在图 3-13 中，如果该代表性个体对决策的制定不产生影响，则其他人的需求量为 O-q^o。假设 i 想要通过投票使公共物品的需求增加（从 O-q^o 到 O-q^A），即 i 的需求加上其他人的需求。如果这种情况发生了，i 对于其他人所引起的损失为 1-2-3。这对于其他人来说是由于 i 的加入而引起的负担。对其他人来说增加的额外成本为 q^o-1-3-q^A，但增加的利益为 q^o-1-2-q^A。为了使 i 认识到他的行为对其他人产生了影响，就要对其征收克拉克税。三角形 4-5-6 等于三角形 1-2-3。克拉克税就等于三角形 4-5-6（对三角形 1-2-3 的一个镜像），此时 i 认识到自身的行为会使其他人产生损失。

当公共物品的产出由 O-q^o 增加到 O-q^A 时，i 增加的利益为 q^o-7-5-q^A，增加的成本为 q^o-4-5-q^A。对于 i 来说，有使需求量增加到 q^A 的激励。在 q^A 处，边际利益等于边际与增量利润。

如果 i 谎报自身的需求，那么他的境况将会变差。如果 i 谎报了边际利益（MB_F），产出将增加到 q^F。在这种情况下，i 要支付的额外成本为 q^o-4-8-q^F，它超过了增量收益 q^o-7-9-q^F。克拉克税使人们认识到自己对他人造成的损失，并且只有在边际利益大于边际成本时，人们才会允许这种损失的产生。不存在说谎的激励（人们会诚实地反映自身的需求是因为这样做是值得的）。

表 3-4	投票联盟的影响	
	方案 M（T_m）	方案 N（T_n）
投票人		
1	40	0
2	0	50
3	20	0
4	0	5
总和	60	55

来源：Ng（1978）.

虽然我们已经弄清了克拉克税的原理，但在实践中还存在着如下诸多困难：

第一，从克拉克税中获得的收入不能返还到投票人手中。如果将这部分收入返还，可能会使人们改变他们对公共物品的需求从而使该机制失效。但是，有人认为，随着投票人数的增加，税收剩余就显得越发不重要（Tideman 和Tullock，1976）。

第二，必须防止投票联盟的产生，否则该机制仍然会遭到操纵。Ng（1978）给出的如下例子说明了这一点。在表 3-4 中，有 4 个投票人。如果不存在投票联盟，显然方案 M 而不是方案 N 将获得通过。此时，1 缴纳的克拉克税为 35，3 缴纳的克拉克税为 15。但是，2 和 4 组成了一个投票联盟。2 同意宣称方案 N 对他的价值为 100，4 准备宣称方案 N 对他的价值为 90。通过夸大他们对该方案的需求，他们确保该方案获得了通过。但是，2 要缴纳的克拉克税为 -30（40+20-90），而 4 要缴纳 -40（40+20-100）。由于他们的投票实际上增加了自身的净收益，因此 2 和 4 都不会产生税收负担。

第三，由于克拉克税是无限的，因此存在导致相关个体破产的可能。我们还不清楚该如何处理那些对结果产生了影响但无法支付克拉克税的个体的偏好。

第四，克拉克税的成功依赖人们存在投票的动力。这个机制会与所谓的"投票悖论"产生冲突（Aowns，1957）。在下一章，我们会对此进行更详细的讨论。该悖论的本质在于，由于某个群体是由许多投票人组成的，该个体会认为他的投票对结果的决定会产生非常小的影响，因此他不会为去参加投票而付出成本（参见第4章对于该观点的讨论）。

（对于这个讨论，读者可以把书翻到附录3（C）来了解Lindahl过程的不足之处，以及用克拉克税来解决这些不足的原理。）

3.6.3　大群体和小群体的偏好显示

在结束对搭便车问题的讨论之前，我们需要注意一个在之前的讨论中出现的结论。从有关搭便车这一问题的文章的评论中，再一次出现与私人物品和公共物品有关的另一种相反的结果。人们发现隐藏自身偏好的动机会随着商品受益者数量和商品性质的不同产生敏感的变化。在表3-5中，我们描绘了一种分类，根据消费者人数的不同来对比私人物品和公共物品两种情况。

表3-5　　　　　　　　　　　　私人物品和公共物品

数量	私人物品	偏好显示	公共物品	偏好显示
少	策略性行为或需求显示将会对均衡价格产生影响，因此人们有较强的动机去采取策略性行动	可能性不大	成本分担是充分的，如果不能揭示出消费者的需求，那么供给将显著降低，因此人们会显示出自身的偏好（或许会存在扭曲，但还是会显示出一些偏好）	非常有可能
多	对需求显示的策略性行为不会显著影响均衡价格，因此人们几乎不存在扭曲自身偏好的动机	非常有可能	如果不能揭示出消费者的偏好所产生的影响很小，那么成本的分担是不足的，因此人们将会试着"搭便车"	可能性不大

对于偏好显示的观察可能是消费者群体规模所起到的作用，它对于公共物品研究很重要。事实上，关于克拉克税，我们可以这样理解这一投票机制，它使一个大群体中的消费者认为自己好像是一个小群体中的一员。克拉克税机制的作用在于它使得市场参与者认识到他的决策对其他人产生的影响。在某种意义上，当消费者群体很大时，相关人员只有两个：消费者自己和"其他人"（Cullis和Jones，1987）。

3.7 有益需求和有益产品

在公共财政和社会政策内容中，我们对有益需求的概念已经很熟悉了。Musgrave做出了如下定义：

"在排他性原则下，有益需求通过服务得到满足，并且在有效性需求的条件下，通过市场得到满足。如果这种需求通过公共预算而不是私人购买得到满足，那它们就成为了公共需求。"（Musgrave，1959：13）

一直以来，对于这个定义始终存在着一些争论。其中一个问题是，外部机构为什么以及如何比消费者自身更了解他的（长期）偏好。支持者的论点可以归结到两个较为困难的问题上。一个关于信息，另一个关于理性。对于这些争论的一个关键问题是，这个概念在多大的程度上可以被整合到新古典主义的框架中，尤其是价值判断问题。众所周知，消费者对自身的福利状况有更清晰的了解。信息的特点会导致"市场失灵"，因此它可以通过这个方式被引入新古典主义的框架。知识和信息是非竞争性的，对于它们的使用不会减少它们的可获得性。事实上，它们是完全非竞争的，因为如果我们对知识和信息进行学习，知识和信息将会越用越多。这意味着，通过市场来获得排他性可能是无效率的。

并且，信息的特点使得要实现排他是十分困难的。只有当你获得信息后你才能了解信息的价值，但到那时，你就会有不对该信息进行支付的动机。进一步，信息在人们之间的传递使得信息的最初拥有者在信息的使用过程中保留所有权。这些都意味着市场中的信息供给是不足的。对于消费型商品，那些质量难以检验，极少重复购买，[1]会产生有害结果或副作用的商品显然是政策制定者们要加以考虑的。在某些环境下，也存在着对信息进行供给的基础，但是对于信息的有效供给和传播存在广泛争议。不过，在信息的供给是有效的，并且人们仍然做错事的情况下会发生什么呢？

理性是一个解释起来较为困难的概念。作为经济学理论的一部分，经济学家有意地（了解自己的偏好、偏好的排序等）展现自身的优势（并不一定要用

---

① 当人们可以自由地购买物品,并且这部分支出只占总收入的很小一部分时,消费者会愿意去"了解"信息,迫切希望争取消费者的生产者也很愿意去提供有用的信息。

狭义利己的方式去加以定义），并且他们普遍接受这样的价值判断：消费者自己才最了解自身的福利。正如 Mishan（1981）指出的，理性也许是一种对于事实的判断（一种对于"只有消费者自己才最了解自身的福利"的信念），一种对于道德的判断（按照"只有消费者自己才最了解自己"的观点去采取行动是合适的），或者一种对于政治手段的判断（至少在西方国家中，在"只有消费者自己才最了解自己"的假设下采取行动在政治上是合理的）。[①] 在经济学分析中，这种判断如何才能终止，又不显得带有不一致和任意的感觉？Mooney（1979）提出了一种解决方法：人们选择（在完全自愿的情况下）将他们的决策权委托给政府——他们希望自己本来的选择得到纠正。如果缺乏信息，人们也许会认为他们不应该在此时做出决策。智力上的和其他方面的限制可能会使一些人觉得不能做出决策。他们可能会认为一些问题对他们来说"太大"了，不愿意为此承担做决策的责任。

人们认为进行政府干预的一个前提条件是存在一个仁爱的（像父亲一样的）政府"拥有更充分的信息"。纳税人由于无法获得并消化完备信息，就无法知道对他们来说什么是"最好"的，相比于他们，政府（有许多"专家"为其提建议）能做出更好的决策。例如，Bruce（2001）曾评论道"许多人都认为医疗服务是一项有益产品"。尽管有这些理论解释，一些评论家们仍旧保持怀疑。当存在有益需求时由谁来做出决策？谁的偏好应该得到优先考虑——政治家还是科学家？为什么选民无法获得他们需要的信息？（Lees，1961；Culyer，1971）

Littlechild 和 Wiseman（1986）对这个观点，尤其是这种以结果为导向的研究方法感到怀疑。他们对研究这一问题的最佳机制进行了思考，讨论了三种机制。第一，他们对家长主义机制进行了思考，该机制部分基于上文提到过的不完备信息和人们决策能力的不足，但是他们认为这并不能充分解决当人们的偏好"莫名其妙"地出现"错误"时的情况。他们质疑究竟是什么构成了人们在社会中的权利。第二，他们把家长主义机制看作一种基于上文提到过的不完备信息和人们决策能力不足而产生的机制，但独特之处在于他们认为偏好是内生性的，因此，对那些在"有缺陷"的环境或童年经历中成长起来的人们来

---

① Rowley 和 Peacock 将这个问题归结为哲学上的唯我主义，该主义认为人们能够拥有的唯一知识就是他或她自己。

说，他们的偏好是"有缺陷的"，在传统的价值判断中不需要去考虑这些偏好。第三，其框架是一个充满自由的自由主义者机制，在这一机制中，任何人都不允许侵犯其他人的自由。在这种情况下，他们认为，政府施加在人们身上的任何选择上的限制必须源自被人们所认可的决策制定法则，通过这个法则来对公共政策进行调整是可被人们接受的（一致同意原则）。Mooney（1979）认为，当选民不能消化吸收充分信息（来判断对他们来说什么是"好的"）时，他们会选择将决定权交给政府中的专家们。

Littlechild 和 Wiseman 认为，要对有益需求作进一步研究，就要带着"剔除大多数人所接受的公共决策制定过程"的看法，分析决策制定/制度设定与（这种决策/制度所产生的）政策之间的联系。从结果转移到过程是公共选择观点的特点。我们能够在以平等为基础的不同制度与社会决策制定进程中找到共识。"如果人们认为政策制定的社会决策过程是公平的，那么，人们将很乐意接受那些与自身利益相冲突的政策出台的可能性，因为这是他们从其他人那里获得自己想要的协议所必须要付出的代价"（1986）。当"公共政策以资源的分配为目的，并且这种资源的配置偏离了消费者主权"（Musgrave，1959）时，在这个"契约论"方式下，（在一个更大的范围内）一些规则必须做出改变，并且要制定相关的宪法、法律。

近年，Jones 和 Cullis（2000）用一个不同的方式对"有益需求"进行了分析。他们对"市场失灵"和"个人失灵"进行了区分。一份经验研究报告显示，人们实际的行为与通过机制所预测出的行为存在系统性的区别。这些区别被称为"反常现象"，但是它们不断出现而且无处不在。行为上的反常现象会产生决策，这些决策与那些通过机制使自身福利最大化的人所做出的决策有所不同，对于这些决策的产生方式我们能找到很多例子，因此我们能够辨别出家长式的政府进行干预的方式，政府通过满足"有效需求"来纠正"个人失灵"。在第16章，我们会学到一个新的知识，叫作"行为学公共财政"（Slemord 和 McCaffery，2006），那时我们会对此进行更深入的讨论。

这种对于"有益需求"概念的综述并不是全面的，它还引起了许多基本问题，这些问题都与两方面有关：一是用"福利经济学"的方法进行价值判断的本质；二是对于问题的研究应以"结果为导向"还是以"价值为导向"。本章我们已经讨论了（民众或家长式政府）对"有益需求"的"需求"。第16章将讨论在分析有益需求时供给方的观点（Jones 和 Cullis，2002）。

3.8 小结

在 Samuelson（1954）关于公共物品最初的论文面世 50 年后，人们对这篇文章做出了评价。难道是因为早期的批评者们过于怀疑，或是因为早期批评者们的观点是正确的以至于使得文章中的内容没有得到政治家的重视？对于"公共物品这一概念是对财政理论的一个有价值的补充"这一论断的证明是否充分？要弄清这些问题，需要进行更多的分析，尽管公共物品这一概念极度理论化，但分析者们却不能无视这一概念的重要性。公共物品与私人物品存在着很大的区别，它们为商品的分类提供了其他视角。当然，这种存在于理论中的"极端"商品在现实中很难发现。难道只有少数经济学专业的学生发现理论描述中所存在的问题吗？但是，与市场分析中垄断与完全竞争占据了分类的两极一样，在对商品和服务进行分析时，公共物品和私人物品也占据了分类的两极。纯公共物品和纯私人物品之间的对比是明显的，以下几点可以帮我们弄清它们之间的区别：

• 私人物品的总供给是私人消费量的总和，而消费者之间公共物品的总供给是相等的：

　　[对私人物品：$X_a + X_b = X$；对公共物品：$G_a = G_b = G$]

• 当私人物品有效供给时，所有消费者为商品支付的价格相等，消费的商品数量不相等；当公共物品有效供给时，所有消费者为商品支付不同的价格，消费相同数量的商品。

　　[对私人物品：$MB_{ax} = MB_{bx} = MC_x$，对公共物品：$MB_{ag} + MB_{bg} = MC_g$]

• 当卖方和买方的数量足够多时，即原子式市场，对于纯私人物品，市场能够完美运行。当消费者数量很多时，市场可以对公共物品实现供给，但该供给不是帕累托最优的。

这些相互对照的几点为理论文献的发展提供了重要的基准。Margolis（1954）指出，纯公共物品不是很多，一些产品包含着公共性的特点，但是人们在解决与这类商品相关的问题时面临着很多挑战，这种挑战也许与实际政策有关。

搭便车为政府的存在提供了理由，这也许是公共物品理论中最重要的一个含义（见于 Schmidtz，1991）。如果人们因为政府强制性的征税而使自身的境况变得更好，这样的事实对那些认为政府应当承担一个积极的角色的人来说很重要。但对于公共选择分析者们来说，这样的观点可能被"夸大"了，事实一再表明搭便车问题并不像理论所显示的那样让人感到气馁。如果人们能够建立一个提供公共物品的机制，尽管政府自身从来没有被看作这样一个（以"契约"的方式）提供公共物品的机构，但这仍然是很重要的。如果人们能对某种强制性的机制达成共识，通过该机制使每个人都能获利，那么公共选择之类就会限制强制性的滥用。虽然强制性的机制会广受质疑，但这些机制会为相关消费者提供有利的、被广泛接受的措施来解决搭便车问题。

一旦人们认识到搭便车问题将成为允许政府征税——事实上是政府强制性实施的——的一个激励，那么，当对于其他物品的消费也存在问题时，即使大家的个人自由将会进一步减少，人们也会达成这样一种共识。人们会认识到自己在获取和认识关于某些商品的质量信息上存在着局限。此时，人们会接受"专家"们的干预，这些专家不仅会提供一些建议，有时还会迫使或阻止他们消费所谓的有益商品，对于有益商品这个概念还存在着许多争论。如果人们达成了共识，那么大家就会接受这种升华了的消费者偏好，那么，再一次的，"强制性"就似乎得到了宽恕。当然，如果人们忽视了强制性被滥用的可能，那将是愚蠢的，但在这里我们认为，公共物品和有益产品的概念可以用来解释强制性的明显存在。

附录3（A）：公共物品的帕累托最优供给

在第1章，我们推导出了帕累托效率的"顶级"条件。在第2章，我们对这一首要条件进行了补充，使其适用于存在外部性时的情况。当一种产品是公共物品时，这一条件该怎样推导？在第1章，帕累托最优要求 $MRS_{XY} = MRT_{XY}$。当其中一种产品为公共物品时，这一条件将受到怎样的影响？以下的分析基于同样的拉格朗日数学运算。

X_A 和 X_B 表示消费者 A 和 B 对于私人物品 X 的消费水平，R 表示可供消费的资源，G 表示公共物品的产量，$c(G)$ 是提供公共物品的成本。在资源总量的约束下，保持 B 的效用水平不变，A 的福利水平尽可能最大化，此时的结果即为帕累托有效。目标函数为：

$$MaxU^A(X_A, G) \tag{3A.1}$$

X_A 和 G 的约束条件为：

$$\bar{U}(X_B, G) = U^* \text{和} X_A + X_B + c(G) = R \tag{3A.2}$$

拉格朗日函数为：

$$L = U^A(X_A, G) + \lambda(U^* - \bar{U}(X_B, G)) + \mu(R - X_A - X_B - c(G)) \tag{3A.3}$$

求 X_A，X_B 和 G 使 L 最大化。一阶条件为：

$$\partial L/\partial X_A = \partial U^A/\partial X_A - \mu = 0 \tag{3A.4}$$

$$\partial L/\partial X_B = -\lambda \partial U^B/\partial X_B - \mu = 0 \tag{3A.5}$$

$$\partial L/\partial G = \partial U^A/\partial G - \lambda \partial U^B/\partial G - \mu \partial c/\partial G \tag{3A.6}$$

解等式（3A.4）得 $\mu = \partial U^A/\partial X_A$

解等式（3A.5）得 $(\mu/\lambda) = -\partial U^B/\partial X_B$。等式（3A.6）两端除以 μ，重新整理得：

$$(1/\mu)\partial U^A/\partial G - (\lambda/\mu)\partial U^B/\partial G = \partial c/\partial G \tag{3A.7}$$

代入 μ 和 (μ/λ)：

$$(\partial U^A/\partial G)/(\partial U^A/\partial X_A) + (\partial U^B/\partial G)/(\partial U^B/\partial X_B) = \partial c/\partial G = MRT \tag{3A.8}$$

注意到 $(\partial U/\partial G)/(\partial U/\partial X) = MRS_{GX}$；因此，帕累托有效结果为：

$$MRS_{GX}^A + MRS_{GX}^B = MRT \tag{3A.9}$$

即

$$\sum MRS_{GX} = MRT \tag{3A.10}$$

私人物品供给的帕累托最优条件不再等于公共物品供给的帕累托最优条件。此时边际替代率之和必须等于边际转换率。

附录 3（B）：纯公共物品的私人供给

附录 1（D）介绍了有关次优问题的等边三角形（Winch 三角形）的性质。Ley（1996）对这些条件进行了修改，以此来说明与公共物品相关的问题。假设存在私人物品和公共物品两种商品，以及不同质的两个消费者 A 和 B。在图 3A-1 中，我们对图 1A-8 中的点 1 重新来进行解释，Ley 把图 3A-1 称为 Kolm 三角形，由图可知，A 消费 16 单位的私人物品（X_A），B 消费 34 单位私人物品 X_B，他们共同消费 20 单位的公共物品（$G_A^c = G_B^c = G$；没有带"c"角标的 G_A、G_B 为每个消费者所购买的公共物品数量，G 为他们消费的公共物品总量）。（在 O_A-O_B 线上，$G = 0$；在 O-O_B 线上，$X_B = 0$，在 O-O_A 上，$X_A = 0$。）进一步，由于等边三角形的性质：

$$X_A + X_B + G = W_A + W_B = W$$

（16+34+20=70）

式中，W_A 和 W_B 是 A 和 B 的初始（财富）禀赋，并且该社会是一个"70 单位"社会（这一部分的所有计算都是基于这个 70 单位的等边三角形。因此，所有的三角形都是互相间的复制品，并且带有相同的符号）。私人物品和公共物品的价格是将二者看作等价的整体，并根据对二者的消费数量来调整的。图 3A-1 描绘了 A 和 B 的无差异曲线（对于正常品 X 和 G），从点 1 开始，A 所偏好的消费组合位于阴影处，因为阴影处比点 1 包含更多的 X_A 和 G。对同样的 B 来说，该解释也适用于点 1 左上方的阴影区。

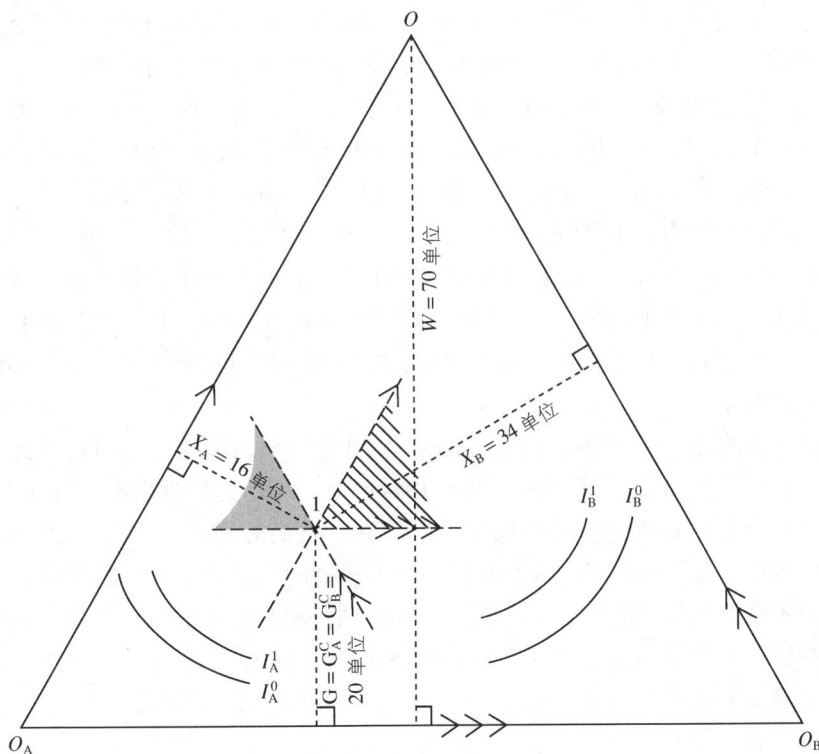

图 3A-1 Winch/Kolm 三角形

Ley（1996）运用该框架证明了关于公共物品的四个结论。

(i) 纳什均衡

当给定对手的策略时，如果策略组合（来自A和B）中每个人（A和B）的选择都是最优的，那么就会出现纳什均衡。在图3A-2中，初始的财富分配如点1所示，$W_A = X_A = 26$，$W_B = X_B = 44$，即拥有G的数量为0。A的财富份额为距离比 $O_A\text{-}1/O_A\text{-}O_B = 3/8$，B的财富份额为 $O_B\text{-}1/O_A\text{-}O_B = 5/8$。如果B消费44单位的$X$，不分担公共物品$G$，那么A必须沿着直线1-2进行调整。如果A消费26单位的X，不分担公共物品G，那么B必须沿着直线1-3进行调整。如果B沿着1-3先移动，在I_B^1上的点4实现效用最大化，此时提供26单位的G，由于G是非竞争性的，因此A的调整路径为直线4-5。此时，A在无差异曲线I_A^1上的点6处最大化自身的效用。这个点不可能位于其他的地方，因为B现在的调整路径为7-8，在无差异曲线I_B^2上的点9处实现自身效用最大化。这个之字形的调整过程在点10处停止，此时我们得到了纳什均衡，即给定B（A）的资源配置决策，A（B）没有改变自身资源配置的动机。点10是A的反应曲线r_A与B的反应曲线r_B的交点。经观察我们可以发现，如果调整过程由A在点11处开始，我们同样可以得到点10。达到纳什均衡后 $X_A = 10$，$X_B = 30$，$G = 30$，其中$G_A = 16$，$G_B = 14$。像图3A-1中那样，向三角形各边画垂线我们可以得到X_A，X_B和G的数量。从纳什均衡调整路径（A为14-15，B为12-13）的起点（A为点12，B为点14）向$O_A\text{-}O_B$轴做垂线，可以得到A和B每人提供的公共物品数量。

这个三角形包含了很多信息。虽然点10是一个纳什均衡，但它不是帕累托最优点。在点10处，无差异曲线I_A^1和I_B^2相交，因此契约曲线不会通过点10。从A和B无差异曲线分布图中我们可以看到，它们的切点一定在点10上方的阴影区域中。在阴影区域，A和B都将位于更高的无差异曲线，但纳什调整过程最后不会使A和B位于那个区域。同样，纳什均衡上方的帕累托均衡意味着更多数量的公共物品将会得到供给，即纳什均衡下的公共物品供给量少于最优供给状态下的公共物品供给量。

(ii) 收入分配

Ley对Warr的中性理论进行了说明，指出在限定的条件下，点10处的纳什均衡与收入分配无关。图3A-3再现了A和B在图3A-1中初始分配的主要特点。在图3A-3中，点1向左侧移动增加了B的收入份额，使B的反应曲线r_B沿着虚线变短，A的反应曲线r_A沿着虚线变长。12-13的延长线与$O_A - O_B$轴

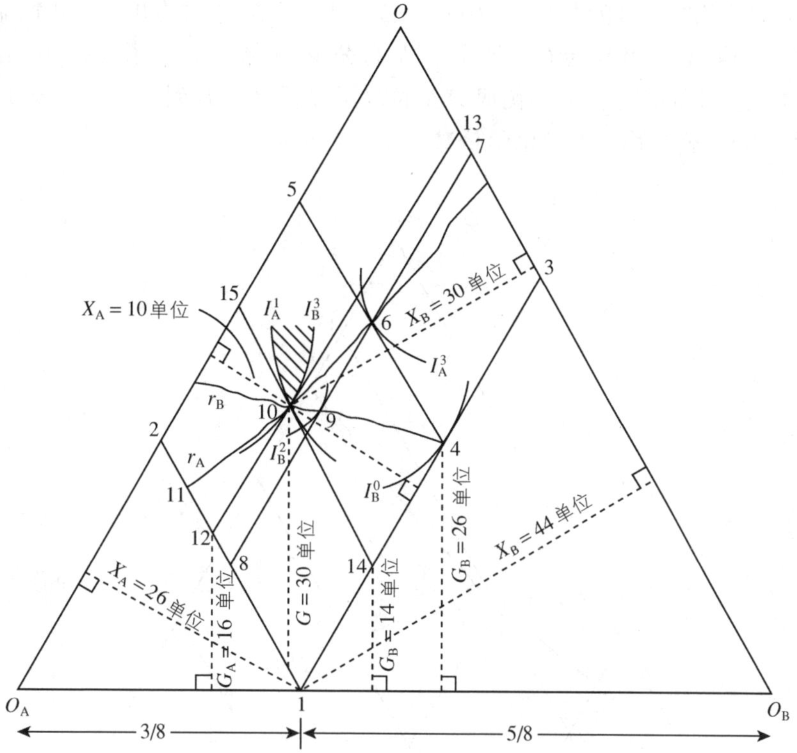

图 3A-2 公共物品的纳什均衡

的交点表示二者的收入份额，在该份额达到之前，r_A 与 r_B 的交点不会受到影响。同样，如果 A 的收入份额增加，点 1 向右移动。在 A 和 B 的收入份额 $A_{\min}$，$B_{\max}$，$A_{\max}$，$B_{\min}$ 范围内都不会影响 r_A 与 r_B 的交点，因此纳什均衡与收入分配无关。

（iii）斯塔克伯格均衡

斯塔克伯格均衡是对纳什均衡的一个常见的替代，在斯塔克伯格均衡中，其中一人被赋予支配地位。这种支配地位表现为可以先行采取行动。富裕的人几乎始终保持着经济上的优势，假设 B 处于支配地位。在图 3A-4 中，B 所能做的就是在给定 A 的反应曲线 r_A 的情况下，最大化自身的福利。显然在 r_A 位于点 10 右侧的点给 B 带来的效用水平较低。在点 10 的左侧，B 的最优选择为点 S 以获得 I_B^4 的效用。我们只关心公共物品的影响，从图 3A-4 中我们可以看出，相比于纳什均衡，G 的数量由 30 降到 25。处于支配地位的 B 的公共物品分担量从 $G_B = 14$ 减少到 $G_B = 6$。相反，A 的公共物品分担量由 $G_A = 16$ 增加到 $G_A = 19$。达到斯塔克伯格均衡时，A 的效用降低（从 I_A^1 到 I_A^0），B 的效用增加（从 I_B^3 到 I_B^4），公共物品的总供给量减少了 5 个单位。

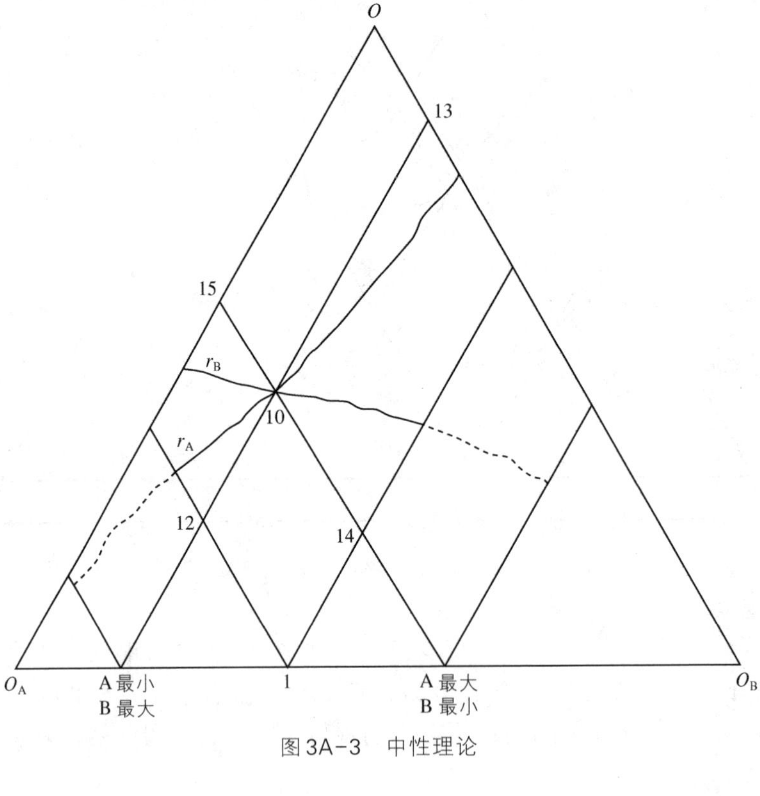

图3A-3 中性理论

（iv）补贴

A 或许会对斯塔克伯格均衡产生的结果感到不满，他也许会对 B 说："让我来为你所购买的公共物品 G 提供补贴。"在图 3A-5 中，这种慷慨且明智的赠与能够得以实现。为 B 对于公共物品的购买提供补贴将使 B 的初始调整曲线由 1-3 旋转到 1-16。这条"价格线"反过来使 B 的反应曲线从 r_B 移动到一条包含更多被补助商品的反应曲线上，即 $r_{B'}$。新的纳什均衡位于点 L，公共物品的数量为 42 单位。进一步：

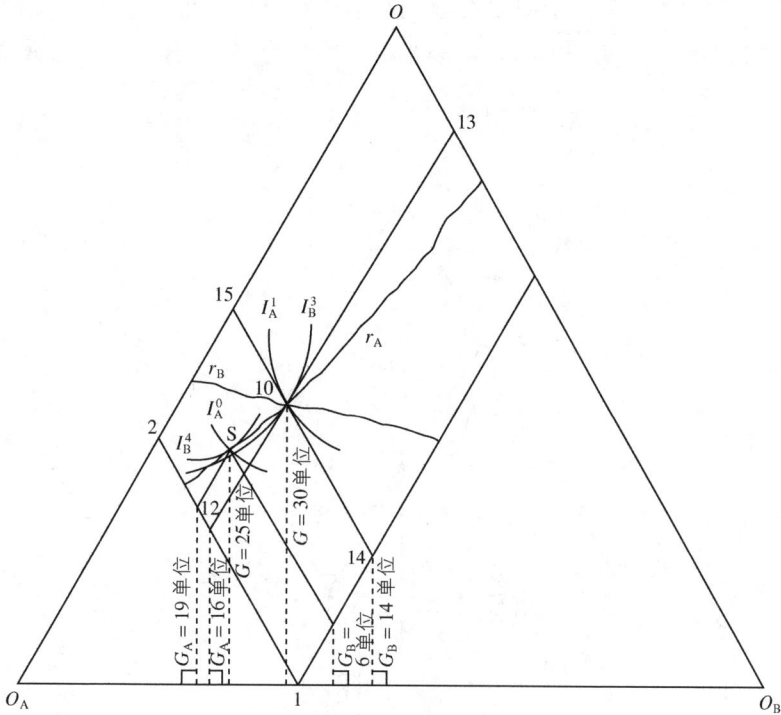

图 3A-4 公共物品的斯塔克伯格均衡

点 10 处的资源配置		点 L 处的资源配置	
A	B	A	B
$X_A = 10$	$X_B = 30$	$X_A = 14$	$X_B = 14$
$G_A = 16$	$G_B = 14$	$G_A = 7 + 5 = 12$	$G_B = 30$
$W_A = 26$	$W_B = 44$	$W_A = 26$	$W_B = 44$
$X = 40$		$X = 28$	
$G = 30$		$G = 42$	
$W = 70$		$W = 70$	

显然，A 不论对于 G 的消费还是对于 X 的消费都得到了提高，相比于 I_A^1，他一定位于一条更高的无差异曲线上。A 在商品 X 上"花费"了 14 单位的禀赋，在商品 G 上花费了 12 单位的禀赋。在这 12 单位中，A 直接支付了 7 单位（从补助价格线画一条经过 L 均衡点的垂线即可找到），对 B 补助了 5 单位（$G_A^S = 5$）。如图 3A-5 所示，我们可以在补助区 1-16-3 中找到 A 对 B 的补助：在

初始价格线1-3下，计算B对于公共物品的分担（$G_B = 30$）与在包含补助时B对于公共物品的分担（$G_B + G_A^S = 35$），二者间的纵向距离差即为A对B的补助。

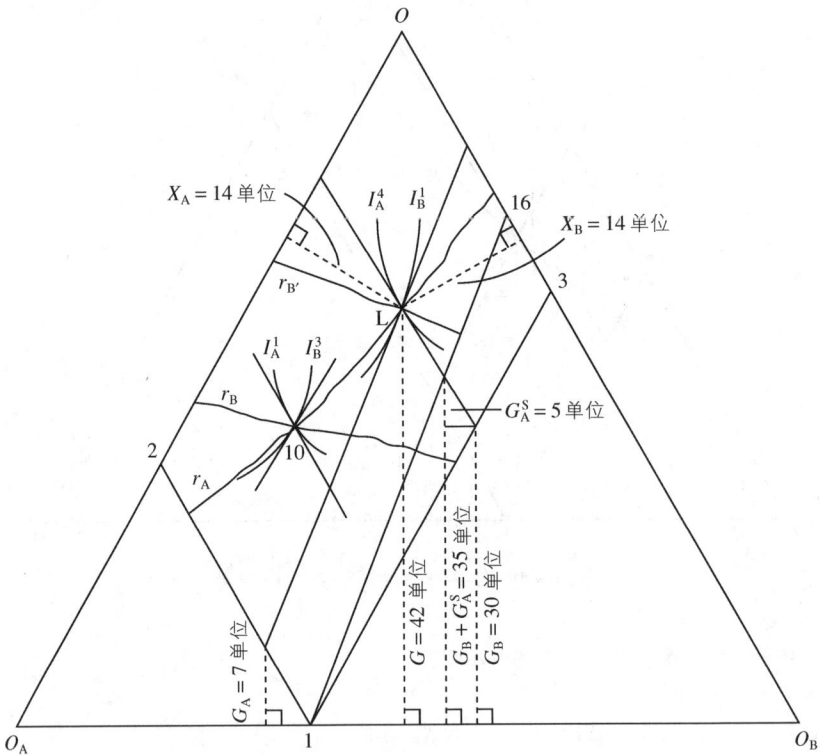

图3A-5　对公共物品的补助

相比于点10，B在点L处消费更多数量的公共物品，他的分担量也更多（点L处为3单位，点10处为14单位），而消费的私人物品数量却更少（点L处 $X_B = 14$，点10处 $X_B = 30$）。可想而知，B的效用水平从 I_B^3 降低到 I_B^1（I_B^3 在点10处的斜率可以保证这一条成立）。A对B的补助就好像特洛伊木马：A从中获利，B受到损失。

当消费者不同质，并且将X和G视为正常品时，其中一个消费者总是愿意为另一个消费者提供补助，即使这种补助需要他全额负担。这个理论看上去令人惊讶，但实际上，这种现象却相当普遍。

附录3（C）：Lindahl过程与克拉克税

如果人们有说谎的动机，那么Lindahl过程将无法产生帕累托最优的结果。引用Gravelle和Rees（2004）的分析，个体i的效用函数为：

$$U_i = B_i(q) + x_i - t_iq \tag{3A.11}$$

其中：B为i的利益；

$\quad\quad x_i$为i的私人商品（或收入）禀赋；

$\quad\quad q$为公共物品的数量；

$\quad\quad t_i$为单位税率。

假设有两个个体i和j，如果每个个体的税收分担（t_i和t_j）被给定，那么供给商品的边际成本（MC）将会得到弥补，因此：

$$t_i + t_j = MC \tag{3A.12}$$

假定每个消费者在任何税收水平下都能诚实说出自身的偏好。对于等式（3A.11），当其满足下面等式时，每个人都会使自身效用最大化：

$$\partial U_i / \partial q_i = B'_i(q) - t_i = 0 \tag{3A.13}$$

因此，对于每个人来说，边际利益等于税收价格：

$$B'_i(q) = t_i \tag{3A.14}$$

要得到帕累托最优的结果，下面的条件很重要：

$$\sum B'_i(q) = \sum t_i = MC_g \tag{3A.15}$$

在图3A-6中，显然在某一产出水平（q^*），这一条件将得到满足。图3A-6中从O到MC的纵轴表示公共物品的边际成本（为一常数）。个体i的税收分担t_i位于MC下方，个体j的税收分担t_j（$= MC - t_i$）位于MC上方。图3A-6中个体i和j的需求曲线考虑了每个人将要面对的税收价格。

帕累托最优解为q^*，此时需求曲线相交。在q^*处，D_i的高加上D_j的高等于MC，即公共物品的边际价值之和等于公共物品的边际成本（因此帕累托效率条件即等式（3A.15）得到满足）。当每个人都能诚实地将自身的边际利益等价于税收价格，从而实现自身效用最大化，那么就会得到一个帕累托最优解。

现在的问题是人们具有说谎的动机。如果个体i预计到税收的价格将会随着i对于公共物品需求量的增加而增加，那么i的税收价格可以写为：

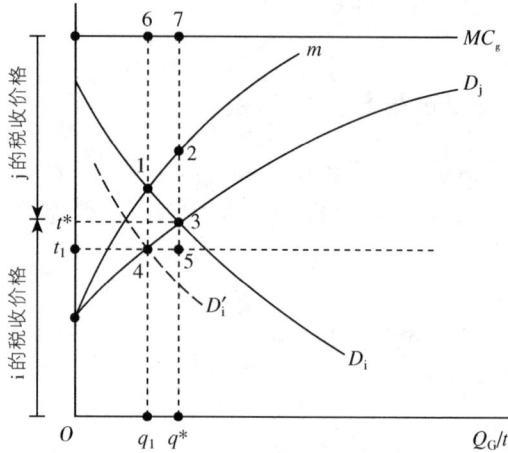

图 3A-6 偏好显示的激励

$$t_i = MC - t_j = MC - B'_j(q) \tag{3A.16}$$

并且 i 的效用最大化条件为：

$$U_i = B_i(q) + x_i - t_i(q)q \tag{3A.17}$$

或者

$$U_i = B_i(q) + x_i - [MC - B'_j(q)]q \tag{3A.18}$$

可见，使 i 的效用得到最大化的数量应满足：

$$B'_i(q) - [MC - B'_j(q)] + qB''_j(q) = 0 \tag{3A.19}$$

或

$$B'_i(q) - [MC - B'_j(q)] + qB''_j(q) = 0 \tag{3A.20}$$

由于 $dt/dq = -B''_j > 0$，每增加 1 单位公共物品的边际成本将大于 t_i 的值，即为使效用最大化，应有 $B'_i = t_i(q) + qdt_i/dq$（而不是等式（3A.14）中的 $B'_i = t_i$）。

为对此进行说明，我们再来看一下图 3A-6。D_i 距离 x 轴的高度表示个体 i 需要为公共物品的每个供给水平支付的税收价格（$t_i(q)$）。但是，在图 3A-6 中，边际成本为 m（$t_i(q) + qdt_i/dq$）。现在，消费者具有隐瞒自身需求的动机。

假设开始时，个体 i 需要支付的税收份额为 O-t_i。如果 i 的需求大于 O-q_1，即 O-q^*，则成本增量为 q_1-1-2-q^*，但利益的增量仅为 q_1-1-3-q^*，即损失为 1-2-3。税收的分担为 O-t_1 时，i 的需求为 O-q_1（而不是更多的需求）。个体 i 所表现出的需求为 D'_i。但此时的产出比帕累托最优时的产出要少 q^*-q_1（相比于帕累托最优时的产出，福利的损失为1-3-4）。

　　克拉克税将如何改变激励结构从而使人们说出自身的真实需求呢？这种机制可以让我们区分弥补成本的税与使人们诚实反映自身偏好的税（克拉克税）。设每个个体i的克拉克税为T_i。当每个个体投票时，会对其他人的福利产生影响，这就是克拉克税的依据。从这一角度来看，如果个体i的投票使得产出从q_{-1}增加到q，那么克拉克税为：

$$T_i(q) = \sum [B_j(q_{-1}) - B_j(q)] - \sum t_j[q_{-1} - q] \qquad (3A.21)$$

此时，每个人的效用为：

$$U_iB_i(q) + x_i - t_iq - T_i(q) \qquad (3A.22)$$

为达到最优，一阶条件为：

$$B'_i(q) - t_i - dT_i(q)/dq = 0 \qquad (3A.23)$$

或者

$$B'_i(q) - t_i + \sum (B'_i(q) - \sum t_j = 0 \qquad (3A.24)$$

在这里，$j \neq i$。

由于$t_i + \sum t_j = MC$，因此：

$$B'_i(q) + \sum B_j(q) = MC \qquad (3A.25)$$

这就是帕累托效率条件。

　　我们再来看图3A-6，如果公共物品的供给从q_1增加到q^*，个体j的总收益为4-6-7-3，增加的税费为$t_j(q^* - q_1)$=区域4-6-7-5。因此，$T_1(q^*)$为区域4-3-5。为了使q从q_1增加到q^*，个体i必须增加的额外税费为$t_i(q^* - q') + T_1(q^*)$=区域q_1-4-5-q^*+区域4-3-5，即D_i以下，q_1和q^*之间的区域。克拉克税使得个体i要面对公共物品的社会边际成本（等于D_j的高度）。此时D_j（而不是m）成为个体i的边际成本。现在，个体i将选择数量q^*的公共物品，因为产出增加的边际利益（区域q_1-1-3-q^*）大于边际成本（区域q_1-4-3-q^*）。因此个体i有诚实地表达自身需求的动机。

参考文献

Andreoni, J. (1988) 'Why Free Ride? Strategic and Learning in Public Goods Experients', *Journal of Public Economics*, 37, pp. 291–304.

Blaug, M. (1965) 'The Rate of Return on Investment in Education in Great Britain', *The Manchester School*, 33, 3, pp. 205–51.

Bohm, P. (1971) 'An Approach to the Problem of Estimating the Demand for Public Goods', *Swedish Journal of Economics*, 73, pp. 55–66.

Bohm, P. (1972) 'Estimating Demand for Public Goods: An Experiment', *European Economic Review*, 3, 2, pp. 111–30.

Brown-Kruse, J. and Hummels, D. (1993) 'Gender effects in laboratory public goods contribution: Do individuals put their money where their mouth is?', *Journal of Economic Behavior and Organization*, 22, pp. 255–67.

Bruce, N. (2001) *Public Finance and the American Economy*, 2nd edn. Boston: Addison-Wesley Longman.

Buchanan, J. M. (1965) 'An Economic Theory of Clubs', *Economica*, 32, 125, pp. 1–14.

Buchanan, J. M. (1968) *The Demand and Supply of Public Goods*. Chicago: Rand McNally.

Buchanan, J. M. (1986) *Liberty, Market and State: Political Economy in the 1980s*. Brighton, Sussex: Harvester Press.

Cadsby, C. B. and Maynes, E. (1998a) 'Choosing between a Socially Efficient and Free-riding Equilibrium: Nurses versus Economics and Business Students', *Journal of Economic Behaviour and Organisation*, 34, pp. 183–92.

Cadsby, C. B. and Maynes, E. (1998b) 'Gender and Free-riding in a Threshold Public Goods Game: Experimental Evidence', *Journal of Economic Behaviour and Organisation*, 34, 4, pp. 603–20.

Carter, J. R. and Irons, M. D. (1991) 'Are Economists Different, and If So, Why?, *Journal of Economic Perspectives*, 5, 2, pp. 171–7.

Clarke, E. H. (1971) 'Multi-part Pricing of Public Goods', *Public Choice*, 11, pp. 17–33.

Coase, R. (1974) 'The Lighthouse in Economics', *Journal of Law and Economics*, 17, pp, 357–76.

Colm, G. (1956) 'Comment on Samuelson's Theory of Public Finance', *Review of Economics and Statistics*, 38, 4, pp. 408–13.

第4章 集体决策：寻求"公共利益"

4.1 引言

本章重点关注公共部门的集体决策问题。在某些情况下，人们根据集体决策规则决定哪些物品由公共部门提供，以及征收哪些税种。这些决策影响个人之间的财富分配。在第1章中，我们假设社会福利函数存在，从而避开了函数形式的设定问题。但是，要想做出最终的决策，社会福利函数形式的确定终将是绕不开的问题。

第1章描述了典型的柏格森-萨缪尔森（Bergson-Samuelson）社会福利函数，其中，福利 W 取决于效用（U_i）在社会成员间的分布情况，而这一分布反过来又由产品和服务在个人间的配置所决定（从更广泛的视角看，社会福利函数取决于由商品和服务的人际配置所决定的个人效用分布——这是一个全局性的设定）。对于什么样的效用分配才是"最优的"或者"最公平的"，每个人都有自己的看法。这一看法的形成基于个体自身的价值判断，并不存在任何明显的逻辑推理，用以支持某个人的观点比其他人的更优越。集体决策规则或者试图提供一个可以加总个人效用函数的机制。如果这一过程能够顺利实现，那么我们就可以做出社会选择。

在传统财政学中，福利经济学家的角色是就哪种财政工具能够最好地实现既定目标提出建议。然而，最终决策是由政府做出的，它们最终决定接受或者拒绝某项建议。在实际决策过程中，经济学家无权要求比其他人更大的影响力（Mishan，1988）。不管怎样，决策者有必要对各方面的信息充分知情。（本章的内容）也不仅仅是为了让财政学者知晓决策规则的重要性，而且使他们了解不同的决策规则是否会对集体选择产生影响。从这个意义上看，社会选择理论家们的工作对于传统财政学的研究至关重要。

公共选择方法的优势在于对政治程序的一般分析，这是显而易见的。构成该方法的一个特定要素，即个人追求自身利益的最大化，已经成为"经济人"假设的关键所在。Buchanan（1989）曾提出一种关于公共选择文献的有用分类方法，其中特别强调了"经济人"假设。此类研究很快就告诉我们，政府过程本身可能就是导致政府失灵的根源。此外，政府过程还有一个明显的发展趋势，即那些参与人的自利行为，会导致政府的"过度"增长，也就是说，公共部门会变成"利维坦"那样的庞然大物。

以此为文献背景，我们将在本章中研究一些具体问题。例如，集体决策的结果是不是最优的？此外，选择何种投票规则作为加总个人偏好的方法是否重要，以及人们是否期望个人在政治决策过程中诚实地说出他们的偏好？

我们在前几章对市场失灵现象进行了解释，并且已经证明它可以成为政府干预的论据基础。但是，既然市场失灵意味着对市场运行结果的排斥，那么我们该如何就政府干预做出决策呢？政治决策市场是否也会失灵？

下面的分析很大程度上以"简单多数投票规则"为例进行说明。在本章的前半部分，我们将论述社会选择理论家如何质疑这一规则的运用。在本章的后半部分，我们运用公共选择方法论述实行简单多数投票规则将如何导致公共部门预算规模过大。简单多数投票规则是否催生了"利维坦"？

4.2　纳税人为何投票

讨论投票规则的一个出发点就是个人为何选择投票。Downs（1957）提出了"理性选民假说"，其假定理性选民基于其参与政治过程获得的期望效用做出投票决策。选民在决定投票时，就会预估如果最终的投票结果如其所愿，他的境况能够得到多大程度的改善。假设个人更喜欢结果 X，而不是对其完全没有效用的其他结果。X 的效用记为 $U(X)$，它衡量的是如果个人选择结果 X，其效用的改善程度（该个体从其他选择中得不到任何效用）。个人投票影响选举结果的概率为 P，则投票的期望效用为 $P[U(X)]$。此外，投票过程中所产生的费用，可以用效用函数 C 表示，它包括收集信息以及实际投票所产生的费用。投票费用以时间、精力或金钱的形式表示。因此，投票的净期望效用 $E(U)$ 为：

$$E(U) = P[U(X)] - C \qquad (4.1)$$

　　但是，这种解释的问题在于，个人的投票行为不太可能在选举中起到决定性作用，因此我们认为个人将放弃投票。如果 P 非常小，那么 $P[U(X)]$ 不可能大于一定的投票成本 C。

　　P 的值很小，原因在于只有在个别情况下，单个投票才会改变最终结果。下面的例子（Hindricks 和 Myles，2006）说明了在估算 P 值时的相关注意事项。

　　考虑一个由 N 个投票者组成的社区。每个人投票的概率为 p，是什么决定了 p 的值呢？假设该社区有两个政党（分别为 A 和 B），且投票者中有 θ_A 比例的人口可能会投票支持 A，有 θ_B 比例的人口可能会投票支持 B。[①] 如果投给 A 的选票数为 X_A，投给 B 的选票数为 X_B，考虑如下两种情况，即额外增加 1 票可能产生的影响：

　　● 如果选举结果为平局（$X_A = X_B$），则追加一票将会打破平局。

　　● 如果当前的选举结果是投票者最不喜欢的结果（$X_B = X_A - 1$），此时他手中这额外的一票则可能将投票结果变为平局（当出现平局时，在英国就会通过抛硬币的形式来决定最终结果，此时额外的投票将会有 50% 的可能性带来投票者所偏好的结果）。

　　要计算额外投票能够影响最终结果的概率 p，考虑以下结果。

　　在没有额外投票时，此时 A 的支持者有 1/2 的概率能够打破这一平局（$X_A = X_B$）。在这种情况下，额外的投票将有 1/2 的概率逆转投票结果。

　　● 在没有额外投票的情况下，平局（$X_A = X_B$）只有 1/2 的机率会被 A 打破。在这种情况下，额外的投票将导致这一结果的反转，其概率为 1/2。

　　● 在没有达成平局的情况下，如果政党 B 有额外的一张选票（$X_B = X_A - 1$），此时这额外的一票将导致政党 A 从赢面转为平局，且此时政党 A 最终获胜的概率为 1/2。

　　由此可知，关键概率 p 为：

$$p = 1/2\,(X_A = X_B\text{的概率}) + 1/2\,(X_B = X_A - 1\text{的概率}) \qquad (4.2)$$

────────────────

① 　θ_A、θ_B 满足 $0 \leq \theta_A + \theta_B \leq 1$，并且 $\theta_A + \theta_B \leq 1$，如果有部分人口不进行投票。

用一个简单的例子说明计算P时的相关变量，令人口数（N）= 3。假设
$\theta_B = 1/3$、$\theta_A = 2/3$，并假设每个选民投票的概率p是1/2。表4-1给出了政党A
和政党B所有可能的投票结果。当存在3个选民和2个选项时，就会产生8种
可能的结果。由于3个选民中有2个更喜欢政党B，所以政党B得到1票的概率
是政党A得到1票概率的2倍。表4-1参照这8种可能的结果，给出了每个政党
的投票模式(X_A, X_B)。

表4-1		选举结果	
	$X_B = 0$	$X_B = 1$	$X_B = 2$
$X_A = 0$	1/8	2/8	1/8
$X_A = 1$	1/8	2/8	1/8

来源：Hindricks and Myles，2006：324.

这些信息（根据表4-1中的信息，可以估计出额外1票起作用的概率
（P）：

$$P = 1/2\,[\,(X_A = X_B = 0)的概率 + (X_A = X_B = 1)的概率\,] + \cdots +$$
$$1/2\,[\,(X_A = 0, X_B = 1)的概率 + (X_A = 1, X_B = 2)的概率\,] \tag{4.3}$$
$$= 1/2\,(1/8 + 2/8) + 1/2\,(2/8 + 1/8)$$
$$= 3/8$$

这个例子说明了为什么（在一般意义上）在计算P时考虑这些因素是重要的。
Mueller（2003）认为，额外1票产生影响的概率如下：

$$P = \frac{3e^{-2(N-1)(q-1/2)\,sb}}{2\sqrt{2}\,\pi\,(N-1)} \tag{4.4}$$

N=投资者的数量且q=投票者对于每个政党得票比例的期望。

很显然，当选举结果接近（$q = 0.5$），且选民人数（N）较少时，P的
值最高。Connolly和Munroe（1999）研究了P对N的敏感度。对他们的例
子稍作改动，假设选举结果价值1 000英镑，投票成本C为5英镑。如果
任意选民进行单次投票（q）的概率为1/2，则P对选民数量的敏感性见
表4-2。

表4-2　　　　　　　　　　　　　　　　投票的期望收益

投票者的数量N	投票的期望收益
1 000	0.02×1 000−5=￡15.0
50 000	0.0027×1 000−5=−￡2.30
100 000	0.0006×1 000−5=−￡4.90

来源：Connolly and Munroe，1999.

　　这些例子假设个人是风险中性的。然而，通常认为个人是风险规避者。附录4（A）对个人规避风险时的投票决定进行了分析。风险规避性在解释投票决定以及谁最有可能投票这两个问题时，是非常重要的（Jones和Cullis，1986）。

　　Downs（1957）的"理性选民假说"预测个人将放弃投票，因为为了改变选举结果，需要满足（a）所有其他选民的投票结果为平局，或者（b）个人所偏好的结果将以一票之差而落败。但Mueller却认为：

　　有人注意到，在往返投票站的路上被车碾压的概率与投出决定性一票的概率差不多。如果对于投票者来说被车碾压比自己喜欢的候选人落选更糟糕，那么仅仅是投票的潜在成本就会超过潜在收益，任何一个理性的利己主义者都不会去投票（Mueller，1987：79）。[①]

　　事实上，"理性选民假说"指出，选民甚至可能不愿意承担收集信息的成本。Downs的分析表明选民将表现为"理性地无知"，因为如果他们个人的选票对选举结果没有影响，他们将失去搜集和分析信息的动机。然而，事实却是即使在全国性的选举中，依然有大量的选民会参加投票（Aldrich，1993）。这是为什么呢？

4.2.1　个人从投票行为中获得效用

　　投票可以被看作是一项公民责任。个人在履行自己的职责时会感觉更好。通过假设投票有心理收益（记作效用项D），那么投票的期望效用E（U）为：

------

　　① 穆勒估计，即使只有两个候选人，每个选民给候选人投票的概率是0.5，但在一个拥有1亿人口的社区中，单票决定胜负的可能性是0.00006。当投票的成本为正时，投票的预期效用很可能为负，除非相关问题的效用非常大。

$$E(U) = P[U(C)] - C + D \qquad (4.5)$$

然而，如果人们只是因为喜欢投票而投票，那么最初的Downs理论似乎就失去了锋芒。这看起来像是同义反复，即个人投票是因为他们喜欢投票，其结果就是，减少了分析的可预测性。将哪种责任比经济利益更有可能（或者更不可能）发挥作用这一问题分开讨论，也许是可以实现的。例如，Lee（1988）指出，在某些问题上，个人都喜欢表达对其意识形态目标的支持。这样一来，投票行为就可以被视为一种消费活动（而不是为了个人利益而进行的资源投资）。但从投票行为中获得的心理收益有多重要呢？

（1）Riker和Ordeshook（1968）利用1952年、1956年和1960年总统大选前的问卷调查，检验了方程 $R = P[U(X)] + D - C$，其中 R 表示投票的效用。他们认为 $P[U(X)]$ 和 D 在解释投票率方面是重要的，但是，与个人影响投票结果的概率（P 值）和个人从投票结果中的获益（$U(X)$）相比，高度的公民责任感（更高的 D 值）对选民投票率的影响更大。

（2）Ashenfelter和Kelly（1975）研究了关于选民态度的调查数据，试图解释1960年和1972年两届总统选举投票率的巨大差异。结果表明，理性选民假说中提到的变量是重要的。投票成本（如人头税和文化水平测验①的存在）在统计上显著降低了个人投票的可能性。但是，个人对选举是否势均力敌的看法（P 值的大小）似乎并不影响个人是否投票的决定。对"你认为你将如何投票"这一问题的回答决定了 $U(X)$ 在个人投票决策中的重要性，结果表明它是很重要的。如果一个人对他将如何投票表现得犹豫不决，那么他最终投票的可能性要降低40%。在这项研究中，投票责任感也很重要，有强烈投票责任感的人，投票的可能性要高30%。

如果投票决策取决于履行公民责任所产生的效用，那么问题在于什么决定

---

① 美国南北战争以后，于1868年通过的联邦宪法第14条修正案赋予黑人公民权并允许他们参加选举，但黑人的选举权在南部蓄奴州遇到了障碍。为了阻止黑人参加选举，南部诸州通过修改州宪法和法律设计了一套"合法的"障碍，其中最著名的就是文化水平测验和人头税。文化水平测验要求投票前必须通过英文读写测验（如背诵和解读美国或本州宪法），未通过者不得投票。但一方面，识字的黑人往往被告知他们的测验"不及格"，因而不准投票；另一方面，文盲的白人却可借助所谓"祖父条款"被允许投票。人头税是指获得投票资格前必须提供已纳税证明，未纳税或未能提供纳税证明者不得投票。受经济能力所限，大多数黑人无力缴纳人头税——译者注（参见王绍光《他们认为的"民主"，实际上是民主的赝品》https://www.sohu.com/a/400841917_115479，2020-06-10）。

了人们对履行公民责任这一行动的内在价值的感知。有证据表明，对行动内在价值的感知取决于道德考虑和认可行动的信号（例如 Deci 和 Ryan，1980，1985；Frey，1997）。Jones 和 Hudson（2000，2001）的研究表明，1997年英国大选投票率较低可以归因于对"政治丑闻"的指控（工党成功地将其政策目标作为准契约提出；宣言中把这一目标描述为"信任的纽带"）。代表们受其释放的信号的激励，出于对"公共利益"（对非竞争性目标的非营利性追求）的关注而认可其内在的价值。如果情况相反，履行公民义务的内在价值就会减损。正如 Elster（1989）所指出的："如果人们觉得自己被利用了，为什么他们不反过来'迅速逃脱'这个制度呢？"①

已有文献表明个人可以从履行公民责任的行为中获得效用，与之密切相关的是，也有文献认为，公民可以从偏好的表达中获得效用。两者都依赖于对行动内在价值的认知。Fiorina（1976）、Brennan 和 Lomasky（1993）认为，个人投票是为了从表达性行为（表达自尊和自我价值的行为）中获得效用。选民从表达偏好中获得效用，就像他们在为一场出色的交响乐表演鼓掌或者……为主队的胜利欢呼时获得效用一样（Aldrich，1997：387）。

Aldrich（1997：385）区分了来自履行公民责任的效用（D）和来自那些"更在意表达自己偏好"的人获得的效用（E）。个人在满足下述条件时将会投票：

$$NEU = pB + E + D - C > 0 \qquad (4.6)$$

如果预期的工具性价值（pB）和来源于行动（$E + D$）的内在价值超过了投票成本（C），那么个人就会参与投票。当 p 趋于零时，投票决策几乎完全取决于行动的内在价值（$E + D$）与成本（C）的对比。履行公民义务是对（社区）身份的一种表达，当选民表达对他们喜欢的候选人和政策的支持时，也（向自己和他人）确认了身份。Jones 和 Dawson（2007）对 2001 年英国大选选举决策的分析表明，选民根据其对所支持政党的喜好程度来显示偏好。

一些实证研究支持这样一种观点，即当个人从行动中获得效用时，他们更

---

① Downs 提到了公民责任对工具性个人（instrumental individuals）的重要性。他认为，个人投票是因为，如果他们不履行公民责任，民主不复存在。然而，这一长期目标是一种公共利益，工具性选民不会为提供这一结果而产生成本（Aldrich，1997）。本文主要探讨行动的内在价值。

有可能投票。还有一些研究支持期望效用方法，不考虑投票的心理收益。Mueller（1987）回顾了其他一些就投票率与 P（主要候选人的期望投票）和 N（选区规模）的关系进行回归的文献，以找到支持最初的 Downs 投票公式的证据。但是，正如 Downs 所描述的那样，"投票机会成本"方法能够解释不同收入群体的投票率数据吗？

Frey（1971）质疑 Downs（1957）的方法。借鉴 Lane（1966）的研究成果，他认为，高收入群体在选举中的投票率更高，这不符合投票的机会成本理论：高收入人群的投票人数更多，而与此同时他们为了投票而放弃的时间成本更高，这在逻辑上是讲不通的。Cavanagh（1981）却证实了这一趋势。在美国 1976 年的选举中，收入低于 5 000 美元的选民投票率为 46%，而收入超过 25 000 美元的选民投票率却高达 60%。为了使这种现象与期望效用理论相一致，Frey 指出，政治过程中高收入群体的时间效率可能会更高。然而，尽管游说等活动可能是如此，却很难将这一论点应用于投票本身。Jones 和 Cullis（1986）提出了一个论点，以调和理性选民假说与根据收入判断投票率这一事实（见附录 4（A））。他们的研究表明，当个人厌恶风险时，低收入群体可能不太愿意拿参与选举的任何确定成本作赌注来换取给定的期望收益。当然，投票也可以被认为是一种"消费品"（来自表达行为的消费收益）。当投票被描述为一种"正常品"时，参与率会随着收入的增加而增加。

4.2.2 投票与最小最大策略

在回答个人为什么投票的问题时，还存在着另一种解释，它取决于对不确定性的不同反应。Ferejohn 和 Fiorina（1974）认为，在不确定条件下，选民将使用另外一种决策策略，即最小最大遗憾策略（minimax-regret strategy）。表 4-3 中列出了两种不同的结果（或自然状态），分别被标记为 S_1 和 S_2。矩阵表示一个人选择投票或不投票，他的后悔程度如何。例如，S_1 可能是一种典型的情况。在这里，个人的投票对选举结果没有影响。如果个人投了票，他会为参与投票的成本所造成的效用损失而遗憾，认为投票（最终结果）是一种资源浪费。值得强调的是，矩阵中的值表示的是个人事后后悔的程度。人们认为他所追求的目标就是尽量减少这种遗憾。

表 4-3	投票决策	
	可供选择的状态	
	S_1	S_2
投票	C	O
弃权	O	$U(X)C$

虽然很有可能出现像 S_1 这样的结果，但总有另一种结果（比如 S_2），其中个人的投票是重要的。现在，只要投票收益（我们继续称之为 $U(X)$）超过了投票成本，个人就不会因为选择投票而后悔。但是如果个人选择不投票，他将损失本可以通过投票而获得的收益 $U(X)-C$。因此，针对不投票的策略，我们用 $U(X)$ 和 C 之间的差额来表示后悔程度。

这种方法似乎解决了理性选民假说的悖论问题，但只能建立在一个非常严格的假设基础上，即选民采取谨慎的投票策略。如果我们假设选民总是试图将可能发生的最坏结果最小化，那么只要 $U(X)-C > C$，选民就会投票。不管一种结果有多糟糕，我们假设个人都会为了避免这种极端不可能的结果而安排自己的生活，这种假设合理吗？Ferejohn 和 Fiorina（1975）使用调查数据来支持他们的观点。在最小最大遗憾假说下，他们认为个人收益应该与投票率相关。个人投票起决定性作用的概率（P）并不重要（因为只要 P 是正的，也就是说，即便像 S_2 这样的状态出现的可能性很小，也会促使个人选择去投票）。针对这一区别，他们在分析 1952 年、1956 年、1960 年和 1964 年大选前后的调查结果时发现，最小最大遗憾假说得到了五次验证，而唐斯假说（也依赖 P）只得到了一次验证。

4.2.3　道德选民

Mueller（1987）对这篇文献的回应是，建议个人 i（作为一个有道德的选民）最大化以下目标函数，来决定是否投票：

$$Q_i = U_i + \theta \sum U_j \tag{4.7}$$

式中，Q_i＝个人 i 的目标

U_i＝个人 i 从消费商品和服务中获得的效用

$\sum_{i \neq i} U_j$＝社区中其他个人的效用之和

θ＝参数

当个人表现得自私时，$\theta = 0$ 且个人处于 Downs 的理性选民的位置。然而，当 $\theta = 1$，个人可以被视为利他的，他关心社区里其他人的效用。[①]个人投票不仅仅是因为他关心自己的福利，还因为他关心他人的福利（Hudson 和 Jones (1994) 探究了这一想法）。因此，对于那些关注自己的投票对整个社区的影响的人来说，投票的效用很可能要高得多，投票是一种理性的反应。当 $\theta > 0$ 时，在任何投票中，其利害关系都远不止于对其个人自身效用（U_i）的影响。

然而，Plott（1987）指出了这种解释存在的问题。假设你关心他人的福利，那么只有当你能够改变结果的概率乘以你从投票与否的差异中获得的收益，超过了投票的成本时，你才会投票。假设现有两个能影响到整个公众的议题 X_1 和 X_2。任何人从投票中获得的收益都是 $B = O_i(X_1) - O_i(X_2)$，即每个议题对 O_i 影响的差异。期望收益是 PB，但当 P 很小时，期望收益就会接近零，选民仍然没有理由参与投票。

运用唐斯假说很难解释为什么个人会投票，因为在选举过程中每个选民的投票意义都被假定很小。进一步的讨论见 Dowding（2005）和 Geys（2006）。当把个人作为一个大群体中的一员时，读者可能会注意到，这与有关提供公共物品的文献有着明显的相似之处。然而，一如有人声称搭便车"只是经济学家才会遇见的问题"一样（见第3章），选民投票率亦是如此，最终个人是会投票的。

4.3 投票规则的设计

在评价投票规则的设计时，可以采用两种方法。一种是非常规范的方法，即建立一套标准，并用来判断哪些规则是有益的。社会选择分析人员必须明确社会决策规则的要求，然后参照这一标准对不同的投票规则进行评估。这就是 1951 年 K. J. Arrow 讨论的方法（Arrow，1963）。

在本节中，我们首先分析了阿罗的研究，特别是他的结论，即任何宪法规则都无法满足那些被认为非常合理的假设条件。这一结论可以用简单多数规则这一最简单且最广泛使用的宪法规则来予以说明，即如果某项政策获得了50%

---

① 我们如何预测选民在何时表现得合乎道德呢？要做出这样的预测,有必要形成一个理论来解释道德偏好是如何形成的以及决定其强度的因素是什么。Mueller (1987)认为道德行为是后天习得的。因此,我们必须关注儿童时期的家庭环境、教育经历、社区稳定和宗教等变量。

的选民和额外的一票（50%+1），那么该政策就会被选定。

在本节的后半部分中，我们跟随 Mueller 的研究，使用另一种方法来分析简单多数投票规则。该方法关注规则的特点，分析规则对决策的影响并研究决策成本。然后，由读者来决定简单多数投票规则是否比其他决策规则更容易接受。

4.3.1 阿罗不可能定理

Arrow 已经表明，没有宪法规则可以同时满足一系列可能被认为是"合理"的条件。鉴于传统福利经济学的局限性，这种分析的重要性应该是显而易见的。第 1 章指出，即使在帕累托框架内，最终也通常需要构建社会福利函数，以便提供社区成员所偏好的收入分配信息。但是，在何种意义上有可能为公共部门的决策提供这些信息呢？我们有理由相信每个人都有自己的社会福利函数，也就是说在个人层面，可以说出一种收入分配是否优于另一种收入分配。然而，问题是如何将这些个人偏好集结起来用以引导集体选择。没有一项令人满意的宪法规则可以将个人的偏好集结起米，这造成了公共部门决策的重要障碍。

宪法规则可以被视为一种集结个人偏好的机制，使人们在面对不同的选项时能够做出集体选择。Arrow 将这些选项称为不同的社会状态（例如 A、B、C），每种社会状态都有自己关于配置问题和分配问题的特定解决方式。他认为，任何宪法规则都必须满足五个一致性条件。

1.集体理性。由集体选择产生的偏好排序必须满足任何"理性"个体对偏好排序的要求。在经济学中，理性是指决策的前后一致，而不是对任何特定结果的选择。因此，偏好排序必须具有关联性（结果必须有可比性）和传递性的属性。3 个选项 A、B、C 的传递顺序是，如果 A 偏好于 B，而 B 偏好于 C，那么 A 必须偏好于 C。

2.帕累托原则。这个条件是相当合乎情理的，它要求如果社区成员都喜欢 A 而不喜欢 B，那么从宪法规则中产生的集体选择也必须是 A 优于 B。

3.无关选项的独立性。这是较具争议的条件之一。如果必须在选项 A 和 B 之间做出选择，那么这个选择不应该受到 A 或 B 与其他选项（如 C 或 D）之间排序的影响。后面的选择是无关的，因为它们不是决策的一部分。这个决策是 A 和 B 之间的一个简单二元选择，例如，如果任何个人在 A 和 C 之间改变了他们自己的排序，这都不应该影响集体在 A 和 B 之间的选择。下文将有更多关于这种情况的讨论。

4.非独裁。这种情况更加显而易见，任何个人的偏好都不应该自动成为社区的偏好。

5.非限制域。这是阿罗已经明确提出的条件。只要个人具有可传递的偏好排序，那么任何个人都不应被排除在集体选择之外，即一个特定的"理性"个体不应该因为他的选择而被剥夺投票权。

阿罗不可能定理表明，没有任何宪法规则能够符合所有这些条件。例如，在简单多数投票规则（50% + 1）下，存在着孔多塞侯爵（Marquis de Condorcet）在18世纪描述的一个经典问题。在表4-4中，3个人（投票者A、B、C）在3个选项（X，Y，Z）中进行选择。个人的排名显示为3，2，1（按优先顺序排列，其中3为"最受欢迎"）。很明显，每个投票者都有一个可传递的偏好排序（例如，A更喜欢X而不是Y，更喜欢Y而不是Z，也更喜欢X而不是Z）。如果需要在X和Y之间作出集体决策，大多数人会选择X（选民A和C）；在Y和Z之间，大多数人会选择Y（选民A和B）。因此，要满足集体理性条件，多数决"应该"导致偏好X而不是Z。然而，在这个例子中，选民B和C构成了支持Z而不是X的"多数"。

表4-4　　　　　　　　　　　　多数决：循环

投票者	选项		
	X	Y	Z
A	3	2	1
B	1	3	2
C	2	1	3

表4-5　　　　　　　　　　投票结果取决于议程设置

在……之间投票	在……之间投票	结果
Y与X	X与Z	Z
X与Z	Z与Y	Y
Z与Y	Y与X	X

这样，简单多数投票规则就不能通过阿罗检验。最终的获胜者将取决于谁先投票。例如，表4-5中的投票顺序说明还有其他可能的获胜者，这显然没有

什么吸引力。这个例子也许有些勉强。当然，在某些情况下，个别选民的偏好排序并不会导致"循环"的结果。这些将在本章后面进行讨论。然而，这里要强调的一点是，如果要满足非限制域条件，那么投票循环问题就不可避免。

需要强调的是，任何投票规则都不能通过阿罗检验。以博尔达计分法（Borda Count）为例。选民根据他们对选项的排序给每个选项打分（n，$n-1$，等等）。总分最高的选项将作为社区的集体选择。下面的例子（Sen，1970）说明了这一投票规则在无关选项独立性这一要求下的脆弱性。假设一个社区必须在 X 和 Z 之间做出选择。在这个选择中，Y 是不参选的，也就是说，Y 是一个无关选项。在表4-6和表4-7中，根据博尔达计分法，现对3名选民的偏好排序进行汇总，以便为社区找到最优选项。显然，在表4-7中，X 和 Z 之间的选择已经发生了变化，因为个体 A 对 Y 和 Z 的排序发生了变化。尽管在表4-6中，社区对于选项 X 和选项 Z 是无偏的（都获得7票），但在表4-7中，投票显示 Z 优于 X。表中唯一的变化是 Z 和我们所认为的无关选项 Y 之间的排序。因此，博尔达计分法也无法通过阿罗检验。

表4-6 博尔达计分投票

投票者	选项		
	X	Y	Z
A	3	2	1
B	2	1	3
C	2	1	3
总分	7	4	7

表4-7 改变偏好的博尔达计分投票

投票者	选项		
	X	Y	Z
A	3	1	2
B	2	1	3
C	2	1	3
总分	7	3	8

4.3.2 阿罗不可能定理的意义是什么？

到目前为止，很显然，上述一致性条件的组合并不容易满足。因此，人们对满足所有条件的必要性提出质疑也就不足为奇了。例如，由于传统福利经济学要求个人偏好不变，Little（1952）对无关选项的独立性条件提出质疑。Buchanan（1954）则质疑集体选择排序是否需要受到与个体偏好函数相同的传递性约束。

关于这些标准是否可取，相关讨论必将继续进行下去。1963年，Arrow对他的批评者进行了回应。例如，他指出，不论传统的经济理论假设如何，偏好确实会发生变化，因此有必要强制规定无关选项的独立性这一条件。如果所有的一致性条件都可以成立，那么不可能定理的重要性又体现在哪里呢？

缺乏符合法案要求的宪法规则意味着，至少在最初阶段，我们只剩下了帕累托框架等标准，而不是简单地将替代方案直接付诸表决。从某种意义上说，我们必须在缺乏一个可接受的社会福利函数的情况下，"探索"出一个解决方案。在公共部门作出决策之前，第1章所讨论的福利准则仍然是分析的第一步。

4.4 多数投票规则的特点

虽然投票规则无法达到阿罗标准，但是只要简单多数投票规则在西方民主国家的集体决策中依然重要，就有必要分析它的特点。重要的是，要意识到这一规则的潜在缺陷。循环投票问题已经被提出。在这里，我们首先要问的是，需要满足什么条件才能避免这一悖论？稍后将更广泛地讨论这一投票规则的其他特点。

4.4.1 多数投票规则和中间投票人

Duncan Black（1948）指出，如果个体的偏好符合特定模式，各种选项就可以生成一种满足传递性的社会排序。为了说明这一点，通常将非循环的投票结果与上面的循环投票结果进行对比。表4-8中的3个个体A、B、C在3个备选方案X、Y、Z中进行选择。在多数投票规则下，个体A和B更喜欢Y而不是Z；个体B和C更喜欢Z而不是X；个体B和C更喜欢Y而不是X。因此，社会选择的顺序满足传递性：；Y优于Z，Z优于X，因此Y优于X。假设X、Y、Z与政府预算的规模有关，分别代表小规模预算、中等规模预算和大规模预算。个人B是"中间投票人"：B更喜欢中等规模的预算。很明显，"中间投票人"的偏好决定了多数投票的最终结果。根据表4-8所示的偏好序列，"中间投票人"的偏好代表了按多数投票规则选出的方案。

表4-8	多数投票规则：非循环		
	X	Y	Z
A	3	2	1
B	1	3	2
C	1	2	3

我们可以在图4-1中绘制出每个投票者的偏好。图4-1中出现的模式很重要，此案例的一个特征是，每个选民的偏好都是单峰的。

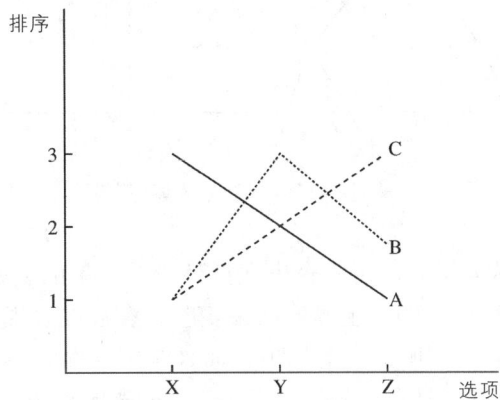

图4-1　单峰偏好

3个人的单峰偏好也在图4-2中得到展示，不过，这里是按个人效用进行排序的。很明显，当投票人的偏好均为单峰时，意味着对他们来说，每一个备选方案的效用都随着其与最优方案之间距离的增加而单调递减。参考图4-1，可以证明中间选民的选择将会获胜。如果有人提出 O_2 的替代选项（显然 O_3 的效用大于 O_2），A 和 B 就会投票给 O_2 而不是 O_3。相反，如果提出另一个效用小于 O_2 的选项，则 B 和 C 将形成一个支持 O_2 的多数。再一次，中间投票人中意的选项击败了任何其他选项，这就是中间投票人的首选。从图4-2中读者可以看出，选民的偏好是单峰的，每一位选民的偏好都会上升到唯一的峰值。

效用

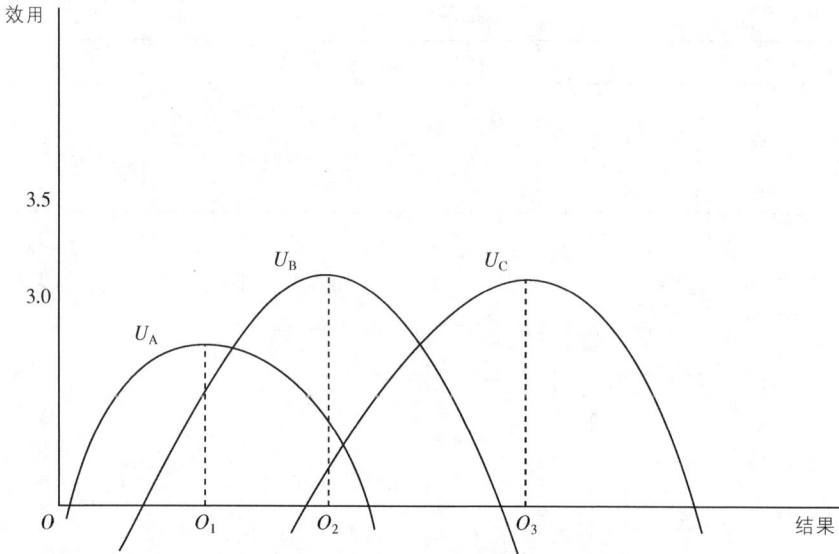

图4-2　描述单峰偏好

　　相比之下，表4-4显示了一个出现循环投票结果的偏好排序（为了方便读者起见，请参考表4-9）。上面的结果表明，多数投票规则产生的结果不是唯一的。一切都取决于所提供的选项，而且制定议程的能力也至关重要。图4-3中显示的个人偏好是多峰的，这就是产生问题的根源。个体C被认为偏好结果Z，但如果无法选择Z，则C更偏好结果X而不是结果Y（正如Musgrave和Musgrave（1989）所指出的那样，个人在某种程度上是"极端主义者"。然而应该强调的是，个体并不是非理性的：C的偏好可传递。从"全有或全无"的世界观来看，这可能是一个合理的解释）。

　　然而，正如Ingberman和Inman（1988）所言，单峰偏好的概念直观上具有吸引力。首先，它符合一个跨越左翼和右翼政治分歧的偏好连续的概念。其次，当考虑消费者的选择时，单峰偏好往往被很自然地感知。图4-4说明了这一点。图4-4（a）部分表示选民对公共物品（G）和收入（Y）的偏好。预算约束由税前收入和实际税收价格决定。显然，g^*表示选民最偏好的资源配置方案。图4-4（b）以不同数量的商品在税收价格上的排序，映射G的每种水平，该排序基于（a）部分无差异曲线中所隐含的偏好排序。选民的幸福点或理想点为g^*。G的可行水平离g^*越远，则其值越小。因此，对图4-4（b）中的G的偏好是单峰的。

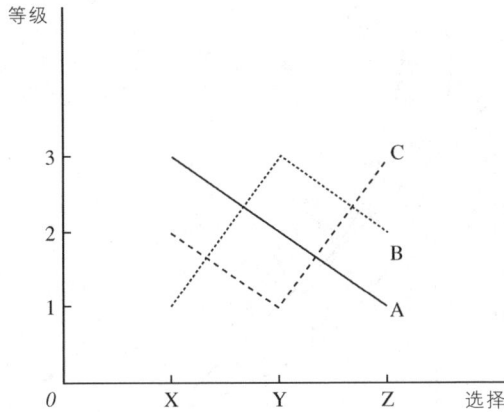

图4-3 多峰个人偏好

表4-9		多数投票制度：循环		
		X	Y	Z
A		3	2	1
B		1	3	2
C		2	1	3

　　然而，Duncan Black（1948）提出的单峰偏好重要性的论点是有条件的。虽然单峰偏好对于避免循环投票结果很重要，但仅当决策问题为单一议题时才适用（例如，对G的规模的讨论）。当就不止一个议题进行决策时，单峰偏好属性就失去了意义。假设对两个公共物品G_1和G_2的数量进行投票。图4-5中用效用曲线I_A表示选民A对两种物品的偏好，其最偏好的商品组合是K_A，效用曲线在图4-5上以等高线表示，距离K_A（序数效用的顶峰）越远，则效用水平越低。其他两个选民B和C的情况也一样。很显然，对这3个人来说，他们的偏好都是单峰的（在每一种情况下，效用曲线都呈现出单峰趋势）。假设社区必须在I、II和III之间投票，这3个选项涉及两种公共物品的3种组合。选民B和C构成了支持II而不是I的多数，而选民A和C则构成了支持I而不是III的多数。因此，以此类推II比III更可取，但在图4-5中，选民A和B构成了赞成III而不是II的多数。即使偏好是单峰的，多数投票的循环结果并没

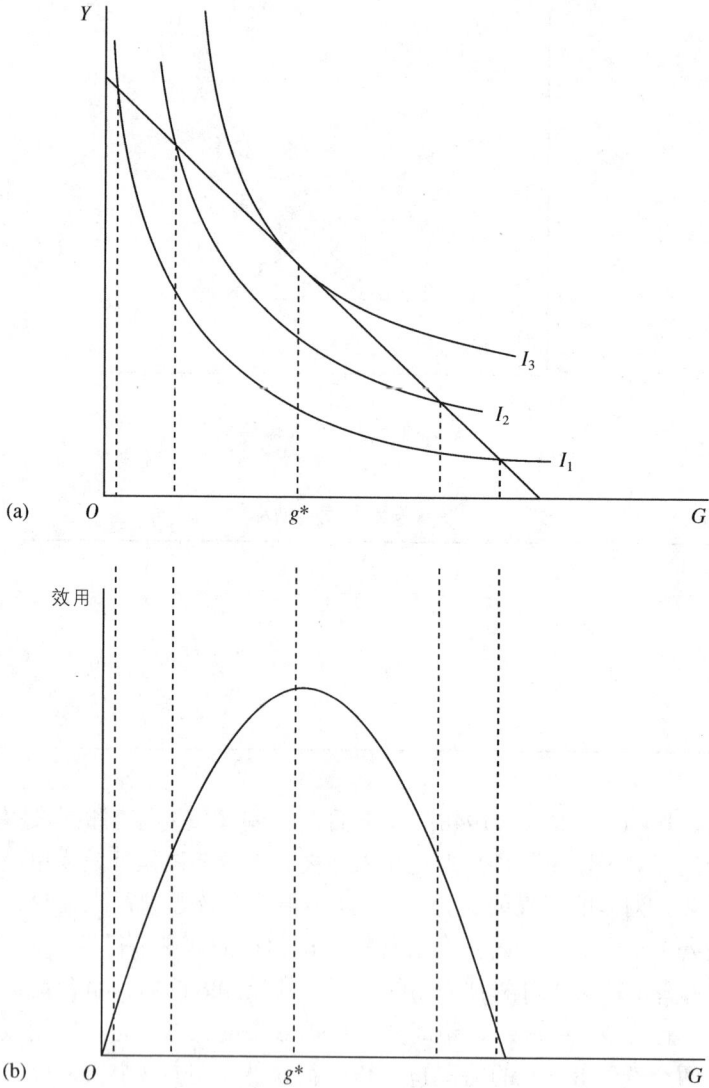

图4-4 单峰偏好和消费者需求

来源：Ingberman and Inman（1988）.

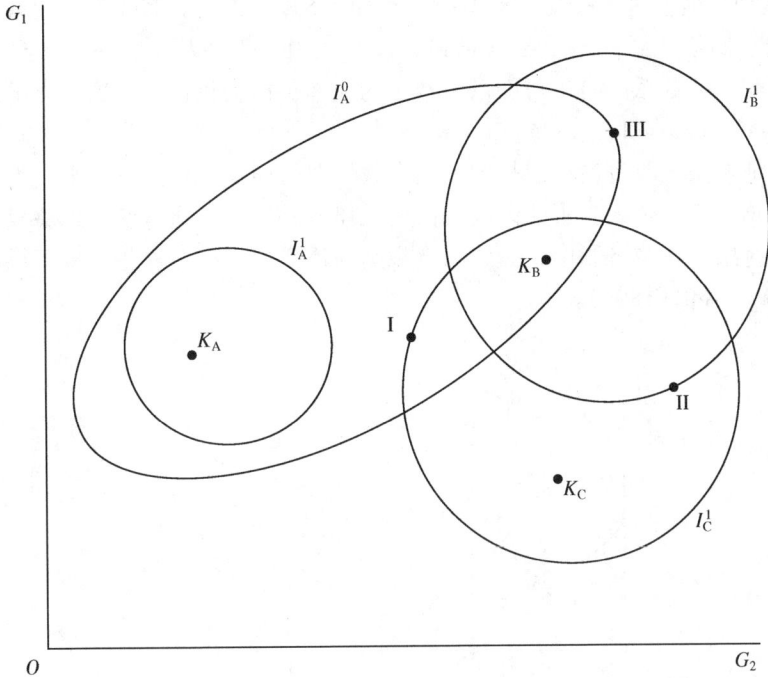

图 4-5　单峰偏好与多维议题

有被消除。当议题是多维的而不是一维的时候，单峰偏好并不能保证多数投票的循环结果不会发生。

4.4.2　多数投票规则与福利标准

鉴于公共经济学以福利标准作为判断依据，分析多数投票规则能否产生帕累托最优或潜在的帕累托改进是重要的。基于 Mueller（1979）的研究，我们发现这两种结果都难以实现。在图 4-6 中，假设社会中活跃着两组人群。富有的 I 组成员（个体 i）和贫穷的 J 组成员（个人 j）可能认为他们在任何拟议的立法方面都存在着共同的利益。如果多数表决能够保证帕累托改进，那么，对于图 4-6 中的效用可能性曲线 U_1-F_1 和 U_2-F_2，只有从点 1 向点 2 和点 3 之间的移动才能获得多数票支持。如果我们假设点 1 是大多数，那么向效用可能性曲线 U_2-F_2 中 U_2-2 这一段上的任何一点移动当然都是有可能的。如果发生上述情况，那么移动到点 2 和点 3 之间将是一个潜在的帕累托改进。然而，多数群体的意志并不限于此。从点 1 开始，它们可以移动到象限 4-U_2-2-1 的任何位置；沿着

$U_1\text{-}F_1$移动，他们可以接受移动结果（比如点5）的策略。实际上，没有什么可以阻止它们移动到U_1点。换句话说，没有理由认为多数票表决不会导致社会重新分配。多数派的意志可能以少数派的成本负担为代价，而这一点早已得到公认（de Tocqueville，1835）。

保证帕累托改进的投票规则不是多数投票，而是一致同意规则。为了取得一致意见，任何个人都不能因改变而使处境变差，否则他将使用否决权对该提议投反对票。在经济学中，一致同意规则的重要性已经在这一背景下得以确立（例如Wicksell，1896）。

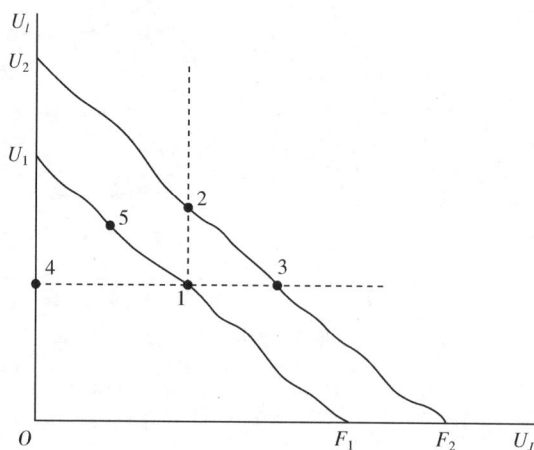

图4-6　多数投票规则与福利标准

来源：Mueller，1979.

4.4.3　多数投票规则的成本

虽然多数投票规则并不完美，但它是否具有成本效益呢？Buchanan和Tullock（1965）在《同意的计算》中提出了一种用于分析不同投票规则相关成本的尝试。在图4-7中，纵轴表示不同投票规则的相关成本。假设社区的总人数为N_{max}。N/N_{max}表示依据投票规则任何候选对象要获得支持所必需的投票比例。简单多数投票规则（50%+1）对应的比例，用x轴上刚刚过半的一点表示。显然，该方法也同样可以用来描述其他在选举中获得较高或较低百分比的投票规则。在极端情况下，一致同意规则将要求所有人（N_{max}）都同意。

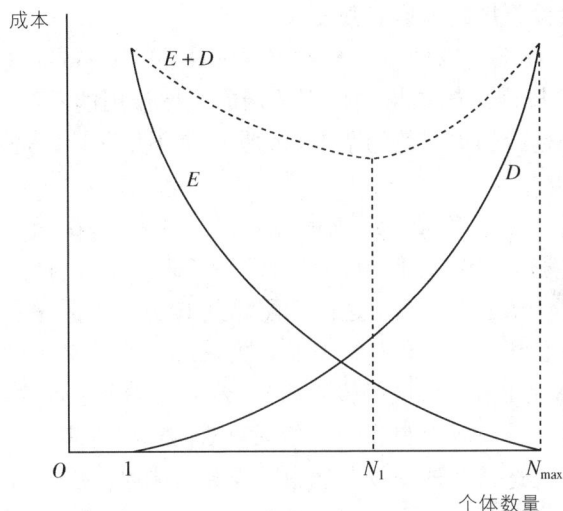

图 4-7　投票的成本

　　投票成本可以分别用图 4-7 中的 E 和 D 表示。E 表示由获胜的多数派所产生的外部成本。少数派的成员需要服从多数派的决定，而他们很可能由于不同意多数派的决定而蒙受福利损失。从图 4-7 中可以看出，随着多数派必要规模的增加，外部成本会随之下降。当我们沿着 x 轴移动时，被强迫的少数派成员的数量会减少。在极端情况（N_{max}），全体一致同意规则下的外部成本将消失。任何不同意这项提议的个人都有权否决它。

　　成本 D 是决策成本，是为达成协议而产生的成本。在一致同意规则下，对于任何问题，都不太可能轻易达成协议，总有一些人不同意当前的提议。因此，在这种情况下，当有任何个人能做出决定时，成本就会降低。然而，随着就任何议题达成一致意见所需人数占比的增加，那么在获胜的多数派之间达成一致意见的成本就很可能会增加。

　　这两个成本之和为 $E+D$。需要注意的是，最小成本并不一定发生在 E 和 D 的交点上，它还取决于它们的变化率。最小成本 N_1 出现在 E 和 D 斜率绝对值相等的位置上。然而，最小成本并不总是位于这一点上，且少数决定原则也容易被采纳。一切将取决于议题。有些议题可能比其他更容易达成共识，而有些议题则需要更高或更低的外部成本。

4.4.4 多数投票规则与偏好强度

采用哪种投票规则重要吗？根据 Musgrave 和 Musgrave （1989）的研究，可以确定集体选择产生的结果如何因适用的投票规则的不同而不同。与此同时，需要注意的是，简单多数投票规则的另一个不足之处，是它忽略了偏好的强度。

选民 A、B、C 对选项 X、Y、Z 的偏好情况见表4-10。该表显示了每个投票者对每个特定选项的排序情况。然而，为了研究个人对每个选项的偏好强度，假设要求每个人在3个选项之间分配总共10分。如果采用简单多数规则，则投票结果为 Y 优于 X （B 和 C 形成了多数派）；Y 优于 Z （A 和 C 形成了多数派）；而 Z 优于 X （B 和 C 形成了多数派）。若考虑每个选项的排序，这时就运用了博尔达计分法。在这个例子中，给最喜欢的选项排序为3，因此总排序最高的结果将最终被选择。这一投票规则同样导致选项 Y 被采纳，因为 Y 在所有选项中的排序最高。然而，得分最高的却是选项 Z （Z 的得分是12分，Y 的得分是11分，X 的得分是7分）。

表4-10　　　　　　　　　　　多数投票规则与偏好强度

	选项					
	X		Y		Z	
	排序	分数	排序	分数	排序	分数
A	3	5	2	3	1	2
B	1	1	2	3	3	6
C	1	1	3	5	2	4
总分	5	7	7	11	6	12

点投票的使用使个人能够表达自己的偏好强度。然而，这种情况下投票机制经常被强调的一个普遍性问题就是投票人采取战略行动的动机。选民们预期自己的真实选择不受他人欢迎，因此有动机扭曲分数的分配，以确保他们的次优选项被选择。一般来说，投票机制越复杂，就越容易受到战略操纵。

简单多数投票规则被认为是有缺陷的，因为它没有表明偏好的强度。然而，互投赞成票可能是有用的。互投赞成票指的是投票交易：一个选民同意另一个选民就他可能不感兴趣的议题投票，以换取这个选民同意支持他最关心的议题。参照表4-11，3名选民 A、B 和 C 正在考虑就两个备选方案 X 和 Y 进行投票。如果任意一个选项被通过或采用，那么这两个选项对每一个选民的重要性都可以通过效用增加（或减少）的值来表示。

表4-11　　　　　　　　　　　　　　　互投赞成票过程

投票人	议题	
	X	Y
A	−3	−3
B	6	−3
C	−2	7

如果每个选项都需要获得大多数人的同意才能通过，那么显然这些议题都无法通过。选民A和C将组成多数派，反对采用X；而选民A和B将组成多数派来反对Y。选民B特别喜欢选项X，而选民C特别关心选项Y。然而，这种明显的偏好在多数投票规则中并没有得到体现。如果互投赞成票可以实现的话，B会同意为选民C给Y投票，以换取C同意为X投票。

直截了当的投票交易看来可以解决问题。就潜在的帕累托改进而言，如果在这两种情况下的赢家都能补偿输家，那么社区的整体福利就会有所改善。在这两种情况下，提案被通过，给整个社区带来的净效用变化为1单位。然而，这样的结论却是毫无根据的。读者可以简单地证实这一点。如果两种情况下A的损失都从−3增加到−5，则采用X和Y不能实现潜在的帕累托改进。此外，引入互投赞成票并不能解决多数投票的循环悖论问题（见Mueller，1979）。

4.4.5　对多数投票规则的评估

在对多数投票规则进行批评之后，读者可能会对西方民主国家捍卫多数投票规则的韧性感到惊讶。然而，牢记阿罗不可能定理是重要的。按照阿罗的标准，没有任何宪法规则是令人满意的。同样，针对上述批评，我们不清楚是否存在可取的投票规则。Frey（1983）分析了其他一些投票规则：

1.赞同投票（approval voting）：选民可以根据自己的意愿投票或支持尽可能多的议题（或候选人），但对每个议题的投票不得超过一票。获得最多票数的选项将被选中。

2.全民公决基础上的概率投票（probabilistic voting on the basis of a referendum）：在这里，分别计算两个选项各自所获得的票数（就像多数投票规则一样）。

然后根据选项在投票中所占的百分比分配概率，社会选择的最终结果取决于这些概率。这种投票规则的一个优点是，当多数派人数不多时，例如55%的人赞成，45%的人反对，拥有较多人数的少数派不一定会受到压制，他们只是赢的概率较小。

3.投否决票（voting by veto）：每个人可以提出自己的建议。社会决策是由每个人将他们最强烈反对的选项剔除后而汇总形成的。

这些例子绝不是详尽无遗的，它们也有不足之处。Frey（1983）指出："同所有其他决策制度一样，多数投票规则是不完善的。"（p. 90）Young（1995）认为，当目标是"简单地达到正确的决策"的概率最大以及当假设为"每个选民更有可能做出正确的而不是错误的选择"时，可以使用最大似然法对选项进行排序。他指出，如果要在两种选项中做出选择，"简单多数投票规则最有可能产生正确的结果"。但是当然，这在很大程度上取决于用来评估选项的标准和有关选民意识的假设。对于公共部门的决策规则，没有必然的优先选择。

4.5　代议制民主：政治家与政党的角色

Downs（1957）认为，政治家和选民都是为了自己的利益行事。假定政治家的目标是使政治权力最大化，这种权力的获得将给政客们带来声望和影响力。然而，为了确保政治权力，政治家必须将选票最大化。这意味着政客们不会总是选择符合"公共利益"的政策。相反，他们首先考虑的可能是某项政策将如何影响他们的政治声望。例如，公共部门的长期投资有可能为社会带来可观的回报，选择这样的项目将符合公众利益。然而，政治家可能更关心的是在下次选举前能够得到"回报"的时间。因此，那些在选举日期之前和临近选举日期时有明显回报的项目更有可能被接受。如果选民对长期项目了解不足或如果他们是短视的，那么长期项目就可能会被拒绝，即便它们会产生更高的社会回报。对政治家来说，公共投资为他们赢得选票是很重要的。

4.5.1　互投赞成票与政治宣言

在为选民选择政策时，政客和政党都在暗中互投赞成票。个人之间的选票交易是通过政治宣言的设计来实现的。政客们为选民提供机会，使他们最感兴趣的议题得到支持，作为回报，选民会投票支持他们可能并不关心的议题。假设有3个选民（或3组选民）A、B和C，就两个主要议题——国防开支和该国的欧盟成员国身份——进行投票。目前，A和B组成了有望获胜的多数派，他们都支持增加国防开支，而C作为少数派，赞成削减国防开支。一个希望赢得多数派支持的政党，如果能够将削减的国防开支与另一项 A、B 双方都强烈支持的政策联系起来，就有可能赢得多数选民的支持。例如，B 可能强烈支持增加国际社会对欧盟的参与。一项宣称增加对欧盟的预算并减少国防支出的提议将在选民 B 和 C 之间形成一项隐性契约，每个人会投票支持一项他们不喜欢的提议，从而确保他们特别偏好的提议能够实现。

　　表 4-12 所列的例子（基于 Musgrave 和 Musgrave（1989）的研究）说明了政策组合如何导致选举的成功。表中的政策议案已经配对：要求选民在 X 和 Y 之间以及 Z 和 W 之间做出选择。为了便于说明，假定选民偏好强度的信息是可得的（例如，可以假设让每个投票者把 100 英镑分配给各个选项）。很明显，简单多数投票规则将导致提案 Y 和提案 Z 获胜。然而，任何政党，都面临着将 Y 和 Z 在同一方案中提出的诱惑，而这种诱惑会导致忽视选民对相关政策的偏好强度。显然，政治家会被建议写一份整合政策 X 和 W 的政治宣言。每个人都将暗自准备用其在一个问题上的投票换取另一个人向对他而言最有价值的提议的投票：A 因为 X 的重要性而投 W 的票，B 因为 W 的重要性而投 X 的票。再一次，没有人能保证一个精明的政治家的出现必然会导致对"公共利益"的追求。如果投票者 C 给 Y 和 Z 都分配了 90 英镑，尽管 X 和 W 仍然拥有多数票，但是 Y 和 Z 获得的总金额将超过 X 和 W 获得的总金额。假如个人的资金配置情况可以进行人际比较，那么上述结果就不会使社区的福利最大化。当然，它可能为另一政党提出第二种政策组合议案打开方便之门。

表 4-12　　　　　　　　　　　偏好强度与政策宣言

投票者	政策议案			
	X 或者 Y		Z 或者 W	
A	90	10	58	42
B	45	55	10	90
C	45	55	55	45
	Y 和 Z 的组合		X 和 W 的组合	
A	68		132	
B	65		135	
C	110		90	

来源：Musgrave and Musgrave，1989。经 McGraw-Hill，Inc. 许可转载，做了部分修改。

　　就政党之间的竞争而言，很显然，支持组合议案 Y 和 Z 的政党 P1，将败给支持组合方案 X 和 W 的政党 P2，因为 P1 没有意识到，尽管 Y 与 X 相比，选民 B 更喜欢 Y，但是将 Z 和 W 相比，他更强烈反对 Z。政党 P1 显然需要了解 P1 在 X/Y 上的立场相对于在 Z/W 立场上更重要的信息。关于偏好程度的信息显然会影响到任何一个政党所期望的支持率。因此，在进行政策立场的选择时，必须衡量每种政策立场对支持政党的整体选举的重要性。

4.5.2　投票最大化与中间投票人规则

Anthony Downs 和 Harold Hotelling 的研究表明，当政客是投票最大化者时，选民的中间偏好依然是决定多数投票结果的关键。图 4-8 显示了选民从左派政治观点到右派政治观点的分布情况，如图中 X 轴所示。假定该分布为单峰对称分布。两位候选人被提名参加选举。他们可能是两个不同政党的成员，分别反映了左派和右派的意识形态。如果假设每个选民都进行投票，并且每个选民都投票给观点最能反映其政治立场的候选人，那么可以看出，两个候选人都将采用一个中间立场。如果 L 和 R 分别代表了两个候选人的初始位置，那么很明显，通过从 L 移动到 L-ish，左派候选人将赢得那些介于 L-ish 和 R 之间的选举人的选票，而不失去任何位于 L-ish 左边的左派选民。此外，如果右派候选人从 R 移到 R-ish，这个候选人将获得所有选举人的选票，直到处于 R-ish 和 L 之间的中间位置，而不会失去在 R-ish 右边的选举人的选票。很明显，如果每个候选人都采用这一策略，那么他们将一步一步地移动到中间选民的位置。

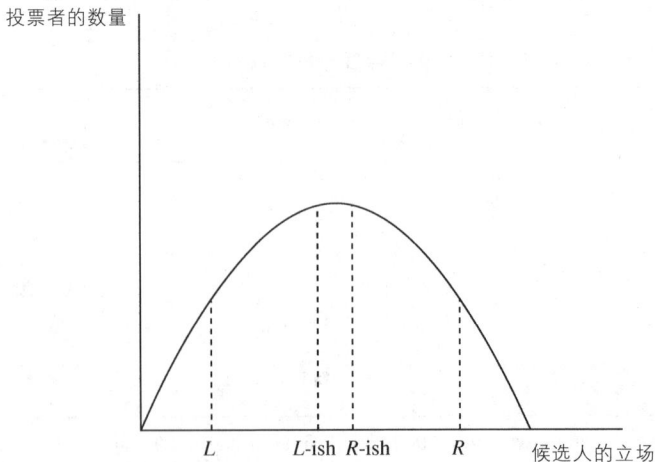

图 4-8　政治家与中间投票人

这一分析为解释两党政治中共识政治的发展提供了有益的参考。然而，这在很大程度上取决于上文中的假设。Tullock（1976）讨论了当一定程度上的政纲差异化成为投票最大化策略时三党制的影响。Mueller（1979）在文献综述的基础上提出了这样一种假设，即转向中间立场可能会丧失选民对候选人的政治忠诚。这样，就能够细化分析，以满足那些被认为是最重要的假设条件。

对于政治家而言，这种讨论的最大弱点或许在于因果机制的方向上，即选举偏好促成了政党纲领。与之相反的是，优秀的政治家和领导人的本质在于，（至少在某些情况下）他们有能力设计自己的政治纲领，并使选民把自己的偏好转向它们。

4.6 投票和利维坦假说：多数投票规则会造成"过多"的公共支出吗？

正如我们之前对公共物品和私人物品的分析中所看到的，公共物品的收益具有外部性；如果没有公共供给，就会出现供给不足。按照帕累托最优标准，这一供给量太少，从而留下了一个问题，即公共供给量是"不足"还是"过多"？我们首先要问的是，是否存在这样一种情况，即多数投票规则实际上能够导致公共物品的帕累托最优产出。

Bowen（1943）分析了多数投票规则下的公共物品供给。为简便起见，在图 4-9 中假设公共物品的边际供给成本不变。边际成本由 N 人平均分担，他们是公共物品的受益对象。因此，每个选民都假定其成本是 NC/N。需求曲线表示每个人从商品中获得的边际收益。需求曲线上的每个点表示选民对公共物品的"支付意愿"（为了获得 1 单位公共物品而愿意放弃的边际货币价值）。每个选民希望的公共物品供给量，都由增加 1 单位公共物品给其带来的边际效益与税收价格 MC/N 相等这一条件所决定。如果每个选民都如此投票，那么选民 A 支持的公共物品供给量为 q^a，选民 B 支持的供给量为 q^b，以此类推。鉴于这种情况，从图 4-9 中可以清楚地看出，多数投票规则意味着中间选民将能够达成自己的意愿。每个人都会同意供给量至少应该是 q^a；选民 B、C、D、E 支持的供给量应该是 q^b；C、D、E 支持的供给量则为 q^c；但是在此之后，支持扩大供给的人并不占多数。多数投票规则决定了公共物品的供给量为 q^c，这一供给量也是中间投票人偏好的数量。

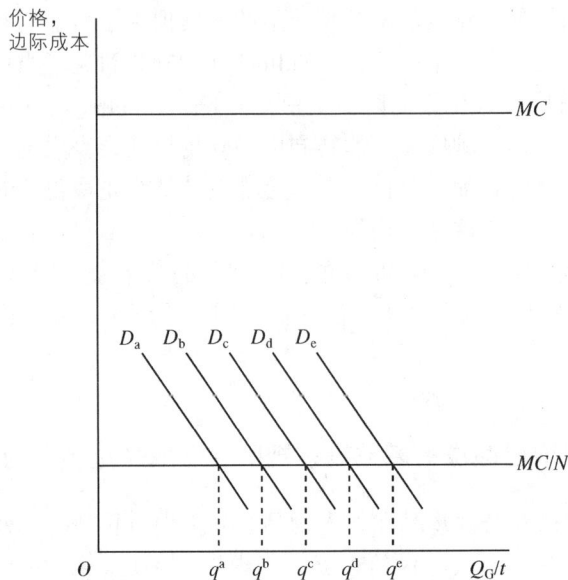

图4-9　多数投票规则与公共物品的最优供给

在这个局部均衡分析中，如果个体的需求在中位数附近呈对称分布，则该产出就是公共物品的帕累托最优产出。若将这些需求曲线垂直加总，那么根据定义，在O-q^e处，总需求将等于边际成本。从而可以得出结论，在某些特定情况下，多数投票会产生帕累托最优结果。正如Musgrave（1985）指出的那样，供给"过多"还是"不足"似乎取决于偏好的分布。如果D_a向左移动，其他人的偏好保持不变，那么多数投票规则将产生"过度"供给。相反，如果分布改变，使D_e向右移动，那么供给量就会"太少"。一般来说，"利维坦学派"对多数投票规则有一种偏见，认为它会导致公共物品的"过度"供给，然而事实未必如此。但如果对假设条件进行修正，有可能预测到"过度"的供给情况。在上述分析框架下，重新审视这些假设条件，可以看出利维坦假说是如何形成的。

4.6.1　税收价格和多数投票规则

Tullock（1959）的结论是，多数投票将导致公共部门比私营部门提供更多的私人物品。他介绍了一个例子：5名农民使用简单多数投票规则来决定公共开支方案，以养护通往他们各自农场的道路。在A、B、C、D、E 5名农民中，大多数人将投票赞成在通往自家农场的道路上增加开支，直到其边际成本与其所获得的边际福利相等为止。通往 A、B 和 C 家的公路养护成本由一般税收提供资金，因此 2/5 的税收费用将由 D 和 E 承担。图 4-9 中 A、B 和 C 的边际成本将进一步降低，因为 D 和 E 并未使用道路养护支出，而道路养护方案的边际成本仍然由这 5 个人共同分担。当总人数 N 不变，而只有 3 条公路发生养护支出，则边际成本 MC 会下降。考虑到中间选民的决定仍然处于中间位值，A、B 和 C 仍将投票支持该方案，但这一次，如果需求具有价格弹性，他们将投票支持更大的公共支出。实际上，这个由整个经济体系共同分担的方案，将部分成本转嫁给了少数人。考虑到这种隐性补贴，与私营部门提供并定价相比，那些通过公共部门提供的农民在公路养护上的花费将更多。

对于这一分析，可能会存在一些质疑。首先，正如 Musgrave（1985）所指出的那样，为什么这种本质上的私人物品是由公共部门提供的呢？对农民而言，通往其自家农场的道路是私人物品，没有理由认为这必须由公共部门提供。为什么 D 和 E 两名农民看不出来，通过劝说 C（可能提供某种形式的补偿）与他们组成联盟来抵制有损他们利益的方案呢（Cullis 和 Jones，1987）？

然而，如果 Tullock 提到的价格效应是有效的，那么在其他公共支出决策中，这种效应也会出现。由于所针对的问题不同，形成的多数派也会有所不同（例如，有时 A、B、C 会形成多数派，有时 A、B、D 会形成一个多数派），因此从长远来看，收入的影响可能将会被抵消。然而在每一种情况下，与私人部门的供给相比，价格效应都将导致更大的公共物品供给量。

4.6.2　财政幻觉

Downs（1957）的投票理论（见 4.2 节）预测公民将放弃投票。如果单张选票对选举结果没有影响，选民就缺乏动机花费成本去投票。事实上，有人认为选民是"理性地无知"的。如果一票对选举结果没有影响，那么有什么动机去花费成本以获取和吸收信息呢？有人认为，信息的成本相对较低（Wittman，1989）。媒体可能是一种传递有关政治家政策和个性信息的廉价手段（Jones 和 Hudson，1996）。然而，公共选择并不仅仅是预测选民没有充分了解情况，而是认为他们系统性地低估了税收成本。

长期以来，人们一直认为选民低估了公共支出的成本（Puviani，1903），即存在着财政幻觉。由于方案的成本分散在大量选民身上，因此对任何一位选民来说，税收的代价都可能显得非常小。当选民人数（N）变得非常大时，任何方案的平均边际成本（MC/N）都会变得微不足道。然而问题在于，MC/N 是否低于真实的税收价格，是否会导致公共支出水平过高。

Oates（1988）和 Dollery、Worthington（1996）对一些利用 X、F、u 来对 E（预算规模的估计）加以解释的实证文献进行了描述。其中，X 是包括收入、税收价格及代表品味和偏好的社会人口变量的向量，F 是一个使估计税收成本变得困难的变量向量，u 是误差项。如果系数 b（见等式（4.8））为正且显著，则 E 比参照 X 预测的要高：

$$E = \alpha X + \beta F + u \tag{4.8}$$

这种对财政幻觉的检验是参照税收制度的不同特点进行的，例如：

（i）税制的复杂性。如果税制复杂，纳税人将很难确定公共支出的税收价格。Wagner（1976）从税制复杂性的角度分析了财政幻觉。沿着康德的研究，他区分了"本体"（事物的本质）和"现象"（对事物外在的感知）。更复杂的税收结构表现为以下方面：空间要素（最简单的是一种税收）；时间方面（最简单的是在一个时点进行征收）；感受的强烈程度（感受不那么强烈的税收是间接税，因为很难将间接税与产品价格区分开来；反之，不通过代扣代缴征收的直接税，感受会更为强烈）。

税收结构越复杂，信息成本越高，合理收集的信息数量就越少。由于信息成本高，而获得信息的好处少（考虑一下单张选票可能产生的影响），预测纳税人选民将会选择不去关注某些事情。但是为什么这意味着作为纳税人的选民会低估服务的税收价格呢？Wagner 认为，在概念抽象的过程中，个人对于一部分税收会选择忽略，对于另外一些税收个人则关注较少，全部税收中只有少部分才会被个人相当准确地认识。考虑到这一点，个人选民——纳税人——将倾向于低估税收价格。

Wagner（1976）首次进行了收入复杂假说的检验。他的方法是，利用社会经济变量和衡量收入体系复杂性的指标，对美国 50 个大城市的总经常性支出进行回归。在 Wagner 的研究中，等式（4.8）的向量 F 由一个单一变量 S 构成。Wagner 使用了美国 50 个大城市的数据，选取了 8 个自变量对总经常支出进行了回归，其中一个自变量是税收结构的简单性，用 $S = \sum_{i=1}^{n} R_i^2$ 表示，其中 n 表示 4 个主要税种（财产税、一般销售税、选择性消费税以及收费），R_i 表示某个征税项目给城市带来的总收入。衡量简单性的标准是赫芬达尔指数（Herfindahl Index）。如果一个城市的所有收入均仅有单一来源，那么赫芬达尔指数就会达到最大值。如果收入在这 4 类收入中平均分配，则赫芬达尔指数可能产生最小值。因此，该指数越大，税制结构越简单。在回归中，变量 S 显著为负，可以提出假设，即支出越低，税收结构越简单。(Wagner 在 0.01 显著性水平上可以拒绝无关联的原假设。)

(ii) 承租人幻觉。当地方税向房产所有人征收而不是向承租人征收时，就会出现承租人幻觉。在这种情况下，即使税收以租金的形式向前转移给租客，也不会被察觉，因此地方政府公共物品看上去会很便宜。由此可见，一个辖区内的租房人数越多，其他条件不变的情况下，其支出水平就越高。

在这一背景下，由于税收向前转移过程中存在相当长的时滞，承租人实际上可能会感觉地方供给公共物品的税收价格较低。而且即使没有这个论点，需要指出的是，财产税的纳税义务取决于住房消费，在同等收入水平下，承租人比业主对房屋的消费要少，因此他们应该承担更少的税收，即低税是合适的，没有幻觉。

有证据表明，如果有相当大比例的公民租房，那么地方政府倾向于将更多的人均支出用于地方公共服务（请参见 Bergstrom 和 Goodman (1973)，以及 Peterson (1975)）。有人认为，这反映出一种幻觉，这种幻觉之所以产生，是因为承租人未能理解当地消费水平与他们支付的租金水平之间的联系。承租人错误地理解了当地公共支出的税收价格——他们误认为是零（或者至少低于真实的税收价格）。由等式 (4.8) 可知，F 向量现在由一个变量组成，表示辖区内居民是租赁者的比例。在几乎所有的研究中，该变量都具有显著为正的系数，通常这意味着对公共支出水平有显著影响。值得注意的是，撒切尔夫人在 20 世纪 90 年代引入"人头税"（或"社区费"），理由是现行的财产税仅由约 1/3 的公民缴纳，那些投票支持扩大地方公共支出的人应该认识到，进一步扩大公共支出是需要承担成本的。

(iii) 税制的收入弹性。在国民生产总值迅速增长的时期，如果税收制度具有较高的收入弹性，那么它可能会增加在公共部门可用的收入份额。经济体中的力量会自动增加政府收入，而无须正式引入新的税种或改变税率，在这个意义上，人们的税收意识也会有一定程度的降低。通胀提高了名义收入，从而将纳税人推到更高的收入区间。在累进税率结构下，这将意味着对纳税人而言，税收的实际价值增加了。在这种情况下，某些支出方案的税收成本增加了，却并不会引起纳税人的注意，因此，与明确提出另外一个税收/支出方案相比，增加公共支出的方案更容易获得批准。

Oates (1975) 考察了 1960 年至 1970 年间的支出增长（首先是美国州政府的支出增长，其次是美国市政府的支出增长）。这是一个联邦和地方部门预算异常快速增长的时期。在横截面方程中（包含州政府和33个大城市的样本），他发现税收弹性与支出增长之间存在显著的正相关关系。然而，在他看来，这种影响的程度有限。他怀疑这种透明度较低的增税形式是否存在着财政幻觉。Di Lorenzo（1982）使用县级数据而不是州级数据，发现了相反的证据：他在所得税弹性与地方支出水平和增长之间发现了负相关关系。然而，Craig和Heins（1980）在一项依赖支出水平而不是支出增长的测试中发现了对税收弹性假说的实证支持。

Feenberg和Rosen（1987）基于效率的考虑，提出了一种合理化的税收弹性结构。如果纳税人和选民对公共部门的商品和服务有很高的正收入弹性，那么通过引入收入弹性税收结构，就可以避免涉及财政立法程序带来的实际资源的持续预算变动的交易成本。在论文的实质性部分，作者利用1978—1983年美国49个州精心构建的数据集。他们发现，较高的公共部门增长率并非收入弹性税收结构的产物。考虑到复杂的计量经济学以及对他们所建数据的谨慎性，论文的最后一句话是，"如果政府真的要将公共支出扩大到公民所需之外，那么他们必须使用一些其他机制"（p.200），这句话需要引起重视。但是什么是"其他机制"呢？

如果能够在不提高税率的情况下增加公共支出（仅由收入增长引起的税收增加），纳税人将不会反对。

（iv）债务幻觉。这里的论点是，如果个人通过现期税收来承担公共项目的成本，而不是通过向公共部门借款来推迟纳税义务，那么他们更有可能意识到公共项目的成本。Vickrey（1961：133）指出："'公共债务幻觉'，即指个人并没有注意到他们所承担的公共债务份额。"

有人认为，那些贷款给政府的人是自愿的。他们选择调整自己的资产组合，可能是为了将来的消费而放弃当前消费（Buchanan，1958）。虽然这是自愿的，但这一事实并不意味着它的成本与税收的内在牺牲相同。此外，由于并非所有资源都来自税收，显然税收价格再次低于该方案的实际成本。在图4-9中，税收只会为 MC 提供一部分经费。这样一来，选民就会产生幻觉。总税收（T）由选民分担，但他们是根据 T/N 做出决策，而 $T/N < MC/N$[①]。正是这种观点导致一些评论人士呼吁税制改革，加大税收透明度（Brennan和Buchanan，1980）。有

---

① 关于税收债务问题的进一步讨论见下文第10.3.9节。

关公共债务增加"财政幻觉"的进一步分析见第10章。Buchanan 和 Wagner（1977：142）认为，"财政历史事件有力地支持这样一种假设，即不受约束地进行公共借款往往会导致过度的公共支出"。第10章还对实证检验进行了讨论。

（v）粘蝇纸效应。政府间补助的存在可能影响对地区内公共服务费用的认识。联邦政府对各州的拨款降低了当地居民的税收成本（Oates，1979）。其结果是，如果公民的收入增长表现为（联邦补助以外的）其他形式，当地公共服务的支出水平就比预期的要多，存在着"粘蝇纸效应"。正如 Arthur Okun 所言，"钱会粘在它所到之处"（转移到公共部门的钱更有可能用于公共部门）。第12章将对"粘蝇纸效应"进行全面的论述。

所有这些论点都表明，选民将低估公共服务的成本。这意味着公共部门支出将是"过度"的。与此相反，以下几方面反映了人们对财政幻觉的质疑：

（i）有实证研究表明，选民并不总是低估税收成本。一些研究发现存在高估税收的情况（Gemmel 等，2003）。也有人指出对公共支出成本的无知具有随机性（Alesina 和 Perotti，1995；Cullis 和 Jones，1987）。

（ii）对用来解释财政幻觉的指标进行批评。关注 Wagner 的研究，很显然，赫芬达尔指数作为衡量税务幻觉的指标存在着缺陷。幻觉不仅仅取决于税收的份额。有些税源比其他税源更明显。例如，在考虑公共产出的成本时，较重地依赖收费形式可能比以选择性消费税的形式弥补成本产生更为直接的影响。

（iii）对 E 和 F 之间关系的解释进行批评。再次以 Wagner 的研究为例，Oates 认为，对于 Wagner 的研究结果还有另一种解释。州和地方官员往往了解其他辖区的税率，并试图避免与其他地区的税率相差太大。例如，如果当地的销售税水平高于邻近地区的销售税水平，就可能会促使购物者避免在当地购买已征税的商品。同样的，通常来说，对商业资本征收相对较高的税收，会使企业投资和就业机会从州或地方经济中转移出去。因此，随着一个地区的支出水平相对于邻近地区而所有上升，当地官员可能会寻找新的收入来源，以防止现有税基的税率相对于其他地区变得过高。

（iv）有文献表明，公民低估了公共支出方案的收益。Downs（1960）认为，政府的项目往往与无形利益或与在未来很长一段时间内可获得的利益有关。例如，用于国防或海外援助的开支就属于这一类。在这种情况下，参照图4-9，选民的需求曲线将位于"充分知情"需求的左侧。Galbraith（1962）提出了与这一立场一致的论点。他认为，私营企业家对私营商品的宣传比对公共生产的商品和服务的宣传更有力度。如果这是真的，那么它将再次证明公共供给的"不足"。

选举制度的净影响（以不完全信息为前提）是"过度"的公共支出，但这一点尚不明显。现有的证据既不能一贯支持乐观幻觉（税收价格低于实际情况），也不能一贯支持悲观幻觉（收益低于实际情况）（进一步讨论见 Cullis 和 Jones，1987）。

4.6.3　多数人的暴政

在 Tullock（1959）所描述的案例中，大多数人投票赞成过大的公共支出计划，因为其能够抵消少数人的成本。这影响了他们感知到的税收价格。然而，更普遍的观点是，多数人可以直接从少数人手中进行收入再分配。长期以来，人们一直认为（见 Shehab，1953），对引入累进税制的发展和社会保障制度最好的历史性解释是将选举权扩大到较贫困阶层。这些计划可能会得到多数人的支持，因为它们意味着，较富裕的少数人将被征税，以帮助低收入的多数人。多数人可能会如此行事，这种可能性早已得到公认（见 de Tocqueville，1835）。该类选举活动的结果可能是增加公共预算中的收入转移。

虽然这个过程看起来很明确，但值得注意的是，这种通过政治过程进行的再分配可能并不明显，也可能不只是发生在低收入和高收入群体之间。顺便指出的一个具体例子是在私营部门工作的人与在公共部门工作的人之间可能存在的收入转移。例如，有人认为，公共部门的增长是滚雪球效应（Musgrave，1981），从某种程度上说，由于公共部门雇员人数的增加，因此公共部门将增长得更快。随着经济中越来越多的个人依赖于公共部门维持生计，支持增加公共支出的可能性也会增加。

Musgrave（1981）对多数人的暴政提出了质疑（即大多数人将努力从少数人手中尽可能多地进行再分配）。首先，个人可能会有跨期意识；也就是说，如果他们预测到自己将来会从低收入阶层上升到高收入阶层，他们可能不会支持特别高的累进税率。其次，他们可能意识到这种再分配会影响经济的总产出。高税率可能会抑制工作、投资或冒险（见第7章和第10章）。持续再分配的前景如果走过头的话，可能意味着可供再分配的产出会更少（Meltzer 和 Richard，1981）。最后，社会可能会形成一种强烈的规范意识，接受对再分配起到限制作用的收入应得权。[1]

---

① 除了对多数人意愿的限制之外，还应指出的是，在某些情况下可能存在着少数人的暴政（Bowles 和 Jones，1990）。

4.7　小结

本章的重点是可能被用于公共部门决策的投票规则。

- 即使是在全国大选中，高投票率的存在也与"理性选民假说"的预测相左。人们可以用不同方法对"投票悖论"做出解释，但关注参与选举的内在价值的文献越来越多，这些文献更具有说服力，因为它们能使我们理解实际投票模式与基于自利个人的工具型动机而预测到的投票模式之间的差异（Brennan 和 Lomasky，1993）。Brennan（2001）在解释批准由税收资助的公共服务（免费交付）时说明了这一点。公共财政教科书坚持认为，与得到实际的公共服务相比，工具型纳税人更喜欢得到等价现金（因为个人可以支配现金以最大化其福利），但选民的动机表现出慷慨的身份特征。有些人选择这样做是因为"依照意识形态原则"，他们信奉福利国家（Brennan，2001）。Jones 和 Dawson（2008）通过研究表达身份的动机（与社区相关，与政治家、政党和公共政策赋予的价值观相关）来解释选民选择表达的方式。

- 阿罗不可能定理证明了不存在同时满足对应条件的投票规则。尽管这些条件可能被认为是有吸引力的，但这一规则"应该"满足这些要求，当然是出于一种规范性判断。在简单多数投票规则（50%+1）情况下，已有研究表明，当偏好为多峰时，该规则可能无法满足集体理性的要求，因为它产生了一种不满足可传递性的排序。此外，值得强调的是，当选民被认为完全知情，且没有政党、压力集团和政治家所造成的信息不对称时，简单多数投票规则可能会失败。在直接多数投票中，当选民完全知情时，这条规则可能会导致投票循环的结果。

- 显然，简单多数投票规则在许多方面都受到批评。即使偏好是单峰的，当集体选择是多维的时候，它也不能提供满足传递性的选项排序。简单多数投票不能保证可以产生帕累托最优或者潜在的帕累托最优。简单多数投票规则未必是集体决策最具成本效益的方法，它也无法反映出偏好程度，除非同时存在投票交易现象。所有这些批评都令人不安。然而，在面对源于阿罗不可能定理的指控时，必须牢记其他集体决策机制也并不完善。

- 对于"公共选择"学派来说，一个引起担忧的重要原因在于，多数投票规则有一种内在的导致公共预算"过度扩张"的倾向。毫无疑问，这一情况确实存在。为大多数人提供降低税收价格的机会、对税收价格的财政幻觉以及多数人肆无忌惮的暴政，都可能导致公共预算（包括消耗性支出和转移性支

出）超出传统公共财政分析能够预期的规模。然而，必须指出的是，导致公共
支出水平"过高"的是政治过程的不完善，而不是规则本身。

附录4（A）：投票决定

下面的例子（参见Jones和Cullis，1986以及Anderson，2003）说明了风险
厌恶在分析投票决定时的重要性。我们假设将就税制结构的改变作出集体决
策，这一改变能够给个人带来更高的税后效用。个人总效用函数假设为凹函
数，用$O\text{-}U$表示。

在图4A-1中，初始税后收入是Y_1，如果这一政策在投票中通过，税后收
入将增加到Y_2。显然，Y_2是首选，因为它产生更大的效用（U_2）。即使个人不
参与投票，这项政策的改变也有可能在投票站获得成功：其他大多数人可能
会支持它。如果个人不投票，那么他们的预期收入就是Y_E，预期效用就是
U_E。我们已经任意假设，即使个人不参与投票（在本例中$(Y_E - Y_1)/(Y_2 - Y_1) = 0.5$），该税制改革方案也有50%的概率获得通过。

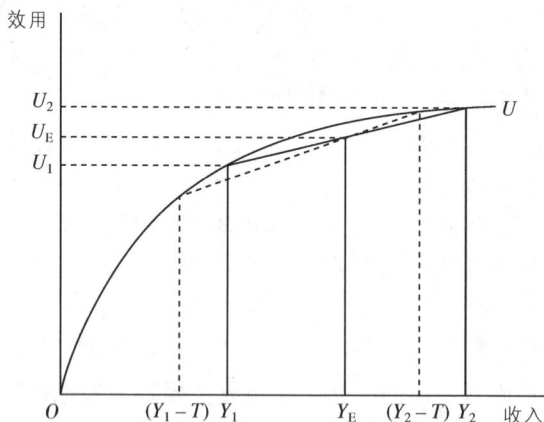

图4A-1 纳税人为何投票

来源：Jones and Cullis, 1986.

如果个人参与投票，他所偏好的结果成功的可能性会增加，但同时也存在
着投票的交易成本（等于T）。当产生这些交易成本时，如果出现最好的结果，

个人的收入将为 $Y_2 - T$；如果出现最坏的结果，则为 $Y_1 - T$。但是，只要投票的预期收入不低于 Y_E，个人就会参与政治活动。如果他通过投票，增加了政策变更被采纳的概率，那么尽管会产生交易成本，但投票的预期收益可能与不参与投票时的预期收益，即 Y_E 相同，甚至大于这一预期收益。从横轴上的距离可以明显地看出，当投票的预期收益超过不投票的预期收益时，投票成功的概率必须大于或等于

$$\frac{Y_E(Y_1 - T)}{(Y_2 - T) - (Y_1 - T)}$$

该值大于 0.5。为了使投票是值得的，个人必须通过参与投票来增加改革方案成功的可能性（他影响结果的概率必须是正的）（Jones 和 Cullis，1986）。但是，参与投票的个人有多大可能增加改革方案通过的机会呢？个人能够认为他投下的一票是重要的吗？

参考文献

Aldrich, J. (1993) 'Rational Choice and Turnout', *American Journal of Political Science*, 37, 1, pp. 246–78.

Aldrich, J. (1997) 'When is it Rational to Vote', pp. 373–90 in Mueller, D.C. *Perspectives on Public Choice*. Cambridge: Cambridge University Press.

Alesina, A. and Perotti, R. (1995) 'The Political Economy of Budget Deficits', *Staff Papers*, International Monetary Fund, 42 (March): 1–31.

Anderson, J. E. (2003) *Public Finance: Principles and Policy*. Boston: Houghton Mifflin.

Arrow, K. J. (1963) *Social Choice and Individual Values*, 2nd edn. New Haven, Conn.: Yale University Press.

Ashenfelter, O. and Kelly, S. Jr. (1975) 'Determinants of Participation in Presidential Elections', *Journal of Law and Economics*, 18, 3, pp. 695–733.

Bergstrom, T. C. and Goodman, R. P. (1973) Private Demands for Public Goods, *American Economic Review*, 63, 3, pp. 280–96.

Black, D. (1948) 'On the Rationale of Group Decision Making', *Journal of Political Economy*, 56, 1, pp. 23–34.

Brennan, G. (2001) 'Five Rational Actor Accounts of the Welfare State', *Kyklos*, 54 (2/3), pp. 213–33.

Brennan, G. and Lomasky, L. (1993) Democracy and Decision: *The Pure Theory of Electoral Preference*. Cambridge: Cambridge University Press.

Bowen, H. R. (1943) 'The Interpretation of Voting in the Allocation of Economic Resources', *Quarterly Journal of Economics*, 58, 1, pp. 27–48.

Bowles, R. and Jones, P. (1990) 'Medical Insurance in the UK: A Public Choice Approach', *Geneva Papers on Risk and Insurance*, 14, 54, pp. 27–40.

Brennan, G. and Buchanan, J. M. (1980) *The Power to Tax: Analytical Foundations of Fiscal Constitution*. Cambridge: Cambridge University Press.

Buchanan, J. M. (1954) 'Individual Choice in Voting and the Market', *Journal of Political Economy*, 62, 4, pp. 334–43.

Buchanan, J. M. (1958) *Public Principles of Public Debt*. Homewood, Ill.: Richard Irwin.

Buchanan, J. M. (1989) *Essays on the Political Economy*. Honolulu: University of Hawaii Press.

Buchanan, J. M. and Tullock, G. (1965) *The Calculus of Consent*. Ann Arbor: University of Michigan Press.

Buchanan, J. M. and Wagner, R. E. (1977) *Democracy in Deficit: The Political Legacy of Lord Keynes*. Academic Press.

Cavanagh, T. E. (1981) 'Changes in American Voter Turnout, 1964–1976', *Political Science Quarterly*, 96, (Spring), pp. 53–65.

Connolly, S. and Munroe, A. (1999) *Economics of the Public Sector*. London: Prentice Hall.

Craig, E. and Heins, A. (1980) 'The Effect of Tax Elasticity on Public Spending', *Public Choice*, 35, 3, pp. 267–75.

Cullis, J. G. and Jones, P. R. (1987) *Microeconomics and the Public Economy: A Defence of Leviathan*. Oxford: Basil Blackwell.

de Tocqueville, A. (1835) *Democracy in America, reprint edn*. Oxford: Oxford University Press.

Deci, E. L. and Ryan, R. M. (1980) 'The Empirical Exploration of Intrinsic Motivational Processes', *Advances in Experimental Social Psychology*, 10, pp. 39–80.

Deci, E. L. and Ryan, R. M. (1985) *Intrinsic Motivation and Self Determination in Human Behavior*. New York: Plenium Press.

Di Lorenzo, T. (1982) 'Tax Elasticity and the Growth of Local Government Expenditure', *Public Finance Quarterly*, 10, 3, pp. 385–92.

Dollery, B. E. and Worthington, A. C. (1996) 'The Empirical Analysis of Fiscal Illusion', *Journal Economic Surveys*, 10, 3, pp. 261–97.

Dowding, K. (2005) 'Is it Rational to Vote? Five Types of Answer and a Suggestion', *British Journal of Politics and International Relations*, 7, 3, pp. 442–59.

Downs, A. (1957) *An Economic Theory of Democracy*. New York: Harper & Row.

Downs, A. (1960) 'Why the Government is Too Small in a Democracy', *World Politics*, 13, pp. 541–63.

Elster, J. (1989) *Solomonic Judgements: Studies in the Limitations of Rationality*. Cambridge: Cambridge University Press.

Feenberg, D. R. and Rosen, H. S. (1987) 'Tax Structure and Public Sector Growth', *Journal of Public Economics*, 32, 2, pp. 185–202.

Ferejohn, J. A. and Fiorina, M. P. (1974) 'The Paradox of Not Voting: A Decision Theoretic Analysis', *American Political Science Review*, 68, 2, pp. 525–36.

Ferejohn, J. A. and Fiorina, M. P. (1975) 'Closeness Counts Only in Horseshoes and Dancing', *American Political Science Review*, 69, 2, pp. 678–90.

Fiorina, M. P. (1976) 'The Voting Decision: Instrumental and Expressive Aspects', *Journal of Politics*, 21, pp. 601–25.

Frey, B. S. (1971) 'Why Do High Income People Participate More in Politics?', *Public Choice*, 46, 2, pp. 141–61.

Frey, B. S. (1983) *Democratic Economic Policy*. Oxford: Martin Robertson.

Frey, B. S. (1997) *Not Just For the Money: An Economic Theory of Personal Motivation*. Cheltenham: Edward Elgar.

Galbraith, J. K. (1962) *The Affluent Society*. Harmondsworth: Penguin.

Gemmell, N., Morrissey, O. and Pinar, A. (2003) 'Tax Perceptions and the Demand for Public Expenditure: Evidence from UK micro-data', *European Journal of Political Economy*, 19, 4, pp. 793–816

Geys, B. (2006) 'Rational Theories of Voter Turnout: A Review', *Political Studies Review*, 4, 1, pp. 16–35.

Hindricks, J. and Myles, G. D. (2006) *Intermediate Public Economics*. Cambridge. Mass., MIT Press.

Hudson, J. and Jones, P. R. (1994) 'The Importance of the "Ethical Voter": An Estimate of

"Altruism" ', *European Journal of Political Economy*, 10, 3, pp. 499–509.

Ingberman, D. E. and Inman, R. P. (1988) 'The Political Economy of Fiscal Policy', pp. 105–60 in P. G. Hare, *Surveys in Public Sector Economics*. Oxford: Basil Blackwell.

Jones, P. R. and Cullis, J. G. (1986) 'Is Democracy Regressive? A Comment on Political Participation', *Public Choice*, 51, 1, pp. 101–7.

Jones, P. and Dawson, P. (2007) 'Choice' in Collective Decision-Making Processes: Instrumental or Expressive Approval? *Journal of Socio Economics*, 36 (1), pp. 101–17.

Jones, P. and Dawson, P. (2008) 'How Much do Voters Know? An Analysis of Motivation and Political Awareness', *Scottish Journal of Political Economy*, 55, 2, pp. 123–42.

Jones, P. R. and Hudson, J. (1996) 'The Quality of Political Leadership: A Case Study of John Major', *British Journal of Political Science*, 26, 2, pp. 229–4.

Jones, P. and Hudson, J. (2000) 'Civic Duty and Expressive Voting: Is Virtue its Own Reward?', *Kyklos*, 53, pp. 3–16.

Jones, P. and Hudson, J. (2001) 'Political Parties, Political Integrity and Public Policy: A Transactions Costs Approach', *Political Studies*, 49, pp. 70–88.

Lane, R. E. (1966) 'Political Involvement Through Voting' in B. Seasholes (ed.) *Voting, Interest Groups and Parties*. Glenview, Ill: Scott Foresman.

Lee, D. R. (1988) 'Politics, Ideology, and the Power of Public Choice', *Virginia Law Review*, 74, 2, pp. 191–9.

Little, I. M. D. (1952) 'Social Choice and Individual Values', *Journal of Political Economy*, 60, 5, pp. 422–32.

Meltzer, A. H. and Richard, S. F. (1981) 'A Rational Theory of the Size of Government', *Journal of Political Economy*, 84, 5, pp. 31–7.

Mishan, E. J. (1988) *Cost Benefit Analysis*, 4th edn. London: Unwin Hyman.

Mueller, D. C. (1979) *Public Choice*. Cambridge: Cambridge University Press.

Mueller, D. C. (1987) 'The Voting Paradox', pp. 77–99 in C. K. Rowley (ed.), *Democracy and Public Choice: Essays in Honour of Gordon Tullock*. Oxford: Basil Blackwell.

Mueller, D. C. (2003) *Public Choice III*. Cambridge: Cambridge University Press.

Musgrave, R. A. (1981) 'Leviathan Cometh—or Does He?', pp. 77–120 in H. Ladd and N. Tideman, *Tax and Expenditure Limitations*, Coupe Papers on Public Economics no. 5. Washington: Urban Institute.

Musgrave, R. A. (1985) 'Excess Bias and the Nature of Budget Growth', *Journal of Public Economics*, 28, 3, pp. 287–308.

Musgrave, R. A. and Musgrave, P. B. (1989) *Public Finance in Theory and Practice*, 5th edn. New York: McGraw-Hill.

Oates, W. E. (1975) 'Automatic Increases in Tax Revenues—The Effect of The Size of The Public Budget', in W. Oates (ed.) *Financing the New Federalism; Revenue Sharing, Conditional Grants and Taxation*. Baltimore: John Hopkins University Press.

Oates, W. E. (1979) 'Lump Sum Intergovernmental Grants have Price Effects' pp. 22–30 in P. Mieszkowski and W. H. Oakland (eds), *Fiscal Federalism and Grants in Aid*. Coupe Papers on Public Economics, Washington DC: Urban Institute.

Oates,W. (1988)'On the Nature and Measurement of Fiscal Illusion: A Survey', pp. 65–82 in G. Brennan,B. S. Grewal and P. Groenewagan (eds), *Taxation and Fiscal Federalism*. Canberra: Australian National University Press.

Peterson,G. E. (1975)'Voter Demand for Public School Expenditures', in J. Jackson (ed.), *Public Needs and Private Behavior in Metropolitan Areas*. Cambridge Mass: Ballinger.

Plott, C. R. (1987)'The Robustness of the Voting Paradox', pp. 100-2 in C. K. Rowley (ed.), *Democracy and Public Choice: Essays in Honour of Gordon Tullock*. Oxford: Basil Blackwell.

Puviani,A. (1903)*Teoria della Illusione Finanziaria*. Palermo: Sandron.

Riker,W. H. and Ordeshook,P. C. (1968)'A Theory of the Calculus of Voting', *American Political Science Review*,62,1,pp. 25–42.

Sen,A. K. (1970)*Collective Choice and Social Welfare*. Edinburgh and San Francisco: Oliver & Boyd and Holden–Day.

Shehab, F. (1953)*Progressive Taxation: A Study in the Development of the Progressive Principle in the British Income Tax*. Oxford: Clarendon Press.

Tullock,G. (1959)'Some Problems of Majority Voting', *Journal of Political Economy*,67,6, pp. 571–9.

Tullock,G. (1976)The Vote Motive. Hobart Paperback No. 9,London: Institute of Economic Affairs.

Vickrey,W. (1961)'The Burden of the Public Debt: Comment', *American Economic Review*,51,pp. 132–7.

Wagner, R. E. (1976)'Revenue Structure, Fiscal Illusion and Budgetary Choice', *Public Choice*,25,pp. 45–61.

Wicksell, K. (1896)'A New Principle of Just Taxation', Finanztheoretische Untersuchungen. Jena: Gustav Fisher. Reprinted as pp. 72–118 in R. A. Musgrave and A. T. Peacock, *Classics in the Theory of Public Finance*. London: Macmillan,1958.

Wittman,D. (1989)'Why Democracies Produce Efficient Results', *Journal of Political Economy*,97,6,pp. 1395–1424.

Young,P. (1995)'Voting Rules', *Journal of Economic Perspectives*,9,1,pp. 51–64.

第 5 章　寻租、公共提供和"回归市场"

5.1　引言

本章中，在公共部门经济背景下，我们详细说明了探究经济学的多种方法。论述围绕4个相互关联的问题展开。第一，解释生产活动中经济运行的动力，以及它所带来的福利损失。第二，概括政府干预对广义生产活动正反两方面的影响。公共选择学派认为政府干预是缺乏效率的，而另一方却持相对乐观的看法。后者至少在两个方面突破了传统福利经济学分析的框架。一是，引入了制度学派的思想，关注交易、产权、代理和交易成本。除了关注点和侧重点有所不同外，交易成本、产权和代理在研究上是相辅相成的，而非根本上的不同。二是，虽然仍旧以个体为分析单元，但借鉴了心理学的观点，对部分新古典主义有关个体性质的标准描述进行了修正。本章中的个体具有更为丰富的特质，这将在第 16 章做更为充分的说明。不过，在此我们首先介绍非理性经济人或女性经济学这一分析单元。

第三，在本章及前述章节大量论证的基础上，研究所谓"国有化行业"的经济绩效问题。第四，研究"私有化"和公共部门的目标依赖。尽管"私有化"政策盛行于包括发展中国家在内的几乎所有地方，但生产是布局于公共部门还是私营部门，仍是一个广受争议的话题。私人生产与公共生产各有所长，由此引发了有关公共企业和私人企业不同内外部环境所产生的激励的争论。企业的外部环境在根本上推动着微观经济学文献对从完全竞争到垄断的市场形态的讨论。由于企业理论在本质上是关于价格-产出决定关系的研究，因此，企业的内部环境通常不是微观经济学研究的核心，但在研究效率问题时是至关重要的。有关企业的出现及其内部组织形式的问题，Coase（1937），Alchian 和 Demsetz（1972），Leibenstein（1966）以及更近时期的 Rees（1985）等都做了相关研究。

Coase 认为，企业的出现是因为这种组织形式可以减少完全通过市场决策产生的交易成本。企业组织受限于其内部规划和管控产生的交易成本。Alchian 和 Demsetz 进一步扩展了 Coase 的研究，强调"团队生产"对企业产出的贡献。有限制性的论点认为团队生产的体系中存在"偷懒"问题，而诸如可交易的产权、监督、剩余索取人等存在于传统企业的一些特征，就是为了应对偷懒问题的。Leibenstein 在他的 X-低效理论著作中对生产活动的执行效率进行了讨论，认为其对公共组织非常重要。Rees（1985）在有关"委托-代理"的论文中对很多产业组织的论题进行了论述。这些理论的要点是，如果内部组织有缺陷，那么无论公共生产还是私人生产，在很大程度上都与目标能否实现无关。重要的是，在一定环境下委托人能够为代理人（经理人和雇员）打造激励机制，使代理人比委托人获得更多有关生产的信息，并使监督依赖代理人行为的实际结果，而不是直接观测代理人的行为，不过，这些结果也会受随机事件的影响。

虽然许多政府正在尝试从"国家"或公共生产转向"市场"生产，但有关私人市场组织的吸引力和近期对公共企业的排斥，仍存在大量的学术争论。北岩银行的经历，以及新工党采用目标作为政策工具，也将作为这场正在进行中的争论的一部分进行考察。

5.2 寻租成本和政治过程

寻租触发了"公共选择"学派的研究。要素所有者赚取的租金数额是实际收取的价格与供给价格之间的差额，其中，供给价格为资源所有者以某种形式运用资源所能接受的最低价格。寻求垄断利润是理解本章内容的关键一环。

长期以来，新古典经济学家一直在对"低效率"的公共（或私人）供给造成的无谓损失进行估算。在他们看来，政府是一个全能且仁慈的权力机构，因此其关注的焦点在于价格机制的扭曲效应。例如，在私营部门中，垄断的效率成本是以过少的产出导致消费者剩余的减少来估计的。图 5-1 中，D 是商品 X 的需求曲线。在竞争行业中，商品价格与边际成本相等，那么此时商品的价格

是 P_c，对应的产量是 q^c。然而，在垄断行业中，垄断厂商在边际收益等于边际成本处生产，此时价格为 P_m，产量为 q^m。显然，消费者获得的产品数量减少了 $q^c - q^m$，垄断厂商因此可以设置更高的产品价格。在产出数量为（$0-q^m$）时，垄断厂商因更高的价差（$P_m - P_c$）而获利，获得的垄断利润或经济租金为 P_m-1-3-P_c。然而，整个社会的损失是 $q^c - q^m$ 单位产出对应的消费者剩余，即三角形 1-2-3 代表的区域。

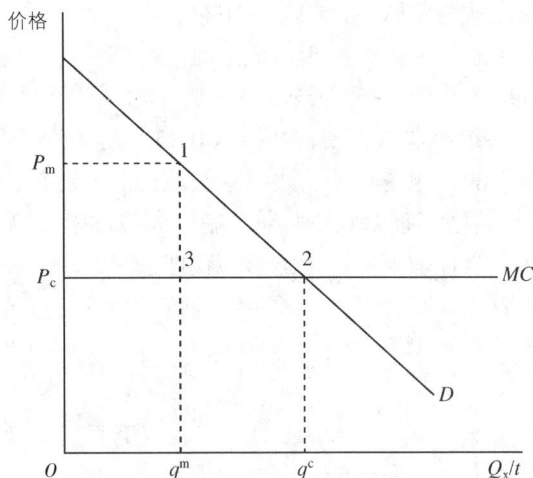

图 5-1 垄断的社会成本

新古典主义对垄断成本的实证估计结果是相当小的。Tollison（1982）指出如此低的估计结果引起了对经济学家作用重要性的质疑。他注意到 Mundell（1962：622）曾评论说，"除非对这些研究所用工具的有效性进行彻底重估……否则势必有人会得出经济学已不再重要的结论"。事实上，图 5-1 的分析不久便被重新审视。Tullock（1967）认为，如果厂商能够获得 P_m-1-3-P_c 的垄断利润，那么个人可能会花费资源来获取这种租金。[①]的确，人们可以想象，为获得垄断地位，所付成本的最高数额将达到 P_m-1-3-P_c。这时，垄断的成本

---

① 然而，在亚当·斯密的《国富论》中提到寻租问题，他写道"我们的税收法中最残酷的……与我们的商人和制造商已然向立法机关勒索敲诈的形式相比，是宽大、温和地支持他们自己荒谬且压迫性的垄断"（引用 Brooks 和 Heijdra，1989：35）。

不再由三角形 1-2-3 表示，而是等于梯形 P_m-1-2-P_c 的数额。[1]

新古典主义分析被市场价格效应对消费者和生产者的影响所主导，而公共选择学者则关注政治联盟通过政治程序建立产权的方式。在公共选择学派的分析中，国家不再是仁慈的，而且决策更多地与参与政治活动的那些人的自身利益相关。不同的观察视角引起了对先前被忽略的成本的注意。政治团体可以游说政府进行立法改革或给予特许，以增加其未来收益。他们为游说活动愿意支付的最大金额等于预期未来收益折现的资本化价值。然而，这笔支出反映出将资源用于观点宣传、政府游说等方面，目的在于影响收入转移。区域 P_m-1-3-P_c 是从消费者转移给生产者的收入，但厂商愿意支付与 P_m-1-3-P_c 等额的费用来实现这种转移。在这种情况下，寻租被定义为"花费稀缺资源以获取一种人为创造的转移利益"（Tollison，1982：578）。

有了这样的洞察，垄断成本估算的真相就被揭开了。政治程序中可能充斥着诸如此类的支出。只要存在租金，厂商就有可能通过等价支出来获取这种转移。Posner（1975）指出了寻租成本等于整个区域 P_m-1-3-P_c 的条件。假设获得垄断权的过程是竞争性的，垄断利益价值 10 万英镑，并且存在 10 个风险中性的厂商参与竞标。在不存在共谋的情况下，每个厂商将会花费 1 万英镑来获得垄断权，整个社会为获得垄断产生的利益转移将耗费 10 万英镑。根据这一论证思路，我们注意到，Posner 构建了如下条件，以预测转移收益的价值将被寻租活动完全耗散："（1）获得垄断地位本身就是一种竞争性活动；（2）用于寻租的全部投入的长期供给具有完全弹性；（3）寻租本身不产生外部性；（4）垄断特权具有时效性；（5）个体寻租者是风险中性的。"（Brooks 和 Heijdra，1989）[2]

---

① 对于边际成本不是常数而是向上倾斜的情况，也可以进行相同的分析。在垄断情况下，例如，无谓损失可以在图 5-1n 中标出。需求曲线为 D，边际成本曲线为 MC。完全竞争行业的产出为价格与边际成本相等时的产量，即 q^c。垄断生产者将限制产量以获取额外利润。如果产量减少至 q^m，那么消费者剩余将被减少 P_c-P_m-1-2。然而，就生产者而言，他们将获得价差，即所有出售产量（产量 0-q^m 的 P_c-P_m-1-3）减去不再出售产量的生产者剩余损失（三角形 2-4-3）。净收益于是正数，对于垄断而言，减少市场产量直至边际成本（MC）等于边际收入（MR）是值得的。然而，社会整体的损失是三角形 1-4-2 的面积。区域 P_c-P_m-1-3 仅仅是从消费者到生产者的转移。这种转移对社会来说是一种损失，损失等于减少的产量所对应的消费者剩余（三角形 1-2-3）与生产者剩余（三角形 2-4-3）的总和。

② 然而，对这些条件的批评见 Brooks 和 Heijdra（1989）。

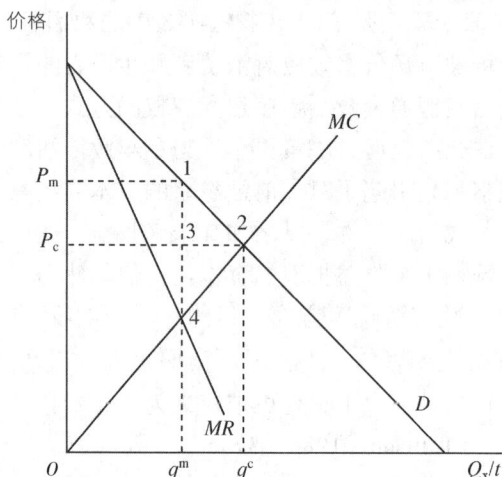

图 5-1n 寻租和边际成本递增

　　然而，或许更重要的是，这意味着像通过寻租获得垄断权益一样，可以付出同样的成本进行游说，以抵制这种垄断权的取得。这表明用于寻租的总支出可能超过转移收益的价值。如图 5-2 所示，厂商希望游说监管机构允许其将价格从 P_c 提高至 P_m，消费者则希望说服监管机构将价格维持在 P_c。双方将认为期望价格为 $[(P_m + P_c)/2]$，即 P_1。此时，为了维持权益，厂商最多愿意花费 P_c-P_1-1-3，消费者最多愿意花费 P_c-P_1-1-2。总支出将等于 P_c-P_m-5-1-2，这超过了转移收益的价值 P_c-P_1-1-3。实际上，寻租现在超过了 Tullock 最初估计的区域 4-5-1-2-6 的价值（Baysinger 和 Tollison，1980）。

　　很显然，在任一有关公共部门决策的分析中，忽视政治进程中所特有的寻租成本是不明智的。同样，给予其过多的考虑可能也不够明智。到目前为止，分析指向了极端。然而，也有一些缓和的考虑。

5.2.1　来源于 X-无效率的成本

　　在垄断的情况下，寻租成本的存在减轻了 X-无效率的影响。Schap（1985）指出，"X-无效率导致的成本与垄断导致的福利损失中寻租带来的成本之间存在部分重合"。如图 5-3 所示，X-无效率是指处于垄断地位的厂商未促使其成本降至最低成本位置。对于垄断者来说，其边际成本处在更高的位置上（对于一个 X-无效率的垄断者而言，边际成本是 MC'，而非 MC）。

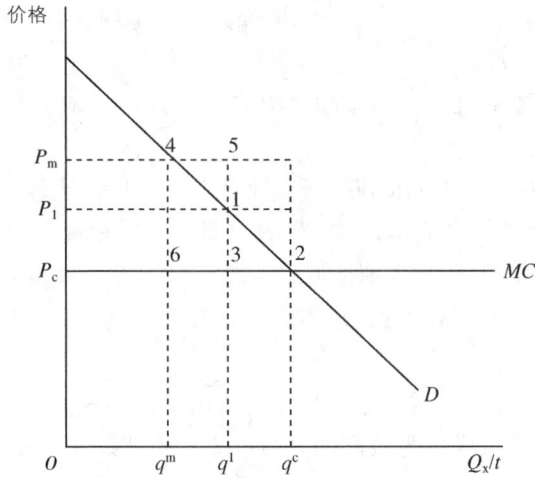

图 5-2 寻租：生产者 VS 消费者

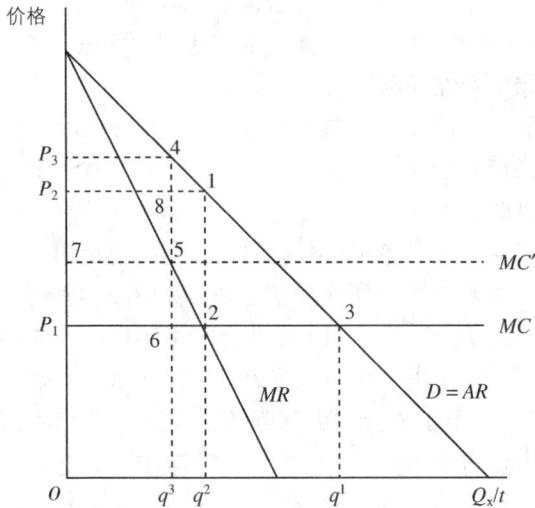

图 5-3 寻租和 X-无效率

在没有寻租成本的情况下，估计 X-无效率的成本，应当注意：

1. X-效率垄断的社会成本由三角形 1-2-3 表示。

2. X-无效率垄断的社会成本由区域 4-3-P_1-7-5 表示（由于生产成本未处在

最低位，且产量为比 q^2 更小的 q^3，无谓损失三角形现在是对社会成本的低估，额外损失为 5-6-P_1-7）。

3.由垄断引致的社会成本为 4-3-P_1-7-5，其中，X-无效率成本为 4-1-2-P_1-7-5。

现在，考虑存在寻租的情况下重复上述分析，以做比较：

1.X-效率垄断的社会成本是 1-3-P_1-P_2（其中，寻租成本为（1-2-P_1-P_2））。

2.X-无效率垄断的社会成本是 4-3-P_1-P_3。

3.现在，由垄断引致的社会成本为 4-3-P_1-P_3，其中，寻租使成本净增 4-5-7-P_3。

由此得出的结论是，寻租成本似乎与垄断造成的其他成本有所重合。不存在 X-无效率时，寻租成本为较高的 P_2-1-2-P_1；在 X-无效率情形下，寻租成本降至 P_3-4-5-7，区域 1-2-P_1-7-5-8 的寻租成本转换为消费者剩余损失 4-1-2-6 和资源损耗 5-6-P_1-7。分析表明，X-无效率限制了部分寻租行为，这是因为潜在的寻租者意识到在垄断状态下，生产成本将会上升，经济利润也将相应下降。Tollison 和 Wagner（1991）就改革垄断的问题提出了进一步的见解。

5.2.2 直接非生产性寻利活动

国际贸易中的直接非生产性寻利活动（DUP）分析与寻租研究息息相关。通过立法，对进口商品征税，可以增加本国厂商的租金（详见第13章）。开征进口税将减少进口商品的供应，这会提高进口商品的价格，国内厂商生产的商品也因此获得更高的定价。然而，有趣的是，有研究指出，在次优情形下，寻租可能再一次降低由其他扭曲所产生的成本。如图5-4所示，T 是产品转换曲线，在自由贸易条件下，生产在点1处进行，由转换曲线的斜率表示的两种产品的边际成本比率，等于国际价格比率 P_i。如果征收进口税，进口商品 Y 的相对价格将会提高①，表示价格比率的切线将变至更为陡峭的 P_t。随着价格比率变为 P_t，新的产出点将位于点2。然而，如果存在寻租支出，转换曲线将向内转移至 T_1。在这种情况下，初始交易将位于点3，关税保护政策下的产出位置将位于点4。对比点2和点4的福利，显然，当存在寻租成本时，以世界价格衡

---

① 假设不考虑国际贸易专业学生将会知道"梅茨勒悖论"的可能性，"梅茨勒悖论"指的是进口商品的价格在国内市场上可能会降低，即使已经对其征收进口税。

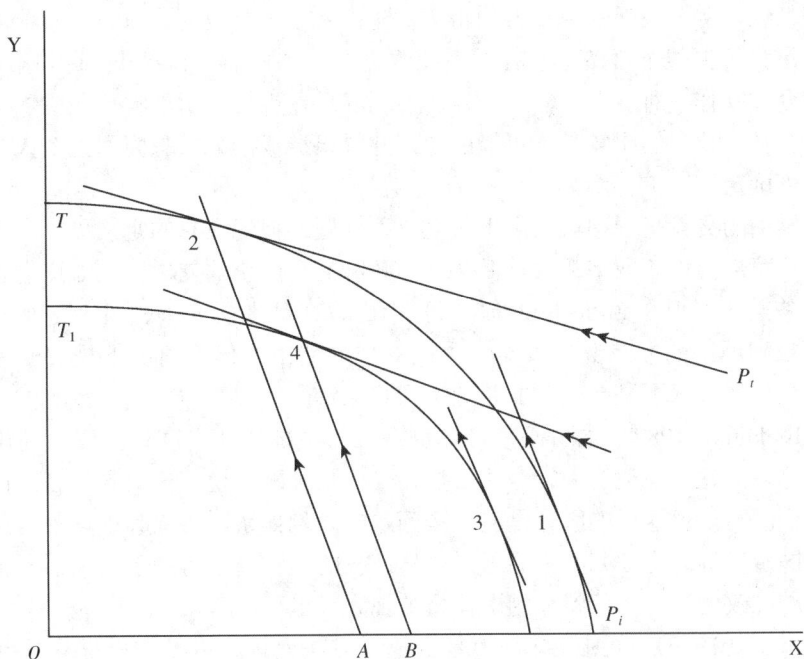

图 5-4　直接非生产性寻利活动

量的国民收入将从 0-A 增加到 0-B。次优理论又一次对直观分析提出了质疑。如果存在扭曲（如关税本身），那么寻租成本实际上可以导致更高的福利水平（Bhagwati 和 Srinivason，1980，1982）。

5.2.3　社会成本

即使在寻租理论的研究范围内，也应当注意，并非所有支出都不具有某些社会价值。寻租可以为经济中的其他人提供信息（Quibria，1989）。除此之外，公共选择理论的其他方面（详见第 14 章的官僚主义理论），并不考虑从寻租支出中获得效用的可能性（例如，从与政客共进午餐或愉快的接待中获得的效用）。寻租收益的确弥补了部分社会成本，尽管不可能完全覆盖（Samuelsand Mercuro，1984）。

5.2.4　企业家回报

寻租理论的一个重要问题是如何界定寻租活动和寻利活动。前者减少福利，而后者增加福利。DiLorenzo（1988）坚定地认为："难以通过客观标准来认定什么是无效的寻租，对寻租无效的认定只能依赖主观的价值评判标准。"

举例来说，从关税保护中获得的租金对生产者来说是收入，只有在规范的消费者效用分析框架下（参考潜在帕累托改进的基本标准，详见第1章和第6章），它才会被视作一种收益的转移。正如DiLorenzo所说，"由于收益和成本是主观的，而且个体间的比较是不可能的，因此寻租造成的无效只能通过个人的价值标准来确定"。

早期的文献基于国家层面来研究寻租问题，但现在它的定义更加广泛，涵盖了私营部门为获取垄断收益而从事的各种活动产生的支出，例如广告和过度产品差异化。但是Littlechild（1981）指出，在动态研究下，租金是企业家能力回报和激励的非持久性收益。那么这样的支出在什么情况下是被贬斥的寻租，在什么情况下是受欢迎的企业家回报呢？

Ricketts（1987）试图通过将寻租定义为"挑战现有产权的资源利用"来解决这一问题。在他看来，企业家们接受产权分配的现状，而寻租者则试图改变它们。当然，这样的区分是有诸多问题的。例如，以废除禁止竞争的法律为目的的游说行为将被归类为寻租。虽然产权的转移通常有助于提高福利，但是一个游说改变这一现状特征的团体将被视为寻租。

Dnes（1989）试图根据行为是否获得宪法允许，以及它是提升效率还是造成损失来区分企业经营行为和寻租活动，解决寻租定义的问题。然而，问题的核心又回到了DiLorenzo的论断，在规范分析框架下，这些行为最终将会被定义为寻租。在这方面，DiLorenzo寄希望于"古典政治经济学"框架，在这个框架中，人们提倡自愿合作，反对强制。除非对其他人有强迫性暗示，为了撤消禁止合作的法律而去游说将是受欢迎的。因此，一部禁止公司兼并的法律可能被视为否认这种合作的经济优势，但是，在古典政治经济学看来，减少利益集团带来的经济停滞影响的法律是很重要的。相比之下，按照Ricketts的区分方法，如果支出被用于改变任何一种现状特征，它们将被视为寻租。无论是坚持DiLorenzo的观点，抑或选择其他的分析框架，一种明确规范性的区分方法将是最终推进研究的最佳方式。当然，尽管寻租可能不像最初想象的那么令人信服，但它仍然是当下经济中理解"公共选择"行为的核心，这一点将在后面的论述中看到（详见第10章关于适用于税收改革的寻租的讨论）。

5.2.5　寻租和管制过程

有关管制的公共选择经济学与芝加哥大学和George Stigler、Sam Peltzman（例如1975年）等学者尤其相关。简单来说，其理论研究认为，管制与以获得特定厂商团体的政治支持为目的的财富转移有关，而这种财富转移是通过限制受监管行业的进入和竞争来实现的。Kelman（1988）将管制称为 "暗箱中的卡特尔"。这是怎么回事呢？如图 5-5 所示，象限（a）描述了生产商品 X 的不变成本的市场情况。$MC = AC$ 的初始成本结构下，市场交易在点 1 处有竞争性价格 P_c。象限（b）中的 45°线使 P_c 等值反映在象限（c）"顶部"的横轴上。代表消费者的政府有一个无差异曲线图，将经济利润以及任一高于 P_c 的价格视为 "不好"，从而使价格位于 P_c 处。然而，如果政府是被投票数量最大化驱动的，情况就会有所不同。如图所示，价格和经济利润分别从正反两方面影响投票。较低的价格增加消费者的投票，而高于 P_c 的价格会为生产者带来经济利润并获得其投票（投票收益的方向由象限（c）中的箭头指出）。在象限（c）中，等价投票曲线 V_0 通过 P_c，价格为 P_c 时可获得投票 V_0（曲度表明，超过 P_c 后，价格的连续提高需要更大的经济利润增益来保持总体政治支持恒定）。现在假设政府管制，既将象限（a）中的成本由 $MC = AC$ 提高至 $MC_r = AC_r$，又制造进入壁垒，使象限（a）中的价格–产出组合处在不完全竞争位置。当 $MC = AC$ 时，厂商在点 2 对应的产量达到利润最大化，并在点 3 取得相应的价格。当成本为 $MC_r = AC_r$ 时，分别在点 4 和点 5 处确定产量和价格，即象限（c）中的 "谷" 形经济利润曲线从 π 移动至 $π_r$，政府将在 V_1 的点 6 处得到最大化投票，均衡价格为 P_r（$>P_c$），经济利润为 $π_g$。生产者获得的收益是以商品 X 的消费者的损失为代价的，并且政府享有更大的政治支持。当然，对特殊利益效应的粉饰推进了这一过程。由于获知 P_c 位置的成本是高的，消费者很可能不知道管制的真正目的。即使消费者是知情的，消费者团体也很难组织起来，这是因为购买低价的商品 X 的潜在个人收益是很低的，而且免费 "搭便车"（"让其他消费者反对价格上涨"）问题也会凸显出来。就政府自身来说，它们为管制披上 "安全" 的外衣，例如阻止从低质量的 "血汗工厂" 经济体进口等。此外，在动态环境中，这一过程将难以被察觉。如果技术发明推动了成本降低，例如 $MC_i = AC_i$，利润曲线变为 $π_i$，政府在点 7 处获得均衡，此时政治支持已经增加至 V_2，经济利润增加至 $π_{g'}$，价格降低至 P_i，每个人都因此获利。然而，问题是，有效率的市场组合是点 8 对应的价格和数量，而监管早已掩盖了这一点。

上述观点不仅仅是一个理论推导，多种条件下的实证研究对其做过分析。然而，Kelman（1988）对这方面的实证研究持怀疑态度。他指出，实证研究有一些共同目的：

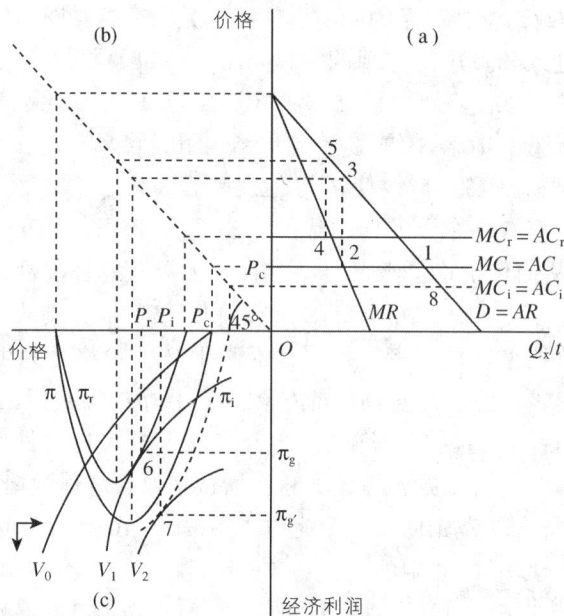

图 5-5 典型的管制俘虏

1.以经验证明管制的收益与成本比小于 1（"世故"假说），来实证说明管制并不直接服务于其公共目的（"天真"假说）；

2.说明管制如何限制小的或新进入的厂商与大厂商竞争，为特定的厂商团体创造私人财富。

他评论过的案例研究包括：

（a）Peltzman（1975）关于汽车安全管理的研究，其中"天真"假说是安全管理减少事故等，"世故"假说是"风险补偿"会致使自己暴露于持续不断的风险中。如果潜在事故的成本降低，你会采取更加冒险的方式，从而提高了事故发生的概率。

（b）Viscusi（1985）关于产品安全管理和"儿童防护"盖的研究，其中"天真"假说是使用防护盖能减少意外中毒，"世故"假说是防护盖对儿童安全没有作用。之所以没有作用是因为打开复杂的防护盖对于成年人来说也是很困难的，以至于他们会让药品容器一直开着盖子的，后者使成年人被更好的盖子所"哄骗"，而没有将药物放在远离儿童的地方。

（c）Bartell 和 Thomas（1985）关于职业安全管理的研究，其中"天真"假说认为安全管理减少了工作场所的事故，"世故"假说则认为职业安全是无效立法（要么因执行不力而导致合规情况很少，要么因为管制与安全之间没有密切的联系）。

（d）Linneman（1980）关于"床垫易燃性标准"的研究，其中"天真"假说认为设立标准可以减少火灾的发生，"世故"假说则认为设立标准增加了火灾且几乎没有什么有益的作用。

Kelman 对这些研究中的基础数据、数据转换和解释说明进行了严厉的批判。他质疑上述第 1 点的实证研究方法，而倾向于直接论证"天真"假说。关于上述第 2 点，Kelman 分析了案例（c）和（d），并发现它们是有很多不足的。他不否认管制俘虏理论有一定的道理，不过，他认为案例中的实证证据不能否认设计完善的管制能够增进福利。同样，毫无疑问，管理俘虏理论在许多经济学家和非专业人士眼中，也获得了很高声望。

5.3　公共部门供给

在确立了寻租行为及其潜在成本的概念（尤其在生产背景下）之后，可以对公共部门的性质和作用做更详尽的阐述。如果能够根据第 3 章中商品和服务性质的 2 乘 2 分类为每种物品和服务对应的供给方式也确立一个 2 乘 2 分类表，将会非常便利。很遗憾，这种便利并不存在，以至于许多商品，例如一般被分类为准公共物品的商品，在国家内部和国家之间以各种不同的方式被提供。"供给"涉及两个单独的部分，即融资和生产，通常会建立一个 2 乘 2 分类法（见表 5-1），这将有助于组织后面的讨论。

表 5-1　供给的分类

融资	生产	
	私人	公共
私人	1	2
公共	3	4

在更详细地研究具体支付之前，根据表 5-1 中的各个要素的特点，依次简述每种组合的背景。

私人融资，即使用者收费或价格，它与第3章中受益原则直接相关。如果一种商品具有排他性和竞争性，不产生与帕累托相关的边际外部性，而且收入分配被视作是公平的，那么显然应该采纳这种方式。每个独立的消费者可以通过使价格与边际效用相等使其效用最大化，这种结果既是有效率的，在分配上也是可以接受的。

公共融资，如果商品是非竞争性的且（或）具有明显的外部性，或者政策的目的是再分配，那么公共融资就具有重要作用。虽然公共融资可以采用受益原则（大量的再分配除外），但税收、拨款等的使用与"支付能力"原则更直接相关。由于大部分税收制度建立在支付能力原则之上，在很大程度上与所提供的商品和服务的消费受益无关，因此，在多数情况下公共融资要解决的是公平和责任分担的问题，而不是资源配置效率的问题。

私人生产，正如一开始指出的那样，完全竞争市场中私人生产被认为是理想状态。在这种情况下，$X-$（生产）效率和配置效率都是由利润最大化产生的。只要价格信号能准确反映市场情况，关注的焦点就是公司的外部竞争环境。在此情形下，大多数经济学文献不关注公司内部组织是合情合理的。产权理论学家会强调私人所有权和资产的可处置性，以激励资产的有效使用。在管理者不拥有企业资产所有权的情况下，有效的资本市场仍然可能会对他们施加压力，要求其按照股东的利益行事，从而将任一产出水平的成本最小化。这是因为当股价过低时，专业股东可能会收购企业。在有效的资本市场中，只要管理者不能通过采用成本最小化的生产技术，并根据消费者的偏好调整生产线，以确保利润最大化，这种情况就会发生。然而，委托-代理问题的存在，使这种机制的效力大为减弱。

公共生产，对于那些拥护新古典主义分析框架的人来说，可以预见的是，相较于分类中的其他3种类别，公共生产的合理性更难证明。尽管如此，也可以找到支持公共生产的理由。Forte（1967）提出了一些观点，认为把所有生产都交由私人市场，并且使用拨款和其他金融手段来实现政府的政策目标，可能并不能令人完全满意。他的论据涉及生产规模、市场扭曲和低边际成本。如果一个项目既不可分割又具有相当大的规模，也许只有公共部门生产才可能完成。同样，一种商品由私营部门生产可能赋予其经济权力，使其获得垄断或买方垄断势力，这时，有理由认为这些商品或服务的生产由公共部门掌握比私营部门控制更好。在一些已经实施公共生产的地方，可能规模经济的潜力尚未完全发挥出来，因此能够以很小的边际成本开展更多的活动。

Forte所提出的另外两个理由是经济考虑以外的。一种商品或服务的私人生产可能会赋予某些个人超越其宪法权利的政治影响或权力。最后，一种商品的生产可能需要打着国家责任的旗号。有些私人生产在"质量"方面有所欠缺。Titmuss（1970）认为国家卫生保健系统中许多自愿的血液捐赠是个人展示利他主义的一种方式。与自愿捐助者相对应的是有偿捐助者，反对有偿捐助的观点认为，金钱关系的存在破坏了捐献服务的性质，并且阻碍了自愿捐助。除了司法体系外，市场一度提供了几乎所有的物品和服务。受雇于亚瑟司法服务有限公司的法官，不能独立出庭和执行个人（特别是被告人）所期待的社会规则与制裁。

表5-2更详细地描述了物品的类型和供给形式。这里我们回顾一下供给的内涵，它包括生产和融资两个方面。第1种和第8种代表了极端类型。人们普遍认为该列表能够在公共供给和私人供给两种极端形式间进一步扩展，但主要选项已被列出。物品类型以典型名称进行列示，同时也列出了大多数经济学家认同的对该类物品特征的总结。引言中曾提到过的问题是，每种类型的物品都能够、且已经与一种或多种（或所有）供给形式相匹配。如果物品或服务按其特征进行细分，则会产生更复杂的情况。因此，良好的医疗保健具有多种要素，可以使健康符合大部分，甚至所有的A-F类型，这取决于所关注的要素。一些经济学家已经将物品类型与可行的提供方式相匹配（Paul，1985），但本文认为，尽管表5-1的相关简要论述也许有助于表明哪种形式的融资和生产或多或少是适当的，但很难将1至8的供给形式中的任何一个完全排除。公共生产是本章的重点问题之一，这主导着本章接下来的三个部分。

表5-2　　　　　　　　　　　商品类型和供给形式

商品类型	供给形式
A.公共物品（非竞争；非排他） B.俱乐部/通行费（在拥挤边界内非竞争；排他） C.准公共物品（竞争；排他；有明显外部性） D.公共池塘资源（竞争；可能排他，但不排除会导致拥挤/耗竭/灭绝） E.私人物品（竞争；排他） F.有益品（对典型消费者而言，信息缺失和/或评估复杂）	公共供给 1.公共部门生产，不向使用者收费（"免费商品"） 2.向用户收费的公共部门生产 3.公共部门生产，向用户收费并向消费者提供代金券或政府补助 4.政府向私人生产者合同外包物品和服务的生产，向用户收费或"自由"使用 5.和4相同，但"自由"使用，并以代金券或政府拨款的方式对生产者或消费者进行补助以覆盖费用 6.公共/私人混合生产和/或融资 7.自愿的非营利（慈善）组织生产，私人融资和/或政府拨款 8.私营部门生产，私人融资 私人供给

来源：Paul（1985）. Reproduced with permission from the international Monetary Fund.

5.4 支持公共生产的正面理由

本节主要对那些认为公共生产优于其他生产形式的观点进行探讨。

5.4.1 交易成本经济学

实际上，在迄今为止的文献中，支持公共生产的理由大致与以下考虑或主题中的一个或多个相关：

（a）某些商品的性质使它们更适于公共生产；

（b）通过信息处理，人们可以选择公共生产以提高福利，但作为信息处理者，人们往往具有一定的局限性；

（c）个人的动机是这样的：当（a）和/或（b）出现时，随之而来的交易给一方带来巨大的利益，给另一方带来损失。

Williamson（1985）是在经济学研究中率先提出上述观点的人。在他的"交易成本"方法看来，在以下三种相对常见的情况中，市场会陷入极大的困境：

（i）就用途或使用者而言存在资产专用性；

（ii）存在有限理性，以至于个人表现出有限的计算和信息处理能力；

（iii）存在欺诈利己的机会主义行为。

市场能够应对如下任意两种情况的出现：

（a）如果不存在资产专用性，即资产用途容易转换，因有限理性所做决策而导致的错误将容易被纠正，而且机会主义行为不会造成严重的后果；

（b）如果不存在有限理性，所有的可能性都能被预想到，并据此"订立合同"，这样资产专用性和机会主义能够得以调解；

（c）如果不存在机会主义行为，人们不会利用出现的意外情况获利，由资产专用性和有限理性所引发的问题能够在这样诚实的环境下得以解决。

当三者并存时，合同等市场手段就不能成功地处理这种情况引起的问题了。Williamson经济学的基本原则是使交易组织最小化有限理性的影响，同时保护个人免受机会主义损害。

Dugger（1993）解释了有关国家的思想学派，并强调了其非自由放任的经济观点。国家的作用是最小化交易成本，而且，国家是市场经济的有效参与者，而不仅仅是纠正市场失灵的干预者。然而，与传统财政学相比，对国家的定义更为宽泛。国家被定义为"行使主权的代理人"（Dugger，1993：190）。

反过来，主权是界定产权、解决争端和监测绩效的活动的集合。大型公司，尤其是跨国公司，被看作有行使主权的能力，因此是国家的一部分。他把传统的国家称为"民族国家"，将大型跨国公司称为"企业国家"。以此为背景，Dugger提出了一些与本章和本书主题相关的问题。第一，国家在交换交易制度中发挥什么样的作用。作为市场机制存在的前提，主权的行使为贸易商或交易者提供一系列制度化服务，包括：产权的界定和分配；提供特定信息渠道，以使交易者能够得到贯穿全文所描述的"价格和产量"信息；确定重量、尺寸和产品的标准；公路、铁路、运河等市场基础设施建设和设立交易规则，明确市场参与者，以及交易方式。第二个问题涉及国家在裁决有争议的交换交易方面的作用。通常，买方"首先"向卖方支付货款，在随后商品或服务的交付过程中，卖方具有后来者优势。考虑到机会主义行为，买卖双方对所提供的商品或服务的性能或质量时常存在争议。这些争议通过主权行使等复杂方式得以解决。

另一个更为重要的问题涉及公共物品的供给。一个与此直接相关的例子是国防公共物品的供给。Dugger指出，美国选择"购买"（讽刺的是，英国称之为"外包"）国防设备产品，但这并不是最小化交易成本的解决方案。导致市场机制失灵的因素包括：

（i）有限理性，在这种情况下，供应商为了自身的利益采取所谓的"信息压缩"形式（决策的相关信息并不能免费获得，因为暴露信息不符合供应商的利益）；

（ii）资产专用性，供应商必须对长期设备进行大量投资，这些设备在其次优的替代用途中只有较低的价值；

（iii）在此领域的机会主义行为将会带来非常大的收益。

鉴于此，国防承包商有一个非常强大的动机来贿赂并迷惑作为买方的国家。有证据表明，在这种情况下，国防物品承包的补贴最大化和成本最大化已经显著降低了美国工业的生产力水平。基于这一观点，国防均品应由公共部门生产。值得注意的是，某些类型的国防物品所具有的非竞争和非排他特性通常是公共生产的理由，而上述观点在很大程度上与这些特性无关。

5.4.2 道德风险

Baumol（1984）基于保险文本中常有的道德风险概念，概括了一个支持公共生产的理由。公平保险包含一个保费，即事件发生的概率和所需支出金额的乘积。然而，保险公司注意到，一旦被保险，个人行为就会改变。以下两种效应往往会发生。第一，保险降低了个人对事件的关注，即对所保事项更为疏忽，从而改变了其行为方式，致使事故发生的概率上升，例如那些投保火灾损害的被保险人可能更不注意火柴的安全问题。第二，如果被保险事件发生，个人会要求更大的赔付支出，例如破旧的地毯变成了一条波斯地毯！事实证明，与事后行为相比，事前预期的公平保费是过低的。如此看来，保险[①]改变了人的行为。现在考虑一个相关的论据。

在某些情况下，私人生产会遇到这种激励行为改变的道德风险问题。Baumol 提供的两个相关的例子是包税制（出售收税权）和私人军队。不难想象，包税人有任意扩大征税范围和数量的动机。同样，可能面临失业的雇佣兵完全能找到为自己牟利的机会。简言之，在某些情况下，你可能希望减少此类"工作"的发生率和数量。Tullock 对这些论点的重要性提出了质疑，他指出，在许多国家（如希腊），"公共"军队是政治不稳定的根源。[②]然而，人们一致认为，任何追求私利的军队都应当被避免。

5.4.3 交易成本

即使对那些不愿接受"交易成本经济学"的人而言，交易成本也是很重要的。通常，交换被假定是"无摩擦"的，最重要的是愿意按照单位产出的边际生产成本支付对价。然而，交易成本的存在可能使一些"交易"缺乏吸引力，或者至少会减少具有吸引力的互利贸易的范围。一般来说，这些成本与信息不完全有关。通常包含以下几种成本类型：

搜寻成本：确定交易报价的分布和位置的成本。

讨价还价和谈判成本：确定一个互惠互利贸易协定条款的成本。

合同成本：明确交易条件，并使之受到监督（如律师的参与）的成本。

显然，市场在非正式和正式降低交易成本方面发挥了作用。从非正式方面看，消费者对市场的观察提供了关于商品和服务、价格和时间及摩擦成本的信息。正式方面，一些市场参与者专门通过买卖信息降低交易成本。各种类型的中间人都以这种方式谋生。房地产市场中的经纪商是这方面的典型例子，他们收集可交易住房的信息，包括房屋特征和当前所有者的要价。

---

① 课程评分分为两个部分，例如基于问题的中期测试和课程结束时基于论文的考试,显而易见的是,如果测试的分数在期末考试之前告知学生,他们的行为将被改变,例如,那些获得高测试分数的学生都处于有效的保险位置,并且在期末考试——道德风险问题上会稍微松松劲。

② 但是,读者可能会考虑历史反例。

相比多边交易，双边交易所涉及的交易成本可能更低。政府干预或者由其直接供给商品和服务的理由可能基于交易成本而成立。Arrow（1971）认为，公共或私人供给可以依据哪个部门具有最低的交易成本来确定。通过建立"交易"活动的规则，政府可以改善市场的运作方式，或者为公共供给奠定基础。

Wiseman（1978）看来，并非存在"很多公共物品"，而是存在"低劣的产权制度"。这意味着排他总是可能的，因此，私人市场总是可以发挥作用的。然而，这种观点的薄弱环节很可能是组织市场的交易成本。排他也许总是可能的，但通常可能是非常昂贵的。与个人就他们的国防需求进行一对一的谈判和建立必要的排他设施，这是不可实现的，几乎肯定会被供给成本最低的集体供给所代替。Weisbrod（1975）认为，在个人对希望消费或希望他人享有的私人商品的质量存在共识的前提下，私人物品公共供给的理由可以基于交易成本来建立。如果政府已经通过征税来提供公共物品，那么在可接受的水平上增加私人物品税收价格可能是一个成本最低的解决方案。这显然与Forte（1967）关于政府未加利用的规模经济的观点有关，以较低的边际成本来实现额外的任务。

在交易成本的概念下，我们也考虑了各种供给方案的管理成本。例如，目前政治保守派钟爱的教育券改革。对这一改革存在多方面的争论，其中一个重要的争论是管理成本在教育券方案实施过程中所发挥的作用。

图5-6有助于了解这方面的争论。曲线MC_g表示由政府公共部门提供的教育服务E的边际成本，MSB表示教育的边际社会收益，0-q^g的产量则是最佳供给水平。教育券的拥护者认为，机构之间的竞争会降低供给的边际成本并提高教育质量。为了简单起见，这里假设教育券的这些所谓的有益效果可以由更低的边际成本曲线MC_p来表示。此时，最佳供给水平为0-q^p。现在假设管理方案存在固定的边际成本，标记成本曲线由MC_p提高到MC_{p+a}，供给水平因此变为0-q^{p+a}。包括管理成本在内的实际比较表明，教育券降低了教育的最优供给量，而且，相较公共（非教育券）供给而言，这也使实际资源成本增加了矩形1-2-4-5的面积所表示的量。此外，消费者剩余减少了区域2-3-4表示的量。虽然这是一个"构建的"例子，但它并非有失公允，因为1990年肯特郡的教育券试点实验就面临着非常高的管理费用，导致保守党领导的委员会重新考虑这一政策的有益效果。本节所要传达的要点在于，使市场正常运行需要成本，在某些情况下，公共生产是具备吸引力的，即使在某种程度上它

的效率相对低。

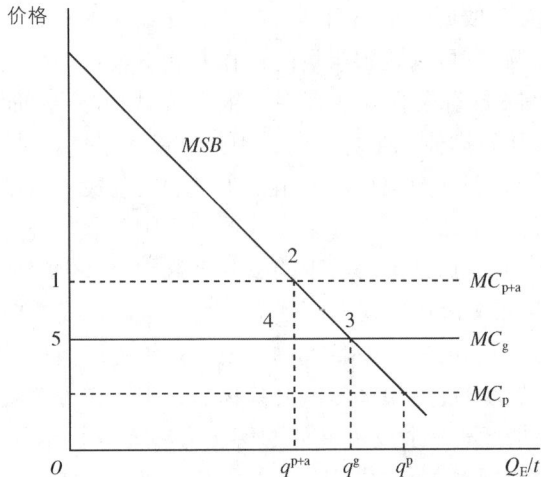

图 5-6　管理成本与教育券

为了找到有关这些类型成本的思考和交易成本经济学之间的差别，有必要再次借鉴 Dugger（1993）的观点。负有监督市场责任的国家官员未对教育交易中的有限理性和机会主义施加限制，问题便由此产生了。就市场中的卖方而言，机会主义的教师和学校管理者向家长提供误导性的信息和不恰当的诱惑，从而获取他们的教育券。就市场中的买方而言，有限理性致使家长处于相比卖方的弱势，教育质量将降低，而且教育券试图解决的问题仍然存在。

5.4.4　协作与制衡权力

各种供给形式的相对优势一直是医疗保健领域中激烈争论的核心。尽管在此不对所有的细节进行深入研究，但 Culyer（1983）认为，供给方面的考虑倾向于公共生产，因为它提供了市场生产所不具备的各种可能性。Culyer 提出 4 个特征：医疗有效性、医疗垄断、非营利动机以及医生的代理角色。核实患病者和确定各种形式的治疗方式的有效性是存在很大困难的。许多文献研究的经验是在更宽泛的背景下来看待医疗保健，充分考虑教育和环境所具有的重要影响。其观点是，这种更为宽泛的整体性政策判断，更容易在统一的公共供给政策环境下建立，而不是在协调不一的私人市场中。

实际上，几乎所有国家的医疗行业都形成了组织良好的行业垄断，所引发的问题是，应如何对这一问题做出最好的应对。答案似乎是，类似于英国国家医疗服务体系（NHS）的国家买方垄断势力是恰当的。NHS潜在的弱点是缺乏非营利动机；然而，由于基于保险的医疗服务体系往往不具有竞争谋利的特点，这一弱点并不是那么具有决定性作用。最后，医生通常既是医疗服务的供应者，又是其提供的医疗服务的需求者。与医生相比，作为消费者的患者一般处于较大的信息劣势，医生因此成为患者的代理人，并提出医疗服务需求。这表明，一种国营的医疗体系并不意味着消费者主权的任何损失。而这种体系所需要的是医生的收入与医疗服务的供给相分离。这种考虑倾向于支持薪酬支付制度而不是按服务付费。薪酬支付结构在国有的医疗保健系统中更为常见。前两个观点对本章节的分析更为重要，它们表明国有卫生保健体系至少大体上能够切中其他方案所不能及的要点。后两个观点与第5.4节其他分析一样，在对医疗保健服务供给的分析中，很大程度上未涉及与非市场供给相关的成本，而这更多的是作为反向支持公共生产理由的一部分。

5.4.5　沉没资本成本和可竞争市场

在第1章讨论竞争性市场时，自由进入和无成本退出的可能性使得市场形式"发挥作用"。因此，最低成本生产、零经济利润和价格等于边际成本的实现取决于假设与现实是否相近。妨碍无成本退出的问题之一是沉没成本的存在。沉没成本是指如果一个企业希望离开该行业，就不能收回的成本。实际上，退出成本首先成为了进入行业的障碍。如果市场是竞争的，或许政府必须承担沉没的资本准备金。具有很好说明性的例子可能是铁路轨道、车站等。如果存在损失大部分沉没成本的风险，潜在的进入者不可能投资这样的基建网络。然而，如果由公共部门生产轨道和车站，然后以覆盖资本成本及折旧的价格来供用户使用，那么它也许能够确保竞争性。大量沉没成本的存在是下面将讨论的出现自然垄断情况的主要原因。

然而，上文假设竞争性结果总是令人满意的，但情况也许不总是这样，因此政府干预变得很重要。Rashid（1988）讨论了真正竞争性市场的固有缺陷。如果一个行业中潜在竞争者的进入具有"打了就跑"的理论特点[①]，那么一定不存在沉没成本。如果这样的行业中有许多生产者，且其中很大一部分是短期经营者，那么这样的厂商将没有太多的动力去关心产品的质量。Rashid以达卡

---

① 即潜在的竞争者进入自由和退出没有成本的市场，这是可竞争市场的特征——译者注。

的牛奶销售为例，对此做了说明。他注意到，在达卡，牛奶中掺水，有时甚至是来自灌溉沟渠的水是司空见惯的事情。牛奶供应商是成百上千的农民，作为他们唯一的固定成本，奶牛是非常容易买卖的。由于商业的短期属性以及大量厂商的存在，没有一个厂商期望持续性的销售，而且也没有动力去建立良好的声誉。Rashid 质疑以管制替代声誉的有效性，对正直执法的可能性表示怀疑。要提高质量，就需要不可撤销的固定成本（沉没成本），这向消费者透露出生产者是扎根不走的，因此其必须使客户满意。当然，这会损害可竞争性。一些自由主义者可能会争辩说，消费者实际上需要冲淡的牛奶，但是 Rashid 反驳说，为什么不买牛奶并用清水来稀释一下味道呢？

5.4.6　公共生产和心理学

上面的论述初次引入了非理性经济人。最近几年，大量的经济学研究工作已经超越了传统的研究方法，借鉴了来自其他社会科学尤其是心理学的概念和技术。对此的一个反映是，越来越多的大学设立了实验经济学、行为经济学和神经经济学的独立或综合研究部门。以上新的研究方式与公共经济学的联系留待第 16 章讨论，不过，在这里先给出一个改变经济行为者性质及其政策含义的例子，以激发读者对这类研究的兴趣。很显然，如果借鉴心理学中熟悉的概念，我们就能够得出支持政府干预个人决策的一个强有力的理由。Akerlof 和 Dickens（1982）提出了这样一个观点。认知失调意味着个人需要感受到他们的言语和行为是一致的或协调的，由此，当个人所持信仰和他们的实际行为相矛盾的时候，一些事情必须改变。Tullock（1971）早先在他题为 The Charity of the Uncharitable（《无情者的仁慈》[1]）一文中采用了这个概念。在这篇文章中，个人必须解决的自相矛盾的问题是，坚持拥护再分配政策，同时却不做任何影响收入转移以使自己收入减少的事情。在 Tullock 看来，解决这一问题的方法是，投票选举并在政治上支持一个政党，其竞选宣言包含重新分配，但相信即使其上台执政也不会执行竞选纲领。因此，通过为再分配党派投票，便可以使再分配理念与未实际再分配的行为（英国所谓的香槟社会主义者的行为可

---

[1]　在这篇著名的文章中，Tullock 解释了一个现象，一个人想要资助穷人，他本可以直接向其捐赠（例如，100 美元），为什么实际上他并不这样做，而是通过投票支持有再分配目标的政党，使其通过税收收入来支持对穷人的再分配呢？原因在于，个人知道他的一票并不起决定作用，这样做既满足了自己想要行善的欲望，又实际上并不需要真正花费资财，这一现象体现了人的思想与其行为之间的冲突——译者注。

能符合这一描述）相协调。

Akerlof 观点的实质在于个人能够选择相信什么，然而，一旦他们选择了一种信念，那它便是不可改变的。此论点是以一个涉及危险工作的两阶段模型为背景的，见表 5-3，且模型中的个人最初享有全部相关信息，变量如下：

C_a=一项事故的个人成本

C_f=危险工作中"恐惧"的单位个人成本

C_s=第二周期内可用的安全设备的成本

p=一项事故发生的概率

p^*=一项事故发生的个人主观概率

$F = p^* / p$=恐惧水平，可以通过"控制" p^* 使其降低（一旦降低就不能修正）

表 5-3 　　　　　　　　　　　补偿和危险的工作

周期	(1) 选择安全的工作	(2) 在立法缺失的情况下选择危险的工作	(3)	(4) 在立法存在的情况下选择危险的工作
		选择相信"安全"，且不在第 2 阶段购买设备（ $p^* = 0$ ）	选择相信"危险"，并且在第 2 阶段购买设备（ $p^* = pC_s / (pC_a + C_f)$ ）	
1.	W_s	$W_h = W_s + pC_a + (pC_a - C_s)$ [在危险行业工作，并得到预期事故成本，以及不购买安全设备的第 2 阶段"错误"决策成本的补偿]	$W_h = W_s + pC_a + \dfrac{C_s C_f}{pC_a + C_f}$ [在危险行业工作，得到预期事故成本和恐惧成本的补偿]	$W_h = W_s + pC_a$ [在危险行业工作，并得到预期事故成本的补偿。没有恐惧成本（ p^* 已被控制为零），并且错误决策被阻止]
2.	W_s	$W_h = W_s + C_a - pC_a < W_s$) "被视为" $W_s + C_s$ [得到安全工资和未购入的安全设备费用减去预期事故成本]	$W_h = W_s + C_s$ [得到安全工资和购买安全设备的费用]	$W_h = W_s + C_s$ [得到安全工资和购买安全设备的费用]

来源：Akerlof and Dickens（1982）.

表5-3对论证的核心部分进行了总结。个人在危险工作中必须得到的补偿（W_h）与在安全工作中可得到的回报（W_s）相等，即在两个周期内他们必须获得$2W_s$。也就是说，考虑到危险工作中的各类风险，补偿工资是有差异的。在最开始的时候，危险工作中的个人可以选择相信他们的工作是危险的或安全的，不过，他们的信念选择决定了他们随后的行动。关于信念，工人们被视为做出了一个"最低成本"的选择。在第二阶段，假定已经具有成本收益划算的可用安全设备（$C_s < pC_a$）。然而，只有那些相信他们正处于危险工作中的人才会选择购买它，即那些选择了足够高p^*的人。对在第二阶段购买新的安全设备保持中立的人而言，其主观认为的事故成本与恐惧成本的总和必须等于设备的成本，即：

$$p^* C_a + (p_* /p) C_f - C_s \tag{5.1}$$

乘以p得到

$$pp^* C_a + p^* C_f = pC_s \tag{5.2}$$

即

$$p^* (pC_a + C_f) = pC_s \tag{5.3}$$

因此可得

$$p^* = pC_s / (pC_a + C_f) \tag{5.4}$$

信念的选择要么是将p^*维持在如上所述的足够高的水平，故而在第二阶段买入安全设备，要么是"控制"p^*为零，恐惧成本因此降至零。如果选择第二种行动方案，那么个人将在第二阶段不购买成本收益划算的安全设备，从而承担"错误"决策的成本，即（$pC_a - C_s$）。如果选择第一种行动方案，个人则会因恐惧而购买设备，并因此承担恐惧成本，即（p^* /p）C_f，若以等式（5.4）的右侧代替p^*，则恐惧成本就变成了$C_s / (pC_a + C_f)$乘以C_f，等于$C_s C_f / (pC_a + C_f)$。表5-3中（2）和（3）列所设选项，列示了每个阶段应支付的工资，并描述了所补偿的内容。与这两列内容相关的尖锐问题是，政府干预如何改善结果。第（4）列中的内容是对此问题回应的总结。如果个人知道在第二阶段政府将通过立法强制使用安全设备，那么他们会在第1阶段认为风险为零，因为他们不必担心错误的决策，或保持高度谨慎以购买安全设备。

图5-7阐述了相关的工资要素，其中Akerlof和Dickens做出适当的假设，使得产品需求D_L和产出数量Q_L/t"加倍"。在图5-7（c）中，政府干预的收益是由阴影区域（$W_s + pC_a$）-1-2-3表示的。为了便于说明，图中的（$pC_a - C_s$）已经被设置为等于$C_s C_f / (pC_a + C_f)$，而在实际模式中，个人会选择二者中的较

低值。它代表了帕累托最优的结果。危险行业的工人的情况没有变得更糟糕，因为他们在两个阶段得到相同的预期工资；不过，消费者的情况变得更好，因为在第一阶段补偿工资的差额部分不必由消费者来支付。

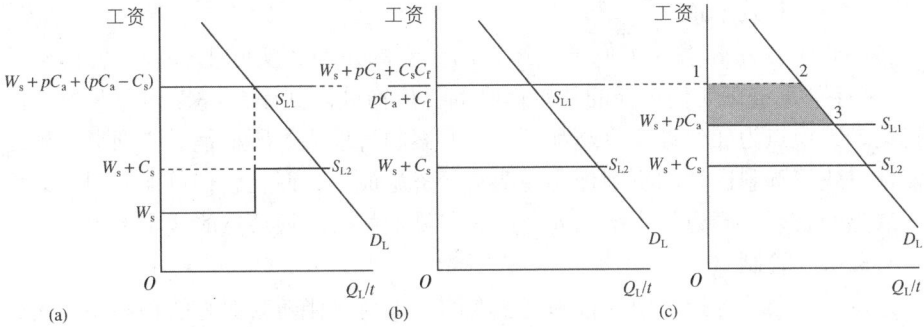

图5-7 从强制的政府立法中获取的收益

作者提供了一系列其他可能的应用，其中一个与公共部门尤其相关。这就是老年抚恤金或其他与年龄相关的社会保障福利的供给。如果个人发现为晚年和自己的死亡做打算是很困难的或不舒服的，那么一种选择是设法使概率降低，这类似于即使身处危险的工作环境（或世界）中，他们仍选择相信其处在一个"安全"的工作环境（或世界）中。这种"舒适的"信念意味着他们没有必要为退休和晚年做准备，因为他们选择相信这些不会发生。然而，对生命周期的后几年来说，这意味着不充足的储蓄和准备，而政府强制性养老金计划和供给与安全立法的执行起着相同的作用。在此有两点很重要：第一，政府干预具备积极效率的理由。这一理由是基于帕累托福利分析，而非基于专制主义。第二，心理学概念的引入已经被证明是富有成效的。Akerlof和Dickens做出这一贡献的时候，正是经济帝国主义猖獗之时，经济理论中"输入"概念的例子是对这种经济帝国主义趋势的一种平衡，而且预示着更大范围的研究计划，正如在第16章中分析的那样。

5.5 支持公共生产的负面理由

上述关于公共生产的观点依足于其正面属性。本节提出了一些观点，阐述了一些被默认为支持公共生产的理由，即通过分析替代机制的劣势来支持公共生产。我们假设政府有理由进行某种形式的干预。所考虑的替代方法是行政命令、管制和财政手段（税收和补贴）。请注意，所提出的观点，尤其是那些与管制、财政手段和私有化相关的观点，其说服力依赖于易受这些替代控制形式影响的人的自利行为。重要的一点是，经济行为者对所设定的激励做出响应。

5.5.1　行政干预

行政干预需要引入类似于上述补助金券的东西，实际上个人会将得到的"代金券"花费在他们选择的特定商品的供应商处。回顾5.4.3节对这种方法的讨论，其观点为任何效率收益都可能被方案的管理成本所抵消。必须考虑到促使任一政策顺利运转的机制都要耗费实际资源成本，而且它们可能表明，即使有缺点的公共生产也是优于私人生产的，哪怕将去除该缺点的成本考虑在内。

5.5.2　管制

由于"公共选择"中的管制是多变的，如何对伴随其而来的福利和其他成本进行界定将会是一个问题。然而，即使管制的动机是好的，它也可能带来意想不到的后果。阿弗奇–约翰逊效应（Averch–Johnson（1962））描述了在特定的产出水平下，收益率管制如何导致过多的资本使用。这种过度资本化意味着比其他情况更高的成本和价格。假设有两种投入要素，资本 K 和劳动 L，其价格分别为 r 和 w，总成本 TC 由下式给出：

$$TC = rK + wL \tag{5.5}$$

此外，假设总收入为 TR，监管机构设定资本的"公平回报率"上限为 R_m，那么计算实际 R，则有：

$$R = \frac{TR - wL}{K} < R_m \tag{5.6}$$

按惯例，经济利润 π 用扣除所有成本的盈余来衡量，则有：

$$\pi = TR - TC = TR - (rK + wL) \tag{5.7}$$

因此

$$\pi + rK = TR - wL \tag{5.8}$$

将（5.8）式代入（5.6）式，得

$$\frac{\pi + rK}{K} < R_m \tag{5.9}$$

即

$$\pi + rK < R_m K$$

或

$$\pi < (R_m - r) K \tag{5.10}$$

这种管制利润约束如图5-8（a）所示，其表明与点1相关的资本K^*的最大化利润被认为是过度的资本回报。在回报率约束条件下，受管制者是在点2处取得最高利润，并选择点2′处的劳动-资本组合，而不是点1′处对应的实际成本最小的要素组合。图5-8（b）中等成本线C_0-C_0和C_1-C_1之间的差额表示既定产出为Q时，因管制所提高的生产成本，而实际上管制使生产者将C_0'-C_0'视为等成本曲线。也就是说，管制使得资本看起来不那么昂贵，因此在选择"扭曲"的要素比例时过度使用资本似乎是合理的。

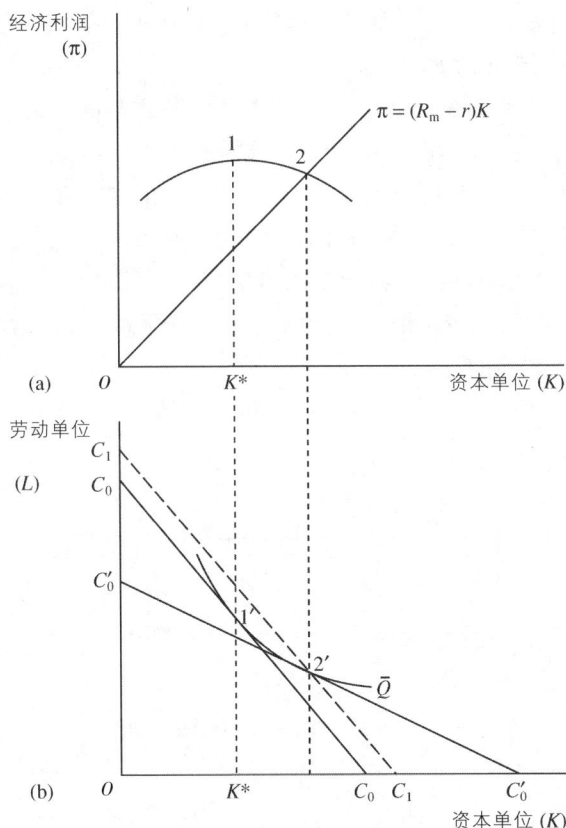

图5-8 管制诱发过度资本化

从直观效果来看，企业能够以市场价格购买劳动力和资本，但是对资本有一个额外的考虑。购买资本商品成为确定获准收益率的基础之一。例如，收益率为10%，一件价值为10 000英镑的设备，在设备寿命周期内，会使利润每年提升1 000英镑。10 000英镑的劳动力支出将提高成本和产品价格以维持现有的收益率，但未形成提升利润的财产。就我们当下的目的而言，重要的是，个别决策者将以很可能意想不到的、低效率的方式来响应管制规则，而不顾这一假设已经得到了多方面实证支持的事实。

5.5.3 补贴

Peacock（1980）的"分析"指出，个体生产者知晓低效生产是值得的。在这种情况下，补贴安排可能比公共生产的效率更低。

在Peacock看来，政府决策者的不足加剧了不完全竞争市场缺陷。在图5-9中假设，由于存在外部性，距离1-2的产出补贴是合理的，补贴使$MC_1 = AC_1$调整为$MC_2 = AC_2$，从而在有效产出水平0-q*上有正常的收益率。现在，具有利润最大化动机的厂商是在$MC_2 = MR$处选择产出水平0-q^1，并接受每单位1-2差额的补贴。然而，该解决方案不能确保产出处在有效水平0-q*上，在这种情况下，公司表明其成本是$MC_3 = AC_3$，因此只有引入补贴时，成本才能下降为$MC_4 = AC_4$，与MR相等，到达期望的目标产出，厂商实现利润最大化目标。在此结构中，距离2-3和4-1相等，分别代表从"设想"成本$MC_3 = AC_3$和实际成本$MC_1 = AC_1$中扣除的补贴。

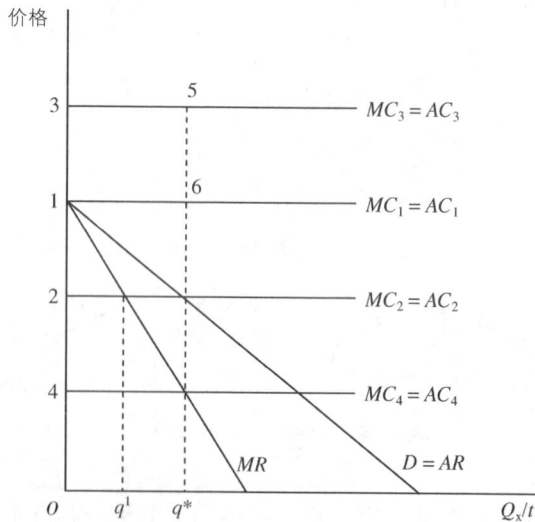

图5-9　利用补贴

Peacock 论述的最后环节是，不能认为获得补贴的企业赚取了超额利润，进而被诱导致使其成本曲线由于 X-无效率上升至 $MC_3 = AC_3$。尝试补贴产出以纠正市场失灵的总体结果是以 X-无效率的形式产生等同于矩形 1-3-5-6 的更大市场失灵。在这种情况下，以公共生产的形式满足 0-q^* 的产出水平，很可能比补贴的成本更低。

5.6　"国有化产业"的对策和预测

无论出于何种原因，事实是，世界各国的政府都负责某些商品和服务的生产。考虑到这一点，自然会产生两个问题：一是，哪些因素会影响价格–产出决定？二是，公共部门生产者将采取何种行动并灵活应对？前者是一个传统的关注点，后者则是最近研究的主题。本书中其他部分出现的方法间的差异，可以通过表5–1中的情况2，即私人融资、公共生产的私人（物品）可排他的例子清楚地阐明。下面介绍两种主要方法：

1.定价和产出决策（国有化产业案例）中的效率（和公平）考虑。

2.政治经济学（产权）方法。

在5.6.1节中，研究背景是中立且非政治性的代理人，他们可能为政府工作。其任务是在特定环境下遵循规范的福利经济学的政策建议行事（行为人是一个经济学教科书政策规范的追随者）。

5.6.2节的研究背景是一个自利的代理人，他发现不可能遵循福利理论的政策"处方"，要么是因为这些对策不可能运作，要么是因为这些对策与他们自身的利益相冲突。

二者的差别可以部分地被看作规范研究方法和实证研究方法的差别，即应该做什么和将做什么的区别。此外，这个差别部分地存在于公司的外部和内部环境之间。5.6.1节的目标实质上是通过政府来设置适当的外部规则或环境。在5.6.2节中，公司内部环境显得更加重要。

5.6.1　"国有化"行业案例

在建议政府如何给国有化行业的产出定价时，要面对许多问题。即使总体经济实现了"帕累托最优"，但是，大多数国有化行业生产成本递减的事实也产生了明显的问题。例如"自然垄断"企业，他们不可能按边际成本定价来竞争。核心观点是，当（LR）AC 仍低于需求（$=AR$）曲线时，单个企业能够实现充分的规模经济，以满足行业需求。这通常与巨大的沉没成本有关。由此产生的问题是，当边际成本 MC 等于 AR 时，单位商品的价格 P_c 不能覆盖单位商品的成本 AC，由此造成的损失等于图 5-10 中 P_c-C_c-1-2 的面积。

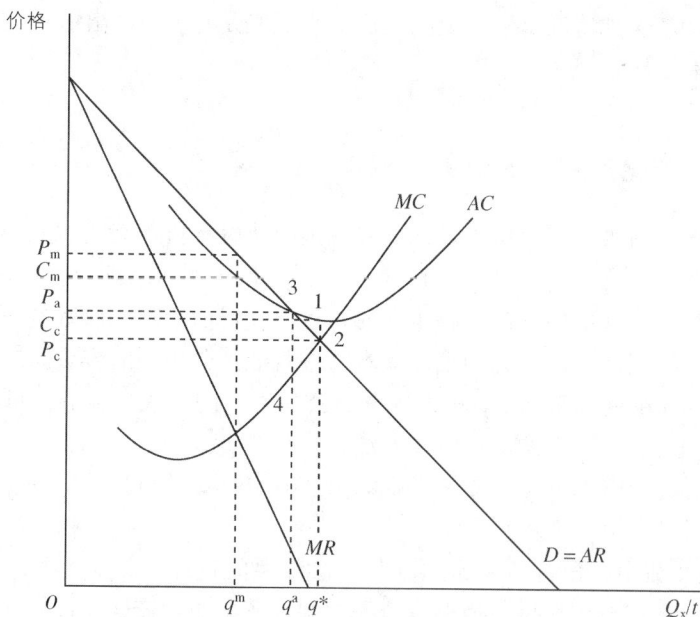

图 5-10   "成本递减"行业

决策者希望确保 0-q^* 有效率的产量。设想由于亏损，所有的个体公司陆续退出该行业，直至只剩下一家。而这家公司将有利润最大化的激励，其会在 $MR = AC$ 处，以价格 0-P_m 生产 0-q^m 数量的产品。即使剩下的这家公司被诱导按平均成本定价，即在 $AC = AR$ 处生产，并以每单位 P_a 的价格获得正常利润，那么 0-q^a 也是数量较小的非效率数量。区域 4-3-2 表示该配置下的低效率损失，即在产出 0-q^a-0-q^* 范围内 AR 和 MC 之间的差额。

此时，公共部门介入，按 0-q^* 数量产出，由此产生的损失由一般税收和（或）阶梯定价来弥补（分段计价）。如果将国有化行业的价格设定在 MC 以上，则在成本加成定价方面（Rees，1976）存在一种规则（类似于第 15 章讨论的拉姆齐规则）。受此基本原理启发，当需求存在巨大变化，并且需要决定何时建造新工厂或设施时，相关文献研究了高峰负荷定价的问题。

此处的方法是通过设置产量和价格以谋取福利最大化。即使不存在成本递减，也可能出现其他问题。例如，可能出现的情况是，由于与国有化行业竞争的其他私营公司的定价高于边际成本，在国有化产业中，政策顾问将会不按边际成本定价（次优问题的深入讨论，见第1章）。

作为下一节研究重心完全改变的铺垫，Wiseman和Littlechild（1986）的评论值得考虑。他们对英国国有化行业的定价和投资政策进行了简要讨论，注意到20世纪30年代至70年代见证了对诸如边际成本定价等最优政策相关研究的高度兴趣。尽管没有获得各层次的普遍支持，他们仍注意到国有化行业和政府都忽视了经济指导方针。作者认为，关注不同的政治和行政结构是20世纪70年代相关研究的特点，20世纪80年代的特点则是关注私有化和竞争，因此重点在于不同制度背景下的决策过程，而不是开出规范的政策处方。

5.6.2 政治经济学（产权）方法

本节介绍了由Wiseman（1978）提出的有关国有化行业（公用事业）的内容，因为他的著述与上一小节形成鲜明的对比。的确，Wiseman对上述政策"处方"的评论值得在此引述：

对帕累托效率观点最正式的支持……要求国有化行业的产品按照长期边际成本定价。我已在其他地方论证过，这种定价原则的实际意义，如同"神即是爱"的原则一样，虽然情感上不容否定，但实际结果是否如此却无法辨认。（Wiseman，1978）

至于为公共生产辩护的论点，Wiseman接受沉没资本成本的论点，但否认任何有关存在公共物品（非排他性）的观点，以及由此引出的存在"制高点"的观点。后者本质上是上文协调观点的宏观对应物。它认为公共生产为政府提供了经济工具，政府借此可以对经济施加影响，例如，很可能通过定价和预算政策来实现。Wiseman的方法强调：（a）我们必须将所有个人视为决策者，而且与决策相关的价值评判因人而异；（b）个人可能属于目标相冲突的多个群体，而群体行为、产权、法律和习俗决定个别决策者面临的成本和收益。这样，Wiseman更注重决策的过程而非结果，因此他描绘了一幅与上文观点截然不同的经济图景。

依赖这些基础理论，对国有化行业的经营作者得出了如下看法：

1.由于在国有化行业中资产所有者（股东）缺位，因此无人与资产的收益直接利益相关。

2.国会中负责国有化行业的议员相当于私营部门所有者，他不能像私营企业家出售股份那样通过出售资产来施加任何制裁。

3.由于缺乏有效的资本市场，没有能够反映企业未来盈利能力的资本估值，因而难以确定何为适当的资本需求。

4.在国有化行业中管理将受到较少约束，因为管理不善不会降低企业的资本价值且不易被发现。事实上，在企业内部，利润及其分享的可能性也许并不是其目标或产权结构的一部分。此外，拥有自由裁量权的部长（们）更有可能以任意、不可预测的方式行事。简言之，作为单个决策者，无论他们属于哪个群体，相互之间的分歧都可能比在私营企业的市场环境中更大。

5.竞争立法的时常缺失降低了人们对有利可图的（富有企业家精神的）创新的兴趣，并造成官僚主义作风。

6.工人和工会成员意识到亏损可能不会导致破产和失业，相反地，政府会提供一般税收补助来弥补损失。他们对损失将被弥补的前景持乐观态度。

与官僚主义经济学相同，重要的是由经济结构形式所催生的激励，而不是公共生产涉及不同类型的人这一事实。因此，即使Wiseman承认福利理论的对策具有某些实际意义，但他也会争辩说，没有任何行动者会有理由采用这些对策，除非这与他们自己的利益相一致。然而，他仍会保持乐观，上述不合意的结果虽然不尽如人意，但并不是无望的。去国有化（私有化）是一条途径，而改善决策关系，即组织的内部结构，是另一条途径。接下来我们探讨的正是这些"私有化"和"内部市场"方案。

5.7　回归市场

无论上述观点正确与否，20世纪80年代和90年代，反公共部门学派占据了主导地位。这种支配地位的实际表现是有关重新引入并加强市场进程的政策。

5.7.1　私有化

"私有化"是一个用来描述一系列政策的词语，所有政策的目标都在于加强市场并削弱公共部门作用。回顾表5-1，显然，商品和服务的提供可以采用公共/私人融资和公共/私人生产等不同形式的组合。从表中可以看出：

（i）类别1指的是由私营部门融资并生产的商品和服务；

（ii）类别2指的是在公共部门生产但通过"向用户收费"形式融资的商品和服务，例如图书馆服务或休闲服务；

（iii）类别3包含由公共部门融资但由私营企业生产的商品；

（iv）类别4指的是由公共部门融资和生产的商品。

通过这些分类，可以区分不同的私有化过程。例如：

（i）国有化产业的出售属于从类别2向类别1的转变；

（ii）"外包"的引入属于从类别4向类别3的转变，例如在英国，地方政府将垃圾收集服务进行"外包"，医院将餐饮和洗衣服务等进行"外包"；

（iii）更多地依靠税务减免（补贴）来促进私人向慈善组织捐款，而不是由国家提供福利服务，属于从类别4向类别3移动。

由于所有的这些变化都反映了"强化"市场的尝试，因此也就存在多种"私有化"方式。然而，普遍的看法似乎是，"私有化"是通过转让所有权来实现的。公共部门曾经拥有并经营的产业，即国有化产业，通过将所有权转让给私营部门的方式被"私有化"。在英国，整个20世纪80年代，出现了一系列的"私有化"或政府持股的出售。以下"私有化"案例是这一系列所有权转让的范例：1984年（和1991年）英国电信；1986年国家公共汽车公司；1987年英国天然气公司；1987年英国航空公司；1989年和1990年供水公司；1990年配电公司和1991年发电公司。这里要着重思考的问题是，什么因素促使这样一个私有化过程，怎么证明私有化是"成功的"？

5.7.1a "私有化"和效率

也许实行私有化最重要的理由是要提高效率。赞成私有化的观点认为，公共部门内部的激励结构导致效率低；公共部门生产商品的成本更高，多数情况下这似乎是"显而易见的"，因为国有公司需要依靠补贴。有两个学派（Parker，1993）对此提出批评。一是"公共选择学派"，它强调官僚和政客对日常管理的影响，并且证明这与生产效率相矛盾。官僚和政客所面临的激励导致了对日常管理的低效干预。例如，政客为了达到选举的目的，可能试图影响国有化产业的管理，包括（i）导致产业在最高选举支持率的地区进行投资（竞争激烈或是有"边际"席位的地方），而不是在成本效益高的地区进行投资；（ii）限制管理层的提价要求，避免因价格上涨丧失选举支持。

第二类批评来自"产权学派"。他们的观点是，如果公司是私营部门的股东所"拥有"的，那么私人公司的股东有动力确保管理者做出有效决策。国有企业中，选民是感受不到这种激励的，因为他们对其在公司中的所有权利益没有清晰的认识。因此，私人股东拥有的公司所有权会激发其对利润的追求，并推动效率的提升。此外，私人所有权也提供了另一种融资渠道。如果对公共部门的整体借贷水平有所担忧，那么公共部门内的公司可能会发现他们很难为新的投资项目进行融资。相比之下，私人所有权允许公司通过发行股票为新的投资计划融资（Bishiop，1994）。

如果私有化通过所有权转让来实现，那这是如何做到的呢？在公司的出售过程中，交易成本是不可避免的，而且这样的所有权转让必须要显著提高效率。不论怎样，都有理由提出以下疑问：

（i）如果私有化减少了对国家补贴的需求，那这就意味着生产更有效率吗？虽然一些国有化行业对国家补贴的依赖往往易受批评，然而，将利润与效率划等号亦是有失偏颇的。通常，国有化行业是"自然垄断"的，并伴随有高额的固定生产成本，例如电信交换台的建立、水务或燃气管道的铺设、铁路轨道和信号的建设。正如5.6.1节所述，如果价格被限制等于边际成本，即帕累托最优条件下（详见第1章），那么当边际成本小于平均成本时，即使生产是有效率的，损失却也不可避免。由于是以边际成本定价，有效率的产出水平则被定义在了总收入不能覆盖总成本的位置。问题在于，如果对国有化行业实施价格限制，使得价格低于平均成本，那么即使生产效率很高时，预计也会产生损失。相比之下，如果公司被要求最大化利润，那么处在自然垄断地位的国有化行业可能通过简单地提价和限制产出至无效水平的方式来实现这一目标。由此得出结论，创造利润（或者不要求任何补贴）并不是效率的明显标志。

（ii）比较研究表明，私营部门的生产成本低于公共部门。如果利润不是效率的必然标志，对生产成本进行比较或许是更好的方法。对私人生产和公共生产相对效率的确切证据很难证实。原则上，可以采用的方法有：（a）横截面方法（在国内或国际层面就公共生产和私人生产的产出做比较）；（b）时间序列方法（对比私有化或国有化实施前后的效率）；（c）事前方法。很明显，除了有争议的变量外，所有方法的最大不足都是只在同类事物中作比较。在此我们将生产效率视为有争议的变量，这样就可以从投入要素的数量与其最小成本的组合中获得最大产出。

（a）横截面研究应用于私营企业和公共企业同时运营的领域。加拿大铁路和澳大利亚航空是两个突出的例子。加拿大太平洋铁路由私人所有，加拿大国家铁路则由公共所有；在澳大利亚，私人所有的澳洲安捷航空（Ansett Transport Industries）与公共所有的跨澳洲航空公司（Trans Australia）竞争。对比这些企业的业绩，得出的结论是，二者之间并不存在太大的差别，这导致一些人认为，上述观察得出的结论是有效的，即重要的是竞争，而不是所有权。

（b）时间序列研究可以应用在从私营部门转向公共部门或反向转变的产业案例中。这是一个分析历史数据的问题。Rowley（1978）在评论上述Wiseman所做的贡献时，提请人们关注他作为合著者的有关英国钢铁协会的一项研究。英国钢铁协会在1953年到1967年期间是一个私营部门卡特尔，随后它被国有化。在评论中，Rowley指出案例研究方法是切实可行的，然而，有两大限制较为突出。首先，一旦将研究放在相当长的时间周期内，作为分析的一部分，其他条件不变的这一假设是站不住脚的。第二，在缺少大规模经济实验的情况下，有必要等待"自然条件"来改变企业环境，并等待任何差异显现出来。在某种程度上，避免第二个等待的方法之一是关注股票市场的变化。

（c）事前方法。Boardman、Freedman和Eckel（1986）使用股票市场数据来估计政府所有制的预期成本，并与私人所有制做对比。1981年，加拿大魁北克两家皇家公司获得了对一家私营公司Domtar的控制权。在接下来的一周里，Domtar的股价出现了25%的异常下跌（相当于1.5亿美元市值的损失）。考虑到其他影响因素，作者将这种亏损的8%至19%归因于市场对追求非营利目标的成本的看法，比如降低效率和追求社会政治目标。然而，很难知道如何解释这一结果。在大多数情况下，降低效率是毫无吸引力的，但社会政治目标则不然。实现合理的社会政治目标的代价或许是高昂的，那么问题就变为，这种方式是否是实现该目标的成本最低的方式。因此，说明如何利用股票市场，有效地提供对公司未来预期盈利的无偏估计是非常重要的。

一般的观点是，通过大量私营部门和公共部门生产成本的比较研究，即使人们认可私营部门的成本更低（相关评论参见Mueller，1989），但"有压倒性的证据表明一项服务由公共部门提供会降低其供给效率"（Mueller，1989）这一结论可能仍然站不住脚。

首先，私营公司提供的服务的质量与公共部门供给的往往不具有可比性（Knapp，1984）。其次，私人提供总是更具成本效益的观点并非无可争议。在某些情况下，公共供给具有更低的成本。问题不在于是私营部门还是公共部门拥有所有权，而在于是否存在竞争（Millward和Parker，1983）。公共所有制企业如果面临竞争，其效率会更高。是竞争提高了效率，而不是所有权的转移。

（iii）私营部门的激励是有效的吗？更深入地思考有关股东约束管理者以促使其采取有效行动的观点。股东有动力参加股东会议，并询问日常管理事务吗？长期以来的证据表明私营公司的管理者享有自由决策权（Jackson 和 Price，1994）。个人股东会发现参加股东会议并密切监督管理决策的成本是高昂的。同时，管理者可能有自己的利益，比如他们的声望和薪水可能与营业额而非利润相关。

当然，"产权学派"认为任何股东都没有"积极干预"的理由。如果一个公司的经营得如此之差，以至于其股价低于资产价值，那么该公司可能会面临被其他公司"收购"的威胁。如果股东出售股份，"收购"可能导致高层管理者失去工作。而对此的担忧会对管理者产生约束作用。然而这种论证思路是有争议的。在回顾了以往论据后，Jackson（1994）认为："虽然可以在理论上证明企业控制是企业管理的 项重要规则……但支持它的经验证据很薄弱。"此外，大多数从公共部门转移至私营部门的公司拥有巨大的规模，以至于收购并不真正可行。Bishiop 和 Kay（1989：650）认为："即使在业绩很差的公司，管理者被替换的威胁也并不强烈。企业规模而不是成功的利润业绩通常是保护其免于被收购的更重要的因素。"他们补充道："被私有化的英国电信和英国天然气公司位于英国最大的私营企业之列。对任何股权集中的限制意味着恶意收购是完全不可能的。"

5.7.1b 替代选项

所有这些都表明，所有权从公共到私营部门的简单转移不能保证效率的提高。为了提高效率，需要更加强调竞争的引入。但是如果一个国有化行业是"自然垄断"的，这怎么可能做到呢？除了转让所有权，还存在其他替代方案吗？

（1）重组是一种可能性。当涉及私人物品（而非公共物品），而且更可能面临竞争压力时，国有化行业的一些活动可能被转移至公共部门。例如，英国铁路公司在英吉利海峡从事渡轮服务。私有化是一种分离铁路和渡轮公司的方式。这样消除了公司内部交叉补贴所产生的低效率，从而在一定程度上可以提高效率（Bishop，1994）。通过提供更明确的成本信息，提高效率的决策也许是可能的。

为什么在英国更倚重所有权转让，而不是重组？一个观点认为，这是因为管理者不希望他们的企业帝国被分裂。私有化的经验表明，只有在被承诺公共部门公司不会被分解的时候，高层管理者才会同意私有化（Bishiop 和 Kay，1989）。

（2）特许经营。Baumol（1982）提出的可竞争市场理论（见第1章）表明竞争的存在并不重要，竞争的可能性才是重要的。即使是在只有少数供应商的市场中，只要潜在的生产者很容易进入和退出，竞争就可能存在。尽管高额的固定生产成本可能会阻止厂商进入，但在某些情况下可以引入特许经营。私营公司投标管理仍由公共部门拥有。新公司进入的潜在压力是竞争的来源。一个简单的方法是举行拍卖，获胜者是向特许权授予人出价最高的投标人。例如，通过英国铁路的私有化，政府向私人公司提供竞投服务经营特许权的机会。私营公司愿意经营一项满足最低质量限制的服务，而且赢得该特许经营权的公司必须有足够的成本效益才能够确保获取利润。1993年，为使英国铁路私有化，英国颁布了《铁路法案》。它最初决定提供8个特许经营权，例如，从伦敦到盖特威克机场的盖特威克快线；从伦敦到南威尔士的大西部路线；从伦敦到利兹、纽卡斯尔、爱丁堡、阿伯丁等的东海岸路线。

　　然而，尽管特许经营似乎为引入竞争提供了一种方法，但仍然存在一些问题。例如：

　　（i）招投标可能只吸引少数竞争对手；

　　（ii）在做出投资决定时，现有企业知道它们在专营期满后可能将被取代，其积极性会被遏制；

　　（iii）合同细则很难落实，尤其在质量方面；

　　（iv）存在"胜利者诅咒"问题。如果被拍卖的特许经营权为所有投标人带来相同的利润空间，那么中标价格往往就会超过特许经营权的价值。假设每个投标公司请专家来评估特许经营权的净值，而且这些估值的平均值是特许经营权的真实价值。图5-11给出了专家估值分布。假设公司的决策者是风险规避者，而且每个人都在专家提供的估值基础上压减竞标价。平均竞标价大约会低于平均估值，即真实价值，也就是说平均竞标价为 £ $(X - A)$。然而，只要点2仍然在 £X 的右侧，中标价就会高于平均估值。

　　获胜者将是在距离平均估值最远的阴影尾部的点2处出价的那一个投标者。从特许经营权带来亏损的意义上说，胜利者被诅咒了。更糟糕的是，专家平均估值低于真实价值，中标的专家估值和获胜者的实际利润之间也存在很大差距。这就是图5-11中的失望距离1-2。这种机制有助于解释为什么合同持有人可能很快尝试重新谈判条件，或背离质量要求。事实上，它能够解释许多流拍现象。这意味着投标者已意识到，在没有串谋的情况下，他们唯一能得到的将是亏损，因此对他们来说，不进行投标是最好的选择。Thaler（1988）讨论了胜利者诅咒及与此相关的证据。

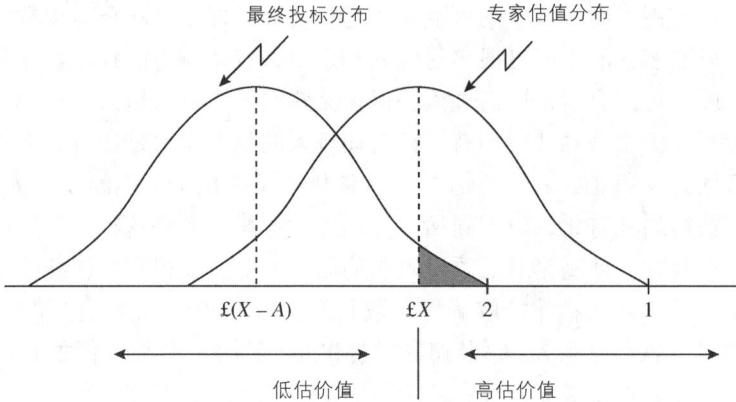

图 5-11　胜利者诅咒

5.7.1c　对私有化公司的管制

从上述讨论中可以清楚地看出，依靠所有权转让很难确保竞争的引入。如果只是简单地将公司从公共部门转移至私营部门，那么会存在私有化带来的私人垄断的风险。为预防此类风险，美国的对策是设立管制机构，以防止公司利用垄断力量。英国私有化取代了国有化，是以管制作为反垄断的保障机制。但管制本身产生了一些问题。例如：

（i）管制俘获。5.2.5节的内容对此部分的讨论有重要意义。监管委员会的独立性可能会遭受质疑。如果监管机构没有独立的信息来源，那么它很可能被行业所"俘获"（Stigler，1975；Peltzman，1976）。行业可以提供数据，说明价格变化、投资变化等是正当合理的。还有一个问题是，监管机构很可能被生产者集团所俘获，这可能意味着，相对于消费者集团来说，价格的设定更有利于生产者集团（例如，Stigler和Friedland，1962；也可参见第2章）。在英国，已有观点认为，私有化公司的管理者已经"控制"了政府的私有化政策。Jackson和Price（1994）引用Abromeit（1988）的评论说："英国电信管理者成功地诱导政府放弃了大部分关于电信产业自由化的最初想法。"

（ii）收益率规制。限制受管制公司利润的一种方法是限制他们能够赚取的股本收益率。这里有一个前述分析中提到的问题，即限制收益率可能会导致低效生产（Averch和Johnson，1962），因为公司能够通过投入更大的资本存量来增加利润。低效率是由资本过度密集的生产方式所引起的（见5.4.2节的讨论）。

（iii）RPI-X 价格管制。这种管制形式在英国被应用于为企业价格的年化增长额设置上限。获准的价格增幅等于零售价格指数（RPI）减去 X 个百分点。例如，对于英国电信而言，X 最初被固定为 3，英国机场管理局的 X 为 1。对某些公司来说，例如供水公司，增幅计算公式被修改为 RPI + X，这是因为考虑到需要为未来投资融资，比如改善水质。这一价格增幅管制准则运行 5 年，之后重新谈判。价格增幅的设置低于零售价格指数增幅的意图在于引导管理者压低价格，从而获取最大利润。然而，这种管制方案也容易招致批评：

（a）公司可能不会最大化利润。如果管理者有自由决策权，那么他们很可能关注其所负责的部门规模，而对旨在压低成本的管理限制没有那么大的兴趣（参见 Helm（1987）有关利润最大化实施力度的讨论）。

（b）这种特殊的管制形式似乎克服了美国管制模式中存在的扭曲效应。RPI-X 价格增幅限制意在控制价格，但仍允许通过降低成本获得利润增长。然而，X 的确定最终取决于监管者所认为的合适的幅度。除非监管者的评估与企业实现的成本和效率水平无关，否则 RPI-X 管制实际上将变得和"收益率规制"一样，并伴有相同的缺陷。如果私有化公司认为下一次 RPI-X 上限的设置会受当前利润的影响，那么驱使成本下降的动力就会减弱。Parker（1993）评论说："实际上，X 因素似乎确实是根据监管机构认为的'令人满意的利润率'来设定的。"

（c）Bishop 和 Kay（1989）认为："即使能够对成本和效率进行独立评判，资本密集型企业仍然可以调整投资组合，以牺牲长期前景为代价提高短期财务业绩，从而规避管制方案施加的限制。"

5.7.1d 私有化：一项多维度的政策

有人认为，私有化的核心目标在于追求效率，但在试图提高效率的过程中，私有化还存在其他影响。比如收入分配效应。当一个行业被国有化时，公民与该行业休戚相关。当这些股份被贱卖时，相较于可以购买股票的公民，那些无法购买股票的公民将承担损失。在英国，公司股票在证券交易所首个交易日的溢价证明私有化公司价值被低估了。

关于效率，Jackson 和 Price（1994）认为私有化政策专注于"静态"意义上的效率。他们扩展了研究范围，将私有化对动态因素的影响囊括进来（例如，投资新生产能力的有效性）。借助公共部门具备的风险分担优势（Arrow 和 Lind，1970），"私人决策的理由不必像通常所想的那样明确"（Jackson 和 Price，1994）。

还有其他因素使私有化具备吸引力。例如，Rees（1986）认为私有化可以：（a）减少政府借款；（b）逐渐削弱工会权力；（c）提供多种持股选择；（d）促进效率和创新；（e）降低政治干预的程度；（f）激励员工合作。在此基础上，也许还可以在列表里补充：（g）减少交叉补贴的可能性；（h）提升政治好感度。这一列表可能看起来令人印象深刻，但列表越长，对每一项都能实现的可能性的质疑就越多。所有目标之间都是相互协调的吗？例如：

（i）私人持股/效率提升。Parker（1993）指出，在20世纪80年代初期，英国保守党政府的一个目标是扭转私人持股比例的下降。通过在出售国有资产时优先考虑小股东的方式，整个80年代，英国拥有股份的成年人比例增加了3倍多，从大约7%上升至25%。然而，如果私人股权是对管理者的一种约束，那么扩大股东范围是明智的吗？如果每个股东与公司的利害关系很小，那么他们就不太有动力去监控管理者的行为。越集中的持股对管理层产生的制约越大，这一点仍然存在争议。

（ii）私人持股/减少政府借款。20世纪80年代，英国政府通过出售公司缩减了借款，但缩减的程度被夸大了。Parker（1993：182）指出"就公共支出占国内生产总值（GDP）的比重而言，1988—1989年间该比重下降了1.5个百分点，但在其他年份则更少"。也许影响不够大的一个原因是股票的售价过低，这很可能限制了股份的出售。例如，1984年，政府出售的英国电信股票在首日交易中以超过80%的溢价被卖出。1987年，政府出售的英国航空公司股票在首日交易中以接近70%的溢价被卖出。这再一次表明，私有化的两个目标之间可能有着潜在的不一致性。

（iii）效率/减少政府借款。有观点认为，公司所有权的简单转让不足以提高效率。私有化还必须增加竞争。但是，在考虑出售公司时，Jackson和Price（1994）指出："就股票的发行价而言，垄断结构的维持使得资产的出售更具吸引力。"如果政府对收益更感兴趣，那么它将意识到潜在的垄断利润将会提高股价，而竞争或严格监管的引入可能会降低股价。Jackson和Price（1994：16）评论说："在英国，政府可能更关注对收入的影响，而非致力于实现经济效率的提高。"

研究私有化影响多重性的一个重要意义在于，它使分析者可以依据公共选择框架重新审视私有化政策。为什么在公共选择框架内，政府会对私有化感兴趣？以"过低的"价格出售股票将使政府在那些能够购买股票的人中更受欢迎。另一方面，公共公司所有者（选民）易受财政幻觉的影响，从而意识不到他们的资产正在"被抛售"。这样，政府可以提高他们连任的可能性，而且，如果收入的增加促使减税或者取消增税的计划，情况尤其如此。当然，这种好处只能享受一次。前总理 Harold Macmillan 指出，这类似于"出售传家宝"。将公众持股的公司转移至公共部门，也将使政府摆脱由价格上涨引起的不得人心的境况（尽管政府有责任建立监管机制）。

如上所述，私有化过程也受到私有化公司管理者的欢迎，只要在这一过程中企业不被分拆。对新近私有化公司高层管理者报酬的批评，可由租金创造的潜力得到解释。虽然这不是一个详尽的观点列表，但不难看出，私有化会给现任的政客和公司管理者带来好处。可以提出一种私有化的寻租模型（Jones 和 Cullis，1988），而且，提高效率是推动私有化的唯一考虑这一观点也是值得怀疑的。

很难确定私有化是否最终提高了效率。尽管存在多种参考依据，但没有一个是完全令人满意的。例如，在研究私有化的影响时，可以考察该行业在私有化前后所获得的收益率和其他会计比率。然而，这样的方法不可能提供所有必要的证据。例如：（a）收益率可能因技术改进（降低成本的创新）而改变，却与私有化的引入毫无关系；（b）收益率的提升可能更多的是使用垄断权的结果；（c）收益率改变可能与服务质量的下降有关；（d）也可能不是由于私有化，而是受到公共公司管理方面改变的影响（Bishop 和 Kay，1989）。当然，将私有化公司的业绩与仍是公共部门公司的业绩进行比较是很有吸引力的。然而，即使"效率"和私有化之间存在关联，也很难确定二者的因果关系。Bishop 和 Kay（1989）认为，就英国私有化来说，许多效率提高是发生在私有化之前的。尽管"私有化行业往往发展速度更快，而且盈利能力更强，但似乎是成长和盈利推动了私有化，而非反向因果关系"。

在对英国私有化的评估中，Bishop 等（1994）强调在私有化过程中引入竞争的重要性（私有化应该是一个鉴定哪些商品能被私营部门更好提供的过程）。他们反思："英国的私有化方案在引入竞争方面并不总是像它设想的那样成功，而是已经错过了几次引入竞争的机会。"（1994：13）

5.8 国家的新旧角色

推动在公共部门做出"正确决策"的努力，已经促使相对新的政策工具——设定政策目标——被使用。对于传统的新古典经济学家来说，"正确决策"就是执行从福利经济学得出的政策处方。然而，对于政府中的个人而言，公共选择学派认为"正确决策"是使政治（选民）支持最大化的决策。从某个角度看有着重要意义的政策，换个角度可能是毫无意义的。20世纪90年代末，英国工党以新工党之名上台执政，并围绕新工党之"新"进行了大量辩论。一位杰出的评论员回答了这个问题，他指出："新工党目标的转向，为的是反驳它仅是一个政治杂音的指责。"（Hutton，2002）他继续把目标设定描述为"极好的经济和政治手段"。到2010年将儿童贫困减少50%，并在一代人之内消除贫困，以及到2010年交通拥堵比2000年减少6%就是两个这样的目标。Hutton认为目标明确了"日程，同时又使其非政治化"。毕竟，政治对手或公民"对这样明显值得且客观的目标又怎么可能反对呢"。用一句话概括："目标即是工具。"下一节我们将以第二次世界大战后工党政府最后一个伟大的公共部门遗产——国家保健服务体系（NHS）为特定背景，分析其对目标价值及客观性的主张。特别关注的是NHS的候诊名单目标[①]。

5.8.1　使用目标作为新工具

过程取向的公共选择分析，确认了为什么更适合选举竞争的目标会被作为公共政策的工具来使用。言外之意是，如果政府失灵不能得到纠正，就会存在资源错配的问题。这一论断是在对政治目标进行结果导向的帕累托分析的基础上研究得来的。

在以下讨论的背景中，可以发现最近几十年中，声誉、可信度、时间不一致、目标和可见性已经成为政策经济学词典中的术语。从过程取向的公共选择分析开始，核心论断就是一个简单的看法，即如果政府（或即将上台的政府）有良好的声誉，并针对备受关注的问题采取可信的政策，且解决方案的成本尽可能不为人知，就会更容易得到选民的支持。声誉很难与信誉分离，而在Weber（1991）之后，声誉被视作一个更长期的概念，可信度则是一个相对短期的概念。与Weber不同的是，声誉被看作更加广义的概念，包括了选民相信政府始终如一地追求其所述政策目标的概率。这一概率是根据对政府的实际行为观察和了解到的，就此而言，这更多的是一个事后回顾的概念。可信度被看作

---

① 在大选（1997年5月）中，工党向选民提出了5个"重点"承诺。其中第三个承诺是，提供较短的候诊名单，并且通过次序安排，使其优先于更主流的政治目标（例如使经济更"强大"）。工党承诺在第一个任期内减少10万等待人数。

附于具体政策目标的更狭义的概念，可信度的"购买"涉及对特定政策目标的事先承诺。一个有约束力的承诺具有完全的可信度，而不具约束力的承诺是部分可信的。可信度更多的是一个前瞻性的概念。实际上，平均可信度等于选民预期的政策结果除以政府政策公告结果，而边际可信度等于选民预期的变化除以政策公告结果的变化。

在此有必要引述 Hoopes（2001）的观点：例如，尽管在最重要的问题上，相较保守党，选民更支持工党，但在 1992 年，英国公民投票反对工党。相比意识形态、非理性或严重的信息误导……我们可以推测，在 1992 年的选举中，英国选民没有必要投票反对他们在关键问题上的利益，而是他们评估认为 Neil Kinnock 和工党不能兑现他们对这些问题的承诺。换句话说，Kinnock 失去了"可信度"要素。

选民可见性一直是政策融资及其结果的公共选择分析的一部分。这里将着重对以候诊患者形式存在的可见投入进行分析。可见的候诊名单吸引着人们的注意力，但附带的福利意义并不太明显，也不那么容易说出来。等待人数不能帮助我们深入了解等待成本或"最佳"名单。NHS 中等待治疗的过程与排队等待相同的合规成本是不同的。个人不在现场排队等待，他们在管理列表中等待（Lindsay 和 Feigenbaum，1984）。正是这个事实使得估计等待成本比简单报告等待人数更难。此外，即使 NHS 应用帕累托效率标准（如果治疗的边际收益超过边际成本，就应该配置更多的资源），也会出现过度需求。在图 5–12 中，一群特殊患者（病例类型 i）的治疗需求为 D_i。为了便于说明，假定这种病情治疗的边际成本是固定的，由 $MC_i = AC_i$ 表示。如果存在竞争性市场，0-N_1 个患者将被治疗（N 表示治疗人数）。如果 NHS 中的患者以与市场相同的方式被区分优先次序，并且提供 0-P_1-1-N_1 的预算，则在 NHS 中仍然存在 N_1-N_2 的候诊患者。如果 NHS 以每个患者 0-P_1 的价格治疗 0-N_1 个患者，消费者剩余为 P_1-P_2-1，则仍会引致批评。

在竞争性市场中不存在名单，因为潜在患者不会出现在治疗中。候诊名单在市场安排下是不可见的，它们是隐藏的。相对于其他形式的医疗供给，NHS 候诊名单的公开可见性使其成为讨论热点和政治目标。

继 Paviani（1903）之后，公共选择学者从个人不能识别全部税收成本的角度来思考财政幻觉（对此重述详见 Congleton，2001）。在此讨论的例子中，财政幻觉的"问题"从反面来看，即是支出错觉。当个人察觉到供应不足时，这

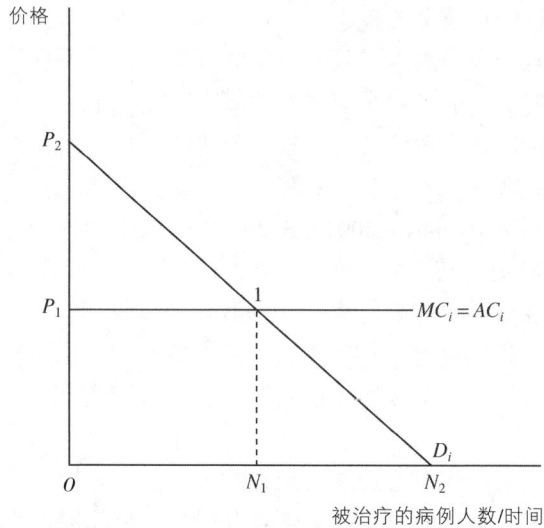

图 5-12　候诊名单 "可见性"

种情况就会存在，即使全部信息显示不存在资源错配。如图 5-12 所示，N_1-N_2
的患者不愿意支付当期治疗的边际社会成本，但是会察觉供应的不足，因为患
者认为其有必然获得治疗的权利。选民对 NHS 中非紧急手术的长期候诊名单
的长度感到不满意。矛盾之处在于，即使 "有效" 市场以相同的成本治疗相同
数量的病人，这种 "不言自明" 的反应也有可能发生。

　　如果供给不足的感觉超过现实情况，支出幻觉就会更加普遍存在。在某些
情况下，这种幻觉还会加剧。例如：

　　（i）参考 Hirschman（1970）的观点，"政治市场" 几乎没有为 "退出" 留
下余地；患者很难转向市场交易。图 5-12 说明了这种情况，即 N_1-N_2 包括了那
些未从支付市场价格中[①]充分受益的人。然而，即使候诊名单反映出了帕累托
标准中 "供应不足" 的情况，但 "退出" 仍然是不容易的。Shmanske（1996）
发现了搭便车问题。一个人从候诊名单上被移除使所有留在名单上的人受益。
每个人都有动机让其他人承担移至私营部门的成本。此外，在没有搭便车问题

------

　　①　如其他人，Martin 和 Smith（1998）所示，转向私营部门的决定只适用于那些从超额价格治疗中
受益的人。例如，如果 0-N_1 范围内的患者在 NHS 中未能接受治疗，他们将会有激励 "转向私人诊所求
医"。然而，这不适用于候诊名单上 N_1-N_2 的那些人。

的情况下，实验经济学证明，个人受历史成本影响（Thaler，1994）；如果患者认为他们已经通过税收支付或者认为它是一种 "权利"，那么他们不愿意 "再次" 支付医疗费用。在 NHS 中等待治疗与现场排队等待，二者的遵从成本是不同的。如上所述，个人不在现场排队等待，他们在列表上等待。当等待未受到阻止时，供不应求的感觉就会更加强烈。

（ii）如果 "退出" 是困难的，那么对呼声就有更多的关注。NHS 内部的 "呼声" 可能会被减弱。等待治疗的患者是一个 "庞大" 的群体，很难动员起来（Olson，1965）。此外，那些转至私营部门的人，至少部分地被 NHS 中的等候所刺激，这从等待人群中移除了那些更加善于表达而且通常拥有更高收入的不满者。Besley 和 Gouveia（1994）指出，"经济情况较好" 人群的小规模迁入，意味着更多持反对意见的纳税人已经离开。"退出" 也许不是大量的，但是大幅度降低了游说的效力。

（iii）当 "呼声" 在内部被减弱时，外部通过投票箱传达的 "声音" 必定会被强化。然而，如果政治家期待投票最大化，那么处境中立的选民数量是其关注的焦点。Buchanan 和 Tullock（1962）指出，在选举过程中，对偏好强度的关注有限。投票机制（如出售选票或互投赞成票）不足以反映偏好强度[①]。原始数据非常重要，等待人数可能不是很好的福利成本指标，但它是 "政治" 成本的一个重要指标。当考虑 "雪球" 效应（由 Musgrave 于 1981 年提出）时，情况尤其如此，那些候诊患者的家人和朋友的投票同时也会受到影响。还有一种情况是，在老龄化的人口中，经历治疗 "等待" 的人数迟早会增加，而且选举成本变得更大，更惹人注目。

减少 "退出" 和游说可能性的一系列观点，意味着成本被转化为选举成本，即选举中有可能丧失的选票数量。支出幻觉是永远存在的，因为除了缩减名单之外，追求投票最大化的政客没有动机将任何事情作为目标。政客能够做出支出承诺，并且降低隐性税收成本（例如 Tullock，1959；Buchanan 和 Wagner，1977）。在年度调查中，英国选民将额外的医疗支出被视为头等大事[②]。在 "政治市场" 中，等待成本可以通过失去选票的风险来衡量。

---

①　虽然互投赞成票为投票交易提供了范围,但是绝不可依靠这一机制来实现有效的解决方案（Buchanan 和 Tullock,1962）。

②　Jones(1993)讨论了英国选民态度调查的年度报告。

5.8.2 可信的目标

上述讨论的含义是，缩减候诊名单的选举承诺是一种不具约束力的政策预先承诺，代表着事前具有时间一致性的政治平衡，而非福利的最优政策。相关时间跨度可能是很短的，因为衰减的时间跨度是政治过程的一个显著特征，被大量引述的英国前工党首相 Harold Wilson 评论说，"一个星期在政治中是一段很长的时间"就凸显出此特征。

通过对 NHS 等待的实际情况的观察可以发现，英国的等待人数在政府的第一年任期结束时增加了 14 万。1998 年 7 月（恰逢 NHS 成立 50 周年）相应地推出了（住院病人）候诊名单财政倡议。然而，这一倡议的可信度很快因对目标实现方式的批评而削弱，特别是有人批评"等着去等待"患者数量的增加时。在全科医生书面转诊给医院顾问后，患者必须等待预约才能见到医院顾问（在他们能够被准许进入目标住院病人的"候诊"名单之前）。到 1999 年 3 月，等待首次约见顾问的患者数量已经增加。原因在于向目标列表添加名额受到某些因素的阻碍。对决策者的声明与因必须达到数字目标而产生扭曲的批评是一致的。尽管资源以达成目标为导向，但它仍然是不可靠的。然而，对于工党来说，控制公共支出也是一个政策目标，而且它们已经为此配置了一些额外的资源。持续性的媒体关注和披露目标效率成本的信息，意味着"让符合要求"的患者得到治疗，而不是关注于人为数量目标，看起来这确实是一个较好的政策。严重不适当护理的个案成为了头条新闻，而且正是这种个案使为达目标而走"捷径"的行为被认为是效率低的。随着政治影子价格相对福利影子价格比率变化，数量目标被弱化。用行话说，数量政策具有时间不一致性，即对目标设置本身所做的反应意味着它不再符合政府对可信度和声誉的基本偏好，并因此丧失选举人气。

在此关注的焦点是工党政府近期的承诺。然而，如果公共选择分析的重点在于购买，那它应该适用于所有政党。事实上，所有主要政党都关注等待数字[①]和受其他政策问题影响的目标数字。例如，在 1979 年至 1994 年间，英国就业统计数据的构建方法发生了 9 个重大变化。其中 8 个是为了减少被记录为失业的人数，据此，很难回避这样一个结论，保守党在不被视为失业党方面非常努力（Johnson 和 Briscoe，1995）。

---

① 当然，NHS 是第二次世界大战后工党主要留存的制度创新，因此，他们可能对批评更为敏感。此外，基于很可能"转向私人诊所求医"的选民的收入状况，工党的选民可能会被列入名单。

5.8.3　作为政治目标的候诊名单：帕累托分析

本节详细介绍了上文引入的"效率成本"，并着重分析 "公共选择引致"的对候诊名单痴迷而引起的一种选民难以识别的扭曲。人们越来越担心，对等待人数的过分关注导致了过多的支出用于低成本治疗。如图 5-13 所示，以患者对当期治疗的支付意愿来表示等待成本。需求曲线 D_i 代表病例类型 i 患者的支付意愿，在这群人中未接受治疗的患者的每期等待成本由三角形 N_1-1-N_2 表示。与之相比，病例类型 j 患者的需求为 D_j。为了便于说明，再次假定治疗的固定边际成本（等于平均成本）由 MC_j=AC_j 所示。参考一般性标准，则这部分病人的候诊名单为 N_1-N_3，其等待成本由三角形 N_1-2-N_3 表示。

如果政府根据总体名单来判定成功或失败，那么其就会有动机将更多的资源用于低成本治疗。最近的证据再次证实了这种预测。在工党政府提出倡议之后，有批评指出，面临更昂贵手术费用的患者（例如在妇科或骨科领域），在会见顾问之前甚至还要等待更长时间。这两个问题能够在图 5-13 中得以说明。第一个问题涉及可以使用额外融资压缩候诊名单的方式。压缩病例类型 i 的候诊名单的策略比均等地压缩两种病例类型名单更划算。在 N_2 处额外支出与 N_1 处相等的治疗成本将完全消除病例类型 i 患者的候诊名单，但相同的额外支出 N_1-2-3-N' 至多减少病例类型 j 的候诊人数的一半（N_1-N'=（1/2（N_1-N_2））。

投票最大化的政客倾向于最大可能地减少等待人数，而不考虑对等待成本的影响。虽然情况 j 的候诊人数是情况 i 的 2 倍，但群组 j 中患者的等待成本 N_1-2-N_3 是群组 i 中等待成本 N_1-1-N_2 的 4 倍。因此，如果目标是减少等候成本，那么支出最好集中用于治疗病例类型 j 的患者。尽管 i 类候诊名单的消除减少了 N_1-1-N_2 的等待成本，而相同的支出 N_1-2-3-N' 将减少 j 类候诊患者的等待成本 N_1-2-4-N'，这是大于 N_1-1-N_2 的。对于政党来说，问题在于这种分配仅将 NHS 的候诊人数减少了 N_1-N'，是小于 N_1-N_2 的。然而，如果支出集中用于群组 j，剩余等待成本是 N'-4-N_3 加上 N_1-1-N_2，远低于 N_1-2-N_3，即当支出仅分配给低成本治疗时的剩余等待成本[①]。

[①]　1991 年 4 月，保守党政府在《病患章程》中提出了关注候诊时间的倡议。它承诺，将保证在顾问将患者列于候诊名单之日起不迟于两年的时间内得到治疗，1995 年的《病患章程》承诺为所有病患的等候时间为 18 个月（Mullen，1993）。然而，虽然章程考虑到了候诊时间长度，但从图 5-13 中可以清楚地看出，向所有候诊人承诺相同的等待时间并没有把等待成本的差异考虑在内。

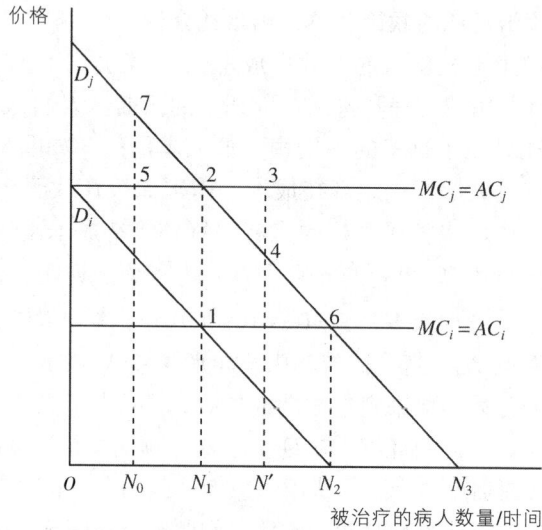

图5-13　候诊名单及成本

如果有动力重新分配现有支出，那么就会出现第二种扭曲。例如，在图5-13中可以看出，在病例类型 j 的治疗上削减 N_0-5-2-N_1 的支出，将增加候诊人数。然而，将从 j 型治疗上削减的支出 N_0-5-2-N_1 转换成与之相等的 i 型治疗费用 N_1-1-6-N_2，则 i 型候诊患者数量能够减少 N_1-N_2，等于2（N_0-N_1），从而使得NHS中的整体名单人数减少。这种错误分配的成本可以表示为三角形5-7-2和1-6-N_2无谓损失的总和。

此示例表明了对当下情况的依赖程度。例如，在图5-13中，如果扭曲的激励致使 j 型和 i 型住院病人数分别为 0-N_0 和 0-N_2，那么恰当的政策反应是使两种病例类型各有 0-N_1 的住院病人。这种增加候诊名单的选举承诺是难以想象的。

Downs（1957）曾预言基于政策信誉和声誉需求这样的"政治正确"目标而做的决策可能不会增加社会福利，目标的"公共选择"分析正是其重要例证。它还强调了 Buchanan 和 Tullock（1962）的评论，即选举竞争不能照顾到偏好强度，而只关注投票的数量。等待成本和候诊名单之间并非单调的变换关系，寻租机会难以避免，而且偏向于支持低成本治疗。

更为普遍的结论是，承诺实现数字目标的做法是一种不适当的表态。就赢得或避免损失选票而言，他们是"政治正确的"。按照目前的设想，即使事实证明，在当届议会结束时，目标得以实现，但他们对福利的增减却只字未提，就此来说，他们是"政治不正确的"。这种目标的追求转移了对确定恰当的社会福利最大化这一更困难但可能更有成效的任务的注意力。然而，政治市场中的激励结构不能引导政客"迎难而上"。这里的分析表明，目标（除了政治家经历的非常短期的目标）既不是一种好的经济手段，也不是一种好的政治手段。

5.8.4　摇摆的困境!

本书第二版的读者认为英国的"国有化"一去不复返了，那是情有可原的。但没有什么是永恒的。2007年，一家名为北岩银行（事后回顾，有些讽刺）的知名英国抵押贷款银行财务体系崩溃，事情怎么会发展到这个程度呢？根本原因似乎是美国住房和所谓的次级贷款部门。那些资金/收入不足以充裕地支付按揭贷款的准买家，仍然可以获得贷款用来购买房产。贷款人不太关心借款人的财务来源，因为他们认为，如果按揭借款人违约，他们能够收回资产，即房子，而且由于房屋价格在不断上涨，这能够确保他们的贷款的回收额高于抵押物担保的价值水平。然而，随着经济衰退，房价开始下跌，转售回收资产不足以覆盖初始贷款，美国的贷款人因而蒙受损失。没有能力支付抵押贷款的借款人，把财产钥匙放在一个信封里，并寄给他们的债权人，然后离开，这一过程被称为"叮当邮寄"。实际上，世界上许多金融机构已经购买了这个次级市场的股票，而且美国的风险通过抵押贷款债券在全世界扩散。这些明显复杂化的金融机构未能完全量化私人公司面临这种特殊风险的程度，直到后来才变得清晰。北岩银行本身采取一种特殊的策略，将其在金融市场上的借款再出借给它的客户，赚取借款和贷款利率的小额利差，这是一种薄利多销的方法。在某些人看来，这在借贷两个方向上存在很高的风险。①如果北岩银行失去在金融市场上的借款渠道（"信用紧缩"），或者只能以高利率借款从事购房贷款，那么当抵押品价值不足以覆盖贷款时，违约破产就会迫近。事实就是如此。次级市场被认为是失败的，而且深受其害的那些人开始减少他们的贷款，并制定策略以应对他们在投资组合上的损失。北岩银行被认为是特别脆弱的，而且存款人确实开始排队提款，而

---

① 2008年3月，监督金融部门的英国金融服务局接受了批评，因为它未就北岩银行"商业模式"的脆弱性对其提出警告。

不冒损失的风险。这是过去一百多年来首个遭挤兑的英国银行。面对疯狂的排队，公司不得不向英格兰银行求助。财政大臣 Alistair Darling 批准将 250 亿英镑纳税款出借给北岩银行，以防止其破产。但问题变成了：面对一个拥有超过 1 000 亿英镑抵押贷款的房屋互助协会，接下来该怎么做。对于政府来说，这似乎有点像老话所说的"借贷"反转，如果你欠银行 1 000 英镑，你会变得困难重重，但如果你欠他们 100 万英镑，他们会变得困难重重。在选择临时公有制而非管理层收购计划，以及 Richard Branson 的维珍集团竞购时，如何收回纳税人的投资是主要考虑因素。但是政府贷款的最初逻辑是怎样的呢？

市场法则是，那些不能弥补其平均可变成本的厂商应该停产，因为这样做他们可以将损失控制在固定成本的规模，后者在短期内是不可避免的。限制这一过程的运转会引发道德风险问题，因为如果金融机构认为他们有一个隐性保证，即政府将在最坏的情况下帮助他们渡过难关，他们便会更多地从事具有更大风险性的投资。简言之，厂商高风险的金融策略实际上得到了保障，因为他们要么获得相当优厚的收益，要么通过政府支持由纳税人承担其损失。那么为什么不允许脆弱的北岩银行倒闭？主要是担忧金融风险从北岩银行蔓延至其他机构，从而可能触发英国更大规模的金融危机。作为一个术语，系统不稳定性描述了不协调的国际金融市场的动态特性。如果国际宏观经济政策互不相容，金融市场被引发投机泡沫的"潮流"所驱使，那么就存在政府干预的理由。此外，那些在房屋互助协会存款的公众会员很快声称他们从未考虑过存款损失的可能性，因此，该机构的倒闭将是不公平的（相比之下，巨大的意外收益通常被认为是公平的）。

金融危机已然是最近某些历史时期的一个特征——20 世纪 80 年代的拉丁美洲，20 世纪 90 年代初的一些欧洲国家，20 世纪 90 年代末的一些亚洲国家——但经济学家还未就此构建起令人满意的模型（Copeland，2008）。当危机的影响从票面资产代表的金融领域蔓延到实体经济时，就会产生实际成本。例如，大量北岩银行的员工失业，拖欠住房抵押贷款的人失去了房子。尽管政府干预的优势在于减少这种实际成本，但其劣势是会产生上文提到的道德风险成本。如果政府准备救出沉船，那么更多的船将会沉没，因为他们的船长没有采取足够谨慎的行动来避免陷入困境。显然，在撰写本文时，北岩银行仅仅是第一个真正破产的金融机构。在美国，抵押贷款机构房地美和房利美得到美国政府救助，实际上是基于系统不稳定的理由，但作为投资银行的雷曼兄弟被允许破产，可能主要是因为考虑到道德风险。在英国，苏格兰哈里法克斯银行（*HBOS*）被劳埃德银行（*TSB*）收购，将其从崩溃的边缘拯救回来。美国保险巨头 AIG 也被政府救助。现在普遍呼吁实施更大范围的金融监管，但近年来所有能够听到的是对金融自由化和"让市场发挥作用"的呼吁。美国共和党政府救助了若干个大规模的金融机构，并考虑了更大范围的金融监管①，这是很多人（如果有的话）在 2006 年难以预料的。这些问题目前仍然存在，而且作为一种练习，本文的读者也许想检验北岩银行在"临时公有制"中的命运，并更新随后的"失败"和政策干预。从"公共部门经济学"的角度来看，对于一些经济问题，只有政府足够大才能有所帮助，但是没有回答的问题是："何时并且怎样利用'大政府'才是恰当的？"显然，干预可能是未来问题的起因，因为必须规避竞争法律来促进苏格兰哈里法克斯银行（*HBOS*）–劳埃德银行（*TSB*）的合并，而且可以预计，它们的垄断权力将引发对未来失业的担忧。

5.9 小结

本章不可避免地引入了多个经济主题：

首先对寻租行为的性质做了概述和探讨。许多问题可以放在寻租的背景下深入分析（例如，Colombatto 和 Mzcey 1996 年对东欧汇率制度中寻租的分析）。

本章中的一个关键问题是生产应该由哪个部门来组织。公共生产的理由超越了福利经济学的"市场失灵"概念。人的能力是"反常行为"和"交易成本经济学"方法的核心。

曾经"经典的"国有化产业经济分析不仅关注国有化本身，而且还为关于"回归市场"的政策讨论提供了背景。这里所探讨的问题正是世界上许多国家当下政策争论的核心。事实上，尽管"私有化"的各个方面都存在大量的文献，但是对于目标、方法和绩效测评缺乏真正的共识，这使我们很容易接受 Hensher 的评论："在大多数国家中，关于私有化的严肃讨论尚未开始。"

---

① "卖空"的做法（旨在市场下跌时获利的交易）遭受了质疑，一些 CEO 某些行为的合法性问题引起了不满。

更令人难以接受的是，共识并不难达成。考虑到对公共物品偏好的多样性和对经济学家、政客及一般民众的重要性，关于此议题的讨论很可能总是维持现状。

福利经济学支持私有化的理由本质上是基于竞争的，但是对于私有化受到政府追捧的原因，用公共选择理论来解释并不困难（Jones 和 Cullis，1988）。英国的私有化计划在促进竞争方面收效甚微。在这种模式下，公共垄断的产业被转移至由监管当局管制的私营部门。Kay 和 Thompson（1986：29）指出："在缺乏有效竞争的情况下，至少大型的、占支配地位的企业私有化是没有任何意义的，甚至可能是有害的。"英国私有化只是将焦点简单转移至典型的美国式监管上，而不是显著地增强竞争，即使私有化政策的拥护者也对此感到失望（Bruton，1987）。

在公共选择理论看来，即使不一定能够增加竞争，政府也可能推行私有化。以下案例阐明了其中的原因：

（i）如果选民能够以低于市场（补贴）的价格购买股票，那么私有化是一种对选民有吸引力的政策。Dunleavy 和 Rhodes（1987）参考英国的情况做出评论："正像 1984 年英国电信出售那样，股票以确保能够被全额认购的折价水平发售，并赋予小投资者购买折价股票的特权，政府因此有时可以向大量选民转移可观的现金福利。"只要选民受财政幻觉的影响，他们就无法意识到其在公有资本中所占份额的价值已经被相应缩减了。正因为如此，人们急切地等待着出售资产，该项政策也很受欢迎。

（ii）通过出售资产所获得的收入也降低了政府的借款需求。这使短期内的税收减免政策变得可行，在有限的时间范围内（仅延长到下一届选举），这很可能受到选民的欢迎。

（iii）如果这项政策的收益与政府描述的那样具有吸引力，那么政客可能不太愿意抵制那些害怕竞争的团体的游说。在英国，有证据表明，国有化行业的管理层一直以竞争的名义抵制其"帝国"的消失。尽管简单地把一个大型机构私有化是可以被接受的，但降低公司的重要性可能就不那么容易接受了。管理层的游说压力是解释私有化模式的一个因素（Kay 和 Thompson，1986）。考虑到其他的利益关系，这种游说压力没有以竞争的名义被抵制，也是不足为奇的。

矛盾之处在于，政府失灵可能意味着这项政策未按照其倡导者所希望的方式来实施。不可避免的是，公共选择方法必须寻求对政府的宪法审查，从而限制公共政策的滥用。

本书的5.8节以新工党采纳的NHS候诊名单目标为例,剖析了"目标设定作为工具"的使用。公共选择和传统福利分析发现,目标设定的使用通常是一项有缺陷的政策工具。当面对世界各地的金融"崩溃"时,经济和政治保守派均被迫自相矛盾地支持了"大"政府干预。

参考文献

Abromeit,H.(1988)'British Privatisation Policy',*Parliamentary Affairs*,41,1,pp. 68–85.

Akerlof,G. A. and Dickens,W. T.(1982)'The Economic Consequences of Cognitive Dissonance',*American Economic Review*,72,3,pp. 307–19.

Alchian,A. A. and Demsetz,H.(1972)'Production,Information Costs and Economic Organization',*American Economic Review*,62,5,pp. 777–95.

Arrow,K. J.(1971)'The Organization of Economic Activity：Issues Pertinent to the Choice of Market versus Non–market Allocation',pp. 59–73 in R. H. Haveman and J. Margolis (eds),*Public Expenditure and Policy Analysis*. Chicago：Markham.

Arrow,K. J. and Lind,R. C.(1970)'Uncertainty and the Evaluation of Public Investment',*American Economic Review*,60,3,pp. 364–78.

Averch,H. and Johnson,L. L.(1962)'Behaviour of the Firm under Regulatory Constraints',*American Economic Review*,52,5,pp. 1052–69.

Bartell,A. and Thomas,L. G.(1985)'Direct and Indirect Effects of Regulation：a New Look at OSHA's Impact,*Journal of Law and Economics*,28,1,pp. 1–25.

Baumol,W. J.(1982)'Contestable Markets：An Uprising in the Theory of Industry Structure',*American Economic Review*,72,1,pp. 22–59.

Baumol,W. J.(1984)'Towards a Theory of Public Enterprise',*Atlantic Economic Journal*,12,1,pp. 13–19.

Baysinger,B. and Tollison,R. D.(1980)'Evaluating the Social Cost of Monopoly and Regulation',*Atlantic Economic Journal*,8,4,pp. 22–6.

Besley,T. and Gouveia,M.(1994)'Alternative Systems of Health Care Provision',*Economic Policy*,19,pp. 199–258.

Bhagwati,J. N. and Srinivason,T. N.(1980)'Revenue Seeking：A Generalisation of the Theory of Tariffs',*Journal of Political Economy*,88,6,pp. 1069–87.

Bhagwati,J. N. and Srinivason,T. N.(1982)'Revenue Seeking：A Generalisation of the Theory of Tariffs—a Correction',*Journal of Political Economy*,90,1,pp. 188–90.

Bishop,M. and Kay,J.(1989)'Privatisation in the United Kingdom：Lessons from Experience',*World Development*,17,5,pp. 643–57.

Bishop,M.,Kay,J. and Mayer,C.(1994)'Introduction：Privatisation and Performance',pp. 1–15 in M. Bishop,J. Kay and C. Mayer(eds),*Privatization and Economic Performance*. Oxford：Oxford University Press.

Boardman,A.,Freedman,R. and Eckel,C.(1986)'The Price of Government Ownership：A Study of the Domtar Takeover',*Journal of Public Economics*,31,3,pp. 269–85.

Brooks,M. A. and Heijdra,B. J.(1989)'Exploration of Rent Seeking',*Economic Record*,65,188,pp. 32–50.

Buchanan,J. M. and Tullock,G.(1962)*The Calculus of Consent*. Ann Arbor：University of Michigan Press.

Buchanan,J. M. and Wagner,R. E.(1977)*Democracy in Deficit：The Political Legacy of Lord Keynes*. New York：Academic Press.

Burton, J. (1987) 'Privatization: The Thatcher Case', *Managerial and Decision Economics*, 8, 1, pp. 21–9.

Coase, R. H. (1937) 'The Nature of the Firm', *Economica*, 4, pp. 386–405.

Colombatto, E. and Macey, J. (1996) 'Exchange-Rate Management in Eastern Europe: A Public-Choice Perspective', *International Review of Law and Economics*, 16, 2, pp. 195–209.

Congleton, R. D. (2001) 'Rational Ignorance, Rational Voter Expectations, and Public Policy: A Discrete Informational Foundation for Fiscal Illusion', *Public Choice*, 107, pp. 35–64.

Copeland, L. S. (2008) *Exchange Rates and International Finance*, 5th edn. Harlow: Pearson Education.

Culyer, A. J. (1983) 'Public or Private Health Services? A Skeptic's View', *Journal of Policy Analysis and Management*, 2, 3, pp. 386–402.

Department of Health (1995) *The Patient's Charter and You*. London: HMSO.

DiLorenzo, T. J. (1988) 'Property Rights: Information Costs and the Economics of Rent Seeking', *Journal of Institutional and Theoretical Economics*, 144, pp. 318–32.

Dnes, A. W. (1989) 'Rent Seeking Conflict and Property Rights', *Scottish Journal of Political Economy*, 36, 4, pp. 366–74.

Downs, A. (1957) *An Economic Theory of Democracy*. New York: Harper Row.

Dugger, W. M. (1993) 'Transaction Cost Economics and the State', pp. 188–216 in C. Pitelis (ed.), *Transaction, Markets and Hierarchies*. Oxford: Basil Blackwell.

Dunleavy, P. and Rhodes, R. (1987) 'Government beyond Whitehall', in H. Drucker *et al.* (eds), *Developments in British Politics*, vol. 2. London: Macmillan.

Forte, F. (1967) 'Should Public Goods be Public?', *Papers on Non Market Decision Making*, 8, pp. 39–46.

Helm, D. R. (1987) 'Mergers, Takeovers and the Enforcement of Profit Maximization', Oxford University Discussion Paper, Oxford University.

Hensher, D. A. (1986) 'Privatisation: An Interpretative Essay', *Australian Economic Papers*, 25, 47, pp. 147–74.

Hirschman, A. O. (1970) *Exit, Voice and Loyalty*. Cambridge, Mass.: Harvard University Press.

Hoopes, S. (2001) 'The Credibility Factor in Elections: Evidence from Britain's Nationwide Building Society's Vote against Conversion', *Public Choice*, 107, pp. 115–33.

Hutton, W. (2002) 'So Many Targets, So Many Misses', *The Observer*, 22 December, 26.

Jackson, P. M. and Price, C. M. (1994) 'Privatisation and Regulation: A Review of the Issues', pp. 1–23 in P. M. Jackson and C. M. Price (eds), *Privatisation and Regulation: A Review of the Issues*. London: Longman.

Johnson, C. and Briscoe, S. (1995) *Measuring the Economy*. Harmondsworth: Penguin.

Jones, P. R. (1993) 'Preferences for Private Goods: A Public Choice Critique of the Political Process', *Political Studies*, XL, pp. l492–505.

Jones, P. R. and Cullis, J. G. (1988) 'Privatisation, Politics and Property Rights', *Biblioteca Della Libertà*, 23, 103, pp. 85–100.

Kay, J. A. and Thompson, D. J. (1986) 'Privatization: A Policy in Search of a Rationale', *Eco-

nomic Journal,96,381,pp. 18-32.

Kelman,M.(1988)'On Democracy-Bashing',*Virginia Law Review*,47,2,pp. 199-27.

Knapp,M. R. J.(1984)*The Economics of Social Care*. London：Macmillan.

Leibenstein, H.(1966)'Allocative Efficiency vs X-Efficiency',*American Economic Review*, 56,3,pp. 392-415.

Linneman, P.(1980)'The Effects of Consumer Safety Standards：the 1973 Mattress Flammability Standard',*Journal of Law and Economics*,23,2,pp. 461-78.

Lindsay,C. M. and Feigenbaum, B.(1984)'Rationing by Waiting Lists',*American Economic Review*,74,pp. 405-17.

Littlechild, S.(1981)'Misleading Calculations of the Social Cost of Monopoly Power',*Economic Journal*,91,362,pp. 348-63.

Martin, S. and Smith, P.(1999)'Modelling Waiting Times for Elective Surgery',*Journal of Public Economics*,71,pp. 141-64.

Millward, R. and Parker, D.(1983)'Public and Private Enterprise：Comparative Behaviour and Relative Efficiency',pp. 199-274 in R. Millward et al.(eds),*Public Sector Economics*. London and New York：Longman.

Mueller,D. C.(1989)*Public Choice II*. Cambridge：Cambridge University Press.

Mullen, P.(1993)'The Future of Waiting Lists',*Journal of Management in Medicine*,7,pp. 60-70.

Mundell, R. A.(1962)'Review of Jansenn's Free Trade Protection and Customs Union', *American Economic Review*,52,3,pp. 621-2.

Musgrave, R. A.(1981)'Leviathan Cometh—Or Does He?',pp. 77-120 in H. Ladd and N. Tideman, *Tax and Expenditure Limitation*, Coupe Papers on Public Economics no. 5. Washington：Urban Institute.

Olson, M.(1965)*The Logic of Collective Action*. Cambridge, Mass.：Harvard University Press.

Parker,D.(1993)'Privatisation Ten Years On：A Critical Analysis of its Rational and Results', pp. 174-95 in N. M. Healey(ed.),*Britain's Economic Miracle Myth or Reality*. London：Routledge.

Paul, S.(1985)'Privatisation and the Public Sector',*Finance and Development*, 22,4,pp. 42-5.

Peacock,A. T.(1980)'On the Anatomy of Collective Failure',*Public Finance/Finances Publiques*,35,1,pp. 33-43.

Peltzman, S.(1976)'Towards a More General Theory of Regulation',*Journal of Law and Economics*,19,pp. 211-40.

Posner, R. A.(1975)'The Social Costs of Monopoly and Regulation',*Journal of Political Economy*,83,4,pp. 807-27.

Puviani,A.(1903)*Teoria della Illusione Finazaria*. Palermo：Sandron.

Quibria, M. S.(1989)'Neoclassical Political Economy：An Application to Trade Policies', *Journal of Economic Surveys*,3,2,pp. 107-31.

Rashid,S.(1988)'Quality in Contestable Markets：A Historical Problem?',*Quarterly Journal of Economics*,103,1,pp. 245-50.

Rees,R.(1976) *Public Enterprise Economics*. London:Weidenfeld & Nicolson.

Rees,R.(1985) 'The Theory of Principal and Agent', *Bulletin of Economic Research*,37,1 and 2,pp. 3-25 and 75-94.

Rees, R. (1986) 'Is There an Economic Case for Privatisation?', *Public Money*,2,4,pp. 19-26.

Ricketts, M. (1987) 'Rent Seeking Entrepreneurship, Subjectivism and Property Rights', *Journal of Institutional and Theoretical Economics*,143,pp. 457-66.

Rowley,C.(1978)'Comment',p. 90 in *The Economics of Politics*,IEA Readings no. 18. London: Institute of Economic Affairs.

Samuels,W. J. and Mercuro,N.(1984)'A Critique of Rent Seeking Theory',pp. 55-70 in D. C. Colander (ed.) , *Neoclassical Political Economy: The Analysis of Rent Seeking and DUP Activities*. Cambridge,Mass.:Ballinger Press.

Schap,D.(1985)'X-inefficiency in a Rent-Seeking Society:A Graphical Analysis', *Quarterly Review of Economics and Business*,25,1,pp. 19-25.

Shmanske, S. (1996) 'Contestability, Queues and Governmental Entry Deterrence', *Public Choice*,86,pp. 1-15.

Stigler,G. J. and Friedland,C.(1962)'What Can Regulators Regulate? The Case of Electricity', *Journal of Law and Economics*,5,reprinted as pp. 61-77 in Stigler(1975).

Stigler,G. J.(1975) *The Citizen and the State*. Chicago:University of Chicago Press.

Thaler, R. H. (1988) 'The Winner's Curse', *Journal of Economic Perspectives*, 2, 1, pp. 191-202.

Thaler,R. H.(1994) *Quasi Rational Economics*. New York:Russell Sage Foundation.

Titmuss, R. M.(1970) *The Gift Relationship—From Human Blood to Social Policy*. London: Allen & Unwin.

Tollison,R. D.(1982)'Rent Seeking:A Survey', *Kyklos*,35,4,pp. 575-602.

Tollison,R. D. and Wagner,R. E.(1991)'Romance,Realism and Economic Reform', *Kyklos*, 44,1,pp. 57-70.

Tullock,G.(1959)'Some Problems of Majority Voting', *Journal of Political Economy*,67,pp. 571-9.

Tullock,G.(1967)'The Welfare Costs of Tariffs,Monopolies and Theft', *Western Economic Journal*,5,3,pp. 224-32.

Tullock, G. (1971) 'The Charity of the Uncharitable', *Western Economic Journal*, 9, 4, pp. 379-92.

Viscusi,W. K.(1985)'Consumer Behaviour and the Safety Effects of Product Safety Regulations,' *Journal of Law and Economics*,28,3,pp. 527-53.

Weber, A. A. (1991) 'Reputation and Credibility in the European Monetary System', *Economic Policy*,12,pp. 57-102.

Weisbrod,B. A.(1975)'Toward a Theory of the Voluntary Non-Profit Sector in a Three-Sector Economy',pp. 171-95 in E. S. Phelps(ed.) , *Altruism,Morality and Economic Theory*. New York:Russell Sage Foundation.

Williamson,O. E.(1985)*The Economic Institutions of Capitalism*. New York：The Free Press.

Wiseman,J.(1978)'The Political Economy of Nationalised Industry',pp. 73-92 in *The Economics of Politics*,IEA Readings no. 18. London：Institute of Economic Affairs.

Wiseman,J. and Littlechild, S. C.(1986)'The Political Economy of Restriction of Choice', *Public Choice*,51,2,pp. 161-72.

第6章 公共支出评估：成本收益分析

6.1 引言

我们将公共财政的"传统社会最优分析"，看作是运用福利经济学原理来告诉政府"应该"如何实现其目标的方法。没有什么比成本效益分析技术（CBA[①]）的理论工作更能说明这种方法的应用。本章主要关注的是政府"应"如何对备选的各支出项目进行评估比较。成本收益分析的假设是政府仁慈地追求社会福利最大化。这种分析框架，是把评估各种项目的合意性时所产生的许多想法融合在一起。没有人认为这是一种完美的工具，能够对不同投资项目带来的福利变化做出清晰正确的评估。确切地说，它只不过是解决公共部门投资评估问题的一种方法而已。因此，对这种技术不要期望"太多"很重要。当然，对于成本收益分析的批评，通常的反驳是："如果不用这种技术，你还有别的技术用于公共投资决策吗？"本章的主要目的是提出公共投资评估中成本收益分析的一些问题。为解决这些问题，我们使用了福利经济学的概念与原理。这里关注的主要是应选择哪种投资的规范性问题，而不是如何选择投资的实证性问题。对如何选择投资进行的公共选择分析更是与政治上的成本与收益有关。政治家们高度关心选票的得失，当考虑"最佳"投资项目时，他们只是放眼于下一次选举，在此情形中，即便从社会福利来说是合意的项目，最终也

[①] 美国人称之为收益成本分析,可能是要体现更大的乐观情绪。

未必选择它。政府费时费力从事成本收益分析，其动因不排除可能政治性因素远多于福利经济学因素。Leff（1988）认为，政府部门从进行成本收益分析本身获得的收益，会与该分析提供的项目选择建议完全无关。CBA研究提供的数据，可用作政府部门选择（政治家）项目的辩解之辞。从事这些研究的需要，扩大了政府部门的规模和（或）预算。Olson（1973）指出，衡量政府部门和要素的产出问题，如CBA分析的数量，在为该部门的存在找理由时可能会有用，至于它们能否为决策提供有用的信息则不在考虑之列。尽管CBA活动是可见的，但它的影响和价值却很难衡量。

成本收益分析的结果可能因许多原因而不被采纳（Leff，1988）。在这些原因中，一些与不满意分析的方式有关，一些与"不可告人的政治目的"有关。在成本收益分析因其操作不佳而不被采纳之前，在基于分析是拙劣的理由而拒绝该分析之前，对用来判断CBA所依据的原理做些了解是必要的。本文旨在说明福利经济学为确定如何展开成本收益分析提供依据，近来有关CBA福利经济学基础的文献综述可参见Cohn（2003）。

6.2 什么是成本收益分析？

6.2.1 计算项目的净现值

任何投资项目，无论是私营部门的，还是公共部门的，都需要深思熟虑。对投资项目的分析，必须考虑到未来要有一些成本、不过通常多为收益的事实。众所周知，对于今天获得一定数额的金钱与未来获得同样数额的金钱，两者之间人们会有倾向性的。今天所得的100英镑是否意味着与1年后所得的100英镑划等号，读者对此问题的反应，就能证实这一点。一般来说，今天的100英镑要比1年后的100英镑价值更高。相信这个观点的一个理由是，今天所得的100英镑可能会用来投资，进而会有利息可得。假如年利率是8%，100英镑1年后将会变成108英镑。实际上，未来所得有必要折现，才能与今天所得做比较。

为了综合计算投资项目的未来收益（或成本），必须要认识到这些收益（或成本）是在不同时间段产生的，因此不得不将其折成现值。那么，如何折现呢？上述例子显然表明1年后的108英镑相当于今天的100英镑。换言之，为了得到1年后108英镑的现值，我们使用了折现因子$1/(1+r)^n$，即现值等于

$108/(1+r)^n$，其中，r 是利率或折现率，n 是从现在起收益实际产生的年数（本例中 $n=1$）。那么，两年后获得一笔钱的现值是多少？由于100英镑相当于1年后的100英镑×（$1+r$）（［=108英镑］），显然，108英镑若按 $1/(1+r)$ 折现，则其现值为100英镑。如果我们拿100英镑按8%的利率投资两年，则其第二年的价值将是108英镑×（$1+r$）= 116.64英镑。与其初始值相比，则未来终值将是 $[100$英镑$×(1+r)](1+r) = 100$英镑$×(1+r)^2$。因此，若将两年后获得的一笔钱换算为现值，就有必要按 $1/(1+r)^2$ 来计算折现。

假定某一投资项目在其预期年限内每年都产生收益。如果这一投资是由私人企业来安排的，那么这些收益可被视为因投资而带来的收入增值。在公共部门内部，收益涉及的面可能更广。假设该项目在其存续的 n 年中，每年都存在一个预估的社会收益的货币价值（$B_1, B_2, \cdots, B_n$）。将这些收益加总是能做到的，即使它们产生在不同年份里。每年产生的收益可以先转换为现值，然后再加总。这一组收益流的现值（PV）便是：

$$PV = \frac{B_1}{(1+r)} + \frac{B_2}{(1+r)^2} + \frac{B_2}{(1+r)^3} + \cdots + \frac{B_n}{(1+r)^n} \tag{6.1}$$

投资的折现现金流分析在商业经济学中是人人皆知的。它需要考虑到的事实是，源自投资的收益和成本在不同时间段里都将存在。项目成本可以划分为"初始"投资（资本）成本（I_0）与"现时"成本（$C_1, C_2, C_3, \cdots, C_n$），前者为该项目当前（现期）成本，后者为项目预期年限内发生的成本。由此，资本项目将产生净收益流。在该项目存续年限中，为了估算它的净现值（NPV），年净收益（$B-C$）就必须折现。用该项目未来净收益流总额的折现值减去它的初始成本后，所得到的差额就是净现值（NPV），公式如下：

$$NPV = -I_0 + \frac{(B-C)_1}{(1+r)} + \frac{(B+C)_2}{(1+r)^2} + \frac{(B-C)_3}{(1+r)^3} + \cdots + \frac{(B-C)_n}{(1+r)^n} \tag{6.2}$$

因此，投资的净现值可写为：

$$NPV = -I_0 + \sum_{i=1}^{n} \frac{(B-C)_i}{(1+r)^i} \tag{6.3}$$

根据不同的净现值，可以将不同的投资项目排序。$NPV \geq 0$ 的项目就值得认真考虑（除非它们有另外的资本约束）。最佳的投资项目将是 NPV 为最高的那些项目。此外，还可根据其内含报酬率（IRR）来为投资项目排序。项目的内含报酬率是指使折现的净收益流等于初始资本成本的 r 值。有着较高净现值的那些项目，通常也将有较高 IRR。然而，这两种排序形式各有选用的理由。一般来说，与 IRR 相比，人们更偏好用 NPV 为项目排序，理由如下。

首先，内含报酬率并不总是存在单一解。对一特定的项目，多个折现率会将未来收益流降为零。例如，在表 6-1 中（Webb，1973），计算表明，当未来净收益采用表中所示的值时，就存在两种内含报酬率。

表6-1   NPV 和 IRR

时间	折现的现金流		
t_0	−100 英镑	−100 英镑	−100 英镑
t_1	+230 英镑	+230 英镑÷1.1=209.1 英镑	+230 英镑÷1.2=191.7 英镑
t_2	−132 英镑	−132 英镑÷1.21=−109.1 英镑	−132 英镑÷1.44=−91.7 英镑
合计		0 英镑	0 英镑
		IRR=10% 或 20%	

来源：Webb（1973：23）.

其次，就互斥项目而言，内含报酬率选择的项目，不一定就是按照现值标准选择的项目。两个项目 A 和 B 依不同折现率计算的净现值如图 6-1 所示。（从 x 轴上看）B 的 IRR（使 NPV=0 的折现率）要大于 A 的 IRR。然而，如果按低于 O-c 的折现率来考虑 NPV，与项目 B 相比，项目 A 的 NPV 就高些（如在图中 0.1 处画一条与 y 轴平行的垂直线）。假如选择目标是使项目的 NPV 最大化，那么对小于 c 的折现率而言，NPV 会判别正确的项目，但若依靠 IRR，NPV 判别的项目则是错误的。由此，结论是，根据定义利用 NPV 会得出正确的选择，因为它衡量了预期收益高于成本的程度——潜在帕累托改进的程度。尽管 IRR 检验可以被修正，以考虑这种转换问题，但简单的 NPV 检验常常被认为更胜一筹。

因此，根据 IRR 还是根据 NPV 的大小来为项目排序，尽管表面上看无关紧要，但似乎有理由去采用 NPV 检验。不过，正如在下一小节所看到的，当存在固定预算时，对各种可能项目组合的选择，就需引入其他决策标准。

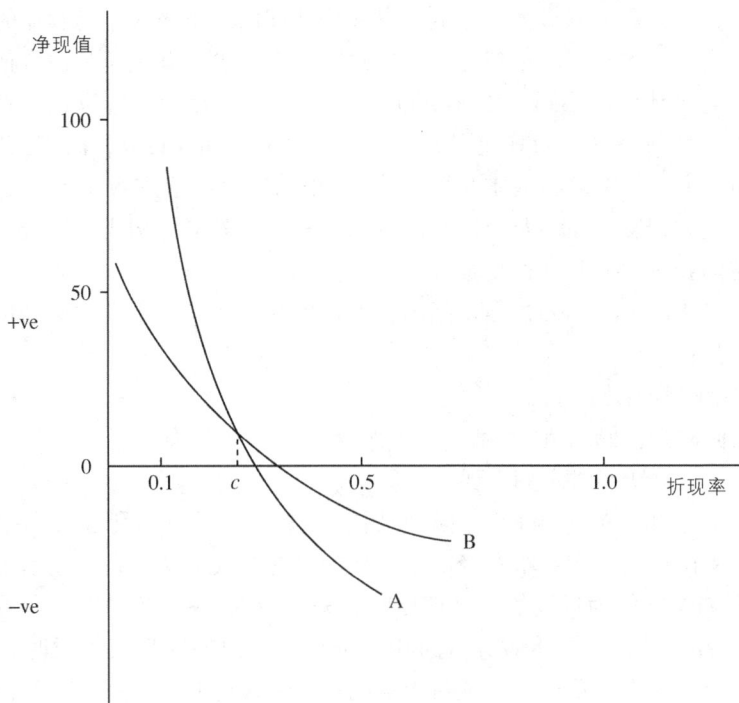

图6-1 互斥项目的报酬率

决定项目净现值的公式有助于解决这个问题。"公共部门与私营部门的成本收益分析有什么不同？"像在私营部门一样，在公共部门，项目经过一段时期后才会产生收益，为此，进行折现就成为必要。那么，两个部门的成本收益分析的特殊性是什么？公共部门与私营部门在投资评估方面的区别，源于两个部门所追求的目标不同。不同的目标意味着：

1. 公式中计算的是不同的成本 C 和不同的收益 B；

2. 不同部门采用不同的原理评估这些成本和收益；

3. 两个部门采用不同的折现率 r。

一方面，通常假定私营部门的目标是企业追求（会计）利润最大化。因此，私人企业会把 B_i 理解为其在项目存续期内每年所赚得的收入；C_i 是私人企业在其项目存续期内每年所承担的成本，I_0 是私人企业考虑要投入的初始投资额。这些收入和成本一般以市场价格来估算。另一方面，公共部门的目标是福利最大化，即社会福利最大化。这就导致公共部门对未来成本与收益的投资评估并不适用于私人部门的投资评估。它意味着市场价格并不总是适合估计成本与收益（与会计价值不同，CBA中包含了"经济"价值）。它也意味着折现因子可以由市场利率以外的其他因素决定。正如Mishan（1988）所指出的，"因此从本质上说，从事项目成本收益评估的经济学家不会问与私人企业会计师不一样的问题。相反，当涉及更广泛的群体时——这些群体构成了社会，同样的问题会被问到——而且问得更彻底。"

Prest和Turvey（1965）强调指出，就投资标准而言，成本收益分析者所面临的问题是：

1.包括哪些成本与收益？

2.如何估算它们的值？

3.按什么折现率对它们折现？

本章始终如一的主题是，这些问题的答案取决于对福利经济学原理的应用。公共支出评估要用到福利经济学。例如，有的人会认为，当成本收益分析寻求正的NPV以作为投资的正当理由时，采用希克斯-卡尔多准则即可（见第1章）。也就是说，在成本收益分析中，当公共支出的净现值为正时，该准则会这样解释，如果项目上马，项目投资的受益者获得的收益将大于受损者（他们放弃使用所涉及的资源）的损失。这是一种假设检验。然而，这种解释只有在成本收益分析者经过了恰当的研究后才会是正确的。鉴于此，我们认为，分析者需要对包括什么、如何估算成本与收益以及选择什么样的折现率这些问题做出正确的决定。

6.2.2 选择不同项目组合

Cohn（2003）查阅了美国8本流行的公共财政教科书中对CBA的表述，他发现，当投资预算是固定的或存在其他某种选择限制时，在处理各项可能项目的排序上存在着缺陷。本小节阐述了他是如何看待这个问题的。前面已经指出，对单一项目，若其NPV＞0，则可以对这个项目开绿灯，让其上马；若IRR大于"相关"的折现率，则拒绝该项目（见后面的第6.7.1小节）。表6-2给出了Cohn的示例，表中的数字是折现值。

NPV规则：

无预算约束时，其NPV＞0的所有项目都可选取（这里，从A到E都包括在内）。

表6-2　　　　　　　　　　　　　项目排序的步骤

项目	收益（B）	成本（C）	NPV=B−C	B/C	排序
（1）	（2）	（3）	（4）	（5）	（6）
A	1 200	1 000	200	1.20	1 [4=]
B	999	800	199	1.25	2 [2=]
C	720	600	120	1.20	3 [4=]
D	250	200	50	1.25	5 [2=]
E	260	200	60	1.30	4 [1]
A	1 200	1 000	200	1.20	5
{B+D}	1 249	1 000	249	1.25	3
{B+E}	1 259	1 000	259	1.26	2
{C+D+E}	1 230	1 000	230	1.23	4
{5×E}	1 300	1 000	300	1.30	1

来源：Cohn（2003），略有修改。

预算设为C=1 000时，根据NPV排序选取项目，直至预算耗尽（这里，顺序为A、B、C、E、D，从而只有A可选择）。

然而，这种预算约束的结果取决于以下规则。

选择使NPV最大化的项目组合：

这里，{5×E}得到NPV=300，排序为第一位（这里预先假设E可以以同样的形式重复5次，尽管这或许是个强假设）

按这一标准得出的排序由表6-2中第（6）列给出。

第（5）列给出了收益成本率（B/C），收益成本率规则是选择B/C＞1的所有项目（正的NPV保证了这一条件成立）。尽管预算为C=1 000，但排序没有改变，方括号内数字给出了没有预算约束的排序。虽然排序提供了每英镑C产生的B的信息，但会造成误导性的结果，因为即便基本的NPV没有改变，任意地确定某一受评估因素，如减少B或增加C，都会影响B/C。同样，如果各项目是互斥的，B/C规则就会失效。尽管IRR规则具有前面所讨论的不足，但它使得项目排序变得容易。然而，并非排序容易就是标准[①]。迄今，本文描述了实际当中起决定作用的，但几乎是机械式运用的一个方面。不过，希望随后的内容中能够揭示使用 CBA 时遇到的困难和潜在的陷阱，这些困难和陷阱皆因其福利经济学的根据而产生。

6.3　成本收益分析和外部性：实质影响与货币影响

在福利经济学影响下，CBA 的显著特征之一是它关注的是社会成本与社会收益，而非纯粹的私人成本与私人收益。在这方面，它承认外部性是存在的。从第 2 章可知，当经济体系中一个人的活动影响到另一个人的福利时，当独立性在价格（或其他）机制内无法内在化时，外部影响就会产生。例如，早期经常提及的维多利亚地铁成本收益分析（Foster 和 Beesley，1963），为了衡量该地铁的社会收益，除地铁收入外，还要加上减少伦敦道路拥堵的收益。在为伦敦第三座机场寻址时，飞机噪声成本作为一项因素直接被考虑在内（Pearce 和 Nash，1981）。于是，区分直接与间接成本和收益以及有形与无形成本和收益或许就是需要的。

Musgrave（1989）以灌溉项目为例对此做了说明。灌溉项目的直接、有形收益是增加了供销售的农产品产量，而间接、无形收益是减少了附近山坡的水土流失，或是保护了周边风景。灌溉项目的直接成本是管道成本，而间接、无形成本包括了破坏野生动物栖息地。就健康项目而言，投资于扫描设备的直接、有形收益是可节省医疗上的治疗成本，而直接、无形收益则是改善了人们的生活方式。类似地，就教育项目而言，直接、有形收益是增加了学生的未来收入，而间接、无形收益则是降低了犯罪成本，或是造就了更有见识的选民（Blaug，1965）。

值得注意的是，CBA 会涉及技术外部性与货币外部性的区别。技术外部性（Dasgupta 和 Pearce，1972）被定义为"当受影响的生产者的生产函数或受影响的消费者的效用函数被改变时"发生的外部性。对消费者来讲，这种外部

[①]　它被隐含地假定从项目 A 到项目 B 都是各自独立的，但一旦不同项目实现了组合，就会产生不同的结果，例如(B+D)的组合会影响到 B 和 D 单独计算的成本与收益，使表 6-2 中的计算变得令人困惑起来。这就增加了另一层的复杂可能性。

性就可能使不经济（经济）导致效用减少（增加）。对生产者而言，因不经济（经济），给定的一组投入就可能减少（增加）产出。货币外部性以变化了的价格、工资和利润形式表现出来。然而，货币外部性不能改变生产或消费的技术外部性。在正常情形下，CBA无法将货币外部性包括在内。通常，把技术外部性和货币外部性包括在内将导致重复计算。只有CBA明确要关注收入分配问题时，货币外部性才会被包括进来。下面基于 Mishan（1972，1988）的例子说明了这种区别。

道路项目的CBA包含了以下外部性：（a）高速公路从两方面影响到农民的私人财产，一是减少了放牧地，二是减少了牛舍，此时就产生外部不经济；（b）高速公路破坏了宜人的景色，从而减少了消费者的效用，此时外部不经济就产生。不过，CBA无法纳入货币外部性，例如，地处升级公路旁边的加油站，其营业额大增，以至于其转售额急剧上升，就是这种情形。这额外的货币收益反映了公路项目给司机带来的价值，它是可以直接估算出来的。货币收益和成本是相对价格变动的结果。这些变化的发生是对公共服务项目做出的回应，但它们往往是一些人的所得（所失），正是另一些人的所失（所得）。它们不是整个社会的净收益或损失，尽管在考虑分配效应时具有重要意义，但当考虑效率方面时它们却不能被包括在内。因此，通常，这些货币变化将不会被纳入评估的视野内。

然而，有许多方式对成本收益分析中的收益与成本进行分类。技术或实质外部性可以与货币效应区别开来。成本与收益也可以是有形的（即收益或成本可以在市场上被衡量的情形），或无形的（没有合适的市场存在，因而需要构造影子价格的情形，例如灌溉项目导致的环境或景观改善）。它们常常被归类为直接的或间接的。这种分类可以被视为主要成本与收益和次要成本与收益。表6-3取材于 Musgrave（1989），它列出了不同的公共投资项目。该表旨在说明对若干不同项目区别直接收益与成本和间接收益与成本以及货币外部性与技术外部性的不同分类体系。每种情形下所举的例子绝不是详尽无遗的，也可以构想其他情形的例子。然而，读者应考虑为什么要对表中所示的例子进行分类。

在这种分类体系中，表6-3中两个项目的实质成本与收益和货币成本与收益存在明显的区分。在实质类别内，区分有形效应和无形效应也是可能的。这种分类体系有助于成本收益分析处理源自投资项目的许多不同成本与收益。在这方面，技术（实质）效应和货币效应之间的区别也许是最重要的。

表6-3	成本与收益	
	收益	成本
	交通投资项目	
实质		
直接		
有形	节省燃油成本	加大汽车折旧
无形	节省时间	交通事故增加
间接		
有形		减少农业产量
无形		景观成本
货币	升级后新公路上汽车修理厂业主受益	旧公路上汽车修理厂业主受损
	医疗保健投资项目	
实质		
直接	节省未来治疗成本	当期医疗成本
有形		
无形		病人的时间成本
间接		
有形	减少未来病人数量	
无形	提高闲暇时间质量	
货币	扫描设备制造商受益	制药厂商的收入损失，这些药品对于缓解病症也许是必需的

来源：Musgrave（1989）.

6.4 成本收益分析与消费者剩余：收益评估

收益评估的信息来源有限。如果市场存在且被认为令人满意，求助于市场是可行的。定义完美的市场在公共部门项目的所有收益中常常是不存在的。这并不是说"经调整"的市场数据（正如下面的第6.5节将看到的那样）不会发挥重要作用，但需要强调的是，由于市场失灵，经常性的调整是必要的。评估的第二个信息来源是人，在设计恰当的调查问卷或实验情景中会直接要求他们提供（假设性）的评估信息。这类陈述选择法的文献现在很复杂（Louviere、Hensher和Swait，2000）。第三个来源是备受经济学家推崇的行为法，它是从实际选择中推断个人评估的局限性是什么。例如，假定乘火车可以节省1小时行程（与乘公交车相比），且火车票价贵12英镑：若其他情况不变，可以推断，火车乘客认为旅行时间可以节省至少12英镑，否则他们就乘公交车。从这类观察便可获得最大化价值和最小化价值。在极端情形下，也许要求助于专家评估，但这不符合CBA的原则（受影响人的评估应该与每个人都是自身福利的最佳评判者的价值判断保持一致）。于是，任何评估的试金石就是它是否符合基本理论。既然CBA事关社会成本与社会收益，那么对于评估就有些特定的要求。在决定评估项目净值时，目的是获得与该项目有关的社会剩余评估值。因此，与帕累托价值判断相符合的自然出发点是要问人们愿意为该项目付出多少钱。在第2章，有人认为消费者剩余不只是"理论玩具"，这里，我们用一个例子说明它在成本收益分析中的应用情况。

我们以巴斯与布里斯托尔之间的道路改善项目为例（Musgrave提供了一个类似的交通运输例子，1989）。假定有人建议在这条路上建一座立交桥，可以加快行车速度。进一步，再假定道路得到改善之前，这条路的行程是1小时，道路改善后行程仅为30分钟。假设行程时间的价值定为2英镑/小时。那么，道路改善对社区中的个人有多少价值？表面上，收益似乎是减少了行程时间（1英镑/次行程）。当然，该行程的其他成本会增加。例如，汽油消耗率、汽车损耗和交通事故发生概率都可能因行车速度加快而增大。假设道路改善前每次行程的这些可变成本一共为1.5英镑，之后提高到2英镑。道路改善前每次行程的时间成本（2英镑）与每次行程的可变成本（1.5英镑）之和为3.5英镑，而道路改善后这两方面的成本之和将是3英镑。那么，道路改善的收益可估算为该条道路行车成本的变动幅度，即0.5英镑/次行程。

在道路改善前，通车量可有100万车次，改善后，由于行车成本降低，通车量则将增加50万车次。对这些变化的福利效应进行估算，其中一种方式是询问人们愿意为此付出多少代价。就最初的通车量来讲，价格下降将是对福利增加的恰当估计：100万车次乘以0.5英镑/次行程=50万英镑。对额外的交通量而言，这种方式恐是不令人满意，因为额外的交通量不是按旧的3.5英镑这一价格形成的。边际使用者支付的价格可能只会低于3.5英镑，而道路改善后要支付的价格是3英镑。如果我们假定需求曲线是线性的，那么50万通车量的收益是1/2（3.5英镑－3英镑）×（500 000）=125 000英镑。任意年份里的总收益估计可达50万英镑+12.5万英镑=62.5万英镑。

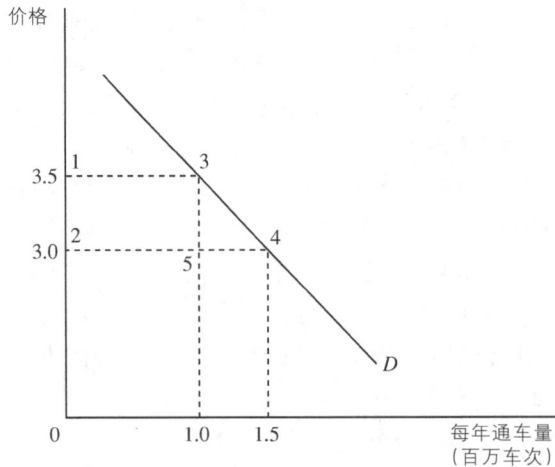

图6-2　道路交通需求

这里分析的要点显然是，用这种方式估算该项目的收益等同于运用了消费者剩余原理。如图6-2所示，最初使用者的成本降低等于1-3-5-2这个区域。对额外使用者的估计值是3-4-5的三角形区域。1-3-4-2整个区域无非就是因道路改善项目投资致使行程价格下降、进而导致的消费者剩余变化情况。然而，完成这个类比后，有必要记住第1章概括的关于使用消费者剩余的保留意见。

1.为了估计消费者剩余，需求曲线应在实际收入保持不变的假设下绘制。需求曲线以下的区域表示按补偿性变化这一更有用的衡量方法测度的支付意愿。当然，补偿性需求曲线有别于在货币收入保持不变假设下绘制的需求曲线。由个人行为所确定的需求曲线将不会是补偿性需求曲线，原因是这类补偿实现机制不存在。马歇尔需求曲线与补偿性需求曲线之间的差异程度是有争议的。很显然，马歇尔本人意识到了这个差异，在对消费者剩余的分析中，他就假定所讨论的商品是个人花很少收入来购买的商品，从而取决于价格下降的收入效应不会太显著。Mishan（1972）指出，简单确定马歇尔需求曲线的统计问题（更不用说补偿性需求曲线）很可能使马歇尔需求曲线与补偿性需求曲线之间的细微差别显得微不足道。

2.仅使用需求曲线以下的区域可能无法充分估计消费者剩余。根据 Little（1957）的评论，可以假定其他方面的价格没有变化。下面的例子基于 Sugden 和 Williams（1978）所简要描述的一种情形，它用来说明，考虑到其他市场的变化，这个区域可能不得不做一些改变。在这个例子中，有一项公共部门项目，将降低公共交通的价格。如图6-3（a）所示，需求曲线表示公共交通，投资计划的影响是要把价格从 P_1 降至 P_2。其结果导致消费者剩余增加了 P_1-1-2-P_2。然而，公共交通价格下降的事实，意味着一些旅行者用公共交通代替私人交通。图6-3（b）中，私人交通的需求曲线（D_c）发生左移（从 D_c^1 移到 D_c^2）。或许因道路拥堵情况减少，所以私人交通价格下降。（注意，在这篇文献中，道路使用者所面临的价格等于该条道路行程的平均成本，即每次行程支付的价格，而不是完成额外行程时所产生的增量资源成本。）当然，这给那些仍使用私人交通工具的司机带来收益，且是这个项目的技术外部性。需求曲线的移动呈现了每一点上来自市场价格下降所产生的收益。尽管这种移动可能微不足道，不过图6-3（b）把它放大了来显示，与这些道路使用者消费者剩余有关的收益用 P_1-3-4-P_2 区域来近似表示。这些收益显然需要添加到 P_1-1-2-P_2 收益上去，以便标明该项目的全部收益。

3.在这个项目上马后，没办法核实消费者剩余实际上是否增加了，人们对此总持保留意见。这里，人们能够核实的是是否正确地进行了分析。

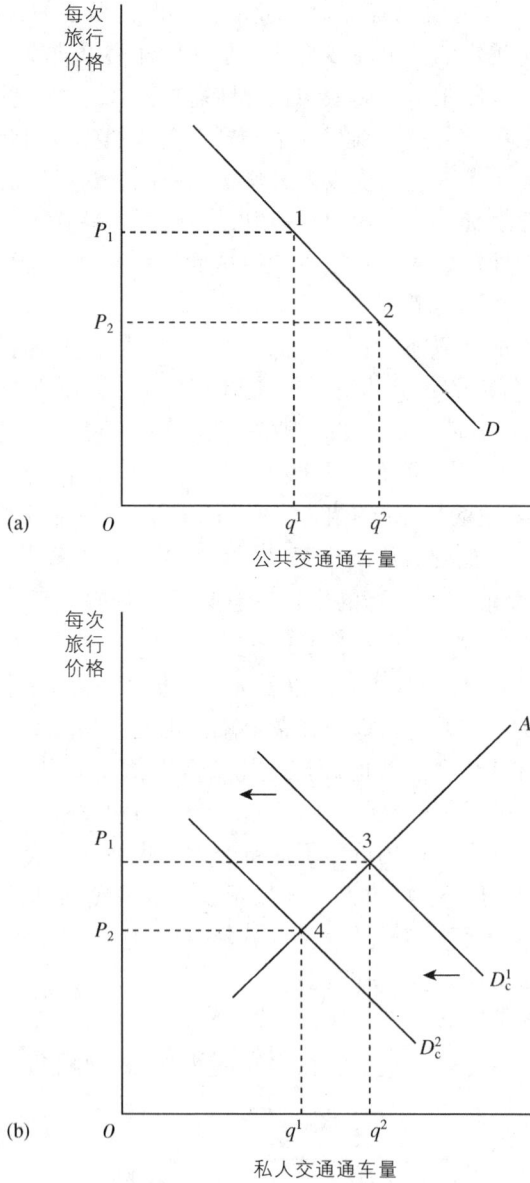

图 6-3　其他市场的收益分析

6.5　影子定价：市场价格的缺陷

　　显然，在从事成本收益分析时，我们用到了本书前面所提到的福利经济学的许多内容。当分析者从事成本收益分析时，次优理论是另一种相关的分析理论。由于必须要评估成本与收益，因此就有必要用到价格。Krutilla（1961）认为，如果能够直接比较两个项目的产出（Q_1和Q_2）和它们各自的投入（I_1和I_2），那么，假定$Q_2>Q_1$，$I_2<I_1$，就可能不用评估基于价格所计算出的产出Q和投入I了；然而，假若$Q_2>Q_1$，$I_1<I_2$，不用评估显然就不可行了。我们需要利用价格来评估产出和投入，但市场价格作为衡量收益与成本的尺度能有多大的可靠性呢？

　　次优理论表明，当已知的市场为不完全时，市场价格将毫无用处。正如第1章所指出的，对消费者剩余概念的使用，以及以此概念作为追求最大化目标的尝试，取决于经济中其他地方的市场是完全的这种观点。利用市场价格评估所消耗的资源，或作为代理指标对公共部门提供的产品进行估值，依赖于以下看法，即市场价格记录了人们为获取边际单位相关产品（或资源）所表现出的支付意愿。如果这是普遍正确的，那么市场价格就是一个有用的代理指标，与次优理论相关的这个问题就不那么重要了。然而，如果这不是正确的，就有必要在成本收益分析中放弃使用市场价格，而代之以影子价格。这种价格可以更准确地估计资源的真实成本和支付意愿的真实成本。

　　这里，我们从分析市场扭曲入手，这些扭曲导致我们对在进行成本收益分析时所用到的价格做修正。我们考虑的是市场价格有必要做修正情形下的例子，当然也存在市场价格不存在情形下的例子。如果公共部门提供的产品是公共物品，在市场中，对这种产品的偏好将不可能被披露。于是，就不存在要予以修正的价格。而且，由于法律体制的原因，一些产品和服务不可能有市场。例如，因为奴隶制是非法的，所以，很难找到一个为人的生命定价的市场！即便如此，救助人命也是交通运输和其他项目中的一项重要考虑因素。

　　下面是建议修正市场价格情形下的例子。当前没有价格存在情形下的影子价格问题，放在后面讨论。

垄断

当项目的投入品是由垄断者提供的时候，该投入品的影子价格是如何决定的？这里的问题是，投入品的市场价格将不等于此投入品的边际社会成本。根据 Layard（1972）的观点，这个问题的解决之策是考虑使用其他的投入品。假设水泥是公共部门建筑项目的必需之物（例如建造学校），且它必须从垄断者那里购买。如果水泥供给因项目需求而增加，那么水泥成本是生产水泥所耗资源的价值额（在本例中，垄断者的租金收入不应包括在内）。垄断者的货币收益不是社会的真实成本，因为它是从水泥消费者到垄断生产者的再分配。然而，在其他情形下，市场价格是 CBA 中涉及的价格。如果增加这种产品产量是不可能的话，就会是这种情形。对公共部门而言，此时，该产品的价值额应根据私人部门的支付金额数来确定。其关键在于该产品供给是否具有弹性。要是扩大了供给，我们就使用所涉及资源的边际成本价值。要是供给无弹性，那么该资源的机会成本就是购买私人部门的产品所要支付的金额。

失业

根据上述理由，以工资率来确定劳动力价值，需要假设这代表了劳动力的机会成本。但如果存在失业呢？在此情形下，恰当的机会成本似乎为零。因此，倘若项目 A 在失业率较高的区域 I 开工建设，通过与在失业率较低的区域 J 开工建设的项目 B 的比较，该项目是可取的。即便项目 B 的净现值（两个项目都用劳动力的工资率来估算）高于项目 A，项目 A 也是可取的。

一些学者进一步改进了这种市场价格调整的做法。例如，Pearce 和 Nash（1981）指出，"有时候人们会认为，失业带来了另外的社会成本——失业救济金给社会其他成员造成负担"。正如他们所指出的，也正如读者将意识到，这是个错误。失业救济金是由社会其他成员向当下失业人群的一种转移支付，而非额外负担。如果所做的改进是把零价值作为劳动力影子价格，那么这会涉及失业人群的社会和有形成本与额外闲暇时间价值之间的关系。

若政府（认可了失业成本）已决定不采取货币与财政手段解决失业问题，项目将不会导致就业的全面增长。沿着上述思路，对闲暇的使用可能会受到质疑。这里，就业将是以其他地方的失业为代价的，工资率是合适的（Haveman 和 Krutilla，1968）。Pearce 和 Nash（1981）从区域性和结构性失业是由政府无力运用足够的政策手段而造成的这一背景出发，对这个论点提出了质疑。

税收

同样的原理也适用于税收和补贴。请再次考虑项目中所使用的中间产品。

项目产出将按市场价格确定价值，否则产品将用于其他一些项目；若产品用于本项目，它将按投入成本（税后净值）来确定价值。

国际贸易和发展

特殊形式的成本收益分析，与发展经济学有关，可被概括为 Little-Mirrlees -Squire-van der Tak 法（简称 LMST 法）（Irwin，1978）。对发展中国家而言，在会计核算（机会成本）上，市场价格被认为特别不可靠，原因是存在极不均匀的收入分配、市场扭曲性税收、补贴、配额、垄断和其他市场不完全（诸如广泛的外部性）等。回应之道是基于"边境"（国际贸易）价格构建精细复杂的评估机制。国际贸易被视作为经济增加了一个生产部门。这种机制通常被划分为效率计算和社会计算。下面由 Irwin（1978）提出的方程可以说明简单项目的效率计算：

$$NBP = oer(X - M) - a(SWR.L - NL) \qquad (6.4)$$

式中，NBP=项目的净收益

　　　oer=官方汇率

　　　X=其产品用于出口的项目产出量

　　　M=用于项目的进口投入品

　　　SWR=影子工资率

　　　L=项目雇用的劳动力

　　　NL=非劳动力国内投入品

　　　a=将国内投入品转换为"边境"估值的转移因子

这种方案提出了针对国际贸易产品（X 和 M）、非贸易产品（NL）和影子工资率（SWR）的 3 个估值问题。一旦得到解决，项目就认为可用效率会计价格进行评估。

社会计算涉及本章里两个并不陌生的更广泛的问题。第一，在跨期问题上，假如发展中经济体的投资水平被认为是次优的，比如说因为用于筹资的税收在征管上有难度，那么此时 NBP 中用于投资的部分就要比用于消费收益的那部分更有价值。第二，在跨期方面，从项目获得消费收益的，无论是穷人还是富人，（也就是分配权重问题），都意味着项目产生了净社会收益（NSBP），它的计算如下：

$$NSBP = (NBP - dL) + \sum_{i=1}^{n} \frac{E_i dL_i}{v} \qquad (6.5)$$

式中，dL=从项目收益中获得的可用于当期消费的净收益

$E_i=$第i个人（或收入群体）源于所得收益的公平赋权

$v=$"可以使"项目产生的1单位额外消费的社会价值低于1单位额外投资的权重（>1）

限于篇幅，这里不可能公平地对待 LMST 体系，[①]但已经有足够的理由认为，就发展中国家而言，CBA 显然面临同样的估值、折现和公平赋权问题（实际例子请参见第6.10节）。

6.6 影子定价：创造价格

当市场价格不存在时，就产生了公共物品的影子定价问题。那么，如何评估公共物品供给所产生的收益（在不完全的偏好显示情况下）呢？

6.6.1 公共物品——无形收益

在衡量项目产出时，Musgrave（1969）对中间品的估值与最终品的估值进行了区分。以灌溉来说，灌溉方案的收益可以用该方案所产生的额外产值来衡量。防洪方案的收益也可类似地用该方案所带来的损失减少值来估算。当产品作为最终品进入效用函数时，衡量收益就很困难了。例如，环境改善的价值，若用人们因宜人的景致而增加的效用来衡量，评估起来将是非常困难的。

尽管困难明显存在，但人们还是做出努力，试图衡量这些最终品的价值。例如，Marion Clawson（1959）考察了国家公园所产生的收益。CBA 采用的方法，是将游客游览公园的成本视为该公园值得这些游客到此一游的估计值。根据不同地方到约塞米蒂国家公园的各种距离，Clawson 估计了一天游程的总成本，并将此与到该公园一游的旅客数量相联系。将旅行成本计作游园价格，并将此与该价格水平下的游客数量相联系，就有可能构建一条约塞米蒂国家公园的需求曲线。于是，该公园的总收益可以用需求曲线下的面积代为表示。当然，这种方法招致了许多批评。旅行成本应被视作价格的代理值吗？那些到该公园游玩的游客是不是也从行程本身获得了效用（从而使得旅行成本高估了价格）？不过，就推导直接进入效用函数的"公共物品"的需求曲线而言，这是一个有趣的例子。

---

① 有兴趣的读者可参阅海外开发署的简介（1988）。

6.6.2　人的生命价值

在医疗保健投资或道路安全投资的成本收益分析中，一个主要考虑因素是人的生命价值。虽然成本收益分析（实际上，寻求实现既定目标的最小成本法）足以在延长相同寿命或保持相同生活品质的不同项目中做出选择，但最终必须要对投资多少做出决定。为了回答这个问题，就有必要隐性地或者显性地对投资成本与收益进行权衡。为了估计收益，人的生命价值是一项重要考虑因素。为了这个目的，有关人的生命价值估计的文献是重要的，因为这些文献能够说明成本收益分析在寻找"合适"的影子价格时必须考虑到的主要问题。有人会争辩说，这些考虑因素中的核心是要实现最大化的目标函数。

人们做出各种尝试，去寻找人的生命因公共部门投资所延长的价值。Mishan（1971）提供了如下一个有用的分类。对人的生命进行估值的第一种方法关注的是当生命失去之际所损失的产出。也就是说，人的生命价值（VL）由公式（6.6）得出：

$$VL = \sum_{t=j}^{\infty} Y_t P_j^t \, (1+r)^{-(t-j)} \tag{6.6}$$

式中，Y_t=预期 t 年的总收入

P_j^t=某人从当前 j 年度活到第 t 年度的概率

r=折现率

P_j^t 可以利用保险精算表来估计。估计人去世所导致的损失会是很成问题的。重要的是，Y 代表了这个人的边际产出。使用人均产出作为 Y 的度量单位，可能高估了劳动力的边际产出，致使它在没有对资本使用做扣减的情形下就将整个产出分配给了劳动力。鉴于以上所讨论的原因，只有存在充分竞争的情形下，利用工资率作为估计值才是可取的。而且，它必须假定存在充分就业。再者，随着时间的推移，生产率会提高，因此要估计 Y 的未来值，就有必要做些扣减。对妇女而言，就有必要减除家庭主妇的家务劳动。这些家务劳动的价值，或者用作为家庭主妇的机会成本（妇女从事其他工作的一般收入），或者用重置成本（家庭管家的成本）来估算。

在估计恰当的替代值这些实践性的问题是很难的同时，还有更根本性的问题。使用上面的总额估计，没有就个人本身可能消费一部分自己的产出做出减除。分析者是关注当下活着的这群人（包括生命危在旦夕的人）还是关注那群命更长的人，我们必须就此做出决策。在后一种情形中，相应估计的会是净产出。即：

$$VL = \sum_{t=j}^{\infty} P_j^t (Y_t - C_t)(1+r)^{-(t-j)} \tag{6.7}$$

式中，C_t是个人在t期间预期在时间j的个人消费。

区别取决于强大的规范性决策，这种决策涉及要将谁的福利纳入到目标函数中。在净产出估计的情形中，关注的只是那些比当下活着的人命更长的人的损失。当然，有可能的是这种估计会导致非常令人反感的政策含义。上了年纪的养老金领取者处在风险之中，因为他们的劳动力产出几近消耗殆尽，他们的资本性资产要被继承。不过，更一般地来讲，参照人的生命平均价值，而非将人的生命价值以不同的群体来划分，这种做法是可行的（Reynolds，1956；Dawson，1967）。

在使用产出损失（总额或净额）来估计生命价值时，明显的不足之一是它完全建立在人力资本价值基础上的，忽视了人的生活消费方面。而且，它也没反映疾病所带来的痛苦和不适。Klarman（1965）通过分析人要花费多少才能缓解类似抱怨的症状（尽管这种抱怨不会妨碍他们的工作），试图将这种成本纳入进来。

虽然以这种方式构建的对人的生命估值得到了充实与改进，但估值的基础仍为人力资本的损失。从这点上讲，该方法表明，生命价值可以根据国民生产总值最大化的目标来测度。要做出这种决策，就要使规范性决策的出台能够实现目标"最优"。

影子定价的另一种方法是寻找与社会价值相符合的价值，并将此体现在政治过程中。Ghosh、Lees和Seal（1975）的研究考察了这种方法。Ghosh等人分析了高速公路的限速措施，并以此反映关于社会最优速度的社会决策。他们（以节省时间和燃油成本的形式）估计了提高车速的边际社会收益，并认为这必须恰好等于边际社会成本（以交通事故伤亡率上升的形式）。对最优限速而言，推断事故伤亡的成本是可能的。不管采用这种方法的问题如何，读者（依据第4章的论点）将会怀疑产生于政治过程中的决策是否准确地反映了社会价值。然而，可以假定，在遵从政府的评估时，人们会选择放弃他们的偏好，来支持"专家"的意见。他们因信息不充分而无法做出决策，第3章有益品（merit good）的论点再次变得有意义。同样地，第3章所提出的问题亦是如此，即谁是"专家"？他们为何有资格？

以后有人会认为，经济学家们在成本收益分析中所认可的原理是与潜在帕累托改进有关的原理。如果成本收益分析造就了净现值，如果影子价格得到准

确的估计，这将意味着，若不存在成本再分配的话，项目的受益者能够充分补
偿受损者（他们放弃了对资源的使用）。这表示，影子价格应反映人们自身所
看待的物品和资源的价值。在医疗保健或道路安全投资方面，问题是人会为减
少死亡付出多少代价。遵循 Jones-Lee（1974）的做法，假定某人以财富 W 为
起点，其死亡概率为 p（$0<p<1$）。这个人的预期效用（$E(U)$）取决于他将
活到消费掉他的财富或去世的可能性。也就是说：

$$E(U)=(1-p)L(W)+pD(W) \tag{6.8}$$

式中，$L(W)$ 和 $D(W)$ 分别是以活下来或去世为条件的财富效用。

设想这个人得到机会，可以将其死亡概率从 p 降到 p'（$<p$）。它通常假定
$dL(W)/dW>0$，尽管我们可以假定 $dL(W)/dW \geqslant 0$。而且，也有理由假定 L
$(W)>D(W)$，即这个人更偏好于活着。在这样一种情形中，他将为降低死亡
的可能性而付出金钱。因此，降低死亡概率，意味着存在一个这个人可以放弃
的最大化数额 V，使他的预期效用与减少死亡以前的状况相同：

$$(1-p')L(W-V)+p'D(W-V)=(1-p)L(W)+pD(W) \tag{6.9}$$

数额 V 是补偿变差，也就是这个人为降低死亡概率而愿意放弃的最大化数
额。在上述假设下，有理由假定这个人将放弃财富作为交换，为把死亡概率从
p 点处降下来而付出金钱，如图6-4所示，否则他将因死亡概率提高而要求报
酬。如果投资于医疗保健或道路安全改变了死亡概率，则 $\bar{p}$ 点处有 $dV/dp=£x$，
这是降低风险的边际价值。把那些处于风险中的人所面临的这个值加总，将得
到对投资收益的初步估计。

在成本收益分析中，至少存在两种方法来估计这个值。第一种方法直截了
当，即调查问卷法。Jones-Lee（1976）尝试了此法，询问被调查者愿意接受什
么样的优惠价（加价）来乘坐事故记录明显坏（好）于另一家航空公司A的航
空公司B。他们询问了大约90个人，其中有31个人给了回复，根据调查结果，
可以表明生命价值是300万英镑。第二种方法是考虑人们为加强安全性实际上
会支付多少钱。Jones-Lee（1977）根据人们更换车胎的频率及其开销，考察了
安全性所带来的隐性价值。

对影子定价的这种"支付愿意"法，有人提出了批评。就行为研究而言，
当人们做出选择时，如对劳动力市场的选择，他们是否充分知晓涉及的风险是
值得怀疑的。而且，让人质疑的是，人们是否能够配合问卷调查研究，因为他
们参与的可能性很小。当然，就问卷调查来讲，总是存在的问题是，他们是否

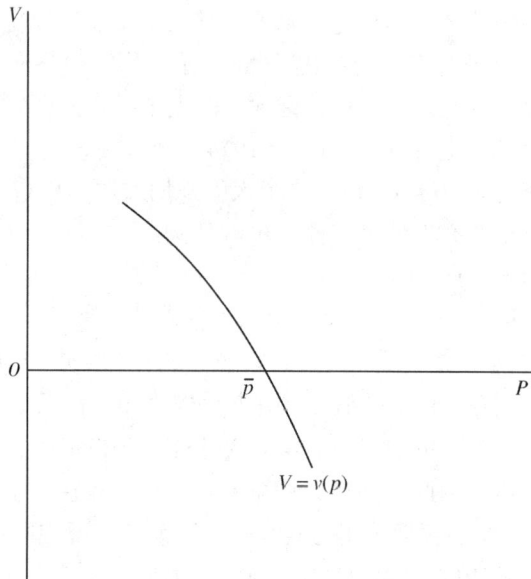

图6-4　人的生命价值

愿意诚实回答，或他们是否倾向于高估增加公共支出的希望，而这些增加额是其他纳税人负担的。不过，也许最有争议的批评指向了这种影子定价形式的基本概念根据。Broome（1978）认为，就人的生命而言，补偿变差（CVs）是不可接受的，因为它们依赖于无知，才使这种方法可行。事先计算将不会近似于事后结果，因此将不会是一个合意的政策导向，即死者一般会需要无限的赔偿，由此项目的净现值大概就保持不了正值。Broome没有提出替代方法，因为一些受益项目是与人的死亡有关。

　　当人们接受了可引起较高死亡概率的额外工作报酬时，许多研究重点关注了他们在劳动力市场中的选择。Viscusi、Vernon和Harrington（2005）利用表6-4总结了人的生命价值的跨国统计数据。来自美国劳动力市场的调查研究发现，人生命价值的中值是700万美元。当分析其他国家的估值时，尽管方法稍有不同，但三位研究者认为估算结果与以价格和收入弹性估计为前提的预期一致。估值最低的国家或地区有韩国、印度、中国台湾地区等。

表6-4　　部分国家或地区人的生命价值的劳动力市场估计统计数据

研究/国家或地区	人的生命价值统计数据（百万美元）
来自30项美国研究的中值	7.0
澳大利亚	4.2
奥地利	3.9~6.5
加拿大	3.9~4.7
中国香港	1.7
印度	1.2~1.5
日本	9.7
韩国	0.8
瑞士	6.3~8.6
中国台湾	0.2~0.9
英国	4.2

全部估计以2000年度的美元为计价单位。参见 Viscusi 和 Aldy（2003）。

Viscusi、Harrington 和 Vernon（2005）注意到，当 Larry Summers（时任世界银行首席经济学家）提出假设，认为穷国应更愿意接受风险时（诸如与提供危险废弃物贮存地点有关的那些风险），人们表达了忧虑。他们坚持认为，表6-4中的数据表明，人的生命价值统计数据在不同的国家或地区各有不同，符合预期的方向；而在穷国，人们早就在安全与金钱之间寻找不同的平衡点。在这方面，利用补偿变差估计，强调了对效率问题与公平问题所做的区分。

总之，就决定人的生命价值的影子价格的方法进行分类是可能的，如表6-5所示。该表总结了上面的讨论，更重要的是，概述了在成本收益分析中可应用于影子价格的原理基础。显然，从根本上讲，这些方法之间的区别要视分析所表明的目标函数而定。这是规范性决策。然而，有理由认为，如果特定的影子价格得到了应用，该价格就应与选定的目标函数要追求的东西相符合。同样需要注意的是，在利用成本收益分析来选择潜在的帕累托改进的背景下（参见第6.8节），相关的影子价格会是基于补偿变差的那个（"支付愿意"）价格。布伦特（Brent，1991）采用了基准时间，以此试图避免创造人的生命的货币价值时产生的问题。不过，人们有理由怀疑潜在的目标函数（Cullis 和 Jones，1996）。

表 6-5 人生命的影子价格的概念基础

方法	估计的来源	与影子价格相一致的目标函数	差异和例子
基于测算的人力资本的生计	市场数据（如工资率）	国民生产总值	一些法庭判决的赔偿
政治决策（隐性的）	政府立法	有益品："其他人"有更好的判断，原因是人们并非充分的知情和（或）完全理性的	安全标准——道路、行业
政治决策（显性的）	政府声明		环境部的 4 万英镑（如 1976 年）
支付愿意（隐性的）	个人的市场行为	根据他们自己的偏好所表示的个人福利	因从事危险工作而支付的保费（军队、警察、北海石油钻塔）；轮胎更换
支付愿意（显性的）	个人声明	根据他们自己的偏好所表示的个人福利	调查问卷、效用实验

表 6-5 对影子定价的各种方法及其背后有关的目标函数放在一起做了分类。它着重指出了相关估值的来源，并给出了成本收益分析中进行评估的例子。关注政府声明法，英国财政部的"绿皮书"[①]使用了"防止病死率的价值"（VPF）这个术语，并讨论了将上述所概括的各种方法作为评估的来源。英国交通部将"支付愿意法"与"财务后果"因素结合起来。后者是人死亡的财务后果，例如在一次完全致命的事故中，如果使用到的产出短期内将会被减少，实际资源将几乎一定会在无法试图挽救你的生命时用到。对普通道路交通事故来说，VPF 按 2 000 的价格可计算为 145 000 英镑。英国健康与安全执行局没有对全部死亡同等看待。该单位把与项目有关的石棉 VPF 值增加了一倍，因为它涉及长期以来对因癌症死亡的思考。英国交通部也估算了防止伤残的价值，从重伤的 12 800 英镑到轻伤的 10 000 英镑不等。把伤残与死亡相对比，产生了人的生命质量与寿命长短的比较问题。

[①] http://greenbook.treasury.gov.uk/.

6.6.3 质量调整寿命年数（"QALYs"）

考虑到给人的生命赋予货币价值有难度，分析者通过采用对产出的非货币衡量，试图"回避此问题"。如果要对医疗保健进行投资，就产生了投资是否可能最具"生产性"的问题。为了回答这个问题，人们就用到了质量调整寿命年数（QALYs）这个指标。为了与我们前面的讨论一致，重要的是要强调，当使用这类非货币指标时，为投资评估提供依据的目标函数应清晰明了。本章认为成本收益分析的目标是根据潜在的帕累托改进来评估，在本节的后面内容中回到这个主题很重要。不过首先，何谓QALYs？

QALYs是用来比较不同健康状况的单向度量表。根据托伦斯（Torrance）（1976）和穆尼（Mooney）（1992）的研究，设计QALTs可有三种主要方式。

（i）"视觉类比量表"或"评定量表"：它是设计一种量表，其中一端设定为0（等同于死亡），另一端设定为1（等同于"完美"健康）。例如，如果一位被调查者断定丧失双腿的使用价值，在这个量表上标示为0.75，那么这种健康状况可被评估为降低了1/4的健康状况（与"完美"健康相比）。根据被调查者健康状况在量表上的位置，不同的健康状况就变得可以用单位度量了。

（ii）"时间权衡法"：例如，如果被调查者经评估认为，丧失双腿后的20年寿命等同于15年的完美健康寿命，那么，若1表示完美健康，则"丧失双腿的使用价值"这种健康状况就可被评估为0.75。

（iii）"标准博弈法"：这涉及在特定情势与风险情势之间的选择。风险情势具有概率为p的完美健康，以及概率为（$1-p$）的立即死亡。被调查者确定p，以便在风险情势与特定健康状况之间保持中立。如果当前某人的健康状况是丧失了双腿的使用价值，他确定p为0.75，那么0.75就是这种健康状况的评估值（当再次将死亡设定为0、"完美"健康设定为1时）。

采用这三种方式存在困难。例如，视觉类比量表没有给被调查者施加任何"成本"（被调查者的表态没有任何成本，而对决策者来讲，问题存在于分配稀缺资源方面）。就标准博弈法而言，被调查者的回答易受调查问题框架的影响（参见第16章，Kahneman和Tversky，1979）。这些回答受到人们对风险态度的影响，是被调查者要应对的难题。

当比较健康状况时，衡量医疗保健的收益是可能的。例如在图6-5（Robinson，1996）中，直到髋关节开始在特定的年龄段（比如65岁）出现磨损时，人生命的质量接近于1。65岁后，生命的质量依赖于髋关节置换手术。随着术后寿命延长（从72岁延长到82岁），生命的质量得到改善。在本例子中，两条线之间的阴影线区域减去黑色区域，可表示为由医学治疗所导致的质量调整寿命年数（QALYs）的衡量指标。假如有100例这样的手术，其中，比如有3例麻醉后死亡，30例术后影响康复，67例术后结果良好，那么1例典型手术的"产出"表示如下：

0.67(▨ − ■) − 0.3 ■ − 0.03(▤ + ■)

（手术成功−手术无效−手术死亡）

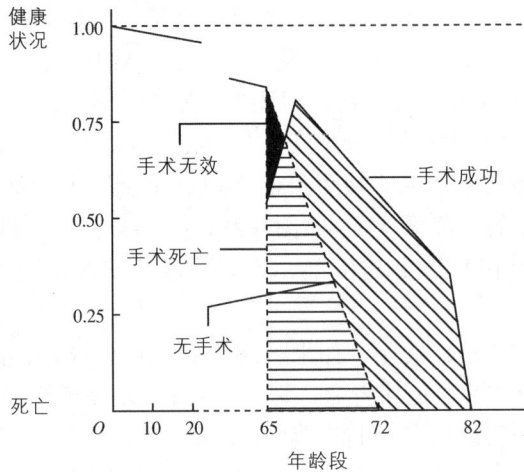

图6-5　构建QALY

由这类估算可知，估算各种疾病不同治疗所产生的单位QALY成本是可能的。表6-6表明，对于不同形式的医疗保健，从单位QALY成本的现值出发，也可能发生这样的情况，即"最低费用的"QALY的投资项目将得到优先考虑。当使用这些度量方法时，当解读这些"单位QALY成本"排序表时，有下列事项需牢记：

（1）个人对假设性选择的反应（当健康良好时与当被迫坐轮椅时，失去双腿的使用，人们对此的反应看起来是非常不同的）。同样相关的是，偏好取决于信息。一些研究为调查对象提供了健康状况的更多信息（例如，你将接受透析），于是，评估反应就会发生改变。患病的预期持续时间将影响到评估——两年时间的慢性病要比一年时间的糟糕两倍以上。同样，不可避免地，个

表6-6 医疗保健投资："QALY排序表"

干预措施	产生的额外每一QALY成本的现值
对戒烟的建议	170
因心传导阻滞而植入心脏起搏器	700
髋关节置换手术	750
对血清总胆固醇的控制	1 700
肾移植	3 000
乳腺癌筛查	3 500
心脏移植手术	5 000
血液透析	14 000

来源：Mooney（1992）改写自Drummond（1991）。

人评估也将取决于其他的个人特征（如年龄），在此情形下，合适的调查对象，是当下的病人，还是过去的病人、医生或一般民众的代表，对此存在着争议。

表6-7汇总了这些问题。显然，例如，透析患者不像一般民众那样对透析有较低的评估。他们对在家透析与在医院透析之间的区别做出的评价与一般民众有所不同。同样也要注意到，在问到透析持续时间增加了时，两组人会因时间增加而降低评价（McGuire等，1988）。

表6-7 对健康状况的不同评价

持续时间	健康状况	每日健康的效用平均值		差异率（%）	因偶然性产生差异的概率
		一般民众	透析患者		
3个月	医院透析	0.62	0.81	31	0.01
8年	医院透析	0.56	0.59	5	NS
8年	居家透析	0.65	0.72	11	NS
终生	居家透析	0.32	0.52	62	0.01
终生	居家透析	0.39	0.56	44	0.06

来源：Sackett and Torrance（1978）.

（2）衡量的唯一产出是健康（不考虑治疗的其他"非健康"方面，例如，治疗期间给病人提供信息、给病人以尊严和私密空间）。

（3）QALY排序表中所考察的资源使用情况只是QALY的机会成本。唯一的可能结果（和资源使用产生的先前唯一结果，这在表中考虑到了）是健康结果。

（4）不同的QALY评估方法会产生不同的结果。对这三种方法获得的评估值做比较，托兰斯（Torrance）发现，视觉模拟量表得到的评估值要低于时间权衡法和标准博弈法得到的那些评估值。这也许是因为视觉模拟量表法仅是要求调查对象赋予相对值（将给定健康状况的质量赋值为1/3完美健康的调查对象，并不真正意味着他愿意用1年期的完美健康状况去交换3年期的给定健康状况）。

（5）单位QALY成本值可以作为平均值记录在案，而选择是从边际的角度做出的。这相关的考虑因素是边际单位QALY成本。

（6）有人认为，在一项单位QALY成本评估时，高度浓缩的数据显示是危险的，因为它表明决策者做出了快速、简单的决定。这变得更加重要，因为排序表很大程度上鼓励了决策者不用太动脑子去思考医疗保险选择的性质。而且，是否真正存在"典型案例"也值得怀疑，毕竟不同病人的情况彼此间大不相同。

（7）QALY法将赢得的（经质量调整的）每一年寿命都视作一样的。例如，某个可能会马上死去的小孩，与随后病愈并过上"完美健康"圆满生活的某个老人相比，前者多活的一年，将被视作等同于后者50%寿命质量所生活的两年。

（8）从严应用单位QALY成本排序表，意味着社会中其治疗具有较高单位QALY成本的一些群体，得不到医疗保健。

（9）技术进步和研发将影响单位QALY成本的评估，因此考虑到医学发展，它们必须持续向前发展。

现在回到我们的主题，即对"影子价格"的解释决定于目标函数。QALY不是对"支付愿意"的评估，因此，如果为了投资目的而比较各种单位QALY成本，那么到底什么要最大化？[①]QALY法有别于传统的帕累托福利经济学法。

---

① 一些研究者询问调查对象，为了获得特定的健康改善或避免健康恶化，他们的支付意愿有多大。Thompson（1986）在报告中描述了如何要求247人（患慢性类风湿关节炎）去设想可以（全面）治疗他们的疾病但需私人付费的情形。96%的调查对象做了回答。他们就这假设性治疗的支付愿意代价是其家庭收入的22%，支付愿意代价占收入的比重与他们日常生活中的不便程度正相关，与年龄负相关。

QALY不是效用指标；QALY对每个人都是一样的（即，两个不同的人可以拥有相同的QALY状况，但却获得非常不同的效用）。

由此也可见，QALY法不可与效用主义相混淆，也就是，将单位QALY总成本最小化的规则，未必就给社会带来效用的最大化。QALY被认为对每个人都是等值的，但来自QALY的效用却可以是不同的。一些人对此表示赞同。例如，Drummond（1981）指出它产生了"一种平等性"，因为它被认为每个人都一样。例如，这并不是说，在分配资源时，应该将资源从对自己健康给予相对较低评价的人（无论什么原因）那里拿走。

使用QALY法评估医疗保健投资，等价于对任何预算而言都要将健康最大化。不过，这并不保证全部都视为一样的。为了说明健康最大化这个概念（借鉴wagstaff，1991），让我们来看图6-6。图中，纵轴、横轴都用死亡前有生之年的预期QALY来衡量健康。考虑两个人（或两组相类似的人群）A和B，这两人没有患病就医，享有的健康状况分别是 h_a 和 h_b。点1是初始禀赋。A和B就医治疗的可能性由健康边界线2-3表示。健康边界线的形状及其位置取决于：（i）可用于医疗的总资源；（ii）医疗保健的社会成本；[①]（iii）A和B受益于医疗保健的最大程度。健康边界线凹向原点，它在任意点上的斜率都表示依据B所不能享受到的QALYs来衡量的对A而言的QALY边际成本。它是凹形的，因为它假定医疗保健属于递减的边际产出。这表明，个人（或人群）边际受益的最大程度随医疗供给的增加而递减。然而，这条边界线的不对称性说明，要么B以低于A的成本接受医疗服务，要么B比A更大程度地从医疗服务中受益。

等于医疗保健的单位QALY边际成本的资源分配，可将位于健康边界线上的点4处的健康状况最大化（这里，QALY的边际成本对A与B都是相同的）。这种资源分配对A健康状况的提高程度要高于对B的。重要的是要强调，尽管健康状况得到最大化，也不保证所有的都公平受益。医疗保健的受益程度很重要，如Williams 1981年所指出的，资源也分配给其产出十分有价值和因治疗而能很快恢复工作的那些人。假如A和B都能同等程度受益，但B的产出更有价值，那么将资源分配给B将减少治疗的净社会成本。B将比A得到更多的QALYs。

---

① 除了健康服务导致的直接成本，该成本还应包括病人、家庭和朋友所承担的时间和货币成本。

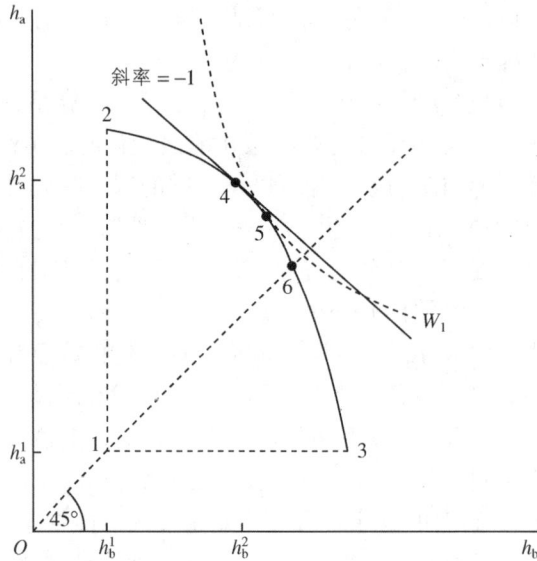

图6-6　QALYs与公平

　　当然，对公平"应该"有某种程度的关注。后面的第6.9节将讨论投资评估中的公平。不过，这里可以说明，当利用QALYs时，公平约束是如何可能被引入的。例如，Wagstaff（1991）提出了等弹性社会福利函数：

$$W = \left[\left(\alpha h_a \right)^{1-\tau} + \left(\beta h_b \right)^{1-\tau} \right]^{1/(1-\tau)} \tag{6.10}$$

式中，W＝与健康分布有关的社会福利水平；

　　　　h_a、h_b＝健康状况；

　　　　α＝赋予A健康状况的权重；

　　　　β＝赋予B健康状况的权重；

　　　　$\tau \neq 1$。

　　为了引入强有力的规范约束，例如，如果A是年轻人的话（或年轻人群），B是老年人（或年老人群），社会可能认为α应大于β。要不然，这些权重都要设置成相同的，参数τ的作用仅是强调对健康结果不平等的厌恶程度。若$\tau >$ 0，意味着对不平等的厌恶，由此在$\tau < \infty$的情形下，福利函数的形状（图6-6中的W_1）是凸向原点的。随着$\tau \to \infty$，福利函数的形状变成L形状（它的拐角位于45°线上），这是罗尔斯社会福利函数（见第1章）。

　　现在图6-6中健康最大化发生在点4；（严格的）健康平等发生在点6，社会福利函数（考虑到了不平等厌恶）在点5得到最大化。注意，在点5（其斜率小于1），健康状况的总和将低于点4，但"健康产出损失"是需要更大程度平等来做抵换的。近来有关QALYs性质与使用和其他健康产出测度的讨论可参见Morris、Devlin和Parkin（2007）。

6.7　折现和资本成本

本章第1节解释了折现率对评估投资项目的必要性。现在的问题是，折现率该如何设定？选择折现率是非常重要的。高折现率将降低项目净收入流的价值，使得现值为负。[①]而且，高折现率可对不同项目做出有倾向性的选择：如果资本密集型项目有极高的初始成本（I_0），那么这些项目（因其初始资本成本）就很可能被排除在外，原因是高折现率很大程度上降低了未来的净收益。高生产准备成本的资本密集型项目可能很大程度上取决于那些可接受的未来收益。

6.7.1　选择折现率

尽管本节分析了选择公共部门投资项目评估中合适的折现率的困难，但值得指出的是，假若你希望听从政府的意见，那么英国财政部"绿皮书"的建议是使用3.5%的折现率。不过，选择这种数值时产生的问题是什么呢？选择公共部门合适的折现率时产生的主要困难可分为两类。首先，基本上，何为公共部门正确的折现率，属于概念性问题。其次，对于选定的折现率，找到其合适的代理值，属于实践性问题。为了解释确定社会折现率时的困难，认识到为什么不存在公认的折现率是必要的。

接受帕累托主义价值判断，在确定哪个为合适的折现率时就存在显而易见的次优问题。如果满足帕累托最优的全部条件都成立（一阶和二阶条件），确定合适的折现率时就不存在那么极端的困难。例如，若市场是完全的，没有外部性和失业，那么折现率可能就是市场中存在的针对可贷资金的利息率。然

---

① 应清楚的是,在不同的折现率下,一些投资项目将过关,而另一些则会被毙掉。用什么样的折现率才算恰当? 如果是基于净现值为正来推荐投资项目,那么根据"恰当的"折现率来计算净现值就很重要。要不然,如果是根据内含报酬率(使NPV为零的折现率)来评估是否接受投资项目,那么就必须存在一个充当必要条件的试验性折现率,等于或大于这个折现率的项目才会具有吸引力。对项目潜在的可接受性而言,选择折现率就变得很重要。

而，问题来了，因为存在不完全，使得不可能让一种折现率足以承担社会折现率所必需的所有功能。

一方面，社会折现率是重要的，因为它决定了投资将是多少。就此而言，折现率必须反映社会时间偏好率。也就是说，假如投资项目产生的报酬率等于社会为了未来消费而放弃今天消费所必需的利息率，它就将被接受。社会时间偏好（STP）率被定义为社会重视当前而非未来消费的价值，因此根据定义，STP折现因子等于当期消费 C_t 与未来消费 C_{t+1} 之间的边际替代率。使用这种折现率将为社会随着时间的推移选择的投资量提供参考。

另一方面，社会折现率必须解决私人部门与公共部门之间的资源配置问题。如果利用社会折现率让公共项目上马，当其机会成本是失去私人部门更好的投资时，这将是不合乎情理的。社会机会成本折现率（SOC）是指另外由私人最恰当地使用资金产生的净现值（以社会角度衡量）降至为零的折现率。假如使用了这种折现率，公共部门项目的净现值为正，那么它就必须意味着其报酬率，要高于资源留给私营部门使用所产生的报酬率。以这种方式使用SOC可以实现以下目标，即无公共投资能取代具有较高社会报酬率的私人投资。

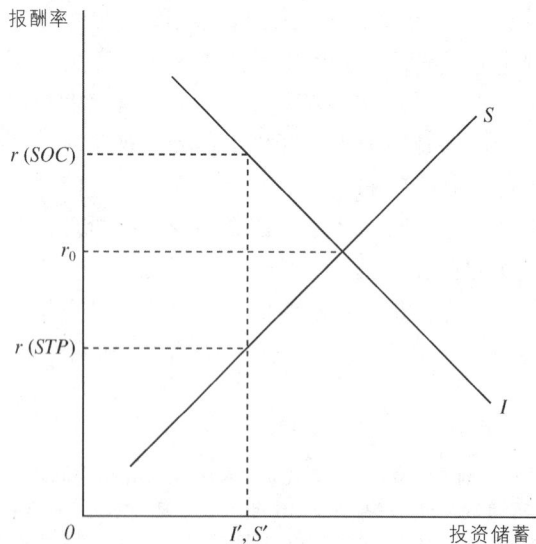

图6-7 哪个是折现率？

　　图6-7揭示了找到一种能够承担这些功能的折现率的困难。该图说明了市场对可贷资金的标准处理方式。供给曲线S反映了人们在不同利息率下将会储蓄多少。它表明需要提高多少利息率才能说服人们为换取未来额外的消费而增加储蓄（和放弃当前的消费）。这种换取反映了当期消费与未来消费之间的边际替代率。相比之下，I表示投资需求。它表明人们为了使用可贷资金会支付多少。因此，它作为一项指标，衡量投资在最佳替代用途方面的价值。

　　当市场是完全的，帕累托条件适用时，可贷资金的市场均衡利息率应运而生，首先考虑的是要满足社会折现率所必需的条件。这种均衡利息率同时充当了社会时间偏好率和社会机会成本折现率的指标。找到一种折现率来解决上面所说的两个目标的问题。均衡利息率将是公共部门投资恰当的试验性折现率。

　　然而，当市场不完全时问题油然而生。为分析起见，以公司税可能产生的影响为例。图6-7中，假定存在着公司税，因此项目产生的报酬率，必须足以缴纳税款和偿还贷款机构的资金。缴税的结果是降低了投资水平，因为报酬率现在必须高得足以使投资者能向储蓄者支付适当的报酬，并支付税款。这就在必须支付给消费者的利息率r（STP——社会时间偏好率）与项目所产生的报酬率r（SOC——社会机会成本折现率）之间打下了一个楔子。

　　在这些情形下，就需要在社会时间偏好率与社会机会成本折现率之间做出选择。一种利息率不再满足两个定义。不可避免地，必须从概念角度对这两个折现率中哪一个是可用于公共投资项目的做出选择。如果强调的是资源在当期公共部门使用与私人部门使用之间的配置，那么使这两个部门的报酬率相同是恰当的。换言之，较高的折现率可用作社会机会成本折现率的衡量指标。然而，这种结果是少有投资项目通过公共部门的测试，投资将低于使用STP时的情形。如果因税收的影响（见图6-7）早已存在"太少的"的私人部门投资，较低的折现率该用于公共部门吗？这里较低报酬率的投资项目能是合理的吗？尽管可能有论据来支持这些说辞，但许多经济学家更赞成社会机会成本率（Mishan，1988；Webb，1973），因为他们不会希望看到投资于公共部门的资源给公共部门带来较高的报酬率。那些强调通过时间来配置资源的人会支持使用较低的折现率。

6.7.2　社会时间偏好折现率：合适的估计

　　解决了从概念上选择"恰当的"折现率，我们仍需要从中选择一个指标作为实用性的评估指标。就社会时间偏好率而言，有理由认为这一指标必须是正的。未来的不确定性、生命的有限性，以及边际消费效用递减的经济增长前景，都会支持这种观点。例如，因为可以预料的是，人均实际消费将随着时间的推移而上升，由此可见，给定的未来人均消费增长幅度，要低于等值的当期增长幅度。一些经济学家采纳了这些论点中的每一条（或全部），并把它们紧紧地联系在一起。例如，Henderson（1968）认为，人们具有贝努里形式的效用函数（个人效用与消费的函数呈比例，使得边际效用函数具有不变的−1弹性）。那么，若人均消费每年增长2%，人们就会把社会时间偏好率计算为3%。

如果市场是完全竞争的，将市场利息率用作STP率的代理指标会是可能的吗？原则上，所有人的时间偏好将是一样的，因为他们会将时间偏好等同于市场利息率。不过，费尔德斯坦（Feldstein，1964）认为，这需要我们不仅假定整个经济是完全竞争的，而且市场是近乎完全的。对于反映个人选择当期和未来消费的市场利息率，人们充分知情是必要的。

如果这不足以是个问题的话，Marglin（1963a）则指出，个人决定的STP率有别于大家共同决定的STP率。他认为，大家一起进行更多的投资，与个人私下进行合意的投资相比，前者的境况会好很多。他觉得，个人的投资决策，在某种程度上取决于下一代成员（子女和孙子女）所得到的边际消费价值，将资本存量留给后代会有效用产生。于是，投资的边际效用取决于从当期消费到未来消费的转换率，以及与丧失当期消费的边际价值相比的这种后代消费给个人带来的边际价值。由于给后代提供资本的存量是投资的一个目标，也由于由此产生的收益具有公共物品的特征（消费非竞争性和价格非排他性），因此对任何人从个人角度出发进行的投资是否与他们从集体角度出发从事他们所认为合适的投资一样多存在着怀疑。为后代提供资本存量被认为是产生了个人效用，不管他们是不是实际放弃当期消费的那部分人。然而，Marglin继续指出，就这种有利于后代（与对当代的关心相比）的利他主义的特定价值而言，存在人群规模，使得个人愿意同意投资计划，如果每个人都进行投资的话。这种结果就是大家都愿意投资，因此社会时间偏好率在低于当所有个人都单独行事时所观察到的市场利息率。[①]Tullock（1964）对这种观点这样批评到，个人会觉得是对后代的利他主义，是令人怀疑的，这些后代可能比当代的许多穷人更富

① Marglin关于投资具有公共物品特征的观点存在问题。例如，面临私人部门投资"挤出效应"的情形下，对公共部门使用社会时间偏好率将对总投资几乎不产生影响。

裕（考虑到技术进步）。

集体的STP率会低于市场利息率，Marglin不是唯一持这种观点的人。Pigou（1932）指出，因当代人的短视STP率将将会是低的。当代投资者没有看到投资的收益，意味着投资"很少"，市场利息率要比其他情形高。

假如市场找不到STP率的解决办法，答案也许可从人的集体决策中找到？求助于民主选举出来的那些社会代表，以便发现他们对STP率的意见，也许是可能的。熟悉第4章论点的读者，会极端怀疑这种可能性。阿罗不可能定理表明，这样一种宪政规则产生的结果，无法满足特定的规范标准（Arrow，1963）。Downs（1957）也怀疑，在代议制民主中，政治家的目标会优于"公共利益"的目标。作为投票最大化者，政治家（面对选举短视）将有不同于整个社会的时间跨度。他们所关心的将是下次选举所实现的收益。为了这个目的，有可能会产生一个比被认为反映STP的折现率要高的政治折现率。

这些近似计算STP率的主张不胜枚举。例如，Marglin（1963a）指出，只要最短经济增长率可知，就有可能倒推计算出折现率，从而得到可以实现这种增长率的"正确的"投资率。这不仅假定投资与增长之间存在固定关系（以至于资本与劳动之间的替代是有限的）；它也假定我们能够首先确定最优增长率。因此，确定STP率的问题仍然存在。英国财政部建议的实际3.5%是按以下方式计算出来的：

$$STP = \rho + \mu g$$

式中，ρ是个人对未来消费的折现率（人均消费不变），g是人均消费年增长率，μ是边际消费效用的弹性。接下来，ρ包含了灾害风险因素L（项目遭到破坏的风险，如战争）和纯时间偏好率δ。后者反映了个人偏好当前而非未来的消费（人均消费不变）。基于英国长期储蓄的报酬率，这两项因素加起来据估计可达1.5%左右（$L \approx 1$，$\delta \approx 0.5$）。由计算可知，英国人均增长率大约为2%，边际消费效用弹性等于1。[①]

6.7.3 社会机会成本折现率：合适的估计

确定社会机会成本的任务也是困难重重。这里，一个显而易见的切入点是计算私人投资所产生的私人报酬率。从技术上讲，理由是用于公共部门的资源

---

① 这与前面提到的贝努里形式的效用函数一致（个人效用与消费的对数函数 U=logC 成比例。而且，$\partial U/\partial C$ 是 $1/C$，使得英镑的边际与个人收入水平呈反比，边际效用函数具有为1的不变弹性）。

必须至少同用于私人部门的资源一样表现良好，这样才能确保它们能用于公共部门。但正如Baumol（1971）所指出的，就技术而言，我们应知道公共部门投资排挤了私人部门项目。也就是说，社会机会成本折现率应反映私人部门产生的加权平均报酬率，要是资源用于私人部门的话。因此：

$$SOC = x_1(r_1) + x_2(r_2) \qquad\qquad (6.11)$$

式中，r_1、r_2=私人项目1和2的报酬率

x_1、x_2=被排挤资源的比例，要不然它们可以被投资于项目1和2

当分析私人报酬率时，为测度社会机会成本折现率，也必须要考虑其他因素。

税收和补贴

如果被排挤的私人项目必须负担50%的公司税，那么SOC率必须是两倍于私人部门项目所产生的报酬率。显然，必须考虑到的事实是，私人项目不得不产生高的报酬率，这样才能弥补税收成本。相反，若是项目享受到补贴，SOC率也许会低于私人报酬率。

风险

私人项目不得不承担的风险因素也必须考虑到。据认为，公共项目的风险要小于私人项目，原因是：（a）大数定律的存在，因而一个项目的非预期损失可以由其他项目的非预期收益来弥补；（b）项目成本可由许多纳税人来承担（Arrow和Lind，1970）。然而，一些经济学家会认为，如果私人项目考虑到其所面临的风险而不得不实现足够高的报酬率，那么，若决策是将资源转移给公共部门（Webb，1973），由公共项目来承担风险就是"合适的"。

社会成本和收益

私人项目的报酬率将不会考虑外部性，其将按市场价格来进行评估。应当指出，社会机会成本折现率的依据是私人部门项目实现的社会报酬率。例如，假定私人企业产生了污染。对私人报酬率的评估却只是考虑项目的私人成本。然而，如果社会机会成本高于市场价格，则私人报酬率将高于社会报酬率，社会折现率将低于私人报酬率。

所有这些调整对确定社会机会成本折现率都是必要的。在英国，社会机会成本的概念似乎在分析国有企业的投资时得到了重新认识。例如，1967年，试验性折现率被定为8%。在1968年向国有企业特别委员会提交的备忘录中，财政部解释了是如何选定这个折现率的。该折现率的依据是"私人大企业新投资实现的被认为是可接受的最低限度的报酬"（Webb，1973）。通过与私人大

企业讨论，最低限度的报酬率被定为6%~8%之间。不过，投资所得也要缴纳所得税。根据当时生效的公司税制（所得税和利润税）计算的相应税前报酬率，并考虑了投资和创办减免，在8%~10%的幅度内。于是，选定的数值是8%。这个选择大体上与社会机会成本率相一致，尽管做了前面所指出的许多微调。

　　显然，全面调整是困难的。一些成本收益分析试图通过利用政府长期借贷利率作为给政府提供资金的机会成本的代理指标，来避开估计社会机会成本的问题。虽然它可以唾手而得并显而易见，且它在过去被使用过，但它在理论上几乎不具适用性。政府依赖税收作为获得收入的手段越多，它需要借的款就越少，在其他情形都一样时，产生的利息率也就越低。例如，在战争时期，当政府被迫通过借款来筹措资金时，长期借贷利率大幅度提高（Carr，1969）。而且，长期借贷利率没有考虑如下事实，即私人项目的风险一般要高于政府公债，或私人项目要负担其他形式的税收。实际上，依靠长期借贷利率作为社会机会成本折现率或社会时间偏好折现率的代理指标，似乎是不明智的。这个利率，更多的是受中央银行需要考虑跨国短期资本流动所支配，并以这种方式对其他国家从政治角度出发确定的利率做出反应。

6.7.4　什么是机会成本？

　　机会成本如何确定的问题早已形成了研究文献，文献表明，社会时间偏好概念与社会机会成本概念具有相关性。理论上，对机会成本的定义会有细微的差别。如果机会成本是投资项目所用资金移作他用的价值，那么就不得不承认并非所有公共部门投资项目所用资金都会用于私人部门的投资上。当这类资金达到通过税收来筹集的程度时，要是它们没有被课税的话，这些资金中的大部分就会被消费掉。如果失去当期消费的价值（STP）与失去私人投资的使用价值（SOC）之间存在差异，那么就必须考虑资金中另外用于消费和另外用于投资的部分。

　　这种观点，根据Marglin（1963b，1967）和Feldstein（1972）的研究，解释如下。该解释借鉴了Webb（1973）的说法。它从投资的基本标准应是什么入手。该标准是：

$$PV_r(B) > SOC(k) \tag{6.12}$$

即按社会时间偏好率折现的收益现值应大于所用资本的社会机会成本。

　　可以认为，资本的社会机会成本等于$AK(x)$，其中，A是从私人部门转移到公共部门的单位英镑投入品按STP率折现的机会成本，K是项目在单个时期内的资本总支出，x 是刻度因子（英镑、美元）。鉴于以上论点，A 的值被定为：

$$A = \theta_1 (p/r) + (1 - \theta_1) \tag{6.13}$$

式中，$\theta_1 = k$ 中可用于私人投资的比例

$1 - \theta_1 = k$ 中从被排挤的消费那里筹集的比例

$p=$ 私营部门边际投资永久产生的报酬率

$r=$ STP 折现率

这种论点认为，资本的机会成本应考虑用于公共部门的所有资源并非都意味着私人部门失去的投资的事实。用于补偿的权重是建立在可用于消费的比例和可用于投资的比例的基础上。前者的现值是它的表面价值，后者的现值是它产生的按社会时间偏好率 r 折现计算的收益值（永久的每年 p）。

Mishan（1967）对这种论点提出了质疑。他认为，机会成本是利用资源本应该做的而非利用资源会做的。因此，所有资源，若是用于投资的话，应会永久产生的每年 p，这一收益的现值是 p/r。按社会机会成本折现率计算的净现值必须为正这个标准继续存在。

6.7.5 折现与折现率：真有问题吗？

虽然选择社会折现率有许多难题，但有一系列的观点认为根本不需要对公共部门的投资进行折现。Goodin（1982）对折现的理由和形式提出了质疑。在理由方面，他指出，纯时间偏好的心理分析技术是脆弱的，因而无须重视。同时，风险和不确定性对时间折现呈现非常不同的观点（如 6.8 节的解释）。递减的边际收入效用观点是作为一种观点而被认可的，但条件是，如果后代人穷于当代人，它就应该是可逆的。机会成本观点被认为是对如何进行折现的限制，或更确切地说，今天必须要牺牲什么才能确保未来的收益，而不是进行这种跨期交易的理由。

类似地，Goodin 表示，即使接受这四种方法，它们也不意味着随着时间的推移却还采用统一的折现率。心理上，一些时期要比其他时间重要；边际效用将不会以不变的比率递减，原因是收入增长会随时间而有变化，收入本身不会按既定比率转变为效用；某一时期里牺牲的机会要大于其他时期里牺牲的机会。

这样，一点儿也不相信折现的理由，Goodin 还质疑了按统一比率进行折现的决策。他认为，以相同方式对待所有商品恐是不恰当的。一些商品从心理上讲要比其他商品更重要，就商品上的风险和不确定性程度而言这是千真万确

的。将所有商品转换为共同计价的钱，如边际效用/机会成本观点中的转换，被认为是陷入了不可比性的观点。在本书其他地方所提到的失去生命是这样一种例子。Goodin 的观点是，这样一种事件没有理由事前被简化为"货币度量"，"非交易品"当前可以被牺牲，除非讨论之中的非交易品存量未来可以再生——以命易命。基于这种观点，受限制的折现形式适用于非交易品，它的形式和比率反映了特定非交易品存量增长的形式和比率。Broome（1987）在健康保健方面使用的折现方法中，也赞成特殊的形式。他基于人生命中连续时期之间的"心理纽带"理由，提出了一种复杂的折现机制，要是病人的话，更多的时期在时间上要被分离出来。

Parsonage 和 Neuburger（1992）指出，非货币健康收益的适合折现率"应接近于或为零"（第71页）。他们的理由是，折现的传统论据依赖于三条：(i) 未来收入增长；(ii) 额外1英镑的边际效用随收入提高而下降的比率；(iii) 纯时间偏好；他的理由还是，这三条论据无法支撑非货币方面的折现。作者认为，前两条论据不成立，因为与健康改善相联系的边际效用与收入无关，第三条论据则因为经验和由因及果推理而不支持对健康改善的正的纯时间偏好。

Cairns（1992）对此立场持批评态度。他认为，在他们所引用的经验研究中，他们是相当有选择性的，该观点的关键之处是对健康改善缺乏无争议的"影子价格"。如果存在影子价格的话，健康改善恐是一种货币金额，会被视作投资评估中的任何其他因素。两位作者都同意需要更多的经验研究，才能解决其中所涉及的一些论据。

在环保项目方面也有进行零折现的类似主张，因为正折现同未来成本一样，带来了的未来风险，例如核清理估计要用100年时间，可不会带来什么权重。必须要记住，赋予未来收益较大权重而几乎或不折现，可能会通过对项目选择的影响而威胁到当今穷人的利益。

除了选择比率，如前所述，还存在不同的折现方法。在迄今的讨论中，所利用的最常见的方法是指数法。在这一方法方面，折现率在时间上具有不变的正值，折现因子为 $1/(1+r)^t$，t 是时间单位，由此折现因子的降幅是从 1（$t = 0$）到 0（t 趋向无穷大）。这就是所称的指数折现，因为折现因子的时间路径遵循了指数函数形式 e^{-rt}，其中 r 是贴现率，t 再一次是时间单位。这至少有两个优点。一个是简单，因为存在一个不变的折现率。第二个是，由于这个方法将未来净收益折现得非常高，因此衡量遥远的成本和收益（最难衡量的）时的任何误差对最终的计算影响不大。这两个优点，根据经验研究，都是会引起疑问的。

人们注意到，在考虑作为非理性经济人的人时存在反常现象。就折现而言，Thaler和Shefrin（1981）注意到了偏好反转问题。在不变折现率结构下，只有值的衡量间的绝对差异才是重要的。例如，如果明年的收益 Va 优于 4 年后的收益 V_b，若再加上 20 年时间（或任何年数），即 21 年和 24 年，排序仍保持不变。不过，他们发现，人并不是如此行为的，因为如果 Va＜Vb，人就会经常改变其作为所择时间函数的偏好，即使上面两个年数之间的时间间隔保持不变（3 年）。也就是在 21 年和 24 年的情形中 V_b 通常优于 Va。为加深理解起见，大多数人显然更偏好即刻的 50 英镑而不是 2 年后的 100 英镑，但几乎没有人比 6 年后的 100 英镑更偏好 4 年后的 50 英镑。令人担忧的是，除了以比 4 年更长的时间来看待它，此时，偏好就会发生反转。

Ainslie（1991）也报告说，如果你进行人的实验，他们不会遵循折现表（指数曲线）所给出的数字。相反，他们会遵循比指数曲线更凸向原点的双曲线。当获得商品的时间发生变化时，人们会对相同的前景改变他们的选择。特别地，似乎人们对近期有高度的时间偏好，而对远期发生的事具有较低的时间偏好。人们显然遵循了"赫恩斯坦匹配法"。有许多特定的双曲线形式的折现函数，但对单个商品的估值（V），使用下面 Ainslie 所主张的公式：

$$V = A/\xi + \Gamma (T - t) \tag{6.14}$$

式中，A 是所涉及的金额，T 是可得到每一金额的时间，t 是采取行动获得金额的时间，由此（$T - t$）是 A 的时间间隔。ξ 是决定零间隔值的经验常数，Γ 是调整间隔梯度坡度的经验常数。经验上，ξ 和 Γ 都是 $\cong 1$，因此公式简化如下：

$$V = A/1 + (T - t) \tag{6.15}$$

例如，如果间隔是 3 个时间单位，A 是 1，那么 $V=1/4$。如果 Aa=1，A_b=2，Va 和 V_b 总是间隔了 3 个时间单位，那么当 Va 现在可得时，最好是 Va=1 和 V_b=0.5。考虑下面的情形，如果给 Va 和 Vb 增加 5 年间隔，现在 Va 就是 1/1+5=1/6，V_b 就是 2/1+8=2/9，因而偏好于 Va。随着时间增加，对 Va 的偏好无差异地转变为对 V_b 的偏好。对双曲线和指数折现的进一步讨论见 Van der Pol 和 Cairns（2000）。此外 Turner（2007）也提到越来越多的共识认为至少在 100 年的范围内使用时间递减折现率（DDR），英国公共部门项目评估的官方指南（HMT，2003）提倡这种做法，即 0~30 年使用 3.5% 的折现率，126~200 年使用 2% 的折现率。回到健康保健这个主题，Severens 和 Milne（2004）强调了在使用成本与收益按相同比率折现的统一折现率和使用不变与时间可变折现率之间的选择。在健康保健方面，一些人赞同对收益而非成本使用较低的折现率和使用随时间递减的折现率。然而，他们总结道："对应使用哪种折现方法和（或）哪种折现率，无论是理论论据，还是经验论据，都不足以确定一个最优的解决办法。最起码，在研究时应使用标准，这样才可能与其他方法做比较"（Severens 和 Milne，2004：399）。

再者，如何比较和如何在不同时间考虑成本和收益的问题产生更多的难题，较多的分析暴露了对不同时间里取得的经验做比较的困难。如在大多数方面的成本收益分析中，对这个问题做到完全公正所需的微调本身是耗费成本的，因此在选择折现因子时可使用近似值。正如早已指出的，未来的不确定性给估计未来事件的重要性带来了问题。至于这个问题，我们现在做更具体的讨论。

6.8　风险和不确定性

常言道，人生中只有两件事——死亡和税收——是确定的，这说的既是公共财政，也说的是风险和不确定性问题。这是人生进而是经济分析中的棘手问题。古老但不完全满足的区分有助于勾勒对 CBA 的担心。风险可被视作一种一系列可能后果呈现概率分布的情形。于是，风险是建立在这样一种概念上，即一些后果的发生，存在着概率分布，因而可以在数量上对期望的后果进行预测。就不确定性而言，这是不可能的：知晓相关的概率也无济于事，即使可能状态被假定是已知的。"真正的不确定性"必定是关于产生的无法预料的"世界状态"，因为在当期不能想象出这些状态。电视节目"功夫"中的角色，经常地被劝告要"预见意外"，但像其他方面的节目一样，这并不很灵验。预见意外的能力让未来和可能后果（以某种形式）事先可知，这不足以把握不确定性。

然而，为分析起见，我们可只涉及能被预见的那些可能状态，通过测度它们，有时候给可能状态赋予一定概率是可能的。解决无法赋予概率的不确定性可以有许多策略（例如，见 Baumol，1965）。不过，在本节，我们重点放在风险上，分析概率成本与收益的必需条件。

对于风险，一个比较简单的做法是对具有风险的成本或收益使用"预期"

价值，然后按正常方式却是以较高折现率进行折现。较高折现率反映了风险厌恶程度（较低的确定额比较高的概率额产生更多的效用）。例如，如果10年里节省的工时价值是50 000英镑或100 000英镑，两者被赋予50%的可能性，且如果在"确定"情形下使用的折现率是10%，那么做法可以是以较高比率对预期值进行折现：

$$PV(B) = \frac{0.5(£50\,000) + 0.5(£100\,000)}{(1 + 0.1 + r')^{10}}$$

$$= \frac{75\,000\text{英镑}}{(1 + 0.1 + r')^{10}} \tag{6.16}$$

式中，r' 是正常折现率的附加值，其变动直接与显示的风险厌恶度有关。公共部门（代表社会利益）的成本收益分析是否应仿效私人的风险厌恶是值得讨论的问题。若不是，被拒绝的私人部门项目将在公共部门被接受。然而，Arrow和Lind（1970）指出，只要方程式中的数字较大，当与个人联系在一起时，风险的边际成本或收益就会非常小，它们可妥妥地被视为确定额，因此附加的风险折现 r' 是不必需的。对待风险的另外的方便之道是人为地缩短项目的预期使用寿命，因此在遥远未来几乎确定发生的风险性项目内容会被排除。

对于风险和不确定性，研究文献也提出了其他的解决方法。一种方法是设法计算与不确定正净现值等值的确定性，然后对项目进行排序。决策者被认为是要在不确定性（坏事）——由NPV的方差（σ^2）表示和NPV的大小（好事）——由它的期望值表示，做权衡。图6-8中，I_0、I_1、I_2 和 I_3 是风险厌恶者恰当的无差异曲线，只有当预期NPV也增加时，他才愿意接受更大的风险。诸如A、B、C和D之类的项目都具有风险——预期NPV中位于最高无差异曲线上的点会首先被挑选出来。它们确定性等值由NPV轴表示，在该轴上，项目方差是 σ^2，即A、B、C和D的值分别是 A_c、B_c、C_c 和 D_c。项目具有负的确定性等值是可能的，显然它应被拒绝。图6-8中，项目A应被拒绝，剩下的按C、D、B排序。遗憾的是，得到恰当的无差异曲线图是件难事。对这些问题更深入的讨论可参见Dorfman（1962）。到头来，成本收益分析经常采取实用主义的方式，很大程度上忽视了这个问题。

早先所谈到的不确定性，在这里得到了进一步的讨论。实质上，不确定性的产生，是因为，假如引入CBA的话，CBA对事先决策程序提供了帮助，涉及预测对某一项目未来成本与收益的影响。那么，对潜在改善的确认，可能要添加附带条件，也就是希望事先的成本收益分析计算，接近于事后或得到实现

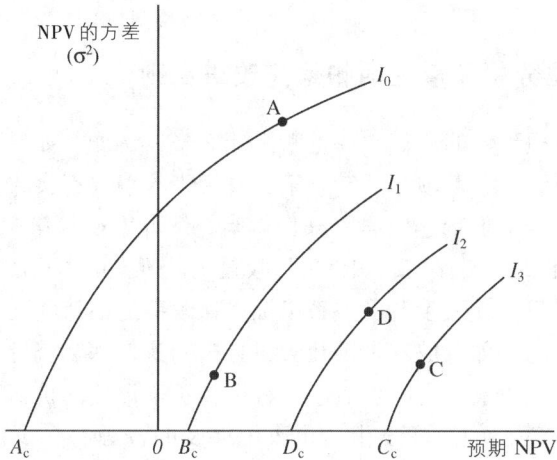

图6-8 在项目选择中考虑不确定性：确定性等值法

的结果。正如我们早已指出的，Broome（1978）在对生命估值时注意到了这一点，这种估值被认为是承担增加早逝风险的个人所需要的补偿总额。他认为，对待事前统计意义上的死亡（面临增加0.001死亡风险的1 000个人），应类似于事前已知某人的死亡。忽视谁是死者是一种假的让评估机制"发挥作用"的方式，因为对整个社会而言，若项目运转起来，产生的整体效用分配是没有不确定性的。这并不意味着，没有牵涉死亡的项目就体现了福利改进，而是推荐的方式无法就其本身进行评估。Ulph（1982）探讨了这种困境，指出事后和事前信息对这种评估具有重要意义。

本文作者构建了三种决策的不同排序，（项目）使用不同形式的事后和事前社会福利函数。其主要的含意是，一旦CBA涉及项目的分配性后果，必须依靠事前帕累托改进的情形已不复存在了。在这种情况下，决策中必须纳入"事前"和"事后"考虑——与常规的评估方法明显不同。这个问题还必须得到令人信服的解决。

在Ulph的论述中，不是不确定性，而是已知的极其不均匀的事后效用分配最终关系到事前概率法的生命评估。下一节所谈到的其他的、也许更易处理的分配问题具有重要意义。

6.9 成本收益分析和潜在的帕累托改进准则

从分析项目净现值的测试中要推断出什么来？例如，如果现值为 20 000 英镑，这并不意味着说，若项目运转起来，每个人的境况都会改善。然而，如果成本收益分析按照前面描述的思路操作得当，解释就得与第 1 章所讨论的希克斯–卡尔多福利准则直接挂钩。如果项目收益是以对当前项目的"支付意愿"来评估，那么这些收益就表示对受益者境况如何改善的估值，而这种改善是由提出的改变所带来的。如果成本是以社会机会来衡量，那么资源价值就是下一次最佳使用投入品所可能产生的价值。这种得到正确评估的价值，表示人们愿意付出多少才不让提出的改变发生，也表示涉及的资源有多少价值，若它们可以以下一次最佳的另外方式来使用。因此，例如，如果项目收益的净现值是 220 000 英镑，这就表示通过拥有项目，受益者的境况有多少的改善；如果全部成本的净现值是 200 000 英镑，这表示受损者愿意付出多少才不会拥有项目。

按照 Mishan（1988）的分析框架，并采用第 1 章里描述的消费者剩余衡量指标，我们现在就能够正式表述 CBA 的基本原则。既然受益者的补偿变差是他们愿意为项目付出而非放弃该项目的最大额，受损者的补偿变差是他们可忍受该项目的最小额，那么希克斯–卡尔多福利准则可由补偿变差的总额（$\sum V_i$）来表示。如果成本收益分析的 NPV 为正（前面例子为 2 000 英镑），那么 CVs 的代数和为正，且项目就能通过希克斯–卡尔多福利原则或潜在帕累托改进的检验而获得认可。

决策时，接受这一准则，会产生两方面的问题。

1. 根据 Mishan（1988）的评论，显然将 CBA 的使用局限在部分均衡分析上。采用第 1 章里描述的概念，对此进行证明是可能的。如图 6-9 所示，埃奇沃思（Edgeworth）–鲍利（Bowley）箱图给出了 $O\text{-}Y_1$ 和 $O\text{-}X_1$ 作为经济中两种产品产出的组合。我们用成本收益分析去确定是否应该实施某一项目。该项目会改变资源利用，从而使生产出来的 Y 减少，X 增多。这让箱图变为 $O\text{-}Y_2\text{-}O\text{-}X_2$。最终，在 O_1 处，经济处于社会无差异曲线 CIC^1 上。在第一个箱图中，两位代表性个人 A 与 B 之间的收入分配由点 1 给出。众所周知，社会无差异曲线易受收入分配的影响。当项目被接受时，会发生到 O_2 的移动。表面上看，这是向初始无差异曲线右边的移动，因此福利增加。然而，随着资源配置发生变化，经济中的相对价格组合发生改变（见斜率从 P_1 变为 P_2），收入分配也发生改变（注意，从1到2的变化，使A的境况改善，B的境况恶化）。收入分配的变化意味着，一组新的无差异曲线就变得举足轻重了。在此情形下，这些无差异曲线的斜率可由 CIC^2 表示。显然，这条无差异曲线穿过 CIC^1 了。因此，结果就是，在 O_2 处，参照相关的社会无差异曲线 CIC^2，似乎是从 O_2 后退至 O_1 也通过了将社会置于较高社会无差异曲线上的检验。实际上，从 O_1 到 O_2 的移动，通过了希克斯-卡尔多检验，但从 O_2 后退至 O_1 也是如此（见第1章）。对此的解释是，当项目实施时，由相对价格变化引起的收入分配变化，因存在对补偿变差的影响，故足以改变最终的建议。

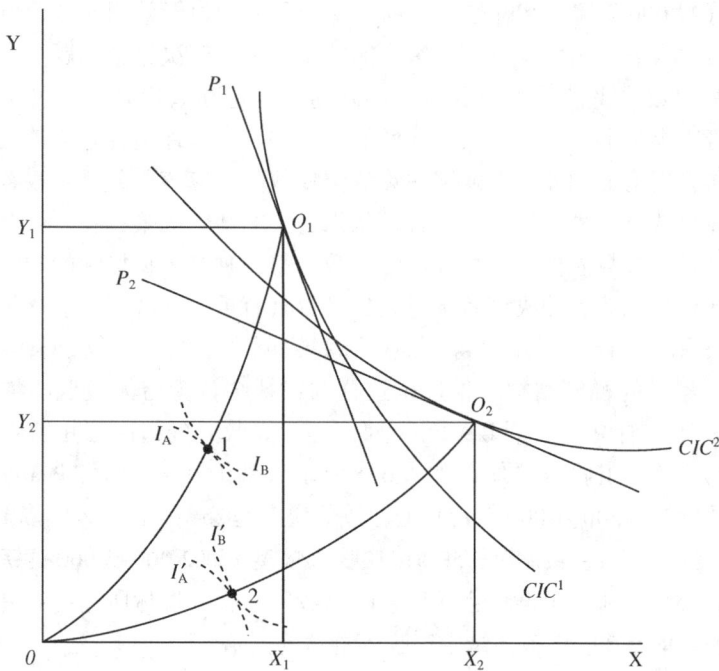

图6-9　Scitovsky矛盾

对此分析，举一个比较简单的例子，也许会帮助读者理解所发生的事。例如，两群人A和B。A是道路使用者，B生活在规划道路的沿线。最初，道路项目的净现值是正的；A可对B进行补偿。然而，在建设该条道路过程中，B

获得工作机会，他们的收入较 A 有改善。道路建成后，在 B 具有较高收入水平的情形下，道路的噪声（等）成本受到高度重视，以至于 B 可能会（概念上而言）补偿 A 而不去使用该条道路。于是，最重要的事实是，在收入分配很可能发生显著改变这个问题上，成本收益分析变得无能为力。成本收益分析是局部分析的技术，而非一般均衡分析的技术。这也许对小型项目是合适的，例如道路改造或建造一条新的辅路，而对重大改变不太可能奏效，例如基础设施的整体重建。这点值得特别注意，例如参见 Barlow（1967），他对医疗保健项目的 CBA 同样持保留态度。①

2. 潜在的帕累托改进准则不见得就能妥善地解决人与人之间的福利比较问题。如果净现值是 20 000 英镑，那么穷人的损失（200 000 英镑）可以由富人的收益（22 000 英镑）来补偿。然而，鉴于收入的边际效用递减，所以这不一定意味着富人的效用所得就高于穷人的效用所失。解决这个问题的一种办法是使用分配权数。当涉及项目受益者不同的收入边际效用时，就可用到这些权数，或者，事实上，对不同人重要性的社会福利曲线评估，它们甚至都能用来解释。尽管理论上如此，但能够估算这类权数吗？应该引入这类权数吗？

估算权数有两种办法。第一种是依靠过去的社会决策：将社会在不同决策中采用的隐性权数显性化，变成显性权数。第二种是依据显性的规范性准则简单地构建权数，然后让决策者选择它们是否具有重要性。

第一种办法最容易用所得税的边际税率所产生的分配权数来解释。假如社会实行累进的税制结构，推理是这样的，社会认为穷人较低的纳税额等同于富人较高的纳税额（见第 9 章）。原因在于，收入的边际效用随收入增长而递减。假定有 3 组收入群体，如表 6-8 所示（基于 Dasgupta 和 Pearce，1972）。在收入幅度 Y_1（500~1 000 英镑）上，边际税率是 25%；在收入幅度 Y_2（1 000~2 000 英镑）上，边际税率是 50%；在收入幅度 Y_3（2 000~3 000 英镑）上，边际税率是 75%。利用所得税边际税率的倒数，低收入群体所适用的公平权数是高收入群体的是 3 倍之多，是中等收入群体的两倍。

---

① 此讨论的要点是，若可能存在西托夫斯基悖论，在相对小型项目上宜使用 CBA。基于"公平"理由，项目受益者是那些为项目付钱的人，或者情况是将要实施的许多项目是那些得到偏爱的项目，这样的项目或者这样的情况便是可取的。

表 6-8   边际税率和公平权数

收入幅度（英镑）	边际税率	公平权数
500~1 000	25	4
1 000~2 000	50	2
2 000~3 000	75	4/3

采用这种办法，最佳的例子之一也许是 Weisbrod（1966）的研究。他根据过去决策者对批准项目的决策估算了公平权数。可能产生的情况会是，具有最高净现值的项目不会为决策者所接受。原因很可能在于，决策者不会像他们所赞同的另外项目的收益分配一样，喜欢这个项目的净收益分配。因此，后个项目经加权的 NPV，一定至少等于被拒绝项目未加权的 NPV。鉴于这个假设，显性地构建在项目选择中隐性用到的权数是可能的。通过分解项目对不同收入群体的影响，（当上述假设适用时）就有可能估算不同群体之间的权数是多少。这种办法的另一种形式来自 Brent（1979）。他在关于英国关闭特定铁路线的决策中，避开了公平权数的重要性。通过假定决策是成本收益分析中所枚举的成本和收益的函数，在对关闭或保留铁路线的决策中，他用回归分析来估算这些净收益的重要性（因为它们应用于经济中不同的群体上）。

这种"过去决策"办法的问题是双重性的（Dasgupta 和 Pearce，1972）。首先，其含义是，最终成为显性的权数完美地和独一无二地反映了不同群体的社会权数。例如，就所得税的边际税率而言，有许多方式来解释收入分配差异（例如，社会保险指标）。在特定项目选择的"过去决策"办法方面，我们需要认识到，决策是联系其他现有的涉及收入分配的指标（如累进税率）来做出的，并非全都一成不变。其次，也许较为重要的是批评，如果过去的决策是正确无误的，为何需要将它们变成显性的？如果决策者完美地说明了收入分析效应，为何需要单独地引入它们？假如将它们变成显性的，是为了提升决策质量，那么利用根据过去"不完美"决策获得的权数来指导现行的做法就是不明智的。实际上，如果过去的决策是正确的，现行的做法就是不需要的了；如果过去的决策是不正确的，现行的做法将是无用的。

第二种办法并不主张获得社会曾经用到的公平权数。确切地说，它给决策者提供了另外的权数，他们可能用到这些权数。就这种办法的例子，Foster（1966）提供了其中的一个最简单的例子。假定有两组收入群体，即 Y_1 和 Y_2。

只靠他们个人收入与平均国民收入的比值就可估算权数。在这个例子中，$w_1 = Y_a/Y_1$，$w_2 = Y_a/Y_2$。McGuire 和 Garn（1969）说明了如何将这种办法变得更有技术性。假定有必要用权数来解释项目选址的理由，而项目所在区域又有受益者居住。个人 i 的权数会是 E_i（个人 i 所面临的该区域的就业率）和 Y_i（个人收入）的函数。当然，准确的函数形式是重要的，也是有讨论余地的。一个例子是：

$$w_1 = a\,(E/E_i) + b\,(Y/Y_i) \tag{6.17}$$

式中，E＝全国平均就业率

$\quad\quad E_i$＝区域就业率

$\quad\quad Y$－全国家庭收入中位数

$\quad\quad Y_i$＝区域家庭收入中位数

从另外的函数形式得到的可能权数，其范围是很大的。

尽管权数可以被显性估计，但是对特定类型权数的使用，意味着与简单的帕累托改进准则有了不同。有人曾经指出（Nash 等，1975）不同目标函数的适用性，取决于是否用到权数以及所用权数的性质。下面扼要给出的另一种形式考虑到了如下事实，即收入的边际效用递减，而且，社会有另外的原因去偏爱对待一组人群，而这组人群是有别于其他人群的（其他形式的社会福利函数）。

另外的目标函数和相关的 CBA 权数

希克斯-卡尔多与潜在的帕累托改进

$$\max \sum_{i=1}^{g} V_{gi} - \sum_{j=1}^{l} V_{1j} \tag{6.18}$$

式中，V_{gi}＝第 i 个受益者的补偿变差

$\quad\quad V_{1j}$＝第 j 个受损者的补偿变差

功利主义者

$$\max \sum_{i=1}^{g} V_{gi}y_i - \sum_{j=1}^{l} V_{1j}y_j \tag{6.19}$$

式中，y_i＝第 i 个受益者的边际收入效用

$\quad\quad Y_j$＝第 j 个受损者的边际收入效用

社会福利

$$\max \sum_{i=1}^{g} V_{gi}y_ie_i - \sum_{j=1}^{l} V_{1j}y_je_j \tag{6.20}$$

式中，e_i=赋予第 i 个受益者的公平权数

e_j=赋予第 j 个受损者的公平权数

最起码，引入公平权数是向决策者表明他的决策是多么受他给社会中各个人的排序的影响。[①]它是有关规范性决策的另外一则无法避免的信息。那些会采用分配权数的分析者指出，不要这样做事实上是将一个人的权数应用到全部所涉及的人的身上。然而，对其他人而言，添加权数会认为是不合适的。在 Mishan（1988）、Harberger（1978）和 Musgrave（1969）看来，不愿接受经济学家的角色就是添加分配权数。他们认为经济学家的角色只是建议政府如何实现帕累托最优状态，而保证结果（即选择项目）是那种在分配上是可接受的结果，则是政府该干的事。的确，为了追求公平，有许多不同的税收/补贴安排是可行的，显然，通过选择不同项目来实现公平调节绝不是最佳方式。正如 Musgrave（1969）指出的，与此种调节形式有关的"超额"负担也许要大于与税收安排有关的。毕竟，为实现公平，不选择最有效率的项目会带来一个市场中的效率损失，这也许不是最合适的结果。

Wagner（1983）提供了一个例子。在这个例子中，假定养鸡场场主因防洪项目救了800只鸡而受益。假如分配权数和养鸡场场主的收入使得该项目比不上可以给拮据的养鸡场场主增加100只鸡的项目有吸引力，那么公平权数的成本，以效率来衡量，则会被认为是巨大的。如果该选择被修改，使得富裕的养鸡场场主的800只鸡被救，但100只可以给拮据的养鸡场场主，让他们的境况不恶化，剩下的700只使其他人的境况变好。Wagner提及的困境是这种补偿和可能的再分配是否会发生。缺乏实际的帕累托改进的引导政策，人们会更喜欢琢磨具有公平权数的潜在帕累托改进的建议。

6.10 CBA：从清理恒河到2012年奥运会

为了不使前面所述的全部内容显得很深奥，必须强调的是，各种机构里的经济学家承担了不同复杂程度的CBA。本节提供了两个例子，正如本节题目所示，它们与非常多样化的项目有关，第一个例子是清理恒河，第二个例子是

---

① 就议会在CBA中的作用，Peacock(1973)在早期贡献中，发现了它们的广泛影响。外部性评估、选择评估的截止期、选择社会时间偏好率和分配权数，都被认为是CBA中的政治成分。

伦敦成功赢得2012年奥运会主办权。

6.10.1　清理恒河

Markandya 和 Murty（2004）承担了清理恒河的"恒河行动计划（GAP）"的 CBA，该工作开始于1985年，也许是世界上清理恒河的最大个案。其目标是将河水水质提高到可以洗浴的水平。从1985—1986年至1996—1997年，最终的投资成本按1995—1996年价格来测算，估计可达2.05亿英镑，尽管同期的营运成本约为0.064亿英镑。他们建立了复杂的水质改善模型，用来说明与没有 GAP 的情形相比，通过 GAP 水质有了一定程度的改善。但关键问题是，就金钱而言，水质改善的收益是什么？它高于巨额的成本吗？表6-9给出了这种收益。

表6 9	清理恒河的收益和受益者	
受益群体	收益类型	受益者
使用者 非使用者	河道内 供水 美感 生态系统 替代性消费和管理 （存在和遗产价值）	游客 农民、渔民、企业和家庭（农业、工业和商业） 游客 保持整个生态系统 印度公众和国际社会

来源：Markandya and Murty（2004）.

Klarman 指出："成本收益分析有两个基本特征：范围大小与时间跨度。第一个目标是要包括方案的全部成本和全部收益，无论'对谁增加的成本和收益'，在长时间内是相关的和可行的"（1974）。当阅读此节时，读者可能要思考这些特征是否得到满足。使用者收益包括他们驻足河边或者到恒河做朝圣或观光之旅而给他们带来的娱乐和健康收益，而且，渔民受益于捕鱼量提高，农民受益于灌溉和施肥，当水清理成本演变为水供给工作时，失业者和半失业者得到了工作。非使用者收益体现在那些虽不到河边却因了解到恒河是干净的而从中获得福利的人们（印度人和外国人）。这些收益来自人们喜欢恒河支持了生物多样性而有利于后代（遗产动机）并敬重它的宗教意义。对河水是清洁的认知和给水生物提供良好的生态环境是一种生存动机，而想要保护人们免受水传染病的威胁则是一种利他动机。

使用者和非使用者的"环境改善"（娱乐）收益是通过对2 000个家庭的调查，利用或有估价法（CV）来评估的。该方法有三项因素应用于这项研究上：（a）情境说明（描述了清理恒河及相关环保服务的GAP活动）；（b）启发（向调查对象展示恒河在1985年或1995年时水质的地图，并要求他们估计他们所意识到的收益）；（c）调查对象的社会经济特征（年龄、教育、收入等）。在（b）中，事前测试表明向有声望的慈善机构捐款是最可接受的资金提供途径。简言之，为避免目不识丁的人、收入仅勉强维持生活的人和只集中于特定地理位置，须慎重选择样本询问愿意支付（WTP）问题（3个城市作为样本）。被调查的每个家庭要求对三种河水水质情境做出评估：（1）河水清理之前的水质；（2）当前水质；（3）洗浴水质。给定家庭的社会经济特征，对收集数据进行回归分析，给出了不同水质的平均（每年）WTP函数。根据印度城市受教育人口数推算非使用者收益的受益人口样本数。假定使用者收益是位于恒河0.5公里范围内的城市受教育家庭。按这种方式，就可估算出恒河清理给受教育家庭带来的娱乐收益。

来自减少河水污染的健康收益是利用患病成本方法来估计的，该方法将减少因病缺工天数而增加的收入作为评估指标。这有重复计算的可能，因为WTP法可能也反映了健康收益，尽管CV设计试图消除这一难题。向公众提供未经处理的水而导致的治疗成本，因清理工程所形成的节约，也得到估算。农民的农业收益用灌溉带来的农作物产量增加值和使用经GAP污水处理厂部分处理的水进行施肥取代传统施肥形成的节约额来估算。有关鱼生活水质和鱼数量的数据缺失，意味着这种对极低收入者而言的重要收益无法估算出来。非熟练劳动力来自GAP的就业收益用工资增加额来估计，这是由于失业和半失业，这类劳动力的机会成本被视为零。在估算社会收益时，这种工资支付也提供了再分配收益。作者根据Little-Mirrlees-Squire-van der Tak的社会计算步骤（见第6.4节），对他们的计算做了调整，以适应"社会"基准。首先，他们采用影子价格。投资的社会成本大于市场价格，因为在印度资本是稀缺的（40%的升水适用于市场估值）。这个项目雇用非熟练劳动力的社会成本低于市场工资，因为印度经济存在过剩劳动力（市场工资的50%被当作影子工资率）。鉴于资本积累的外部性，因此社会折现率低于市场利息率，按10%来估算是合适的。有了这些修正，采用10%的社会折现率和15%左右的内含报酬率，恒河清理项目经评估具有正的社会价值净现值。收益成本率经计算为1.68。其次，他们分配权数时，将贫穷阶层而非富裕阶层因项目而获益的权数提高。特别是，他们使用了第1章提供的阿特金斯（Atkinson）不变弹性社会福利函数公式，e取值为1.75~2。尽管关于WTP数据方面的所有应用研究都有缺陷（例如，这里无法衡量渔民的收益，存在重复计算），但不难认识到，这种研究面临艰巨的评估问题，积极面对才能使CBA真正被视为理论福利经济学的应用尝试。有关环保背景下政策和项目评估方法的全面讨论见Markandya、Harou、Bellu和Cistulli（2002）。

6.10.2　2012年伦敦奥运会——评估无形资产

伦敦赢得2012年奥运会主办权算得上是件"好事"，迄今为止，读者宜将"好事"理解为潜在帕累托改进。为了避免本书的公共选择色彩随时消失，Blake（2005）指出，争办奥运会的决定存在政治上的争议。这个主题对本书的读者而言仍是新的。尽管事前研究往往看好主办奥运会的净收益前景，而事后研究则往往会对奥运盛会泼冷水。事前研究往往是"推动式的"，它们是由那些既得利益者或代表既得利益者的人承担的，既得利益者诸如组委会、商会等。事后研究经常揭示了很少的或无长期的"经济"（经常从狭义上讲）影响。Walton、Longo和Dawson（2007）指出，由于过分重视衡量增加支出和就业这样更容易评估的有形效应，因此部分事后研究的消极性就随之产生。它们试图估计2012年奥运会可能带来的无形收益价值（公民自豪感、社会凝聚力、认同感、族群融合、声望、社区精神和体育设施的遗产等）。使用价值为那些参加奥运会的人所享用的同时，非使用价值对未参加奥运会的人产生正的外部性。评估这些效应的方法是或有估价法（CVM）。2005年，Walton等人的研究利用面对面（拦截）调查，访谈了英国巴斯167名左右的调查对象。源自或有估价法的"支付愿意"数字，在其可靠性和对所用特定方法的依赖方面，通常需要提出正当理由，以免受到质疑。为此，提供给调查对象的假设性情境需要中性描述，且越仔细越好。这项研究使用了如下情境。

假如奥运会的其余资金来自人人都不得不缴纳的国家税收。这是除伦敦居民缴税额之外的另外税额。国家税收对每个人都是固定税率，可能只持续一年。假设该税额由公民投票决定。

然后，这项研究使用双界二元选择形式："如果伦敦赢得主办权，为确保奥运会成功举行，你会投票支持缴纳X英镑的税吗？"

X英镑（10英镑、25英镑、50英镑和80英镑）。不同的调查对象，X会有所不同。接下来会对接受X英镑的人询问高于X英镑约50%的情形，对拒绝X

英镑的人询问低于X英镑约50%的情形。然而，询问的问题被要求弄清调查对象为什么要如此的回答。询问的目的是要区分使用和非使用价值与"抗议性"反应（21名调查对象被认为是有这样的反应）。利用经济计量技术对调查结果进行分析，得出无形收益的支付愿意结果，整个巴斯是260万英镑，16岁以上的人是900万英镑以上，英国西南部地区是1.73亿英镑。接受这样的分类表明，如所预计的那样，在许多人看来，开销不菲的奥运会带来了某些收益。这种特定的做法无论是对还是错，要强调的主要一点是CBA分析，如Klarman在前面引用的，应"包括……项目的全部收益，不论'这些收益是对谁而言的'"。

6.10.3　CBA的角色是什么

CBA在最终的投资决策中扮演了什么样的角色，这个问题很早就出现在关于CBA价值的讨论中。Jones-Lee（1976）提出了"有限的"观点，与CBA的神圣观点形成鲜明对比。就后者而言，有人主张，每个效应都将包括在内，并用共同的货币计价单位从成本或收益方面进行评估，因此CBA的结果是决策，因为没有什么被排除在分析之外。简言之，凡事都应在那里。而从有限的观点看，它只是一种潜在的效率结果，无论项目是意味着潜在帕累托改进还是它是由CBA确定。其他考虑开始起作用，诸如项目的公平影响——谁受益，谁受损——或者诸如管理或政治可行性。基于这种观点的CBA是一种进入到最后决策的CBA（事件衡量上的困难使较狭义的效率方式难以起作用）。

Turner（2007）对CBA和欧洲环境政策评估（EPA）提出了类似的质疑。上面提到的两种观点，是将CBA作为"决策规则"来讨论，也将CBA作为"启发式工具"充作政策分析的一个成分来讨论。尽管美国已充分运用CBA，但他指出，在英国，"基于CBA的项目继续零散地适用于政府的不同领域，原则上遵循了英国财政部指南"（HMT，2003：256）。他认为CBA具有重要作用，但却是作为广泛的政策分析的一个成分，在这种政策分析中，一系列单独的却是综合性的分析也提交给决策者用于所谓的多重标准评估（MCA）。这是合理的，但必须始终牢记，任何形式的分析都是基于一定的思维方式（范式），一种范式下想象出来的影响是无法与另一种范式下想象出来的影响相提并论的（在社会学调查中，社会被视为一个实体和一个行为者，在社会里，只有人生活在经济学的世界中）。

6.11　小结

● 先前理论背景下讨论的福利经济学原理，在进行成本收益分析时就会直接用到。显然，"严肃的"成本收益分析需要明确性，深入了解诸如消费者剩余、外部性、次优理论、公共物品和卡尔多–希克斯福利准则这类的概念。以这种方式出现在福利经济学中的理论讨论，应就以下几方面提供指导：

成本收益分析要包括什么内容？

如何进行评估？

按什么样的折现率对未来成本和收益进行折现？

● 选择成本和收益需要的能力远不止简单寻找可用的最"省事"或最显而易见的货币估算方法。成本收益分析应能够对任何成本收益分析中进行比较的价值选择和效应选择做出合理解释。在成本收益分析中，福利经济学得到了直接应用。

● 然而，在成本收益分析向决策者传递信息的同时，寻租也会成为决策的动机（见第5.2节，以及 Jones 和 Cullis（1996）。Cohn（2003：546）对 CBA 评论道，公共选择学派一定会赞同："决策者有美化收益、低估成本从而使特别倾心的项目看上去不错的动机。"

● 2004年雅典奥运会时，希腊政府在安保措施上花费11亿欧元，为最初估计值的12倍。鉴于当前世界的"不确定性"和2012年伦敦奥运会，英国纳税人对此深感不安，像往常一样，其感到有必要保持警觉和批评之心，尽管他们对无形收益的估计充满某种程度的乐观！

参考文献

Ainslie, G. (1991) 'Derivation of "Rational" Economic Behaviour from Hyperbolic Discount Curves', *American Economic Review*, 81, 2, pp. 334–40.

Arrow, K. J. (1963) *Social Choice and Individual Values*. New York: John Wiley.

Arrow, K. J. and Lind, R. C. (1970) 'Uncertainty and the Evaluation of Public Investment Decisions', *American Economic Review*, 60, 3, pp. 364–78.

Barlow, R. (1967) 'The Economic Effects of Malaria Eradication', *American Economic Review*, 57, 2, pp. 130–47.

Baumol, W. J. (1965) *Economic Theory and Operations Analysis*, 2nd edn. Englewood Cliffs: Prentice-Hall.

Baumol, W. J. (1971) 'On the Discount Rate for Public Projects', pp. 273–90 in R. H. Haveman and J. Margolis (eds), *Public Expenditure and Policy Analysis*. Chicago: Markham.

Blake, A. (2005) '*The Economic Impact of the London 2012 Olympics*', Tourism and Research Institute Discussion Paper 2005/5, University of Nottingham.

Blaug, M. (1965) 'The Rate of Return on Investment in Education in Great Britain', *The Manchester School*, 33, 3, pp. 205–51.

Brent, R. J. (1979) 'Imputing Weights behind Past Government Expenditure within a Cost-Benefit Framework', *Applied Economics*, 11, 2, pp. 157–70.

Brent, R. J. (1991) 'A New Approach to Valuing a Life', *Journal of Public Economics*, 44, 2, pp. 165–73.

Broome, J. (1978) 'Trying to Value a Life', *Journal of Public Economics*, 9, 1, pp. 91–100.

Broome, J. (1987) 'Good, Fairness and QALYs', in M. Bell and S. Medus (eds), *The Proceedings of the Royal Institute of Philosophy and Medical Welfare*. Cambridge: Cambridge University Press.

Cairns, J. (1992) 'Discounting and Health Benefits: Another Perspective', *Health Economics*, 1, 1, pp. 76–80.

Carr, J. L. (1969) *Investment Economics*. London: Routledge & Kegan Paul.

Cullis, J. G. and Jones, P. R. (1996) ' "What a Difference a Day Makes", Concern about a New Approach to Valuing a Life', *Journal of Public Economics*, 61, 3, pp. 455–7.

Clawson, M. (1959) 'Method of Measuring the Demand for and Value of Outdoor Recreation', in *Resources for the Future*. Washington: Brookings Institution.

Cohn, E. (2003) 'Benefit-Cost Analysis: A Pedagogic Note', *Public Finance Review*, 31, 5, pp. 534–49.

Dasgupta, A. K. and Pearce, D. W. (1972) *Cost-Benefit Analysis Theory and Practice*. London: Macmillan.

Dawson, R. F. F. (1967) *Cost of Road Accidents in Great Britain*. London: Road Research Laboratory, Ministry of Transport.

Dorfman, R. (1962) 'Basic Economic and Technological Concepts: a General Statement', pp. 129–58 in A. Maass *et al.*, *Design of Water Resource Systems*. Cambridge, Mass.: Harvard University Press.

Downs,A.(1957)*An Economic Theory of Democracy*. New York：Harper & Row.

Drummond,M.(1981)'Welfare Economics and CBA in Health Care',*Scottish Journal of Political Economy*,28,2,pp. 125–45.

Drummond,M. F.(1991)'Output Measurement for Resource Allocation Decisions in Health Care',pp. 99–119 in A. McGuire,P. Fenn and K. Mayhew(eds),*Providing Health Care： The Economics of Alternative Systems of Finance and Delivery*. Oxford：Oxford University Press.

Feldstein,M. S.(1964)'The Social Time Preference Discount Rate in Cost Benefit Analysis',*Economic Journal*,74,174,pp. 360–79.

Feldstein,M. S.(1972)'The Inadequacy of Weighted Discount Rates',pp. 245–69,in R. Layard(ed.),*Cost-Benefit Analysis*. Harmondsworth：Penguin.

Foster,C. D.(1966)'Social Welfare Functions in Cost Benefit Analysis', in M. Lawrence (ed.),*Operational Research in the Social Sciences*. London：Tavistock.

Foster,C. D. and Beesley,M. E.(1963)'Estimating the Social Benefits of Constructing an Underground Railway in London', *Journal of the Royal Statistical Society* A,126,pp. 46–58.

Ghosh,D.,Lees,D. and Seal,W.(1975)'Optimal Motorway Speed and Some Valuations of Time and Life',*Manchester School*,43,2,pp. 134–43.

Goodin,R. E.(1982)'Discounting Discounting',*Journal of Public Policy*,2,1,pp. 53–72.

Harberger,A. C.(1978)'On the Use of Distributional Weights in Social Cost Benefit Analysis',*Journal of Political Economy*,86,2,pp. 87–120.

Haveman,R. H. and Krutilla,J. V.(1968)'Unemployment,Idle Capacity and the Evaluation of Public Expenditure',*Resources for the Future*. Washington：Brookings Institution.

Henderson,P. D.(1968)'Investment Criteria for Public Enterprises',in R. Turvey(ed.),*Public Enterprise*. Harmondsworth：Penguin.

HMT(2003)*Green Book：Appraisal and Evaluation in Central Government*. London：HMSO.

Irwin,G.(1978)*Modern Cost Benefit Methods*. London：Macmillan.

Jones,P. R. and Cullis,J. G.(1996)'Legitimate and Illegitimate Transfers：Dealing with "Political" Cost Benefit Analysis', *International Review of Law and Economics*,16,2,pp. 247–57.

Jones–Lee,M.(1974)'The Value of Changes in the Probability of Death or Injury',*Journal of Political Economy*,84,4,pp. 835–49.

Jones–Lee,M.(1976)*The Value of Human Life：An Economic Analysis*. Oxford：Martin–Robertson.

Jones–Lee,M.(1977)'An Empirical Procedure for Estimating the Value of Life from Tyre Replacement Data',paper presented to the Health Economics Study Group,Newcastle.

Kahneman,D. and Tversky,A.(1979)'Prospect Theory：An Analysis of Decision Under Risk',*Econometrica*,47,2,pp. 263–91.

Klarman,H. E.(1965)'Syphilis Control Programs',pp. 367–417 in R. Dorfman(ed.),*Measuring Benefits of Government Investments*. Washington：Brookings Institution.

Klarman,H. E.(1974)'Application of Cost Benefit Analysis to Health Services and the Special Case of Technologic Innovation', *International Journal of Health Services*, 4, 2, pp. 325-52.

Krutilla, J. V. (1961) 'Welfare Aspects of Benefit-Cost Analysis', *Journal of Political Economy*, 69, 3, pp. 226-35.

Layard, R. (1972) *Cost Benefit Analysis*. Harmondsworth: Penguin.

Leff, N. H. (1988) 'Policy Research for Improved Organizational Performance: A Case from the World Bank', *Journal of Economic Behavior and Organization*, 9, pp. 393-403.

Little, I. M. D. (1957) *A Critique of Welfare Economics*, 2nd edn. Oxford: Oxford University Press.

Louviere, J., Hensher, D. A. and Swait, J. D. (2000) *Stated Choice Methods-Analysis and Application*, Cambridge: Cambridge University Press.

Marglin, S. A. (1963a) 'The Social Rate of Discount and the Optimum Rate of Investment', *Quarterly Journal of Economics*, 77, 1, pp. 95-111.

Marglin, S. A. (1963b) 'The Opportunity Costs of Public Investment', *Quarterly Journal of Economics*, 77, 2, pp. 274-89.

Marglin, S. A. (1967) *Public Investment Criteria*. London: Allen & Unwin.

Markandya, A., Harou, P., Bellu, L. G. and Cistulli, V. (2002) *Environmental Economics for Sustainable Growth—A Handbook for Practitioners* Cheltenham: Edward Elgar.

Markandya, A. and Murty, N. M. (2004) 'Cost Benefit Analysis of Cleaning up the Ganges: Some Emerging Environment and Development Issues', *Environment and Development Economics*, 9, 1 pp. 61-82.

McGuire, A., Henderson, J. and Mooney, G. (1988) *The Economics of Health Care: An Introductory Text*. London and New York: Routledge & Kegan Paul.

McGuire, M. and Garn, H. (1969) 'The Integration of Equity and Efficiency Criteria in Public Sector Project Selection', *Economic Journal*, 79, 129, pp. 882-93.

Mishan, E. J. (1967) 'Criteria for Public Investment: Some Simplifying Suggestions', *Journal of Political Economy*, 75, 1, pp. 139-46.

Mishan, E. J. (1971) 'Evaluation of Life and Limb: A Theoretical Approach', *Journal of Political Economy*, 79, 4, pp. 687-705.

Mishan, E. J. (1972) *Elements of Cost Benefit Analysis*. London: Allen & Unwin.

Mishan, E. J. (1988) *Cost Benefit Analysis*. London: Unwin Hyman.

Musgrave, R. A. (1969) 'Cost Benefit Analysis and the Theory of Public Finance', *Journal of Economic Literature*, 7, 3, pp. 797-806.

Mooney, G. (1992) *Economics, Medicine and Health Care*, 2nd edn. Hemel Hempstead: Harvester Wheatsheaf.

Morris, S., Devlin, N. and Parkin D. (2007) *Economic Analysis in Health Care*, Chichester: Wiley.

Musgrave, R. A. and Musgrave, P. B. (1989) *Public Finance in Theory and Practice*, 5th edn. New York: McGraw-Hill.

Nash, C. A., Pearce, D. W. and Stanley, J. (1975) 'An Evaluation of Cost Benefit Analysis Criteria', *Scottish Journal of Political Economy*, 22, 2, pp. 121-34.

Olson, M. (1973) 'Evaluating Performance in the Public Sector', pp. 355–384 in Milton Moss (ed.), *The Measurement of Economic and Social Performance*. National Bureau of Economic Research, New York: Columbia University Press.

Overseas Development Administration (1988) *Appraisal of Projects in Developing Countries*, 3rd edn. London: HMSO.

Parsonage, M. and Neuburger, H. (1992) 'Discounting and Health Benefits', *Health Economics*, 1, 1, pp. 71–75.

Peacock, A. T. (1973) 'Cost–Benefit Analysis and the Political Control of Public Investment, pp. 17–29 in J. N. Wolfe, *Cost Benefit and Cost Effectiveness*. London: Allen & Unwin.

Pearce, D. W. (1983) *Cost Benefit Analysis*, 2nd edn. London: Macmillan.

Pearce, D. W. and Nash, C. A. (1981) *The Social Appraisal of Projects: A Text in Cost Benefit Analysis*. London: Macmillan.

Pigou, A. (1932) *The Economics of Welfare*, 4th edn. London: Macmillan.

Prest, A. and Turvey, R. (1965) 'Cost Benefit Analysis: A Survey', pp. 155–207 in American Economic Association and Royal Economic *Society, Surveys of Economic Theory*. London: Macmillan.

Reynolds, D. J. (1956) 'The Cost of Road Accidents', *Journal of the Royal Statistical Society* A, 119, 4, pp. 393–408.

Robinson, M. A. (1996) 'A Picture of Health?', *New Economy*, 3, 1, pp. 20–4.

Sackett, D. L. and Torrance, G. W. (1978) 'The Utility of Different Health States as Perceived by the General Public', *Journal of Chronic Disease*, 31, pp. 697–704.

Severens, J. L. and Milne, R. J. (2004) 'Discounting Health Outcomes in Economic Evaluation: The Ongoing Debate', *Value in Health*, 7, 4, pp. 397–401.

Sugden, R. and Williams, A. (1978) *The Principles of Practical Cost Benefit Analysis*. Oxford: Oxford University Press.

Thaler, R. and Shefrin, H. M. (1981) 'An Economic Theory of Self Control', *Journal of Political Economy*, 89, pp. 392–406.

Thompson, M. S. (1986) 'Willingness to Pay and Accept Risks to Cure Chronic Disease', *American Journal of Public Health*, 76, pp. 392–6.

Torrance, G. W. (1976) 'Social Preferences for Health States and Empirical Evaluation of Three Measurement Techniques', *Socio-Economic Planning Science*, 10, pp. 129–36.

Tullock, G. (1964) 'The Social Rate of Discount and the Optimal Rate of Investment: Comment', *Quarterly Journal of Economics*, 78, 2, pp. 331–6.

Turner, R. K. (2007) 'Limits to CBA in UK and European Environmental Policy: Retrospects and Future Prospects', *Environmental Resource Economics*, 37, 253–69.

Ulph, A. (1982) 'The Role of Ex ante and Ex post Decisions in the Valuation of Life', *Journal of Public Economics*, 18, 2, pp. 265–76.

Van der Pol, M. and Cairns, L. (2000) 'Valuing Future Private and Social Benefits: The Discounted Utility Model versus Hyperbolic Discounting Models', *Journal of Economic Psychology*, 21, pp. 191–205.

Viscusi, W. K. and Aldy, J. E. (2003) 'The Value of a Statistical Life: A Critical Review of Market Estimates Throughout the World', *Journal of Risk and Uncertainty*, 27, 1, pp. 5–76.i.

Viscusi, W. K., Vernon, J. M. and Harrington Jr. J. E. (2005) *Economics of Regulation and Antitrust*, Cambridge, Mass: MIT Press.

Wagner, R. E. (1983) *Public Finance: Revenues and Expenditures in a Democratic Society*. Boston: Little, Brown.

Wagstaff, A. (1991) 'Qalys and the Equity Efficiency Trade-off', *Journal of Health Economics*, 10, 1, pp. 21–41.

Walton, H., Longo, A. and Dawson, P. (2007) 'A Contingent Valuation of the 2012 London Olympic Games: A Regional Perspective', University of Bath, mimeo.

Webb, M. G. (1973) *The Economics of Nationalised Industries: A Theoretical Approach*. London: Nelson.

Weisbrod, B. (1966) 'Income Redistribution Effects and Benefit-Cost Analysis', pp. 177–222 in S. Chase (ed.), *Problems in Public Expenditure Analysis*. Washington: Brookings Institution.

Williams, A. (1981) 'Welfare Economics and Health Status Measurement', pp. 271–81 in J. van der Gaag and M. Perlman (eds), *Health, Economics and Health Economics*. Amsterdam: North Holland.

第7章 税收理论：基本概念

7.1 引言

许多关于税收的问题，常常都是简单地按照"字面含义"加以回答。如果我们问："何谓税收成本？"答案倘若是政府筹集的税收收入，你不要为此感到奇怪。日常交流中，人们往往将支付给税务局的税款看作是税收成本，而"税收负担"纯粹被看作转移到政府钱袋中的货币额。如果问："实际上是谁在交税？"答案通常是实际向政府纳税的人。税收归宿被认为落到了承担法定纳税义务的个人身上。讨论很少会涉及税负的"转嫁"或税收成本的"扭曲"。在媒体和政治领域的辩论中，参与者进行讨论时，仿佛上述问题的答案都是不言而喻的，事实上并非如此。

本章旨在对这些关键问题进行更充分的研究。利用前几章中的概念，"社会最优化"财政理论和公共选择方法分别用来解决此类问题。在更广泛的财政议题（如公共部门的"最优"规模和财政政策的再分配效应）中，这些问题显然都属于基本问题。

运用福利经济学基本原理，可以方便对这些问题的分析。例如，有人认为，筹集1英镑（美元）税收的成本可能超过1英镑（美元），且税收归宿可能不在缴纳环节。我们的目的是要突出一些假定，这些假定对于回答"实际上谁在交税"是必不可少的。如果仅为强调处理上述"不言而喻"问题的困难性，只要参照新古典一般均衡模型的结构就可以了。

7.2　税收的超额负担：局部均衡分析

税收的超额负担（或无谓损失）被定义为"超过政府所课征的税收收入之外的损失"（Auerbach，1985：67）。本节只关注税收对社会福利的影响（也就是说，这一阶段不涉及征税者筹集的收入如何支出）。我们将看到，纳税人交税将遭受福利损失，但这一损失通常超出纳税额，由此产生"超额负担"。

为阐述超额负担，首先要估算纳税带来的福利损失。大多数情况下，征税（或税率变化）将引起相对价格变化。第2章已经讨论过价格变化引起的社会福利变化，利用消费者剩余估计价格变化对社会福利的影响。第2章讨论的是价格下跌的情形，相反，本节所涉及的是税收导致某一特定商品（X）价格上涨的情形，集中关注价格上涨造成的社会福利损失。

第2章描述了消费者剩余的不同度量方法。本节开篇首先关注其中有益的一种，即等价变化（equivalent variation）。考虑开征一种税（及其价格上涨效应）时，等价变化是指，在征税之前，为了使个人福利与征税后相同而从个人手中拿走的收入额。结果表明，个人缴纳税款的价值通常小于征税的等价变化，二者的差额即为税收"超额负担"（或无谓损失）。

下面的例子中，将对一种特定商品（X）的消费征收选择性消费税（税率为t）。图7-1（a）表示个人用于购买商品X和Y的预算是固定的，初始预算线为1-2，预算线的斜率反映两种商品的相对价格$-P_x/P_y$。课税前，个人选择切点3表示的两种商品组合（即与无差异曲线I_3相切的点），以实现自身福利最大化。在切点上，个人无差异曲线的斜率，即边际替代率（$-MU_x/MU_y$），与预算线斜率（$-P_x/P_y$）相等。$-MU_x/MU_y=-P_x/P_y$意味着个人效用实现了最大化，原因是个人从购买商品X的每1英镑中获得的边际效用（MU_x/P_x）与花费在商品Y上的每1英镑获得的边际效用（MU_y/P_y）相等。

当对商品X征收消费税时（税率为t），X的相对价格上升，预算线从1-2旋转到1-4。个体福利降低到I_1，新均衡点是切点5。个体购买的商品X越多，其支付的税就越多。例如，若个人收入全部用来购买商品X，政府将得到数量为4-2（以商品X的数量表示）的税收收入。此时，由于购买O-1单位商品Y所需花费只能买到O-4单位的商品X（而在征税前，O-1单位商品Y与O-2单位商品X等价），意味着对消费者来说，商品X的价格上涨了。在图7-1（a）的切点5处，个人消费选择使无差异曲线I_1斜率和预算约束线1-4斜率相等，即

$$\frac{MU_x}{MU_y} = P_x(1+t)/P_y$$

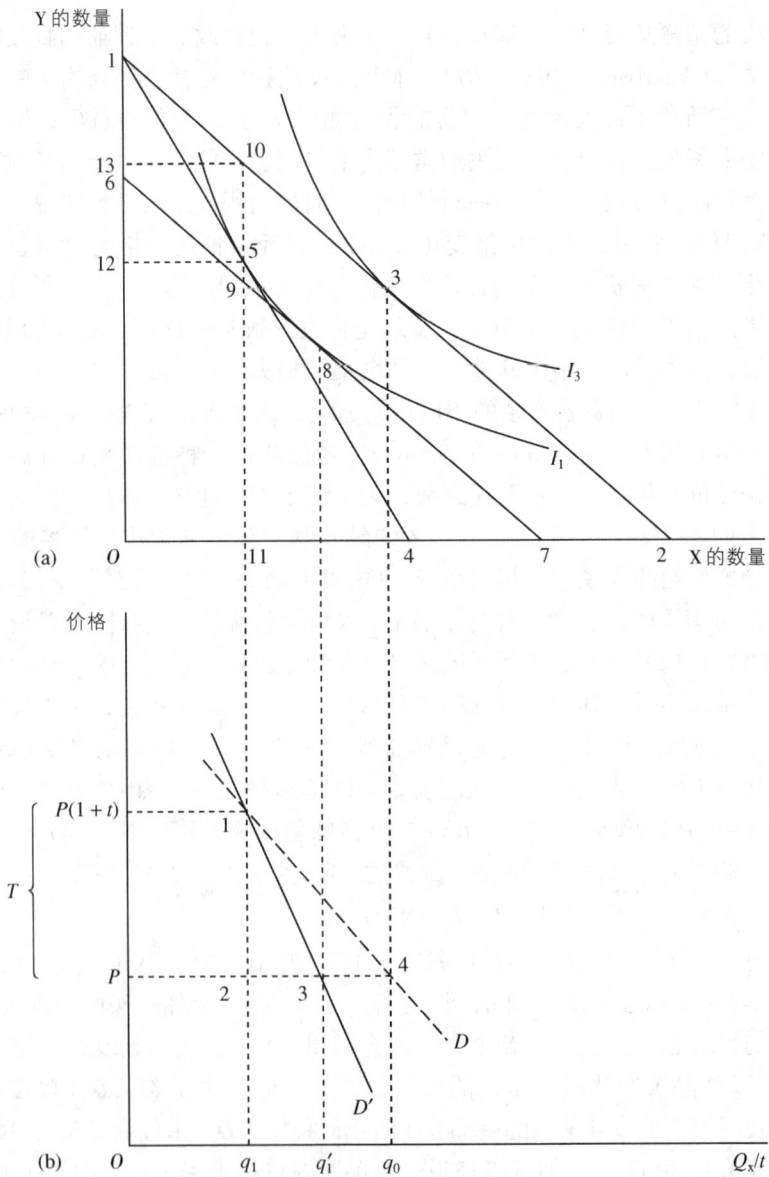

图 7-1 选择性消费税的福利成本

将预算线 1-2 向内平移到 6-7 得到一个新的切点，即位于无差异曲线 I_1 上的点 8，由此可以估计税收变动的等价变化。总额 1-6（=10-9）是在税收不变（即未征收选择性消费税）的情况下，为了使个人的福利水平与征税后相同，而从个人手中拿走的金额。在图 7-1（a）中的切点 5 上，如果个人购买 O-11 单位的商品 X，需要放弃相当于税后 1-12 单位的商品 Y。而在征税前，只需要 1-13 单位的商品 Y。结果是，所筹集的税收相当于 13-12（或 10-5）单位的商品 Y。图 7-1（a）中，从个人身上拿走 1-6 单位的商品 Y 后，其福利与征收选择性消费税后完全相同。当然，距离 1-6 单位的商品 Y 与距离 10-9 相等，但筹集的税收只有 10-5 单位的商品 Y，与价格变化的等价变化相比，存在 5-9 单位的"超额负担"（即 10-9 减去 10-5）。这种以商品 Y 数量衡量的超额负担，来自超过纳税 10-5 的价格变化福利损失 10-9。这种损失 5-9，是一种"无谓损失"。纳税人缴纳的税款由税务部门征收，属于一种价值转移，但额外损失（超额负担）对社会而言是直接损失（即无谓损失）。[1]

值得注意的是，图 7-1（a）中超额负担取决于税收引起价格变化的"替代效应"。因此，"补偿性"反应（即围绕同一无差异曲线的移动）是讨论超额负担时需要考虑的重要因素。对比图 7-1（a）中点 5 与点 8，边际替代率发生了变化（而点 3 与点 8 的边际替代率相同）。选择的扭曲影响超额负担，损失程度则取决于相对价格变化产生的替代效应大小。

为估计福利损失，有必要考虑"补偿性"需求曲线。图 7-1（b）中，虚线 D 代表个人（非补偿性）需求曲线（第 1 章所述的马歇尔需求曲线），D' 代表

---

[1] 经济学家试图估计税收"超额负担"的另一种方法，是将与该税相关的各种成本和一种可能有效执行的税收的相关成本做比较（Musgrave，1959；Allan，1971）。现在，方法是提出政府是否可能以更低成本的方式筹集收入的问题。假设征收"总额税"，即不考虑个人行为，只要求纳税人支付特定数额的税。总额税的影响可以通过这样的问题说明："总额税必须达到多少才可以筹集与选择性消费税同样的税收收入？"图 7-1n 中，这种情形下，总额税导致预算线向左平行移动，直到点 6。到了点 6，很明显，税收收入 1-6 与选择性消费税筹集的收入相同，消费者可以在点 5 上购买同样的一组商品。但在图 7-1n 中可以清楚地看到，由于可能选择通过点 6 的预算线和更高的无差异曲线在点 8 相切，个人处境会得到改善。因此，结论是筹集同样收入的选择性消费税造成了"超额负担"，这一超额负担可用以效用表示的 I_2 和 I_1 之差度量。

参考任何一本标准的微观经济学教科书（Henderson 和 Quandt，1971），学生会认识到，在这种个人能够消费同样一组商品的方法中，存在"斯拉斯基"收入调整。而在前文分析中，当我们移动预算线以筹集税收收入，使个人处于同样的福利水平上时，我们估计的是"希克斯-艾伦"收入效应。

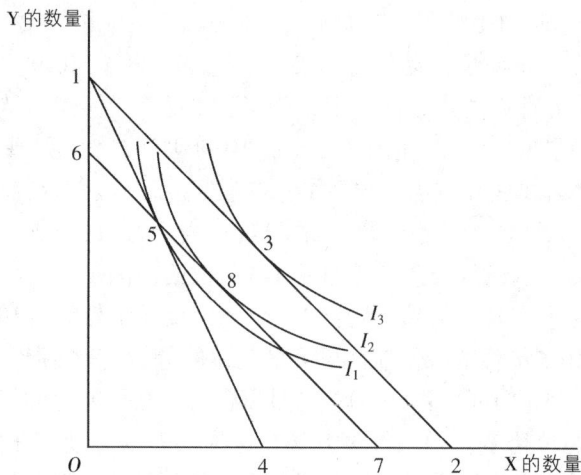

图 7-1n　选择性消费税与总额税

收入补偿性需求曲线。收入补偿性需求曲线显示个人在相同实际收入下的商品需求量。参考图 7-1（a），其显示了价格变化引起的替代效应。马歇尔需求曲线显示保持货币收入不变时价格变化引起的需求量变化，补偿性需求曲线表示实际收入不变时需求量的变化，即在同一无差异曲线上的变化。

征收消费税使商品 X 的价格从 P 提高到 $P(1+t)$。不征消费税时，为使个人福利与征税时相同，从个人身上拿走的货币数量面积为 $P(1+t)$-1-3-P（即等价变化）。这是一种度量个人因纳税而遭受福利损失（消费者剩余损失）的方法。征税时，个人购买 O-q_1 单位商品，每单位商品向政府支付了等于 $P(1+t)$ 和 P 之间差额的税款。图 7-1（b）中，$P(1+t)$-1-2-P 是已纳税总额的估计值，可以发现纳税额小于消费者剩余的损失 $P(1+t)$-1-3-P。$P(1+t)$-1-3-P 为价格未上涨情况下，为使个体福利与价格上涨后相同，可从个人手中拿走的数量。税收成本和消费者剩余全部损失间的差异是税收"超额负担"，例如，三角形 1-2-3 是超过纳税额的损失（因此称为"超额负担"）。$P(1+t)$-1-2-P 为价值转移；个人损失转化为政府收入。三角形 1-2-3 不是价值转移，而是"无谓损失"（因为未在别处获得补偿）。

估算超额负担（或无谓损失）需估计三角形 1-2-3 的面积，任何三角形面积都是底乘高的一半。这种情况下，三角形的面积是 $(dP \cdot dQ)/2$，其中 dP 是征税导致的价格变化（即 $P(1+t)$ 和 P 之差），而 dQ 是 q_1' 和 q_1 之差。如果收入效应可以忽略不计，由于价格变化（税收增幅）很小，马歇尔需求曲线近似于线性补偿性需求曲线，感知的数量变化 $q_0 - q_1$ 与 $q'_1 - q_1$ 非常接近。$P(1+t)$ 和 P 之差是 tP（每单位商品支付的税金）。图 7–1（b）中，1-2-3 的面积等于 $tP \cdot dQ/2$。如果税率和价格已知，且需求 dQ 的变化（由税收产生）也已知，那么估计超额负担就比较容易。当然，可能需要事先做出估计，即在征税之前做出估计。接下来的问题是估计 dQ（理想情况下，应根据收入补偿性需求曲线进行估计）。需求量变化的估计取决于需求价格弹性。因此，超额负担取决于价格弹性的变化。当 $e_d = dQ/dP \cdot P/Q$ 时，有：

$$dQ = \frac{e_d dPQ}{P} \tag{7.1}$$

$$EB = \frac{1}{2} tP \cdot \frac{(e_d tPQ)}{P} \tag{7.2}$$

或

$$EB = \frac{1}{2} e_d t^2 PQ$$

因此，超额负担部分是由补偿需求的价格弹性决定的。

7.2.1 补偿性需求：税收一定会改变需求进而产生超额负担吗？

在这一阶段，值得再次强调的是，本节的分析基于补偿性需求曲线。这一点很重要，因为众所周知，如果一种税对个人行为没有明显影响，就不会产生超额负担。在图 7–2 中，我们针对一个非常具体的例子重复上述分析（即征税对商品需求没有显著影响）。征税后，个人面对的价格将上升到 $P(1+t)$，但商品消费量仍为 $O-q_0$。如果税收不影响需求量，那么是否还存在超额负担[①]呢？

图 7–2（b）中的马歇尔需求曲线是一条垂直线。这种税收看起来不会对行为产生扭曲，因此不会造成效率损失。对于马歇尔需求曲线（D），不存在福利损失三角形，但显而易见的是，补偿性需求曲线（D'）仍存在福利损失，其大小相当于三角形面积 1-2-3 的面积。

图 7–2（a）清楚地显示仍然存在超额负担。替代效应为 5-8，超额负担为 5-9（以商品 Y 的数量估计）。因此，对应图 7–2（b）中的合适估值是三角形 1-2-3。在这种公认的特殊情况下，不同的是价格变化的收入效应导致商品 X 消费量的减少。商品 X 是劣质品，在这种情况下，收入效应正好抵消了替代效应，导致在征收选择性消费税之后不再需要更多的该商品（Rosen，1988）。

---

① 原文为超额需求，应为原作者笔误——译者。

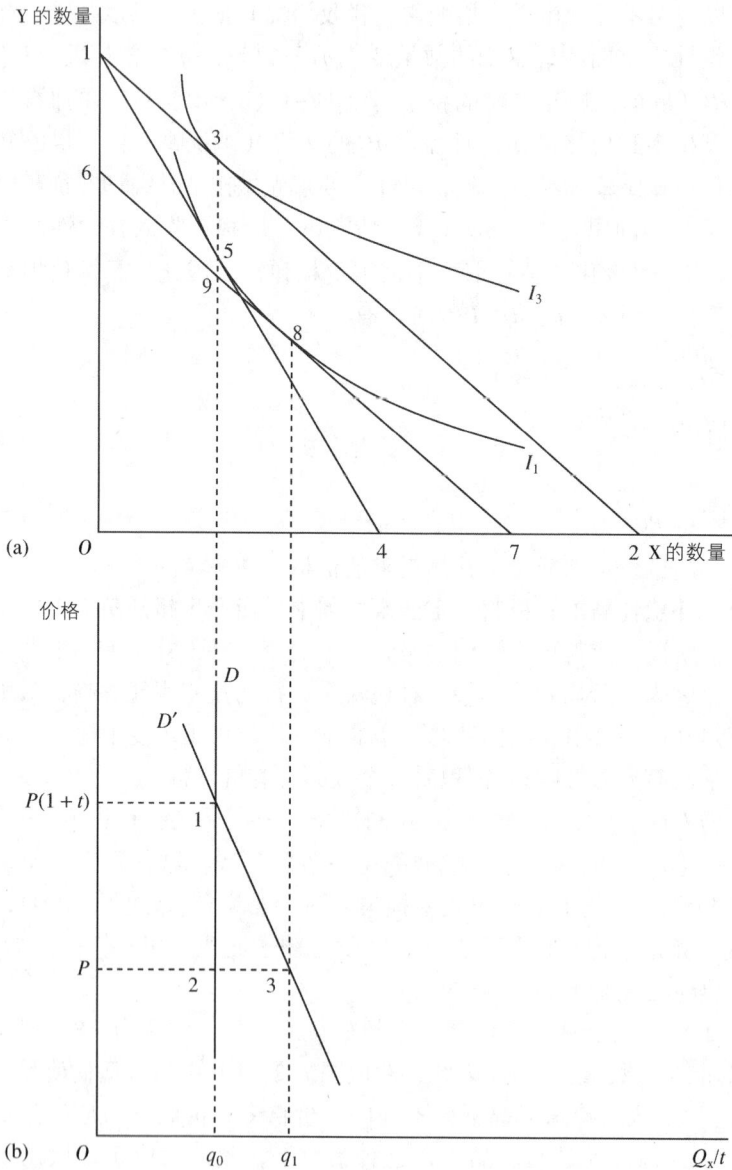

图 7-2 福利损失和补偿性需求

本章稍后将讨论所得税的福利成本，读者应再次注意，这种损失的估计仍
基于劳动补偿性供给曲线。"工人不改变工作时间就不存在福利损失"的说法

是不正确的，这又需借助相关的"补偿性"曲线。

7.2.2 度量超额负担

虽然上一节的分析侧重于等价变化的估计，但它不是度量超额负担的唯一方法。Auerbach（1985）指出了替代方案。例如，Mohring（1972）运用等价变化作为估算福利损失的基础，而 Diamond 和 McFadden（1974）则使用补偿性变化。二者区别取决于个人的初始福利。等价变化中，征税引起价格上涨导致福利损失的度量标准是，在现行价格集下，为保持个人福利与征税后相同，可从个人手中拿走的货币额，参照点是征税时的实际收入水平。图7-3中，征税总额为面积 $P(1+t)$ -1-2-P。

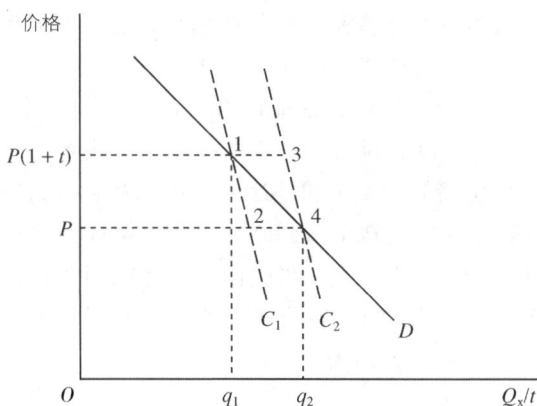

图7-3 超额负担的度量

如果不以增税后的实际收入而是以增税前的实际收入作为参照点，那么对增税后福利效应变化的估计值就会变化。在这种情况下，问题可能是使个人恢复到征税前福利水平所需补偿给他的最大金额是多少（即需要多少钱才能让个人恢复到征税前的福利水平）。正如 Auerbach（1985，p.70）提出的，"必须从体制'外'拿多少钱来补偿税收扭曲"。这就是消费者剩余的补偿性变化估计值，图7-3中用 $P(1+t)$ -3-4-P 的面积来估算。由于与较高的实际收入水平关联，故其大于等价变化的度量结果。当然，收入（或福利）效应意味着，基于等价变化或补偿性变化的估计值与基于马歇尔（非补偿性）需求曲线的估计值（即图7-3中的 $P(1+t)$ -1-4-P）有区别。

对比这里的分析与第1章福利变化的讨论，显而易见的是，价格下降的补偿性变化是价格上升的等价变化，价格下降的等价变化是价格上升的补偿性变化（Blaug，1970；Winch，1971）。

本章余下各节一般使用超额负担的等价变化，但必须强调这不是唯一可能的度量方法。同样需要注意，这一阶段纳税超额负担的估计未考虑政府支出的福利效应。应该清楚，超额负担的估计是以公民实际收入水平作为参照点的（即税后实际收入水平与税前实际收入水平作比较）。这种区别提出了一些重要的关于社会中公民义务的公共选择考虑。税收是个人实际收入的一部分，还是履行社会（包含全社会成员）纳税义务之后的个人实际收入的一部分？

7.2.3 边际成本递增情形下的福利成本

读者不可避免地要担心，迄今为止的分析都是在生产成本不变情形下进行的。假定产品边际成本一直不变是一种简化情形，更一般的情形中，供给曲线可能向右上方倾斜，而不是水平的。这种情形如来自 Hyman（1987）的图7-4所示，假定向每单位商品 X 征税，税前价格为 P_0，由于征税供给曲线 S 左移到 S_1，生产者必须提高价格以支付税收。图7-4中，消费者（需求者）支付的价格为 P_d，生产者（供给者）得到的价格为 P_s，P_d 与 P_s 之差为单位商品支付的税额 T。征税后，消费者价格从 P_0 上涨到 P_d（这种上涨在下文称 dP_d），生产者得到的价格降为 P_s（即 dP_s），表明现在税收由生产者和消费者共同承担（见7.6.1节）。在推导消费税无谓损失的一般公式之前，需要明确需求价格弹性和供给价格弹性的公式。这些弹性分别为：

$$e_d = \frac{dq/q_0}{dP_d/P_0} \quad , \quad e_s = \frac{dq/q_0}{dP_s/P_0} \tag{7.3}$$

又可写为：

$$e_d = (dq/q_0)[P_0/(P_d - P_0)]$$
$$e_s = (dq/q_0)[P_0/(P_s - P_0)] \tag{7.4}$$

因此，消费者价格 P_d 与生产者价格 P_s 可定义为：

$$P_d = \frac{dqP_0}{q_0 e_d} + P_0 \quad P_s = \frac{dqP_0}{q_0 e_s} + P_0 \tag{7.5}$$

图7-4清楚显示：

$$T = P_d - P_s \tag{7.6}$$

将公式（7.5）代入（7.6）：

$$T = \left(\frac{dqP_0}{q_0}\right)\left(\frac{e_s - e_d}{e_s e_d}\right) \tag{7.7}$$

$$dq = T\left(\frac{q_0}{P_0}\right)\left(\frac{e_s e_d}{e_s - e_d}\right) \tag{7.8}$$

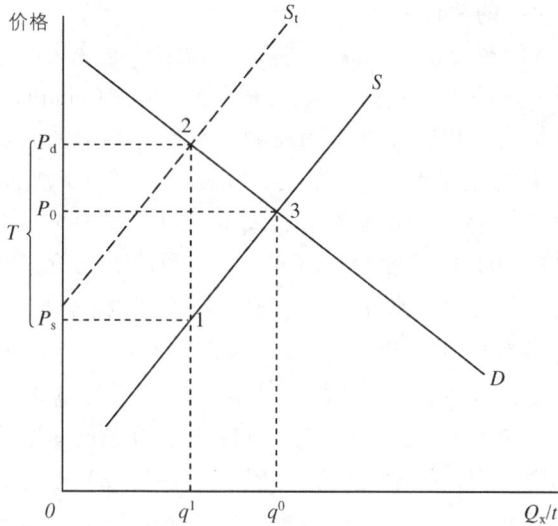

图7-4　税收的无谓损失

因此税收的福利成本为：

$$W = \frac{1}{2} T^2 \left(\frac{q_0}{P_0} \right) \left(\frac{e_s e_d}{e_s - e_d} \right) \tag{7.9}$$

注意 $T=tP$，如果需要估算从价消费税的福利成本，公式可以写为：

$$W = \frac{1}{2} t^2 (P_0 q_0) \left(\frac{e_s e_d}{e_s - e^d} \right) \tag{7.10}$$

这提供了税收超额负担更一般的估计方式，但并不能解决所有问题。例如，在一个市场征税时，其他市场会产生"连锁反应"。假定对商品 X 征收选择性消费税，商品 Z 是其近似替代品，已被征收选择性消费税。对 X 征收消费税时，其需求下降。作为 X 价格上涨的结果，对 Z 的需求增加。由于最初已对 Z 征收消费税，现对 X 征收消费税有助于改善资源配置、减少 Z 市场上明显存在的超额负担（见第1章，特别是附录1（d）关于次优的部分）。对 X 征收消费税产生的超额负担，等于 X 市场的超额负担与 Z 市场减少的超额负担之差（净效应的准确公式见7.5节）。

这个问题的提出强调了我们最初的观察，即税收负担绝不是那么容易估计的，在第9章研究税收的再分配效应时应牢记这一点。

7.2.4 超额负担的替代公式

筹集给定数量的税收，课税商品的需求和供给弹性越小，超额负担或效率损失越少，这个一般原理可进一步通过图示法说明（Collard，1980），即用每期一定数量商品 X 的总超额需求价格在图中绘制等轴双曲线。等轴双曲线的一个特征是，线上的任何点有不变的积（y 轴的值乘以 x 轴的值），这可用于对筹集相同税收收入的不同方式的福利成本比较。图 7-5（a）描绘了标准的供给（S）和需求（D）的税收分析，点 1 给出税前市场价格 P_e 及相关的均衡数量 q_e。每单位商品课征税收 T 后，均衡价格和均衡数量分别为 P_t 与 q_t。根据本章分析，超额负担为三角形 1-2-3，筹集的收入为 $R=P_t\text{-}3\text{-}2\text{-}P_s=T \cdot q_t$。图 7-5（b）描绘出总超额需求曲线 GED（给定数量下的需求价格减去供给价格，加上市场价格 P_e 组成），从而有图中各部分的虚点横线。加上均衡价格 P_e 的原因是有必要考虑均衡附近的弹性值。图 7-5（b）部分构建的距离 $2'\text{-}3'$ 等于图 7-5（a）中的 2-3，图 7-5（a）部分的超额负担三角形 1-2-3 与图 7-5（b）中的 $1'\text{-}2'\text{-}3'$ 相同。等轴双曲线 RH 通过点 $3'$ 说明，总超额需求价格和数量的组合可以得到同样的收入（$P_t\text{-}3\text{-}2\text{-}P_s=R$）。给定任何所需收入时（这里是 R），最小化超额负担的税收为 RH 与 GED 相交的最低点。可以看出，给定 R，由于 GED 与曲线 RH 相交，GED 越陡，超额负担三角形面积越小，意味着商品 X 的供给和需求曲线是缺乏弹性的组合。如图 7-5（c）所示，GED' 比 GED 陡，点 5 与点 $3'$ 筹集的收入相同，但点 5 的超额负担明显更小，这是因为三角形 $1'\text{-}2'\text{-}3'$ 比三角形 $1'\text{-}4\text{-}5$ 的面积更大（$q_e - q_t > q_e - q_t'$ 且 $2'\text{-}3' > 4\text{-}5$）。

如果要再估计税收的超额负担（或无谓损失），就有必要估计三角形 $1'\text{-}2'\text{-}3'$（=1-2-3）的面积。三角形面积为 $dp \cdot dq/2$，其中 dp 是单位商品 X 的纳税额（$T=P_x - P_e=P_t - P_s$），dq 是 q_e 与 q_t 间的距离。因此，图 7-5（b）中 $1'\text{-}2'\text{-}3'$ 的面积等于 $T \cdot dq / 2$。如果总超额价格需求曲线 GED 的弹性为 $e_x = dq/dP_x \cdot P_x/q$，那么就有

$$dq = e_x dP_x \cdot q/P_x$$

由于 $dP_x=T$，超额负担可以写为：$EB = \dfrac{1}{2} T^2 e_x q/P_x$

或给定 $R = T \cdot q_t$，则有 $EB = \dfrac{1}{2} e_x RT/P_x$

因此，超额负担部分取决于商品 X 的供给和需求弹性。如果供给曲线完全有弹性，那么需求曲线和总超额需求价格一样，$e_x = e_d$，生产成本不变的情况下，单位商品特别消费税的超额负担公式是一个特例。该公式的优点是，在税

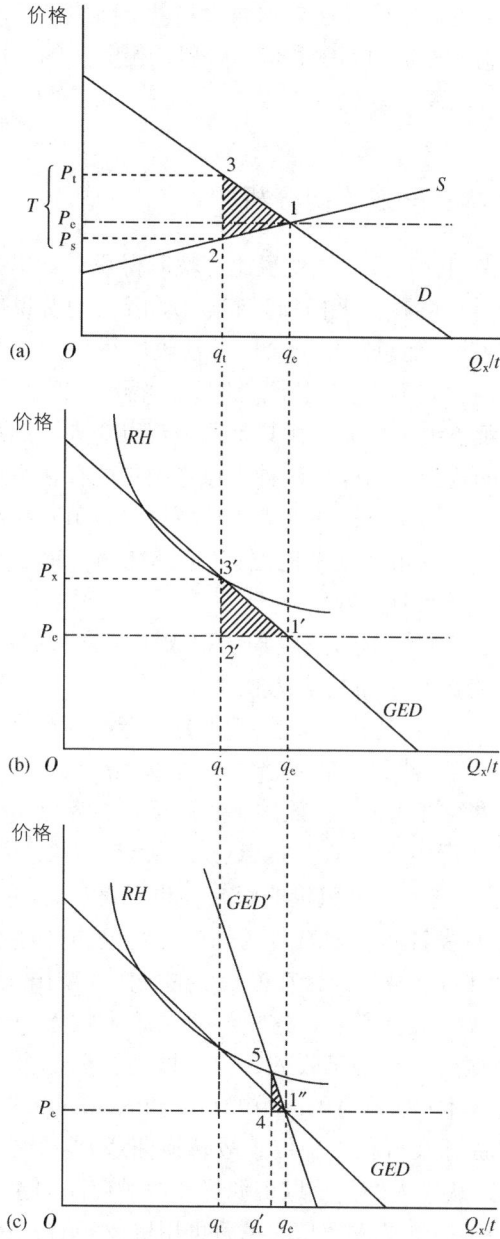

图7-5 相同税收收入下的超额负担比较

收收入不变的情形下，对不同弹性需求曲线和供给曲线做了清晰的比较。

以上指出局部均衡分析的问题和考虑一般均衡分析的可取性，因此下节将讨论超额负担的一般均衡分析。

7.3 税收福利成本：一般均衡分析

上述分析旨在说明，选择性消费税比等额所得税更具扭曲性。这一观点依赖于图7-1（a）的具体解释。坐标轴为商品X和Y，消费税似乎会扭曲相对价格（改变预算线斜率），而总额税不会。若征收所得税，预算线将简单地向内平移（不会扭曲相对价格）。这一预测说明，所得税（目前似乎是总额税）优于消费税，但这种观点绝不可靠，尤其是这一观点令人不满意，是因为所得税扭曲工作和闲暇间的选择。同样，这种观点也因可能存在适用于其他市场的次优约束而未能被接受。为说明这些论点的重要性，本节对税收的资源配置成本进行一般均衡分析，旨在解决这一问题："选择性消费税会比等额所得税带来更大的资源配置成本（无谓损失）吗？"

参照图7-6，在一个简单的一般均衡框架下观察税收的超额负担。根据定义，此处目标是考虑更多市场。为便于说明，考虑一个生产X和Y两种商品的经济体。图7-6（a）部分中，经济体的生产可能性边界（或转换曲线）为P-F。如第1章所述，此为限制经济体中可以生产的两种商品（X和Y）替代组合的边界。如果经济体是X有效的，它必须在边界上生产。为实现帕累托最优，两种商品最佳产出水平是点1。这是边际转换率（MRT_{xy}）等于边际替代率（MRS_{xy}）时两种商品生产数量的组合，也就是说，生产可能性曲线斜率等于消费者无差异曲线斜率。如果市场是完全竞争的（且不存在市场失灵因素，如外部性），点1可能被认为会在征税前的经济体中出现。

现在，税收是政府融资所需，这里不讨论政府收入如何支出。目标仅为解决这一问题，即如果必须筹集收入，选择性消费税是否会比等额所得税产生更大的资源配置成本。按照Allan（1971）与Boadway和Wildasin（1984）的观点，图7-6假定资源来自私人部门，故转换曲线P'-F'更接近原点（图7-6（a）中的箭头表示，从私人部门获取资源导致两种商品的生产可能性曲线向内移动。P'-F'表示用于提供私人物品的税后可用资源。沿着P'-F'边界上的点与P-F上可比点的距离相同。当然，另一种表述方式是假定收入一次性返还给个人，而初始的生产可能性曲线是相关的约束条件。然而，这里假定资源只是通过税收被转移走了，所得税和选择性消费税造成相同的资源损失）。现在的问题是，使用哪种形式的税收筹集这一收入是否重要（就超额负担而言）。

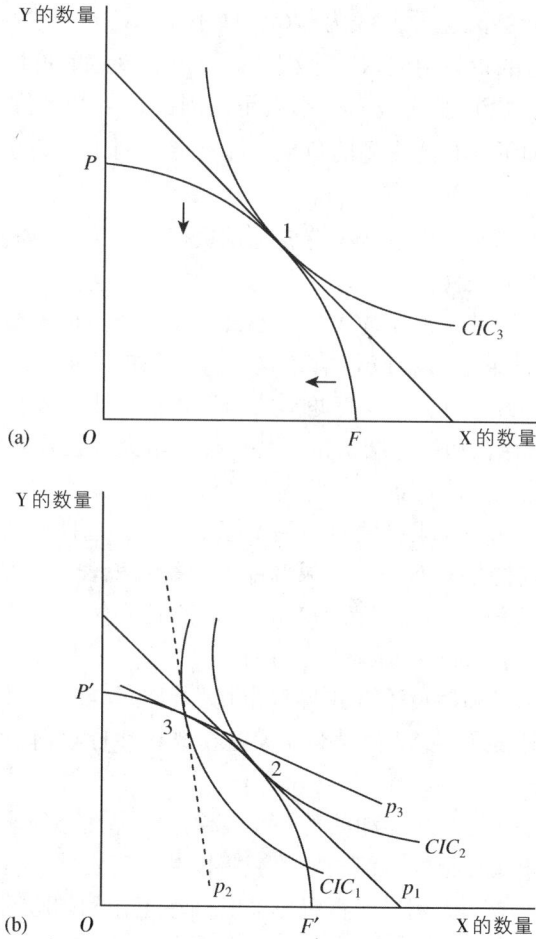

图7-6 税收的福利成本：一般均衡分析

如果使用所得税，新情形如点2所示。两种商品的相对价格不受一般所得税影响，MRT仍然等于MRS（虽然生产可能性曲线$P'\text{-}F'$的斜率现在等于消费者无差异曲线CIC_2的斜率）。相反，如果收入是通过对商品X征收消费税筹集的呢？

通过选择性消费税筹集收入将影响两种商品的相对价格，由 p_1 斜率表示的相对价格集会发生改变，消费者面对的价格等于 $p_x(1+t)/p_y$。价格线 p_2 的斜率显然更陡，当个体边际替代率等于价格集时，新均衡位于点 3。此时社会福利水平较低，因为社会无差异曲线为 CIC_1（而不是 CIC_2）。税收在生产者的价格集和消费者所面对的价格中嵌入一个楔子。生产者设定的价格等于边际成本的比率（MC_x/MC_y），由转换曲线的斜率表示。因此，生产者价格由 p_3 表示。税收的额外扭曲增加了社会感受到的负担，即社会福利水平处在 CIC_1 上，而不在 CIC_2 上。

虽然这一分析似乎得出消费税造成超额负担的结论，但需要注意的是，这一结论需要符合下列条件。

1.只有两种商品可以相互替代时，才会产生超额负担。通过前面各节对补偿性需求曲线的讨论，读者应该清楚这一点。（如果两种商品间没有可替代性，社会无差异曲线会在点 2 以直角形式出现。价格比率发生多大变化都无关紧要，点 2 处始终存在切线。结论是，替代程度越大，税收超额负担越大。）

2.在"次优"论点的背景下，前提是假设初始点是在完全竞争中确保帕累托最优的位置。例如，如果已经对商品 Y 征税，那么选择性消费税可能会比一般所得税带来更高的福利水平。如果商品 Y 的初始税表明商品 X 的产量相对 Y "过多"，那么次优解决方案（商品 Y 的初始税继续存在）将是对商品 X 征税（有关次优定价的相关讨论，请参阅第 1 章）。

3.同样，我们必须假设不存在导致市场失灵的外部性。如果存在（例如，如果商品 X 造成外部不经济），对商品 X 征收选择性税收而不是一般所得税可能确实是最佳选择。

4.劳动补偿性供给的弹性和储蓄补偿性供给的弹性必须非常低，才能增加所得税产生较低超额负担的可能。所得税将以劳动工资或储蓄利息形式影响个人的预期回报。以劳动为例，所得税影响时间在工作和闲暇间的分配，从而造成该市场扭曲。表 7-1（Little，1957；Musgrave，1959）比较了征收选择性消费税（对商品 X 征收）与一般所得税的影响。按照"次优"理论，没有办法预先确定哪一种税将产生最大的超额负担。选择性消费税在 X 代替 Y 的边际替代率和 X 与 Y 的边际转换率间嵌入一个楔子，扭曲 X 和 L（其中 L 代表闲暇时间）间的边际等价关系，但不影响 Y 与 L 间边际替代率与边际转换率的相等关系。相反，所得税扭曲了 X 与 L、Y 与 L 间的边际等价关系，但并不扭曲 X 和 Y 间的边际等价关系。

表 7-1　　　　　　　　　　　　税收的资源配置效应

选择性消费税（对商品X征收）	一般所得税
$MRS_{xy} \neq MRT_{xy}$	$MRS_{xy} = MRT_{xy}$
$MRS_{xl} \neq MRT_{xl}$	$MRS_{xl} \neq MRT_{xl}$
$MRS_{yl} = MRT_{yl}$	$MRS_{yl} \neq MRT_{yl}$

来源：Little（1957），Musgrave（1959）.

我们不能辩称选择性消费税比一般所得税更糟糕。考察税收扭曲的边际等价数量是不可能的（Lipsey 和 Lancaster，1956）：那将有必要了解税收在每种提及情形中的影响。如果劳动供给缺乏弹性，一般所得税就不会扭曲商品和闲暇间选择的决策（此处参考的补偿性供给如下节所示）。因此，只有在这种假设下才可能预测，一般所得税优于选择性消费税。

同样的论点也适用于储蓄供给。当个人选择放弃当前消费以备未来消费时，其选择将取决于当前消费（X_0）与下一期消费（X_1）间的边际替代率与边际转换率。所得税将影响这种跨期决策，因为它降低了个人期望从延迟消费中获得的利率，在当前消费对未来消费的边际转换率（取决于利率）和当前消费对未来消费的边际替代率（根据税后利率确定）间嵌入一个楔子。

读者应该感到满意的是，他们能够理解为什么在表7-1中选择性消费税和一般所得税的扭曲采取了所示的形式。表7-2根据Musgrave（1959）而作，得到同样结论。我们不能预先认定选择性消费税比一般所得税造成了更大的配置损失。要确定这一点，需要更多关于每种情况下无谓损失规模的信息。因此，只有假定储蓄供给对利率没有反应（所得税不扭曲跨期选择）时，才有可能得出这样的结论：选择性消费税产生了更大的负担（当然，假设每期X与Y间的选择是对相对价格的反应）。

选择性消费税和一般所得税

很明显，必须满足很多条件，才能在上述一般均衡模型中证明选择性消费税比一般所得税在资源配置上造成更大的无谓损失。以上所列并非详尽无遗：任何其他次优约束都会让结论受到质疑（例如，留给读者考虑的商品Y由垄断者生产这一假设的影响——参见第1章）。

表7-2　　　　　　　　　　　　同一时期和跨期资源配置效应

选择性消费税（对商品X征收）	一般所得税
$MRS_{x0y0} \neq MRT_{x0y0}$	$MRS_{x0y0} = MRT_{x0y0}$
$MRS_{x1y1} \neq MRT_{x1y1}$	$MRS_{x1y1} = MRT_{x1y1}$
$MRS_{x0x1} = MRT_{x0x1}$	$MRS_{x0x1} = MRT_{x0x1}$
$MRS_{y0y1} = MRT_{y0y1}$	$MRS_{y0y1} \neq MRT_{y0y1}$

来源：Musgrave（1959）.

7.4　所得税的福利成本

图7-7（a）中，个人面临工作和闲暇间的选择。预算线为1-2，斜率表示闲暇时间转化为收入的比率（即斜率表示工资率），假定个人配置于工作和闲暇的时间 L 是固定的（如每天24小时）。在初始点，他通过放弃 $2-L_0$ 小时的闲暇，取得 L_0-4（$= O-Y_1$）的收入，实现了福利最大化。

引入比例所得税（税率为 t）后收入下降，因此预算线移至2-3。个人改变工作和闲暇间的时间分配，（这个例子中）个人现在将工作得更多（放弃 $2-L_1$ 的闲暇时间）。为估计等价变化，在未征比例所得税时，有必要将个人福利减少得与比例所得税一样多。预算线6-7与1-2平行并与 I_1 相切于点8。因此，比例所得税减少的福利为距离1-6。

开征所得税后的纳税总额等于税前收入与税后收入的差额。从预算线1-2可以看出，如果个人增加 $2-L_1$ 个单位的工作时间，可以取得相当于距离 L_1-10 的税前收入，而预算线2-3上显示的税后收入为距离 L_1-5。因此，税收增加了5-10。增加的税收小于福利损失（以等价变化度量）。绘制平行线6-7可以看出，所得税的福利损失（即等价变化）为1-6，而增加的税收仅为10-5，5-9度量了比例所得税造成的超额负担（或无谓损失）。

图7-7（a）中，比例所得税的净效应是将享受的闲暇时间从 $O-L_0$ 小时减少到 $O-L_1$ 小时（即增加工作时间）。这种情况下，随着闲暇的相对价格提高，由价格变化的替代效应（从点8移到点5）产生的负激励未能超过收入效应

（从点4移到点8）产生的正激励作用。征税后，上述个人实际上更努力工作。这个具体的例子很有用，因为它强调了劳动补偿性供给曲线和非补偿性供给曲线间的区别。当然，没有理由先验地假设替代效应会超过收入效应，非补偿性供给曲线可能很好地表明，随着税后工资下降，工人劳动时间将会减少。无论结果如何，重要的一点是，超额负担是参考补偿性供给曲线度量的。同样，超额负担取决于替代效应。

图7-7（b）中，税收变化是参考劳动供给曲线来描述的。课税前，假定工资率为 W。征收比例所得税时，税后工资率下降到 W_t。图7-7（a）中，从点4到点5的变化减少了闲暇时间，增加了工作时间。这意味着劳动供给曲线必须是向后倾斜的，如（非补偿性）供给曲线（S_{lu}）所示。然而，补偿性供给曲线（S_{le}）也可以被识别出来。补偿供给曲线显示了如果个人收入未随着工资率的变化而变化，个人将如何表现。如果个人福利保持在无差异曲线 I_1 的水平上，其对工资率变化的反应可视为替代效应（围绕 I_1 移动）。参考无差异曲线 I_1，考虑工资率 W 到税后工资率 W_t 的变化时，图7-7（a）中发生点8到点5的移动，这与图7-7（b）中沿着劳动补偿性供给曲线从点8′到点5′的移动形成了直接对比。

现在可以在图7-7（b）中确定比例所得税的"超额负担"。图7-7（b）中，当工资率为 W 时，个人的总工资为 O-W-$8′$-H_2，但最少只需要 O-$8′$-H_2 即可保持无差异曲线上的实际收入不变，剩余部分是享有的福利盈余。征税时，工作时数的供应从 O-H_2 减少到 O-H_1，剩余减少的面积等于 W_t-W-$8′$-$5′$，但支付的税额等于 W_t-W-$1′$-$5′$。因此，有等于三角形 $1′$-$5′$-$8′$（标记为 α）的超额负担（或无谓损失）。[①]

按照前文有关消费税的讨论，比例所得税超额负担的估计似乎只是"标准"哈伯格（Harberger，1964）分析的一个应用，该分析以补偿性供给曲线在点8′处的弹性为起点，由图7-7（b）可知：

[①] 位于点5′而不是点8′的福利成本，也可以用个人将获得的额外收入价值与个人放弃额外闲暇时间要求的最大化收入之差度量。补偿性供给曲线说明工资率可以导致个人放弃另一小时的闲暇（促使个人多工作一小时所需要支付的最低工资）。如果不征税且工资率是 W，那么对于从点5′移动到点8′放弃的额外单位时间，个人得到 H_1-$1′$-$8′$-H_2（即 α 和 β 的面积之和）。然而，供给这些时间至少要求 H_1-$5′$-$8′$-H_2（即 β 的面积）。不额外工作造成的损失（因为征税）可以估计为面积 α。注意这个估计是参考补偿性劳动供给曲线——它（因为取决于税收的替代效应）的斜率一定为正。

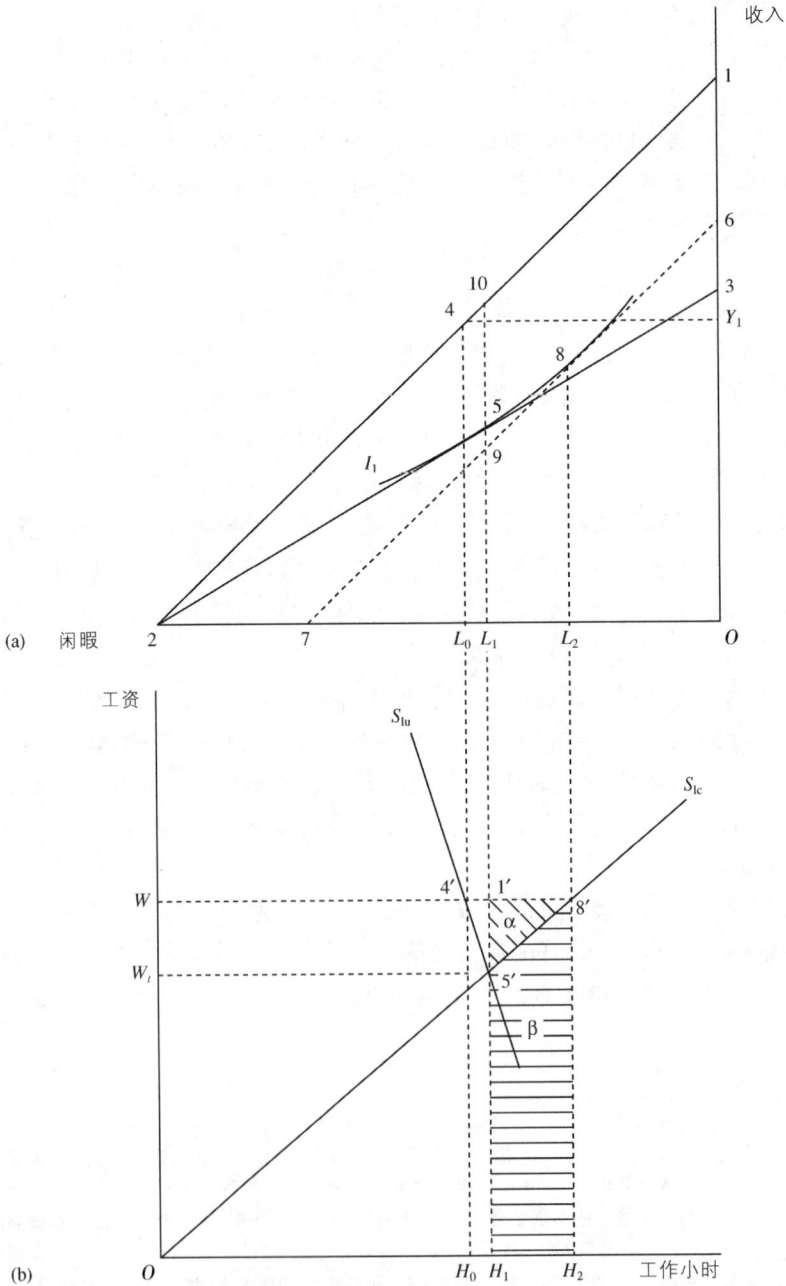

图 7-7　所得税的福利成本

$$EB = 面积 5'\text{-}1'\text{-}8' = \frac{1}{2}dWdH \tag{7.11}$$

式中 EB 为税收超额负担估计值，H 为工作小时数，W 为工资率

劳动补偿性供给的弹性 e_s 为：

$$e_s = \frac{dH}{dW}\frac{W}{H} \tag{7.12}$$

因此有：

$$dH = \frac{e_s dWH}{W} \tag{7.13}$$

由于 $dW = Wt$（其中 t 为税率）：

$$EB = \frac{1}{2}Wte_s tH \tag{7.14}$$

或：

$$EB = \frac{1}{2}t^2 e_s WH \tag{7.15}$$

7.5　局部均衡估计：进一步考虑

考虑基于局部均衡分析的无谓损失时，有必要考虑以下几点：

1.估计可能受到可用数据的影响

福利成本的度量依赖于补偿弹性，但这一估计值可能因估计时点价格的不同而不同。这可能是事实，例如，实证研究中的补偿性供给弹性估计值，可能是基于税后工资的估计值（图 7-7 中的点 5'，而不是点 8'）。如果供给曲线是非线性的，两个不同时点上的价格弹性可能不同。考虑弹性的差异，Browning（1987）认为福利成本（等于 $(dH)Wt/2$）可以表示为 $[(dH/dW)Wt]Wt/2$，且如果这个表达式乘以 $H_1(1-t)/H_1(1-t)$：

$$EB = 1/2\left(\frac{dH}{dW}\ \frac{W(1-t)}{H_1}\right)\frac{t^2}{1-t}WH_1 \tag{7.16}$$

括号内的项是补偿性供给曲线在税后工资（点 5'）处的弹性。先前描述的"标准"哈伯格公式估计未扭曲水平上（点 8'）的无谓损失。如果对弹性的估计适用于扭曲性税收的情况，那么布朗宁公式（Browning，1987）就是合适的度量方式。

2.福利成本的估计取决于其他扭曲的存在

和往常一样，我们必须考虑"次优"情形（见第 1 章）。Rosen（1988）在多种税共存的情形下对此做了论证。图 7-8 中，假设对替代品 j 征收一种

税（税率为 t_i），因此税收超额负担为三角形 1-2-3。现在对商品 i 征税，其需求从点 q_i^1 下降至点 q_i^0。对商品 i 课税使对商品 i 的需求减少，同时增加了对替代品 j 的需求（即商品 j 的需求曲线 D_j 向右移动到 D_j^1）。评估对商品 i 课税的福利损失时，有必要考虑该税增加了对商品 j 的需求这一事实。该市场中的消费者现以（$1+t_j$）P_j 的价格消费额外数量的商品 j（即 $q_j^0-q_j^2$）。个人为商品支付的额外数量 q_j^0-3-7-q_j^2 超过了社会成本 2-3-7-8 面积（这是一种表现为税收形式的价值转移）。因此，存在着超过提供额外产品 j 的机会成本之上的社会收益 2-3-7-8。当我们估算对商品 i 征税的无谓损失时，这种社会收益必须考虑在内。对 i 征税的超额负担就等于三角形 4-5-6 的面积减去 2-3-7-8 的面积。

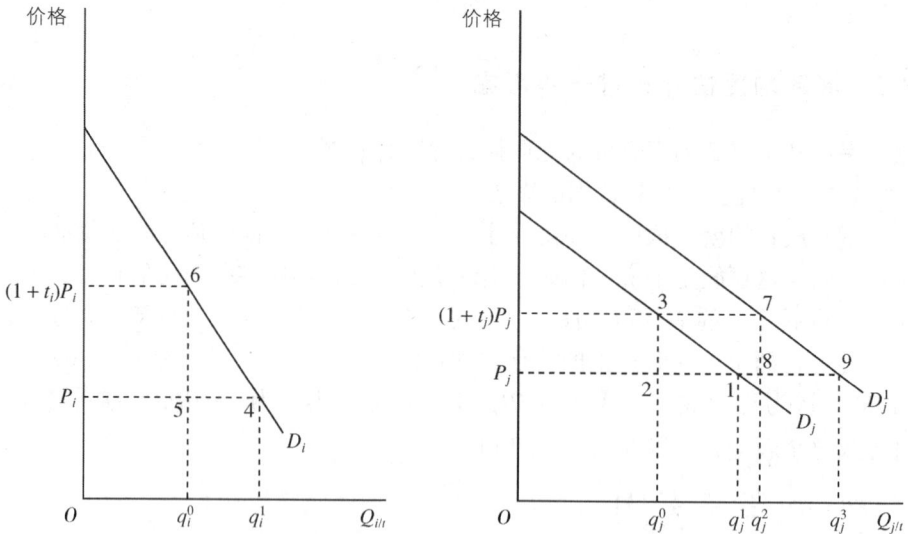

图 7-8　不止一种税收情况下的效率损失

当考虑对几种商品课税的"总体超额负担"时，Harberger(1974)提供了一个概述。毫不奇怪，这也取决于一种商品 j 对另一种商品 i 变化的补偿性反应（记为 S_{ji}）。这里讨论的例子中（根据Rosen，1988），总体超额负担为：

$$-1/2\,(t_i^2 P_i^2 S_{ii} + 2t_j P_j t_i P_i S_{ji} + t_j^2 P_j^2 S_{jj}) \tag{7.17}$$

式中，t_i 和 t_j 分别为商品 i 和 j 的税率

P_i和P_j分别为商品i和j的价格

S_{ji}为商品j对商品i变化的补偿性反应

从图7-8可以看出，这包括三角形4-5-6、矩形2-3-7-8和相当于三角形7-8-9的面积。

Browning（1994）提供了"次优"问题的另一个例子。在这种情形下，劳动力市场存在缺陷。现行规制措施（例如，要求雇主提供安全装备）影响支付给劳动者的工资，导致其从边际产品价值工资W降至W'。假定劳动者不重视安全装备，那么，劳动者根据工资W'调整劳动供给。W与W'之间的差为"非税楔子"。[1]

图7-9中，当前支付给工人的工资为W'，由于提供安全装备，工资低于边际产品价值。然而，征收所得税进一步将工资率降低到税后工资W_1，该工资水平上的劳动供给为L_1。

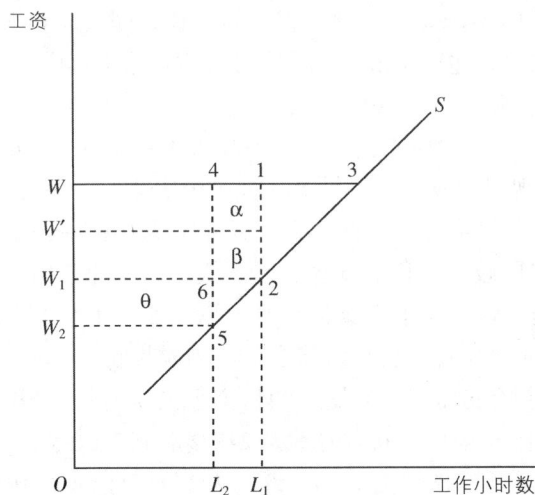

图7-9 扭曲劳动力市场中所得税的福利成本

现在的情况是所得税增加了，由此引出一个问题：税收的无谓损失将受到怎样的影响？增税导致税后工资进一步降至W_2，劳动供给降至L_2，福利无

---

[1] 实际上，规制起到了劳动课税的隐性边际税率的作用。

谓损失已由最初的1-2-3增加至4-5-3。也就是说，税收福利成本的增长增加了与规制相关的福利损失，包括α与β的面积。①当然，前者是最初的"非税楔子"带来的福利损失。因此，增税只会使情况变得更糟，因为初始的（"非税楔子"）扭曲和所得税已经造成福利损失（即造成就业人数低于最优就业量）。

如果目标是估计所要筹集的每英镑收入的边际福利成本，就用图7-9中面积$(\alpha+\beta)/(\theta-\beta)$的比值度量。由此可见，所得税增加带来的边际福利损失将受到现有的非税扭曲（"非税楔子"）的影响。现有扭曲将影响筹集额外收入的边际福利成本。正如Browning（1994：431）所总结的那样，"税收和非税的政策和制度的边际福利成本均有可能被大大低估，因为人们忽略了这两种现象所产生的扭曲之间的相互作用"。

3.不考虑如何使用收入时的估计

局部均衡分析未考虑税收收入如何使用。Browning（1987：18）认为"边际福利成本概念的实践基础是一种平衡预算操作，即政府要把增加的税收收入花出去"。这意味着，边际福利成本不仅受税收变化影响，还受到政府如何使用所筹集资金的影响。

其中一个假设是，政府支出是可支配收入的完美替代（Browning认为这一假设比它最初出现时更适用）。考虑政府支出因素时，假定政府提供的福利（如教育、医疗保健）是可支配收入的完美替代品。图7-10中，工资率由预算线1-2所示，工资因政府征税而减少，因此假定个人的初始点在税后预算线3-2的点4处。显然，这一点上筹集的税收可以用距离1-5度量。线5-11通过点4，显示当个人在点4实现最优化时将会筹集的税收收入。

现在考察为了给支出筹资而导致的税率小幅提高（即超额负担）的影响。图7-10中，税率的小幅提高将预算线从2-3移动到2-6。在这种情况下，现假定增加的税收收入通过政府支出返还给个人。为使个人回到初始无差异曲线I_2，支出的影响必须足以让预算线移动到7-8（即与2-6平行），新的均衡位于点9。这一点上，增加的税收收入是距离10-12，如果这些收入是可得的，那么得自支出的收益即9-10的距离，必须大于税收收入。

---

① 注意，对于税收的微小增加，三角形5-6-2趋于0。

图 7-10

收入

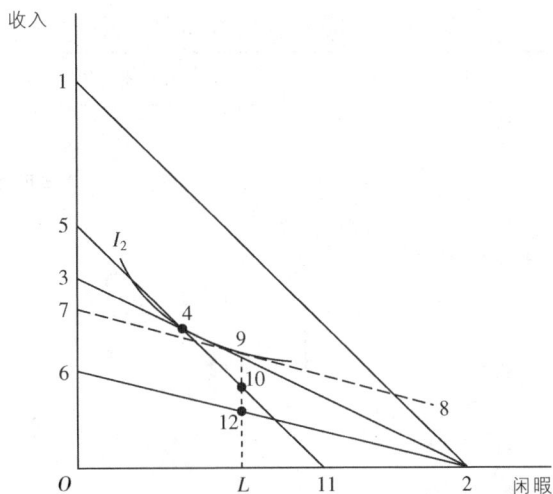

图 7-10 政府支出和税收的福利成本

由此可见，这种微小税收变动（预算线从 2-3 移动到 2-6）带来的每单位收入的边际福利成本可以度量为 9-10/10-12。参照位置是个人返回初始无差异曲线时出现的位置。因此，政府支出的边际收益必须大于 1 加上边际福利成本 9-10/10-12，个人才能从这项税收/支出行动中受益。

4.局部均衡分析不考虑一般均衡（"连锁"）效应

Killingsworth（1983）指出，税收的引入可能会影响工资总额，局部均衡讨论假定纳税人是唯一受税率变化影响的个人，忽略了"连锁"效应。

Ballard、Shoven 和 Whalley（1985）研究了一般均衡背景下的税收边际超额负担（MEB）或边际福利成本问题。他们的模型是"多部门、动态排序数值一般均衡"模型。他们使用 1973 年美国经济数据，涉及 19 种生产资料（producer goods）和 15 种消费品（consumer goods）。如上所述，超额负担计算的结果取决于相关弹性大小。

表 7-3 再现了各种税收来源条件下的最小值和偏好值。这些结果既适用于税收，也适用于税制的各部分。在这方面，额外使用资本税往往没有吸引力。与所有一般均衡模型一样，为使问题易于处理，存在许多假设，这些假设的变化会影响结果（这个问题已经被提出，下文将加以详述）。目前，只需注意的是该一般均衡模型结果与下面介绍的局部均衡结果是一致的。

表7-3　　　　　　　不同税收来源的1英镑额外收入的边际超额负担

	非补偿性储蓄弹性	
	0.0	0.40
	非补偿性劳动供给弹性	
	0.0	0.15
所有税种	0.170	0.332
生产环节资本税	0.181	0.463
生产环节劳动税	0.121	0.230
消费环节销售税	0.256	0.388
对酒精、烟草、汽油以外商品征收的销售税	0.035	0.115
所得税	0.163	0.314
产出税	0.147	0.279

来源：Ballard，Shoven and Whalley（1985）.本表的引用得到了美国经济学会许可。

5.分析未考虑不确定性

上述讨论在一个确定性世界里进行。Easton和Rosen（1980）考虑了存在不确定性时的分析。他们认为，如果工资率存在风险，就纳税人而言，对收入课税可能比总额税更可取。原因是对收入课税减少了收入的变化，这"实际上起到了保险的作用——它降低了风险，因为政府与纳税人既共享收益也共担风险"（p.357）。这种情形中，虽然在确定性情况下纯粹的总额税不带来超额负担，但在工资不确定情况下，它确实造成了相对负担。

7.6　公共资金的边际成本与政策制定

1英镑收入的边际成本超过1英镑的结论虽然重要，但决策者不可能考虑这一点。为了研究这种分析的重要性，我们来看图7-11（参见Browning，1983）。该图用于说明政府项目"最优"支出水平决策。需求曲线D用来表示作为纳税人-投票人对项目的"支付意愿"。如果我们假定每增加1单位税收，社会也将损失1单位收入，那么税收的边际成本就是常数或等于1。这样，图中税收边际成本为MC，政府支出的最优水平为O-1-2-q^1。

这一分析未考虑税收的福利成本，税收的边际成本大于1而且还在上升（税收的福利成本随税率提高而增加，这一点应该很清楚[1]）。因此，图7-11中，税收的边际成本可能是MC_1。这意味着，1英镑收入的成本是1英镑的假定，会导致政府的"过度"支出。如果忽视税收的福利成本，税收的边际成本将被错误理解。q^1的水平上，税收的总成本是O-1-3-q^1，而不是O-1-2-q^1。政府支出的最优水平将是O-q^2，移动到O-q^1将会引致额外的福利损失2-3-4。政策制定者未能意识到税收的全部成本，将其等同于税收的名义成本，导致"过度"的政府支出（等于O-1-2-q^1减O-1-5-q^2）。

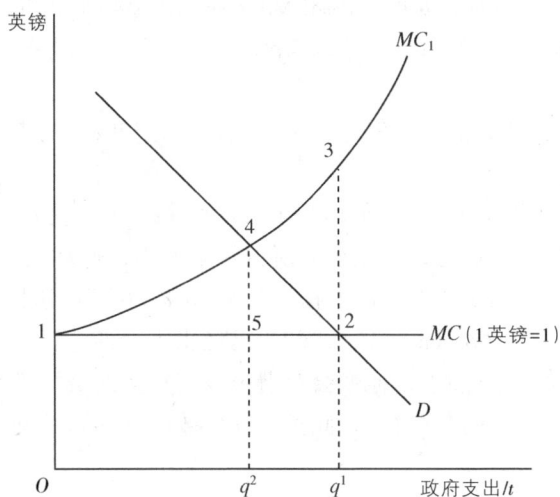

图7-11 税收的边际成本

然而，从政策视角来看，指出税收的边际福利成本并不是税收的唯一成本是重要的。与福利（无谓）损失同时存在的其他成本包括：

---

[1] 很明显，税收福利成本随税率提高而增加。但随着税率的提高，税收福利成本增加的比例更大。图7-2n重复了Browning和Browning（1983）的几何说明。税收首先将从价格每单位50提高到60，福利成本是三角形1-2-3。当税收翻番从而消费者面对的价格是每单位70时，福利损失增加到4倍：福利损失现在是三角形4-5-3。三角形4-5-3由4-6-1，6-1-5，1-5-2和1-2-3组成，这四个三角形的面积都等于三角形1-2-3的面积。

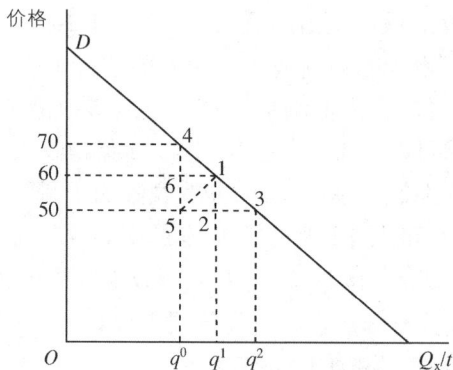

图 7-2n 福利成本和税率

来源：选自 Edgar K. Browning 和 Jaqueline M.Browning 的《公共财政与价格体系》（*Public Finance and Price System*），得到麦克米兰出版公司的许可，版权©1987 麦克米兰出版公司。

征管成本：对社会而言，保存记录、进行审计和收税的需要都会发生真实的资源成本。

遵从成本：这些成本以花时间填写申报表和保存簿记等方式转嫁到纳税人身上。Sandford（1973）认为，英国个人所得税案例中，遵从成本大于征管成本。他报告称，综合总运行成本至少占税收收入的3.8%，可能高达收入的5.8%。

游说（寻租）成本。Tullock（1967）已经指出，通过税收体系得到的转移性收入，使个人收入增加了，他们会花费至少同样多的资源来游说政府官员引入新的计划以获得这些转移收入，此类活动使政府的转移性支出成为社会的实际资源损失。

不确定性成本。由于税收的强制力，新的再分配计划总是有可能赢得选民的同意，且个人的预期收入可能与当前收入不同。总体而言，即使个人在政府再分配计划中成为输家和赢家的次数是相等的，但如果个人是风险厌恶的，也会有效用损失（参见 Jones 和 Cullis，1986）。

7.7 税收归宿

前文关于税收福利成本探讨得出的结论是税收成本可能超过实际筹集的税收收入，这是一种效率方面的考虑。本节旨在研究由谁负担税收成本的问题，这本质上是一个公平问题。运用上述税收成本福利分析，可以证明纳税人和完全承担税收成本的人可能不是同一人。税收的经济归宿可能与法定归宿（即负有法定义务的缴税人）有很大区别。再一次使用局部均衡分析和一般均衡分析对该观点进行论证是有益的。这对讨论特定财政制度对实际收入的影响十分重要。

7.7.1 局部均衡分析

图 7-12（a）中，商品生产者在法律上有义务就其产出支付单位税（例如，每磅烟草的固定付款额、每加仑汽油的固定付款额等形式的税收）。生产者必须纳税，因此会提高商品的价格。图 7-12（a）中的供给曲线从 S 到 S_t 的平移说明了这一点（S 到 S_t 的垂直距离，表示每单位商品的纳税额 t）。图中所示的供给曲线向上倾斜，表明税收的影响随需求曲线价格弹性的变化而变化。

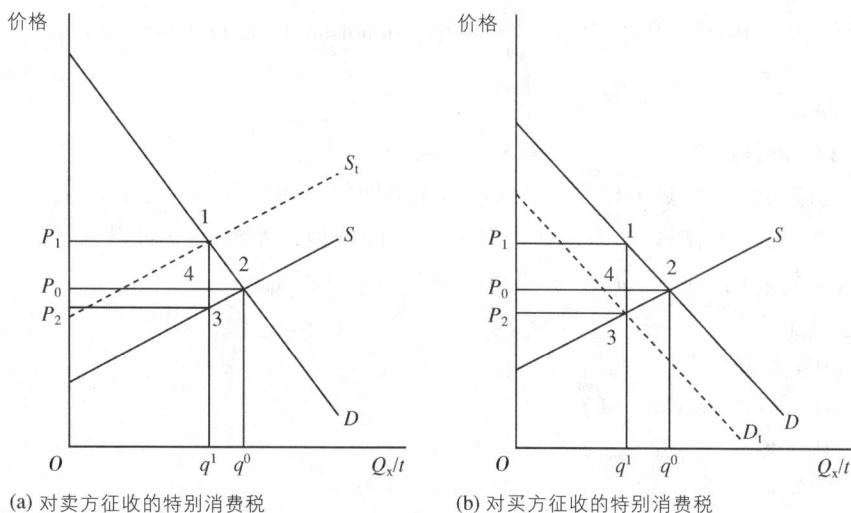

(a) 对卖方征收的特别消费税　　(b) 对买方征收的特别消费税

图 7-12　税收的法定归宿和经济归宿

当需求曲线 D 向右下方倾斜时，对消费者来说，（随着供给曲线左移——译者加）产品价格就会上升。然而，除非需求曲线完全缺乏弹性，否则商品价格上涨幅度将小于税收成本。在图 7-12（a）中，价格从 P_0 上升到 P_1，税收无谓损失用三角形 1-2-3 度量，筹集的税收收入为 P_2-P_1-1-3。P_2-P_1-1-3 面积清楚地显示，部分税收收入由消费者剩余减少 P_1-1-4-P_0 实现，消费者以更高价格支付，从而生产者能够筹集资金支付税款。税收收入的剩余部分 P_0-4-3-P_2 来自生产者剩余的减少。虽然从技术上看，生产者对税收负有法律义务，但部分税收成本已"转嫁"给消费者。

如果商品需求完全缺乏价格弹性，那么全部税额都将体现为商品价格的上涨。尽管生产者在法律上有义务支付税款，但实际上，税收成本将完全转嫁给消费者。

如果需求价格弹性无穷大，供给曲线移动不会导致价格上涨。

然而，税收归宿不仅与需求价格弹性相关。例如，若需求曲线向右下方倾斜，供给价格弹性无穷大，那么所有税负都将由消费者以更高的商品价格来承担。

分析这种关系，消费者（需求者）支付的价格（图 7-12（a）中 P_1）记为 P_d，而生产者（供给者）索取的价格，如果不支付税收（图 7-12（a）中 P_2），记为 P_s，P_d 和 P_s 之差是单位税收 t。根据 Nicholson（1989）的观点：

$$P_d - P_s = t \tag{7.18}$$

因此：

$$dP_d - dP_s = dt \tag{7.19}$$

图 7-12（a）明确显示，q^1 到 q^0 的距离即需求量变化取决于消费者价格的变化 P_1-P_0（即 dP_d）和需求曲线斜率 D_p。同样地，距离 q^0-q^1 可以估计为供给价格的变化 P_0-P_2（即 dP_s）乘以供给曲线斜率（即 S_p）。

因此：

$$dQ_d = D_p dP_d \tag{7.20}$$

$$dQ_s = S_p dP_s = S_p(dP_d - dt) \tag{7.21}$$

$$dQ_d = dQ_s \tag{7.22}$$

因此：

$$D_p dP_d = S_p dP_d - S_p dt \tag{7.23}$$

$$dP_d(S_p - D_p) = S_p dt \tag{7.24}$$

$$\frac{dP_d}{dt} = \frac{S_p}{S_p - D_p} \tag{7.25}$$

从最初无税的位置开始，假定税率发生了微小变化，这一表达式也要重写。为了将各种弹性包含进去，有必要将该表达式的分子和分母都除以 P/Q，从而得到：

$$\frac{dP_d}{dt} = \frac{e_s}{e_s - e_d} \tag{7.26}$$

式中，e_s 和 e_d 分别为供给价格弹性和需求价格弹性。

显然，如果 $e_d = 0$（需求完全无弹性），那么消费者价格的上涨等于 1（$dp_d/dt = 1$）。如果 $e_d = \infty$（需求弹性无穷大），那么 $dp_s/dt = -1$，因为类似地：

$$\frac{dP_s}{dt} = \frac{e_d}{e_s - e_d} \tag{7.27}$$

如果没有关于需求价格弹性和供给价格弹性的信息，那么谁来负担税收的问题就无法回答。税收负担不必由法律上负有纳税义务的一方承担。如果对卖方征税，他们会把税收加到价格中去，保证价格是税后净额。对买方征税也会出现同样的结果。图 7-12（b）中，为便于比较，我们假设消费者必须支付税款。现在需求曲线向内平移到 D_t，在新的均衡中，只有一部分支付给了卖方，剩余部分则进了政府金库。很明显，两种情况下消费者和生产者缴纳的税款份额相同。图 7-12（b）中，由于假定税收由消费者承担，生产者得到的税后价格按单位税额下降。对照图中相应部分的面积可以确认，消费者和生产者间的税收负担与（a）部分是一样的。

7.7.2 税收与市场结构

本节研究完全竞争和垄断条件下，征收一次总额税（T）（相当于比例利润税）和对单位产出征收固定的特别（消费）税（t）的影响，分析这两种税的影响，关键是分离出它们对成本曲线的影响方式。表 7-4 捕获了这一点，记录了一家企业在无税、征收一次总额税和特定单位税假定下的总成本、边际成本和平均成本的一般形式。为方便表述，假定完全竞争行业成本保持不变（长期行业供给曲线是水平的），因此，行业内企业数量的增减对投入品价格和/或技术没有影响，后两者共同决定了企业成本结构的位置。

表 7-4　　　　　　　　　成本曲线和税收

	无税	一次总额税（T）	特定单位税（t）
总成本（C）	$C(q)$	$C(q)+T$	$C(q)+tq$
边际成本（MC）	$C'(q)$	$C'(q)$	$C'(q)+t\,(=MC_t)$
平均成本（C/q）	$\dfrac{C(q)}{q}\,(=AC)$	$\dfrac{C(q)+T}{q}\,(=AC_T)$	$\dfrac{C(q)+t}{q}\,(=AC_t)$

（i）一次总额税（等价于每期征收比例利润税）最易分析，因为根据定义，其独立于每期产出水平，实际是固定成本的增加。如表7-4所示，这种变化不改变短期边际成本（也包括平均可变成本），从而达到利润最大化的产出水平。

然而，短期平均固定成本上升，从而平均总成本也会上升（从AC到AC_T），表明有必要进行长期调整。完全竞争条件下，在长期均衡的起点，价格为P_e，行业（市场）数量为q_e（见图7-13（b）），图7-13（a）中的代表性企业在点1刚好覆盖所有成本。税收造成了数量为1-2-P_T-P_e的短期损失（即距离1-2是产出量O-q对应的平均固定成本的增加），导致行业内的企业退出。由于行业内企业数量下降，图7-13（b）中供给从S_C减少到S_T（供给曲线是高于平均可变成本的企业边际成本曲线的横向相加），退出过程将持续下去，直至在整体更低的行业或市场产出（$q_e > q_{eT}$）水平上重新形成新的竞争均衡，数量更少的企业生产稍多的产出$q < q_T$，均衡价格从P_e提高到P_{eT}。在垄断中，企业就是行业，总额税的效应是使利润最大化的数量不变和减少经济利润（π）（图7-14（b）中，经济利润从π下移到π_T）。然而，只要经济利润为正，就不会有其他效应，生产者承担所有税负。图7-14所示的边际情形是，垄断者在O-q_M产量上生产，和不在这一行业之间没有差别。总额税为图7-14（b）中垂直距离3-4，图7-14（a）中面积P_M-2-1-P正好消耗企业之前享有的经济利润，即距离1-2是产出为O-q_M时平均固定成本的增加。

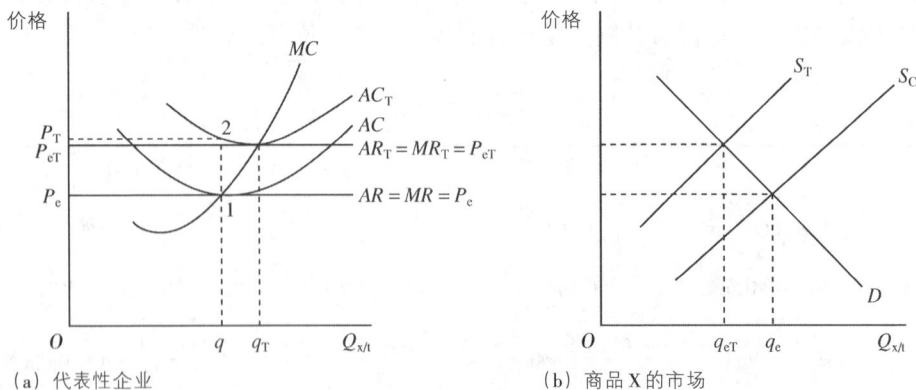

图7-13　一次总额税和成本不变的竞争性行业

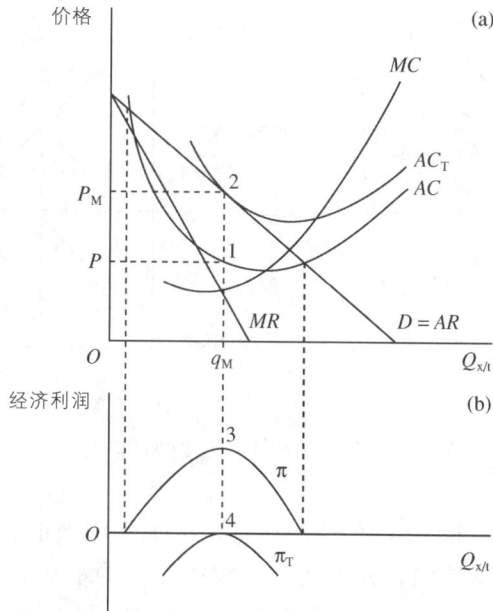

图 7-14　总额税和垄断

　　（ii）如表 7-4 所示，一种特定的（每单位固定税）或一种可变的税（t）（与总额税不同，其收入随产出而变化），影响边际成本曲线的位置，从而影响利润最大化的产出水平。在完全竞争条件下，税收的影响随行业长期供给曲线的形状而变化；价格变化幅度 ΔP 小于、等于或大于单位税 t，取决于行业成本是递增、不变还是下降。成本不变行业已假定 $\Delta P = t$。这一过程如图 7-15 所示，行业和代表性企业的初始均衡点分别为点 1 和点 1'。短期内，新的"含税"边际成本曲线位置显示，在每一价格水平上供给意愿下降，图 7-15（b）中为从 S 到 S_{SR}。行业和企业产出分别变为 q_{st} 与 q_s，价格从 P_e 上涨到 P_s，涨幅小于税收 t。这一短期结构显示，图 7-15（a）中代表性企业的亏损等于面积 P_s-2-3-4。长期来看，这会导致企业退出，直到更少的企业每期供给其原始数量 $q = q_t$，导致在价格为 P_{et}（高于 P_e，准确地说，高出的数量是单位税 t）时获得零经济利润。

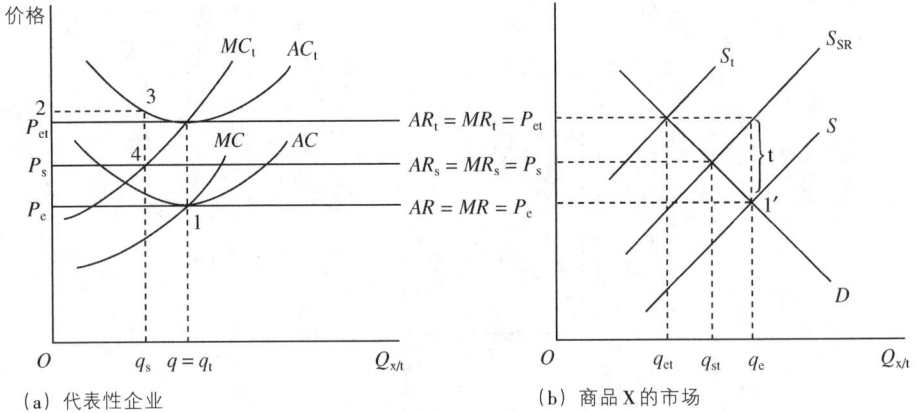

图 7-15 从量税和成本不变的竞争性行业

注意，图 7-15（b）中的供给曲线是短期行业供给曲线。在成本不变的假定下，长期行业供给曲线将分别是由 P_e 和 P_{et} 出发的水平直线（课税前和课税后）。对垄断者征收单位税 t 时，图 7-16（a）中 MC 和 AC 曲线按税收数量上移到 MC_t 和 AC_t。结果是，由相关交叉点 1 和点 2 所决定的利润最大化的产出从 O-q_M 减少到 O-q_{Mt}，价格从 P_M 上升到 P_{Mt}。图 7-16（b）显示了经济利润（利润 π 与 π_1）是如何随着被征税（分别课征垂直距离 q_M-3 与 q_{Mt}-4）而必然减少的（椭圆线部分是每一时期每一数量下的平均收入减去平均成本而形成的）。更高的价格意味着消费者承担了部分税负，而更低的利润说明生产者也承担了部分税负。各自承担的税负份额取决于需求曲线的价格弹性 e_d 与边际成本曲线的弹性 e_{mc}。由消费者承担的百分比（p_d）通过调整（7.26）式推导的弹性公式给出，即 $e_d \leq 0$, $p_d \geq 0$ 的 $e_{mc}/(e_{mc} - e_d)$，e_{mc} 相对于 e_d 越高，消费者承受的负担越重。一般情况下，价格变化小于所征收的税，即 $P_{Mt} - P_M < t$。

表 7-5 总结了上述比较静态局部均衡的结果。但其内容只是看似清晰，因为一旦不变成本行业和利润最大化行为假定放弃，税收的归宿效应就会变化。进一步的案例分析参见 Brown 和 Jackson（1990）。

7.7.3 税制改革：博彩税与电子商务

为避免所有图形和分析看起来都很深奥，了解它们的政策含义是有用的。Paton、Siegel 和 Vaughan Williams（2002）考察了电子商务、引入国家彩票以及减少与欧盟的贸易壁垒对博彩税的影响，并指出，从"一般博彩税（General

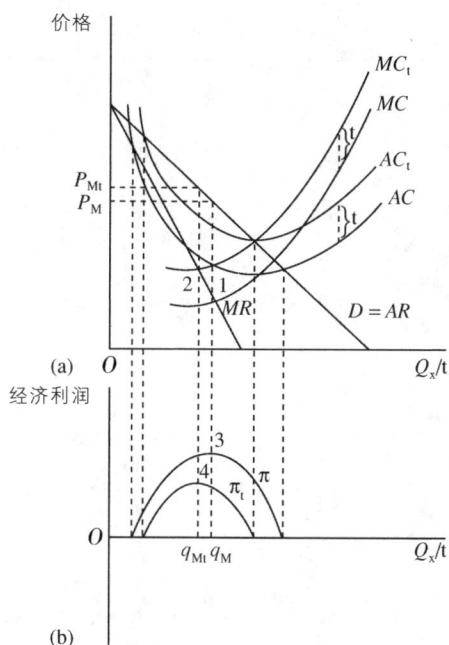

图 7-16 从量税与垄断

Betting Duty，GBD）向毛利税（Gross Profits Tax，GPT）的转变看来受到了经济理论的直接影响"（Paton、Seigel 和 Vaughan Williams，2002：F312）。然而是如何影响的呢？作者指出，网络赌博让赌客得以逃避消费税，1994 年引入的国家彩票（National Lottery）为赌博提供了一种替代品。易得替代品的出现表明，博彩需求对于税率变化相对有弹性，这些理由引发了旨在保护政府收入来源的税制改革，因此，2001 年英国财政大臣宣布将一般博彩税（GBD）改为毛利税（GPT）。有关博彩税改革的咨询文件列出相关的评估标准：配置效率、分配效率、行业竞争力和政府收入的维持。鉴于上述考虑，后两个标准表明减税是本章的重点，本节的重点是改革的经济效率。请注意，这是出于维护英国博彩业的视角，因此，任何与博彩或有益需求相关的外部性都不在考虑之中。

图 7-17 中，博彩市场的产出量被界定为投注单位的数量（B）。以 1 英镑赌注为标准单位，数量轴表示投注者下注的总金额。y 轴表示每单位赌注的价格，即赌客期望作为赢款被返还的赌注所占的百分比，因此，博彩公司获得的总收入是支付赌客赢款后保留的金额。GPT 代表对博彩公司支付赢款后的净收

表 7-5　　　　　　　　　　　　　　　　税收效应小结

总额税			

竞争条件下：
企业

	短期	长期
ΔP	0	$+ve$
Δq	0	$+ve$

行业

Δq	0	$-ve$

垄断条件下：

ΔP	0	
Δq	0	

特定（消费）税

竞争条件下：
企业

ΔP	$+ve < t$	$+ve = t$
Δq	$-ve$	0

行业

Δq	$-ve$	$-ve > SR$冲击

垄断条件下

ΔP		$+ve$（ $= t$ 当 $e_d = 0$时）
Δq		$-ve$

入征收的一种税，可以视为按照赌徒面对的价格的一定比例征收的从价税。相

反，一般博彩税相当于商品税。图7–17表明，两种税在完全竞争下是等价的，产生了同样的均衡、收入和福利损失三角形。在征收商品税条件下，（不变的）边际成本曲线（MC）升到$MC+t$，价格从P_e上涨到P_t，筹集的税收收入是面积P_e-P_t-2-3，当均衡从点1和数量q_e移至点2和数量q_t，产生了福利损失三角形1-2-3。以v%税率征收从价税，需求曲线D（等于平均收入（AR））实际上围绕数量轴向内旋转，得到$D(v)=AR(v)$，这与商品税的影响相同。然而，博彩业由少数几家企业主导，相关问题变成，这种等价在垄断情形中是否成立？答案是否定的，图7–18说明了原因。在垄断条件下，相关的边际收益曲线MR和$MR(v)$在确定利润最大化数量时发挥作用。征收商品税的情形中，均衡点为点1（此处$MC+t=MR$），价格为P_t，数量为q_t，筹集的收入为矩形1-2-P_e-3。为进行比较，必须复制P_t、q_t及从价税，意味着征税下的边际收入一定和MC相交于点2。在MR位于x轴的截距、点2（这是锚定的，因为$D=AR$和$D(v)=AR(v)$有一共同的x轴截距）及y轴间画一条直线，确立适当的边际收入线$MR(v)$；在y轴截距和$D=AR$在x轴截距间画一条直线，得到相关的$D(v)=AR(v)$线的位置。总之，所要求的从价税导致$D=AR$曲线围绕其x轴截距向内旋转，给出（虚线）$D(v)=AR(v)$。现在，相关的边际收入曲线为$MR(v)$，均衡为点2（此处$MR(v)=MC$），价格又是P_t，数量为q_t，从而收入为矩形P_t-4-5-6。税收收入筹集数量的比较显示，商品税筹集1-2-P_e-3，从价税筹集P_t-4-5-6，二者均包含矩形3-1-5-6。由于矩形P_t-4-1-3明显大于6-5-2-P_e，从价税筹集了更多的税收。这意味着如果要两种税提供相同收入，从价税下的数量必须增加，以降低$D(v)=AR(v)$和$D=AR$间的税收楔子。作者的观点是，从价税（如GPT）在福利上优于能带来同样收入的商品税（如GBD），因为它为具有市场支配力的企业提供了激励，使其遵循量大–价低策略而非量小–价高策略。从价税另一个吸引人的地方是，它鼓励企业尽可能地降低边际成本，因为均衡引致的相对更低的价格降低了单位投注的税收。前已述及，易得替代品的存在说明对博彩的需求相对有弹性，因此，预测是转向GPT导致较低的价格将吸引对替代品的需求。例如，国家彩票降低了从那里筹集的收入。从公共选择视角看，政府显然对收入来源保持警惕。在这种情况下，其愿意采取政策行动保持英国博彩业与网络赌博等竞争，而不是简单地任由博彩业税基萎缩。从传统的福利经济学视角，我们欣慰地看到政府正在进行税制改革，这与经济理论开出的药方一致。

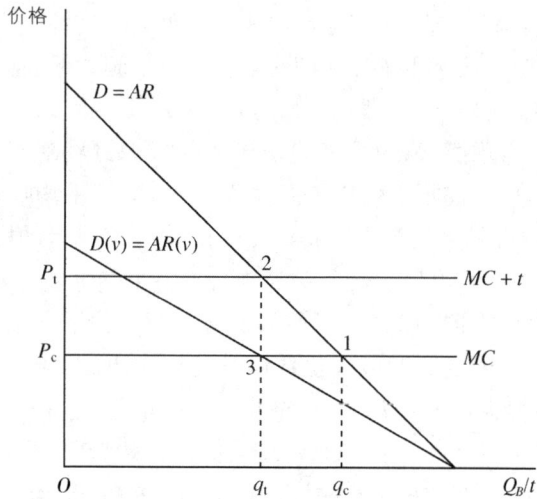

图 7-17 竞争条件下的博彩税

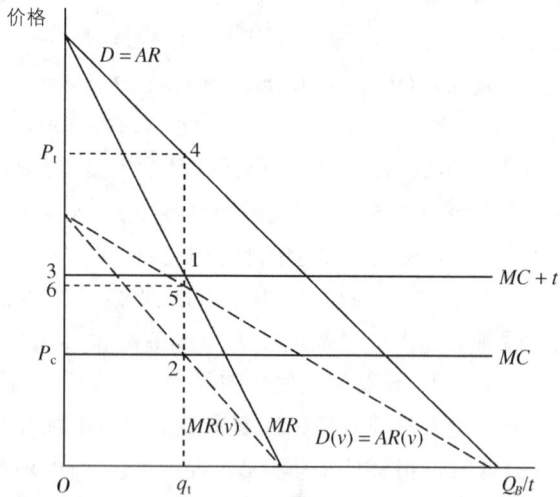

图 7-18 垄断条件下的博彩税

7.7.4 一般均衡分析

公司是一种经营形式，由股东所有，其对公司经营行为承担有限责任。公司是独立的法人实体（它们可以起诉或被起诉），且通常对公司所得征税。经济体可以分为两部分：一部分是这样组织起来的企业，另一部分是非公司部门（因为并非所有企业都以公司形式经营）。Harberger（1962）感兴趣的只是对公司（公司部门）征税的影响。他利用一般均衡模型证明，对公司部门的资本回报征税可能由所有资本所有者承担，无论其资本是否用于公司部门。这一结论又敏感地依赖于一些潜在假定。McLure 和 Thirsk（1975）以及 Brown 和 Jackson（1990）在一般均衡条件下讨论了这一分析。Hyman（1987）以及 Musgrave 和 Musgrave（1989）提供了局部均衡的例证。本节旨在研究模型中所用假定的重要意义，更通俗而言，即哈伯格模型的重要性。

哈伯格模型的说明如下：

1.有 X 和 Y 两种产品，劳动 L 与资本 K 两种生产要素。虽然生产过程中每种商品使用的资本和劳动密集度不同，但两种生产要素都用于每种商品的生产。（在这里，商品 X 假定在生产中资本密集度更强，且在公司部门生产。）

2.假定资本和劳动的总存量不变。

3.假定产品市场和要素市场完全竞争。

4.假定生产要素充分利用。

5.假定经济体是一个封闭的经济体；没有国际贸易。

6.生产函数是柯布–道格拉斯形式，规模报酬不变。例如，对于商品 X 的生产，函数形式是：

$$X = b_0 L^{b_1} K^{b_2} \tag{7.28}$$

式中，X 为商品 X 的产量

L 为劳动

K 为资本

b_0，b_1，b_2 是生产函数的参数

$b_1 + b_2 = 1$

从这个生产函数可以推导出劳动边际产量（MPL）和资本边际产量（MPK）的表达式。例如，劳动边际产量为：

$$MPL = dX/dL = b_1 b_0 L^{b_1-1} K^{b_2} \tag{7.29}$$

$$= b_1 \left(b_0 L^{b_1-1} K^{b_2} \right) \tag{7.30}$$

$$= b_1 (X/L) \tag{7.31}$$

边际产量等于常数（b）乘以生产要素的平均产量，于是：

$$MPK = b_2 (X/K) \tag{7.32}$$

利用这些边际产量的价值，可以证明生产要素间的替代弹性是单位弹性。

生产要素间的替代弹性是指要素价格的比例变化引起的要素使用密度比（例如生产中的K/L）的比例变化，即：

$$s = \frac{要素使用密度比的比例变化}{相对要素价格的比例变化} \tag{7.33}$$

所有市场都是完全竞争情况下，生产者让生产要素的边际替代率等于相对价格。生产函数的边际替代率（或通常称边际技术替代率）是生产要素的边际产量之比。因此：

$$s = \frac{d(K/L)/(K/L)}{d(MRS)/(MRS)} \tag{7.34}$$

MRS是边际产量的比率，从而该式可以写为：

$$s = \frac{d(K/L)/(K/L)}{d[(b_1/b_2)(K/L)]/(b_1/b_2)(K/L)} \tag{7.35}$$

和

$$s = \frac{d(K/L)/(K/L)}{(b_1/b_2)d(K/L)} = 1 \tag{7.36}$$

就以下分析而言，这意味着：

（a）就要素报酬的变化而言，支付给资本的总产出份额和支付给劳动的总产出份额保持不变。成本最小化的生产者将替代生产要素来回应价格变化（例如，如果资本的相对价格提高，生产者将选择劳动更密集的生产方式）。然而，假定替代弹性是单位弹性，资本支付总额和劳动支付总额在征税前后均保持不变。就资本而言，

$$MPK = b_2(X/K) \tag{7.37}$$

$$MPK(K) = b_2(X) \tag{7.38}$$

$$\frac{MPK(K)}{X} = b_2 \tag{7.39}$$

（b）生产要素需求具有单位需求弹性。在替代的单位弹性下，就成本考虑而言，要素价格的任意增长（下降）将正好被该要素使用数量的减少（增加）抵消。这意味着，每种生产要素的需求是单位价格弹性时，需求曲线将是等轴双曲线。

（c）规模报酬不变。支付边际产量的要素报酬后，就产出而言没有剩余（或不足）。生产函数显示规模报酬不变。例如，所有生产要素翻番使产出翻番。

在模型分析中，所有柯布-道格拉斯函数的这些特征都是重要的。

7.哈伯格模型（Harberger，1962）假定资本和劳动所有者都以固定比例的收入购买商品 X 与 Y。效用函数也有柯布–道格拉斯函数形式的特征，意味着需求函数也是单位价格弹性的（并不意味着资本和劳动的所有者有相同的效用函数和偏好）。

8.最后，为了预测事件，有必要限制政府的作用。对行业 X（公司部门）的资本使用征收少量的税收。假定经济中没有其他税种，当政府使用税收时，就像个人消费者未被征税时花费收入一样（这相当于假定税收收入以总额税方式返还给纳税的社会各部门）。

根据这一系列假定，可以使用图 7–19 说明公司税的影响。当然，进行分析所要求的假定数量非常苛刻。然而，读者自始至终应该考虑，任何阶段放松或修改一个假定将如何影响该分析得到的预测。

在图 7–19（a）部分，纵轴用以记录 X 行业（公司部门）及 Y 行业（非公司部门）的资本回报率。横轴表示经济中的总资本存量。初始均衡中，假定完全竞争，资本在两个行业间进行配置，使行业回报率相等（即在 r^1 处）。这必须如此，原因是如果一行业的回报率高于另一行业，资本就会流向回报率更高处，不可能存在均衡。因此，在初始均衡位置（点 1），$O_x^K - K^1$ 用于 X 行业，剩下的 $O_y^K - K^1$ 用于 Y 行业。

图 7–19（b）中，埃奇沃思方盒显示经济体中的资本和劳动总供给。第一种情形中，同样因假定完全竞争，经济体配置资源以达到连接 O_x-O_y 的契约线上的某一点。契约线的形状表明，X 行业在生产中是资本密集型的，Y 行业相对而言是劳动密集型的。初始的资源配置位于契约线的点 2 上（即 X 行业使用 O_x-K^1 单位资本和 O_x-L^1 单位劳动用，剩余资本和劳动供给用于 Y 行业），这显然是一种帕累托有效配置。两个行业中，资本和劳动的边际技术替代边际率相等。这是显而易见的，因为等产量曲线 q_x^4 与 q_y^6 在点 2 处相切，表明 X 和 Y 行业的生产者使其边际技术替代率等于同样的要素–价格比（线 P_1 的斜率）。完全竞争意味着两个行业的生产者面对同样的生产要素相对价格集。每个行业的成本最小化决策意味着初始均衡在契约曲线上（因此，在生产可能性边界上）。

图 7–19（c）部分只是将信息从图 7–19（b）部分传递到图 7–19（d）部分的图，涉及劳动力市场。一条 45 度线位于两轴之间，每条轴都用来估计经济体中初始的劳动存量。通过图 7–19（b）围绕 45°线显示的信息，可以在图 7–19

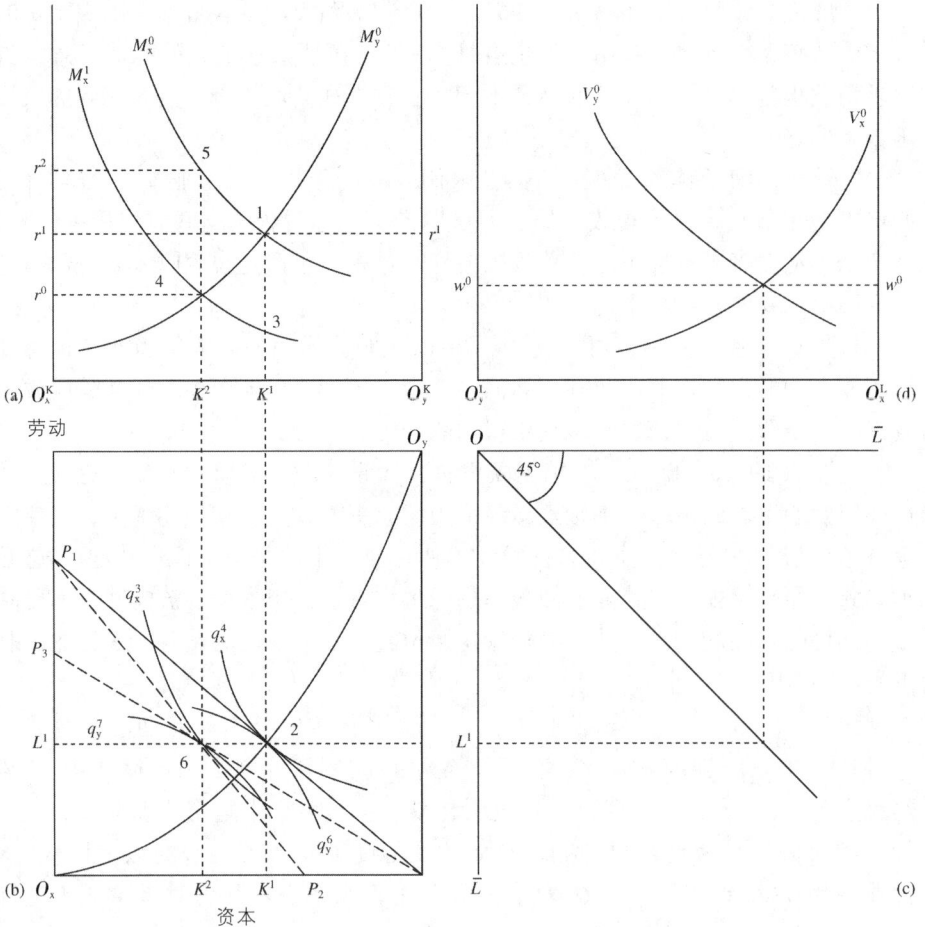

图7-19 哈伯格模型

（d）部分看到初始均衡中的劳动力市场情况。各行业劳动的边际产品价值分别表示为V_x^0和V_y^0。注意，假定完全竞争，并假定劳动力在不同行业间流动，两个行业的初始工资率相等，即w^0。

为了分析公司税对X行业（公司部门）的影响，图7-19（a）部分必须考虑到净（税后）资本回报率将下降的事实。曲线M_x^0和M_x^1分别记录了X和Y行业资本的边际产品价值。对于资本所有者而言，税收导致M_x^0移动到M_x^1，因为差额现在必须用税收支付。在当前行业间资本配置情况下，Y行业资本所有者

的回报率为 K^1-1，而 X 行业资本所有者（税后）的回报率仅为 K^1-3。资本将从 X 行业转移到 Y 行业，持续到 X 行业的税后回报率等于 Y 行业的回报率。因此，K^1-K^2 单位的资本将从 X 行业转移到 Y 行业以均等回报（即两者都等于 K^2-4）。税收造成的无谓损失在图 7-19（a）部分显示为三角形 1-4-5，可以近似为公式 $\frac{1}{2}tdK$，其中 t 为公司税税率，dK 为资本流动。

图 7-19（b）部分清楚地表明存在无谓损失。当 K^1-K^2 资本移动时，经济不再位于埃奇沃思方盒图中的契约曲线上。X 行业中的要素相对价格发生变化，资本相对更昂贵。原因是资本必须支付税收成本，并向资本所有者提供回报。产品 X 生产者面对的要素相对价格集由直线 P_1-P_2 的斜率所示。生产者选择的成本最小化切点是点 6，此处 q_x^3 与 P_2 相切。相比之下，Y 行业生产者面临的相对价格集为 P_3。该行业中，资本相对便宜，因为只需支付资本回报 r^0，而第一种情形中资本支付为 r^1。因此，产品 Y 的生产者使生产要素的边际技术替代率等于斜率 P_3。在点 6，q_y^7 与 P_3 相切，因此与等产量线 q_x^3 相交。

尽管资源配置成本显而易见，但任何人都没有理由摆脱这种低效的结果。每个行业处于均衡状态，等产量线的斜率等于其面对的价格比率。没有理由改变劳动配置。两个行业的工资率仍然相同，这可通过图 7-19（c）及图 7-19（d）部分来证实。在迄今为止的分析中，劳动不承担税收的成本；资本所有者承担成本，不论他们是否在公司部门。

为考察公司税对商品价格的影响，请参考图 7-20。如上所述，假定政府以与生产要素所有者完全相同的方式使用税收收入。因此，商品 X 的总需求曲线 D^x 和商品 Y 的总需求曲线 D^y 不会改变。但明显的是，商品价格保持不变时，商品 Y 的产出是扩张的（即图 7-19（b）部分中从 q_y^6 移动到 q_y^7），商品 X 的产出下降（图 7-19（b）部分中，从 q_x^4 移动到 q_x^3）。结果是，如果两种商品的总需求没有改变，那么商品 X 的价格必须上涨，商品 Y 的价格必须下跌。图 7-20（a）显示了 X 的市场，当 X 的产量从 v 下降到 q_x^3 时，价格从 P_0 上升到 P_1。资本所有者的实际收入因纳税下降，故其需求曲线必须向左移动（D_{k0}^x 移动到 D_{k1}^x）。由于价格上涨和收入下降，其对这种商品的消费下降。劳动者的需求曲线（D_l^x）没有理由移动：由于商品 X 价格上涨，其对 X 的消费下降。图 7-20（b）中，商品 Y 的总需求（D^y）保持不变，劳动者由于更低的价格而购买更多，而资本所有者即使面对更低的价格（P_1）也可能购买更少，因为更高税收引起的收入下降改变了他们的需求曲线（即 D_{k0}^y 移动到 D_{k1}^y）。

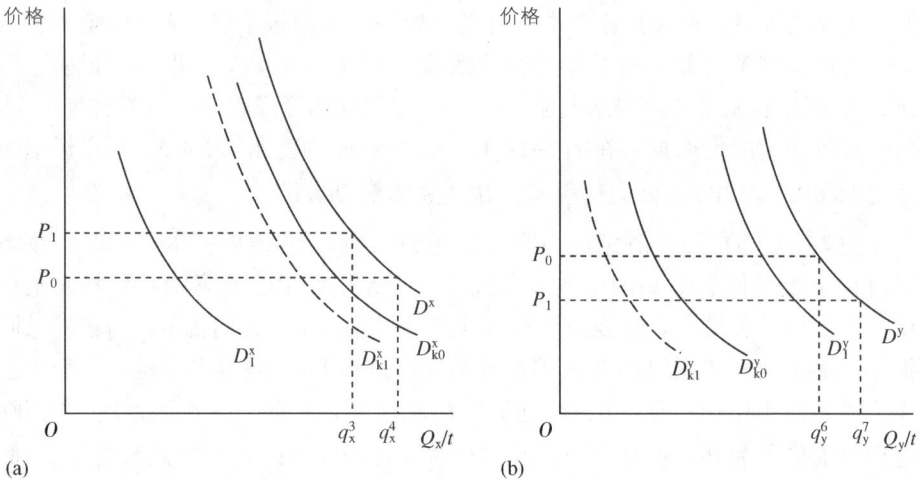

图 7-20　税收归宿

对商品间与劳动和资本间的替代弹性作合理假定，难以否定在美国（Harberger 研究的国家）资本将承担几乎所有税负的结论。实际上，假定全部公司所得税对资本回报征收，Harberger（1962）估计，1953—1959 年间美国公司税的超额成本占公司税收入的 2.4%~7.0%。Shoven 和 Whalley（1972）放松了 Harberger 对线性近似的依赖，提供了另一种计算方法。使用同样的参数值，他们估计超额税收负担为税收收入的 2.2%~11.7%。

哈伯格的分析是有用的，其强调了考虑税收归宿时需牢记的各种区别。短期和长期是有区别的。在非常短的时间内（即资本无法流动），公司部门的资本承受了全部负担。而后当资本可以流动时，无论位于何处，税收负担都由资本承担。[①]但哈伯格模型对其包含的假定非常敏感，如同所有经济模型一样，如果不同意这些假定，可能会拒绝这些预测，如下例所示。

1. 负担的分布将取决于所假定的资本与劳动间的替代弹性。Musgrave 和

[①]　就资本所有者消费而言，这一例子显示 X 和 Y 的消费最终都会下降。就劳动者而言，X 的消费下降，Y 的消费上升。比较这个效应，可以用拉氏指数（基于税前价格），或用帕氏指数（基于税后价格）。

Musgrave 和 Musgrave（1984:285）对"来源侧"的负担和"使用侧"的负担作了一般区分。非公司部门的商品消费者可能从价格下降中获益，尽管他们指出"这些随后效应……不可能推翻其对资本净回报的最初影响中反映的税收累进性质"。

Musgrave（1984）指出，资本的负担更大，劳动的负担更小，X 行业中劳动与资本间的替代弹性比 Y 行业小。Tresch（1981）说明，如果资本和劳动间的替代弹性为零，公司税归宿取决于两个行业中使用资本和劳动的相对比例。当课税行业密集使用劳动时，劳动承担的税收可能超过其最初对国民收入的贡献比例。但结果对两种商品间的消费弹性也很敏感，两种商品间消费的替代弹性越低，资本负担越大（Musgrave 和 Musgrave，1984）。

2. 如果企业享有垄断利润，即使这些利润因税收而减少，资本所有者仍可能留在公司部门，而不是增加非公司部门的资本供给（从而降低回报率）。

3. Stiglitz（1976）认为，如果债务和折旧的利息支出均可抵税，这种税可能就像纯利润税一样发挥作用，假定：

r 为一期利率；

d 为折旧率

t 为公司税税率

m 为公司部门资本存量边际增加带来的利润增量

在这个部门额外增加 1 英镑投资的决策取决于投资回报（m）减去借款成本（r）和折旧成本（d）。如果利息支付和经济折旧可以抵税，那么投资的净回报率为（$m-r-d$）（$1-t$）。因此，只要 $(m-d) > r$，企业就应该投资。投资成本（r）与税收 t 无关。课税前，如果 $m-d-r > 0$，企业进行投资；课税后，只要 $(m-d-r)(1-t) > 0$，企业就会投资。因此，征税不改变企业决策——任何它在课税前会做的事，课税后也会去做（因为 $t < 1$）。

Harberger 的分析更适合没有利息扣除的公司税。这种情形中，1 英镑投资的净回报是 $(m-d)(1-t) - r$。因此，为了使投资值得进行，必须满足 $(m-d) > r/(1-t)$。

4. Rosen（1988）指出模型是静态的。如果随着时间推移，对公司资本征税改变了经济体中可用的资本总量，结果就会不一样。如果征税降低了资本总量，劳动的边际产量与工资率就会下降。因此，劳动将比其他情形承受更大的负担（Ballentine，1978）。

5. 这一分析在封闭经济的背景下进行。相反，假定资本可以在国家间流动。图 7-21 再次说明了公司部门和非公司部门资本的边际产量。世界资本价格（不受该国相对较小的国内市场影响）为 r'。在这种情况下，如果征收公司税，公司部门的边际产量曲线从 M_x^0 移动到 M_x^1，资本将流向国外而不是非公司部门。

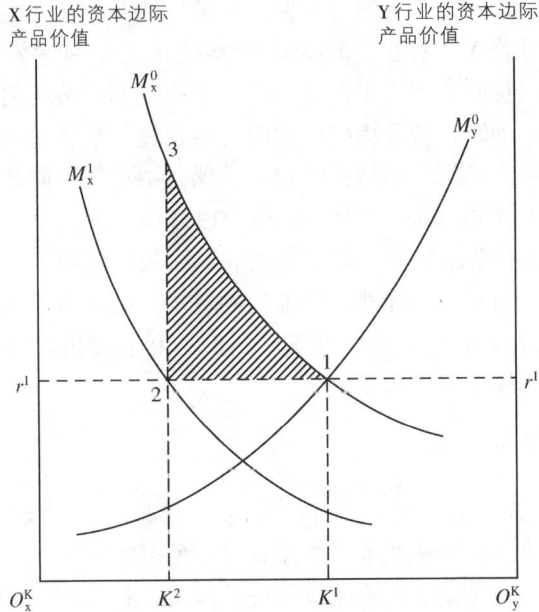

图7-21 开放经济体中的公司税

在图7-21中，这意味着资本配置的变化。征收公司税之前，O_x^K-K^1资本用于公司部门，O_y^K-K^1资本用于非公司部门；征税后，O_x^K-K^2单位的资本仍留在公司部门，O_y^K-K^1单位在非公司部门，其余的K^2-K^1单位已经流到国外。Musgrave、Musgrave和Bird（1987）指出，税收负担已转移到其他地方。显然，现阶段的调整中，公司税负担尚未由资本承担。这种情况下，税负可能由公司部门的劳动承担。注意，从资本的边际产量中扣除资本回报数量后，剩余部分为劳动回报，图7-21中，这由被减去的阴影三角形1-2-3表示。当然，这是税收的初始效果，上面讨论的其他注意事项仍然适用。[1]然而，这个例子进一步说明了税收归宿对经济结构的敏感性。

---

[1] Musgrave、Musgrave 和 Bird(1987)指出,在某些情况下,这最终可能导致劳动的需求减少,且劳动通常可能承受负担。他们也指出,使用公司产品的消费者可能承受负担。

7.8　税收/补贴资本化

税收（或补贴）资本化不仅是一个自身重要的主题，而且是一个在归宿概念（由此关注公平）和配置概念（由此关注效率）间提供了便捷联系的主题。此外，这一概念再次提醒我们不要简单地对税收面值进行分析。为了说明涉及的内容，考虑图 7-22（由分为两个市场说明的两部分组成）。图 7-22（a（ii））和图 7-22（b（ii））显示资产的整体市场，而图 7-22（a（i））和图 7-22（b（i））代表给定存量 O-S_h 的资产 H（例如住房）市场。（a）代表所谓的"小资产"假定，从而 H 是可持有资产总额的一小部分，因此，H 市场的一切都不会影响资产回报率（10%），因为其由资产 H 的总供给曲线 S 和总需求曲线 D 相交决定。假设资产 H 永续存在且年回报为 10 000 英镑。如果资产的均衡回报率是 10%，其资本化价值是 100 000 英镑（永续资产的价值等于年回报除以利率或回报率）。现在假设对资产 H 征收每年 1% 的税（等于每年 1 000 英镑）。根据定义，H 必须符合 10% 的回报率，对于年净回报（现在为 9 000 英镑），只有在 H 下降到 90 000 英镑（9 000 英镑/0.1=90 000 英镑）时才会产生。简而言之，宣布对 H 征收 1% 的税的那刻起，就意味着所有税收都落在 H 的所有者身上。这种归宿效应引人注目且常常得不到重视。无论何时缴纳税款，总税收归宿都会在其公告中体现。从 D 到 D_t 的移动捕捉了这种税收效应。此外，图 7-22（a（ii））中，整个资产市场未受影响，不存在配置结果，O-S_t 仍然是资产的均衡总量。

转到图 7-22（b）部分所示的"大资产"情形。假设对 H 征税（根据定义，H 现在占资产市场的很大部分）就足以将净回报率从 10% 降低到 9%，原因是 D 有效地转到 D_t。资产均衡数量从 S_t 下降到 S'_t，产生的配置损失等于福利成本三角形 1-2-3。但是 H 存量的价格呢？对于每年 9 000 英镑的净收入，9% 的回报率，资产的资本化价值仍为 100 000 英镑（9 000/0.09）。至少短期内，向均衡调整（包括 S_h 向左移动）前，资产 H 的价值不变，未对当前资本所有者产生直接影响，税款实际支付照章进行。因此，完全资本化或无资本化对公平和效率而言非常不同。税收完全资本化在一定程度上是不公平的，因为它会造成（没有计划的？）意外损失（利得），但基于效率的理由，它有吸引力，因为配置的影响似乎极小。无资本化意味着税收的法定归宿与实际归宿一致，这

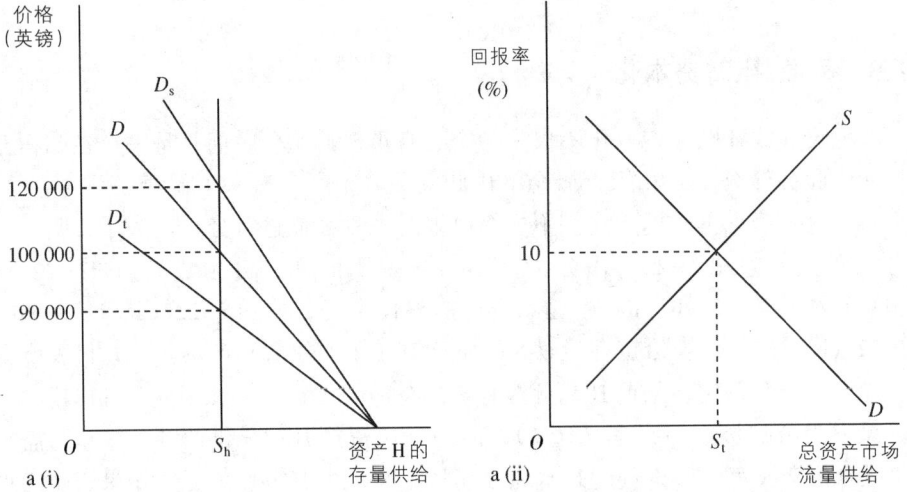

(a) 小资产假设；完全资本化：现有所有者归宿/无配置效应

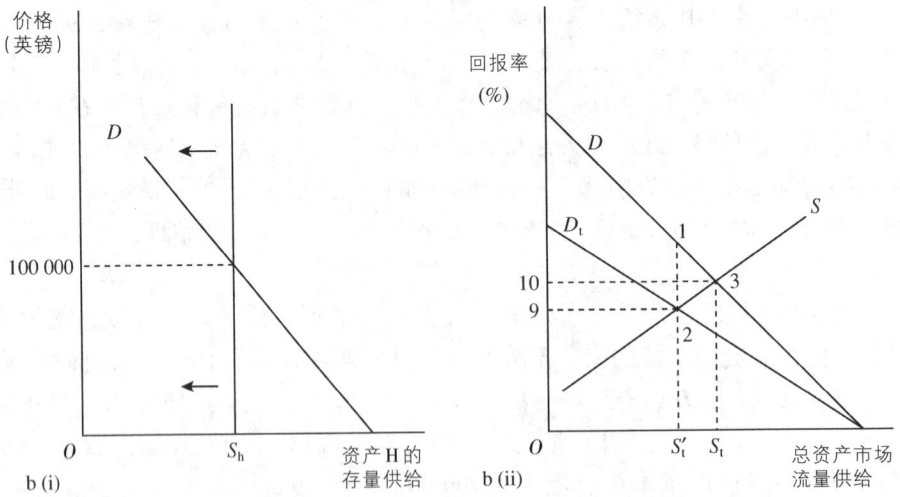

图7-22 税收和资本化

使得税收政策制定者更容易度量公平；但遗憾的是，配置效应可能有重要意义，需要进行分析。

最后，考虑对资产H实行每年2%（与其他资产相比较）的优惠待遇。如果H符合小资产假定，市场价格将完全资本化H的优惠待遇：H的价格将立即上升到120 000英镑，因此每年12 000英镑的净回报仅意味着H资产10%的回报率（图7-22（a（i））中，D实际上成为D_s）。税收优惠待遇公布时，这里的受益者是H的所有者。现进一步假设，几年后有人呼吁终止H的税收优惠待遇，供给结束。公布时，H价值回落到100 000英镑。补贴不仅未对H的供给产生刺激作用（这可能是本来的目标，一定程度上，H的所有者在这期间将发生变化），且意外损失落在那些未获得意外利得的人身上，由于缺乏其他信息，这似乎不公平。

为了明确观点，读者可以认真考虑这个过程的一个可能的例子。在此背景下，考虑多方要求终止当时存在的按揭税收减免的呼吁，这些呼吁的意义取决于按揭贷款税收减免的资本化程度，而这又取决于小资产与大资产的区别。

7.9 小结

本章一开始就提醒读者，简单的财政理论问题却需要复杂的答案。就税收负担而言，很明显，征税带来的负担超过了单纯的税收收入这一直接负担。征税给纳税人带来了超额负担，忽略这一点将导致"过高的"公共支出水平，从而加重福利损失。但是，税收边际成本问题并未脱离产权问题，某一特定税种的福利成本是否可以用个人为避税支付的金额与国家为其持有的税收间差额来估计？或者说，特定税种的福利成本是保证个人福利水平与不征税时一样所需要支付给个人的金额，减去国家为他持有的税收收入的差额吗？就第1章而言，参照点是个人被征税时的福利（理由是国家有权对该收入课税），还是个人税前的福利（理由是个人有权享有未征税的实际收入水平）？此后不久，税收福利损失估计的争论引发了关于个人在社会中权利的更深层的哲学讨论。

关于纳税人分担税负的方式，非常明确，这一负担并不简单地由依法负有纳税义务的一方承担。确定税收的最终归宿需要一个相当复杂的一般均衡模型，或（另一方面）许多关于不同市场相互作用的大胆的简化假定。但是，应该注意的是，税收分析的理论细节不会妨碍应用分析。第9章的许多研究试图考虑财政政策的分配效应。

经济分析或实际上任何分析的关键之处是它所做的假定。在一组假定下得到的结论可能不会延续到另一背景，或与其相关。税收分析中，背景越丰富，分析越复杂。所以，在可能情况下，选择最简单背景处理手头问题总是有吸引力的。分析者有责任明白什么是明确假定与隐含假定。表7-6说明了税收归宿的概念如何能够比本章的阐述更加一般化。各列自上而下是从狭义到更广义的归宿分析，提供了可以用它进行分析的政策问题及其案例。归宿自身是与政府政策有关的实际收入分配的变化。当你沿着栏（i）向下移动时，归宿概念变得越来越丰富，如前文所述，更加复杂。本章的税收分析大多属于类型（ii），即不同种类税收归宿的比较（例如消费税与筹集相同收入的总额税比较）。第9章的再分配研究，是表7-6中类型（iv）的归宿分析的应用举例。

表 7-6   不同情形下的税收归宿

（i） 归宿类型	（ii） 征税的结果	（iii） 相关政策问题举例
（i）（绝对量）从量税的归宿	公共支出不变：仅从经济体中抽取税收的宏观经济影响	为应对通货膨胀而增加税收
（ii）不同税种的归宿差异	考察两种能够筹集到相同收入的可替代税收的归宿差异（如上面情形（i），公共支出保持不变）	考虑通过不同的税收满足支出需要
（iii）预算归宿	不仅考虑税收变化，而且考虑为了转移支付需要而通过个人所得税筹集部分收入的效应，以及通过影响要素需求对劳动力市场上劳动所得的支出效应	出于为转移性支出融资的目的而筹集税收
（iv）净归宿或预算归宿	在（iii）上增加公共部门提供产品和服务的收益（benefit）（见第9章）	出于为公共部门转移性支出和消耗性支出融资的目的而筹集税收

来源：Musgrave and Musgrave（1976）. 节选得到麦格劳－希尔公司的许可。

根据本章所给出的理由，关于纳税人或家庭如何分担税收和分享政府福利的种种大胆假设应该是令人满意的。当然，关于税收和补贴资本化的讨论提醒人们不要对这些措施的成本与收益做表面的解释，如果政府提高按揭贷款的税收优惠，那些进入房地产市场的人会过得更好吗？或他们会仅为要购买的房子支付更高的价格吗？

考虑到这些问题的复杂性，读者完全有权怀疑，所有这些问题能否在政策制定前得到解决。如第6章的成本效益分析，理论要求并不总是容易付诸实践。第15章以最优税收分析为例，阐述该理论的实践和征管问题，但无论如何，那些在政策中发挥作用的人真的担心这些问题吗？或者他们受其他考虑和既得利益驱使，使得本章所讨论的福利经济学对实际决策的重要性远没有那么重要？

参考文献

Allan,C.M.(1971) *The Theory of Taxation.* Harmondsworth:Penguin.

Auerbach,A.J.(1985)'The Theory of Excess Burden and Optimal Taxation',pp. 61−128 in A.J. Auerbach and M. Feldstein (eds), *Handbook of Public Economics.* Amsterdam: North Holland.

Ballard,C. L.,Shoven,J. B. and Whalley,J.(1985)'General Equilibrium Computations of the Marginal Welfare Costs of Taxes in the United States', *American Economic Review,* 75,1,pp. 128−38.

Ballentine,J. G.(1978)'The Incidence of a Corporation Income Tax in a Growing Economy', *Journal of Political Economy,* 86,5,pp. 863−76.

Blaug,M.(1970) *Economic Theory in Retrospect,* 2nd edn. London:Heinemann.

Boadway,R. W. and Wildasin,D. E.(1984) *Public Sector Economics,* 2nd edn. Boston:Little, Brown.

Brown, C. V. and Jackson, P. M. (1990) *Public Sector Economics,* 4th edn. Oxford:Basil Blacklwell.

Browning E. K.(1987)'Marginal Welfare Cost of Taxation', *American Economic Review,* 77, 1,pp. 11−23.

Browning E. K.(1994)'The Non−Tax Wedge', *Journal of Public Economics,* 53,3,pp. 419− 33.

Browning, E. K. and Browning. J. M. (1983) *Public Finance and the Price System,* 2nd edn. New York:Macmillan.

Collard,D. A.(1980)'Excess Burden of a Tax:An Expositional Note', *British Review of Economic Issues,* 2,6,pp. 70−72.

Diamond,P. A. and McFadden,D. L.(1974)'Some Uses of the Expenditure Function in Public Finance', *Journal of Public Economics,* 3,pp. 3−21.

Easton,J. and Rosen,H. S.(1980)'Optimal Redistributive Taxation and Uncertainty', *Quarterly Journal of Economics,* 95,2,pp. 357−64.

Harberger,A. C.(1962)'The Incidence of the Corporation Income Tax', *Journal of Political Economy,* 70,3,pp. 215−40.

Harberger,A. C.(1964)'The Measurement of Waste', *American Economic Review,* 54, 3,pp. 58−76.

Harberger,A. C.(1974) Taxation,Resource Allocation and Welfare,pp. 25−62 in A. C. Harberger(ed.), *Taxation and Welfare,* Boston:Little,Brown.

Henderson, J. M. and Quandt, R. E. (1971) *Microeconomic Theory:A Mathematical Approach,* 2nd edn. New York:McGraw−Hill.

Hyman, D. N. (1987) *Public Finance:A Contemporary Application of Theory to Policy,* 2nd edn. Chicago:Dryden Press.

Jones, P. R. and Cullis, J. G.(1986) 'Is Democracy Regressive? A Comment on Political Participation', *Public Choice,* 51,1,pp. 101−7.

Killingsworth,M.(1983) *Labour Supply.* Cambridge:Cambridge University Press.

Lipsey, R. G. and Lancaster, K. (1956) 'The General Theory of Second Best', *Review of Economic Studies*, 24, 63, pp. 11-32.

Little, I.M.D. (1957) *A Critique of Welfare Economics*. Oxford: Oxford University Press.

McLure, C.E. and Thirsk, W.R. (1975) 'A Simplified Exposition of the Harberger Model, I: Tax Incidence', *National Tax Journal*, 28, 1, pp. 1-27.

Mohring, J.A. (1972) 'Alternative Welfare Gain and Loss Measures', *Western Economic Journal*, 9, 4, pp. 349-68.

Musgrave, R.A. (1959) *The Theory of Public Finance*. New York: McGraw-Hill.

Musgrave, R.A. and Musgrave, P.B. (1976) *Public Finance in Theory and Practice*, 2nd edn. New York: McGraw-Hill.

Musgrave, R.A. and Musgrave, P.B. (1984) *Public Finance in Theory and Practice*, 4th edn. New York: McGraw-Hill.

Musgrave, R.A. and Musgrave, P.B. (1989) *Public Finance in Theory and Practice*, 5th edn. New York: McGraw-Hill.

Musgrave, R.A. and Musgrave, P.B. and Bird, R.M. (1987) *Public Finance in Theory and Practice, First Canadian Edition*. Toronto: McGraw Hill.

Nicholson, W. (1989) *Microeconomic Theory Basic Principles and Extensions*, 4th edn. Chicago: Dryden Press.

Paton, D., Siegel, D.S. and Vaughan Williams, L. (2002) 'A Policy Response to the E-Commerce Revolution: The Case of Betting Taxation in the UK', *Economic Journal*, 112, June, pp. F296-F314.

Rosen, H.S. (1988) *Public Finance*, 2nd edn. Homewood, Ill.: Irwin.

Sanford, C.T. (1973) *The Hidden Costs of Taxation*. London: Institute of Fiscal Studies.

Shoven, J.B. and Whalley, J. (1972) 'A General Equilibrium Calculation of the Effects of Differential Taxation of Income from Capital in the US', *Journal of Public Economics*, 1, 3, 4, pp. 281-321.

Stiglitz, J. (1976) 'The Corporation Tax', *Journal of Public Economics*, 5, 3, pp. 1-34.

Tresch, R.W. (1981) *Public Finance: A Normative Theory*. Plano: Irwin-Dorsey.

Tullock, G. (1967) 'The Welfare Costs of Tariffs, Monopolies and Theft', *Western Economic Journal*, 5, 3, pp. 224-32.

Winch, D.M. (1971) *Analytical Welfare Economics*. Harmondsworth: Penguin.

第 **8** 章 逃税与黑色经济

8.1 引言

从"狗狗和围巾"(the Dog and Muffler)这样的大众酒吧到伦敦周围各郡的高级酒吧"金汤力"(gin-and-tonic),有两个保证可以让人血压升高的话题:逃税和社保欺诈。特别是最近一直有人分析逃税,因为它是大多数"黑色经济"定义的重要组成部分。尽管社保欺诈很可能引发公众更多的愤怒和关注,但是在经济学文献中却未得到足够的讨论。难道升高的血压和公众的愤怒更多是嘲笑而不是真实的吗?

作为练习,记下你对以下六个问题的答案,然后继续读下去(要对自己诚实——没有人会知道!)

1. "有一家人请施工人员干活,并被告知,如果他们付现金,就不会被征增值税,因此这家人支付现金并节省了500英镑。你觉得这家人是对还是错的?"答案选项是:没有错;有一点错;错;严重错误。

2. "如果你发现自己处于这种情况下,你认为你会这样做的可能性有多大?"答案选项是:非常可能;有点可能;不太可能;根本不可能。

3. "一名领取失业救济金的人打短工,取得现金报酬。但他没有向福利办公室报告,因此口袋里有500英镑。你觉得这是对的还是错的?"答案选项是:没有错;有一点错;错;严重错误。

4. "如果你发现自己处于这种情况下,你认为你会这样做的可能性有多大?"答案选项是:非常可能;有点可能;不太可能;根本不可能。

5. "一个人周末兼职，工资的支付方式是现金。只要个人不去申报纳税，获得的 500 英镑便全部留在了口袋里。"你觉得这是对还是错？答案选项是：没有错；有一点错；错；严重错误。

6. "如果你发现自己处于这种情况下，你认为你会这样做的可能性有多大？"答案选项是：非常可能；有点可能；不太可能；根本不可能。

"黑色经济"一词通常包含问题中所描述的活动，这个词本身就带有感情色彩和贬义。对大致相同的一组活动的其他描述包括/"现金"/"二元"/"隐蔽"/"非正式"/"非正规"/"月光"/"第二"/"影子"/"地下"/"黄昏"/"秘密"/"未度量"/"非官方"/"未记录"/"未征税"/"经济"。不同背景下，不同术语的适用性存在差异。例如，"未度量或未记录的经济"引起人们对其含义的注意，如果存在度量失误，官方统计数据及其出于政策目的的用途可能受到怀疑。下面将进一步讨论这个问题。这里采用"黑色经济"一词，不是因为它是最合适的，而是因为它是使用最广泛的术语。然而，这并不是为了预先对被贴上"黑色"标签的活动进行有偏见的评价，因为一些经济学家也在从积极的视角看待这些活动。由于大多数发展中经济体目前处于转型期以及这些部门在发展中经济体的持续重要性，人们对不同国家的非正式经济或影子经济的兴趣有所增加。

Tanzi（1980）认为黑色经济的发展是两类主要因素的产物：一类与逃避税收的欲望有关，另一类与逃避政府规制和限制的欲望有关。对合法活动的限制包括社会保障支付的资格要求，而对非法活动的限制覆盖销售赃物、卖淫（在部分国家）、贩毒等。某种程度上，这些资源本可用来在合法经济中产生收入，同时减少了给定税率下的税收收入。在这个意义上，这两种动机在逃税问题上相遇。

8.2　逃税活动

逃税涉及许多不同类型的活动，这些活动通常会引起广大公众的不同态度。最常见的逃税形式是申请比法定更多的扣除额或减免额，或少申报收入。不同类型的工作会为逃税提供不同的机会。事实上，逃税的容易程度是影响其规模的重要决定因素。例如，非正式雇用的侍者和自雇者（他们的收入没有在源头被征税）被认为几乎不纳税，人们通常认为税务当局对不同群体调查的程度不同。在这方面，农业部门是第一类，代表着一个政治上强大的群体，通常被认为是"放任不管"。第二类这样的群体是同时在正式经济和非正式经济（手头有现金）中工作的人：在正式经济或市场经济中，他们可能申报所有收入并正常纳税，但是，对于"兼职"工作，向其支付报酬可能是一项严格意义上不纳税的现金活动。第三类人群是一直或偶尔在现金经济中工作的人，这些人可能一方面不交税，同时还领取社会保障金。

饱受批评的是那些只在现金经济中工作，同时骗取社会保障金的个人。他们所处的位置使他们即使不缴社会保障金，也能过上相对较好的生活，同时工作时间少于标准工作周。在大众媒体上，沉溺于"社保欺诈"的个人被视为福利国家的行乞者，最为媒体所不齿。另外，逃税者，尤其是高收入者，并不总会招致很多反对。[1]显然，逃税可能发生的背景有许多种，公众似乎对此有不同看法。此外，人们普遍认为，高收入个人可能不需要成为逃税者，因为他们经常可以聘请专业的律师和会计师来帮助其避税。Slemrod（2007）指出，税务专业人士有句话叫"穷人逃税富人避税"。

避税和逃税很难区分。直截了当的回答是，区别在于合法性：避税合法，逃税违法。然而，法律界限并不总是精确的，正如Lewis（1982）所说，"逃避税"有一个灰色地带。关于道德上某些类型的"避税"与"逃税"难以区分的说法，Cowell（1985）评论说，这种基于道德标准的区分太模糊，无助于经济分析。他认为，确定性与不确定性作为区分标准的理由是，避税将经济主体置于确定性的背景中，而"逃税"给必须支付的最终税款留下了一定程度的不确定性。Lewis给区分逃税和避税增加了许多维度，概括如下：

逃税：　通过委托　有意的　无意的

　　　　疏忽　　　有意的　无意的

避税：　（未经政府批准的）法律"漏洞"

　　　　作为政府批准的税收支出政策的一部分

这些区别大多不言自明，但可能值得注意的是，逃税的经济方法最适用于"有意的"种类，这里理性计算行为占主导地位（有关黑色经济定义的讨论，请参见 McAfee，1980）。然而，在详细探讨逃税问题之前，我们首先给出关于避税的简要经济解释。

---

[1]　Lester Piggott是一名成功的职业赛马骑手，赚了数百万英镑，因税务欺诈入狱，大部分公众对此事并不了解，且许多人给他寄钱来帮他出狱！

8.3　避税：漏洞与政策武器比较

税收制度有税前扣除或免税的规定，这些本质上是间接的税收补贴。这些情况的出现，可能是由于税收立法的失误或起草不够严格，也可能是由于一项有意鼓励活动 X 的政策。图 8-1 可以用来说明这两种情况。1-2 是初始预算约束线。如果 Y（所有其他商品和服务）和 X 都被征税，预算约束线就会朝着原点方向平移至 3-4。

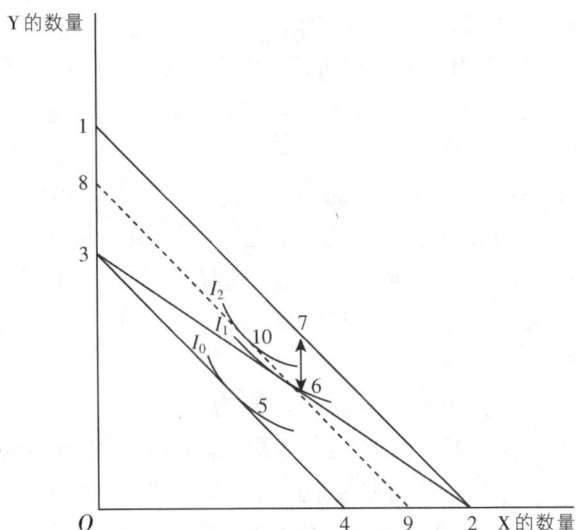

图 8-1　商品或服务不征税的情况

税后购买均衡组合由点 5 确定。如果 X 是免税的，无论是意外还是故意行为，预算约束线变为 3-2（也就是说，如果个人购买了所有 X，那么他们将根本不纳税）。这种情况下，均衡点为点 6，每个时期 X 的消费增加。所筹集的税收收入用垂直距离 6-7 度量。如果将结果 6 与筹集相同税收但不免税的结果进行比较，就会揭示对 X 未征税的缺点。通过点 6 的预算约束线 8-9，可以达到点 10 所在的更高的无差异曲线（I_2 与 I_1 相比），且保持税收收入不变。

正如已经指出的，导致这一结果的原因可能是政策的故意设计，也可能是某些政策错误。如果 X 是一种具有正外部性的商品，那么鼓励它的消费是合适的。Browning 和 Browning（1983）表明，即便 X 具有正外部性，这也可能是一项值得怀疑的政策工具。由于缺乏清晰性，税收优惠只会被那些消息灵通或者钻漏洞的人占有，因为这些人的税收事务由法律专家/会计师事务所处理。进一步的观点是，即使对 X 的免税是合理的，它也应该是明确的公开讨论的产物，而不应该被看作是写入税收细节的固有部分。如第 5 章所述，后一种情况很可能是用来获得政治支持的"特殊利益"立法的一部分。

8.4 税收与非正式经济

作为一个简单的起点，可以借用贸易理论的论点，看看税收的引入如何影响非正规或非市场经济的规模（Fallon 和 Verry，1988）。图 8-2（a）给出一条转换曲线 T-T'，表示如何减少休闲时间以提高产出。也就是说，T-T' 的斜率表示休闲减少转化为产出的比率。假设一个人从点 1 开始：那么用于休闲和非正式生产的时间如图 8-2 所示。市场的存在使个人可以与市场生产沿着 w（工资）线进行"交易"。一旦市场生产成为一种选择，个人就会在 I_1 上的点 2 找到均衡，这样，非正式时间、市场时间和休闲时间就可以在图上区分出来。特别是从 1 到 2 的移动涉及市场工作时间和市场产出的引入。当然在大多数国家，后者是国民收入核算工作的中心。

图 8-2（b）显示引入税收的影响。标为 w 的价格线向下旋转至 $(1-t)w$，反映了税收 t 对工资的影响（工资通过在市场时间、非市场时间及非正式生产投入的时间获得）。描述的个人在较低的无差异曲线 I_0 上的点 4 找到均衡。点 3 将时间区分为非正式生产时间、市场生产时间以及休闲时间。市场和休闲时间的变化是不明确的，但很明显，与正式生产相比，税收提高了非正式生产的最优数量。向非正式生产的转移是税收减少所度量的市场产出（GNP）规模抑制效应的一个例子。

迄今为止，还没有发生什么特别令人不安的事情。扭曲生产模式会带来福利损失，但是，没有什么可以为公共政策和有关逃税及"黑色"经济的随意讨论做辩护。其原因是，在上述情况下，我们不清楚非正式工作时间是否涉及应纳税所得，或只是无报酬的家庭生产：只是为自己做事，而不是通过市场交易。为钱工作应该纳税，不向税务当局申报或误报都将引起冲突。在逃税的道路上，个人面临着一个不确定的情况是：目前正在做的事情是非法的，如果被

(a)

(b)

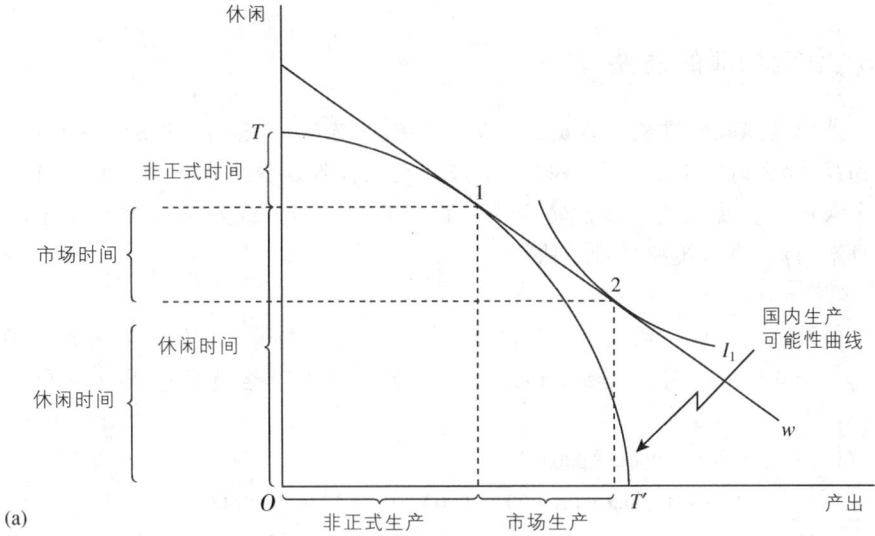

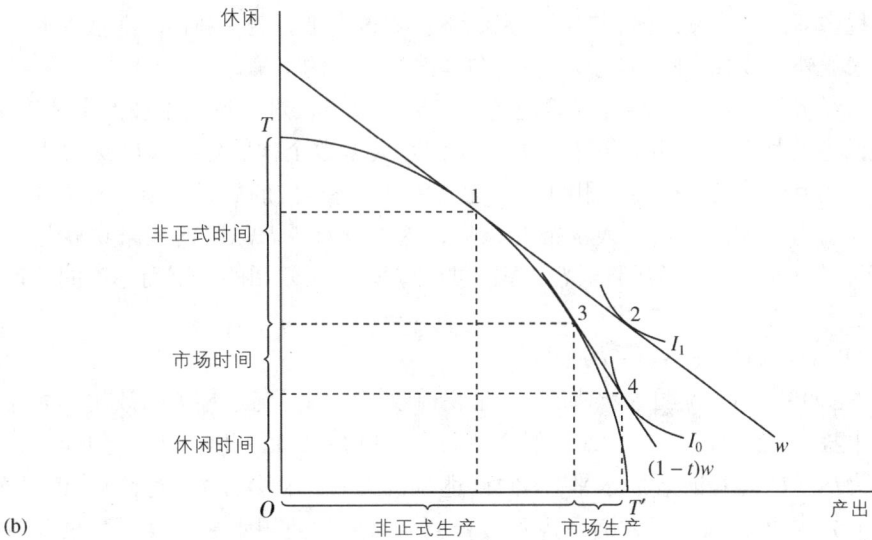

图8-2　税收和非正式生产

发现，将会受到某种形式的"惩罚"。因此，犯罪经济学应该对这个决策过程提供最初的洞见（Becker，1968）。

8.5 作为犯罪的逃税

逃税为风险中性的个人提供了以下类型的选择。假定应纳税所得为 Y，税率为 t。那么确定的是，个人只需申报并支付税收，就可以享有 $(1-t)Y$。如果个人逃税，那么进一步假定个人被查获并面临罚款或处罚（货币价值为 F）的概率为 p。逃税策略的期望值为：

$$E(V) = p(Y-F) + (1-p)Y \tag{8.1}$$

如果逃税的期望值大于 $(1-t)Y$，那么个人会逃税。例如，如果 $Y=12\,000$ 英镑，$p=0.5$，$t=0.33$，$F=5\,000$ 英镑。那么，个人策略就是基于以下两者的比较：

$$(1-t)Y = 0.66 \times 12\,000 = 8\,000\,(\text{英镑}) \tag{8.2}$$

$$p(Y-F) + (1-p)Y = 0.5 \times (12\,000 - 5\,000) + 0.5 \times 12\,000 = 9\,500\,(\text{英镑}) \tag{8.3}$$

当预期结果超过了特定结果的货币价值，可以预测风险中性的个人会选择逃税。请注意，额外的预期所得来源不影响该决策。潜在利得的非法性质既未带来额外的或减少的满足感，也不包含选择结果的不确定性。

经济学采用的一种普遍假定是个人厌恶风险，对于风险中性的个体来说，逃税是一种提高效用的策略，如果我们将大多数个体假定为风险厌恶者，那么，认为逃税能够提高效用的个体就会减少。不确定的后果必须具有不同程度的吸引力，才能补偿个人承担的风险，这本身对厌恶风险的人来说就是一件"坏事"。一旦包含了风险厌恶，相关的计算是基于效用的，因而逃税的预期效用变为

$$E(u) = pu(Y-F) + (1+p)u(Y) \tag{8.4}$$

图8-3（b）说明了新情况。Y是税前收入，U_0是与之相关的效用。如果个人申报 Y，他可以享有的确定的合法收入为 $(1-t)Y$，此时个人处于点1，效用为 U_1（U_1为基准效用水平）。假设逃税被查到，初始惩罚的货币价值是 F_1，从而 $Y-F_1$ 是收入水平，U_2 是逃税被查到所对应的效用水平。逃税如果要更有吸引力，就必须能够达到至少与不逃税同样高的效用水平。这种情况下，逃税被查到的概率意味着点2的期望收入水平 Y 能达到效用 U_1。Y^* 是期望收入，其确定性等价 $(1-t)Y$ 提供相同的效用水平（$Y^* > (1-t)Y$ 是风险厌恶的反映）。根据表示风险厌恶程度的总效用曲线的曲率，Y^* 将远远大于或仅略大于 $(1-t)Y$。曲率越大，风险厌恶程度越高，为使逃避行为更具吸引力，Y^* 必须更大程

度地超过（1-t）Y。给定 F_1 意味着逃税被发现的概率很低。当 p 值从 0 到 1 时，预期收入的位置就会从 Y 移动到 $Y-F_1$。一般的观点是，风险厌恶的人比风险中性的人逃税行为少很多（隐含在预期价值计算中）。

图 8-3（a）绘制半月形图以表明所讨论个体的确定性价值，即总效用曲线和期望值线之间的水平距离。图 8-3（a）中的距离 V-2′ 等于图 8-2（b）中的距离 1-2：它代表为承担概率为 p 的罚款 F_1 的不确定性而被补偿的总金额（在效用水平 U_1），该概率 p 与确定性收入（1-t）Y 相关。在（a）部分中，曲线的最高截距 F_1 出现在 p=0 时，最低截距出现在 p=1 时，此时逃税被发现已是必然。现可探讨一些初步的政策含义，具体如下：

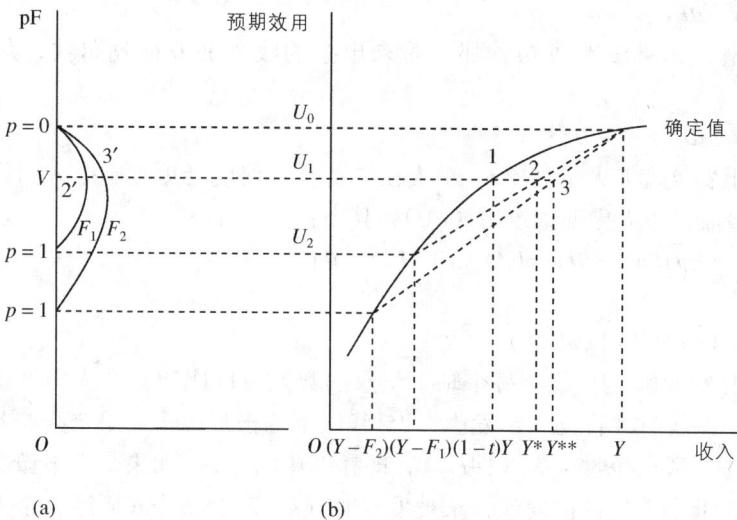

图 8-3　作为犯罪的逃税

1. 厌恶风险的人越多，逃税行为就越少；

2. 对于一个给定的罚款 F_1，被发现的可能性越高，逃税就越少（p 会随税务当局用于稽查的资源以及纳税人所需要履行的义务而变化）；

3. 对于较高的罚款 F_2，图 8-3（a）和（b）需要修正，如图所示，Y^{**} 是让逃税有吸引力所需的预期收入。V-3′ = 1-3 是确定性的适当的值，这意味着对于更大数目的罚款，更小概率的稽查足以阻止给定的逃税决策。

在引入更复杂的逃税模型之前，我们还将深入讨论这些问题。上述框架中，逃税是一种不可分割的行为，是一种零一选择。现实中，个人可以申报部分应纳税所得。Allingham和Sandmo（1972）以及Cowell（1985）[1]提供了一个说明这一点的框架，下文将对此进行介绍。

8.6　逃避税规模

个人通常面临的问题是要申报多少收入和不申报多少收入（而非是否申报任何收入）。假设个人的收入是 Y，对所申报收入征收税率是 t 的比例所得税，被发现的概率是 p（如果被发现，未申报的收入将被罚款）。如果个人申报的收入为 D，逃税成功时的净收入 N 为：

$$N = Y - tD \tag{8.5}$$

但是，如果没有成功，那么对未申报的收入 $Y-D$ 征收罚款，从而净收入为：

$$C = Y - tD - F[Y - D] \tag{8.6}$$

由于罚款率 F 大于税率 t，个人在被查获时处境会更差。个人面临的问题是选择 D 值以最大化期望效用（EU），其中：

$$EU = (1 - p) U(Y - tD) + pU(Y - tD - F[Y - D]) \tag{8.7}$$

或

$$EU = (1 - p) U(N) + pU(C) \tag{8.8}$$

在图8-4中，45°线让每个轴上记录的数量可以比较。个人因逃税而被罚款，图中的所有"行动"都发生在45°线以下的楔形中。如果个人诚实并申报所有收入，那么净收入为 $(1-t) Y$，即在图中的点2。如果个人不诚实，那么收入取决于个人是否被发现，未被发现时（如等式8.5中 N 所述，个人成功逃税）个人的净收入被记录在图8-4的 x 轴上，如果逃税被发现，那么净收入被记录在 y 轴上。假设个人决定只就收入 D^*（$< Y$）报税，未被发现时，处于图8-4中 x 轴 $Y - tD^*$ 位置。如果被发现，那么这种策略只是让净收入（C）位于 y 轴的 $Y - tD^* - F[Y - D^*]$ 处。

图8-4中线1-2的斜率为 $1 - F/t$[2]，这条线表明被发现不诚实纳税时个人所要

---

[1]　Cowell描述了下文所用的冯·诺依曼–摩根斯坦效用函数。

[2]　图8-4中距离1-4为 N 的下降，即 $-tY$。1-2的斜率是距离2-4除以距离1-4，即 $-(tY - FY)/-tY$，或 $(1 - F/t)$。

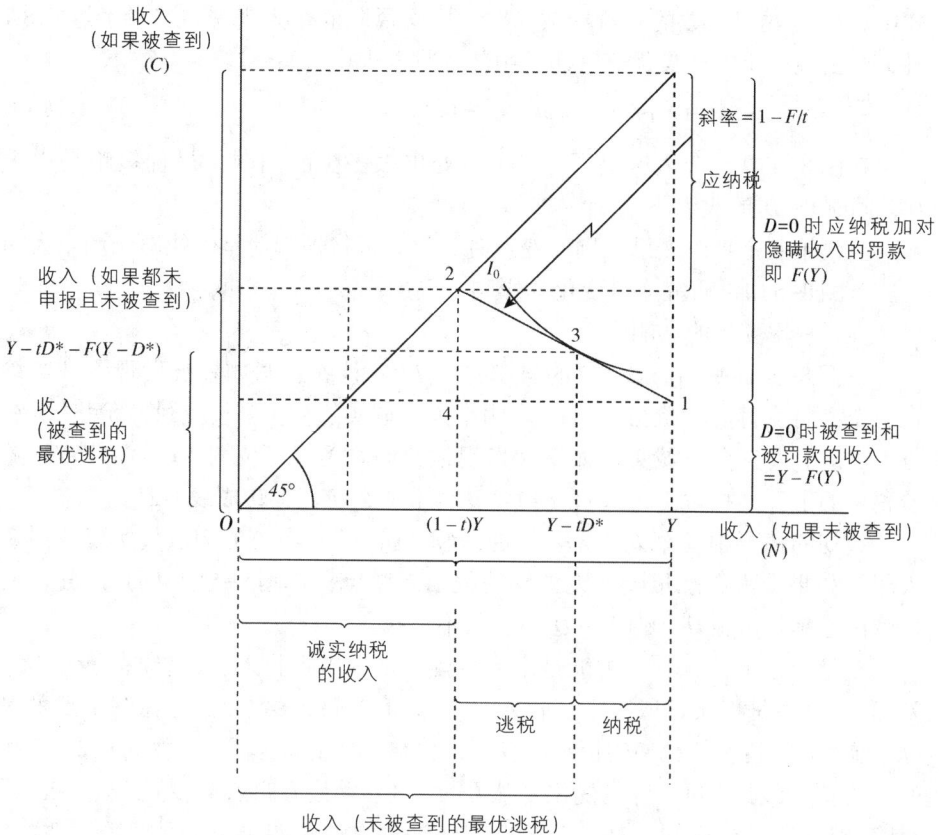

图8-4　最优逃税

支付的"价格"。点2表示由于个人诚实纳税,不需要支付任何"价格"。在点1,这个人完全不诚实,如被发现,那么他会把FY而不是tY交给税务人员。随着罚款相对于税率t的增加,线1-2变得更陡。

个人在无差异曲线和"价格"线1-2之间的切点处实现效用最大化。如果个人是风险厌恶者,那么无差异曲线凸向原点。无差异曲线的斜率[1]为:

$$\frac{-(1-p)}{p}\frac{U'(N)}{U'(C)} \tag{8.9}$$

---

① 无差异曲线的斜率由(8.8)对N的一阶导数除以(8.8)对C的一阶导数得到。

式中，U' 是效用函数的一阶导数。对于厌恶风险的个人来说，当参考等式 8.7 时，会出现一个内部最优值（即其中部分收入未申报）：

$$\frac{dEU}{dD} = -t(1-p)U'(N) - (t-F)pU'(C) = 0 \tag{8.10}$$

在图 8-4 中，个人解决了在切点 3 处申报多少的问题，最优策略是申报 D^*，同时 $Y - D^*$ 的收入不申报。

当政策制定者改变已识别的变量时，该分析将告知他是否能够预测个人的反应。图 8-5 用于研究变量变化的影响。例如：

（a）税率变化的影响

在图 8-5（a）中，线 1-2 的斜率为 $1-F/t$。该线表明如果被发现不诚实纳税，个人将支付的"价格"。点 2 表明个人是诚实的，不需要支付"价格"。在点 1 处，个人完全不诚实，如果被发现他会向税务当局支付 FY，而非 tY。随着税率的上升（相对于罚款），线 1-2 变得不那么陡，旋转成线 1-2'。

最初的情形中，个人在无差异曲线和"价格"线 1-2 的切点处实现效用最大化。如果个人厌恶风险，无差异曲线凸向原点，在图 8-5 的（a）部分，最优解决方案是申报 D^* 同时 $Y - D^*$ 的收入不申报。

要是税率上升，直觉可能是个人会倾向于少申报收入。（这样有更大的风险！）这是不是事实，取决于"收入"效应和"替代"效应。考虑一下当税率（t）增加时的情况。税率的提高改变了"价格"线的斜率（点 2 变为点 2'），新的"价格"线是 2'-1。价格变化（从 I_3 的点 3 移动到 I_2 的点 4）将引发"收入"（或"财富"）效应和"替代"效应。经济学家通常假定个人是风险厌恶的，且随着个人收入增加，绝对厌恶减少。税率提高降低了个人净收入，图 8-5 中的"收入"效应让个人更加厌恶风险，$Y - tD^*$ 会向左移动到点 5。替代效应（从 5 到 4 的移动）会增加冒险行为（诚实的价格上升）。由于收入效应和替代相应发挥作用的方向相反，税率提高的净效应取决于这两种效应的力量；逃税可能增加也可能减少。

Yitzhaki（1974）研究当罚款与逃税额成比例时纳税人的行为变化，试图找到一条解决这种模糊性的方法。在许多国家，惩罚针对的是所逃的税，即 $t(Y-D)$（而非不申报的收入 $Y-D$）。这种情况下，未申报收入的罚款是 Ft（F 现在是附加在税上的额外费用）。如果罚款 Ft 和税率 t 成比例，当 t 增加时，"价格线"（1-2）向内平移。图 8-5（b）中，税率以相同的数额提高。但是在这一案例中，由于线 1-2 移到 1'-2'，价格线的斜率现在是 $1-F$（与 t 无关），因

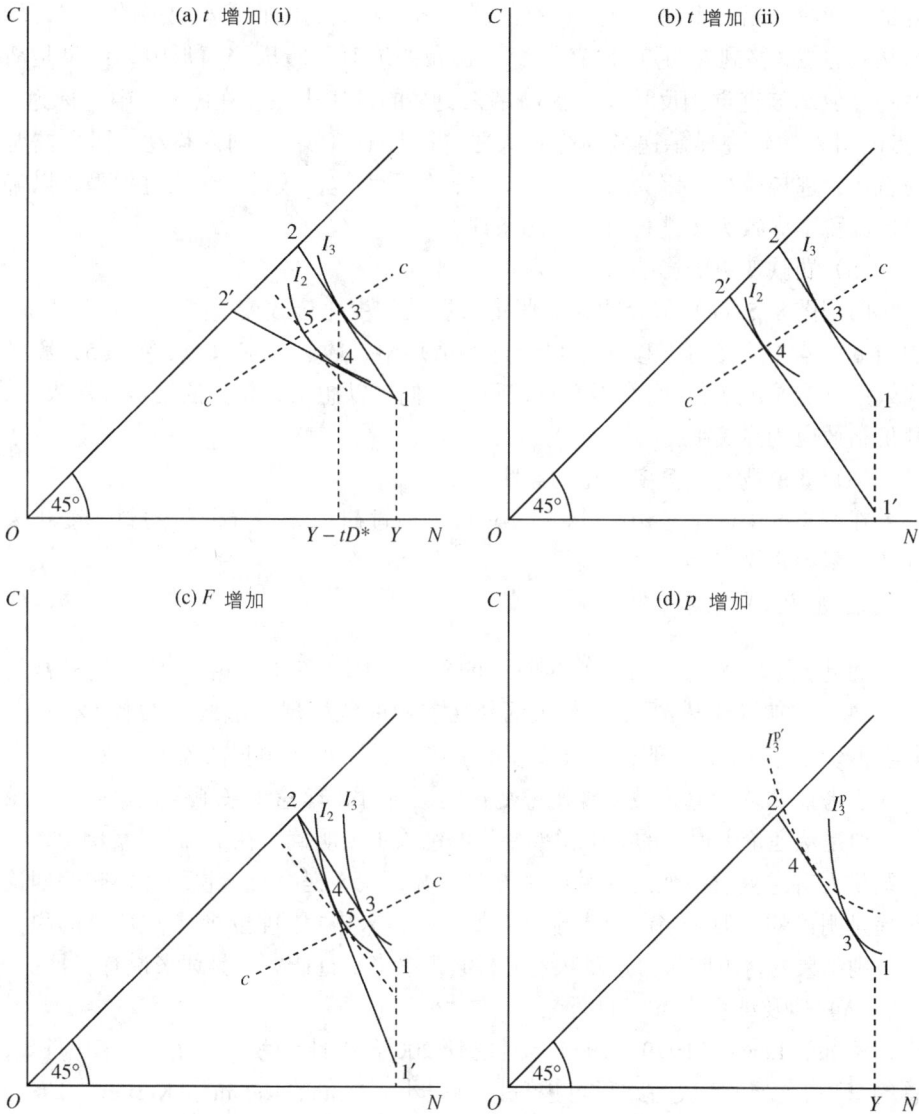

图8-5 逃税的影响因素

此，当税率改变时不存在替代效应。税收增加减少纳税人收入，且随着绝对风险厌恶的下降，个人会申报更多的收入（这样，纳税人风险减少）。Myles（1995）举例说明，如果绝对风险厌恶程度 R_a（用阿罗-普拉特定义即 $-U'(Y)/U'(Y)$ 来度量）随收入增长下降，那么更高的税率将导致更高的收入和更多的申报，均衡从 I_3 的点 3 移到 I_2 的点 4。在不变或递减的绝对风险厌恶情形中，结果是清楚的，但却与直觉相反；税率提高带来更多的诚实申报。在图 8-5 中，标为 c-c 点的斜率的轨迹显示递减的绝对厌恶，而且随着线 1-2 向内移动，可以清楚地看到，逃税减少。因为有人将这结果看作反直觉，故进一步改进模型，以确定提高税率导致更多逃税所需要的条件。[1]

（b）罚款变更的影响

回到图 8-5（c）部分的初始假定，罚款的变化会改变"（价格）"线 1-2 的斜率。点 1 垂直向下移动到 1′。这种情形中，收入效应（点 3 到点 5）和替代效应（点 5 到点 4）的作用方向相同。人们可以想象，罚款的增加抑制逃税，其价格效应为点 3 到点 4。

（c）逃税被发现概率变化的影响

在图 8-5（d）部分中，这一效应可以通过研究无差异曲线的斜率变化来评估。斜率定义为：

$$\frac{-(1-p)}{p}\frac{U'(N)}{U'(C)}$$

因此 p 的增加会影响无差异曲线的斜率。图 8-5（d）中，与"逃税被发现"概率增加（即从 p 到 p′）相关的新无差异曲线表现为虚线 I_3^p 替代 I_3^p，在点 4 与原约束线相切，说明逃税被发现的概率越大，如实申报的收入越多。

当考虑罚款和逃税被发现概率变化的影响时，理论带来了凭直觉得到的结果。但是从理论上得出的关于税率变化的结果不太明确。在 Yitzhaki 案例中，对于纳税人有递减或不变的绝对风险厌恶情况，税率提高对逃税程度影响的理论结果是明确的。但是当纳税人预计罚款是针对未申报的收入而不是所逃的税款时，则结果变得不明确。这意味着分析必须参考实证研究，具体来说有三种：

（A）涉及纳税人态度的调查

例如，Lewis（1979）1977 年对巴斯 200 名男性纳税人进行了一项调查，总的来说，受访者认为减税对逃税影响很小。Dean、Kenan 和 Kerney（1980）

---

[1] 例如，Yaniv（1994）指出：(a) 对于被查到的逃税者，如果最糟糕的情况是没收其全部未申报收入；(b) 相对风险厌恶是不变的，上限为惩罚率的倒数，那么"当逃税的果实更为甜美，理性的纳税人会咬上更大一口"（p.109）。通过引入"社会规范"的改进得出"解决方案"，从而产生"直觉"结果（Cowell 和 Gordon，1988）。下文将讨论社会规范的重要性。

根据 1977 年对苏格兰法夫区 424 名成年人的调查报告，指出逃税最普遍的原因（93% 的受访者）是税负水平太高。Mason 和 Calvin（1984）1975 年对俄勒冈州 800 名纳税人进行了调查，并于 1980 年再次进行调查，在这段时间里，认为人们逃税是因为税收"太高"的百分比从 48% 上升到 64%。

（B）涉及实验博弈的结果

例如，Friedl、Maital 和 Rutenberg（1978）让 15 名学生参与一个税收博弈。他们发现，当税率从 25% 提高到 50% 时，低报的概率从 0.5 提高到 0.8，总体申报的概率从 80% 左右下降到 60%。当罚款从逃税数量的 3 倍提高到 15 倍时，低申报的概率下降，但幅度不大。Spicer 和 Becker（1980）对 57 名学生进行了为期 10 个月的抽样调查，那些认为自己缴税比其他人多的人逃了近 33% 的应纳税额，而那些认为自己缴税更少的人只逃了约 12%。

（C）关于纳税人行为的统计分析

Clotfelter（1983）研究了大约 47 000 人的纳税申报单（来自 1969 年美国国家税务局（IRS）的一项调查）。他将未申报的收入作为 IRS 稽查员确定的应缴所得与每个人实际申报所得间的差额。无意的错误（申报"太多"或"太少"）预期会被平均，因此任何整体差异会暴露逃税。逃税与下列因素有关：(i) 税后所得；(ii) 个人边际税率；(iii) 工资占实际总所得的比例；(iv) 利息和股息占实际总所得的比例；(v) 婚姻状况、年龄、地区变量。Clotfelter 的结论是"更高的税率往往会刺激逃税"（p.368）；取决于税收申报的类型，低申报对边际税率的弹性在 0.52 到 0.84 之间。

对一些经济学家来说，第三种方法看来更可靠。使用调查结果时，总是存在一个问题，即受访者是否理解问题和/或诚实地回答了问题。考虑税收博弈时，也存在一个问题：当个人知道他们在实验中被观察时，其行为是否不同，博弈的参与者是否具有代表性。（例如，几乎没有纳税经验的学生是否与纳税人的行为不同？）但是，对所有证据的评估表明，不能排除提高税率会导致更多逃税的"直觉结果"。特别是，注意 Clotfelter（1983）估计的弹性。[1]进一步的理论研究在发展中，以确定得出这项结果必须考虑的因素（Myles 和 Naylor，1996）。

---

① 虽然已经说了这一点，但也应该注意，边际税率和逃税的关系不一定找得到。Geeroms 和 Wilmots（1985）用比利时的数据准确发现相反的结论，即税收增加导致更少的逃税。

8.7 对逃税经济分析的批评

在将理论分析的结果应用于政策之前，我们需要先认识到经济分析的可能缺陷。Pyle（1991）的文献对许多"标准方法"（如第8.6节所述）的质疑进行了综述。下文所列以这篇综述为基础。但是，请注意，批评总是比构建容易，重要的问题可能是上一节所描述的分析是否可以进一步发展。

1.对不变税率的假定是有疑问的。累进所得税率需纳入分析。在没有任何抵消激励（例如，收入越高者逃税，惩罚将增加）的情况下，累进所得税制度将进一步抑制收入的申报。

2.以上分析只考虑收入的增加而不考虑收入的使用。解决该问题的一种方法是引入收入是用于提供公共物品的思想。Cowell 和 Gordon（1988）对此进行了探讨。一个结果是，如果个人觉得公共物品"过度提供"，税率提高导致的直觉结果是逃税将增加。原因是税收的增加加剧了最初的"过度提供"感觉，如果绝对风险厌恶递减，这会导致逃税增加。

3.整个分析中，假定个人是非道德的效用最大化者。我们认为个人处理逃税的方式与处理任何赌博的方式完全相同，这合理吗？Baldry（1984）报告了两组实验结果。在第一组，当逃税是一项公共政策的决定时，部分参与者从不逃税（那些逃税的人则是受到了税率表的影响）。但是，当把这个实验换成赌博时（回报相同），每个人都选择了赌一把（下了能够带来最大收益的赌注）。

许多作者认为，这种差异是由个人在逃税时经历的心理成本或名誉可能受损的成本造成的。纳税人对他们没有尽到的社会责任感到很难过，这些成本是否应该纳入效用函数？Spicer（1986）提请人们注意"遵从的规范"。逃税的决定将受到诸如对财政制度公正性的看法以及逃税的朋友人数等因素的影响。为了设计一个更"现实"的逃税模型，Spicer修正了决策规则，将心理成本包括在内。只有当税收的预期利得超过预期损失（来自罚款及与逃税相关的心理成本）时，纳税人才会逃税。逃税的条件是：

$$(1-p)\, t\theta Y - pst\theta Y - c > 0 \qquad\qquad (8.11)$$

式中，t 为税率

　　θ 为未申报的应纳税所得（即8.6节中的 $(1-D)/Y$）

　　Y 为所得

　　s 为逃税的罚款率（即8.6节中的 $t + st = F$）

p为被发现的概率

c为逃税的心理成本

接下来的问题就变成，什么影响心理成本，心理成本在逃税决策中有多重要？Spicer研究认知与人的行为之间的关系，他认为，当一个人认知失调时，即一个人的行为方式与他的信念不一致时，他就会产生不适感，这进而会刺激信念的变化。如果纳税人有更多的逃税行为，很可能这本身就侵蚀了社会规范，降低了逃税的心理成本。Spicer和Lundstedt（1976）对此提供了计量经济学证据，即个人知道其他逃税者的数量将增大逃税的可能性，这样，社会规范就不可忽视（现在有大量文献表明，个人将把遵守社会规范视为效用的来源，第16章将研究这个问题。最近关于环境如何影响人的行为的讨论可参见Tho-gersen（2008））。这种分析将如何影响政策？以税收赦免这一给逃税者机会"认罪"的吸引力为例，Malik和Schwab（1991）研究逃税和税收赦免间的联系，那些认为逃税的事后负效用大于预期的人，可以利用税收赦免达到合意的诚实水平。

4.回到个人非道德行动的假定，8.6节的分析值得质疑，因为它忽略了税收的"遵从成本"。向税务机关申报相关的成本有保存记录、保存收据、填写表格等。假定遵从成本是固定成本（无论申报1英镑或100 000英镑所得都会产生），这样的成本（如果足够高的话）可能会阻止所有申报。相比之下，假定遵从成本随所得而增加（例如，所得来源的数量可能随所得的增加而增加）。现在，遵从成本本身就像是对所得课征的一种税（Collard，1989a）。如果诚实纳税的成本很高，那么逃税就可能发生。

5.但逃税的成本是什么呢？8.6节的分析是基于个人拥有完备信息的假设，这一假设是否合理呢？比如，个体是否真的知道他/她若逃税，被发现的概率呢？Spicer（1986）指出，"逃税决策看来并非由最大化策略支配，而是受经验法则或启发法支配（p.15）。"这样，基于被发现概率和惩罚金额来确定的逃税决策就不一定合理，启发法可能更适用。例如，有研究表明，过去被审计的经历会对现在估计被审计概率产生偏差，决策者在进行决策时，不是基于真实的被发现概率，而是关于如何安排自身事务的最容易和可用的猜测。Frey和Eichenberger（1989）提供了一个明显"异常"的例子，即在个人进行决策时，过去的已有经历权重会明显较大。这些论据解释了在个人决策中，被发现概率对诚实纳税人的影响。基于实际被发现概率，我们很难理解为何那么多纳税人会拒绝与逃税有关的赌博，虽然心理成本提供了一定的解释，但媒体对重大逃税案件的报道可能也起到了重要作用，这些报道的结果是，纳税人可能会高估被发现的可能性。Aitken和Bonneville（1980）报告，美国IRS对近5 000人进行的一项大型调查发现，实际进行的税收稽查和调查数量通常被高估。

6. 8.6节描述的模型假定个人是"价格接受者"。个人太"小"，不足以对他们面对的价格产生实际影响。"大"纳税人可以影响其他纳税人的行为。"大"纳税人可能如此重要，以致他们申报所得的方式可以影响税务部门的决策，使得税务部门对他们发起税收稽查（即p现在可以成为D的函数）。

7. 8.6节的分析基本上是一个静态模型。每年纳税人进入一场"新的"博弈——与税务当局的"新"博弈。然而，对于"大"纳税人来说，一年内少申报的决策可能影响未来一年的逃税决策（不规则的反应可能引起怀疑），于是动态模型就变得有意义。

8. 8.6节的分析不涉及与劳动供给有关的决定。逃税不被发现的可能性取决于个人获得酬劳的方式。比如，用现金支付工资将会影响个人在黑色经济中工作的程度。于是，逃税程度取决于个人在黑色经济而非正式经济中花费的时间。Cowell（1981）研究正式部门和非正式部门的时间配置，表明（在具体的效用函数中）税率的提高会减少用于正式劳动市场的时间比例且助长逃税。

9. 逃税决策分析旨在帮助税务当局追缴税款。但如8.6节所述，它没有考虑逃税和避税间的相互作用。个人会努力通过改变隐蔽和非隐蔽所得的配置来合法避税。逃税被发现概率的提高可能抑制逃税，鼓励诚实，但不清楚它是否导致税收收入增加，这在没有避税的情况下是可以预期的。

Alm（1988）沿着类似Cowell的思路提出了一个模型，该模型结合了三个因素一起分析：将避税和逃税相结合，分析向税务当局申报的所得。图8-6对此进行了具体解释。该模型涉及两个阶段：第一阶段，参照Cowell的分析，纳税人选择逃税的规模（因此，合法收入总额等于$O\text{-}O'$）；第二阶段独立于第一阶段，纳税人将合法收入在应税所得和隐蔽所得之间进行分配。相关变量由对合法收入征税的税制特征决定，这里我们假定是累进的（因此它的形状是$O\text{-}T'$）。本例中，避税的边际成本$A\text{-}C'$为正且递增。申报的应税所得从O开始度量，而隐蔽所得从O'开始度量，q^*是最优决策点。

这里以一个比较静态模型来分析。税务当局发现稽查概率的提高增加了第一阶段的合法所得（使图8-4中的无差异图变平），从而图8-7中的$O\text{-}O'$变为$O\text{-}O''$。通过纵轴移动到O''，曲线$A\text{-}C'$整体右移，新的最优决策在$O\text{-}q''$附近，申报所得和避税所得同时增加，但对申报所得的比例的影响不明确。申报所得

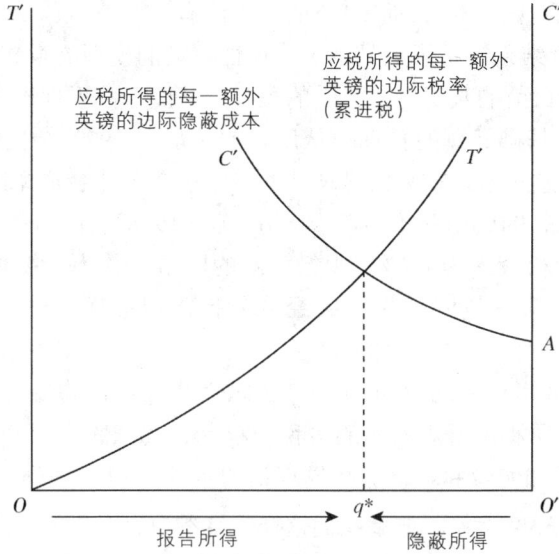

图 8-6 合法所得的申报与避税

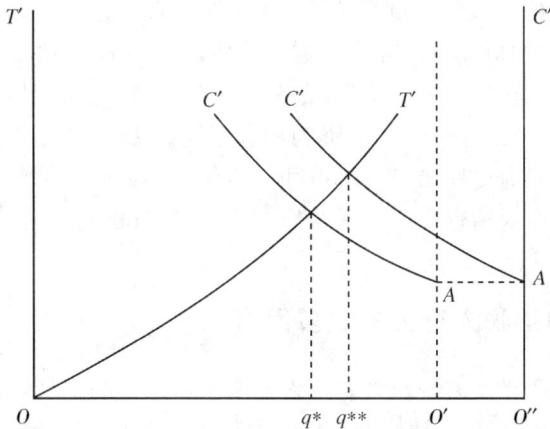

图 8-7 增加合法所得及对申报和避税的影响

的比例由 $O\text{-}q^*/O\text{-}O'$ 变为 $O\text{-}q^{**}/O\text{-}O''$。随着合法所得增加，如果边际隐蔽成本增加快于边际税率，申报所得比例会更高，即它取决于 $O\text{-}T'$ 和 $A\text{-}C'$ 的相对斜率（这一结果在某种意义上与上述非正式市场休闲时间的选择相似，因为引入税率 t 增加了非正式的时间，但对市场和休闲时间的影响是模糊的）。Alm 的分析引入了避税的"遵从成本"，而8.3节的分析没有。

10.经验分析结果质疑了只是由工具理性驱动的模型的意义："太多"税收是自愿缴纳的！目前的共识是，实际的税收遵从度远高于理论上以税率、被发现概率和罚款为基础计算的预期遵从度。Alm等（1992）指出，"对逃税博弈的纯粹经济分析意味着，如果人是理性的，大多数个体会选择逃税，因为骗子被抓到并受到惩罚的概率并不高"。Andreo等（1998）评论说，1995年美国个人税收申报表的稽查率为1.7%，少缴税款的民事罚款为少缴税款的20%。因此，要得到与现实一致的结果，纯经济分析需要假设一个非常高的风险厌恶值。

11.在上述机制设计的分析中，包含一个"说真话的规则"。如果$Fp < t$，即逃税的预期惩罚小于所观察到的逃税的税率，或者假定s是发现的未申报所得的附加费率（如$F = t + ts$），那么说真话的条件是$(1 - p)/p = s$。这个条件与税率和风险厌恶程度无关。如果我们这样设定参数，对于所有人来说，预期效用最大化的条件是一样的，都是与被发现概率和附加费率有关，那最后的均衡结果就是一个混合均衡，即所有人逃税或者所有人不逃税，而永远不会有一个分离均衡（即部分人逃税，部分人不逃税），这似乎是不现实的。当然，这一结果是基于所有个体的p和s都相同这一假定。Slemrod（2002）对该假定提出了质疑，他发现，在"真实世界"，部分地区的稽查概率比其他地区高。Slemrod（2007）还指出，对一个拿工资的雇员来说，如果你的雇主已经通过电子方式向美国国税局提交雇员应税所得和社会保障号，而雇员自己却没有申报所得，那该雇员面临的稽查率不是平均值1%，而是100%。

8.8　引入影响纳税人行为的更多因素

如上所述，在建立逃税模型时，人们似乎对狭隘的工具理性有些不满，因此上文提到了心理成本、羞耻成本和"习俗规范"。有许多学者试图引入各种相关概念，帮助解释为什么人们逃税的数量可能少于普遍认为的由阿林厄姆-桑德莫（Allingham-Sandmo）"工具理性经济主体"方法预测的逃税数量。一些社会科学模型具有自我支持行为规范的特点（参见 Hargreaves-Heap，1992）。就我们这个问题而言，就是纳税人税收遵从的规范。Fehr和Gachter（2000）将互惠互利作为一个动机进行研究，人们如果认为税收制度是公平

的，那么社会就会趋向遵从社会规范。如果一个个体选择诚实（而非工具性的
欺骗），这不仅是一个成本最低的选择，诚实的行为本身就具有其内在价值。
怜悯的动机则是将自己置于别人的位置上，扪心自问如果自己处于对应的位
置，希望别人如何对待自己。进一步，个人可能提出这样的问题，即所有人是
否可能以这样或那样的方式行事。在逃税这一问题上，个人可能会这样思考：
如果我们都逃税，那么公共物品就无法获得融资，那么，即使对个人来说，逃
税是理性的，但也不一定是合适的。认知失调理论则这样认为：如果个人的行
动和思维不能匹配，那么他们会感到不舒服，此时认知就会去适应性地调整行
动。逃税的人会给自己寻找理由，说服自己为何逃税，比如税制对他们不公
平。对于"税收遵从者"来说，不逃税会让他们觉得自己是易受骗的、受利用
的，此时，他们会寻求一个解释来说服自己，比如，我这个人比较倒霉，如果
我逃税，一定会被税务部门稽查的。

总结：各种因素，例如社会规范、道德规范、对公正的感知、各种态度和
特定信念都可以影响人们的行为方式，即使有时他们的行为并非出于自己的直
接利益（James，2006：598）。上述论点的详细说明见第 16 章。

对于这些不同的问题，只需将原来的分析进行拓展，阿林厄姆–桑德莫模
型仍然是"正确的"。Torgler（2003）的研究涵盖了这些因素。当考虑政府支
出的价值高于个人税收时，博弈的预期价值现在描述为：

$$EV = Y - tD + mh(G + tD) - pF(Y - D) \tag{8.12}$$

式中，h 为总税收中代表性个体所承担的部分

G 为总税收中其他成员缴纳的税款

m 为盈余乘数

同样，为涵盖上文所提及的这些因素，可以对模型进行修正。

但是，是否有经验证据表明个人从当"好公民"的角色中得到效用？ Or-
viska 和 Hudson（2002）用计量经济学的方法研究了人们对逃税的态度。他们
将公民责任定义为由对他人的关心所激发的对国家或民族的忠诚度。除此之
外，他们还想验证：部分人本身就是诚实守法的（这些人接受执法部门有命令
他们行为的权力）。他们所使用的数据是 1996 年英国社会态度调查的一部分，
向受访者提出的问题就是在本章引言中要求你回答的问题，结果见表 8-1。

尽管我们必须牢记，对所有调查数据应该持怀疑态度，但数据仍是有趣
的。根据该结果，人们对涉及福利的逃税行为的态度明显最不友好，而对涉及
增值税逃税的行为厌恶程度最轻。关于后者，近 60% 的样本认为这至多只是

表8-1	对逃税的态度		
	增值税	收益	支付
态度			
道德上是否错误			
没有错	29.9%（37.8）	6.9%（12.0）	16.6%（23.2）
有一点错	29.6%（34.1）	18.4%（26.5）	30.6%（38.0）
错	32.8%（22.8）	51.2%（43.0）	44.1%（32.9）
严重错误	7.7%（5.3）	18.5%（23.5）	8.8%（5.9）
你是否会这样做			
非常可能	36.2%（46.9）	9.8%（13.7）	15.9%（21.3）
有点可能	33.0%（35.3）	16.7%（19.4）	25.6%（32.7）
不太可能	19.3%（14.6）	32.9%（34.5）	28.9%（27.5）
根本不可能	11.5%（5.2）	42.6%（32.41）	29.6%（18.5）

来源：Drviska and Hudson（2002）.

"有一点错"，而近70%的样本认为他们相当可能会这么做。即使在福利方面，超过1/4的人认为，他们相当可能会这么做。显然，英国有一种宽容逃税的文化，这必须引起税务当局的关注。此外，如括号中的数字所示，这个问题在年轻人中似乎最严重。针对人们对这三类逃税问题的看法差异，一种可能的解释是，增值税逃税问题是别人在逃税，即接受报酬的那一方，支付方自己并没有直接违法，而福利问题与其说是逃税，不如说是试图造假以获得公共福利。公众能够明显看到这两者之间的差别：一个是就已经挣到的收入来逃税，另一个是试图去获取自己并未付出的收益。不为国家税收收入做贡献似乎是可以接受的，但从其他纳税人那里索取则是不可接受的。

作者使用一种特殊的回归分析来解释人们对逃税的态度，这种态度是通过对上述问题的回答来度量的。自变量包括性别、年龄、教育程度、收入和婚姻状况。此外，还有公民责任和守法的代理变量。变量"VOLUNT1"是对"作为一个社会，我们过于依赖志愿者"的反应，而"VOLUNT2"是对"从事志愿工作对志愿者来说是一件好事，因为这让他们觉得自己在为社会做贡献"的反应。这些反应包括了"非常同意（code 1）到非常不同意（code 5）"之间的诸多观点。这些变量被认为是一种公民责任感的代理变量和对志愿工作的态度，表明了一种更强烈的公民责任感。一个变量（OBEYLAW）代表守法，它基于对"即使某一特定的法律是错误的，也应该始终遵守它"这一表述的反应。这些反应的编码方式与两个公民责任变量相同，所报告的结果证实了前人研究的结论：年纪大的人逃税可能更少，既是因为他们常常感到这是错误的，也是因为在某些情况下，他们显然更害怕被抓的后果。也有证据表明，公民责任感会影响人们对逃税是对是错的看法，进而影响个人逃税的概率。"守法"的概念也很重要，守法与公民责任对逃税行为的影响主要是通过对逃税态度的影响以及逃税在道德上是对还是错来实现的。

8.9 引入纳税人的行为反应

遵循上文引入"更多因素"的思路，最终结论可能与理论预测相一致。这样说的依据是，"代表性"个体在更复杂的模型中所考虑的因素比阿林厄姆-桑德莫模型中更多。如果说有区别的话，相比于阿林厄姆-桑德莫模型（Allingham-Sandmo，1972），本模型假设纳税人可以有更多的工具性行为。在本模型中，工具计算可以将影响纳税人行为的诸多因素内部化，纳税人与税务部门之间的互动行为也更加复杂化（动态化）。这些因素意味着我们可以在阿林厄姆-桑德莫模型中加入更多参数来进行评估。对于行为经济学家来说，我们需要深入探究个体作为决策者的局限性，因为与"经济人"相比，人们很容易犯系统性错误。

行为经济学家意识到了个体的认知困难。个体在进行决策时，更倾向于依赖启发式法则和社会规范，所以他们的行为就永远不会反映理性经济人的行为。在这个流派中，基于净期望效用最大化的预测与证据不符，原因如下所论。

（1）个人依赖于"经验/启发式法则"。Spicer和Hero（1985）告诉36名参与者中的12名，在上一轮博弈中，参与者只支付了应缴税款的10%；告诉其中12人支付了50%，其余的告知是90%。这一信息对逃税金额的影响不显著；纳税人似乎只是依赖于启发式法则。

（2）个人的认识受系统性认知偏差的约束。Frey和Eichenberger（1989）认为，过去被审计的经历会导致稽查概率估计有偏。人们会倾向于依赖"经验法则"，特别是依赖"可用的启发式法则"，当纳税人得知其朋友有被审计的经历，或者熟知被发现的逃税者的处理结果时，纳税人会高估自己被审计的概率（也见 Alm，1992）。

（3）个人决策的分析结果取决于税制结构。若整个分析过程是工具性的，那么在不同的税制结构下，得出的结论应该不同。无论模型如何设定，信息如何呈现，个体都是在一定的约束条件下最大化预期净效用。然而，个体决策所依据的"成本"和"收益"是类似的。比如，White 等（1993）发现，在代扣代缴的税制中，个人会系统性地申报更多的应税所得。

McCaffery 和 Baron（2003）注意到，在许多情况下，对相同的"成本"和"收益"，纳税人认知不同，最后的决策也会存在差异，而并无独特的（或"正确的"）工具性反应。例如：

1.其他条件不变，人们对"税收"的负面看法比"付款"更多；

2.对累进的态度取决于其是用百分比来描述还是用美元来描述（即"度量效应"）；

3.在税制中，子女"奖金"是对无子女的"惩罚"，而婚姻"奖金"是对单身的"惩罚"等等（对惩罚的厌恶）；

4 "谢林效应"（Schelling effect）会影响人们的反应（即存在对惩罚的厌恶和累进幻觉的相互作用，即对富人来说"奖金"过高，对穷人来说"奖金"过低；对富人来说"惩罚"（附加费）太低，对穷人来说太高）；

5.个人受制于一种孤立的启发式法则——与工薪税或个人所得税相比，当被问及对总体税收累进性的偏好时，人们不会做出调整。

（行为经济学在公共经济学中的作用将在第16章进行更全面的讨论。）

然而，在转向处理逃税问题的措施之前，值得强调的是，最后两节所讲的阿林厄姆-桑德莫威慑模型的缺陷并不意味着该模型应该被否定。Slemrod（2007）显然对此表示了善意的尊重。他指出，不同类型的所得和扣除额间的非遵从的变化与执行机制的存在呈正相关，例如向税务当局提交的信息报告和雇主预扣税款。当收税的猫不在的时候，纳税的老鼠确实把戏更多。纳税显然不只是美好的内心感受和拙劣的错误！

8.10 应对逃税的政策

上文分析了一些政策变量（如罚款和逃税被发现的概率），对这些政策工具的分析能够为决策提供参考。在考虑逃税政策时，有两个问题是相关的。第一，逃税多少是最优的？第二，可以用来应对逃税的不同工具的成本有效性如何？

（a）逃税多少是"最优"的？

前面各节一直从纳税人个人的角度讨论逃税的最优水平。本节关注的是从社会的角度来看的逃税最优水平。就此视角而言，答案看来是显而易见的；逃税是非法的，逃税"应该"被根除。然而，减少逃税的成本不可忽视，有人认为，若减少逃税的成本投入过多，最终投入的额外成本可能超过得到的额外收益。因此，当减少逃税的边际成本等于边际收益时，反逃税的投入规模可能是最优的。如果是这样，关键的考虑点是如何衡量边际成本和边际收益？

从反逃税政策的边际收益开始，许多政策表述的含义似乎是，减少逃税的收益是收回的税收。例如，在向公共账目委员会（1981—1982 年）提交的证据中，税务局称，1981 年，每位税务局官员调查工作的额外收入为 92 000 英镑（Pyle，1989）。收入总额大大超过雇用税务调查员的成本。同样，Skinner和 Slemrod（1985）引用了国内税务局局长的估计，指出配置给 IRS 的每 1 美元额外资源都可能带来超过 10 美元的税收收入。如果逃税的边际收益是额外税收收入，边际成本是额外税务检查的成本，那么人们有理由认为对反逃税的投入是不足的。

这种解释带来两个问题。第一，人们有理由怀疑逃税减少收入的"静态"算术方式。凯斯委员会（Keith Committee，1983）的证据显示，税务局计算的英国黑色经济的规模在 1982 年大约为 150 亿英镑。如果每镑收入所得税税率为30 便士，这意味着每年损失为 40 亿~50 亿英镑。Peacock 和 Shaw（1982）对该分析提出了质疑：这样的收入损失没有考虑在黑色经济中获得收入的支出。如果在正式部门提供的商品和服务上有支出，那么税收是通过对这些支出征税筹集的。它也未考虑正式经济中所得的任何增长，非正式部门产生的所得最终可能被用来创造正式部门的就业和收入。

第二，更一般地，人们有理由怀疑，反逃税政策带来的收入是否只是该政策收益的反映。因为对社会而言，这样的收入可以被解释为转移性支出而不是成本。使用未收回的税收收入作为社会成本的指标可能值得怀疑。Collard（1989b：104）将税收调查被推到边际调查成本等于边际税收收入的点视为"天真的规则"，但质疑它是否应该"低于"这一水平，因为"调查成本是真实的，而税收只是一种转移性支出"。

因此，如果税收收入是转移性支出，那么反逃税的收益在哪里呢？社会如何受益？根据 Pyle（1989）的分类，以下是部分收益：

（i）产出：产出是否因逃税而减少？一方面，收入损失意味着更少的公共支出，进而导致就业减少（假定收入本来不会用于其他方面，例如削减公共借款）。但与此相反，"供给方"的观点认为，税收起到了抑制作用。如果税收抑制了工作，那么（正式的和非正式的）经济的产出可能更大，以至于某些纳税人不会因此而选择不工作。

（ii）公平：目前存在"消失的税收"问题。有些研究认为黑色经济意味着有些税收的永久流失。但是，如果所有纳税人都按一定百分比逃税，那么税务当局可以简单地提高所有应纳税额到一定数量，当一样的逃税百分比适用时，就会筹集到必要的税收收入额。Slemrod（2007：42）将此称为"自欺欺人"，因为该说法假定，相比于一个没有逃税的世界，无论是绝对位置还是相对位置，所有人都是一样的。但现实却并非如此，并非所有人都愿意（偏好问题）或能够以相同的百分比逃税（约束问题），现实可能是，为满足公共支出需要，总税收收入是相对固定的，一些人逃税就意味着其他人可能面临更高的税率，而在整个社会中，逃税能力的分布是随机的，这就会产生公平/分配损失。逃税的能力取决于机会。Collard（1989b）提供了一个例子，说明逃税是如何增加"不公平"的，如果目标是提高40%的税收收入，而1/3的纳税人隐瞒了1/4的收入，那么所需的平均税率必须是48%。这将是诚实者的有效税率，但不诚实者只需支付36%。一个"粗糙"的不公平指数被提出，该指数等于诚实纳税人支付的税率与不诚实纳税人支付的税率之比。这样一来，反偷税漏税政策的好处之一就是降低不公平指数。当然，逃税本身会造成不公平，也可能阻碍政府因现存的"不公平"试图将资源从社区的一部分重新分配到另一部分的尝试。

（iii）资源错配：逃税影响资源配置。虽然逃税对工作起到了激励作用，但还有另一个因素需要考虑。例如，如果在完全竞争市场，资源可以在部门间自由流动，那么劳动的边际产量和资本流动在不同的经济部门是均衡的。然而，如果进入黑色经济有困难，那么征税部门的劳动力和资本的总回报可能超过黑色经济（考虑到必须在合法经济中纳税）。这样，在黑色经济中使用的资源可能在正式经济中得到更有效的利用。Alm（1985）估计了不征税的地下经济和征税的合法部门共存所产生的福利成本。他使用哈伯格一般均衡模型（见第7章），福利成本为国民生产总值（GNP）的5%~10%。

（iv）信息偏差：逃税的信息偏差使持续存在的逃税行为扭曲了宏观经济政策。例如，政府可能利用官方统计数据得出失业率令人担忧的结论（事实上，许多所谓的失业者在黑色经济中就业）。一种扩张型的经济政策对价格通胀的影响可能会超过对产出水平的影响。一位评论人士（Feige，1981）认为，20世纪70年代"滞胀"的存在不过是一种统计假象；随着劳动力向非正式经济转移，失业率似乎有所上升。此外，如果政府在税收政策上的大部分支出存在再分配效应，政策的制定在一定程度上又必须依靠"不准确"的官方数据，最终政策只能在黑暗中摸索。这也许会帮助那些在现实中并未处于不利地位的人，而将那些更值得帮助的人排除在外。

（v）税收道德：逃税行为的增加会诱使个人从事更多非法活动。这将会提高犯罪率和执法成本。因此，弱化"税收道德"理念的传播必然会阻碍公共部门提供商品和服务的效率，实际上还会在某种程度上使集体活动难以融资。税务机关的强制力阻止了"搭便车"行为。如果它们的权力不再是强制性的，那么市场失灵的前景就会重现。

并非所有人都对黑色经济持负面看法。对于《利维坦》（*Leviathan*）一书的作者来说，一个垄断国家在试图实现其税收收入最大化的过程中，纳税人-消费者的逃税可以视为一种"阻碍"。事实上，正如拉弗曲线所指出的，提高税率会缩小税基，最终结果是减少税收总收入。简而言之，那些感到政府支出过高的人被认为通过系统性的逃税来遏制国家发展。此外，可以认为黑色经济是抵消税收在正式部门产生抑制作用的一种途径。那些在地下经济工作的人的普遍理由是："我是为自己工作，而不是为税务官工作。"不过，如果这些人只是在完成正式部门工作之余进行的兼职，道德上的谴责似乎少得多。

（vi）纳税人的超额负担：Yitzhaki（1987）认为，逃税造成超额负担。之所以出现这种情况，是因为如果政府保证支付的税款与逃税所得的税款和预期罚款相等，那么风险厌恶者就可以通过不逃税获得完全确定的税后收入，从而提高其效用水平。

影响反逃税政策边际社会收益的因素不同于决策者最常提到的因素。当然，上述影响难以估计。但同样地，要估计反逃税的边际成本也很困难，如果决策者充分利用他们可以利用的手段，反逃税的边际成本将保持在最低水平。

（b）如何制定反逃税政策？

为说明这一点，请参考8.6节中的理论，比较逃税被发现的概率、罚款或惩罚的变化的影响。在8.6节（Allingham和Sandmo，1972；Cowell，1985；Pyle，1989）中，假定纳税人最大化预期效用（EU）如下所示：

$$EU = (1-p)U(Y-tD) + pU(Y - tD - F[Y-D])\qquad(8.13)$$

从这个等式可以得出，当 $D=Y$（即纳税人是诚实的）时，D 变化的边际预期效用为负，那么逃税是值得的。这意味着减少 D（申报的数量）会增加预期效用（即纳税人从不诚实中获益）。要做到这一点，必须具备哪些条件？（8.12）可以显示条件，当：

$$Fp < t\qquad(8.14)$$

也就是说，逃税的预期惩罚必须低于税率。[①]在这种分析为政策提供信息的情况下，为了使纳税人诚实，决策者必须确保 $Fp > t$。

很多 p 和 F 的组合都可以满足 $Fp > t$，决策者可以提高 p 或 F。在 p 和 F 都阻止逃税时，显然，提高 F 是最恰当的策略。毕竟提高 p 需要增加资源成本（税务稽查员等），而提高 F 的成本较低（犯罪支付的罚款是从罪犯身上转移过来的）。但为什么不继续提高罚款？第一，公正要求"惩罚要与罪行相适应"。在道德层面上，大多数人反对与"罪行"不符的惩罚，尽管这可能会阻止其他人走上同样的道路。与此相关的是，人们普遍认为过于严厉的惩罚意味着发现和定罪逃税者的意愿降低。第二，为了保持边际威慑，罚款必须随着犯罪程度的增加而增加（否则，人们可能会本着"一不做二不休"的原则来逃税）。第三，与8.8节有关的是，税务当局增加强制执行的政策信号（例如，审计和权力方面的增加可以反映这一点）会降低人们对"好公民身份"内在价值的认识（Frey，1997a，1997b）。这种强制可能会给人这样的印象，"其他人不同意或者不愿贡献他们的公平份额"（Frey，1997b：1049），从而损害税收士气。社会其他成员的反对或赞成也很重要（关于社会规范，第16章将进一步讨论）。

---

① 在 $Y=D$ 点的一阶导数是：

$$\frac{dEU}{dD} = -t(1-p)U'[Y-tD] - (t-F)pU'(Y-tD-F(Y-D)) < 0\qquad(8.1n)$$

由于 $Y=D$，这可以写作：

$$\frac{dEU}{dD} = -t(1-p)U'[Y-tY] - (t-F)pU'[Y-tY] < 0\qquad(8.2n)$$

或：

$$= -t(1-p) - (t-F)p < 0\qquad(8.3n)$$

或，

$$= -t + Fp < 0\qquad(8.4n)$$

实际上，可能还有其他方面的联系，因此 Vogel（1974）发现那些知道其他人是逃税者的人，认为自己面临着比平均水平更高的成功逃税机会。从更广泛的角度来看，支持性的税收态度是减少逃税的重要基础。要做到这一点，纳税人不仅要理解和认同通过税收融资的政策，也要在与政府及其代理人税务当局之间的隐性契约中感到公平对待。在这点上，英国引入人头税/社区税就是一个反面案例。

政策制定者的任务是将预防逃税的成本降至最低，这意味着要选择成本最低的政策工具组合。如果决策者能够做到这一点，那么就能够减少反逃税政策的边际社会成本。最终，决定逃税的"最优"水平的边际社会成本会等于边际社会收益。虽然认识到这种计算的复杂性，但重要的是要说明这种方法与更简单的征管目标（一个额外税收稽查员的支出额等于税收稽查员收回的税额）大有不同。黑色经济的规模既是应对逃税的税收政策的原因，也是应对逃税的税收政策的结果，但它有多大呢？

8.11　度量黑色经济

根据定义，任何涉及重大非法因素的领域，都缺乏可靠的统计数据。黑色经济的度量也是如此。这种数据的缺陷使不同的观察者"各有企图"。对有些人来说，凯恩斯主义扩张性政策刺激国民生产总值（GNP）的明显失败可以归结为黑色经济扩张的事实。对另外一些人来说，大规模黑色经济的存在使每个人都有"很多钱"，说明削减社会保障计划是合理的。对税务当局来说，这可能意味着数百万美元的损失和税收道德水平的下降。黑色经济的数据就像产生这些数据的方法一样多样。若干调查记录了这些方法并提出批评（O'Higgins，1981；Dilnot 和 Morris，1981；Carter，1984）。最近对影子经济规模的估计可以在 Schneider（2005）中找到。本节将提供这些文献所讨论的主要方法概览。

关于成本收益分析的一章已经指出，估价信息来源有限。可选用的数据来源包括：市场数据、行为方法、通过问卷或实验进行的直接询问，以及（特殊情况下）专家意见。这个清单可以根据黑色经济所采用的衡量方法加以调整，进而提供一个组织框架。

8.11.1　基于"市场"数据的研究方法

在这一背景中，市场数据涵盖若干官方信息来源。特别是，国民收入核算提供了两种方法。在"宏观"层面，McAfee（1980）考虑了国民收入核算中的收入法和支出法之间的差距。前者的信息来源于纳税申报表，理由是黑色经济收入不会显示为收入，而会在支出上显示。

Dilnot和Morris（1981）对这种方法持批评态度，他们认为这种方法的基本论点不够严密。他们提供了一个经营场所出租为妓院的例子，所付租金可能会被计入GDP的收入估算中，但所涉及的支出未记录，因此，对于McAfee的方法来说，包括（支出）/不包括（收入）"走错了路"。他们注意到，即使所有交易都完全合法，用于收集数据造成的抽样误差和时间不一致问题会造成收支数据的偏离；因此，他们认为，两种方法之间的误差在很大程度上是一种错误，并提倡他们自己遵循的分解方法。他们使用家庭支出调查分解收支数据，发现黑色经济占GNP的2%~3%。O'Higgins（1981）的研究使用的也是官方数据，他指出，在家庭开支调查中，自雇人士（被认为是典型的逃税者）的开支与其他有类似收入记录的受雇人士的开支之间存在差异。但问题是这种比较是否正确，雇员收入当期入账，而自雇人员的详细资料按较早的会计期间入账。

当然，使用税务当局可获得的数据是可能的。在美国，IRS依据对个人所得税申报表的详细审计分离出那些可能少申报应纳税所得额的人的特征，结论是6%~9%的合法所得未申报。O'Higgins对使用官方税收稽查数据的相关方法表示怀疑，原因是这些数据将随着调查和起诉工作的不同时期而有所不同。

Pissarides和Weber（1989）证实了一个普遍的怀疑：自雇者逃税更多。结果表明，根据家庭特征和收入记录，自雇者的食品支出占收入的比例较高。他们没有把这归因于自雇者家庭成员的大胃口（自雇者所在家庭对食品的需求较大），而是他们把收入少报了1/3！

8.11.2　基于行为的研究方法

本节所列的研究都是基于以下逻辑：黑色交易都是没有记录的，故基本都是现金交易。也就是说，黑色交易基本上完全取决于黑色经济参与者的行为。一种"间接"货币法以英国经济中大面额纸币流通量的增加情况来估算黑色经济，但是，在通货膨胀时期，较高价格的交易可能是流通中纸币交易变化的重要原因。

两项对美国的研究也依赖于黑色经济中"现金交易"的观点。Guttman（1977）认为，合法活动中，现金与经常账户（活期存款）支付的比率是固定的，因此，这种比率的增加反映黑色经济的增长。同样，Feige（1981；也见1989）假定货币平均流通速度与货币及银行存款量的乘积为总交易额，而且如果这个总额与国民收入维持一个固定常数关系（系数为10.3），那么可以通过预期名义 GNP 与实际国民收入的差额来估算黑色经济的规模。然而，对于英国来说，更有效地使用货币会带来意想不到（"有悖常理"）的结果——黑色经济萎缩（Dilnot 和 Morris）。Guttman（1933）和 Feige（1939）的方法都需要一个"没有地下经济或黑色经济"的基准年或基期来计算其结果；Guttman 选择的基期是 1937—1941 年，Feige 选择的基期是 1939 年（研究的都是美国）。

8.11.3　基于直接询问的研究方法

经济学家一直对问卷调查和实验保持小心谨慎，因为这涉及问卷策略和假设因素。当被问及逃税问题时，多数人都会低估自己，而且实验难以复制"真实世界"的情形。但是，忽略调查问卷和实验数据的使用就等于忽略越来越多的相关文献。Lewis（1982）对此领域的相关问题进行了较为详细的梳理，他指出，目前的社会调查都只是将税收态度作为影响逃税的一个间接因素，但是，如果社会的税收道德水平一直较低，且处于下降趋势的话，那么大规模的逃税就有可能发生。Hakim（1989）质疑了英国黑色经济规模的估计。在谈及"传统的"全职工作岗位的就业下降时，她指出，许多个人本就不必支付国民保险或所得税；因此，有收入的个人总是需要申报的假定是错误的。鉴于此，坊间证据和调查问卷声称，数百万人在工作但不纳税是真实的，但这并不是存在地下经济的证据。实际上，Hakim 估计，英国有多达 500 万人可能被误解为黑色经济的一部分。

8.11.4　基于专家意见的研究方法

在经济学中，依靠专家意见作为估值来源虽不被信任，但作为一种信息来源却有意义。在这方面，英国国税局（Inland Revenue）前主席 William Pile 爵士的观点是证据最充分的观点之一：1977 年，他猜测黑色经济占国民生产总值（GNP）的 7.5%。

8.12　部分已有研究测算的逃税和影子经济规模

美国在测算税收不遵从程度上处于世界领先地位。自 1979 年以来，IRS 定期测算"税收缺口"。所谓税收缺口就是应缴纳但未自愿且及时缴纳的值。2001 年，这个数字为实际应纳税额的 16.3%。Slemrod（2007）详细阐述了"税收缺口"的组成部分，认为低报的所得约占总缺口的 83%，大约 2/3 集中在个人所得税上。对于个人所得税，低报所得（与多报免税、允许的抵扣等相反）占低报的 80%。Slemrod 指出，分组最引人注目的特点是不同收入类型的差异。如上所述，当各种类型的所得（工资、薪金、利息及红利）必须由支付这些所得的人向 IRS 报告时，那么遵从水平自然较高。自营业务收入不受提供给 IRS 的信息报告约束，这是不遵从的集中体现，例如，大约 57% 的非农业业主的收入报告与 Pissarides 和 Weber（1989）的研究报告不符。就大企业而言，运营最复杂的大企业似乎有更多的机会逃税，这些大企业似乎也在利用这些机会。这些研究再一次提醒了税务部门应注重税收权威，给纳税人一定的威慑，但社会规范等的作用同样不容忽视。

Torgler（2003：292）综述了大量文献，强调社会规范和文化在解释税收遵从时的重要性。他的结论是："证据表明，许多有相似财政体制的国家有着不同的税收遵从经历。"因此，社会规范和对社会规范的感知似乎不容忽视。Torgler 的结论是，因为"遵从的个人往往认为逃税是不道德的，朋友中有逃税者的人更有可能是逃税者"。对他人行为的感知为遵从意愿提供信息。个体越能感知到他人遵从和他人愿意参与集体行动的程度，就越能感知到诚实所揭示的是规范。因此，Torgler 指出："越是社会凝聚力强大的社会，遵从力量越强大。"

当实证分析的结果与理论上工具分析的结果存在差异时，社会规范和对社会规范的不同态度可能是重要的影响因素。不同文化中社会规范差异的一个指标是非正式经济的相对规模。Smith（1994：18）将非正式经济定义为"以市场为基础生产商品和服务，无论合法或非法，未体现在官方的 GDP 内"。非正式经济的估计通常用作代表不同国家逃税的相关指标。审视经合组织（OECD）国家时，非正式部门经济规模形成了鲜明对比。表 8-2 报告了从 1989/90 年度到 2002/03 年度的非正式经济规模的估计数。

表 8-3 集中关注与表 8-2 所报告的百分比的相关性。非正式经济的产值（以绝对值和人均计算）作为度量公民生活中非正式经济相关性的指标。非正式经济活动越多，逃税行为越多，而且也越被视为"常态"。不过，很难否认，表 8-3 中报告的明显差异并不能代表不同的文化和个人纳税意愿被教诲的程度。

例如，意大利和英国之间的差异值得关注。2001—2002 年，意大利的非正式部门产出占 GDP 的 27%，仅次于希腊（28.5%），位列第二。英国非正式部门的产出占 GDP 的比重（12.5%）不足意大利的一半。显然，地下部门的活动引发了不同的态度。Schneider（2002）报告，在非正式部门中，"人们之间

表8-2　　　　　1989/90至2002/03年经合组织国家逃税情况

影子经济规模（占GDP的%）（用货币需求和动态模拟法）

	OECD国家	平均 1989/90	平均 1991/92	平均 1994/95	平均 1997/98	平均 1999/2000	平均 2001/02	平均 2002/03
1	澳大利亚	10.1	13	13.5	14	14.3	14.1	13.8
2	比利时	19.3	20.8	21.5	22.5	22.2	22	21.5
3	加拿大	12.8	13.5	14.8	16.2	16	15.8	15.4
4	丹麦	10.8	15	17.8	18.3	18	17.9	17.5
5	德国	11.8	12.5	13.5	14.9	16	16.3	16.8
6	芬兰	13.4	16.1	18.2	18.9	18.1	18	17.6
7	法国	9.0	13.8	14.5	14.9	15.2	15	14.8
8	希腊	22.6	24.9	28.6	29.0	28.7	28.5	28.3
9	英国	9.6	11.2	12.5	13.0	12.7	12.5	12.3
10	爱尔兰	11.0	14.2	15.4	16.2	15.9	15.7	15.5
11	意大利	22.8	24.0	26.0	27.3	27.1	27	26.2
12	日本	8.8	9.5	10.6	11.1	11.2	11.1	11.0
13	荷兰	11.9	12.7	13.7	13.5	13.1	13	12.8
14	新西兰	9.2	9.0	11.3	11.9	12.8	12.6	12.4
15	挪威	14.8	16.7	18.2	19.6	19.1	19	18.7
16	奥地利	6.9	7.1	8.6	9.0	9.8	10.6	10.8
17	葡萄牙	15.9	17.2	22.1	23.1	22.7	22.5	22.3
18	瑞典	15.8	17.0	19.5	19.9	19.2	19.1	18.7
19	瑞士	6.7	6.9	7.8	8.1	8.6	9.4	9.5
20	西班牙	16.1	17.3	22.4	23.1	22.7	22.5	22.3
21	美国	6.7	8.2	8.8	8.9	8.7	8.7	8.6
	对21个经合组织国家的未加权平均	13.2	14.3	15.4	16.7	16.8	16.7	16.4

来源：Schneider（2005）.

有一种特别紧密的关系和'社会网络'"。1979年，意大利在非正式部门工作的官方劳动力（official labour force）占官方劳动力总数的20%~35%，2001—2002年，这一比例为30%~48%（Schneider，2002）。

表 8-3　　　　经合组织16个西欧国家的非正式（和官方）经济规模

排名	OECD 国家	2000年市场价格GNP（现价美元，10亿）	1999/2000年非正式经济占GNP的比例（%）	2000年非正式经济（现价美元，10亿）	非正式经济的人均GNP（现价美元）
15	奥地利	1 859.8	10.2	189.7	2 572.4
3	比利时	2 290.6	23.2	531.4	5 693.3
9	丹麦	1 601.1	18.2	291.4	4 875.0
8	芬兰	1 194.0	18.3	218.5	4 598.8
1	希腊	1 151.1	28.6	329.2	3 420.6
10	爱尔兰	802.1	15.8	126.7	3 580.3
2	意大利	10 667.2	27.0	2 880.1	5 443.2
13	荷兰	3 675.4	13.0	477.8	3 246.1
6=	挪威	1 602.3	19.1	306.0	6 595.2
4=	葡萄牙	1 032.4	22.6	233.3	2 513.1
4=	西班牙	5 524.0	22.6	1 248.4	3 408.1
6=	瑞典	2 244.8	19.1	428.7	5 183.7
16	瑞士	2 537.7	8.8	223.3	3 356.3
14	英国	14 170.7	12.6	1 785.5	3 078.2
	平均	5 125	18	894	4 150

来源：Schneider（2002）.

注：其中，"="表明1999/2000年不同国家非正式经济占GNP的比重相同（如葡萄牙与西班牙；挪威与瑞典相同）。

8.13　决定"影子"经济规模的计量经济学证据

如何用经验解释这些观察到的巨大差异？本节简要报告了Torgler和Schneider（2007）的经验研究，因为它汇集了前面介绍的许多主题。他们的重点是治理、制度质量和税收道德对影子经济的影响程度。其中，影子经济的定义是：以市场为基础合法生产的商品和提供的服务，但纳税人故意向公共当局隐瞒这些商品和服务，目的是逃避缴纳所得税、增值税或其他税及社会保障金；逃避劳动力市场标准（例如最低工资标准）和填写统计问卷等行政程序。但该定义不包括毒品交易等非法活动和DIY等家庭生产。一个关键的命题是，如果个人觉得他们的偏好在政治机构中得到恰当体现，且认为政府是有益的，那么他们留在一个经济体的正式部门并履行相关义务的意愿就会增强。在这些情形中，参与影子经济的道德成本上升。作者提出了其他条件不变的情况下，有助于缩小影子经济规模的三个核心假设：

1. 提高治理和制度质量；
2. 增大公民直接参与政治的可能性；
3. 提高税收道德（定义为纳税的内在动机）。

他们的研究使用了两套数据。第一套是为期10年的跨国面板数据。第二套是瑞士的国内州级数据，在第二套数据中，他们控制了一系列与社会价值和文化相关的变量。他们估计的等式是：

$$SHADOW_{it} = \alpha + \beta_1 CTRL_{it} + \beta_2 GOVINST_{it} + \beta_3 TAXMORALE_{it} + TD_t + REGION_i + \varepsilon_{it} \quad (8.15)$$

式中，i 代表样本国家，t 是时期，$SHADOW_{it}$ 是一个国家不同时期（1990、1995、2000年）影子经济的规模占官方GDP的百分比。（其中，影子经济参数由动态模拟法估计，且基于货币需求方法对所估计系数进行校正以得到绝对值。[1]）

$GOVINST_{it}$ 是治理能力和制度质量的指标（由《国际国家风险指南》（ICRG）中的政治风险评级和其他与官僚质量、腐败、民主问责、政府稳定性、法律和秩序、内部冲突和政府中军事的存在有关的得分表示。作者还使用了来自《治理质量指数》和《世界经济自由指数》的数据）。

$TAXMORALE_{it}$ 为《世界价值调查》中度量的税收道德水平，来自对下列问题的回答："请告诉我，对于以下每一个表述，你是否认为它总是合理，从不合理，或者介于两者之间（……）一旦有机会，你就骗税。"

TD_t 是一个时间哑变量。

$REGION_i$ 是一个区域哑变量。

$CTRL_{it}$ 是控制变量（简要描述了对影子经济的规模预期的负面影响），即：

---

[1]　详见 Schneider(2005)的解释。估计值见表8-2。

人均GDP（国家越富裕，纳税和征税能力越强）；

最高边际税率（越低，对影子经济的激励越弱）；

人口规模和城市化水平（人口增长越慢，税收体系就越能跟上新纳税人的步伐，使纳税人匿名现象减少，对国家的忠诚度提高）；

劳动力规模（有工作的人进入影子经济的时间更少）；

农业部门的规模（自雇农场主的数量越小，逃税和影子经济的可能性就越低）；

国际贸易占GDP的比例（贸易是可见的，而且容易征税，因此贸易规模越大，影子经济就越小）；

规制，尤其是劳动市场的监管（规制和限制越少，人们规避规制并进入影子经济的激励就越小）。

ε_{it}是一个随机误差项。

Torgler和Schneider（2007）对各种变量的组合进行了估计，这里仅对结果进行粗略总结。对于跨国面板数据，实证分析的结果不能拒绝假设1与假设3。对于控制变量：人均GDP的负面作用似乎得到了证实，最高边际税率与农业部门的规模得到部分证实；人口规模、城市化、劳动力规模、规制和开放度在大部分估计中未显示出很强的重要性。使用包含威慑变量（每个州每个纳税人的税务稽查员%）的瑞士数据，再次得到大体上支持的结果。高税收道德和民主参与权（上述假设2）的结果和理论预测一致，缩小了影子经济的规模。同时，根据上述理由，较低的税收负担缩小了影子经济，城市化和劳动力变量的影响与上述分析一致。既矛盾但又和其他研究一致的是，被发现逃税的概率越高，影子经济的规模似乎越大。总之，估计的等式表明，运用跨国和州内面板数据，确定了税收道德和治理/制度要素在决定影子经济规模中的重要作用。

8.14　小结

本章的核心是关于逃税的阿林厄姆-桑德莫逃税威慑模型及围绕此模型的后续研究。

关于税收遵从到底是反映人们对惩罚的恐惧，还是体现经济行为者的诚实和公民责任感等品格，存在一个基本矛盾。Slemrod（2007：41）报告的最近（2005年）的美国调查证据证实了这一点：96%的受访者完全同意"每个美国公民有义务缴纳公平份额的税收"，62%的受访者表示"担心审计"的心理，影响他们是否选择诚实地申报和纳税——工具理性的纳税人并未脱离公民责任。这可能意味着，税务当局用"好言加大棒"的方法比只用"好言"能获得更多收入！

关于逃税成本的讨论清楚表明，逃税"最优"水平存在明显争议。如果逃税能降低税收的激励效应（从"供给方"的观点来看，这会创造一个更大的产出水平），那么逃税就会带来积极影响。然而，逃税在多大程度上被认为是不合意的行为也取决于政府的看法。由政府失灵导致的公共资金配置低效率发生的可能性越大，与逃税有关的"损失"就越小。"利维坦"（Leviathan）学派的有些人认为，逃税是纳税人的"逃避"，是个人抵制政府强加的垄断权力的一种机会。Brennan 和 Buchanan（1977）坚定主张税收立法应该包含避税（如果不是逃税）的机会——如第15章所讨论的。

公共选择分析在研究"最优"逃税水平和逃税发生概率方面很重要，政府部门的观点不容忽视。本章已经论证，将税收收入的边际损失与逃税的边际成本等同起来的简单方法可能会有误导，在确定逃税的"最优"水平时，应关注边际社会成本和边际社会收益。

然而，即使这种运用可以成功实施，也有理由（从公共选择视角）认为，所发生的逃税水平将低于社会最优水平。Frey（1989）强调，黑色经济的规模是政治过程中行动者决定的结果，决策者得到的信息可能偏向于降低黑色经济水平。黑色经济中的生产者（由于明显的原因）无法进行游说，而正式经济中的生产者会组织起来进行游说，以减少黑色经济活动。生产者会要求这样的规制，以减少黑色经济活动所代表的竞争。就政府管理而言，很可能存在一种反对黑色经济的偏见。随着财政收入的减少，那些从事公共管理的人失去了权力和影响力。Frey（1989：126）提出："正式的和未被观察到的经济的规模是自利决策者相互作用的结果。"只要那些提出反对观点的人在政治进程中有更大的发言权，黑色经济规模就会变小。Frey的讨论提出一个重要的观点，但这个观点的相关性值得怀疑。例如，Collard（1989b：107）认为，虽然政策制定者关注净收入，但官僚机构更关注总收入。根据这一理论，我们可以预期，税务当局迫切要求调查的做法将远远超出"天真规则"（即边际调查成本等于边际收入）。但是，实践中，他补充称，"要求进行更多调查的压力很可能同官僚帝国主义一样，是源于公众责任感"。还有一个重要的问题，那就是参与黑色经济的人对黑色经济规模问题应该产生多大的影响力。当然，在考虑政策时，关于犯罪经济学的文献通常不会包括罪犯的福利分析。

参考文献

Aitken, S. and Bonneiville, E. (1980) *A General Taxpayer Opinion Survey*. Washington, DC: CSR Inc.

Allingham, M.G. and Sandmo, A. (1972) 'Income Tax Evasion: A Theoretical Analysis', *Journal of Public Economics*, 1, pp. 323–38.

Alm, J. (1985) 'The Welfare Cost of the Underground Economy', *Economy Inquiry*, 23, 2, pp. 243–63.

Alm, J. (1988) 'Compliance Costs and the Tax Avoidance: Tax Evasion Decision', *Public Finance Quarterly*, 16, 1, pp. 31–66.

Alm, J., McClelland, G.H. and Schulze, W. (1992) 'Why Do People Pay Taxes?' *Journal of Public Economics*, 48, 1, pp. 21–38.

Andreoni, J., Erard, B. and Feinstein, J. (1988) 'Tax Compliance', *Journal of Economic Literature*, 36, 2, pp. 818–60.

Baldry, J.C. (1984) 'The Enforcement of Income Tax Laws: Efficiency Implications', *Economic Record*, 60, 169, pp. 156–9.

Becker, G.S (1968) Crime and Punishment: An Economic Approach, *Journal of Political Economy*, 76, 2, pp. 169–217.

Brennan, G. and Buchanan, J.M. (1977) 'Towards a Tax constitution for Leviathan', *Journal of Public Economics*, 8, 3, pp. 255–73.

Browning, E.K. and Browning J.M. (1983) *Public Finance and the Price System*, 2nd edn. New York: Macmillan.

Carter, M. (1984) 'Issues in the Hidden Economy: A Survey', *Economic Record*, 60, 170, pp. 209–21.

Clotfelter, C.T. (1983) 'Tax Evasion and Tax Rates: An Analysis', *Review of Economics and Statistics*, 65, 3, pp. 363–73.

Collard, D. (1989a) 'Compliance Costs and Efficiency Costs of Taxation', pp. 273–77 in C. Sandford. M. Godwun and P. Hardwick, *Administrative and Compliance Costs of Taxation*. Bath: Fiscal Publications.

Collard, D. (1989b) 'How much Investigation?', pp. 104–15 in D. Collard (ed.), *Fiscal Policy: Essays in Honour of Cederic Sandford*. Aldershot: Avebury.

Cowell, FA. (1981) 'Taxation and Labour Supply with Risky Activities', *Economica*, 48, 192, pp. 365–79.

Cowell, F. (1985) 'The Economic Analysis of Tax Evasion', *Bulletin of Economic Research*, 37, 3, pp. 163–93.

Cowell, F.A. and Gordon, J.P.F. (1988) 'Unwillingness to Pay', *Journal of Public Economics*, 36, 3, pp. 305–21.

Dean, P., Keenan, T. and Kenney, F. (1980) 'Taxpayers' Attitudes to Income Tax Evasion: An Empirical Survey', *British Tax Review*, 1, pp. 28–44.

Dilnot, A. and Morris, C.N. (1981) 'What Do We Know about the Black Economy?', *Fiscal Studies*, 2, 1, pp. 58–73.

Fallon, P. and Verry, D. (1988) *The Economics of Labour Markets*. Oxford: Philip Allan.

Fehr, E., and Gachter, S. (2000) 'Fairness and Retaliation: The Economics of Reciprocity', *Journal of Economic Perspectives*, 14, 3, pp. 158–81.

Feige, E.L. (1981) 'The Uk's Unobserved Economy: A Preliminary Assessment', *Economic Affairs*, 1, 4, pp. 205–12.

Feige, E.L. (ed.) (1989) *The Underground Economies: Tax Evasion and Information Distortion*. Cambridge and New York: Cambridge University Press.

Frey, B.S. (1989) "How Large) or Small) should the Underground Economy Be?' in E.L. Feige, *The Underground Economies; Tax Evasion and Information*. Cambridge: Cambridge University Press.

Frey, B.S. (1997a) *Not Just For the Money: An Economic Theory of Personal Motivation*. Cheltenham: Edward Elgar.

Frey, B.S. (1997b) 'A Constitution for Knaves Crowds Out Civic Virtues', *Economic Journal*, 107, 443, pp. 1043–53.

Frey, B.S. and Eichenberger, R. (1989) 'Anomalies and Institution', *Journal of Institutional and Theoretical Economics*, 145, 3, pp. 423–37.

Friedland, N., Maital, S. and Rutenberg, A. (1978) 'A Simulation Study of Income Taxation', *Journal of Public Economics*, 10, 1, pp. 107–16.

Geeroms, H. and Wilmots, H. (1985) 'An Empirical Model of Tax Evasion and Tax Avoidance', *Public Finance/Finances Publiques*, 40, 2, pp. 190–209.

Guttman, P. (1977) 'The Subterranean Economy', *Financial Analyst's Journal*, 33, pp. 26–7, 34.

Hakim, C. (1989) 'Workforce Restructuring, Social Insurance Coverage and the Black Economy', *Journal of Social Policy*, 18, 4, pp. 471–503.

Hargreaves-Heap, S. (1992) 'Bandwagon Effects', in Hargreaves-Heap, S., Hollis, M., Sugden, R. and Weale, A. *The Theory of Choice: A Critical Guide*. Oxford: Blackwell.

James, S. (2006) 'Taxation and the Contribution of Behavioural Economics', pp. 589–601 in M. Altman (ed.), *A Handbook of Behavioral Economics: Foundations and Developments*. New York: M. E. Sharpe.

Keith Report, The (1983) *Committee on Enfforcement Powers of the Revenue Departments*, Cmnd 8822 9120 and 9440, London, HMSO.

Lewis, A. (1979) 'An Empirical Analysis of Tax Mentality', *Public Finance/Finances Publiques*, 34, 2, pp. 245–57.

Lewis, A. (1982) *The Psychology of Taxation*. Oxford: Martin Robertson.

MaCaffery, E. and Baron, J. (2004) 'Heuristics and Biases in Thinking about Tax' in *Proceedings of the 96th Annual Conference on Taxation (2003)*. Washington, D.C.: National Tax Association.

Malik, A.S. and Schwab, R.M. (1991) 'The Economics of Tax Amnesties', *Journal of Public Economics*, 46, 1, pp. 29–49.

Mason, R. and Calvin, L.D. (1984) 'Public Confidence and Admitted Tax Evasion', *National Tax Journal*, 37, 4, pp. 489–98.

McAfee, K. (1980)'A Glimpse of the Hidden Economy in the National Accounts', *Economic Trends*, 316, pp. 81-7.

Myles, G.D. (1995) *Public Economics*. Cambridge: Cambridge University Press.

Myles, G.D. and Naylor, R.A. (1996)'A Model of Tax Evasion with Group Conformity and Social Customs', *European Journal of Political Economy*, 12, 3, pp. 49-66.

O'Higgins, M. (1981) *Measuring the Hidden Economy*, Outer Circle Policy Unit; reprinted in revised form in two parts in *British Tax Review*, nos. 5 and 6, pp. 286-302 and 367-78.

Orviska, M. and Hudson, J. (2002)'Tax Evasion, Civic Duty and the Law Abiding Citizen', *European Journal of Political Economy*, 19, pp. 83-102.

Peacock, A.T. and Shaw, G.K. (1982)'Tax Evasion and Tax Revenue Loss', *Public Finance/Finances Publiques*, 37, 2, pp. 269-78.

Pissarides, C.A. and Weber, G. (1989)'An Expenditure-Based Estimate of Britain's Black Economy', *Journal of Public Economics*, 39, 1, pp. 17-32.

Pyle, D.J. (1989) *Tax Evasion and the Black Economy*. London: Macmillan.

Pyle, D.J. (1991)'The Economics of Taxpayer Compliance', *Journal of Economic Surveys*, 5, 2, pp. 163-198.

Schneider F. (2002)'The Size and Development of the Shadow Economies of 22 Transition and 21 OECD Countries', Discussion Paper 514, Institute for the Study of Labor (IZA), University of Linz, Department of Economics; CESifo (Center for Economic Studies and Ifo Institute for Economic Research).

Schneider, F.G. (2005)'Shadow Economies Around the World: What Do We Really Know?', *European Journal of Political Economy*, 21, 3, pp. 598-642.

Sjinner, J. and Slemrod, J. (1985)'An Economic Perspective on Tax Evasion', *National Tax Journal*, 38, 3, pp. 345-53.

Slemrod, J. (2002)'Tax Systems', *NBER Reporter*, Summer, pp. 8-13.

Slemrod, J. (2007)'Cheating Ourselves: The Economics of Tax Evasion', *Journal of Economic Perspectives*, 21, 1, pp. 25-48.

Smith, P. (1994) Assessing the Size of the Underground Economy, *Canadian Economic Observer*, 11, pp. 16-33.

Spicer, M.W. (1986)'Civilization at a Discount: The Problem of Tax Evasion', *National Tax Journal*, 39, 1, pp. 13-20.

Spicer, M. W. and Lundstedt, S.B. (1976)'Understanding Tax Evasion', *Public Finance/Finances Publiques*, 31, 2, pp. 295-305.

Spicer, M.W. and Becker, L.A. (1980)"Fiscal Inequity and Tax Evasion: An Experimental Approach', *National Tax Journal*, 33, 2, pp. 171-5.

Spicer, M.W. and Hero, R.E. (1985)'Tax Evasion and Heuristics: A Research Note', *Journal of Public Economics*, 26, 2, pp. 263-7.

Tanzi, V. (1980)'The Underground Economy in the United States: Estimates and Implications', *Banca Nazionale del Lavoro Quarterly Review*, 33, 135, pp. 427-54.

Thogersen, J. (2008)'Social Norms and Cooperation in Real-Life Dilemmas', *Journal of Economic Psychology*, 29, 4, pp. 458-72.

Torgler, B. (2003) 'To Evade Taxes or Not to Evade: That is the Question'. *Journal of Socio Economics*, 32, 3, pp. 283-302.

Togler, B. and Schneider, F. (2007) 'Shadow Economy, Tax Morale, Governance and Institutional Quality: A Panel Analysis', Center for Economic Studies & Ifo Institute for Economic Research CESifo, Working Paper No. 1923, Institute for the Study of Labour IZA, IZA Discussion Paper No. 2563.

Vogel, J. (1974) 'Taxation and Public Opinion in Sweden: An Interpretation of Recent Survey Data', *National Tax Journal*, 27, 4, pp. 499-513.

White, R. A., Harrison, P.D. and Harrell, A. (1993) 'The Impact of Income Tax Withholding on Taxpayer Compliance: Further Empirical Evidence', *Journal of the American Taxation Association*, 15, 2, pp. 63-78.

Yaniv, G. (1994) 'Tax Evasion and the Income-Tax Rate—A Theoretical Reexamination', *Public Finance/Finances Publiques*, 49, 1, pp. 107-112.

Yitzhaki, S. (1974) 'A Note on Income Tax Evasion: A Theoretical Analysis', *Journal of Public Economics*, 3, 2, pp. 201-2.

Yitzhaki, S. (1987) 'On the Excess Burden of Tax Evasion', *Public Finance Quarterly*, 15, 2, pp. 123-37.

第 9 章 收入（再）分配

9.1 引言

实现经济公平是许多国家宣布的政策目标。评估政府政策对收入分配的影响之所以重要，不仅是因为某些政策旨在改变收入分配，也因为效率导向的政策总会影响收入和财富的分配。由于在概念、理论和实践上存在诸多困难，且只有部分困难可以被解决，因此，很难对这个基本上是经验性的问题作出回答。评估在收入分配方面的任何改革是否可取，涉及经济学中一个尚未解决的重大问题，即如何对收入分配方案进行比较和排序？进一步的问题是，我们在过去提出的许多问题上取得了多大进展？Jenkins 和 Micklewright（2007）提出，近几十年里，在不平等和贫困分析领域发生了七个重大变化：

1. 不平等和贫困程度的变化。有证据表明，许多国家的不平等和贫困现象日益加剧，且不同国家的经验不具有普遍性，存在差异。

2. 政策环境的变化。贫困概念是根据社会排斥（social exclusion）来定义的，它所包含的不仅仅是以收入为基础的贫困和不平等的衡量标准。人们对采纳的不平等和贫困目标更感兴趣，例如英国工党政府承诺在 2010 年前将儿童贫困人数减半。

3. 对不平等和贫困监测手段的变化以及多维方法的兴起。人们认为，致贫的原因在于缺乏获得各种商品和服务的渠道，而非缺乏收入本身。Sen 备受推崇的能力方法关注"人们能够实现的功能性活动①的可选组合，他可以从中选择一个集合"（Sen，1993：31）。

4.更多地使用纵向和横断面方法。越来越多的面板数据显示，人们被认为贫困的时间有多长，贫困的持续时间就会有多长。贫困和收入动态现在得到了更多的承认和重视。

5.数据质量的提高和数量的增加。

6.分析性测度方法的发展。对不平等测度的调查及其复杂性见Cowell（2000）。

7.建模的发展。人们更多地使用回归分析，关注经济增长和不平等。通过建立微观模拟模型，能够从经验上证明税收和福利制度的变化对家庭的影响，为决策者提供帮助。

虽然不可能对上述所有问题都有所涉及，但其中的一些主题将在下文阐述。

9.2 收入分配概述

20世纪70年代和80年代，经济不平等这一主题兴起，并按照前面概括的方式发展，但基础是什么？开始时，为方便研究，将个体而不是家户或家庭作为适宜的分析单位。家户内部可能不止包括一个家庭，例如，可能包括寄宿者。此外，还有资源如何在这些单位内共享和如何权衡的问题，比如在儿童和成人之间进行资源分配。从这些困难的问题中抽象出来，一种有吸引力的研究不平等的方法是考察个人的终身购买力，它被广义地定义为个人所享有的商品和服务，并适当贴现，以提供共同的比较基础。尽管这类长期的个人数据集越来越多，但本部分的重点是确定由政府政策干预所导致的收入和财富分配的变化。

表9-1为收入和财富分布。（1）部分列出了各种形式的要素价格，价格的精确价值由此要素的供给和需求决定。价格的向量乘以个人拥有的要素（人力、实物和金融资本），就会产生收入分配。那些最终被证明处于收入分配顶端的幸运者，除了拥有自己的劳动或人力资本，通常还拥有实物和金融资本。

---

① 功能性活动是指一个人对其所支配的商品的使用。

表 9-1　　　　　　　　　　　　　　　　收入不平等概览

(1) 要素市场决定：	(2) 要素所有权	(3) 收入分配（（1）×（2））
工资	(a) 个人之间的人力资本（技能、培训）分配	个人之间的收入分配；
利润		有时分为：
租金	(b) 个人之间的实物和金融资本分配	(a) 就业所得
利息		(b) 来自财产所有权的非劳动所得或投资所得
股息等		
如要素价格		
财富（存量）试图衡量（2b）不包含人力资本	个人在某一时间点上，从现金或银行存款中减去债务后的购买力，加上出售其他所有资产（房子、股票、土地）获得的购买力	动态方面 (i) 富人储蓄并且拥有产生未来收入的资本资产；穷人往往不储蓄，很少或根本没有来自这些资产的收入
收入（流量）试图衡量（3），它是（2a）和（2b）的年利润（注：通常情况下，受数据可获得性的影响，不同的研究在定义上存在差别）	个人在某一时期（通常是一年）从某些来源获得的购买力增加的价值，通常包括工资、利息和租金收入	(ii) 更富有的人倾向于获得更高的回报率：(a) 规模优势；(b) 更好地获取信息和利润更高的投资 (iii) 也适用于人力资本的获取，例如，受过教育的人鼓励他们的孩子接受教育，并让他们接受更长时间的教育
它直接损害要素市场 (i) 最低工资立法 (ii) 给少数群体配额，如残疾人士 (iii) 反歧视立法（如妇女同工同酬）	再分配政策可采取多种形式它可以再分配有形资本和人力资本的所有权 (i) 遗产税和财产税 (ii) 将"免费"教育提高到一个高水平，以减少获得人力资本的机会不平等 (iii) 建立国家生产资料所有制的社会主义制度	它直接损害收入分配 (i) 税收/转移支付政策（如负所得税） (ii) 提供"有益需求"，其资金来源于累进税制

　　表 9-1 的中间部分试图对收入分配和财富分配进行区分。其基本区别在于，收入是流量，以单位时间来衡量；而财富是存量，是在某一时间点进行衡量。在完善的资本市场和适当的包容性定义存在的情况下，财富将仅仅是所有未来收入流的贴现值（即包括那些可能不容易用货币单位衡量的收入流）。由于资本市场并不完美，不同研究人员的定义也不尽相同，有些收入更适合作为存量而不是流量来衡量，因此，有记录的财富分配并不仅仅是所有未来收入流的现值。

"动态方面"的论据表明，在当前收入或财富分配中处于有利位置，很可能使你在未来的（代际和代内）收入或财富分配中也占据优势地位。人们目前所拥有的人力、物力和金融资本，往往会在后续时期自我加强，尽管并不总是如此。

概述了收入和财富不平等的来源后，如何呈现数据，或者更准确地说，使用哪种分析单位，并非易事。货币收入是维持日常生活的基础，并且根据定义，货币收入是在某种程度上反映财富的变量，因此，多数初始研究都集中在这一数字上。由于不同要素在生产过程中发挥的作用不同，一种呈现数据的方法是所谓的功能性份额，即收入用于土地、劳动力和资本的份额。如果关注收入不平等，这种方法的帮助不大，因为它无法告诉你每笔收入需要"分配"的比例。这种方法对于个人仅从一处取得收入的情况，最为有效，而这种情况更可能出现在较早的历史时期。尽管在"不平等"的讨论中使用这种方法经不起推敲，但在一般均衡税收分析中使用的基本框架——实际上在许多国际贸易理论中也是如此——是根据不同要素的收益来决定的（见第7章和第13章）。大量文献探讨了收入分配的规模问题，这些文献关注的是收入的具体形态（正偏态（右尾）和尖峰形（驼峰形）或尖峰态对数正态），在不同的时期和不同的国家（参见图9-1（a），图9-1（b）为英国的实际分布）这些近似对数正态分布的分析单位通常是个人或家庭。

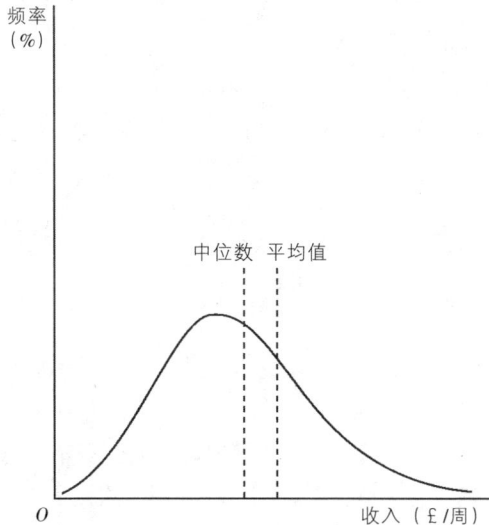

图9-1（a）　个人收入分配的特征分布形态

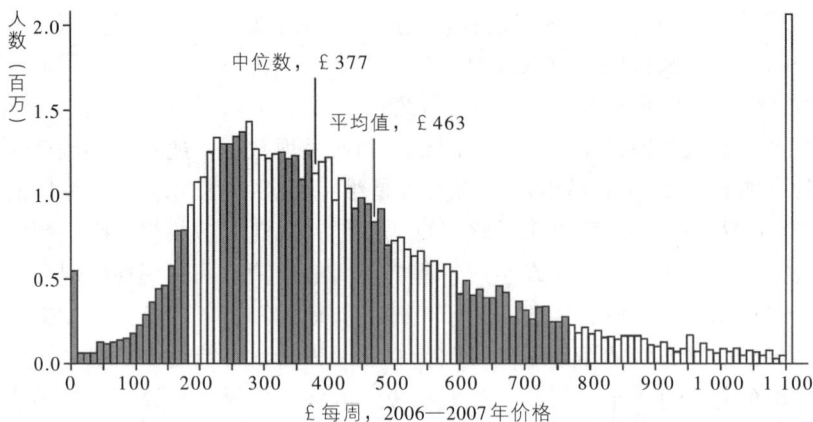

图9-1（b）　2006—2007年收入分配（英国）

注：衡量收入时排除了住房成本。最右边的条形图表示高于￡1 100的收入。不同阴影的条形图是指十分位数组。

来源：Brewer，Muriel，Phillips和Sibieta（2008）利用"家庭资源调查，2006—2007"计算所得。

英国Lydall（1968）的研究为特征形态提供了三种主要的解释。随机理论关注的是统计情况，并探讨什么类型的统计过程将产生观察到的结果。例如，如果在一组人中，随机选择其中的个人，并按照这些人现有的绝对收入的一定比例，增加其收入，就会产生对数正态分布。无论模型多么精细，这些方法通常不包含对特征形态的经济解释。

"芝加哥"人力资本法（例如，Becker，1971；也可参见Mincer，1980）可能在另一个方向走了极端，将观察到的不平等仅仅看作是对当前人力资本投资以及过去投资回报的反映。因此，观察到的t时期收入（Y_t）反映的是，初始的未受过教育的能力或天资（T_t）与过去投资（I_i）乘以它们的报酬率（r_i）减去任意的当期投资（通常以预期收益的形式出现）。因此：

$$Y_t = T_t + \sum_{i=0}^{t-1} r_i I_i - I_t \tag{9.1}$$

特征分布形态来自增加的r_i和I_i之间的相互作用，即使r_i和I_i服从正态分布，这种作用也会产生。

与几乎所有的人力资本文献一样，"芝加哥"人力资本法假定存在一个强大的选择因素。在具备基本能力的情况下，按市场利率借款投资人力资本，以确保未来回报的机会均等，使得观察到的收入不平等成为个人选择问题。然而，在需求方面，基因遗传和其他环境变量的影响（无论它们的相对强度如何）会使个人对人力资本的需求有所不同。在供给方面，表9-1表明，较高的初始收入和财富提供了能够更好地获得信息和进入金融市场的机会，从而使社会中不同群体的人的利率存在差异。这些考虑使得"自愿（voluntary）——不必担心收入不平等"的观点看起来有些勉强。然而，这种方法的确强调了时间周期的重要性，时间越长，当前状况的影响就越容易消除，因此，那些看上去（或许的确如此）贫困的学生通常将会很富有，而且，事实也是如此，即截面的不平等大于时间序列的不平等。

第三种方法的使用更为广泛，更加兼收并蓄，它承认人力资本（教育、培训）对个别边际产品（以及收入）以及其他因素如个人认知能力和人格差异的影响。这种"多因素"方法[①]（Lydall，1968）通过认识到不同的人包括穷人没有简单地选择自己的命运，从而使政策重新发挥作用，并且，这种方法强调了教育和培训在人力资本方法中的主导地位。

除了总体收入分配问题之外，其他收入分配也与某些问题有关。例如，经济增长与不同经济部门（制造业、农业等）产生的收入份额的变化有关；劳动力市场分析或许可以揭示不同经济群体的相对命运（专业与手工、建筑师与环卫工等）；区域经济学家，特别是在当前的欧盟背景下，显然对区域收入差异感兴趣。所有这些数据的分解在分析数据时经常会被提出并发挥作用。然而，在考虑收入不平等时，个人之间的收入分配是最合适的研究起点。但是，将这些数据表示为频率分布，并不适用于研究不平等问题，经证明，其他的衡量标准更受欢迎。

9.3 不平等和贫困：通常的衡量标准

有大量复杂的文献总结了经济不平等问题，并在一国内部和国家之间进行了不同时间的比较（Sen，1973；Jenkins，1991；Cowell，2000）。英国财政研究所（Institute for Fiscal Studies，IFS）的 Brewer，Muriel，Phillips 和 Sibieta（2008）详细描述了英国的贫困和不平等问题。最常用的度量方法是分位数份额和洛伦茨曲线（以及相关的基尼系数）。这些基本概念如图9-2（a）、图9-2（b）、图9-3和表9-2所示。五分位数组收入增长数据见表9-2。这种描述的一个缺点是，专注于分配的某一部分份额的比较，忽略了分配的其他部分可能发生的变化。洛伦茨曲线（按收入大小升序排列的信息）显示了每个百分比或人

[①] 独立因素的影响的总和，能够产生适当的特征形态。

口比例所占的收入比例。由于排序程序的原因，收入的比例是从0到100%，因为这是全部持有收入单位（人口）的累计收入。由于收入分配不均，曲线在完全平等线（45°线）以下下凹。除了在坐标轴上的"锚点"外，人口的比例高于他们所持有的收入比例。基尼系数是用从"凹陷"到45°线的面积与45°线下的面积之比来衡量的。Cowell（2000）认为，基尼系数持续受到欢迎可能是因为，这一指标反映了分析惯性及其让个人立即"看到"收入不平等的能力。图9-2包含了系数所能得到的极值，并表明，基尼系数越接近1，收入分配就越不平等。图9-3为英国的基尼系数，从图中可以看出，20世纪80年代，英国的基尼系数显著增加，从1979年的0.25上升到20世纪90年代早期的0.34（这个增幅在英国甚至各国历史上都是绝无仅有的）。也可以看出，基尼系数的这一增幅与"撒切尔时代"的保守政策相吻合。工党执政期间，不平等现象似乎几乎没有什么变化，但近年来的不平等现象如此之多，以致2006年7月的基尼系数达到了自1961年有可比记录以来的最高水平。然而，在仓促地做出判断之前，数据的作者指出，数据的模式不可避免地反映了不同时期经济的繁荣和衰退。表9-2提供了实际收入增长的具体数值，显示在1996年7月至2006年7月期间（工党执政期间），全部五分位数组的实际收入年化增长率都在1.7%至2.1%之间，第二组表现最好。在1979年至1996年7月保守党执政期间，最富有的群体表现最好，尤其是在撒切尔夫人执政期间（3.6%的增长），与图9-2的基尼系数一致。

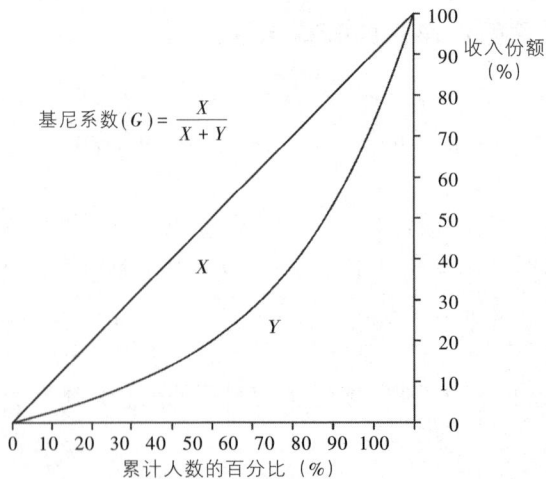

$$基尼系数(G) = \frac{X}{X + Y}$$

图9-2（a）　洛伦茨曲线

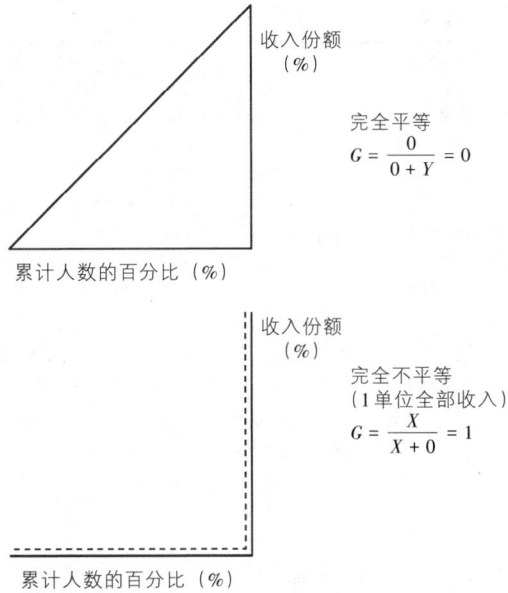

完全平等

$$G = \frac{0}{0 + Y} = 0$$

完全不平等
（1单位全部收入）

$$G = \frac{X}{X + 0} = 1$$

图9-2（b）　基尼系数（特殊情形）

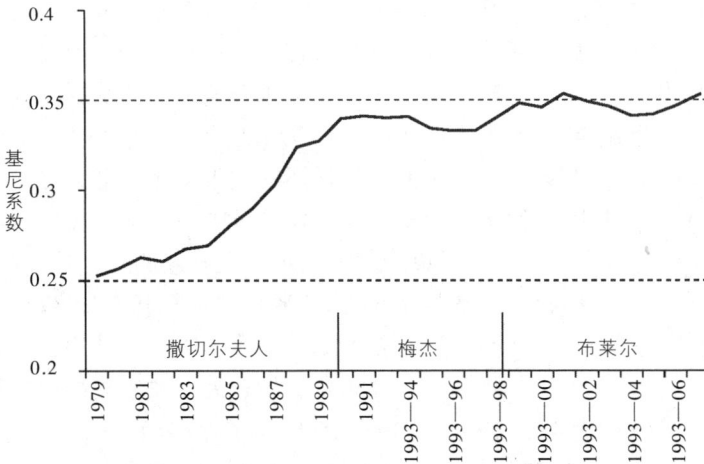

图9-3　基尼系数：1979年至2006年7月（英国）

注：基尼系数是由未扣除住房成本的收入计算而得。

来源：Brewer，Muriel，Phillips和Sibieta（2008）利用各年度"家庭支出调查"和"家庭资源调查"计算所得。

表 9-2　　英国 1979 年至 2006 年 7 月不同议会五分位数组的实际收入增长

	收入五分位数组					
	最穷	2	3	4	最富	均值
保守党时期（1979 至 1996—97）	0.8%	1.1%	1.6%	1.9%	2.5%	2.1%
其中						
撒切尔夫人（1979 至 1990）	0.4%	1.2%	2.1%	2.7%	3.6%	2.8%
梅杰（1990 至 1997—97）	1.7%	0.9%	0.6%	0.5%	0.7%	0.8%
工党时期（1996—97 至 2006—07）	1.8%	2.1%	1.9%	1.7%	1.9%	2.1%
其中						
布莱尔 I（1996—97 至 2000—01）	2.4%	2.7%	2.4%	2.5%	2.7%	3.1%
布莱尔 II（2000—01 至 2004—05）	2.6%	2.5%	2.0%	1.6%	1.4%	1.7%
布莱尔 III（2004—05 至 2006—07）	−1.1%	0.1%	0.7%	0.6%	1.2%	1.1%

　　注：每五分位数组的平均数都对应于中间值，即收入分布的第 10 个百分位数、第 30 个百分位数、第 50 个百分位数、第 70 个百分位数和第 90 个百分位数。计算收入时未扣除住房成本。

　　来源：Brewer，Muriel，Phillips 和 Sibieta（2008）利用各年度"家庭支出调查"和"家庭资源调查"计算所得。

　　20 世纪 80 年代，是保守主义在经济生活中和保守党在政治生活中占据主导地位的时期。保守主义哲学是个人主义的、以市场为导向的，不太热衷于将公平作为政府政策的推动力，尽管这样说可能过于简单化。Jenlins 和 Micklewright（2007：7）提到："1979 年上台的保守党政府突然中止了皇家委员会（关于收入和财富分配的委员会，设立于 1975 年）……并推行有助于扩大收入分配差距的政策。"考虑到这一点，正如上文所普遍证实的那样，人们可能会认为，英国 20 世纪 80 年代期间的收入不平等加剧了。早在 1994 年，Jenkins 和 Cowel（1994）进一步支持了上文中详细描述的情况。他们重现了 Pen 笔下的"矮子们"和"少数巨人们"游行的场景。在游行中，英国人按照自己收入的高低列队，在一个小时内从你身边走过。这种心理画面的描述是极其生动的，且具有教育意义。身高 5 英尺 5 英寸（约 1.7 米）对应着 1988/1989 年（在扣除住房成本前）每周收入 236 英镑（这是所谓的均等化收入，使用权重来修正个人情况，见下文）。在令人眼花缭乱的 30 分钟后，处在收入分配中位数的个体由此经过，其身高为 4 英尺 8 英寸（约 1.5 米）。在 37 分钟后，平均身高（收入）的人才经过。在第 57 分钟，出现了 11 英尺（约 3.4 米）的"篮球运动员"。作者的计算表明，最后 4 个从你身边经过的人身高分别为 90 英尺、90 英尺（约 27.4 米）、100 码和 100 码（约 91.4 米）。到目前为止，英国整体上呈现出一幅相当明显的不平等画面。

　　第1章已经表明，效率和公平原则是如何不可分割地联系在一起的。假如公共部门的存在并未有意造成对收入分配的重大影响，可能涉及对公共部门提供的每一种商品或服务征收普遍的边际收益税。请注意，试图普遍征收边际收益税意味着接受现状。也就是说，我们有理由接受市场过程的结果，避免对市场过程的干扰。下面将进一步讨论这些观点。如果拥有适当的信息，这可能成为公共供给的对象，但事实并非如此。大多数税收由"支付能力"原则（这本身意味着公平，而非再分配）所驱动，正如上文所说，许多政策可能具有明确的再分配意图。虽然根据经验很难确定收入-财富分配现状，即使可以确定，多大程度的不平等应该成为政府政策的触发因素仍然是个问题。虽然到目前为止，经济不平等一直是从可衡量的市场资源控制力的角度来讨论的，但当控制能力不足时，就会产生贫困。对于这种控制力不足，有两种方法可以而且已经被广泛采用。

　　统计方法沿用了洛伦茨曲线类型的信息，但也认识到，例如，研究收入最低的10%人群的收入份额并不表明它们与分布的平均值或中位数之间存在怎样的关系。一种将分配的各个部分相联系的方法主张，比如像Fuchs（1965）那样，如果人们认为不能有任何人的收入低于平均收入或中位数收入的50%，那么就应该建立一条移动的（相对的）贫困线。目前英国政府衡量相对贫困的标准是，家庭收入低于中位数收入的60%（因此，贫困线是随着收入中位数的增长或下降而变动的）。这个数字通常基于两种计算方法：扣除住房成本之前（Before Housing Costs，BHC）和扣除住房成本之后（After Housing Costs，AHC）。图9-4显示了根据各种相对的AHC定义的贫困人口百分比。按照2006年7月英国规定的60%的标准计算，扣除住房成本之后英国有1 320万贫困人口（扣除住房成本之前人数为1 070万）。这种定义除了本身是重要的信息外，还有一个吸引力，就是说明了贫困是一个可以解决的问题，而不是让底层10%的人口永远处于贫困之中。此外，该方法提供了一个绝对但不断变化的标准，有助于研究贫困人口的特点以及将他们移出贫困边界的措施。

　　第二个被广泛使用的方法是"贫困预算"。这里的问题是，最低可接受的预算是多少，低于这一预算，任何人都将被认为是穷人？Rowntree（1901）认为是可接受的维持体能的最低需要。显然，这是一种具体且绝对的办法，一旦确定了贫困标准，就涉及初级贫困和次级贫困之间的区别。①初级贫困人口无论做什么

---

① 重复Rowntree在约克郡（York）的贫困研究发现，许多同一地区的家庭处于同一相对收入阶层。

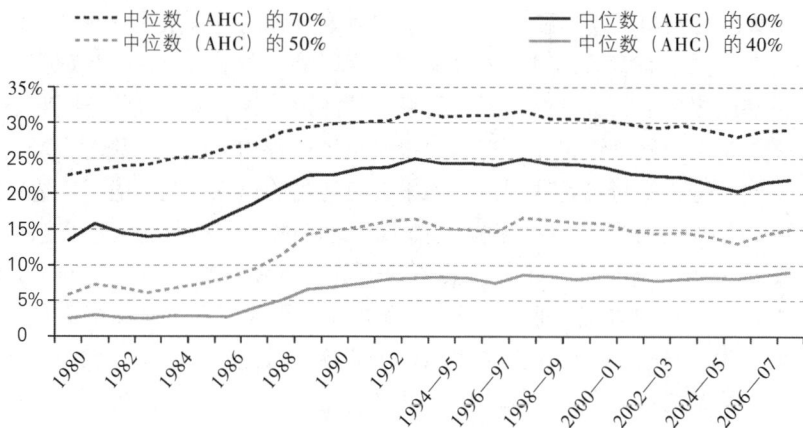

图9-4 相对贫困：家庭收入低于中位数（AHC）的百分比

注：在2001年2月之前为大不列颠数据，2002年3月之后为全英国的数据。

来源：Brewer，Muriel，Phillips和Sibieta（2008）利用各年度"家庭支出调查"和"家庭资源调查"计算所得。

都达不到标准，而次级贫困人口如果将收入重新分配给不同的消费模式，即如果他们节省一些开支，就能达到标准。然而，人们认识到，体能取决于个人必须完成的任务，而它本身并不是一个"是-否"变量，而是一个连续变量。这种认识，再加上在一定程度上生活是一个超越生理范畴的概念，意味着这一方法被拓宽了。美国人口普查局（US Census Bureau）使用的官方贫困标准最初是基于购买一篮子固定食品所需的收入，后来又为了考虑价格的变化而进行了更新。

一个最小限度的扩展是劳动力市场方法，它专注于人力资本的市场生产作用，并探寻个人预算对经济增长的影响。更广泛的社会学方法提出了这样一个问题：个人要融入社会主流，需要对商品和服务有怎样的控制力？正如上文提到的，这更多的是对能力的关注。英国财政研究所和英国政府也利用收入数据来衡量物质匮乏程度。英国财政研究所的"物质匮乏指数"是根据对21个问题的回答得出的（其中的11个问题涉及家庭中成年人的物质匮乏程度，10个问题涉及儿童的物质匮乏程度）。如针对成人的问题是，是否购买"家庭财物保险"；针对儿童的问题是，是否有"每年至少一周的家庭假期"。美中不足的是，该衡量标准往往把生活水平和家庭偏好混为一谈。例如，假设两个相同的家庭，除了最后10英镑收入外，所有的钱都花光了，那么他们面临的选择是，购买家庭财物保险（包含在21个问题中）还是选择更好的食物（不包含在21

个问题中）。其中一个家庭选择购买保险，而另一个选择购买食品的家庭则看起来更加贫困。这一标准将"匮乏"与一般的贫困区分开来，它简单地反映出一种不同的选择行为（详见 Nolan，Whelan，2007）。一般来说，贫困的概念越宽泛，至少在某种程度上可能被视为贫困的人数就越多，为减轻贫困所要面临的政策问题就越大。然而，有人建议，所采用的贫困定义应能够给出看上去"合理的"贫困人口数字。第9.5.1节强烈质疑这里所呈现的不平等和贫困的状况。为了促进讨论和制定政策，重要的是尽可能地将政府预算对洛伦茨曲线或分位数组的影响分离出来，否则就会受其影响，然后再考虑那些与贫困文献关系更紧密的建议。

9.3.1 再分配的规范性原则

首先，我们来考虑引言中提出的最优收入分配问题。

许多不同的方法都提供了实现最优收入分配的政策处方，这些方法使人们不再讨论政府对不同收入群体的实际影响。这里简短地介绍了其中的六种方法，它们都被看作是社会最优化方法的组成部分。

功利主义

边沁（Bentham）主张最大多数人的最大幸福，并赞同收入的效用之和最大化的观点。暂时假设效用不仅是可以测量的，也可以在个人之间进行比较。在这种情况下，社会福利最大化的黄金法则是边际效用与边际收入相等，并依据这一法则设定收入分配模式。

图9-5中两幅圣诞树状的图形对此进行了说明。图中（a）部分描述了收入表中的两个人具有不同但递减的边际效用。[1]Y_T代表分配，相关的最大化份额分别用Y_A和Y_B表示。任何其他的分配，例如，Y'_A和Y'_B是次优选择，移动到Y_A和Y_B，对于B来说会损失效用Y'_B-1-2-Y_B，对于A来说则会增加效用Y'_A-3-4-Y_A，总体上增加了平行四边形的范围3-4-5-6，其中Y'_B-1-2-Y_B = Y'_A-5-6-Y_A。图中（b）部分说明了A和B具有相同效用函数的特殊情况，或者始终将A和B视为具有相同效用函数。在这种情况下，诸如社会福利的效用最大化的方法是平等主义。例如，收入$Y'_B = Y_B = Y'_A = Y_A$。

---

① Tisdel(1972)在注释中生动地指出，Edgeworth在《数理心理学》（*Mathematical Psychics*）一书中毫不怀疑谁是更好的享乐机器（pleasure machines）：他们是上层阶级而不是下层阶级，是男人而不是女人！

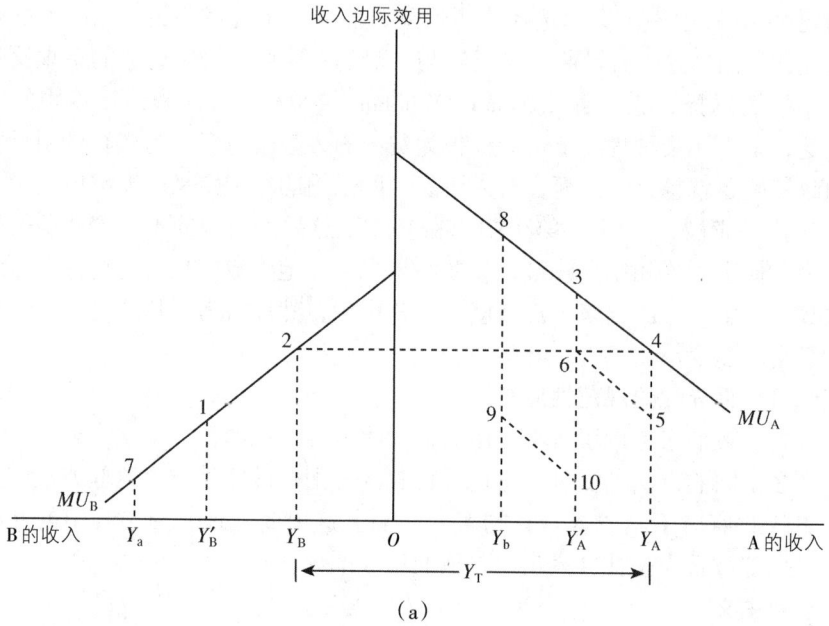

（a）

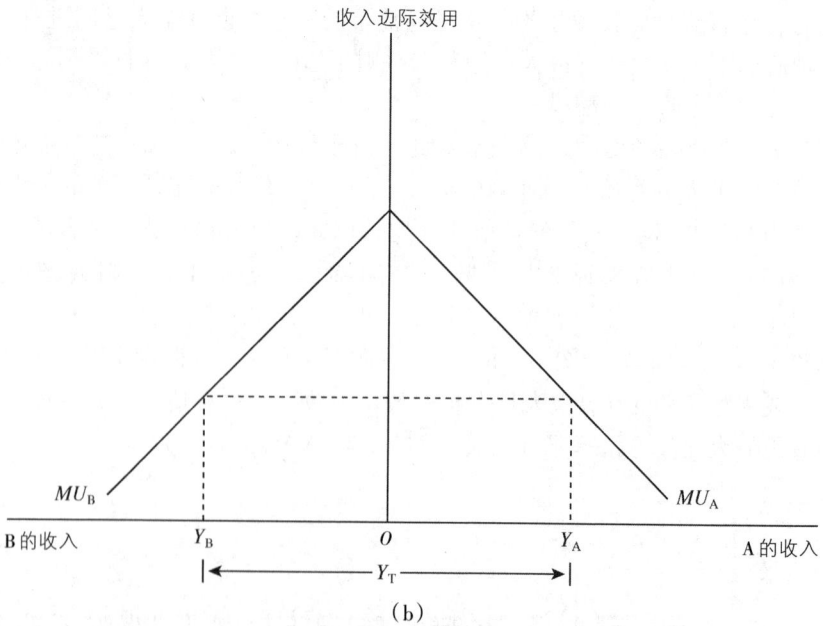

（b）

图9-5 效用最大化

不确定性

Lerner（1944）以一种简洁且不那么严格的方式推导出了平等主义。他摆脱了基数效用和个体间可比性的不切实际的假设，认为在不确定的情况下，平等分配将最大限度地实现期望效用之和最大化。回到图9-5（a），从 Y_A 和 Y_B 移动到平等分配的收入 Y'_A 和 Y'_B，效用损失是平行四边形3-4-5-6。然而，如果弄错 MU_A 和 MU_B 的位置，情况将会反转。有效的开始点是 $Y_a(= O\text{-}Y_A)$ 和 $Y_b(= O\text{-}Y_B)$，移动至平等分配点会导致 A 损失效用 $Y_a\text{-}7\text{-}1\text{-}Y'_B$，B 增加效用 $Y_b\text{-}8\text{-}3\text{-}Y'_A$，当 $Y_a\text{-}7\text{-}1\text{-}Y'_B$ 和 $Y_b\text{-}8\text{-}3\text{-}Y'_A$ 相等时，产生净收益8-3-10-9。（除了图9-5（a）中的 Y_a 和 Y_b 外，短时内把所有A的收入都当成B的收入，反之亦然。）如果你真的不确定边际效用函数（例如，你不知道哪一个是 A，哪一个是 B 的边际效用函数），假设获得收益和产生损失的概率均为0.5，平等分配将会使期望效用最大化，因为8-3-10-9的一半明显超过3-4-5-6的一半。Culyer（1980）对这一观点持批评态度，他指出，尽管有上述结论，这一观点仍然假设可以对个体效用求和，这就意味着不同个体的效用可以用同样的单位来衡量。此外，如果概率不是0.5，就会出现某一点，较小损失的较高概率大于较大收益的较低概率，产生不平等的分配。

社会福利函数

所谓的"新"福利经济学，采用第1.5节介绍的社会福利函数似乎"解决"了公平问题，因此经济分析以效率为中心。如何确定社会福利函数仍然是一个未解的难题。假设为了方便人们接受它是已知的，但这并不能很好地推动分析。阿罗不可能定理表明，试图从合理的民主假设中建立社会福利函数可能是徒劳的（见第4章）。相比之下，对政府行政部门权威的诉求（尽管在实践中得到的往往是隐含的结果）似乎与新古典经济学的个人主义框架相悖。在这种背景下，遵循不同形式的社会福利函数的含义往往被证明是有吸引力的。第1章所介绍的"函数形式"符合下列原则：

（a）总效用最大化（功利主义）

（b）下面将讨论的罗尔斯（Rawls）最大最小原则

（c）
（d）} 最大化特定个体的效用（A 或 B）

Fair（1971）采用了纳什关于个人效用最大化的概念，但 Ng（1979）对此提出了批评。

罗尔斯社会福利函数

John Rawls 的《正义论》（1971）是一本很有影响力的书，它证明了使用社会福利函数是合理的，在某种意义上，它综合了上述三种方法并使之合理化。Rawls 认为，思考正义理论发展的恰当方式是从所谓的"无知之幕"（a veil of ignorance）背后的原初状态出发。设想你被召集到一个"大会"来制定宪法规则和社会经济结构。为了保证过程公平，你被想象成：除了最普遍的事实外，对人类社会知之甚少；对自己在社会中的最终地位和角色一无所知；不知道自己的天赋；不知道自己最大的利益实际上会在哪里，同时，也不清楚你所处社会的发展状况。实际上，你是在为一场纸牌游戏（生活）设计规则，在这场游戏中，因为一些未知的回报和概率，你的特定手牌和最终要玩的游戏仍然是未知的。关键是，在这种"原初状态"（original position）上，你不会有偏见，因此一定会公平行事：在这种情况下，正义必须基于"无知"。因为在Rawls看来，我们是平等的道德存在，在这个公平的起点上能够有正义感，因此，主张和接受的规则就是"作为公平的正义"。

以下为两条派生规则：

1.所有个人都有权享有最广泛的基本自由，并享有与其他人类似的自由。

2.偏离社会和经济平等是合理的，只要他们不与规则1（平等自由）和以下规则相冲突：

（a）对处境最不好的群体有利；如建议改善处境最不好的群体地位（这是所谓的最大最小原则，即最大化最不利于个人的状况）。

（b）职位向所有人开放，所有人的机会完全平等。

关于这种"差别原则"（difference principle）（2a）及其优缺点，可以并且已经有过很多介绍了，至少已有足够的内容让大家对这个概念略知一二。本节涉及了平等的正当性、不确定性是世界的一个主要特征、协商一致的个人决策等相关思想。通过 Atkinson（1970）不平等指数（AI），可以进一步将罗尔斯社会福利函数与上文关于不平等标准的讨论联系起来。AI与第1章讨论的等弹性函数相关（Stratmann，1990）。如果收入函数的个人效用具有等弹性形式，则有：

$$U\left(Y_i\right)=\frac{(Y_i)^{1-e}}{1-e}, e\neq 1 \tag{9.2}$$

相应的收入边际效用为：

$$dU\left(Y_i\right)/dY_i=Y_i^{-e} \tag{9.3}$$

如果社会福利为个人效用的加总，那么社会福利 W 可以写为：

$$W(U_1, U_2, \cdots, U_n) = \sum_{i=1}^{n} U(Y_i) = \sum_{i=1}^{n} \frac{(Y_i)^{1-e}}{1-e} \tag{9.4}$$

也就是说，社会福利的总体水平是由福利函数给出的，其依据是冯·诺伊曼–摩根斯坦（Von Neumann-Morgenstern）收入函数的"基数"效用（'cardinal' utility）。

现在引入"平等分配等价收入水平"（Y）的概念，即最小人均收入总额，如果平均分配，则这一数额会提供与原初分配相同的福利水平，进而有：

$$W[U_1(Y_e), U_2(Y_e), \cdots, U_n(Y_e)] = W[U_1(Y_1), U_2(Y_2), \cdots, U_n(Y_n)] \tag{9.5}$$

根据等弹性效用函数，以及对"平等分配等价收入水平"的定义，有：

$$\frac{(Y_e)^{1-e}}{1-e} = \frac{1}{n} \sum_{i=1}^{n} \frac{(Y_i)^{1-e}}{1-e}, e \neq 1 \tag{9.6}$$

等式两边同时乘以（$1-e$），并且开 $(1-e^{\text{th}})$ 次方：

$$Y_e = [\frac{1}{n} \sum_{i=1}^{n} Y_i^{1-e}]^{1/1-e} \tag{9.7}$$

Atkinson 指数为：

$$AI = 1 - (Y_e / \bar{Y}) \tag{9.8}$$

当 $Y_e < \bar{Y}$，在等弹性情况下：

$$AI = 1 - \left[\frac{1}{n} \sum_{i=1}^{n} (Y_i / \bar{Y})^{1-e} \right]^{1/1-e} \tag{9.9}$$

社会对分配不平等的厌恶包含在参数 e 中（其逆为 SW 曲线的替代弹性）。图9-6中说明了 A 和 B 两人的情况。当 $e = 0$ 时，社会对分配不平等保持中立（与 x、y 轴成45°角的平行线）；$e = \infty$ 表示社会只关心最贫困人群的收入（Rawlsian 案例）。对于任何初次收入分配，比如在点1处，与 x、y 轴成45°角的线表示了点1的所有收入分配情况，即初次分配。始于原点的45°射线代表 A 和 B 的平等（平均）收入。（对于点1而言，点2是平等收入点。）当 e 取单位值1时，点1在 SW_0 上，点2在 SW_1 上：从中能够看出，从1到2的平等分配可获得的社会福利的差异（收益）。根据上文的定义，点3的社会福利与点1（Y_e^1）相同。则有：

$$AI = \frac{SW_1 - SW_0}{SW_1} = 1 - \frac{SW_0}{SW_1} = \frac{0-2-0-3}{0-2} = \frac{3-2}{0-2} \tag{9.10}$$

考虑这一指数的取值范围（0到1），就能够理解其含义。$AI = 0.4$ 的社会含义为，当前总收入的60%被平均分配。

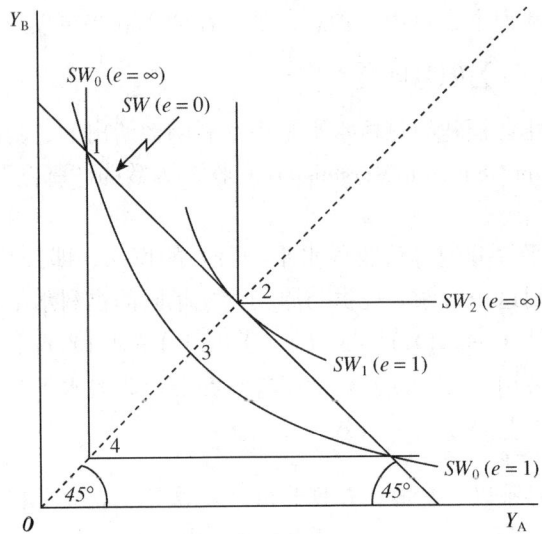

图9-6 *AI* 和公平

重新整理公式（9.8）可得：

$$Y_e = \bar{Y}(1 - AI) \tag{9.11}$$

从公式（9.11）中也能够看出 *AI* 的含义。在图9-6中，当点3接近点2时，该指数趋于0，表明收入分配公平。如果3接近原点，指数趋于1，表明收入分配完全不平等。（对于 $e = 0$，指数为0/0-2；对于 $e = \infty$，即为 Rawlsian 案例，4-2/0-2。）该指数的作用是将所有关于社会福利函数的适当形状的争论都归结为 e 的大小问题。

为了使复杂的数学形式更容易理解，这里探讨了一个特定的两人（$n = 2$）情形，$e = 1$ 时（在 Nash 案例中，SW 曲线相对于 Y_B 和 Y_A 轴是直角双曲线，如图9-6所示）假设点1对应于总收入 Y = ￡45，B 的收入为 ￡40，A 的收入为 ￡5。"此时，*AI* 指数的值是多少？"

如公式（9.2）所示，假设 $e = 1$ 是"不同的"，因为它使个体效用函数采取如下形式（Atkinson，1970：250）：

$$U(Y_i) = \ln Y_i \tag{9.12}$$

对于特殊情况 $e = 1$，则：

$$\ln Y_e = \frac{1}{n}\sum_{i=1}^{n}\ln(Y_i) \tag{9.13}$$

$$Y_e = \exp^{\frac{1}{n}\sum_{i=1}^{n}\ln(Y_i)} \tag{9.14}$$

这里，指数函数是自然对数的底数。

$$Y_e = \prod_{i=1}^{n}\exp^{\frac{1}{n}\ln(Y_i)} \tag{9.15}$$

$$Y_e = \prod_{i=1}^{n}Y_i^{\frac{1}{n}} \tag{9.16}$$

其中 $\prod$ 是乘积算子，使 AI 指数变为：

$$AI = 1 - \frac{\prod_{i=1}^{n}Y_i^{\frac{1}{n}}}{\bar{Y}} \tag{9.17}$$

$$= 1 - \prod_{i=1}^{n}(\frac{Y_i}{\bar{Y}})^{\frac{1}{n}} \tag{9.18}$$

将 $n = 2$（二人社会）和上述数字代入，有：

$$\begin{aligned} AI &= 1 - \left(\sqrt{\frac{40}{22.5}} \times \sqrt{\frac{5}{22.5}}\right) \\ &= 1 - (\sqrt{1.78} \times \sqrt{0.22}) \\ &= 1 - (1.3 \times 0.47) \\ &= 1 - 0.627 \\ &\approx 0.37 \end{aligned} \tag{9.19}$$

如图 9-6 所示，在点 2 处，$Y_B = Y_A = £22.5$。由公式（9.11）可知，若 $e = 1$，在 SW 曲线上，从点 1 到点 3，则：

$$\begin{aligned} Y_e(= Y_B = Y_A) &= £22.5(1 - 0.37) \\ &= £14.17 \end{aligned} \tag{9.20}$$

用图形的方法来确定 AI 的值，如果 3-2 的距离是 £11.77，0-2 的距离是 £31.82，那么二者的比率是 0.37。

虽然这些讨论并不能得到 "e"，但有助于下面对效率-公平的权衡进行探讨。

相互依存的效用函数

上文为个人从自己的收入中获得效用。然而，有相当多的文献表明，你的效用会受到周围其他人效用的积极或消极影响。对你来说，其他人的效用产生了外部性，如果要实现帕累托最优目标，你会愿意进行某种再分配。

在图 9-7 中，B 的收入是 $O\text{-}Y_B$，假设出于某种原因，A 对 B 来说是利他的，此时 A 存在对 B（D_A^B）的收入的需求，外部性并不会对 B 产生影响。然而，如果在困难时期，B 不能取得收入 $O\text{-}Y_B$——比如说，因健康问题导致 B 失业，其收入下降至 $O\text{-}Y_u$，那么，外部性就会影响 B。如上所述，外部性是在 $Y_u\text{-}Y_u^*$ 范围内的帕累托相关，将 A 的收入转移给 B，具有福利增进的效果。

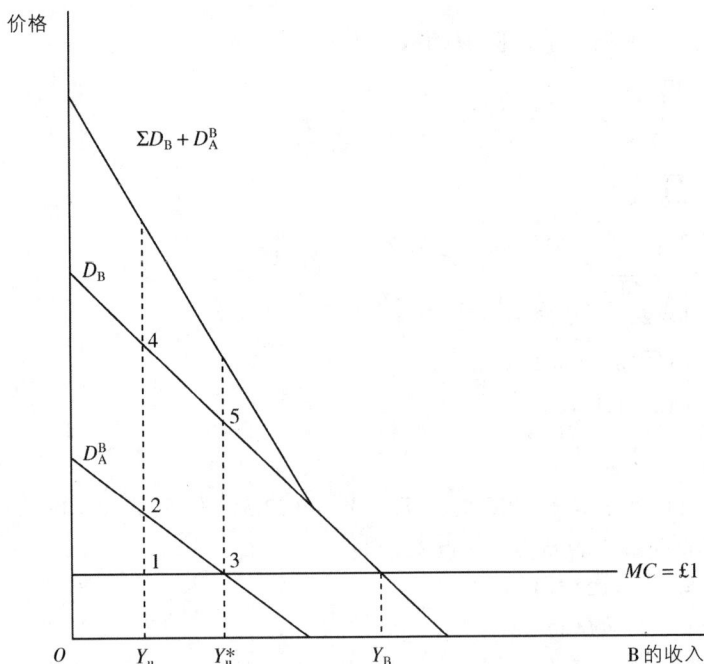

图 9-7　通过给予的获益

为他人考虑是你从给予中获益的一种方式。和仁慈一样，这也是一种双赢，A 福利增加 1-2-3、B 福利增加 $Y_u\text{-}4\text{-}5\text{-}Y_u^*$。正如第 1 章注 4 所指出的那样，这类"人人受益"（everybody gains）的观点对效用可能性边界（如图 9-8 中的 UF_1）来说，具有积极的意义。它将边界的有效区域缩小到点 1 和点 2 之间的斜率为负的截面（negatively sloped section）。Mishan（1972）指出，在 UF_2 这种不太可能的情况下，会得到一个独特的结果，点 3 代表收入的最优分配。需要注意的是，这里假设 B 对 A 是利他的，反之亦然。置于外部性效用可能性的边界语境之下，可表述为，这一事实清楚地表明，相互依存效用函数的影响，是将平等问题转化为一种效率问题。

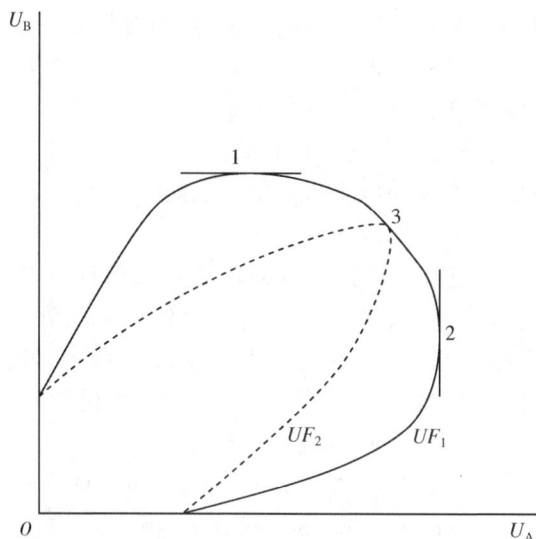

图9-8 相互依存的效用

不嫉妒的平等（equity as non-envy）

公式（9.2）描述的"效用函数"允许在计算个人福利的社会价值时不考虑其他人的效用（收入）水平。如果收入分配的相互依存观点被认为至关重要，那么这种"可分离性"（separability）就是一种缺点。将自己置于他人的位置是公平或平等的核心理念，被视为不嫉妒。

我们可以用熟悉的埃奇沃思-鲍利盒状图（Edgeworth-Bowley trading box）来进行说明。在图9-9（a）中，点1是盒子的中心，契约曲线是A、B偏好相同的点的集合。假设契约曲线是O_A和O_B之间的连续曲线，点2是A和B之间X和Y的有效分配。现在的问题是，A（B）是否认为自己的消费束与对方的一样具有吸引力？为了找到答案，通过从点2到点1的直线，并将其延长到等于2-1的距离，设置点3，3-1 = 1-2。如图所示，B而非A，可以在点3达到比点2更高的无差异曲线，因此，B被视为嫉妒A，此时，点2对B来说是有效但不公平的。在这种意义上，一种既有效又公平的分配方式是初始禀赋为点1，其中，A和B具有相同的X和Y。由于二者面临相同的预算约束，它们可以拥有彼此拥有的东西，因此，任何偏离平等分配到契约曲线（contract curve）的交易都必须满足图9-9（b）所示的反向分配测试（reverse allocation test）。移动到点2同时提高了A和B的效用，而点3的反向分配降低了两者的效用——他们并不嫉妒对方。恶意或嫉妒的存在是导致再分配的一种诱因，也是那些对再分配持积极看法的人所关注的主题（见下文）。

然而，在考虑这些问题之前，有必要简要考虑一下 Rein 和 Miller（1974）提出的问题，即如果人们支持收入再分配，他们的用意何在。可能的解释包括以下几点：

1. 避免"收入和财富集中化"（income and wealth crystallization）往往会打击高收入高财富家庭在教育、医疗等方面享有的反馈优势（见表9-1），从而避免多重剥夺。作者认为，在这种情况下，"均等"收入差距的努力（以高收入对某些缺乏吸引力的工作予以补偿）通常会因"强化的"收入差距（比如，高收入带来的相应地位和认可）而消于无形。

2. 应实现所有人的"社会最低"（social minimum）收入和实物供应。

3. "百分位主义"（one-hundred percentism）指的是横向的公平，即工作质量和工作水平应单独决定收入水平，并且，应避免基于性别、种族和社会背景的歧视，以便所有人都能获得更好的职位。

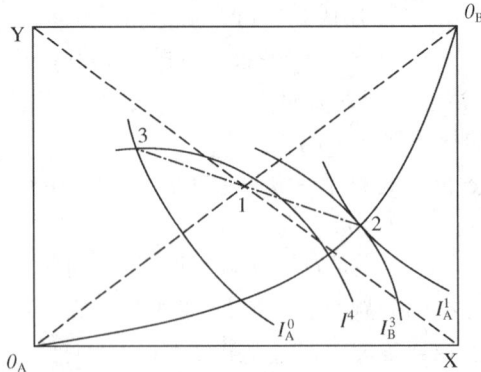

（a）

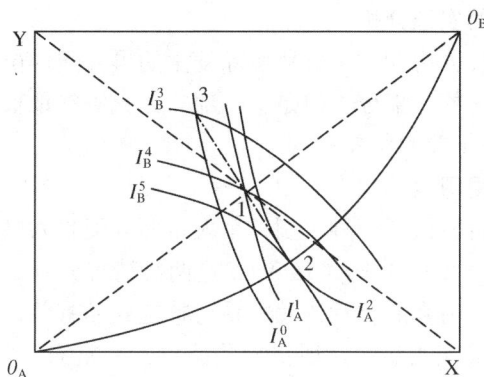

（b）

图9-9 不嫉妒的平等

4. "降低天花板"（lowering the ceiling）涉及通过税收的运用和执行，来降低收入集中在顶层的程度。

5. "收入份额"（income shares）指的是影响国民收入的份额，使分配中的各分位数组占总国民收入的一定比例，如最底层的20%人口，必须至少拥有收入的10%。

6. "阶层流动"（stratum mobility）与缩小职业群体之间的收入差距有关。特别地，有些人认为职业群体应享受同样比例的收入增加，以保持现有的差距，而另一些人则要求更大的平等，要求同样的绝对增加，以缩小差别。

7. "终生收入分布的均等化"（equalization of lifetime income profiles）关注的是终生收入增长的均等化，涉及随年龄增长而增加的职业收入情况。每个人都应该有一份"合适的"工作。

8. "经济包容"（economic inclusion）指的是必须避免将个人排除在社会主流之外的收入不平等现象。这与Fuchs（1965）倡导的贫困线类型相一致。

9. "国际标准"（international yardsticks）是指每个国家在同一发展阶段必须达到与所有其他国家同等的分配水平。

虽然不是详尽无遗的，但这些例子表明对收入再分配的目标可以给出多种解释（并且可以帮助读者"发现"（spot）自己的态度）。

9.3.2 再分配的实证分析

对再分配的实证分析侧重于解释实际发生的再分配。虽然上述内容被描述为社会最优分析传统的一部分，但是这一部分元素牢牢地植根于公共选择传统（下文的第一小节是主要的例外）。

相互依存的效用函数

前一部分的分析提供了一种机制，个人自愿分配收入以实物或现金形式重新分配（见 Hochman 和 Rodgers，1969），这两种情况分别是相互依存的效用函数特殊和一般情况。前者的相互依赖关系与特定商品有关，例如医疗保健和教育，而后者与一般购买力有关。所提出的论点是"富人"关心"穷人"。由于许多"富人"有着类似的动机，因此出现了搭便车问题，从而阻碍了单边行动。然而，在利用强制性税收来解决这一问题的情况下，这一论点表明，个人从公共部门获得的净收益，即财政剩余（fiscal residual），应该与初始收入水平成反比。然而，利他主义并不是形成相互依存的原因。分配可能源于恶意和嫉妒。Brennan（1973a）对此进行了说明，见图 9-10。对于 A 来说，自己的收入 Y_A 是好的，而其他人的收入 Y_B 是坏的，这说明，A 对 B 的恶意是存在的（嫉妒增加了其他人收入的边际负效用）。B 的无差异曲线的形状也反映了同样的恶意情绪。由于 B 和 A 在点 1 的初次分配收入为 I_B^1 和 I_A^1，很明显，只要调整被限制在通常的椭榄球形状内，降低二者的收入都会带来收益。点 2 和点 3 之间的轨迹定义了契约曲线的相关部分，或者在本例中（Boulding 的术语）更恰当地定义了冲突曲线（conflict curve）。如在点 4，A 的效用增加到 I_A^2，B 的效用增加到 I_B^2。从直观上看，A 由于收入减少而失去的效用被 B 的收入减少所弥补。但如何才能实现收入的减少呢？在存在很多 A 和 B 的情况下，就会出现搭便车问题。个人将试图让其他人减少收入，并从中获得效用，而不是降低自己的收入。但是，这个过程可能会失控。并非所有的收入减少都会增加效用。如果收入减少的幅度太大，A 和 B 的情况都可能变得更糟，如点 5。这点表明了政府解决搭便车问题的权力，也表明了政府在约束损失的过程中拥有主导权。Brennan 现在介绍第三个个人 C（或是一群个体），只要 $2Y_C<Y_A$ 或 Y_B，C 的收入水平 Y_C 就是中性的；也就是说，A 与 B 不关心那些收入不到他们收入一半的人。政府将收入从 A 和 B 向 C 的再分配，在一定范围内，增加了社会中一些富裕但恶意嫉妒的个人的效用！

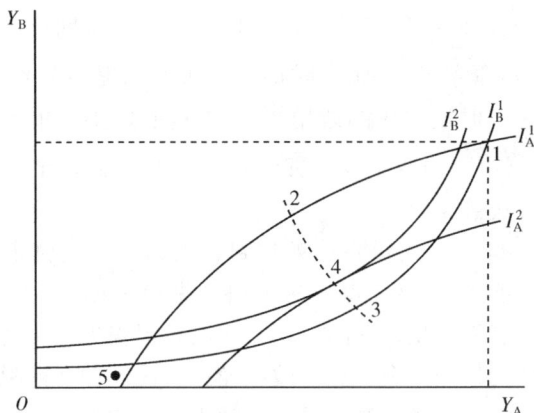

图9-10 恶意再分配

多数表决

Downs（1957年）和Meltzer和Richard（1981年）提出，用多数表决来解释再分配。Downs的方法（Downs approach）依赖于收入分配通常采取的形式，更加直接易懂。在分布的延伸尾部有一些非常多的收入，在分布的"主"体（'meaty' body）中有许多少的收入，中间选民的收入低于平均选民的收入（见图9-1（a））。因此，一个选票最多的政党有动力提议，将收入从富人阶层重新分配给穷人。未经证实的粗略含义是，较贫困的50%+1人从政府活动中获益。然而，在实证研究中，情况往往并非如此。

与Disraeli一样，Tullock（1971）也认为，收入分配的顶层和底层可能有共同的利益，掌握权力的是中间（或中位数）个人，或更松散的群体。毕竟，中间选民规则表明，收入分配中的中间两个选民决定了富人或穷人占多数的结果。虽然支持穷人更加有益，因为穷人比富人的吸引力更低，但他们可以就获得支持的条件"讨价还价"。的确，如果审慎的穷人在多数联盟中只是少数，那么就有可能找到一个原因，说明为什么在再分配研究中，中低收入区间似乎获益更多。Le Grand（1982）记录了英国公共支出的影响。

收益保险

Buchanan和Tullock（1965）基于收入不确定性和保险可能性的观点，提出了关于再分配的观点。图9-5（a）重新解释说明了争论的核心。由于收入的边际效用递减，一个时期的收入增加不能弥补另一个时期的收入减少。假设

$Y_A{}'$ 为 A 的平均收入，但在景气时期获得 Y_A，在萧条时期获得 Y_b。如果在景气时期收入由 $Y_A{}' - Y_A$ 降至 $Y_A{}'$，萧条时期的收入由 Y_b 提高至 $Y_A{}'$，那么个人总效用就会增加。在景气时期损失的效用 Y_A-3-4-Y_A 明显小于萧条时期增加的效用 Y_b-8-3-$Y_A{}'$。如果政策交易成本没有完全抵消潜在收益，个人可以从确保所有时期的平均收入中获益。

针对低收入人群的私人保险很难找到，因为一旦支付了保险费，Baumol 案例中的道德风险问题就会变得非常突出（见第 5 章）。对于被保险人来说，个人设计的低收入最为常见，保险公司将无法承担损失，虽然确实存在某些类型的收入保险计划，如养老金计划。政府通过对被雇佣者征税来提供失业救济金，可能是一种更好的提供机制。虽然这种干预并非没有道德风险问题，但对于那些寻求收入保险的人来说，这可能仍然是最好的解决方案。换句话说，他们相信政府能够比市场更好地处理道德风险问题。

购买保护

Brennan（1973b）认为，在一个收入差距巨大的社会中，革命的可能性很大。如果社会被划分为少数富有、政治势力强大的少数群体和大多数贫困、政治力量薄弱的群体，那么少数群体就面临着制定政策以促进稳定的问题。反抗的决定取决于对成本（对失败的惩罚、财产损失和伤害风险等）与增加的收入财富的收益的评估。富人和穷人（规避风险的）非参与者都不能指望从任何革命中获益，并乐于看到潜在的革命者被收买。Brennan 提出，革命者是低收入和喜欢冒险的人。很明显，一个选择是以固定利率的方式提高这个群体的收入水平。然而，考虑到革命者喜欢冒险的天性，提供低概率的高额收入而非高概率的中等收入对这些群体更加有益；如一个以在机会均等的基础上，颁发几项金光闪闪的奖项为特点的社会是值得推荐的。与这一观点相一致的一个政策例子是，基于机会平等的公共部门教育制度，享受者必须是学术上有能力的人，而不论其收入或其他背景特征如何。这些政策为富人提供了一些保护，因为它们削弱了潜在革命者的决心。

如果这一节所述的理论中有真理的种子，那么在公共部门进行的实际再分配将反映出利他主义、恶意、选票最大化、保险和寻求保护的行为。如果所有或各种动机都存在，预期收入或政府实物供应的再分配将在一定限度内进行，尽管模式可能很复杂。在这些动机中的再分配的限制，将在第 9.6 节进行论述。政府预算实现的再分配的度量和模式是下面两部分的要点。

9.4 预算的再分配效应

政府预算的再分配效应涉及许多问题，下面以 O'Higgins（1980）、Ruggles（1991年），以及 Harding、Warren 和 Lloyd（2007）提供的方便清单的形式加以说明。

反事实问题

对政府预算影响的研究必然预先假定没有预算时会发生的情况。这就是所谓的反事实问题（在历史研究中很常见），即只能通过假设如果 X 没有发生，会发生什么，来观察并评估 X 的发生及其影响。在目前的背景下，这相当于基于市场经济的结果，想象如果有混合经济会发生什么，或者，想象把政府活动从混合经济中分离出来，产生一个市场或者政府-自由经济。在英国，人们最熟悉的再分配预算研究是由英国国家统计局（NSO）进行的，下文将详细介绍这项研究。一般的观点是，建立一个市场情景，与观察到的混合经济进行比较。对一些人来说，这种被创造出来的反事实的根本弱点，使得整个过程站不住脚；对其他人来说（Peacock，1974），这是一个可信的问题；也就是说，你认为的情况一定是可信的。例如，在没有国家养老金的情况下，必须假设有某种形式的退休支持（可能是私人养老金计划），而不是假设人们退休后收入为零。无论采用何种观点，事实仍然是，这样的研究正在进行，如果没有其他理由，最好对其可能性和局限性有一些了解。

覆盖范围

有一个问题是，什么程度的不完全覆盖是最优的。假设选择不同的收入群体作为分析单位，可以对每个群体进行如下计算：

"福利"   "成本"

初始的预算前收入+提供实物型的商品和服务+转移支付-直接税-净间接税=预算后收入

在所有群体中，如果有划分固定价值的经济预算，初始和预算后的收入则是相同的。这更符合经济算术，而不是经济分析，更复杂的方法是参照第6章关于成本-效益分析的工具来进行评估。在接下来的讨论中，我们可以看到经济算术和经济理论的前提之间的矛盾。

在继续讨论之前，可以进一步强调反事实的问题。预算后收入减去实际（详尽的）福利和转移支付收入再加上税收，得到的是初始收入。这在经济算术层面上是有道理的，但在行为层面上有缺陷。几乎所有的经济学都关注，个人以效用最大化的方式回应不同的经济信号。几乎可以肯定的是，改变任何福利和任何税收都会产生某种行为反应，如果要推断真正的初始收入，就必须进行猜测。用算术方法计算的初始收入，不是没有政府干预的初始收入。即使能够准确地模拟对各种税收和转移支付或福利规定的变化的供求反应，这仍然是国民生产总值或市场计算。不重视额外的市场因素，不论是好的，还是坏的，意味着个人或收入群体的经济福利被认为仅仅是对市场商品或服务的控制。正如上文对物质剥夺的简短讨论所证明的那样，这种批评（Scitovsky，1986）不如以前那样有效。在覆盖范围上，总是不能够全覆盖，分配给特定收入群体的税收多于福利。这种不对称是由于福利和税收的性质不同而产生的。从第3章、第4章和第5章可以清楚地看到，商品和服务的"经济"特征各不相同，这就导致了它们的不同待遇。

在早期的统计研究中，重点是货币收入作为经济福利的衡量标准，目标是对"可支配收入"进行分配，方法是，如将家庭（比如）的私人（市场）的收入，加上从国家收到的任何现金转移收入，减去任何所得税和社会保障缴款，然后按一个等价标准进行调整，以考虑到拥有相应收入的人数。预算的再分配效应随后表现为所得税和现金转移方案的影响，导致可支配收入和私人收入的分配出现差异。然而，上文已经强调，预算活动远不止于此。

在这种做法中，大部分公共支出被忽略，因为提供非竞争性（或不可分割的）福利的商品或服务被视为没有增加家庭福利。此外，对家庭和商业部门（但比例不详）都有益处的商品或服务也被忽略。即使有些福利（如公园）可被视为完全归于家庭，但由于缺乏有关受惠人数的数据，这些福利也被忽视。与经常支出相对的资本也增加了困难，因为投资产品的机会成本现在已经形成，但收益通常是在未来产生的。有观点认为，应该以折现现值的形式将收益分配给从中获益的个人。然而，如果这些人是未来的一代，就产生了谁会获益的问题。Peacock（1974）认为，恰当的观点是，当代人选择牺牲前的消费，将其对后代的关切内在化，因此可以合理地认为，当代人从资本支出中获得了他们实际上可能无法取得的成果。就像任何再分配实践的许多方面一样，敏感性计算是一种可以接受的方法，但并不总是令人信服。过去，间接税也被排除在分析之外。

平衡预算问题

前文指出，福利和税收之间往往存在差距；也就是说，分配不平衡的预算会造成衡量净收益的扭曲。"平衡"一词表明，按照100%或其他百分比对预算的相关项目拨款是很有吸引力的。实际上，所有的福利和税收都应该包括在内，但如果无法实现，Peacock 和 Shannon（1968）主张对两者平等分配。例如，可以制定社会福利预算，因为所设想的用于方案的税收，可以按照所提供的社会福利数额进行分配。平等分配的缺点是，它对事件的描述相当随意。假设分配了直接税收和现金转移，然后增加现金转移，这些增加的资金，将会影响不同的收入群体。根据预算中有问题的部分，可以得出截然不同的结论。如果考虑的"部分"不受道路支出或医疗支出减少，以及（或者）增加转移性支出所需的间接税增加的影响，那么这些现金转移就会被误解为"免费午餐"。总体而言，分配没有包括全部的税收和福利（无论规模大小是否匹配）会带来问题（关于英国的所有税收和公共支出的分配研究，见 O'Higgins 和 Ruggles，1981）。

支出的归宿和评估

第6章是关于成本效益的分析，提出了适当评价成本和效益的问题，而第3章提出了不同种类商品的问题。这两章都与本节内容有关，本部分涉及政府预算的福利项目。排除非竞争性支出和（或）受益人不确定的支出是不合理的，因为通常可以采取一些措施。对于这些支出，可使用税收成本进行估值，并可按各种可能的指标进行分配——按家庭收入、地方税的人均值，以及在可能的情况下不同家庭的实际使用等。当然，这与消费者剩余的适当的衡量标准相距甚远，至少对于经济理论家来说，这看起来太武断了。

Aaron 和 McGuire（1970）列举了一个很好的例子。特别是对于非竞争性商品，按照人均成本（=福利）进行分配是很诱人的，但是 Aaron 和 McGuire 指出，这相当于假设所有人的收入边际效用都相等。证明如下。

商品 G 的个人需求是：

$$\frac{dU}{dG} = MU_g = lp_g \tag{9.21}$$

或者

$$\frac{MU_g}{l} = p_g \tag{9.22}$$

式中，MU_g=商品 G 对个体的边际效用

p_g=每单位 G 的价格

l=个体收入的边际效用

对于只有两个人的经济（A 和 B），有效供给涉及他们边际收益的总额，

因此：

$$\frac{MU_g^A}{l_A} + \frac{MU_g^B}{l_B} = p_g = MC \tag{9.23}$$

（＝AC，假设行业的成本不变）

假设每个人都有相同的收入函数的效用和从公共物品中获益的能力，那么在不同的收入情况下，他们会有不同的 l，但从公共物品中获得的边际效用相同。如果 Q_g 是提供的公共物品的有效数量，则有：

$$Q_g \frac{MU_g^A}{l_A} + Q_g \frac{MU_g^B}{l_B} = Q_g AC \tag{9.24}$$

$Q_g AC$ 只是 G 的预算支出，这里公共物品的边际效用是相同的，但收入的边际效用不同。简而言之，为了在 A 和 B 之间平等分配 $Q_g AC$，l_A 应该等于 l_B。否则，福利分配与 A 和 B 的 l 成反比。也就是说，根据特定的假设，对 l 较低的个体分配的 G 的比重较高。

税收的归宿和评估

第 7 章详述了关于税收的直接和间接负担（福利成本）的争论，并提出了税收归宿的问题。这两个问题在评估税收对不同群体的影响方面发挥着重要作用。除了需求或供应完全无弹性的情况外，征税将涉及超额负担，消费者和生产者都会在一定程度上感受到这种负担（如同税收转嫁到自己身上一样）。任何精确的分配都需要了解推动（drive）福利成本计算公式的供求弹性（见第 7 章）。Prest（1968）指出，研究至少可以是一致的，因此，应当避免所有的所得税都由劳动者负担（见图 9-11（a）），所有间接税都由消费者负担（见图 9-11（b）），因为这涉及经济供给方面的矛盾。同样，一般的方法是敏感性分析。

所有这些都表明，必须谨慎对待收入再分配研究，并应明确敏感性分析所揭示的任何关键假设。这种无效的"财政搅动"（fiscal churning）成本涉及相当大的税收遵从和行政成本（Burton，1985）。此外，有评论家认为，如果试图追踪其他类型的政府政策的再分配后果，如作为产业政策一部分的补贴，那么已经非常模糊的情况将会变得完全混乱。简而言之，批评者认为我们并未真正了解政府的再分配效应。Burton 提出的第三个批评是关于税收转移性支出系统的相互作用产生的"陷阱"。这一结论是第 9.5 节的核心内容。

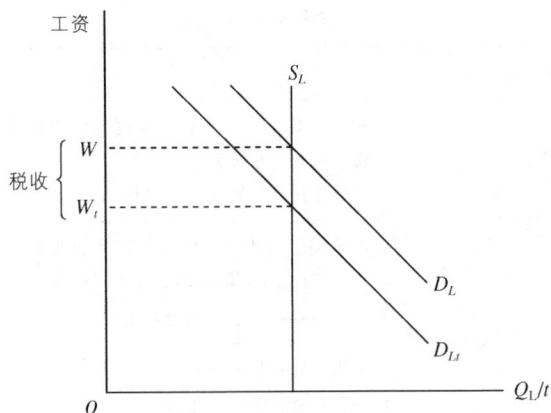

(a)

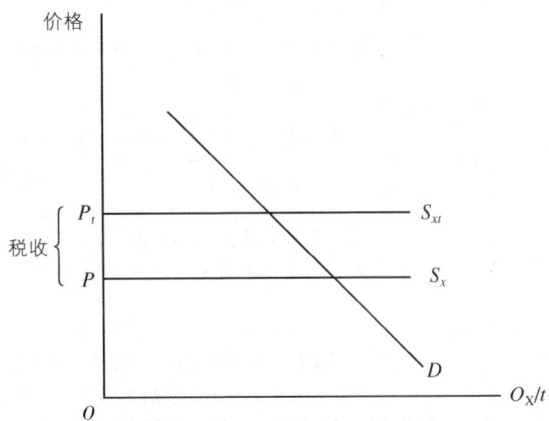

(b)

图9-11 归宿分配

Harding，Warren和Lloyd（2007）梳理了财政归宿研究的方法问题，见表9-3。他们对英国预算的影响计算将在下一节讨论，以下是他们的主要观点。[①]

---

① 为便于对英国和澳大利亚进行比较,他们的研究进行了调整。英国的结果是本章的重点。

表 9-3　　　　　　　　　　　　　财政归宿研究的方法

问题	主要观点
1.税收和税式支出范围	税收：是否包括不影响家庭的公司税或间接税？是否包括资本和财富税或税式支出？ 税式支出：是否包括"纯粹的公共物品"
2.归宿的假设	谁承担了税收负担？谁获得了税式支出的好处？是否假定正式（formal）的税收税负会被转嫁，例如公司税？是否假定健康和教育的福利会对用户或服务的潜在用户产生影响
3.评估	所缴纳的税款和所获得的福利的假设价值是多少？ 福利：政府提供的成本？ 税收：征收的税款金额，服务的消费者的价值，或其他社会福利衡量标准？ 健康服务：基于保险溢价方法的价值还是在微数据中记录的实际使用价值
4.时间周期	分析的时间段是什么（例如一年、一生）
5.单位的分析	个人、家庭还是家户
6.单位间比较	用什么等价量表（equivalence scales）比较不同规模和组成的收入单位？现金和非现金福利是否可适用同样的衡量标准
7.政府再分配的影响	采取了哪些标准？衡量纵向公平的指标，如基尼指数；衡量横向公平的指标，包括重新排序、集中曲线或集中系数

来源：Harding，Lloyd 和 Warren（2007：88）。

9.4.1　英国 2001—2002 年预算的再分配效应

Harding，Lloyd 和 Warren（2007）对国家统计局（2003）的研究进行了调整，介绍了 2001—2002 年政府再分配效应的情况。国家统计局的研究包括对烟草、酒精、石油和液化石油气等项目征收所得税和消费税，以及增值税。研究假定所得税完全由纳税人承担，即纳税人缴纳的税款与负担的税款金额相同。本研究使用抽样调查显示的家庭支出模式，将相关消费税分配给家庭内的最终消费者。公司税和资本税的税负则不能够转嫁。在支出方面，现金转移、教育的估计价值、国民健康服务、住房补贴、铁路和公共汽车旅行、学校伙食和牛奶福利都包括在内。健康和教育是主要的非现金福利，分别占所有现金福利的38%和58%（见表9-4）。一般来说，这项研究试图确定得到每一种公共服务或补贴服务的家庭和个人，计算政府使用这些服务的可能成本，并将其计入家庭的非现金收益。以初等教育为例，可用的微观数据包含关于每个家庭中小学生人数的信息，进而，非现金收益的估算以实际的受教育情况为基础。

表9-4 2001—2002年英国同等家庭可支配收入的五分位数组的税收和福利效应

	同等家庭可支配收入的五分位数组						
	一分位（底部）	（占总收入比重，%）	二分位	三分位	四分位	五分位（顶部）	全部	（占总收入比重，%）
英国（英镑/年）								
初始收入	3 415	(38)	9 137	19 244	31 999	62 084	25 175	(87)
直接福利	5 494	(62)	5 686	4 014	2 234	1 146	3 715	(13)
总收入	8 909	(100)	14 824	23 258	34 233	63 230	28 891	(100)
直接税	389	(4)	1 383	3 316	6 281	14 073	5 089	(18)
可支配收入	8 520	(96)	13 441	19 942	27 952	49 157	23 802	(82)
间接税	1 852	(21)	2 004	2 909	3 647	4 633	3 009	(10)
税后收入	6 668	(75)	11 437	17 033	24 305	44 524	20 793	(72)
间接福利	5 244	(59)	4 526	4 086	3 638	2 650	4 079	(14)
健康	2 775	(31)	2 736	2 332	2 148	1 790	2 356	(8)
教育	2 253	(25)	1 630	1 653	1 409	770	1 543	(5)
其他	216	(3)	160	101	81	90	130	(1)
最终收入	11 912	(134)	15 963	21 119	27 943	47 174	24 822	(86)
占总可支配收入的比重（%）	7.2		11.3	16.8	23.5	41.3	100.0	
占总可支配收入与间接福利的比重（%）	9.9		12.9	17.3	22.7	37.2	100.0	
占总最终收入的比重（%）	9.6		12.9	17.0	22.5	38.0	100.0	

来源：Harding，Lloyd和Warren（2007：90）。

如果健康非现金福利的价值以类似的方式计算，并以微观数据源中显示的实际获得情况为基础，那么重病患者获得的福利最高，而且似乎有更高的"最终"收入——类似于在高尔夫球比赛中通过更多的击球获得更高得分！这种事后保险方式通常会被事前保险费所取代。也就是说，作为研究的一部分，首先将人口按照年龄/性别分组；然后，计算出每个小组中所有成员对相关卫生服务的平均享受率；接下来，计算政府提供这些服务的成本。

支出方面，分配给家庭的现金福利和非现金福利为1930亿英镑，占2001—2002年政府一般行政费用3840亿英镑的50%。在税收方面，税收总额为2020亿英镑，雇员社会保障缴款占政府一般支出的53%，比重略高。仍然存在的遗漏包括公司税、资本税以及国防、法律和秩序等纯公共物品的福利，或者道路或交通等其他政府服务的福利。按照同等可支配收入，可将家庭分为五分位数组。基于上文列举的税收和福利，图9-12显示了每个五分位数组的平均初始收入和最终收入占英国家庭平均初始和最终收入的百分比。收入最高的五分位数组家庭的最终收入相当于普通家庭最终收入的190%，大约比收入最低的五分位数组家庭的最终收入高出4倍。初始收入的这一比重是18倍！

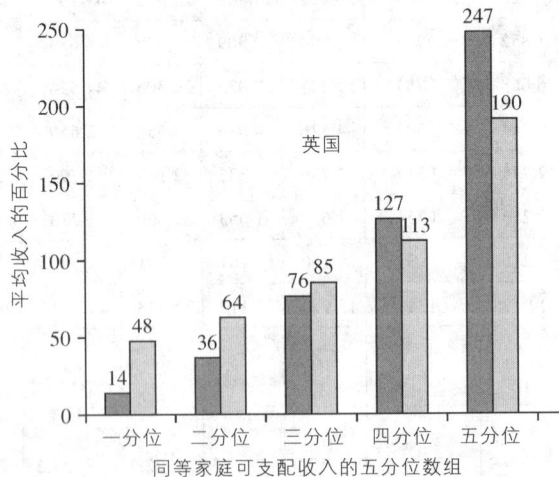

图9-12 2001—2002年英国五分位数组的初始收入和最终收入占平均收入的比重
来源：Harding，Lloyd和Warren（2007）。

作者的研究结论是：第一，在对收入再分配进行分析时，将间接福利排除是一个严重的遗漏。在英国，普通家庭享受的医疗、教育和住房服务比现金福利高出8%（见表9-5）。间接福利在其归宿上并不像直接福利那样具有累进性，但它们仍然对穷人有利，使处于底层的五分位数组的家庭所获得的全部收入比重大幅度提高，由2.7%上升至9.9%。相比之下，收入最高的五分位数组的家庭收入所占比重下降了4.1%。

第二，收入分析中通常不包括间接税，这使得人们对公共部门实现收入再分配的程度很"乐观"。这是因为，间接税通常是累退的，平均而言，税额占所征收的直接税的60%左右。

第三，同样明显的是，鉴于通过间接福利和间接税实现的再分配的规模很大，对经济福利水平的评估可能会因采用同等可支配收入标准而产生偏差。随着时间的推移，如果政府支出或税收模式转向直接福利和直接税，可能会在对不同国家进行比较时出现这种偏差，因为国家关于直接福利和（或）直接税的差异很大。

第四，关注同等可支配收入可能无法揭示特定群体的命运（见下面关于儿童贫困的讨论）。以老年人和单身父母为例，他们的最终收入远远高于其可支配的现金收入。虽然研究总是可以进一步展开，但上述研究确实说明了在有争议的问题上所面临的困难及取得的进展。

9.4.2 反对观点

Pryke（1995）对本章迄今讨论的不平等/贫困统计方法和性质表示强烈反对。他引用了9.4节中提出的论点，将当时被广泛引用的低于平均收入的家庭数据（households below average income，HBAI）描述为"经济废话"（economic nonsense），并写道："总体而言，HBAI对知识和全国辩论做出了巨大的负面贡献"（pp.70-1）。这种谴责是如何得到支持的？对这一问题的回答涉及已经提出的一些问题。他的基本论点是，这些统计数字在以下方面有严重误导：

（i）对住房的处理存在缺陷，因为居住的房屋所提供的服务没有包括在家庭福利当中。对于直接购房的业主来说，这一福利的衡量标准是一个总数，代表因投资住房而损失的利息。而对按揭付款的业主来说，福利是扣除其支付的利息后的净额。对于租房者来说，福利是其支付的实际或名义租金。

（ii）闲暇的价值被忽视。闲暇的单位是收入。每周获得250英镑的全职工作的人并不比获得150英镑的兼职工作的人真正多100英镑的福利，因为兼职人员的闲暇时间更多。

（iii）这是对收入分配的一个横截面"快照"，因此，几乎没有提到终生收入等更相关的不平等指标。终生收入实际上是分配更加公平的数据，但它并没有提供关于贫困人口是暂时还是长期处于贫困状态的信息。

（iv）家庭的长期储蓄应该从收入中扣除（当家庭从养老金缴款、个人养老金支付等方面获得回报时，体现为收入）。

（v）计算均等化收入（equivalized income）的权重不恰当。Jenkins 和 Cowell（1995）认为，"对于一个有两个成年人和两个孩子的家庭，个人"净"非均等化收入为328英镑，对于没有孩子的夫妇，个人净收入为236英镑，单身人士的净收入为144英镑。回想一下，没有孩子的夫妇的人均收入是236英镑，因为夫妻双方的权重相加为1（户主的权重是0.61，配偶的权重是0.39），因此，0.61乘以236英镑得到单身人士的平均收入144英镑。Pryke提出，孩子的权重为从两岁以下的0.09到16岁及以上的0.36。简而言之，单身家庭的收入比净收入高，因此它是"均等化上升"（equivalized up），而两个孩子的家庭比净收入低，因此它是"均等化下降"（equivalized down）。均等化收入是通过将家庭中所有成员的均等化收入加在一起，然后除以人数得出的。它代表了一般人生活的家庭收入，假设家庭由一对夫妇组成。Pryke认为，这是一种过于狭隘和缺乏说服力的分析形式，因为它将福利等同于市场商品和服务的货币收入。当然，孩子不仅仅是家庭的额外成本——必须提供一些（尽管往往是无形的）好处，让夫妻一开始就选择要孩子。这个算法并不令人信服，如果孩子是成本，为什么一个收入从100英镑增加了10倍的人会将一个16岁的孩子的支出从26.47英镑（100英镑×0.36/1.36）提高至公式所表明的264.71英镑？

（vi）最后，HBAI不包括公共部门以实物商品和服务形式的"返还"。

作者通过修正后的计算得出了这些结论，并特别关注了住房和闲暇福利。

将货币收入调整为作者所称的实际收入，既减少了富裕程度（在进行任何调整之前，处于前10%的人口），也减少了贫困程度（低于平均均等化收入一半的人口）。1988年，富裕的人数和比例将从560万人、10%下降至410万人和7.4%。贫困人数和比例由1 030万人、18.5%下降至360万人和6.4%。Pryke在最后的结论中指出，"既然大规模贫困不存在，就没有必要因为所谓的贫困而产生负罪感"（p.75）。尽管这一消息令人欣慰，但它显然不会让所有人相信其真实性。好处是，不平等和贫困概念的复杂性得到了说明，当进行争论时，分析这些概念所需的推理也变得更加明晰。在下一节中，我们假设政府试图帮助一些不太富裕的人。

9.5 财政措施与"不太富裕"

政府必须对当前经济不平等的程度制定指导方针，并就不平等何时会演变为贫困，并成为政策问题制定一些原则，那么就存在使用何种政策工具的问题。表9-1列举了三部分政策：直接影响要素市场结果的政策、改变资本所有权的政策，以及直接改变收入分配的政策。本章讨论的问题主要涉及第二和第三个方面，特别是建议取代大部分的某种类型的公民收入（citizen's income，CI）。公民收入是一个通用的术语，涵盖了包括税收和福利制度的全部或部分一体化的计划。公民收入的定义是"每个公民，无论年龄、性别、种族、信仰、劳动力市场或婚姻状况如何，都有无条件地获得少量但有保障的收入的不可剥夺的权利"（Citizens Income Bulletin，22封面页）。越来越多的计划打着这个旗号进行游说，但主要包括负所得税、社会红利、基本收入（basic income，BI）和参与收入（Parker和Raven，1996；Atkinson，1995。想要更广泛地了解与英国社会保障体系相关的问题，请参阅Dinot和Walker，1989）。

在20世纪80年代，税收转移支付收入制度中的重叠问题一直是许多讨论的焦点，并确定了各种"陷阱"。其中主要的陷阱如图9-13所示，图9-13是对Atkinson，Flemming和Kay（1983）的改进。

*O-A*代表"强"失业陷阱，即个人不工作比还在工作时经济状况更好。这通常指替代比率超过100%。替代比率衡量的是工作收入和失业收入，表示为税后净收入减掉与工作相关的支出的值与视失业状况而定的失业转移支付的比值。尽管有许多普遍的误解，但发现自己处于这一陷阱的个人或家庭相对较少。

*A-B*这个"弱"失业陷阱，可能反映了许多低收入工人的典型特征，他们面临着高但低于100%的替代比率。必须指出的是，工作本身的负效用并没有得到任何重视。这样的估值存在争议。有些人希望将"闲暇"的价值包括在内；而另一些人则认为，在人们期望工作的社会中，被剥夺工作对个人来说是一种成本。正是后一种考虑，有助于解释为什么许多替代比率高、有"闲暇"可能性的人仍然在工作，而不是选择失业。

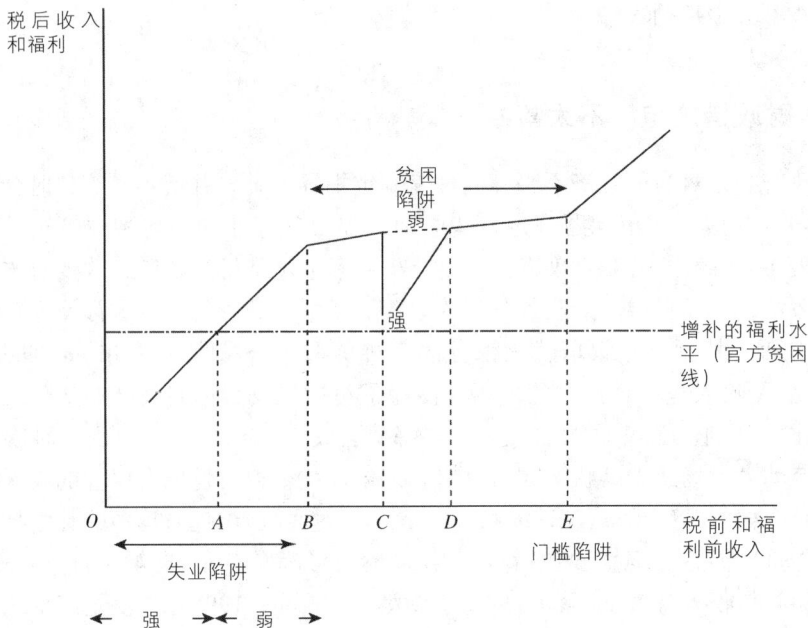

图 9-13　各种陷阱

　　B-E 是"弱"贫困陷阱，即在广泛的收入范围内，由于有社会救助（或收入限定性补助，means-tested benefit），显性税收加上隐性税收仍然不会在很大程度上影响可支配收入。

　　C-D 是一个"强"贫困陷阱，在这个陷阱里，随着收入的增加，可支配收入实际上下降了。这是因为显性的税率和社会救助的领取率超过了 1（unity）。为避免这种情况，建议显性税率只适用于净转移收入。因此，若社会救助的领取率 *b* 是 60%，显性税率是 30%，则额外的 1 英镑收入"总"税收为 $b + t(1 - b)$，包括社会救助的 60 便士，以及 40 便士×30% 的显性税（=12 便士），即 72 便士。

　　只有在社会救助的领取率超过 100% 的情况下，个人的实际情况才会因这一建议变得更糟。但是正如 Collard（1985）指出的，这将在 E 点附近创造一个阈值陷阱。如果政府提高税收门槛，比如说 100 英镑（一种试图帮助低收入者的常见政策），那么对于 E 点右侧面临上述显性税率的人来说，税收为 30 英镑。然而，基于上述分析，对于面临贫困陷阱的人，税收仅为 40 英镑中的 30%，即 12 英镑，因为显性税率只适用于转让净收入，即 $t(1 - b) = 0.3 \times (1 - 0.6) = 0.12$。

　　简单的信息是，即使目标是改善已经存在的陷阱的效果，也很容易创建陷陷。正如预期的那样，在讨论失业问题时，替代比率很高（见第11章）。

Parker（1995）增加了对陷阱的分析，将陷阱的数量增加到7个，并为失业和贫困陷阱添加了以下内容：

(i) 和失业陷阱一样，残疾陷阱（invalidity trap）缩小了工作和失业群体的净收入差距，但集中在领取国家保险残疾津贴的人群。

(ii) 单亲陷阱的出现，是因为单亲家庭的潜在工资低、税率高，工作费用，特别是照顾子女的费用高。

(iii) 兼职陷阱是指家庭救济金的小时数门槛降低，从而缩小了全职和兼职工作之间的净收入。如1994年5月，一对有两个孩子的夫妇中有一人的时薪为3.75英镑，无论他们每周工作16小时还是40小时，每周的时薪只相差5英镑。

(iv) 技能陷阱与缺乏培训激励有关，例如，参加工作培训方案的人必须失业26周才能获得福利，而不是视培训是否合格而定。

(v) 储蓄陷阱是由于存在社会救助造成的。如果个人预期这将会减少其未来的福利，储蓄动机就会被削弱。

在Parker看来，这7个陷阱的结果是，福利制度既不能满足那些最需要帮助的人的需求，也不能提供寻找工作的激励。未来应当是某种形式的公民收入的彻底改革，例如负所得税制度。下一节将概述公民收入计划的基础知识。

9.5.1 公民收入计划（CI schemes）

为了避免上述及其他问题的出现，许多接受至少某种形式的再分配作为相关政策目标的评论家，主张以某种形式的自动税收转移制度，作为保障法律和秩序的"最低限度国家"的唯一辅助手段。对于各种各样的可能方案，我们按其对不太富裕群体的慷慨程度进行排列。

税收–转移主题的变化如下：

(I) 无税收–转移制度

$$Y_d = Y_e \tag{9.25}$$

(II) 比例税制

$$Y_d = (1-t)Y_e \tag{9.26}$$

(III) 豁免上限 Y_p，有

$$Y_d = Y_e, \ Y_e < Y_p \tag{9.27}$$

以及

$$Y_d = (1-t)Y_e + tY_p, \ Y_e > Y_p \tag{9.28}$$

即不免税情况，加上不征税情况。

（IV）负税制，有 tY_p，并且，所有 Y_e 按照 t 征税

$$Y_d = tY_p + (1-t)Y_e \tag{9.29}$$

（V）最低收入保障 = Y_p

$$Y_d = Y_p，\quad Y_e < Y_p \tag{9.30}$$

$$Y_d = (1-t)Y_e + tY_p，\quad Y_e > Y_p \tag{9.31}$$

（VI）社会红利（一次性支付给所有人）等于 Y_p

$$Y_d = Y_p + (1-t)Y_e \tag{9.32}$$

式中，Y_e=收入；Y_d=可支配收入，即税收或转移后的收入；Y_p=官方贫困线；t=税率。

也就是说，只有当 $Y_e = 0$ 时，$Y_p > tY_p$，社会红利提供的保障高于负所得税。社会红利此时被解释为公民收入来源于工业利润，例如阿拉斯加股息分配计划（Alaskan Dividend Distribution Program）的资金来自阿拉斯加石油利润。

图9-14说明了这些方案所描述的收入和可支配收入之间的关系，$Y_e = Y_d$ 时，达到盈亏平衡。

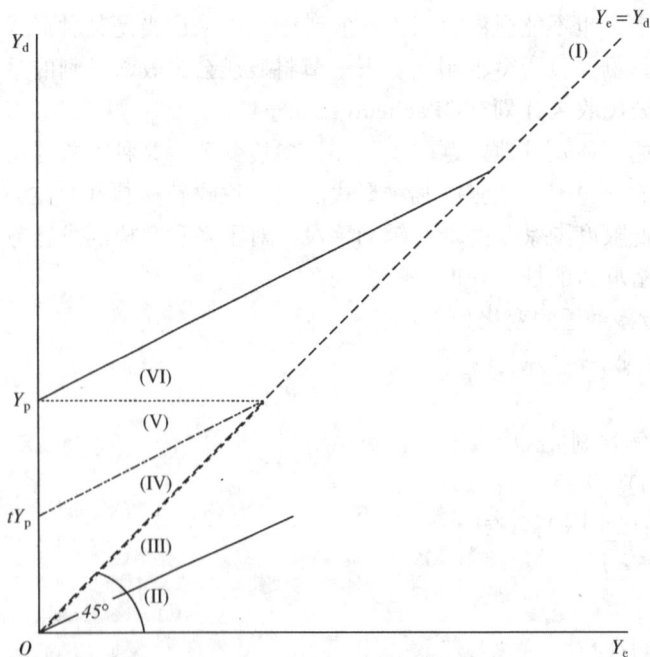

图9-14 税收转移计划

基本收入（basic income，BI）是有保障的、免税的金额，不论其婚姻或工作状况如何，作为一种居住权，每个男人、女人或孩子每星期或每月自动获得抵免。足以维持生活的基本收入的"大爆炸"方法的成本和再分配效应表明，它不可能一蹴而就，因此人们设想，它最初会很低，然后随着经济增长和（或）公众舆论的要求而上升。这种逐渐引入的基本收入被称为过渡性基本收入（transitional basic income，TBI）（Parker 和 Raven，1996）。这一计划的实施将使收入从顶层重新分配到底层，并有利于有子女的家庭。财政收入将来自减少除 TBI 以外的大部分福利，并使税收制度更具累进性。

所有这些计划的关键问题之一是，在帮助穷人和制定富人的边际税率之间取得平衡。它们都是税收转移计划：税收必须包括转移。

Meade（1978）的早期说明性数字表明，在保障收入不是那么慷慨的情况下，负所得税提案的"要求"较低。只有在这种情况下，制度中的税率才不会急剧上升。然而，加强对收入结构的各个层面的激励是 20 世纪 80 年代的许多公共政策声明的主题。例如，如果贫困线 Y_p 是平均收入的 40%，需要 15% 的收入用于提供公共部门的商品和服务，在贫困线上，社会红利所得收入的隐性税率为 55%，这样个人就可以得到每 1 英镑额外收入中的 45 便士！虽然有可能通过在贫困线以下和贫困线以上设置不同的税率，或者规定就业者的社会红利小于失业者的社会红利（双层情况），来缓解这种打击，但是，一旦制度的简单性和普适性消失，其大部分优点也将不复存在（Dilnot，Kay 和 Morris（1984）提供了一个不同的视角）。最近，Atkinson（1989）计算了社会红利/税收抵免计划这两项提案的税率，并建议税率范围为 47.5%~51.3%，但 Atkinson 提醒到，这是一个难以计算的数字。关于过渡性基本收入的说明见 Parker 和 Raven（1996）。1996 年 7 月的税收中性计划包括保障金为 17.75 英镑，所得税税率为 26%（没有 20% 或 24% 的税率）以及两种新的税率。45 000 英镑以上收入适用 45% 的税率；50 000 英镑以上收入适用 50% 的税率。不过，国民保险缴费比例可以从 10% 降至 9%，这样大多数纳税人适用 35% 的综合税收和国民保险缴费率，而目前为 34%。

Parker（1995）将基本收入与收入限定性住房补助（income-tested housing benefit）相结合，进行了研究。如图 9-15 所示，这一方案是针对个人的，其中，部分基本收入 Y_g 足够维持非户主的生活；由于一部分个人"自有"收入享受税收优惠，并且能够获得收入限定性住房补助，个人的所得为 Y_p-1-2，税

收为 Y_g-1-2，即对非户主而言，税收逐渐累进。低收入家庭的税收是 Y_p-1-2，这与传统的负所得税方案大致相同。点1是盈亏平衡点。该方案的原理是，通过减少申请收入限定性补助（means-tested benefits）和工作限定性补助（work-tested benefits）的家庭数量，重新起用传统的案件调查人员，降低对电脑的依赖程度，以将预防贫困与工作激励、增加自由裁量权（积极的和消极的）相结合。

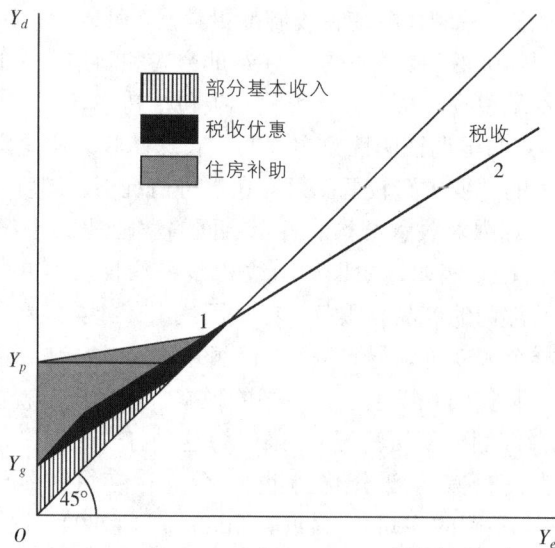

图9-15　Parker的基本收入保障

一般来说，很难让公民收入的计算看起来有吸引力，正如 Parker 和 Raven（1996，p.14）所说，"公民收入的支持者必须明白，普遍福利与极低的所得税税率是不相容的"。不同的改革方案对未来收入，以及因此而产生的转移和税收的不同后果很难建模。然而，在实证研究也有一些乐观的结论：高社会保障支出与经济增长之间没有强负相关关系（见11.7节）。关于在典型福利国家规定的或有福利（基于特定地位的福利，如失业、单亲、残疾）和简单的、与收入有关的收入限定性补助之间的选择，有一个一般性问题需要说明。或有福利的优势在于，这种方案能够确定更需要收入和（或）实物支持的社会群体。支持者通常被贴上"回到贝弗里奇时代"（back to Beveridge）的标签。经济状况调查方法（means-tested approach）的支持者也更有可能支持某种类型的公民收入计划，并认为在每个或有类别中，都有需要帮助的人，也有不需要帮助的人，因此，"或有需要"类别中的富人获得利益是以"或有需要"较少的穷人损失利益为代价的。然而，无论选择哪种方案，都将丢失有关手段或状态的信息，这些信息对确定最需要支持的目标是有帮助的。这是一个复杂的领域，很快就会引起争议，并揭示出人们对收入再分配意愿的根本分歧。（回顾9.3.1节中概述的不同观点。）例如，Parker对其《英国税收和福利制度一体化》一书的导言的总结如下：

真正的问题涉及人际关系和人类价值观。我们想生活在一个以赚钱为目标的社会里，还是有其他更为珍视的目标。（Parker，1989：7）

至少对她来说，这是一个比上面介绍的技术细节更大的问题。

9.5.2 儿童贫困目标和单一税率

正如第5章所讨论的，"目标"是1996年7月工党政府的新工具（new instrument）。其中一项目标是，到2010/11年将儿童贫困减少至1998/1999年一半的水平。在2006/2007年度，大约有390万儿童所生活的家庭扣除住房成本之后（after housing costs，AHC）的收入低于中位数水平，这一数字比前一年有所上升。Brewer、Muriel、Phillips和Sibieta在IFS（2008）中指出，在2006/2007年到2010/2011年期间，儿童贫困需要每年减少30万人才能达到政府的目标，虽然2008年的预算宣布了9亿英镑的一揽子措施来减少儿童贫困，但为了使政府有50%的机会实现目标，还需要额外28亿英镑的支出。因此，对政府来说，情况并不乐观。但是他们应该怎么做？

在引言中提到，Jenkins和Micklewright（2007）列举了近几十年来在不平等和贫困分析方面发生的七项重大变化，最后一项涉及建模的发展。微模拟的应用是其中的一个发展方向。Levy、Lietz和Sutherland（2007年）提供了一个与基本收入/单一税改革的变化有关的例子，该改革旨在消除欧盟的儿童贫困。他们利用欧洲税收优惠微模拟模型（EUROMOD版本31A）分析了"儿童基本收入"（child basic income，CBI）的影响。儿童基本收入是普遍的儿童（未满18岁的个人）最低收入水平，并将无条件地提供保障。它将取代所有儿童或有福利和税收优惠。他们的分析涉及如何提高现有的儿童收入支持水平，以便在所有欧盟国家都能达到规定的儿童基本收入水平，同时，不会减少任何超过规定的儿童基本收入水平的支付。该分析考虑了现有的税收和社会保险缴款（截至2001年6月），以及儿童基本收入的额外成本，这些额外成本来自对所有非福利收入征收的单一税。"单一税"没有免税额或扣除额，对所有收入都按固定税率征税。因此，它的优点在于简单，避免了进行界定的问题，降低了管理和合规成本。作者对儿童基本收入水平进行了实验，儿童基本收入水平由全国家庭收入中位数的比例或欧盟15国（2004年5月之前的成员）收入中位数的百分比确定。作者提出，比例为20%时，每个孩子每月的金额是242欧元。这一数字将使较贫困国家的儿童受益。同样，单一税可以是全国性的，也可以是欧盟15国的共同税。事实证明，无论是在全国还是欧盟15国，税率为2.3%的"单一税"能够满足儿童基本收入的比例为20%时需要的财政资金。作者指出，所需的再分配的性质差别很大。在国内再分配将损害"老年人"和无子女者的利益。国与国之间的再分配不利于儿童人口较少的国家。再分配可能是从较富裕国家转移至较贫困国家，或者从儿童抚养制度较发达国家转移至不那么发达国家。与以往一样，也存在相关的公平和效率问题。儿童人口比例较小的国家帮助支持"欧洲"未来的劳动力，作为交换条件，欧盟为老年人提供广泛的收入支持，这似乎是公平的。激励机制会随着再分配的性质而改变。在为吸引海外投资而设定公司税的问题上，两位作者注意到，存在一种"逐底竞争"（race to the bottom）的观点。如果儿童的基本收入"提高"（tops up）了现有的供给（provision），任何国家都不希望成为具有完善的儿童抚养制度的国家，这意味着，可能需要在很大程度上进行全国性的再分配来抵消这种影响。虽然儿童贫困问题没有简单的解决方案，但广泛的数据集和EUROMOD模型能够通过给出所讨论的任何变化的第一轮影响，对辩论起到促进作用。

9.5.3　现金转移与价格补贴和实物转移

公共财政理论的一个标准问题是，为什么通过价格补贴和实物转移而不是通过现金转移进行再分配。显然，这与已经讨论过的税收超额负担有关。价格补贴或实物转移会产生税收超额负担，而现金转移则不会。

图9-16（a）对现金转移与价格补贴进行了比较。价格补贴的目标是尽可能改善接受者的状况。商品X和Y（所有其他商品的组合）的初始价格比率为预算线1-2。消费者在点6福利最大化。政府希望通过降低X的价格来帮助消费者。价格补贴导致预算线调整为1-3。点7为新的均衡点，此时，消费者处于更高的福利水平（无差异曲线 I_2 的切点提高）。然而，如果政府转移现金（足以补贴点7的商品X），则消费者的预算线为4-5。点8为新的福利最大化点。政府无须增加财政开支，就会对个人的福利产生更大的影响。通过现金转

移，政府援助的受惠者将达到 I_3 所示的福利水平。因此，价格补贴计划是一种效率较低的再分配手段。这造成了"额外负担"（I_3 和 I_2 之间的差异，评估见Laidler，1969）。现金转移不会扭曲价格，似乎是一种更有效的再分配工具。

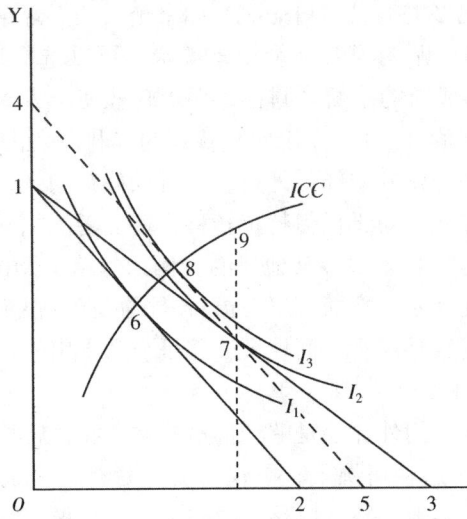

(a)

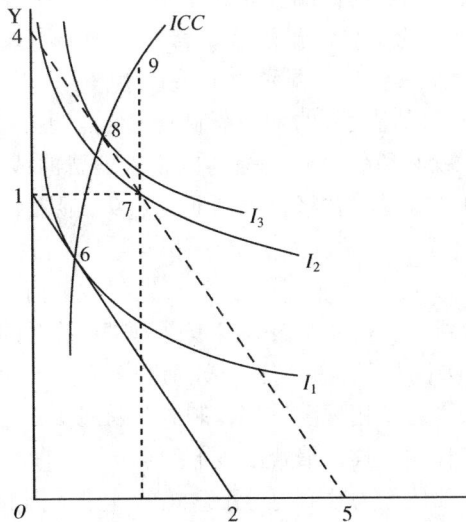

(b)

图9-16　现金转移与价格补贴和实物转移的比较

在图9-16（b）中，消费者最初仍处于预算线1-2的点6。商品X的实物转移使消费者能够免费消费数量为1-7的商品X。预算线变为1-7-5，在点7右侧，个人可以消费更多的商品X，但要这么做，他们必须放弃一定数量的商品Y。在这个例子中，新的个人福利最大化点为点7。个人不会选择消费比"免费"从政府得到的数量更多的商品。再一次，如果个人获得现金等价物，新的预算线是4-5。有了实物补贴的现金等价物，消费者可以选择Y和X的任意组合。这就有可能在点8形成新的平衡。同样，现金转移使个人受到的约束更少，现金转移的福利最大化值（点8）高于实物转移的福利最大化值（点7）。

虽然这些形式的补贴并非详尽无遗，但可以确定的是，现金转移是提高接受者福利的最有效方式（对于任何特定转移，接受者的福利可能会增加更多）。当然，价格补贴还可以用于很多其他目的。例如，第3章中表明，价格补贴可能被用来解决外部性问题。然而，仅考虑再分配目标，很难判断应当进行价格补贴、实物转移还是转移现金，而现金转移是公共支出的极为重要的组成部分（Brennan和Pincus，1983）。

假定"特定商品"的外部性是解释价格补贴和实物转移的选择的一种尝试（如附录2（b））。在这种情况下，不仅与受惠者有关，也与为政府补贴提供资金的纳税人有关。鉴于"特定商品"的外部性，纳税人效用函数不仅与受惠者的效用有关，还与其消费的商品（如医疗或教育）的数量有关。补贴的目的是增加接受者对商品X的消费。虽然现金转移似乎能有效地提高接受者的福利，但它并不是刺激某一特定商品消费的最佳手段。在图9-16（a）中，*ICC*为收入消费曲线。这是随着收入的增加福利最大化点的集合。为使受惠者消费点7对应的X数量，就必须使其收入提高至收入消费曲线上点9对应的收入。也就是说，预算线4-5需要向右移，直到通过点9。显然，这将造成重大的财政压力。必要的转移成本将远远大于价格补贴成本。价格补贴既产生了"替代"效应，又产生了"收入效应"。替代效应也刺激了商品X的消费。如果目标是鼓励商品X的消费，价格补贴很显然是更为"有效"的财政手段。

图9-16（b）再次说明了这一结论。鼓励购买商品X的实物转移成本以比现金转移的成本更低。若使用现金转移，刺激X的消费，必须向个人提供足够的现金，即使预算线移动至收入消费曲线上的点9。

将特定商品的外部性作为政府再分配政策的理论依据的信服度如何？以下是Rosenthal（1983）总结的反对观点。

1.要使价格补贴计划将特定商品的外部性完全内部化，就需要大量的信息，而这些信息的性质很难衡量（Browning，1975）。

2.根据Lancaster（1966）的需求理论，商品可能具有纳税人认为对受惠者重要的属性，如食物含有特有的营养。然而，如果不同类型的加工食品或多或少含有营养，对所有食品的补贴可能会产生反作用。有些食物可能缺乏"营养"，因为它们在准备时"省时"。如果食品得到补贴，那么"方便食品"可能会被推广（见Johnson，1978）。此时，应用特定商品的外部性的困难更加复杂。

3.实物补贴有时很难管理。当然，可以向消费者提供代金券，使他们能够免费消费商品。但可能会出现消费券的黑市交易，就像美国的食品券一样。如果考虑到对此进行检查的政策和行政费用，实物转移相比于现金转移的优势就会减少。由于从事交易的人能够获益，Tullock（1970）将这种黑市交易称为"没有受害者的犯罪"。

Toumanoff（1986）以及Jones和Cullis（1997）提出将不符合资格的人排除在实物转移之外。Toumanoff（1986）举例说明实物转移是一种较好的再分配工具。他认为，实物补贴能够只吸引"符合条件的"受惠者，从而避免了不合理的再分配。如果实物转移方式提供的是劣等商品，高收入和中等收入者就不会在不符合条件的情况下提出申请。转移的成本较低，不需要政府进行大量监测。在讨论向符合条件的受惠者提供福利服务的政策问题时，也证明了这种观点。例如，Goodin和Le Grand（1987，p.206）认为，"确保非穷人不会参与某项服务的唯一方法，或许是将服务变得糟糕。如果质量差，或者使用条件不佳，或者在使用上存在问题，可能会让中产阶级放弃该服务。"此外，有证据表明，改变服务质量确实消除了不满足条件的需求。Toumanoff（1986）的分析侧重于非耐用消费品的实物转移（其他案例见Jones和Cullis，1997）。尽管没有正式提出，Toumanoff（1986）对防止套利的条件进行了探讨。与实物转移相关的套利类型目前被限定为提供非耐用消费品（一顿热饭和一张过夜的床）。因此，Toumanoff的核心观点是，关注以需求转移的形式进行的套利。作者希望实物转移是由"符合条件者"而不是"不符合条件者"所提出。图9-17对这一观点进行了说明。图9-17假设社会包括三个偏好相同，但收入不同的个体。商品Y是一种综合商品（被视为收入），商品X是基于公共政策的再分配对象。0-*L*、0-*M*和0-*H*分别代表低收入、中等收入和高收入。图9-17还假设，商品X的0-*x'*以"实物"的形式提供。政策目标是将0-*x'*提供给低收入者。在Toumanoff看来，低收入者是符合条件的，对他们来说，转移的实物的价值与其市场价值相同。中等和高收入者则不符合条件，因为对他们来说，转移的实物的价值低于其市场价值。如图所示，低收入者的均衡点将从 I_0 上的点 1 移动到 I_1 上的点 2，0-x' 为最优商品数量。预算线（与 L-l 的斜率相等）向后延伸（如 L-l'，M-m'），以将预算线的斜率与 45°射线的斜率区分开。使用始于 L 的45°射线，可以表明，对低收入者来说，获得 0-x' 商品与取得收入 Y_E 等价（0-x'乘以价格等于 Y_E），没有效率损失。如何才能避免需求向不符合条件的人转移？Toumanoff（1986）认为，应转移劣等商品。这样，不符合条件的高收入者将失去伪装自己符合条件的动力。高收入者将会在 H（收入消费曲线（ICC）"触及" y 轴）处出现角点解，并实现完全的分离均衡。边界条件是，商品 X 是中性的，因此，高收入者的无差异曲线 I_4 为经过点 H 和点 3 的直线。如果对于高收入者来说，商品 X 变成了坏的，适用无差异曲线 I_4'，排序更靠前。对于高收入者，获得 0-x' 商品相当于取得 0 收入（$=y_e^h$）。

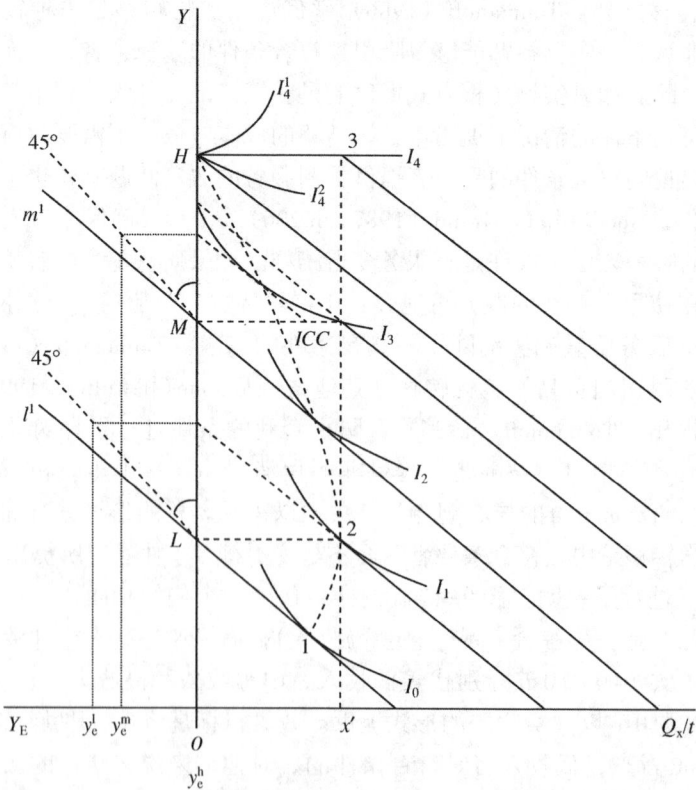

图9-17　分类和实物非耐用消费品

对于 L 点和 H 点之间的中等收入者，涉及筛选 0-x' 的潜在受惠者的问题。对于中等收入者来说，接受 0-x' 的实物转移的可能性不包含在收入消费曲线当中，但这部分实物转移确实提高了效用，效用增加部分为 I_2 和 I_3 之间的差额。如果伪装成不符合条件者的交易成本小于收入，即 0-y_e^m，就可能出现计划滥用。简而言之，非耐用消费品的实物转移是一种有吸引力的提供形式，商品越差，商品价值就越高于符合条件的低收入者水平，因此，Y_E 迅速减少，并且小于成为"伪符合条件者"的交易成本（交易成本的形式可能是在不吸引人的地点排队等待实物转移）。如果除符合条件的低收入者以外的个人是受惠者，则转移的影响是渐进的，不符合条件的高收入受惠者的获益减少，有助于实现"公平"。这为那些批评公共部门提供的服务质量低劣的人，提供了证据。

4. 由于实物转移显得过于"家长式"，"自由主义"经济学家会回避这种干预和对受惠者决定的干涉和约束（有关自由主义立场的考察，请参阅 Rowley 和 Peacock，1975）。

诸如此类的论点表明，价格补贴和实物转移在刺激商品消费方面并没有明显的压倒性优势。此外，读者现在不会惊讶地发现，选择现金转移以外的其他形式的补贴，是出于政治考虑，而不是因为特定商品的外部性（Browning，1975）。特定商品（如 X）生产行业中的压力集团有理由推动这种选择性补贴，因为这意味着对其产出的需求会更高。如果决策部门充当提供实物转移的中介机构，则可能需要更多的预算和更多的工作人员。最终，公共选择学派可能会为再分配工具的选择提供更有说服力的解释。

9.6 对再分配的批评和限制

规范性收入再分配理论设定了一个理想的标准或目标，而更为积极的理论则试图预测经验世界中再分配的性质，这可能与一种或多种或任何可取的观点相一致，也可能不一致。问题是，究竟是什么限制了实际的和提倡的再分配。

9.6.1 公平哲学

以上回顾的规范性文献是一小部分经济学家（和社会学家）对于理想收入分配概念的思考。主要是他们的价值判断。其中的价值偏向，如果不是平等主义，也是相当强烈的公平观点，但存在着不同的收入不平等的意识形态。

尽管 Rein 和 Miller（1974）不提倡任何严格的分类，但他们确实建立了一种不精确的（loose）收入不平等的意识形态类型，他们认为，这种意识形态"过于平滑"（overly smooth）（p.181），但仍然具有指导意义。他们在9.3.1节所述的意见中提出的建议如下：

"机会平等"涉及可能性1-3（见9.3.1节），这是一种以市场为导向的方法。

"减少不平等"（可能性1-6）是一种社会民主观点，即保留市场，但在很大程度上减少其产生的收入不平等。

"规范的平等主义"涉及可能性1-8，可能需要建立社会主义社会。

"实践平等主义"是指所有人的收入平等，但基于需要差异的补贴除外。

尽管Rein和Miller称自己是"规范的平等主义者"，但上述任何观点可能都与大多数经济学家的观点相去甚远，甚至与广大公众的观点大相径庭。正如作者自己所言，"对再分配的明显的关心（dominating concern）并不存在"（p.182）。要素需求的边际生产率理论表明，每一要素的回报都与其边际贡献价值一致，这可能会在某种程度上作为解释的基础。对许多人来说，市场给你的是公平合理的。进一步检查往往会破坏这个职位，对于高薪人士来说，这显然是一个舒适的职位。你使用的技术的影响，协同因子的数量和质量，以及产品价格都与该理论相关。然而，这些并不是个人的属性，为了公平起见，这些属性可以看作是必要条件。劳动要素本身的质量也许是唯一一个既相关又具有个人属性的变量。因此，芝加哥人力资本学院（Chicago human capital school）最接近于，将经济不平等作为一个问题来讨论。

不确定性在寻求最优收入分配的两种解释中都有体现，但事实是，再分配的决定是由那些知道自己在人生中要么是赢家，要么是输家的人做出的，Rawis所寻求的公正是不存在的。如果利他主义和对他人的关心不像一些人所想的那样普遍，那么推动更平等的努力可能是微弱的。简而言之，制约再分配的关键就是富人根本不太关心穷人。Tullock（1971）巧妙地解决了一个明显的悖论，即关于再分配的花言巧语太多，而收入群体之间的实际再分配却很少。他使用了第5章中提到过的"认知失调"的概念，并认为，个人，例如许多学者，不得不在他们对公平的拥护和他们缺乏任何改变它的直接行动之间产生矛盾。一个略微肤浅的解决办法是投票给一个政党。这个政党致力于再分配，但在执政期间，实际上并没有采取任何激进的再分配活动（英国工党过去的表现就与之相似）。这样，你既能挽救良心，又能保住收入！

9.6.2　公平政治学

鉴于上述评论，以投票为导向的积极再分配方法在解释政策方面似乎更有依据，因为它们在很大程度上依赖狭隘的自利动机。是什么阻止了不那么富裕的大多数人真正"榨取"富裕的少数人呢？一种解释是，一人一票的民主机制并不对应平等的政治权重。高收入和富裕阶层比低收入阶层具有更大的政治影响力。

文献中提出了许多论点对此进行了解释。议会通常包含一部分来自社会较富裕阶层的人。他们与这一阶层之间具有天然的共鸣，正如我们已经注意到的，这一阶层可能不是向不太富裕群体进行再分配。信息对政治至关重要，富人更容易获得和利用信息。富人通常受过更多的教育，加强了这种趋势。从广义上讲，富人和高收入群体可以成为偏袒自己的压力集团的一员，并向政党捐款，以"购买"影响力。富人有更大的动机反对再分配政策，因为他们会有更大的损失，而且有理由表明，厌恶风险的个人更热衷于抵御损失，而不是获得收益（见 Jones 和 Cullis，1986）。这一观点强化了富人的不同的政治权力，即许多穷人可能觉得他们没有理由或权利成为再分配社会的一部分。工人阶级保守主义和保守主义（working-class conservatism and conservatism）是一种众所周知的现象。虽然个人哲学可能是这种现象的一个基础，但接下来介绍的分配的经济限制提供了另一个基础。

9.6.3　公平经济学

许多人可能会回避再分配的预算或慷慨的负所得税计划的一个主要原因是，他们担心，由于抑制效应，试图更平均地分享经济蛋糕（GNP）将会缩小其规模。他们可能认为，一小块大蛋糕绝对比一大块小蛋糕大。在许多人看来，抑制效应限制了广泛再分配的公平性。这种观点认为，即使人们的等级次序保持不变，让"穷人"变成"富人"的唯一途径就是经济增长，而高税收和转移不利于经济增长。第二种观点认为，这样描述太静态了。收入分配的总体形态很可能大致恒定，但这并不是说收入分配在代际之间没有太大的变动。

关于抑制因素，负所得税的预期影响就是一个例子。在任何税收转移计划中，高于盈亏平衡点的高所得税税率，将使得闲暇相对便宜（替代效应），同时也减少了购买包括闲暇在内的商品的收入（收入效应）。如果使用高所得税率群体的收入效应很大，那么认为总体上对工作的不利影响并没有那么大，也许是合理的。然而，批评人士认为，必须衡量转移支付对受惠者的影响。

图9-18为负所得税的情况，点1为I_0上的初始均衡点，假设Y-Y'斜率为个人的工资率。引入负所得税计划，有tY_p，不需考虑实际收益，因此，Y''为预算约束的起点。所有的劳动所得都按税率t征税，这样，预算约束的斜率就会沿着Y''-B-Y'''减少，其中，B为盈亏平衡点，即收入和可支配收入在贫困线Y_p上是相等的。如图所示，由于负所得税，个人均衡移动至点2，收入增加、工作减少、闲暇增加，效用由I_0增加至I_1。虚线可以将这种价格效应分解为收入效应1-3（减少工作）和降低每小时工作报酬的替代效应3-2（同样减少工作）。通过无差异曲线的不同位置，能够了解到预测的一些变化，但无法确定影响的强度。

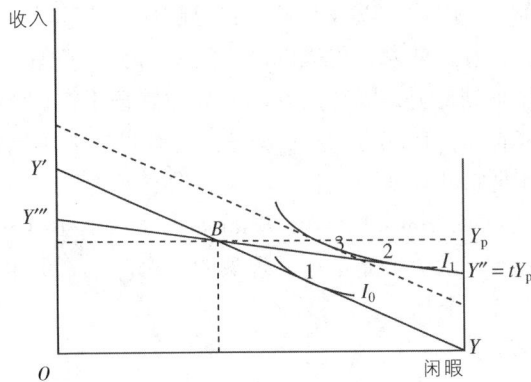

图9-18　负所得税和工作努力

结果到头来，一般实证研究（如上所述）似乎并不能证实存在巨大的抑制效应，尽管美国20世纪70年代的实证研究确实表明，负所得税对工作时间产生了显著的负效应，男性的工作时间减少了7%左右，妻子减少了25%，女户主减少了15%（Robins和West，1980）。虽然这种估计总是会引起各种各样的争议，但应当指出的是，这些实证中的方案更像是一种社会红利，收入保障被设定在接近或等于Y_p的水平，边际税率高达50%。这些数字通常超出了负所得税倡导者的预期。

关于收入分配中的变动，均值-方差分析被用来说明，累进所得税将倾向于降低追求效用最大化的个人的风险承担程度。这种观点认为，分配中的变动是重要的（如Gallaway，1966），任何阻碍这一过程的制度，如累进税制而不是比例税制，都需要从这个角度加以考虑。一如既往，也有相互矛盾的证据和理论。

虽然这与"预算约束"有关，但用于确定平衡工作-闲暇选择的偏好也存在问题。Okun（1975）认为，对富人课以重税可能被解释为，对经济成功的一种不利的道德判断，它改变了人们对经济成功的态度（偏好），以及将其作为目标的吸引力。同样，在另一个极端，转移收入可能会改变人们的态度，使得成为经济进程的"贡献者"不再被视为社会的一部分。其他的因果关系也可以讨论，例如，税收转移可以减少嫉妒，促进社会主流的参与和（或）培养团队的意识。虽然经济分析的主流总体上对偏好的形成保持沉默（见 Lewis 和 Cullis，1988），但经济政策和偏好之间的这些关系是重要的。

上述论点的主旨是，在效率和公平之间存在着或被广泛认为存在着一种权衡，其确切形式尚不清楚。主张再分配的人需要面对这种权衡。问题的一面是抑制效应的程度，这里讨论的另一面是，为了从公平中获益而接受这些效应的意愿。（第6章关于发展中国家的项目评估中涉及了这些类型的计算，其中的问题是，在收入分配的不同点上衡量个人收入/消费收益的时间内公平问题。）上文所述的 Atkinson 指数在促进诸如穷人（P）从额外收入中获得的边际社会效用收益与富人（R）的边际社会效用收益的比较方面卓有成效。有效点是，如果通过再分配转移使穷人的收入增加1英镑，富人减少的收入超过1英镑（例如，由于转移的必要行政费用和（或）在市场取得收益的抑制作用）；对穷人来说，富人减少的收入高于1英镑多少是可接受的？很容易想到穷人对富人的估值比率 V_p/V_r。这一比率反映了二者收入的相对边际的社会效用，根据公式（9.3）可得：

$$\frac{V_p}{V_r} = \frac{Y_p^{-e}}{Y_r^{-e}} = \left(\frac{Y_p}{Y_r}\right)^{-e} = \left(\frac{Y_t}{Y_P}\right)^e \tag{9.33}$$

Jenkins（1989）和海外发展署（1988）为收入是穷人四倍的富人提供了一些方便的计算方法。表9-5对其稍做修改。

"漏桶"计算

当然，这并没有解决不平等的问题，但它确实提供了一种机制。通过这种机制，个人可以关注再分配（公平）和效率之间可接受的"权衡"。Okun（1975）将这种权衡描述为"漏桶"，当将其用于收入从富人转移到穷人时，会有一些损失（抑制效应和管理成本）。特别是，他基于1974年美国收入最高的5%家庭（平均年收入4.5万美元）到收入最低的20%家庭（平均年收入2.8万美元），提出了这个问题。一个富裕家庭每年缴纳4 000美元的税，由于贫困家庭人数众多，他们的收入只会增加1 000美元，但除了1 000美元，你能接受多少可容忍的损失？

举例来说，Okun认为，Milton Friedman作为效率最大化者不会接受任何泄漏，而Rawls是平等最大化者，能够接受99.9%的泄漏。Okun认为Rawls关于平等的定价过高，但在这种情况下，他愿意接受60%的泄漏（Okun，1975：94）。他进一步建议，在任何特定问题上选择的可接受的"泄漏"应该是集体"民主"选择的结果，这当然会引起第4章讨论的投票问题。

表9 5　　　　　　　　在不同的社会福利函数下，为提高穷人的收入，
1英镑收入转移，个人准备接受的净收入损失（用e值表示）

e值	净收入损失
0（=收入最大化者）	
（仅允许无成本转移）	$(\pounds 4^0 - 1) = 0$
0.25	$(\pounds 4^{0.25} - 1) = 41p$
0.5	$(\pounds 4^{0.5} - 1) = \pounds 1$
1.0	$(\pounds 4^1 - 1) = \pounds 3$
2.0	$(\pounds 4^2 - 1) = \pounds 15$
4.0	$(\pounds 4^4 - 1) = \pounds 255$
使最不富裕人群的收入最大化	∞

9.7　小结

本章不仅讨论了公共部门/金融经济学，还讨论了经济学本身。因此，除了介绍一些问题以及将注意力集中在公共财政领域最突出的问题上，很难做得更多。引言详细介绍了近几十年来在这一领域取得的主要进展。英国的数据表明，贫困和不平等仍然是非常重要的问题。作为总结，我们可以对这个经济学领域中一些反复出现的主题进行比较。

• 首先，未来的研究方向是什么？总体而言，最令人感兴趣的是包罗万象的宏观再分配研究，这些研究尽管非常有用，且日益完善，却被困难的概念和实践问题所困扰。侧重于特定支出方案或转移政策的更微观的研究更容易进行，但这些都不可避免地受到批评，因为它们在本质上是非常片面的，无法真正洞察政府干预是在缩小还是在扩大总体经济不平等的程度（假设我们能够就如何衡量它达成一致）。

• 其次，在再分配研究中，如果要在合理的时间内准备好任何一顿饭，那么在适当的蓝带（理论）食谱和经验主义的快餐厨师在实践中被迫做的事情之间存在着巨大的鸿沟。数据限制正在缓解，理论和实践之间的差距正在缩小。鉴于其他方面的矛盾，在各种研究中始终建议进行敏感性分析，以在任何评估中隔离出这些具有重大影响的因素。一方面，如果结果对变化不敏感，比如在估值中，那么问题出现了，需要研究结果对什么敏感。另一方面，如果结果对估值变化非常敏感，也很难知道哪种估值更具有代表性（差异巨大的信息可能不是很有帮助）。毕竟，如果你不知道合适的估值，那么在判断估值的"合理范围"时，可能会有一些武断。如果人们普遍认为，对再分配效应的兴趣是出于一种对"公平"的渴望，那么使用当前经济状况衡量标准进行的研究往往会产生误导。根据Jenkins（1987）的类比，电影院外的快照/剧照可能并不能很好地说明整部电影的内核。如果重要的是政府干预在一个生命周期或一系列生命周期的影响，那么现有的分配政策"快照"，无论其复杂程度如何，都可能没有什么相关性可言。在"静止"状态下看起来具有高度再分配作用的政策，在一个时间段内可能并非如此。

• 再次，关于合理的再分配程度，人们没有达成一致意见。规范性理论趋向于平等主义，而实证理论通常对再分配前景更悲观。

• 最后，有人认为，广泛的哲学、政治和经济信仰，使得似乎不仅在今天而且在明天发生的相对少量的有节制的再分配成为一种秩序。尽管如此，欧洲对不太富裕的人的慷慨程度似乎大大超过了美国（见第14章）。

参考文献

Aaron,H. J. and McGuire,M. C.(1970)'Public Goods and Income Distribution',*Econometrica*,38,6,pp. 907-20.

Atkinson,A. B.(1970)'On the Measurement of Inequality',*Journal of Economic Theory*,2,3,pp. 244-63.

Atkinson,A. B.(1989)*Poverty and Social Security*. Brighton: Wheatsheaf.

Atkinson,A. B.(1995)*Incomes and the Welfare State*. Cambridge: CUP.

Atkinson, A. B., Flemming, J. S. and Kay, J. A.(1983)'Unemployment, Social Security and Incentives', pp. 99-110 in R. C. O. Matthews and J. R. Sargent(eds), *Contemporary Problems of Economic Policy*.London and New York: Methuen.

Becker,G. S.(1971)*Economic Theory*. New York: Alfred A. Knopf.

Brennan, G.(1973a)'Pareto Desirable Redistribution: The Case of Malice and Envy', *Journal of Public Economics*,2,2,pp. 173-84.

Brennan,G.(1973b)'Pareto Desirable Redistribution: The Non-altruistic Dimension',*Public Choice*,14,pp. 43-67.

Brennan, G. and Pincus, J. M.(1983)'Government Expenditure Growth and Resource Allocation: The Nebulous Connection',*Oxford Economic Papers*,35,3,pp. 351-65.

Brewer, M., Muriel, A., Phillips, D. and Sibieta, L.(2008)*Poverty and Inequality in the UK*: 2008. London:The Institute for Fiscal Studies.

Browning, E. K.(1975)'The Externality Argument for In-kind Transfers: Some Critical Remarks',*Kyklos*,28,3,pp. 526-44.

Buchanan,J. M. and Tullock,G.(1965)*The Calculus Consent*. Ann Arbor: University of Michigan Press.

Burton,J.(1985)*Why No Cuts?* Hobart Paper no. 104. London:Institute of Economic Affairs.

Collard,D. A.(1985)'Social Security and Work after Fowler', *The Political Quarterly*,56,4, pp. 361-73.

Cowell,F. A.(2000)Measurement of Inequality in Atkinson,A. B. and Bourguignon,F.(eds), *Handbook of Income Distribution* Vol. 1. Amsterdam: North-Holland; pp. 87-166,Citizen's Income Bulletin,(1996).

Culyer,A. J.(1980)*The Political Economy of Social Policy*. Oxford: Martin Robertson.

Dilnot,A. W.,Kay,J. A. and Morris,C. N.(1984)*The Reform of Social Security*. Oxford: Oxford University Press.

Dilnot,A. and Walker,I.(eds)(1989)The *Economics of Social Security*. Oxford: Oxford University Press.

Downs,A.(1957)*An Economic Theory of Democracy*. New York: Harper and Row.

Fair,R. C.(1971)'The Optimal Distribution of Income',*Quarterly Journal of Economics*,85, 4,pp. 551-79.

Fuchs, V. R.(1965)'Toward a Theory of Poverty', pp. 69-92 in *The Concept of Poverty*. Washington, DC:Task Force on Economic Growth and Opportunity(US Chamber of Commerce).

Gallaway, L. E. (1966) 'On the Importance of "Picking One's Parents" ', *Quarterly Review of Economics and Business*, 6, 2, pp. 7–16.

Goodin, R. E. and Le Grand, J. (1987) *Not Only the Poor: The Middle Classes and the Welfare State*. London: Allen and Unwin.

Harding, A., Warren, N. and Lloyd, R. (2007) 'Beyond Conventional Measures of Income: Including Indirect Benefits and Taxes', pp. 84–102 in S. P. Jenkins and J. Micklewright (eds), *Inequality and Poverty Re-examined*. Oxford: Oxford University Press.

Hochman, H. M. and Rodgers, J. D. (1969) 'Pareto Optimal Redistribution', *American Economic Review*, 57, 3–5, pp. 542–57.

Jenkins, S. P. (1987) 'Snapshots vs. Movies: "Lifecycle Bias" and the Estimation of Intergenerational Earnings Inheritance', *European Economic Review*, 31, 5, pp. 1149–58.

Jenkins, S. P. (1989) 'Recent Trends in UK Income Inequality', in D. Slottje (ed.), *Research on Economic Inequality*, 4, Greenwich: JAI Press.

Jenkins, S. P. (1991) 'The Measurement of Income Inequality', in L. Osberg (ed.), *Economic Inequality and Poverty: International Perspectives*. Armonk, NY: M. E. Sharpe.

Jenkins, S. P. and Cowell, F. A. (1994) 'Dwarfs and Giants in the 1980's: Trends in the UK Income Distribution', *Fiscal Studies*, 15, 1, pp. 99–118.

Jenkins, S. P. and Micklewright, J. (2007) *Inequality and Poverty Re-examined*. Oxford: Oxford University Press.

Johnson, W. R. (1978) 'Substitution in Household Production and the Efficiency of In-kind Transfers'. *Public Finance Quarterly*, 6, 2, pp. 204–10.

Jones, P. R. and Cullis, J. G. (1986) 'Is Democracy Regressive? A Comment on Political Participation', *Public Choice*, 5, 1, pp. 101–7.

Jones, P. R. and Cullis, J. G. (1997) 'In-kind Versus Cash Transfers: Assessing Disbursement', *Public Finance Review*, 25, 1, pp. 25–43.

Lancaster, K. J. (1966) 'A New Approach to Consumer Theory', *Journal of Political Economy*, 74, 2, pp. 132–57.

Laidler, D. E. (1969) 'Income Tax Incentives for Owner-Occupied Housing', in A. C. Harberger and M. J. Bailey (eds), *The Taxation of Income from Capital*. Washington, DC: Brookings Institution.

Le Grand, J. (1982) *The Strategy of Equality*. London: Allen & Unwin.

Levy, H., Lietz, C. and Sutherland, H. (2007) 'A Guaranteed Income for Europe's Children', pp. 209–31 in S. P. Jenkins and J. Micklewright (eds), *Inequality and Poverty Re-examined*. Oxford: Oxford University Press.

Lerner, A. P. (1944) *The Economics of Control*. London: Macmillan.

Lewis, A. and Cullis, J. G. (1988) 'Preferences, Economics and Psychology and the Economic Psychology of Public Sector Preference Formation', *Journal of Behavioural Economics*, 17, 1, pp. 19–32.

Lydall, H. F. (1968) *The Structure of Earnings*. Oxford: Oxford University Press.

Meade, J. E. (1978) *The Structure and Reform of Indirect Taxation*. London: Allen & Unwin.

Meltzer, A. H. and Richard, S. F. (1981) 'A Rational Theory of the Size of Government', *Jour-

nal of Political Economy,89,5,pp. 914-25.

Mincer,J.(1980)'Human Capital and Earnings',pp. 103-28 in A. B. *Atkinson(ed.)*,*Wealth and Income Inequality*,2nd edn. Oxford: Oxford University Press.

Mishan,E. J.(1972)'The Futility of Pareto Efficient Distributions', *American Economic Review*,62,5,pp. 971-6.

Ng,Y. K.(1979)*Welfare Economics*. London: Macmillan.

Nolan, B. and Whelan, C. T.(2007)'On the Multidimensionality of Social Exclusion', pp. 146-65 in S. P. Jenkins and J. Micklewright(eds), *Inequality and Poverty Re-examined*. Oxford: Oxford University Press.

O'Higgins, M.(1980)'The Distributive Effects of Public Expenditure and Taxation: An Agnostic View of the CSO Analysis', pp. 28-46 in C. Sandford, C. Pond and R. Walker (eds),*Taxation and Social Policy*. London: Heinemann.

O'Higgins, M. and Ruggles, P.(1981)'The Distribution of Public Expenditures and Taxes among Households in the United Kingdom', *Review of Income and Wealth*, ser. 27, No. 3,pp. 298-326.

Okun, A. M.(1975)*Equality and Efficiency: The Big Trade Off*. Washington, DC: Brookings Institution.

Overseas Development Administration(1988)*Appraisal of Projects in Developing Countries*. London:HMSO.

Parker,H.(1989)*Instead of the Dole*. London: Routledge.

Parker, H.(1995)*Taxes, Benefits and Family—the Seven Deadly Traps*. Research Monograph 50. London: Institute of Economic Affairs.

Parker,H. and Raven,S.(1996)'BI for Intermediates', *Citizens Income Bulletin*,22,pp. 11-15.

Peacock,A. T.(1974)'The Treatment of Government Expenditure in Studies of Income Redistribution', in W. L. Smith and J. Culburtson(eds), *Public Finance and Stabilisation Policy: Essays in Honour of R. A. Musgrave*. Amsterdam: North-Holland.

Peacock,A. T. and Shannon,R.(1968)'The Welfare State and Redistribution of Income', *Westminster Bank Review*,August,pp. 30-46.

Prest, A. R.(1968)'The Budget and Interpersonal Distribution', *Public Finance/Finances Publiques*,23,1/2,pp. 80-98.

Pryke,R.(1995)*Taking the Measure of Poverty*. Research Monograph 51,London: Institute of Economic Affairs.

Rawls,J.(1971)*A Theory of Justice*. Cambridge,Mass.: Harvard University Press.

Rein, M. and Miller, M.(1974)'Standards of Income Redistribution', *Challenge*, July/August,pp. 176-82.

Robins,P. K. and West,R. W.(1980)'Program Participation and Labor Supply Response', *Journal of Human Resources*,15,4,pp. 499-523.

Rosenthal, L.(1983)'Subsidies to the Personal Sector', in R. Millward et al.(eds), Public Sector Economics. London and New York: Longman.

Rowley, C. K. and Peacock, A. T.(1975)*Welfare Economics: A Liberal Restatement*. London: Martin Robinson.

Rowntree,B. S.(1901)*Poverty—a Study of Town Life*. London: Macmillan.

Ruggles,P.(1991)'The Impact of Government Tax and Expenditure Programs on the Distribution of Income in the United States', pp. 220–45 in L. Osberg(ed.), *Economic Inequality and Poverty: International Perspectives*. Armonk,NY: M. E. Sharpe.

Scitovsky,T.(1986)*Human Desire and Economic Satisfaction*. Brighton: Wheatsheaf.

Sen,A. K.(1973)*On Economic Inequality*. Oxford: Oxford University Press.

Sen, A. K. (1993)'Capability and Wellbeing' pp. 33–53 in M. C. Nussbaum and A. K. Sen (eds), *The Quality of Life*. Oxford: Oxford University Press.

Stratmann,T.(1990)'A Diagrammatic Representation of Inequality', *Public Finance Quarterly*,18,1,pp. 47–64.

Tisdell,C. A.(1972)*Microeconomics*. Sydney: John Wiley.

Toumanoff,P.(1986)'Exclusion Costs and the In-kind Transfer' *Kyklos*,39,3,pp. 443–7.

Tullock,G.(1970)'Subsidized Housing in a Competitive Market: Comment', *American Economic Review*, 61,1,pp. 218–19.

Tullock, G. (1971)'The Charity of the Uncharitable', *Western Economic Journal*,9,4,pp. 379–92.

第 10 章　中央政府

10.1　引言

传统上，公共财政的核心内容是对满足政府支出的收入来源进行分析。尽管对支出方面的分析现在已很充分了，但是，收入分析，尤其是对税收的分析，仍然非常重要。2008 年 6 月 22 日是英国的税收自由日（Tax Freedom Day）[①]，从理论上讲，截至这一天英国人已经完成了该纳税年度对国家的纳税义务，纳税人自此可以期待其后所有收入都可尽收囊中。

尽管 Wicksell 和现代公共选择理论家们极力主张将财政收入分析与支出分析结合起来，但在实践中，预算的收、支两方面基本上是分开处理的，因此很少有支出提案提出具体的收入来源。传统上，英国的制度大致是，每年秋季制订政府未来四年的预期支出计划，而即将到来的一年则主要是考虑的时期。尤其在保守党政府削减支出计划下，这个过程是政府各部大臣和财政大臣之间的一个艰难的讨价还价过程。支出计划一旦敲定，就要寻找必要的资金来源，税收则是第一个。

然而，自 1993 年以来，英国预算逐渐走向一体化，在秋季（11 月）同时提出支出计划和税收议案。在每个预算案中，政府提供本财政年度的支出估算

[①]　译者注：在西方国家非常流行的"Tax Freedom Day"概念,统计的是一年里全国纳税人平均要为政府"贡献"多少个工作日。也就是说,全国的纳税人都是在为政府开支打工,而在这之后的收入,才能真正落到自己的口袋里。更形象的解释,就是纳税人终于可以从税负中解放出来。

情况，并提出随后三个财政年度的支出计划。这一过程中，预期通货膨胀率和增长率显然是重要考虑因素，与传统的英国预算一样，也要进行收入分析，宣布税制调整。

10.2 基本概念

尽管预算的税收与支出相互依赖，但把重点放在收入增长上是明智之举，这推动了公共财政早期的大部分工作。这里，有两项基本原则在课税时应遵循，即受益原则和"量能支付"原则，这两项原则在本书的其他部分已有讨论（参见第 3 章）。虽然税收的一些要素是基于受益原则考虑的，但大部分税收是按照"量能支付"原则设计的，这要解释起来并非易事。

税基的基本选择有二：一是收入和消费（支出）这两种流量指标，二是财富这种单一存量指标。收入通常被定义为在不改变其财富净值的情况下，可供个人在一段时间内花费的货币数量。这就是所谓的收入增长概念。如果一个人每年挣 2 万英镑，同期获得 5 000 英镑的资本利得，那么，他的收入为 2.5 万英镑。然而，这一切都太简单了。表 10-1 提供了一种更全面地理解收入概念的方法。

表 10-1 收入分类

	"市场显性收入"	"非市场隐性收入"
可见的收入	（a）工资、薪金、租金、利息、利润（可作为资本利得）、转移性收入	（b）附加福利，如公司配车、餐补、由雇主支付的个人健康保险
隐蔽的收入	（c）"额外的"工作、兼职	（d）使用部分，（例如）农民自己的产出用于家庭消费

显然，（a）组中的各种收入是最容易查证的，因此通常受税收制度的约束。如果对不同收入来源按不同的税率征税，那么，这显然会存在一种激励，促使纳税人将应税收入转换成免税收入。因此，举例来说，高边际税率鼓励了"薪酬待遇"中的附加福利和"现金"的增长。在全面评估某人的经济状况时，（d）组将成为其"推算"收入的一部分。从定义上讲，在生计农业普遍存在的发展中国家，这确实与全部收入相差无几。然而，随着经济专业化分工和

国内外贸易的不断发展，市场价格和交易记录使得征税过程变得很容易。（参见第14章关于税务处理的讨论。）

在支出方以所得为税基课税就是个人支出税，它对某一财政年度内的收入与该年度的储蓄之间的差额课税[1]。也就是说，它是对用于消费的那部分收入进行课税。该税的征收理念是，每年的应缴税款是基于应税支出，而应税支出是当年净收入与同期净储蓄之间的差额。人们通常认为这种税有吸引力，因为它的税基是个人消费（或他们从经济体系中获得的收益），而非他们的贡献（收入）。它对实际消费而不是可能消费课税，对于许多人来说，这种课税方法所体现出来的公平性可能远胜于所得税。

斯里兰卡曾尝试课征个人支出税，但主要因征管困难而最终放弃。此税种需要扣除每个纳税人的储蓄和投资之后，来计算其可消费收入（所得），这样消费就被视作余值。因此，支出税是对净收入（总收入减去获得该收入的成本）与净财富变化（负债变动净值减去资产变动净值）之间的差额课征的一种税。

在实际操作中，这种税是否会比个人所得税具有更低的征管成本，主要取决于该税的具体细节。这样一种税通常被认为是鼓励储蓄的，但理由模棱两可。对消费征税确实使当前储蓄更具吸引力。然而，如果对储蓄利息免税，那么，既定数量的当前储蓄便可支撑更多的未来消费，那些寻求更多未来消费的人便可以用较低水平的当前储蓄来实现这一目的。鉴于对个人支出课税的实践有限，故缺乏经验证据。在本章要牢记的要点是，任何税制改革都涉及从一种方案过渡到另一种方案的转换成本。这些变化扭曲了个人预期，不可避免地带来意外收益和损失，以及其他意想不到的可能会对公平产生不利影响的后果。转换规则的设计和管理本身表明，短期成本非常高，可能远远超过长期收益的现值。

原则上，收入（流量）与财富（存量）之间并不存在显著的差异，因为个人财富的价值只不过是个人净收入流的折现值，即流量的存量价值。如果收入适用"量能支付"原则，那么显然财富亦是如此。这些税基之间的差异来自实

---

[1] 将个人支出视为免除储蓄利息的所得税，其原因是，如果将全部所得 Y 用于储蓄，而按照税收制度的规定，储蓄利息是免税的，那么消费就变为 $Y(1-t)(1+i)^n$。式中，i 是利息率，n 是年数。在支出税下，当消费发生时才纳税会得到同样的结果，即消费是 $Y(1+i)^n(1-t)$，这是一个等同的结果。（关于个人支出税其他问题的讨论，可参见 Kay 和 King（1983）。）

际操作层面，因为某些东西作为存量比作为流量更容易被测算，如一幅画作的价值。因此，个人（以及许多衡量标准）往往不把财富和收入看作同一枚硬币的两面，而是把它们视作硬币的不同部分。

所有税基的界定通常都有粗细之分。美国人特别区分了"不动产"（土地、住房、财产类型的财富）和"动产"，后者又被进一步细分为有形资产（实物型个人财富，例如小汽车）和无形资产（金融资产型财富，例如股票）。实践中，具有经济价值的要素最容易被衡量（因为它们作为资产价值的市场属性很容易被发现），正因如此，才对这些要素课税。这些税种采取年度财富税、赠与税和遗产税的形式。对销售课税也很常见，课税形式或是对商品或服务从量计征（物理计量单位）或是从价（货币价值的百分比）计征。课自所得、个人支出和财富的税通常被视为直接税，而课自商品销售和服务的税则被视为间接税。这种区分意味着什么呢？

就直接税和间接税使用上的争论，Atkinson（1977）详述了传统和现代主题，这是早期公共财政的核心。首先，他回顾了许多定义，其中与税收相关的两个主要经济学定义是"转嫁"和"量身定制"。第一，直接税被认为是由那些承担正式影响的人所缴纳的税种，如所得税，而间接税是产生转嫁从而使得正式（或法定）的与实际（或有效）的影响发生偏离的税种。第二，"量身定制"的税，它取决于税收对纳税人某些（经济）特征是否敏感。据此定义，对不同商品和服务课以不同税率的销售税是间接税，即谁是买方或卖方是不受影响的。Atkinson本人赞成第二种方法，并通过分析他所称的"过渡性"税收，将其与直接税（对总收入或支出课以不同边际税率的税）进行了比较。

人们认为，关于税收结构的争论，主要基于以下两大思想流派：

1.目标-工具法，直接税工具用于实现公平目标，间接税工具则用于实现效率目标。量身定制是联结税收与公平的纽带，而可见性则明显与效率（抑制）安排相联系。

2.直接税在公平和效率两个方面兼具优越性。

两种观点都不是完美无缺的。

10.3 税收理论与税收实践

尽管在大多数关于经济活动的阐释中，理论与实践都是并行不悖的，但在税收理论和税收实践之间似乎存在惊人的差异。一个极端是纯理论的税收学者，他非常老练地分析了将"（1-t）"引入方程中所产生的细微变化，而在另一个极端，一些人则关注一本学术书籍购买价格中减免税的百分比。税务管理者通常将税收理论看作一种奢侈品，只在他们工作之余的闲暇时间才有可能才关注到它，而税收理论学者则倾向于将税收征管实践看作他们"宏伟设计"中非常容易应对的小麻烦或偏差（参见第15章Ricketts（1981）对最优税收理论的批判）。

大多数人会发现亚当·斯密的准则或税收基本原则颇具吸引力：

（i）平等：个人应"尽可能按照他们各自的能力"进行纳税（Smith，1776：310）。

（ii）确定：纳税义务不应是任意的或不确定的（出于可见性和遵从成本的考虑）。

（iii）便利：纳税方法和纳税时间应方便纳税人（这里也存在遵从成本的问题）。

（iv）经济或效率：应尽量减少税收的超额负担（福利成本）（本原则包括税收的管理、征收和心理遵从成本）（更多论述参见Sandford，Godwin，Hardwick，1989）。

将上述原则应用到分析和实践领域是困难的，尤其是因为它们可能相互冲突。在进一步分析之前，先了解一下英国和其他发达经济体的收入来源是非常有益的。

10.3.1 政府收入来源

表10-2列出了英国90%以上税收的来源。从中可以看出，超过1/4的收入来自所得税，而所得税和国民保险捐（National Insurance Contributions，NICs）两项收入则占45%以上。括号内是1978—1979年的相应比例，表明在加入欧盟之后英国税收收入中的其他间接税向增值税转换。除此之外，其他收入所占百分比一直保持稳定，20世纪90年代初的数据更是这样。对其中某些关键税种的分析是本节的重点。

表10-2　　　　英国政府2006—2007年收入来源（估计数）

税种	占比（%）
1.所得税（含税收抵免）	27.9（27）
2.国民保险捐	17.4（17）
3.增值税（VAT）	14.8（7）
4.其他间接税（如燃油税和烟草税）	10.5（16）
5.资本税	3.8
6.公司税	14.0
7.市政税	4.3

来源：Institute for Fiscal Studies（2006）.

图 10-1 显示了历史上（1900—2005 年）政府收入占 GDP 比重的增长情况。可以理解的是，政府收入在两次世界大战期间迅速增长。然而，令人费解的是，在战争结束后，政府收入却并未回落至战前水平。第14章分析了这种替代效应。由图可知，20世纪60年代末期，收入占GDP的比重急剧上升，但从80年代初期到90年代中期这一比例稳步下降。表10-3和表10-4提供的比较数据显示，工党政府当政期间这一比例再次攀升。表10-3显示了税收总收入占GDP的百分比，表10-4则给出了国民保险捐占GDP的百分比。一般来说，国民保险捐类似于对收入征税，因此必须将两张表中的百分比加总，才能了解政府总收入占GDP的比重。2005年，英国的这一占比为48.5%。欧洲各国的情况大致相同，日本和美国看起来有所不同，日本仅为32.9%，美国为36.9%。

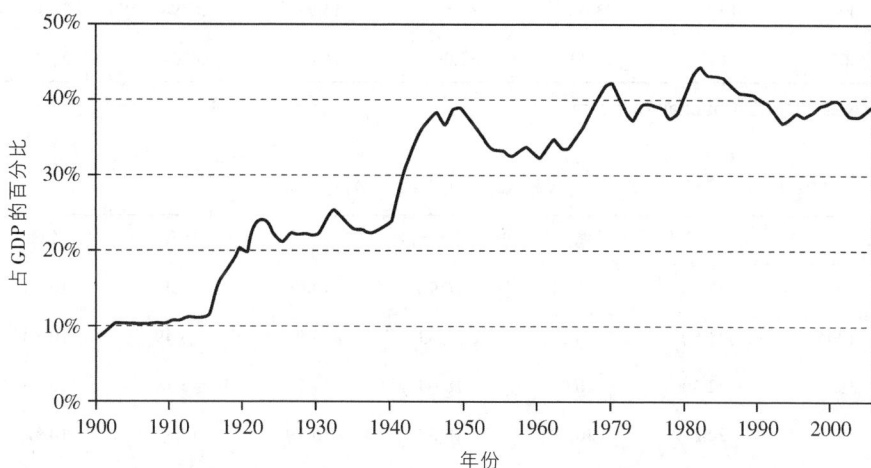

图 10-1　1900—2005 年政府收入占 GDP 的百分比

来源：Adam and Browne（2006）.

另一方面的比较是各国对直接税与对间接税的依赖程度比较。表10-5的数据显示，直接税包含课自收入、财富和资本利得的税种，但不包括OECD所称的实际社会捐。表10-6给出了间接税（包括增值税和消费税）占GDP的百分比。将表10-5和表10-6中的百分比加总，忽略舍入误差，结果列于表10-3。

表 10-3　　　　　　　　　　税收总收入占 GDP 的百分比（%）

年份	法国	德国	意大利	日本	英国	美国
1996	24.06	22.39	24.78	18.79	25.61	20.13
1997	24.96	22.21	27.05	18.72	26.86	20.90
1998	27.22	22.92	28.76	18.12	28.60	21.57
1999	27.87	24.14	29.28	17.66	29.61	22.01
2000	27.71	24.34	29.22	18.03	30.45	22.96
2001	27.97	23.02	29.86	17.43	30.96	22.40
2002	27.87	23.01	30.22	15.97	30.70	20.38
2003	28.02	23.29	31.51	15.45	30.96	20.28
2004	29.10	23.06	31.59	15.73	31.94	21.12
2005	30.02	23.43	32.00	16.49	33.54	23.28

来源：OECD National Accounts.

表 10-4　　　　　　　　　　国民保险捐占 GDP 的百分比（%）

年份	法国	德国	意大利	日本	英国	美国
1996	22.16	26.31	16.96	13.66	13.48	10.93
1997	22.50	26.22	17.83	13.86	13.49	10.80
1998	22.30	26.06	18.04	14.59	13.13	10.60
1999	22.25	26.18	18.58	15.19	12.89	10.52
2000	22.08	25.83	18.72	15.56	12.82	10.69
2001	22.58	26.40	19.31	16.09	13.41	11.65
2002	23.65	27.77	20.37	16.58	13.78	12.52
2003	24.54	28.52	21.31	16.48	14.18	12.87
2004	25.08	28.15	22.14	16.43	14.53	13.17
2005	25.76	28.19	22.92	16.44	14.91	13.57

来源：OECD National Accounts.

表 10-5　　　　　　　　直接税占 GDP 的百分比（%）

年份	法国	德国	意大利	日本	英国	美国
1996	8.72	11.43	14.05	10.06	13.86	12.85
1997	9.46	11.25	15.09	9.81	14.54	13.53
1998	11.63	11.63	14.02	8.84	16.04	14.13
1999	12.27	12.20	14.88	8.39	16.36	14.49
2000	12.49	12.65	14.68	9.20	16.97	15.36
2001	12.89	11.36	15.43	8.69	17.51	14.65
2002	12.29	11.22	15.01	7.48	16.86	12.44
2003	12.11	11.20	14.96	7.17	16.78	12.15
2004	12.56	10.91	15.40	7.50	17.40	12.73
2005	13.03	11.15	15.76	8.16	18.95	14.61

来源：OECD National Accounts.

表 10-6　　　　　　　　间接税占 GDP 的百分比（%）

年份	法国	德国	意大利	日本	英国
1996	15.35	11.11	10.65	8.24	11.75	7.03
1997	15.51	11.17	11.49	8.42	12.32	7.08
1998	15.60	11.46	14.58	8.89	12.56	7.10
1999	15.60	12.12	14.56	8.88	13.24	7.16
2000	15.22	11.88	14.70	8.47	13.48	7.26
2001	15.08	11.86	14.59	8.42	13.45	7.41
2002	15.59	11.99	15.22	8.20	13.84	7.63
2003	15.91	12.27	15.35	8.00	14.18	7.87
2004	16.54	12.36	15.86	7.95	14.54	8.13
2005	16.99	12.51	16.42	8.03	14.59	8.42

来源：OECD National Accounts.

　　除了美国、在较小程度上还有法国和间接税不那么突出的英国，其他各国对直接税和间接税的依赖程度大体相当。

这些数据与其他国家相比如何呢？表 10-2 使用 OECD 的数据提供了一个大致的情况。

官方统计数据报告了政府部门的收入来源（见表 10-2）和支出模式（第 14 章对此进行了总结），但并未得到广泛理解。在一个对于普通人而言获得充分信息的成本高于收益的领域，这并不令人感到意外。然而，这确实意味着误解是普遍存在的。本章的主要目的在于探究不同税收工具对效率和公平的影响。在此，我们简要回顾现行诸税种，并根据前述较抽象的分析，就其效率和公平方面进行评述。

Slemrod（1994，2002）指出，对税制改革的行为反应有三种形式：

（i）时机反应，税收激励措施的改变，导致付诸行动的时机因即将实施的新税收法规而发生变化——死亡的报告时间对遗产税制度的变化尤为敏感。

（ii）形式或属性反应，有动机将已经到期但仍将要进行的交易重新归类为另一种不同的交易活动——通过税基间和税收管辖权间的"重新界定"和"收入转移"，寻求较低税率。

（iii）真实反应，是指工作-休闲、储蓄-消费、投资等选择随着税制的变化而变化。

Slemrod 根据自己的经验认为，从第（i）种到第（iii）种反应变化的发生率依次降低。它颠覆了长期调整大于短期调整的一般经济观念。这里，长期的根本性后果比你所期望的表面上的短期后果要少。正是这些反应引发了下文的许多分析。

10.3.2 个人所得税

个人所得税的影响通常被认为与市场工作时间的总供给和相关的福利成本有关。高边际税率所得税也会诱使劳动力向非税领域转移：具有高非货币回报/属性的工作、附加福利而非入账的现金支付，以及在"黑色经济"①中工作（见第 8 章）。

经济学中最热门的研究领域之一是劳动力供给（时间）对所得税的反应。Killingsworth（1983）概述了研究的基本方法。目的是确定由工资变化 ∂W 导致

---

① 黑色经济指为逃税而隐瞒收入的地下经济(陆谷孙.英汉大词典[M]. 2 版.上海:上海译文出版社,2007)。

的劳动力市场供给时间的变化 ∂H，在其他条件相同的情况下，会产生收入效应（y）和替代效应（s），如下所示（假定唯一的税收是对劳动收入课以比例税率，而且这正是导致 W 变化的原因）：

$$\frac{\partial H}{\partial W} = \frac{\partial H_s}{\partial W} + \frac{\partial H_y}{\partial W} \tag{10.1}$$

现在，∂W 可以表示为收入的变化（∂Y）除以工作时间（H），将 $\partial Y/H$ 代入方程（10.1）的最后一项，并将各项同时乘以 W/H，得到：

$$\frac{\partial H}{\partial W}\frac{W}{H} = \frac{\partial H_s}{\partial W}\frac{W}{H} + \frac{\partial H_y}{(\partial Y/H)}\frac{W}{H} \tag{10.2}$$

最后一项的分子和分母同时乘以 Y，得到：

$$\frac{\partial H}{\partial W}\frac{W}{H} = \frac{\partial H_s}{\partial W}\frac{W}{H} + \frac{\partial H_y}{\partial Y}\frac{Y}{H}\frac{WH}{Y} \tag{10.3}$$

无补偿工资弹性=替代弹性+按劳动所得占比加权的收入弹性

所得税制度对个人面临的预算约束的影响取决于税收制度的确切性质。累进税制通常是对较高的收入课以较高的边际税率，与非应税收入水平（Y_e）结合起来，将产生如图 10-2（a）中 1-2-3 所示的预算约束。事实上，英国税制的累进性是通过免税额和适用比例税率的较宽的收入级距实现的（边际税率大于平均税率）。对于那些收入超过图 10-2（b）中（比如说）Y_h 的人来说，还有第二个更高的且保持不变的边际税率。这将使预算线由一条曲线变化为带角的直线。对预算约束更现实的解释要考虑非劳动收入 Y_u 和超过标准工作周 O'-H_s 时在基本工资率基础上的加班奖金。（在图中，这发生在相关个人达到负有纳税义务的边界之后。）受这些因素的影响产生的约束如图 10-2（c）所示。

Hausman（1985）指出，在税制比方程（10.1）假定的比例税制更复杂的情形下，上面所讨论的斯勒茨基（Slutsky）方程需要修改。非线性的存在产生了所谓的虚拟收入，如图 10-2（c）中 Y_1 和 Y_2 表示的部分。它们是通过将预算线上的各段线向后延伸至右侧纵轴而建立起来的。这样的"线性"为个人建立了一条"条件"预算约束线。如果个人面临线性预算约束线 Y_1-1-2-5，那么处在与 Y_u'-1-2-3-4 "扭曲的"预算约束线的 1-2 段相切位置的这个人，就会选择同样的工作时长。税率的变化通过改变预算约束线上各部分的斜率而产生收入和替代效应。然而，在非比例税率的情况下，虚拟收入也会发生变化（除第一部分之外），产生进一步的收入效应，从而改变劳动力供给。在累进所得税制度下，关于税收对劳动力供给的影响鲜有先验的、稳定的结论。尽管这强化了该问题的实证属性，但非线性预算约束引发了另一个与实证相关的问题。如果税收-转

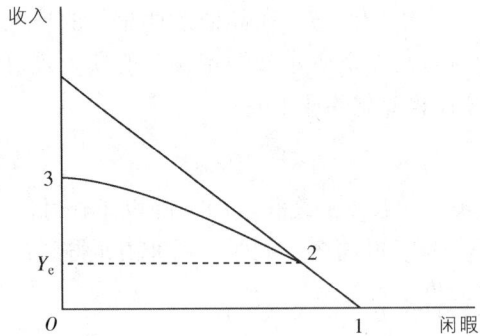

（a）

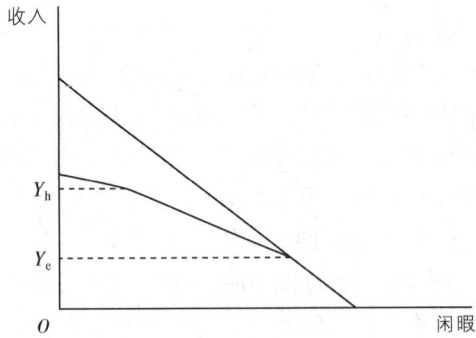

（b）

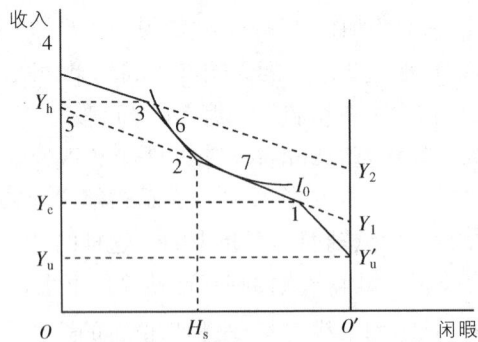

（c）

图 10-2　所得税和预算约束

移支付制度产生了非线性和非凸性的预算约束，那么其与无差异曲线可能存在
多个切点，也的确会与同一条无差异曲线产生两个切点，而且预算约束的微小

变化会导致所选择的工作时间从一点跳跃至另一点（例如图10-2（c）中的点6和点7）。预算约束变化对工作时间的影响再次变得普遍不可预知。在图中 I_0 所示的同一条无差异曲线存在两个切点的情况下，劳动力供给产生了"缺口"，因为在没有工资的情况下，个人将选择与"折"点2相关的工作时数。Hausman解释了如何指定一个效用函数，并利用计量经济学的方法在预算约束线上寻找可提供最大效用的切点，从而为解决非线性带来的问题提供了一个实证的解决办法。分析个人如何对税收扣除和/或税率变化做出反应，现在来看是一件更为复杂的事（有关这些约束和其他问题的进一步讨论，参见Brown，1981）。

在此，我们简要探讨关于劳动力供给的实证研究。Atkinson 和 Stiglitz（1980）对所采用的各种方式方法进行了调查。态度调查备受一些研究者的欢迎。基本上，人们被问及的是他们对收入被课以高税会有什么反应。然而，这样的调查，即使经过严密设计，仍然会存在所有调查共有的缺陷：它们是"假设的"，与实际行为并不相符。受访者可能采取"策略性的"行动，抑或把认为采访者想听到的话讲给采访者听。结果往往有多种解释，很难形成可靠的定量答案。实验工作，正如各种各样的美国负所得税实验一样，也备受非议。那些实验对象意识到他们只是短期实验的一部分，因此不太可能举止"自然"，也不可能表明长期的反应。此外，任何研究领域的实验设计在样本规模、结构和结果解释等方面总是易受到批评。Neuberg（1989）是一位对此类研究有过细致分析的学者。

与在成本-收益分析中寻找补偿变化一样，经济学家们更乐见经观察得到的行为数据。这些个人、行业或地区方面的证据，无论是采取时间序列形式，还是采取横截面数据形式，都不是直接来自税收，而是来自按不同的税后净工资提供的工作时间——当然这并不是最为紧要的问题。人们对税收变化的反应可能不同于对收入本身变化的反应。大型数据集和复杂计量技术的应用是令人印象深刻的，但总是只在面临技术性难题时才会用到，这些难题削弱了结果的可信度。

一种用于对税收和劳动力供应时间（H）问题进行实证分析的回归方程是：

$$H = a_0 + a_1 W + a_2 N + \sum_{i=3}^{n} a_i X_i + u \tag{10.4}$$

式中，$a_0, \cdots, a_n$ 为待估系数

W 为工资率

N 为非劳动收入

X_i 为考虑到样本个体中除工资和非劳动收入以外的其他差异而引入的变量向量

U 为随机误差项

方程（10.1）中的替代和收入导数来源于方程 10.4 中 a_1 和 a_2 的估计值，当与样本中的 H、W 和 Y 的均值相结合时，就可以得到方程（10.3）中的三个弹性数值。

表 10-7 源自 Blundell（1992）的研究，它提供了一系列相关弹性的经验数据，涉及已婚女性、已婚男性和单身母亲。总收入弹性（它反映了总收入效应，等于无补偿和补偿工资弹性间的差额）为负，证实了休闲是一种正常品（随着收入增加，人们会"购买"更多的闲暇时间，从而减少工作时间）。补偿工资弹性反映了替代效应，因此增税会导致休闲的机会成本增加，促使人们减少闲暇时间、增加工作时间，即产生正的弹性。考虑到闲暇、工作时间选择的各种组合，税收变化对工作努力的总体影响取决于它们的相对大小。大多数研究都是针对已婚女性的，结果发现其具有正的无补偿工资弹性，这意味着若税率降低则可以提高已婚女性的工作努力程度。正如第 7 章所示，替代效应决定了税收的福利成本大小，考虑到女性补偿工资弹性的大小，替代效应在这里是非常显著的。通常，对于已婚男性（一般男性）而言，估计的无补偿工资弹性较小且为负，即总劳动力供给曲线略微向后弯曲。对单身母亲的研究结果表明，她们具有较大的无补偿工资弹性，这主要被认为是反映了劳动力参与度而非工作时间调整效应。

Blundell（1992）通过凸显微观模拟分析的重要性对此做了补充，这种分析运用大量数据，可以考察具有不同边际有效税率和其他收入的不同个人，即将个人劳动力供给反应与其相应的边际有效税率联系起来。

这类研究得出的结论往往不尽人意。人们似乎感到，劳动力供给对税收应该是非常敏感的，因而所得税对劳动力供给的抑制作用非常大。然而，似乎没有证据来证实这一点，特别是对全职男性工作者来说。但必须指出，劳动力供给是一个多维概念，因此税收对劳动力供给的影响可能表现为：工作努力程度减少、移民、更长的假期、更短的工作年限、不同的职业选择和相关的人力资本获取等。这些与所得税可能存在的其他联系，需要单独进行研究，才能获得更加全面的认识。

表10-7　　　　　　　　　　　　劳动力供给弹性

作者	样本	未补偿工资	已补偿工资	（总）收入
已婚女性				
Cogan（1981）	美国	0.65	0.68	−0.03
Hausman（1981）	美国	0.45	0.9	−0.45
Arrufat和Zabalza（1986）	英国	0.62	0.68	−0.06
Blundell和Walker（1982）	英国			
	没有孩子	0.43	0.65	−0.22
	一个孩子	0.10	0.32	−0.22
Arellano和Meghir（1989）	英国			
	没有孩子	0.37	0.44	−0.13
	小孩子	0.29	0.50	−0.40
	大孩子	0.71	0.82	−0.21
已婚男性				
Hausman（1981）	美国	−0.03	0.95	−0.98
Ashworth和Ulph（1981）	英国	−0.33	0.29	−0.62
Blundell和Walker（1982）	英国	−0.23	0.13	−0.36
单身母亲				
Hausman（1980）	美国	0.53	0.65	−0.18
Bingley、Symons和Walker（1992）	英国	0.76	1.28	−0.52
Jenkins（1992）	英国	1.44	—	−0.24

来源：Killingsworth（1983）和Blundell（1992），由Blundell（1992）记录并经财政研究所许可转载。

话虽如此，我们有理由认为，劳动力供给对税收变化的反应可能不如预期的那样敏感。首先，个人并不仅仅是为了金钱报酬而工作。工作满意度抑或与特定职业相关的声誉在他们的决策中可能是非常重要的，而这些因素通常会被忽略。其次，对于理论文献中通常假定的工作时间，个人很少能控制。某些职业的工作时间是固定的（例如每周40小时），可以选择加班或者不加班。对于像律师和会计师这样的专业人士来说，他们可能会有更大的自行决定权，但通常个人的工作/闲暇选择可能会受到非常多的限制。最后，假设个人完全了解税率。经验研究对这一点提出了质疑（参见 Brown，1968）。同样，律师和会计师可能对税率有更清晰的认识，但这对于普通民众来说不太可能。在 Brown（1968）的调查中，仅有3%的工人知道标准税率，仅有6%的管理者能够估算他们的边际税率。Brown 的调查表明人们高估了其纳税额，但 Lewis（1978）最近的一项调查虽然证实了这种错觉的存在，但却表明人们普遍低估了其纳税额。这两项研究都对人们对税收变化的敏感程度提出了质疑，从而表明劳动力供给对税收的反应较小。

有证据表明，20世纪80年代，保守党政府决定降低所得税，以抵消其抑制作用。通过推理，我们可以对下调基本税率的可能后果有些深入了解。Ulph（1987）指出，那些收入接近所得税起征点的人从减税中获得的收入效应很少，甚至完全没有，从而替代效应占据主导地位，导致他们的工作时间更长。相比之下，那些位于收入分配顶端的人，其税后收入将发生显著变化，因此收入效应较大，导致高收入者（富有活力的企业家？）减少工作时间。Ulph 强调有必要分别考虑不同的劳动力群体——例如，那些收入临近起征点的工作人群（主要是兼职的已婚女性）和当前的失业者——以便分析对他们的特殊激励措施。

最后，个人所得税的税收归宿也值得考虑。正如其他部分所指出的，相关的供给和需求弹性非常重要。图10-3中 D 和 D_T 分别代表不存在和存在比例所得税时的劳动力需求曲线。本节呈现了两条劳动力供给曲线：一条完全无弹性（S_{LI}），另一条向上倾斜（S_{LE}）。这表明，总体而言，工资率提高的替代效应大于收入效应，从而增加了工作的投入时间。在完全无弹性曲线 S_{LI} 适用的情况下，初始市场工资为 W_0，工作时间为 L^1，但税后净收入为 W_T，所缴的全部税款（距离1-2）① 由劳动力要素支付。在有一定弹性的劳动供给曲线 S_{LE} 情况下，税收效应导致就业降至 $O\text{-}L^E$，市场工资升至 $O\text{-}W_M$，工人得到的税后净工资变

---

① 此处原文中有错误，12应为1-2——译者注。

为 O-W_E。在这种情况下，在全部所缴税款中，只有部分税款（距离3-4）由工人承担（W_0-W_E）；剩下的税款（W_0-W_M）以更高的劳动投入成本的形式转嫁给了消费者。如果正如人们所普遍接受的那样，劳动力供给（尤其是男性户主）总体上是非常缺乏弹性的，那么在再分配的研究中，可以肯定地认为，纳税人缴纳的个人所得税难以转嫁，即便向前转嫁，其数额也是微不足道的，可以忽略不计。

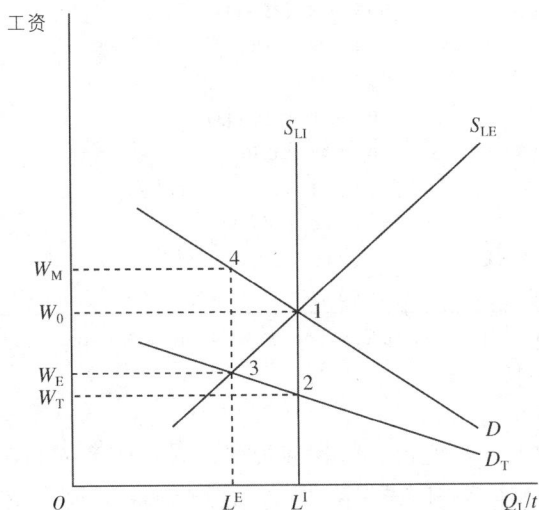

图10-3　比例所得税的税收归宿

10.3.3　国民保险捐

国民保险捐占英国税收总收入的17%~18%，其税基为就业收入。随着时间的推移，国民保险捐不断发展。英国1989年预算改变了国民保险捐中雇员份额的征收方式（雇主的份额保持不变）。对比改革前后的制度非常有趣。由表10-8可知，根据雇员薪酬水平，税率下限从5%、7%或9%下调至2%。"雇员收益"一栏显示这给纳税人带来多大程度的"帮助"。与旧制度相比，周薪75~115英镑所适用的边际税率（MTR）上升，但平均税率（ATR）下降，这表明替代效应和收入效应在此薪酬范围内导致了工作减少。然而，对于那些目前没有工作的人来说，有薪就业的吸引力增强了。旧税制的特性也表明，在纳税系统中存在"级次（跃升）"或"陷阱"，即当一名雇员的周薪由74英镑提高至75英镑时，国民保险捐占总收入的比重从2%跃升至7%（显然，43英镑和115英镑是另外的级次界线）。

表10-8　　雇员国民保险捐的变化（保留在合约内，周薪金额）

周薪	旧税制	新税制		雇员收益	
英镑（£）	MTR=ATR	MTR	ATR（%）	%	£
43	5%=￡2.15	2%=86p	2	3	1.29
75	7%=￡5.25	9% of ￡（75 -43） =￡2.88+￡0.86 =￡3.74	5	2	1.51
115	9%=￡10.35	9% of ￡（115 -43） =￡6.48+￡0.86 =￡7.34	6.4	2.6	3.01
325	9%=￡29.25	9% of ￡（325-43） =￡25.38+￡0.86 =￡26.24	8.1	0.9	3.01

来源：Lloyds Bank Economic Bulletin，no. 124，April 1989. Reproduced with the permission of Lloyds Bank.

2006/2007财政年度之前，按标准税率，周薪在97~645英镑以内的雇员，其收入按11%的比率缴纳国民保险捐，超过645英镑的部分按1%的比率缴纳，雇主则按12.8%的比率缴纳。"缴纳"一词在这里强调的是法定归宿。此前，雇主承担的国民保险捐也一直饱受批评，因为它导致雇主在周薪总收入为58、105、150和205英镑时不知不觉地发生了税级跃升（参见图10-4，转载自Adam and Browne（2006），该图显示了国民保险捐缴纳的结构变化）。这些等级或档级所带来的影响是导致收入分配集中在每个等级以下，降低了劳动力市场的灵活性，尤其降低了那些较低收入群体的灵活性。然而，必须记住的是，尽管国民保险捐名为雇主和雇员共同缴纳，但鉴于图10-3所给出的理由，实际负担者是雇员，因此，缴费率的变动应该体现在雇员"扣税后的实际工资"上。

10.3.4　消费税

对本国生产的商品、服务和进口货物征收的消费税，主要包括以下三个来源：烟草、酒精饮料（啤酒、葡萄酒和烈性酒）和燃油（主要是汽油和柴油）。在2006/2007年，一包20支香烟的全部税款占其价格的百分比为81.3%。一品脱啤酒、一

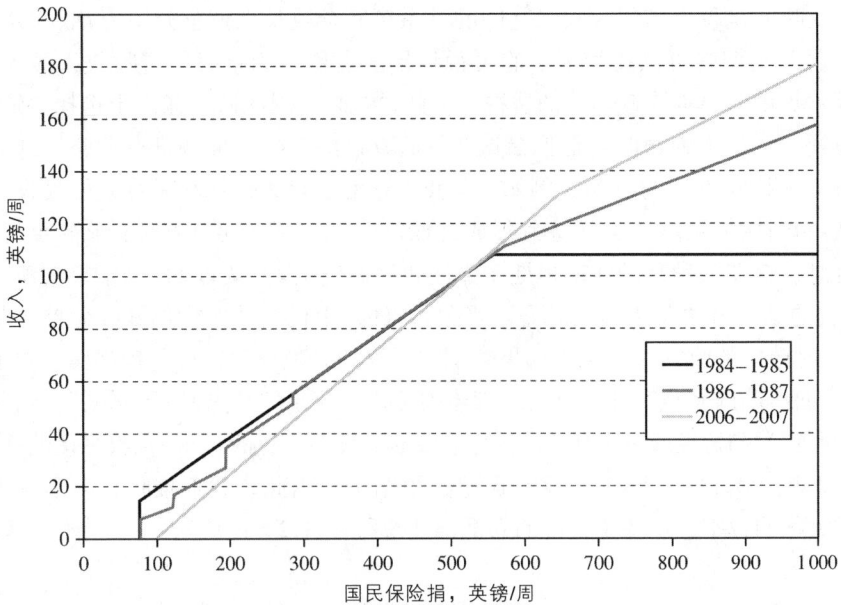

图 10-4 国民保险捐的结构变化

来源：Adam 和 Browne（2006）.

瓶葡萄酒（75厘升）和一瓶烈性酒（70厘升）的全部税款占其价格的百分比分别为 28.4%、53.1% 和 62.9%。对于超低硫汽油而言，此百分比为 65.7%。它们的共同点都是这些百分比很高。一方面，对商品课征消费税的诱人之处在于它们的需求相对缺乏价格弹性，因此可以显著提高税收，从而增加收入，因为只有对消费水平影响不大，税收的超额负担才会较小。然而，在另一个层面上，无弹性的特征是不具有吸引力的，因为在有益品和一些"外部性"的情形中，政府政策的目标应该是减少消费，而由于价格无弹性，增税不会对消费水平产生明显影响。有鉴于此，在年度预算中调整消费税，很可能就被视为是出于增加收入的考量。

Merriman（1994）验证了 Buchanan 和 Lee（1982）提出的公共选择观点，即政客们有意设置税收只是为了最大化税收收入，这可能会导致一种比实际收入最大化更高的均衡税率。以对美国卷烟消费税的调查为例，对卷烟征收高消费税，其理由要么是基于市场失灵理论（可以引证有益需要和外部性观点），要么是基于需求弹性最低时超额负担最小的最优税收理论。图 10-5 象限（a）反映的是每个时期购买的卷烟数量（Q_{cft}）和对应的税率（t）之间的关系，而象限

（b）反映的是税率与税收收入之间的关系。完全或长期调整分别由D_{LR}和R_{LR}表示，表明长期内可以持续下去的可行结果。当税率为$t*$时，税收收入最大化。然而，短期内很难快速调整消费税，因此，视野有限的政客倾向于选择"短视"的均衡。当税率为$t*$时，他们会试图沿着$D_{SR(t1)}$和$R_{SR(t1)}$曲线进行调整，以达到暂时增加税收收入的目的。例如，从点1′移动至点2′选择税率$t1$，税收收入随之从$r(t*)$增加至$r(t1)$。考虑到形成过程，当$D_{SR(t1)}$围绕点1顺时针旋转至与D_{LR}重合时，存在一种激励使得短期无弹性曲线通过点4，从点2短期结果实现与点3相关的结果就要花更长的时间。当象限（b）中代表政客们偏好的无差异曲线（垂直时政客的收入最大化。如果卷烟的税收和高税率对政客而言都属于"正常品"，曲线凸向原点。如I_*所实际描述的那样，属于"正常品–厌恶品"，则曲线凹向原点）与短期收入曲线$R_{SR(t2)}$的切点位于长期可行的税率–税收平衡曲线R_{LR}上，即税率为$t2$的点5时，这一调整过程结束。由此，我们推断，政客参照税收最大化的税率，选择了过高的卷烟消费税税率（$t2 > t*$）。

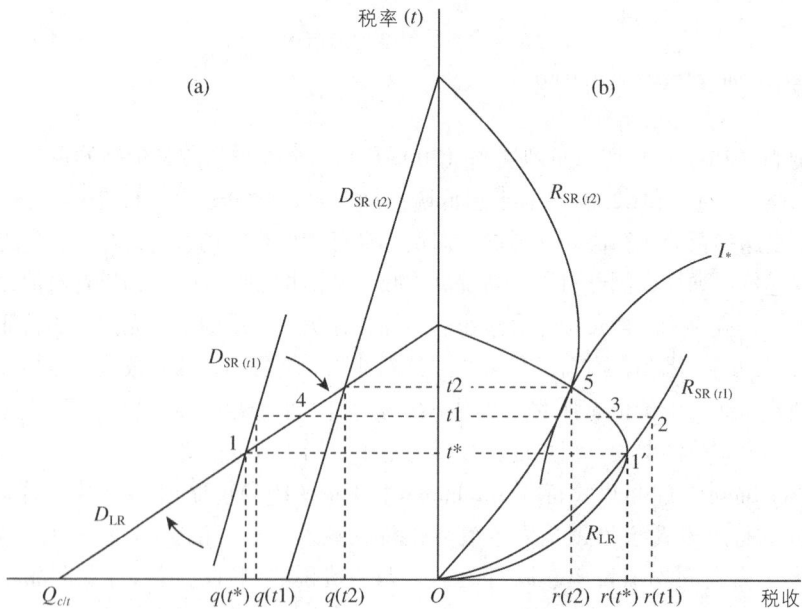

图10-5 使收入最大化的消费税？

虽然推断很清晰，但经验证据有哪些呢？"短视"的均衡或政客将烟草看作正常品（无差异曲线凸向原点）征收消费税，在 R_{LR} 斜率为负的部分建立均衡，表明消费税变化所产生的边际税收收入应该为负（t 增加会导致 r 减少）。对美国各州单独增加消费税带来的税收收入变化进行估计，其估计结果提供了非常矛盾的证据。例如，据估计，阿拉斯加州将每包卷烟的消费税永久性地提高一美分，即从 2.53 美分增至 3.53 美分，人均年销售量会从原先的 128.9 包减少 3.34 包，意味着人均年税收减少 1.20 美元（（128.9×1）−（3.34×2.53））[1]。这似乎强烈证明了在 R_{LR} 斜率为正的部分达到均衡，政客们：（i）未将烟草视为"正常品"征收消费税（如果他们自己不喜欢卷烟消费，或者认为校正市场失灵而获得支持票，这种情况将会发生）；（ii）选择税率 t 时未能实现收入最大化。各州的实际消费税税率是否属于规范的一揽子最优方案的一部分则是另外一回事。

10.3.5　增值税

由于英国加入欧盟，因而增值税在英国非常重要。它是一种一般销售（国内消费）税，涵盖的商品范围非常广泛。顾名思义，它是对每个生产环节的增加值（销售额与投入品购买额之间的差额）征收的税。形式归宿和实际归宿的差别十分重要，间接税"转嫁"的概念强调了这一点。

在表 10-9 面包销售的例子中，面包从烘焙到顾客手中经历了四个阶段，每个阶段都"增加" 200 英镑的价值，并面临 15% 的税率。在出售给最终消费者（非增值税纳税人）之前，所有已缴纳的增值税均可转嫁给链条中的下一个作为增值税纳税人的交易商（注意注册为增值税纳税人的激励）。在每个阶段，随着投入（中间产出）的传递，应缴纳的总税额（OT）包含在价格中。在每一阶段，前一阶段支付的税款会被扣除，从而产生应缴净税款。注册增值税纳税人必须每 3 个月提交一份申报表（各个阶段之间不同步），申报该期间所有的销项税和进项税，并缴纳净税款。[2]也就是说，面包师申报了 90 英镑销项税和 60 英镑可抵扣的进项税，所需要缴纳的净税款为 30 英镑（面包师以 690 英镑的价格将面包出售给零售商，此税款已包含在价格中）。初看之下，所有的税款都由最终购买者支付。然而，第 7 章中对消费税的简单分析表明，

---

[1]　此处的计算公式有错误，应为：128.9 × 2.53−3.53 ×（128.9−3.34）= 117.1098（美分），实为人均年税收减少 117.1098 美分。

[2]　很可能得到退税，如存货，若是价值 500 英镑的投入是可抵扣的，则进项税为 75 英镑，但如果产出是 300 英镑，则销项税为 45 英镑，净税款为 −30 英镑。

只有在需求完全无弹性或者供给有完全弹性时，这种情况才会出现。在其他情况下，如果增值税不能实现全部转嫁，部分税负会以较低价格的形式由生产者或者供应商负担。

表 10-9   增值税的简单示例   单位：英镑

	投入（可扣除的）		产出（增加值）		
	投入	进项税（IT）	产出	销项税（OT）	净税款
阶段 1（农民）	0	0	200	30	30
阶段 2（磨坊主）	200	30	400	60	30
阶段 3（面包坊）	400	60	600	90	30
阶段 4（零售商）	600	90	800	120	30

消费者价格=800+120=920

在英国，增值税提供了强劲的税收收入来源，涵盖了英国约60%的消费者支出。然而，增值税也存在一些弊端，其往往趋于累退，可能一些税收优惠制度被抵消。此外，增值税还具有很高的征管和遵从成本。扩大税基和/或提高税率能够增加增值税收入，增值税税率通常为17.5%，55%左右的家庭支出按此税率被课征增值税。（约31%的支出是完全免税的，如食物、童装和自行车头盔的税率均为零，土葬和火葬免税——死亡无须纳税！）然而，由直接税转向这种形式的间接税，至少会对零售价格指数产生一次性的影响，这也许会推动通货膨胀进程。工党政府已经意识到增值税给小企业带来较高的征管成本，故推出了一种可选的单一税率方案。然而，一如既往，愿望虽好，却不足以产生良好的效果。小企业必须为非税目的而保留记录，并且现在需要根据标准税率和单一税率方案粗略核算它们的纳税义务，以便做出明智的选择。

10.3.6 公司税

对公司所得课税不是一件简单的事情。关于公司税的目的大致存在两种观点（参见 Musgrave 和 Musgrave，1989）。第一种观点是所谓的一体化论，这种观点认为公司税是将公司所得纳入个人所得税税基的一种工具。第二种观点是绝对论，这种观点认为公司税是对公司所得课征的额外"绝对"税，与个人所得税制度的运行无关。如果接受一体化论的观点，那么长期以来"公司税"是否存在双重征税的问题就凸显出来。如果将公司全部利润分配给股东，那么依据一体化论的观点，就需要有一种机制，借此个人就这一来源的所得按其个人的边际税率缴税。绝对论观点认为这是件完全说不通的事，公司具有单独的纳税义务。虽然绝对论并不否定只有个人最终能感受到税收负担，但也认为公司是一个法律实体，其自身是一个经济组织。从这一角度分析，公司税的任何转嫁都会与只对公司本身课税这一观点相抵触。

　　Musgrave 和 Musgrave（1989）提出的一般论点是，虽然可能存在针对公司的单独税收政策，但并没有证据表明制定的这种公司税制度是否令人满意。所有企业，不仅仅是法人企业，都从公共部门的公共物品和准公共物品供给中获益，尤其获益于享有有限责任的法律架构。尽管这是一种收益，但却很难确定获得这种收益的成本，每种公共物品或准公共物品收益的适当税基该是什么尚不明确。在缺乏完全竞争的情况下，税收政策影响产业结构可能是有理由的，微观经济学理论描述了不同税种对垄断企业决策的影响。然而，再一次强调，我们需要确定具体的目标并选择一种恰当的税收工具。除了关注从公共部门供给中所获得的收益和产业结构，人们还希望能够影响经济中的支出模式。投资水平对经济增长有重要意义，通过提高投资水平来刺激经济增长通常被认为是一件"好事"。投资税收抵免是实现这一目标的一种工具，这样，企业就能用资产设备的部分成本冲抵公司的纳税义务。

　　公司税制度分为不同的种类。在"古典"制度下，公司利润需要缴税，然后支付的任何股息应作为接受者的非劳动所得按适用的边际税率再缴税，这就产生了双重征税的情况（与来自非法人企业的收入形成对比），往往鼓励公司留存利润而非支付股息。有限的归集制度与一体化论的观点一致，通过将缴纳的公司税归集到股息接受者身上以抵消他们源于股息的个人纳税义务，从而抵消双重征税效应。这种归集制度可以是完全的，也可以是部分的。部分推定形成了双轨税率制，它以比公司留存收益更优惠的税收方式对待已分配的收入。关于这一主题的讨论，参见 Mintz（1995）。

　　第 7 章在一般均衡的背景下讨论了公司税的税收归宿和福利成本问题。

　　公司税的理论基础一直是传统公共财政中一个有争议的问题。然而，对于那些遵循公共选择理念的人而言，他们有更为清晰的答案。公司是一个法人实体，而且很容易产生这样一种错觉，即该实体可以独立于个人纳税，从而使公共部门的成本变得不那么透明，并因此规模缩小。实际上，只有个人才能承担税负，因而公司税必然会减少个人收入。此种税或者以较高的价格向前转嫁给消费者，或者以较低的要素回报向后转嫁给要素所有者（降低劳动力工资或降低资产回报率）。公司税的税收归宿仍然是一个有争议的问题，即向前转嫁还是向后转嫁。（在第7章讨论的 Harberger 模型中，公司税主要由资本所有者支付。）无论如何，面对懵懂的选民，税负实际归宿的不确定性使得政客们会选择片面的说辞，以取悦其大多数的支持者。

工党提议对"私有化"的公用事业征收一次性（可追溯）的暴利税一事，便可从上述考虑来理解。根据财政研究所（1995）的研究，从公共选择方面可以给出清晰的解释，这项税收显然将从运营效率通常很低的水务和电力公司的有钱人那里征收，因此（工党）会成为选票的赢家。该税收背后的逻辑是，保守党以一种令人不可接受的方式将公用事业私有化。如第5章所述，发行价格被设定得如此之低，使得初始投资者可以立即获得资本利得，而且持续的高收益反映出英国电信管理局（Oftel）、水务监管部门（Ofwat）等机构监管的失败。然而，要纠正过去的错误是非常困难的，而征收暴利税：

（1）使税负要么由消费者负担，要么由公司股东负担（税负向前转嫁的能力取决于监管的严格程度）；

（2）是不公平的，因为如果负担落在股东身上，他们中仅有一部分是原始股股东，其中许多人将通过出售股票兑现其资本利得；

（3）其可追溯性征税违反了通常的收入筹措原则，这似乎反映了专断权力的行使给经济决策带来的"额外的"不确定性，从而降低了效用；

（4）与（3）相关，工党的提议确实凸显了他们对保守党管理不善的指责，也使投资者对进一步"私有化"的提议持谨慎态度，即在公共选择中获得选民的普遍支持。

在 2006/2007 年，利润在 150 万英镑或以上的公司，公司税的标准税率为 30%；利润低于 30 万英镑的公司，税率为 19%；对于利润在 30 万~150 万英镑的公司，存在一系列税收减免制度，从而其有效边际税率为 32.75%。

10.3.7 资本税

在英国，资本税主要包括两个税种：资本利得税和遗产税，后者在 1986 年取代了资产转移税。

资本利得税是由个人和受托人缴纳的，是对资产出售价格和购买价格之间的差额征收的一种税（例如，在 2006/2007 年免税额为个人 8 800 英镑，受托人 4 400 英镑）。资本利得税存在许多免税项目，包括唯一或主要住所、私人汽车和人寿保险单、配偶或民事伴侣间的转让以及慈善赠与。资本损失可以在计算应纳资本利得税额时予以扣除。如上所述，根据资产持有时间越长纳税就越少的减量机制，缴纳资本利得税之前存在免税因素。在2006/2007年，如果资产持有时间为两年或更短时间，纳税人需按40%的高税率（所得税的最高税率）纳税，但如若持有该资产10年或更长时间，将按24%的税率纳税。自2008年4月起，英国用取消减量机制、实行18%的单一税率取代了这一复杂的税制。

征收资本利得税的目的之一在于防止个人通过将收入转变为资本利得的方式来避税，否则，个人选择可能会被扭曲。例如，人们很可能会寻求油画一类的资产，而非债券。前者在出售时所获得的回报体现为资本利得，如果不征税，这恐怕要比利息收入更具吸引力，因为利息收入将作为收入的一部分而被征税。将收入转化为资本利得上的能力差异，加上这种利得在高收入阶层比低收入阶层更为显著的事实，意味着他们所获得的任何优惠待遇对于低收入阶层来说都是不公平的。尽管如此，保守党政府过去曾表示希望废除这一税种。

遗产税历经了多次变化。最初，所有的赠与都要纳税，但从1986年以来，纳税对象仅限于死亡时或死后七年内的财产转移。同样，遗产税也规定了不纳税的金额（2008/2009财政年度约为31万英镑）。此外还存在免税条款，包括将财产转让给配偶和民事伴侣①、向慈善机构的捐赠，以及可能出于自我服务动机而向政治团体的捐赠。免税额以上的财产转移适用税率为40%。James、Lewis和Allison（1987）记录了与资产转移税有关的税收优惠的增加，并且断定，与其前身遗产税相同，它是"由那些厌恶其亲戚更甚于厌恶纳税的人自愿缴纳的一种税"。虽然这是英国仅有的就财富课征的税种，但保守党前首相John Major明确表示，他不喜欢这种税。据估计，在2006/2007年，就遗产而纳税的人数仅占所有死亡人数的6%，因此，上文引用的1987年James等人的说法可能仍然有效。

10.3.8 总税收

到目前为止的讨论都是仅围绕英国税收制度中的单个税种而展开的，但一个常见的问题是总体税收负担如何，比如国家间或不同收入群体间的税负。回答这类问题并非易事。关于这个问题的前半部分，常见的回答是列出各国税率的"排名表"。表10-3和表10-4给出了一些国家近期的部分相关数据。从这些样本国家的数据来看，显然，英国并不是总体税负最重的国家。然而，即使

---

① 译者注：民事伴侣系指合法的同性伴侣。

有政治上的花言巧语，也不可能从这些估计中得到任何"稳健的"规范性结论
（参见Cullis和John，1987）。Booth（2007）将高边际税率与抑制效应联系起
来，给出了不同收入人群税率大小的生动描述（参见图10-6）。在报告的各收
入区间，最小的条形图代表对收入的显性课税，包括所得税和雇员的国民保险
捐。如果雇主的国民保险捐转嫁到雇员工资上，那么相邻的条形图就显示了这
种影响，使得大多数收入群体的边际税率落在30%~45%这一区间。接下来，
假设间接税对净收入有10%的影响，使得大多数人的边际税率约为40%。对
于那些领取社保福利的人来说，如果这些福利随着收入的提高而下降，那么这
些福利就存在着隐性边际税率。在6 986~25 000英镑的收入区间，总的影响是
使得享受税收抵免的人面临高达80%的边际税率。

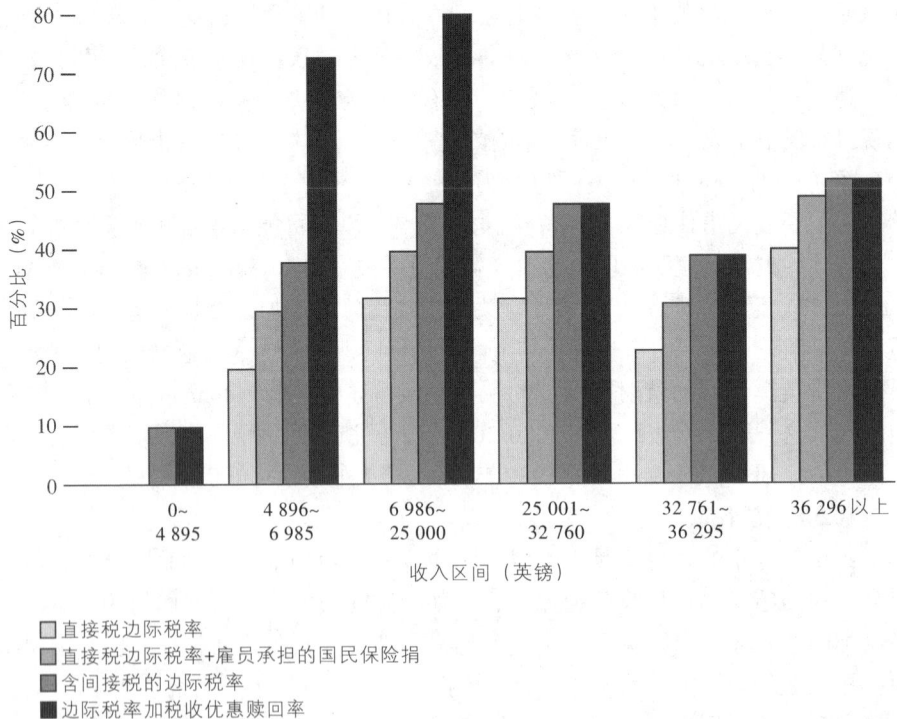

图10-6 2005—2006年英国的边际税率

来源：Booth（2007）.

关于整个税收制度对每一收入群体的影响，Dilnot、Kay和Morris（1984）对其进行了深入研究。大致来说，他们试图用下面的复杂公式来概括税收制度：

$$T = T_a + bY \qquad (10.5)$$

式中，T＝总税收

T_a＝独立于（自主）收入的税款

Y＝应税收入

b＝有效边际税率

这不仅仅是对上面介绍过的每个税种的总结，确切地说，它是借助计量经济学估计所得出的经济图景。作者介绍了一种描述整个税制的方法，在这里作为一个总结是有用的。英国个人所得税制在本质上是累退的（免税额和单一边际税率的共同作用使税制具有累进性），因此可以将其表示为：

$$t = bY - a \qquad (10.6)$$

式中，t＝缴纳的税款

a＝表现为税收抵免形式的税收优惠

b＝边际税率

Y＝总收入

接下来，引入与收入有关的税前扣除。这些主要包括抵押贷款利息、养老金缴款和人寿保险费，并以下列形式体现：

$$M = M_1 + M_2 Y \qquad (10.7)$$

式中，M 是支付的抵押贷款利息。等式（10.6[1]）变为：

$$t = b(Y - M) - a \qquad (10.8)$$

因而有：

$$t = b(Y - [M_1 + M_2 Y]) - a \qquad (10.9)$$

且

$$t = b(1 - M_2)Y - (a + bM_1) \qquad (10.10)$$

因此，抵押贷款利息扣除的结果使得有效边际税率变为 $b(1 - M_2)$，并使税收抵免额升至 bM_1（其他扣除的处理与此类似，参见表10-10）。

---

① 原文为10.7，疑有误，应为10.6——译者注。

表 10-10　　　　　　　　　　　　英国税制的描述性模型

	税收抵免	边际税率	
个人所得税	$b\left(A + M_1 + P_1 + \dfrac{L_1}{2}\right)$	$b\left(1 - M_2 - P_2 - \dfrac{L_2}{2}\right)\left(\dfrac{3}{1+n_2}\right)$	(1)
雇主承担的国民保险捐	—	$\dfrac{n_2}{1+n_2}$	(2)
雇员承担的国民保险捐	—	$\dfrac{n_1}{1+n_2}$	(3)
所有直接税	(1)	(1)+(2)+(3)	(4)
增值税	a_{1i}	$a_{2i}\left\{1 - b\left[\left(1 - M_2 - P_2 - \dfrac{L_2}{2}\right) - (P_2 + L_2 + S_2) - n_1\right]\left(\dfrac{1}{1+n_2}\right)\right\}$	(5)
消费税	↓	↓	(6)
中间品税收	↓	↓	(7)
所有间接税	(5)+(6)+(7)		(8)
总税收	(4)+(8)		(9)

注：税基=雇员薪酬总额

$M_1 + M_2 Y$=支付的抵押贷款利息

$P_1 + P_2 Y$=养老金缴款

$L_1 + L_2 Y$=人寿保险缴费

A=免税额

b=所得税基本税率

n_1=雇员承担的国民保险捐，签约加入

n_2=雇主承担的国民保险捐，签约加入

$a_{1i} + a_{2i} E$=间接税 i 与支出的相关系数

$S_1 + S_2 Y$=除养老金和人寿保险外的储蓄

来源：Dilnot, Kay and Morris (1984).

在英国税收制度中，各个时期的抵押贷款利息、养老金和人寿保险优惠政策一直饱受争议。Kay 和 King（1983）指出，鉴于这些资产的相关优势，它们在英国的个人净储蓄中占据主导地位。作者将其描述为"公务员"资产，而非"企业家"资产，因为它们适合那些有固定计划、不希望搬家也不想换工作的人。此外，由于它们的合同性质，当个人可能需要更大的灵活性时，它们具有

"强制"储蓄的性质。

关于支出税，Dilnot、Kay 和 Morris 用第 i 个商品（X_i）的线性恩格尔曲线描述如下：

$$X_i = Z_i + x_i Y \tag{10.11}$$

式中，X_i＝第 i 种商品的消费支出

$x_i = X$ 的边际消费倾向

t_i 为商品 i 的单位税额，将其引入等式，则总税收 T 为：

$$T = t + t_i X_i = [b(1 - M_2) + t_i X_i] Y - (a + b M_1 - t_i Z_i) \tag{10.12}$$

简言之，$t_i x_i$ 提高了有效边际税率，$t_i Z_i$ 减少了税收抵免。引入上文讨论的国民保险捐（缴纳率为 n_2），则雇员薪酬总额 Y_r 为：

$$Y_r = (1 + n_2) Y$$
$$Y = \frac{1}{1 + n_2} Y_r \tag{10.13}$$

等式（10.12）变换为：

$$T = t + t_i X_i + n_2 Y$$
$$= \frac{[b(1 - M_2) + t_i x_i + n_2] Y_r}{1 + n_2} - (a + b M_1 - t_i Z_i) \tag{10.14}$$

表 10-10 对以上所有相关调整进行了总结。

概括地说，直接税存在一个法律框架，可以用于对整体有效边际税率进行评估。然而，如果忽略与收入相关的扣除，边际所得税率将被高估。此处假设的是抵押贷款利息和其他扣除，包括（一半）人寿保险费，均是由高收入"引起的"。至于间接税，估计的恩格尔曲线将各组家庭在应税商品上的支出与总支出联系起来。将间接税制结构应用于各群体的估计消费模式，可以实现间接税制与直接税制的整合。第三步也是最后一步，将以工薪为基础的税收纳入其中。

结果表明，1981 年，对于适用所得税基本税率且收入低于国民保险上限的两孩已婚夫妇（妻子无付薪工作）来说，雇员总薪酬（GER）的总体边际税率为 53%，与此相关的税收抵免额为 1 437 英镑。该收入组雇员总薪酬的平均税率为 38.3%。对于其他群体，作者指出，总体边际税率处于历史高位，超过了 60%。这样的计算结果显然为撒切尔夫人（Mrs Thatcher）在保守党早期时代宣称的人们被"过度"征税提供了佐证。这种做法的利弊将在其他地方讨论，这里的主要目的是深入了解如何将一个复杂的税收制度通过"税收抵免"和单一"边际税率"表现出来。

10.3.9　公共债务

当政府支出超过政府收入（例如来自税收）时，就会产生预算赤字。弥补赤字的方法之一是通过出售债券向公众借款。[1]政府赤字是每年支出和税收之间的差额。公共债务（以下简称公债）是未付赤字的总额（包括政府过去数年的欠款之和）。对于公共选择经济学家来说，赤字融资的存在和公债的产生都会引发问题。首先，有人认为债务给子孙后代（即那些面临偿还和赎回公债的人）带来负担。其次，有人认为赤字融资使公共部门提供的商品和服务的"税收价格"明显低于真实的"税收价格"。举债减少了为公共部门的商品和服务支付的金额，导致社会将资源"过度"配置到公共部门。

相比之下，其他经济学家则认为，通过举债融资和通过税收来增加收入是完全"等价的"，因而举债并不会产生额外负担。举债"等同于"税收的观点源自大卫·李嘉图（David Ricardo，1772—1832）的著作。由于英国在拿破仑战争时期产生了"巨额"赤字，李嘉图对公债产生了兴趣。他考虑了如下命题，即"如果人们能够充分考虑到未来为偿还公债利息而必须承担的税收负担，那么利用当前税收为政府支出筹资和利用债券为此筹资并持续支付利息是等价的"（Parkin和King，1992：929）。这意味着，如果政府利用举债来弥补税收与支出之间的赤字，而非通过额外征税的方式，那么就个人而言，其影响是相同的。李嘉图是否真的认为税收与举债等价，这仍然值得商榷（O'Driscoll，1977）。从那时起，经济学家就投入大量精力研究使二者等价的条件。基本观点是，税收直接降低了纳税人的净资产（因为他/她必须在现在缴纳税款），而等量的政府债务也等量减少了纳税人资本净值（因为纳税人未来将面临偿还税款的义务）。当考虑公债时，纳税人的资本净值会因为未来纳税义务的资本化而同等地减少，而未来纳税义务是清偿债务所必需的。[2]由此得出的结论是，两种筹资形式是等价的。这一结果通常被称为李嘉图等价定理。

这里的目的是考察李嘉图等价定理成立的条件，然后重新考虑公众选择学派反对公债的理由。

---

[1]　对于那些选择购买债券的人来说，有息债券是非常有吸引力的。当支出超过收入时，除了向公众出售债券，还可以通过印发货币的方式筹集资金，尽管其对通货膨胀的影响可能会阻止这个选择。

[2]　根据Buchanan和Wagner(1978)所言："假设……利率为10%，每人缴税100美元，如果用相等份额的公债替换，那么一年后偿债义务为110美元。这种转变不会影响纳税人的资本净值。"

10.3.10 李嘉图等价定理

李嘉图等价定理可以通过分析个人的消费决策和储蓄决策来加以说明。[①]
在图 10-7 中，假设个人在第 1 期的税后收入为 $Y_1 - T_1$，在第 2 期的税后收入为
$Y_2 - T_2$。个人可能并不希望在第 1 期花完他的全部税后收入；而更倾向于储蓄
部分收入用于第 2 期消费。预算约束线 1-2 显示了两个时期消费可能性的转换
方式。预算约束线的斜率为（$1 + r$），其中 r 代表利率。第 1 期储蓄的任何收入
都将获得这部分利息收益。因此，举例来说，在非常极端的情况下，如果个人
在第 1 期内未进行任何消费，那么在第 2 期内可支配的消费总额等于 $[Y_2 - T_2 +$
$(Y_1 - T_1)(1 + r)]$，由图 10-7 中距离 O-2 表示。相反，如果个人通过借债支取未
来收入（$Y_2 - T_2$）以满足第 1 期的消费，那么 $Y_2 - T_2$ 的现值将变为（$Y_2 - T_2$）/
（$1+r$），与 $Y_1 - T_1$ 相加，二者之和等于图 10-6 中的距离 O-1。按此方法，可以
确定预算约束线 1-2 的斜率和位置。

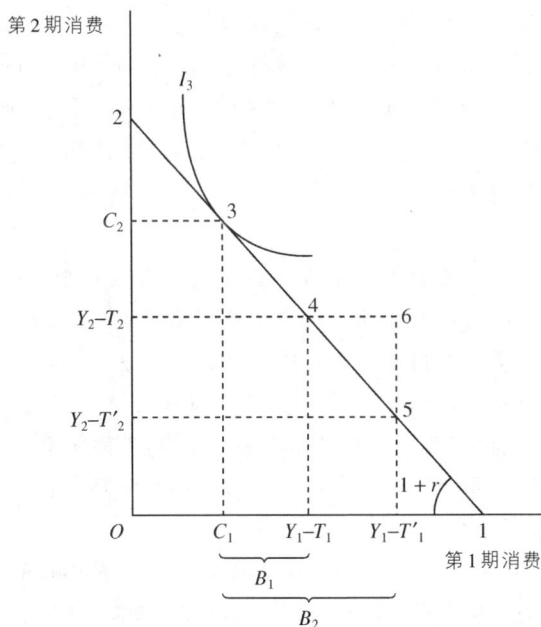

图 10-7　李嘉图等价定理

[①]　例如 Browning 和 Browning（1991）以及 Hoover（1994）。

　　图10-7中的无差异曲线I_3显示了个人为了另一时期的额外消费所愿意放弃的某一时期消费的比率。在无差异曲线上的任何一点，无差异曲线的斜率都揭示了个人的边际时间偏好率（个人为未来消费而愿意放弃的当前消费的比率）。当然，个人将通过获得尽可能高的无差异曲线来使福利最大化。这意味着在两个时期分配消费，以便在无差异曲线和预算约束线1-2之间寻找切点。在图10-7中，个人在无差异曲线I_3的点3处达到福利最大化。此时的决策为第1期消费$O\text{-}C_1$，第2期消费$O\text{-}C_2$。这意味着第1期内的储蓄额应达到$(Y_1 - T_1) - C_1(=B_1)$，才能满足第2期的未来消费。

　　政府现在决定在第1期通过举债来为某些现有支出项目进行筹资，并相应减少当期税收。减税使得消费者在第1期的税后收入增加至$Y_1 - T'_1$。如果就是这样，个人很可能会获得收入效应（或净资产效应），即看起来预算约束线似乎向右移动，而且相关的位置不在预算约束线1-2上的点4处，而是在更右侧的预算约束线（未绘制）上的点6处。然而，假设个人具备财政意识。政府未来必须偿还减税所带来的债务。只要这是完全预料到的，第2期的税收就会从T_2增加至T'_2（此处的$T'_2 - T_2$等于减税额$T_1 - T'_1$的未来价值）。第2期税收的增加导致税后收入减少至$Y_2 - T'_2$；税收增加量等于第1期的税收减少量与上一期应付利息的总和。因此，在图10-7中，第2期增加的税收等于$T_2 - T'_2$；综合效应使得个人均衡点从初始预算约束线的点4移动至点5（不存在收入或"净资产"效应）。

　　在利率维持不变的情况下，个人在点3处（即第1期融资更加依赖税收时所选择的点）达到均衡状态。第1期的储蓄将从B_1增加至B_2。值得注意的是，储蓄的增加量等于第一年的减税额。由于考虑了第2期的额外纳税义务，导致储蓄增加，个人最大化问题的解决方案不变（仍在点3处），而且仍然位于预算约束线1-2上。税收和政府举债是等价的，因为举债不会产生额外负担。然而，这一结论并不牢靠。虽然下面列述的并非详尽无遗，但仍说明了等价定理成立所需的必要假设。

　　（a）无限寿命：在这个例子中，个人期望当债务被偿还时，自己仍然活着并纳税。如果个人去世时债务仍未还清，那么在他的一生中，他将获得收入效应，等价定理将不再成立。

　　尽管有些人依靠无限寿命这一想象来证明李嘉图等价定理的存在，但也存在另外一种可能。Barro（1976）已经证明，当个人寿命有限时，如果当代人关心其后代的福利，那么李嘉图等价定理仍然成立。当代人不仅可以从商品和服务的消费中获得效用，也可以从保障子女的福利中获得效用。当代人的后代同样关心他们的后代。这意味着，当代的个人做决策所采取的方式，就如同他个人（或他那一代人）有着无限生命一般。

在图10-7中，假设第1期的消费来源于当代的某个人，第2期的消费来源于这个人的子女。无差异曲线反映了利他主义的程度，即这个人为了子女的消费而牺牲他们自己当下消费的程度。在这种情况下，B不再代表这个人为下一时期消费所进行的储蓄，而B_1表示这个人希望为子女留下的遗产。当代人意识到，未来偿还借款会给他们的后代带来纳税负担。因此，为了补偿子女，个人会增加财产的遗赠，使之足以偿还债务（即从B_1到B_2）。再一次，公债增加导致储蓄的等额增长。

父母将财产遗赠给其子女是显而易见的事情。然而，如果说遗赠的动机仅仅是出于对子女福利的关心，这是值得质疑的。遗赠的产生，部分原因与死亡时间的不确定性有关。也可能是出于策略原因，以确保获得兄弟姐妹的照顾和关爱（例如，参见Seater（1992）的调查文章）。学者们以不同方式对Barro模型提出了质疑（如Feldstein，1976）。这一质疑与李嘉图等价定理的原初理念一起，也受到如下观点的影响。

（b）有着完善的资本市场，其中个人能够以与政府相同的利率进行借贷：有两种情况需要注意。首先，如果政府举债融资的利率能够低于个人借款利率，那么政府债务的现值将低于当前减税的价值（导致净财富增加）。这种影响是显而易见的。在图10-8中，较低的举债成本意味着第2期的偿还金额较低。因此，第2期的税收不是从T_2增加至T'_2，而是从T_2增加至T''_2。该结果使得个人获得收入（或"净财富"）效应。将初始预算约束线1-2上的点5与点7（目前可实现的两个时期的新消费组合）进行对比，预算约束线仿佛向右移动至8-9。如果个人能按较低的政府借款利率进行借款，那么他们的情况会变得更好。

其次，如果资本市场中个人借款和贷款利率之间存在差异，那么这种扭曲将会完全抵消税收和债务融资之间的等价关系。在图10-9中，个人可以以r_l的利率（假设等于政府借债利率）出借资金，而个人贷款利率高于r_b。有些人可能会发现他们在相关的预算约束线2-4-3的拐点处取得均衡。位于点4的个人不会为下一时期进行任何储蓄（或不留任何遗产）。在转为赤字融资和减税之后，预算约束线的拐点转移至点5。如果（可能的）新的最优解位于新的拐点（点5）处，那么人们不会为支付未来的税收成本而增加储蓄（或遗产）。

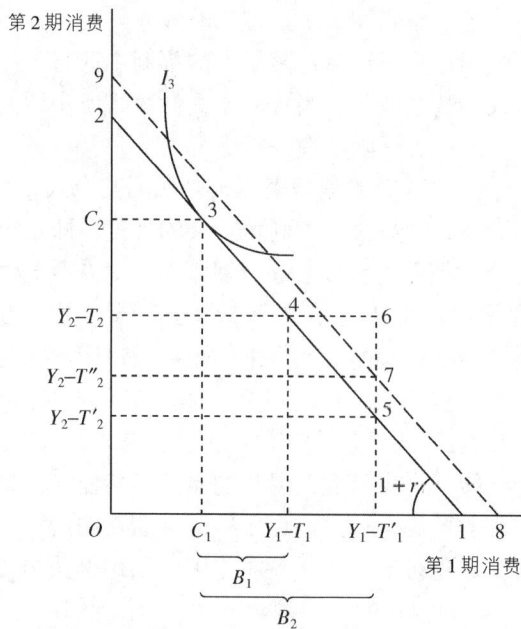

图 10-8　举债成本

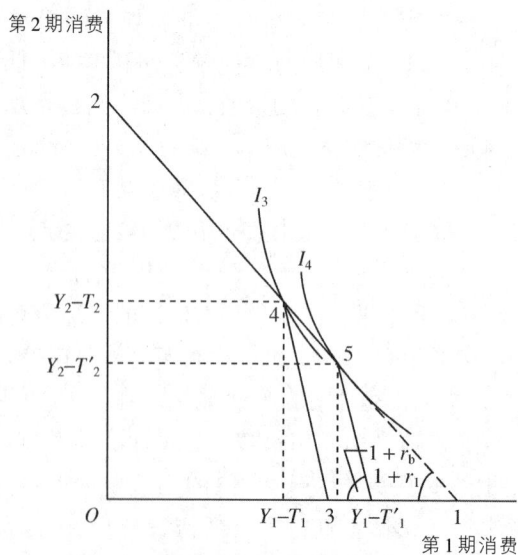

图 10-9　李嘉图等价和不完善的资本市场

（c）一次总付税：Brennan 和 Buchanan（1987）证明，如果未来的税收不是一次总付的，那么个人将会受到债务融资而非税收融资决定的影响。例如，假设未来的税收是对消费征收比例税。个人有可能将更多的消费转移到当期实现，因而储蓄将低于李嘉图等价定理（当实行一次总付税时）所预计的水平。考虑图 10-10，个人的预算约束线为 1-2，但债务已经增加（D），个人将被期望支付他应当承担的那部分税款（D/n）。如果提高一次总付税，预算约束线将会向后平移至 3-4，新的最优解位于点 5。然而，假设对未来消费征税（设定为提高个人承担的税额 $D/n=1-3$），那么预算约束线则旋转至 1-6。理性的个人将提前消费，最优解位于点 7。征税后，税后收入的储蓄部分为 3-8。反之，假设对当前消费征税，预算约束线将从 1-2 旋转至 2-9。现在最优解位于点 10，这时的储蓄水平要高得多（为 3-11），原因在于个人将消费推迟到未来实现。赤字需要增税来弥补，但问题的关键在于，以何种方式征税将对储蓄产生影响。

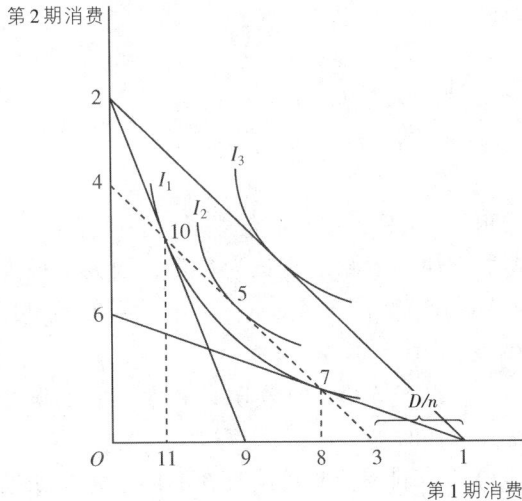

图 10-10　赤字

（d）没有不确定性：在图 10-10 中，个人对当期和未来的收入前景都是确定的。从某种程度上说，消费者的储蓄更多的是为了应对不确定性。如果赤字使未来收入变得不确定，其对储蓄（其中的一部分将形成投资）的影响将会更大（Chan，1983）。[①]

（e）经济增长红利：如果经济增长率超过利率，那么任何一代人都不需要实际支付延迟的税收。

这一系列的假设（只是作为例证，并不全面）都是难以实现的，李嘉图等价定理的结论显得非常脆弱。但这有关系吗？人们的行为会如 Barro 所述的那样吗？李嘉图等价定理对决策者重要吗？该如何检验呢？

下文列出了已被应用的各种检验方法，虽然它们也不是详尽无遗的（参见 Seater，1992）：

（i）直接检验：例如，Feldstein（1982）估计了时期 t 的方程，如下：

$$C_t = a_0 + a_1 Y_t + a_2 W_t + a_3 SSW_t + a_4 G_t + a_5 T_t + a_6 TR_t + a_7 D_t + e_t \tag{10.15}$$

式中，C＝总消费支出

    Y＝当期收入

    W＝私人期初拥有的财产

    SSW＝社会保障福利的未来价值

    G＝政府采购总额

    T＝税收总额

    TR＝政府对个人的转移支付

    D＝期初的政府净债务

    e＝残差

李嘉图等价定理的含义是，在其他条件不变的情况下，政府支出的增加意味着未来的税收成本增加，因此 a_4 应该为负值，因为纳税人为缴纳未来的税收会不断地增加储蓄。同样，a_3 应该等于零（社会保障福利的提高必须由税收支付），而且 $a_5 = 0$，$a_6 = 0$，$a_2 = a_7$。

（ii）利率检验：李嘉图等价定理表明，利率不应受新发行的政府债务的影响（例如参见 Barro，1987）。

（iii）国际金融检验：利率检验可能存在的问题是，如果国际资本市场是完善的，不考虑李嘉图等价定理，一个（"小"）国家并不会对利率产生任何影响。然而，如果李嘉图等价定理是错误的，那么初期利率上升会导致抵消性的外国资本流入，从而导致本币升值（参见 Evans，1986）。

[①] 这一观点受到 Bernheim（1987）的批评。

（iv）增长率检验：如果李嘉图等价定理不成立，政府赤字会"挤出"私人投资，并使经济增长率下降。这检验的是政府赤字是否会影响经济增长（参见 Kormendi，1985）。

（v）公共选择检验：Lipford 和 Dougan（1995）尝试基于立法者的投票行为进行检验。他们的观点是，只有在社会保障计划的影响不会被父母与子女间的代际转移所抵消的情况下，立法者投票提高社会保障福利的决定才会只受其选区的人口年龄结构的影响。从 1972 年国会将社会保障福利提高 20% 的经验证据来看，没有任何证据表明立法者受到他们所在州或地区 45 岁（或 65 岁）及以上人口的影响。

显然，李嘉图等价定理受许多条件限制，而且大多数人认为在实践中并不具备这些假设条件。然而，不能因此就简单地否定李嘉图等价定理。就其解释数据的能力而言[①]，它被认为是非常重要的。在评估了其他实证检验结果后，Seater（1992：182）得出结论："尽管李嘉图等价定理的检验并未对这个命题的有效性给出明确的判断，但我认为有理由得出这样的结论，即李嘉图等价定理得到了数据的强力支持。"

10.3.11 公共选择和公共债务

李嘉图等价定理及 Barro 对它的阐释表明，相比税收这种政府融资手段，借债融资不会产生更高的成本。然而，也许是因为等价定理的要求条件过于苛刻，经济学家们指出借债会引发一些问题。第一个问题涉及借债会将"负担"转移给后代这一观点；第二个问题与任意时点的资源分配有关；借债可能导致公共部门的"过度"扩张。

（a）债务会成为后代的负担吗？

关于公债造成代际"负担"的争论由来已久。Cooper（1998）在一篇评论中指出，"经典"看法认为代际间转移负担有两种方式。一种为直接方式，当代人感觉自己的福利有所增加，从而增加消费（由于未意识到债务需要偿还因而未提前储蓄）。他们感到自身的净资产在增加，消费得更多，因而留给后代的资本存量减少了。第二种为间接方式，主要关注利率。由于债券的设计对购

---

① 例如，虽然结果好坏参半，但由于预算赤字，储蓄似乎确实增加了（参见 Feldstein，1982）。在美国，尽管自 20 世纪 80 年代以来国民储蓄率一直在下降，但在美国的很长一段历史时期内，李嘉图等价定理都得到了佐证。

买者来说更具吸引力，政府借债的增加会导致利率上升。较高的利息支付将减少（或"挤出"）私人投资。当然，如果李嘉图等价定理成立，那么这两种效应都不可能实现，因为在这种情况下，个人将非常清楚地意识到未来的债务负担，并相应地增加储蓄。

相比之下，凯恩斯主义经济学家往往对公债可能会给后代带来负担的观点持批评态度。在这种情况下，"负担"是基于资源来定义的。债务负担必须由当代人承担，因为在债务形成时，资源被从私营部门撤出以供公共部门使用。当代人几乎无法利用尚未创造的资源。此外，当偿还债务（或支付利息）时，是社会中的一部分人（纳税人）向另一部分人（债券持有人）还本付息。答案似乎是，在本国公民持有公债的情况下，"我们欠我们自己的"，这对整个社会而言不存在任何负担（参见 Lerner，1948）。内债和外债是有区别的。当债务由外部持有（即从国外借款）时，国内纳税人在未来几年内必须向国外的"其他人"偿还债务。然而，如果债务是内债，根据"负担"和"代际"的定义，"债务不会产生负担，未来一代人只是向自己偿还"。

Buchanan（1958）从公共选择的视角批判了这种"新正统论"观点。他认为，虽然为债务融资的决策是自愿的，但偿还债务的决策是强制性的。如果后代未参与最初的决策，并被迫缴纳税款来偿还债务，那么他们便承受了债务负担（按公共选择术语对负担的理解）。[1]当然，现在这个负担是由国内还是国外承担的问题已经无关紧要了。Buchanan（1989：6）强调："必须对个人征税，以便筹集收入来支付债务利息，因此，税收在本质上是强制性的。"政府借债"挤出"了私人投资，尽管 Buchanan 没有无视这一批评的重要性，但是他认为，相对于强制性，这个问题是"次要的"。对于后代来说，即使储蓄供给并未减少，由于他们被迫偿还债务，这仍将构成一种负担。[2]

Mishan（1963）批评了 Buchanan 的分析。首先，如果负担是由于提高税收来清偿债务的需要而引起的，那么就是税收本身导致了这一负担。如果采用继续借债的方式来清偿债务，似乎可以避免负担。其次，如果税收反映了后代

---

① 在公共领域，个人未经同意而承受的负担，除了经济负担本身之外，还包括外部强制成本，Buchanan强调的是后一种，它同样构成个人负担，却为正统债务负担理论所忽略——译者注。

② 《金融时报》1993年3月20日版，Barry Ridley撰文评论："本周，Norman Lamont要求英国未来的纳税人每人承担近1 000英镑的负债。我们希冀，国家整体生活水平超越1993—1994年的平均水平。那些未来纳税人没有机会表达赞同意见……"

成员自愿同意清偿债务，那么就不存在"强制性"。最后，如果当代人投资开发资源，那么就有可能获得足以清偿债务的回报率。在这种情况下，没有必要提高税收，而且未来也不存在负担。

Mishan 指出，Buchanan 的贡献在于激发了包括 Bowen、Davis 和 Kopf（1960）等在内的其他研究。这些研究者用年龄来表示"世代"。他们争论的实质可以概括如下：假设整个社会由三代人组成，即年轻人（Y），中年人（M）和老年人（O）。政府通过借债筹集了 2.4 万英镑用于消费。年轻人和中年人都同意出借钱款，而老年人不同意（因为债务要在 20 年后才能还清）。三代人都可以享受由公共部门资助的消费活动。20 年后的 Y 是"新的"中年人（M_1），M 是"新的"老年人（O_1），O 已经"去世"。当然，新的一代 Y_1 将取代 Y，但在 20 年前他们是不存在的。政府现在提高税收来偿还债务，由此产生的结果是，Y_1 将被征税，以便为 20 年前他们并未从中获益的消费活动买单。"新的"年轻人（Y_1）付出 8 000 英镑，"新的"中年人（M_1）付出 8 000 英镑，"新的"老年人（O_1）付出 8 000 英镑，以偿还现有的中年人（$M_1 = Y$）和老年人（$O_1 = M$）的债务。由此可见，"新的"年轻人（Y_1）没有享受到任何由借债融资所资助的消费福利，却要承担税收成本。20 年前的老年人（O）享受了消费福利，却"逃避"了成本。年轻人（Y_1）已然承袭了这一负担。

这些关于代际负担的论据并非面面俱到。然而，在评判这一争论时，值得注意的一点是，争论在很大程度上是语义的分歧。例如，如果仔细思考"负担"和"世代"的定义，请注意，凯恩斯主义者在资源使用的意义上使用"负担"一词，而在 Buchanan 的例子中，它与强制所带来的负效用相关。再来比较"世代"这个词的定义。对凯恩斯主义者来说，一代人指的是在某一特定时期内活着的所有人。对 Bowen、Davis 和 Kopf 来说，一代人与年龄有关（可以看作凯恩斯主义者所描述的世代的一个子集）。

一些调查研究可供参考。例如，West（1975）研究了一种分类法，它依赖于：

（i）"负担"一词的定义——可被视为主观（基于机会–效用）成本或客观（基于支出–商品）成本；

（ii）个人和总体（国家）负担；

（iii）流量支付的成本及资本化为当前净值的成本。

他的基本观点是，只要把债务负担的每一个方面都归入适当的"成本"类别，债务负担就会得到解决。也许与所有长期存在的争论一样，这个问题之所以持续存在，是由于参与者一直采用截然不同的概念来撰写文章所致。

（b）借债和公共部门规模

公共选择基于财政幻觉的存在对政府借款提出了不同于他人的批评。当政府举债时，公共部门每多提供一单位商品和服务的"税收价格"，无疑会低于真实的边际机会成本。Buchanan 和 Wagner（1978）考虑在一个充分就业的经济体中，政府通过1美元的税收为每单位公共支出提供资金。如果税收下降，也就是说，只有90美分来自税收，剩下的10美分通过举债的方式筹集，会发生什么呢？当然，政府仍然可以花1美元来提供商品或服务。然而，现在公共部门单位产出的"税收价格"仅是之前水平的90%。对公共物品和服务的需求将会增加，如果"税收价格"弹性大于零，那么只有当公共物品数量的增加超过一个单位时才能恢复均衡。由举债导致的"明显的"价格下降增加了公共部门扩张的动力（参考第4章对图4-10的讨论。在那种情况下，选民所面临的"税收价格"——MC/N——会因举债而降低10%。中年选民会要求公共部门的产出高于未举债时的产出）。

在公共选择学派看来，举债犹如释放了公共部门这个"利维坦"（《圣经》中的怪兽）。相比之下，李嘉图等价定理中的个人没有错觉，他们充分意识到举债的成本必须在未来得到弥补，因此举债的激励并不明显。

公共选择学者认为，民主进程的失败在于政客们有利用财政幻觉的动机。之所以会出现这种现象，是因为举债为政客们提供了一个提高选举胜算的机会，即经由公共部门以较低的税收成本提供公共物品和服务。政客们通过降低税收成本提供更多服务的方式来赢得民众的支持。增加支出对寻求选票的政客们颇具吸引力，随着政治竞争的加剧，预计对预算赤字的依赖还会更大。

事实上，Buchanan 和 Wagner（1978：85）甚至指责凯恩斯主义者让预算赤字看上去是出于良好的动机：

凯恩斯主义政策的核心在于将政府预算作为确保高就业率和高产出的主要工具。因此，实施凯恩斯主义政策，既需要打破之前的平衡预算原则，也需要用那些凯恩斯主义预算操纵所必需的不平衡原则来取代之。

在上述例子中，如果需求不足（以至于无法保持充分就业），一些凯恩斯主义者会提议用预算赤字来增加总需求（以恢复充分就业）。然而，如果选民错误地估计了公共服务的"税收价格"，那么私营部门和公共部门之间的资源配置就会被扭曲，公共部门就会过度扩张。对凯恩斯的批判，本质上是他没有虑及政客们对其研究成果的滥用。这是本书的核心，即财政学两种分析方法之间的分歧——一种假定政客们为了"公共利益"而行动，另一种则以政治进程的不完善假设为分析起点——之重要性的一个例证。Buchanan 和 Wagner（1978：85）援引凯恩斯的传记作家 R.F.Harrod 的话，凯恩斯认为经济政策将是由"一小部分开明的人……按照'公共利益'的要求制定的"。

那么，这种对公共债务的批评是否正确呢？政治竞争会增加对政府债务的依赖吗？这会扩大公共部门的规模吗？Mueller（1989：301）指出，"虽然不一定赞同 Buchanan 和 Wagner 的悲观结论和预测，但研究政治经济周期的文献一致强调了选民落后保守的短视行为（假如不是天真幼稚的话）"。人们的确有理由担心这一点。Mueller 考察了 OECD 国家 1951 年至 1985 年的政府赤字。他认为，宏观经济的结果必须被视为政治竞争的结果。关于政府借债，Mueller（1989：306）总结道："20 世纪 80 年代初期，只有 2 个国家的预算赤字占国内生产总值的比例低于 1%，分别是石油资源丰富的挪威（略有盈余）和瑞士。瑞士是表中唯一一个政党不为控制中央政府这一特权而竞争的国家。"

如果在政治竞争更加激烈的时候增加赤字，那么举债会扩大公共部门的规模吗？人们运用多元回归分析来估计不同的社会经济变量对公共部门规模的影响。实际收入水平、人口规模等变量，可能会增加对政府提供服务的需求。除此之外，研究者还增加了预算赤字规模作为解释变量（例如，参见 Niskanen，1978）。Tridimas（1992）对此类研究提出了批评，在认识到以往研究的不足之后，他利用英国 1955—1988 年的数据得出的结论是，"与之前的研究类似，结果表明，赤字融资增加了对政府支出的需求"（p.275）。

对于公共选择学派来说，解决这一问题的方法就是进行宪法约束（例如，参见 Niskanen，1992）。政客们必须受到约束，以确保政府预算平衡。在严格宪法约束的决定和监测方面，明显存在一些问题（见第 14 章和 15 章）。然而，20 世纪 80 年代美国政府借债的"爆炸"式增长，对建立平衡预算约束提出了要求。1980 年，美国政府公共部门赤字为 590 亿美元，到 1986 年赤字竟高达 2 210 亿美元。1980 年美国国债为 9 140 亿美元，在大约 5 年后，国债增加了一倍（Healey，1989）。美国于 1986 年通过了《格拉姆-拉德曼-霍林斯费法案》（以该法案发起人的名字命名）。它要求政府制定明确的预算赤字目标，并希望到 1991 年实现平衡预算。如果计划支出超过了赤字目标，就要按预先设定的公式对每项支出计划进行削减。最高法院认为这一程序违宪，1987 年，国会被迫采取其他措施。这个例子既说明了政府举债可能引发的担忧，也说明了实施宪法约束的困难。

总而言之，忽视公共部门的扩张理论是错误的。然而，并非每个人都认同公共选择学派所提出的观点，即"财政幻觉"（与政府举债相关）必然会导致"过量"赤字。例如，Alessina 和 Perotti（1995）关注与公共选择对赤字融资的解释相关的几个问题。首先，他们强调在公共选择的讨论中，"财政幻觉"不仅仅体现为选民们难以了解政府预算的复杂性，而且公众可能很难正确评估公共支出项目的收益和成本。在公共选择情形中，并不是公众犯了未能将政府预算的相关成本和收益相联系的错，因为如果是这样，那么平均而言高估和低估将会相互抵消。虽然他们承认选民会犯错，但他们质疑，鉴于难以了解政府预算，选民是否总会存在低估成本的倾向。此外，他们质疑公共选择分析在解释赤字变化方面的价值。例如，为何美国在20世纪80年代的举债规模会如此庞大？20世纪80年代美国的"财政幻觉"真的比70年代更大吗？此外，如何解释跨国差异？为什么有些国家的选民比其他国家更易受欺骗？Buchanan 和 Wagner（1977）认为，不同的税收结构和不同的财政制度解释了财政复杂性和"财政幻觉"的差异，但 Alessina 和 Perotti 强调，这一观点缺乏证据支持。

Holcombe 和 Mills（1995）还注意到那时美国赤字融资的增长情况，在对 Buchanan 和 Wagner（1977）所指出的凯恩斯主义原则存在的问题进行评价时，他们还认为"只有相对较小比例的选民熟悉凯恩斯主义经济原则"（p. 62）。他们解释说，美国赤字增长的原因，是由于现任国会议员未来再次当选的概率提高了，从而降低了他们对选民的责任感，并且放松了对赤字融资的政治约束。

10.4 税制改革

税制改革的秘方并不难找。例如，Booth（2007：139-40）写道："单一税率搭配较高的免税额，就可以实现税收目标，同时不会破坏对经济创新精神的激励。给予儿童额外的税收减免、给予已婚夫妇可转让的税收减免以及考虑赡养老年亲属的家庭情况，将有助于使许多现金福利逐步退出，并消除税收制度对混合家庭①的歧视。"但是，事情似乎没有这么简单。

---

① 原文为 families living under one roof，指家庭成员中既有公民，也有非公民（如子女为公民，而父母一方或双方为非公民）——译者注。

总的来说，税制改革是一个跨学科的主题，充满了各种动机。不同的人有不同的判断方法：（1）有些人遵循潜在的社会最优方法，从所有受影响的个人角度而非反映部门利益的角度来看待改革的利弊；（2）有些人寻求政治哲学方法；（3）有些人，例如，扎根于公共选择传统，对改革建议持怀疑态度，并将改革视为"寻租"的企图（Buchanan，1987；Tullock，1988）。以下举例分别与这些观点相对应。

10.4.1　年度财产税

可以考虑将Sandford、Willis和Ironside（1975）所讨论的年度财富税，作为第一种方法的一个例子。他们的著作中包括经济分析、其他国家的案例研究，还专门用9章内容重点介绍英国可能征收的财富税的具体细节和缺陷（对作者来说，财富是扣除负债后的个人、公司、组织及机构所持有的实物和金融资产的股票价值），表10-11提供了一个有助于梳理该讨论的框架。表中第（1）栏呈现了财产税的目的，根据书中的相关内容总结如下：

表10-11　　　　　　　　　　　　财产税的目的和结构

（1）目的	（2）适当的免征额	（3）适当的税率	（4）最高限额	（5）附加或替代
（a）效率	低	低：比例或轻微累进	无或"理论上的"	替代
（b）横向公平	低	低：比例或轻微累进	无或"理论上的"	替代
（c）不公平的缩小程度				
（a）有限的（相对的）	可能高	轻微累进	高	替代
（b）彻底的（绝对的）	可能高	累进	无或"受限制的"	附加
（d）控制	低	无形	无形	无形

来源：Sandford，Willis and Ironside（1975）（with minor alterations）. Reproduced with permission of the Institute for Fiscal Studies.

1.财富税可替代所得税或部分所得税收入，这里的讨论涉及效率问题。首先，相较于所得税，财富税的抑制效应更低，因为它与过去的努力相关，即对努力工作从而挣取额外收入的行为产生较小的抑制效应。其次，征收财富税会刺激财富持有者寻求财富资金的收益回报（否则，该税将使财富持有人产生纳税义务，但无货币收入来履行这种义务），并促使收益回报最大化。例如，投资于名画收藏就相对缺乏吸引力。（高累进税率会阻碍储蓄和投资，因此提倡较低的比例或弱累进税率。）

2.与对非劳动所得（来自财产的收入）课以较高税率或对劳动所得征收所得税相比，财产税更容易实现横向公平。这是因为以财富作为税基，即使没有货币收入，也能识别财富所有权所带来的额外经济实力及其应税能力，例如珠宝所有权，或者相同的货币收入来自两种截然不同的资本价值。货币收入较少的财富持有者与无货币收入的街头流浪者的地位并不相同。同样，建议征收较低税率的财富税作为所得税的补充。

3.可以从两个层面降低不平等程度。第一种观点认为财富税是获取收入的一种方式，如上述第1点或第2点所述，其目的在于降低享有较高收入因而通过扩大储蓄增加财富的巨富者的反馈效应。这要求实施"替代性"财富税，可以在财富保持完整性的情形下用收入缴税，与"附加性"的财富税不同，后者有着强烈的减少财富不平等的意图，必然涉及资产出售。这些观点与财富的相对或绝对减少目标相一致，很容易猜到其暗含税率较高，参见表10-11。

4.征管控制是指通过征收财富税而获取数据，从而能够对统计数据进行交叉核验，促进税收征管良性发展，减少逃税行为。

原著所讨论的内容显然比此处更充实，而在本书中，我们感兴趣的主要是方法。我们概述了可能的原则，并介绍了这些原则对免征额、税率、最高限额和税种的影响。虽然作者有自己的观点，但读者有自己的选择权。作者大致遵循"教科书式"方法来阐释经济政策——提出"实际问题"、制订备选方案、预测或评估其可能的结果。在考虑另一种方法之前，有趣的是要注意这些目标大体上与Sandmo（1976）的初步讨论相一致，即何谓最优税收，才能符合经济学家确定的效率（超额负担）标准、考虑"普通人"的公平以及税务人员重视的"控制"问题。这样一来，该方法的折中性质就很清楚了。

10.4.2 家庭税

本节内容是基于Wilkinson（1982）的一篇文章，该文章非常有价值，因为它揭示了攸关税制改革成败的意识形态/哲学思想或利益。特别是，作者提出了三种观点：保守的、激进的和温和的。假设以家庭为征收单位的所得税符合"量能课税"原则，即横向公平和"超额负担"最小化。实际上，对英国大多数个人来说，非零税率表都是一样的，因此累进性（边际税率超过平均税率）是通过设计免税收入区间实现的。

在传统意义上，一个家庭中有一个负责"养家糊口"的人，而且一般认为由丈夫"负责"，这是税收制度建立的基础。税收制度为已婚男性提供免税额优惠，额度大约相当于有工作的妻子有权获得单身人士免税额的 1.5 倍。到了20 世纪 80 年代，女性大量涌入劳动力市场，加之对已婚男女平等的渴望，为税制改革提供了动力。

这表明，现有税制存在两个值得关注的因素。其一，"合并"原则意味着，基于婚姻关系，丈夫和妻子被视为一个纳税单位，妻子赚取的任何收入都会被归入丈夫的收入进行纳税。从实际缴纳的税款来看，对大部分夫妻来说并不存在差别。但女权主义者很快就指出，这是将妻子视为受抚养人而非独立的个体。与此相关的是，它使妻子失去了财务隐私（除非夫妻二人均选择以单身人士的身份缴税，在双方单独缴税的情况下，丈夫的免税额将会下降，由此导致他的适用税率可能高于基本税率，只有当前一种损失大于后一种损失时，妻子牺牲财务隐私才是值得的）。其二，已婚男性（丈夫）获得税收优惠的理由似乎令人怀疑。有工作的妻子本身享有单身人士的税收优惠，而"没工作"的妻子无金钱收入，有些人认为，来自非市场性家庭生产的估算收入需要列入考虑范围。家庭生活中存在的规模经济（大量采购、分摊固定成本等）意味着，尽管两个人的生活比一个人生活花费更高（至少在我们看来是如此），但共同居住意味着不必花费单人支出的双倍，就能使夫妻二人都达到既定的单人生活标准。

这些考虑或许意味着"免征额"的方向是错的。1980 年的绿皮书《对夫妻征税》中有一个核心提议，要求废除已婚男士的免税额，代之以对夫妻双方分别规定一个免征额。不过，对于不工作的一方，可将其免征额的部分或全部转移给工作的一方，也就是说，免征额具有可转移性。Wilkinson 基于上述背景对该立场进行了探讨。

保守派希望保留传统的家庭角色，不鼓励女性进入劳动力市场参加工作。而免征额部分甚至全部可转移鼓励了这种思想，在税收条款上对单收入夫妇而非双收入夫妇更优惠。然而，娶妻和保护传统家庭不是一回事，该制度实际上是对所有已婚男性的无差别补贴。如果想要鼓励母亲留在家中，那么推行儿童福利将是一项更好的政策。此外，如果认为是女性抢了男性的工作，使他们失业，那么这是一个宏观经济政策问题，将焦点变相转向妻子不工作，不能有效地解决此问题。

温和派更倾向于支持对（夫妻分别作为）单个纳税人规定不可转让的免税额，同时给予受抚养子女现金福利（注意，可能不纳税的低收入个人享受的免税额最少，而按最高边际税率纳税的人享受的免税额最多）。该方法往往对从事家庭生产还是市场生产的决定产生中性影响，从而避免将女性的受抚养者角色制度化。

激进派充分认识到"能养得起家中的妻子和孩子"这句俗话的意思。在妻子愿意进入劳动力市场参加工作的背景下，若想让她们选择留在家中，后者必须能够带来更高（或至少同样高）的效用水平。也就是说，存在一种推算收入，可以用购买妻子家务劳动所需的市场工资来表示，或者更恰当地说，这是必要的补偿变量（弥补未进入（劳动力市场）工作的妻子留在家中所能接受的最低金额）。激进派将取消已婚男性的免税额，对"推算"收入征税，并将增加的税收用作儿童福利。尽管这似乎是公平的，但有人声称，推算收入并不是一个日常概念，因此，对非现金流量所得征税在政治上并不受欢迎，因为它必须从工作一方的收入中支付。在所考虑的三项广泛提议中，这将鼓励妇女从事市场工作。政治上的可行性被认为是温和的家庭税制改革方案的优点之一。

1990年4月，改革开始实施，解决了上述所列的第一个问题，但未解决其中的第二个问题。税收制度中的性别歧视得到了纠正，因此，当前对妻子的收入进行独立征税，妻子的收入不再归入丈夫收入中。然而，仍存在横向不公平问题，因为已婚夫妇有权享受"已婚夫妇免税额"（相当于单身人士免税额的0.6），与未婚夫妇相比，已婚夫妇享受了税收优惠。此外，双职工夫妇享有的免税额（2.6SA）高于单职工夫妇（1.6SA），这一规定可以追溯到第二次世界大战时期，当时有一项鼓励已婚妇女工作的政策。如今，大多数已婚女性仍继续工作，不工作的原因往往与生育子女有关。在这种情况下，对那些承担更多责任却没有享受到更好待遇的人来说，似乎很不公平（参见Johnson和Strak，1990）。不考虑税收细节，这一税制改革方法范例的重要性在于，对税制的选择清楚地反映了个人或明或暗持有的（政治）哲学理念。

英国财政研究所的"绿色预算1996"（Institute of Fiscal Studies，1995）指出，经常宣传的财政激励，对结婚、离婚或成为单亲父母的影响非常小，以至于在这些选择中近乎无关紧要——这种情况只适用于极少数人。然而，鉴于1990年以来"已婚夫妇免税额"的下降，对家庭征税仍有重要意义。"绿色预算1996"研究表明，有两个原则可以遵循（隐含在上面的讨论中）：共同纳税（夫妻双方被视为一个纳税单位）或独立纳税（夫妻双方被视为单独的纳税单位）。共同纳税原则又回到了上述的保守做法，即部分或全部的免税额可以在夫妻之间进行转移，以最大限度地减少他们的纳税义务。另一个方向的改革是转向完全的独立征税，这将涉及取消"已婚夫妇免税额"和"额外个人免税额"中的剩余部分，以便完全实现横向公平，即所有税前相同的纳税人，其税后收入都是一样的。在这种"独立"的情况下，对困难家庭的任何帮助都可以通过其他方式实现，如提高儿童福利。

2000 年 4 月，夫妻免税额被取消。2003 年 4 月，英国实行儿童税收抵免和工作税收抵免，以帮助那些有孩子的人和有孩子的低收入家庭，这两者都不以婚姻为条件。Adam 和 Browne（2006：31）这样评论："简而言之，在过去的 15 年里，英国的所得税已经从支持婚姻转向支持儿童。"这引起一些研究者的争议。比如，Morgan（2007）在霍巴特举行的国际能源署会议上发表的题为"家庭和国家之间的战争"一文中阐明了自己的立场。根据第 14 章的讨论，家庭作为一个单位，在提供福利方面，可以做很多政府正在做的事情。Morgan 认为税收制度加速了家庭的瓦解。她指出，住在一起但假装分居的夫妻可以获得大量的转移收益，她还提供了有关"假"单身母亲情况的数据。个人会对税收优惠激励做出反应。Booth（2007）提供了一个例子加以说明。一对有两个孩子、妻子在家工作、市场收入为 2.5 万英镑的夫妇，如果夫妻双方都从事 1.25 万英镑的市场工作，将会额外获得超过 2 000 英镑的净收入。之所以会出现这种矛盾的结果，是因为儿童税收抵免依赖于家庭收入，而国民保险捐和所得税则与个人收入挂钩。这会鼓励人们外出工作，而不是留在家中。此外，如果这对夫妻打算"分居"，税负保持不变，但福利将增加数千英镑。这会鼓励人们成为"单亲父母"。Morgan（2007：75）报告称，在 2004/2005 年度，英国享受政府税收抵免和福利的单亲父母人数，竟比实际数多出 20 万。显然，欺诈是非法的，这类数据使人们对官方统计数据中有关儿童贫困等情况的准确性产生怀疑。重述一下上文的观点，任何制度都必须对家庭作为一种制度的价值有隐含或明确的看法，所有制度都不可避免地会产生某种激励效应。

本节首先讨论了一个涉及单一税率的简单税改方案。近年来，俄罗斯、乌克兰和斯洛伐克等转型经济体对个人和企业收入实行单一税率，再次唤醒了其他地方对单一税的兴趣。Hall 和 Rabushka（1995）主张对美国的个人和企业收入课征 19% 的单一税率，并给予个人 2.5 万美元的免税额。Teather（2005）建议英国实行 22% 的单一税率，并给予个人 1.2 万英镑的免税额。Grecu（2004）按照 20% 的单一税率和 5 000 英镑的免税额进行分析，他认为这将使 50% 的英国应纳税人无须再缴纳任何税款。据称，这种税收制度有诸多优点：透明、易懂、遵从成本低、偷漏税少、税收导致的抑制效应低、"税收楔子"[①]下降。抵

---

① "税收楔子"指的是雇用工人的成本（工资总额加上国民保险）与工人实际获得的收入之间存在的差额。

消抑制效应对此种方案十分重要，否则，当前的税收收入水平（和政府支出）将有可能大幅下降。Hall和Rabushka（1995）认为，政府的改革是收入中性的，可以刺激就业、创业和投资，从而使工作时间增加4%、年均GDP增加3%。我们将在第11章讨论拉弗曲线关于降低税率的同时增加税收的观点，但这并不足以表示我们对该观点的强烈支持。加之推行如此激进的改革需要巨大的成本，使实施这一改革的希望渺茫，但保守党对这一设想表现出了兴趣。Teather（2005）估计，按照他的方案，政府最初会面临大约380亿英镑的税收损失。转型经济体的产生始于崩溃的税收制度和体制。而西方大多数国家则如上述所述，发展、巩固并完善了税收制度。尽管税制变化可能是渐进的，而不是突变的，但它们确实发生了，问题在于是什么力量推动它们发展到这一步的。

10.4.3 税制改革运动：折中的观点

Sandford（1993）在关于20世纪80年代的税制改革运动的文章中强调，许多国家开展了性质非常相似的改革。他认为税制改革运动的起源与以下六个观点有关：

（i）利用税收漏洞避税和逃税的现象普遍存在，并日益损害税收道德；

（ii）相对较高的边际税率无助于实现公平，因为高收入者或富有者可以轻易地规避税法，因此这种税率缺乏合理依据；

（iii）对与税收制度有关的抑制作用和福利损失的估计表明，这些影响是巨大的；

（iv）几乎是全球性的通货膨胀意味着，很大程度上由于缺乏指数化的税收体系，对政府的收入再分配存在相当大的财政拖累，这招致了对公共部门过度扩张的批评；

（v）不同经济体的日益"国际化"，意味着各国必须顺应这一趋势，采用更为相近的税收制度；

（vi）哲学观念发生了变化，关于计划和政府干预市场经济的积极主张开始变得缺乏说服力，因此回归市场机制和"缩小"庞大的公共部门规模的主张受到青睐。

在这种背景下，广泛推行的改革（大体上保持税收收入不变）总体上似乎是可以接受的，从而：

（a）扩大个人和公司所得税税基；

（b）提高与（i）相符的税收征管能力；

（c）降低个人和公司所得税税率；

（d）简化税率表，使其符合（ii）和（iii）；

（e）改变税收结构，转向更多地依赖间接税，尤其是增值税，在欧盟实际及潜在成员国要求的推动下，增值税得到了极大的推广（观点（vi））；

（f）在（i）至（vi）中，大多数观点的基调或明或暗地表达了右翼而非左翼的哲学观念（"不能让政府骑在人民的背上""不开征新税""正确激励"等，成为并一定程度上仍然是当时的"原话"摘录）。与对市场经济效率属性的强调相反的是，人们对将公平作为税收（和支出）推动力的兴趣降低了。

英国税制改革模式在多大程度上反映了这些一般特征？早期的答案可见Giles和Johnson（1994）的研究。表10-12记录了自20世纪80年代中期Sandford税制改革运动以来十年间的主要税收变化。表中的货币价值按1993年的不变价格计算。也就是说，这些数据根据通货膨胀进行了修正。降低所得税税率并转向间接税的一般模式由表中箭头的方向表示。最后一列的净收入效应证实了重心的转移。该表未包含与公司税有关的变动情况。关于税制变化的累进性（公平性）影响，图10-11富有启发意义。图中连续向下倾斜的黑线描绘了1985—1995年间公平程度的退行性变化，黑线穿过底部横轴由正值变为负值的事实说明，低收入者比高收入者缴纳了更多的税款。如图10-11所示，尽管缴纳的税收总额有所减少，但高收入者是净受益者，而低收入者则是受损者。这一现象是由累进的直接税向累退的间接税转变所引起的。必须指出的是，虽然从第二个十分位开始，整体税制仍然是累进的，但很难推翻这样一个结论，即公平考虑并不是推动税制变革的力量。Sandford这样评价税制改革运动："鲜有例外，纵向公平，如果有的话，会被视为一种约束而非一个目标。"（Sandford，1993：22）到目前为止，尽管由统计数据所描绘的情况与税制改革运动的观点相一致，但他们的作者Giles和Johnson（1994）对他们所描述的税改大事做了更符合实际的解释。他们指出，1985到1990年，经济持续增长，因此税收收入增长强劲，促成了以降低所得税税率为主要形式的大规模减税。然而，20世纪90年代初期的经济衰退大大增加了公共部门的借债需求，这明显意味着不得不增加税收收入。[①]英国1993年的两项预算（主要是增加间接税），被认为是逆转最初减税措施引起的收入衰退效应的回应之举。人们一致认为，税收来源平衡的变化确实促成了"重大改革"，但是正如所描述的那样，这看起来不像Sandford所暗示的那样是一个连贯的战略。表10-13提供了

---

① 在撰写本章时，"信贷紧缩"也暗示了类似的前景。

一些新动向，其中包括了我们上面讨论过的近期改革。

表 10-12　　　　　　　税制主要变化：1985—1995 年

	1985		1995	净收入效应 （增加 10 亿英磅）
所得税				
基本税率	30%	↓	25%	−10.3
最高税率	60%	↓	40%	−3.8
最低税率	30%	↓	20%	−3.5
个人免税额	3 445 英镑	=	3 445 英镑	1.9 其他所得税
已婚夫妇免税额	1 950 英镑	↓	1 720 英镑	2.5 已婚夫妇限额
已婚夫妇税率	边际税率		15%	
基本税率限制	25 300 英镑	↓	23 700 英镑	
住房贷款贴息扣除上限	46 800 英镑	↓	30 000 英镑	3.2 住房贷款贴息下降
住房贷款贴息率	边际税率		15%	
国民保险捐				
主要税率	9%	↑	10%	−1.3
间接税				
增值税税率	15%	↑	17.5%	2.7
国内燃油增值税税率	0%	↑	17.5%	
1 加仑汽油的消费税	1.27 英镑	↑	1.69 英镑	
20 支香烟的消费税	0.81 英镑	↑	1.13 英镑	
1 品脱啤酒的消费税	0.28 英镑	↓	0.24 英镑	4.2
1 瓶红酒的消费税	1.15 英镑	↓	1.01 英镑	
1 瓶烈酒的消费税	7.38 英镑	↓	5.55 英镑	
地方税变化				−1.1
保险税				0.3
			总计	−5.2

来源：Giles and Johnson（1994）with permission of the Institute for Fiscal Studies. 经财政研究所许可转载。

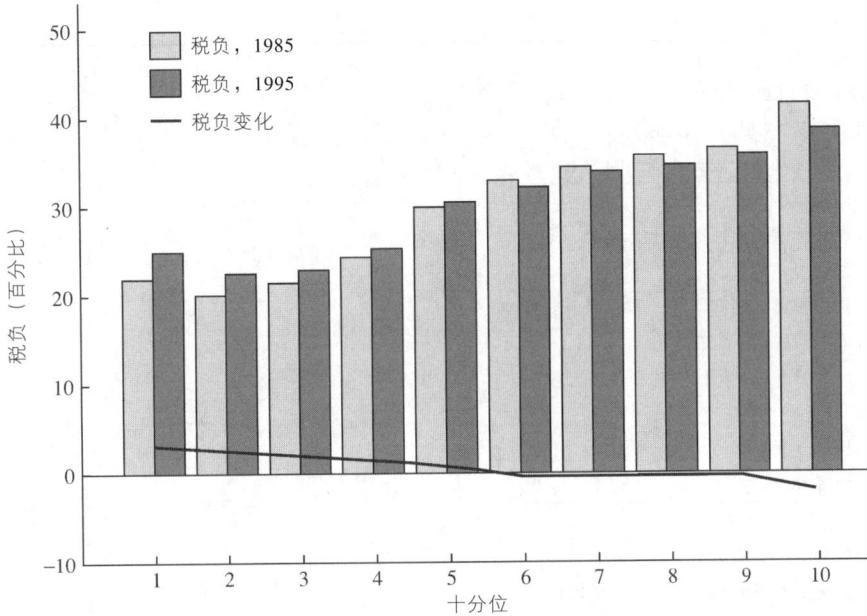

图 10-11　按十分位划分的个人所得税税负占比

表 10-13	1979—2008 年主要改革概览

所得税

基本税率由 33% 降至 22%

最高税率由 98%（非劳动所得）、83%（劳动所得）降至 40%

起始税率由 25% 降至 10%，后又升至 20%

实行夫妻分别课税制

取消已婚夫妇免税额

实行儿童税收抵免和工薪家庭税收抵免政策，随后取消

实行儿童税收抵免和工作税收抵免

取消按揭利息税收优惠

取消人寿保险保费优惠

实行个人股权计划、免税特别储蓄账户和个人储蓄账户

国民保险捐

雇员税率从 6.5% 提高至 11%

雇主税率由 13.5% 下调至 12.8%

取消雇主缴税上限

提高雇员缴税上限，扩大缴款范围

取消"加入费率"（Entry Rate），并与所得税免税额保持一致

对实物福利征收国民保险捐

续表

增值税
取消较高的 12.5% 税率
标准利率从 8% 提高到 17.5%
降低国内燃油和少数其他商品的税率

其他间接税
道路燃油消费税大幅提高
烟草消费税小幅上调
啤酒消费税实际略有下降，烈酒消费降幅较大
葡萄酒消费税实际略有上升
开征垃圾填埋税、气候变化税及石方税

资本利得税
不同税率逐渐收窄
单一税率 18%

公司税
主要利率从 52% 降至 30%，又降至 28%
小企业税率下调至 19%，之后升至 21%
实行较低税率，降低至 0，然后取消
实行研发税收抵免
首年 100% 税收减免改为 25% 税收减免
取消预缴公司税和可退还股息税抵免

地方税
市政税取代地方房产税（以人头税方式）
全国性营业房产税取代地方不同的营业房产税

来源：Adams and Browne（2006），略有补充。

10.4.4 税制改革：公共选择视角

Tullock（1988）将寻租定义为"利用资源为人们获得租金，而租金本身来自具有负面社会价值的东西"（强调我们的观点）（参见第 5 章关于寻租的讨论）。Tullock 认为，对于普通人而言，本质上是修改税法以满足效率标准的税制改革，还有其他两个特征：第一，税制改革与税负降低相关；第二，税制改革与填补漏洞相关，因为富人被认为利用这些漏洞进行避税（出于分配/公平动机，不同于第 7 章和第 8 章中概述的经济理论中的资源效率观点）。Lott（1988）质疑 Tullock 对寻租的定义，认为试图将寻租与寻租后果是否改善联系在一起是徒劳无益的。他想到了"竞争租金"的概念。无论对这一特别定义的争论正确与否，这种方法显然有其可取之处。

不出所料，Buchanan（1987）提供了这样一个例子。他构建了1986年美国税制改革的公共选择模型，其中包括为个人和企业纳税人降低税率并扩大税基，从而使税收总收入保持不变。虽然他承认，可能存在一种扩大税基和降低税率相结合的改革方式，能够提高所有人的效用，但他认为这不太可能实现。然后，他将这种取得共识的改革方案与Downsian的中间选民模型进行比较，在这种模型中，设定了三个组别：纳税少而效用高的一组；中间组，即纳税高效用也高的一组（由于超额负担减少）；以及纳税高但效用低的一组。在这里，税收立法可以被认为是反映了大多数人的偏好，其诀窍在于，税基扩大所带来的减税必须足以为中间群体带来更高的效用水平。其缺点是，政治代理人没有任何发挥作用的空间，只被视为在法律制约和连任限制下寻求租金最大化。在该模型下，租金被视为与公共支出水平、收入和支出模式的变化频率呈正相关。

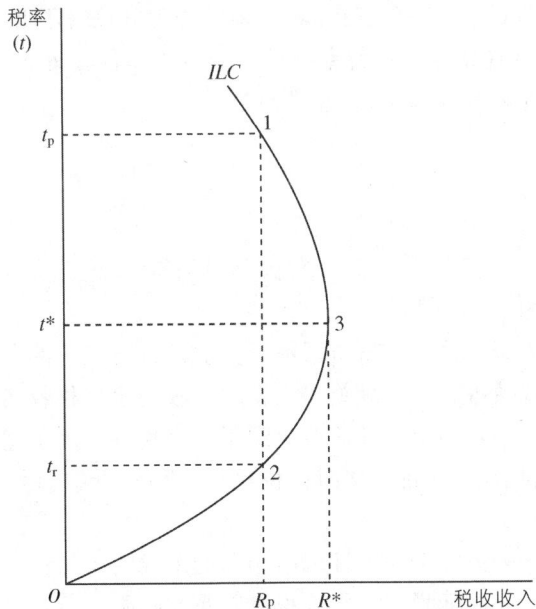

图10-12　以收入最大化为目标的频繁税制改革

在支出最大化的情况下，大多数人应处于各自拉弗曲线的最高点（图10-12

中曲线 *ILC* 的点 3)，有些人高于最大值，例如，点 1 处的税率 t_p，产生税收收入 R_p。1986 年的改革被视作临时调整，需要将个人安排在税率-税收曲线向上倾斜部分的位置，以便为未来"榨取"他们更多的收入创造条件。在点 1 移动至点 2 的过程中，税率下降至 t_r，税收收入 R_p 保持不变，随即提高税率至 t^*，获得位于点 3 的最大化收入 R^*。在短期内堵住政治漏洞，为未来提供了可能的租金，因为在长期内政治代理人将会重新展开谈判。

寻租者从中获得的启示是，变化总比不变好。对改革的规范性评估是模棱两可的，这是因为，虽然扩大税基带来了好处——超额负担降低了，但这种好处又被乐观的"财政幻觉"（公共支出是不用付出税收代价的）所抵消，后者因显性的个人所得税转换为税收负担不那么明显的公司税而产生。

这里，对税制改革的简要描述给出了关于改革的看法，这些改革的动机或是试图确保能够带来"福利"改善，或是强加一种特定的政治哲学，或是源于政治代理人试图寻租。尽管人们很轻易就认为，所有被提议的或实际的税制改革，都基于上面几方面的原因，但是这些研究者对什么才是税制改革的（主要）推动力有不同看法。布朗（Brown）领导的工党政府不得不做出政策调整，决定放弃所得税中 10% 这一低税率税级，导致一些低收入者的境况变得更差，这表明政治因素在税收问题上的强大影响力。

10.5　小结

本章中我们介绍了有关的基本概念，分析了其在税务实践中的区别，并指出了定义中存在的一些问题。

● 税收制度的设计通常与筹资目的无关。从经济理论的角度来看，合意的税收制度应既体现效率，又体现公平。在"税收理论与税收实践"部分，我们概述了英国税制的基本情况，并简要介绍了每个税种。为了避免重复，我们一般强调每个税种的不同方面（从而在税收讨论和分析中引入更广泛的思考）。它们分别是：

个人所得税——更复杂税收环境中预算约束线的形状；

国民保险捐——边际税率、平均税率以及"陷阱"；

（特别）消费税——收入增长与资源配置；

增值税——税负转嫁、计算和税收遵从成本；

公司所得税——纳税义务的依据；

资本税——反映经济力量的非收入方面；

总税收——描述整个税收体系；

债务融资——负担和可见性。

● 最后一节对税制改革的建议进行了总结，从三个不同的角度介绍了不同经济学家和评论人士所持有的不同立场和观点。传统的社会最优分析、政治哲学和寻租方法都有其可取之处，但无法将它们融入一个分析框架。最后，值得注意的是，Johnson 和 Stark（1993）强调了让政党提供有利于增加其选票的税收信息的难易程度。他们指出，任何税制变化的影响都可以从以下角度进行评估：

现行税制；

随通货膨胀而调整的税制，即指数化税制；

政治对手的提案。

● 运用不同的比较指标、不同的分析单位（个人、家庭或户主），几乎任何事情都能很容易看起来是正确的（导致低质量的公开辩论）。税收的表达方式及其运行是公共部门行为经济学的一个非常重要的领域，第 16 章将对此展开讨论。

参考文献

Adam, S. and Browne, J. (2006) 'A Survey of the UK Tax System', The Institute for Fiscal Studies Briefing Note No 9, London: IFS.

Alessina, A. and Perotti R. (1995) 'Political Economy of Budget Deficits', International Monetary Fund Staff Papers, 42, 1, pp. 1-31.

Atkinson, A. B. (1977) 'Optimal Taxation and the Direct versus Indirect Tax Controversy', Canadian Journal of Economics, 10, 4, pp. 590-606.

Atkinson, A. B. and Stiglitz, J. E. (1980) Lectures on Public Economics. New York: McGraw-Hill.

Barro, R. J. (1974) 'Are Government Bonds Net Worth', Journal of Political Economy, 82, 6, pp. 1095-117.

Barro, R. J. (1987) 'Government Spending, Interest Rates and Prices, and Budget Deficits in the United Kingdom, 1701-1918', Journal of Monetary Economics, 20, 2, pp. 221-47.

Blundell, R. (1992) 'Labour Supply and Taxation: a Survey', Fiscal Studies, 13, 3, pp. 15-40.

Booth, P. (2007) Taxation and the Size of the State pp. 111-44 in Booth, P. et al. 'Catholic Social Teaching and the Market Economy' IEA Hobart Paperback 34 London: Institute of Economic Affairs.

Bowen, W. G., Davis, R. and Kopf, D. (1960) 'The Public Debt: A Burden on Future Generations?', American Economic Review, 50, 4, 701-6.

Brennan, G. and Buchanan, J. M. (1987) 'The Logic of the Ricardian Equivalence Theorem', pp. 79-92 in J. M. Buchanan, C. K. Rowley and R. D. Tollison (eds), Deficits. Oxford: Basil Blackwell.

Brown, C. V. (1968) 'Misconceptions about Income Tax and Incentives', Scottish Journal of Political Economy, 15, pp. 1-21.

Brown, C. V. (ed.) (1981) Taxation and Labour Supply. London: Allen & Unwin.

Buchanan, J. M. (1958) Public Principles of Public Debt. Homewood, Ill.: Richard D. Irwin.

Buchanan, J. M. (1987) 'Tax Reform as Political Choice', Economic Perspectives, 1, 1, pp. 29-35.

Buchanan, J. M. (1989) 'The Political Economy of the Budget Deficit', pp. 1-12 in J. M. Buchanan (ed.), Essays on the Political Economy. Honolulu: University of Hawaii Press.

Buchanan, J. M. and Lee, D. R. (1982) 'Tax Rates and Tax Revenue in Political Equilibrium', Economic Inquiry, 20, 3 pp. 344-54.

Buchanan, J. M. and Wagner, R. E. (1977) Democracy in Deficit: the Political Legacy of Lord Keynes. New York: Academic Press.

Buchanan, J. M. and Wagner, R. E. (1978) Fiscal Responsibility in Constitutional Democracy. Boston: Leiden.

Chan, L. K. C. (1983) 'Uncertainty and the Neutrality of Government Financing Policy', Journal of Monetary Economics, 11, 3, pp. 351-72.

Cooper, J. (1988) 'The Burden of the Public Debt: A Review', South African Journal of Economics, 56, 4, pp. 278-91.

Cullis, J. G. and Jones, P. R. (1987) Microeconomics and the Public Economy: A Defence of

Leviathan. Oxford: Basil Blackwell.

Dilnot, A., Kay, J. and Morris, N. (1984) 'The UK Tax System, Structure and Progressivity, 1948–1982', *Scandinavian Journal of Economics*, 86, 2, pp. 150–65.

Evans, P. (1986) 'Is the Dollar High Because of Large Budget Deficits?', *Journal of Monetary Economics*, 18, 3, pp. 227–49.

Feldstein, M. S. (1982) 'Government Deficits and Aggregate Demand', *Journal of Monetary Economics*, 9, 2, pp. 1–20.

Giles, C. and Johnson, P. (1994) 'Tax Reform in the UK and Changes in Progressivity of the Tax System, 1985–95', *Fiscal Studies*, 15, 3, pp. 64–86.

Grecu, A. (2004) *Flat Tax—the British Case*, Briefing paper for the Adam Smith Institute.

Hall, R. and Rabushka, A. (1995) *Flat Tax*, Hoover Institute Press Publication 423.

Hausman, J. A. (1985) 'Taxes and Labour Supply', pp. 213–64 in A. J. Auerbach and M. Feldstein (eds), *Handbook of Public Economics*, vol. 1. Amsterdam: North-Holland.

Healey, N. M. (1989) 'Should the US Budget Deficit be Cut?', *Economic Review*, 7, 2, pp. 24–31.

Holcombe, R. G. and Mills, J. A. (1995) 'Politics and Deficit Finance', *Public Finance Quarterly*, 23, 4, pp. 448–56.

Hoover, K. D. (1994) *The New Classical Macroeconomics*. Oxford: Basil Blackwell.

Institute for Fiscal Studies (1995) *Institute of Fiscal Studies Options for 1996: The Green Budget*. London: Institute for Fiscal Studies.

James, S., Lewis, A. and Allison, F. (1987) *The Comprehensibility of Taxation*. Aldershot: Avebury.

Johnson, P. and Stark, G. (1990) 'The Taxation of Husband and Wife', *Economic Review*, 7, 3, pp. 27–8.

Johnson, P. and Stark, G. (1993) 'Assessing the Impact of Tax Changes', *Fiscal Studies*, 14, 3, pp. 131–40.

Kay, J. A. and King, M. A. (1983) *The British Tax System*, 3rd edn. Oxford: Oxford University Press.

Killingsworth, M. R. (1983) *Labour Supply*. Cambridge: Cambridge University Press.

Kormendi, R. C. (1985) 'Does Deficit Financing Affect Economic Growth? Cross Country Evidence', *Journal of Banking and Finance Supplement; Studies in Banking and Finance*, 2, pp. 243–55.

Lerner, A. P. (1948) 'The Burden of the National Debt', in L. A. Metzler et al. (ed.), *Income, Employment and Public Policy: Essays in Honor of Alvin H. Hansen*. New York: W. W. Norton.

Lewis, A. (1978) 'Perception of Tax Rates', *British Tax Review*, 6, pp. 358–66.

Lipford, J. W. and Dougan, W. R. (1995) 'A Public Choice-Theoretic Test of Ricardian Equivalence', *Public Finance Quarterly*, 23, 4, pp. 591–602.

Lott, J. R. (1988) 'Some Thoughts on Tullock's New Definition of Rent Seeking', *Contemporary Policy Issues*, 6, 4, pp. 48–9.

Merriman, D. (1994) 'Do Cigarette Excise Tax Rates Maximise Revenue', *Economic Inquiry*,

32, pp. 419-28.

Mintz, J. (1995) 'The Corporation Tax: A Survey', *Fiscal Studies*, 16, 4, pp. 23-68.

Mishan, E. J. (1963) 'How to Make a Burden of the Public Debt', *Journal of Political Economy*, 71, pp. 529-42.

Morgan, P. (2007) '*The War between the State and the Family*' IEA Hobart Paper 159 London: Institute of Economic Affairs.

Mueller, D. (1989) *Public Choice II*. Cambridge: Cambridge University Press.

Musgrave, R. A. and Musgrave, P. B. (1989) *Public Finance in Theory and Practice*, 5th edn. New York: McGraw-Hill.

Neuberg, L. G. (1989) *Conceptual Anomalies in Economics and Statistics: The Negative Income Tax Experiments*. Cambridge: Cambridge University Press.

Niskanen, W. A. (1978) 'Deficits, Government Spending and Inflation', *Journal of Monetary Economics*, 4, 3, pp. 591-602.

Niskanen, W. A. (1992) 'The Case for a New Fiscal Constitution', *Journal of Economic Perspectives*, 6, 2, pp. 13-24.

O'Driscoll, G. P. Jr. (1977) 'The Ricardian Non-equivalence Theorem', *Journal of Political Economy*, 85, 1, pp. 207-10.

Parkin, M. and King, D. (1992) *Economics*. Addison Wesley: Wokingham.

Ricketts, M. (1981) 'Tax Theory and Tax Policy', pp. 31-46 in A. T. Peacock and F. Forte (eds), *The Political Economy of Taxation*. Oxford: Basil Blackwell.

Sandford, C. T. (1993) *Successful Tax Reform*. Bath: Fiscal Publications.

Sandford, C. T., Godwin, M. R. and Hardwick, P. J. W. (1989) *Administrative and Compliance Costs of Taxation*. Bath: Fiscal Publications.

Sandford, C. T., Willis, J. R. M. and Ironside, D. J. (1975) *An Annual Wealth Tax*. London: Heinemann for the Institute for Fiscal Studies.

Sandmo, A. (1976) 'Optimal Taxation: An Introduction to the Literature', *Journal of Public Economics*, 6, 1, 2, pp. 37-54.

Seater, J. J. (1992) 'Ricardian Equivalence', *Journal of Economic Literature*, 31, 1, pp. 142-90.

Slemrod, J. (1994) 'Three Challenges for Public Finance', *International Tax and Public Finance*, 1, 2, pp. 189-95.

Slemrod, J. (2002) '*Tax Systems*', NBER Reporter Summer, pp. 8-13.

Smith, A. (1776) *The Wealth of Nations*. New York: Random House, 1937.

Teather, R. (2005) *Flat Tax for the UK—a Practical Reality*, Briefing paper for the Adam Smith Institute.

Tridimas, G. (1992) 'Budgetary Deficits and Government Expenditure Growth: Toward a More Accurate Empirical Specification', *Public Finance Quarterly*, 20, 3, pp. 275-302.

Tullock, G. (1988) 'Rent Seeking and Tax Reform', *Contemporary Policy Issues*, 6, 4, pp. 37-47.

Ulph, D. (1987) 'Tax Cuts—Will they Work?', *Economic Review*, 4, 4, pp. 35-9.

West, E. G. (1975) 'Public Debt Burden and Cost Theory', *Economic Inquiry*, 13, 2, pp. 179-90.

Wilkinson, M. (1982) 'The Discriminatory System of Personal Taxation: Some Proposals for Reform', *Journal of Social Policy*, 11, 3, pp. 307-34.

第11章 公共选择视角下的宏观经济政策

11.1 引言

　　传统的公共财政教科书，通常用相当一部分章节来讲解宏观财政政策，这样做是出于两大理由：其一，凯恩斯主义向来是占主导地位的宏观经济理论；其二，在这一传统理论中，宏观财政政策所发挥的关键作用（假如不是唯一作用的话）便是在政府的操纵下实现整体经济目标（正像保罗在前往大马士革镇压基督徒的路上因遭遇"白光"而受到神的启示，从此改变信仰，开始在世界各地传布基督福音那样——译者注）。自20世纪60年代以来，许多宏观经济学家在通往经济学"大马士革"的途中，受到各种"白光"的启示而转变观念①。那些受到同样启发的人，成为支持者聚拢到他们旗下。相对于政策被采纳，某些理论在学术研究方面取得了更大成功，而另一些理论虽然在政策层面上很有影响力，但在学术界的影响却相对要小很多。

　　鉴于在学术层面对建立宏观经济模型的最佳途径尚未达成共识，当前关于研究政府在宏观经济中的作用的最好办法是在不同的思想流派下考察其重要性。可以指出的是，试图取代古典经济学的"凯恩斯主义"与公共财政的社会最优化方法（social optimality approach to public finance）存在关联，因为前者吸纳了市场（经济）失灵的观点，从而认同政府的作用，最近它又进化为"新凯恩斯

---

① 参考大马士革在基督教中的地位,此处应可引申为寻求经济学研究的真理。

主义"。其他流派——如"货币主义"、"新古典主义"、"实际商业周期理论"和"供给学派"——则更受公共选择学派的青睐，这是由于它们与"市场有效（markets work）"观点之间的联系更为紧密。因此，我们将延续在微观经济学各章中的做法，在宏观经济学的章节中继续就不同的观点进行对比。

本章之所以延续其他章节的主题还有第二层含义。在社会最优化方法中，做出宏观经济决策的政府被看作仁慈的、非自利的中性行动者。然而，公共选择学派却将政府中的个人视为遵从自我利益的自利的行动者。这样一来，政府就不再是宏观经济博弈中判定不同学派间矛盾的经济理念的仲裁者，而成为一个重要的参与者。作为一个参与者，其效用至少有两种：其一是意识形态方面的效用（Frey，1978），一些学派的观点对于某些持有特定意识形态的人会更有吸引力（比如，在其他方面相同的前提下，凯恩斯主义理论就对政治立场相对偏左的人更有影响力）；其二是工具性的效用，在西方选举制度下，政府只有在选举中获得多数选票，才能拥有政治权力。这就引出了宏观经济政策的选票最大化问题。政治与宏观经济之间的这种相互作用受到Snowdon和Vane（2005）的关注，并被写入《新政治宏观经济学》一书。本章将对政府部门中工作人员的以上两种效用加以阐述。至于此处涉及的一些宏观经济理论的具体细节，建议读者阅读更详细的宏观经济文献，如Blanchard（2006）、Gartner（2006）、Snowdon和Vane（2005）的文献。

11.2 宏观理论、政策及政治激励

为了加深对以上观点的理解，本章先引入一些假设体系（assumptive worlds），这样一来，我们的问题就转变为：如果接受古典主义传统与凯恩斯主义传统这一宽泛的区分，那么"它们的假设体系有何不同"？关于这个世界"是怎样的"，理论家们的头脑里总是有着自己的潜在观点，因此能够吸引他们的理论也各不相同，这是很自然的。表11-1罗列了用于区分那些分别继承了古典主义传统和凯恩斯主义传统的学者的一些特征。表11-1确实列出了一些有时相互交叠的特征，这些特征刻画了逻辑一致的"世界观"，但它既不是对某一特定学者的理论主张的描述，也不意味着这张表已然尽善尽美。读者可以尝试在该表左栏或右栏所列的特征中寻找与自己的经济学直觉相对应的特征。

表11-1　区分凯恩斯主义观点和古典主义/货币主义观点的一些特征

观点 （a）	凯恩斯主义 （b）	古典主义/货币主义 （c）
1.经济	悲观的（非均衡是常态）	乐观的（均衡是常态）
2.个人	目光短浅的、具有有限理性的、更容易满足的	目光长远的最优化者
3.时期	短期	长期
4.所关注的 经济部门	真实经济 国际收支平衡表中的经常项目	货币、资产 国际收支平衡表的总体平衡
5.市场机制	（a）经常"出错"（失灵） （b）缓慢调整至均衡 （c）不可逆的 （d）不完全竞争	（a'）正确无误（有效率） （b'）快速调整至均衡 （c'）可逆的 （d'）完全竞争
6.政府政策	（a）是有必要的 （b）通过干预来改善市场	（a'）是不必要的 （b'）干预会使结果变坏
7.世界的本质	无法预料到的冲击 诸多不连续性	冲击很少 通常是平滑且连续的
8.经济增长	需求侧问题 受限于国际收支平衡表	供给侧问题 要素投入及新技术驱动
9.政治倾向	左派	右派

　　这可能有一点夸张，但要重申的是，不同的宏观经济学派明确或含蓄地使用不同的假设体系，进而尝试将观察到的结果同诸多试图解释现实世界的潜在理论进行匹配。

　　一旦从公共选择的视角来重新审视这些特征，就会引出一个相关的问题：政治人物在这些理论中各自的角色是怎样的？他们已经不再是现有正统理论中所描述的那种中立者了。某些理论流派只会认同他们自身的思想。因此，如果逐一来看的话，就能重新突出其基本观点和在政治上的相对吸引力。冒着可能过度简化的风险①，我们在这里将讨论七个"思想流派"：古典主义、凯恩斯主义、货币主义、新古典主义、实际经济周期理论、新凯恩斯主义，以及供给学派经济学（supply-siders）。它们各自的典型特征见表11-2。其他的总结方式可见 Blanchard（2006）及 Gartner（2006）的文献。

___
① 比如，Cross（1982）就讨论了凯恩斯主义理论的四个不同分支，同样可参见Cross（1991）的文献。

表 11-2　宏观思想流派

	古典主义	凯恩斯主义	货币主义	新古典主义	实际经济周期理论	新凯恩斯主义	供给学派经济学
对货币及财政政策的态度	不需要宏观经济政策。实际（货币）变量的"古典二分法"决定其他实际（货币）变量	主张自由裁量干预，尤其是在财政政策方面	反对自由裁量干预，如果一定要采用，那要采用公货币政策对有效	没有一种系统的经济政策能够改变实际经济过程	宏观和微观经济模型之间没有差别，因此可以听任任何追求最优化的个人自行达到均衡状态	市场不完善导致了非自愿失业，因此需求要干预	尽量减少财政政策对市场的扭曲影响
立场主张	由于实际产出接近潜在产出，所以不需要政策干预	通过自由裁量干预对经济进行"微调"	稳定的货币规则	任何稳定的政策都将产生同样的效果	任何观测到的结果都是帕累托最优的，因此旨在稳定经济的政策都对生产有负面影响	需求冲击及供给冲击影响产出和就业，是实施稳定政策的理由	低税率，紧货币政策立场
"世界观"	价格及工资弹性意味着市场总是出清的	强调短期：人们生活在短期之中，并且减少经济困境是可能的	强调长期：尽管意识到了短期的非均衡，但仍然怀疑政府改善经济状况的能力	短期同长期是没有区别的（除非发生意外之外的情况），因为经济总是处于均衡状态；没有任何政策能够提高经济体的适应速度	技术变革和资本变量变化是中短期经济波动的原因	接受行为是最优化及理性的个人假设，但拒绝绝对竞争、价格和工资、价格弹性的假设	通过改变税收—转移支付政策影响个人决策
政治含义	最小化政府干预	广泛的基于短期政策的政府干预；政府需要占主导地位	最小政府，几乎采用自由裁量的经济政策；政府干预小且不深	运用稳定的政策反映长期均衡增长路径	很难观察到政府干预对持续均衡的改善	市场的不完善为宏观干预提供了理由	通过减税卸下政府加给民众的负担
公共选择学派的态度	凯恩斯主义的预算赤字是一个"很糟糕的遗产"		由于这些理论限制了政府的任意干预，因此对公共选择学派更有引力（及干预的绝对规模）			由于认为市场干预是正当的，所以并没有太大吸引力	民粹主义政治家的梦想

11.2.1 凯恩斯主义传统

Blanchard（2006：576）曾提到"现代宏观经济学的历史可追溯至1936年凯恩斯出版的《就业、利息与货币通论》一书"，而下文对宏观经济学的简要描述也同样从凯恩斯的理论谈起。凯恩斯主义传统，至少就其流行版本而言，属于一种短期总需求驱动的分析，这种分析表明，没有理由认为同总计划支出相一致的均衡产出水平会与劳动市场的充分就业相一致。通货紧缩和通货膨胀的差距可以通过自由裁量的货币或财政政策来消除。因为可以从以往的政策失误中吸取经验，所以凯恩斯主义传统往往支持对经济进行"微调"，将更多（权重）的福利用于失业救济，以避免失业和通货膨胀引起的痛苦。这一传统非常强调市场机制的局限性。由于实体市场（如商品、服务、劳动力）调整得非常缓慢，所以失衡是经济生活的常态。如果价格正缓慢地趋向于均衡值，则意味着此时的价格要么"过高"，要么"过低"，无论属于哪种情况，交易都将很少发生。若是价格过高，需求就会受到抑制；若是价格过低，供给就会受到抑制——由市场中的少数方说了算。鉴于这种市场配置观点，人们没有理由去"尊重"市场，政府干预是完全正当的（见表11–1的b栏）。

用劳动力市场来区分不同的学派也许是个方便的办法。图11–1包含四个部分：（a）部分描绘了经济中劳动力的需求及供给，其中y轴和x轴分别代表了实际工资率和劳动力数量，对劳动力的需求就等于劳动力的边际产出（由（b）部分中的总产出函数推导而来）；供给曲线则描述了以效用最大化为目的的个人在收入和闲暇之间进行选择的结果。在均衡点1处，实际工资为W_1/P_1，L_1则代表了要实现Y_1的实际产出水平所需的劳动数量。（c）部分中的45°线将这一产出水平投影到（d）部分中，并且可在这张图中画出P_1价格水平所对应的产出水平。在不同的价格水平下，有可能推导出将实现的产出水平，并借此进一步推导出总供给曲线。如果价格水平在名义工资保持不变的同时上涨到P_2（或者下降到P_0），那么实际工资水平就相应地降低（或者增加）。另外，如果所有的价格、工资同时上涨或下降，那么名义工资将增加到W_2或下降到W_0，此时实际工资将保持不变，并且劳动市场的均衡状态（及产出水平）也完全不受影响——这就意味着一条无弹性的总供给曲线AS。

需要注意的是，凯恩斯主义传统并不认为工资（W）和价格水平（P）能同步变化。在该学派看来，工资水平W的上涨是灵活的，且下降是黏性

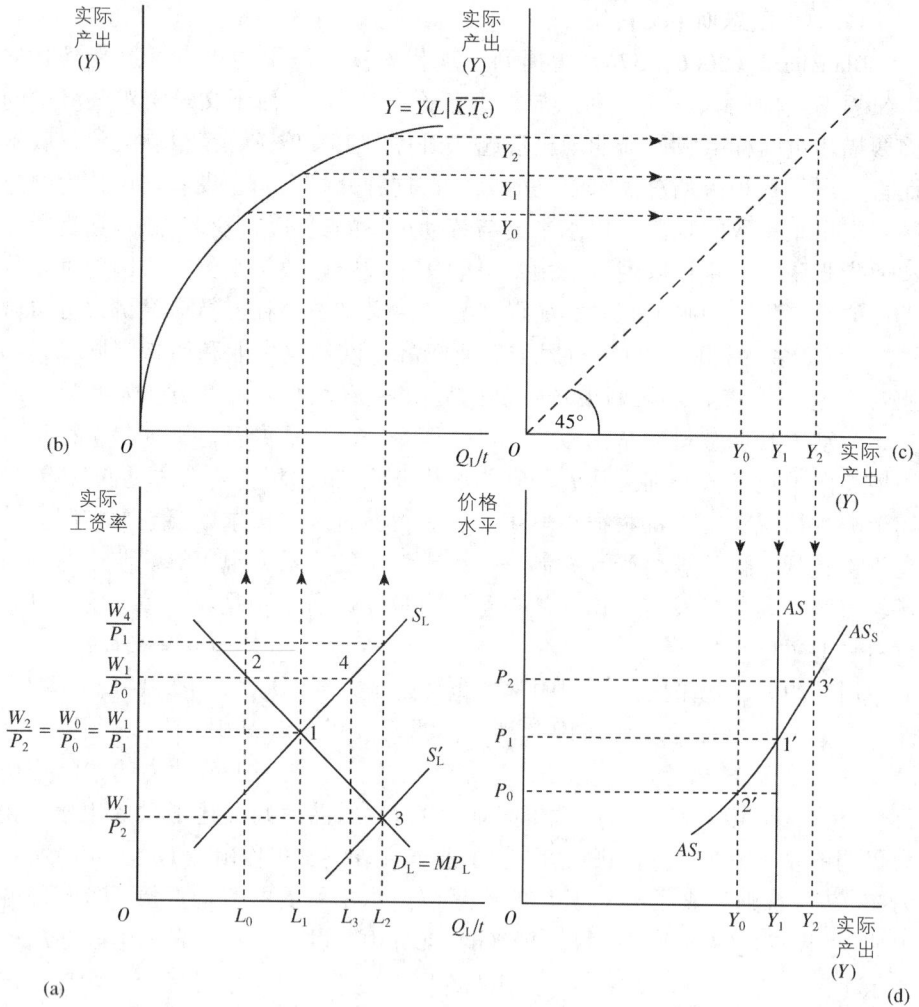

图 11-1　对总供给曲线的推导

的，因此价格水平 P 的上涨并不能降低实际工资率，但 P 的下降却可令工资水平增加（见图 11-1 中的 W_1/P_0）。工资的向下黏性导致 J 形的 AS 曲线，即点 AS_J 为 P_1 价格水平下 AS 曲线的起点。如果工资是"向上黏性"的（无论是什么原因），且价格水平 P_2 能减少实际工资率，那么就可能出现另一种组合情况。从这个双重黏性例子中可以推导出斜率为正的 AS 曲线，并如图所示标

注 AS_s 点。

　　AS_1 点通常被认为源于凯恩斯理论。当市场因为较高的实际工资而难以出清时，名义工资往往也会因此居高不下。在没有内生机制来纠正这一非均衡状况之前，经济将处于 J 形曲线的较低位置，且失业率较高。也就是说，当实际工资为 W_1/P_0 时，经济就可能位于（d）部分中 AS_1 曲线上的 2′ 点，并存在（a）部分中 $L_0 - L_3$ 的失业数量。由于通过降低税率、增加政府购买及转移支付这类扩张性财政政策来沿着 AS_1 曲线提高总需求水平的做法能够推动经济趋向于 1′ 点所示的充分就业状态，因此这种做法看起来很有吸引力。由此间接引起的价格水平从 P_0 上升到 P_1 则足够将实际工资水平降低到（a）部分中所示的均衡值。

11.2.2　货币主义

　　货币主义理论通常与诺贝尔奖得主 Milton Friedman 的工作联系在一起。货币需求函数的引用简化了 Friedman 的理论表述。如果实际货币余额（M_d）的需求按照如下的形式来表述：

$$M_d = \frac{M_n}{P} = Y^h i^{-j} \tag{11.1}$$

式中，M_n 代表名义货币需求，P 是价格水平，Y 是产出，i 代表利率。那么对上式取自然对数并引入时间下标，则有：

$$m_{nt} - p_t = hy_t - ji_t \tag{11.2}$$

以及：

$$m_{nt} = hy_t - ji_t + p_t \tag{11.3}$$

　　上面的对数形式变化可用于衡量该变量变动的百分比。此时第 $t+1$ 期的均衡方程为：

$$m_{n(t+1)} = hy_{t+1} - ji_{t+1} + p_{t+1} \tag{11.4}$$

　　对上式取差分可得：

$$dm_n = hdy - jdi + dp \tag{11.5}$$

　　由于强调的是长期均衡，可以预期利率的百分比变动为零（i 代表了各种资产的回报率）。上式中的 dy 代表了受要素供给和要素生产率这类实际因素影响的产出变化率。对于均衡状态来说，应有：

$$dm_s = dm_n \tag{11.6}$$

式中，dm_s 是由货币当局确定的名义货币供给变化率。将式（11.6）代入式（11.5）可得：

$$dm_s = hdy + dp \tag{11.7}$$

或：

$$dp = dm_s - hdy$$

这是人们熟知的公式：价格变化率（即通货膨胀率）等于货币供给增长率与交易性货币需求增长率之差（dy 是产出的自然增长率或均衡增长率，而 h 则是名义现金余额需求的收入弹性）。在长期中，如果由货币当局所确定的货币供给增长率超过了经济"自然"增长率所需的数量，就会导致通货膨胀，这便要求有关部门制定相应的"货币规则"。

在这方面，通货膨胀不仅仅是普遍的货币现象，政府也对它负有责任。这一认识已经在公共选择学派中引起了共鸣。依照 Friedman 的说法，正是政府不愿意用征税的方式来为其履行政府职责的行为融资，才使得政府必须通过增发货币的方式来弥补税收收入同政府支出之间的缺口。

考虑到前文对劳动力市场所做的比较，Friedman 认为短期的经济增长率同自然增长率之间必然存在一定的差异，这就引入了同图 11-1 相关的著名的预期-增强的菲利普斯曲线（下文将继续对此进行阐释）。如果工会或者个人基于尚未发生的预期通货膨胀率而就工资进行谈判并愿意接受谈判结果，那么当期的实际工资就会比预期的要高（或低）。如果实际工资减少了，那么短期的就业水平将上升到 $O\text{-}L_2$，产出水平则将变为 Y_2。这就是说，当人们误以为他们正在以 W_4/P_1 的实际工资水平工作，但实际工资水平却是 W_1/P_2 时，产出将超过其均衡水平。相比之下，如果实际通货膨胀率比预期中的要低，那么实际工资就会上升到 W_1/P_0，就业人数则会降低到 $O-L_0$，产出则变为 Y_0。因此，由这些对实际均衡工资的短期偏离所描绘的总供给曲线就是具有正斜率的 AS_s 曲线。

11.2.3 新古典主义理论

新古典主义宏观理论的诞生，在历史上是相当近的事情，它于 20 世纪 70 年代末至 80 年代开始流行。在货币主义者看来，由于对实际工资的误判，以及由此导致对均衡状态的暂时性偏离，正斜率的短期菲利普斯曲线存在。在长期中，因为产出水平和预期相一致既定，可以得到均衡的实际工资和自然产出率，所以菲利普斯曲线是垂直的。对于新古典主义者来说，不存在系统性误差（systematic mistakes），除了一些随机误差，总是能够实现长期均衡。为得到这一有力而引人注目的结论，需要事先做出如下假设：

1.包括工资在内，所有价格是完全灵活的，可上下变动。

2.各经济主体不存在对经济的系统性误识、货币幻觉等，因此只有未预见到的情况会对经济产生影响。

3.将经济主体模型化，以便对经济进行预测。假设模型中的各经济主体同时采用相同的经济模型，能够充分利用可得信息，其预期边际收益大于等于边际成本。

在这个"理性预期"的假设体系里（Sheffrin，1983），每个人都能很快察觉到经济政策将带来的结果，以及实际变量的潜在均衡值也会保持不变这一事实。回顾图11-1中的（a）部分，这部分表明实际工资率同其潜在的均衡值之间不会存在偏差，任何价格变动都能由工资变动所弥补，同时无论处于怎样的价格水平，都将有 O-L_1 数量的劳动力被雇佣且产出水平为 Y_1。因为短期和长期中的总供给曲线 AS 都是垂直的，因此只要政策变化能被预料到，自然就业率（及相应的自然失业率）和自然产出率总是可以实现的。凯恩斯主义和货币主义的理论所描述的在短期中时常可见的不完善、迟缓甚至错误的经济调整，在新古典主义理论中则完全消失了，这是因为新古典主义理论认为各经济主体都具有利用所有可用的信息来尽快适应名义变量的任何变动的动机及能力。比如，除了同自然产出率 Y_1 有关的经济调控之外，任何试图调控失业率的尝试最终都会失败。如果政府通过增发货币的方式来提高价格从而降低实际工资，那么经济主体将被预期能够完全预料到这一调整，并因此要求调整名义工资从而使整体经济不会出现额外的消费量。但正如上面所提到的，只要变化是未预期到的，那么对于垂直的总供给曲线来说仍然会有例外的情况发生。

对稳定的财政或货币宏观政策来说，经济主体的理性预期行为意味着它们能够敏锐地捕捉到政策即将出台的信号和紧随其后的实际措施，并将其内化到它们的行为中。除了随机预测误差外，影响真实变量的唯一途径就是刻意实行不稳定的宏观政策，从而持续地与经济主体的预期相悖，但这是适得其反的。

由于稳定的财政或货币政策不能改变经济中的实际变量，决定"自然率"的因素就成了被关注的焦点，这也正是供给学派理论的切入点。供给学派通过强调现有政策对个人效用最大化决策的影响，从而关注其自身在所涉及的许多函数中所处的位置。

11.2.4　实际经济周期理论

实际经济周期理论同凯恩斯主义和货币主义一直存在着争论。在凯恩斯主义的理论体系中，持续数个周期的经济下滑意味着经济处于非均衡状态，然而实际经济周期理论却认为现实中的所有情形都是均衡状态："下滑意味着经济主体面对的约束条件出现了一个意外的、不受欢迎的且不可避免的转变。但是考虑到这些约束条件后，市场能够有效率地做出应对，并且人们能够在当时的环境下获得最好的结果……经济周期的每个阶段都是帕累托效率均衡"（Snowdon和Vane，2005：27）。当然，如果市场总是处于均衡状态，那么政府就没有太多能借助稳定性政策实现的事情。这里，我们采用一个以代表性个人和行为最优化的竞争性企业为基础的微观经济学视角。假定最优化行动的结果是自然产出率，那么这一结果为什么会出现波动或者周期循环？答案是令人惊讶的——这应当归因于偏好的变化，或更应归因于影响了生产率的技术冲击（这也是供给学派所强调的）。如果出现了正面冲击（如一个未预料到的技术进步），那么雇主就愿意投资、增加产量并且雇佣更多的劳动力，然后就会出现经济繁荣；如果出现了负面技术冲击，那么这一过程将会逆转，衰退将会作为"最优"调整的结果出现。如果一个经济体始终处于均衡态之中，那么实施稳定性政策既无必要，又代价高昂。在该假设体系下，供给侧的冲击将推动垂直的总供给曲线整体地向左或向右移动，古典二分法也由此诞生（见表11-2）。

11.2.5　新凯恩斯主义理论

虽然"新"这个词可能在持续不断的对宏观经济学的思考中出现了太多次，但仍然没有人愿意让自己的观点被冠以"旧"的名号，依附于已有的学派的新思想更易于在早期的理论传统中立足。通过接受理性预期假设及舍弃完美市场假设，新凯恩斯主义理论提出了一些不同的观点。效率工资理论和"内部人-外部人"（insider-outsider）理论是其用于解释实际工资黏性的理论工具的一部分，菜单成本（改变价格所需耗费的实际资源）、长期固定价格及工资合同则催生了"黏性"这一名词，它意味着总需求的增加可以转化为产出和就业的增长而价格不会随之上涨。在这个作用机制中，如果总供给曲线不是垂直的，那么总需求的变化就会影响产出和就业，此时古典二分法就将失效。关于这一点的相关证据是，货币量的变化（一个名义变量）确实会对产出这一实际变量存在影响。但是俗话说："为什么要让一个证据妨碍讲述一个好故事呢？"这一说法很自然地为我们引入了最后一大思想流派。

11.2.6　供给学派经济学

供给学派经济学也许是一种学术公信力最低，但政治公信力最高的学派。毕竟，它通过迎合许多选民的偏见，为政治家们提供了一个堪称"梦想"的政策纲领。

供给学派经济学的原理如图11-2所示。假设一个经济体的工资率是W_0，那

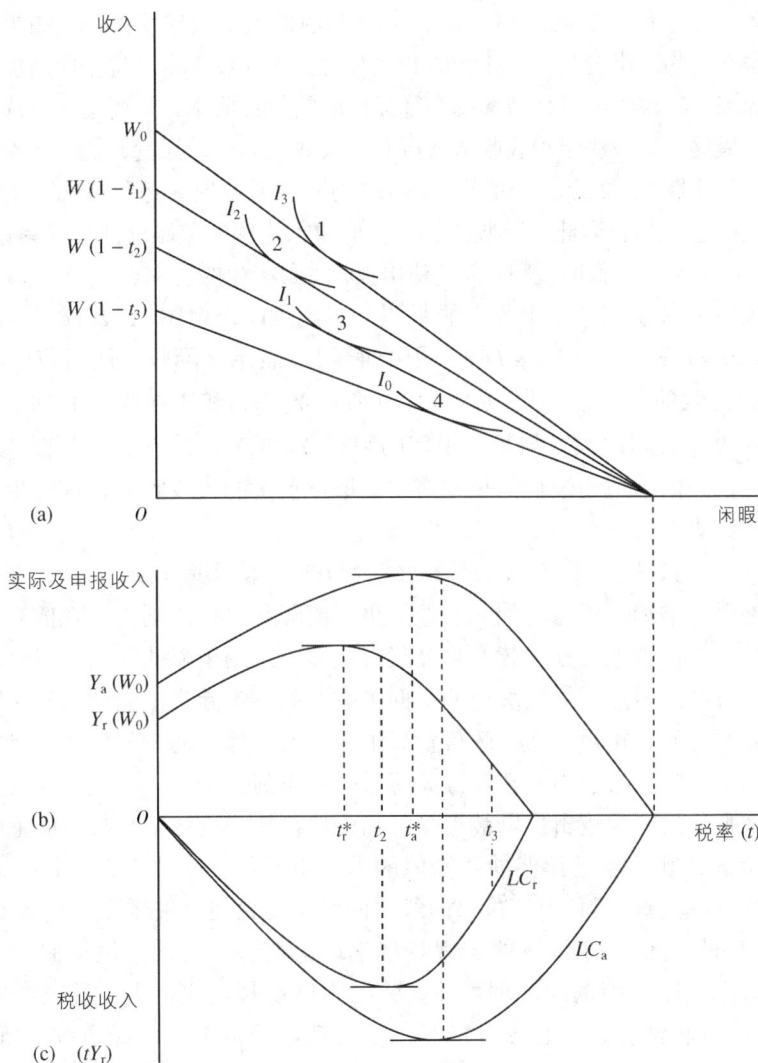

图 11-2　拉弗供给曲线

么如图 11-2（a）所示，在个人层面进行收入-闲暇选择的均衡结果见点 1。这对应着宏观经济中总收入为 $Y_a(W_0)$ 的情况，给定税率为零（为简便起见，我们将例子中的税率 t 设置为比例税，以使平均税率与边际税率相等），则个人申报的收入接近于 Y_t（如果不是正好等于 Y_t 的话）。当税率提高至 t_1、t_2、t_3 时，收入-闲暇选择的均衡点分别移至点2、3、4。起初，税收的收入效应使得个人购买较少的包括闲暇在内的正常商品。当工作时长增加时，实际收入水平也相应增加。然而从各方面来看，税收的替代效应都会降低闲暇的机会成本，从而个人会选择更多的闲暇。最终结果取决于税收收入效应和替代效应的相对强度，使实际收入最大化的税率位于图11-2（b）中的t_a^*点。当边际税率较高时，逃税或隐瞒实际收入的动机也随之增加，因此实际收入和申报的收入之间的差距就随着税率t的增加而变大。图中另一较低的税率t_r^*则是使申报收入最大化的税率点。

税收收入是税率和申报收入的乘积，由此可以作出图11-2（c）中的拉弗曲线（Laffer curve），即曲线LC_r，图中曲线LC_a表示实际收入所对应的拉弗曲线。需要注意的是，当国民收入（实际收入$Y_a(W_0)$和申报收入$Y_r(W_0)$）最大时，税收收入（国民收入与相应税率的乘积tY_a和tY_r）并不是最大的，这是由于在一定范围内，适用较低的税率有时会取得更多的税收收入，只要相应的国民收入基数更大。

Laffer认为，降低税率（如从t_3移动到t_2）将使实际收入、申报收入及税收收入都得以增加。这将打消人们选择更多闲暇和逃税的动机，降低人们的负担，给每个人都带来好处。政府将会获得更多收入用于财政支出，同时有可能使实际经济产出增加，抵消失业的负面影响。如果实际产出的增加是在紧缩货币政策或明显的"货币主义"政策背景下发生的，那么通货膨胀率就将面对下行压力，本已颇具吸引力的政策方案将进一步得到强化。

尽管上述论证的逻辑可以被接受，但仍然存在一些难题。其中最重要的一点是，论证必须从超过拉弗曲线峰值的那一点开始。在这方面，Buchanan和Lee（1982）基于长期和短期拉弗曲线之间区别的论述至关重要（见第15章）。图11-1表明，"供给学派"的宏观经济学理论被认为可使总供给曲线向右移动。没有令人印象深刻的证据表明，劳动力供给对减税作出了反应（见第10章）。如果这种情况发生，很可能是由于长期中经济主体已经适应了新形势。一般认为，在短期中减税只会刺激总需求和引发通胀，而总供给基本不受影响。这一分析提出了在削减税收的同时保持预算盈余的可能性。正是宏观经济政策变化的预计短期后果和长期后果之间的差异，导致了不同的宏观经济政策作为工具比作为学派的理论思想更具吸引力。重点不在于哪个宏观思想流派在意识形态上更有吸引力，而在于什么样的宏观政策行动能够抓住选民。基于这一观点，本章的剩余部分将讨论政治过程和宏观经济学，而非只局限于宏观经济学本身。

11.3 政治经济周期（新宏观政治经济学）

政治经济周期的存在与否是宏观经济政策领域中一个有争议的问题。这一理论的基本理念较为简单，并且遵循了Downsian的投票最大化理论（Downsian vote-maximizing tradition），这就意味着执政者会因为意识到了选举日期的临近而开始操控经济以便获取政治声望。然而执政者的这些行为却是以普通个人的福利受到损害为代价的。更一般地说，选举前的扩张性货币或财政政策将在提高国民收入的同时降低利率和失业率。但在选举结束之后，这些政策可能会立即转变以避免可能出现的通货膨胀性结果。Alt和Chrystal（1983）围绕着这个基本主题建立了诸多研究模型，他们按照选民的偏好是固定的还是可变的、政府是策略型的还是回应型的等特征来进行分类。回应型政府力图迎合它的支持者的偏好，然而策略型政府更注重达到选票最大化而非迎合其支持者。固定和可变的选民偏好是不言自明的标签。在这里，我们不打算像Alt和Chrystal分类法那样研究那么多的模型，而是试图突出其中的一些案例，其他的分类方式见Alesina（1988）的研究。

首先，我们考虑一个由Nordhaus于1975年建立的逻辑严密、采用固定偏好和策略型政府假设的模型——诺德豪斯模型，这一模型还采纳了当时最新的关于菲利普斯曲线形状的研究观点。值得注意的是，存在一个负斜率的长期菲利普斯曲线（$LRPC_e$，其中e表示"早期"），其图形如图11-3（a）所示，该图中同样画有一组短期菲利普斯曲线（$SRPC$）。在短期曲线上所附的一些假定数字表明，那些同时处于短期和长期菲利普斯曲线上的点正是使得预期通货膨胀率和实际通货膨胀率相等的点。$LRPC_e$曲线的左侧区域意味着实际通货膨胀率要高于预期值，右侧区域则正好相反。

为了让这张图与本章前文（"新古典主义"）对应起来，需要引入一条新的垂线$LRPC$，记为$LRPC_c$（"c"的含义与"e"相反）。图中的（b）部分画出了一系列无差异投票曲线（iso-vote curves），这些曲线代表着两种"厌恶品"（通货膨胀和失业）的组合，即同一条曲线上的不同点意味着获得相等选票的不同通货膨胀率和失业率的组合，越接近于原点的曲线意味着会获得更多选民的支持。将无差异投票"偏好"置于菲利普斯曲线的限制之下会产生如图11-4所示的均衡路径。假设$SRPC_1$已经考虑到了最初的预期通货膨胀率，那么短期菲利普斯曲线位置的变化则意味着在点1、2、3均成功地实现了政府规划的均衡状态。由于在$LRPC_e$的左侧区域内，人们关于通货膨胀率的预期会被超出

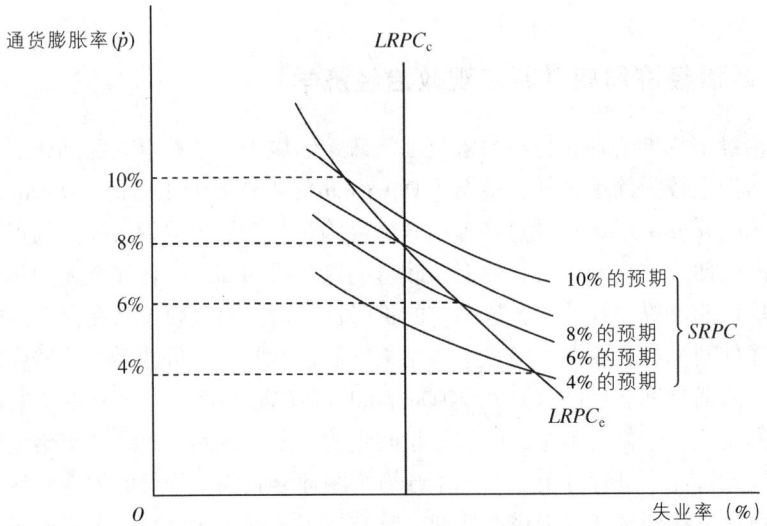

（a）

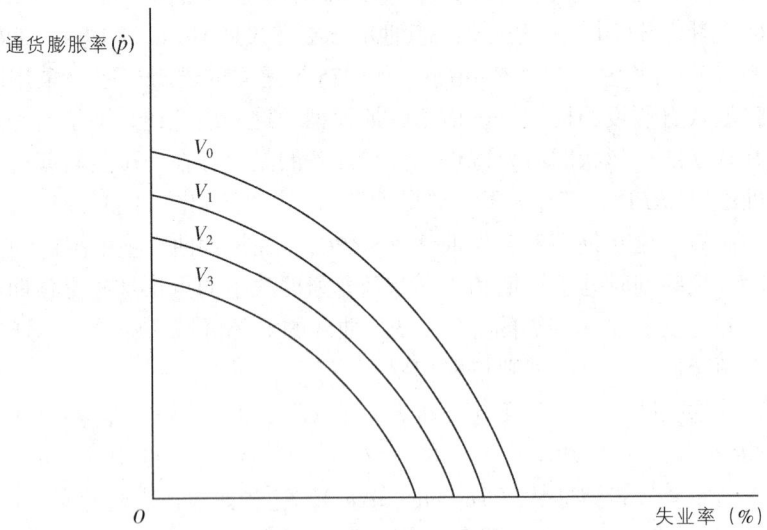

（b）

图 11-3　诺德豪斯模型

期望值的实际通货膨胀率证明为错误的，所以在失业与通货膨胀之间进行权衡的可能性就会减少。工会的谈判或其他试图"赶上"现实变化的方式都只会推高通货膨胀率（及失业率），直到通货膨胀率达到点 3 的水平，此时通货膨胀

率的预期值和实际值正好相等。在 $LRPC_e$ 右侧的区域则完全相反，并且从点4
移向点3这类变化也可以被预见到。同时，在 $LRPC_e$ 曲线同无差异投票曲线 V_2
的切点（点5）处，长期可持续的政治信誉将达到最大值。

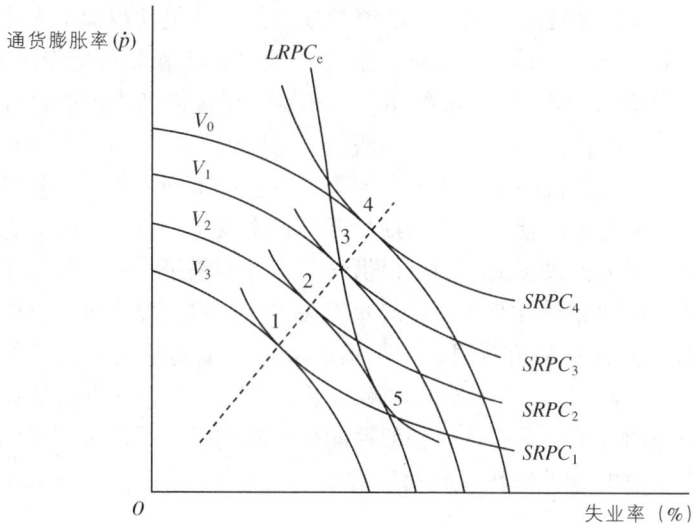

（a）

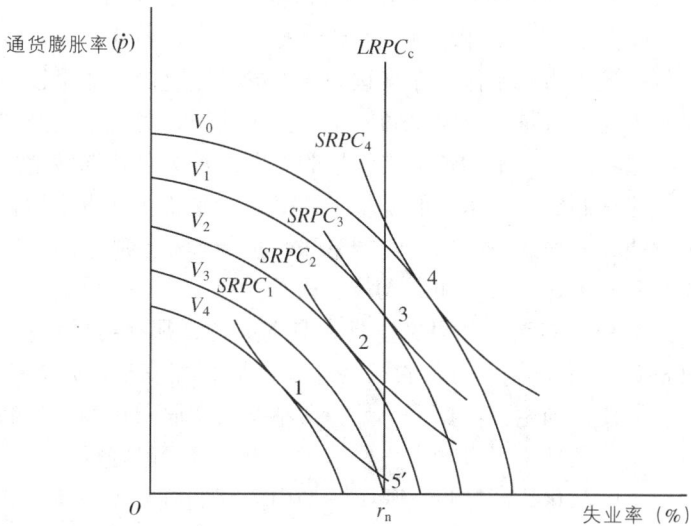

（b）

图11-4 诺德豪斯模型中的均衡

诺德豪斯模型的主旨是要表明，民主经济具有明显的通胀偏好（请注意，这同样意味着一个低于长期均衡水平的失业率），这是由于相比于较低的通胀率（点5），在较高的通胀率下（点3）更能通过利用受骗选民而获得好处。当然，在图11-4（b）中的点3处，达到较低失业率的可能性会由于可在该点达到自然失业率 r_n 而被排除。现在，能够长期可持续性地使投票最大化的状态是点5′所代表的角点解，该点可以同时实现自然失业率和零通货膨胀率。然而，短期政治考虑意味着点3才是最终结果。在针对诺德豪斯模型的批评中，有一类指向模型中选民被彻底"愚弄"的假设：选民似乎不知道在有利可图的选举前的繁荣之后，是代价高昂的选举后的萧条。正如上面所说，近年来一个最具影响力的宏观思想流派就是理性预期学派，该学派将所有可用的信息内化于个模型之中，并据此来预测增加货币供给会导致的结果。如果接受了这个学派的观点，那么短期菲利普斯曲线将从此消失，我们只需要讨论垂直的长期菲利普斯曲线即可。这一结论看似破坏了诺德豪斯模型的理论基础，因为此时图11-4（b）中的点5′就将成为新的均衡结果。然而，这一观点的批评力度却多少被另一个预测结果的具有几分相似性的模型削弱了，后者采用了比政策制定者拥有更少信息的选民来代替之前所假设的目光短浅的选民（Rogoff和Sibert，1988）。

另一个模型考虑了即使在理性预期的前提之下，仍然存在党派效应（partisan effects）的情况。以美国为例，相对于民主党，共和党会选择以极高的失业率作为代价将通货膨胀率保持在其认为可控的范围之内。如果按照一种较为直白的说法来表述，就是一个党派倾向于关注失业率，另一个党派则更关注通货膨胀率。在选举之前，不知道最终结果的选民的行为会让选举结果具有多种可能性，并会允许制定工资水平的人基于选举后的平均预期货币增长率来和他们就工资进行谈判——这里的"平均"意味着按照各党派胜选的概率所做的加权处理。在此基础上，如果共和党人获得选举胜利，那么货币增长率将比"平均"要低，从而引发衰退。如果民主党人竞选成功，那么结果就将完全相反。Sheffrin（1989）研究了这个主题的相关经验证据，却发现这方面的经验证据比较缺乏。他所使用的主要证据之一是，选举结果在股票市场产生的"公告效应"未能有力支持该理论（例如，股票市场应当通过同时降低交易价格来使共和党胜选的结果内部化，同时也反映了预期中的利润流减少的趋势。这一分析的细节见第5章的相关论述）。

Frey（1978）在该领域的相关工作中，通过采取固定选民偏好假设成功地将回应型政府和策略型政府放在一起进行分析。其主要创新点是借助民意函数（popularity function）和政策函数（policy function）构建了对政治经济周期的双层测试。民意函数将一些经济条件（如失业率、通货膨胀率和经济增长率）同现任执政党派的政治声望及其在下一次选举中获胜的概率联系了起来。而政策函数则具体化了回应型政府和策略型政府这两个抽象概念。如果民望很低，那么党派就将通过干预经济变量来改善其当前的处境；如果民望很高，那么政府就将遵照其支持者的意愿和政府自己的思想，此时该政府就是回应型政府。从这个意义上来说，Frey 的模型更倾向于效用最大化而非投票最大化。民望在投票中是十分重要的，获得了民望就能使涉及该党派意识形态的具体规划被民众认可和执行。这既符合那些不满足于只需要坐在办公室而无论做什么的政治家的理念，也和那些拥有一批抱有相同理念的核心支持者的党派相一致。

在讨论一些相关证据和批评意见之前需要注意一点，即正如宏观经济学通常有着微观基础一样，宏观政治经济周期同样也有着微观经济基础。Ekeluand 和 Tollison（1986），以及 Lewin（1988）都注意到了这一点：奥地利学派（尤其是与 Hayek 相关的那一派）认为宏观结果是由微观经济行为引起的，同时一些宏观行为也能对微观层面产生影响。比如，在一个特定的行业中，产业政策、区域政策或其他政策通常会借助补贴的手段来达到维持产出和就业水平的目标（见第 5 章）。然而，如果对其他行业也采用同样的政策，却很有可能引起预算赤字。其中的关键点在于，赤字通常是针对特定工人群体所制定的特定政策的结果。关于宏观与微观之争的一个例子是，具有政治意图的货币宽松或紧缩政策会改变名义利率，从而释放错误的投资信号。如果投资者因被误导而遭受了损失，那么就会导致宏观产出和就业出现缩减的现象。不妨再一次强调，这里的重点在于"错误的"价格会导致宏观经济后果这一机制中的微观联系。

许多政治经济周期模型的设计者们都尝试用计量经济学或其他检验方式来检验他们的模型，结果也因此变得复杂。Alt 和 Chrystal（1983）曾评论道：

"很奇怪的是，即使目前并没有确凿的证据证明政治经济周期的存在，研究这一周期的文献已然开始被广泛地引用。"

然而，Schneider 和 Frey（1988）却这样评论：

"对这部分研究文献的结果进行总结后可以发现，代议民主制下的政府会在其觉得再次胜选希望不大时出台更受广大选民欢迎的财政政策。"

许多批评通常被归类在政治经济周期的文献之中。其中一些是对这一问题中的经济理论的质疑，另一些则是对政治过程参与者的本质的质疑。货币主义对于经济管理的一条原则是货币供给变化具有长期效应和变量滞后效应，因此该理论假设许多可以代表政治家的研究专家（译者注：货币主义者）能够计算扩张性货币政策的时间点，从而形成对他们有利的局面。从这方面来说，政治家显然比经济学家更了解他们所处的现实经济情况。

此外，还应该注意到模型和经济理论之间的其他矛盾。Alt 和 Chrystal（1983）讨论过一个曾被 Hibbs（1977）提出的模型，该模型涉及具有固定偏好的党派成员或其支持者，他们偶尔会通过在选举中不给政府投票的方式来尝试打造一个会遵循其想法的政府。因为政府的变动能够反映对待通货膨胀和失业的不同观点，所以就需要假设一条以多个国家作为观测对象的截面菲利普斯曲线。现任执政党中的左翼观点认为应当采取高通货膨胀率、低失业率的政策，而右翼正好相反。但这里存在一个问题：第二次世界大战后到20世纪70年代早期布雷顿森林体系瓦解的整个时期都具有固定汇率的特点，这意味着如果执政党保持不变，那么通货膨胀率就会收敛到一个统一值，不会因党派的不同而出现差异。Laidle（1987）指出，固定汇率体制对政客们可能存在如下限制性影响：

"在这样的货币政策体制下，政府债务的增加必然会导致国内信贷扩张，并因此使得经常收支项目所面临的困难很快变成保持总体收支平衡的难题。因此，只要布雷顿森林体系的核心国继续对此实行回应性政策，如英国这类的外围国家所产生的财政赤字就会使该国家的收支平衡出现问题，并且任何承诺保持对美元的固定汇率的国家都会发现它们实施赤字政策的自由度被这个承诺削弱了。"

在英国完全加入欧盟货币体系时出现的另一个争论是，为了保持货币价值对等，英国可能必须保持同德国一样（低）的通货膨胀率，这点在第11.4小节有论述。

已经被指出的一点是，大部分模型都将政治家视同那些遵循狭隘的自利行为原则的个人，他们在损害了选民利益的同时也可能损害了自己的长期名誉。除了一些只有经济学家可能会考虑的问题之外，还可以得出一个关于选民的类似的观点，即这些选民可能不局限于关注国内经济指标，还会关注国外和国内政策可能引起的具体结果，Kelman（1988）就持有这种立场。相对于个人可从国民医疗保险项目中获得的利益，意识形态可能是一个更好的衡量美国选民对该项目的态度的指标。总之，Kelman 指出，除了许多政治经济周期模型的预测之外，投票倾向调查说明了在个人财富和投票行为之间是没有显著联系的。那些给现任政府投反对票的人并不一定就是失业者，也许他们只是认为现任政府的能力有所欠缺（所以投了反对票）。上述分析并不是说政治优势对宏观政策就一定没有影响，只不过现有的证据和理论只在其影响较小且无决定性影响的时候才保持一致。而对于任何最近的相关研究领域来说，这都应当被视为一个过渡的观点，而不应被视为最终的结论。

11.4　"欧洲"的宏观经济政策和政治激励

由于一些显而易见的原因，"欧洲"近年来在经济学领域已成为一个重要话题。基于本章的研究背景，有关欧洲的某些方面的争论值得被纳入公共财政–公共选择的教材中。尤其是，"新"最优货币区域理论（optimum currency area theory）采纳了诺德豪斯模型作为其分析框架的一部分，英国对汇率机制（Exchange Rate Mechanism，ERM）不热衷与该理论有明显关系。此外，任何采用欧元的举动都会引发公共选择和公共财政问题，涉及这一做法的合理性、财政政策的作用等。这些话题将在下文中逐一讨论。

正如上文所暗示的那样，"新""旧"最优货币区域理论文献之间存在分歧。正在讨论的问题是，根据这些文献，汇率应该固定在哪个最优区域是由经济力量决定，还是由历史形成的国家边界所决定。这场辩论的早期经典文献（现在已经是"旧"文献了）聚焦于要素流动性、经济开放程度和多样化程度等问题（Ishiyama，1975）。

Tavlas（1993）探讨了"新"最优货币区域理论，该理论反映了一些在最近的宏观经济理论中出现的问题。图 11-5 结合了两个问题来说明这一过程。第一个问题是，尽管短期菲利普斯曲线表明了通货膨胀率和失业率之间的负相关关系，但长期菲利普斯曲线却是垂直的。图 11-5 以德国（区域（a））和英国（区域（b））为例进行分析。从区域（a）开始分析可以更好地说明问题。德国的长期菲利普斯曲线（LR_g）是在其自然失业率 u_{ng} 水平上的一条垂直线。当 Y 轴所表示的实际通货膨胀率与不变的预期通货膨胀率（$\dot{p}_g^e$）相等时，短期菲利普斯曲线就将同长期曲线 LR_g 相交。在区域（a）中，$\dot{p}_g^e$ 同 $\dot{p}_g$ 在点 1 处相等。该区域中剩余的曲线则反映了第二个问题，它们是德国关于通货膨胀和失业这两种"厌恶品"的无差异曲线。这些凹向原点、形状平坦的曲线，反映出德国对通货膨胀水平近乎"固执"（hard-nosed）的偏好，据说这种偏执源于德国在两次世界大战期间所经历的恶性通货膨胀，这意味着德国情愿以失业率的较大增长来换取通货膨胀率很小的降低。如图11-5所示，无差异曲线和短期菲利普斯曲线相切于长期菲利普斯曲线 LR_g 上的点1，这表明该点无论是从政治（偏好）角度还是从经济（菲利普斯曲线的形状）角度来说都是充分均衡的。因此，德国的这种偏好所带来的结果是过去几年中几近传奇般的低通货膨胀率。

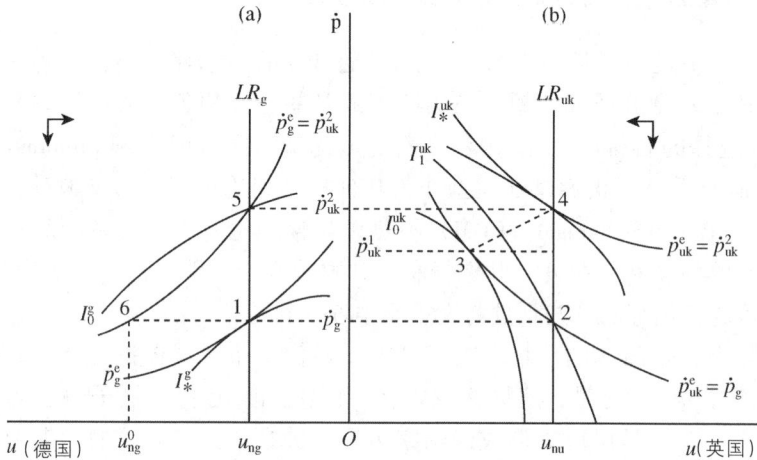

图11-5　进口信誉及政治均衡

　　第三个问题是关于声誉、可信度及时间不一致性的。对于现代政府来说，如果它的官方公告同公众对即将出台的政策的信念相一致的话，这个政府就可以被称为有可信度的。声誉（即政府以往的行为记录）是政府可以用来获取（或不能获取）可信度的一种工具。如果政府行为一再与之前的政策声明相违背，将降低政府的平均可信度，直至边际可信度为零，在这种情况下，官方宣布政策变化不会影响到公众的预期。

　　英国因为对通货膨胀的"宽松"态度而名声在外，故它的无差异曲线显得更为"陡峭"，在图11-5的（b）区域中分别用 I_0^{UK}、I_1^{UK}、I_*^{UK} 来表示。在20世纪的七八十年代和九十年代早期，低通货膨胀率几乎是英国唯一的宏观经济目标，问题是在英国政府缺乏实现低通货膨胀率的可信度的情况下，如何实现这一目标。一个方法是"进口"信誉，即通过绑定英镑的名义汇率与德国的名义汇率来提高可信度，暗示民众英国也将实行类似于德国那样的"强硬"的货币政策。实际上，其目的是通过加入一个货币区，将国内通货膨胀率降低到德国的水平。依照图 11-5，英国在 1990 年 10 月加入欧洲汇率机制的政策相当于告诉民众本国经济将要移动到（b）区域中的点 2。但这真的可信吗？答案是否定的，因为所谓的"束手"（tying one's hands）（译者注：固定本国汇率政策的选择）政策是"时间不一致"的。具有时间一致性的政策是这样的：政治偏好和经济约束决定了经济主体没有动机在未来改变其行动。很明显，点 2 体现了时间不一致性。假设偏好的方向由图中的箭头所表示，在 I_1^{UK} 上的点 2 代表的是一个比 I_0^{UK} 上的点 3 更低的效用水平，而点 3 所代表的效用水平则可以通过政府将通货膨胀率提高至 $\dot{p}_{uk}^1$（$\dot{p}_{uk}^1 > \dot{p}_{uk}^e = \dot{p}_g$）来达到。在一个同诺德豪斯模型的调整方案相似的做法中，这一"Barro-Grossman"模型会使英国将经济调整至点 4 的位置，在该位置上政治和经济两方面的均衡通货膨胀率都等于一个能使预期值和实际值相一致的通货膨胀率 $\dot{p}_{uk}^2$（$\dot{p}_{uk}^2 > \dot{p}_g$）。这一研究加入货币区域意愿的政治经济模型表明，对通货膨胀率和失业率的偏好相似是保证最终成功的先决条件。这种可信度对政府来说是有吸引力的属性，如果发生了经济冲击，德国的通胀率移动到了与英国同样高的点 5 位置，就可以看出这一点。穿过点 5 的无差异曲线 I_0^g 位于另一条无差异曲线 I_1^g 之下，如果德国政府宣布将重新回到点 1，那么这一宣布将是可信的，并且经济主体将根据从点 5 回到点 1 的变化情况而相应调整工资和价格水平。但如果民众不相信这个公告，并且政府实际上使通货膨胀率达到 $\dot{p}_g$ 值，此时德国的失业率将上升到 U_{ng}^0 作为过渡，这相当于点 6 所展示的情况。U_{ng} 和 U_{ng}^0 之间的距离代表了因缺乏可信度而需要付出的失业率代价。在这种宏观经济环境之下，失业是一个重要的问题，这是第 11.6 小节的主题，而第 11.5 小节将讨论另一个与通货膨胀相关的主题。

11.5　"欧洲"与通货膨胀税

Rebelo（1994）研究了通货膨胀的公共财政维度，强调了从通货膨胀税中获得的财政收入。如果通货膨胀未被预期到，持有按货币计价的资产的个人就将因其资产实际价值贬值而蒙受损失，从这个角度来说他们其实相当于被征税了。然而，将通货膨胀视为征税的相关分析通常会假设所涉及的个人能够准确地预料到实际通货膨胀率。按照 Dornbusch 和 Fischer（1978）的说法，如果实际收入水平是固定的，那么个人希望得到的实际货币余额就应该等于图 11-6 中定义的 $(M/P)^0$（当实际和期望通货膨胀率都为零时的需求量）。曲线 D 是实际货币余额的需求曲线，这一曲线描述了当通货膨胀率上升时，个人如何寻求减少所持有的资产的实际余额。在实际收入不变的情况下，个人希望能以等于通货膨胀率的比例来增加其现金余额（这也是为了保持实际余额不变而需要的名义余额）。因此，通货膨胀税 Tr 的实际价值就可以写为：

$$Tr = \frac{\Delta M}{P} \tag{11.8}$$

（这实际上也正是以现金流法计算的铸币税）式中 ΔM 代表了名义货币余额的变化，P 则代表价格水平。将上式右侧做如下变化：

$$Tr = \frac{\Delta M}{M} \cdot \frac{M}{P} \tag{11.9}$$

在其他条件不变的前提下，$\Delta M/M$ 就等于通货膨胀率 $\dot{p}$。短期中，通货膨胀税则等于 $\dot{p} \cdot (\Delta M/P)$。在图 11-6 中，如果实际通货膨胀率和预期通货膨胀率都是 $\dot{p}_e^1$，那么个人的实际货币余额需求量就是 $(M/P)^1$，而所支付的税收则等于图中四边形的阴影部分。政府用"创造"出来的名义货币余额购买了私营部门的产品和服务，并通过这种方式征集这一税收，而这个"创造"出来的名义余额正是个人希望的名义货币余额增加量，从而保证实际余额值在每个时期中都能保持不变。

同大多数税收一样，通货膨胀税也涉及福利的损失。在这个案例中，当不存在通货膨胀时，个人所需求的实际货币余额就可用三角形 $(M/P)^1$-1-$(M/P)^0$ 来表示，而这正是将通货膨胀视为税收所引起的扭曲。Dornbusch 和 Fischer（1978）提到，只有较少的证据表明发达国家会为了筹集通货膨胀税而额外"创造"货币。而在 1979—1987 年间，欧洲较穷的国家（如葡萄牙、希腊、西班牙）的铸币税或通货膨胀税在税收总收入中占了近 10% 的份额（Giovazzi 和 Giovannini，1989）。

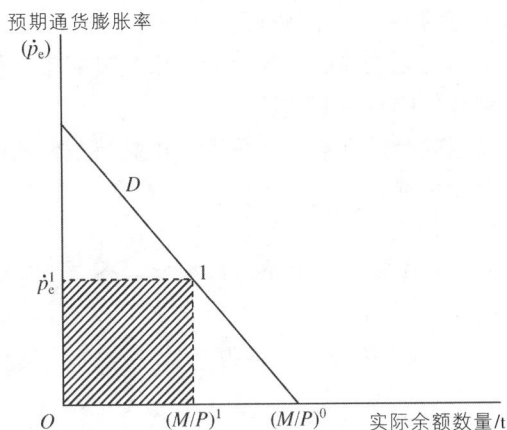

图11-6　通货膨胀税的形状及福利损失

　　假定政府收入的增长会导致福利损失，那么就可以认为存在着最优通货膨胀税。Rebelo认为政府从通货膨胀税中获得的收益有两类：其一是能对原本可以逃税的黑市与其他非法活动征税；其二是能对外国人持有的本国货币征税。在这一背景下，欧洲各国保持一个统一的、较低的通货膨胀率（及税率）是否合适呢？Rebelo的回答是否定的，原因在于各国对公共部门规模、征税成本、劳动税、资本税、财产税、增值税甚至黑市等因素的偏好都不相同。由于这些差异的存在，针对所有欧洲国家的单一的通货膨胀税不可能成为最优税收方案的一部分。认识到统一的通货膨胀税是极其不合适的，作者（即Rebelo）转而研究他称之为支持货币联盟的政治经济学观点。正是依据瓦格纳法则（Wagner's Law）（见第14章）公共部门相对规模随时间扩大的观点，Rebelo发现了通货膨胀税真正的罪恶——印发货币，尤其是在选举之前出人意料地大量印发货币，将增加公共支出，并且在通货膨胀发生时降低名义公共债务的实际价值。如果不依赖于创造货币，那么政府支出的成本就会更加透明，消费者的选民意识会因此增强，政府也将受到更多约束。

　　综上所述，财政趋同标准可能同最优货币区域没有太大关系，但却同最优公共选择有着极大的关联。但为何政治家们宁愿以政府的公共支出将因预算约束而受到限制为代价，也要寻求建立货币联盟呢？虽然德国的情况由于其对通货膨胀目标近乎"偏执"的坚持并不显得那么矛盾，但其他国家呢？答案看起来是，它们要保护本国政府的转移支付体系，这是欧盟汇率稳定的关键。因此，欧盟各国愿意承担失去一定的财政支出自由的代价。尽管 Rebelo 赞同欧洲货币联盟是对瓦格纳法则的检验，但这看起来也说明了支持欧洲货币联盟的政客们尚未完全找到他们的自身利益。

加入欧洲货币联盟的趋同标准（《马斯特里赫特条约》的一部分）包括三个货币标准和两个财政标准。

三个货币标准是：

（i）在加入的前一年其通货膨胀率不得超过三个通货膨胀率最低成员国上年通货膨胀率的 1.5%；

（ii）在加入的前一年其长期利率不得超过三个通货膨胀率最低成员国长期利率的 2%；

（iii）该国汇率应当至少两年维持在欧洲汇率机制规定的"正常"波动范围之内（1993 年以来的 ±15%），且不能出现货币贬值的情况。

两个财政标准是：

（iv）预算赤字不能超过其 GDP 的 3%；

（v）国债占 GDP 的比重不得超过 60%。

De Grauwe（1994：161）指出，关于《马斯特里赫特条约》准入条件的一个值得注意的地方是，这些条件同经济学理论关系不大，而且上面提到的这些不同条件都是"旧"最优货币区域理论所强调的，如较高的要素流动性。

早期曾有人强调，加入一个货币联盟还要求成员国的货币政策有一定的相似性，即只有一种货币政策立场，否则通货膨胀率的差异就会对固定名义汇率产生压力。在货币联盟实行了不可逆的固定名义汇率、单一货币和单一央行之后，成员国完全丧失了货币政策工具。这意味着，关注点转移到了财政政策上面。

11.6 失业

大致来说，失业在 20 世纪 30 年代曾被视为一个主要问题，到了五六十年代，凯恩斯主义的充分就业共识（有人称之为过度充分就业）则成为主流思想。通货膨胀直到 20 世纪六七十年代才成为主要问题，而到了 80 年代，通货膨胀和失业都成为主要问题。之前曾提到过，Hibbs 的研究指出右翼政府倾向于把通货膨胀视为比失业更严重的问题。对此，一个直接的解释是，通货膨胀影响所有的选民，而失业往往更严重地影响到（就英国而言）那些因支持保守派而未受到关注的地区。当然，那些认为经济总归是要趋向于自然产出率和自

然就业率的理论，都在某种程度上赞同关注通货膨胀，并将其视为主要的政策
性问题（注意，这些理论模型是有可能调整自然就业率的，但这必须通过改变
劳动力市场的结构来实现）。从这个角度来说，诺德豪斯模型侧重关注通货膨
胀问题是符合当时背景的。然而，本小节的目的是集中讨论失业、失业的衡量
和如何解释其不良影响。尽管这里给出的解释可能并不详尽，但却尽可能地罗
列了可供选择的观点。

　　与度量公共部门的规模类似，测量失业率乍一看就像是一个粗浅的练习，
但实际情况却远非如此。尽管自1979年以来，英国除了要面对诸多问题外，
还要同一场世界范围内的衰退抗争，但是公共选择理论家们却不会因为保守型
政府试图最小化失业率而感到惊讶。出于同样的原因，公共选择学派同样不会
因为劳动党认为官方给出的失业率数字是被低估的而感到惊讶。表11-3已经
列出用于区分它们的特点，该表曾在 The Sunday Times（1983）中出现过，此
处做了轻微修正。

表 11-3　　　　　　　　　　　　　对失业人数的测量

（1983年的官方数据：3 000 000+）

左翼政党的加法		右翼政党的减法	
由于失业统计形式变化而排除的失业人数	189 000	辍学者	168 000
60岁以上的失业人数（不再要求登记）	199 000	没有寻找就业机会的人	490 000
临时工作人员	43 000	重度残疾者	23 000
在假期中的学生	27 000	不能受雇者（身体或精神上丧失工作能力的人）	135 000
特殊就业人群	395 000	希望换工作的人（失业小于一周）	360 000
未登记的失业人群	490 000	黑市经营者（见第8章）	250 000
总和（大约数）	4 400 000	总和（大约数）	1 700 000

来源：Lipsey.D. "jobless-the Great Divide"，The Sunday Times，6 November 1983.

　　当"重新划分选举区"被用于重新定义政治边界以增加选票时，"Thatch-
ering"这一名词则被用于重新定义统计边界。在1979到1994年的数年间，英
国失业率统计体系的构建方法共经历了九次重要的变化（其中最后一次发生在

20世纪90年代）。两个被观察到的现象引起了对这些变化的动机的怀疑。首先，只有第一次变化提高了失业人数的统计值（大约是20 000人），而接下来的八个变化都有助于减少失业人数。虽然就业部门愿意在政治上更有利的基础上修改失业的相关数值来逆向重写历史，但它们不愿意为使"旧"的定义延续下去而提供相关数据。虽然官方在1994年第一个季度给出了275万失业人口的数字（失业率大约是10%），但这种在其他地方已然实现的做法意味着这一数值实际上可能是380万（大约14%）。关于更详细的变动和失业人数测算的讨论见Johnson和Briscoe（1995）的研究。尽管本文不想从正反任何一个方面继续讨论这个问题，但这已足够说明在任何情况下，大部分被自夸的"实际"情况很少会同表面上体现的相一致。此外，无论是否接受统计的失业人数被低估了，几乎全部的评论者都认为20世纪80年代的英国确实存在重大的失业统计问题（这些问题大多集中于失业人员的年龄和居住地等方面）。那么，该怎样解释这一现象呢？下文对此给出了一些解释，其中，前两个是通过凯恩斯主义理论给出的解释（Blinder，1988），而第三个解释则借鉴了公共选择理论的研究方法。

11.6.1 实际工资黏性

现在有越来越多的理论试图解释为何市场出清的实际工资无法实现。如图11-1所示，如果工资达到了（W_1/P_0）的水平，为何登记的失业工人的数量会介于点2和点4之间，而不是实际工资下降从而使劳动市场达到$O\text{-}L_1$所处的均衡状态？工会的谈判能力是一个明显的原因，其将在下文提到的"联盟"部分中被进一步阐述。另一个不那么相关的解释是则是失业的"内部人-外部人"理论（Linbeck和Snower，1986）。在这个理论中，即使没有工会，那些已就业的人员也同样有能力就工资进行谈判。对于一个企业来说，尝试解雇或替换它的所有员工是一个成本极大的选择，认识到这一点的"内部人"会试图通过谈判来争取继续被雇用并得到一个高于使劳动市场出清的工资水平。雇主们知道，如果他们雇用了这些"内部人"，那么"内部人"就不会同任何愿意接受更低工资来获取就业机会的"外部人"合作。另外，如果市场工资水平下降，那么也可以预期"外部人"在获得工作的同时会因为"内部人"的存在而感到困扰。Linbeck和Snower（1990）通过解释为何企业不会用那些愿意接受更低工资的"外部人"替换已有的"内部人"来回应Fehr（1990）对他们研究结果的评论。这一解释依赖于如下的"离职成本"

（turnover cost）：内部员工由于受过更多的在职培训从而相对于"外部人"来说更具生产效率；一些老员工一旦被解雇就无法再度给该企业的新员工提供培训；被解雇的内部员工可能产生的"愤怒的沉默"（angry silence）会给企业带来困扰等。因此，替换全部员工就更有可能让企业付出丧失良好信誉的代价。如果这一讨论是合理的，那么就算 Fehr 对此仍然持有反对意见，"内部人–外部人"理论依旧有其可取之处。

11.6.2　"效率"工资理论

"效率"工资理论常常与企业作为生产性组织的基本原理相关联。Alchian-Demsetz（1972）所采用的方法指出，团队生产要比个人生产更具效率，这一论述为企业的成立给出了必要但非充分条件。然而企业所面临的一个麻烦是"团队"生产可能会出现"推卸工作"（shirk）的现象，雇主能够通过给予其雇员更高的工资来解决这一问题，雇员也会因为其他工作所给的报酬相对较低而害怕失去原有的工作（Greenwald 和 Stiglitz，1987）。然而，如果这种做法对于某个雇主来说是合理的，那么对于其他雇主来说也同样是合理的，因此所有的企业就会同时提高工资。这一现象的后果就是实际工资将超过均衡水平，从而同时出现高实际工资水平和失业现象。其主要含意是：（a）"惩罚"机制（disciplining mechanism）不是指工资较低的工作，而是员工对失业的恐惧；（b）超出均衡水平的实际工资会以减少"推卸工作"、增加产出的方式来给企业以回报。其中，第二点意味着可以通过减少一定量的产出来减少失业人数。

11.6.3　公共选择和"联盟"

Colander 和 Olson（1984）指出，凯恩斯主义和新古典主义这两类宏观经济理论都没有给予寻租（通过分配的方式寻求收入的联盟）足够的重视。在他们看来，无论是人为地保持高工资的雇员联盟，还是人为地保持低工资的雇主联盟，其可能产生的影响都需要被全面地分析。正如在这些学者们在所著的书中所提到的，这些集体行为要么要求参与者的数量较少，要么要求使用选择性激励来尽可能规避免费搭便车这一问题。

Colander 和 Olson 还认为大部分联盟同"卖方"有关，因此需要重视的是高过市场出清水平的工资，它会导致劳动力的过度供给（失业）而非过度需求（岗位空缺）。在图 11–7 中，区域 (W/P_h)-1-2-(W/P_e) 代表了"联盟"（coalition）从高出均衡水平的工资 (W/P_e) 中获得的利益。联盟会把就业人数从 O-L_e 减少到 O-L_c。在一个更宽松的环境中，L_c-L_e 数量的劳动力将被迫进入工资刚性较小的经济部门。然而，如果寻租联盟十分庞大，就会将工资减少到保留工资的水平，从而使失业或未充分就业成为司空见惯的事情。进入这个很有吸引力的圈子能得到的高额回报会使潜在的雇员们扩大其求职范围，并且排队等待能成功地被寻租者录用，这就意味着求职性失业率会因此而提高。

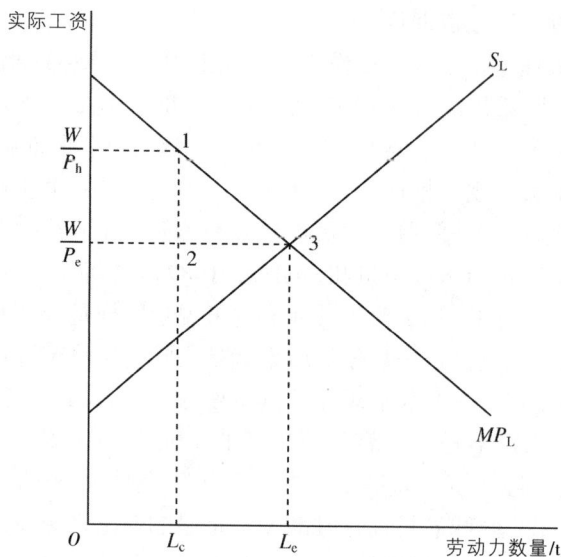

图 11-7　寻租引起的失业

Colander 和 Olson 辩称，这种联盟力量的效应降低了该集体对不断变化的经济环境的适应速度和适应能力。而且，一旦个人决策变为集体决策，那么为了取得多数人的同意就要花费更多的时间成本和问题处理成本。在质量方面，由于可能存在免费搭便车获取他人信息的问题，整个联盟成员获取信息的激励小于部分个人获取信息的激励。不完全的信息会引导产出的结果。调整速度较慢且获取信息不完全的寻租者就可能在某种程度上被寻求支持者且希望以失业下降换取经济增长的政治家所利用。为了提升价格而扩大总需求出乎意料地降低了实际工资，并且将就业人数从图11-7中的点1推向点3，同时增加经济产出。尽管来自美国的将失业水平同工会等级联系在一起的经验证据为这一分析提供了一些支持，但 Colander 和 Olson 的主要观点却认为直接或间接地采用宏观模型中的价格竞争行为会是误导性的。

11.6.4 公共部门规模和失业

公共选择理论家们能够凭借经验证据来证明政府的规模对就业有着负面影响。Feldman（2006）采用了来自19个工业国家的数据，在控制了经济周期的冲击、主要的劳动市场组织和未观测到的国家效应等诸多因素之后，他发现如果存在较大规模的政府部门，会显著增加失业人数，尤其是女性工人和低技术劳工（这些人一般具有较高的负工资弹性）的失业人数。与此同时，长期中的失业人数同样也增加了。Feldman还详尽地描述了较大的政府部门规模同失业人数的增加之间的联系。首先，政府部门挤出了私营部门，尤其是挤出了私营投资，从而减缓了技术进步，降低了生产效率和国际竞争力。其次，因为私营部门的规模较小，吸收新求职者的能力也相应较低，所以加剧了那些由于经济结构变化而失业的个人在长期中的失业情况。再次，也是最重要的一点，Feldman认为存在较高的隐性税负的影响。有人认为，征税会减少可支配收入，从而减少总需求，同时减少私人投资的盈利性，也就相当于削弱投资的吸引力。如果有强有力的工会的干预，而使得原本的对劳动力征税转向对资本征税，就会提高劳动的实际成本，并引起资本替代率及资本边际产出的下降。在长期中，这种效应可能会引起投资减少和经济增长放缓。如果工会相对弱势，那么实际工资会降低，个人也会选择以闲暇来代替工作时间，从而增加了自愿失业人数。这看起来类似于如果左翼政党的政策不能吸引你，那么右翼政党的政策会吸引你的情况。如果政府采用增加债务的手段，那么利率将因此而上升并挤出私人投资，从这个角度来说每个家庭就会自发地做出李嘉图式的假设，并且意识到未来可能会增加税收，从而在当期便减少支出来应对未来的加税，这也导致了当期总需求的减少。最后，Feldman认为较大的政府部门规模将鼓励更多的自愿性失业。这些理论上的讨论并不受限制，这在本书中同样随处可见，如第10章中的关于劳动力供给及李嘉图等价的理论与经验证据。虽然Feldman确实意识到了政府的教育支出及有助于未来经济增长的基建投资所能产生的正面效应，但他仍然认为这些正面效应被较大规模的政府部门所具有的负面效应掩盖了。

对政府规模的测度可借助于一种被称为"世界经济自由度"（Economic Freedom of the World，EFW）的指标体系，该体系通过四个分指标来测量政府规模的几个主要方面，即政府消费、转移支出和补贴、政府控股企业和对该企业的投资、最高边际所得税率。其通过这些指标来构建一个从0到10的评价范围，对应的是政府规模从低到高。使用这些指标作为因变量，并且将政府规模的综合度量作为自变量进行回归分析后，所得的结果显示占主导地位的国有企业、较大比例的公共投资、低起征点且高边际税率的所得税等因素对就业都会产生负面影响。Feldman（2006：464）得出结论：如果一个国家在面对较高失业率的同时还存在着较大规模的政府部门，那么就应该考虑通过削减政府部门的规模来降低失业率。在另一篇相关文献中，Feldman（2007）通过计算87个国家的数据发现，如果意大利将其政府部门规模削减到同美国的政府规模相当的程度，那么意大利的整体失业率将减少2.3%。将这一证据放在此处并不是要将其视为结论，而是作为对近来出现的一些有利于公共选择理论的经验研究的说明。一般来说，政府并不指望通过改变公共部门的规模来解决失业问题。在标准方法之下，政府会尝试使用宏观经济政策工具中的稳定性政策。

11.7　1997年之后英国的宏观经济政策

1997年，英国工党上台执政已经有一段时间了，因此人们自然会问：在宏观经济政策的实施过程中是否能观察到任何差异？公共选择经济学或福利经济学是否能对出现的任何变化做出最好的解释？

正如在第5章中提到的，对工党政府来说其目的是寻找新的政策工具，这一意图体现在他们对宏观经济政策的选择上。然而，在达成这些目标的同时会出现新的政策规则。一般来说，在经济政策中无论是使用固定规则还是相机抉择都各有利弊，这是在讨论工党政府所选政策的细节之前需要考虑的。

11.7.1　自由裁量与固定规则

宏观经济政策面临着一个根本的选择：要么事先制定一系列规则，规定何种经济情况下实行何种政策，如一种"按数字画画"的规则——只要出现数字4，就涂红色；要么就采用自由裁量政策，根据当时出现的经济问题，决定采取什么样的经济政策（"画什么样的画"[①]）。1997年，工党政府看起来更倾向于前者。但在更详细地研究其选择之前，需要先明白固定规则和自由裁量各自的重点在哪里。固定规则很有吸引力的地方是，只要在最初制定规则时耗费

---

① 原文是"画的颜色和轮廓"，指宏观经济政策的具体特征。

一定的资源，之后几乎不再需要做出进一步决策了。固定规则倾向于划清责任的边界——由谁负责、负什么责及何时负责。这些规则往往会增强政府的可信度，因为它们有效地制约了政府的决策权，表明宏观政策不是一个可以在改选过程中踢来踢去的政治足球。虽然固定规则表面上是清晰的，但现实中却总有模糊之处。这句话是什么意思呢？数字"4"代表的经济状况（指统计数据）指的是什么，与它对应的宏观政策（"红色"）又指的是什么？固定规则从不包含自身如何被运用的规则。一旦采用了固定规则的政策，就总会出现一些"扭曲因素"，使其表面上的具体性消失。举例来说，英格兰银行货币政策委员会（MPC）负责设定英国的利率，但政府会保留在紧急情况下干预银行设定利率的权力。然而，对于一个人来说的紧急情况，在另一个人看来可能只是小问题。没有任何一种方式是适用于所有情形的。一个更为基本的反对观点是，这个每天都会发生很多事的世界是复杂且充满不确定性的，谁都不能预测明天。这种根本上的不确定性表明，我们无法想象能够在事前制定任何规则来应对一个事件。这意味着，在政策行动中最终必须有一种自由裁量的因素，如果任何规则的适用产生了效率低下和/或不公平的结果，改变这些规则而不是为了信誉去墨守成规就是合理的。

11.7.2　1997年以来的货币政策

考虑到公共选择激励理论，新工党政府（1997年）将利率决定权交给了英格兰银行货币政策委员会，这一做法似乎有些令人惊讶。[①]这看起来似乎是政府放弃了一项本可以相机使用、通过操纵经济而增加其选举优势的工具。货币政策委员会每月召开一次会议，其成员包括：英格兰银行（英国央行）的行长、两名副行长、央行首席经济学家、市场运营部门的执行总监，以及四名由财政大臣任命的任期三年的外部经济专家。每名成员拥有一票表决权，行长最后进行投票，在某些情况下（如出现平局时）这一票起决定作用。利率调整通告通常会在每月首个周一之后的首个周四发布，两周之后会发布决策理由及具

---

① 英格兰银行（Bank of England，BoE）是英国的中央银行，该行于1694年以私营方式成立，自1931年起隶属于财政部，并于1946年被收归国有。1997年5月，英格兰银行货币政策委员会（Monetary Policy Committee，MPC）成立，标志着英格兰银行成为一个独立的公共机构，拥有独立的货币政策制定权。MPC的宗旨是选择能够满足政府通货膨胀目标的利率，目前该目标是2%。MPC成立以后，成为全球中央银行货币政策委员会制度的典范。货币政策的独立，一度扭转了英国经济发展长达30年的颓势，实现了低通胀、高增长的政策目标——译者注。

体投票细节。货币政策委员会将依据国内和世界经济情况的报告，以稳定物价为首要目标来决定利率水平。政府通常会在每年的预算报告中设定政府的通货膨胀目标，2004 年以来该目标为消费者物价指数（CPI）不超过 2%。如果实际通货膨胀率比预期高出 1% 以上，政府领导人必须发布一封公开信对此做出解释（第一封公开信发布于 2007 年 4 月）。2% 的目标不代表通货膨胀率能一直被限制在这一水平上，即使这有可能，也意味着利率会一直在变化，偏高的利率可能在经济中引起不必要的不确定性和波动。相反，货币政策委员会的目标是设定利率，从而使通货膨胀率能够在一个可接受的时间段内回落到目标水平，避免引起不合理的经济波动。Cobham（2002）讨论了利率平滑问题。

货币政策委员会的第二个目标是支持政府的经济政策及其经济增长和就业目标。在本书写作之际，货币政策委员会受到密切关注，因为英国的 CPI 已经超过了 4%，并且在房地产市场暴跌和可能出现衰退的背景下，CPI 预计将升至 5%。由于货币政策委员会的目标是控制通货膨胀率，如果这一目标仍然可信，那么在短期内降低利率就不会是个有吸引力的选择。虽然政府已经充分意识到，如果货币政策是可信的，那么其总体效应就会迅速显现，但实际上在利率变化影响到支出和储蓄决策并最终影响到 CPI 之前，货币政策的效应存在一定的外部时滞。政府认为，利率变化需要一年的时间才能达到对产出的最大影响，而要对 CPI 产生最大影响，则需两年。有鉴于此，利率的设定必须基于对未来几年通货膨胀率的预期判断。对货币政策委员会的成员来说，这是一项艰巨的任务，他们在应对信贷紧缩时采取了非常低的利率，这加剧了他们对未来通货膨胀的担忧。

11.7.3　1997 年以来所施行的财政政策

由于财政政策的目标是实现中期财政稳健，因此固定规则被摆在了最重要的位置。此外，财政政策被视为在经济周期内支撑货币政策的重要手段。各国政府提出的目标是实现高水平和可持续的经济增长与就业。工党政府的财政管理原则有如下五项：

1.透明，体现在制定财政政策目标、执行财政政策和公布政府账目方面；

2.稳定，体现在财政政策制定过程及财政政策对经济的影响方式上；

3.责任，体现在公共财政的管理上；

4.公平，包括代际公平；

5.效率，体现在对财政政策的设计和执行，以及对公共部门资产负债表的管理上。

　　要反对这些原则是很困难的，这不仅因为它们都是比较普适性的说法，还因为它们也是 1998 年《金融法案》（Finance Act）和《财政稳定法典》（Code for Fiscal Stability）的一部分。《财政稳定法典》说明了在制定和执行财政政策过程中应如何体现上述原则。此外，它还要求政府制定自己的财政政策目标，并确定本届议会任期内施行财政政策应遵循的规则。

　　英国政府 2007 年预算案设定的政府财政政策目标如下：

　　1.确保中期财政稳健，保证支出和税收政策的代内公平和代际公平。在实践中，政府要做到这一点需要先实现后面的条件：

　　2.政府在满足其税收和支出优先事项的同时，应避免债务负担的不可持续和破坏性增长。

　　3.从财政支出中受益的每一代人都应尽可能地承担公共服务的成本，并且在短期中，财政政策应通过如下方式对货币政策起到支撑作用：

　　4.借助自动稳定器机制抑制经济波动（比如，在其他条件相同的情况下，当经济增长时，税收收入就会增加，社会保险及失业补贴支出将减少。这将有助于缓和经济的过热趋势，从而达到稳定经济的目的①）。

　　5.在审慎且合理的前提下，通过改变财政立场给予货币政策进一步支持。

　　同时，政府还详细说明了两条同上述目标相一致的关键性财政规则，即：

　　6.所谓的"黄金法则"：在一个经济周期内，政府借债只用于投资性支出，而不是经常性支出（一般而言，如果在一个完整的经济周期内，经常性预算是收支平衡或盈余的，那么就符合这条黄金法则）。

　　7."可持续投资法则"：公共部门净债务占 GDP 的比重在整个经济周期内保持在一个稳定且审慎的水平上（在其他条件都相同的前提下，如果政府在当前经济周期中的净债务能维持在低于 GDP 40% 的范围内，那么就满足了可持续投资法则）。

　　保持审慎已经成为一个口号。还是那句话，你不能指望财政大臣说他们会不计后果。基于对经济趋势增长率、失业水平、石油及股票价格等关键变量的审慎假设进行财政预测的想法虽然值得赞赏，但在实际中却难以落实。比如，油价的巨幅增长就没有被广泛地预料到。直到最近，这种更多以规则为基础的

①　在美国,其经验法则是如果产出下降超出 1%,财政赤字就会自动增加 GDP 的 0.4%。

宏观经济政策，一直在相对良性的经济条件下运行，然而随着油价上涨和"信贷紧缩"，要求打破或规避这些财政规则的压力以戏剧性的形式出现了。

11.8　公共部门规模和经济增长

经济增长是宏观经济学的第三个研究目标，被视为宏观经济学的核心问题。尽管存在大量的理论及实证研究，但经济增长的过程及其秘诀仍然是难以捉摸的。虽然20世纪80年代与90年代出现的"新增长理论"聚焦于引起技术变革的因素，本小节的关注点却更为有限，涉及的是公共部门规模与经济增长之间的关系。很明显，利维坦公共选择学派（Leviathan Public Choice School）的经济学家们倾向于认为较大规模的政府部门有害于经济增长。相反，GDP的增长与政府的增长率之间存在相关性，但与政府规模之间的相关性较弱，这与公共部门和私营部门之间存在强烈的正外部性的观点有关。按照交易成本经济学的说法，国家是市场经济中的重要参与者。确立财产权、开放信息渠道、制定度量衡与产品标准，以及市场基础设施和人力资本投资都是私营部门进行生产所需的正的额外投入。但正如本书所强调的，公共部门只能通过税收、举债或征收通货膨胀税来获取财政收入。所有形式的财政收入增长，都会通过相对价格的变化、利率上涨和不确定的价格水平等，产生潜在的抑制作用。虽然这些影响的大小是有争议的，但它们显然会影响经济中的个人工作投入和投资水平。后一种影响就是前文所提到的"挤出效应"的一种形式。关于经济增长与公共部门规模之间关系（如果有的话）的研究，Landau（1985）和Saunders（1985）的两篇早期文献得出了不同的结论。他们对这一领域的工作做了说明。两位作者都承认有理由相信较大规模的公共部门既能促进也能抑制经济增长，因此该问题本质上是一个经验问题。Landau使用的是较为复杂的计量经济学方法，他承认对经验证据总是有各种不同的解释。在这种情况下，是公共部门影响了经济增长，还是相反呢？由于缺乏（包含政府支出效果的）内在逻辑有机联系的增长模型，这两位研究者都坦然地采用了经验研究方法。Landau的研究方法较为特别，他将经济增长同实物、人力资本水平及它们的生产率的变化联系起来。在他的模型中，影响投资生产率的一组重要变量与政府支出在国民收入中所占的比例有关。该模型引入的其他变量还包括一个时间趋势变量、代表经济收缩及扩张的年份虚拟变量，以及贸易条件的百分比变化。同时，他在回归分析中还使用了一些表征增长率和公共部门规模的变量。

结果表明，政府部门的规模对经济增长确实存在不利影响（他采用的是包括英国和美国在内 16 个发达国家 1952—1976 年的混合时间序列数据）。在回归分析结果中，政府支出在国民收入中的占比每上升 10%，人均国民收入增长率就下降 0.6%~1.6%。Landau 得出的结论还表明，政府的消费和投资支出均同经济增长存在着负相关关系，但转移支付并未表现出对经济增长的负面影响。转移支付被证明对经济增长有利，这对英国来说可能意义重大，因为英国政府部门规模的显著增长主要来源于转移支付数额的增加。

Saunders（1985）考虑了政府支出总额占 GDP 的比例对经济增长的影响（以实际 GDP 的变动百分比衡量），并且考虑了其他对经济增长有影响的因素，如固定资本形成总额占 GDP 的比例（常数也是线性回归方程的一部分）。尽管在 Saunders 所研究的两个时期内，政府支出比例这类变量同经济增长都是负相关的，但它只在早期（1960—1973 年）的常规水平上显著。在尝试解释两个不同时期经济增长的差异时，Saunders 使用了相同的变量，但没有证据表明 1973 年后经济增长的放缓同政府支出增长之间存在系统的联系。此外，Saunders 还将政府规模增长变量替换为 1975 年的政府支出比例，对有着较大政府部门的经济体能够更好地抵御 20 世纪 70 年代中期的供给侧冲击这一假设进行了检验。检验结果表明，1975 年以后，在那些政府支出比例更大的国家，经济增长下降的程度略小，从而对上述假设提供了某种并非压倒性的支持。

Saunders 指出，同其他人一样，他的研究并不能表明在总体经济绩效与政府部门规模及其增长之间存在简单的有利或不利的相关关系。他认为，之后的研究应当更注重分解方式，即分别研究不同收入和支出政策结构的影响。

Dowrick（1993）对此给出了回应，他曾检验过两个等式，其中一个如下所示：

$$\frac{总产出的}{增长率} = \frac{要素投入的}{增长率} + \frac{私营部门的}{创新率} + \frac{要素}{生产率} \frac{生产的}{外部效应} + \frac{创新}{效应} \tag{11.10}$$

其中，生产的外部效应来自"政府部门的产出会影响私人部门的生产"这一假设。要素生产率一项则能够测定政府支出的边际增长是否能够吸引来自私营部门的要素投入，从而提高或者降低总增长率，也就是说能测定政府部门同私营部门间的边际要素生产率是否存在差异，是的话，又存在怎样的差异。此外，公式 11.10 中的最后一项衡量了政府部门的技术进步程度是否高过私营部门。通过使用截止到 1988 年的 24 个 OECD 国家的相关数据，最后 3 项的回归系数表明，政府消费支出的增长同 GDP 增长之间存在正相关性。然而，反对利维坦理论的学派却认为这一计量结果是存疑的，因为它的因果关系检验只是单向检验了GDP增长对政府消费增长的影响，而没有做反向检验。对投资方程的进一步计量检验表明，政府的消费支出每增加一美元，投资支出就会减少40美分，这就意味着政府消费支出同总投资之间存在着负相关性。但是，这也仅仅是平均之后的结果，而且本小节只是说明性的阐释，并非对所有经验证据的细致分析。

Atkinson（1996）注意到这样一个情况，即社会保险转移支付常常是公共部门支出中最大的一部分，并且其本身就支持"高社会保险转移支出-低经济增长"思想流派的观点。他对这种观点的引用可罗列如下：

（1）经验证据是多样的（即在10个相关研究中，2个研究没有发现显著的相关性，4个研究发现正相关性，4研究个发现负相关性）。

（2）在没有明晰的理论模型时，对因果关系的检验方向是模棱两可且谬误的，因此任何对经验证据的解释在一定程度上只是对这一空白的填补。其之所以模棱两可，是因为既可以认为高社会保险支出会导致低经济增长率，也可以反过来认为低经济增长率会引起高社会保险支出。其之所以是谬误的，则是因为如果一个经济体在实行最初的工业化之后经济增长放缓甚至下降，社会保险支出却会因为该经济体正趋于成熟而增加。

关键问题在于，阻碍了经济发展的因素究竟是内生于福利国家的，还是某种转移的功能，抑或是无关紧要的（可以参见第9.5小节的相关讨论）。例如，曾经有观点说国家发放养老金会减少私人储蓄，而采取按收入调查情况发放补助的政策减少国家养老金则会提高私人储蓄进而提高投资水平。然而，这种做法可能会产生一个"储蓄陷阱"，即大部分人会将储蓄减少到零来应对退休后按收入调查情况发放养老金的政策，从而最大限度提高其退休后的生活水平。对私人储蓄的进一步激励以及由此导致的养老保险公司资金份额的增加会以减少上市公司的投资的方式来扭曲资本市场。有观点认为，养老基金占主导地位的市场会加强对希望实现企业利润增长最大化的经理的"接管限制"，并因此削弱他们投资研发项目的意愿。简要来说，问题在于改革也为他们自己带来了必须通盘考虑的抑制效应。与此同时，Atkinson（1996：186）总结道："并没有十分具有说服力的证据能表明高社会保险支出将导致低经济增长率。"

Smith（2006）对这一观点提出了强烈的反对，Booth（2006）在Smith的研究成果的前言中写道："相对于生活成本，较高水平的救济金会鼓励能力较低的人主动离开工作，从而拉低整体就业率，并导致一种不利于社会的依赖性风气。"Smith强调了税收的抑制效应、公共部门的非效率性及公共部门对私人投资的挤出效应。他的研究表明,高税收收入和政府支出对经济增长率有着不利影响。例如,对英国来说,在1960到2005年间,公共支出负担的百分比变动大致可以估算为10.4%,而估算出的对年度经济增长率的影响为-1.5%,这意味着如果政府支出保持在1960年的水平,那么2005年的产出将比现有的水平高出95%。对美国来说,相应的数字则是5.3%、-0.7%和37%。尽管这些数字被公认为略显粗略,但Smith仍然认为这一估计结果是合理的。然而,如果较大规模的政府部门对经济增长的影响是不利的,那么为什么仍然被许多国家所采纳?Smith给出的是基于公共选择分析方法的答案,这一答案包括了政客的胜选意愿、支出利益集团的能力,以及对那些感受到税收成本的人与那些获得支出收益的人的剥离。

根据将在第14章中详细介绍的一个研究,Alesina、Glaeser和Sacerdote(2001:201)推测出了不同规模的福利型国家的三个问题,其中两个罗列如下,第三个则在第14章中进行说明:

(1)尽管不同国家之间的医疗和教育水平无关于其政府规模并且是具有可比性的,但政府规模较大的国家在对收入征税之后的不平等性也相对较低,就好比相对于欧盟的低收入人群来说,美国的穷人收入水平确实相对较低——这可被称为公平性受益(equity benefit)。

(2)一个更注重于再分配(即规模更大)的政府会依据经济增长状况而征税,因为税收会抑制对企业的激励,且过强的监管会扼杀企业。Linbeck(1997)讨论了具有很明显的福利国家性质的瑞典的案例。福利水平大幅提升之前的瑞典在1970年的人均收入是OECD国家平均值的115%,但到了1995年却只是平均值的95%——从第四滑落到了第十六,这体现了动态的非效率成本。

如果这是个具有普遍性的案例,那么由于它体现了在公平和效率之间所做的权衡,所以这个案例也应该能适用于世界各国——毕竟每件事都有其对应的机会成本。

总的来说,不同的财政收入及支出政策都有不同的效应,关键就在于如何将其中对经济增长有着促进作用的政策识别出来。必须记住的是,经济增长的典型衡量方式是GDP,而这意味着:被最大化的是产出的增长,而非"福利"或"幸福"(见第16章)。

11.9　小结

● 每个人都有其不同的假设体系，宏观经济理论家也不例外。有鉴于此，他们都在尝试将观测到的现象与诸多关于现实的理论构想匹配起来。

● 本章简略介绍了几个主要的宏观经济思想流派，它们由不同的假设体系中抽取的元素组合而成。当然，个中细微差别并未在此处讨论。做出这一取舍是为了说明它们在意识形态及工具性两个方面对政府的重要性。凯恩斯主义由于赞同政府干预和不平衡预算，为公共选择学派所厌恶（Buchanan 和 Wagner，1977）。而关于市场运行良好（因此只需要最小限度的政府干预）及平衡预算的观点，使得竞争性思想对这一群体更具吸引力。有人认为，供给学派为政治家提供了最多帮助，而政治经济周期理论则提醒人注意政治"动机"，但也许很少有人能够有效地操纵经济来确保连任。

● 将类似的分析框架应用于"欧洲"，可以在操控汇率以保持低通货膨胀率的背景下，分析可信度和时间不一致性问题。

● 对于失业问题相关统计数据的争论并不能掩盖这一事实：20世纪80年代的英国存在相当高的失业率。公共选择理论表明，联盟和寻租是理解这个问题的核心。据报道，进一步的经验证据表明，较大规模的政府部门导致更高的失业率。相比之下，从宏观经济指标来看，1997年之后由工党领导的英国的经济在总体上被视为一个成功的案例。

● 在本书写作之时，宏观经济学的车轮已经晃动，但并没有脱轨。我们将这些出现的问题留给读者自己去解决。本书研究了1997年以来英国工党政府宏观经济政策的变化，这些变化也被认为是工党政府在面对极端压力环境时所做出的应对。

● 对于经济增长，政府能够发挥什么作用一直是不确定的。公共部门的规模及增长对经济增长率的影响，或是正面的，或是负面的。凯恩斯主义者更倾向于前者，而公共选择学派则认为后者更有说服力。相关经验研究得出了混合结论，这也许反映出在过于宏观的层面上对增长过程进行计量建模是有难度的。学者们对于这个问题可以说还没有定论。

● 有意思的是，Blinder（1988）将新古典主义在20世纪70年代相对于凯恩斯主义的成功同下述几点联系在了一起：要成为（美国）成功的学院派经济学家，既需要与众不同，又需要技术；凯恩斯主义理论缺乏微观经济学基础；

美国右翼意识形态的兴起。在这一点上，成功的"关键"是要让宏观经济学看起来更像新古典微观经济学。Blinder 认为，（新）凯恩斯主义经济学的复兴，是建立在与上述过程相反的、使微观经济学看起来更像（凯恩斯主义）宏观经济学的基础上的。这一理论的重生涉及无处不在的垄断、外部性和其他"市场失灵"的论点，它们将公共财政的"社会最优化"方法同现代凯恩斯主义联系起来。关于宏观经济的争论不太可能得到解决，因为经济世界的变化方式是目前无法想象的，而且总会有更多的新古典主义和新凯恩斯主义理论的空间，这些理论的基础是对构成不同基本假设体系的要素的强调。使新理论成功的秘诀见 Snowdon 和 Vane（2005：339）的研究。

参考文献

Alchian, A. A. and Demsetz, H. (1972) 'Production, Information Costs and Economic Organi-zation', *American Economic Review*, 65, 5, pp. 777-95.

Alesina, A. (1988) 'Macroeconomics and Politics', pp. 13-52 in S. Fischer (ed.), *Macroeco-nomics Annual* 1988, vol. 3. Cambridge, Mass.: MIT Press/National Bureau of Economic Research.

Alesina, A., Glaeser, E. and Sacerdote, B. (2001) 'Why Doesn't the United States have a Eu-ropean-style Welfare State?', *Brookings Papers on Economic Activity*, 2, pp. 187-277.

Alt, J. E. and Chrystal, A. K. (1983) *Political Economics. Brighton*: Wheatsheaf.

Atkinson, A. B. (1996) 'Growth and the Welfare State', *New Economy*, 3, 3, pp. 182-6.

Blanchard, O. J. (2006) *Macroeconomics*, 4th edn. Upper Saddle River, N.J.: Pearson Pren-tice Hall.

Blinder, A. S. (1988) 'The Fall and Rise of Keynesian Economics', *Economic Record*, 64, 187, pp. 278-93.

Buchanan, J. M. and Lee, D. R. (1982) 'Politics, Time and the Laffer Curve', *Journal of Politi-cal Economy*, 90, 4, pp. 816-19.

Buchanan, J. M. and Wagner, R. E. (1977) *Democracy in Deficit, the Political Legacy of Lord Keynes*. New York: Academic Press.

Cobham, D. (2002) *The Making of Monetary Policy in the UK*, 1975-2000. Chichester: Wiley.

Colander, D. C. and Olson, M. (1984) 'Coalitions and Macroeconomics', pp. 115-28 in D. Collander (ed.), *Neo-Classical Political Economy*. Cambridge, Mass.: Ballinger.

De Grauwe, P. (1994) 'Towards European Monetary Union without the EMS', *Economic Policy*, 18, pp. 149-74.

Dornbusch, R. and Fischer, S. (1978) *Macro-economics*. New York: McGraw-Hill.

Dowrick, S. (1993) 'Government Consumption: Its Effect on Productivity, Growth and Invest-ment', pp. 134-52 in N. Gemmell (ed.) *The Growth of the Public Sector—Theories and International Evidence*. Aldershot: Edward Elgar.

Ekelund, R. B. Jr. and Tollison, R. D. (1986) *Economics*. Boston: Little, Brown.

Fehr, E. (1990) 'Co-operation, Harassment and Involuntary Unemployment: Comment', *American Economic Review*, 80, 3, pp. 624-30.

Feldman, H. (2006) 'Government Size and Unemployment: Evidence from Industrial Coun-tries', *Public Choice*, 127, Spring, pp. 451-67.

Feldman, H. (2007) 'Economic Freedom and Unemployment around the World', *Southern Economic Journal*, 74, 1, pp. 158-76.

Frey, B. S. (1978) 'Politico-Economic Cycles and Models', *Journal of Public Economics*, 9, 2, pp. 203-20.

Frey, B. S. and Schneider, F. (1978) 'A Politico-Economic Model of the United Kingdom', *Eco-nomic Journal*, 88, 350, pp. 243-53.

Gartner, M. (2006) *Macroeconomics*, 2nd edn. Harlow: Pearson.

Giovazzi, F. and Giovannini, A. (1989) *Limiting Exchange Rate Flexibility: The European Mon-*

etary System. Cambridge, Mass.: MIT Press.

Greenwald, B. and Stiglitz, J. E. (1987) 'Keynesianism, New Keynesianism and New Classical Economics', *Oxford Economic Papers*, 39, 1, pp. 119–33.

Hartley, J. E., Hoover, K. D. and Slayer, D. (1998) *Real Business Cycles: A Reader*, London: Routledge.

Hibbs, D. A. (1977) 'Political Parties and Macroeconomic Policy', *American Political Science Review*, 71, 4, pp. 1467–87.

Ishiyama, Y. (1975) 'The Theory of Optimum Currency Areas: A Survey', *International Monetary Fund Staff Papers*, 22, 2, pp. 344–83.

Johnson, C. and Briscoe, S. (1995) *Measuring the Economy*. Harmondsworth: Penguin.

Kelman, M. (1988) 'On Democracy Bashing: A Sceptical Look at the Theoretical and "Empirical" Practice of the Public Choice Movement', *Virginia Law Review*, 74, 2, pp. 199–273.

Laidler, D. (1987) 'International Monetary Institutions and Deficits', pp. 338–57 in J. M. Buchanan, C. K. Rowley and R. D. Tollison (eds), *Deficits*. Oxford: Basil Blackwell.

Landau, D. L. (1985) 'Government Expenditures in and Economic Growth in the Developed Countries: 1952–76', *Public Choice*, 47, 3, pp. 459–78.

Lewin, P. (1988) 'Political Business Cycles and the Capital Stock: Variations on an Austrian Theme', pp. 294–7 in T. D. Willett (ed.), *Political Business Cycles*. Durham, NC: Duke University Press.

Linbeck, A. (1997) 'The Swedish Experiment', *Journal of Economic Literature*, 35, 3, pp. 1273–1319.

Linbeck, A. and Snower, D. (1986) 'Wage Setting, Unemployment and Insider-Outsider Relations'. *American Economic Review*, 76, 2, pp. 235–9.

Linbeck, A. and Snower, D. (1990) 'Co-operation, Harassment and Involuntary Unemployment: Reply', *American Economic Review*, 80, 3, pp. 631–6.

Nordhaus, W. (1975) 'The Political Business Cycle', *Review of Economic Studies*, 42, 130, pp. 169–90.

Rebelo, S. (1994) 'Discussion of De Grauwe (1994),' *Economic Policy*, 18, pp. 174–8.

Rogoff, K. and Sibert, A. (1988) 'Equilibrium Political Business Cycles', *Review of Economic Studies*, 55, 1, pp. 1–16.

Saunders, P. (1985) 'Public Expenditure and Economic Performance in OECD Countries,' *Journal of Public Policy*, 5, 1, pp. 1–21.

Schneider, F. and Frey, B. S. (1988) 'Politico-Economic Models of Macroeconomic Policy: A Review of the Empirical Evidence', pp. 239–75 in T. D. Willett (ed.), *Political Business Cycles*. Durham, NC: Duke University Press.

Sheffrin, S. M. (1983) *Rational Expectations*. Cambridge: Cambridge University Press.

Sheffrin, S. M. (1989) 'Evaluating Rational Partisan Business Cycle Theory', *Economics and Politics*, 1, 3, pp. 239–59.

Smith, D. B. (2006) *Living with Leviathan*, Hobart Paper 158. London: Institute of Economic Affairs.

Snowdon, B. and Vane, H. R. (2005) *Modern Macroeconomics—its Origins, Development and Current State*. Cheltenham: Edward Elgar.

Tavlas, G. S. (1993) 'The "New" Theory of Optimum Currency Areas', *The World Economy*, 16, 6, pp. 663–85.

第12章 财政联邦主义

12.1 引言

本章内容的重点是政府分权导致的问题。我们首先考虑分权带来的效率收益。如果有的话，那么分权的财政决策能够带来什么样的效率收益呢？若存在效率收益，那么行政辖区应该有多大？本章后面内容的重点是联邦（中央）政府如何处理分权引起的问题。政府越分权，地方辖区之间就越有可能存在外部效应（一个辖区的支出政策可能给其他辖区的居民带来福利，如道路改善、环境保护支出）。联邦（中央）政府应该采取什么措施？有些人认为政府应当实现"横向公平"（即政府应要求公共部门"对同等情况的人要同等对待，无论他们居住在哪里"）。如果是这样，联邦（中央）政府应如何采取措施"在不同的公共服务需求和既定的税率下赋予不同的州不同的能力以提高人均收入"（Boadway，2006：39）？

本章的目标是分析将不同的财政任务分配给不同层级政府以实现效率和公平的方式。政府能否实现利用不同层级的政府使居民福利最大化这一目标值得怀疑。公众选择学派指出了分权的优点，但他们担心最优分权将无法实现，并批评联邦（中央）政府的干预方式。投票规则（如简单的多数投票规则）能实现最优分权吗？政客们会对分权下的辖区选民负责吗？（不同层级）政府间拨款旨在实现效率与公平吗？

12.2 多个财政部门的福利收益：分权理论

源自分权的福利收益通常被认为与中央集权所导致的额外损失有关（Oates，1972）。假设一个特定国家的人口被分到两个不同的地区，地方公共物品由每个地方提供，并假定不存在跨辖区的溢出效应，成本由居民平均分担。在图12-1中，我们描绘了两个"代表性"个人对地方公共物品的需求，每个地区由一个人代表。D_A表示A地区个人的需求，而D_B表示B地区个人的需求。提供这种特定地方公共物品G的边际成本假定为常数。每个人被要求支付的价格在图12-1中表示为$P = MC$（这是每个人分担的总边际成本）。

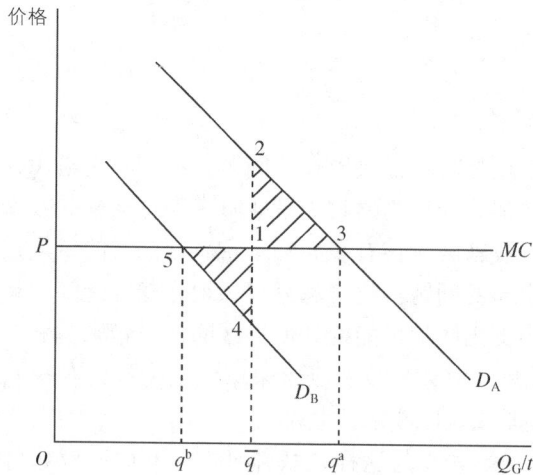

图12-1 集权的福利损失

在图12-1中，如果中央集权的政权提供了单独统一水平的这种产品，所提供的产出水平被视为每个地区个人需求之间的一种妥协，即水平$\bar{q}$。这样的数量低于代表性个人A的需求量，但超过了代表性个人B的需求量。不可避免的，这两个人都遭受了福利损失。三角形1-2-3和三角形1-4-5表示这种损失。三角形1-2-3表示的损失，是因个人A的消费少于其选择无须妥协时的消费而产生的。这个人愿意为额外单位$\bar{q}$-q^a支付$\bar{q}$-2-3-q^a，但这些额外单位的成本只是$\bar{q}$-1-3-q^a。三角形1-4-5表示个人B要承受的福利损失，因为B比他预想的消费得更多。B为额外单位q^b-$\bar{q}$支付了q^b-5-1-$\bar{q}$，但B觉得它们只

值 q^b-5-4-$\bar{q}$。

如果每个地区提供的公共物品数量正好是其所需要的数量，这些额外损失就能避免。分权使每个地区都能提供其所偏好的公共物品的数量。这形象地说明了分权理论，正如 Oates 所述：

对于公共物品来说——其消费要用总人口的地理分区来界定，每个辖区提供每一产出水平的这种产品的成本对于中央政府或者各地方政府来说是相同的——地方政府为各自管辖范围提供帕累托效率水平的产出，总是比中央政府在所有区域提供明确而统一的产出水平更有效率，或者至少是同样有效率。（Oates，1972：35）

然而，还有一些要点需要补充：

（1）正如 Oates（1979）所述，在图 12-1 中，如果 q^a 和 q^b 接近，那么 $\bar{q}$ 是一个相当接近两者的近似值。显然，品味和偏好的差距越大，福利损失就越大。异质性增加了集权带来的福利损失。

（2）在其他情况下，额外的福利损失取决于需求的价格弹性。需求曲线越不具有弹性（图 12-1 中点 5 和点 3 的需求曲线越陡），阴影三角形的面积就越大。三角形面积的大小是集权产生损失多少的关键。为了估计这些福利损失，Bradford 和 Oates（1974）采用了一个叠乘需求函数（来估计地方学校的支出）。他们用这个方法来估计消费者盈余的损失，而这种损失会因坚守一个假定的统一支出水平而上升（这是一个等于现有平均水平的支出水平）。

（3）在上述分析中，如果公共物品生产存在规模经济，将影响地区的最优规模。在其他条件相同的情况下，有更充分的理由利用规模更大的地区来降低平均成本。

（4）上述由分权导致的效率收益，源自政府发挥了资源配置职能。相比之下，人们普遍认为，中央政府将比地方政府更好地履行宏观经济稳定职能。由于小型地方经济的开放性，政府支出乘数会变低，财政政策的稳定作用会变小。在本例中，地方财政的扩张效应就会受其他地方经济的"进口"影响，从而使地方财政乘数的扩张效应减小。为了对当地经济产生扩张效应，任何特定的地方政府都可能被迫产生巨额预算赤字。

（5）类似的，地方经济体实施再分配政策可能是无效的。当人们在各地区间可以流动时，地方经济体寻求对其高收入居民征收更高的税率，只会刺激这些居民迁移到另一个地方。如果国家间的人员流动性较小，中央政府就更有能力实施再分配政策。富人往往希望远离穷人，但穷人却希望同富人共处一地。

Oates（1999）反思了分权理论。在完全信息情况下，中央集权政府有可能按需提供一系列差异化的产出。因此，在以下条件下分权是有必要的：(i) 存在信息不对称（地方政府更了解辖区居民需要）；(ii) "通常存在政治压力（甚至可能是宪法约束），限制了中央政府在一些地方提供比其他地方更高水平的公共服务的能力"（Oates，1999：1123）。

就分权收益的经验而言，Oates 认为，在那些收益很大的情形中，"我们会发现公共部门是更分权的"。在一些国家的样本中他发现，中央政府的财政份额与"地方主义"指数成反比（这一指数衡量了一国内部某一地理区域的人民"自觉和独特地认同该地区"的程度）。

12.3　地方政府的最优规模：俱乐部理论的应用

第3章基于 Buchanan（1965）的俱乐部理论对消费分配安排进行了分析。在 Musgrave 夫妇（1989）的研究之后，我们的目标是说明如何将这一理论应用于地方政府的最优规模问题。我们用"最优"表示有效率的，用规模表示居民数量和地方公共物品支出总额。为了讨论 Musgrave 夫妇的分析，建立一个类似于 Sandler 和 Tschirhart（1980）所使用的四象限图是很有帮助的。

图 12-2 的第二象限分析了一个地方政府应拥有多少居民的问题。提供某一地方公共物品的人均成本（如街道照明、消防、教育）取决于分担总成本的居民数量。曲线 A 表示人均成本。随着某个地区居住人口的增加，在提供某一服务水平的公共物品所产生的总成本 T 中，每个居民负担的份额就会有所下降。如果我们假设总成本是不变的，那么曲线 A 就是等轴双曲线。这是固定产出水平下的一条居民平均成本曲线。然而，相比之下，曲线 A′ 表示居民数量增加时人均成本的边际节约。这条曲线衡量了当地人口数量增加时 A 下降的程度，显示了每额外增加一个人带来的平均成本的下降情况。如果 T 是提供公共物品的总成本，那么提供该产品的人均成本变化就是：

$$d\,(T/N)\,/dN = -T/N^2 \tag{12.1}$$

这是当地人口数量增加所带来的边际成本节约。

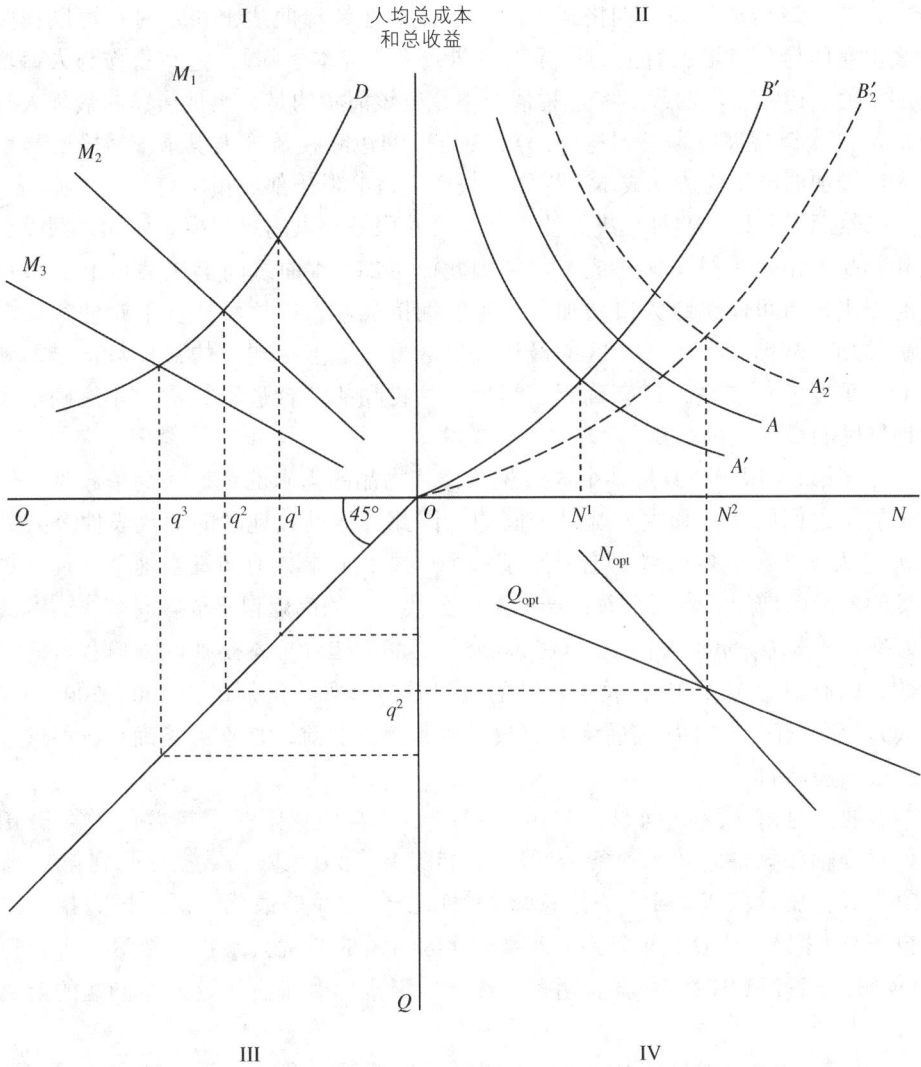

图12-2　"最优"地方社区

居民人数的增加降低了固定水平的公共物品的成本。不过，从另一个方面来说，随着更多的人定居在当地，居民将承担拥挤成本。这里所涉及的公共物品不是纯公共物品（见第3章），但是当人口数量达到一定容量水平时就会产生拥挤成本。这些成本随着人口数量的增加而增加。B' 表示边际人均拥挤成本，即人口增加带来的拥挤成本的增加值。在解释曲线 A' 和 B' 时，可以把曲线 A' 看作与人口增加有关的边际收益曲线（即成本下降），把 B' 看作与人口增加相关的边际成本曲线。在这种情况下，应该清楚的是，当地居民的最优人数是 N^1（人口规模应增长到这样一点：使居民的边际收益等于俱乐部居民因当地人口增加而产生的边际成本，即财产权归现有的俱乐部成员所有）。

然而很明显，这种解决办法离不开公共服务提供的总规模。例如，假设公共物品产出水平提高，总成本可能因此而增加，A' 曲线向上移动到 A'_2。增加的支出也有可能缓解人口增加所产生的拥挤成本，在这种情况下 B' 曲线会向右移动，从而增加了该社区的最优人口数量。显然，居民的最优数量增加到 N^2。重要的一点是，只有确定了当地公共物品的"合适"数量，才能确定当地居民的最优数量。

在第 I 象限中，D 是某个人对相关公共物品的需求曲线。为简单起见，假定居民之间的偏好和收入都是相同的，因此，他是该地区的"代表性个人"。M_1 是人均边际成本曲线，它显示了每个居民的成本如何随着当地公共物品数量的增加而增加。表面上看，产出多少公共物品的问题似乎很容易解决。解决方案似乎是 $Q - q^1$。人们早已认为，公共物品的边际成本是社区人口数量的函数，因此 M_1、M_2、M_3 代表了不同的人口数量（如社区居民为 100、200、300 人）。那么显然，在社区最优人口数量得到解决之前，是不可能确定应提供多少公共物品的。

要同时解决这些问题，利用图 12-2 中的其他象限是很重要的。在第 III 象限横轴和纵轴之间有一条 45° 线。来自第 I、第 II 象限的数据信息在第 IV 象限得到检验。线 N_{opt} 描绘了任意给定数量公共物品的最优社区居民数量（来自第 II 象限）。线 Q_{opt} 描绘了任意数量社区居民的最优公共物品数量（来自第 I 象限，通过第 III 象限）。这两条曲线的交叉点同时指出了这两个问题的解决方案。

从第 IV 象限通过第 III 象限，再移回第 I 象限，我们看到，这意味着应该生产的公共物品数量为 $O-q^2$。从第四象限向上到第 II 象限，我们得出最优人口数量是 $O-N^2$。

上述讨论的模型可能显得过于简化，或许要有一些限制条件。

（1）Musgrave 夫妇（1989）指出，技术规模经济可以通过增加地方公共物品供给来实现。上面假设的是增加产出的边际成本本身也在增加。

（2）地方提供公共物品的收益，并非都被提供它的当地所获得。例如，部分收益可能会外溢，被其他地方的居民所享受。Topham（1983）认为这不会影响当地居民的最优人数，但会影响公共物品的最优供给。

（3）上述分析基于这样的假设：人们有相似的偏好和接近的收入，即我们用了"代表性个人"的假设。由于人们有不同的偏好，将相似偏好的个人划为一组，可能是一个有效的方案。然而，在多个分组的情况下，成本分担的优势可能会丧失。如何进行分组的问题将在下一节讨论。

（4）如果将收入相近的个人划为一组，结果可能会不稳定。如果有些人因较高收入而为地方公共物品缴纳更高的税，居住在高收入地区的穷人可能会享受到更多的该公共物品。为了将穷人排除在外，就可能产生高收入群体聚集的富人区。

（5）地方政府的最优规模取决于所考虑的公共物品的种类。对读者来说，显而易见，是地方公共物品中产生的拥挤因素决定了地方规模应该受到限制。如果公共物品是纯公共物品，那么对地方规模无须限制。如果没有拥挤成本，地方最优规模将是无限大的。然而，一个特定的地方不止提供一种公共物品，地方公共物品会因其承载力限制和由此产生的拥挤成本而有所不同。让不同规模的地方政府提供每一种地方公共物品是不切实际的。

12.4　Tiebout假设："用脚投票"

在讨论了俱乐部的最优规模后，下一个问题是人们会如何选择他们想要定居的地方。Tiebout（1956）认为，人们会选择公共物品提供与税收–收益最能满足其偏好的地方居住。Samuelson（1954）的结论是人们不会显示其对公共物品的偏好，Tiebout的分析则是对这一结论的直接回应。Tiebout认为，从地方角度看，人们会通过迁移到最能反映他们的偏好和提供最佳税收–收益组合的地方来显示他们的偏好（如果迁移是相对无成本的）。正如Hughes（1987）所指出的，"我们可以假设，实际上，家庭会迁移，以便加入政策最符合他们偏好的俱乐部（地方政府）"。

Samuelson（1954）指出了为大规模群体提供公共物品的问题，即偏好显示问题。Tiebout假设似乎缓解了这种情况，该假设认为人们会通过"用脚投票"来显示他们的偏好。例如，那些喜欢在图书馆和艺术方面支出的人可以跟与他们有同样意愿的人住在一起。那些对其他形式财政支出有偏好的人可以加入其他地方的相应"俱乐部"。如果每个地方社区提供不同的公共物品支出清单，每个人就可以选择公共物品产出水平符合其偏好的那个地方社区。

关于分权理论，应该清楚的是，Tiebout效应增加了分权带来的福利收益。Holcombe（1983）用了一个类似于图12-3的图解释了Tiebout均衡。在图12-3的（b）部分，对于地方公共物品G，3个人具有不同的需求曲线（D_1、D_2、D_3），其垂直加总得到$\sum D$。提供G的边际成本等于$O\text{-}T$，且等于税收份额。均衡点（在$\sum D = MC$上或中间选民参数上）为$O\text{-}q^2$。这个结果对于需求曲线为D_1的个人1来说，存在公共物品供给剩余的福利损失，即三角形1-4-5；对于个人3来说，存在公共物品供给不足的福利损失，即三角形1-2-3。如果存在地方政府间的竞争，个人1可以退出去选择一个与之志趣相投的地区，对于个人3也是一样。一个理想的结果就是3个社区都达到均衡，如图12-3的（a）（b）（c）部分所示。如果每个社区有（3个）相同的个人（每个人都希望他们的需求等于$O\text{-}P_i$），福利损失三角形就不存在。每个社区都有不同的公共物品供给水平，分别为$O\text{-}q^1$、$O\text{-}q^2$和$O\text{-}q^3$。考虑到财政移民，由于不同的个体均衡数量产生的不同分配结果导致的福利损失是可以避免的。个人3已经通过迁移到能提供更多公共物品的社区，来表达他对于更多公共物品供给的偏好。因为可以"用脚投票"，个人1和个人3不再遭受因享用与他们偏好不同的地方公共物品供给水平而带来的福利损失。

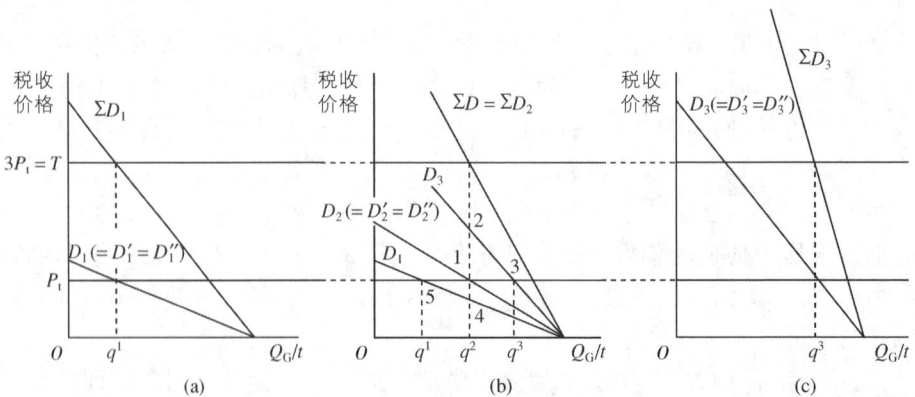

图12-3　Tiebout调整

通过以上分析，Tiebout假设显然具有相当大的理论意义。它给公共物品供给问题设定了条件。但是，在实践中，它作为一种均衡机制的可能性有多大呢？为了回答这个问题，至少需要进行两个方面的讨论：第一，支撑 Tiebout 机制的假设有限定性；第二，在个人选择定居在特定地方的决策中，财政因素起了重要作用，对此需要进行经验研究来寻找有关证据。

12.4.1 Tiebout 机制：基本假设

下列假设（并非详尽无遗）是存疑的。如果要证明 Tiebout 机制是有效的，需要满足以下条件：

（1）充分了解全部社区的特征：个人必须掌握地方政府税收和支出的完整信息。

（2）无成本流动：当考虑地理位置时，财政因素一定会起决定性作用，但其他因素（工作机会、友谊及家庭关系）也起作用。只有财政因素是重要因素的假设是不切实际的，"除非是在人们在城里工作而有可能选择居住在郊区这样的背景下"（Musgrave，1989）。无成本流动意味着，家庭迁移不是为了另谋高就，或不用担心上班的交通成本。Hindricks 和 Myles（2006：165）认为，当"消费者的收入全部来自'租金'时，如土地所有权、财产及股利，Tiebout 假设才会成立。在这种情况下，消费者选择在哪里居住并不重要"。

（3）提供非纯公共物品：言外之意是，公共物品供给是不纯粹的（否则最优社区规模是无穷大的）。纯公共物品（消费无竞争）可以提供给单一的大型社区。

（4）足够的人口：要有足够的人口以使大量的社区达到最优规模。应该有足够多的具有不同税收和服务组合的社区来满足具有不同偏好的人们。

（5）确信税收与福利有关：如果一个地方管辖区通过征收财产税来提供公共服务（如地方公园），那些没有财产的人就会搭便车来享受公共服务（如学校的供给）而不用承担由那些拥有财产的人所支付的税收成本。分区法经常用来减少搭便车现象。

Tiebout 认为个人会显示自己对于公共物品的偏好。如果公共物品供给总支出被平均分担，对公共物品有相对高需求的个人可能会通过定居在提供很少公共物品的辖区来减轻税负，但是他们会损失通过定居在提供更多数量公共物品的地区获得的消费者剩余（来符合他们的偏好）。

相似的，对公共物品供应有较低要求的个人如果定居在提供大量公共物品的地区也会有损失（因为成本会超过边际收益）。如果税收在居民之间按照收益来分配，Tiebout 模型给出了另一机制（用脚投票），即依靠激励来显示偏好。

（6）迁移带来的外部性：一个家庭从一个辖区迁移到另一个辖区会造成外部效应（如增加拥挤）。对于效用最大化的均衡，Tiebout 机制必须给出一个每个人都不能通过迁移到其他地区来增加自己效用的情景。然而，当存在外部性的时候，即使迁移无成本，也不足以得到这样的结果。当个人迁移的时候，外部性由已经定居在该社区的人们承担。

Boadway（1979）探讨了这一研究文献（Buchanan 和 Wagner，1970；Buchanan 和 Goetz，1972；Flatters、Henderson 和 Mieszkowski，1974）。假设个人在地区间迁移，直到其定居在一个地区所得到的收益等同于定居在另一个地区所得到的收益。如果从 X 地区得到的总收益（效用）用 TB_x 表示，从 Y 地区得到的总收益用 TB_y 表示，那么均衡出现在：

$$TB_x = TB_y \tag{12.2}$$

但是这能证明效用最大化吗？当一个人迁移到另一个地区时，他会增加已经存在的拥挤程度。如果 MC_x 代表 X 地区每增加一个人多带来的边际拥挤成本，那么效用最大化就要求：

$$TB_x - MC_x = TB_y - MC_y \tag{12.3}$$

因为个人迁移到一个地方社区与拥挤成本无关，但是拥挤成本却影响了已经在该地区定居的人们，所以他迁移的决定取决于 TB_x 和 TB_y 之间的差别，并且在 $TB_x = TB_y$ 时不存在迁移的激励。均衡出现在方程（12.2）得到满足时，而不是方程（12.3）得到满足时（表明现在财产权在进入者一方，他们可以选择加入他们喜欢的任意俱乐部）。

（7）规模经济：如果对公共物品供给存在多种多样的偏好，那么为了达到均衡，地方社区的数量也要非常多。其中也许隐含着很多小的社区，会因失去公共物品产出的规模经济而遭受损失。效率的实现需要考虑从规模经济中获得的收益。

（8）收益外溢：在以上分析中，假设所有的收益都属于已经在地区（也就是俱乐部）内定居的居民。一个地区产生的收益可能会外溢到其他地区。这两个地区可以通过直接交易把外溢内在化。作为一种选择，可能会出现一个中心政府的角色（这一点将会在本章后面进行讨论）。

（9）非静态偏好：如果个人在整个生命周期中对地方政府服务的偏好发生改变，会增加对 Tiebout 机制的解释力度。在某一阶段，人们会优先考虑孩子的教育，之后，他们会更多地考虑退休金。这里隐含的意思是，该地方社区中的某个家庭会因为偏好改变而迁移，或者整个地方社区内部的个人需求同时改变。

（10）生产和位置：当考虑到不同地区对工人需求的比例不同，问题就出现了。Hindricks 和 Myles（2006）认为，如果社区 X 需要 20 名医生和 40 名教师来满足地方公共物品偏好，而社区 Y 需要 10 名警察和 25 名教师，只有这一水平也符合每个社区的医生、教师和警察的偏好时，才有可能是有效率的。在缺乏足够的地区数量（或者用个性化的税收去吸引不同职业的居民）的情况下，Tiebout 假设就会因为各种职业的居民定居的位置与地方服务的有效提供不一致而陷入困境。

12.4.2 Tiebout 假设：实证检验

如果所有上述假设都成立是不可能的，那么我们有理由质疑"Tiebout 机制"会保证效率的主张。我们应如何检验 Tiebout 假设？下面的例子进行了阐述。

1. 专注于资本化的检验

Oates（1969）关注了每名学生的教育支出。他利用该指标衡量新泽西州北部 53 个自治区的公共服务质量。如果房产是固定的，那么当人们搬到有更好公共服务的地区时，他们会拉高当地的房价。Oates 发现房价和税率负相关，他还发现每名学生的教育支出和房价正相关，也就是说，额外的财政支出吸引了人口流入当地。这些结果支持了个人愿意为了居住在有更好公共服务的地区支付更多的假设。

然而，Oates 分析了资本化和有效的地方税收/支出的关系，这增强了 Tiebout 假设的解释力。但 Edel 和 Sclar（1974）以及 Hamilton（1976）对此提出了质疑。如果 Tiebout 模型有效，税收和支出的资本化就不会实现。如果 Tiebout 模型有效，并且个人可以迁移，那么拥有相同财政偏好和税收/支出模式的个人就可以充分反映这些偏好。实际上，没有理由在 Tiebout 均衡状态下移动。因此，税收和支出资本化的存在反映了不均衡，也就是说，Tiebout 均衡不能实现（如果资本化随着时间迁移下降，也很难充分证明 Tiebout 均衡可以实现，详见 Pauly 和 Chaudry-Shah，1988）。

2. 专注于"财政诱发迁移"的检验

Aronson（1974）以及 Aronson 和 Schwartz（1973）设计了一个框架，指出了比较有吸引力的目的地。在图 12-4 中，坐标轴分别代表负的税率效应（x 轴）和正的人均地方支出（y 轴）。对于地区 1 内的任何人，地区 3 北侧、地区

2西侧或者地区4西北侧的任何位置都更好（少一点坏处，多一点好处，或者两者都有）。因此地区2、地区3或地区4的人口相对于地区1会增加。在地区4中这一过程也可以重复。作者采用的检验是地区2、地区3、地区4应该吸引地区1的初始人口。来自英国和美国地方政府的证据都提供了实证支持。

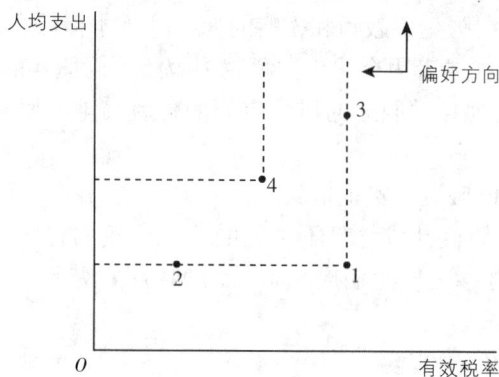

图 12-4　迁移激励

稍微扩展这个问题，设想一个有效的区域边界——图12-5中的EJF——在任何有效税率下提供更高的人均支出，或者说在任何既定人均支出下提供最低的有效税率。如图12-5中个人i的无差异曲线所示，i的理想居住地就是H，达到效用I_*。

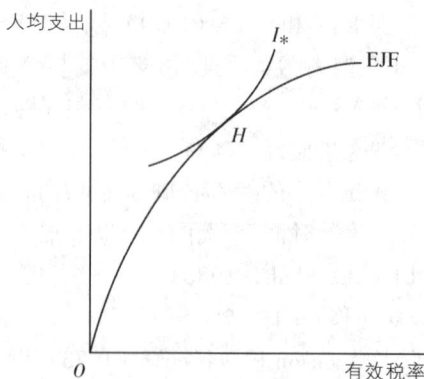

图 12-5　最优位置

近来的分析关注了公共设施方面的外部改善带来的区域间迁移。Banzhaf和Walsh（2008）考虑了环境质量变化的影响，并且发现了在提高周边环境时土地需求增加的证据。

3.专注于纳税人满意度的检验

Tiebout假设的含义是竞争性辖区越多，纳税人的满意度水平越高（Tiebout，1956：419）。Ostrom和Whitaker（1973）的问卷调查报告表明，在较小的辖区内，居民和警察之间的人际关系会更好。Parks和Oakerson（1993）对警务、消防、街道和教育服务进行评估并得出结论，但结论因涉及自来水供应、空气污染、社会服务等不同内容而有所不同。Lowery和Lyons（1989）利用调查数据比较了"分散的"辖区（关注服务供给）和"集中的"辖区（考虑更宽泛的目标，包括再分配），他们得出的结论是辖区结构和满意度之间的关系并不显著。

4.专注于"分类"的检验

Tiebout（1956）提出，竞争性辖区越多，每个辖区越会呈现同质性。Gramlich和Rubinfeld（1982）通过调查问题的答案分析了消费者选民偏好的同质性。如果Tiebout机制有效，那么偏好模式的改变就会产生影响，当有很多居住地点时，人们就很容易搬到他们更喜欢的地方，这些地点间应该有更多的同质性。他们证实，在许多邻近社区的郊区，需求的同质性更大。相反，如果地点较少，人们很难迁移，有较多异质性。

结论：尽管这些检验Tiebout机制的例子并不详尽（Dowding、John和Biggs，1994），但它们从不同角度检验了提供服务和纳税人流动之间的关系。关于进一步分析Tiebout模型的贡献，详见Oates（2006）的研究。

12.5 分权和问责

Tiebout的假设关注的是保证服务能够符合选民偏好的流动性。同样的，如果选民认为当地的政客只注重自身利益，他们能够改变自己的选择。Epple和Zelenitz认为地方政府选择的财产税率和服务会使剩余达到最大化（即税收与政府服务成本之差，而且随着行政辖区数量的增加，税收和盈余会减少）。即使行政权力之间的竞争限制了政府的寻租行为，如果土地供应缺乏弹性，并允许当地代表开发，政府仍能够获得租金。

Hirschamn关注了人们在不可能"离开"时发出的"声音"。纳税人在投票箱上登记自己的"声音"。当考虑到这种"声音"的时候，分权也能被证明是相关的吗？如果分权提供了低成本的信息，那么它强化了问责。政客们可能是坦诚和有能力的，也可能无效率地追求寻租（即安抚游说团体，见第5章）。如果分权提供了额外信息，纳税人可能能够限制政客们中饱私囊。

Hindricks 和 Myles 认为有两种可能的情形：好的情形（情形 a）和坏的情形（情形 b）。如果政客们维护公众利益的话，他们会在好的情形 a 中选择政策 A 或者在坏的情形 b 中选择政策 B。而问题是，如果政客追求的是自身利益，他们会在情形 b 中选择政策 A，在情形 a 中选择政策 B。做出"错误"选择的动机是能够产生寻租，见第5章。政客面临的限制是他们必须寻求重新当选。政客们将价值 V 置于重新当选的基础上，而且 $V > r$。

在表12-1中，每个单元的第一项是政客们的报酬，第二项是选民的福利。如果政客们清楚当前的情况（无论是情形 a，还是情形 b），他们都处于优势地位（选民们仅仅意识到政策对他们福利的影响）。那么，选民能够保证政客们一直维护公众利益吗？

表 12-1　　　　　　　　　　　　　分权和政治问责

	情形 a	情形 b
政策 A	0, 3	r, 0
政策 B	R, 1	0, 1

如果选民依据的标准是当政者必须维持至少3的福利水平，则当情况变"坏"时（即情形 b），无论当政者做什么也不会重新当选。那么当政者的动机就是寻租，然后下台。如果选民坚持当政者必须保持至少1的福利水平，则在情况好转时（即情形 a）当政者能够转移寻租。而这些标准都不是有效的，纳税人容易受到伤害。政客们不会选择对选民最有利的政策。

选民们可以通过分权来比较不同的管辖带来的结果。只要至少一个辖区选择了最好的政策，选民们就能通过观察其他地方的结果来推断出当前的情况是"好的"还是"坏的"（基于不同辖区做出的选择）。现在选民们的策略包括：

（1）当情况是"好的"时，如果结果至少是3，就投票给当权者。

（2）当情况是"坏的"时，如果结果至少是1，就投票给当权者。

（3）否则的话，就投票使当权者落选。

地方政客现在明白了：在"好的"情况下，合适的政策必须是 A，这样就能重新当选而且得到 V（而且这样做也比选择 B 政策从而得到租金但是会落选更加有利）；在"坏的"情况下，通过选择 B 政策他们将会重新当选并享受到 V，而且这样会好过 r。

当地方政客受到当地选区的约束时，分权能够提供更多的信息。同时，当地方政客是被联邦或中央政府所约束时，分权也能够提供更多的信息。Helm 和 Smith 认为，地方和中央政府在行政方面的关系就是委托人与代理人问题的一个典型例子，即如何提供必要的激励使分权代理人去追求中央政府的主要目标（使信息最大化）。其中一个行政优势就是中央政府能够缓解代理人垄断信息的问题。通过设定"标尺"，中央政府可以更有效地完成监管服务质量的任务。例如，如果在苏格兰每平方千米清空垃圾箱的成本比在盖茨黑德更低，那么中央政府就拥有了对评估有用的信息（Helm 和 Smith，1987）。

分权的一个更深层次的优势会在个人不流动时（当他们无法"离开"时）显现出来。如果分权能提供更多的信息，或许能强化政治上的问责。

12.6 分权和"利维坦"

Brennan 和 Buchanan（1980）认为，一个统一的中央政府可能是无效率的。他们认为这样的中央政府会过度膨胀（就像"利维坦"一样），并会系统性地最大化税收收入，见第 15 章。按照垄断理论，他们认为，如果存在一个单一层级的政府，那么它在提供服务时会存在垄断的空间。他们认为，"财政剥削与一个特定区域里政府单位的数量成反比"（Brennan 和 Buchanan，1980）。一个高度碎片化的系统意味着居民能够"用脚投票"（即能限制决策者不考虑选民们意愿的行为），而且，即使流动性被限制，分权依然能够增加信息和政治问责。但是怎样才能检验这个理论呢？

Oates（1972，1985）通过研究公共支出问题检验了财政分权（和流动人口）是一个约束条件这一假设。他考察了全国和州两个层面的数据，通过控制其他影响（如收入、人口、城市化和政府间拨款），他并没有发现政府规模（公共支出作为 GDP 的一个组成部分）与财政分权程度之间存在显著的统计关系。Oates 没有发现集权与"利维坦"之间存在关系的证据。

Nelson（1987）批评了 Oates 的研究。他认为 Oates 衡量了一个州的政府单位的绝对数量，但难以表明单一功能和多功能区域是真正可比较的。郡、市和镇是多功能区域。学校区域是特殊区域，是单一功能的。当 Nelson 考虑多功能区域时，他发现了能够支持分权假设的重要证据。[①]

Forbes 和 Zampelli 批评了 Oates 和 Nelson 的研究。在某个州的所有政府之间并不构成竞争。市并不会与郡竞争居民，而特殊区域也不会与市竞争居民。

Zax（1989）、Forbes 和 Zampelli 也认为人口流动性不大可能会发生在州一级别。他们认为有竞争关系的政府的数量与规模之间有着积极和显著的关系（这与利维坦假设存在矛盾）。通过关注郡政府的预算和郡内竞争效果，他们并没有发现有证据支持利维坦假设。

其他的研究结果也同样与利维坦假设之间存在矛盾。这些研究表明，（单一功能单位的）分散程度的增加对公共部门的规模有着积极的影响。该理论认为特殊区域倾向于资本密集。更大规模的分散意味着规模经济的丧失。Zax 发现人均单一功能区域数量与更大规模的公共部门之间存在着正相关关系。

然而一些研究基于的是不同地方政府之间的市场占有率，其代表了辖区之间的竞争。其他的研究则使用了类似私营部门集中度的"市场份额指标"（Dilorenzo，1983）。大多数研究表明集权与更高的支出之间存在着关系（Dilorenzo，1983；Wallis 和 Oates，1988；Zax，1989）。

那么，关于分权增加政治问责这一观点还有什么可说的呢？首先必须说明这一检验的局限性：

（1）如果分权程度与公共支出之间存在着某种关系，那么必须注意利维坦行为并不是唯一的解释。分权的辖区并不像中央政府一样涉及重新分配。如果存在 Tiebout 式的分类，那么分权辖区将会成为相对收入均衡的区域（而且将不存在在管辖区内重新分配的动机）。而且穷人的流动性也是在较小区域内制约重新分配的一个因素。如果在一个更加集权的系统中存在更多的预算的话，那么可以合理地认为在一个更加集权的系统中可能存在更大规模的重新分配。

（2）对竞争的不同估计。竞争可能取决于准入门槛。Martin 和 Wagner 比较了加利福尼亚州在限制增加地方政府规模之前和之后的成本的年增长率，并比较了有限制和没有限制的州的人均地方政府成本。在加利福尼亚州，限制政策实施之后，成本显著增加。在有限制的州，地方政府成本要比没有限制的州

---

① Nelson 并没有报告单一功能区域的数量是否会影响公共部门规模。

更高。在评估竞争时，准入门槛和行政辖区的数量都被证明是相关的。

（3）当考虑利维坦和分权的关系时，依赖不同形式的服务提供的可能性也是相关的。一个依赖竞争性招标的集权结构可能产生类似于支持分权的人所宣称的结果。

（4）分析可能对需求关系是很敏感的。如果两层政府之间的需求是互补的，那么一个层面上更多的支出也会导致另一个层面的支出相应增加。利维坦趋势仅在不同层面的政府提供的服务能够相互替代时才被限制。

（5）实证工作最重要的问题在于相关的研究并没有测量效率。检验是根据支出展开的。哪些支出是充足的，或者是合适的，还有其效率的测量问题都进一步增加了对其结果解释的复杂性。一方面，如果有分散的供给，同样的服务需求可以通过更低的成本满足这一假设可能会与证据一致；另一方面，有证据表明，当政府分权时，对公共服务的需求会降低。如果解释是同样的服务水平可以通过更低的成本提供，那么分权的理由就很充分。然而，如果认为对公共服务的需求降低了，那么问题就变成了需求是否已经被充分满足了（假设当个人表达需求时，搭便车问题是相关的）（当然由于地方的重新分配可能不是当时发生的，支出的水平可能会不同）。

结论：分权通常会导致更少的支出。有证据表明地方政府在一个空间受限的市场里竞争，并且大型顶层政府单位的集权与更高的支出之间是相关的。然而这些结论也与不同的假设一致。Dowding、John 和 Biggs 认为："这些研究并没有提出有力的证据表明政府之间的竞争能产生更高的效率。"但是 Zax 认为，无论地方政府的结构是最优的，还是有问题的，在低水平的集权下，地方税收中来自个人总收入的比例是较低的。最优的供给将取决于公共物品的具体特征。此外，如果统一的系统也能够从外包中实现效率的提升，那么似乎并不能推断出统一或分散会一直是最好的。

12.7 政府间拨款

作为传统公共财政方式，政府间的拨款（或补助金）都是从中央（或联邦）流向地方（或州），这通常会涉及拨款应该以何种方式实现的问题。中央政府可以通过拨款来改变地方政府间的收入分配和支出模式。

为了了解如何组织这种拨款，有必要预测地方政府对不同形式拨款的反应。如此一来，备选的拨款方式对地方财政决策的影响就成为选择合适拨款方式时的重要考虑因素。

12.7.1　政府间拨款对地方支出的影响

政府间拨款旨在实现效率或公平，或两者兼得。在这一部分会应用一些基本的微观经济学理论来分析地方政府的反应。

政府间拨款可能是有条件的，也可能是无条件的。有条件的拨款取决于作为接收方的地方政府的行为。例如，中央政府会要求拨款用于特定的支出项目（如卫生、教育和交通等项目）。有条件的拨款有配套和非配套拨款两种形式。在配套拨款情形下，中央政府同意为地方政府支出提供一定比例的配套资金。例如，中央政府可能会支付总成本的x%用以提供一项地方服务。此外，拨款可能是开放式的，也可能是封顶的；中央政府可能有，也可能没有不能超出的上限。

可以预期的是，拨款形式会影响地方政府支出。为了验证这一问题，以下分析运用了地方政府使效用函数最大化的假设，就像新古典微观经济学理论中的个人行为一样。相关的无差异曲线可能会被当作一个"代表性选民"。正如 Rubinfeld 所说，如果社区里的所有人都相同，这没问题，可是如果存在异质性则会产生一个明显的问题（无差异曲线有时会被用作反映中间选民的偏好，也有这样的情况：如果采取少数服从多数的投票原则，地方的决定就是中间选民的意愿[1]）。在接下来的分析中，初始预算线（图 12-6 中的线 1-2）代表了中央政府给予拨款援助之前的限制因素。它限制了某商品 X（由中央政府提供）与其他商品 Y 之间的消费可能性。地方政府（"代表性选民"）寻求效用最大化。拨款的影响体现在斜率和位置的变化之中。Wilde 举例说明了下列分析采用的方法。

无条件的非配套封顶拨款

在图 12-6 中，线 1-2 表明了拨款援助之前"代表性"个人的权衡。如果没有拨款援助，地方政府倾向于（在 E_0 点）支付 1-5 的税（以 Y 为单位），并且提供 O-X^0 的公共物品。如果地方政府接收了固定的拨款 3-1，那么它能够购买更多的公共服务。如果提供的公共物品是正常品，那么收支线将会向右移动，并且个人会选择购买更多的公共物品 X。ICC 是收入消费曲线。当地方政府接收拨款时，公共物品的整体供给量会增加（新的平衡点是 E_1）。在地方，个人的福利会增加（从 I_0 提升到 I_1）。更多的地方的公共物品会被消费，但并不是所有的拨款都用作增加此产品的消费（即产品 Y 的消费也会增加，距离为 5-7）。

---

[1]　对于适合使用中间选民的无差异曲线的情况，见第 4 章。

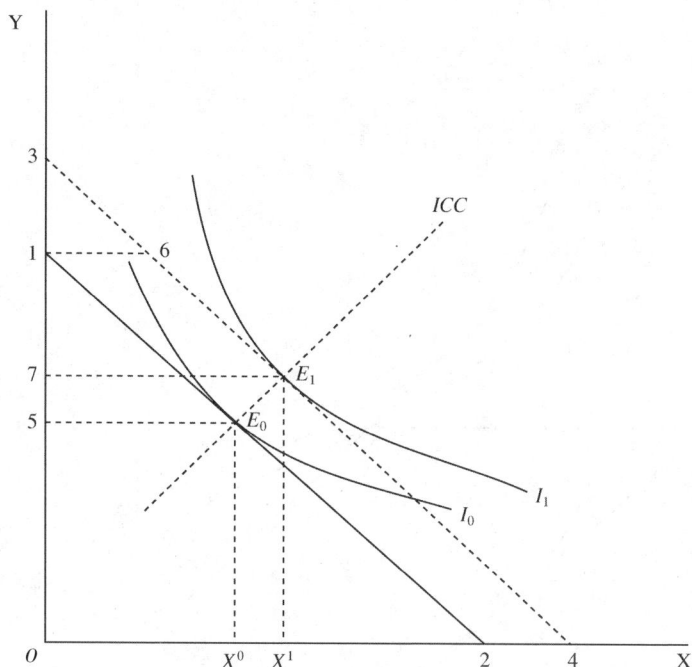

图 12-6 无条件的非配套拨款

有条件的非配套封顶拨款

在图 12-7 中，考虑有条件的非配套拨款的影响是可行的。在这种情况下，地方政府的总收入都必须用来购买公共物品 X。这个案例表明，预算线现在看起来像 1-5-4，并且约束条件把地方政府约束在点 5。地方政府可以在同意对拨款不捆绑任何条件的情况下将 E_0 移动到 E_1。很显然，与无条件拨款相比，其福利水平较低，这是因为它在产品 X 上的支出超过了它原本的支出（如无差异曲线 I_1 所示）。[①]

配套的非封顶拨款

在这个案例中，地方政府每花费一英镑，中央政府必须花费指定的金额。这意味着拨款的运行类似于对产品 X 的价格拨款，并且地方政府预算线的倾斜

----

① 在图 12-7 中，如果切点 E_1 在点 5 以下，对于地方政府来说没有什么差别。拨款必须花费在相关服务上的约束条件并不重要，地方政府会选择在这类服务上花费更多。约束条件 1-6-5 就是图 12-9 中的一个例证。

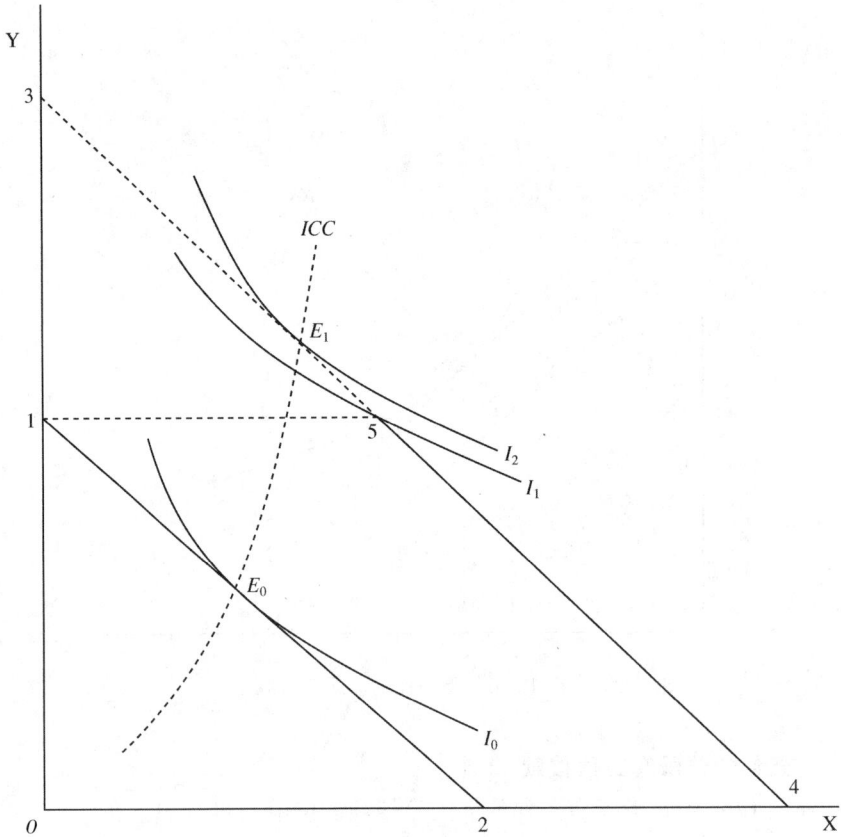

图 12-7　有条件的非配套拨款

度在图 12-8 中从 1-2 变成 1-3，从而得到的结论是，地方政府从初始的均衡点 E_0 移动到均衡点 E_1。在价格消费曲线（PCC）上有向 $O\text{-}X^1$ 移动的产品需求。无条件的配套拨款（价格拨款）与无条件的非配套拨款（一次性总拨款）相比，总会引导政府消费更多的产品。图 12-8 给出了两种拨款的比较。为了使地方政府消费 $O\text{-}X^1$（无条件的配套拨款的均衡），中央政府必须提供一个无条件的非配套拨款 1-6。在这个例子中，新的均衡点变成 E_3。无条件非配套拨款的影响只是一种收入效应（在收入消费曲线 ICC 上移动）。

在这个案例中，配套的开放式拨款的影响是降低价格，是替代效应和收入效应的组合，因而引发了在价格消费曲线 PCC 上的移动。可以确定，产品

X要有一个相似数量的增长（如O-X^1），必须有更多的拨款（也就是说与1-6相等）。[①]

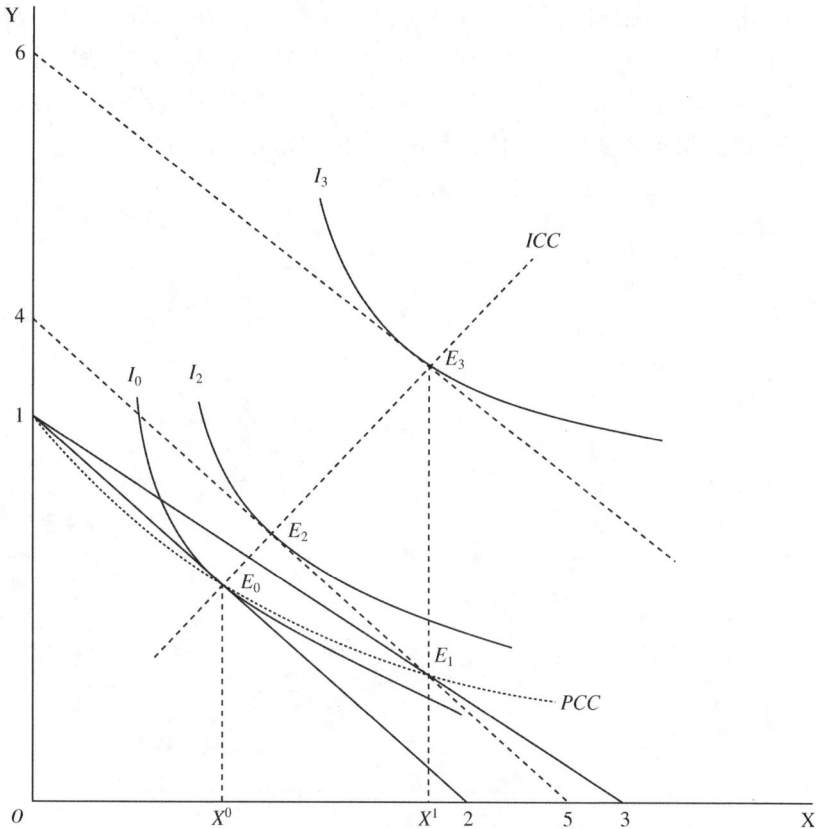

图12-8 配套的非封顶拨款

配套的封顶拨款

若中央政府提供配套的封顶拨款，预算线将扭曲。在图12-9中，假定最初配套拨款的条件是降低商品X的价格，即拨款者会以2-3的比率配套O-2，预算

[①] 如果接收拨款的政府的需求价格弹性比个人大，配套拨款将会引导地方政府在地方公共物品供给上花费更多。

线从1-2转变为1-3。然而现在，假设2-5的拨款中有一个更高的限制（以X为单位）。在这种情况下，相关预算线变成1-6-5，那么最可能从中央政府获得的拨款是2-5（以X为单位）。现在拨款会与2-5（以X为单位）的没有扭曲的有条件的非配套拨款效用相同，并且，个人会选择在收入消费曲线ICC上从E_0移动到E_1。通过比较，如果有更高的支出限制2-8（以X为单位），那么配套比率是相关的。现在的预算线是1-7-8，个人会选择移动到价格消费曲线的E_2点。很明显，所有都取决于拨款是通过什么方式封顶的（King, 1984）。

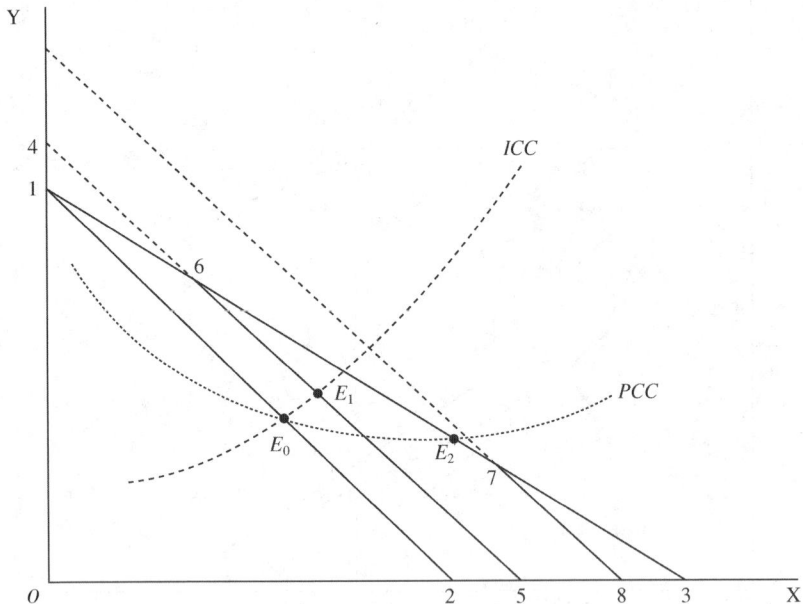

图12-9　配套的封顶拨款

以上的政府间拨款的例子是没有办法详尽阐述的，但是已经足够表明，当给定拨款形式时，地方政府预算线的修正也就确定了。有一点很明显，那就是在刺激地方政府对某一特定公共物品或服务的支出方面，配套拨款比非配套拨款更成功。考虑到这些分析，在利用政府间拨款的基础上，考虑拨款可选择的形式是有用的。已经很清晰的是，如果中央政府的目的是鼓励地方政府在某一服务上有更多支出，配套拨款优于一次性拨款，尽管一次性拨款可能会比配套拨款更能增加地方居民的福利。这只是说明中央政府拨款与目标之间的关系的一个例子。

12.7.2　政府间拨款的依据

在分析了不同形式的政府间拨款的影响后，可以开始思考政府间拨款的基本原理和采取的具体形式。

跨辖区的溢出效应

前面已经指出任何一个辖区的支出都可能给相邻区域带来外部效应。溢出效应是外部利益这一事实意味着，负责此类活动的地方当局在其决策过程中没有考虑到这一点。如果地区 R 开展的项目对地区 S 产生溢出效应，那么根据 Boadway 和 Wildasin 的研究，提供商品数量的最优决定是：

$$MB_r + MB_s = MC \tag{12.4}$$

式中：MB_r = R 区居民的边际收益

　　　MB_s = S 区居民的边际收益

　　　MC = 项目的边际成本

然而，如果地方政府在计算时未考虑福利溢出，那么供给达到：

$$MB_r = MC \tag{12.5}$$

在这种情况下，按每单位 $MB_s/(MB_r + MB_s)$ 的比例的补贴拨款可以使地方政府达到最优点。扩张到 R 的边际成本会等价于 $MC[1 - MB_s/(MB_r + MB_s)]$，并且地方政府会增加该产品的供给。在这种情况下给予配套拨款更佳，因为它在调整价格的过程中，让拨款者以更低的成本刺激了这种产品的更大供应。事实上，拨款者获利更多，因为接收者需要更多的产品，拨款比简单地改变接收者的收入能更好地调整价格。

鼓励有益品

中央政府基于有益品的立场可能认为地方政府更多地提供某种服务是合理的。根据上述分析，对于想要扩大的服务，使用配套的非封顶专项拨款是合理的。然而，如果拨款者只是认为有一些相对较高水平的消费是理想且恰当的，可以使用封顶的一次性拨款。如果拨款者认为所有的地方服务都是有益品，一般性拨款比较合适。

收入分享

地方政府总体上可能会面对财政失衡问题，因为它们无法给所有可取的项目支出提供资金支持。中央政府可能会鼓励地方政府通过开征新税、收费或借款来筹措更多的收入。不过，一种可选择的方式是，中央政府为地方政府征税，然后再把税收返还给地方政府。如果中央政府单纯是为了提高收入来扮演这样的角色，那么基于使接收拨款的地方政府受惠的角度，无条件拨款看起来是最合适的工具。

均等化

虽然总体上可能并不存在财政失衡，但一些政府可能无法给项目提供资金支持，另一些政府却很容易。在这种情况下，缩小不同政府间收入来源和支出责任之间的财政缺口就成为目标。这样做的原因可能是基于公平或效率的考虑。

横向公平。如果不同地区间的劳动力无法流动，居住在两个不同辖区的两组同样的居民可能拥有不同的净财政收益。Buchanan认为只有不同州之间达到横向公平才能达到财政公平：

居住在收入水平较高的州的人比居住在其他州的人从其所在地区财政活动中获得更多的净收益。这种横向不公平的根源可以通过一系列州际转移来消除，这种转移可以使州际的财政剩余实现均衡（Buchanan，1950：588）。

中央政府是否选择消除横向不公平，取决于价值判断和实现横向公平的决策（Grewal、Buchanan和Matthews，1980）。

效率。在劳动力流动条件下，不同地区都存在财政支出导致的无效率问题。为了提高效率，人们希望通过生产要素分配使边际产出相等。根据Boadway和Wildasin（1984）的研究，当劳动力流动时就可以解释不同财政剩余是如何导致无效率的了。假设R是高收入地区，S是低收入地区。在图12-10中，两个竖轴代表两个地区劳动力的工资水平。M^r和M^s分别代表两个地区劳动力的边际产出值。横轴的距离代表总的劳动力供给，如果最初资源是有效分配的，那么R地区的劳动力为O_r-L_0，S地区的劳动力为O_s-L_0。在点1，两个地区的劳动力的边际产出值是相同的（假设工资等于边际产出值）。

现在假设在R地区可以通过征收资源税提高财政收入（如对土地征税），并且l_r数量的居民享受该税收收入。在S地区（贫困的州）没有这样的税收收入。在图12-10中，M^r+(t_r/l_r)代表工资水平（"社会"工资，包括边际产出值和财政剩余），存在L_0-L_1数量的劳动力从R地区迁移到S地区，导致的产出损失为三角形1-2-3。除非对该现象进行补偿，否则劳动力的边际产出不会相等。然而，更高的工资水平弥补了缺少公共设施的S地区的边际劳动力，当劳动力的边际产出不再相等时，存在一种均衡。通过这样的方式，产出会低于原来的水平，从产出损失的角度看存在"效率"成本。

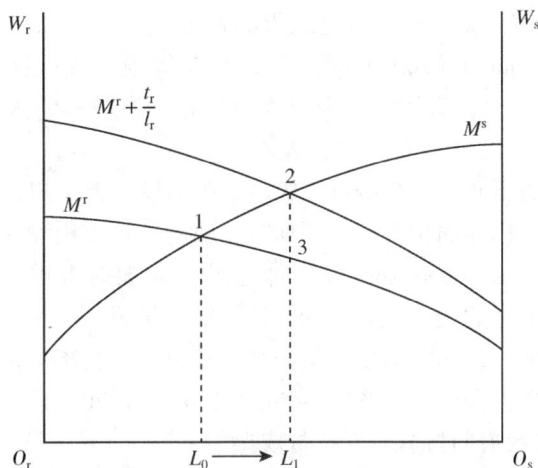

图 12-10 低效率地区和财政剩余

我们对有充分的理由利用政府间拨款已经说得够多了，为了选择合适的拨款方式，有必要考虑拨款目的和地方政府对拨款的可能反应。尽管理论分析可以产生精准的预测，但在实证分析中并非如此。虽然有一些证据表明配套拨款比无条件拨款更具有激励作用，但关于无条件拨款和一次性增加收入具有同样的作用的预测尚未得到证实。另外，关于拨款对地方政府决策的影响，公共选择学派的解释再次敞开了大门。

12.8 公共选择学派对政府间拨款的批评

尽管政府间拨款可以实现公平和效率，但问题是其是否会被用来实现这些目标。问题的重点在于产出，可是接下来对政府间拨款提供方式的批评的重点则是决策过程和对进行拨款分配的人的激励。这些批评主要是针对政府间拨款的分配方式和接收方式。

12.8.1 分配拨款：政治考虑

第12.7小节关注了为了实现公平和效率的政府间拨款的方式，实证研究表明这些拨款是出于政治目的而进行分配的。Inman（1988）提出，美国联邦政府拨款的分配就反映了在中央立法机构内的政治上的讨价还价。Grossman提出，美国各州拨款依据的是不同辖区"政治资本"（各州的政客和利益群体）的相对规模。某一个地区选民及执政政党的支持者比例越高，拨款可能越多。正如Khemani（2004）指出的，均等依赖于政治影响（均等的选民产生均等的资源分配，省和郡在中央立法机构中有更多的人均代表就会获得更多的人均资源）。

未来的选票也很重要。Wright（1974）在解释美国在州之间对联邦资金的分配时强调了政治目标的相关性（罗斯福新政的人均支出和在不同州赢得的选票存在正相关关系）。Johansson（2005）提出，瑞典对市政府的拨款针对的就是选举中最摇摆不定的选民。如果选票情况很不乐观，进一步考虑的就是公民知情的程度和选举过程的参与度。某个地区获得的拨款越多，该地区的居民就越会感受到这些拨款和公共服务（Besley和Burgess，2002）。

12.8.2　分配政府间拨款：互投赞成票

聚焦于决策过程，我们发现支出可能依赖于互投赞成票（见第4章对互投赞成票的讨论）。如果决策取决于互投赞成票，要考虑可能存在的无效率问题。

假设议会由辖区A、辖区B、辖区C这三个地区的议员构成。一种可能是给三个地区都提供地方公共物品（所选税率可以使每个地区的税收都刚好满足消费）。然而，对于辖区B和辖区C来说，这样的结果要比在辖区A征税但不提供地方公共物品的结果要差一些。在后者的情形中，税收被用来支付辖区B和辖区C的公共物品。

这一结果会降低辖区B和辖区C的有效税率，增加它们对于地方公共物品的需求。辖区B和辖区C的议员会迫切要求提高所在地区的公共物品供给水平。和每个地方政府公共物品的有效供给相比，辖区B和辖区C的公共物品的供给是过度的。该分析考虑了税收成本能被跨地区分配，且成本被视为议员寻求连任的福利所带来的影响。

Weingast、Shepsle和Johnsen（1981）研究了这些通过一般税收筹资使特定地理选区受益的计划、方案和拨款的影响。当政治成本和收益支配经济成本和收益时就会存在过度膨胀。

一个项目的总经济成本（TC_e）可以分为：

C_1＝项目所在选区的实际资源支出

C_2＝项目选区之外的实际资源支出

C_3＝项目选区的非支出式资源成本，如非货币的外部性——环境污染

该地区项目的总收益TB_e是项目经济收益的总现值。在图12-11中有足够

的信息确定有效的基准项目规模 $O\text{-}E$，其中 TB_e 和 TC_e 的差异是最大化的。假设项目 $C_1 + C_2$ 的支出成本 T 在 n 个地区间进行分配，得到：

$$T = C_1 + C_2 \tag{12.7}$$

第 i 个地区的税收为：

$$t_i(C_1 + C_2) = t_i T \tag{12.8}$$

式中：$\sum_{i=1}^{n} t_i = 1$

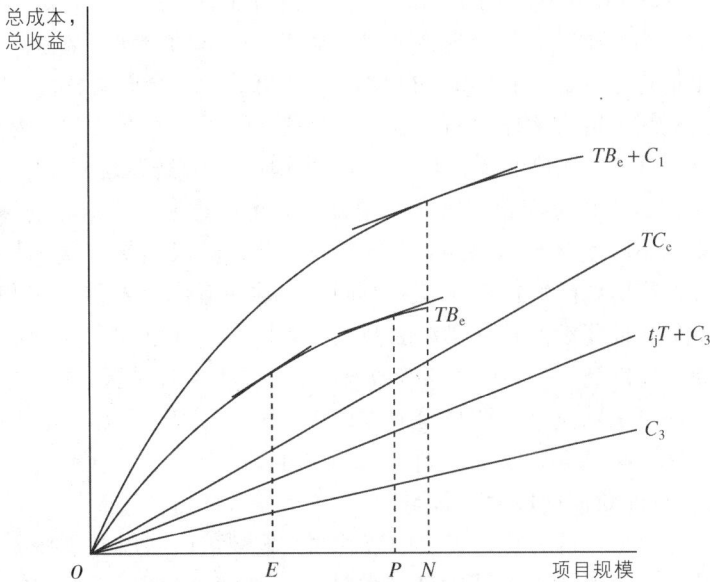

图 12-11　分配项目的政治因素

利用这些数据，可以进行项目规模选择的分析。作者总结出三个过程或机制。

（1）支出政治化。其涉及 C_1 的支出给要素所有者带来地方经济收益，因为增加的需求提高了要素价格，因此项目的 C_1 类成本可以转移到方程的收益一侧。

为了分析并隔离地区的影响，作者最初假设有一个地区 j，所以所有实际资源支出（$C_1 + C_2$）都发生在地区 j 中，并且 $t_j = 1$。因而，目标变成使（$TB_e + C_1 + C_2$）和（$C_1 + C_2 + C_3$）差异最大化（图 12-11 中项目规模为 $O\text{-}P$

时，TB_e和C_3差异最大化）。

（2）分区机制允许项目的支出成本是分散的，因此$t_j \neq 1$。对于把地区的私人收益最大化视为当选途径的议员来说，在项目规模是O-N时，（$TB_e + C_1$）和（$t_iT + C_3$）的差异相应地最大化。使O-N超过O-P的条件是与项目规模相关的C_1的增长速度超过了地方税收随着规模增长的速度。这并非苛刻的条件，如果有20个地区，意味着C_1可以以超过总支出增长率的1/20的速度增长，O-N超过O-P的条件会得到满足。

（3）税收机制已经得到了阐述。然而，值得注意的是，只要每个地区的税收是地区数量的负函数，每个地方项目的最优规模都随着地区数量的增加而增加，其他事情也是如此。在图12-11中t_iT会下降，点N会向右移动。

这就是用另一种方式描述的"多数人专制"问题（见第4章）。然而，作者的分析有更为具体的制度背景，并指出了美国国会具有普遍性和互惠主义色彩，尤其是在提出这类再分配项目时。普遍性倾向于保证所有地区都有一个项目，互惠主义承认不同地区有不同的项目等级。据此，就很容易形成互投赞成票的状况。这类讨论呈现了地方政府辖区（地区）、中央政府代表和中央政府支出的关系。这明显扭曲了公共选择学派的观点，即地方利维坦行为被许多相互竞争的地区束缚，代价是更高层级代议制政府的过度膨胀。在地区j税收成本和收益之间有紧密联系的情况下，要减少地方政府支出自治权，往往用中央提供并进行一般性筹资的O-N规模的项目取代O-P规模的地方项目。

12.8.3　分配政府间拨款：普遍性

通过互投赞成票的办法，议会中获胜的联盟就可以利用少数服从多数的原则为自己的成员提供地方公共物品（和/或提供歧视少数人的税收安排）。如果现在多数人中的一些人以后可能成为少数人中的一员，那么政治家更倾向于依赖普遍主义。在这种情况下，每个地方政府都被同等对待。可是普遍主义倾向于给每个地区提供符合高收入者需求数量的公共物品（Mueller，2003）。产出不再反映中间选区选民的偏好，它们看起来反映了高收入选区选民的偏好。

联邦立法机构的每个议员都可能为他们的选民提出一个"宠物项目"。实施普遍主义可能会导致所有这样的宠物项目都要被提供。每个议员唯一关心的就是能够再次竞选连任（忽视了覆盖所有选区时宠物项目的成本）。结果是，政府间拨款可以为这些辖区的公共物品筹资，即使这些计划在单独考虑时可能被拒绝。

12.8.4　政府间拨款：选举动机和再分配

这部分关注了决定提供公共物品和政府间拨款的议员的"边际选票收益"和

"边际选票损失"。增加支出可以赢得选票成为议员，而增加税收就会丢掉选票。

假设选票按照逐渐递减的速度增加，全国性公共物品支出的边际选举价值用图 12-12（b）中的 MV_D 表示。增加税收导致的边际选票损失用 MC_T 表示。花钱能赢得选票，增加税收会流失选票。MC 是必须提高税收以满足政府支出时议员支持率的损失。最初，全国性公共物品的最优供给是产出 $O\text{-}D$。

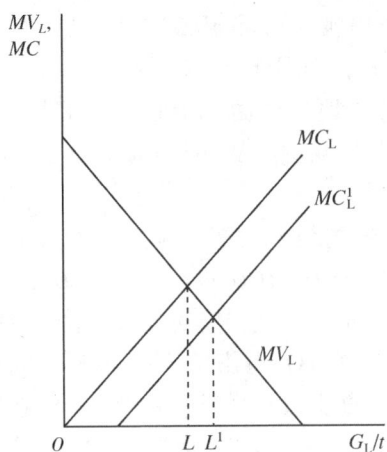

（a）

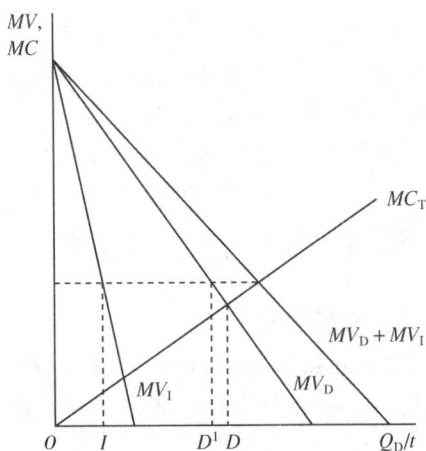

（b）

图 12-12 挤出全国性公共物品

根据 Mueller（2003）的研究，要考虑立法机关分配政府间拨款的影响。全国性公共物品支出的边际选举价值用 MV_D 表示，当提供全国性公共物品和进行政府间拨款时，边际选票收益是 $MV_D + MV_I$（如果参与选举的议员接收中央政府的拨款，MV_I 是提供政府间拨款的边际选票收益）。如果 $MV_D + MV_T$ 超过 MC_T，提供全国性公共物品和进行政府间拨款是具有吸引力的。

联邦政府总支出的选票最大化水平包括了全国性公共物品 $O\text{-}D^1$ 和政府间拨款 $O\text{-}I$（为地方政府支出融资）。联邦政府总的支出增加。然而，当公共物品产出从 $O\text{-}D$ 减少到 $O\text{-}D^1$ 时，全国性公共物品支出（$O\text{-}D$）减少。

图 12-12（a）考虑了地方层面。接收政府间拨款使地方政府的成本从 MC_L 变为 MC_L^1。地方公共物品供给从 $O\text{-}L$ 增加到 $O\text{-}L^1$（假设利用一次性税收来减税）。

为地方公共物品融资"挤出"了全国性公共物品的供给。提供政府服务的净效应是正向的，因为（$O\text{-}D - O\text{-}D^1$）<（$O\text{-}L^1 - O\text{-}L$）。如果全国性公共物品的初始供给水平是最优水平，对地方拨款意味着联邦政府提供的全国性公共物品支出太少了。Mueller（2003）得出结论：有不同选区议员的联邦政府和政府间拨款会导致在国家层面支出水平低于最优水平，在地方层面支出水平高于最优水平。[①]

欧盟最重要的决策机构（理事会）有来自不同地区的议员。理事会中有各成员国政府任命的代表。公共选择分析预测预算的重点是再分配，并且欧盟层面的公共物品可能被"挤出"。证据是支出在很大程度上被再分配了。再分配的支出构成了欧盟 1985 年 85% 的预算，1995 年这一比例接近 80%。很明显，对于欧盟层面的公共物品的支出仅占欧盟 1985 年预算的 2.6%（Mueller，2003）。欧盟的再分配政策（通过基于地域代表的"同盟政治结构"形成）意味着欧盟层面的公共物品的支出（这部分支出"能够"证明欧盟的存在）被"挤出"了。

12.8.5　为抑制竞争而分配拨款

正如前面提到的，Brennan 和 Buchanan（1980）指出，在一个分权的政府结构中，竞争是必然的。在分权化政府体系中不同政府单位可以打破由大

---

①　如果采用一次性拨款方式，假设接收拨款可以降低地方公共物品的价格，那就更有理由预期相比地方公共物品，全国性公共物品供给不足。

规模政府带来的垄断。共谋降低了选民流失的可能性，而分配拨款能保证共谋。Brennan 和 Buchanan（1980：182）研究了分散的政府单位之间合作的可能性。

作为对分享额外税收的回馈，中央政府扮演着政府间一致意见的强制执行者的角色，对那些试图违反协议的地区进行财政处罚。适当的"财政努力"会成为决定总的财政收入在较低级别的政府间分配的重要标准：如果一些州或省在辖区内利用一些工具采取一个较低的税率，其他州就需要通过干预中央政府对其的拨款来对其进行惩罚。

这个"共谋假设"暗示缺乏财政竞争。政府规模应该和分权负相关。

Grossman 和 West（1994）试图通过加拿大的经验来直接检验分权理论。他们指出官员会关心他们地位的稳固性，如果纳税人决定搬走，那么他们地位的稳固性就会受到威胁。研究表明低收入者有动机进行迁移，由于这会威胁到官员地位的稳固性，均等化的拨款会被用来援助低收入的辖区。Grossman 和 West 指出，在加拿大，税收价格管制发生在中央政府负责征税（个人所得税和企业所得税）的时候（在第二次世界大战期间）。在他们的阐述中，均等化项目（在 20 世纪 40 年代开始逐渐推行）并不是严格地出于公平的目的。如果曾经是出于公平的目的，就没有理由预期（正如"共谋假设"所预期的）政府支出相对于国民生产总值的增加。此外，效率并不能解释政府间拨款的应用（政府之间外部性的内在化），因为也有证据表明拨款导致了联邦政府出于自身目的的支出的增长。

12.8.6　政府间拨款和"粘蝇纸效应"

这一部分关注了地方政府对政府间拨款的反应。尽管分配拨款方式出现了扭曲，纳税人对于拨款的接收方式也导致了扭曲。

当分析州内对拨款影响的反应时，联邦政府对地方政府是减税还是给予一次性支付的拨款并不相关。在其他例子中，公共支出应该随需求的收入弹性增加而增加。根据前面讨论的无条件的非配套拨款（见第 12.7.1 小节），其对地方政府支出的影响刚好与收入增长的影响相同。如果联邦政府减税（因此典型的个人的收入也等量增长），地方政府支出的增长应该是相同的（影响可以通过一个预算线的平行移动和在收入消费曲线上的移动来阐释）。但是，Gramlich（1977）的实证研究表明，美国的情况有所不同。中央政府给予一次性支付拨款与进行减税相比更能激励地方政府增加支出。然而，个人净收入每增加 100 美元，接收拨款的政府支出就增长 5~10 美元，一次性支付的拨款会导致支出增加40~100美元。Gramlich 和 Galper（1973）估算出，在美国，每给州政府和地方政府额外1美元的无条件拨款，平均会引导该级别政府支出增加0.43美元。这种现象已经被归为"粘蝇纸效应"，之所以如此命名，是因为钱会被粘在它拨款的地方——给地方经济体的拨款会被用于地方经济中。这种现象在随后对美国和其他国家的研究中再次被印证（Hines 和 Thaler，1995；Bailey 和 Connolly，1998）。

对于"粘蝇纸效应"已经有了不同的解释。一些解释是基于慈善政府的行为。在传统模式下，选民的利益和他们处于政治进程中的代表的利益是协调的。然而，公共选择方法对这一假设有争议，公共选择学派的学者们把"粘蝇纸效应"看作政府失灵的证据。本章的这一部分介绍了对于"粘蝇纸效应"的不同解释。

1.公共选择学派对于"粘蝇纸效应"的解释

Gramlich（1977）指出，"粘蝇纸效应"反映了选民的利益与其他政策制定者利益的不一致，他对政府的批评如下：

（1）不同的官僚主义模型

（i）尼斯坎南（Niskanen）的模型：King（1984）利用 Niskanen（1968）关于官僚主义的模型解释了"粘蝇纸效应"。Niskanen 指出官员总是想要最大化预算，因为他们的收入、权力和声望都会随着他们能够控制的预算的增长而增长。他们被这样的需求所驱使，即选民的整体预算支出不能够超出选民从服务中获得的总收益。他们能够在这一约束下将预算最大化，因为他们拥有关于提供服务支出方面完备的信息。政客（作为赞助商）有可能有选民从公共物品中获得福利的信息，但是他们不知道支出函数。官僚们申请每个财政年度的预算（他们不要求增加额外的服务），如果该预算不超过选民从公共物品中获得的福利，政客们就有可能同意他们的申请。

在图12-13中，当局提供产品的需求是 D，这可以被看作产品的边际价值（MV）。生产产品的最小平均成本用 AC 表示，相应的边际成本是 MC。官僚们打算把预算最大化。由于信息的不对称，官僚们处于垄断地位（因为官僚既有公共物品需求的信息，又有公共物品供给成本的信息）。官僚们申请一份（提供公共物品的总成本）与选民们从公共服务中获得福利相等的预算（想要超过这个预算是不可能的，因为政客们会意识到总成本超过了总收益）。图12-13中 AV 是对于选民们来说公共物品的平均价值。当局根据预算，生产 $O\text{-}q_b$ 的产品。在这个产出水平下，总的预算成本等于总的产出收益（因为 $AC = AV$），当局的产出超出了在竞争市场中的产出，即总成本的产出被要求达到 q^*（对于 Niskanen 分析的讨论见第 14 章）。

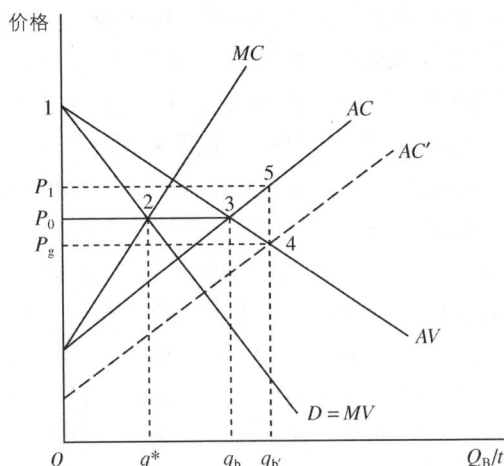

图 12-13 Niskanen 模型

怎样用这个分析来解释"粘蝇纸效应"呢？如果当局为地方（或州）政府提供服务，并且地方（或州）政府接收一个一次性拨款，一次性拨款可以减少地方政府的平均成本（从 AC 转变为 AC'）。官僚的动机是请求一个能够使产出达到 O-q_b 的预算（在这个产出水平上，预算将会增加，尽管总的预算成本不会超出地方选民的总收益 $AC' = AV$）。当然，地方选民的成本从 O-P_0-3-q_b 增加到 O-P_g-4-$q_{b'}$。现在总的预算是 O-P^1-5-$q_{b'}$（P_1-5-4-P_g 是联邦政府的拨款）。

第一点要强调的是当局的预算增长得比拨款多（King，1984）。如果市民的收入以同样的数量增加，市民只能选择该数量中的一部分来增加服务供给。King（1984）提到，作为能解释"粘蝇纸效应"的理论，它已经足够表明市民收入的增加能够使预算较少地增加。如果当局给予的一次性支付拨款是非封顶的配套的特殊拨款，"粘蝇纸效应"会发挥作用。在这个案例中，与等量的收入增长相比，收到一次性支付拨款对地方（或州）政府支出的冲击要更大。

　　Schneider和Ji（1987）为这个解释提供了合理的支持。他们指出了地方管辖权和"粘蝇纸效应"大小呈负相关关系。竞争依赖于Tiebout效应。竞争越强，市政公债越多，市政间支出竞争的差异程度越高，地方税收水平变化程度越高。Bae和Feiock（2004）关注当局被政治代表所约束的方式。他们回顾了市长议会制城市（过度依赖财产税及税收和支出限制）比议会经理制城市更可能约束当局。他们利用334个美国中等规模城市（人口在7.5万到80万之间）的数据，指出政府间拨款创造了"粘蝇纸效应"，但是在控制其他变量之后，议会经理制城市的支出多于市长议会制城市的支出。

　　（ii）Romer-Rosenthal模型：Romer和Rosenthal（1980）提出了关于当局行为的备择模型。他们的模型被称为"调节模型"。地方政府的官僚提议在选举之前提出代理资金水平。如果大量的选民接受了这个提议，它就会被颁布，如果不接受，地方政府支出会被设定在一个法定的原来的水平上。美国的一些州（如科罗拉多州、俄勒冈州、密歇根州）就是政府支出水平被设定在原来的水平上的实例。在这个模型里，Romer和Rosenthal假设这个原来的水平是外生的。比较重要的一点是，如果地方官僚提议的预算被拒绝了，地方政府支出必须恢复到原来的特定水平，而且这一点是被选民所知道的。

　　第一个目标是说明这种制度安排将意味着地方政府支出会与传统模型（在第12.7小节介绍的）预测的不同。图12-14（a）给出了中间选民在私人物品和公共物品之间的偏好。每个选民为产品支付一个税收价格（暗含在预算线1-2的斜率中）。中间选民首选的位置应该是X^*，但是，如果原来的水平被定义在X_p^0，那么很明显，中间选民会投票支持X_p^0和X_b之间的任何产出水平。在这中间的任何一种产出水平，与原来的水平X_p^0相比，都会给中间选民带来更高的无差异曲线。中间选民可能最终投票给产出X_b。与只是被预算线1-2约束的优先选择相比，这是一个更高的产出（如产出X^*）。当然，如果X_p^*比X^*更好，官僚的动机仅仅是提出了支出水平，即原来的水平，并且，如果情况就是这样，那么产出将再一次超过中间选民倾向的水平。

　　这些制度安排如何解释"粘蝇纸效应"呢？在图12-4（b）中，原来的水平是X_p^1。如果选民的收入增长，图中的预算线移动到3-4。中间选民偏好的支出水平增长到X_p^*（假定地方政府提供的公共物品是标准的）。中间选民偏好的均衡分配从无差异曲线I_0上的E_0移动到无差异曲线I_1上的E_1。但是，如果Romer和Rosenthal描述的制度安排应用中间选民更偏好的X点而不是原来的水

平 X_r^1，那就没有理由增加服务的供给。如果原来的水平在拨款增加的时候增加，决策者必须花掉所有的拨款（假设美国一些州的制度安排是始终如一的），"粘蝇纸效应"再一次出现了，并且，公共支出的增长比中间选民偏好的结果更高。

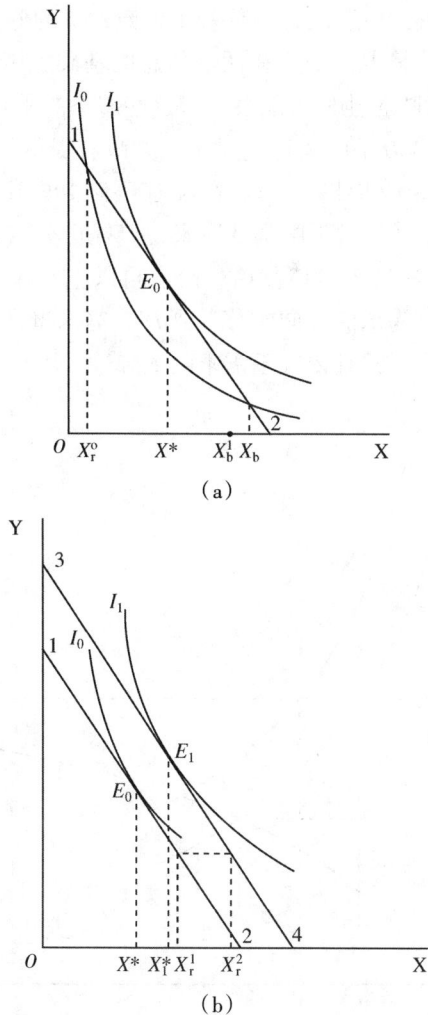

图12-14　Romer-Rosenthal模型

这个特殊情况取决于原来的水平高于（并且持续高于）最优先水平这个假设。Romer和Rosenthal（1980）考虑了在支出水平间的替代关系，然而，出于我们的目的，对于描述制度安排如何导致地方政府的支出模式偏离，Gramlich实证工作指出的方向已经足够了。

（2）财政幻觉

其他解释"粘蝇纸效应"的方法依赖于财政幻觉的假设。选民在做出决定的时候只了解到一部分情况。他们在两条信息的基础上做出决定：产出水平 Q 和相关的税收 T。这意味着他们可能会了解这些服务的平均税收价格 Q/T。

在图12-5中，曲线 D 是中间选民对于地方政府提供公共物品的需求曲线。对于中间选民来说，税收价格是 P_m。在没有任何中央政府的拨款的情况下，偏好的位置是产出 $O\text{-}q^0$（即对于中间选民来说，提供公共物品的边际收益等于边际成本）。在收到一次性支付拨款后，政府可以把它作为收入的增加传递给选民。在这个案例中，需求曲线向右移动到 D^1，需求量是 $O\text{-}q^1$。这带来的影响与收入变化的影响相似，并且依赖于需求收入弹性。

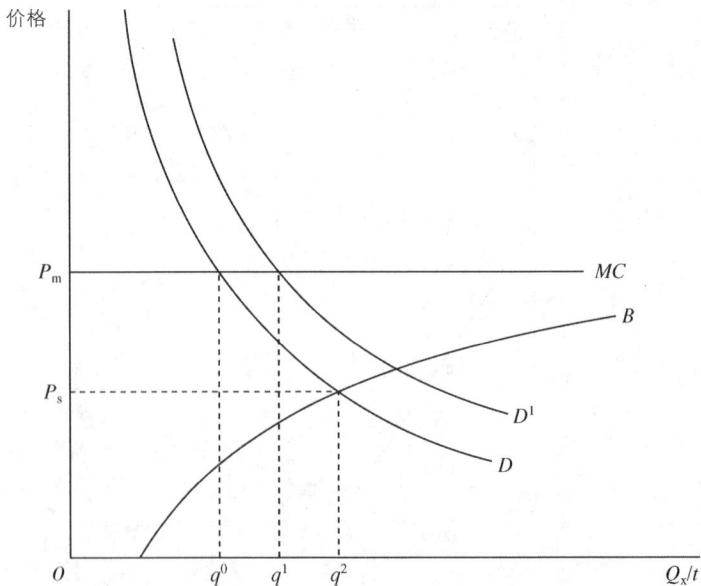

图12-15　财政幻觉和"粘蝇纸效应"

相比之下，接收一次性支付拨款的政府，能够简单地以一个被补贴的较低的价格 P_s 生产产品。例如，在图 12-15 中，产品的新的税收价格可能被认为是曲线 B（代替 MC）。现在，支出的影响依赖于需求价格弹性，需求变成 O-q^2。

"粘蝇纸效应"的影响是否普遍取决于价格的规模和需求收入弹性。Oates（1979）通过实证研究认为这些弹性的相关规模被指明了（Bergstrom 和 Goodman，1973）。他计算出公共支出的边际增长相对于收入的增长是 0.1，然而，公共支出的边际增长相对于政府间拨款的增长来说是 0.4。这与实证结果显示的"粘蝇纸效应"确实很接近。

这些并不是基于公共选择学派批判的唯一解释。例如，McGuire（1975）指出"粘蝇纸效应"就是政治家利用这个机会将钱尽可能多地花出去以使投票最大化。Dougan 和 Kenyon（1988）提出，"粘蝇纸效应"可以解释为压力集团对特定项目的支出施加的影响。但是，"粘蝇纸效应"是政府失灵的证据吗，或者还有其他的解释吗？

2. "粘蝇纸效应"的良性政府解释

正如公共选择学派的争议一样，还有大量其他的对于"粘蝇纸效应"的解释（钱一旦投入会被粘住），其可以被传统的社会优化方法所描绘，并且通过比较可能被认为是良性的（Quigley 和 Smolensky，1992）。

（1）第一个解释与交易费用有关。税收的变化是有代价的。作为对一次性支付拨款的响应，需要花费时间和努力来针对中间选民的新需求水平修正和降低税率。如果选民预期收入的增加会导致在不久的将来税负很快再次增加，那么这些资源就被浪费了。减税是暂时的，并且如果收入的增加是可预期的，那么涉及的成本会被节省下来（或者预期服务的成本会增加），这意味着在未来税收会被增加来满足中间选民的需求。

（2）第二个解释基于中间选民在国家和地方税收上的分配（Heins，1971；Fisher，1979）。例如，假设中间选民在地方政府税收中的占比小于个人在地方政府给国家的拨款的增量中的占比，那么政府间拨款会使中间选民的境况较好，并且可以观测到支出的额外增加（或"粘蝇纸效应"）。当中间选民决定支出时（Fisher 指出，在实际中，这种税收替代的影响相当小）这种现象更明显。

（3）Hamilton（1986）用税收的额外负担来解释"粘蝇纸效应"（见第 7 章）。从中央政府获得的拨款不包括这些额外负担。这就是人们更愿意支出的原因。然而，Hines 和 Thaler（1995）指出额外负担太小，不足以完全解释

"粘蝇纸效应"。

（4）Turnbull 和 Niho（1986）认为"粘蝇纸效应"可以被拨款带来的税收资本化解释。如果拨款提升了地方政府的财产价格，会导致地方财产税税基的扩大。这会带来更高的税收收入，也解释了更高的支出水平。

（5）Fossett（1990）分析了不确定性的影响。如果这一年度收到拨款，但未来几年可能不会收到拨款，则今年减税而在未来再次增加税收的决定会提高波动性，导致纳税人的不满。

（6）另一种解释是基于利他主义。King（1984）继续假设这些决定反映了中间选民的需求，并且不允许政府失灵存在。然而，他假设，当中间选民投票时，他们不会接受使当地最穷的公民的净收入低于某些规定的水平。在图 12-16 中，中间选民被迫投票给预算线 1-2 上的 1-8 的产出组合，否则地方政府就会设置一个税率使最穷的公民的最低收入水平低于可接受水平，即他们会使税率超过 1-9。在这个范围中，初始的均衡点是 E_0。在图 12-16 中，线 1-2 是收到拨款之前的预算线。一次性专项拨款使预算线变动到 1-4-5。[1]如果选民不受关心穷人的限制，他们会移动到 E_1（选民不会感到受限，因为使用所有的拨款并不会增加地方的税收）。

削减税收可以和一次性拨款一样以同等数量提高居民收入。如果有同样的税收削减，与中间选民相关的预算线就会是线 6-5。不受其他人纳税的影响，个人更可能选择点 E_1。然而，如果有额外的约束限制，中间选民不会再选择点 E_1。例如，当一部分税收削减是由中央政府实施的，该地最贫困的人不会获得福利（可能因为他们的收入对于他们必须支付的中央政府的税收来说明显太低了）。中间选民关心他们所在地区最贫穷的人的福利，他们不想地方政府增加支出，那会增加该地区最穷的人的税负。因此，在图 12-16 中，从每个人身上征收的总税收不会超过 6-10（和 1-9 相等）：中间选民是受限的，他们关心穷人，想把缴纳的税款控制在 6-10。在新的预算线 6-5 上，现在的最优位置是点 7（在点 8 的正上方）。在这种情况下，被选择的产量是 O-X^1，并且这会比中间选民不关心穷人时的产量 O-X^2 要少。其结果是，在减税的情况下，货物供应并没有增加，尽管在实行一次性拨款的情况下供应有所增加。此外，"粘蝇纸效应"显著。

---

[1] 在图 12-16 中,配套拨款会使预算线从 1-2 变为 1-3。新的均衡会在价格消费曲线的 E_0 之上。

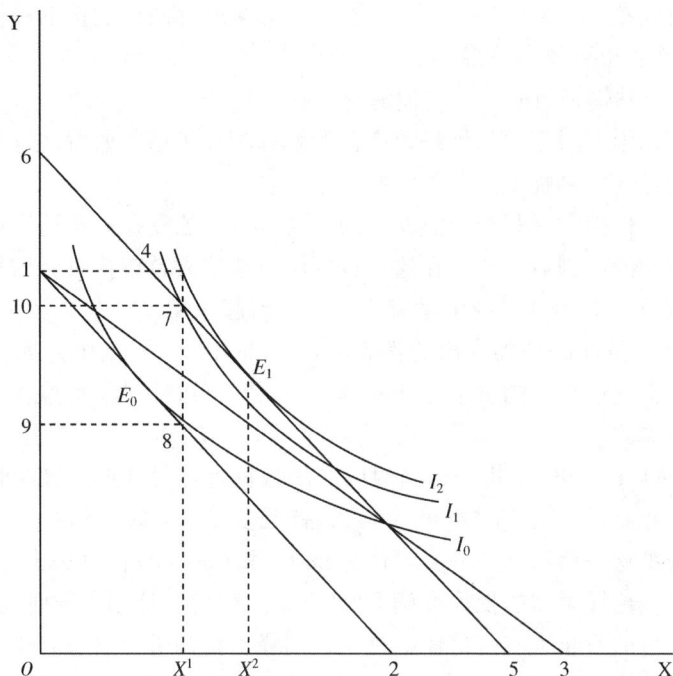

图 12-16　最低收入限制下的"传统"方式

　　这是一个极端案例。如果我们假设，某地最穷的人从削减中央政府税收中获益（尽管不完全），减税就会带来更高的产出，即使产出低于 $O\text{-}X^2$，如果接收了一次性拨款，该产出就会被选择。当然该分析易受中央政府税收削减的影响：如果这些政策真的针对穷人，它们可能会减少中间选民所担心的对地方税收的最初限制。

　　（7）参考第 16 章的讨论，Hines 和 Thaler（1995）从行为异常的角度解释了"粘蝇纸效应"。第一个异常是厌恶损失（见第 16 章）。由此可见，提高税收的政治成本要大于削减等量税收的收益。如果个人获得私人收入的增长，政治家就会犹豫是否提出增加税收（作为"损失"）。这种对于增加税收的犹豫可能解释了"粘蝇纸效应"的内在差异。然而，第二个异常可能更为重要。有证据表明支出不像收入那样有不同的实现方式（工作、储蓄、房屋价值变动的收入）。这一证据表明，纳税人并不认为收入是可替代的（见第 16 章）。他们表现得好像消费取决于不同的心理账户。Hines 和 Thaler 参考了这样的证据，即个人更可能花"手头的钱"（意外收入）。如果联邦政府的拨款被视为"手头的钱"，那么支出可能会更多。

3.关于"粘蝇纸效应"的其他解释

尽管理论学家对于"粘蝇纸效应"的解释相互矛盾，值得注意的是第三种解释。真的存在"粘蝇纸效应"吗？

（1）一次性拨款（和配套拨款）通常会在可能的受益人申请后和一段时间的政府机构间的谈判后发放。在这个过程中，拨款人希望接收者增加特定部门的支出。因此，对于计量经济学家来说，这看起来像是"整体拨款"，事实上它却可能是有条件的增加支出的拨款。Chernic（1979）指出，如果拨款接收者用其来充实他们自己的资金，非配套拨款实际上可能是配套拨款——证据本身是受到质疑的。

（2）Becker（1996）指出，当对同样的数据进行对数形式检测时，线性方程中没有证据证明存在"粘蝇纸效应"。有很多理由质疑"粘蝇纸效应"是政府失灵的证据这一命题（进一步讨论见 Bailey 和 Connolly 在 1998 年的研究）。

那么公共选择学派的批评准确吗？"粘蝇纸效应"证明了政府失灵吗？"粘蝇纸效应"可能看起来有些奇怪，可是它阐释了我们所指出的财政传统方式和公共选择方式之间的差异。"社会最优"方式和"公共选择"方式都可以为其提供解释。

12.9　小结

本章分析了财政责任划分给各个层级政府的方式，应注意如下几点：

• 当涉及不同任务的财政责任分配时，本章的讨论是非常有意义的。本章讨论的观点认为纯公共物品供给、收入再分配，以及稳定与增长的宏观经济责任最好分配给联邦（中央）政府，而提供地方服务的责任应该分配给地方政府。

• 当涉及分权的最优程度时，本章的讨论是非常有意义的。传统的公共财政方式聚焦于实现公平和效率的最优责任分配和辖区的最优规模。来自联邦和地方政府的最优分权程度是通过边际福利收益（例如，当服务供给更能匹配偏好时）和边际福利损失（例如，分权产生了溢出——给联邦政府创造了一个角色）决定的。

• 本章阐述了学者对政客行为方式假设的分析敏感性。对公共选择学派的学者而言，分权还能给选民更多的机会实现政治问责。分权程度越高，政府越不可能过度膨胀。关注财政传统应用的学者和公共选择学派的学者对财政管理人员的最优数量的观点有所不同（第15章说明了这一现象）。

● 当解释为什么庞大而单一的政府比存在地方政府竞争的情况支出更多时，Brennan和Buchanan（1980）的观点得到重视。当考虑给予拨款时，就会出现更多来自公共选择学派的批评。Buchanan和Tullock（1962）指出，中央预算提供的财政资金越多，互投赞成票就越可能导致过度支出。在美国，有对"政治拨款"交易的指控：其中一个辖区的代表同意另一个辖区的支出，并得到同样的许诺作为回报。这样的讨论意味着来自中央预算的总支出可能超出最优值。因此，让州政府对财政支出承担更大的责任可能会减少这种失败。其他地方的税收成本越多，各州越难以把所有支出计划的成本内在化。Weingast等（1981）和Olson（1971）指出，当项目收益有限而所有人都承担成本时，可能会出现过度的公共部门支出。如果地方支出计划通过当地提供的税收进行融资，成本分摊的可能性就降低了。

● 本章重点呈现了公共选择学派学者的分析范围。公共财政的传统方法关注的是产出。本章在资源分配（和收入分配）方面进行了比较。公共选择学派学者考虑的是产出和过程。对于分配政府间拨款的批评主要聚焦于决策的过程（如互投赞成票、普遍主义、共谋）。

本章也分析了最优水平的分权是如何实现的，可是没有讨论最优水平将如何实现。附录12（A）进一步分析了分权的最优水平，考虑了多数表决的程序是否实现了最优分权。

传统的财政方式关注了用最优水平的分权来实现公平和效率的方法（Boadway，2006），而公共选择学派的批评聚焦于政治进程失败的可能性。在考虑欧洲的财政联邦主义时，对这些论点的应用方式的分析可参见Cullis和Jones在1998年的文章。

附录12（A）：最优的分权和多数表决

下面的讨论由Hindricks和Myles（2006）提出。进一步的分权并不是没有成本。每级政府都有自己的管理成本（如建筑、员工）。每级政府都由政客代表，政客需要报酬。然而，如果提供地方服务更符合纳税人的偏好，进一步的分权就会带来收益。

一个最优水平的分权可以通过存在偏好多样性时成本（规模经济损失）和

收益之间的权衡确定。为了说明这一点，我们来考虑一个公共物品的供给。来自公共物品的效用取决于其地理位置。公共物品可以在联邦层面提供，也可以在地方层面提供。

图12A-1中的线段［0，1］代表联邦政府。公共物品可以在这条线上的任意位置提供。中央政府提供的公共物品位于这个区间的1/2处。个人离这点越远，越不喜欢该公共物品。

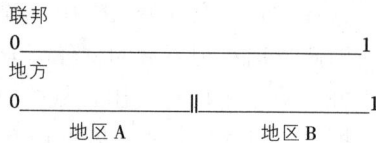

联邦
0_____1
地方
0_____‖‖_____1
　　　地区 A　　　　地区 B

图 12A-1　最优分权

每个地区都可以提供该公共物品。图12A-1中的区间［0，1/2］代表每个地区。在分权的情况下，公共物品的提供位于每个地区的中点，即地区 A 的1/4处和地区 B 的3/4处。

假设个人是平均分布的，每个区域的规模相同。联邦层面的固定人均支出是 C，在分权情况下是 2C。因此，在联邦供给和地方供给下每个个人 i 的效用不同。个人 i 的效用是：

集权：$u_i^c = 1 - \alpha|1/2 - i| - C$

分权：$u_i^d = 1 - \alpha|1/4 - i| - 2C$；$u_i^d = 1 - \alpha|3/4 - i| - 2C$（取决于 i 是在 A 地区还是 B 地区）

式中：α=当 i 距离公共物品较远时效用下降的速度

［1/2−i］=当集权时，公共物品位置和个人 i 偏好的位置之间的距离

［1/4−i］=当分权时，公共物品位置和个人 i 偏好的位置之间的距离

［3/4−i］=当分权时，公共物品位置和个人 i 偏好的位置之间的距离

假设个人分布不均，在集权情况下，个人离公共物品（在1/2处）的平均距离是1/4；在分权情况下，平均距离是1/8。因此，分权的积极影响必须能重新衡量提供公共物品的额外成本。如果额外成本 C 小于价值 α（将距离减去1/4~1/8的收益），那么最优的解决方式是分权。因此，在下面情况下分权是最优的：

$$C \leq \alpha[1/4 - 1/8] = \alpha/8 \tag{A12.1}$$

即：

$$C \leqslant \alpha/8$$

再来看多数表决问题，关键是大部分选民是否更喜欢分权。由于个人是均匀分布的，A 地区的大多数选民（中间点的个体，和中间点偏左或者偏右的个体）将决定投票结果。如果每个区域中间点（1/4）的个人更喜欢分权，大部分选民就会喜欢分权，即：

$$u_i^c = 1 - \alpha|1/2 - i| - C \leqslant u_i^d = -\alpha|1/4 - 1/4| - 2C \tag{A12.2}$$

因此，如果 $C \leqslant \alpha/4$，大部分人会投票支持分权。

现在我们很清楚为什么多数表决并不代表最优解决方案。对于处在 $\alpha/8$ 和 $\alpha/4$ 之间的成本，多数表决会带来分权，即使这没有达到社会最优（$C > \alpha/8$）。因此，在多数表决情况下存在过度的分权。

参考文献

Aronson, J. R. (1974)'Financing Public Goods and the Distribution of Population in Metropolitan Areas:An Analysis of Fiscal Migration in the US and England', pp. 313–41 in A. J. Culyer (ed.), *Economic Policies and Social Goals*. London: Martin Robertson.

Aronson, J. R. and Schwartz, E. (1973) 'Financing Public Goods and the Distribution of Population in a System of Local Governments', *National Tax Journal*, 26, 2, pp. 137–60.

Bae, S. and Feiock, R. C. (2004) 'The Flypaper Effect Revisited: Intergovernmental Grants and Local Governance', *International Journal of Public Administration*, 27, 8 & 9, pp. 577–96.

Bailey, S. J. and Connolly, S. (1998) 'The Flypaper Effect; Identifying Areas for Future Research',*Public Choice*, 95 (3–4), pp. 335–61.

Banzhaf, H. S. and Walsh, R. P. (2008) 'Do People Vote with Their Feet? An Empirical Test of Tiebout's Mechanism', *American Economic Review*, 98, 3. pp. 843–63.

Becker, E. (1996) 'The Illusion of Fiscal Illusion. Unsticking the Flypaper Effect', *Public Choice*, 86,pp. 85–102.

Bergstrom, T. and Goodman, R. (1973) 'Private Demands for Public Goods', *American Economic Review*,63, 3, pp. 280–96.

Besley, T. J. and Burgess, R. (2002) 'The Political Economy of Government Responsiveness: Theory and Evidence from India', *Quarterly Journal of Economics*, CXVII(4), 1415–51.

Boadway, R. W. (1979) *Public Sector Economics. Cambridge*, Mass.: Winthrop Publishers.

Boadway, R. W. and Wildasin, D. E. (1984) *Public Sector Economics*, 2nd edn. Boston: Little, Brown.

Boadway, R. W. (2006) 'The Principles and Practice of Federalism: Lessons for the EU', *Swedish Economic Policy Review*, 13, pp. 19–62.

Bradford, D. and Oates, W. (1974) 'Suburban Exploitation of Central Cities and Governmental Structure',pp. 43–90 in H. Hochman and G. Peterson (eds), *Redistribution through Public Choice*. New York:Columbia University Press.

Brennan, G. and Buchanan, J. M. (1980) *The Power to Tax: Analytical Foundations of a Fiscal Constitution*. Cambridge: Cambridge University Press.

Buchanan, J. M. (1950) 'Federalism and Fiscal Equity', *American Economic Review*, 40, 4, pp. 583–99.

Buchanan, J. M. (1965) 'An Economic Theory of Clubs', *Economica*, 32, 125, pp. 1–14.

Buchanan, J. M. and Goetz, C. J. (1972) 'Efficiency Limits of Fiscal Mobility: An Assessment of the Tiebout Model', *Journal of Public Economics*, 1, pp. 25–43.

Buchanan, J. M. and Tullock, G. (1962) *The Calculus of Consent*. Ann Arbor: University of Michigan Press.

Buchanan, J. M. and Wagner, R. (1970) 'An Efficiency Basis for Federal Fiscal Equalization', in J. Margolis (ed.), *The Analysis of Public Output*. New York: Columbia University Press.

Case, A. (2001) 'Election Goals and Income Redistribution: Recent Evidence from Albania', *European Economic Review*, 45, pp. 405–23.

Chaudry-Shah, A. (1988) 'Capitalisation and the Theory of Public Finance: An Interpretive Essay', *Journal of Economic Surveys*, 2, 3, pp. 209–45.

Chernick, H. A. (1979) 'An Economic Model of the Distribution of Project Grants', in P. Mieszowski and W. H. Oakland, *Fiscal Federalism and Grants in Aid*. Washington, DC: The Urban Institute.

Cullis, J. and Jones, P. (1998) *Public Finance and Public Choice*, 2nd edn. Oxford: Oxford University Press.

Dilorenzo, T. J. (1983) 'Economic Competition and Political Competition: An Empirical Note', *Public Choice*, 40, pp. 203–209.

Dougan, W. R. and Kenyon, D. A. (1988) 'Pressure Groups and Fiscal Illusion. The Flypaper Effect Reconsidered', *Economic Inquiry*, 26, pp. 159–70.

Dowding, K., John, P. and Biggs, S. (1994) 'Tiebout: A Survey of the Empirical Literature', *Urban Studies*,32(4/5), pp. 767–97.

Edel, M. and Sclar, E. (1974) 'Taxes, Spending and Property Values: Supply Adjustment in a Tiebout-Oates Model', *Journal of Political Economy*, 82, 5, pp. 941–54.

Epple, D. and Zelenitz, A. (1981) 'The Implications of Competition among Jurisdictions: Does Tiebout need Politics', *Journal of Political Economy*, 89, pp. 1197–1218.

Fischer, R. C. (1979) 'A Theoretical View of Revenue Sharing Grants', *National Tax Journal*, 32, 2,pp. 173–84.

Fischer, R. C. (1982) 'Income and Grant Effect on Local Expenditure: The Flypaper Effect and Other Difficulties', *Journal of Urban Economics*, 12, pp. 324–45.

Flatters, F. R., Henderson, V. and Mieszkowski, P. (1974) 'Public Goods, Efficiency and Regional Fiscal Equalization', *Journal of Public Economics*, 3, 2, pp. 99–112.

Forbes, K. F. and Zampellini, E. M. (1989) 'Is Leviathan a Mythical Beast?', *American Economic Review*,79, pp. 568–77.

Fossett, J. W. (1990) 'On Confusing Caution and Greed; A Political Explanation of the Flypaper Effect',*Urban Affairs Quarterly*, 26, 95–117.

Gramlich, E. M. (1977) 'Intergovernmental Grants: A Review of the Empirical Literature', pp. 219–39 in W. E. Oates (ed.), *The Political Economy of Fiscal Federalism. Lexington*, Mass.: Lexington Books.

Gramlich, E. M. and Galper, H. (1973) 'State and Local Fiscal Behaviour and Federal Grant Policy',pp. 15–58 in *Brookings Papers on Economic Activity*, vol. 1. Washington DC: Brookings Institution.

Gramlich, E. M. and Rubinfeld, D. L. (1982) 'Microestimates of Public Spending Demand Functions and Tests of the Tiebout and Median Voter Hypotheses', *Journal of Political Economy*, 90, 3,pp. 536–60.

Grewal, B. S., Buchanan, J. M. and Matthews, R. L. (1980) *The Economics of Federalism*. Canberra:Australian National University Press.

Grossman, P. J. and West, E. G. (1994) 'Federalism and the Growth of Government Revisited', *Public Choice*, 79, 1–2, pp. 19–32.

Hamilton, B. W. (1976) 'The Effects of Property Taxes and Local Public Spending on Property Values:A Theoretical Comment', *Journal of Political Economy*, 86, 3, pp. 647–50.

Hamilton, B. W. (1986) 'The Flypaper Effect and the Deadweight Loss from Taxation', *Journal of Urban Economics*, 19, pp. 148–55.

Heins, A. J. (1971) 'State and Local Response to Fiscal Decentralization', *American Economic Review*, 61,pp. 449–55.

Helm, D. and Smith, S. (1987) 'The Assessment: Decentralisation and the Economics of Local Government', *Oxford Review of Economic Policy*, 3, 2, pp. i–xix.

Hindricks, J. and Myles, G. (2006) *Intermediate Public Economics.* Cambridge Mass.: MIT Press.

Hines, J. R. and Thaler, R. H. (1995) 'Anomalies: the Flypaper Effect', *Journal of Economic Perspectives*,9(4), pp. 217–76.

Hirschman, A. O. (1970) *Exit, Voice and Loyalty: Responses to Decline in Firms, Organizations and States.* Cambridge, Mass.: Harvard University Press.

Hughes, G. (1987) 'Fiscal Federalism in the UK', *Oxford Review of Economic Policy*, 3, 2, pp. 1–23.

Inman, R. (1988) 'Federal Assistance and Local Services in the United States: The Evolution of a New Federalist Fiscal Order', in H. Rosen (ed.), *Fiscal Federalism.* Chicago: Chicago University Press.

Johansson, E. (2005) 'Intergovernmental Grants as a Tactical Instrument: Empirical Evidence from Swedish Municipalities', *Journal of Public Economics*, 60, pp. 307–34.

Kehmani, S. (2004) *The Political Economy of Equalization Transfers.* Working Paper 04–14, November Andrew Young School of Policy Studies, Georgia State University.

King, D. (1984) *Fiscal Tiers: The Economics of Multi–level Government.* London: Allen & Unwin.

Lowery, D. and Lyons, W. E. (1989) 'The Impact of Jurisdictional Boundaries: An Individual Level Test of the Tiebout model', *Journal of Politics*, 51, pp. 73–97.

Martin, D. T. and Wagner, R. (1978) 'The Institutional Framework for Municipal Incorporation: An Economic Analysis of Local Agency Formation Commissions in California', *Journal of Law and Economics*, 21, pp. 409–25.

McGuire, M. (1975) 'An Economic Model of Federal Grants and Local Fiscal Response' in W. E. Oates (ed.), *Financing the New Federalism. Baltimore*: John Hopkins University Press.

Mueller, D. C. (2003) *Public Choice III.* Cambridge: Cambridge University Press.

Musgrave, R. A. (1981) 'Leviathan Cometh—or Does He?' in H. Ladd and T. N. Tideman (eds), Tax and expenditure limitations. COUPE Papers on Public Economics 5, The Urban Institute, Washington.

Musgrave, R. A. and Musgrave, P. B. (1989) *Public Finance in Theory and Practice.* New York:McGraw-Hill.

Nelson, M. A. (1987) 'Searching for Leviathan; Comment and Extension', *American Eco-*

nomic Review, 77,1, pp. 198–204.

Niskanen, W. A. (1968) 'The Peculiar Economics of Bureaucracy', American Economic Review (Papers and Proceedings), 57, 2, pp. 293–321.

Oates, W. E. (1969) 'The Effects of Property Taxes and Local Public Spending on Property Values: An Empirical Study of Tax Capitalization and the Tiebout Hypothesis', Journal of Political Economy, 77,6, pp. 957–71.

Oates, W. E. (1972) Fiscal Federalism. New York: Harcourt Brace Jovanovich.

Oates, W. E. (1979a) 'An Economist's Perspective on Fiscal Federalism', in W. E. Oates (ed.), The Political Economy of Fiscal Federalism. Lexington, Mass.: Lexington Books.

Oates, W. E. (1979b) 'Lump-sum Intergovernmental Grants Have Price Effects', pp. 22–30 in P.Mieszkowski and W. H. Oakland (eds.), Fiscal Federalism and Grants in Aid, Coupe Papers on Public Economics. Washington, DC: Urban Institute.

Oates, W. E. (1985) 'Searching for Leviathan', American Economic Review, 75, 4, pp. 748–57.

Oates, W. E. (1999) 'An Essay on Fiscal Federalism', Journal of Economic Literature, 37(3), pp. 1120–49.

Oates, W. E. (2006) 'The Many Facets of the Tiebout Model', pp. 21–45 in W. A. Fischel (ed.), The Tiebout Model at Fifty. Cambridge, Mass.: Lincoln Institute of Land Policy.

Olson, M. Jr. (1965) The Logic of Collective Action: Public Goods and the Theory of Groups. Cambridge,Mass.: Harvard University Press.

Ostrom, E. and Whitaker, G. P. (1973) 'Does Local Community Control of Police Make a Difference? Some Preliminary Findings', American Journal of Political Science, 17, pp. 48–76.

Ottensmann, J. R. (1982) 'Neighbourhood Heterogeneity within an Urban Area', Urban Studies, 19,pp. 391–95.

Parks, R. B. and Oakerson, R. J. (1993) 'Comparative Metropolitan Organization—Service Production and Governance Structures in St Louis (MO) and Allegheny–County (PA)', Publius—The Journal of Federalism, 23, pp. 19–31.

Pauly, M. V. (1976) 'A Model of Local Government Expenditure and Tax Capitalisation', Journal of Public Economics, 6, 3, pp. 231–42.

Quigley, J. M. and Smolensky, E. (1992) 'Conflicts Among Levels of Government in a Federal System', Public Finance/Finances Publiques, 41, pp. 202–15.

Romer, T. and Rosenthal, H. (1980) 'An Institutional Theory of the Effect of Intergovernmental Grants', National Tax Journal, 33, 4, pp. 451–8.

Rubinfeld, D. L. (1987) 'The Economics of the Local Public Sector', pp. 571–639 in A. J. Auerbach and M. Feldstein (eds), Handbook of Public Economics, Vol. II. Amsterdam: North-Holland.

Samuelson, P. A. (1954) 'The Pure Theory of Public Expenditure', Review of Economics and Statistics, 36,4, pp. 387–9.

Sandler, T. and Tschirhart, J. (1980) 'The Economic Theory of Clubs: An Evaluative Survey', Journal of Economic Literature, 18, 4, pp. 1481–521.

Schneider, M. and Ji, B. M. (1987) 'The Flypaper Effect and Competition in the Local Market for Public Goods', Public Choice, 54, 1, pp. 27–39.

Tiebout, C. M. (1956) 'A Pure Theory of Local Expenditures', *Journal of Political Economy*, 64, 5,pp. 416-24.

Topham, N. (1983) 'Local Government Economics', pp. 129-98, in R. Millward et al., *Public Sector Economics*. Harlow: Longman.

Turnbull, G. K. and Niho, Y. (1986) 'The Optimal Property Tax with Mobile Nonresidential Capital',*Journal of Public Economics*, 29, pp. 223-39.

Turnbull, G. K. and Djoundourian, S. S. (1993) 'Overlapping Jurisdictions: Substitutes or Complements?',*Public Choice*, 75, pp. 231-45.

Wallis, J. and Oates, W. E. (1988) 'Does Economic Sclerosis Set in with Age? An Empirical Study of the Olson Hypothesis', *Kyklos*, 41, pp. 397-417.

Weingast, B. R., Shepsle, K. A. and Johnsen, C. (1981) 'The Political Economy of Benefits and Costs:A Neoclassical Approach to Distribution Politics', *Journal of Political Economy*, 89, 4, pp. 642-64.

Wilde, J. A. (1968) 'The Expenditure Effects of Grants-in-Aid Programs', *National Tax Journal*, 21,pp. 340-8.

Wright, G. (1974) 'The Political Economy of the New Deal Spending: An Econometric Analysis',*Review of Economics and Statistics*, 56, pp. 30-8.

Zax, J. S. (1989) 'Is There a Leviathan in Your Neighborhood?' *American Economic Review*, 79, 3,pp. 560-7.

第 13 章　国际财政问题

13.1　引言

本章旨在运用公共财政理论分析国际问题。第一部分主要论述公共支出。接下来运用公共物品理论（第3章讨论过）来分析国际合作。第一个例子聚焦于搭便车假设。对北大西洋公约组织（NATO）成员国防务支出的案例分析提出了一些见解，然后转向公共物品理论的应用，分析各种不同的国际挑战。国家之间会合作吗？民族国家会做出最优决策吗？

本章第二部分侧重于税收分析，即国际贸易中的货物与劳务税以及跨国流动生产要素的课税问题。限于篇幅，这里未考虑欧盟内部的税收协调与税收竞争（Cullis 和 Jones，1998）。本章考虑的问题之一是，一国为何依靠国际税收作为收入来源。我们可以从两方面进行分析：首先考虑政府是否应该对国际贸易课税（传统公共财政分析），其次考虑在实践中政府为何选择对国际贸易征税（公共选择分析）。这个例子说明，尽管学者们从相同的微观经济理论出发，但规范研究注重对结果的福利比较，而实证研究重点分析政府选择对国际贸易征税的决策过程。

13.2　公共物品与搭便车：北大西洋公约组织

第3章讨论过搭便车假设，本节介绍该理论的另一个应用。1949年4月4日，12个独立国家签署了北大西洋公约，该同盟承诺每个缔约国都对其他缔约国的防务负责，针对任何一个缔约国的攻击，都被视为对缔约国全体的攻击。正如第3章所述，国防（特别是威慑）通常被视为公共物品。若国际同盟阻止侵略，则每个成员国都能享受安全带来的好处，同时并不减少其他成员国对防务的消费量（这种好处具有消费上的非竞争性）。

Olson 和 Zeckhauser（1966）认为这意味着搭便车。他们提出了"剥削理论"，认为在防务支出上"小"国搭"大"国便车有其合理性。图13–1对这一观点进行了解释。图中列示了大国（L）和小国（S）的总收益曲线 TB，国防供给（商品 d）总成本曲线 TC。作为单个国家，它们分别在点1和点2处实现国防的最优供给，即边际收益（总收益曲线的斜率）等于边际成本（总成本曲线的斜率）。然而，当两国结盟时，小国有可能在国防支出上搭大国的便车，若大国国防供给量为 $O\text{-}q_L$，则小国没有理由付出任何代价，通过其大国盟友防务支出的溢出利益，其最优的需求量 $O\text{-}q_S$ 即可被满足。此时出现了搭便车行为，由剥削理论可知，小国免费享用了大国盟友的国防供给。

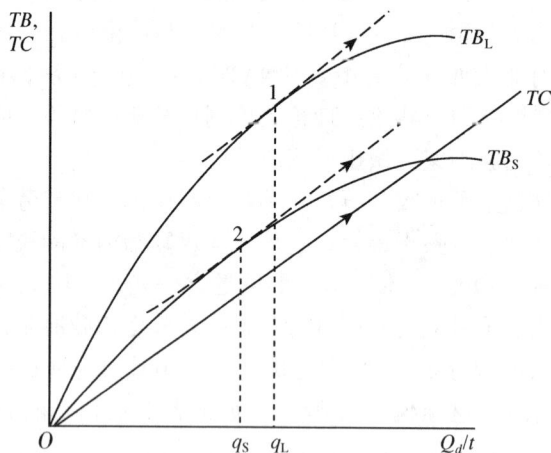

图 13–1　同盟低效率

问题是，北约中的小国（如挪威、卢森堡）是否搭了大国（如美国、英国、法国）防务支出的便车？美国是否"不公平"地承担了北约的负担（美国参议院军事委员会，1988）？为检验"剥削理论"，Olson 和 Zeckhauser（1966）重点分析了北约盟国防务支出占其国内生产总值（GDP）的比重。表13–1中，首先考察1960年各国防务负担的分配情况。很明显，美国国防支出远高于其他北约盟国。给人的印象是，大国承担了不成比例的防务负担。Olson和Zeck-hauser将1960年和1964年北约各成员国GDP以及国防支出占GDP比重进行排序，发现两者显著正相关，相关系数分别为0.635和0.490。

表13-1　　　　　北约各国防务负担：军费开支占GDP比重（%）

国家	1960	1970	1979
美国	8.9	7.9	5.2
法国	6.3	4.2	3.9
英国	6.5	4.8	4.8
比利时	3.4	2.9	3.4
荷兰	4	3.5	3.3
丹麦	2.7	2.3	2.3
挪威	3.2	3.5	3.3
德国	4	3.3	3.2
意大利	3.3	2.7	2.2

来源：Murdoch and Sandler（1984）.

检验结果看上去证实了"剥削"理论，即小国搭大国便车，但人们有理由质疑这种检验：

（i）这种检验并不能令人满意，因为在某种程度上，一个国家的国防负担并不总是能够用国防支出占GDP的比重来衡量。当一些国家（例如当时的法国）更依赖于征兵制时，以这种方式比较防务负担就会产生偏差。在实行征兵制的国家，政府不会为其军队支付机会成本，造成防务负担往往被低估（Khanna和Sandler，1997）。

（ii）只依赖于收入指标是有问题的；仅用GDP区分大国和小国亦过于简单。例如，若一个小国（就GDP而言）比其盟国（GDP意义上的大国）更偏好国防，则该小国可能会提供更多的国防供给。再比如，以色列国防开支占GDP的比例高于其他同类国家，就是因为它毗邻众多敌国。

（iii）模型的隐含假设是各缔约国提供防务的边际成本相同（因此，在给定偏好的前提下，所有国防需求的变动都是由收入变动引起的）。假设贫穷的缔约国比富裕的缔约国在国防供给上更具成本优势，当防务的边际收益与较低的防务边际成本相等时，在同等条件下贫穷国家的国防供给量更高（McGuire，

1990）。

　　（iv）模型忽略了影响决策的政治因素。假设政府决策与个体决策相似，未考虑官僚或游说团体的利益（Jones，1992，1999，2007），这些因素不同将导致搭便车行为（如前所述）在各国相异。

　　尽管如此，20世纪60年代初存在搭便车行为确有证据。但这一时期之后情况如何？Olson和Zeckhauser定义防务为纯公共物品，但Sandler（1977）质疑这一假设，认为防务是混合产品（a joint product）。虽然威慑可近似视为纯公共物品，但保护未必可以。虽然核部队可以阻止侵略，但保护国家的常规部队并非纯公共物品。北部的常规部队不能在南部防守，需要保护的领土边界越广，其保护作用越被稀释，"公共性"越弱。此外，若防务支出仅用于实现特定国家的目标，例如应对国内骚乱，以维护国内治安，那么对这个国家来讲，防务就是私人物品。综上所述，防务应为（兼具公共物品和私人物品属性的）混合产品。若将防务视为"混合产品"，微观经济理论推理将发生变化：

　　（1）首先，混合产品的国别私人物品属性激励各国为提供防务贡献资金，即使数量相对较少。各国需要自有部队维护国家利益。

　　（2）搭便车行为取决于一国的军事装备多大程度上依赖于核武器。小国在国际防务联盟中的搭便车行为取决于公共收益（联盟整体利益）和私人收益（国别利益）的权衡。能够从防务联盟获得的私人收益（国别收益）越多，小国搭便车的可能性就越小，因为它们可以从贡献中获得更多收益。

　　（3）若共同防务的私人物品属性较强，则联盟的最优规模就是有限制的（若共同防务是纯公共物品，则其最优规模就没有限制，因为增加一个成员国的消费不会减少现有成员国可得的防务消费量）。

　　对混合产品模型的讨论提供了另一种检验搭便车可能性的方法。搭便车行为取决于同盟防务的"公共性"，其公共物品属性越弱（越接近混合产品），搭便车行为越少。

　　通过比较北约国家国防供给量的变化趋势，可进一步检验该结论。根据防务战略不同，可将北约的发展划分为三个时期：确保相互摧毁战略阶段（1949—1966年）、灵活反应战略阶段（1967—1991年）和后冷战危机管理战略阶段（1991年至今）。确保相互摧毁（mutual assured destruction，MAD）战略基于美苏对抗造成核战争威胁的背景，该战略强调威慑，任何针对北约的侵略行为将立即遭到核反击。然而，20世纪60年代后期至90年代初期，北约的战略侧重于有限军事行动，对外来侵略的第一反应是部署常规部队，如有必要再有限度地使用核武器。北约武器装备的重心放在成员国的常规武器上。这些武器一旦用于某地，就不能同时为另一地提供保护，因此私人性更为明显，小国不会轻易地从美国的防务支出中获益。我们的预测是，随着向灵活反应战略阶段转变，小国剥削大国的可能性减少。这种对常规武器的新依赖意味着，（与确保相互摧毁战略阶段相比）北约防务利益的更大份额不是纯公共物品性质的。再回到表13-1，美国（最大的国家）和挪威（最小的国家）两国的比较是很有说服力的。1960年两国对北约防务的贡献份额相差5.7%，但到1979年仅相差1.9%。所有大国和小国之间防卫支出占比的差距在缩小，这一点从北约在这段时间内战略的变化中可以预计到。[1]

尽管Olson和Zeckhauser（1966）发现国民生产总值与防务负担之间显著正相关，但Khanna和Sandler（1996）认为，1966年之后同盟国收入与防务负担无显著正向关联。[2]

当进入到20世纪90年代和危机管理时期，后冷战时期北约致力于维持治安（即在特定动乱地区应对冲突）。根据上述讨论，可以预见的是，由于北约扮演维护治安的角色，较小的盟国将有更大的搭便车空间。有证据表明若美国充当国际警察，在特定国家遏制侵略带来的收益对其他盟国具有非排他性。例如，Ekuland（1999）指出，在处理科索沃危机时，"美国付出了65%~75%的战争成本"，欧洲国家将"继续'搭便车'……绝不考虑动用灵活军事力量平息战火"。事实上，1990—1995年间，美国实际国防开支每年下降4.4%，而其他北约盟国每年下降2.3%（美国国防部，1996）。然而，Khanna等（1998）研究发现，20世纪90年代盟国的GDP与维和支出负担之间显著正相关，仍存在负担不公平问题。

北约防务的公共物品属性越强，搭便车行为越多，这与Sandler混合公共

---

① Sandler和Hartley(1999)指出,这一时期的统计分析结果表明,北约成员国防务供给的结构性转变与北约战略变化有关。

② 这绝非对"这一时期搭便车行为减少"这一命题的唯一检验。Sandler和Forbes(1980)估计了盟国从北约成员国这一身份获得的边际收益,发现与20世纪60年代相比,这一时期盟国边际收益与负担成本的相关性更高。此外,Hansen等(1990)将北约军费开支分解为常规部队支出和战略部队支出,认为常规部队支出之间互补,常规部队支出和战略部队支出相互替代,这支持了搭便车行为可能减少的观点。

物品模型的分析一致。① 微观经济理论似乎成功预测个体行为，但难以分析国际合作效率问题。②

13.3 全球公共物品

对防务联盟承诺的分析，凸显了在各国必须合作提供公共物品时存在的困难。随着全球挑战日益增多，这一困难的重要性也愈加突出。本节旨在阐明公共物品理论对于应对全球挑战的重要性。当溢出效应跨越了国界，国际挑战就随之出现（Sandler，2004）。例如：

- 应对全球变暖和臭氧层损耗问题需要集体行动。
- 应对跨越国界的酸雨（由硫和氮污染导致）问题需要集体行动。
- 疾病不受国界限制。艾滋病的出现说明了疾病在世界范围内的传播方式。
- 随着金融一体化的发展，任何国家的金融不稳定都将对国际社会构成威胁。

当各国应对这些挑战时，它们提供了全球公共物品。所产生的利益不仅惠及采取行动的国家中的民众，也同样惠及其他国家的民众。Kaul 等（1999：11）将全球公共物品定义为能使不同国家乃至世界所有人口受益的物品。是否每个国家都能受益取决于挑战的性质。Sandler（2003：131）区分了跨国公共物品（收益和成本跨国甚至跨代）和全球公共物品（收益和成本拓展至全球范围内）。无论收益外溢至多国还是全球，问题在于各国能否合作应对国际挑战。

对国际挑战性质差异的分析，可参照第 3 章中公共物品的特征。这些差别对分析国际合作的可能性至关重要。第 3 章侧重于政府在提供本国公共物品中的作用，而在主权国家之间，并不存在具有类似强制权力的"全球政府"。各国合作必须依靠国际条约和协议，而不是强制。国际协议、国际机构和国际融资安排能否提供激励从而纠正国际公共物品供给的不足？

---

① 除战略因素外，新武器技术也影响负担的分摊。新技术要求增加研发（R&D）支出，而收益通常具有公共物品属性，例如，通过卫星监控收集的信息是可排他的，但同时具有非竞争性。迄今为止，美国、英国和法国的研发支出最多，因此剥削理论颇为流行。

② 当然，该理论可能存在其他解释。例如，Bruce（1990）证明，若大国承担领导者角色，领导者-追随者行为可能导致对小国的剥削。在领导者-追随者行为中，追随者在给定领导者公共物品供给量的条件下做出最优决策。领导者因此获益，造成领导者（大国）超额供给而追随者（小国）供给不足。

（a）全球公共物品的特征

第3章介绍了纯公共物品和非纯公共物品。分析非纯公共物品时，Head（1962）提出一种根据消费上的非竞争性和非排他性分类的方法。纯公共物品具有消费上的非竞争性和非排他性，非纯公共物品只满足其中一个性质。其中一类是俱乐部产品，具有排他性和一定消费量内的非竞争性。俱乐部产品可以通过使用者收费的方式实现有效供给，"这种收费机制体现出单个成员的消费给其他成员造成的拥挤成本"（Sandler，2004：53）。

还有一类产品是混合产品。如前所述，某些支出能带来两种（或多种）产品。混合公共物品兼具公共物品和私人物品的属性，混合程度决定了排他性程度，而排他性程度取决于公共物品占公共物品与私人物品之和的比重。

最后一类产品是开放性公共物品（open access commons goods，即具有消费上的竞争性和非排他性），这种情况下其固定投入可以共同使用。公共牧场是开放性公共物品的常见案例，它同时满足非排他性（农民可进入牧场牧牛）和消费上的竞争性（一位农民的牧牛数量可减少其他人的牧牛数量）。另一个例子是渔场，随着渔船数量增加，渔夫需加倍努力以达到给定的捕捞量。

各国能否采取集体行动以应对国际挑战取决于挑战的性质，可以参照公共物品的特征对挑战进行分类。如第3章和本章上一节所述，是否合作与这些特征有关："了解挑战……找到解决方法，需要清楚了解公共物品的属性——尤其是收益、成本以及集体供给方式。"（Sandler，2003：131）

Sandler（2004：58-9）对全球挑战进行了详细分类，分类方法和合作可能性见表13-2。在多数情况下，公共物品提供面临上一节中提到的"国家规模问题"，表中所指的"国家规模问题"在上一节中讨论过，即小国剥削大国。然而，对于开放性公共物品（具有非排他性和竞争性），是大国剥削小国（就该产品的使用而言）。

表13-2 全球公共物品的特征

公共物品	示例	含义
纯公共物品	遏制全球变暖 基础研究成果	供给不足，需要集体供给
准公共物品（具有竞争性和非排他性）	病虫害防治 打击有组织犯罪	有一些供给，仍可能不足

续表

公共物品	示例	含义
准公共物品（具有非竞争性和完全可排他性）	天气预报 有组织犯罪的情报收集	缺乏供给效率，因为能够受益的消费者可能得不到消费。政府对低收入者进行补贴可以减少效率损失
俱乐部产品	国际通信卫星 国际机场	通过外部性内部化实现最优供给——受影响大的消费者付费更多
混合产品	对外援助 保护热带雨林	总收益中可排他部分所占的比例是关键，比例越接近1，市场和俱乐部发挥作用越大
开放性公共物品	公海 大气层	国家规模很重要，此时是大国剥削小国

来源：基于 Sandler（2004：58-9）。

表13-2侧重于"消费特征"，更全面的分析需要考虑"供给特征"。在第3章中假设公共物品供给的单位投入带来的收益是相等的，但事实并非如此。Hirshleifer（1983）考虑了生产技术不同对公共物品供给的影响。下面的例子说明当我们考虑一种集体行动是否有可能产生时，不同生产技术条件下的可能性及其含义：

（i）简单加总模型（summation technology）：和第3章中一样，这里的技术条件是指，将对公共物品的每一投入量简单相加，即得到所有人能够获得的公共物品总量。

Sandler（2003）以全球变暖为例，随着温室气体累积，若200个国家各自排放1 000吨温室气体，则总排放量为200 000吨，这会使大气升温。各国排放的每一单位对整体的影响是相同的，且能完全替代。

问题在于，一国在考虑供给量时，只追求使本国的支付意愿等于边际成本。这样，任何一国（国家i）都不考虑对其他国家的溢出效应（溢出效应的边际收益为$\sum_{i=2}^{n} MB_i$）。溢出效应涉及的国家越多，国家i的供给量偏离最优的程度越高。

（ii）加权加总模型（weighted sum technology）：这里的区别在于，受益权重不再始终为1。各国都努力减少一国的硫沉积量，但其他国家的防治效果对本国的影响取决于风况、排放源位置和污染物在空中飘浮的时间（Sandler，

2003）。使用加权加总方法，不同国家的供给不再是完全可替代的。一国的受益程度越高，其供给激励越强（以酸雨为例，国土面积大的国家从削减排放量中受益多，减排动机强）。

（iii）最弱者决定模型（weakest-link technology）：此模型中总供给量取决于贡献最小的那个国家的供给量，即 $Q = \min\{q_1, \cdots\cdots q_n\}$。Hirshleifer（1983）以环岛防洪取决于堤防最低处为例阐述最弱者决定模型。同样，疾病防控取决于防控措施最差的国家，网络强度取决于最弱环节。

现在，若以有效供给为目标，那么就要改善激励结构。激励在于匹配，也就是说供给者只提供最小贡献（增加贡献会消耗资源但不增加供给量）即可。若潜在供给者也有类似的偏好和禀赋，它们将要求同样的公共物品供给水平。如果各国意识到不做贡献就没有公共物品供给，那么搭便车就不再是问题了。当然，如果低收入国家只能做出很少的贡献，这时公共物品的供给还是会出现问题。在这种情况下，较富裕的国家增加供给量（原本应由较穷的国家提供）是合理的。（Vicary 和 Sandler，2002）

（iv）较弱决定模型（weaker-link technology）：这种情况下，贡献最小的国家对总供给量的影响最大，影响第二大的是贡献倒数第二的国家，以此类推。Sandler（2003）分析了金融市场的稳定性，金融最不稳定的市场对整体金融动荡的影响最大，其次是较不稳定的市场，以此类推。

（v）最优决定模型（best-shot technology）：公共物品的总供给由不同参与者中最大贡献者唯一决定，低于该水平的任何贡献对增加总供给都没有意义，即 $Q = \max\{q_1, \cdots\cdots q_n\}$。例如，各国花费大量资源研究疾病治疗药物，但只有一国（花费足够资源和技术）有可能研究成功。

（vi）较优决定模型（better-shot technology）：对总供给影响最大的是做出最大贡献的国家，其次为做出第二大贡献的国家，以此类推。此类公共物品可能有多个供给者，即使是次优提供者也可能增加总供给量。以疾病治疗方案为例，不能享受最优治疗方案的患者可以从次优方案中受益。

在判断是否采取集体行动提供公共物品时，这些模型至关重要，个体行动策略取决于公共物品的供给特征。为了说明这一点，下面比较简单加总模型和最弱者决定模型中的个体行动策略。

表13-3列出了简单加总模型下个体公共物品决策的支付矩阵，与 Hirshleifer 等（2007）类似，矩阵包含了两个个体（A 和 B）的收益。每个人的供给

成本为3（即 c= 3），两人都供给时，每个人的收益为4（即 b = 4），因此表中左上角两个个体的净收益均为1（每种支付组合中第一个数字代表给定个体B的行动时个体A获得的收益，第二个数字代表给定个体A的行动时个体B获得的收益）。假如只有一个人供给，此时收益为2（b = 2），供给者的福利恶化了（净收益为-1）。

表 13-3　　　　　　　　　　　公共物品：简单加总模型

	供给	不供给
供给	1, 1	-1, 2
不供给	2, -1	0, 0

　　当每个人都能根据对其他人的行为预期而做出最佳反应时，就达到了纳什均衡。选择不供给是双方的最优选择（若对方供给，收益为2而非1；若对方不供给，收益为0而非-1），这时不可能形成集体行动。

　　现在假设使用最弱者决定模型，这时采取集体行动的可能性更大。以铁索桥为例（社区每个成员负责一个环节），表13-4中，集体供给（每个人的成本都为1）时收益为2（b=2），左上角策略组合（收益1，1）满足效率原则并达到纳什均衡。虽然它不是唯一的纳什均衡，但它是一种合理的解决方案。①因此，Hirshleifer等（2007：527）指出，与公共物品标准供给模型（或简单加总模型）相比，当公共物品的供给取决于贡献最小的一方时，可以实现有效供给。

表 13-4　　　　　　　　　　　公共物品：最弱者决定模型

	供给	不供给
供给	1, 1	-1, 0
不供给	0, -1	0, 0

---

　　①　右下角(收益0,0)是纳什均衡。混合策略纳什均衡是指参与者有50%的概率选择供给,有50%的概率选择不供给(导致收益为0),参见 Hirshleifer 等(2005)。

供给模型下个体的行动策略也不同。表 13-5 表明供给模型对分析全球挑战的重要性，列示了不同供给模型中纯公共物品的提供，并判断供给是否满足效率原则。关于不同供给模型中准公共物品提供的分析参见 Sandler（2004）。

表 13-5　　　　　　　　　　　供给模型和全球公共物品提供

供给模型	纯公共物品（示例）	纯公共物品（预测）
简单加总模型	遏制全球变暖	供给不足
加权加总模型	减少硫沉积	一定程度上供给不足
最弱者决定模型	防控疾病传播	可能实现有效供给
较弱者决定模型	金融市场稳定	一定程度上供给不足
最优决定模型	研发治疗药物	供给不足或有效供给
较优决定模型	制订治疗方案	供给不足或有效供给

（b）国际条约中的激励机制：全球变暖

就潜在危害而言，气候变暖被视为最重要的全球挑战。太阳辐射（穿过大气层到达地表）使地表升温。地球将部分热量反射回太空，但大部分热量被大气层及其中的气体（例如二氧化碳和甲烷）截留，它们又将热量反射回地球，这一问题被称为"温室效应"。工业生产增加了大气中温室气体浓度（大部分二氧化碳源于使用煤、石油、天然气等化石燃料）。一些分析人士认为，气温可能会提高 6~10 度，如果这种情况真的发生，到 2100 年全球 GDP 将降低 10%（Gruber，2007）。全球变暖的一个指标是冰架融化，假如海平面上升（可能是 3 英尺），就需要有人为此承担损失。虽然发达国家只占世界人口的 20%，但排放的温室气体占全球化石燃料温室气体总排放量的 80%（Gruber，2007）。1997 年，38 个工业化国家签署《京都议定书》，同意至 2010 年将温室气体排放量在 1990 年基础上减少 5%（美国是个明显的例外）。

本部分旨在阐述如何设计条约从而减少搭便车现象。首先，考虑不采取集体行动产生的低效率问题。以基于简单加总模型提供纯公共物品为例，图 13-2 展示了 Barrett（1999）对污染减排的成本-收益分析。图中 MB_i 是一国（国家 i）减排的边际收益，MC_i 是减排的边际成本，若该国单独行动，均衡解为点 1（该点边际收益等于边际成本），对应的减排量为 q'。由于忽略了减排给其他国家带来的边际收益，上述均衡解并非帕累托最优解。若将其他国家获得的边际

收益纵向相加得到 $\sum MB_i$，帕累托最优解由 $\sum MB_i = N \cdot MB_i = MC_i$ 求得。

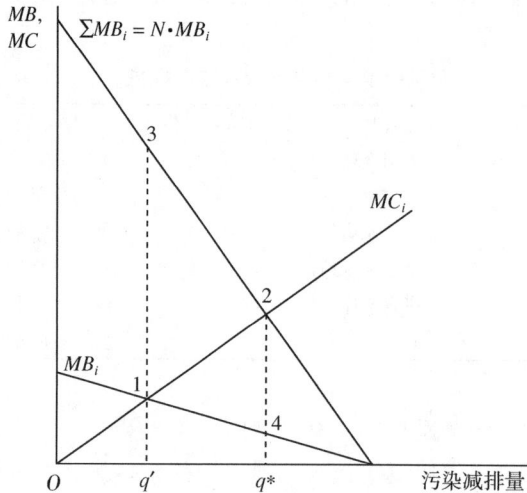

图 13-2　单独应对全球挑战

来源：Barrett（1999）.

　　若 i 国是代表性国家，各国减排量均为 q'，则国家数量越多，低效率的非合作解与合作解之间差距越大。Barrett 指出，若 MC_i 平缓而 MB_i 陡峭，各国都将单方面大量减排；若 MC_i 陡峭而 MB_i 平缓，减排量将降低——即使采取集体行动；若 MC_i 和 MB_i 均陡峭，两种均衡解差异很大，此时集体行动的优势最为明显。[1]

　　这个例子说明，如果各国考虑自己的行动对其他国家的影响，那么从合作中获得的社会福利收益会更大。假如可以设计出条约来激励各国采取集体行动，那么就会提高效率。但是，如何设计条约来提高集体行动的可能性呢？

　　Barrett 对《京都议定书》和《蒙特利尔议定书》进行比较。1987 年的《蒙特利尔议定书》旨在应对氟氯化碳（CFCs）问题，氟氯化碳是一种常见的化

---

　　[1]　Anand（2004）认为，在不同的供给模型下，图 13-2 的表现有所不同。加权加总模型中，各国的边际收益曲线不同；最弱者决定模型中，总边际收益曲线与各国边际收益曲线重合；若各国有不同的边际成本曲线，最弱者是边际成本曲线最陡峭的那个国家。

学物质（在冰箱、空调和喷雾罐中使用）。其问题在于，它们会飘移到同温层，当它们衰变时，会破坏臭氧层，后者可以保护地球免受来自太阳的 UV-B 辐射。《蒙特利尔议定书》（由 184 个国家批准）旨在逐步淘汰特定化学物质（主要是氯氟烃和哈龙）。

首先，如图 13-2 所示，若对单方面采取行动给予很强的激励，条约可能会取得更大的成功。从经济学的角度分析，美国环境保护署表示，美国减少臭氧空洞的收益可观（例如，降低癌症死亡人数），其他物质可以相对较低的成本替代消耗臭氧层物质。

然而，《蒙特利尔议定书》也取得了良好成效，因为这些条约为保持集体行动提供了激励。例如：

（i）补偿支付。如图 13-2 所示，供给量由 q' 增加至 q^* 的额外成本为三角形 1-2-4，其他国家的净额外收益为三角形 1-3-2。若存在补偿支付，则可能存在帕累托收益。

Barrett 举例说明《蒙特利尔议定书》如何使用补偿支付。工业化国家同意补偿发展中国家因实施协议而增加的成本。例如，1996 年白俄罗斯和乌克兰明显不可能遵守协议，两国只有同意限制管制物品的出口，才能获得对其逐步淘汰项目的资金援助。其他国际协定也存在补偿支付，例如全球环境基金（GEF）。

（ii）制裁。条约包括激励（"胡萝卜"）和惩罚（"大棒"）。Barrett（1999）指出，《蒙特利尔议定书》禁止签署国和非签署国对条约所涵盖的物质和含有这些物质的产品进行贸易。这一惩罚对《蒙特利尔议定书》的签署国具有吸引力，因为它阻碍了消耗臭氧层物质的生产地转移（即减少泄漏）。现在的情况是，"签署国的收益随参与国数量增加而提高"（Barrett，1999：2121），若仅有一个非签署国，该国将面临无法进行货物贸易的惩罚，从这一点来看，也是有效的。

通过比较《蒙特利尔议定书》和《京都议定书》，Barrett（1999：216）总结为："《蒙特利尔议定书》是成功的，因为它激励全员参与，并巧妙运用'胡萝卜加大棒'政策——'胡萝卜'是指给予发展中国家和转型经济体遵守协议的额外成本补偿，'大棒'是指对非签署国采取贸易惩罚。"

总之，分析如何应对全球挑战应兼顾公共物品的供给特征和消费特征，条约的设计方式也很重要，好的设计应有助于加强合作。当然，如果使用补偿支付，问题是应当如何设置它们？可以认为，补偿支付应包括增量成本，即考虑溢出效应时的额外成本。一旦我们考虑发达国家的国际援助，问题在于有多少国际援助真正属于对其提供全球公共物品的补偿支付（Anand，2004）。

13.4 国际贸易税收：国家为何征收贸易税？

在历史上，贸易税是欠发达国家中央财政收入的重要组成部分。表13-6比较了近年来各国对贸易税的依赖程度，美国贸易税约占税收收入的1%，欠发达国家更依赖于贸易税，斯威士兰近一半税收收入来自贸易税。统计分析证实了欠发达国家高度依赖于贸易税这一事实（例如，可参见Lewis，1963；Greenaway，1980）。

表13-6　　　　　　　不同年份贸易税占税收收入的比重（%）

国家	2002	2003	2005
美国	1.05	1.12	1.10
高收入国家*	0.58	0.64	0.81
欧盟成员国	0.04	0.05	0.03
科特迪瓦	43.03	45.97	40.68
多米尼加共和国	31.63	20.87	28.30
印度	15.42	14.85	13.76
斯威士兰	n.a.	47.66	n.a

*高收入国家是指2005年人均国民总收入（GNI）高于10 726美元的国家。
来源：World Bank Indicators，The World Bank，Washington，DC.

Kubota（2005）指出，在1995年：
- 在人均GNI高于10 000美元的34个国家中（均值为15 698美元），贸易税约占政府收入的6.9%；
- 在人均GNI介于1 000美元和10 000美元之间的414个国家中（均值为3 012美元），贸易税约占政府收入的16.4%；
- 在人均GNI低于1 000美元的78个国家中（人均GNI均值为440美元），贸易税约占政府收入的29.2%。

根据传统的经济理论，贸易税似乎是一种成本较高的筹资方式。通过对比征收进口税（a tax on imports）和消费税（a consumption tax）的福利成本，消费税似乎更有优势。图13-3中，商品X的国内供给曲线为S，国内需求曲线为

D，进口产品的世界价格为 $O\text{-}P$。当需求量在 $O\text{-}q^1$ 以下时，国内价格低于进口价格（即 S 小于 $O\text{-}P$）。需求量超过 $O\text{-}q^1$ 后，国内生产每单位商品的价格高于进口价格，价格 $O\text{-}P$ 对应的总需求量为 $O\text{-}q^4$，进口量为 $q^1\text{-}q^4$。

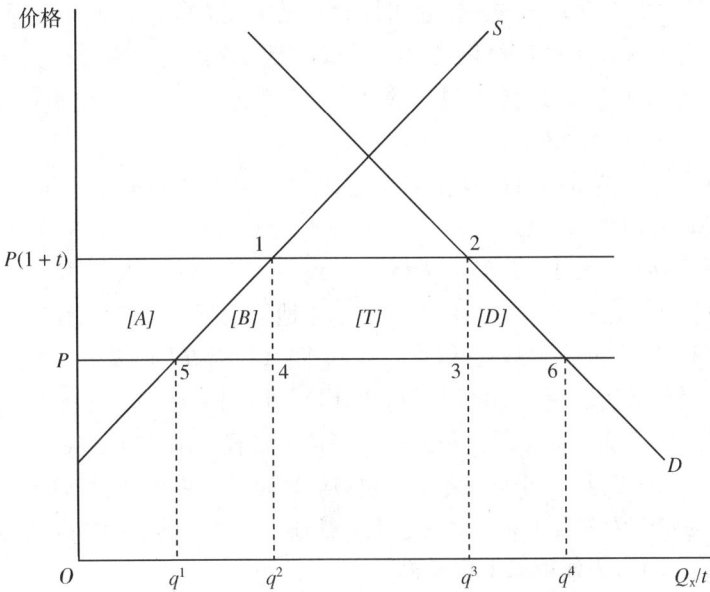

图13-3 进口税的福利效应

若对进口商品征收税率为 t 的从价关税，进口价格从 $O\text{-}P$ 提高至 $O\text{-}P(1+t)$，进口量降至 $q^2\text{-}q^3$，受关税保护的国内供给量从 $O\text{-}q^1$ 提高至 $O\text{-}q^2$，而总需求量从 $O\text{-}q^4$ 降至 $O\text{-}q^3$，关税收入为矩形 1-2-3-4 的面积（即区域 $[T]$），征税带来的福利损失为三角形 1-4-5（区域 $[B]$）和三角形 2-6-3 的面积（区域 $[D]$）。在引入关税的情况下，福利损失 B 之所以产生，是因为生产这些进口价格更便宜的产品耗尽了国内资源。很明显，供给曲线在 $O\text{-}P$ 以上的部分，对应的供给量为 $q^1\text{-}q^2$，这时国内生产的边际成本高于进口成本 $O\text{-}P$，国内价格高于世界价格 $O\text{-}P$。福利损失 $[D]$ 的产生是由于商品需求量的减少，即使他们愿意支付比自由贸易条件下更高的进口价格。$q^3\text{-}q^4$ 对应的支付意愿高于 $O\text{-}P$，但这些数量没有被消费。福利损失产生的原因是税收扭曲了价格信号，消费者认为

进口成本是 $O\text{-}P(1+t)$。生产者损失来自国内生产扩大，消费者损失则来自需求的减少。当然，福利损失是由消费者承担的。进口税使消费者剩余减少了 $[A]+[B]+[T]+[D]$。由于征收进口税，因此国内价格提高到 $O\text{-}P(1+t)$，即使这样，国内供给者仍然可与进口产品竞争，而且生产者剩余增加了 $[A]$。面积 $[T]$ 既是消费者剩余的损失，也可以看作是纳税人收益，因为这部分税收可用于公共支出，或削减其他税收收入，属于国家之内的收入转移。然而，$[B]$ 和 $[D]$ 是无谓损失，是增加税收收入 $[T]$ 的成本，每单位税收收入造成 $[B+D]/[T]$ 的福利成本。

下面将征收进口税与征收税率为 t 的一般消费税进行对比分析。需要注意消费税同时对国内商品和进口商品征收，即非歧视性。以图 13-3 为例，商品价格提高至 $O\text{-}P(1+t)$，需求量从 $O\text{-}q^4$ 降至 $O\text{-}q^3$。然而，并不存在财政激励以扩大国内生产，普遍征收的消费税没有人为地给予国内生产更优惠对待。因此不存在面积 $[B]$ 的损失，总税收收入等于 $[A]+[B]+[T]$。显然，单位税收收入的福利损失已经大幅降至 $[D]/([A]+[B]+[T])$。

通过比较发现，很难用传统的经济理论来解释一国为什么决定依赖贸易税来增加财政收入。然而若仔细考察，也有一些理论可以解释为何任何国家都能够使用贸易税作为筹资工具，而这些理论往往与欠发达国家的情况密切相关。

13.4.1 国家为何依赖于贸易税？

本节首先借助新古典福利经济学来回答这一问题，随后将其与公共选择分析进行比较。

（a）"最优关税"理论

在国际经济学中，当目标是有关国家的福利（而非世界福利）最大化时，就已经确立了使用关税对国际贸易进行限制的理由。这一论点的前提假设是，一国自身的贸易活动可能会对贸易条件产生影响。就进口国而言，其对进口产品的需求减少，可能会使进口价格随之降低。

在前述分析中，假设一国不能影响贸易条件，当征收关税时，进口商品价格不受影响。该国是价格的接受者，在这个意义上可称之为"小国"。"大国"对特定商品具有国际议价能力，对大国而言进口价格并非恒定，如图 13-4 所示，进口供给曲线 S_m 是向上倾斜的，进口需求曲线为 D_m。在自由贸易条件下，商品 X 的进口总量为 $O\text{-}q_m^1$，进口价格为 $O\text{-}P_1$。若征收关税，商品进口价格 P_3 与消费者实际购买价格 P_2 之间就会产生差异。假设税率为 t_1，则消费者购买价格

为 P_2（即进口价格 P_3 乘以 $(1+t_1)$），进口量为 $O\text{-}q_m^2$，消费者购买价格变为 $O\text{-}P_2$，国家的进口价格则为 $O\text{-}P_3$，进口需求量减少导致进口价格从 $O\text{-}P_1$ 变为 $O\text{-}P_3$。征税造成的无谓损失是三角形 $[A]$ 和 $[B]$。$[A]$ 的产生是因为征税带来的进口量减少导致进口国消费者剩余减少。$[B]$ 代表进口需求减少给出口国带来的损失。当然，虽然进口国损失了消费者剩余 $[A]$，但进口价格下降也为它带来了收益，可以较低的价格进口余下数量的产品，即进口成本降低了 $(O\text{-}P_1 - O\text{-}P_3)(O\text{-}q_m^2)$，这一收益超过了 $[A]$。应当注意的是，这是国际贸易的总收益从出口国向进口国的转移，即出口收益减少。就世界整体福利而言，$[A]$ 和 $[B]$ 都是无谓损失。

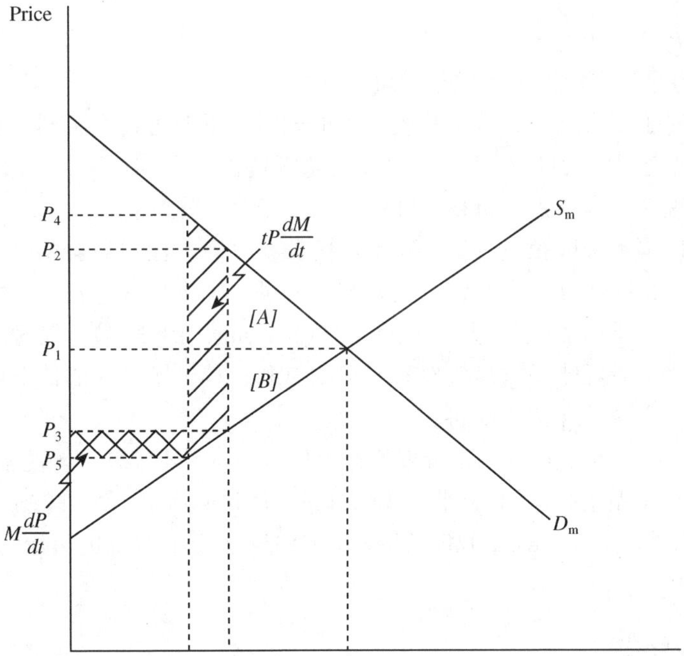

图 13-4 "最优"进口税

来源：改编自 Lindert（1986）。

既然进口国有理由开征关税，问题在于如何设置"最优"税率。图 13-4

中，假设税率为 t_2，进口价格和消费者购买价格之间的楔子提高至 $O\text{-}P_4 - O\text{-}P_5$。该国承担了额外损失（进口量减少，即 $O\text{-}q_m^2 - O\text{-}q_m^3$，导致的消费者剩余损失）。这一额外损失可大致用公式 $tP(dM/dt)$ 来表示，其中 tP 为进口关税，dM/dt 为征税导致的进口量减少。额外收益等于（征税导致的）进口价格变化乘以进口量——记为 $M(dP/dt)$。显然，只要净边际福利收益为正，调整税率就是值得的；事实上，只有当它们等于 0 时，才能证明现有税率是最优的。因此有：

$$M(dP/dt) - t*P(dM/dt) = 0 \tag{13.1}$$

故：

$$t* = \frac{dP/dt}{dM/dt}\frac{M}{P} \tag{13.2}$$

且

$$t* = (dP/dM)(M/P) = 1/e_s。 \tag{13.3}$$

式中，e_s 为该国进口商品的供给价格弹性。

显然对于任一国家，筹集税收收入的同时可以改善社会福利。这种情况下贸易条件改善带来的收益超过了税收的超额负担（无谓损失），使国家福利最大化的关税税率等于供给价格弹性的倒数。但是，应当指出，这一结论成立的前提是出口国不采取报复行动。从上面的分析来看，出口商会蒙受损失，因此他们可能会试图通过减少对贸易战发起国的进口需求来进行报复。关税战不一定意味着发起进口关税的国家一定会输（Johnson，1953-4），但对此仍须慎重考虑。最终结果可能是贸易条件对发起国有利，尽管所有人的情况都有可能变糟，这是一个非常现实的威胁。

为何政府干预进口部门是合理的？为何自由贸易不能使一国的福利最大化？答案在于进口品的进口价格并非该国额外进口的边际成本，进口总成本等于进口价格 P 乘以进口量 M，Layard 和 Walter（1978）指出，进口品的边际成本为：

$$\frac{d(PM)}{dM} = P + M\frac{dP}{dM} \tag{13.4}$$

可记为：[①]

$$\frac{d(PM)}{dM} = P\left(1 + \frac{1}{e_s}\right) \tag{13.5}$$

---

① 由公式（13.4），得 $\dfrac{d(PM)}{dM} = P\left(1 + \dfrac{MdP}{PdM}\right)$ ·

$$\tag{13.1n}$$

式中，e_s 为进口商品的供给价格弹性。

进口商每额外进口一单位商品，进口价格为 P，但对国家而言进口价格为 P 加上对其他进口品价格的影响，即 $M(dP/dM)$。因此，某一进口商的决策影响到同一产品的其他进口商的进口价格，政府需要纠正这一扭曲。

（b）税收征管成本

以上关于不同税收优点的讨论完全忽略了税收征管成本，这对欠发达国家尤为重要。税收征管很重要的一点在于纳税人和税基要易于识别。在那些存在大量基本生计部门的国家，如何将其收入和消费区分开来？对于非正式贸易商或街头小贩众多的经济体，如何对经营者进行识别和稽查？只关注少数进口商要容易得多，它们至少能开具交易发票。对欠发达国家而言，这一点需要慎重考虑（与第14章中介绍的"税收管理"理论相关）。

（c）对贸易税的依赖度与国民收入有关

有人认为，随着人均收入的提高，一国可能会面临越来越大的压力，要求它们减少贸易限制。关税及贸易总协定（GATT）旨在普遍降低关税，多轮关税谈判都旨在实现这一目标（例如，肯尼迪回合是指1962—1967年间的此类谈判）。若能少受发展中国家那些问题的困扰，各国就不太愿意容忍高关税。此外，由于贸易税的税收收入弹性较小，随着收入水平提高，各国不可避免地被迫转向依赖其他税种筹集收入。

（d）进口替代政策

支持开征关税的最古老的理论之一是"幼稚产业保护理论"，该理论认为国内新兴产业需要适当保护，经过一段时间的"学习"，新兴产业将提高国际竞争力。尽管这一理论的提出支持开征关税，但仍存在不少问题。第一，该理论需要允许政府干预。例如，是否考虑市场缺陷？支持特定产业是否存在外部效应？第二，在政府干预的情况下，除进口保护外，是否应采取其他形式支持产业发展，例如工业补贴？第三，若进口关税是最优选择，保护期间的潜在收益是否高于保护成本？这些问题是公认的（例如，Corden，1974）。然而，考虑到资本市场薄弱和发展中国家工业补贴资金筹措困难等因素，进口替代可能成为发展中国家的一个目标。

因此，任何国家都有理由将贸易税作为收入来源。传统理论在附加说明前提下使用帕累托定律解释。例如，贸易条件论对进口（或出口）关税的解释是，虽然它不能实现全球帕累托最优，却可以使贸易国实现帕累托最优。幼稚产业保护理论提出，早先的帕累托最优分析缺乏动态考虑，在这个意义上进口关税具有合理性。也就是说（参照图13-3），进口关税将使国内供给曲线 S 向右移动，从而减少无谓损失，并导致价格更便宜的国内供给对部分进口品（价格为 O-P）的替代。下面将介绍公共选择学派理论。

13.5　贸易税和公共选择：寻租与压力集团分析

前面对贸易税在增加财政收入方面的作用进行了分析，认为只有在特定情况下，才能将对进口商品征税作为增加财政收入的手段。这是因为，考虑到无谓损失，以一般税作为增收手段的成本更低。经济学理论倡导自由国际贸易，认为各国可以通过专注于生产具有比较优势的商品而获利。虽然也有观点认为，一国可以通过调整贸易条件（"最优"关税论），或者强调"幼稚"产业论（一种实施临时保护的理由），以增进其福利，不过，这些论点远非那么有说服力。那么，政府到底为什么会征收进口关税呢？

下面举例说明公共选择观点对这个问题的解释。公共选择方法聚焦政府的决策过程，考虑的是政府为什么会选择一个并不被传统财政理论所建议的政策。关于政府为何对进口征税，人们提出了两种基于公共选择视角的解释：

（i）解释一侧重于中间选民定理。该观点认为，政府采取贸易保护政策是由于多数选民赞同对进口征税。如第4章所述，政府要听从多数人的意愿，那么中间选民的偏好就至关重要。

（ii）解释二侧重于进口竞争厂商的作用。寻租理论认为，对进口征税是由于国内厂商施加的政治压力，他们能够从进口限制中获利。

本节旨在从公共选择的角度给出征收进口税的理由。

（a）选民的贸易保护偏好

如图13-3所示，基于进口税的福利效应分析，很难相信多数选民会选择支持开征进口税。既然进口税会对作为消费者的选民福利造成损失，那为什么多数人还会支持征收进口税呢？

下面我们以新古典理论来阐释进口税对劳动者和资本所有者实际收入的影响。这将再次用到第7章讨论过的一般均衡模型。斯托尔珀-萨缪尔森定理（Stolper 和 Samuelson，1941）指出：

一种商品的相对价格上升，将导致该商品密集使用的生产要素价格提高（而其他要素价格会下降）。

为了说明商品价格和要素价格之间的特殊关系，需要做一些特定的假设：
（i）生产函数是线性同质的（参见第7章关于此类生产函数特点的论述）；
（ii）商品市场和要素市场都是完全竞争的；
（iii）生产要素在不同产业间自由流动；
（iv）不存在只专业生产任何单一商品的情况（即各国并非只生产一种商品）。

为了详细说明进口税对生产要素实际报酬的影响，我们将再次对第7章中的生产可能性边界和埃奇沃思–鲍利方盒进行探讨。

图13-5中的象限（b）[1]描述了商品 X 和 Y 的生产可能性边界 T-T'。在自由贸易条件下，生产和消费组合分别位于生产可能性边界上的点1处和消费者无差异曲线 CIC_3 上的点3处，该国出口商品 Y 而进口商品 X。贸易给该国带来了好处，点3处的消费组合位于生产可能性曲线（即 T-T'）之外，如果不存在贸易，要想实现这一消费组合是不可能的。对进口商品 X 征税，使得象限（b）中的商品相对价格曲线 P_t 旋转至 P_t，P_t 和 P_t 分别表示自由贸易条件下的商品相对价格曲线和国内商品的相对价格曲线，二者有所不同。显然，对国内消费者和厂商来说，征收进口税提高了商品 X 的价格。相应地，厂商会生产更多的商品 X，T-T' 上的生产组合从点1转移到了点2。

图13-5对生产可能性边界和埃奇沃思方盒之间关系的分析，可以说明进口税对生产要素的影响。象限（d）中，埃奇沃思方盒的大小由能够投入的资本（纵轴 K 表示）和劳动（横轴 L 表示）决定。埃奇沃思方盒中的契约曲线 C-C' 上的每一点都是商品 X 和 Y 各自等产量线的切点。契约曲线上的点1′对应生产可能性边界上的点1，X 和 Y 产量分别为 q_x^3 和 q_y^{10}。点2′对应生产可能性边界 T-T' 上的点2，X 和 Y 的产量分别为 q_x^8 和 q_y^4。[2]

---

① 译者注：原文中为（a），与图示不符，翻译时修改为（b）。
② 图13-5描述了生产可能性边界与埃奇沃思方盒之间的关系。如果等产量线是线性齐次的，则生产函数是规模报酬不变的（详见第7章）。以埃奇沃思方盒中对角线表示商品 X（纵轴数值）和 Y（横轴数值）的产量。规模报酬不变意味着，商品产出的增长需要增加等比例的生产要素的投入。商品 X 的产出与劳动投入是等比例变动的，因此，商品 X 的等产量线以对角线 O_x-O_y 的交点与纵轴上距离 O_p 的点是成比例变动的，距点 O_p 的纵轴距离可以作为对商品 X 产出的一个估计。同样，商品 Y 的等产量线与对角线的交点表示 Y 的产出水平，可以通过距 O_p 的横轴距离来衡量。象限（c）中的45°线将 O_p 的纵轴数据转换成象限（b）横轴距离。象限（a）（译者注：原文为（d），与图示不符，修改为（a））中的45°线将距 O_p 的横轴数据转换成象限（b）的纵轴数据。埃奇沃思方盒中表示产出水平的切点1′和2′对应于生产可能性边界 T-T' 上的点1和2。

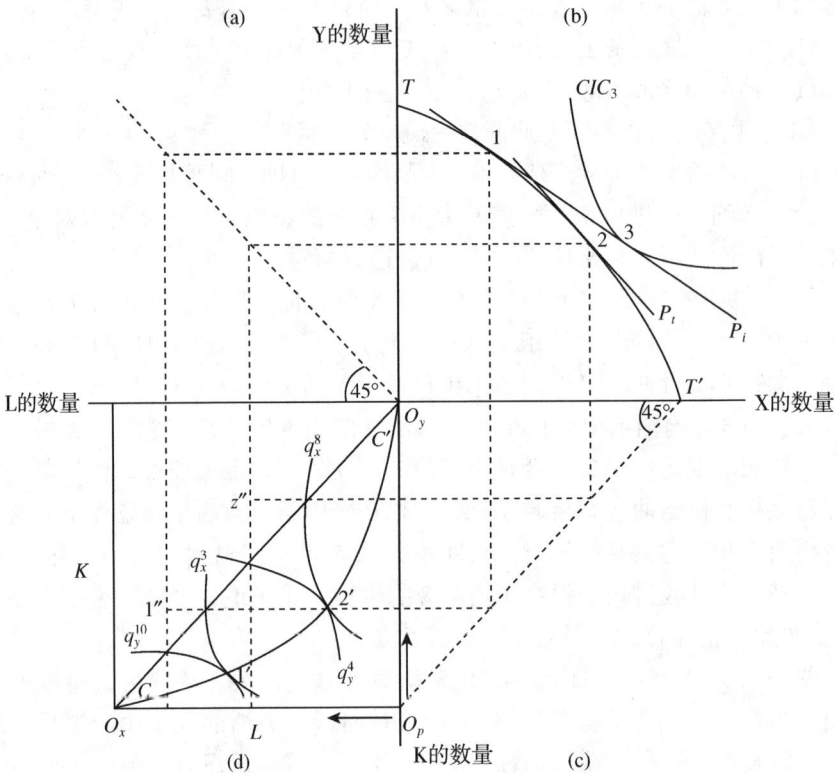

图 13-5　进口税和生产要素报酬

进口商品（X）的生产是劳动密集型的（如果从顶点 O_x 和 O_y 分别画一条射线到 1′，比较两条射线的斜率可以看出这一点）。

当生产组合从象限（b）中的生产可能性曲线 T-$T′$ 上的点 1 转换至点 2 时，象限（d）中的契约曲线上的 1′ 会转移到 2′。（通过从 O_x 和 O_y 分别向点 2′ 画射线并与 1′ 的射线比较可以发现），现在两种商品生产的资本密集度更高了。

直觉清楚地告诉我们，随着商品 X 产量的增加，资源从 Y 产业流出。而 Y 产业是相对的资本密集型行业，其资源的流出为不断扩张的劳动密集型产业"错误"地配置了资源。劳动力的相对价格上涨。资本的（以实际价值计算的）相对价格下降，两类商品的生产也就更属于资本密集型。

在这个案例中，当对商品 X 的进口征税时，工资的实际价值会升高。征税抬高了进口商品的价格，进而推升了劳动（在商品 X 的生产中密集使用的稀缺要素）报酬，但降低了资本（在商品 Y 的生产中密集使用的、充沛的要素）报酬。

一些社会成员会因此得到更多的报酬，这将激励他们支持那些主张征收进口税的政治家。问题的关键在于，工人或者资本家能否在投票中占据多数。Markusen 等（1995：328）指出，从中间选民的角度来讲，问题不在于整体能否从关税上获利（通常这也不可能），而是政治体系中两种生产要素对应选票的多寡。在大多数经济体中，要素所有权的分布并不均匀，每个成员都有一单位的劳动，但是一些成员拥有很多单位的资本，而另一些成员一单位也没有。这意味着，对劳动收益的考虑在多数中间选民的决策中占有一席之地。

即使一个经济体是劳动力稀缺的（与资本相比），考虑到在整个社会中的分布，劳动要素仍有可能是政治上的多数。Markusen 等依据斯托尔珀-萨缪尔森定理而做的实证检验显示，在其他条件不变的情况下，劳动力稀缺国家的平均关税水平可能要高于劳动力充沛的国家。

（b）贸易保护与寻租

从公共选择视角对进口征税的第二种解释则完全不同。在这种解释中，选民的偏好被忽略了。选民缺乏动力去收集并解读选举信息，因为单个选民影响投票结果的可能性微乎其微（见第 4 章）。作为消费者，尽管其利益会因贸易保护而受损，他们也不太可能意识到征收进口税的影响。

相比而言，生产者集团（例如工会和贸易协会）组织良好。他们的规模相对较小，更容易动员（Olson，1965）。生产者集团的立法代表信息灵通，他们为政治家竞选提供资金支持。如果说政治家通过提议征收进口税赢得压力集团的支持，那么输家（消费者）通常缺乏动力去监督政治家的行为，因为他们对自己承受的损失并不知情。从而，追求选票最大化的政治家有动力对厂商团体的压力做出回应。

图 13-6 展示了进口税对不同群体的影响。在图 13-6（a）中，自由贸易条件下，一国的商品生产组合位于生产转换曲线 $T\text{-}T'$ 上的点 1 处，商品消费组合位于与相对价格 P_1 对应的无差异曲线 CIC_3 上的点 3 处。在对进口征税的情况下，相对价格从 P_1 变化至 P_t，新的生产组合位于点 2，而新的消费组合位于效用更低的无差异曲线 CIC_2 上的点 4。这意味着，征税导致进口数量减少。

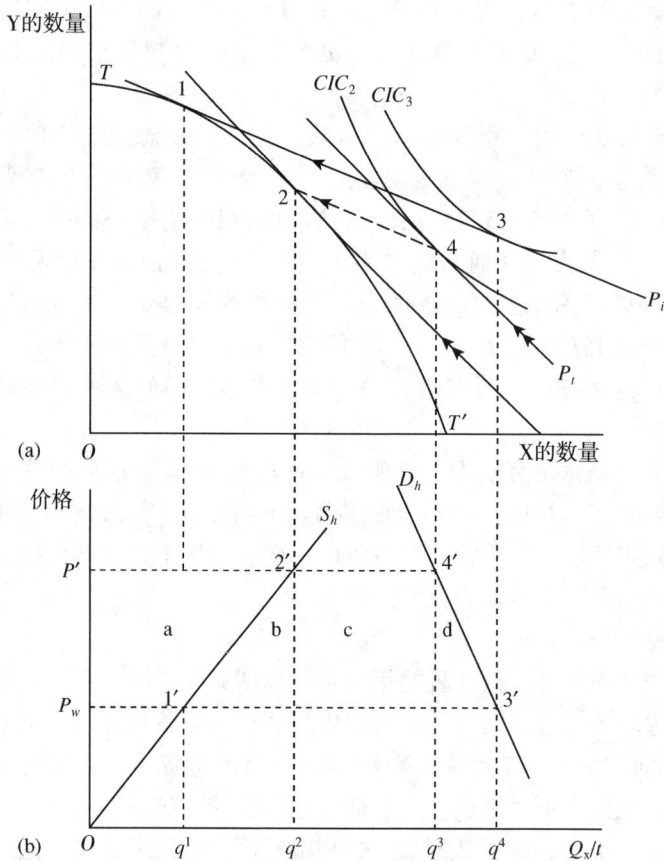

图 13-6　进口征税与厂商和消费者福利

　　图 13-6（b）对消费者和厂商福利进行了说明。与图 13-3 中一样，进口商品数量从 q^1-q^4 下降到了 q^2-q^3，消费者承担了 a+b+c+d 的福利损失。如上文指出的那样，政府获得了税收 c，厂商增加了收益 a。但是，进口税造成的整体净损失并非简单地等于三角形区域 b+d，这种情况下，还要考虑用于游说而付出的成本（见第 5 章）。假如存在租金，寻租方为了寻租几乎会耗尽可能得到的租金。图 13-6 表明，若征收进口税，厂商团体将获得区域 a 表示的收益，而且它们可能会花费最多区域 a 大小的资源用于游说政府征收进口关税。这时，进口征税的成本不再是三角形区域 b 和 d，而是区域 a+b+c。还有观点认为，如果

压力集团要游说政府将进口关税 c 用于它们指定的项目上，那么成本或许会更高。当经济利益团体在激烈争取税收收入用于它们指定的支出项目上时，"寻利"行为就会出现，可参考 Bhagwati 和 Srinivason（1980，1982）。如果将这些成本也考虑在内，那么进口征税的成本将从三角形区域 b 与 d 之和上升至梯形区域 a+b+c+d。

应该指出，政府也可以通过实施进口配额对进口竞争行业厂商进行保护。假设进口配额为 q^4-q^3，商品价格将会上升至 p'=P_w（1+t），如图 13-6 所示，此时的生产者剩余和消费者剩余与设置税率为 t 的从价进口关税时情况是一致的。这种情况下，进口商需要取得进口许可，而且会为此付出成本。进口许可带来的租金是商品在世界市场和国内市场售价之间的差额，即区域 c。如果采取进口配额而非进口关税，进口商在世界市场的商品进价为 O-P_w，在国内市场以更高的价格 O-P' 将其售出，结果就是，进口商获得等于区域 c 的租金。这时，政府没有税收收入，但是进口商可能会付出多达区域 c 的成本，以试图获得进口许可。在进口配额方式下，贸易保护的成本等于区域 a+b+c+d。总之，寻租行为抬高了贸易保护的成本。

（c）检验公共选择理论对国际贸易税的解释

政府为什么要对进口品征税（为什么一般来讲国家倾向于贸易保护而不是贸易自由），公共选择理论为此提供了两种解释，但是证据表明寻租模型更具说服力。例如：

①Pincus（1975）对 1824 年《美国关税法案》的研究发现，贸易保护更多地存在于那些集中度高（厂商之间容易联络）、在特定地域内分布相当广泛的行业。

②Caves（1976）研究了加拿大的关税结构，发现压力集团理论对此提供了最好的解释。例如，该理论推测，厂商最集中、消费者最分散的行业，受保护程度最高。

③Baldwin（1976）对 1974 年《美国贸易法案》的国会投票进行了统计检验。他发现，贸易保护主义者的投票数量与党派归属（党员忠诚度，该议案是由共和党发起的）、贸易保护主义行业在国会选区的突出地位，以及来自工会（贸易保护主义者）的政治献金正相关。

④关于向企业分配反倾销税的立法，Lieberman 和 Reynold（2006）证明，竞选资助提高了立法者促成该项立法的可能性，而且，来自立法受益者的资助

随着他们预期获得回报的增加而增长（p.1345）。

这些验证结果与 Olson（1965）的预计一致，即小团体比大团体容易被动员起来。任一商品的厂商团队更容易组织起来。他们比消费者（对任一商品而言都是大团体）更具有政治影响力。

一项有关生产过程参与者偏好的研究，对寻租模型进行了检验。如果基于斯托尔珀-萨缪尔森定理的分析是准确的话，那么劳方和资方将持有不同的观点。但 Magee（1982）证明了劳动者和资本家都选择支持贸易保护。

Magee（1982）指出，对贸易保护的态度因所处行业而不同。表 13-7 分别列举了美国各行业劳动者和资本家（由职业经理人代表）对 1973 年《总统贸易法案》的态度。如果劳资双方取得共识和进行游说活动都是以行业为基础的，那么所有这些观测值将分布在由左上向右下倾斜的对角线上。

表 13-7　　美国 21 个行业对 1973 年《总统贸易法案》态度的分类

资本家态度	劳动者态度	
	贸易保护	自由贸易
贸易保护	酿酒	烟草
	纺织	
	服饰	
	化工	
	塑料	
	橡胶鞋	
	皮革	
	鞋业	
	石料	
	钢铁	
	餐具	
	硬件	
	轴承	
	钟表	
自由贸易	石油	造纸
		机械
		拖拉机
		卡车
		航空

来源：Magee（1982），经 Routledge 出版集团允许使用。

如何看待这一结果？下面我们基于 Williamson（1983）从寻租的角度进行分析。寻租模型解释了为什么征收进口税对两种要素都有利，为政治压力缘何以行业为基础提供了深刻见解。

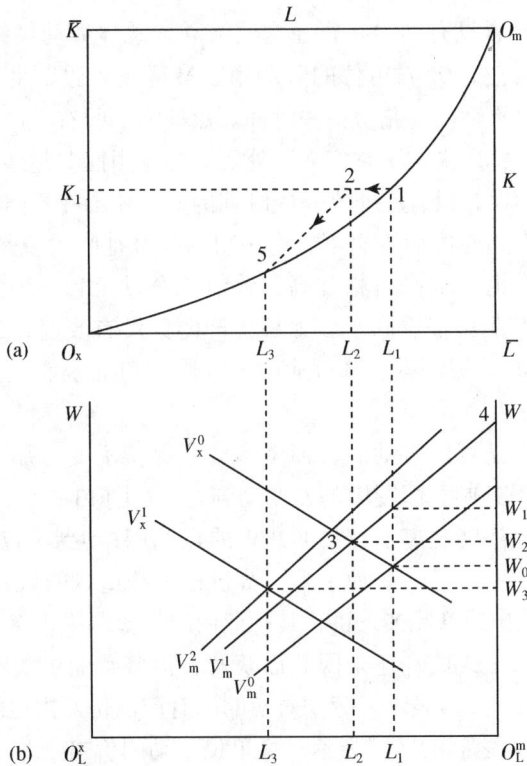

图 13-7　征收进口税的行业压力

来源：Williamson（1983）.

在图 13-7（a）中，埃奇沃思方盒表示了一个特定经济体可获得的资本和劳动的数量。最初，该经济体处在契约曲线 O_x-O_m 上点 1 表示的均衡状态。此时，有 O_x-K_1 的资本用于 X 行业，剩余的 O_x-$\bar{K}$ — O_x-K_1 单位的资本用于 Y 行业；有 O_x-L_1 单位的劳动用于 X 行业，剩余的 O_x-$\bar{L}$ — O_x-L_1 单位的劳动用于 Y 行业；M 和 X 分别表示两类商品的进口和出口。然而，很明显，存在一个与进口行业相竞争的活跃行业，它也需要投入劳动和资本。

在图 13-7（b）中，V_m 表示行业 M 的劳动要素的边际产品价值，即

$$V_\mathrm{m} = P_\mathrm{m} \frac{dM}{dL} \tag{13.6}$$

最初，劳动要素市场处于均衡状态：

$$V_\mathrm{m}^0 = V_\mathrm{x}^0 = W_0 \tag{13.7}$$

因此，劳动要素没有动力在行业之间流动，总体劳动供给中，有 $O_\mathrm{x}^m\text{-}L_1$ 单位的劳动用于 X 行业，$O_\mathrm{x}^m\text{-}L_1$ 单位的劳动用于 M 行业。假定生产要素最终会在行业之间流动，只不过需要花费一些时间。短期内，所有生产要素都是固定不变的，它们的某些特质决定了它们在所处行业的专用性。此外，还假定劳动要素比资本更具流动性，只有在非常长的时期内资本才会在不同行业间流动。

在有关要素专用性的假设之下，对进口商品 M 征收关税是个大概率事件。对商品 M 征收关税时，商品价格升高，致使 V_m^0 移动至 V_m^1，因此，进口竞争行业中劳动的边际产品价值提高了。如果生产要素没有改变，那么 M 行业中的工资水平升高至 W_1。短期内，M 行业的工人因进口征税而受益，M 行业的实际工资将高于 X 行业。

假设劳动要素是可以流动的，而资本要素保持不变，那么工人流入 M 行业，工资水平下降至 W_2，即图中的 L_1 变动到 L_2。在图 13-7（a）中，当资本分配固定时，整体经济就脱离了契约曲线上的点 1，移动到了点 2。虽然劳动要素流动时 M 行业工资水平的变动小于因 M 价格上涨造成的 V_m^0 和 V_m^1 之间的垂直变动距离，但是就出口商品 X 来讲，其行业内的工资水平仍然是较高的。由于消费方面的问题，工人或许还未因此而获利，但 M 行业中实际资本报酬更高了，由图中的区域 $W_2\text{-}3\text{-}4$ 表示。劳动对应的所有产出份额由边际产品价值曲线 V_m^1 以下位于 O_x^m 和 L_1 之间的区域表示；每单位劳动的价格是 W_2，从而全部劳动的成本就是 $O_\mathrm{x}^m\text{-}W_2\text{-}3\text{-}L_2$。剩余的三角形区域 $W_2\text{-}3\text{-}4$ 就是资本报酬，这明显大于 V_m^0 和 W_0 下对应的三角形区域。这种情况下，劳动和资本两个要素都可能因为关税的贸易保护而受益（有关短期变化分析的详细讨论见 Mussa，1974；Williamson，1983；Neary，1985）。

长期来看，当资本可以流动时，它也会流向 M 行业。劳动要素将会从 X 行业流向 M 行业，直至两个行业中的工资水平相当，即 W_2。由于资本要素在开始时是不变的，X 行业的资本回报将会下降，在图中，V_x^0 在劳动市场位于 L_1 和工资水平为 W_0 时组成的三角形区域，减少为 V_x^0 在劳动市场位于 L_2 和工资水平为 W_2 时的三角形区域。当资本流向 M 行业后，X 行业中劳动的边际产品价值

曲线 V_x^0 左移到了 V_x^1，这是由于与每单位劳动投入组合的资本的投入减少了。类似地，V_m^1 也左移，最终在工资水平下降至 W_3 时达到一个新的长期均衡。在长期，所有要素调整后，虽然所有行业中劳动者的境遇变差了，但是直到这个时候，M 行业中劳动和资本都有了赞成对进口商品 M 征税的理由。由于人们考虑的主要是短期的变化，因此贸易保护很大程度上受到了来自行业压力的影响。

总而言之，相比政府应该做什么的规范性评价，公共选择理论关于集体决策过程的分析更好地解释了贸易保护的缘由。有证据表明，政府征收贸易税，或者更一般地来说，政府采取贸易保护，是由于受到了厂商寻租行为的影响。

13.6　最大化政府收入和走私

第 8 章讨论了逃税行为，走私是此类问题的另一个例子。一种赞同走私的观点认为，贸易税通常损害福利，而走私一定会改善福利。真的是这样吗？如果走私减少了征税导致的无谓损失，那走私犯改善社会福利了吗？这是"黑色经济不一定完全是坏事"的另一种说法。这里，我们会试图证明，在合法贸易和非法贸易共存的情况下，走私会损害社会福利。[①]但是，在我们相关的观点中，并不包含对走私犯自身福利的考虑。通常，犯罪的经济分析中，并不考虑罪犯的福利，因为这样做的话会导致一些稀奇古怪的结论。[②]

接下来，我们沿着 Bhagwati 和 Hansen（1973）讨论过的一个可能案例来分析。长久以来，人们坚信，花费资源以解决走私问题是值得的。如图 13-8 所示，P-F 是一个国家的产品转换曲线（生产可能性边界），自由贸易条件下，该国商品 X 和 Y 的生产组合位于点 P_1，此时它会出口部分商品 Y，进口商品 X，国内居民在点 C_1 处构建消费组合。该国在 P_1 的贸易条件下用商品 Y 换取商品 X，这使得位于生产可能性边界 P-F 之外点 C_1 处的消费组合得以实现。这是自由贸易条件下所能实现的最大福利。

---

① 帕累托模型表明，在不允许合法贸易的情况下，走私增加了选择机会，从而肯定提升了社会福利。

② 如果考虑罪犯福利的话，抢劫看起来似乎是一种有效的再分配机制。

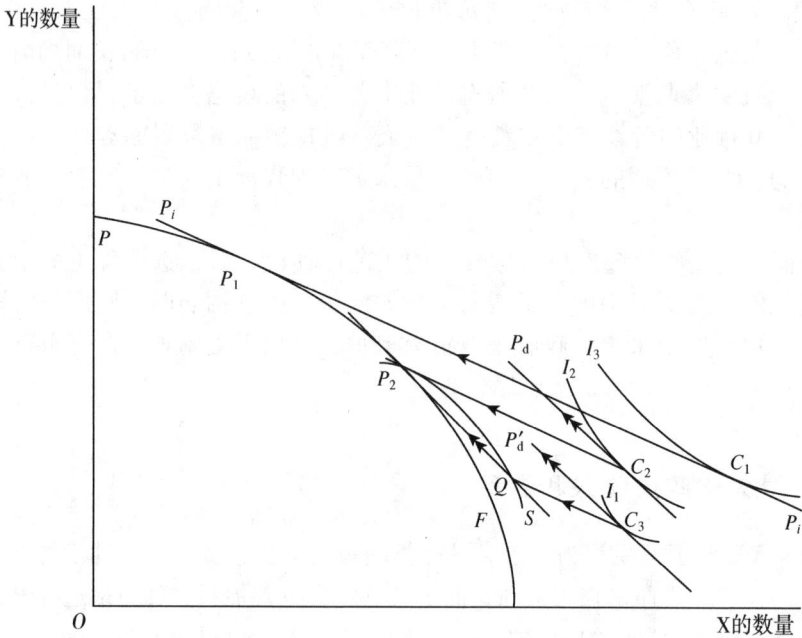

图 13-8   走私的福利效果

来源：Bhagwati and Srinivason（1983）．

征收进口关税意味着国内商品价格变为 P_d，其斜率为（P_x/P_y）（1+t），其中，P_x/P_y 为自由贸易时的商品相对价格，即 P_i。这保护了生产可进口商品 X 的国内厂商，国内的生产情况因此转移到了点 P_2。与没有贸易的情形相比，合法贸易还是提高了国家福利水平。效用最大化的消费者会调整消费组合至 C_2，使得其 MRS_{xy} 等于商品的国内相对价格。[①] 显然，全社会无差异曲线 I_3 和 I_2 的福利差额表示了因放弃自由贸易而造成的福利损失，即图 13-3 中的三角形 [B] 和 [D] 代表的无谓损失。

如果在合法贸易之外，还存在走私行为，那么消费者将会以不高于合法进口商品价税合计的价格购买走私商品。由于走私商品越多，每单位商品走私入

---

①   仅有合法贸易时，消费组合仍然位于生产可能性曲线以外，这是因为，尽管征收关税导致了无谓损失，但它并不是禁止性的，而且国家在某种程度上仍然从贸易中获利。

境的成本就越高，因此假设走私犯的成本会不断升高。图13-8中的P_2-S表示走私商品的转换函数，它说明了从P_2点开始，如何用Y向走私犯换取X。与走私犯交易的平均贸易相对价格由P_2-Q表示，这一价格水平下，从走私犯那里值得买的最大的量位于点Q处。超出点Q的数量，走私商品的价格就大于合法进口商品的价税之和了。因此，超过点Q后，消费者将会购买合法进口的商品并支付关税。图中点Q和C_3之间的差额即是额外的合法贸易。无差异曲线I_1上的点C_3就是合法贸易和走私同时存在时的消费组合，最终使得消费者的MRS_{xy}与商品的国内相对价格相等。

现在可以比较一个国家在合法贸易和走私共存时与仅有合法贸易时的福利状况了。显然，有一种福利损失与走私有关，可以由图中I_1和I_2之间的差额表示。福利损失的原因在于，税收的存在使将消费者转向了一个更昂贵的供应商。虽然走私犯可以依照合法进口的价格来定价，但这仅仅是因为税收带来的影响。尽管消费者购买合法进口商品需要支付关税，但至少这些税收可供政府用于经济活动。然而，消费者没有看到这个益处，总体而言这对经济是有利的，而且远不仅仅是弥补走私造成的额外福利损失。Bhagwati和Hansen的这些分析已被整理为一份研究走私效应的文献（例如Bhagwati和Srinivason，1983）。通过以上分析，至少可以再次确定，有必要付出一定的资源来制止走私。[1]

走私只是政府在做出如何征收关税以最大化其收入的决策时，所要考虑的众多问题之一。

13.7 间接税协调

税收协调的设计通常是为了保持贸易中的税收中性，其目的在于确保消费者在不同国家的商品之间进行选择时不受各国税收的影响。事实不"应该"是这样的，仅仅因为A国的商品课税低于B国，使A国的商品更受消费者欢迎。如果B国生产某一特定商品效率最高，但是由于B国的税率较高，消费者则更可能倾向于购买A国的商品，尽管A国生产该商品的成本也更高。此时，较高

---

① 虽然这一结论受制于上文中的各种限制，但是仍有其他方法证明关税和消费税的合理性。例如，将一些商品拒之于国门之外是合理的，比如毒品。制止毒品走私的措施被广泛认为是值得赞赏的。

的销售税扭曲了 A 国与 B 国之间的国际贸易。

边境税收调整的作用之一就在于平衡不同生产者之间的竞争。边境税调整的两大重要原则是：

来源地原则：根据来源地原则，商品在其生产国征税，即使该商品在另一个国家被销售和消费，它仍承担原产国的税收——实际上也就不存在边境税调整。

目的地原则：此时存在边境税收调整。进口商品与国产商品适用相同的销售税。在这种安排下，出口商品免征国内税，因此，最终它们将只承担与在消费目的国所生产的其他商品相同的销售税。这种安排需要调整国家边境的税收。出口货物在原出口国享受退税，然后按照目的地国的销售税税率纳税。

来源地原则和目的地原则在资源配置或贸易平衡方面是否存在差异？

假设有两个国家 A 和 B，且两国之间不存在进口税。初始时存在着内部均衡和外部均衡，即充分就业（没有通货膨胀）和贸易平衡。现在假设 A 国对销售商品征收间接税，使 A 国的物价指数上升了 10%。如果适用目的地原则，则 A 国出口的商品在 B 国拥有同样的竞争优势，而 B 国出口的商品在 A 国也拥有同样的竞争优势。资源配置和贸易平衡并没有受影响。即便如此，税收调整还是必要的。财政边界必须存在，它们的存在意味着计算免税、退税等会造成实际的资源损失。

如果间接税采取来源地原则，那么 A 国商品销往 B 国，将负担着在 A 国的税收。因此，A 国的商品将不再具有竞争优势。相比之下，B 国商品在 A 国销售将更有吸引力，因为它们不承担 A 国的税收成本。如果工资和价格是刚性的，A 国的价格则不会下降（为了保持竞争力），也就不存在使 A 国商品恢复竞争力的内部机制。虽然 A 国已失去竞争力，但产生贸易赤字的可能性将对 A 国货币的价值施加下行压力。以 B 国货币计价的 A 国货币会贬值多少？它将持续下降至贸易赤字结束，也就是说，直到来自 A 国的商品在国内外再次具有竞争力。在这种新的均衡状态下，A 国和 B 国之间的贸易模式与 A 国征税前相同。两国再次达到贸易平衡，并且都实现了充分就业。即使运用了来源地原则，资源的配置也是不变的。然而，需要注意的是，此时财政边界不是必需的。

根据 Lockwood 等人（1995）的观点，目的地原则和来源地原则之间的等价性可参见表 13-8。A 国生产商品 X，B 国生产商品 Y，且规模报酬不变，假设只有一种生产要素，即劳动力（它的供给价格完全无弹性）。每个国家的一单位劳动力用于生产一单位商品，以 A 国的劳动力为计价单位，则 $w_a = 1$，$w_b = w$。A 国的税率用 t_a 表示，B 国的税率用 t_b 表示。如果表 13–8 中两种原则下的价格是相同的，则可以认为这两种原则是等价的。从表 13–8 可以看出，如果 $w^d = w^0(1 + t_b) / (1 + t_a)$（其中 w^d 指的是目的地的工资，w^0 指的是来源国的工资），则两者是等价的。要使这种等价成立，要么两国的工资必须具有弹性，要么更切实际的是，必须调整汇率。从表面上看，这一分析似乎表明，就资源配置而言，采用目的地原则或来源地原则没有区别。然而，这个结论是基于一些重要的假设。例如：

表 13–8　　　　　不同税收原则下消费者价格相对于工资的比率

原则	商品 X	商品 Y
来源地		
A 国	$1 + t_a$	$(1 + t_b) w^0$
B 国	$\dfrac{1 + t_a}{w^0}$	$1 + t_b$
目的地		
A 国	$1 + t_a$	$(1 + t_a) w^d$
B 国	$\dfrac{1 + t_b}{w^d}$	$1 + t_b$

来源：Lockwood et al.（1995）.

（a）汇率富有弹性。在我们对来源地原则的分析中，使税收不对经济产生扭曲作用的机制，是 A 国货币汇率的变化。如果汇率是固定的（即使只是在短期内），这种均衡机制将失去作用（请注意，我们在这里假设这两个国家始终不进行工资和价格的调整）。在汇率固定的情况下，采取何种边境税收调整原则就很重要。当汇率是固定的，一国从来源地原则转变为目的地原则时，就相当于对出口补贴而对进口征税，该国的贸易平衡状况将得到改善（只要生产要素的价格保持不变）。

（b）税收是普遍的。Johnson 和 Krauss（1973：242）在对"来源地与目的地原则"的比较分析中指出："只要税收是真正普遍征收的，从贸易的比较优势中获利与采用哪种边境税收调整原则无关。"通过回顾 Musgrave 和 Musgrave（1989）的例子，可以看出普遍征税这一假设的重要性。下文仍然假设有两个国家 A 和 B，但现在两个国家都生产商品 X 和商品 Y。

如果 A 国对两种商品普遍征收销售税，那么根据目的地原则，不会对国际贸易产生影响。如果 A 国对商品 Y 实行选择性征税，其结果是，国内消费者会消费更多的商品 X，而减少对商品 Y 的消费。这种调整可能影响两种商品的贸易水平，但不会影响其生产地点的选择。目的地原则将确保 A 国在商品 Y 的国际贸易中不会被置于竞争劣势。其结果是，虽然在商品 X 和商品 Y 的生产环节没有扭曲，但在消费环节，选择性税收扭曲了消费者选择。

如果 A 国对商品 X 和 Y 普遍征收生产税，并且应用来源地原则，则 A 国的商品价格就会上涨，但随着货币价值的变化，并不会产生扭曲性损失。然而，如果 A 国只对商品 Y 征收生产税，对于 B 国消费者来说，来自 A 国的商品 Y 价格上涨，他们将利用本国商品取而代之。随着 B 国进口的减少，A 国货币就会贬值。因此，A 国的消费者发现进口商品的价格上涨了，他们会减少进口，一种新的均衡将被建立。此时的均衡建立在较低的国际贸易水平上，且生产地点的选择也将受到影响。此时 A 国将生产更多的商品 X，B 国将生产更多的商品 Y。

或许需要注意的是，即使对所有消费品都普遍征税，但除非对消费品和投资品的征税都是普遍的，否则两大原则之间的等价关系依然无法成立。按照 Sinn（1990）的观点，A 国和 B 国分别生产同质消费品 C 和同质投资品 I。设 P_C^A 和 P_C^B 分别为两国的消费品生产者价格；P_I^A 和 P_I^B 分别为两国的投资品生产者价格；t_a 和 t_b 分别表示增值税税率，且 $t_b > t_a$。投资品的自由贸易意味着 $P_I^A = P_I^B$，而在目的地原则下，消费品贸易意味着 $P_C^A = P_C^B$，或 $P_C^A / P_I^A = P_C^B / P_I^B$。但根据来源地原则，$P_C^A(1+t_a) = P_C^B(1+t_b)$，所以 $P_C^A / P_I^A > P_C^B / P_I^B$。

（c）不存在影响汇率的其他因素。Jones（1991）列出了两原则等价所需的假设条件。汇率必须只随贸易竞争力的变化而变化。因此，从最初的贸易平衡状态来看，汇率只能由价格决定。国家之间不存在净转移支付，如债务利息。不存在净资本流入一个国家的情况。这样，在一个生产要素不流动的世界里，汇率将保持不变。

（d）对不同的商品适用不同的原则。对不同的商品选择适用来源地原则和目的地原则，其结果是不同的。来看一下 Robson（1984）概述的这种情况。假设对 A 国的所有商品征收 20% 的税。在本例中，假设 A 国对商品 Y 的贸易采用来源地原则，对商品 X 采用目的地原则。A 国在商品 Y 方面有比较优势，但在来源地原则下，A 国出口商品 Y 更贵，而（从没有这项销售税的国家）进口商品Y更便宜。相比之下，进口商品X将与国内生产商品X所负担的销售税相同。其结果可能会扭曲比较成本的定位，在极端情况下，将导致A国进口商品Y并出口商品X（因为出口的商品X在目的地原则下将获得退税）。

显然，与经济学中的其他等价定理一样，要保证这两个原则的等价性需要满足大量的假设条件（Johnson和Krauss，1973）。

13.8 跨国公司的海外所得课税

上文已从税收中性的角度考察了产品税的国际协调问题。协调的目的是确保商品在生产效率最高的国家生产，且这一结果不因税收而发生改变。同样地，有人可能会说，应该协调所得税，从而使生产要素被配置到生产效率最高的地方。本节以跨国公司境外投资回报为重点，旨在探讨跨国公司课税应遵循的原则。我们特别研究了在其他国家设有子公司的母公司的税收政策，以说明对境外所得征税可能造成的扭曲。所提出的问题是，当税务机关对跨国公司境外投资回报征税时，将会考虑哪些因素？

正如 Musgrave（1969）所指出的那样，要回答这个问题，首先必须明确税收政策的目标。对于我们主要关心的效率问题，有必要再次区分世界效率和国家效率。如果所关心的是世界效率，那么目标就是资本在国际范围内配置，直到各国之间的投资回报率相等。假如一个国家的回报率高于另一个国家，那么显然促进资本的国际流动使之投向回报率最高的国家是有效率的。然而可以看出，实现资源配置世界效率的提高，不必要求投资来源国福利最大化；对该国来说，最大化该国的境外投资收益率可以使本国福利增加。

在图13-9所示的两国模型中，纵轴分别表示资本在母国和外国的边际产量，横轴表示总资本存量。国内、国外的初始资本配置分别为O-K_1和O^*-K_1。因此，国内的回报率r_h低于在国外的投资回报率r_f。此时，如果国际资本是自由流动的，K_1-K_2的资本就会流向国外。这种资本流动会一直持续，直到两国的资本回报率相等为止。显然，在这一点上，实现了世界资源的有效配置。这时，要想增加一国的资本回报率是不可能的，除非另一国的资本回报率大幅下降。起初（当母国资本为O-K_1时），有可能通过资本流动来提高母国资本收益率。当资本向境外流动时，母国产出下降的数量为K_1-2-1-K_2（即母国边际产量曲线以下部分的面积），而国外的产出则增加更多，为面积

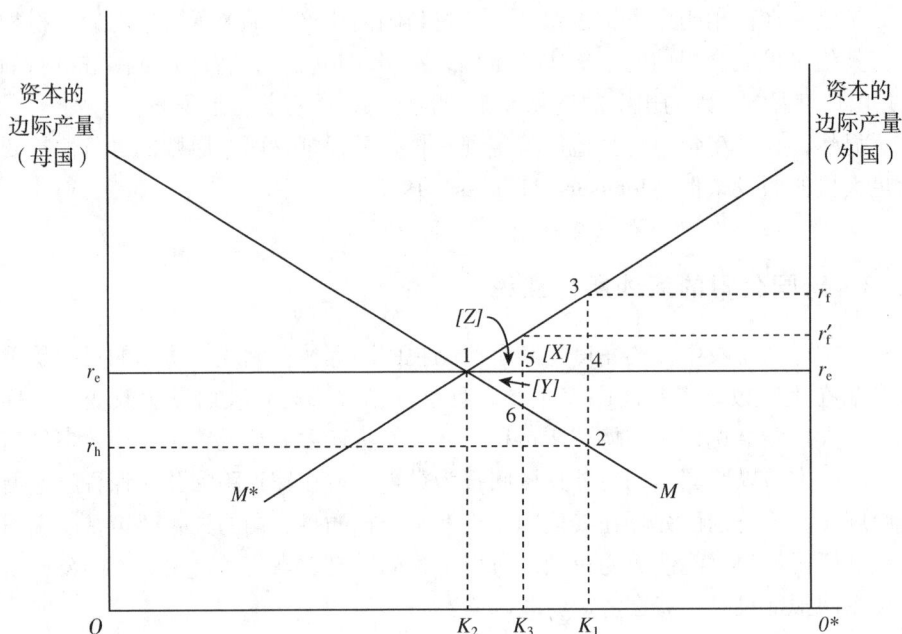

图13-9 对境外投资征税

K_1-3-1-K_2。然而，如果母国从境外投资获得回报，每单位的资本回报率为r_e（总额为r_e(K_1-K_2)），能够改善的福利水平为三角形1-4-2表示的部分，超过了将资本留在母国所获得的收益。相比之下，即使境外投资者收益减少了r_e(K_1-K_2)，即图中面积K_1-4-1-K_2的部分，依然可以有三角形4-3-1的福利改善。两个国家都将从资本的自由流动中受益。两国的投资回报率相等时，世界作为一个整体的福利也将达到最大化。

在世界福利最大化的同时，很明显，与限制资本外流相比，允许资本流出将对母国福利增加更为有利。从图13-9中可以看出，如果母国将境外投资限制在K_1-K_3，那么外国的资本回报率就不会下降那么多，仅仅从r_f下降到r_f'。其结果是，母国将仍从境外投资中获得收益r_f'(K_1-K_3)，然而，它将失去留在国内的资本所产生的净回报（即K_3-5-1-K_2 − K_3-6-1-K_2）。由于面积[X]大于面积[Y]，这意味着对母国而言，尽管限制资本流动，但净收益还是正的。然而，就整个世界而言，限制资本流动造成了相当于[Z]和[Y]面积之和的损失。

两难困境就在于此——就母国而言，限制资本流动可以使母国的福利最大化；但就世界福利而言，没有理由限制资本流动。然而，需要注意的是，母国获得的收益源于其资本流入东道国，减少了东道国的资本收益。如果资本流动规模太小而无法产生这样的影响，就没有理由对资本流动加以限制，即便出于母国福利考虑亦如此。当资本流动对回报率有影响时，存在一个最优的资本流出限额（关于境外投资最优税率的讨论，参见 Kemp，1969）。此外，在一般均衡框架中，资本流出可能会影响贸易条件，这一点常被忽略（参见 Jones，1963，关于贸易条件受资本流出影响时最优税率的讨论）。

将国家福利或世界福利最大化的问题延伸到关于双重征税的处理上。如果外国（东道国）对跨国公司的利润征税，那么母国是否应该对这些利润再次征税？这里再次强调，区分国家福利与世界福利很重要。要使世界福利最大化，显然不应限制资金的跨国流动，并应适用境外税收抵免规则；也就是说，对跨国公司境外已纳税收在母国纳税时应予抵免。如果在母国应缴纳的公司税超过了境外已纳公司税，公司只需向母国支付二者的差额（在极端情况下，如果境外已纳公司税超过本国应纳公司税，则母国应从其国库中予以补偿）。境外税收抵免规则意味着资本输出中性；也就是说，税收不影响跨国纳税人对投资地点的选择，不对企业投资于国内而非国外提供激励。但它并不保证资本输入中性；也就是说，海外投资者仍然不能与本国国内投资者享受相同的税收待遇。

针对双重征税问题而实施的境外税收抵免规则意味着，将资本留在国内没有意义，资本应流向回报率最高的地方。从国家的角度来看，这不是最优的。在这种情况下，当无法适用境外税收抵免规则时，通常采取扣除法（Musgrave，1969）。当投资于母国的境外资本的税后收益率与母国国内的资本收益率相等时，母国的国家福利将实现最大化。因此，投资者的收益率为 $(1-t_h)\,r_h$（r_h 表示国内的投资回报率）或者是 $(1-t_h)\,(1-t_f)\,r_f$（r_f 表示国外的资本回报率）。当

$$(1-t_h)\,r_h = (1-t_h)\,(1-t_f)\,r_f \tag{13.8}$$

将实现母国（采取扣除法）国家福利的最大化。跨国投资企业的境外税后利润必须缴纳母国的公司税，因为对于最大化本国福利的母国而言，唯一重要的是回到"母国"的资本回报率。

海外投资的税收政策，受制于政策目标是最大化世界福利还是国家福利。当然，还有更多复杂问题，限于篇幅我们不再赘述。Caves（1996）针对跨国

企业税收做了一个很好的文献综述，包括跨国企业自身的反应。显然，通过调整母公司和子公司之间的商品价格，跨国公司可以采取办法来减少它们所承担的进口税和公司税负担。这些内部价格，被称为"转移价格"，是跨国投资公司用来应对税收政策以获得最大利润的一种手段。Caves（1996）还讨论了税收对公司海外投资决策的重要性，需要注意的是，在跨国公司的投资战略中，政治因素（如政府的稳定性、政变风险、街头示威）可能与经济因素同等重要（Schneider 和 Frey，1985）。

13.9 小结

本章使用公共财政理论分析国际问题。

公共物品理论为国际同盟的公共支出研究提供了一个自然而然的分析起点。各国将在多大程度上采取合作行动，取决于搭便车动机的决定因素。

税收分析部分，再次突出了"传统"公共财政理论和公共选择理论之间的差异。当试图解释国家征收贸易税的原因时，公共财政理论强调需要政府干预以纠正市场失灵（例如，"最优"关税纠正了边际进口成本和供给价格之间的差异）。相比之下，公共选择理论认为市场失灵不一定需要政府干预，而是认为政府和政治过程存在缺陷。在有关贸易政策的实证分析中，压力集团对政治家决策的影响十分重要。本章的分析表明，作为传统公共财政理论的核心内容，新古典模型可以很容易地被用来预测政治压力的来源——在公共选择理论中，后者是贸易政策的决定因素。

显然，"传统"公共财政理论的最大化分析方法，既可用于国家层面的效率分析，也可用于全球层面。Musgrave（1969）的财政制度理论，在分析税收协调问题和境外投资税收问题时，强调了区分全球和国家两个层面的重要性。当然，它是最优进口或出口关税分析的逻辑延伸。但请注意，分析这两个问题时，还应考虑其他目标。例如使用帕累托最优理论分析税收协调时，协调的重点是"效率"（即"税收中性"）问题。但是，正如 Dosser（1973）指出的，Musgrave（1959）"传统的"三部门分析框架还包括收入分配、经济稳定以及其他目标。

参考文献

Anand, P. B. (2004) 'Financing the Provision of Global Public Goods', *World Economy*, 27 (2), pp. 215-37.

Anderson, R. W. (1976) *The Economics of Crime*. London: Macmillan.

Barrett, S. (1999) 'Montreal versus Kyoto: International Cooperation and the Global Environment', pp. 192-219 in I. Kaul, I. Grunberg and M. A. Stern (eds), *Global Public Goods: International Cooperation in the 21ˢᵗ Century*. New York: Oxford University Press.

Baldwin, R. E. (1976) *The Political Economy of US Postwar Trade Policy*, Bulletin no. 4. New York: Center for the Study of Financial Institutions, Graduate School of Business Administration, New York University.

Bhagwati, J. N. and Hansen, B. (1973) 'A Theoretical Analysis of Smuggling', *Quarterly Journal of Economics*, 87, 2, pp. 172 87.

Bhagwati, J. N. and Srinivason, T. N. (1980) 'Revenue Seeking a Generalisation of the Theory of Tariffs', *Journal of Political Economy*, 88, 6, pp. 1069-87.

Bhagwati, J. N. and Srinivason, T. N. (1982) 'Revenue Seeking a Generalisation of the Theory of Tariffs—A Correction', *Journal of Political Economy*, 90, 1, pp. 188-90.

Bhagwati, J. N. and Srinivason, T. N. (1983) *Lectures on International Trade*. Cambridge, Mass.: MIT Press.

Bruce, N. (1990) 'Defense Expenditures in Allied and Adversarial Relationships', *Defence Economics*, 1, 13, pp. 179-95.

Caves, R. E. (1976) 'Economic Models of Political Choice: Canada's Tariff Structure', *Canadian Journal of Economics*, 9, 2, pp. 278-300.

Caves, R. E. (1996) *Economic Analysis and the Multinational Enterprise*, 2nd edn. Cambridge: Cambridge University Press.

Corden, W. M. (1974) *Trade Policy and Economic Welfare*. Oxford: Oxford University Press.

Cullis, J. and Jones, P. (1998) *Public Finance and Public Choice*, 2nd edn. Oxford: Oxford University Press.

Dosser, D. (1973) 'Tax Harmonization in the European Community', *Three Banks Review*, 98, pp. 49-64.

Ekuland, I. (1999) *Kosovo Intervention Highlights European Free Riding*. The Cato Institute.

Frey, B. S. (1984) *International Political Economics*. Oxford: Basil Blackwell.

Greenaway, D. (1980) 'Trade Taxes as a Source of Government Revenue: An International Comparison', *Scottish Journal of Political Economy*, 27, 2, pp. 175-82.

Gruber, J. (2007) *Public Finance and Public Policy*, 2nd edn. New York: Worth Publishers.

Hansen, L., Murdoch, J. C. and Sandler, T. (1990) 'On Distinguishing the Behaviour of Nuclear and Non Nuclear Allies in NATO', *Defence Economics*, 1, 1, pp. 37-55.

Head, J. G. (1962) 'Public Goods and Public Policy', *Public Finance/Finances Publiques*, 17, 3, pp. 197-219.

Hirshleifer, J. (1983) 'From Weakest Link to Best-Shot: The Voluntary Provision of Public Goods', *Public Choice*, 41, pp. 371–86.

Hirshleifer, J., Glazer, A. and Hirshleifer, D. (2005) *Price Theory, Decisions, Markets and Information*. 7th edn. Cambridge: Cambridge University Press.

Johnson, H. G. (1953 4) 'Optimum Tariffs and Retaliation', *Review of Economic Studies*, 21, pp. 142–53.

Johnson, H. G. and Krauss, M. B. (1973) 'Border Taxes, Border Adjustments, Comparative Advantage and the Balance of Payments', *Canadian Journal of Economics*, 3, 4, pp. 595–602; reprinted as pp. 239 54 in M. B. Krauss (ed.), *The Economics of Integration*. London: Allen & Unwin.

Jones, P. (1992/1991) 'International Alliances and the Economics of Bureaucracy', *Defence Economics*, 3, 2, pp. 127–33.

Jones, P. (1999) 'Rent Seeking and Defence Expenditure', *Defence and Peace Economics*, 10, 2, pp. 117–224.

Jones, P. (2007) 'Colluding Victims: A Public Choice Analysis of International Alliances', *Public Choice*, 132, pp. 319–32.

Jones, R. W. (1963) 'International Capital Movements and the Theory of Tariffs and Trade', *Quarterly Journal of Economics*, 81, 1, pp. 1–38.

Kaul, I., Grunberg, I. and Stern, M. A. (1999) 'Defining Global Public Goods', pp. 2 20 in Kaul, I., Grunberg, I. and Stern, M. A. (eds.), *Global Public Goods: International Co-operation in the 21st Century*, Oxford: Oxford University Press.

Khanna, J., Sandler, T. and Shimizu, H. (1998) 'Sharing the Financial Burden for UN and NATO Peacekeeping: 1976–1996', *Journal of Conflict Resolution*, 42, pp. 176–95.

Kemp, M. C. (1969) The Pure Theory of International Trade. Englewood Cliffs, NJ: Prentice-Hall.

Kubota, K. (2005) 'Fiscal constraints, collection costs and trade policies', *Economics and Politics*, 17, 1, pp. 129–50.

Layard, P. R. G. and Walters, A. A. (1978) *Micro-Economic Theory*. New York: McGraw-Hill.

Lewis, S. R. Jr. (1963) 'Government Revenue from Foreign Trade: An International Comparison', *Manchester School*, 31, pp. 39–46.

Liebman, B. H. and Reynolds, K. M. (2006) 'The Returns from Rent-Seeking: Campaign Contributions, Subsidies and the Byrd Amendment', *Canadian Journal of Economics*, 39, 2, pp. 1345–69.

Lindert, P. H. (1986) *International Economics*, 8th edn. Homewood, Ill.: Richard D. Irwin.

Lockwood, B., de Meza, D. and Myles, D. (1995) 'On the European Union VAT Proposals: The Superiority of Origin over Destination Taxation', *Fiscal Studies*, 16, 1, pp. 1–17.

Magee, S. P. (1982) 'Protectionism in the United States', in P. Oppenheimer (ed.), *Issues in International Economics*. Stocksfield: Oriel Press.

Markusen, J. R., Melvin, J. R. and Keith, M. (1995) International Trade: *Theory and Evidence*. New York: McGraw-Hill.

McGuire, M. C. (1990) 'Mixed Public-Private Benefit and Public Good Supply with Applications to the NATO alliance', *Defence Economics*, 1 (1), pp. 17-35.

Murdoch, J. C. and Sandler, T. (1984) 'Complementarity, Free-Riding, and the Military Expenditure of NATO Allies', *Journal of Public Economics*, 25, pp. 83-101.

Musgrave, R. A. (1959) *The Theory of Public Finance*. New York: McGraw-Hill.

Musgrave, R. A. (1969) *Fiscal Systems*. New Haven, Conn. and London: Yale University Press.

Musgrave, R. A. and Musgrave, P. B. (1989) *Public Finance: Theory and Practice*, 5th edn. New York: McGraw-Hill.

Mussa, M. (1974) 'Tariffs and the Distribution of Income: The Importance of Factor Specicity, Substitutability and Intensity in the Short Run', *Journal of Political Economy*, 82, 6, pp. 1191-205.

Neary, P. J. (1985) 'Theory and Policy of Adjustment in an Open Economy', pp. 43-61 in D. Greenaway (ed.), *Current Issues in International Trade*. London: Macmillan.

Olson Jr., M. (1965) *The Logic of Collective Action*. Cambridge, Mass.: Harvard University Press.

Olson Jr., M. and Zeckhauser, R. (1966) 'An Economic Theory of Alliances', *Review of Economics and Statistics*, 48, pp. 266-79.

Pincus, J. M. (1975) 'Pressure Groups and the Pattern of Tariffs', *Journal of Political Economy*, 83, 4, pp. 757-78.

Robson, P. (1984) *The Economics of International Integration*, 2nd edn. London: Allen & Unwin.

Sandler, T. (1977) 'Impurity of Defence: An Application to the Economics of Alliances', *Kyklos*, 30, pp. 443-60.

Sandler, T. and Forbes, J. F. (1980) 'Burden Sharing Strategy and the Design of NATO', *Economic Inquiry*, 18, 3, pp. 425-44.

Sandler, T. and Hartley, K. (1999) *The Political Economy of NATO*. Cambridge: Cambridge University Press.

Sandler, T. (2003) 'Assessing the Optimal Provision of Public Goods: In Search of the Holy Grail', pp. 131-51, in I. Kaul, P. Conceicao K. Le Gouven and R. U. Mendoza (eds), *Providing Public Goods*. Oxford: Oxford University Press.

Sandler, T. (2004) *Global Collective Action*. Cambridge: Cambridge University Press.

Schneider, F. and Frey, B. S. (1985) 'Economic and Political Determinants of Foreign Direct Investment', *World Development*, 13, 2, pp. 161-75.

Sinn, H. W. (1990) 'Tax Harmonization and Tax Competition in Europe', *European Economic Review*, 34, pp. 489-504.

Stolper, W. F. and Samuelson, P. A. (1941) 'Protection and Real *Wages*', *Review of Economic Studies*, 9, pp. 50-73.

Vicary, S. and Sandler, T. (2002) 'Weakest-Link Public Goods: Giving In-Kind or Transferring Money', *European Economic Review*, 46, pp. 1501-20.

Williamson, J. (1983) *The Open Economy and the World Economy*. New York: Basic Books.

第 14 章　公共部门失灵与公共支出增长

14.1　引言

　　到目前为止，我们已经对市场配置机制的局限做了很多论述。在以下几种情况中，市场配置可能会产生不合意的结果：收益是非竞争性的和（或）非排他性的、产权未被界定或产权为公共所有、交易成本巨大、信息不充分等。但是，公共选择学派的经济学家们认为，长久以来，对上述几种情形的变体及其政策含义缺乏仔细的审视。他们还认为，过去的许多讨论隐含地将不完善市场条件下的资源配置过程和产出，与理想化的、虚构的非市场（non-market）环境中的资源配置（即政府资源配置）过程和产出进行比较。而公共选择学派的成果之一，就是对于这种不恰当的、错误的比较进行纠正。Tullock、Seldon 和 Brady（2002：11–12）写道："政府干预能够为无数问题提供完美的自动解决方案，这种观念已经不复存在。然而，人们将经济自身不能完美运行当作政府干预的充分理由，并不是很久以前的事。现在我们已经知道，政府干预同样不完美，而我们需要在这两个不完美的手段中做出选择。"后一观点经过很长时间才被普遍接受。关于公共部门失灵（non-market failure），Wolf（1979，1987）在其著作中也曾给出清晰的分析。以上研究成果与公共部门增长的有关讨论密切相关，它们构成了本章后面三部分的基础，这是因为，人们正是运用非市场失灵的观点解释了政府的"不合理"增长（unwarranted growth of government）。

14.2 公共部门需求条件

虽然人们普遍认为，是某些商品和服务的供给不足造成了市场失灵（market failure），但是，当面对公共部门失灵时，往往持有相反的看法，很多观点都把它归咎于公共部门需求的膨胀。第一，人们对于市场缺陷的容忍度降低了。一般认为，人口增长和随之产生的拥挤，以及对于市场局限性认知的普遍提升，是导致人们对市场缺陷容忍度降低的一个重要原因。第二，制度变化鼓励了进行调整的政治行为。Wolf所认为的制度创新类型，是律师或有酬金和法庭集体诉讼制度（contingent lawyers' fees and class actions in courts）的发展。

更能说明问题的也许是第三点，即大多数政客所面对的激励及其认定的优先事项。许多人已经注意到，成功的政客是那些牺牲了实际政策的执行及其长期后果，而对短期问题采取行动或做出反应的人。英国首相Harold Wilson曾经说过："对于政治来说，一周就是很长的时间。"通常，当仅仅考虑一个选举周期时，政客们对未来的考虑会大打折扣。如果政客们能够像企业所有者那样，对其职位拥有可交易的产权，那么这种短视的行为就可以避免，因为太多的错误决定所产生的影响将会被内部化，并反过来影响其产权的价值。资本化作为一种约束机制正是政客们所缺乏的。

人们认为，对公共部门的需求不断膨胀，主要原因在于决策成本与决策收益的分离，Wicksell主张将一个项目和它的资金来源同时进行投票表决，这一倡议之所以吸引人由此也得到了解释。当一项立法给一小部分人带来巨大利益，而大部分人因此利益受损，但损失的程度很小，小到他们没有察觉，或者不足以让他们有动力去反对立法，这就是"特殊利益集团"效应（special interest effects），它反映了成本与收益在微观层面的分离。当财富从少数相对富裕的人向多数相对贫穷的人再分配时，决策成本与决策收益在宏观层面的分离也随之出现。成本与收益分离所引发的问题，是"特殊利益"（'special interests'）中可能存在的无效率，即总成本可能超过总收益，它会抑制人们从市场中获取更多收益的积极性。

在需求函数中，人们的偏好是经常被忽略的一项。Wolf认为，偏好被一些机制所扭曲，从而导致对公共部门的需求不断增长。首先，信息样本的有偏性造成很多问题。市场失灵（坏的方面）带来的信息完备性比市场成功（market success）（好的方面）更好。由政客们组成的样本人群具有自选择性，当下他们头上的光环已经消失，他们在呼吁改变的过程中强化了压力团体的影响。其次，对市场悲观是政府官员们的天然倾向，而他们对自己干预市场并改善市场缺陷的能力却持乐观态度。最后，历史也是一个关键因素。Wolf把存在于西方民主中的社会主义意识形态所留下的文化和知识看作形成人们偏好的决定性因素。

本节对需求背景进行了简要讨论，正是这些需求因素导致了多种不同形式的公共部门活动的产生。

14.3 公共部门供给条件

人们认为，公共部门也充斥着大量导致无效率供给的因素。这一观点来自同新古典主义企业理论的比较。抽象地讨论公共部门的产出或者生产是很容易的，但是，给它们下定义、设计出度量单位，却是一件困难且复杂的事情。另外，消费者对于公共部门"产出"的评价，通常缺乏竞争性的市场检验手段予以验证。公共部门产品是在（接近）垄断环境下被生产的，从而，消费者-投票人很难拒绝这类产品的生产（这种不可拒绝性使需求曲线的概念变得不可靠了）。供给曲线由新古典主义理论定义的生产函数推演而来。然而，在公共部门活动中，投入和产出之间的关系，要么模糊不清，要么就是不确定或者未知的。那些有效提供教育服务或医疗服务的方法，难以转化为可重复的、可机制化实施的方案。任何了解新古典经济理论的大一学生都知道，在短期内，当市场价格低于生产商品的平均可变成本时，工厂就会关闭。鉴于上述情况，现在显然还不存在一个信号装置，告诉人们何时终止公共部门活动。简而言之，那些我们所熟悉的、约束私人物品市场供给的因素，在公共部门供给的环境下，是不清晰或不具体的，即存在着巨大的空间，容忍决策制定者的懈怠，使后者能够无惧约束。关于对Wolf的观点的反对意见，参见Wittam（1989）。

14.4 与市场失灵对应的公共部门失灵类型

鉴于以上所述，Wolf概括了与市场失灵类似的、导致非市场环境下公共部门失灵的原因：

1.公共部门成本与收益相分离时，由于缺乏竞争而使得激励不足，无法实现X-效率（X-efficient），导致额外成本的攀升，其效果相当于市场环境中存在的公共物品和外部性。当人们认识到做出改变是艰巨繁重的任务，且收益不能得到明确保障时，激励的缺乏就会更加严重，也就是说，政府或公共生产部门的惰性就会非常明显。即使能够避免这些隐患，但仍然存在分配无效率的问题。即使能够实现最小边际成本，可能也会缺乏促使经济达到最小边际成本与中间选民需求相一致的动力。下一节讨论的官僚经济学对于理解这个问题十分重要。为了更好地理解，可以参考Lindsay（1976）关于可见产出偏好的观点。简单来说，该观点表明，政府部门或官僚机构认为它们需要监督人（或政府指派的监督人）设置一些可监测的产出指标——对这种激励的理性反应是偏向于生产那些可观测到的产出，而放弃生产那些不可观测或难以观测到的产出，即便这种不可见产出也许是有效产出组合的一部分。

2.公共部门存在内部性（internalities）和私人组织目标（private organizational goals），相当于市场环境下那些因收益递增或规模经济而具有成本递减性质的行业。在缺乏可用的绩效指标和停业点的情况下，与政府机构的公共目标无关的内部成本收益计算就会占上风。

3.公共部门衍生的外部性（derived externalities），相当于市场失灵中的不完全市场。这一观点基于如下看法，即任何政府干预都伴随着非计划的、不可预期的和不被补偿的成本。既要求快速反应又仅对短期成本-收益进行评估的政治激励，是造成这些后果的主要动因。

4.公共部门权力和威望的不平等分配，与市场环境下收入与财富的不平等分配相对应。为了纠正市场失灵，政府职员、政治家和官僚不仅拥有规则的制定权，更重要的是，在日常政治中他们拥有规则的解释权。

虽然对这些对应关系的建立可能有不同意见，但我们的主要目的是要把非市场失灵或者政府失灵，与历史上长期得到认可的市场失灵置于同等重要的地位上进行讨论。

14.5 官僚经济学

最近几年，Niskanen（1968，1971）所发展的官僚经济学是公共部门经济学中被广泛讨论的内容之一。如图14-1所示，考虑长期边际成本和长期平均成本不变这一最简单的情况。假定官僚机构是向政府提供服务的垄断销售商。

在这种垄断环境下，将关注的重点放在官僚身上是无可厚非的，因为他们在任何交易中都处于有利地位。促成官僚优势地位的原因在于长期边际成本曲线（MC）和中间选民需求曲线 D_v 的实际位置。官员们通过监控民意调查等手段，来确定需求曲线的位置。虽然预算谈判只是政府行政部门众多任务的一项，不需要在这件事上花费太多时间，但是官僚的动机有所不同，他们会在预算制定上投入全部的精力。在上述背景下，官僚们会如何使他们的垄断势力最大化呢？

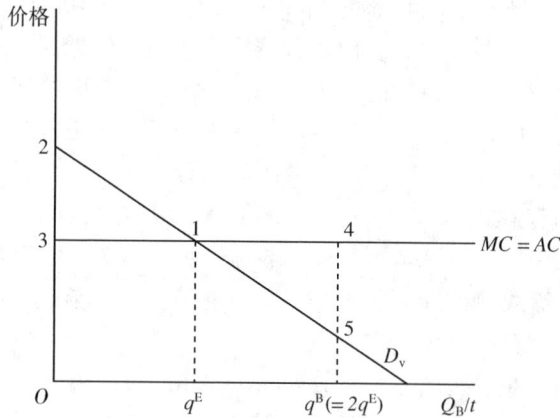

图 14-1 "双倍规模"官僚机构

Niskanen 构建了一个包含权力、威望、开支和晋升的生产函数。他认为，所有这些因素构成了官僚机构规模的一个函数，官员们倾向于扩大他们所在部门的规模，只要因此获得的金钱形式的垄断收益不被发现。在图 14-1 中，O-q^E 是有效供给水平，此时消费者剩余为三角形 1-2-3。事实上，拥有垄断势力的官僚机构会将这部分剩余，用于对更大规模的无效率的官僚活动进行补贴。这种情况下的最大化产出为 O-q^B，这时，总成本 O-3-4-q^B 等于总收益 O-2-5-q^B，即 O-3-1-5-q^B 是二者相同的部分，三角形 1-2-3 等价于三角形 1-4-5。这就是典型的双倍规模官僚机构。在这种情况下所制定的政策，其含义在于为削弱垄断势力所做出的努力。在更好地界定官僚任务以方便监控的同时，通过促进官僚机构之间，或官僚机构与外部组织之间的相互竞争来提高竞争水平是受欢迎的。允许政府官员按照他们实际节省成本的一定比例获取收益，从而改变激励机制，也是在这种环境下具有吸引力的一种方式。

尽管这一方法通过类似《是，大臣》[①]这样的电视节目引起了公众的注意，但我们还需要从另外一个视角进行思考。事实上，在完全相反的假设之下，是有可能将官僚资源配置的无效率转化成有效配置的。现在思考一下图 14-2，图中中间选民的需求曲线 D_v 具有完全弹性，并假设官僚机构在要素市场上处于买方垄断地位。如果存在买方垄断势力，要素的供给（$S = AIC$），即要素的平均成本，同要素的边际成本（MIC）将分离开来。事实上，给定一条线性供给曲线，MIC 的增长速度将是 AIC 的两倍。存在买方垄断的一般结果是要素投入处于就业过低的 O-q^M 水平，生产者剩余为 O-1-2。如果官僚机构希望自身产量最大化，可以利用生产者剩余，将就业提高至 O-q^E（等于图 14-1 中的 O-q^B），此时三角形 O-1-2 与三角形 2-3-4 面积相等。在这种情况下，官僚配置下的就业要么是有效的，要么是有效就业的 1/2 这一过低水平。虽然并不能说明这种情况是有代表性的，但它与"双倍规模"官僚机构模型具有相似之处（注意国家供给是买方垄断应用的一种情形；详见第 5 章）。

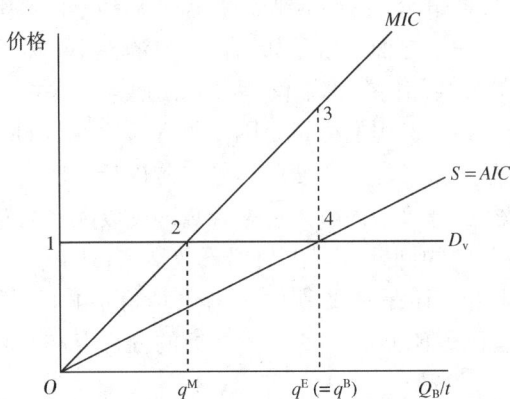

图 14-2 "最优"官僚机构

对于备受推崇的官僚机构无效率这一观点，Bohm（1987）提出了反对意

---

① 《是，大臣》(英语：*Yes Minister*)是一部于 20 世纪 80 年代播出的英国电视情景喜剧，此剧以一位英国政府内阁大臣在白厅的办公室为背景，讲述了内阁大臣吉姆·哈克的执政历程。他争取的各项法令和工作效率的改善，都遭到了英国行政部门的反抗。该剧以嘲讽英国政坛各种现象为主题，在当时很受欢迎，获得了多项大奖，也是英国首相撒切尔夫人最喜欢的一部电视剧——译者注(资料来源：维基百科)。

见。他从三方面指出了官僚机构无效率这一极端观点的不合理性。第一，并非所有领域的经济政策都与自利的官僚集团的利益相符。第二，有关官僚行为的文献，理论多于实证。实际上，后者并不容易认识。Bohm猜想与医生、科学家等一样，官员中既有许多优秀的，也有很多拙劣的。比如，Jackson（1982）指出，在某些情况下，官员们的行为表现是截然相反的。例如，美国国防部长詹姆斯·施莱辛格通过削减预算得到了晋升。第三，还有媒体的问题。在民主社会，"媒体的力量"对明显无效率的官僚机构或许能够起到强大的约束作用。在这方面，Sen（1983）对于饥荒的评论很有意思，他认为政治因素的影响非常重要。在他看来，媒体与大众传播以及政治竞争的存在，确保了印度政府必须竭尽全力避免饥荒的发生。相反，在对于饥荒的媒体报道和政治竞争较为缺乏的地方，饥荒则很有可能发生。

14.6　公共部门规模的衡量：争论中的争论

很显然，所有长期争论不休的问题，都需要从多方面来考虑。关于政府部门规模的争论，其中一个方面，就是如何衡量它的大小。对于任何事物的衡量都不会毫无争议，"公共部门"也不例外。人们通常寻求按经济产出的一定比例来衡量政府规模。经济产出的衡量是国民收入核算人员的职责，他们会提供很多衡量方法。这些方法存在的主要问题是：应以折旧后的净值计算还是按包含折旧的总值计算？应计算国内收入还是计算国民收入？应计算收入还是计算产出？这都是需要关注的问题（国内数据不包括来自国外的净收入）。选定的指标按市场价格计量，还是按要素成本（市场价格扣除生产税与补贴的净值）①计量？对这些问题的回答，使计量指标的分母存在8种可能情形，在不

---

① 最终商品和劳务的价值可按两种方式衡量：一种是从生产者或厂商的角度，计算其为生产商品或提供劳务而支付给要素所有者的价格，即要素成本(factor cost)；另一种是从消费者的角度，计算其为取得商品或劳务而付出的市场价格(market price)，商品和劳务在市场上销售时，政府要对其征收间接税，它属于市场价格的一部分，如果政府为了鼓励某种商品的生产，向生产者提供补贴，则形成对间接税的抵减，因此有：

市场价格=要素成本+（间接税-补贴）

=要素成本+间接税净值(net indirect taxes)

要素成本=市场价格-间接税净值

总之，市场价格包含间接税净值，而要素成本不包括间接税净值，如果政府不征收间接税也不提供生产补贴，则商品或劳务的市场价格与要素成本是一致的——译者注。

同的情况下其各自的适用性不同。

对于分子的确定则存在许多争议，主要有三种方法：

①计算所有的公共支出，包括筹集财政收入的花费。这是因为，税收工具的使用通常会妨碍市场发挥作用，从而提升配置成本或造成福利损失。这种核算方法，对那些关注市场产出并以此作为最优目标的人，尤其具有吸引力。

②仅计算真实支出。消耗性支出应该与转移性支出（主要包括社会保障支出和债务利息支出）区分开来，因为在消耗性支出上，政府的支配权高于消费者主权。这里的意思是，政府（强加的）决策才是令公众忧虑的根源。

③仅计算非政府购买形式的消耗性支出。如果你很看重政府在多大程度上组织生产，那么，选择这种较差的做法就有了合理解释。这里隐含的意思是，公共部门的效率水平与市场不同（通常情况下，公共部门的效率较低），从市场上"购进"商品，是成本最小的生产方式。

带着这些思考，我们对表14-1至表14-6列示的世界主要经济体的政府总支出占GDP的比重进行分析。表中数据来自OECD，与英国的官方数据有所不同（在英国，每年的政府预算都列示公共支出总额，对应着国民核算账户中的总管理支出（total managed expenditure，TME[①]），后者涵盖了中央政府、地方政府和公共法人的支出）。

表14-1　　　　　　　　　　政府总支出占GDP的比重（%）

年份	法国	德国	意大利	日本	英国	美国
1996	52.71	49.05	48.23	37.59	39.12	34.28
1997	52.52	48.24	47.39	36.76	38.84	33.78
1998	51.94	48.19	47.63	44.50	38.71	33.43
1999	51.80	48.38	47.23	39.77	39.05	33.55
2000	51.64	45.11	46.18	38.55	39.57	34.18
2001	52.59	48.13	49.45	37.95	41.41	36.13
2002	54.97	49.37	50.45	37.52	43.81	37.80
2003	56.77	50.31	53.03	36.59	46.84	39.06
2004	57.48	49.37	53.86	34.75	48.39	39.85
2005	58.86	49.41	55.46	35.69	50.51	41.44

来源：OECD国民核算账户。

---

① TME分为两部分，一是部门支出限额（departmental expenditure limits，DELs），二是年度管理支出（annually managed expenditure，AME）。其中，前者又包含直接受控支出（如，国民医疗卫生（NHS）支出）、交通支出和教育支出；后者一般受需求驱动，难以事先安排，例如社会保障支出和债务利息。

欧盟国家的政府总支出大于（或接近于）其GDP的50%，而美国和日本的占比则有所不同。表14-2反映了以上这些样本国家社会保障方面的支出水平，从中可以看出公共部门转移支付的显著不同。剔除社会保障支出后，世界各国的公共部门支出规模将大幅缩减。因此，选择不同的公共部门定义，其对应的公共部门支出规模会有很大不同。

表14-2 社会保障支出占GDP的比重（%）

年份	法国	德国	意大利	日本	英国	美国
1996	21.41	21.93	16.16	9.94	15.46	6.79
1997	21.67	21.85	16.98	10.19	15.53	6.66
1998	21.47	21.72	17.14	10.94	15.16	6.59
1999	21.40	21.75	17.55	11.32	14.93	6.52
2000	21.20	21.50	17.50	10.95	14.82	6.60
2001	21.51	21.74	17.92	11.32	15.62	7.03
2002	22.38	22.66	18.84	11.54	16.35	7.59
2003	23.39	23.29	19.74	11.45	17.19	7.77
2004	23.88	23.14	20.32	11.34	17.65	7.74
2005	24.81	23.19	20.89	11.31	18.11	7.96

来源：OECD国民核算账户。

同样，日本和美国在这方面数据上又一次表现出了与其他国家的不同。第14.9节将美国福利支出较少的州与欧洲国家进行了比较，并对该问题做出了清晰的讲解。

表14-3至表14-5，按照支出规模从小到大分别列示了"三大"实际政府支出或消耗性政府支出数据，即国防支出、教育支出和医疗卫生支出。

表14-3 国防支出占GDP的比重（%）

年份	法国	德国	意大利	日本	英国	美国
1996	2.51	1.32	1.02	0.94	2.62	3.60
1997	2.39	1.27	0.98	0.95	2.68	3.39
1998	2.22	1.24	1.01	0.97	2.59	3.21
1999	2.14	1.26	1.11	0.96	2.53	3.23
2000	2.06	1.22	1.09	0.94	2.67	3.21
2001	2.10	1.20	1.17	0.97	2.52	3.41
2002	2.17	1.22	1.33	0.95	2.61	3.81
2003	2.07	1.21	1.60	0.95	2.81	4.29
2004	2.10	1.17	1.62	0.91	2.79	4.62
2005	2.11	1.16	1.72	0.88	2.89	4.81

来源：OECD国民核算账户。

表14-4 教育支出占GDP的比重（%）

年份	法国	德国	意大利	日本	英国	美国
1996	6.30	4.41	4.49	4.17	4.21	5.47
1997	6.37	4.37	4.55	4.12	4.28	5.57
1998	6.34	4.33	4.62	4.21	4.36	5.63
1999	6.49	4.30	4.65	4.21	4.63	5.73
2000	6.32	4.20	4.64	4.09	4.92	5.97
2001	6.44	4.27	4.82	4.09	5.32	6.36
2002	6.68	4.42	5.00	4.00	5.93	6.56
2003	6.76	4.48	5.34	3.89	6.23	6.78
2004	6.66	4.43	5.20	3.73	6.36	6.89
2005	6.76	4.38	5.47	3.66	6.58	7.03

来源：OECD国民核算账户。

表14-5 医疗卫生支出占GDP的比重（%）

年份	法国	德国	意大利	日本	英国	美国
1996	6.52	6.34	5.02	5.56	5.16	6.25
1997	6.49	6.17	5.23	5.54	5.07	6.19
1998	6.49	6.16	5.43	5.75	5.24	6.08
1999	6.47	6.20	5.59	5.91	5.60	6.08
2000	6.56	6.16	6.01	6.39	5.76	6.26
2001	6.84	6.36	6.47	6.58	6.19	6.92
2002	7.32	6.55	6.76	6.60	6.63	7.45
2003	7.70	6.71	6.98	6.62	7.10	7.80
2004	7.91	6.43	7.56	6.62	7.60	8.13
2005	8.04	6.57	7.91	6.63	8.05	8.42

来源：OECD国民核算账户。

法国、英国，特别是美国，在对伊朗、阿富汗战争的国防方面，消耗了相对多的资源和生命。

正如表中所呈现的短期数据所显示的，教育支出占GDP的比重较为稳定，而美国再一次成为此项支出占比领先的国家。

医疗卫生支出是增长幅度最大的项目之一，寿命的延长，既是该项支出增加的原因，也是其结果。如何为医疗卫生支出筹集资金，尤其是在药物方面，是几乎所有经济体都要面对的重点和难点。在这一领域，公平是一项重要因素，私人部门的作用颇具争议性，而且该领域的技术变革也十分迅速。

若要全面讨论公共部门规模的衡量方法，还需要考虑其他一些因素。由于国有企业享有很大的自主权，是否应该因此将它们排除在公共部门之外？政府在"金融资产"支出（'financial assets' expenditure）中，仅仅是扮演了金融中介的角色，所有此类支出是否也因此不应计入公共部门？建立并收集合适的名义数据也许并不是一件轻松的事，个中原因早就有许多详细论述。"名义"这个词很重要，因为它与实际数据呈现出不同的事实。特别是 Beck（1976，1985）曾经指出，公共物品和服务的价格（成本）指数比总体物价指数增长速度更快。这意味着，要想设立一个"实际"衡量指标，在对指标进行调整时，对分子必须比分母使用更大的平减指数（参见下文）。

还有两个更进一步的问题值得注意。第一，以上几个表格向我们展示了政府做了哪些事情。后文将会看到，尤其在欧洲，许多人认为政府做得太多。他们认为，可以对商品和服务收费，从而以私人提供来代替政府提供。表 14-6 向我们说明了，即使商品和服务的私人市场供给是可能的，仍然存在政府干预的理由（表中第 a 列）。Seldon（1977）按照传统市场失灵理论的逻辑，对政府支出做了更为详细的分类，就什么情况下能够（或应当）运用市场（收费）方式提供公共物品或服务，阐述了自己的观点，表 14-6 是对其观点的简要概括。自 20 世纪 60 年代早期开始，作为英国福利国家的支柱——社会保障、医疗卫生和教育支出，都有了显著增长。

表 14-6 　　　　　　　　Seldon 的"英国政府"支出分类（简版）

公共支出类别 (a)	市场失灵和政府干预的理由 (b)	支出/GDP（%）（2005年） 以及［1963/4年］ (c)
收益不可分割的公共物品 （收费不可行或不经济）	非竞争性和非排他性导致市场 失灵	国防（2.9%）[5.6%]
收益基本上或完全可分 （收费基本可行）	准公共物品（明显的内部性和外部性）和/或实物再分配	医疗卫生（8.6%）[6.5%]， 教育（6.6%）[3.9%]
福利国家的转移支付，例如：补助、津贴、养老金和其他现金支出（私人保险、来自家庭成员或慈善机构的资助）	收入再分配，给予收入援助以缓解由经济变化引起的成本增加，宏观稳定政策和对公平的考虑	社会保障支出（18%） [6.2% 按小口径计算]

第二，我们在这里讨论的是政府通过税收-转移支付或实际支出方式发挥作用，然而这样衡量政府规模往往忽略了政府发挥影响的其他众多方式。比如税式支出，即对商品 X 免税（参见第 8 章），再比如通过直接管制达到隐性征税的目的，很多情况下它们与直接征税在性质上有所不同，应当被完全统计进来（参见 Cullis 和 Jones，1987）。这些因素通常不受重视，是因为在大多数经济体中，与之相关的常规数据难以获取。

14.7　瓦格纳法则

在公共财政文献中，所有关于公共部门增长的讨论，都以瓦格纳法则（Wagner's law）为基础。Adolf Wagner（1883；参见 Wagner，1958）注意到，西方工业国家公共部门的规模（以公共支出总额来衡量），不管在绝对量上，还是与其他经济体对比来看，都呈现出增长趋势。根据他提出的"政府活动增长法则"，他预测这种增长趋势将会持续下去。为了支撑这一观点，他给出如下解释：(i) 国家需要扩张行政、法律和秩序方面的服务；(ii) 人们越来越关注分配问题；(iii) 有更大的控制私人垄断的需求。"瓦格纳法则的现代形式"表现为，"由于工业化国家中人均收入的增加，公共部门的重要性也会相对提升"（Bird，1971：2），并且，这些观点也得到了大量实证的支持。回顾数量众多的实证研究，Gemmell（1993：118）总结道："大量具有显著差异性的国家的实践有力地证明了，人均收入水平和名义政府支出占收入之比会随着时间的推进而提高。"尽管很多人认为瓦格纳法则很重要，但批评者认为，瓦格纳的预测从根本上来说是目的论的，而且政府规模扩张与经济发展的关系缺乏有力的理论支持（例如 Thompson，1979）。

Musgrave（1969）尝试通过分析对公共部门提供的产品和服务的需求是否具有收入弹性，来解释公共部门增长与人均收入增长之间的关系。他区分了政府消费、投资支出和转移支付（或者说福利收益）等不同情况。然而，在任一情况下，对所有水平上的收入，都不存在一个明确的需求收入弹性，由此，他得出结论："支出增长理论仍然是一个吸引人但又有些难以解释的问题。即使仅仅考虑经济因素，要想总结出一个支出法则依然是困难的。"（Musgrave 1969：122）显然，这一结论引起了人们对瓦格纳法则的预测是否有价值的怀疑，而且，Bird（1971）和 Herber（1975）[①]都提出了类似的批评。即使需求收入弹性一再地被证明大于 1，这种对于瓦格纳法则所描述关系的解释也只是一种同义反复。在本章中，我们花费了大量精力来解释，为什么在生活中人们能够观察到瓦格纳法则所说的这种关系。

14.8   "公共财政[②]"与公共选择以及对瓦格纳法则的其他解释

直截了当地说，政府部门支出增长涉及公共经济学的支出研究，劳动供给和税收是对收入面的研究。以上两大领域的研究都已经非常深入，与其他经济学领域相比，这两个领域中观点的对立要鲜明得多。也就是说，很明显，在支出和收入研究领域，人们持有不同的信念，这些信念塑造了他们的观点。在许多方面，所提出的证据只是给少数态度不明朗的人看的。至于那些态度明确的人，凡是有利于己方观点的证据都是可靠的，反之就是错的。

鉴于现有文献充满争议，在研究中要想对所有立场都不偏不倚，显然很困难。对于当事人来讲，问题在于一个不受干预的市场经济能否成功。经济学的主导范式是新古典经济学，其研究对象基本上等同于无约束的自由市场经济。如果市场经济的状况与此相去甚远，即市场是所谓的"混合"经济，就会出现两种截然不同的解释。一种认为，现实中的市场与教科书所描述的无摩擦的市场完全不同；另一种认为，某些行为人受私利驱使而无视财政宪则的行为，使市场机制受到破坏、阻滞和扭曲。很明显，大型政府部门的存在，要么表明市场自身不能完美运行，要么表明市场受某些因素影响而无法完美运行。这也意味着，我们必须清楚，什么样的集体关切是合理的，什么样的是不合理的，并找到那些能够促成集体关切得以实现的可行方法。总之，对于公共部门支出增长这一基本问题的争论，犹如一个战场，把坚持不同观点的人们分成激烈对抗的阵营。

不可避免的是，任何调查结果都是选择性的。关于"事实"，上文中提

---

①   Herber(1975)认为瓦格纳法则与工业化时期相关，而在工业化之后将会发生什么则并不清楚。然而，一些人质疑，即使工业化仍将持续，政府部门的相对规模也仍将继续膨胀。Clarke(1945)以国民收入的25%作为税收限额，这个限额只有当由通货膨胀和自由导致极其严重的结果时才可以被突破(同样参见 Clarke,1977)。

②   原文为"公共选择"(public choice)，疑有误，故改为"公共财政"(public finance)——译者。

到，公共支出衡量方法在概念上和实践中都存在很多问题，下面三段引文表达了三种不同的看法：

毋庸置疑，政府规模已经显著地增长。（Mueller，1987：115）

（从名义上来看，这句话在经验上是正确的，这可以从上文表格所列出的最近几年的百分比得到印证。）

需要去解释的不是政府支出的巨大变化，而是相对于国民收入增长趋势来说，这种变化的极大稳定性。（Alt 和 Chrystal，1983：220）

（对高收入的 OECD 国家来说，如果衡量指标是实际值，这句话在经验上是正确的（参见 Besley，2006：图1-3，p.7）。）

虽然两位作者确实在谈论两个不同的西方国家（分别指美国和英国），但两者之间的反差仍然惊人。现在，我们来讨论一下更加贴近当前的情形和问题：

在 20 世纪出现的政府规模的显著增长导致关于政府部门的两大截然不同的观点（分别基于福利经济学和公共选择理论）。政府规模的增长被认为是政府"失控"的证明，保障措施的缺乏限制了政府征税权的实施。但是，这也同样可以被看作政府在公众利益上有效行动的证明。（Besley，2006：4-5，括号中的表达是另行添加的。）

我们在理论和实证上所做出的努力是为了说明政府部门的规模"太大了"（或者说太小了）。在这个领域内，想要严格区分规范经济学和实证经济学显然是很困难的。[①]对于增长原因的实证分析似乎带有一种规范经济学研究的意味。如果政府部门规模的增长与官僚们的垄断势力有关，那么就应当对这种垄断势力加以限制。

更为重要的是，所有关于公共部门的实证研究都假定，政府最优支出水平的规范性问题都已经得到了解答。但正如 Wiseman（1980）对于社会支出的讨论，这绝不是一个容易解决的问题。首先，对于这个问题的分析框架或范式还存在疑问，这决定了什么样的观点是重要的。Wiseman 倾向方法论个人主义，它构成了新古典主义经济学理论的基础。若接受个人偏好是重要的这一价值判

---

①　在本书更大的范围中，我们注意到布坎南的这段评论是很有意思的："当我看到许多经济学同仁在对规范和实证的区分上付出了大量精力时，我同 Musgrave 一样，感到十分沮丧。我们对于复杂社会互动的看法或对其建模的方式，依赖于大量的规范性思考，反过来，这些思考的形成又部分依赖于我们如何看待社会互动过程。"

断，就应当摒弃所谓的有机社会论。有机社会论认为，社会并不仅仅是个体因素的总和，那些最能表达公共意志和利益的人所做出的决策应该具有决定性作用。另外，马克思主义观点认为，应当考虑具有斗争精神的被剥削阶级的重要性，他们体现了社会最根本的生产力，而且，对于能够加快向作为最优状态的社会主义国家转变的政府规模应给予支持。虽然读者可能对后两种方法不太熟悉，但它们的重要性不应该被忽略。

如果只是为了进一步推进讨论，让我们暂且接受个人主义是当今的主流。乍一看，公共支出的最优水平应该是最大限度满足个人偏好的那一数量。但是，这些偏好又取决于现行的特定财产权利体系。个人对产权结构及其改变机制有自己的偏好，而随着权利结构体系的变化，个人偏好的表达也发生改变。关于"最优社会支出"问题，Wiseman的看法是这样的：

"从方法论个人主义出发（不要忘了，你可以从任何角度入手），共同体中最优的社会组织将是那些决策规则、决策程序（财产法、合同法等）以及变更决策规则的规则（影响集体行为的宪法上的安排、法律等）均能有效反映个人偏好的组织。"（Wiseman，1980：256；括号中的内容为本书作者添加。）

虽然看起来很抽象，但要想真正理解究竟是什么决定了最优公共支出规模，这种抽象的讨论必不可少。在此背景下，像Burton（1985）这样，提倡制定一个经济权利法案，并且在宪法层面规定政府支出不得超过GNP的25%（"GNP的25%就是GNP的25%——就此打住！"（p.100））的观点，就有很高的呼声。

如果大家都认为这个问题很难回答，那么讨论如何进行下去呢？第一，当所讨论的问题存在大量模棱两可之处时，讨论才是最为充分的。第二，大多数（但不是所有的）参与者都接受个人主义视角，并以此确定游戏规则。在此基础上，以政府实际规模与个人偏好的规模之间差距的大小，作为检测政府规模"太大或太小"的评判标准。更具体来说，正是用于解释公共部门增长的机制向我们传递出了实证性或规范性的信息。这种机制在理论上可以用一个色谱来表示，其中绿色和红色分别代表有效率和无效率，居间的效率水平则以黄色代表。

在Berry和Lowery研究的基础上稍作修改，形成如表14-7所示的分类。讨论的重点是对公共支出水平施加上行压力的理由和机制。Mueller明确指出，瓦格纳法则中的被解释变量是公共部门份额的增长，而不是其水平。事实上，Berry和Lowery的实证研究就受到了这样的批评。问题是，要将这些理由与公共部门支出份额的增长联系起来，还需要做大量的工作，这一点需要铭记于心。在可能的情况下，可以参照中间选民的消费者均衡图解法对这些观点进行说明。

表 14-7　　　　　　　　　　公共部门增长：原因分类

增长动力来源	利维坦型 过度庞大的政府		回应型政府
	内生	外生	外生
色标	红色	黄色	绿色
政治主体的角色	政治主体积极地追求自我利益并主动采取行动	政治主体消极地追求自我利益，其他个体主动行动	政治主体被动地响应个体发起的行动
具体的理由	（1）官僚垄断	（4）政党竞争，选举时机和再分配	微观视角
	（2）财政幻觉		（8）基于需求函数的观点
	（3）官僚投票权	（5）利益集团/压力集团活动	（9）供给函数的观点
		（6）中央集权（较少的政府层级）	（10）经济国际化（11）信息
	现实视角	（7）税收考虑	现实视角
	（5）宪法的衰败		（12）替代效应
			（13）社会保障支出的增长
			（14）马克思主义分析方法

来源：节选自 Berry and Lowery，1987。

（1）利维坦型官僚垄断

前文详细介绍的尼斯坎南模型认为，官僚们拥有垄断势力，他们提供的服务是 0-1 选择，要么接受其提供的所有服务，要么不提供任何服务（图 14-3 中的 G 点），这一过程中将耗尽所有消费者剩余（消费者剩余由两条平行直线的垂直距离决定，官僚可以拿走的总量由当前 G 的数量决定），结果是对个人来讲 G 的提供与不提供是无差别的，即点 3 和 4 都在无差异曲线 I_0 上。这种 0-1 选择的提供策略导致了一个较高水平的 G（由点 5 表示），此时的公共支出为 5-6，这种情况下官僚机构提供 G 与否是完全无差别的，消费者剩余都将不复存在。

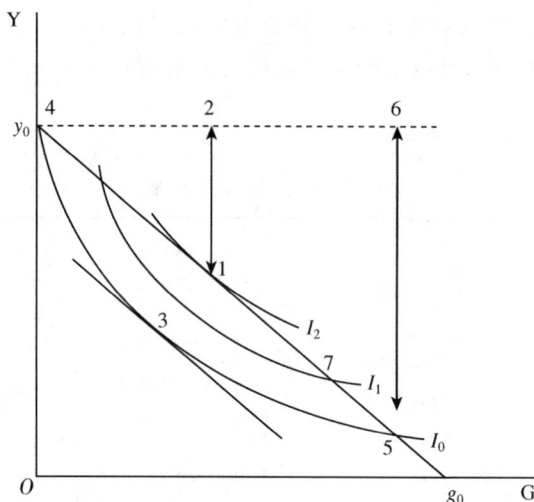

图 14-3　官僚势力和中间选民的消费者剩余

　　议程设置是官僚行为的另一个方面。Romer 和 Rosenthal（1978）提出了一个论点，即官员们有能力决定选票数量，从而对公共部门规模的"增长"施以影响。假设，当官员们的意向供给水平被选民拒绝时，宪法规定了某种决策机制，以指定某一默认的供给水平。同样如图 14-3 所示，当对商品 G 征税并纳入预算约束中时，中间选民将会选择点 1 对应数量的商品 G。简单起见，假设 G 的默认供给水平为 0。官僚们可以提供 1 到 5 之间任一数量的 G，并且确信这将会被中间选民所接受。例如，I_1 上的点 7 要比 I_0 上的点 4 更为可取，因此，虽然点 1 是最优选择，但点 7 会得到中间选民的支持，从而 G 的供给处在过量的水平上。这个机制阐明了官僚主义施加影响的另外一种途径。

　　（2）财政幻觉

　　对这一论题的讨论还结合政治主体与税制设计来进行。在公共部门增长的背景下，对于那些试图操纵中间选民的人来说，财政幻觉的三种广泛效应会引起他们的关注。如图 14-4 所示，首先，他们会试图使公共物品 G 的税价看起来低于实际水平。由于对 G 的相对价格有乐观的错觉，个人希望的产品组合将会从点 1 移动到点 2，后者代表的产品组合虽然效用水平不变，但是公共物品 G 的数量更多。其次，有必要树立这样一种观念，即税式支出决策会提高中间选民的实际收入。这将使中间选民认为他们可以获得 I_1 上的点 3 对应的效用水平和产品组合。最后，可以试图改变中间选民的偏好，来提高Y和G之间边际替代率的绝对值（MRS_{gy}）。这种改变将会使个人商品组合从I_1上的点3移动到I_*上的点4。

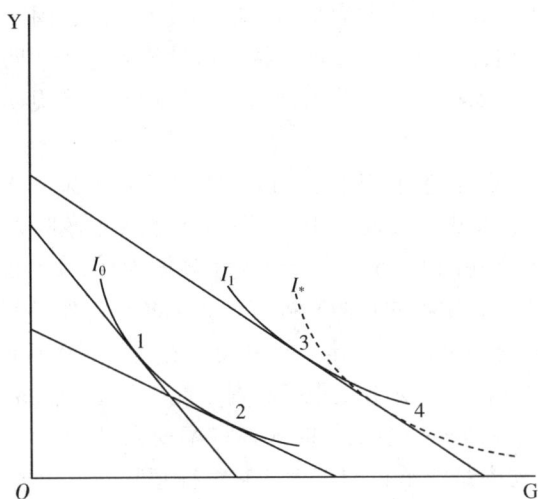

图14-4 现实中的财政幻觉

总之，那些意识到自身利益与更高的公共支出水平相联系的政客们，会充分利用替代效应、收入效应和偏好效应，使中间选民"享受"这种虚假均衡，来提高G的数量，从而实现自身利益。

（3）官僚/转移性支出受益群体的投票权

这一论点只是让人们注意到这样一个事实：那些在政府部门工作的官员们实际上是一个生产者集团，产业规模的大小关系到他们的直接利益。如果这个生产者集团使自己成为选民群体中起决定性作用的一部分，那么，它就会要求并享受到对自己有利的公共政策。Musgrave（1981）指出，由于在公共部门中的工作人员及其家人倾向于支持公共部门支出增长的提案，这类选民的投票具有举足轻重的地位。例如，在美国，受雇选民占合格选民的2/3，其中，公职人员占合格选民总数的12%。如果考虑到公职人员的家人，涉及公职人员选民将达到合格选民的18%。Morgan（2007）记录了英国家庭破裂的增长情况，并把它看作引起政府支出增长的主要原因，他评论道："正是接受救济人数的增长，提高了家庭破裂的可能性，因为他们强烈支持的那些救济政策反而加剧了家庭破裂"（Morgan，2007：135）。

（4）政党竞争、选举时机和再分配

在竞争政治中，在野党需要形成一个能够为其赢得多数支持的政治纲领。给定穷人是至今为止尚未被开发的政治力量的最大来源，因此，有人建议政府提供有利于穷人的项目，以换取政治支持。这种效应在选举期间将会加剧。选举临近时操纵政策以赢得多数选票的行为，也是政治经济周期研究的核心内容（参见第 11 章）。

最大限度地考虑了选举权和再分配的研究成果来自 Meltzer 和 Richard（1981）。在他们的模型中，政府采用比例税率来提高财政收入，为一次性个人转移支付筹集资金。在图 14-5 中，转移支付规模为 $t\bar{Y}$，t 为税率，$\bar{Y}$ 为人均收入。当税率大于 t^* 时，税收的负激励效应使人们减少工作时间，因此导致 $\bar{Y}$ 的减少。考虑到工作能力会因人而异，能力最差的人将因征税而首先放弃工作。那些能力较强（收入高）的人会发现，相对于能力低下的人来说，税收给他们带来更多负面影响。而那些不工作的人，税率变化对他们没有影响（是中性的）。模型中的推动力是选举权的扩大，它往往意味着低收入（能力低下）选民数量的增加，因此，中间选民的无差异曲线就会随着时间的推移而趋于平缓，政府的税负-转移支付活动也会随着时间的推移而增加。图 14-5 中点 1 到点 2 的移动就说明了这一点。I_m^0 和 I_m^1 分别表示两种选举制度下中间选民的无差异曲线，其中较宽的一条用 I_m^1 表示。随着收入分配不平等的扩大，中间选民的收入将低于人均收入，日益严重的不平等会加剧二者之间的差距，这与前述模型阐明的效应相同（参见图 9-1（a））。

（5）利益集团/压力集团活动

许多评论人士都对利益集团或压力集团在公共部门增长中的作用进行过考察。正如在其他章节（第 5 章）所指出的那样，可能会对组成一个团体感兴趣的，是生产者而不是消费者。由此他们的论点是，政治行动者会因为某种"特殊利益"而行动起来。这种特殊利益背后的动机，决定了对该行动是否正当的看法。如果目的仅仅是为了获得不合理的再分配利益，那么这种活动看上去就令人反感。但是，如果这种活动能作为一种机制来揭示公共物品偏好，或者使外部性内部化，人们对它的评价就不会那么负面。

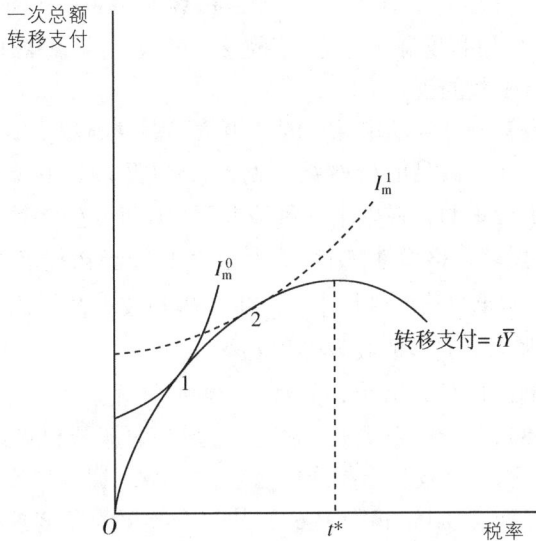

图 14-5　再分配与选举权的扩大

（6）中央集权

中央集权往往为那些寻求控制政府支出的人所青睐。他们认为，作为一项规则，支出和征税的权限应该保持一致性。如果现实情况并非如此，就像在多层级的政府中，从其他层级政府获得拨款的可能性会鼓励某一辖区的政府支出，这些支出必须与该辖区增加的收入相匹配。此外，众多层级政府导致政治行为人的数量不断增长，这些人也许会对那些要求更多公共支出的压力集团做出回应。下级政府可能会认为自己的作用就是向其他层级政府施压，（部分地）为本级政府支出筹集财政资金。Sandford 和 Robinson（1975）认为，英国地方政府支出的扩张，可归因于地方政府获得的补助资金的增加。这也使得地方议员们可以使用资源，而无须对此负责。

（7）税收考虑

一种关于政府的观点认为，有税收才有支出，因此政府支出会随着税收的增长而增长。随着时间的推移，正式部门的经济活动增多，这些经济活动需遵守税收法规，税收收入也将随之增加。同样，越来越多的生产性企业合并也要求它们需要缴纳公司税。这种情况下，为了增加税收总量，虽然允许降低税率，但这对政客来说没有吸引力。假如税收收入的缺乏限制了负责任政府的行为，上述论断听起来就不会显得那么"刺耳"了。Musgrave（1969）认为，专业化和贸易增长的发展过程，为便利政府支出提供了更多"税收工具"（tax handle）。

（8）基于需求函数的观点

每一时期 G 的需求量可以用标准的"中位"需求函数来解释。该函数包含 G 自身的价格 P_g，其他商品的价格 P_y，收入 I，以及喜好或偏好的改变。正如 Mueller（1987）所指出的，在以下几种情况下，G 将发生相对增长：

（i）G 自身的需求价格弹性 $|e_d| < 1$，并且 P_g 相较于 P_y 提高了；

（ii）G 自身的需求价格弹性 $|e_d| > 1$，并且 P_y 相较于 P_g 提高了；

（iii）收入增加，并且 G 的收入弹性 $E_I > 1$；

（iv）对其他商品的偏好减少，而对 G 的偏好增强。

Wagner（1958）对于公共支出增长"法则"的解释也可以被归结到上述四点。城市化的发展，以及与之相伴的工业化表明，拥挤和外部性可以提升人们对 G 的偏好。然而，Galbraith（1962）从一个相反的角度进行了讨论，他认为，人们在消费私人物品时会相互模仿，密集播出的广告影响了他们的偏好。在其他条件相同的情况下，如果中间选民的偏好转向公共部门供给，可以预计，左翼或者自由党派将会执政，并付诸实践以满足这种偏好。尽管有关政党政治影响的证据并不多，但 Wagner 认为，G 类商品（公共部门商品）的收入弹性为正且大于 1，因此可以将其视为奢侈品。教育和医疗卫生可能符合这一特征，但其他商品或服务或许不符合。与此相关的是，工业化的前提条件是资本品的大量投资，尤其是那些由政府负责提供的有巨大沉没成本的投资。就图 14-4 来说，收入效应和偏好的转变现在是真实的，而不是幻觉的产物。至于价格弹性，人们通常认为 G 类商品自身价格弹性的绝对值小于 1。要使这一观点在解释公共部门增长方面起作用，就需要 G 类商品成本和价格的持续上升。相关论点在下文将会介绍。

（9）基于供给函数的观点

Baumol（1967）认为，随着时间的推移，相对于给定其他商品 Y 的价格，给定商品 G 的价格会提高。这是因为 G 的生产是劳动密集型的，与资本密集型的制造业相比，生产率提高对其影响较小。私人部门的工资因生产率提高而上升的同时，如果工会使公共部门的工资上升，那么每单位商品 G 的成本就会相应增加。在公共部门不得不与私人部门竞争劳动力的情况下，也会产生相同的结果。尽管一些人认为，低生产率是公共供给的结果而不是原因，但是这种被称作相对价格效应或相对价格假说的观点，已经被许多人所接受，相关讨论参见 West（1991）。对于那些细心的读者来说，这个观点解释了第 14.8 节在 Mueller（1987）以及 Alt 和 Chrystal（1983）的括号中给出的那个看似自相矛盾的评论：政府名义支出占比的增长，反映出政府提供既定公共物品或服务组合的成本的上升。

（10）经济国际化

一些人把经济开放程度的提高看作是经济不稳定的根源。国家变得越来越容易受到进口通货膨胀、失业和供给中断的影响。在这一论点上，Cameron（1978）认为增加政府干预是对外生冲击的反应。经济的"开放"或"封闭"与最优货币区有关。McKinnon（1963）认为开放的经济体比封闭的经济体更容易实施固定汇率制度。一些评论人士指出，在固定汇率体制下做出调整需要考虑对整个社会价格水平和利率的影响。[①]我们设想，如果英国完全加入欧元区（实行上是一种永久固定汇率制），要求政府进行干预的压力即使不是更加强烈，也将持续存在。

（11）信息

Tarschys（1975）提出了一种解释，认为政府支出增长是由不平等驱动的。他的论点是，个人心目中能够接受的不平等程度，与自己的收入或能够消费的商品有关。导致政府支出增长的关键因素在于实际不平等和个人收入不平等二者之间的差异。假如人们可以获得信息，知道实际不平等程度比想象中的更大，那么，政府将会面临来自供需双方的要求再分配活动的压力。可以预期，在供给方，那些最热衷于关怀他人的外部性活动的富人，将推动缩小这种不平等。在需求方，那些意识到自身是多么贫困的人，也同样会呼吁政府对这种不平等采取补救措施。

（12）替代效应（displacement effect）

Peacock 和 Wiseman（1961）最早研究了替代效应，目前这一话题已经成为世界上许多学术论文的研究焦点。Peacock 和 Wiseman 的基本观点是，通常情况下，存在着一个政治上可被接受的税收水平，一旦税收超过这个水平，将会引发政权危机。但是，当战争之类的危机发生时，正常或和平情况下的政府支出水平将被打破，考虑到克服危机的需要或战争支出，公

---

① 在浮动汇率制度下,政策调整主要影响进出口商,而不是整个社会。

众会接受一个新的较高的税收水平，以筹集资金应对危机。随着战争的远去，旧的税收水平总会被重新确立，但这种情况通常并不会出现。与战争相关的公共支出将会被几乎同样多地用于解决长期问题的公共支出所替代，这些问题在危机爆发后变得更加明显。这是"审视效应"（inspection effect）带来的结果。

这种替代效应理论基于对英国公共部门增长的实证研究而建立，它提出了一条与图 14-6 中所示的 *PW* 类似的危机路径，即在危机过后，政府支出仍然保持在较高的水平。对于这种现象，解释的重点落在了公共支出的融资方面及融资约束的放松。在经过大量计量经济模型的检验后，这个假说遭到了批评（Diamond，1977）。Bird（1971）认为，危机期间，除了公共支出占总产出比重的增长，还产生了战争支出对和平时期支出的替代。但是，在危机过后，G/GNP 的增长率缓慢地恢复到危机之前的状态。因此问题在于，Peacock 和 Wiseman 提出的替代效应是不是永久性的，或在长期内也将成立？Musgrave（1969）和 Bird（1971）的立场是，在危机过后，防务支出下降，总支出（包括民用支出）恢复到危机前的增长趋势，这种短期（或临时）效应由图 14-6 中的 **MB** 表示。

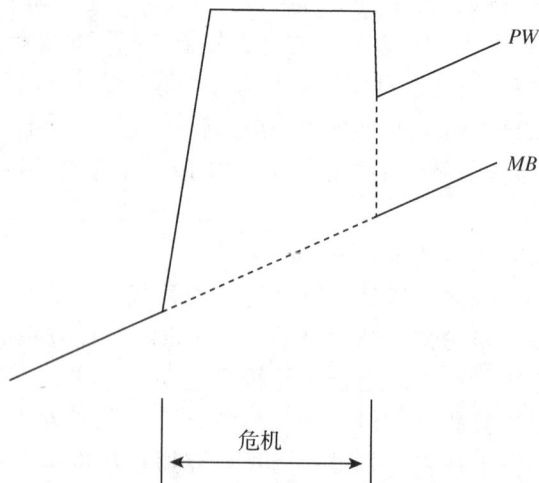

图 14-6　替代效应

（13）社会保障支出的增长

在此前的论述中，关于影响政府支出的几种因素，我们是按大类来叙述的，而在这一部分，将涉及一项具体支出。评论人士可能会注意到，作为一种转移支付，社会保障支出在英国"公共部门"各项支出中占据主导地位（见表14-2），因此值得单独考虑。这样做也有利于与早前章节中的论点相衔接。社会保障是一个涉及面广而又重要的话题；不过，这里讨论的重点将放在它的经济原理、性质和时间特征上。

在社会最优性分析传统中，政府提供失业补贴、养老金之类的理由来自"市场失灵"。在第5章，Akerlof 和 Dickens（1982）借鉴心理学中的"认知失调"概念对养老金进行了研究，认为"认知失调"为国家/公共养老金方案提供了理由。想到死亡，人们总是会感到很不舒服，因此会"设法"不去想它，努力表现得好像自己能一直活着并一直赚钱。在这种情况下，要为自己的退休和逐渐到来的死亡而储蓄，就会产生不协调。考虑到这种思维倾向，可以预见，人们最终不会为自己的退休而充分地储蓄。因此，作为对此的合理回应，就需要一项强制性国家方案的出台。此外，还存在一种直接从公平角度看问题的观点，即那些低收入者根本存不够养老金，他们理应在晚年得到帮助，尤其是对那些在年轻时确曾努力工作过的人，就更应如此。

失业保险主要是为那些身处困境的风险厌恶者提供保障。图14-7描述了风险厌恶者的收入边际效用（即收入的边际递减效用）。假设处于"好"时候和"坏"时候的概率是一样的，人们在"好"时候能获得5 000英镑的收入（Y_g），在"坏"时候只能获得1 000英镑的收入（Y_b）。在坏时候，收入的边际效用是Y_b到点2之间的距离，这比好时候的收入边际效用（Y_g到点1之间的距离）要大得多。如果这个风险厌恶者能够得到一个Y_a=3 000英镑的平均收入的保障，那么他将享受到一个较高的效用水平，为一个固定值Y_a-3。此时，因为没有处于"好时候"而损失的效用为Y_a-3-1-Y_g，相比处于"坏时候"而多获得的效用为Y_b-2-3-Y_a，比Y_a-3-1-Y_g多出2-3-5-4区域，即他可以从收入平滑中获得一定收益。实际上，人们愿意在好时候交保险费，以备坏时候的不时之需。基于上述情况，假定在一个"无摩擦"的世界中，潜在的收入损失为4 000英镑，损失发生的概率为50%，因此公平保费应为2 000英镑。前述案例中的风险厌恶者将很乐意在好时候放弃2 000英镑的收入，以确保自己在坏时候能额外获得2 000英镑收入。简而言之，风险厌恶者愿意以公平保费换取一个固定水平的收入。不幸的是，保险机制会被许多问题所困扰，其中一个就是"道德风险"（第5章中曾讨论过）。如果一家保险公司接受了上面所描述的保险方案，那么它就会发现，投保人处于坏时候的概率大于50%，毕竟，投保以后为什么还要在好时候去努力工作呢？最好的做法是不努力工作，并宣称自己正处于坏时候，以此获得保险公司2 000英镑的保障。此时，这种方案就会因"道德风险"行为而迅速崩溃（当然，在现实中任何方案都存在很多摩擦，例如，对初创保险公司必要的保费要求，为了获得正常利润保险公司需要付出管理成本，等等）。依靠包括失业补偿在内的社会保障机制，可以通过集体化有效地化解风险，但并不能够完全解决这些问题（参见高"替代率"对寻工激励影响的相关讨论）。在这种情况下，不管基于何种理由，国家养老金、失业补助以及其他社会保障类的转移支付是大多数西方国家的特征。

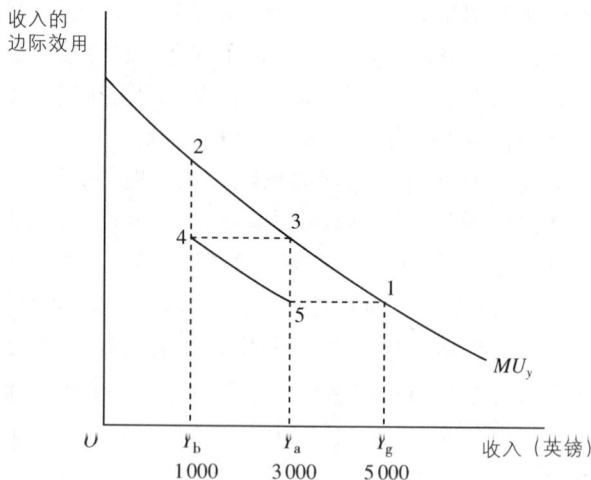

图14-7　来自收入"平滑"的收益

许多学者都对多数国家社会保障支出的大幅增长进行过研究，Creedy（1993）就是其中之一。他考察了Beck（1979）的发现：20世纪50年代社会保障支出的增长率一般为10%，而20世纪70年代的增长率上升为18%。这一增长的动因是复杂的，但我们也可以做出一些简单的解释。第一，正如第9章所提到的，社会保障支出是"或有"收益，即根据受益人失业、单亲、退休、残疾等情况而支付。即使在最好的情况下，政府采取行动（宏观经济政策、安全生产立法等）也只能使此类或有费用部分可控，并且一旦确定了申领资格，每一类或有费用涉及的人数在很大程度上是不确定的。第二，正如上文所提到的，各种保险项目都面临着持续增加的道德风险。第三，社会保障支付的规模也很重要，"滞涨期"经过指数化调整的支付规模对于那些想控制公共支出的人来说，就像是"噩梦"。第四，人们领取社会保障金的时限也是一个值得考虑的问题。例如，不断延长的寿命和不断提高的养老金支付，几乎使公共支出规模自动增长。有关这个问题的思考引起了当前人们对于国家转移支付制度的担忧。

国家的社会保障不是基金制的，即现收现付，这意味着将当前纳税人所缴的税款直接支付给符合条件的人。用于支付的资金，也并不是像在基金制下那样，来自保费投资的资金收益。Wagner（1976）曾指出纳税人与社保受益人之间这种"协议"的脆弱性。以国家养老金为例，在当代纳税人和养老金受益人之间存在着一种代际协议，即，当代纳税人将成为未来一代养老金受益人，其养老金来源于未来一代纳税人缴纳的税收，以此类推。Wagner认为，对当前养老金支付税款的实际回报率是人均收入增长率和劳动力增长率之和。假设在一个两部门模型中，一方是工作者，另一方是退休者，其实际收入增长率和劳动力增长率都是5%。进一步假设大多数工人的初期收入为25 000英镑，并且需要缴纳5%的税收为养老金进行筹资。在第二个时期，平均收入为26 250英镑，劳动力将会增长5%。在这种情况下，工作期支付的1 250英镑（25 000英镑×0.05）在退休期就会得到1 378.13英镑（25 000英镑×1.05×0.05×1.05），回报率为10.25%。如果劳动力增长率和实际收入增长率在下一个时期（第三期）同时减半，那些在第二期支付1 312.5英镑的人认为，自己有权获得10.25%的回报，因此，在他们退休期需要的1 447英镑就要对当时工作的人按照5.2%的税率征税。这种假设的增长率改变得越显著，税率就会变得越不合理（读者可以通过自己设定的数字，带入表14-8的公式，计算出规定的税率来证实这一点，例如，假设劳动力的增长率在第三期是负的）。此外，更长的退休期、更短的工作期，其相应的计算让人忧心忡忡。在这种情况下，人们开始对英国和其他国家养老金未来的发展感到担忧。

表 14-8   非基金式养老金及其税率

	工作者挣得的工资	退休者得到的养老金
第一期	w	tw
第二期	$w(1+g_Y)(1+g_F)$	$tw(1+g_Y)(1+g_F)$

使

设第一期工作者的回报率为

$$(1+g_Y)(1+g_F)=1+g$$

$$\frac{tw(1+g)-tw}{tw}=g$$

如果 g 降到 g'，那么

第三期	$w(1+g)(1+g')$	$\tau w(1+g)(1+g')$

（在这里，τ 是需要支付给第二期工作者的一个税率，对于第二期工作者的回报率应该与第一期工作者的回报率相等，即等于 g）

对 τ 求解

$$\frac{\tau w(1+g)(1+g')-tw(1+g)}{tw(1+g)}=g$$

$$\frac{\tau}{t}(1+g')-1=g$$

$$\frac{\tau}{t}=\frac{1+g}{1+g'}$$

当 $g>g'$ 时，$\tau>t$

符号：w=初始工资，g_Y=收入增长率，g_F=劳动力增长率，t=初始税率。

已有足够多的文献研究了社会保障支出的发展动态（参见 Creedy（1993）的形式化模型），这些研究解释了为什么社会保障支出在政府一般性支出中占有如此大的比例，社会保障支出很难控制，还使人们考虑重新"回归市场"机制，特别是在养老金供给方面更是如此（这是当前英国政府政策的主题之一）。最后，以上关于现收现付养老金制度的简单描述，再次强调了第9章得出的结论：整个社会在一段时期内（电影的一个"镜头"）的收入再分配（从富人向穷人），只不过是每一个人一生中（一场"电影"）不同时期间的收入平滑。

（14）马克思主义分析方法

另一种一般性的方法来自马克思主义者。由于所用分析范式不同，他们关于公共部门增长的解释，几乎没有受到主流财政学和公共部门经济学教材的关注。不过，他们对瓦格纳法则提出了自己的解释，值得我们思考。以下用实例对它的这一贡献进行说明。

我们还记得，马克思主义分析框架中的国家是资产阶级的代理人。O'Connor（1973）[1]首先概述了在资本主义世界中国家通常扮演的两个相互矛盾的角色：维持使有利可图的资本积累成为可能的条件，以及创造和维持社会和谐的条件。其中第二个角色旨在为政府赢得合法性。一方面，如果国家运用自身权力来帮助某一阶级，却以损害其他阶级的利益为代价，矛盾就会产生，政府显然会有失去合法性的危险。另一方面，如果国家不能使资本积累有利可图，那么它的权力来源（对生产出的剩余价值征税）也将受到威胁。在这种两难困境下，国家必须走一条艰难的道路，在任何可能的时刻让自己的活动保持神秘。

与国家的两种职能相对应的两种支出分别是资本性支出和社会性支出。资本性支出是为了实现可盈利的资本积累的所需的支出，可以细分为社会投资和社会消费。社会投资包含项目和服务，给定劳动力数量，社会投资提高了生产力水平，在其他条件不变情况下利润率得以提高。社会消费包含的项目和服务，在其他条件不变的情况下，能够降低劳动力再生产成本以提高利润率。第二类支出是社会性支出，包括那些为维持社会和谐而支出的项目和服务。

O'Connor 认为，几乎每一个国家机构都包含了这两种职能，并且他提出了两大基本命题。第一，公共部门和国家支出的增长正日益成为垄断部门规模和总产量增长的基础，同时，政府支出的增长又是垄断部门规模增长的结果。简而言之，（美国）政府部门规模的增长既是垄断资本扩张的原因又是垄断资本扩张的结果。第二，社会资本积累和社会支出是一个相互矛盾的过程，可能会引发各种类型的危机。同样，根据马克思主义的观点，由于发达经济体中的大部分消费者需求已被满足，政府有义务为社会提供盈利机会。为了抵消这种影响，政府必须鼓励浪费的消费主义观点，并在公共部门中提供可盈利的机会，因此有了大规模的国防和建设项目。特别地，国防项目的特点是，它的提供本身就是目的，不需要经市场检验，基本上不会遭到作为消费者的选民的拒绝。这非常接近于第 14.3 节中介绍的 Wolf 基于供给方的观点。

（15）宪法的衰败

宪法规定了经济和政治过程的长期运行规则。宪法经济学的基本困境就是

---

① 在一本主流经济学杂志中，Foley（1978）就政府支出问题，提出了另一种马克思主义解释。

那个古老的问题："谁来看守看守者？"宪法给予了政府可以使用强制力的权力，但人民希望能控制或限制这份权力的使用。

关于宪法的公共选择研究的一个主题是：宪法有"衰败"的倾向，因此需要根本性的改革。宪法促进了个体间的合作，与无政府状态的结果相比，宪法更能提高人们获得效用的可能性，而无政府主义结果只是反映了能力在个体间的自然分布。Buchanan（1975）和Holcombe（1985）认为，每一代人都默认"社会契约"的存在，而不致陷入内斗。图14-8中，Holcombe（1983）阐述了这一观点，该图向我们展示了个体G和B所能获得的效用水平。点1代表无政府情形下的初始状态。通过接受"社会契约"并相互合作，B和G都能获益，其效用至少会分别达到点2和点3处。$U-F$线上的某一点（假定点4）表示最初的合作均衡。若发生内斗，社会将回到无政府状态点1，点1与点4代表的当前效用水平之间的差距，即为内斗的代价。现在假设G成为政府中的一员，并且他可以利用宪法都存在的"松懈性"来为自己谋得利益，而这种"松懈性"是造成不确定性的必要条件。这可以通过图中从点4向点5的变动进行说明，由于社会均衡点从效用可能性边界之上移动到了可能性边界以内，意味着社会总效用减少了，因此，G的效用增加是以B的利益损失为代价的，其中还存在社会总效用的损失。在动态环境中，导致宪法衰败的原因有以下几点：

i. 由于审查手段受到限制，并且多数派有权实施针对所有人的立法，因此制衡机制很少发挥作用。

ii. 那些有政治权力的人变得更加擅长维持这种权力（参见第11章政治商业周期部分），而且他们并不受消费者选民偏好的影响。

iii. 宪法可以成为自身成功的受害者，因为与无政府主义状态下的均衡结果相比，促进净投资和经济增长使得反对现行宪法的机会成本变得非常高。因此，即使你可能感到自己是过度化政府的受害者，你也不会"反抗"。

根据图14-8，经济增长将效用可能性边界由$U-F$推高到$U'-F'$，个人之间的相互依赖性也同步增加，这使得若退回到无政府状态，则相应的均衡点也由点1下降到点1'。此时，B和G的效用水平分别移动到点6和点7处，均低于各自在经济增长之前（由点2和点3代表）的效用水平。考虑到G可以利用公职，使点5向点8移动；结果是B认识到，虽然随着时间推移G对他的剥削越来越多，但遵守"社会契约"对他而言仍然是最优的（B在点8所享受到的效用比点1低，但比点1'高，高于点6代表的触发"反抗"的效用水平）。

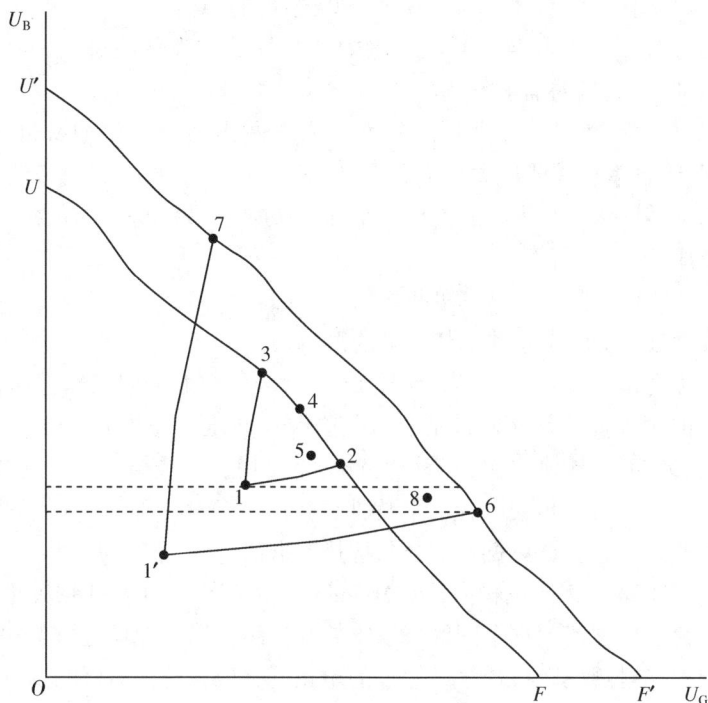

图 14-8 "走向衰败的"宪法

过度化政府得以实施的那些工具，也就是被侵蚀的宪法所具备的特征，已经成为现实：强制推行政策、特殊利益集团效应、互投赞成票、官僚的懈怠等等。宪法改革的目的就是根除这些有害的影响，它们是关于利维坦型政府争论的核心所在。但是，现在的情况是，宪法会随着时间的推移而走向衰败，政府规模膨胀是宪法衰败的表现。Smith（2006）强调，如果宪法规定了较强的直接问责以及较低的自主权（权力移交给较低级别的政府），就像瑞士那样，公共部门的规模就会小得多。

正如上面所介绍的，许多实证研究都以这些不同的论据而展开，对于这些问题的建模需要根据公共部门的增长占总产出的比重来进行，而不是简单地根据公共部门的规模或公共部门的大小。Mueller（1987）也强调了这一点。他指出，许多对瓦格纳法则解释的论据，只是证明公共部门的规模太大了，这不是我们想要证明的结果，应当研究公共部门在国民收入中所占的比例会随着时间的推移而增长。他回顾了以下几个公共选择的论点：

1.政府对市场失灵做出回应，例如公共物品、外部性矫正等，这是基于"规范性研究"立场的需求方解释；

2.政府对多数投票人收入再分配的要求做出回应，例如 Meltzer-Richard（1981）基于选举权扩张所做出的解释；

3.政府对特殊利益集团的回应，例如，多数投票制度下的价格效应、压力集团的形成；

4.被政府官员利用的官僚垄断权力；

5.由政府官员所引起并受其操纵的财政幻觉。

正如描述中所说明的那样，上述1至3代表了政府的回应性行动，4和5代表了政府的创设性行动。通过把所有这些问题描述为公共选择观点的一部分，Mueller（1987）在比本文更为广泛的意义上使用公共选择一词。解释1显然是规范性方法，并且是传统的社会最优性分析的一部分，而2至5，尤其是4和5带有负面的弦外之音，更符合"公共选择"取向。

但是，正是在官僚机构方面，Mueller保留了图14-1及其相关论述中的基本分析。为了梳理清楚这个问题，以支持瓦格纳法则，他假定官僚权力取决于官僚机构的绝对规模。符合这一假设的论点是：（a）外部监督的困难随着官僚机构规模的增加而增加，（b）更多的官僚机构内部人员正为官僚机构规模的扩张而努力，而与以前相比，官僚机构的规模已经更大了。因此，t 时期的预算（B_t）可以表示为系数 a_t（大于1）与公共物品的真实需求 G_v 的乘积。即：

$$B_t = a_t G_t \tag{14.1}$$

如果

$$a_t = e^{aB_t} \tag{14.2}$$

并且

$$G_t = ce^{nt} \tag{14.3}$$

式中，c 为一个常量，n 为国民收入增长率，t 为时间。

将式（14.3）和（14.2）带入式（14.1）得到：

$$B_t = ce^{aB_t}e^{nt} \tag{14.4}$$

因此，预算增长 g 等于：

$$g = \ln B_t - \ln B_{t-1} \tag{14.5}$$

$$\ln B_t = \ln c + aB_t + nt \tag{14.6}$$

$$\ln B_{t-1} = \ln c + aB_{t-1} + n(t-1) \tag{14.7}$$

因此：

$$g = a\,(B_t - B_{t-1}) + n \tag{14.8}$$

总之，预算规模的增长率大于 n，并以当期预算和上期预算差额的绝对值递增。

Berry 和 Lowery（1987）呼吁对这些解释进一步整合，这在某种程度上是有吸引力的，但我们需要谨慎行事。如果这些解释本身的分析框架不同，那么将它们推到一起可能不是将相似的对象聚合在一起。比如，将马克思主义或阶级分析方法和一个新古典的个人主义方法进行整合时，尤其是这样。然而，这仍然不失为基于狭义背景下的重要考虑。许多关于公共支出的分析都是从中间选民的角度来进行的，但正如 Buchanan 指出的，我们还可以有其他选择。

把所有的解释整合到一起，可能会产生一堆自变量，这些自变量在整体上缺乏一致性，除非确切地规定每个变量的影响范围。挽救这一结果的一个方法，就是使形式化的表述更加明确。这时，才能清晰地看到公共部门增长中可归因于公共支出增长的部分。同样，作为分析背景，不管是再分配还是非竞争性商品的供给，往往是含蓄和模糊的。最后，正如 Berry 和 Lowery 所说的，对于复杂经济现象的单一因果解释虽然很吸引人，但取得的成果很少。

Lybeck 和 Henrekson 所做的一项研究，就是试着去探究是否能通过建立一个一般化的"超级模型"来解释政府增长。他们着手对几个欧洲国家的政府增长进行跨国比较，试着探究是否可以建立政府增长和政府规模的一般模型。虽然某些政府增长模型可以对一些经济体做出很好的解释，但对于其他经济体来说，则表现得很糟糕。

这项研究的一个结果是更加强调对于特定国家具体制度安排的研究。就像 Lybeck 所总结的，"显然，或许也是不可避免的，要得出一个可以解释大多数国家公共部门增长的一般化模型，我们还有很长的路要走"（p.44）。在寻找单一因果解释和构造普遍的"超级模型"之间，可能存在某个不那么雄心勃勃的中间地带，即逻辑一致的分析框架。下一节我们将以再分配为背景介绍一个具体的分析框架。

14.9 不同福利制度的原因

本小节将聚焦于美国和欧洲的比较，讨论其不同规模的公共部门中福利支出和再分配支出的差异。1999年，美国的一般性政府支出占 GDP 的比重为

35.1%，与之相比，欧盟国家的平均支出占比为47.9%。在这12%的差异中，9%反映了转移支付和补助方面的差距。虽然第9章的部分内容涉及公共部门再分配活动的衡量，在这里，将依据以上数据和相关讨论，研究国家之间的不同。Alesina、Glaeser和Sacerdote（2001）提出了这样一个问题："为什么美国不采用欧洲式的福利制度？"

他们试图解释历史上欧洲（后来的欧盟）政府的特征事实：

（i）在更大范围内对收入进行再分配的社会支出——美国的社会支出（例如养老金、家庭津贴、失业补偿、医疗）占GDP的比重为16%，而欧洲相应支出的平均占比为25.4%；

（ii）实施了更慷慨的社会支出项目，影响到更大比例的选民群体；

（iii）采用了更具累进性的税制（在美国，低收入者的边际税率更高，而高收入者的边际税率更低）；

（iv）采用越来越具有强制性的法规来保护穷人（例如欧盟的最低工资为平均工资的53%，但与之相比，美国仅为39%）。

他们所研究的差异可从经济、政治和行为等几个方面来解释。为了得出这些结论，他们对经济角度的解释不太重视，而认为政治上的和行为上的解释很重要。但这些结论是如何得出的呢？

14.9.1 再分配建模

作者们提出了一个再分配模型，在这里我们用文字描述，以帮助读者理解（要以牺牲模型的精确性和优美性为代价）。特别地，它是用消费而不是效用来描述的，整合就不是必要的了。

收入的税率（τ）体现了转移支付的程度，每个人所能得到的净转移支付等于$\tau(\delta Y' - Y)$，其中，Y是个人收入，Y'是一国的平均收入，$\delta < 1$代表了再分配的总成本（政府的无效率、互投赞成票的支出、行政成本、福利损失三角等等）。注意，转移支付总额与税收总额相等。人们承继了第一期的τ和Y_0（来自某种分配）并选择第二期τ的大小。在第二期，人们的收入增加并出现了再分配和消费。第二期的收入（Y_1）由$Y(Y_0, \varepsilon)$给定，ε是一个干扰项，其均值为0，并且$Y_1 = (1-\theta)Y_0 + \theta[\mu(Y_0) + \varepsilon]$（其中，$\theta$表示收入的流动性和不确定性的程度，$\theta$值较低即意味着你的收入不会改变太多，因为通过观察发现Y_1与Y_0十分接近）。$\mu(Y_0)$项为第二期收入冲击的均值，它是前一时期收入的弱递增函数，因此也表示收入流动性的程度（预期的第二期收入）。因此，

如果 $\mu(Y_0) = Y_0$，那么收入将比 $\mu(Y_0)$ 为常数时更加稳定。一种最简单的情况是，如果人们将第二期的收入全部用于消费，则消费水平就相当于税后收入+转移支付，即 $(1-\tau)Y_1 + \tau\delta Y'$。作者们希望将利他主义加入模型，他们在模型中加入 $\alpha(Y_0)$，且 $\alpha(Y_0) \geq 0$，描述人们之间相互依赖的消费效用。现在，政治活动的目标可以看作是使所有人的加权消费之和最大化。将政治活动纳入模型，其权重可以用 $\lambda(Y_0)$ 来表示，且 $\lambda(Y_0) \geq 0$。如果 $\lambda(Y_0) = 1 + \lambda(Y' - Y_0)$，穷人的偏好在政治过程中的重要性 $(Y' - Y_0)$ 为正，意味着他们的收入比平均收入要少。通过对式中各项的操纵，我们就可以从经济、政治和行为上来对再分配进行解释。研究者们所证明的命题，可以从以下6点中直观地得到体现。

经济解释：

在他们的经济模型中，个体都是利己的，并且在多数投票规则下，中间选民的偏好得以体现。

（i）当 $\theta = \alpha = 0$ 时（收入是确定的且不存在利他主义行为），中间选民仅当 $\delta > Y_{med}/Y'$，即再分配的总成本（δ 越小再分配的成本越高）超过了中位收入（Y_{med}）与平均收入之比时，才进行再分配活动。在第9章中我们提到，收入分布的典型特征表现为中位收入小于平均收入。这意味着当成本较高时再分配难以实现，而当收入呈偏态分布且 Y_{med} 小于 Y' 时，实现再分配的可能性较高。

（ii）当收入是不确定的且相对风险厌恶系数<1时，再分配的水平将随着中位选民期望收入（μY_{med}）的提高而下降，随着 δ 的提高而提高（在 δ 较低时，再分配的总成本很高）。

（iii）如果 ε 的方差很小，并且中间选民期望收入的增长严格为正，再分配就会因为较大的 θ（收入不确定性或流动性）而下降，这是因为，当经济波动的平均值为正时，对中间选民来说，较大的收入流动性减少了他们对再分配的需求。

（iv）如果 $\mu Y_{med} = \delta Y'$ 并且期望收入增长可能为负值时，再分配就会随 θ 的增长而增长，即如果收入波动的均值为负（与均值为正时的情况正好相反），再分配需求就会提高。当收入波动的均值为0，风险厌恶就意味着更大的收入流动性导致再分配需求的增加。

政治解释：

（v）如果 $\lambda(Y_0) = 1 + \lambda(Y' - Y_0)$，$\alpha(Y_0) = \alpha_0 + \alpha(Y' - Y_0)$，并且社会福利最

大化税率 $0 < \tau < 1$，那么再分配的程度就会随着 λ 的增大而增大。这是因为，贫困者政治势力的扩大导致再分配水平提高。

行为解释：

（vi）如果 $\lambda(Y_0) = 1 + \lambda(Y' - Y_0)$，$\alpha(Y_0) = \alpha_0 + \alpha(Y' - Y_0)$，并且社会福利最大化税率 $0 < \tau < 1$，那么，再分配水平就会随着 α 的增大而增大。这是因为，对贫困者的利他主义考虑下降将会减少再分配需求。

之后，研究者们开始对上述因素的权重展开评估，从而对美国相对较少的转移支付给出解释。

这里对他们所讨论的证据进行扼要阐述，由表14-9列出。

表14-9　　　　　　　　　　对美国和欧盟福利制度相对规模的解释

（a）促进再分配的变量或参数	（b）比较结果	（c）这些事实是否证明美国福利支出规模较小？
经济解释		
1.更大的税前收入不平等	欧盟更低	否
2.收入分布（$Y_{med} - Y'$）偏度更大	欧盟更少	否
3.再分配的成本（δ）更低	欧盟逃税更多，再分配成本更高	否
4.未来收入增长的期望值（$\mu(Y)$）更低	美国对期望收入的增长信心更足	是
5.收入变动性（θ）（外生冲击）	美国的经济增长、失业和生产力更加不稳定	否
政治解释		
6.贫困者拥有更大的政治势力（λ）	欧盟更大（美国更小）	是
行为解释		
7.针对贫困者更强烈的利他主义情感（α）	欧盟更大（美国更小）	是

研究者们得出结论，经济解释并不显著，因为在（c）这一列只有1个"是"。政治解释——美国贫困者所拥有的政治势力更小——得到的结果为"是"。他们指出，许多欧洲国家实行比例代表制。美国的法律体系一度禁止征

收所得税，并且总体上反对管制。法院的作用更多的是保护个人的财产权利。作为一个联邦制国家，一般来讲美国实行中央再分配更加困难。关于行为方面的解释，结果同样为"是"，美国贫困者的利他主义程度更低。在欧洲，贫困这个词经常与弱势群体相联系，但是没有那么多证据表明美国的情况也是如此。实际上，福利制度通常与公平相关，而对公平的看法因人而异。表14-10改编自Cullis和Jones（1987），有助于说明这一问题。现在，我们的问题是，人们为什么对公平作为首要目标的重要性有不同意见？答案似乎很简单，不同的人看待世界的方式不同。在社会政策分析方面，人们拥有不同的"假想世界"并生活在其中。表14-10对假想世界进行分类，这个分类基于你们（读者们）认为个人是否具有表中列举的两大特征。

表14-10　　　　　　　　　假想世界与公平

	人们拥有大体相同的能力	人们拥有大体相同的偏好	不公平（隐含的干预）
情形1：	是	是	观察不到（无）
情形2：	是	否	能够观察到（很少或没有）
情形3：	否	是	能够观察到（实物再分配）
情形4：	否	否	能够观察到（现金再分配）

　　第一，你是否相信人们拥有大致相同的能力，尤其是与市场相关的能力。第二，你是否认为人们拥有相似的品味或偏好，尤其是在某些基本物品方面。情形1很有趣，因为在一个人们具有大致相同能力和偏好的世界中，几乎不存在不公平，因此也没有必要制定直接针对不公平的政策。每个人的工作时间和消费方式都差不多。

　　情形2同样很少引起人们对不平等的关注。人们不同的品味或偏好，意味着他们将选择不同的生产和消费模式。因此，虽然存在不平等，但是考虑到人们拥有大致相同的能力，每个人都有能力获得周围人所拥有的东西。任何促进平等的政策，它的主要目的都是建立机会平等机制。简而言之，如果你认为人们具有普遍相同的能力和生活机会，那么公平问题就不是最重要的了——"如果我看到你很穷，你只不过是选择少工作（懒惰）而已"。

情形3为强有力的福利国家政策提供了依据，尤其是那些实物形式的福利政策。能力的不平等意味着可以观察到经济中存在大量的不平等现象，这将是一个相当棘手的问题，对于那些表现较差的人来说，仅有机会平等是不够的；他们在根本上处于不利地位。但是，因为人们品味或偏好相似（在某种程度上，不公平已经被认为成了问题），政府以实物形式提供转移支付是可接受的，因为在（基本）偏好相差不大的情况下，所有的消费选择都将以相同的方式进行，以实物形式再分配的效率损失就会很低。

情形4对观察到的不平等表现出同样的关注，但此时，实物形式的转移支付造成的效率损失将会很大，因此，（在不平等问题务必要解决这个意义上）现金转移支付产生的效率损失将会较小。

情形2、3和4中都存在着平等问题，但是基于不同的"假想世界"，其重要性和适当的政策反应将有所差别。

Alesina、Glaeser和Sacerdote（2001）实际上将美国人看作情形2，将欧洲人看作情形3或4。他们报告的证据显示，54%的欧洲人认为运气决定了他们的收入，而在美国，这个数字仅为30%。还有一组数字透露更多的信息，即26%的欧洲人认为那些贫困者是懒惰的，美国的数字为60%。这种类型的假想世界意味着一个较低的α。除此之外，这种差别还有着种族方面的原因，少数族裔（尤其是非洲裔美国人和拉美裔美国人）在美国穷人中的占比较高，种族和歧视因此成了一个问题。"如果人们不喜欢将钱转移给不同肤色的人，这或许就可以解释美国和欧洲的再分配差距"（Alesina、Glaeser 和 Sacerdote，2001：230）。

人们最初的心理同质性促成了更大程度上的同质性，以及与之伴随的群体内共鸣与共情。相反的情况似乎是，最初的心理异质性促成而非抑制了冷漠的态度。美国种族分裂似乎与第二种结果一致，因此导致了一种较小规模的福利制度。在总结这些令人印象深刻的论文时，作者们写道："我们的基本论点是，由于以下三个原因，美国人的再分配少于欧洲人，即许多美国人相信再分配使少数族裔受益；美国人相信他们生活在一个开放、公平的社会中，如果某些人很贫穷，那是他自己的错；美国的政治制度阻止大规模再分配。事实上，政治体系很可能是由这些美国人的基本信念所决定的"（Alesina、Glaeser 和 Sacerdote，2001：247）。与之相似的言论是：第一，公共部门中存在的差异反映了个人偏好之间的差异，第二，如果你将要变穷，那不要在美国变穷！相关讨论也随同这篇论文一起发表了，不同的撰稿人都指出了一些例外情况并做出了相应的修改，但是，对于这样大的一个问题的讨论，要想取得共识是不太可能的，并且，这种讨论的贡献在于，它激发了人们研讨不同规模政府部门起因和结果的意愿。

这些都是大问题，是辩论开始时的素材，而不是解决方案。

Parker（2001）在与 Alesina、Glaeser 和 Sacerdote（2001：272）的讨论中指出，他们模型的含义可能是减小欧洲福利国家的规模。首先，欧洲内部流动性的增加会加剧国家内部的语言分化，加剧异质性，从而减少对于再分配的需求（看看围绕英国的波兰移民的辩论就知道了）。其次，增加的流动性将大大降低一些欧洲国家在国家内部实施收入再分配的制度能力，同时，否决权将限制欧盟内部的国家间再分配。最后，流动性的增加可能被视为允许个人通过增加他们在其他地方的机会来摆脱贫困，从而降低选民再分配的意愿。

Alesina、Glaeser 和 Sacerdote（2001）对大型福利制度的后果做出了评论，其中的两个参见第11.8节，我们在这里将介绍第三个评论：公共部门挤出了私人慈善，因此，公共部门转移支付加私人慈善才是对我们所讨论的这些国家中十分常见的利他主义水平的反映。作者报告的数据显示，2000年美国的慈善捐款为每人691美元，而欧洲的人均捐款仅为有限的57美元。关于挤出或挤入的更全面讨论参见第16章。然而，考虑到对慈善更加依赖，接下来我们从一个更为宗教性的角度来看待公共部门。

14.9.2　天主教社会教义与公共部门规模

长期以来，英国经济事务研究所一直有着偏向公共选择方法的出版传统，这常常被认为是保守的。在这一方面，Booth（2007）在经济事务研究所（Hobart）出版的平装本《天主教社会教义与市场经济》一书中，将这一保守元素与另一个看似保守的元素——罗马天主教联系了起来。我们虽然可以从以上论述中推测出 Booth（2007）的立场，但这并不能使他的作品失去意义。继续上一小节的内容："慈善比通过税收实施的再分配更符合道德，因为慈善以爱为基础，没有强迫。平等并不是一个为了它本身的缘故而值得追求的目标。通过给予贫困者获得财富（广义上的）的方法来使他们的境况得到改善，这样的机制被认为是值得追求的。辅助性原则（the principle of subsidiarity）要求将政府和强制性措施作为最后的手段。该原则意味着，必须赋予家庭而不是国家或大型组织管理和发展自身经济的责任（关于家庭的里约宣言：第3.12节）。"（Booth，2007：121）政府的角色应该被限定在为那些付不起学费的人筹集资金上，而不是直接提供教育服务。类似地，还有针对穷人的健康、残疾和失业福利，但其规模与现代福利国家不同。因为公共部门的挤出效应，公会、雇主组织、家庭和个人当前是一种"跑龙套角色"，而通过慈善，他们可以发挥比当前更大的作用。公共部门应该提供一个法律框架以促进经济繁荣。"减少英国国家的作用，将其限制在福利和教育服务最后出资人的角色上，但辅之以某些再分配政策，那么可能会使英国政府的支出缩小到不到当前的一半（参见Congdon（2006）所做的估计）"。Booth（2007：139）抛开这个方案的利弊，很难想象当前有哪个政党会将其所推行的福利制度缩减到这样的规模。此外，慈善和挤出效应的经济学解释可能并不像这里展示的那么简单。

14.10 在（社会）福利经济学与公共选择之间——政治经济学

Besley（2006）可以被看作是试图在传统的福利经济学与传统的公共选择经济学之间寻找更为中立的立场（参见第16章的导论）。他希望政治经济学能够提供这种见解，并写道："这本书的大部分内容致力于理解当激励和选举都被认真对待时，政治和公共资源配置是如何运作的。"（Besley，2006：43）"好政府是存在的，人们普遍对此持乐观态度，但是仅当满足合适的条件时才会这样。"（Besley，2006：2）他在所谓的普布利乌斯观点上提出，我们既要认识到可以从一个优秀的政府获得潜在的收益，也要认识到"政府出现错误的可能性"（Besley，2006：2）。需要将优秀的领导人（"德才兼备之人"）选拔出来，并施以正确的激励，好政府才会出现。好的政治家会就每一时期公共物品的供给水平和税收水平做出选择，使选民福利最大化，并且他们不会附带任何来自公共支出的权力租金。在他的书中，大量章节采用委托代理框架对公共财政问题进行建模。他对公共部门规模的问题很清楚："有一部分观点将好政府与小政府画等号。在过去若干年里，这已经成为政治经济学中的主导观点。然而，现代政治经济学并不支持这一观点，即使现在对政府干预的态度比过去更为谨慎。"（Besley，2006：233）想要知道最近几年有哪些人支持小政府，可参考Dyble（2008）的"驯化利维坦"（"Taming Leviathan"），Smith（2006）的"与利维坦共存"（"Living with Leviathan"）。若要知道人们对于政府最优规模的看法，Tanzi和Schuknecht（1995）建议，占GDP 30%的公共支出足够满足那些有正当理由的政府干预之需，以实现其社会和政治目的。回到表14-1，从中我们可以看出，只有日本的公共支出接近这一建议数字。

14.11　小结

"支出增长至少应该从下面的假设开始：从长期来看，公共支出将在国民收入中占据一个稳定的份额。"（Alt 和 Chrystal，1983：228）

"现代社会一个引人注目的现象就是公共部门的稳步扩张。尽管对于政府逐步扩张的讨论如火如荼，但令人惊讶的是，对于导致这种扩张的动力，几乎没有科学的解释"。（Hirshleifer，1984：529）

上面引用的这两段话包含了本章所概述的经济学中一些有争议的讨论。就像所有的"重大问题"一样，政府部门增长向所有人都提出了问题。

● 对于经济统计人员来说，关于如何定义政府部门，如果允许采用一个不同的价格指数，那么是否还能观察到公共支出的大幅增长（Beck，1976，1985），尤其是非转移性支出方面，这些都存在争论。

● 对那些对政治经济学感兴趣的人来说，"热烈的政治讨论"具有吸引力。弗吉尼亚、自由意志主义和反利维坦等学派的公共选择理论家们，成功地看到了西方国家公共部门中几乎所有的经济罪恶。

● 对那些遵循实证研究方法的人来说，他们的问题是该如何预测并解释增长或非增长。在这种情况下，大量经济观点、方法、技术被采用，本章后面的几个部分描述了几种不同的方法，其中的观点可以被综合在一起，尽管我们没有为此提供正式模型。

● 人们对于当前所观察到的经济支出水平的变化是如何看待的？如果微观分析方法中的影响因素是合理的，那么这种方法就为公共支出提供了一种规范标准；这些因素构成市场分析的基础，（竞争性）市场（在不存在市场失灵的情况下）将产生有效率的结果。

● 相比之下，"公共选择"方法几乎完全聚焦于无效配置机制的分析，而且受这些观点的影响，公共部门饱受人们的谴责。更偏向政治经济学的中间立场，在承认市场和政府两种资源配置机制均有局限的前提下，建议应将政府部门中的政治选择和激励问题作为分析的重点。

总的来说，有六大要点：

● 与市场失灵观点相对应，存在着另外一组类似的观点集合。

● 官僚经济学的发展，使官僚机构作为一种组织形式失去了吸引力，但它并不是无可争辩或无懈可击的。

● 瓦格纳法则重点关注公共部门在经济总量中的占比随时间推移的变化趋势，但对这一法则的检验又引起若干理论和实践问题。

● 解释或证明瓦格纳法则的论据数不胜数，区分其中所包含的规范性含义是十分重要的。

● 迄今为止，对巨大而又不断增长的政府部门的负面评价，在所谓利维坦之争中占据主导地位。但是，也有人持不同的观点（Cullis 和 Jones，1987）。西方国家福利制度的规模也许仅仅是选民偏好的反映。

● 1997年工党曾做出承诺，为国民提供"世界一流"的公共服务；用一代人的时间消除儿童贫困，到2010—2011财年使贫困儿童人口减半（参见第9章）；消除老年贫困，2010年之前将18~30岁年龄段接受高等教育人口的比例提高50%。第10章列出了工党的财政规则，这些规则要求税收收入随着当前支出的增长而增长。将第10章的财政纪律与上述目标结合起来，我们会发现，这将是一个非常困难的任务，因为（如果公共服务供给不能实现来自X-效率和配置效率的收益①）不得不采取政治上不得人心的增税措施。公共选择学派预测，政府将采取措施以降低增税的可见性，但持反对立场的保守党已经把这些措施贴上了"隐性税收"的标签。然而，无论政府的政治立场如何，选民普遍都喜欢财政支出而不喜欢税收，并且这种政治激励普遍存在。

---

① 政府对一些政策提案承诺了资金来源，但这些资金来自不能确定的效率收益，注意到这些提案到底有多少是很有趣的。

参考文献

Akerlof, G. A. and Dickens, W. T. (1982) 'The Economic Consequences of Cognitive Dissonance', *American Economic Review*, 62, 5, pp. 777–95.

Alesina, A., Glaeser, E. and Sacerdote, B. (2001) 'Why Doesn't the United States Have a European –style Welfare State?', *Brookings Papers on Economic Activity*, 2, pp. 187–277.

Alt, J. E. and Chrystal, K. A. (1983) *Political Economics*. Brighton: Wheatsheaf.

Baumol, W. J. (1967) 'The Macroeconomics of Unbalanced Growth', *American Economic Review*, 57, 3, pp. 415–26.

Beck, M. (1976) 'The Expanding Public Sector: Some Contrary Evidence', *National Tax Journal*, 29, 1, pp. 15–21.

Beck, M. (1979) 'Public Sector Growth: A Real Perspective', *Public Finance/Finances Publiques*, 34, 3, pp. 313–56.

Beck, M. (1985) 'Public Expenditure, Relative Prices and Resource Allocation', *Public Finance/Finances Publiques*, 4, 1, pp. 17–34.

Berry, W. D. and Lowery, D. (1987) *Understanding United States Government Growth: An Empirical Analysis of the Postwar Era*. New York and London: Praeger.

Besley, T. (2006) Principled Agents? *The Political Economy of Good Government* The Lindahl Lectures. Oxford: Oxford University Press.

Bird, R. M. (1971) 'Wagner's Law of Expanding State Activity', *Public Finance/Finances Publiques*, 26, 1, pp. 1–26.

Bohm, P. (1987) Social Efficiency, 2nd edn. London: Macmillan.

Booth, P. (2007) Taxation and the Size of the State pp. 111–44 in P. Booth et al. 'Catholic Social Teaching.

and the Market Economy', IEA Hobart Paperback 34. London: Institute of Economic Affairs. Buchanan, J. M. (1975) The Limits to Liberty: *Between Anarchy and Leviathan*. Chicago: University of Chicago Press.

Burton, J. (1985) *Why No Cuts*? Hobart Paper no. 104. London: Institute of Economic Affairs.

Cameron, D. (1978) 'The Expansion of the Public Economy: A Comparative Analysis', *American Political Science Review*, 72, 4, pp. 1243–61.

Clarke, C. (1945) 'Public Finance and Changes in the Value of Money', *Economic Journal*, 55, 220, pp. 371–89.

Clarke, C. (1977) 'The Scope and Limits of Taxation', pp. 19–28 in A. R. Prest et al. (eds), *The State of Taxation*. London: Institute of Economic Affairs.

Congdon, T. (2006) 'Limits to the Tax Burden', pp. 108–18 in P. M. Booth (ed.), *Towards a Liberal Utopia*? Institute of Economic Affairs Hobart Paperback 32. London: Institute of Economic Affairs.

Creedy, J. (1993) 'Social Security Expenditure', pp. 155–83 in N. Gemmell (ed.), *The Growth of the Public Sector—Theories and International Evidence*. Aldershot: Edward Elgar.

Cullis, J. G. and Jones, P. R. (1987) *Microeconomics and Public Economy: A Defence of Leviathan*. Oxford: Basil Blackwell.

Diamond, J. (1977) 'Econometric Testing of the Displacement Effect: A Reconsideration', *Finanz Archiv*, 35, 3, pp. 387–404.

Dyble, C. (ed.) (2008) 'Taming Leviathan Waging the War of Ideas Around the World', IEA Occasional.

Paper 142. London: Institute of Economic Affairs.

Foley, D. K. (1978) 'State Expenditure from a Marxist Perspective', *Journal of Public Economics*, 9, 2, pp. 221–38.

Galbraith, J. K. (1962) *The Affl uent Society*. Harmondsworth: Penguin.

Gemmell, N. (1993) 'Wagner's Law and Musgrave's Hypothesis', pp. 103–18 in N. Gemmell (ed.), *The Growth of the Public Sector—Theories and International Evidence*. Aldershot: Edward Elgar.

Herber, B. P. (1975) *Modern Public Finance*, 3rd edn. Homewood, Ill.: Richard D. Irwin.

Hirshleifer, J. (1984) *Price Theory and Applications*, 3rd edn. Englewood Cliffs, NJ: Prentice Hall.

Holcombe, R. G. (1983) *Public Finance and the Political Process*. Carbondale and Edwardsville: Southern Illinois University Press.

Holcombe, R. G. (1985) *An Economic Analysis of Democracy*. Carbondale and Edwardsville: Southern Illinois University Press.

Jackson, P. M. (1982) *The Political Economy of Bureaucracy*. Oxford: Philip Allan.

Lindsay, C. M. (1976) 'A Theory of Government Enterprise', *Journal of Political Economy*, 84, 5, pp. 31–7.

Lybeck, J. A. and Henrekson, M. (eds) (1988) *Explaining the Growth of Government*. Amsterdam: North-Holland.

McKinnon, R. I. (1963) 'Optimum Currency Areas', *American Economic Review*, 53, 4, pp. 717–25.

Meltzer, A. H. and Richard, S. F. (1981) 'A Rational Theory of the Size of Government', *Journal of Political Economy*, 89, 5, pp. 914–25.

Morgan, P. (2007) *The War between the State and the Family*, IEA Hobart Paper 159. London: Institute of Economic Affairs.

Mueller, D. C. (1987) 'The Growth of Government: A Public Choice Perspective', *International Monetary Fund Staff Papers*, 34, 1, pp. 115–49.

Musgrave, R. A. (1969) *Fiscal Systems*. New Haven, Conn.: Yale University Press.

Musgrave, R. A. (1981) 'Leviathan Cometh—or Does He?', pp. 77–120 in H. Ladd and N. Tideman (eds), *Tax and Expenditure Limitations*, COUPE Papers on Public Economics 5. Washington: Urban Institute. Niskanen, W. A. (1968) 'The Peculiar Economics of Bureaucracy', *American Economic Review* (Papers and Proceedings), 57, 2, pp. 293–321.

Niskanen, W. A. (1971) *Bureaucracy and Representative Government*. New York: Aldine-Atherton. O'Connor, J. (1973) *The Fiscal Crisis of the State*. New York: St Martin's Press.

Peacock, A. T. and Wiseman, J. (1961) *The Growth of Public Expenditure in the United Kingdom*. London: Allen & Unwin.

Romer, T. and Rosenthal, H. (1978) 'Political Resource Allocation: Controlled Agendas and the Status Quo', *Public Choice*, 33, 4, pp. 27–43.

Sandford, C. T. and Robinson, A. (1975) 'Public Spending', The Banker, 125, pp. 1241–56.

Seldon, A. (1977) *Charge. London*: Temple Smith.

Sen, A. K. (1983) 'Development: Which Way Now?', *Economic Journal*, 93, 372, pp. 745–63.

Smith, D. B. (2006) *Living with Leviathan*, Hobart Paper 158. London: Institute of Economic Affairs.

Tanzi, V. and Schuknecht, L. (1995) *The Growth of Government and the Reform of the State in Industrial Countries*, International Monetary Fund Working Paper WP/95/130, Washington: D.C.

Tarschys, D. (1975) 'The Growth of Public Expenditures', *Scandinavian Political Studies*, 10, pp. 9–13.

Thompson, G. (1979) *The Growth of the Government Sector*. Milton Keynes: Open University Press.

Tullock, G., Seldon, A. and Brady, G. L. (2002) *Government Failure: A Primer in Public Choice*. Washington, DC: Cato Institute.

Wagner, A. (1958) 'Three Extracts on Public Finance', in R. A. Musgrave and A. T. Peacock (eds), *Classics in the Theory of Public Finance*. London: Macmillan.

Wagner, R. E. (1976) 'Revenue Structure, Fiscal Illusion and Budgetary Choice', *Public Choice*, 25, pp. 45–61.

West, E. G. (1991) 'Secular Cost Changes and the Size of Government: Towards a Generalized Theory', *Journal of Public Economics*, 45, 3, pp. 363–81.

Wiseman, J. (1980) 'The Choice of Optimal Social Expenditures', pp. 249–61 in K. Roskamp (ed.), *Public Choice and Public Finance*. Paris: Editions Cujas.

Wittman, D. (1989) 'Why Democracies Produce Efficient Results', *Journal of Political Economy*, 97, 6, pp. 1395–424.

Wolf, C. Jr. (1979) 'A Theory of Non-market Behaviour: Framework for Implementation Analysis', *Journal of Law and Economics*, 22, 1, pp. 107–40.

Wolf, C. Jr. (1987) 'Market and Non-market Failures: Comparison and Assessment', *Journal of Public Policy*, 7, 1, pp. 43–70.

第 15 章　最优税收

15.1　引言

第7章介绍过税收"超额负担"的概念并作了研究，指出不同税种的资源配置成本有高低之分。例如，在其他条件不变的情况下，对需求价格缺乏弹性的商品课征选择性消费税，所产生的税收超额负担要比需求价格富有弹性的商品轻。同样，如果劳动补偿性供给曲线缺乏弹性，那么所得税所产生的超额负担较轻。与随意设定、税基较窄的歧视性税收相比，一般消费税产生的超额负担可能较轻。

虽然这些观察非常重要，但必须强调，传统财政学关心的并不只是资源配置这一目标。在设定财政政策目标的著作中，Musgrave（1959）概述了传统财政学中非常重要的其他目标，并提出公共部门的三职能分析框架（Musgrave 1958；1959），即配置、分配和稳定职能。他所作的区分合乎情理，"作为一个分析框架，应把注意力放在主要目标上，并根据从中所领悟到的结论，采取可行步骤，以避免政策冲突，提高财政过程的效率"（Musgrave 1959：6）。这种区分的重要性在于，如果财政政策的设计旨在实现筹集收入或配置资源目标（或者实际上是稳定目标），那么它必须同时关注收入分配。虽然对需求价格缺乏弹性的商品课税，比对需求价格富有弹性的商品按照同样税率课税产生的超额负担较轻，但是这些税收常常是高度累退的。例如，对食品这种价格缺乏弹性的商品征税，那么穷人受到该税的影响更大，因为他们收入中的更大份额用于食品支出。

第7章证明了总额税不会造成超额负担。但是，这类税（例如人头税）不考虑纳税人的收入情况，按同一税率缴纳，因此相对于考虑收入情况的税收，累退程度可能要大得多。传统财政学方法的中心主题是在税收（和补贴）的不同目标之间进行权衡取舍。一种税在资源配置（或效率）方面表现不佳，但可能因为在公平方面表现好而得到补偿。

本章要解决的第一个问题是：税收如何设定才能使效率损失最小化？最优商品税文献最初的分析强调，当无法对闲暇这种个人消费品课税时实现这一目标的各种困难。本章后面转向探讨如何在福利损失最小的情况下实现合意的收入分配。在探索什么是"最优税收"的过程中，公平与效率之间的权衡取舍始终是问题的中心。在评论最优税收文献的过程中，本章探究了最优税收这一"规范"（normative）议题的含义。

本章后面将提出一种完全不同的"最优税收"概念的解释。实证最优税收（positive optimal taxation）理论关注的是当政府没有按仁慈的方式行动时所带来的问题。如果人们关心设计税收政策时政治家会追逐私利的问题，那么从另一种视角来考虑是可能的。与前几章的分析类似，这里区分了"传统财政学"方法与公共选择框架下（决策程序中行动者努力追求自身利益最大化）"最优"税收政策的设计。

15.2　最优商品税

这里我们关注"效率"问题，假定政府希望筹集一笔总额为R的收入，且通过商品税筹集。正如前文所述，原则上，总额税不影响消费者决策从而能避免无谓损失。那么，为何不更广泛地使用总额税来筹集税收收入呢？

即使现实中很难征收一种不会对个人行为有任何影响的税（即使是人头税，在特定条件下也可能影响家庭规模的选择），但对经济学家来说，总额税仍然是一种非常有用的理论策略（ploy）。总额税虽有效率，但可能高度累退。Heady（1988）认为：

"原则上，通过对不同人征收不同总额税的方式，如富人缴纳更多的税收，总额税在分配上的这种不利因素可以避免。但是，如果这种方案是真正的非扭曲性的，它不应基于实际收入征税，而应基于潜在收入征税。但衡量人们的潜在收入几乎是不可能的（每个人出于自利动机，会低报其赚取收入的能

力）。"① （Eady，1988：187）

考虑到这些原因，我们一开始就排除总额税，并假定税收收入将以对商品课税的方式筹集。

基本出发点是在一个只有两种商品的世界（其中的一种记为闲暇 L，另一种记为商品 X）中，考虑政府需要筹集收入 R。在该设定下，政府通过对两种商品征税筹集收入（商品价格 P_1 和 P_x 必须高于各自最初的边际成本水平 MC_1 和 MC_x）。为了使问题更具体化，假定资源约束表现为闲暇时间的上限是 20 小时，其最初边际成本价格是 1。可以将 2 单位的闲暇转化为 1 单位的商品 X，即 $MC_x = 2$。这些假定决定了图 15-1 中预算约束线（20-10）的位置。总预算约束为：

$$I = MC_1 L + MC_x X \tag{15.1}$$

式中，I 是"总收入"，其他各项如上所述。

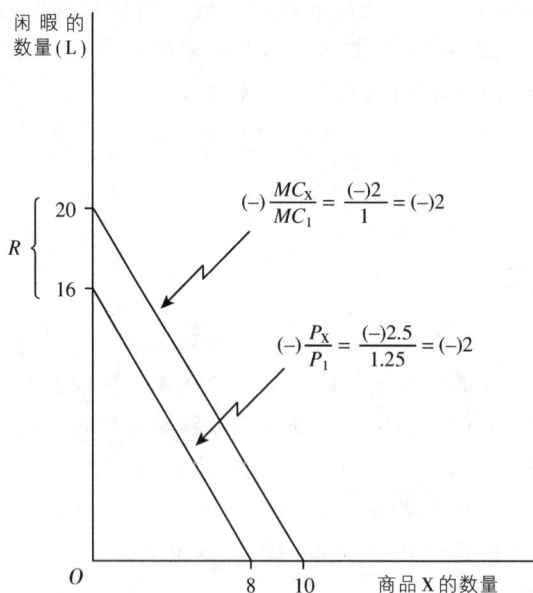

$$(-)\frac{MC_x}{MC_1} = \frac{(-)2}{1} = (-)2$$

$$(-)\frac{P_x}{P_1} = \frac{(-)2.5}{1.25} = (-)2$$

图 15-1　最优商品税：对闲暇征税

---

① 第 3 章关于公共物品已经满足的真实显示机制 (说真话机制, truth-revealing mechanisms) 的利益。

问题是："假定政府需要筹集相当于4单位闲暇的必要收入，它应该如何提高商品价格？"虽然无法采取任何措施减少直接负担，但有可能做到最小化间接负担或超额负担。如果政府等比例提高每种商品的价格，使其高于边际成本（公式15.2所示）：

$$\frac{P}{MC}=\frac{I}{I-R}=\frac{20}{20-4}=1.25 \tag{15.2}$$

新的价格比率意味着25%的税率，这在16单位闲暇L（20/1.25）或8单位商品（10/1.25）X之间进行选择是可能的，即家庭资源减少。在图15-1中，这样的等比例征税政策导致预算约束线向内平移，但价格比率不变。在模型中，无差异曲线与两条预算约束线的切点在哪里不重要。这一特例不产生超额负担，因为边际相等的状态未受影响。实际上，总额税导致时间禀赋价值减少20%。Layard和Walters（1978）对此进行了评价。

只要闲暇可课税，如果征税目标是使超额负担最小化，那么就可以对所有商品等比例课税。问题在于，现实中闲暇不可课税。精确度量闲暇时间以作为税基极为困难。

即使不能对闲暇课税，解决方法依然存在。记住目标仍是使税收收入筹集的总体超额负担最小化。但是，背景是"次优"的，因此，由于不能对闲暇课税，对所有商品等比例课税就可能不是合意的。

15.2.1　拉姆齐法则

如果消费者得到补偿使其效用水平不变，那么，依照最优税收原则等比例提高税率（所有税收按同比例增加），意味着对所有商品需求的等比例下降（Heady，1988：212）。

可以说明，在特定的环境中，当税率按照需求价格弹性反比例设定时，这一结果可以达到。如何证明呢？

Rosen（1988）假定有两种商品X和Y，为了确定税率与价格弹性的反比关系，重要的是首先强调两种商品之间不存在交叉效应。这意味着假定两种商品是无关的——既不是替代品，也不是互补品，$\partial X/\partial P_Y=0$且$\partial Y/\partial P_X=0$（两种商品相互独立）。

我们在第7章推导了哈伯格（Harberger 1964）公式，其中对商品X征收选择性消费税的超额负担是：

$$EB_X=\frac{1}{2}e_X P_X X\, t_X^2 \tag{15.3}$$

式中，e_X为商品 X 的补偿性需求的价格弹性；

P_X为商品 X 的价格；

X 为商品 X 消费的数量；

t_X为商品 X 的税率。

因此，可以得出，商品 Y 的超额负担为：

$$EB_Y = \frac{1}{2} e_Y P_Y Y t_Y^2 \tag{15.4}$$

再次假定，所筹集的总收入为 R。根据定义，总收入等于对 X 和 Y 分别筹集的税收收入（即 $P_X X t_X$ 和 $P_Y Y t_Y$）。对于任何筹集的收入来说，我们希望 $\frac{1}{2} e_X P_X X t_X^2$ 与 $\frac{1}{2} e_Y P_Y Y t_Y^2$ 之和最小化，同时满足筹集收入 R 的约束条件。更规范地说，我们寻求：

$$\min\left(\frac{1}{2} e_X P_X X t_X^2 + \frac{1}{2} e_Y P_Y Y t_Y^2\right) \tag{15.5}$$

约束条件为

$$R = P_X X t_X + P_Y Y t_Y \tag{15.6}$$

从而，构建拉格朗日表达式：

$$L = \frac{1}{2} e_X P_X X t_X^2 + \frac{1}{2} e_Y P_Y Y t_Y^2 + \lambda \left(R - P_X X t_X - P_Y Y t_Y\right) \tag{15.7}$$

$$\partial L / \partial t_X = e_X P_X X t_X - \lambda P_X X = 0 \tag{15.8}$$

$$\partial L / \partial t_Y = e_Y P_Y Y t_Y - \lambda P_Y Y = 0 \tag{15.9}$$

由此可得（使超额负担最小化）：

$$t_X / t_Y = e_Y / e_X \tag{15.10}$$

这就是逆弹性法则。根据该法则，为了最小化超额负担，税率应该与商品的价格弹性成反比，而且满足上述拉姆齐法则（Ramsey，1927）。

应当指出，超额负担是数量扭曲的结果。为了让总超额负担最小，商品 X 与 Y 减少的比例应相等，这也是拉姆齐法则的含义，即：$t_X e_X = t_Y e_Y$。由于 t_X 和 t_Y 是两种商品价格提高的百分比，那么

$$t_X \frac{\left(dq_X / q_X\right)}{t_X} = t_Y \frac{\left(dq_Y / q_Y\right)}{t_Y} \tag{15.11}$$

因此必须满足

$$dq_X / q_X = dq_Y / q_Y \tag{15.12}$$

这一表达式的进一步证明见附录 15（a）。

15.2.2 科利特和黑格法则

拉姆齐法则假定不存在交叉价格效应。但是，如果商品和闲暇之间存在交叉价格效应，那么对闲暇的互补品就应该比对其替代品课征更重的税（Brown 和 Jackson，1986：341）。

根据 Corlett 和 Hague（1953）的研究，在只有一个消费者和两种消费品的情形中（如上所述），通过对与闲暇互补性更强（或替代性更少）的商品征收更重的税，筹集税收收入将更有效率。沿着 Heady（1987）的研究思路，我们有可能捕捉到一些隐含在法则（对闲暇的互补品征收较高税率）背后的直觉。

研究中通常会考虑所得税对劳动供给的影响，但此处闲暇被视为个人享用的一种商品，我们将说明商品税也会影响劳动供给。图15-2（a）图考虑劳动供给对最优商品税决定的重要性。

其中，图15-2的纵轴表示商品的产量，横轴表示个人的劳动投入。原始的虚线 $O\text{-}PF$ 是个人的生产可能性曲线，显示了个人如何将劳动投入转化为产出。如果引入商品税以筹集收入 R，那么效用最大化的个人为适应这种情况，税后预算约束线变为 $O\text{-}B$，相关均衡位于点 1。其中，I_0 与税后预算约束线 $O\text{-}B$ 相切，劳动投入是 $O\text{-}L_1$，总产出是 $O\text{-}GY_1$，所筹集的税收收入是 R，个人税后产出为 $O\text{-}NY_1$。

很明显，与征收总额税相比，征收这种税带来了扭曲。总额税可以在不改变生产可能性曲线斜率（即 B'，与 PF 平行）的情况下筹集同样的收入 R。在这种情形中，个人最优位置是 I_1 上的点 2（其中劳动供给为 L_{opt} 单位，商品产出为 GY_{opt}）。个人的税后产量是 NY_{opt}。因此，不存在扭曲性税收的最优状态是，消费者投入更多劳动投入，消费更多单位产品。Heady（1987：254）因此认为，参照初始点 1，均衡处是否实现福利最大化"可以视为能否引致消费者更多劳动（例如 L_2）从而更多地参与市场经济（产出 GY_2）这一问题的一部分"。

只要对两种商品以相同的税率课税，产出轴可以代表两种商品的总数（以生产者价格估值）。在这种情形中，税收收入独立于消费者对每种商品的消费比例。如果以相同的税率课税，那么问题为是否可以改变税率以使消费者提供更多的劳动。图15-2的（a）图部分很清楚地显示，GY_2 的产量足以让个人无差异曲线保持在 I_0（也能筹集必要的收入 R），但是税后报酬 NY_2 是不足的。

图15-2的（b）图部分绘出了商品 X 和 Z 的无差异曲线图。最初均衡位于 I_0，该点所提供的总消费量为 B_1（$=NY_1$）单位。线 B_2 表示当提供 L_2 单位的

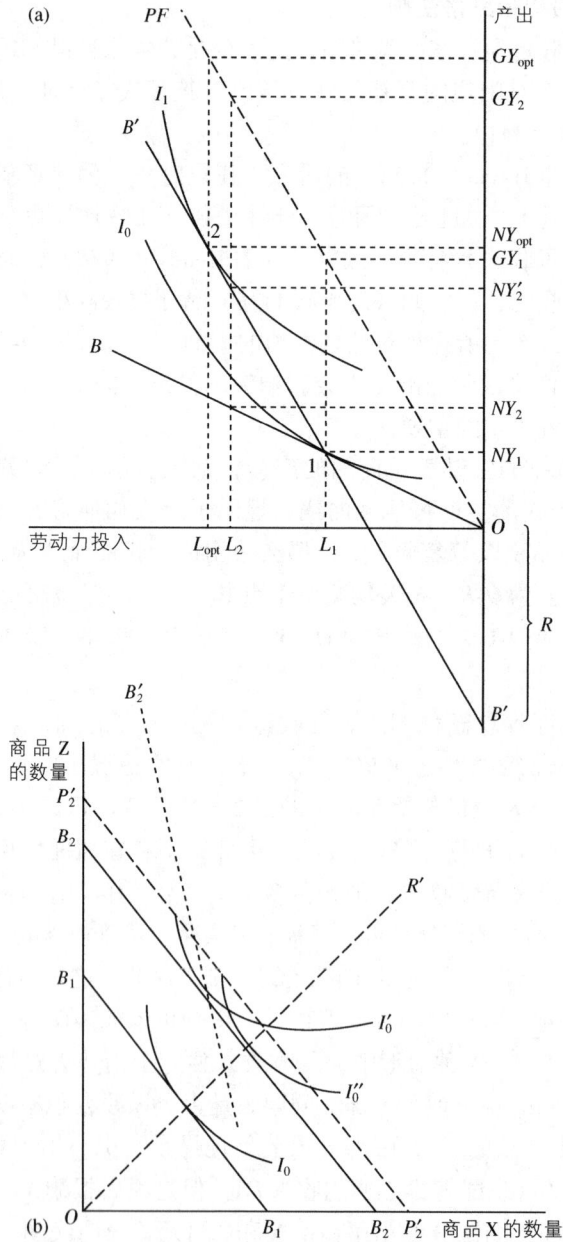

图 15-2　最优商品税和劳动供给

劳动时个人的消费可能性曲线（即税后消费是 NY_2 时）。当然，如果提供 L_2 单位，那么个人实际产出为 GY_2。个人会要求多少单位的产量，以提供 L_2 单位劳动并保持在（a）图中的无差异曲线 I_0 上？很明显，它会大于 NY_2，但小于 NY_2'。在（b）图部分，无差异曲线 I_0 告诉我们，如果个人提供 L_2 单位的劳动，为了保持福利不变所要求的产量，那么注意，个人福利水平在 I_0 和 I_0'（实际上位于 I_0'）是相同的。若意识到存在第三种商品闲暇，则这一明显悖论可以得到解决。此时 I_0 和 I_0' 是不一样的无差异曲线（参见第1章处理次优的办法），在 I_0' 可以比在 I_0 消费更多的商品，但也要提供更多的劳动，从而享受更少闲暇。事实上，B_2 与 I_0' 不相切，这解释了为什么个人保持在最初的均衡上，而不选择提供更多的劳动。但是，如果 B_2 要与 I_0' 相交，那么个人会提供更多的劳动。

税率变动可以改变 B_2 的斜率使之与 I_0' 相交。交点要求能够达到比 I_0 水平更高的效用。如果个人等比例消费商品，即沿着 OR' 移动，那么这也许是不可能的，从而相同的商品税将是最优的（也就是说，如果无差异曲线的形状像 I_0 和 I_0' 一样，那么等比例的商品税值得推荐）。但是，如果无差异曲线的形状像 I_0 和 I_0' 呢？通过增加商品 X 的税收，降低商品 Z 的税收，可以改变 B_2 的斜率，以与 I_0' 相交，这意味着个人会提供更多劳动。B_2[①]的斜率说明了这种可能性。

I_0' 的特定形状明确了商品 Z 是一种需求随着劳动供给增加而增加的商品（而商品 X 是需求随着劳动供给增加而减少的商品）。据此可以认为，与商品 Z 相比，商品 X 与闲暇更为互补。因而建议是，从对所有商品征收相同的税转向对与闲暇更具互补性的商品征收更多的税，这就是科利特和黑格法则。[②]

15.2.3　拉姆齐法则与收入分配

拉姆齐法则未明确考虑收入分配，但最优税收文献试图同时考虑公平和效率。Diamond 和 Mirlees（1971）的研究表明，考虑收入分配实质上改变了商品需求等比例下降的规则。特别地，他们指出最优税制应该让穷人消费较多的商品需求下降的比例小于一般商品需求下降的比例。对拉姆齐法则的修正（征税的结果是等比例地降低对商品的需求）取决于对穷人的关注程度以及富人与穷人消费方式的区别。在"独立商品"的情形中，他们认为，一种商品的最优税率既取决于其需求价格弹性的反比，也取决于人们的收入弹性（反映了个人花

---

① 原文为 B_0，疑有误——译者注。
② 当无差异曲线的形状为 I_0 的形状时，相等的商品税仍然是最优的，此处相等的比例税法则一定满足。

费在一种商品上的预算占比如何随收入的上升而变化）。许多价格弹性低的商品收入弹性也较低（这些商品可视为必需品；它们对收入和价格的变化都不敏感）。对这些商品来说，税率必须在效率观点（支持高税率）和分配观点（支持低税率）间平衡，同时要考虑有区别的税收制度是否真的合适。

　　Atkinson 和 Stiglitz（1980）认为，就正常商品（个人收入上升时消费更多）而言，给予穷人一笔转移性支出给其带来的收益，要比针对特定商品降低同等金额的销售税使其获益更多（降低销售税会使富人受益更多，因为他们消费这种商品更多）。在这种分析中，统一的转移性支出考虑的是再分配问题，若这种设定是最优的，是否征收差别销售税的问题就演变成一个效率问题。如果统一转移支付以最优的方式设定，同时商品和闲暇之间弱可分①，那么统一的税制将是最优的。

　　将 Atkinson 和 Stiglitz 的结果应用于像英国这样的国家时，应当注意，他们的分析忽略了家庭之间的偏好差异（人口统计特性的不同可能导致这种差异）。Heady（1993）认为，如果这些家庭偏好差异特别显著，那么有理由支持对某些商品的增值税（VAT）实行零税率，如食品和童装，根据观察，这些商品支出占孩子较多的穷人家庭支出的很大比例。Deaton 和 Stern（1986）基于 Atkinson 和 Stiglitz 的研究结果考虑了经济体中有不同人口特征群体时的情况。他们认为，如果偏好弱可分，且在每个人口特征群体中的家庭得到最优的政府转移性支出（每个群体内相同），那么统一的税制是可取的。理由是，通过直接对家庭进行转移性支出，群体间的再分配能最有效地完成（销售税用于处理效率问题）。Ebrahimi 和 Heady（1988）研究了取消食品的零税率并对儿童提供额外补贴是否更好，他们发现，为实现分配目标，直接转移性支出比差别性销售税更有效率。

15.3　最优所得税

　　最优所得税分析关注最优线性所得税和最优非线性所得税。

---

① 商品和休闲是弱可分的效用函数可以写作

$$U = U\ (L, C\ (X_1 \cdots\cdots X_4, \cdots X_n)) \qquad\qquad (15.1n)$$

式中，L＝休闲

　　　　$C\ (\cdot)$＝X_i 的函数

　　　　X_i＝第 i 种商品的消费

15.3.1　最优线性所得税

如果政府希望将财富转移给穷人，一种方式是实施负所得税（参见第 9 章）。负所得税制最简单的形式包括对每个人实行总额转移支付并对所有其他所得课税（参见 Meade（1978）对这种税制安排的讨论）。这种安排可以用线性税率表来说明，如图 15-3 所示，总额转移性支出为 $-\alpha$，对所得适用的税率为常数。税收收入是常数（$-\alpha$）和边际税率 t 的函数。

$$税收收入 = -\alpha + tY \tag{15.13}$$

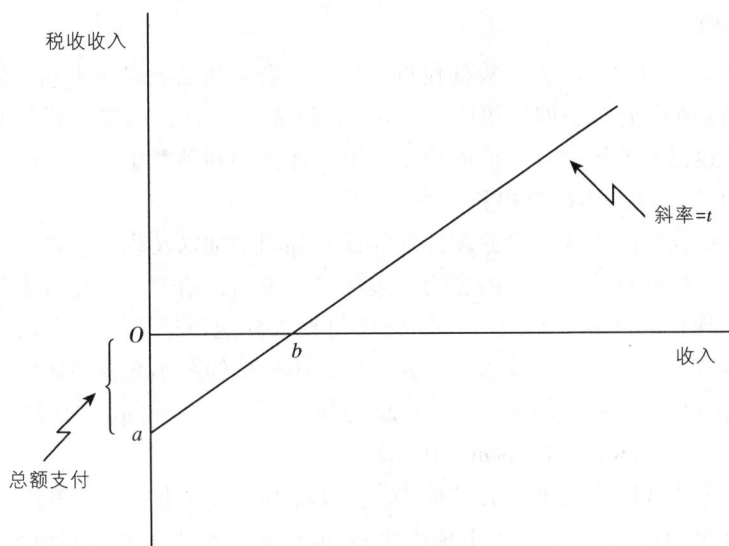

图 15-3　线性所得税

$-\alpha$ 值对应的是政府给无收入个人的总额支付。函数的斜率在图中标为 t，这种税制安排是线性的，说明无论所得水平如何，t 总是不变的。点 b 是收支平衡点，在该点，纳税人要支付与已得到的总额支付数额相等的税收。

本节的目标是考虑值 t 和 a 应如何设定。为了确定最优线性所得税，有必要在实现合意的收入分配的同时使超额负担最小化。重新分配的数量取决于社会福利函数的性质。一种社会福利函数可能是 "功利主义" 社会福利函数：

社会福利 $= \sum u^h$ (15.14)

式中，u^h 是个人 h 的效用。

但是，这种社会福利函数未考虑这里关注的效用分配问题。因此，为了修正函数而考虑收入分配的一种公式（参见第1章）是：

社会福利 $= \dfrac{1}{1-e} \sum (u^h)^{1-e} \quad e \neq 1$ (15.15)

如果 $e=0$，那么该表达式和公式（15.14）一样，但如果 e 为正，那么 u^h 的增加转化为小于等比例增加的

$\dfrac{1}{1-e}(u^h)^{1-e}$ (15.16)

即赋予效用较高的人以较低权重。这一社会福利函数显示出均等化效用偏好，且随 e 值增加这一偏好更强。当 e 值接近无穷大时，均等偏好程度变得非常强，以致只有处境最差家庭的效用水平在社会福利函数中具有影响力（即罗尔斯1971年所给出的社会福利函数）。

最优税收取决于收入再分配导致的社会福利增加以及税收成本。收入再分配的成本是税收对劳动供给的影响。边际税率越高，给劳动市场带来的无谓损失越大。现在的问题是确立一个能使任何收入分配目标成本最小化的税制安排，虽然最优所得税文献技术性较强，但是用简单的图示来概括决定最优税率的那些重要因素还是可能的。下面的例子来自：Collard（1978），Brown（1983），以及 Brown 和 Jackson（1986）。

假定个人A比个人B更有"能力"，因此A的工资率 w^a 大于B的 w^b。在图15-4（a）图中，工资率 w^a 决定预算线1-2的斜率。个人A的最初均衡位于 E^1_A。在这一点上，考虑到1-2显示的约束，个人A已经选择会使自己效用最大化的闲暇和工作组合。相比之下，在（b）图部分，个人B的工资率 w^b 意味着预算线3-4不那么陡峭。个人B的均衡点位于点 E^1_B。为了简化说明，我们假定只有两个人，且偏好相同。（a）图和（b）图无差异曲线上的两个均衡间存在差异，只是因为两人的收入水平不同。

一开始，我们的研究目标是确定能最小化效率损失并形成"最好的"收入分配的线性税率安排。在分析中，假定政府无其他收入目标，即筹集收入只是为了再分配。接着，我们的目标是找到一种税制结构（包括负所得税形式），筹集充分的收入用于再分配，以使社会福利函数最大化、劳动力市场的效率损失最小化。

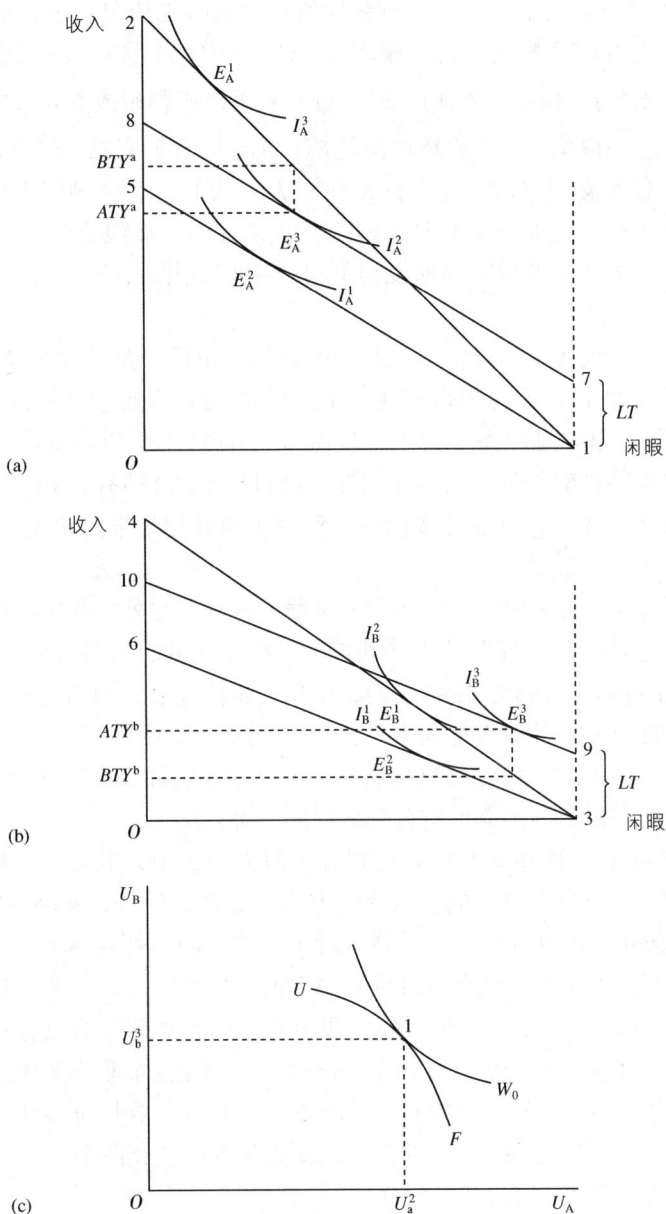

图15-4 最优线性所得税

来源：based on Collard（1978）.

在图15-4中，我们描绘了一种线性所得税的特殊情况，边际税率为 t，总额转移性支出为 LT。特定的边际税率是 $t = (2\text{-}5)/(O\text{-}2)$（在（a）图部分），在（b）图部分则为 $t = (4\text{-}6)/(O\text{-}4)$，对于两人来说，所得税改变预算线斜率的幅度相同。在这一税率下，A的新均衡是 E_A^2，B的新均衡是 E_B^2。但是，税收收入通过总额转移性支出（LT）再分配给每一方。因此，在两种情形中，转移性支出之后个人预算线都向右移动。对个人A来说，预算线是7-8；对个人B来说，预算线是9-10。考虑所得课税和总额转移性支出后，个人A、个人B的新均衡分别是 E_A^3 和 E_B^3。

很明显，个人A在扣减了自己获得的转移支出后，是税收的净支出者。A的税前所得是 BTY^a，课税和转移性支出之后是 ATY^a。通过比较，个人B是这种税收-转移支出安排的净受益者，税前所得 BTY^b 小于税后所得 ATY^b。两人边际税率相等，总额支付也固定并相等，这对应于图15-3所示的线性所得税。但是问题仍然存在，这种通过线性所得税产生的分配结果应该被视为是"好"结果还是"坏"结果呢？

根据罗尔斯社会福利函数（参见第9章）——关注处境最糟糕的个人的福利增加——这是一种"好"结果（处境最差的个人B的福利增加）。但是，正如Brown和Jackson（1986）所指出的，根据帕累托社会福利函数——要求有人处境得到改善但没有其他人福利水平恶化——这一结果是不能接受的。如果关心的是总效用最大化，那么结果接受与否取决于A的福利损失是否小于B的福利所得（当然，对福利的衡量有各种各样的困难）。

在图15-4（c）图中，坐标轴分别表示两人的效用，很明显，税后要实现福利最大化，需要一种特定的收入分配方式。这里，社会福利函数用 W_0 表示。曲线 U-F 是效用可能性曲线，表示在各种可供选择的线性税率下二人效用的组合。显然，U-F 边界上的每个点对应着使无谓损失最小化的税率。请注意，U-F 边界不同于第1章所描绘的帕累托效用边界，因为在那里假设存在着不带来效率损失的总额税。一般而言，由于以所得税而不是总额税作为实现再分配目标的工具，图15-4（c）图中的 U-F 可能更接近原点（效用可能性曲线的讨论参见Stiglitz（1988））。在（c）部分，最优边际税率会让两个人分别享有 U_a^2 和 U_b^2 的实际收入（即在切点1处）。

由第7章可知，劳动供给弹性在所得税最优边际税率的决定中起到重要作用，因为该弹性能帮助我们确定福利损失。Stern（1976）通过模拟分析计算了最优（线性）税率。和许多经济分析一样，对公平和效率的考量从相反的方向对分析产生影响。公平系数 e 的含义是，其绝对值越高，表示对公平的偏好越强，所要求的税率越高。e 值为零说明完全不考虑公平，而 $e = \infty$ 是最大化最不利人群福利的罗尔斯式效用函数。包含收入和劳动之间替代弹性的无差异曲线图反映了潜在效率损失。假定所有个人偏好相同，且替代弹性为常数（非常数的情形正在研究）。例如，替代弹性值为 0 是缺乏替代弹性的情形，而值为 1 是柯布-道格拉斯情形。弹性值越高，与每一税率相关的效率成本就越高；即在每一税率下工作的人会更少。此外，在某些模拟中，还需要特定数量的收入（R）以购买公共部门的产品和服务。

图 15-5 反映了这些观点。对于体现公平偏好的任意 e 值而言，弹性值越高，对应的税率 t 值越低。在任一弹性值下，较高的 t 值与对较强的公平偏好有关。

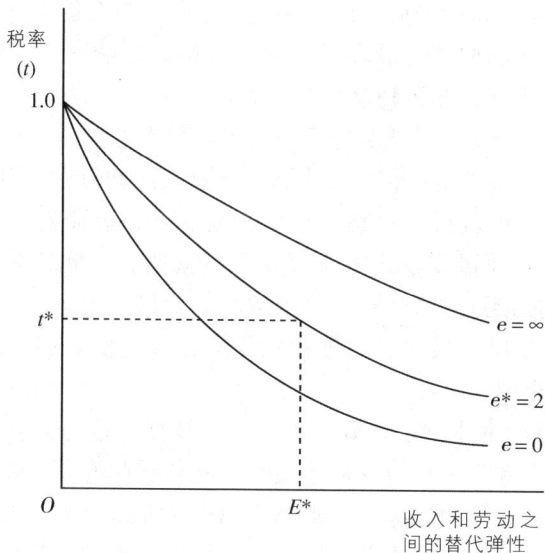

图 15-5　Stern 的"权衡取舍"

通过评估政策制定者（policy-makers）选择什么样的 e^* 作为合适的公平值，可以看出他是如何利用这一方法来决定最优所得税率的；如果有人建议他们，当前替代弹性的最佳经验估计值是 $E*$，那么最优线性所得税税率应为 $t*$。应用该图示的另一种方式是，假定当前税率为 $t*$，可接受的弹性值为 $E*$，那么可以将 $e*$ 提供给决策接受者（policy-takers）用以"检验"这是否是他们心仪的税收政策（斯特恩在撰写此文时的自我"选择"是，$R=0.05$，$E*=0.4$，$e*=2$，意味着 $t*=0.54$）。斯特恩相当清楚自己工作的局限性，从而并没有对此进行过分"兜售"。但是，即使在得出"干净的"版本的图15-5中所有问题都可以避免，许多人仍然认为这一理论的限制性过强。

15.3.2 最优非线性所得税

如果边际税率可以随收入变化，那么很自然地，从"支付能力"理由来看，所得税的边际税率"应该"随收入增加而增加（尽管这种理由具有局限性——如第1章所讨论的）。累进所得税看起来是"公平"且"适当"的，因为赚钱最多的应该适用最高的边际税率。如果认为收入水平最高的个人"应该"就所赚到的每一额外英镑支付更大百分比的税收，那么令人惊讶的是，一些最优非线性税收文献的结论与此不同。相反，这些文献会提出一种完全不同的税收函数。例如，他们指出，最高所得的个人赚取的最后一英镑应适用零税率（Seade，1977）。本节旨在解释这种观点的合理性。

在英国，最高所得和最低所得适用的边际税率都较高。之所以最低收入级距的边际税率高（参见第9章），是因为当他们开始赚取更多收入时就会失去先前根据其经济状况应得的补贴；在极端情况下，边际税率（包括失去的补贴）可能超过1，人们会掉入"极其贫困"的陷阱，因此缺乏为获取更多所得而工作的激励。描绘这种边际税率的函数图形看起来像是U形，顶部和底部都是高边际税率。相反，最优税收理论认为应该改为倒U形。谈到这一政策处方，Kay和King指出：

"最高和最低收入水平的边际税率都应该较低，这与大多数人（包括我们自己）先前的信念完全相反。它们还表明了一种与在英国所观察到的不一样的模式……但其背后的理由实际上非常熟悉……对最高所得适用高边际税率带来非常少的税收收入，如果产生不利后果，就不值得实行。若对低收入家庭适用较高的边际税率，那么将抵消对他们收入的支持措施，使其失去作用。"（Kay和King，1986：214）

这些理由权衡了高边际税率的福利损失和税收收入再分配的潜在利得。为强调这一点，关注税率表的顶端是有用的。例如，这里可以证明，最高收入者适用零税率（a）不会损失再分配给穷人的税收收入，或者（b）可使再分配给穷人的税收收入实际增加。这意味着高收入者的福利或增加或保持不变，而其他人的福利并不必然因此受损。在上述两种情形中的任何一种中，当政府选择对高收入者适用零税率时，无损于社区中用于再分配给社会中穷人的那些收入。

在图15-6（a）图中，预算线1-2反映的是能力最强的个人（即在此背景下收入最高的个人）在闲暇和收入间的权衡取舍。其税后预算线是1-3（如曲线所示，收入水平较高时对应边际税率更高）。税后所得曲线1-E_1-3的形状反映出征收的是累进所得税。在这一背景中，个人效用最大化的均衡点E_1位于I_3上，此处缴纳的税收总额是税前所得BTY_1与税后所得ATY_1之差。为了说明零税率可以让这位工薪人员处境更好，同时不减少用于再分配的税收收入，将BTY_1税前收入的边际税率设置为零。这意味着，税后预算线上点E_1之后的任何收入都是免税的。因此，税收预算线的净值为1-E_1-4（即点E_1之后，税后预算线E_1-4的斜率与1-2相同，反映所得税税率为零的事实）。新均衡点为E_2，工薪人员更加努力工作，放弃更多的闲暇时间，此时税前收入BTY_2提高了，但总税收支付是相同的，即（BTY_2-ATY_2）＝（BTY_1-ATY_1）（表示平行线1-2和E_1-4之间的垂直距离），但个人税后收入更高（同样，若边际税率为正，但斜率小于E_1-4且大于E_1-3，福利状况仍然会改善）。

或者，在图15-6（b）图中，引入了一个税收函数，使净税收预算线由1-E_1-3改变为1-5-6-7。这条新的税后预算线到达点6时，边际税率为零。然而，这导致新的均衡点位于E_3，此时总税额比先前增加了，但是纳税人福利没有恶化。此前的税额为（BTY_1-ATY_1），小于均衡点E_3对应的税额，即（BTY_2-ATY_2）。个体的均衡点从E_1移动到E_3，保持在相同的无差异曲线I_3上，个人福利水平不变。因此，可以引入最高边际税率为零的税收函数，使得在不降低最高收入者福利的情况下增加可供再分配的税收总额。

然而，毫无疑问，零边际税率必须适用于最高收入水平。假设在图15-6（b）图中，对较低的收入水平适用零税率。在这种情况下，税后预算线（现在通过E_1以下的点）是1-8-9-10。收入最高的人从点E_3转移到点E_4，以最大化福利I_5。这样做的结果是，个人会少交税，此时（BTY_3-ATY_3）＜（BTY_1-ATY_1）。

在这种情况下，收入最高的人纳税较少。但在最高收入者之下的高收入人群可能会被诱导到新均衡点，在那里（与最初的均衡点相比），他们需要缴纳更多的税。在某些情况下，征收的税收总额可能还会增加。不管怎样，最终结

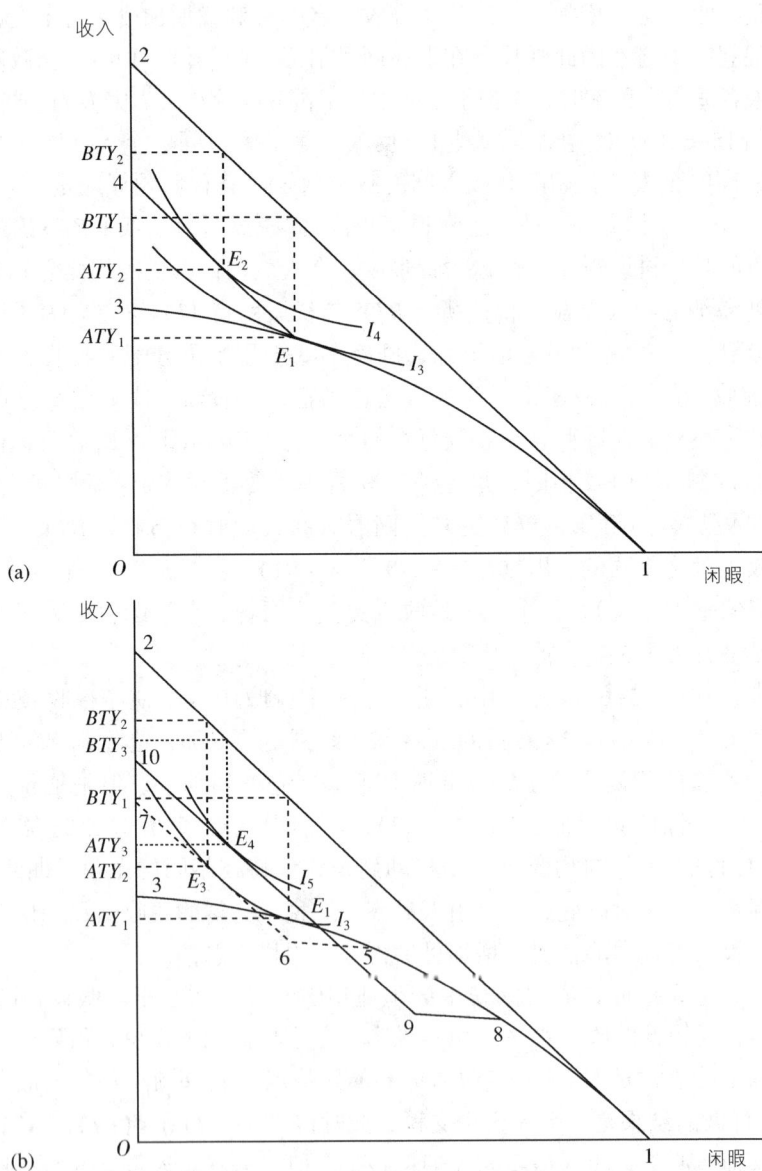

(a)

(b)

图 15-6　最优非线性所得税

来源：based on Brown and Jackson（1986）.

论是，将最高收入者的边际所得税降为零，将改善社会福利，且没有收入再分配的经济损失。

到目前为止，已有的分析只确认了应对最高工资收入者适用零边际税率，但并未讨论其他各收入级距的税率应如何安排。根据 Seade（1977）以及 Brown 和 Jackson（1986）的研究，图 15-7 说明了高收入者（虽然不是最高收入者）的偏好。若在高收入者的均衡点 EH_1 处实施零边际税率，那么他们就会重新分配工作时间，达到新的均衡点 EH_3。在这种情况下，最高收入者的税后工资是零税率的（如图 15-6（b）图所示，为 1-8-9-10），现在问题是来自均衡点 E_4 的最高收入者的税收收入将面临损失。如果最高收入者的边际税率为零，那么其他高收入者缴纳的税收将会增加。要使较高收入者支付与最初的均衡点 EH_1 相同的税收，且最高收入者达到与图 15-6（a）图中的点 E_2 相同的境况，那么必须设计税率使得高收入者能够在 EH_{1}-3 上找到切点。唯一方法是确保税后预算约束线也是凸的（给定无差异曲线相对原点是凸的且排除税率为负的情况）。这种方法下个人可能达到点 E_2，此时无差异曲线和税后预算约束线相切。为保证相切解的出现，边际税率必须随着收入的上升而增加。税后预算约束线必须像图 15-7 中的 4-E_2 那样是凹的，从而能保证与无差异曲线 I_2 相切，此时支付的税收相同但边际税率并不为零。在图 15-7 的设定中，最高收入者的所得税边际税率为零并位于均衡点 E_2（见图 15-6）。高收入者的税后预算约束线是 E_2-4。很明显，边际税率不是随着收入的增加而增加，而是必须随着收入增长而下降，直到最高收入者的边际税率下降至 0。

虽然这些结论乍一看很奇怪，但这是为了实现分配目标和使效率损失最小化而做出的必要尝试。它们是否会改变英国的边际税率？在这里，我们必须注意到（正如 Brown 和 Jackson 在 1986 年以及 Heady 在 1988 年所做的研究那样），在模型化纳税人行为时存在很多问题，例如对不确定性的处理，以及描述个人一生中的收入变化非常困难。抛开这些因素不谈，最优税收理论及其提出的方案始终受到税收管理和政治的制约。

15.4 对"规范最优税制"的批评

特别是在 Stiglitz（1988）、Ricketts（1981）和 Tollison（1987）的研究中，许多论点可以作为对最优税收基本方法的批评。

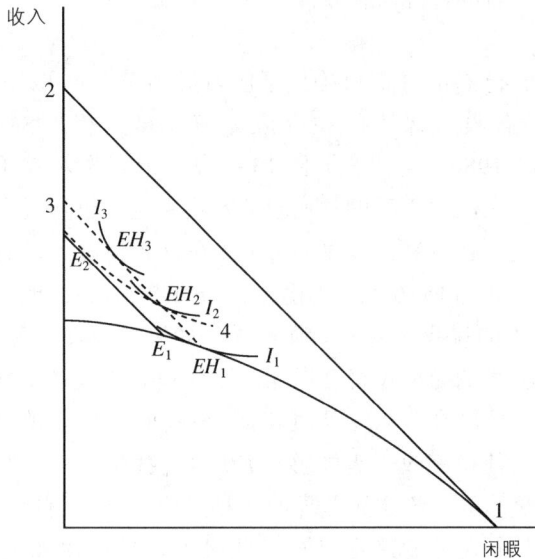

图 15-7　高收入个体的边际税率

来源：based on Brown and Jackson（1986）.

15.4.1　伦理问题

许多福利经济学和最优税收理论关注的重点是在实现特定目标（最终体现为效用）方面的公平。然而，正义要求我们审视规则和程序，这是有争议的。一个正义的社会即使个人对财产权感到满意，也关注恰当的收入分配。最优税制可能与此相冲突。例如，自由主义者要求约束政府。Rowley 和 Peacock（1975）曾说过，"对强制征税的限度应当有明确的规定，并使之成为宪法规则，只有在绝大多数人同意且经过广泛的宪法辩论之后才能改变"。现在读者会认识到，这种追求公平正义的方法更符合公共选择学派的契约主义方法。

15.4.2　福利问题

在最优税收理论中，假设效用是消费的商品和闲暇时间的函数。这真的是人类幸福的基础吗？作为这一假设的限定性条件，以下几点值得注意。

1.Scitovsky（1976）区分了"舒适"（取决于消费水平）和"愉悦"（取决

于消费的变化）。比起保持不变的高效用水平，你是否更享受效用的持续不断的增长？如果收入水平不足以充分代表估计福利，那么，在最优税收文献中对公平的考虑可能被认为太过狭隘。

2.Hirsch（1977）和 Goodin（1989）一直关注"地位性"商品。也就是说，这类商品的价值不仅来自对它们的消费，而且其他人不可能轻易地消费此类商品。最优税收方面的研究忽略了对这种消费者行为的分析。

这些论点都是最优税收理论的限定条件，如果将它们都纳入最优税收理论，最优税率的求解将更加复杂。

15.4.3　一般均衡问题

以上对最优所得税的分析是假设所得税不存在转嫁。然而，在衡量一般均衡效应时，这种情况应该加以考虑。由于征收高税率，管理人员薪金和专业人员费用可能会提高。例如，Bacon 和 Eltis（1976）认为，在 20 世纪 70 年代的英国，税收的增加（为社会福利筹集资金）导致对工资上涨的要求。

随着时间的推移，政府可能会调整税收，以再度达到最优水平①。例如，Stiglitz（1988）认为，如果税收抑制了熟练工人的工作积极性，那么可能会降低部门的投资水平；长期来看，这可能会导致非熟练工人生产率降低，并使他们的工资降低。

15.4.4　征管问题

1.首先，最优税收理论给税务征管者带来了困难。计算最优税率要求征管者掌握效用水平、技能水平的分布等知识。这对作为政策实践指导的最优税收理论分析提出了挑战。

2.此外，如果存在征管成本，"这些会影响最优税收和税率的选择"（Tait，1989：177）。在最优税收理论中，通常不考虑征管成本——在设定税率时假定征管人员可以实施完美的无成本管理。Atkinson（1977）指出，对于最优税收结构问题，需要考虑不同税种的相对征管成本。

虽然一般来说，经济理论经常与政策面临的实际问题相脱节，但应当指出，实际问题给最优税收理论造成了一些相当具体的困难。在第 7 章已经提到遵从成本，它们是指纳税申报过程中由纳税人个人承担的成本（参见 Sand-

---

① 附录 15(b) 考虑了征税对个人长期选择的后续影响，其中考虑了 Buchanan 和 Lee (1982) 的分析。

ford，1973）。在分析不同纳税人如何承担（以及"应该如何承担"）这些遵从成本时，公平方面的考虑至关重要。一些纳税人能够负担得起专业会计服务的费用，有些人则负担不起。所有纳税人获得的税务咨询和避税服务（见第8章）也不太可能一样，而且这也应当纳入税收公平的考虑中。值得注意的是，在这方面，Sandford、Godwin 和 Hardwick（1989）将亚当·斯密税收四原则中的"两条半"视为与遵从成本有关的内容（见前面第10.3节）。

15.4.5 政治问题

根据这一讨论，税制简化不仅在降低征管/遵从成本方面有好处，而且使作为投票人的纳税人有更多的信息，能够在政治过程中做出"更好的"选择。公共选择学派强调简化税制的价值。但税制的简化可能与非线性最优税收理论的要求不一致，并可能对间接税产生不利影响，因为一般认为间接税不太明显。

15.4.6 寻租问题

第5章在很大程度上基于 Tullock（1967）的论文，讨论了寻租成本研究的相关文献。这些文献对本书第7章已经介绍的福利三角形损失能够涵盖全部税收损失的论点提出异议，质疑最优税收理论中将其作为效率损失并加以最小化的论点。在图15–8中，对商品 X 征收特别消费税，导致供给曲线 S 向左移动到 S_t，税收收入为 P_d-1-3-P_s，效率损失为三角形 1-2-3。其中，消费者剩余损失了（P-P_d-1-2），生产者剩余损失了（P_s-P-2-3）。公共选择学派的分析认为，消费者群体庞大且不会轻易变动，相比之下，生产者作为一个拥有强大既得利益的小群体，在政治上具有流动性（参见 Olson，1971）。由此可见，当生产者预期能成功时，他们会花大把的钱（P-2-3-P_s）抵制这种减少生产者剩余的消费税。[①]在这方面，他们会为了"保护租金"而消耗资源（Tollison，1987：149），这个过程反映了真实的资源损失。

当最优税收理论试图将效率损失最小化时，需要考虑这些额外的福利成本。Tollison 指出：

---

① 关于寻租成本等于预期获得的租金条件的讨论，参见第5章。

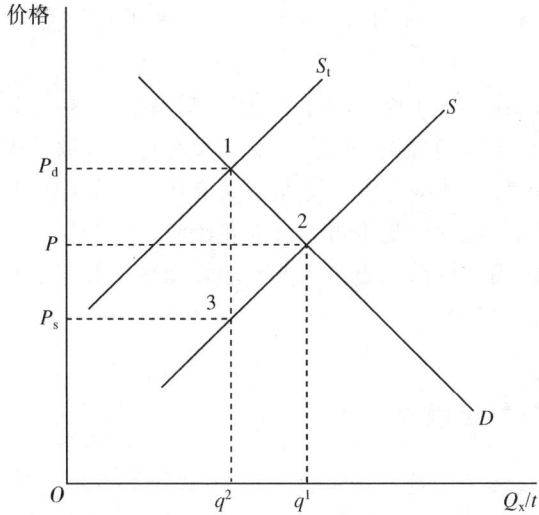

图 15-8　寻租与最优税收

来源：based on Tollison（1987）.

　　"现在传统税收分析或最优税收分析遇到一点麻烦。根据最优税收理论，当为了筹集一定的税收收入而征收特别消费税时，若选择对需求相对缺乏弹性的商品征收，相应的超额负担（123）最小。不幸的是，这种最优税收规则经不起上述分析的检验。很容易看出，当 P-2-3-P_s 作为消费税成本的一部分时，对一个需求曲线更有弹性但缺乏有组织地反对征税以保护租金的行业征税，从社会角度来说是更可取的。"（Tollison，1987：150）

　　最优商品税规则要求对需求价格弹性较低的商品适用较高的税率，当不同产品市场的寻租成本不同时，该规则可能需要修正。

　　这些批评让最优税收领域的研究面临一大堆问题。然而，如果认为研究者未能很好地意识到这些缺陷，那就大错特错了。最优税收文献中的结果往往对假定的替代弹性值和所追求的社会福利函数的性质很敏感。此外，在实践中，所需的信息并不总是容易获取，这可能产生一种偏差，导致"使用方便应用计量经济学的假设的危险"（Tait，1989：174）。Stern（1976）指出，"最优税收的研究还处于起步阶段。对我们所有的估计和计算都必须谨慎看待，并将之视为目前可得的最佳模型，而不是政策方案"。这一文献的价值可能更多地在于迫使政策制定者清醒地思考这些影响因素（例如替代弹性、收入的边际社会效用）。然而，即便在这一点上，一些观察人士仍持怀疑态度。比如，Tait（1989）评论道：

"事实上，Atkinson（1977）指出，理论只有在产生违反直觉的结果时才有用（唯一的替代物是直觉）。但是，如果惊人的反直觉结果仅在限定性的和不太可能的假设前提下才成立，这些结果又有多大用处呢？投入更多的智慧和实际努力来改善税收征管，是否可能会对税收收入保障、公平和有效的宏观经济管理起到更大作用，从而让更迷人的一般均衡模型和最优税收理论发挥作用呢？"（Tait，1989：179）

15.5 "实证"最优税收

在新古典微观经济学理论中，通常假定单个经济主体会最大化自身利益。由于新古典主义经济理论通常基于市场背景（反映西方经济中市场在商品和服务提供中的支配地位），因此经济学家才慢慢地意识到同样的利己主义观点也可以应用于政治过程分析中，这就一点也不令人惊奇了。Buchanan（1987）批评Musgrave，认为他"作为主要人物对公共选择理论持续的批评，完全建立在其本人不愿意像我们接受'私人选择者'模型那样去接受'公共选择者'模型"。

1986年诺贝尔奖得主James Buchanan教授[1]分析了政治过程中的参与者如何追求自己的目标。如果集体决策过程允许行动者对税收政策施加影响，那么税收政策就不同于"规范的最优税收政策"。规范最优税制的分析中假设政治家是无私的，官僚以中立、公正的方式制定政策，但Congleton（1988）指出，Buchanan的经济理论拒绝这些假设。Congleton（1988）认为，在Buchanan的理论中，税收政策并不是根据社会福利函数设计出来的，而是因政治参与者在集体决策过程中追求自身利益的方式而产生。

15.5.1 一种最优税收宪法

实证最优税收分析的第一个例子来自Brennan和Buchanan（1977，1980）的研究。他们认为，政治家通过确定税收来实现收入最大化，以追求自身利

---

[1] 关于Buchanan对经济学的贡献，参见Sandmo（1990）。

益。利维坦式政府（Leviathan government）是寻求收入最大化的政府。税收为政治家提供了赢得选举支持的手段。如果纳税人不能充分意识到他们所支付的税有多少（见第4章关于财政幻觉的讨论），且税收可以分配给民主选举中潜在支持者的优先项目，那么税收将为赢得选举提供支持。

Brennan和Buchanan重点从宪法规则方面关注最优税收，后者能够约束那些努力实现收入最大化的政客。税收宪法要求政治家依靠特定的、对投票人来说更显而易见的税收形式来取得收入。那么，最优税收宪法应该/将会如何约束追求收入最大化的政府呢？

下面的分析依赖于画图技术，并参考了一系列对收益最大化（利维坦式）的质疑。这些质疑都是通过最优税收宪法审查来回应的。请注意，在所有这些假设中，不仅仅是政治过程存在失败。与其说政治过程"把事情搞砸了"，不如说问题在于政府把事情做对——但总是在收入最大化方面！如果是这样的话，如何设计税收秩序来应对"有效率的收入最大化者"提出的挑战呢？

第一轮

利维坦式挑战（i）：一个收入最大化（RM）政府将利用总额税，使个人手中的收入降至维持生存水平。回顾第7章的图7-7，政府筹集的税收收入是1-6，与使用总额税而不是消费税所筹集的税收收入10-5形成鲜明对比。

宪法审查（i）：矛盾的是，税收宪法要求一个不那么综合的税基，规定税收水平不应高到使效用最大化的个人选择"完全不工作"。

在图15-9中，个人最初的无税均衡位于I_0上的点1。无差异曲线I_*表示在初始预算约束条件下，如果选择完全不工作（点2）可以实现的效用。通过选择闲暇而减少的最大税收是由垂直距离来表示的，这意味着将预算约束线向左平行移动，直到使之与I_*相切于点3。对个人来讲，选择点3处的闲暇–收入组合与选择点2处的完全不工作，效用水平是无差异的。此外，在这种情况下要实现税收收入最大化，就需要实行累退税制。

第二轮

利维坦式挑战（ii）：收入最大化（RM）政府倾向于选择累退税制。为了使个人均衡点在图15-10的点3上，需要像2-T所示的税收结构。从曲线凸向原点可以看出，当闲暇数量减少，从点2向原点O移动时，税后收入的增长幅度更大；也就是说，税制结构是累退的，随着个人收入的增长，政府从中获得的税收越来越少。

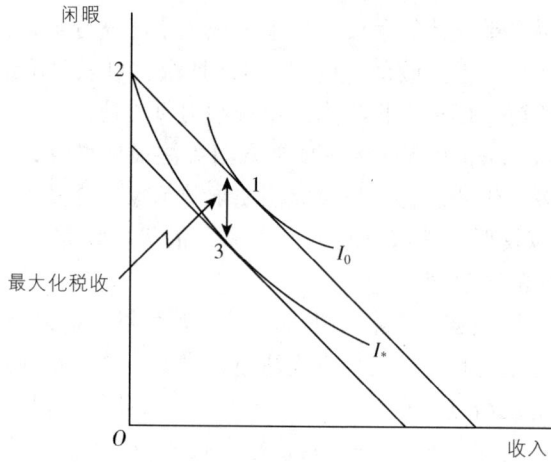

图 15-9 找到征税的限度

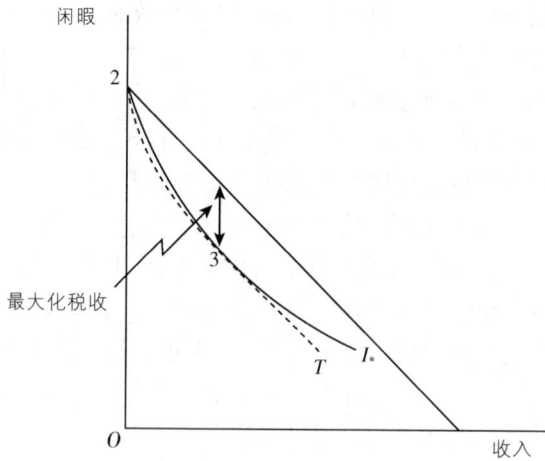

图 15-10 累退税制下税收收入最大化

　　宪法审查（ii）：税收宪法应坚持比例税制，甚至更令人欣慰的累进税制。图 15-11 中的虚线为个人的价格消费曲线，表示个人在不同比例税率下的均衡位置。这里的目标是使消费曲线上的某一点与原预算约束线之间的垂直距离最大。可以通过平衡预算约束线，直到在某一点上（例如无差异曲线 I_1 上的点 4）

垂直距离达到最大来实现。这条由虚线和点共同组成的曲线，是收入最大化的政府在比例税制下所能做的最好的事，而且可以看到，此时的税收收入比点 3 处要小。

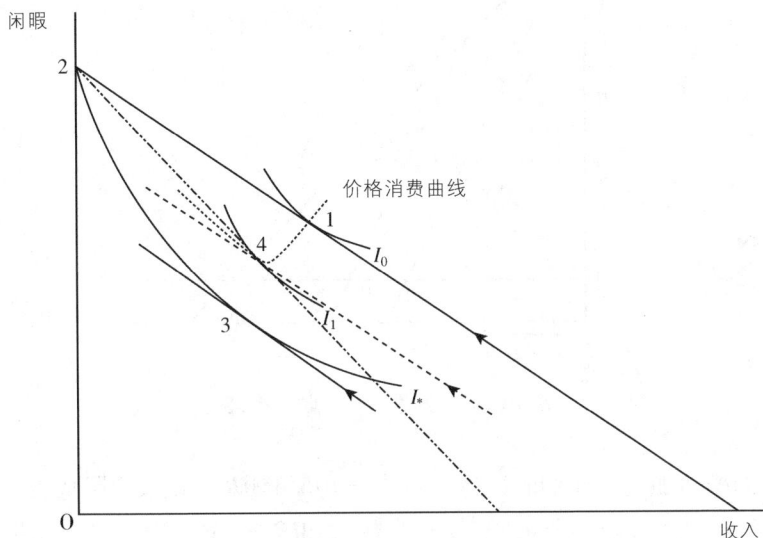

图 15-11　比例税与税收收入最大化

如果税收宪法要求征收比例税或累进税，政府将会受到限制。考虑一个累进税的例子。累退的税制结构表现为对一部分收入免税，高于其上的收入按一个不变的边际税率征税。如果平均税率随收入提高而上升，这种税就是累进的。在图 15-12 中，对产生收入的活动的需求和这一活动的边际成本（$P=£_1$）相等，所以 O-Y 是选择的收入水平。相应的边际收入曲线记为 MR，垄断政府将遵循垄断公司所采取的策略，使 $MC=MR$ 并选择税率 t^*。坚持累退税制将使 MR 向外、向右移动，使得收入最大化政府的最优税率为 t_d，而不是更高的 t^*。免税额越高，税率就越低。

第三轮

利维坦式挑战（iii）：收入最大化政府将选择歧视性税收。如图 15-13（a）图所示，两个不同个体的收入需求曲线分别记为 D_a 和 D_b，图中 MC 的位置表明，二者选择赚取相同的收入（$O-Y_a=O-Y_b$）。图 15-13（b）图展示了两人需

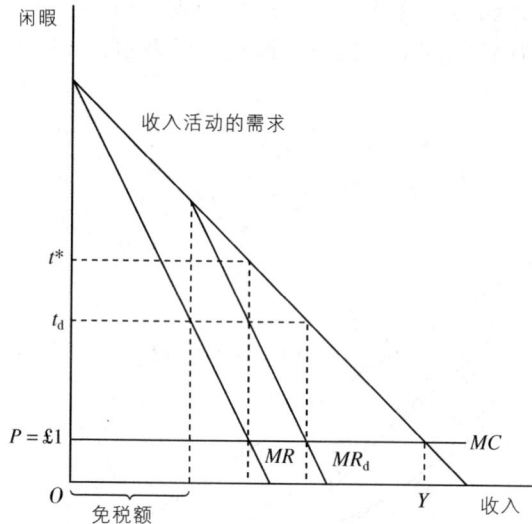

图 15-12 累退税制与收入最大化

求曲线的横向加总、他们的边际收入曲线 MR_a 和 MR_b，以及边际成本曲线 MC。实行单一税率，目标是使点 1 处满足 $MR_a + MR_b = MC$，并由点 2 处的 $D_a + D_b(D_a + D_b)$ 确定均衡税率 t。在给定税率 t 的情况下，通过比较点 3 与点 4 可以看出两个市场上边际收入的差异。由于存在税收歧视的可能，因此需要向收入最大化的政府支付费用，从而使边际成本 MC 与二人的边际收益分别都相等（$MC = MR_a = MR_b$），即图中的点 5 和点 6。这规定了由 D_a 和 D_b 分别决定的税率 t_a 与 t_b 之间的差异。以上是征税行业的三级价格歧视，政府从每个市场获得的边际收入都相同。

宪法审查（iii）：在这里，合适的宪法反应是实现横向公平，即如图 15-13（a）图所示的那样，每个人都有相同的收入（$O-Y_a = O-Y_b$），那么他们就会被同等地对待。如果每个人都被"平等对待"，那么单一税率 t 就会出现。

第四轮

利维坦挑战（iv）：收入最大化政府坚决不允许逃税和避税，因为这会减少税收收入。在图 15-13 中，仍然只有两个个体，都用标记为 b 的曲线表示，税率将是 t_b。如果个人通过避税调整了自己的位置，使其能够用标记为 a 的曲线表示，那么更低的税率 t 就会出现。

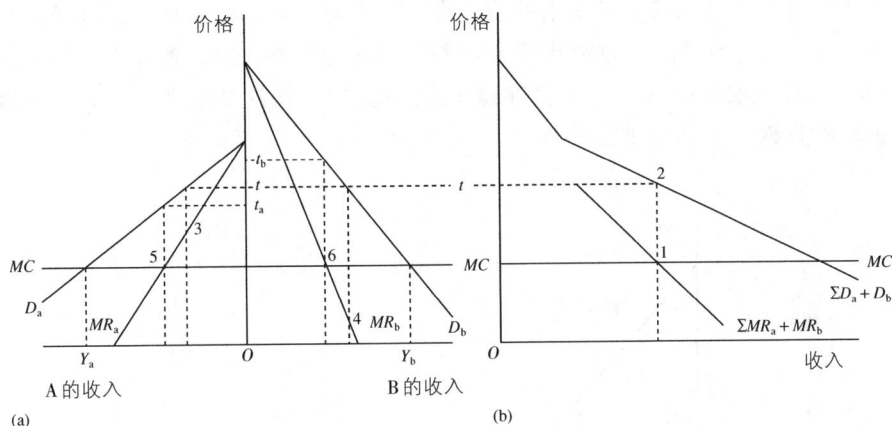

图 15-13　收入最大化政府与税收歧视

税收宪法（iv）：在个人事先不知道自己未来社会地位的情况下（罗尔斯主义的前提假设），所有人都会接受避税，认为它与降低税率的方式和检查收入最大化政府的行为一样有益。

总之，用最优税收宪法来审查收入最大化政府会赞成：

第 1 轮：歧视性税收

第 2 轮：累进（累退）税率

第 3 轮：横向公平

第 4 轮：避税并非没有吸引力

请注意，在传统分析框架中，第 2 轮和第 3 轮政策选择是基于公平的考虑，而不是基于对收入最大化政府的制约。这样，公共选择学派为税制的许多特征提供了一种竞争性的、截然不同的理由。

15.5.2　评价政治代理人的税制改革

为了说明这一方法如何被用来评估税制改革，接下来介绍 Buchanan（1987）对 1986 年美国税收立法的评估。这项立法涉及扩大公司和个人所得税的税基，同时降低税率。在图 15-14 中，均衡点从 1 移动至 2 粗略地描绘了税基扩大和税率下降对预算的影响。在点 1 处，税基受到侵蚀，商品 X 未被课税。在筹集同样税收收入的情况下，扩大税基可以使纳税人适用的税率更低，从而将效用水平提高到更高的无差异曲线上的点 2。对于那些寻求收入的政治代理人来说，这意味着什么呢？只扩大税基显然有吸引力，这会增加额外的税收收入，并使纳税人在位于 I_1 上的点 3 处实现均衡。Buchanan 认为，改革前位于点 1 的初始均衡可能是政治代理人收入最大化的产物，所以在原有税基上提高税率会减少税收收入（个人会在点 4 达到均衡）。从这个意义上说，如果要增加税收收入，就必须进行改革。

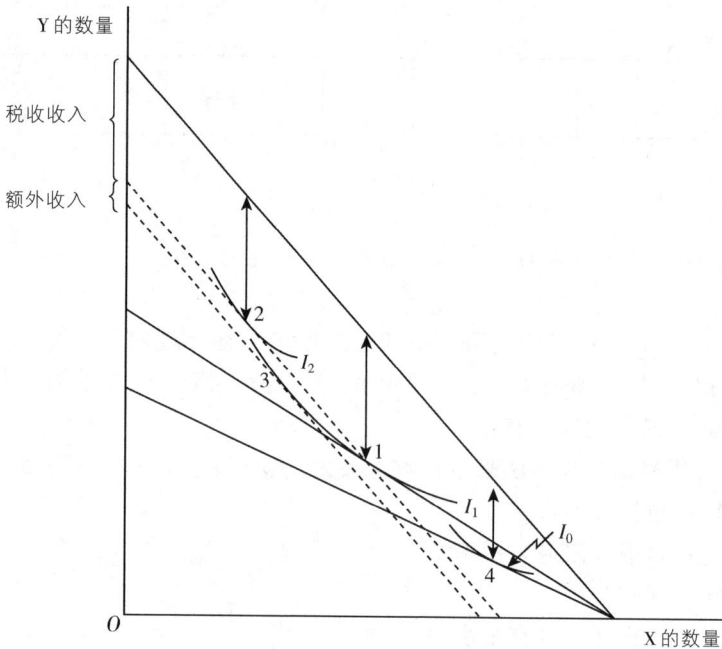

图 15-14　税收改革的吸引力

因此，政治代理人可能会被税率和税基同时改革所吸引，正如前文所说，支出和财政制度的变化都会产生寻租机会。对于后者，政治主体可能已经创造了未来租金上涨的潜力。政治主体从这一变化中获益，因为它们现在可以通过为那些原本获益最多的人重新提供税收优惠来获得租金。为特殊利益集团提供便利的游说者现在发现，他们的才能又有了新的需求。在这种情况下，Buchanan 认为政策改变提供了寻租机会，所以保持财政和支出结构的长期稳定是阻止这种自利动机驱使的不合意的政治行动的方法。

至于宽税基的税种，它们在这一分析中应被排除在外。任何约束政治家的宪法框架都应避免宽税基税种。保持税基狭窄，超额负担效应有助于纳税人意识到政府在榨取收入。相比之下，第 7 章（以及随后的几章）强调超额负担完全是税收的负效应。

15.5.3 最小化选票损失的"最优税收"

如果第 15.5.2 节分析的是约束利维坦式政府的"最优税收宪法"，那么本节旨在分析政治家如何设计税收来实现选票最大化的目标。

Hettich 和 Winer（1984）关注的主题是，为筹集既定的税收收入，按照 Downs 所提出的理论，选票最大化的政治主体会选择一种使政治成本（下次选举中选票净损失）最小化的最优税制。注意，这里支出已经确定，目标是提供一种税制结构，使其对选票的损害最小。一个选票最大化的政治家该如何设计税制让选票损失最小呢？

税制结构包括税源的组成和税种的特征，如所定义的税基、允许的免税等。其中作者特别关注的是税制的前一个要素。

政治成本 C 取决于不同来源的收入占总收入的比例（R_i/R）。为了更形式化地设定这一问题，可以观察到政治家在最小化：

$$C(\frac{R_1}{R}, \frac{R_2}{R}, \cdots, \frac{R_n}{R}, X) \tag{15.17}$$

约束条件为：

$$\sum_{i=1}^{n} \frac{R_i}{R} = 1 \tag{15.18}$$

式中，1 到 n 是可能的收入来源，R_1/R 是收入来源 1 占总收入的比例（因此要求各税种占比之和为 1），X 项是政治成本的外生（外部）决定因素的一个向量。

问题如图 15-15 所示。在图中，两种税收来源被标注为 1 和 2，随着每个税源的使用量增加，边际政治成本也在上升。假设各税源的边际政治成本曲线是独立的，因此从税源 1 筹集更多的收入并不影响与从税源 2 筹集收入的边际政治成本。横向加总显示了筹集税收的总体边际政治成本。假设确定的税收收入水平是 O-R^*，并且政治机构从每个税源中获得一半收入（O-$\bar{R}$），税源 1 和税源 2 的相关边际政治成本分别为 O-C_1 和 O-C_2。显然，只从税源 1 筹集 O-R^1 和从税源 2 筹集 O-R^2 的收入具有政治上的吸引力，因此，两种税收来源的边际政治成本相等且总政治成本最小。从图中可以看出，从每个税源筹集一半税收入（O-$\bar{R}$）转换到分别征收 O-R^1 和 O-R^2，所带来的政治成本为区域 $\bar{R}$-2-4-R^2，小于税源 1 中所避免的政治成本 $\bar{R}$-1-3-R^1。

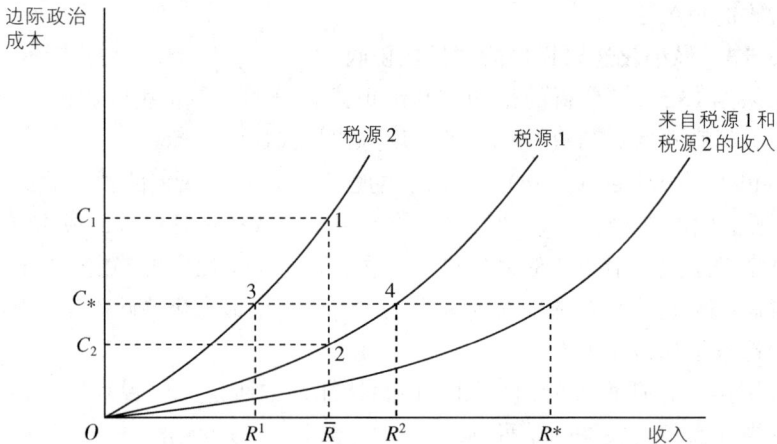

图 15-15　税制结构最小化的政治成本

　　Hettich 和 Winer 通过提出一些与上述方法一致的可检验假说发展了上文的分析：

　　1. 追求选票最大化的政治家希望降低投反对票的那些纳税人的实际税率，如果"转移"是可能的（无论是地理上的转移，还是向其他层级的政府转移），就可以减轻税收负担。

　　Hirschman（1979）将"反对"分为两种形式："退出"（exit）和"呼吁"（voice）。其观点是，一开始就对政府政策不满的个人将选择"退出"，也就是用脚投票。如果"退出"做不到，那么"呼吁"就会发挥作用，即在系统内组织批评并形成压力，要求在系统内进行变革。接下来的两个假说是围绕"呼吁"而构建的：

　　2. 建立反对派是有固定成本的。然而，在一个给定的潜在税基上，从每英镑中筹集的收入越多，反对的声音就会越大（在总量和边际上），因此，越过固定成本的预期将会增加。

　　3. 随着从每一英镑潜在税基筹集的税收收入增加，政治成本以更快的速度上升，而且由于投票人反对、组织和信息传播方面的规模经济效应，预计反对声音的增长将快于税负增长。

下面的假设是基于退出的：

4. 竞争性政治主体的存在将对税制结构起到制约作用，即害怕财政政策引发居民流动。

5. 不稳定的税源可能引起更大的反对。对任意税收均值来说，方差越大，阻力就越大。因为税源变化导致私人部门活动的未预期变化，这将带来调整成本。缺乏确定性本身也会增加风险厌恶个人的成本。

简而言之，如果要将税收的政治成本降至最低，追求选票最大化的政府应该注意几点：纳税的投票人面对的实际税收价格、组织成本、反对的有效性、竞争性财政辖区和税基确定性。

Hettich 和 Winer（1984）公式中政治上最优的税收份额取决于政治成本的一些外生决定向量。人们无法直接观察到政治成本。不过，两位作者确实探讨了向量中的因素如何用于解释美国各州的所得税份额。影响政治成本的因素分为四大类：实际税收价格、组织反对的成本、与其他州的税收竞争和税基的变化。作者在回归方程中使用了 8 个独立的代理变量，其中 6 个变量的回归系数统计上显著并且符号与预测相符。因此他们声称该方法"提供了一种税制结构模型化的有用方法"（p.82）。

15.5.4 "意识形态"政府的最优税收

与政治成本最小化的税制结构相对应的宏观政策是通过操纵财政政策和货币政策来助攻选举。现在有相当多关于政治经济周期的文献，在前述 14.3 节中已经讨论过。

Pommerehne 和 Schneider（1983）从一项更宏观的财政研究中提供了一个方便的例证，该研究引入自利的政治主体，同时他们也提供了一个政治意识形态很重要的模型的例子。政府旨在实现意识形态目标，但约束条件是他们必须赢得选举并且职位不变。

Pommerehne 和 Schneider 的方法同时考虑供需两方面因素。一旦某一政党当选/或有信心连任，供给侧因素就会出现。当离下次选举还有很长一段时间时，他们有很多时间可以支配，或者民意调查显示他们的政党处于领先地位时，政府是垄断性的并被视为通过追求意识形态目标（通常只受到少数投票人的欢迎）来最大化其效用。当距离再次选举时间很短，或者民意调查的结果不太令人满意时，需求侧因素（唐斯的启示）就会发挥作用。为了确保连任，政党必须不顾意识形态信仰，向中间投票人的要求靠拢，这一受欢迎的政策就是作者所谓的"共同财政政策"。

他们详细介绍的经验研究是针对澳大利亚的，该国的选举周期较短（三年），说明供给侧因素占主导的机会相对较少。然而，与许多西方国家的典型做法相比，这一点被更大的自由裁量权（尤其是在收入结构方面）抵消了。

15.6 "实证"最优税收：经验证据

虽然与规范的最优所得税相比，对政治上最优所得税的经验研究较少，但是下例仍然给出了可以采用的研究方法。

Seiglie（1990）建立了一种对商品 X（他的例子是酒精饮料）征税的模型，其中税收是内生的且由政治因素决定。这种税有两个相互抵消的政治影响。第一，收入可以为公共支出 G 融资，并从受益人那里获得支持。第二，消费税 T 的征收使受影响的人付出代价，并损害了这个群体的政治支持。X 的合法消费取决于消费税 T、收入水平 I 和规制细则 R。增加 T 和 R 会减少 X（即 X 的消费量）、与 X 相关的消费者剩余（CS）和生产者剩余（PS）水平，以及与 X 相关的任何负外部性。立法机构的政治支持函数 S 随着 G、CS、PS 的增加而增加，随着 E 的增加而减少。为最大化对自己的政治支持，立法机关必须这样来设置 T，使得从增加 G 和减少 E 中获得的额外支持，与由于 CS 和 PS 减少而失去的支持相等。根据图 15-16 中的税收收入曲线 TR_0，当税率为 T' 时可以取得的最大收入水平为 G（G'）。然而，支持函数在 G^* 和 T^* 处最大化，这一税率对 X 的消费者实际上来说是"不利"的。鉴于 CS 和 PS 的无谓损失将直接随商品 X 的需求和供给弹性的变化而变化，更大的弹性意味着较少的 T 和 G。随着 1933 年美国禁酒令的撤销，每个州可以自由选择成为"管制"州（州政府所有的企业是烈酒、葡萄酒、有时也包括啤酒的批发商和零售商），也可以选择成为"许可"州（通过对获得执照的私人酒类供应商征收消费税和执照费以筹集收入）。在被管制的州中，对于失去政治权力的批发商和零售商，此时 S_0 变得更平坦，因此最优的 T 和 G 水平会更高（例如，在点 2 处）。降低最小饮酒年龄会让 TR_0 移动到 TR_1，因为任何给定的 T 都会增加税收。最优的 T 和 G 会趋于增加，因为 S_0 上的点 1 移动到 S_1 上的点 3。降低合法饮酒年龄会增加 PS 和 CS（对于之前非法消费者来说），考虑到一些利得会被课税，同时 G 会增加（假定 X 的现有消费者对增税的反对声音很小）。增加收入对税收收入的效应随 X 的需

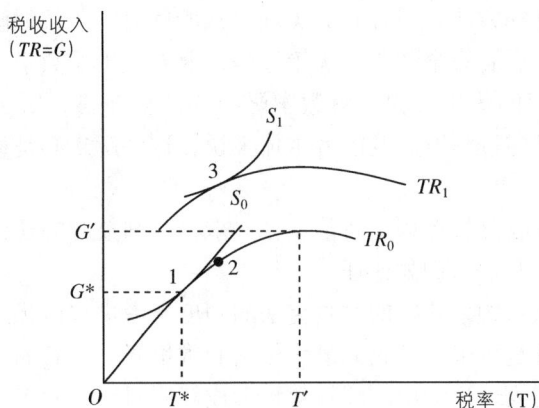

图 15-16 政治上最优的商品税

求收入弹性的变化而变化，实际上当收入弹性为正时，这种效应就会增加。通过对美国50个州的截面数据进行分析，Seiglie 发现，税率是内生的并由政治因素决定的这些命题及相关命题都得到计量经济学的支持。

15.7 小结

本章讨论了"传统财政学"的规范最优税收理论和"公共选择学派"的实证最优税收理论的一系列文献。

当考虑规范最优税收时：

• 最优税收的规范分析关注效率和公平目标。

• 理论常常与直觉有出入。对高收入者征收较低的税收看来不是"最优"选择。然而，这些结论是有充分理由的。例如，如果降低最富有人群的边际税率，就会减轻对他们工作积极性的抑制作用。因此，如果个人增加了收入，我们可能增加税收收入，用于再分配给穷人的剩余收入将会增加，而不一定会使最富有的人处境变差。

• 虽然可以针对最优税收理论的结论给出合理解释，但毫无疑问，该理论的发展很少关注困扰税收政策执行的信息和征管问题。这不可避免地限制了税收理论的政策吸引力和影响力，即使对于那些执着于社会最优方法的人也是如此。

● 至于公共选择方法，或许它完美地对其所反对的传统财政学的一些基本方面做出了说明。后者完全忽略了决策过程，而专注于用数学方法求解约束条件下不同复杂程度的优化方程。就数学函数的演算而言，所求得的解是最优的。但对于政策制定过程所涉及的各主体来说，这些解未必是最优的。当关注实证最优税收时：

● 实证最优税收分析考虑了政治家在追求自身利益时的建议。政治家的目标通常是基于自身利益，例如连任。

● 首先，可以从约束政客的税收宪法的角度来考虑"最优"税收问题。人们制定税收宪法就是用来约束收入最大化（利维坦式）政府的。所给出的政策处方与规范最优税收理论给出的政策建议形成鲜明对比，后者旨在实现效率和公平目标。这些税制改革以约束收入最大化政府的形式出现，它们深深植根于税收宪法之中，政治家无法轻易忽视它们。然而，他们只是更广泛的宪法约束的一部分。例如，其他一些政治限制措施，包括对一些议题使用三分之二多数投票规则，以及增加部门间竞争。Buchanan 认为，公共部门的许多问题都是由于税收和支出决策过程相互分离而产生的。他追随 Wicksell，支持同时考虑税收和支出这两个方面的改革。只有在了解所提供的公共物品和服务的分布情况，以及财政政策决定和实施的制度框架的基础上，才能对税收工具进行评判。在这一层面上，根本性改革意味着财政宪法的改变。Brenan 和 Buchanan（1986）从宪法视角进行了研究，其基本观点是，从长期来看，规则会使人们的状况改善。需要制定规则来克服自利的政治主体的短视。Broome（1988）对此做了批判性评论，并就经济学中由此产生的有关宪法经济学效用的分歧给出了个人意见。他指出：

"他们的主要结论之一是，为了实现长期目标，需要规则来克服政治的不稳定性。另一种观点是，政治过程不太可能使自由市场上的收入分配后果有所改善，因此应该制定规则，以禁止或规范政治上的再分配企图。在这些结论中，我发现第一个平淡无奇，第二个则令人难以置信。"（Broome 1988：282）

● 实证最优税收理论也从自利政治家的角度讨论了什么是"最优"税收这一问题。本章讨论了两种情形：一是使选票损失最小化的税收政策，二是当政治家具有"意识形态"目标时的税收政策。

在评估税制改革时，Musgrave 总结了传统财政学方法和公共选择方法的区别：

"需要通过建设性的改革，以改善决策框架。关于这一点可能没有不同意见。事实上，我早期对财政行为"三个分支"（配置、分配和稳定）的划分，正是出于这个目的。关于改革的内容，我不同意利维坦式理论的观点。在我看来，制度调整的目标应该是促使做出更有效的决策，无论是扩张的，还是收缩的。它不应该去纠正一个尚未被证明的政府过度膨胀假说，或将有利于小预算的价值判断付诸实施。"（Musgrave，1981：110）

为了突出规范最优税收和实证最优税收的区别，我们同样把 Musgrave 的评论引用在这里：

"有人建议，通过允许潜在税基的一部分免于纳税并使选择的税基与所提供的公共服务相对应，来限制政府筹集收入的能力，它与广泛接受的扩大税基这一较好的理念之间存在巨大的冲突。"（Musgrave，1981：110；我们所强调的）

附录15（A）：拉姆齐法则：图示法

进一步考虑拉姆齐法则，如图 15A-1 所示，我们绘制了商品 X 和 Y 的补偿性收入曲线（如第7章所述）。根据 Hyman（1987）和 Rosen（1988）的研究，这意味着需求价格弹性的上升导致与商品 X 和 Y 的税率相关的超额负担增加。因此，如果对商品 X 征税导致商品 X 的需求减少的比例，与对 Y 征税导致的商品 Y 需求减少的比例相同，那么这种税是最优的。如图所示，不考虑商品的需求价格弹性，而对两种商品同等征税的做法是错误的。可以通过对商品 X 征税来增加收入，从而减少超额负担。从目前的情况来看，对 X 和 Y 征得的税收收入相等（$P_0-P_0(1+t)$ -1-2=$P_0-P_0(1+t)$ -3-4）。但是，对 X 征税的效率成本为（a）图中的阴影三角形，小于对 Y 征税的效率成本（（b）图中的阴影三角形）。因此对需求价格弹性较低的商品课征较多的税就说得通了。

虽然这个阐述强调需要考虑不同商品的福利成本，但可以注意到，在设定税率时，必须满足每单位的边际超额负担与从不同的商品筹得的收入相等。Heady（1988）采用局部均衡方法，明确地推导出最优商品税。图 15A-1（c）图所示为商品 X 的收入补偿性需求。商品税将价格从 P_0 提高到 P_1，实际上，我们可以假设对所有商品来说，（P_0-P_1）占 P_0 的比例相同。令

$$(P_0-P_1)=zP_1 \tag{15A-1}$$

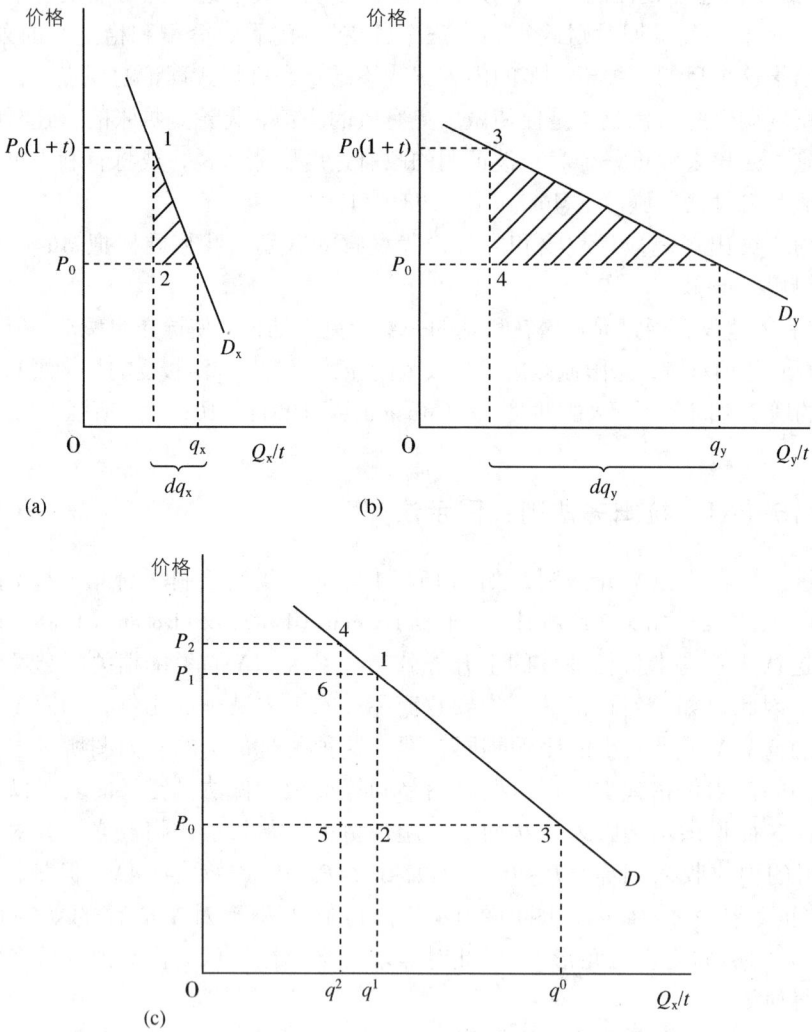

图 15A-1　超额负担的比较

来源：based on Rosen（1988）and Heady（1988）

　　如果税收增加导致价格上升到 P_2，那么超额负担将增加到 4-1-2-5。对于非常小的税收变化，它近似于 zP_1（即 P_1-P_2 的距离）乘以（dQ/dP）dP（即 5-2 的距离）。后者的距离是由于税收增加导致价格上涨所引起的数量变化（剩下的三角形 4-6-1 近似为零）。增加的超额负担则为：

$$zP_1(-\frac{dQ}{dP})\,dP \tag{15A-2}$$

或

$$ze\,dPQ \tag{15A-3}$$

式中，e 为需求价格弹性。

从增税中获得的额外收入是面积 $P_1\text{-}P_2\text{-}4\text{-}6$（剩余销售数量的额外收入）和 6-1-2-5（未来商品销售减少的损失收入）之间的差额。这部分额外收入可以写成：

$$dPQ - zP_1(-\frac{dQ}{dP})\,dP \tag{15A-4}$$

或

$$(1-ze)\,dPQ \tag{15A-5}$$

因此，所筹集的每单位收入的超额负担的增加值是（图 15-A3）与（图 15A-5）之比，即

$$ze/(1-ze) \tag{15A-6}$$

这对于价格弹性较低的商品来说比较小。因此，从统一税制的立场出发，对需求价格弹性低的商品增税、对价格弹性高的商品减税是合适的，收入总额保持不变，但超额负担总额减少。如果我们希望平衡所有商品每单位收入所增加的超额负担，那么我们需要：

$$\frac{z_i e_i}{1-z_i e_i}=k \quad \text{对所有 } i \tag{15A-7}$$

式中，k 是常数，下标 i 代表不同商品，因此，当这个条件成立时：

$$z_i = k/[e_i(1+k)] \quad \text{对所有 } i \tag{15A-8}$$

和

$$z_i e_i = k/(1+k) \quad \text{对所有 } i \tag{15A-9}$$

由于 e 为线性需求曲线的收入补偿性价格弹性，该方程告诉我们，去掉最优消费税后，所有商品的需求增加比例一样。

附录 15（B）：纳税人的反应和时间范围

近年来，公众对税率和税收收入是否成反比展开了激烈的辩论。这一想法可以追溯到亚当·斯密 1776 年的研究，近年来，阿瑟·拉弗（Arthur Laffer）著名

的曲线表明，一个经济体可能处于这样一种状态：若税率降低，则税收收入会增加（见第11章）。这种局面吸引了所谓的供给学派经济学家，以及那些纯粹出于意识形态理由而希望减少政府干预的人。但这样的结果如何与追求收入最大化政府的假设相符呢？如果政府是收入最大化者，并且"高效率"地执行任务，那么税率就不可能超过收入最大化的税率，那么当税率下调时，税收收入可能会增加吗？

利维坦政府观的一些分析要求区分短期和长期调整机制。Buchanan 和 Lee（1982a；1982b）在20世纪80年代初广泛提倡的供给学派的背景下发展了他们的分析。对政府来说，收入（支出）是"好的"，提高税率是"坏的"。重要的是，当时间期限过短时，纳税人-投票人还来不及完全调整。图15B-1（a）图中 D_L 为税基的长期需求曲线，长期意味着任何针对税收变化的调整行为都可以做出。与 D_L 相关的是（b）图中的长期拉弗曲线 LC_L。从可以完全调整的税率 t 开始，不断把时期缩短并且可进行的调整越来越少，推导出一系列特定时期的 D 曲线和 LC_S 曲线，如 $D_0(\bar{t})$ 和 $LC_S^0(\bar{t})$。同样的过程可以用于任何初始税率，如 $\bar{t}$。分析表明，当税率提高后，短期的税收增长要高于长期增长。在该模型中，通过在特定时期的初始税率确定的拉弗曲线上增加一个坏的（y 轴）和好的（x 轴）之间的无差异曲线图，可以推导出政治均衡。在长期拉弗曲线上，可以找到与纳税人-投票人行动一致的均衡。例如，在图15B-2中，当税率为 t^* 时，I_0 上的 e^* 就是一个均衡。在这个分析中，可以在长期拉弗曲线的负斜率部分找到平衡。然而，均衡低于短期收入最大化的位置，导致在这种情况下，税率总是"坏"的（收入最大化者将其视为中性）。

图中还显示 t^* 的调整。如果初始税率过低（t_l），政府会试图达到点2而不是点1，因为这是无差异曲线 I_1 和税率为 t_l 时的短期拉弗曲线 $LC_S^0(t_l)$ 的切点。因此点1会移动至点2。除了在短期内，这种改变不可持续，因为纳税人为达到点2而调整回必要的税率（t_h），会最终到达 LC_L 上点3。当达到点3时，可以在 e^* 处得到更好的位置，因而 t_h 将比 t^* 还低，此时短期拉弗曲线 $LC_S^0(t^*)$ 与长期拉弗曲线 LC_L 重合，无须进一步调整。这是无差异曲线与 LC_S^0 和 LC_L 相切决定的比较静态分析中的最终稳定点。由此得到的启示是，只要存在政治短视，税率将高于富有远见的政府（LC_L 的点1）确定的税率水平。如果纳税人了解政府制定税率的方式并能分享到相同的信息，向 I^* 上点1的移动速度将大大加快。"缓慢调整"的代价是，一个真正减税的政府最初必须失去收入才能移动

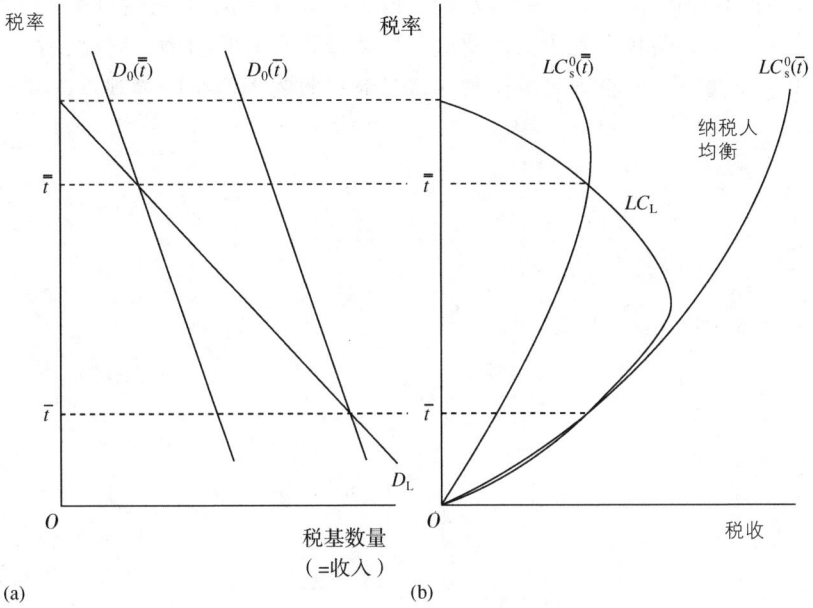

图 15B-1 短期/长期拉弗曲线的推导

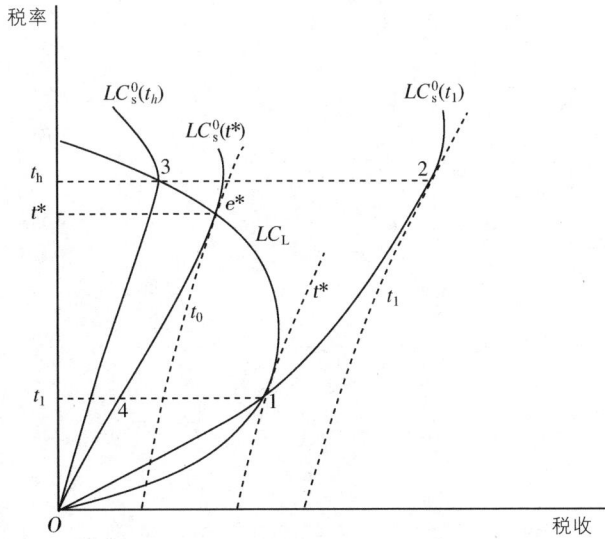

图 15B-2 政治均衡与纳税人均衡

到 LC_L。如图15B-2所示，如果政府将 t^* 降至 t_1，短期将会到达点4。正是在这种背景下，持久而具有约束力的财政秩序才变得具有吸引力。同时，这一观点也回击了拉弗曲线的批评者关于税率降低时税收收入会下降的观点。

参考文献

Atkinson, A.B. (1977) 'Optimal Taxation and the Direct versus Indirect Taxation Controversy', *Canadian Economic Review*, 10, 4, pp.590-606.

Atkinson, A.B. and Stiglitz, J.E. (1980) *Lectures on Public Economics*. London: McGraw-Hill.

Bacon, R. and Eltis, W. (1976) *Britain's Economic Problem: Too Few Producers*. London: Macmillan.

Brennnan, G. and Buchanan, J.M. (1977) 'Towards a Tax Constitution for Leviathan', *Journal of Public Economics*, 8, 3, pp.255-73.

Brennnan, G. and Buchanan, J.M. (1980) *The Power to Tax: Analytical Foundations of a Fiscal Constitution*. Cambridge: Cambridge University Press.

Brennan, G. and Buchanan, J.M. (1986) *The Reason of Rules: Constitutional Political Economy*. Cambridge: Cambridge University Press.

Broome, J. (1988) 'Review of Brennan and Buchanan (1986)', *Economica*, 55, 218, pp.282-3.

Brown, C.V. (1983) *Taxation and the Incentive to Work*, 2nd edn. Oxford: Oxford University Press.

Brown, C.V. and Jackson, P.M. (1986) *Public Sector Economics*, 3rd edn. Oxford: Basil Blackwell.

Buchanan, J.M. (1987) 'Tax Reform as Political Choice', *Economic Perspectives*, 1, 1, pp.29-35.

Buchanan, J.M. and Lee, D.R. (1982) 'Tax Rates and Tax Revenues in Political Equilibrium', *Economic Inquiry*, 20, 3, pp.344-54.

Buchanan, J.M. and Lee, D.R. (1982a) 'Tax Rates and Tax Revenues in Political Equilibrium', *Economic Inquiry*, 20, 3, pp.344-54.

Buchanan, J.M. and Lee, D.R. (1982b) 'Politics, Time and the Laffer Curve', *Journal of Political Economy*, 90, 4, pp.816-19.

Collard, D. (1978) 'A Geometry of Optimal Linear Income Taxation'. Mimeo, University of Bath.

Congleton, R.D. (1988) 'An Overview of the Contracterian Public Finance of James Buchanan', *Public Finance Quarterly*, 16, 2, pp.131-57.

Corlett, W.J. and Hague, D.C. (1953) 'Complementarity and the Excess Burden of Taxation', *Review of Economic Studies*, 21, pp.21-30.

Deaton, A. and Stern, N. (1986) 'Optimally Uniform Commodity Taxes, Taste Difference and Lump Sum Grants', *Economic Letters*, 20, pp.263-6.

Diamond, P.A. and Mirrlees, J.A. (1971) 'Optimal Taxation and Public Production: I and II', *American Economic Review*, 61, pp.8-27 and 261-78.

Downs, A. (1957) *An Economic Theory of Democracy*. New York: Harper & Row.

Ebrahimi, A. and Heady, C.J. (1988) 'Tax Design and Household Composition', *Economic Journal Conference Papers*, 98, 390, pp.83-96.

Goodin, R. (1989) 'Relative Happiness'. Paper presented to the European Consortium for Political Research, Paris.

Harberger, A.C. (1964) 'The Measurement of Waste', *American Economic Review*, 54, 3, pp.58–76.

Heady, C. (1987) 'A Diagrammatic Approach to Optimal Commodity Taxation', *Public Finance/Finances Publiques*, 42, 2, pp.250–62.

Heady, C. (1988) 'The Structure of Income and Commodity Taxation', pp.186–216 in P.G. Hare(ed.), *Surveys in Public Sector Economics*. Oxford: Basil Blackwell.

Heady, C. (1993) 'Optimal Taxation as a Guide to Tax Policy: A Survey', *Fiscal Studies*, 14, 1, pp.15–41.

Hettich, W. and Winer, S. (1984) 'A Positive Model of Tax Structure', *Journal of Public Economics*, 24, 1, pp.67–88.

Hirsch, F. (1977) *Social Limits to Growth*. London: Routledge & Kegan Paul.

Hirschman, A.O. (1970) *'Exit', Voice and Loyalty: Responses to Decline in Firms, Organisations and States*. Cambridge, Mass.: Harvard University Press.

Hyman, D.N. (1987) *Public Finance: A Contemporary Application of Theory to Policy*, 2nd edn. Chicago: Dryden Press.

Kay, J. and King, M. (1986) *The British Tax System*, 4th edn. Oxford: Oxford University Press.

Layard, P.R.G. and Walters, A.A. (1978) *Microeconomics Theory*. New York: McGraw–Hill.

Meade, J.E. Chairman (1978) *The Structure and Reform of Indirect Taxation*. London: Allen & Unwin.

Musgrave, R.A. (1959) The Theory of Public Finance. New York: McGraw–Hill.

Musgrave, R.A. (1981) 'Leviathan Cometh, or Does He?', pp.77–120 in H.Ladd and N.Tideman(eds), *Tax and Expenditure Limitations*, COUPE Papers on Public Economics no.5. Washington DC: Urban Institute.

Musgrave, R.A. (1989) 'The Three Branches Revisited', *Atlantic Economic Journal*, 17, 1, pp.1–7.

Olson, M.Jr. (1971) *The Logic of Collective Action: Public Goods and the Theory of Groups*. Cambridge, Mass.: Harvard University Press.

Pommerehne, W.W. and Schneider, F. (1983) 'Does Government in a Representative Democracy Follow a Majority of Voters' Preferences? An Empirical Investigation', pp.61–84 in H.Hanusch(ed.), *Anatomy of Government Deficiencies*. Berlin: Springer–Verlag.

Ramsey, F.P. (1927) 'A Contribution to the Theory of Taxation', *Economic Journal*, 37, 145, pp.47–61.

Rawls, J. (1971) *A Theory of Justice*. Cambridge, Mass.: Harvard University Press.

Ricketts, M. (1981) 'Tax Theory and Tax Policy', pp.29–48 in A.Peacock and F.Forte, *The Political Economy of Taxation*. Oxford: Basil Blackwell.

Rosen, H.S. (1988) *Public Finance*, 2nd edn. Homewood, Ill.: Irwin.

Rowley, C. and Peacock, A. (1975) *Welfare Economics: A Liberal Restatement*. Oxford: Martin Robertson.

Sandford, C.T. (1973) *The Hidden Costs of Taxation*. London: Institute of Fiscal Studies.

Sandford, C.T., Godwin, M.R. and Hardwick, P.J.W. (1989) *Administration and Compliance*

Costs.Bath：Fiscal Publications.

Sandmo,A.(1990)'Buchanan on Political Economy：A Review Article', *Journal of Economic Literature*,28,1,pp.50-65.

Scitovsky,T.(1976) *The Joyless Economy*.Oxford：Oxford University Press.

Seade,J.K.(1977)'The Shape of Optimal Tax Schedules', *Journal of Public Economics*,7, 2,pp.203-36.

Seiglie,C.(1990)'A Theory of the Politically Optimal Commodity Tax', *Economic Inquiry*, 28,3,pp.586-603.

Smith,A.(1776) *An Enquiry into the Nature and Causes of the Wealth of Nations*.London：Nelson,1873.New York：Random House,1937.

Stern,N.H.(1976)'On the Specification of Models of Optimum Income Taxation', *Journal of Public Economics*,6,1,2,pp.123-62.

Stiglitz,J.E.(1988) *Economics of the Public Sector*,2nd edn.New York：W.W.Norton.

Tait,A.A.(1989)'Not So General Equilibrium and Not So Optimal Taxation', *Public Finance/ Finances Publiques*,44,2,pp.169-82.

Tollison,R.D.(1987)'Is the Theory of Rent Seeking Here to Stay?',pp.143-57 in C.K.Rowley(ed.), *Economics and Democracy：Essays in Honor of Gordon Tullock*.Oxford：Basil Blackwell.

Tullock,G.(1967)'The Welfare Costs of Tariffs,Monopolies and Theft', *Western Economic Journal*,5,3,pp.224-32.

Van Velthoven,B. and Van Winden,F.(1991)'A Positive Model of Tax Reform', *Public Choice*,72,1,pp.61-86.

第 16 章　迈向"新"财政学：实验、行为、神经成像和"个人失灵"

16.1　引言

我们在第 5 章中讨论过，Akerlof 和 Dickens（1982）曾别出心裁地借用了一个来自心理学的概念——认知失调。自那以后，大量拓宽经济学研究领域的文献陆续发表，在这里我们讨论的是与公共部门有关的部分。

一般而言，福利经济学强调市场失灵，公共选择经济学强调政府失灵。本章讨论的重点则落在被称为"个人失灵"的内容上（参见 Jones 和 Cullis，2000）。本书的第一版问世于 1992 年，那时传统福利经济学和公共选择经济学之间争论激烈，因此在一本教科书中给予二者均衡的篇幅是一种相对新颖的做法。2006 年，Besley 在"林达尔讲座"基础之上完成的著作中提到"对政府的经济分析有两大阵营，一个强调公共利益中的政府……并从福利经济学视角提出了现代国家理论，而另一个极端主要把政府描述为私人利益的政府"（Besley，2006：1），这可能是公共选择经济学成功的一个证明。针对后者，作者在注释中强调："这种观点一直是公共选择的核心。"Besley（2006）将公共部门经济学与政治科学的研究结合起来，而本章的主题则是要在公共部门经济学与广义心理学之间建立起联系。

Lowenstein（1999：315）认为："在我们这个世纪，效用概念的演变是以逐渐剥离心理学内容为特征的。"但是，越来越多的文献似乎正在扭转这一趋势。如果这种逆转是富有成效的，那么它可能给福利经济学和公共选择学派双双带来灾难。到目前为止，已有足够的理论和经验研究让他们头疼！下面，我们看一下将要讨论的文献能否以其获得的成功为这一判断提供支撑。（这将决定）在第四版书中（不论其形式如何），本章的内容是压缩为一节还是扩展为几章。

16.2 从"经济人"到"现实人"

新古典福利经济学以"经济人"的偏好和能力为前提提供了实证预测和规范建议。传统财政学和公共选择学派都在关注这种"代表性"个体。Brennan和 Lomasky（1993）将这一行动者描述为：

（1）"理性"的；

（2）利己主义的；

（3）以收入或财富定义的狭义的利己主义。

一个关键考虑是"理性"行为的含义。"理性"行为是前后一致的行为。当经济人面对新约束（相对的价格、收入）时，不难做出预测。如果假定偏好是外生的且保持不变，那么可以根据个人对约束条件变化的反应做出预测（参见 Stigler 和 Becker，1977）。读者可以回顾一下，本书中大量的预测是在税收、补贴或政府规制引起的预算约束变动的基础上进行的！

这一分析方法可以适用于更广泛意义上的"代表性"个体。让我们来考虑第9章讨论过的利他主义和幸灾乐祸。"代表性"个体纯粹自利的命题是令人怀疑的。自利是一个"微妙的"概念（认为个人只关心自己的效用）。第9章运用 Hochman 和 Roger（1969）的方法预测纳税人福利的变化，就考虑到了其他人福利的增加给纳税人带来正效用的情况。纳税人有可能是仁慈的（此时个人效用之间正向依赖），也可能是坏心肠的（此时个人效用之间负向依赖）。我们在第9章中讨论再分配收入的意愿时，对以上两种情形都有所涉及。

相比之下，本章的焦点就大不相同了。这里关注的是那些系统性地异于经济学家认为是"理性"的行为。本章关注"经济人"和"现实人"的区别（参见 Cullis 和 Jones，2008）。"现实人"假设具有如下特征：

（1）基于有限理性——"个人失灵"；

（2）不仅仅关注纯粹一己之利——比经济人"更大度"；

（3）对影响偏好的信号做出反应——内生偏好。

传统财政学和公共选择学派都重点关注"理性"的行动者，以便能够对行为做出预测。但是，如果正如 Hegel 所深刻揭示的那样，"理性是人所共行的大道，在这条道路上，谁也不显得突出"（引自 Knox，1952：230），那么越来越多的文献表明，这条"大道"不是以预期效用理论的公理来作为路标的。道路上散落着大量局部分析，而系统的启发式反应和传递性、强可分性以及用于组合彩票的一般规则之类的东西常常为其他东西所取代。

"理性"行为分析便于预测（对经济学家来说，"理性"行为就是一致性行为）。如果偏离"理性"行为，就会出现反常行为。问题是，一个接一个的实验都表明，反常行为普遍且持久地存在。当前的文献中包含对反常行为的分析，但由于该种行为系统地偏离了（经济人的）"理性"行为，因此探究其对公共财政和公共选择分析的意义是合理的。

16.2.1　"非理性"行为

Frey 和 Eichenberger（1989，1994）根据来自经济心理学和实验经济学的大量证据，描述了已经被揭示的那些反常行为。本小节将参照个人对待"过去、现在和未来"的方式，列出这些反常行为的清单：

（i）过去的影响。在经济学中，人们应该根据关于边际成本和边际收益的比较做出决策，但是经验表明，"历史"对于决策是重要的。

（a）沉没成本效应：个人倾向于在决策中考虑历史/过去的成本。无论是在字面意义上（像孩子一样）还是在比喻的意义上，个人确实会"为打翻的牛奶而哭泣"，并将"继续砸钱（以挽回损失——译者注）"。

（b）禀赋效应：相对于自己尚未拥有的物品而言，人们对自己拥有的物品（即个人所拥有的东西）给予更高的评价。这说明为得到一件物品而愿意支付的意愿和因放弃一件物品而需要得到的补偿的意愿有所不同。一般来说，前者小于后者。

（ii）现在的影响。选择行为受其所处环境的影响。

（c）框架效应：一个决策问题的表达方式和信息呈现的方式对个人选择有明显的影响。将一个决策描述为可感知的"损失"或"收益"，会引起不同的反应。同样的信息若以矩阵、决策树或文字等不同方式表达出来，也会引起不同的反应。

（d）参照点效应：个人不是根据总财富对替代方案进行评估，而是根据参照点进行评估，这个参照点常常就是当前的现状。框架（对实际情况的描述方式——译者注）会使参照点发生改变，因此期望值相同的彩票会受到不一样的对待。

（e）锚定效应：对社会状态的评价是从特定起点开始的，起点的选择将影响行为结果。有经验的交易者，例如那些设计"旅游圈套"的人，他们设置了锚，使你感觉如果以某种方式远离了锚，而不是按你最初认可的价值来支付或接受它，就认为自己是成功的。

（f）过度自信效应：人们相信他们对可观察到的事实的了解比实际情况要深刻。这说明，人们的决策在一定程度上是基于谬误而做出的。

（g）偏好逆转效应：个人倾向于选择低收益且中奖概率高的彩票，而不是高收益且中奖概率低的彩票，却愿意为后者支付更多。这说明支付意愿可能不会揭示偏好——这是对许多经济学思维中关键思想的否定。

（h）机会成本效应：决策者在做计算时，相对于同等大小的机会成本，更为看重现金成本。在人们看来，现金成本比同等规模的时间成本和连带成本要大，所以成本的形式是重要的。

（iii）未来的影响。人们思考各种可能性的方式也会影响到其选择行为，而这也违背了经济理性。

（i）确定性效应：在个人决策中，当（已知）预期效用相同时，确定的结果比不确定的结果更重要。例如，在确定可得的 3 000 英镑与 80% 的机会得到 4 000 英镑两种方案间，大多数人宁愿选择前者，然而，在 25% 的机会赢得 3 000 英镑与 20% 的机会获得 4 000 英镑两种方案间，人们又往往选择后者。这是反常的，因为所发生的一切不过是两组方案发生的概率同时缩小到原来的 1/4 而已[①]。

（j）小概率效应：以一种怪异的方式来看待大概率事件和小概率事件——认为确定性完全不同于大概率事件，小概率往往被高估。也就是说，彩票的吸引力部分来源于个人高估了精算上非常低的获胜概率。

（k）可得性偏差：当个人做出选择时，最近发生的重大事件和亲身经历事件的重要性会被系统地高估。例如，那些被抢劫的人高估了犯罪发生的可能性。

（l）代表性偏差：个人对事件的先验概率存在系统性的误解，且对样本量不敏感。

上述清单提醒人们，其他章节在多大程度上依赖对"经济人"的分析。这

---

① 关于实证背景中税制改革的讨论，参见 Van Velthoven 和 Van Winden（1991）。

意味着我们的新行动者（现实人）并没有"无限的认知能力和信息处理能力"（参见 Guth 和 Ortman，2006：405）。相反，新的"代表性"个体是有限理性的（包括"经验法则"）。对"代表性"个体的不同描述，将在多大程度上影响公共财政和公共选择分析呢？

16.3 公共政策的行为分析：损失厌恶和禀赋效应

"行为分析"关注的行为与基于理性经济人而被预测的行为有着系统性的区别。在本节中，我们重点关注其中的一种反常现象及其影响，通过它来说明相关文献的重要性。反常现象太多了（其清单可能非常长），因此无法逐一进行讨论。这里重点阐述公共政策分析在多大程度上受禀赋效应这一假定（即个人对他已经拥有的物品更为看重）的影响。

首先，考虑以下证据。Kahneman、Knetsch 和 Thaler（1990）报告了在康奈尔大学进行的一项实验结果。实验关注的重点是参与实验的44名大学本科生的反应。在这个实验中，随机挑选的22名被试将获得康奈尔大学的马克咖啡杯（书店的售价为6美元）。发放完杯子之后，询问未得到杯子的被试愿意以什么价格购买这款杯子，同时询问得到杯子的被试愿意以什么价格出售。

杯子是随机发放的。实验组织者预期，不管是否得到杯子，所有被试的偏好没有差异。这意味着供求曲线应该相当对称。他们预想随机的买家会比随机的卖家对杯子的估价更高（且大约会卖出11个杯子）。然而，事实上只卖出去3个！

针对这种行为的分析可以参考 Kahneman 和 Tversky（1979）提出的观点。他们强调个体的损失厌恶特征，个人对损失远比对收益看得更重。得到杯子后，被试的行动建立在杯子已纳入他们现有财富的基础之上。其行动表明，失去杯子的损失比他们为得到杯子而愿意支付的数额要大。被试的决策与个人行动受禀赋效应影响这一命题是一致的。

当然，新古典经济学家的反应是将这种行为看作一种反常现象。但是，当改变实验条件时，出现了同样的行为，其他做过类似实验的作者也报告了相同的情况。如果存在禀赋效应，那么本书先前得出的分析结论会因此被改变吗？

（a）评价成本与收益

本书几乎完全集中于这样一个命题，即政府的作用是根据个人对其福利的估计来设计公共支出和税收以求得到社会福利最大化。第6章集中讨论了应该如何评价公共支出，其中重点考虑的是支付意愿。成本收益分析以潜在的帕累托改进标准为前提。如果项目（受益人）的支付意愿超过（项目的受损者，即那些宁愿将资源用在别处的人）为不实施该项目而支付的意愿，项目就值得进行。那么，禀赋效应如何影响旨在提高公民福利的政策分析（基于个人自己偏好的评价）呢？

第1章对补偿变化（支付意愿）和等价变化（接受意愿）做了分析。当预计个人的接受意愿超过支付意愿时（因为存在收入效应），二者之间的预期差距将会很小。经济学家利用Willig（1976）提出的数学推导方法来完善了这一假设，他们能够确信个人评价对评价方式不敏感（即对凭借接受意愿而非支付意愿做出的决策不敏感）。然而，Kahneman、Knetsch和Thaler（1990）的实验表明他们错了！一个人为一项改变所愿付出的成本，可能远远小于他为了放弃这项改变所愿付出的成本！如果存在禀赋效应，那么支付意愿可能远小于接受意愿！

许多关于成本收益分析的结论为这一推测提供了支持。表16-1重点关注了引起环境变化的各种因素研究中支付意愿（willingness to pay，WTP）与接受意愿（willingness to accept，WTA）的情形，从中可见支付意愿和接受意愿（平均数和中位数）之差很大。

表16-1 成本收益研究中支付意愿（WTP）与接受意愿（WTA）的估计

研究和权利	平均数			中位数		
	WTP	WTA	比值	WTP	WTA	比值
基于假设的综述						
Hammack和Brown（1974）沼泽（Marshes）	247	1 044	4.2	NA	NA	NA
Sinclair（1976）捕鱼（Fishing）	NA	NA	NA	35	100	2.9
Banford等（1979）捕鱼码头（Fishing Pier）	43	120	2.8	47	129	2.7
邮政服务（Postal Service）	22	93	4.2	22	106	4.8
Bishop和Heberlein（1979）猎鹅许可（Goose-Hunting permits）	21	101		NA	NA	NA
Rowe等（1980）可见性（Visibility）	1.33	3.49	4.8 2.6	NA	NA	NA
Brookshire等（1980）猎鹿（Elk hunting）*	54	143	2.6	NA	NA	NA
Heberlein和Bishop（1985）猎鹿（Deer hunting）	31	513	16.5	NA	NA	NA

*研究中用到了几个中间水平的变化。

来源：adapted from Kahneman Knetsch and Thaler(1990).

如果在成本收益研究中发现WTA超过了WTP，那么可以作为禀赋效应的证据吗？在考虑经验研究结果时，重要的是质疑它们是否反映了完全不同的见解。对回收的调查问卷进行研究时，可能发现其中存在不同的见解。例如，其差异的存在可能反映出以下几点：

（i）策略反应：调查对象大幅度减少愿意支付的金额，以便降低未来成本。

（ii）不确定性：由于只有一次机会来表达估值，个人可能会低估支付意愿（WTP），高估接受意愿（WTA）。

（iii）支付方式：如果调查问卷表明个人必须以某种方式支付，那么个人可能不会对所要求的支付方式无动于衷（越要求以税收形式支付，则个人支付部分越少）。

（iv）"锚定"：调查问卷本身可能就支付意愿（WTP）提出一种估值，这可能会影响调查对象发表意见。

（v）"心理账户"：如果个人被问及他们愿意支付多少钱，以防止某一特定物种的灭绝，他们会从分配用于保护支出的心理账户给出一个数字（不是从他们总收入中拿钱——在这一分析中二者不可互换）。然而，如果他们能够较容易接受这一结果所需的金额，就不存在这种限制。

（vi）道德抗议：如果环境损害不可逆转（例如，某一物种的灭绝），通过发出高支付意愿（WTP）的信号，可能更容易地表达愤怒情绪。

当然，支付意愿（WTP）和接受意愿（WTA）之差实际上可能更大。如果这是事实，那么这种差异是不是禀赋效应存在的证据呢？Hanneman（1991）提出了另一种解释：WTP和WTA的差异同时取决于因商品或服务数量离散变化导致的收入效应和替代效应。可供替代物越少，那么二者差别越大（因为弥补损失的可能性越小）。这种解释表明，二者的差别并非来自"非理性的"个人的某种表现形式或认知错误。虽然有经验证据表明可替代性很重要（如Shogren，1994），但是批评者认为，这并不足以解释所揭示的WTP与WTA估计值的差异原因（Morrison，1997）。

具备这些条件，就不能否认存在禀赋效应的说法：

• 如果存在禀赋效应，那么运用支付意愿（WTP）方法做经济评价时，则会严重低估损失（Knetsch，1990）。很多项目收益会被夸大，补偿不能完全弥补福利损失。

• 或许更为重要的是，估值对权益的依赖性引发了有关分析无差异曲线分析方式的问题。有没有可能认为，对无差异曲线的期权分析是可逆的（就目前而言，选择起点相当重要)？在分析无差异曲线上一点到另一点的移动时，很大程度上取决于移动的方向（Knetsch，1989）。

● 如果接受意愿（WTA）远大于支付意愿（WTP），那么埃奇沃斯方盒中"得自交易的收益"也可能比预期的收益要低。

● 回顾科斯定理（第2章讨论过），如果接受意愿（WTA）远大于支付意愿（WTP），那么资源的最终配置不可能独立于初始权利的界定（关于这个问题的进一步分析见 Cullis 和 Jones，2009）。

（b）保护公民免受自身伤害

尽管本书的重点是探究那些从个人福利角度看能够使其境况得以改善的政策，但是，对一些要求政府承担更多的家长式角色的呼吁也不能视而不见。为此，第3章讨论了"有益需要"（merit wants）。在观察到个体的非理性行为之后，紧接着人们就开始担心，如果个体是非理性的，那么他们会变得脆弱。如果国家的首要责任是保护公民权益不受其他国家侵犯，那么保护公民权益不受国内的敌人侵害可能同等重要。

如果个人认识到自己是脆弱的，他们可能会（理性地）决定通过设计适当的制度来保护自己（Frey 和 Eichenberger，1989）。防止异常现象出现，降低异常现象的成本以及重新分摊异常现象的成本，可以视为政府干预的作用。强制性车辆保险、安全标准规制以及"灾难"中公共资金的使用，都可以视为政府发挥这一作用的例子。虽然政府满足个人的"有益需要"是因为个人难以获取并评价相关信息，但是政府也可以出于保护个人免受自身"非理性"倾向的伤害而满足其"有益需要"。

当我们考虑禀赋效应时，这还适用吗？考虑以下例子：

（1）避免行为陷阱。Frey 和 Eichenberger 认为，生产者/销售者设置商业陷阱是为了利用消费者的反常行为，而消费者不希望他们的系统性弱点被人利用——他们希望"避开陷阱"（spike traps）。对于政府而言，公共政策设计可以影响设置和避开陷阱的相对成本，从而影响用于这类活动的资源数量。Frey 和 Eichenberger 所考虑的问题可以通过禀赋效应导致的反常行为来说明。

例如，图书俱乐部经常给消费者送一些书，消费者没有义务购买这些书（但是未来有可能会购买）。他们希望这些潜在的购买者有了新书之后，会向上修正对这些书的评价，从而在以后的某一天会购买这些他们本来不会买的书。该"陷阱"设置是否有效，取决于消费者/买方识破陷阱的能力。Frey 和 Eichenberger 指出，在以下情形中，"识破任务"将变得容易：第一，你可以将自己的行为与其他未受赠书籍的个人的行为进行比较；第二，它会产生实支成本；第三，个人受教育程度更高和/或经验更丰富。此外，避开陷阱得到的效用大小也很重要。若掉入陷阱有可能导致破产，那么避开陷阱的可能性更大。他们还指出，为避免反常行为而采取"不同"行动的边际成本越高，情况就越复杂。在某些情况下，规则引致的反常行为可能依然是成本最低的行动。

政府干预的理由是什么？用于设置和避开"陷阱"的资源越少，带来潜在的效率就越高。此外，如果利用反常行为的人利益受损，而被利用者受益，那么公平就可能实现。

在生产者/销售者一侧，政府干预可能涉及如下方面：

（a）提高陷阱设置者的边际成本。例如，对那些不请自来的广告材料，要提高它们的邮寄成本，或坚持消费者必须得到补偿的原则，因为卖家不必要的招徕增加了消费者的时间成本，给他人带来了麻烦。

（b）允许垄断权力。这里类比的是"过度捕捞"的权力（垄断捕捞者会小心翼翼地维持消费者"鱼群"，并将成本控制在足够低的水平上，以避免消费者反抗）。

在消费者/购买者一侧，政府干预可能有：

（a）降低避开陷阱的边际成本。例如，让陷阱更易识破（通过监督机构和信息提供）和纠正（为"高压"情况下签订的合同设定"冷却期"）。

（b）提高避开陷阱的边际收益。例如，拒绝帮助那些一再陷入陷阱的人，这可能涉及最终拒绝通过社会保障以及类似的方式提供救助。

当考虑政府应该扮演什么样的角色时，这里的讨论提供了"非理性"之所以重要的又一个例子。如果运用传统财政学方法来分析，政府显然可以发挥更广泛的作用。而当考虑公共选择的批评时，很明显，也有理由认为政府干预看起来有可能"过度"了。煞费苦心（任劳任怨）的政府行政管理者遵循既定的传统决策和实施规则，常常受到苛刻的批评，但是，"官僚理性"掩盖了个人"对他们自己公认的失败选择的反应"。

（2）确保立法担当保护措施：Miceli 和 Minkler（1995）认为，现实中难以根据"经济人"假设对立法做出解释，在认识到禀赋效应时，这个问题便可迎刃而解。以政府对租金规制的依赖为例，正如 Miceli 和 Minkler 所指出的，几乎所有经济学家都认为租金规制是低效的。若将分析集中在支付意愿上，就没有理由实施租金规制。如果潜在的新租户（N）愿意支付比现有租户（E）更高的租金，即如果 $WTP^N > WTP^E$，最重视这项服务的人享受了服务，那么这项服务肯定就是有效率的吗？正如 Miceli 和 Minkler 所认为的，如果接受意愿超过支付意愿，现有租户的接受意愿可能超过新租户的支付意愿（$WTA^E > WTP^N$），这时租金规制就有其合理性了（现有租户可能会继续住在其他人愿意支付更多租金的地方）。可见，大量难以用"经济人"假设解释的立法，却可以借助行为反常得到解释。

这些例子说明，公共政策的设计对"代表性"个体的描述是敏感的。它们只关注到一种反常现象，即禀赋效应，这远远不够全面。但是它们证明，政府应该发挥的作用以及发挥作用的方式对"代表性"个体的描述方式是敏感的。

信奉新古典理论的经济学家认为，传统效用理论足够接近实际选择，因此在实际应用中是可靠的。他们认为，相当多的"非理性"行为没有被观察到，在对经济理论进行实证检验时，参与者缺乏"正确的"动机，而且通常不具备相应的货币环境。简而言之，他们认为新古典理论是在"演变的"环境中得到应用的，在那里，相似的决策重复做出。而且，老练的理论家总能给出基于新古典理论的反驳。但是，一定程度上，在分析政府作用时，若考虑个体行为的"非理性"，就会有不同的解释。

16.4 前景理论

那么，有没有一种理论可以将上述的异常现象整合进去呢？Kahneman 和 Tversky（1979）提出的前景理论最有可能实现这个目标（也许这就是他们发表在《经济计量学》上的论文被广为引用的原因）。本节旨在描述前景理论，并且研究它对公共部门经济学分析所提供的洞见。本章上一节提到的例子关注的是，针对人们观察到的很多不同于"经济人"假设所预测的行为，在制定政策时应如何做出应对。不过，分析也显示，政策也可以通过框架来改变行为。

在前景理论中：

（1）概率被决策权重取代；

（2）效用函数被价值函数取代。

关于第二点，Kahneman 和 Tversky 是基于收入或财富的变化来定义价值函数的，这是中心概念（central construct），如图 16-1 所示。价值函数曲线有一个特别的形态，在第一象限（+ve，+ve 象限）以递减的速度增加，在第三象限（−ve，

-ve象限）以递减的速度减少。这条曲线并不是关于原点对称的，[①]在第三象限（-ve，-ve象限）中陡峭程度大约是第一象限的两倍（这是与标准效用函数相比而言的，此形状表明，对收益而言，尽量规避风险；对损失而言，则甘于承担风险）。这意味着，收获100英镑的绝对价值量，小于损失100英镑的绝对价值量，即图16-1中的绝对项 v（1000）< v（-1000）。为什么这一点很重要呢？

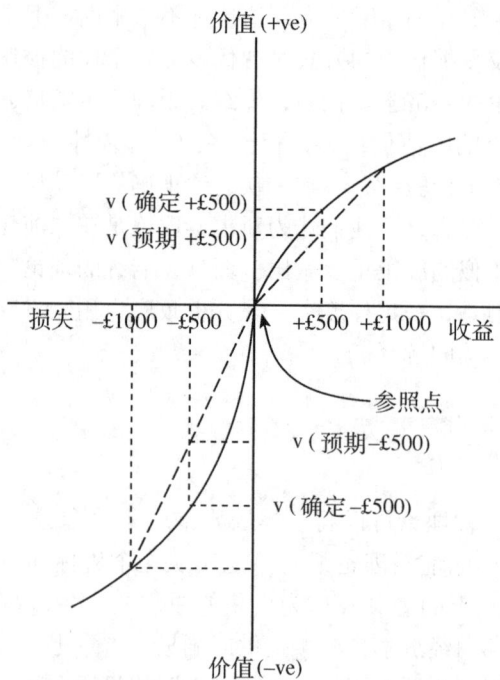

图 16-1 价值函数与"框架"

---

① 这里讲到了两个方案，我们称为 A 和 B。A 方案中有两个选项，一是以100%的概率获得3 000英镑，二是以80%的概率获得4 000英镑，人们常常选择第一选项，即确定可得的3 000英镑；B 方案中也有两个选项，一是以25%的概率获得3 000英镑，二是以20%的概率获得4 000英镑。B 方案与 A 方案的区别仅在于，概率同时除以4，即 A 方案中100%除以4，变成了 B 方案中的25%了，A 方案中80%除以4，变成了 B 方案中的20%了。从理论上讲，人们在 A 方案中选择第一项3 000英镑，在 B 方案中也应该选择3 000英镑，因为两个方案只是概率同时下降了相同比例而已。但现实或实验中，人们面对 B 方案时，往往不是选择第一项，而是选择第二项。这样，在 A、B 两个方案中，人们的行为前后不一致——译者注（感谢山东财经大学汪崇金教授对文中确定性效应的解释）。

在 Kahneman 和 Tversky 的一个实验中，实验对象被要求回答以下问题：

（1）在你现有财富之外，额外给你 2 000 英镑。你被要求在以下二者之间做出选择：

A. 以投掷硬币的方式决定是否有 1 000 英镑的损失（p=0.5）；

B. 确定性损失 500 英镑。

（2）在你现有财富之外，额外给你 1 000 英镑。你被要求在以下二者之间做出选择：

A. 以投掷硬币的方式决定是否得到 1 000 英镑（p=0.5）；

B. 确定性收益 500 英镑。

调查对象对问题 1 倾向于选择 A，对问题 2 则倾向于选择 B。对于新古典理论家来说，风险接受者应该在两个问题中都选择 A，风险厌恶者都应选择 B。由于问题 1 和问题 2 中，选择 A 类似于得到一个期望值（EV）为 1 500 英镑的彩票，选择 B 则得到确定性的 1 500 英镑，两者具有相同的前景，他们应该做出一致性的选择。

$EV_{问题1}$=2 000 英镑+［0.5（0）+0.5（-1 000 英镑）］=1 500 英镑

$EV_{问题2}$=1 000 英镑+［0.5（0）+0.5（+1 000 英镑）］=1 500 英镑

新古典经济学认为，理性的个人必须能够辨别相同的潜在前景并对其给予相同的对待，这无法解释上述的被试前后不一致的选择，但基于"框架"效应的价值函数却能够提供合理的解释。前文已经指出，将决策框架化为感知到的损失或收益，会引起不同的反应。问题 1 被设计成从参照点来看的损失，并处于价值函数（风险偏好）的左下方，而问题 2 被设计成从参照点来看的收益，并处于价值函数（风险厌恶）的右上方。

由图 16-1 可知，这些完全相同的隐含前景是如何被分类的：

● 对于"收益框架"，分配给确定性的+500 英镑的价值超过期望的+500 英镑的价值。

● 对于"损失框架"，分配给确定性的-500 英镑的价值低于期望的-500 英镑的价值。

如果个人基于这个一般形态的价值函数进行分类选择，那么问题就会迎刃而解。价值函数和决策权重作为一个工具，可以解释公共部门的许多现象，也可得到以下判断：相对于传统的"经济人"，新的行动者并不是孤立的决策者，而是会对参照框架和情境做出恰当的反应，因此观察到的他们的行为选择是基于情境与信息的提供方式而内生的。正如 Knetsch 和 Tang（2006：423）

所述："人们的偏好一般取决于他们做出评价时的环境或参照点，而不是某个常用的公理。"

16.4.1 对税收决策框架方式的反应

在分析公共政策时，往往能发现其与框架效应有关。

（1）对公平的态度：对税收的态度往往取决于税收政策被框定为个人的"收益"还是"损失"。我们可以根据不同的默认情况来构造不同的税率表，通常是以无子女家庭为默认情况，但也可以参考两孩家庭来构造。以无子女家庭为默认情况时，无子女家庭和两孩家庭之间的税收差异则被框定为免税（例如不论家庭收入水平高低，每多一个孩子，应税总收入就扣除 1 000 美元）。如果以两孩家庭为默认情况，则无子女家庭的税收将被框定为税收溢价。

Schelling（1981）认为，在解释对政府干预的偏好时，这种差异很重要。不同的人对同样的税率表会产生不同的认识，这主要取决于税收被看作"损失"还是"收益"。讨论税收溢价和免税时，被试学生们对这些认识很敏感。Schelling 努力推销通常令人生厌的观点，富人为抚养孩子花费更多，应该比穷人得到更多的税收扣除（免税）。他在实验中发现，在第一个框架中（默认情况是无孩家庭），学生们拒绝给富人比穷人更多的减免（通过调整应税所得总额）的方案。学生们的看法是，富人家庭不应该比穷人家庭享有更多的减免。再以两孩家庭为默认情况，对无孩家庭的税收溢价现在可以描述为：比如说，取消对一孩家庭 1 000 美元的免税额，或者说取消对两孩家庭的 2 000 美元的免税额。①问题是，当提高无孩家庭的应税所得时，对穷人和富人的增加量应该相同吗？或者说对富人超过 2 000 美元的免税额应该取消吗？当在第二个框架（默认情况是两孩家庭）中考虑这个问题时，他们倾向于对无孩富人比无孩穷人征收更大的税收溢价（他们倾向于富人家庭比穷人家庭享有更少减免，这与在第一个以无孩家庭作为默认情况而形成的观点是矛盾的）。在一种情况下，有孩富人应该与有孩穷人一样，得到相同的对待，而在另一种情况下，无孩富人应该比无孩穷人支付更多的税收，产生这样的矛盾仅是因为同一税收政策被重新表述了而已。

（2）"税收优惠"的影响。对税收的认识也取决于税收优惠的提供方式，

---

① 原文"decision markers",疑为"decision makers"之误——译者注。

Kahneman 和 Tversky 的价值函数描述了收益（损失）的价值，收益（损失）的价值函数是凹的（凸的），且收益的价值函数比损失的价值函数形态更陡。Krishna 和 Slemrod（2003：191）指出：纳税人应该认识到两次 x 美元的税收优惠，比一次 2x 美元的优惠给自己带来的福利更多（基于收益的价值函数的凹性，分解收益是可取的）。他或她会更喜欢一次增加 2y 美元，而不是分两次每次增加 y 美元（基于损失的价值函数的凸性，加总损失是可取的）。

（3）逃税。如将税款视为"收益"而非"损失"，税收遵从会不一样。第 8 章给出阿林厄姆和桑德莫（1972）的逃税（犯罪）模型并加以讨论。这是基于冯·诺依曼–摩根斯坦无差异曲线和被稽查的概率而做出的分析。这个模型本应视为逃税分析的"基石"（同时有一些经验支持，参见 Cowell，1990），但也有一些广为人知的局限性。[①]在本节分析税收遵从意愿时，如果涉及 Kahneman 和 Tversky 的价值函数，就要考虑人们对待不同风险的态度。相关的"框架效应"取决于纳税人视税收遵从为"损失"还是"收益"。如果纳税人将税收遵从视为"损失"，那么对价值函数的分析表明他们更可能选择孤注一掷。例如，如果有一种税制，收入在财政年度末申报，税收在此时扣缴，这可能被纳税人框定为一笔"损失"，会鼓励逃税。另外，如果纳税人的收入已经被扣除了税款，并且很可能在完成纳税申报时获得退税，这将被视为"收益"，会鼓励遵守法规。为了使框定效应能够解释这些现象，两种情况下的总责任必须相同。

Kirchler 和 Maciejovsky（2001）利用自我报告的方法衡量逃税程度，研究发现，在 60 名调查对象样本中，一项意外的支出需求会导致低税收遵从（对损失的风险偏好），一项预期外的退税会导致高税收遵从（对收益的风险厌恶）。一项对美国国内收入统计的分析很令人信服，遵从水平随着应缴补充款项的增加而下降（Cox 和 Pumley，1988；Schepanski 和 Shearer，1995）。

16.5　"更丰富的"行为分析

当个体采取非理性行动（如与损失厌恶相关）时，将会影响以下几个

---

① 原文为"for a family without children"，应为"for a family with two children"——译者注。

方面：

（1）政府为了将福利最大化而评价"成本"和"收益"的方式；

（2）政府为了保护公民利益免受损害应该干预的方式；

（3）政府设计政策以赢得遵从的方式。

如果公共政策对认为存在行为异常现象的假设敏感的话，那么现实中还有一些不同于"经济人"假设的行为也会引致政策敏感。

如16.2节所指出的，"现实人"在以下方面不同于"经济人"：（1）关心他人；（2）偏好内生性。本节将引入一些证据，以分析其对政策分析的影响。

首先，分析"现实人"比"经济人"更愿意采取集体行动这一命题。

16.5.1 公共物品实验与"社会困境"博弈

"搭便车"理论强有力地论证了自愿供给非排他性产品会出现供给不足的问题。在大多数情况下，激励机制背后的理论似乎令人信服，直到最近人们才对其有效性提出质疑。"人们会'搭便车'吗？"成为实验研究关注的一个问题。我们在第3章中已经关注到了这些研究文献，很明显，并非所有人的自然倾向都是"搭便车"。在某些情况下，他们似乎被教导这么做——经济学家一样也能学会这么做！

很明显，人的行为要比工具理性（instrumental rationality）假设更丰富。在所谓最后通牒博弈（参见 Guth 和 Ortman，2006）中，要分配 p 数量的一笔钱，提议者首先向响应者发出分配方案为 o 的要约（$0 \leq o \leq p$），响应者或接受或拒绝。如果接受，提议者得到（p-o）；如果拒绝，那么双方都将一无所获。提议者的工具理性策略似乎很简单："只要给响应者提供一个很小数量（ε）的金钱即可，因为基于响应者理性的共同知识，提议者可以预测到响应者接受 ε 总比其他什么都不做要好，这样的话，我作为提议者最终会得到绝大部分（$p-\varepsilon$）。"不幸的是，这在逻辑上具有吸引力，但经验证据是，即使是更大幅度地接近 p/2 的分配方案也被认为是不公平的，往往会被响应者拒绝，提议者也不会发出如 ε 这么小的要约。恰当的要约是公平分享，即 o=p/2。这个结果对于不同年龄、性别、种族和学科的被试而言都是一样的。这个结论也适用于不同国家与文化背景。

在独裁者博弈实验中，由提议者支配数额为正的金钱 p，他（类似于独裁者，译者注）可以提出自己希望的任何方案 o（$0 \leq o \leq p$），响应者只能选择接受该方案。在这里，基于经济人假设的工具理性策略是 o=0。与这个预测相反，

独裁者会分给响应者介于0至p/2之间的某个份额，但是不再是公平分享。从后果来看，削弱响应者的权利确实可以取得期望的效果。

许多学者已经认识到人类的行为比狭义的自利所预测的情况要复杂，这通常需要以平等对待自己和他人的感知为基础。

文献中已经出现了许多时而交叉的概念，囊括了诸多"复杂"情形：

（1）互惠和公平。在人类行为中，互惠的概念已经成为主流。人们对自己"被别人对待"的方式很敏感（Bowles和Gintis，2006：72）。"互惠意味着对友好行为的反应，人们通常与自利模型所预测的相反，更友好、更有合作精神；相反地，对敌对的行为，他们常常更不友好，甚至相当野蛮"（Fehr和Gachter，2000：159）。他人的行为是自己行动前非常重要的考虑因素。人们回赠礼品（或复仇），即使投入这些成本在现在或未来不会获得物质回报。在"公共物品实验"中，Fehr和Gachter发现，当存在惩罚机会时，"互惠型"被试会诱导"自利型"被试选择合作行动而不是"搭便车"。当有信号表明可以彼此信任时，人们更愿意彼此信任。"信任"或者"礼品交换"博弈已有积极的互惠（positive reciprocity）行为的证据。"提议者"从实验人员那里得到一笔钱x，可以选介于0到x之间某个数量的钱y分给"响应者"。实验人员将这笔数量的钱y变成3倍，响应者得到了3y，他可从中选择0到3y之间的任何数量的钱返还给提议者。实验结果表明，提议者通常会分钱，而响应者通常会返还一部分钱。

这样，被认为是公平的税制，将会增加互惠的意愿。Slemrod（2007：40）认为纳税人的行为取决于政府的行为。如同Levi（1998：91）指出的那样："如果民众相信政府会为他们的利益行动，程序是公平的，而且他们对国家和他人的信任会得到回报，那么民众更可能成为'或有同意者'，甚至在出于短期物质利益考虑'搭便车'是个人最好的选择时（我们的重点），他们也会选择纳税合作。"

（2）内在动机。另有一些文献关注非工具行为（non-instrumental behaviour）的内在吸引力。效用理论的缔造者（如Bentham，1789）强调，效用也来自行动，而与行动结果无关。个人不在意行动的或有结果的工具性评估的全部成本，可能是因为他们认识到应遵循规范的内在价值。个人从行动中获得自尊，他们通过行动标榜自我价值，通过行动给他人发送信号。例如，个人选择诚实（不是工具性的欺骗），这可能不只是最小成本的解决方案，诚实行为也可能被视为具有内在价值（参见上面Lowenstein的观点）。如果个人遵循社会

规范，而不是基于工具理性的评估，那么这可能是最小成本的解决方案，也可能是实现自己内在价值的行动。选择将取决于基于工具理性评估的成本，也取决于因遵从内心认为值得遵循的规范而获得的收益。

（3）移情原则。移情动机是把自己放在某人的位置上设身处地设想别人怎么对待自己。喜剧演员 Emo Phillips 曾开玩笑说，有一个装有很多钱的钱包，想象一下，如果这就是我的，我可能会怎么做？他装模作样地思考了一会儿，得出结论："我希望有人给我上一课！"当然，许多人是诚实的，丢失的钱包被送回来了。上述讨论的实验博弈的结果与这种尤其是以提议者名义的推理结论是一致的。

（4）绝对命令。康德认为，人们会反思其他人是否有可能都像自己一样或以同样的方式做出选择。例如，在逃税的情况下，个人可能这样推理，如果我们所有人都逃税，那么公共物品无法融资，因此不逃税是合理的，即使从工具理性上能找到逃税的理由。

应该指出，人们相信他们"应该做的"与他们"愿意做的"往往是有差异的，这会产生认知紊乱（第5章讨论过）。认知紊乱的概念涉及这样的思想，即行动和思维不匹配时，人们会感到不舒服。在这里，对信念进行修改以适应所做的选择，以便将理性用于证明选择的合理性而不是用于如何做出选择。信念通常取决于一个人以何种方式对待他人。接着讨论上面那个逃税的例子，逃税者会寻找理由来解释他们为什么要逃税（例如，税制对他们不公平、政府很低效）。当工具理性告诉他们应该寻找一个理由，例如我总是不走运，因此我注定会被税务部门稽查，那么"税收遵从者"会感到自己不逃税才是傻瓜。

那些认可"经济人"假设的人们，会将"利他的"动机和自利动机支配的行为融合到一起。例如，在上述最后通牒博弈中，提议者可能非常厌恶风险。在强有力的实验证据的支持下，实验经济学也越来越流行。①看上去上面的解释像是抓住了"自利"假设的救命稻草而已。如果个人准备采取利他行动，而且采取利他行动的意愿取决于政府的行为方式，那么政府应发挥的作用可能需

---

① 第一，该模型只能预测所有个人逃税或遵从的混同均衡，而证据是有人逃税、有人遵从。假设所有个体选择是否逃税或遵从。第二，该模型对税收遵从程度的预测过低，例如，在像美国和英国这样稽查率相对比较低的国家，自愿遵从处于高水平。第三，该模型将逃税视为参与非法赌博意愿的等价物，忽略了个人不这么看逃税的证据（Baldry，1984）。

要重新确定，政府制定政策的方式也应该不同。

16.6　税收政策的影响

如上所述，解释利他行为的理论经常引起人们的注意。在分析互惠性时，利他行为对他人行为的敏感性在少数情况下很突出。但是，在分析行动内在价值观念的决定因素时，利他行为对他人行为的敏感性在很多情况下也很突出。对行动内在价值的认识，取决于是否有证据表明行动得到了认可（Frey，1997）。本节旨在研究，如果政策释放的信号有助于形成对利他行为的内在价值的认知，公共政策应如何设计。换言之，本节目标是如何以与经济人假设完全不同的"代表性"个体为基础，解释所观察到的诸多行为。

16.6.1　政府支出和慈善行为

本书大部分内容关注在偏好给定（外生）且不变时税收政策的影响。对税收政策影响的评估，主要是分析税收政策如何改变纳税人所面对的预算约束。但若税收政策也可以改变偏好，那又将如何分析呢？

"经济人"是"工具理性的"（"经济人"采取行动以改变结果，例如，工具理性的消费者通过参与市场交易获取商品和服务）。有证据表明，个人也会考虑他人的福利，学者们通过扩大效用函数将利他主义也包含在内。"经济人"从商品和服务$(x_1\cdots x_n)$获得效用，利他主义者（个人A）不仅从商品和服务$(x_1\cdots x_n)$中获得效用，其效用还会受其他人（个人B）的影响（如个人B得到的效用）。效用函数从$U_A = U(x_1\cdots x_n)$转变为$U_A = U(x_1\cdots x_n, U_B)$。这种利他主义分析在第9章已经讨论过（为了研究用来解释再分配收入政策的论据）。

如果用这些术语来描述利他主义，那么利他主义者就是采取行动以改变结果（去帮助他人）的人。如果将一个大的群体作为研究对象，当其他人（即个人B）的效用增加时，利他主义者也会从中获得效用，那么这里就会有"搭便车"的激励（Hochman和Rogers，1969）。如果其他人帮助B，个人A甚至会觉得处境更好（因为其他人会承担帮助B的成本）。用这些术语界定的"利他主义"的分析说明，政府帮助受惠者群体（像B这样的个人）的行动只会"挤出"私人慈善捐赠。

最近的研究提供了关于"利他主义"的另一种解释。如上所述，个人也受到行动的内在价值激励。个人也可能从帮助他人的行动中得到效用

（Andreoni，1988，2001）。一个人有内在动机，Deci（1971）这么描述：
"当一个人除了活动本身之外没有得到任何明显回报时，仍去从事一项活
动，这是内在动机使然。"内在动机基于伦理和道德，但它也受到外部干预
的影响（如 Deci 和 Ryan，1980，1985），如受到行动价值得到认可的信号
的影响。政府可以通过设计政策来改变公民对采取利他行动得到的内在价
值的认识吗？

政府行动可以影响对行动内在价值的认识。Frey（1997）阐述了政府行动
方式（税收、规制和补贴）对行动内在价值认识的影响。一个重要的命题是，
政府干预是否会增加个人从行动中获得的自尊。政府在有些情形下可能损害内
在动机（通过贬低个人对社区动机行动的自愿承诺）；而在有些情况下，政府
行动（聪明的设计）可能"修复"内在动机。Frey（1992）引用了一个例子进
行说明：若将在儿童娱乐区域内限速看成是对社会负责的行为，就会产生影
响。公共政策认可行动的内在价值的价值。作为政策分析对"代表性"个体描
述敏感方式的另一个例子，目标是比较当"利他主义"只由效用的相互依赖性
（以及改变结果的激励）解释时的公共政策分析，与当个人也为行动的内在价
值驱动时的公共政策分析。

图 16-2 的纵轴和横轴分别表示个体 A 和 B 的收入。为简化起见，假定
A 的无差异曲线以原点为位似中心。图中给出两组不同的无差异曲线。第
一组（与斜率为 $0\text{-}y_4/0\text{-}y_b^1$ 的预算线相切）描绘出收入消费曲线 ICC_1。这反映
出"自己的"收入与 B 的收入的相对重要性。当考虑图 16-2 中的无差异曲
线时，当 B 的收入与 A 相同（或更多）时，A 并没有从 B 的收入增加中获得
边际效用。结果是，"利他主义"只在图中从原点开始画出的 45° 线以上的
部分明显。[1]

如果 A 的收入（税前）为 $0\text{-}y_4$，那么可以画一条斜率为 -1 的预算线，以反
映向 B 转移收入的成本（即在转移收入中所涉及的交易费用一直假定为零）。
参照 A 的第一组偏好（政府再分配 $G_b=0$），A 对 $0\text{-}y_4$ 收入的偏好的配置，在 I_1^a
上的切点为 e_1，此时 A 给 B 的数量为 $y_4\text{-}y_2$。

---

[1] Wilkinson（2008）较早关注并研究了这一主题。

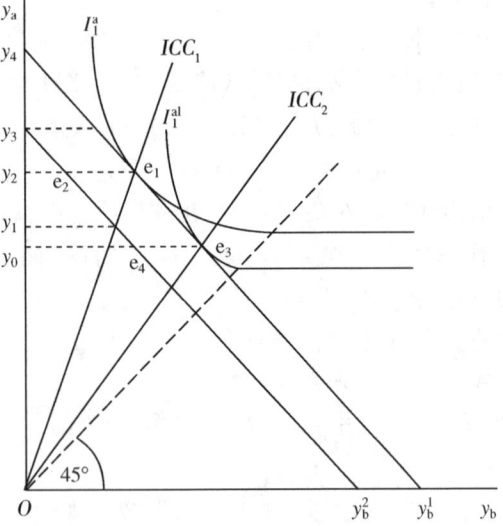

图 16-2　"挤出"与"挤入"

当利他行为是由结果变化而获得的效用所驱动时，这里说明一下"挤出"的观点。当政府推行福利项目（对 A 征税，为 B 转移收入）时，以税收的形式从 A 的收入中拿走 $y_4 - y_3$，转移给 B（通过社会保障体系）。由于 A 认为公共部门的慈善可以完美替代私人慈善，A 将减少个人慈善捐赠，从 $y_4 - y_2$ 减少到 $y_3 - y_2$（在图 16-2 中，个人 A 的均衡点从 e_1 转移到 e_2）。结果是，给出的总额保持不变，但政府和私人慈善部门的组合发生改变，政府支出将"一比一""挤出"个人慈善捐赠（个人慈善捐赠下降部分完全等于福利国家提供部分，即 $y_4 - y_3$）。[1]

现在考虑当个体 A 也从行动中得到内在价值时，同一政策（用于帮助 B 的支出）带来的影响。在这种情形中，A 的偏好受道德因素制约，也受对行动内在价值认识的信号制约。政府的行动表明认可帮助他人行动的内在价值。由于 A 会从帮助 B 的行动中获得内在价值，政策现在可以通过移动无差异曲线来影响利他行动意愿。第二组无差异曲线（反映更关心）以同一斜率与预算线相切，但是切点在收入消费曲线 ICC_2 上（政府向 B 提供的福利 G_b 假定是正的，

---

① 无差异曲线是位于 45°线右侧的水平线部分。

且捐赠的内在价值得到认可）。

政府支出发出认可利他主义内在价值的信号。社区（社会）考虑从每一个与 A 所面临的相同决策情境的成员那里（通过公共部门）转移出数量为 $y_4 - y_3$ 的收入。现在个体 A 的"捐赠意愿"增加。在 y_4 的收入水平上，无差异曲线（代表 A 一样的效用水平）是曲线 I_i^{a1} 的形状。这样一组无差异曲线与斜率为 $0\text{-}y_4/0\text{-}y_b^1$ 的预算线相切（沿着 ICC_2 显示）。在"自己"收入和"他人"收入之间有同样的边际替代率时，A 宁愿多支付给 B。A 的行动是对收到利他行动内在价值得到认可的信号后做出的反应。

如果政府支出有助于改进"捐赠意愿"的条件，y_4 是"税前收入"，那么政府支出会有两种效应：

- 一是移动偏好，从而引致个人愿意多捐（例如，在 I_i^{a1} 上从 e_1 移动到 e_3）。

- 二是与公共支出相关的、通常的"替代"效应（即从 e_3 移动到 e_4）。

政府支出的全部效应是从 e_1 转移到 e_4，"挤出"已经发生，但这不会被记录在个人捐赠方面，因为挤出只是政府支出对个人捐赠倾向全部影响的一部分（替代效应）。[1]通过比较分析发现，认为利他仅是因为政府支出项目改变了收入从而提升了效用（当 ICC_1 是唯一的相关收入消费曲线时），是不完整的，政府支出项目变动还可以改变人们的偏好（即无差异曲线移到 ICC_2）。考虑这一效应，预测结果是私人捐赠没有变化，即没有看得见的"挤出"（总捐赠为 $y_4 - y_0$，政府支出为 $y_4 - y_3$，个人捐赠为 $y_3 - y_0$，其中 $y_3 - y_0 = y_4 - y_2$）。[2]

所举的例子经过刻意处理（即在第一种情形中是"一对一"挤出，而在第二种情形下没有挤出）。然而，公共政策释放的对行动内在价值的认可度越小，切点 e_4 就越可能离初始点 e_1 越近。

政府福利支出对私人慈善捐赠的影响是一件备受关注的事。在美国，乔治·布什第一次在国会会议上发表的总统演讲就提到了高税收的弊端，强调税收会压制公民义务、"挤出"慈善的自愿捐赠。预测结果对代表性个体的描述

---

① 在实践中，要是只存在财政幻觉，"挤出"未必是"一对一"的。如果 A 不了解税收，A 会错误地假定来自政府支出的"收入效应"，个人捐赠的减少会小于"一对一"。

② 在这种情形下，税后预算线上的 e_4 代表新的均衡，从此开启了新一轮个人捐赠记录过程。

是敏感的，其经验证据是，政府支出对私人捐赠的"挤出"远远小于"一对一"。Jones 和 Posnett（1993）回顾了对各种"挤出"的估计。"挤出"常常接近 -0.0011（Steinberg，1983），高达 0.66 是罕见的（Schiff，1985）。Khanna（1995）研究了 1983—1990 年 178 家英国一流慈善机构中 159 家的数据，得出结论：无论是总体层面，还是个体层面，我们都没有发现"挤出"的证据（Khanna，1995：271）。但政府增加对慈善机构的拨款会增加私人捐赠（即"挤入"的私人利他主义）。这些证据与公共政策（政府支出）不只是私人自愿捐赠的替代物的命题一致，它也让个体能够理解行动的内在价值（Jones，Cullis 和 Lewis，1998）。

这绝不是认可行动的内在价值会影响集体行动意愿的孤例。Frey（1997）指出，个人税收遵从意愿深受他们对政治决策的信任程度的影响。瑞士各州税收遵从明显较高，这主要是基于直接民主制而不是间接民主制。Jones 和 Hudson（2000）证明，人们参加投票的意愿深受他们对政治家在"公共利益"中的所作所为的影响。政府传递的信息可能影响人们对集体行动内在价值的理解。

16.6.2　动机账户："有益需要"的供给侧模型

如上所述，Thaler（1985）认为，个人参考心理账户做出决策，不同服务的支出分别由特定的心理账户分配。不同的心理账户解释不同的支出倾向，收入在不同账户之间不可以相互替代（Frank，1997：247）。收入的获得方式，是一个决定性因素（Shefrin 和 Thaler，1988；Khaneman 等，1990）。Winnett 和 Lewis（1995：441）进行了一项关于家庭储蓄的研究，其中，"所有资本收入被归为不可支出类"。

如果说消费决策受心理账户的影响，Jones 和 Cullis（2002）研究了消费决策受动机账户影响的可能性。如果消费决策受到收入的获得方式的影响，这与供给劳动的意愿取决于劳动力在哪里供给的命题一致。在其他条件相同的情况下，人们对工资的要求会因为对工作性质的不同理解而存在明显的差异。Frank（1996）报告了一项问卷调查的结果，该问卷是以"社会责任"视角描述对职业的看法的。在 141 个职业中，股票经纪人排名最低，教师排名最高，护理专业人员得分不错（如，急救医务人员排名仅低于教师和医学相关职业，辅助护士大大高于平均水平）。Frank 在分析了康奈尔大学的一组毕业生（调整了学术经历）的工资水平后，得出结论：当其他条件不变时，社会责任补偿工资差异的估算意味着，如果工作被认为具有较高的社会责任排名，那么所要求

的工资就要低得多。[1]在这项研究中，Frank 还报告说，"一个人受雇于私人营利性公司，薪水要比受雇于政府多13%以上"。

如果工人决策取决于"生产动机账户"，并且公共部门的工资较低，那么或许有必要重新审视有关针对公共部门"过大"的批评。有许多不同的方法可以解释人们愿意接受较低工资的意愿。Jones 和 Cullis 关注的命题是，如果个人感到工作是有益于社会的，那么他们愿意放弃生产者剩余（接受的仅仅是维持实际收入所要求的最低工资）（参见 Jones 和 Cullis，2002）。图16-3显示了向公共部门提供服务的劳动力供求情况。首先（以及为了与市场提供比较）对劳动力的需求（D_L）取决于边际产出。劳动供给曲线（S_L）反映了多提供一个单位劳动而能接受的费用（边际接受意愿，$MWTA$）。按平均工资成本（AWC）（当所有工人的工资相等时）进行劳动供给。在竞争性市场中，工资 W_1 对应的 D_L 和 S_L 相交于点1，就业为 $0\text{-}L^*$。不过，如果人们认为某项服务是"对社会负责的"，那么当他们在提供一项服务时参考了不同的生产动机账户该怎么办？

当劳动者同意接受能够维持实际收入的最低要求时（即当他们放弃生产者剩余时），就像绅士一样，他们平均的接受意愿就是劳动力供给曲线。如果劳动者是"骑士的"[2]，均衡位于点2，此时 $D_L = AWTA_k$，就业提升到 $0\text{-}KP$，工资降到 W_2。对纳税人有利的是，在此均衡状态下，消费者剩余要大于在市场上提供劳动力时参照决定工资的相同生产动机账户的情况下的消费者剩余。

Jones 和 Cullis（2003）回顾了一项经验研究文献，该文献表明个人对机构发出的信号敏感。Le Grand（2003：161）以英国国民医疗服务体系（NHS）为例，指出英国公民因 NHS 而自豪。尽管他们意识到 NHS 难以为继，但他们"仍然感到骄傲"。尽管调查对象表达了对 NHS 的不满，但其并不准备拒绝"免费"提供原则（Taylor-Gooby 和 Hastie，2002）。有证据表明，公民对社区承担"社会责任"（免费提供医疗服务）的信号做出反应，将吸引更多人通过 NHS 参与社会活动。Le Grand（1997）的研究表明，NHS 的医务人员为患者提

---

[1] 由于 $y_4 - y_2 = y_3 - y_0$，所以不会有"挤出"。

[2] 他的结论为类似的调查问卷所证实（例如 Jacobson，1998）。而且，这与其他地方的工资差异的证据一致。例如，受雇于公共利益集团（如美国民权同盟）的律师得到的收入要比受雇于营利性企业的律师少很多，尽管公共利益律师"本可以在进入法律界的入门级职位中被选拔出来"（Frank，1996）。参见 Goddeeris（1988）。

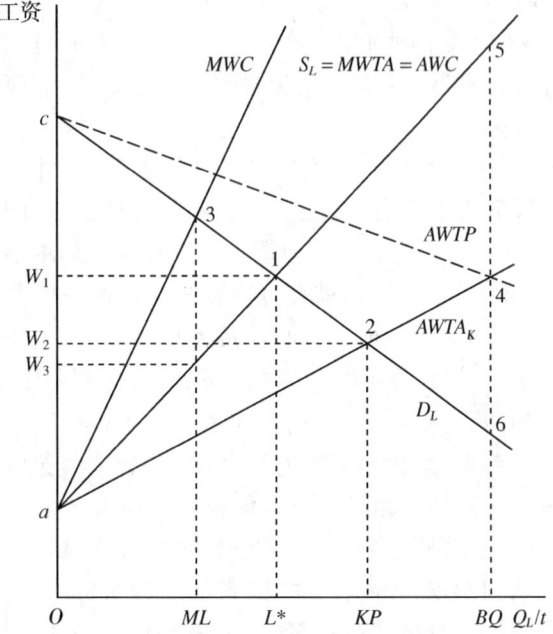

图 16-3 "有益需要"和动机均衡

来源：adapted from Jones and Cullis（2002）.

供了更多的护理服务，这不能仅仅通过工具性合同约束来解释（医务人员的行为表现为"骑士"而不是"刀"）。有关"公共部门激励"的经验研究文献综述，见 Francoise（2000）。关于此问题的最新一项研究，见 Gregg，Grout，Ratcliffe，Smith 和 Windmeijer（2008）。他们提供了在公共服务交付中，制度结构对亲社会行为影响的估计（研究发现，非营利性部门的个人比营利性部门的个人更愿意奉献自己的劳动）。

当然，纳税人可以用低于竞争性市场工资的价格雇用劳动力，因为他们可以利用买方垄断的优势（NHS是英国医生和护士服务的主要买方），如果这是事实，工资将是如图16-3所示的W_3（对劳动力的需求D_L等于劳动力的边际成本MWC）。然而，这样的结果本来只是在低产出水平（即劳动力数量为0-ML）中才会出现的。如果政策设计发出社会责任的信号，那么纳税人的处境将会得到改善。

在分析"经济人"的时候，亚当·斯密有一句名言（Smith，1950：13）：

"我们期望的晚餐并非来自屠夫、酿酒师和面包师的恩惠，而是来自他们对自身利益的关切。我们不是向他们祈求仁慈，而是诉诸他们的自利心；我们从来不向他们谈论自己的需要，而只是谈论对他们的好处。"然而，这种评价是基于"经济人"的假设。

公共选择理论支持者认为，当产出超过完全竞争市场中能够提供的最优产出时，公共部门服务支出就会"过度"。过度支出通常归因于对官僚的放纵，Niskanen（1968，1971）认为，当官僚最大化预算时（为了增加工资、声望和权力——参见第4章），公共部门就会过度膨胀。在这一模型中，纳税人支付他们能够支付的最大金额（此时，没有消费者剩余）。在图16-3中，预算最大化均衡会出现在点4，就业为$0\text{-}BQ$。三角形$a\text{-}c\text{-}1$的面积等于三角形$1\text{-}5\text{-}6$的面积，$AWTP$与$AWTA_K$相交于点4。然而，在本节，还有一种针对产出超过竞争性市场产出的不同解释。当供给劳动力的人放弃生产者剩余时，因为纳税人受益，故公共部门得以扩张。如果"有益需要"的提供者发出关心其他人（和"社会责任"）的信号，那么可以证明服务提供的成本对该信号敏感。虽然父爱主义情形的分析已经关注需求侧的因素（一种服务需求充足的"个人失灵"），这一例子说明当分析"有益需要"的提供时，不能忽视供给侧。

16.7 行为分析与政府的成长

迄今所讨论的例子可能说明"现实人"的政府"最优"规模超过"经济人"的政府"最优"规模。本节的目标是研究对这一命题质疑的文献。行为财政学的启示是，政府总是"应该"扩张，但远非那么显著。本章前几节的分析从讨论行为异常现象的影响开始，接着扩展到包含其他动机。下面的例子遵循同一模式，但其政策含义是，为"经济人"设计的政府干预可能超出了"最优"干预。

16.7.1 福利提供的"有害"效应

Beaulier和Caplan认为，当分析识别出两个行为异常时，福利国家条款"损害了其原本打算帮助的人"。

第一种异常现象是判断偏差。判断偏差是指个人一种行为倾向，即系统地持有错误信念，这些信念与既成事实不一致。Sunstein（2000：8）认为，个人"倾向对自己的判断有不切实际的乐观和过度自信"。"超过一半的受访者将自

身的健康、道德、驾驶能力、预期寿命和劳动生产率，排在人群的前50%"（Beaulier 和 Caplan，2007：491）。

第二种是自我控制的异常现象。自我控制问题不同于懒惰和短视。缺乏自我控制的个人会对自己的行为感到后悔，这是可以预测的。

Beaulier 和 Caplan 更看重的是，这些行为异常现象看起来在穷人中间更流行，他们回顾了与这些事实相关的文献。他们认为"行为经济学家常常强调某些种类的行为——例如暴食、饮酒、吸烟、吸毒和退休计划，以证明自己有理。把这清单拉长并不难，可以加上犯罪、不受保护的性行为和其他传统社会病态。但是，在行为文献中很少强调的是，越是越轨的行为在穷人中越明显"。

这些文献的作者们将反常行为和IQ联系起来，指出"穷人的平均IQ远低于正常水平"。他们认为政府对弱势群体的帮助增加了穷人所面对的问题，因为穷人容易产生判断偏差和缺乏自我控制。例如，失业救助不是生产性的，如果领取者"领取救济金时高估了自己追求长远利益的能力"，在确信其他人找不到工作的可能性变得更大的同时，他们却不会如此评价自己。

另外，对"经济人"的税收政策分析和对存在行为异常现象的税收政策分析，是可以做比较的。考虑对香烟征税的情形，特别是对税收累进性（regressive）的批评（因为穷人在香烟上的花费在其收入中占比更高），如果推测当吸烟时有判断偏差和缺乏自我控制的话，公平问题会有另一番解释。如果吸烟者更理性考虑长期因素，且行为异常现象在穷人中更常见，那么税收是在帮助吸烟者，"被视为烟草税的缺陷——税收的累进影响——实际上是一种好处"。

16.7.2 对自愿慈善的依赖

当扩展分析以涵盖利他主义时，人们认为如果"现实人"比"经济人"更具有慈善精神，那么政府干预可能会减少（因为人们在慈善行动中会受内在价值的支配）。

考虑个人向慈善机构捐赠时得到"温情"（warm glow）效应（Andreoni，1988，2001），如果向慈善机构捐献有"私人"收益，那么自愿提供的全部成本低于政府干预时的全部成本吗？

佩恩（Payne，1993a，1993b）怀疑庞大的公共部门存在的必要性。他指出，效用可能来自许多方面，特别是个人所进行的慈善行为。佩恩估算美国税制的成本，并提出问题："是否有更低成本的可替代方式筹集公共资金？"他估计筹集100美元税收大约有65美元成本。计算的各类项目有：遵从成本（阅读

具体说明、填写表格以及为了报税增加各种记录）；负激励成本（减少工作时间和投资意愿）；不确定性成本（税收法规的频繁变更导致人们很难安排使用资本和劳动力）；执行和诉讼成本（个人可以对税务机关的决策提出申诉，这涉及成本高昂的法律程序）；逃避税成本（个人合法或非法地投入实际资源，以尽量不纳税，例如运用避税天堂和工作得到现金）；政府成本（征税的各类机构的支出）。虽然要精确估计尚存在各种问题需要解决，但是税收收入筹集本身极耗成本的确是难以否定的事实。能够在筹集公共资金时降低这些成本吗？佩恩的答案是"是的"。他认为慈善捐款是零成本筹集资金，就像工人耗费额外的时间为自己喜欢的慈善机构捐赠一样，不会带来遵从成本，因为不需要捐赠记录，并且由于没有强制执行或逃避的法规，执法诉讼和规避成本也消失了。由于存在"搭便车"问题，通常认为依靠志愿者组织或慈善机构会是次优的选择。佩恩认为这个问题过分夸大，从历史和现实来看，志愿者组织过去和现在都在蓬勃发展。志愿者组织可以为非私人活动提供资金的论点，引发了一个个有关政府角色的重要问题。

16.7.3 贬低内在动机的政策

虽然前面的例子认为，可以通过设计政策来加强对行动内在价值的理解（政策可以挤入利他主义），但政府干预也可能会贬低对行动内在价值的理解。在本章第4节中，认可行动内在价值的政府行动对行动的内在价值的理解产生了影响（无差异曲线的移动反映了这一点）。然而，如果政策贬低了对行动内在价值的理解，这又会怎样呢？

对于人们认为含有内在价值的工作而言，当公共政策越是依赖金钱来支付时，税收政策收紧对这些工作内在价值的认知的风险就越大。Frey 和 Jergen（2001：594）认为，货币支付贬低了情感性行动（expressive action）所蕴含的自尊（个人感到他或她的行为不会被欣赏），降低了对自我决定（self-determination）的认识（控制点从当事人的内部转移到外部）。

最近的一个案例研究证实了这种反应。Gneezy 和 Rustichini（2000）研究了以色列用来改善儿童日托服务的政策。父母有时会迟些接孩子，教师只好在正式放学之后留下来。对晚接孩子的父母引入罚款规定之后，有一个初期的适应阶段，但自此以后，晚接孩子的父母数量反而大幅增加。认识到教师多留一会儿已经得到报酬，父母晚接孩子时更心安理得了。如果他人只是被自利所驱使（通过货币回报），那么为什么要坚持社会义务呢？

这意味着，相对于更严重依赖市场激励的政策而言，依赖认可社会责任的

政策可能发出一种不同的信号。在研究英国献血政策时，Titmuss（1970）质疑那些经济学家（如 Cooper 和 Culyer，1973）所强调的利用市场机制的主张（即通过增加对献血者的补偿来增加供血）。一些证据支持了 Titmuss 的主张，市场机制可能降低献血意愿（参见 Ireland 和 Koch，1973）。正如 Levitt 和 Dubner（2005：24）所指出的，有偿支付使"高贵的慈善行为变成赚小钱的痛苦方式"。

16.8 神经经济学：情绪和认知成本

近年来，对"经济学与大脑"的研究越来越多，这被称为神经经济学（参见 Camerer、Lowenstein 和 Prelec（2005）；Read（2007））。从名称可以看出，它将经济学与大脑功能联系起来。在这项研究工作中，有许多人使用功能性磁共振成像（fMRI）来研究经济决策时大脑的功能，旨在将大脑行为和经济选择联系起来。在这个研究领域中很知名的一本书是 Glimcher 的《决策、不确定性与大脑》（Glimcher，2003）。它试图展示（演绎）博弈论以及经济理论的其他内容，不仅有助于解释人类决策行为，而且可以解释决策是如何在脑神经回路中做出的。问题在于，如果经济学原理适用于大脑本身，会发生什么？大脑功能运行如同"它符合经济理论预测"？——神经经济学！例如，Frantz（2006：63）指出："直觉是一种正常的大脑功能，是在潜意识层面上运行的，直觉让我们的大脑清醒自由地服务于其他用途。换句话说，直觉是一种配置我们稀缺的脑力资源的有效形式。"

这项研究的重要性可以再次通过反思逃税决策来说明。Cullis、Jones 和 Lewis（2006）提出了一个决策模型分类，涉及两个标准（完美的最优化对有限理性和收入最大化对"更大的"效用函数）。在第 4 类模型中，行动者被视为拥有扩大的效用函数，同时在决策过程中存在一定程度的缺陷。通过这种方式勾勒出的逃税模型可能将道德上的偏好（诚实与否）和神经经济学的最近一些研究联系起来。

面对逃税的抉择，个人可将其视为回答下列问题：（1）我是否对诚实有强烈的道德偏好，因此只会"诚实"申报，即有些人不愿意以狭义的功利主义方式行事；（2）我是否有不那么强烈的道德偏好，从而会考虑其他选择及其相关结果。神经经济学如何为这类逃税情景提供信息呢？Gonzalez、Dapa、Koshino 和 Just（2005）提供了一个例子。这里给出的版本可能比原作者希望辩护的

更生动。但是，按照他们的探索，假设决策涉及两种成本——情感成本和认知成本，前者取决于决策结果，后者是形成决策的心理处理成本。情感和认知很可能在大脑的前额皮质（PFC）中融合，而且大脑的不同区域的活跃程度可以通过对个体在决策时的fMRI扫描检测出来。他们假设在其他条件不变的情况下，被认为是坏的结果对应的情感成本高（比如，纳税而不是退税），从而诱导PFC活动更加活跃。其他风险替代方案需要进行简单的期望值计算，但在其他条件相同的情况下，会产生更高的PFC活性。

作者针对一个熟知的决策问题的相对成本而进行的扫描结果，与以下方案一致（见表16-2）。

表16-2　　　　　　　　　　　　最低成本决策与大脑

	情感成本	认知成本
确定性收益	低	低
风险性收益	低	高
确定性损失	高	高
风险性损失	稍高	高

来源：Cullis，Jones and Lewis（2006：241）.

相对成本说明：
（1）确定性收益优先于高风险收益；
（2）风险性损失优先于确定性损失；
（3）相对于风险性收益，确定性收益的认知成本更低；
（4）确定性损失的认知成本等于风险性损失的认知成本。

转化为逃税情境，它表明，对于那些可以被编码为某些收益而不是风险性收益的情况，逃税概率将更低。税收一旦被编码为风险性损失，将需要进行认知评估。逃税过程的预测是：（i）如果有强烈的道德偏好，则诚实申报；（ii）很少有以确定性收入为赌具的证据（可望诚实申请退税）；（iii）一旦涉及损失，就有功利性计算的迹象。

16.9　幸福："新"最大化目标？

"和平与战争中政府的目标不是彰显统治者或种族的荣耀，而是一般人的

幸福"（Beveridge，1942）。长期担任伦敦经济学院院长的贝弗里奇（Beveridge）在他那篇著名的报告中写下这句名言，该报告为英国设计了一整套社会福利制度。自此，经济学和认知心理学对幸福的决定因素的研究更加深入，对该报告所分析的一般人或真实的人的本质也有了更深刻的认识。如果"公共政策的目标是最大化那些可以被加总的人民的幸福感"（Layard，2005：147），那么针对公共部门应如何设计并运行呢？

"现实人"比"经济人"假设更贴近实际，而且从严格意义上讲，"现实人"可能会超越商品和服务的消费本身，思考关于个人幸福更基本的问题。最近如雪片般的研究成果关注了对幸福的估计。Layard（2005b）回顾了这一研究，强调三个心理学发现：

（1）额外消费带来的幸福感远没有人们想象的那么重要；超过"合理收入水平"之后，增加的收入对声称的幸福的影响微乎其微。

（2）幸福取决于相对的消费；当多于或至少相当于他人拥有的私人物品时，才会有幸福感。

（3）口味和喜好不稳定：从某一数量的商品和服务中获得的幸福感主要由文化决定。

"经济人"从商品和服务的消费中获得幸福，但对幸福的测算结果表明，"获得"商品和服务就是一个重要的信号。幸福取决于自己在社会中的地位，以及通过"获得"而显示的地位（如同凡勃仑1934年关于"炫耀性消费"的讨论）。

个人的幸福取决于相对于他人的地位。Layard（2005a）报告了针对哈佛毕业生的一个简单的问卷调查的结果。该问卷要求受访者从两个虚拟的"世界"（A或B）中选择一个。在A中：个人会赚5万美元，其他人将赚2.5万美元。在B中：受访者赚10万美元，其他人赚25万美元。超过半数的人选择A。也就是说，幸福还取决于表现出来的地位，即你已经超过（或至少不落后）社会标准。其结果导致个人陷入"收购竞赛"（acquisition race），过多的时间被用于追求收入（去获得作为地位象征的商品）。

这个问题可以用"囚徒困境"来描述：

（1）如果其他人选择同样数量的工作，那么"代表性"个体从工作中获得的回报会越来越高（否则他的地位将受到威胁）。

（2）如果其他人没有选择同样数量的工作，那么"代表性"个体从工作得到的回报会高于从工作中获得的收入（因为有机会发出地位提高的信号——通

过购买更豪华的汽车和更大的房子等）。

不管其他人如何行动，在"收购竞赛"中的占优策略是投入更多精力。个人在"收购竞赛"中挣扎，就像民族国家经常出现在军备竞赛中一样（Frank，2005）。对幸福的估计表明，一旦超出了合理水平，商品消费对幸福只有少量影响。据报道，在增进健康的运动或与朋友的陪伴等方面所花费的时间会增加幸福感。

如果分析的重点是幸福（用这些术语定义），那么新古典主义对政府"最优"规模等核心问题的分析就会受到质疑。正如本书多次提到的，当税收用来筹集收入时，新古典财政学者指出了与此相关的"无谓损失"（或"超额负担"），但在这个情境中还有其他问题。Layard（2005a）提倡所得税，以减少人们花费时间来获取收入。自我而不是幸福取决于购买私人物品，因此这样的所得税是"有效的"。Layard坚称："这是一个外部性问题，当一个人多工作并增加消费时，这就影响了其他社会成员的平均消费水平。"所得税如果用来纠正外部性问题，就不是无谓损失。

Layard（2005a）主张征收所得税，因为"我们应该要求人们将外部性内部化；这种税可以减少'互相超越'所带来的成本，这种税改变了人们为追逐更大的房子、更豪华汽车而工作的相对报酬（相对于他们花在陪伴朋友和其他的能够获得更多幸福的活动上的时间而言）。当然，这一结果也可以通过其他政策来实现，比如提供能养成这种"习惯"的义务教育。

让幸福最大化对于评估税收应该发挥的作用有启发意义。当评估政府规模应该多大时，新古典财政学者会将对政府提供服务的支付意愿与税收成本加上税收的无谓损失（即公共资金的边际成本）进行比较。如果Layard（2005a）是正确的，那么增加税收是"有效的"，而且"我们不应该和标准的理论一样，为公共服务融资的税收的超额负担引起的成本而有争论"。当关注政府规模应该多大时，"公共支出可能比传统分析看起来更有理由"。

16.9.1　公共部门规模和"幸福"

Cullis和Jones（2008）从"幸福"最大化角度出发，重新审视前文已经指出的、反复讨论多年的问题："政府规模应该多大？"

政治程序和幸福

从第14章开始出现的一个观点是，英国选民确信，在21世纪初，健康、教育和社会保障网（减贫）更值得优先发展。一个重要的发现是：刚刚提到的公共支出结构的变化反映了问卷调查中所记录的对政府支出的偏好。Hills

（2002）评论说："BSA（英国态度调查）最成功的发现之一是，自20世纪80年代后期以来，受访者坚持认为，即使要缴纳更多的税收，也支持在'卫生、教育和社会福利'领域安排更多的公共支出。"认为卫生或教育是额外政府支出的最大优先项的被试占比，1983年为61%，1989年上升为80%，1996年为82%。虽然有例外，但Hills仍得出结论："总体而言，值得注意的是，与公众态度一致或源于公众态度的政策所对应的措施清单，要比与公众态度不一致或主导公众态度的政策所对应的措施清单长得多。"看来这与政治程序中关乎幸福的因素有直接联系。

当然，前几章（尤其是第4章）就探讨了大量关于政治/集体决策/决策机制属性的文献。虽然一致同意对应有效的集体决策（根据帕累托最优），但是有些人认为，接受简单多数投票规则说明个人对该规则下的最终结果是满意的。在这个背景下，中间选民处于重要地位。"中间选民的地位与标准的消费者理论中有代表性的消费者的地位非常相似"（Hamlin，1993：82）。讨好多数选民对政治家有吸引力，也会让选民感到幸福。Marshall（1963）认为幸福与公民权利（立宪国家）和政治权利（民主）有关，但与社会权利（福利国家）无关。他所研究的正是下面要探索的主题。这项研究将两个方面很好地联系到一起：一是Besley（2006）对公共部门经济学与政治学的融合（引言中所指出的）；二是Alesina、Glaeser和Sacerdote（2001）的讨论，他们提出过"为什么美国没有成为拥有欧洲式福利的国家？"这一问题。

Frey和Stutzer（2002a）证明了参与政治进程的重要性。他们检验了一种假设，即政治参与的权利所产生的效用有助于公民对主观幸福感的理解。外国人被排除在政治参与之外，但没有排除在政治参与结果之外。作者首先比较了瑞士各州公民和外国人的满意水平数据。在参与权较弱的州，瑞士公民与外国人之间的福利差异较大，很明显，"被排除在政治进程之外的外国人的幸福感低于本国公民的幸福感"（参见Frey和Stutzer，2002a：96-97）。相似的经验分析支持这样的观点：生活在拥有更成熟的政治参与权利的各州的公民享受更高水平的福利，但对外国人所报告的满意度的积极影响要低一些（说明他们被排除在决策程序之外）。

此外，Frey和Stutzer（2002b）认为，应用辅助性原则、分权的政治结构（将决策权赋予尽可能低层级的政府）也能增加幸福。直接民主提升幸福，因为更靠近的决策，反映个人偏好和通过投票的政治参与选择带来的"程序效用"。但是，瑞士拥有一部非常独特的宪法。两位作者也在思考给定宪法框架

内政治如何影响个人幸福的问题。例如，对政府的信任重要吗？不同种类的支出，例如社会福利支出，会以相同的方式提升幸福感吗？

表16-3概括了迄今为止有关政府规模与幸福关系的观点。政府有充分的理由投入实际资源来扩大政治权利和参与活动，因为这对幸福有直接和独立的影响。但是，关于政府规模的政治选择结果，取决于人们对个人能力和偏好的认识（见第14章）以及这个国家有多少持这种认识的人。关于政府规模，看来不同国家有不同的通往幸福之路。

表16-3   通往幸福之路

经济角色	所要求的政治参与	对他人合理的关心	政府规模
新古典主义	限制的	限制的	小
行为的	扩展的	扩展的	大

来源：Cullis and Jones（2008：295）.

像美国这样的国家似乎确实有不同的潜在原因导致政府规模的扩大。Frey和Stutzer（2002）指出，美国人是如何不断地强化政府只能在"有些时候"被信任的想法的。他们将此与民主的低效（选民的相对无能为力）和对政治家的不满联系起来。如果选民是狭义自利的，不关心他人命运，且尊重市场解决方案，那么，毫不惊奇，这些特性会反映在对政府和政府规模的态度上（如同通过中间选民的媒介作用）。人们喜欢什么，这既是政府规模的原因，又是政府规模的结果。较小的政府规模反映了人们对个人主义以及自我依赖的更多强调，这同时也迫使个人照顾自己，而不是期待政府给出福利国家类型的解决方案。但是这会让他们变得更不幸福吗？

16.9.2　福利国家与幸福

2002年，典型的OECD成员的税收收入占GDP的36.3%。如果其居民已婚并有两个孩子，普通生产工人可支配收入为总收入的86.9%，而政府的社会支出占GDP的21.2%（2001年）。不过，这些均值存在较大的方差。就瑞典和美国的可比数据而言，税收收入分别占GDP的50.2%和26.4%，可支配收入占总收入的79.2%和88.5%，政府的社会支出占GDP的28.92%和14.78%（来自OECD 2005年的数据）。这些数据与不同程度的幸福之间存在什么联系呢？

Veenhoven（2000）是一位研究与社会保障支出有关问题的学者。他提出了一个悖论：社会保障支出高且分配较为公平的国家，人们的幸福水平并不高。[①]福利预算的规模包括对疾病、残疾、养老、失业、失去劳动能力和儿童补助金的强制性保险支出。幸福是以情绪、生活满意度、整体幸福感等来度量的。其中，情绪包括最近几周出现的10个调查问题：5个积极情绪和5个消极情绪，答案（是/否）概括在情感平衡表中。生活满意度只有一个调查问题：总体来说，你对自己的生活有多满意？选项从10分（满意）到1分（不满意）。整体幸福感只有一个调查问题：总体来说，你是否感到幸福？选项为：非常幸福（4）；很幸福（3）；不是很幸福（2）；一点儿也不幸福（1）。计算各个问题的均值，标准差表示不平等，且所报告的是各年各国的横截面数据。

表16-4列出了社会保障支出占国民生产总值百分比的水平、不平等和变化与三项幸福指数之间的偏相关关系。与人们预期相反，以社会保障支出为代表的福利国家规模，该项支出的规模及其增或减、均等程度及其增或减，与幸福度量指标之间没有关系。唯一显著的是整体幸福感与社会保障支出不平等程度的系数，而且该系数为负，意味着这个幸福的度量指标的标准差与国家福利预算的规模成反比。然而，这一结果被作者作为异常值而不予考虑，这是因为标准差是通过仅有的对于回答的非均匀分布的四级量表来估计的。虽然一些计量经济学家认为统计工作不复杂，但是这个证据说明了什么呢？为了让问题更具有代表性，考虑下面的情况：根据1990年生活满意度（1~10）的量纲，瑞典的值为8，美国的值约为7.8（幸福没有差异）。然而，瑞典社会保障支出占GDP比重为32%，美国为10%（因素3导致瑞典更高）。同时，Veenhoven还研究国家干预是否导致"挤出"。如上所述，"挤出"并不是那么显著。其他可能的解释是国家低质量的服务、可能的过度提供，以及可能的对幸福产生了副作用的其他因素，例如低经济增长抵消了幸福提升能力。这里所给出的理由，提供了可能令人满意的视角，即国家满足中间选民愿望，让他们感到更幸福。

---

① Le Grand(1997)指出，通过NHS(英国国民医疗服务体系)在英国提供医疗服务(交付时价格为零)，会增强医生、护士和其他职员在工作中有同情心的、利他的骑士风范(因此有了AWTA$_k$中的K)。

表16-4　　　　　　　　　1990年各国福利和幸福水平的横截面数据

幸福指数	社会保障支出占GNP的百分比及其不平等 （国家财富常数偏相关系数 [N] ）			
	社会保障支出	百分比上升/下降 1980—1990	社会保障支出不平 平衡	百分比上升/下降 1980—1990
情绪	0.06 [27]	-0.10 [13]	0.07 [28]	0.40 [10]
生活满意度	-0.24 [29]	0.35 [18]	0.20 [29]	-0.10 [16]
整体幸福感	-0.20 [35]	-0.33 [14]	-0.39* [29]	0.14 [15]

(*表示在5%的水平上显著，其他不显著)

来源：edited from Veenhoven (2002).

16.9.3 再分配和欧盟

Cullis、Jones 和 Hudson (2008) 将 Brennan (1973) 源于怨恨的再分配分析[1]拓展到欧盟背景（见9.3.2节），并努力将它与幸福感相联系。所报告的经验研究表明，国家内部的再分配一般可以增加平均福利。这些结果表明，由此所获取的收益可能不是这么大，但是相对收入是核心，这说明维系人与人之间相对收入关系的再分配税制可以发挥"每个人"的优势，从而减少工作，将精力集中在对幸福至关重要的个人关系上，或者用于增加政府在教育方面的支出。其他研究（如Hudson，2006）表明，福利是诸如警察、公务员、媒体等机构的服务质量的递增函数。另外，当税收收入专门用于提升机构的服务质量时，征税可能会增加福利。此外，如果集中在欧盟层次进行分配，那么福利的总体收益看来仍然可以大得多。数据显示，在欧盟内部，将收入从富国转移到穷国会对福利产生重大影响，效果远远超过各国内部的再分配。部分原因似乎是这样有利于这些国家公共服务质量的提升。当然，在这一领域往往还需要做更多的工作，特别是在福利、相对收入、绝对收入和国家繁荣之间的联系，往往决定了机构的效能。尽管没有人声明这项研究具有决定性意义，但这项研究表明了让幸福感最大化有可能成为改变公共部门政策的药方。

16.9.4 提供卫生保健

Layard (2005b) 认为压力是上述虚幻的身份竞赛的主要代价。他的观点

---

① 这可能反映了北欧国家的想法，许多经济学家并不把它当成悖论，认同公共选择学派思想的经济学家更是如此。

之一是压力和相关症状可以通过心理干预和咨询干预来"治疗"。虽然就投入的实际资源来说，这样做代价高昂，但如果成功，就可以提高受影响的人们的幸福水平，减少对他们的转移性支出，而且他们当中很多人还可以对国民生产总值（GNP）做出贡献。如果后者是事实，那么20世纪50年代的惯用语可以重新登场："医疗服务可以带来健康，也可以带来财富。"将幸福视为主要问题，就意味着需要重新定位和/或扩展特定类型的医疗保健服务。

16.10　小结

本章的分析建立在一些实验的基础上，这些实验揭示了在新古典主义启发下的公共部门经济学的一部分关键的预测被证伪了。

虽然演绎理论是经济学中的"黄金标准"，但在其他学科中，人们更多地依赖归纳法进行理论化。关于异常现象行为的大量文献参考了前景理论，有时也引用了前景理论。反过来，这与人们如何结合大脑在经济决策中作用和在大脑内部其自身的决策过程的经济意义看待大脑是一致的。大脑本身就像经济一样，也具有资源稀缺性特征。

- 大脑本身还没有被完全认知，因此对经济体的运行知之不多也就不足为奇了。

- 许多学科中描述性强的理论比抽象性的理论更有吸引力，但主流经济学通常不是这样，而是将洞察力和预测视为重中之重。为了延续这一传统，本章尽力总结如果使用"现实人"画像来取代"经济人"画像，那么公共部门分析和预测方法会有什么变化。

本章根据可能的新的最大化目标对支出和税收的影响的不同视角进行了讨论。没有迹象表明，公共部门经济学（无论是福利经济学还是公共选择经济学）无话可说（毕竟有15章内容专门讨论了这个问题）。主要是它确实没有什么好说的，而且尽管有一些讲授者的注释，但学科确实变了，对学科的处理应该反映这一点。

- 如果存在一种趋势，行为经济学被用于说明政府干预过多（参见 Field，2008），那么本章讨论了比"经济人"所需要的更多的政府干预的论点，以及要求更少政府干预的论点。虽然有些例子推荐比"经济人"的"最优"规模还要大的公共部门，但毫无疑问，大规模政府永远是最好的回应。

- 行为财政学最重要的一个关注点是政策应该设计到什么程度，以达到所

偏好的结果？Thaler 和 Sunstein（2003）将这个问题与一个假设的公司自助餐厅主管所面对的问题联系起来考虑。主管认识到，自助餐厅的食物摆放方式会影响顾客选择。主管有三种选择：一是对食物进行精心排序，这会让顾客方便很多，"助推"顾客沿着"正确"方向。二是随机给食物排序。三是恶意地给食物排序（让顾客尽可能肥胖）。作者承认第一种选择是父爱主义形式（一种对个人选择的侵犯），但是认为它比其他两种选择更可取。他们的结论是，由于政策设计不可避免地对选择进行框定，有些组织或代理人必须决定如何设计公共政策以框定选择。他们认为"某些类型的父爱主义应该可以接受，甚至虔诚的自由主义者也可以接受"（参见 Thaler 和 Sunstein，2003：1750）。[①]

Thaler 和 Sunstein 的观点受到了批评，Field（2008）认为，"你会从错误中学习和成长……而且甚至……代理的决策者也会犯错"。人们总是害怕，如果政治家框定政策，这么做可能是为了赢得选票（而不是简单地矫正行为异常现象）。Thaler 和 Sunstein 的观点是，框定政策不可回避，它最好用来增加福利，但毫无疑问，这一切取决于"福利"包括哪些内容。Krishna 和 Slemrod（2003：189）关注税收政策的框定方式以"最小化任何给定数量的征税而造成的可感知的负担"。他们自问：如果框定税收政策以最小化感知到的负担，这是否重要？回答是：这取决于对目标的认识（例如，关于是否制定税收政策，取决于这么做会不会实现"税负的公平分配"）。

---

① 虽然第9章将怨恨作为效用函数的一部分来处理,这里的解释是它是"大(最大化)"的一方面,因为就财富或收入最大化形式而言,它不是狭义的自利(参见 Brennan 和 Lomasky,1993)的"经济人"的第三个特性。

参考文献

Akerlof, G.A.and Dickens, W.T.(1982)'The Economic Consequences of Cognitive Dissonance', *American Economic Review*, 72, 3, pp.307–19.

Alesina, A., Glaeser, E.and Sacerdote, B.(2001)'Why Doesn't the United States have a European-style Welfare State?', *Brookings Papers on Economic Activity*, 2, pp.187–277.

Allingham, M.G.and Sandmo, A.(1972)'Income Tax Evasion: A Theoretical Analysis', *Journal of Public Economics*, 1, 3/4, pp.323–38.

Andreoni, J.(1988)'Privately Provided Goods in a Large Economy: The Limits of Altruism', *Journal of Public Economics*, 35, 1, pp.57–73.

Andreoni, J.(2001)'The Economics of Philanthropy', in N.J.Smelser and P.B.Bates, *International Encyclopaedia of the Social and Behavioural Sciences*. London: Elsevier.

Baldry, J.C.(1984)'The Enforcement of Income Tax Law: Ef.ciency Implications', *Economic Record*, 60, 169, pp.156–9.

Beaulier, S.and Caplan, B.(2007)'Behavioral Economics and Perverse Effects of the Welfare State', *Kyklos*, 4, pp.485–507.

Bentham J.(1789)*The Principles of Morals and Legislation*. New York; Macmillan edition 1948.

Besley, T.(2006)*Principled Agents? The Political Economy of Good Government—The Lindahl Lectures*. Oxford: Oxford University Press.

Beveridge Report, 1942.*Social Insurance and Allied Services*. Cmd.6404. London: HMSO.For a critique of their argument see Field(2008).

Bowles, S.and Gintis, H.(2006)'Social Preferences, Homo Economicus and Zoon Politikon', pp.172 86 in R.E.Goodin and C.Tilly(eds), *The Oxford Handbook of Contextual Political Analysis*, Oxford: Oxford University Press.

Brennan, G.(1973)'Pareto Desirable Redistribution: The Case of Malice and Envy', *Journal of Public Economics*, 2, 2, pp.173–84.

Brennan, G.and Lomasky, L.(1993)*Democracy and Decision; the Pure Theory of Electoral Preference*. Cambridge: Cambridge University Press.

Camerer, C., Lowenstein, G.and Prelec, D.(2005)'Neuroeconomics: How can Neuroscience Inform Economics', *Journal of Economic Literature*, 53, pp.9–64.

Cooper, M.H.and Culyer A.J.(1973)'The Economics of Giving and Selling Blood', pp.109 43 in *The Economics of Charity*. London: Institute of Economic Affairs.

Cowell, F.(1990)*Cheating the Government: the Economics of Evasion*. Cambridge, Mass: MIT Press.

Cox, D. and Plumley, A. (1988) Analyses of Voluntary Compliance for Different Income Source Classes.Washington, DC: IRS Research Division.

Cullis, J., Hudson, J.and Jones, P.(2008)*The Role of Government in the 'Pursuit of Happiness*. Bath: University of Bath.

Cullis, J.G.and Jones, P.R.(2008)'How Big should Government be?', pp.281 303 in Lewis, A.(ed.), *The Cambridge Handbook of Psychology and Economic Behaviour*. Cambridge:

Cambridge University Press.

Cullis,J.G.,Jones,P.R.and Lewis,A.(2006)'Tax Evasion:Artful or Artless Dodging?' in E.J. McCaffery and J.Slemrod(eds), *Behavioral Public Finance:Toward a New Agenda*.New York:Russell Sage Foundation.

Cullis,J.G.,Jones,P.R.and Lewis,A.(forthcoming)'Tax Compliance:Social Norms,Culture and Endogeneity' in J.Alm, J.Martinez and B.Torgler(eds), *Developing Alternative Frameworks for Explaining Tax Compliance*.London:Routledge.

Deci,E.L.(1971)'Effects of Externally Mediated Rewards on Intrinsic Motivation', *Journal of Personality and Social Psychology*,18,pp.105–15.

Deci,E.L.and Ryan,R.M.(1980)'The Empirical Exploration of Intrinsic Motivational Process-es', *Advances in Experimental Social Psychology*,10,39–80.

Deci,E.L.and Ryan,R.M.(1985) *Intrinsic Motivation and Self Determination in Human Be-havior*.New York:Plenium Press.

Fehr,E.and Gachter,S.(2000)'Fairness and Retaliation:The Economics of Reciprocity', *Journal of Economic Perspectives*,14,pp.158–81.

Frank,R.H.(1996)'What Price the Moral High Ground?', *Southern Economic Journal*,63, pp.1 17.

Frank,R.H.(1997)'The Frame of Reference as a Public Good', *Economic Journal*, 107 (445),1832–1847.

Frank,R.H.(2005)'Does Absolute Income Matter?',pp.65 90 in L.Bruni and P.L.Porta(eds) *Economics and Happiness:Framing the Analysis*.Oxford:Oxford University Press.

Field,C.(2008)'Having One's Cake and Eating It Too—An Analysis of Behavioural Econom-ics from a Consumers Perspective', *Behavioural Economics and Public Policy*. Mel-bourne:Australian Productivity Commission.

Francois,P.(2000)'Public Service Motivation as an Argument for Government Provision', *Journal of Public Economics*,78,pp.275–99.

Frantz,R.(2006)'Intuition in Behavioural Economics',pp.50 65 in M.Altman(ed.), *A Hand-book of Behavioral Economics:Foundations and Developments*.Armonk,New York:M. E.Sharpe.

Frey,B.S.(1992)'Tertium datur:Pricing,Regulating and Intrinsic Motivation', *Kyklos*,45(2), 161 84.

Frey,B.S.(1997)Not Just For the Money: *An Economic Theory of Personal Motivation*.Chel-tenham:Edward Elgar.

Frey,B.and Eichenberger,R.(1994)'Economic Incentives Transform Psychological Anoma-lies' *Journal of Economic Behaviour and Organisation*,23,pp.215–34.

Frey,B.S.and Eichenberger,R.(1989)'Anomalies and Institutions', *Journal of Institutional and Theoretical Economics*,145,pp.423–37.

Frey,B.S.and Jergen,R.(2001)'Motivation Crowding Out', *Journal of Economic Surveys*, 15,5,pp.589–611.

Frey,B.and Stutzer,A.(2002a) *Happiness and Economics:How the Economy and Institu-tions Affect Well-being*.Princeton:Princeton University Press.

Frey,B.S.and Stutzer A.(2002b)'What can Economists Learn from Happiness Research?', *Journal of Economic Literature*,40,2,pp.402-35.

Glimcher,P.W.(2003)*Decisions,Uncertainty and the Brain.The Science of Neuroeconomics.* Cambridge,Mass.:The MIT Press.

Gneezy,U.and Rustichini,A.(2000)'Pay Enough or Don't Pay at All', *Quarterly Journal of Economics*,115,pp.791-810.

Goddeeris,J.H.(1988)'Compensating Differentials and Self-Selection:An Application to Lawyers', *Journal of Political Economy*,96,pp.411-28.

Gonzalez,C.,Dana,J.,Koshino,H.and Just,M.(2005)'The Framing Effect and Risky Decisions:Examining Cognitive Functions with fMRI', *Journal of Economic Psychology*,26, 1,pp.1-20.

Gregg,P.,Grout,P.,Ratcliffe,A.,Smith,S.and Windmeijer,A.(2008)'How Important is Pro-Social Behavior in the Delivery of Public Services?', CMPO Working Paper Series No.08/197,University of Bristol.

Guth,W.and Ortmann,A.(2006)'A Behavioural Approach to Distribution and Bargaining' in M.Altman(ed.),A Handbook of Behavioral Economics:*Foundations and Developments.* Armonk,New York:M.E.Sharpe.

Hamlin,A.(1993)'Public Expenditure and Political Process',pp.72 85 in N.Gemmell(ed.), *The Growth of the Public Sector.*Aldershot:Edward Elgar.

Hanneman,W.M.(1991)'Willingness to Pay and Willingness to Accept:How Much can they Differ', *American Economic Review*,81,3,pp.635-47.

Hills,J.(2002)'Following or Leading Public Opinion:Social Security Policy and Attitudes since 1997', *Fiscal Studies* 23,pp.539-58.

Hochman,J.M.and Rodgers,J.D.(1969)'Pareto Optimal Redistribution', *American Economic Review*,59,pp.542-57.

Hudson,J.R.(2006)'Institutional Trust and Subjective Well Being across the EU', *Kyklos*, 59,pp.43 62.Ireland,T.R.and Koch,J.V.(1973)'Blood and American Social Attitudes', pp.145 55,in *The Economics of Charity.*(Readings 12)London:Institute of Economic Affairs.

Jacobson,J.P.(1998)The *Economics of Gender*,2nd edn.Oxford:Basil Blackwell.

Jones,P.R.and Cullis,J.G.(2000)' "Individual Failure" and the Analytics of Social Policy', *Journal of Social Policy*,29,1,pp.73-93.

Jones,P.R.and Cullis,J.G.(2002)'Merit Want Status and Motivation:The Knight meets the Self-loving Butcher,Brewer and Baker', *Public Finance Review*,30,2,pp.83-101.

Jones,P.R.and Cullis,J.G.(2003)'Key Parameters in Intrinsic Motivation', *Journal of Social Policy*,32,4,pp.527-47.

Jones,P.R.,Cullis,J.G.and Lewis,A.(1998)'Public versus Private Provision of Altruism:Can Fiscal Policy make Individuals "Better" People?',Kyklos,51,1,pp.3-24.

Jones,P.and Hudson,J.(2000)'Civic Duty and Expressive Voting:Is Virtue its own Reward?'Kyklos,53,1,pp.3 16.

Jones,A.M.and Posnett,J.W.(1993)'The Economics of Charity',pp.130-52 in N.Barr and

D.Whynes(eds),*Current Issues In the Economics of Welfare*.London：Macmillan.

Kahneman, D. and Tversky, A. (1979) 'Prospect Theory：An Analysis of Decision Under Risk', *Econometrica*, 47, pp.263-91.

Kahneman, D., Knetsch, J.L.and Thaler, R.H.(1990)'Experimental Tests of the Endowment Effect and the Coase Theorem', *Journal of Political Economy*, 98, pp.1325-48.

Khanna, J., Posnett, J.and Sandler, T.(1995)'Charity Donations in the UK：New Evidence based on Panel Data', *Journal of Public Economics*, 56, pp.257-72.

Knetsch, J.L.(1989)'The Endowment Effect and Evidence of Non Reversible Indifference Curves', *American Economic Review*, 79, 5, pp.1277-84.

Knetsch, J.L.(1990)'Environmental Policy Implication of Disparities between Willingness to Pay and Compensation Demanded', *Journal of Environmental Economics and Management*, 18, 3, pp.227 37.

Knetsch, J.L.and Tang, F.-F.(2006)'The Context, or Reference, Dependence of Economic Values：Further Evidence and Some Predictable Patterns' in M.Altman(ed.), *A Handbook of Behavioral Economics：Foundations and Developments*.Armonk, New York：M. E.Sharpe.

Knox, T.M.(1952) *Hegel's Philosophy of Right：Translated with Notes*.Oxford：Oxford University Press.

Kirchler, E.and Maciejovsky, B.(2001)'Tax Compliance Within the Context of Gain and Loss Situations, Expected and Current Asset Position, and Profession', *Journal of Economic Psychology*, 22, pp.173-94.

Krishna, A.and Slemrod, J.(2003)'Behavioral Public Finance：Tax Design as Price Presentation', *International Tax and Public Finance*, 10, 2, pp.189-203.

Layard, P.R.G.(2005a)'Rethinking Public Economics；The Implications of Rivalry and Habit' in L.Bruni and P.L.Porta(eds), *Economics and Happiness：Framing the Analysis*.Oxford： Oxford University Press.

Layard, P.R.G.(2005b) *Happiness：Lessons from a New Science*.London：Allen Lane, Penguin.

Layard, P.R.G.(2006)'Happiness and Public Policy：A Challenge to the Profession', *Economic Journal*, 116, pp.C24 C33.

Le Grand, J.(1997)'Knights, Knaves or Pawns? Human Behaviour and Social Policy', *Journal of Social Policy*, 26(2), 149-69.

Le Grand, J.(2003) *Motivation, Agency, and Public Policy*.Oxford：Oxford University Press.

Levi, M.(1998)'A State of Trust' pp.77 101 in Braithwaite, V.and Levi, M.(eds) *Trust and Governance*.New York：Russell Sage Foundation.

Levitt, S.and Dubner, S.(2005)Freakonomics.New York：William Morrow.

Lowenstein, G.(1999)'Because It Is There：The Challenge of Mountaineering for Utility Theory', *Kyklos*, 52, 3, pp.315-44.

Marshall, T.H.(1963)'Citizenship and Social Class' in *Sociology at the Crossroads and Other Essays*.London：Heinemann.

Miceli, T.J.and Minkler, A.P.(1995)'Willingness-To-Accept Versus Willingness-To-Pay

Measures of Value：Implications for Rent Control，Eminent Domain，and Zoning'，*Public Finance Review*，23，2，pp.255-70.

Morrison，G.C.(1997)'Resolving Differences in Willingness to Pay and Willingness to Accept：Comment'，*American Economic Review*，87，1，pp.236-40.

Niskanen，W.A.(1968)'Non-market Decision Making：The Peculiar Economics of Bureaucracy'，*American Economic Review*，58，pp.293-305.

Niskanen，W.A.(1971)*Bureaucracy and Representative Government*.Chicago：Aldine Publishing Company.

Payne，J.L.(1993a)'The End of Taxation?'，*Public Interest*，112，pp.110-18.

Payne，J.L.(1993b)*Costly Returns—The Burdens of the US Tax System*.San Francisco：ICS Press.

Read，M.P.(2007)'Neuroeconomics：A View from Neuroscience'，*Functional Neurology*，22，4，pp.219-34.

Schelling，T.(1981)'Economic Reasoning and the Ethics of Policy'，*Public Interest*，63，pp.37-61.

Schepanski，A.and Shearer，T.(1995)'A prospect theory account of the income tax withholding phenomenon'，*Organizational Behavior and Human Decision Processes*，63，pp.174-86.

Schiff，J.(1989)'Tax Policy，Charitable Giving and the Non-Pro.t Sector：What do we Really Know?' in R.Magat(ed.)，*Philanthropic Giving*.Oxford：Oxford University Press.

Shefrin，H.M.and Thaler，R.H.(1988)'The Behavioral Life-cycle Hypothesis'，*Economic Inquiry*，26，pp.609-43.

Shogren，J.F.，Shin，S.Y.and Hayes，D.J.(1994)'Resolving Differences in Willingness to Pay and Willingness to Accept'，*American Economic Review*，84，1，pp.255-70.

Slemrod，J.(2007)'Cheating Ourselves：The Economics of Tax Evasion'，*Journal of Economic Perspectives*，21，1，pp.25-48.

Smith，A.(1776)*The Wealth of Nations*.Cannan edn，Methuen，1950.

Steinberg，R.(1983)*Two Essays on the Non pro.t Sector*,unpublished PhD thesis University of Pennsylvania.

Stigler，G.and Becker，G.S.(1977)'De Gustibus Non Est Disputandum'，*American Economic Review*，67，2，pp.76-90.

Sunstein，C.R.(ed.)(2000)*Behavioral Law and Economics*.New York：Cambridge University Press.

Taylor-Gooby，P.and Hastie，C.(2002)'Support for state spending；has New Labour got it right?'，pp.75 96 in A.Park et al.(eds)，*British Social Attitudes：the 19th Report*.London：National Centre for Social Research London，Sage.

Thaler，R.H.(1985)'Mental Accounting and Consumer Choice'，*Marketing Science*，4，3，pp.199-214.

Thaler，R.H.and Sunstein，C.R.(2003)'Libertarian Paternalism'，*American Economic Review*，93，2，pp.175-9.

Titmuss，R.(1970)*The Gift Relationship*.New York：Pantheon.

Veblen, T. (1934) Theory of the Leisure Class. New York: Modern Library. Veenhoven, R. (2000) 'Well-being in the Welfare State: Level Not Higher, Distribution Not More Equitable', *Journal of Comparative Policy Analysis: Research and Practice*, 2, pp.91-125.

Wilkinson, N. (2008) *An Introduction to Behavioral Economics*. Basingstoke: Palgrave Macmillan.

Winnett, A. and Lewis, A. (1995) 'Household Accounts, Mental Accounts, and Savings Behaviour: Same Old Economics Rediscovered?', *Journal of Economic Psychology*, 16, 3, pp.431-48.

译后记

国内外流行的初、中级财政学教科书有多种，它们各有特色，但就其主要内容和写作方法来说，可以归为两大类。一类是在福利经济学框架下展开的传统财政学，它认为政府干预能够改善市场失灵，并且存在一个客观的最优标准，用来作为政府干预的依据。基于此，当代流行的财政学教材，普遍忽略了财政作为一个政治过程的特性。第二类是公共选择视角下的财政学。它的主要特色是关注实际的财政决策过程，并进而关注决策规则。已故著名财政学家詹姆斯·M.布坎南将它们分别称为规范财政学和实证财政学。

本书是一种将以上两类财政学相互融合的尝试，在财政学的主要经典议题上，作者都分别阐发了传统财政学和公共选择传统的分析思路，为读者提供了两种既对立又互补的分析视角，是一本在国际上接受度较高的中级财政学教程。本书的引进，对于推动当前的财政学学科建设、弥补财政学教材单一化的取向，都有重要意义。

然而，在接受翻译任务之时，译者主要关注的是本书的特色，但低估了翻译本身的困难。最大的难题还是时间方面的。在今天的学术评价体系中，译作的价值被明显低估，因此翻译工作难免被各种各样"更紧要"的事项打断和挤压，以致一拖再拖。本书能够有机会付梓出版，作为主要译校者之一，我要对东北财经大学出版社李季女士表示深深的感谢，她以无比的耐心和极大的宽容自始至终支持我们的工作；也要对东北财经大学出版社各位责任编辑的辛勤工

作表达谢意，他们在后期文字和图片编辑方面提供了巨大的帮助。

　　当然，最直接的支持来自众多参与本书翻译的同事、同行和学生们，这决定了本书译稿是集体工作的成果。我们对翻译进行了大致的分工，本人负责翻译书中的序言部分以及第 4、5、11 章，浙江财经大学的金戈教授负责翻译第 1、2、3、14 章，我在中国社会科学院财经战略研究院的同事杨志勇研究员负责翻译第 7、8、15、16 章，张德勇研究员负责翻译第 6、10、12 章，杜爽博士负责翻译第 9 章，第 13 章由马珺、曹婧、杨晓雯、邓若冰共同翻译。我们的在读博士研究生和在站博士后分别参与了各章节初稿的翻译工作，他们是：杨晓雯（第 4 章），孙琳（第 5、6、10、12 章），孟扬（第 9、6、10、12 章），龙彦亦（第 11 章），曹婧、申亚茹、郑礼明、范秋萍共同提供了第 7、8、15、16 章的初稿。我本人负责全书的校对工作，但由于工作量巨大，来自其他高校的多位同行给予了无私的支持，与我合作完成了部分章节的审校，他们分别是：东北财经大学吕炜教授（第 4 章）、中南财经政法大学李琼教授（第 8 章）、山东财经大学汪崇金教授（第 16 章）和中国社会科学院财经战略研究院张德勇研究员（第 6、12 章），我的在读博士研究生邓若冰参与了第 5、14 章的校对。

　　在翻译过程中，对原书中存在的一些笔误和写作上不够流畅之处，译者尽可能做了处理。和所有的翻译作品一样，疏漏和谬误之处在所难免，恳请读者不吝批评指正！

马　珺

2020 年 12 月